金融学译丛
FINANCE

银行学（第二版）

Introduction to Banking (Second Edition)

芭芭拉·卡苏（Barbara Casu）
克劳迪娅·吉拉尔多（Claudia Girardone） ／著
菲利普·莫利纽克斯（Philip Molyneux）

郭 宁 汪 涛／译

中国人民大学出版社
·北 京·

出版说明

作为世界经济的重要组成部分，金融在经济发展中扮演着越来越重要的角色。为了加速中国金融市场与国际金融市场的顺利接轨，帮助中国金融界相关人士更好、更快地了解西方金融学的最新动态，寻求建立并完善中国金融体系的新思路，促进具有中国特色的现代金融体系的建立，中国人民大学出版社精心策划了这套"金融学译丛"，该套译丛旨在把西方，尤其是美国等金融体系相对完善的国家最权威、最具代表性的金融学著作，被实践证明最有效的金融理论和实用操作方法介绍给中国广大读者。

该套丛书主要包括以下三个方面：

（1）理论方法。重在介绍金融学的基础知识和基本理论，帮助读者更好地认识和了解金融业，奠定从事深层次学习、研究等的基础。

（2）实务案例。突出金融理论在实践中的应用，重在通过实务案例以及案例讲解等，帮助广大读者将金融学理论的学习与金融学方法的应用结合起来，更加全面地掌握现代金融知识，学会在实际决策中应用具体理论，培养宏观分析和进行实务操作的能力。

（3）学术前沿。重在反映金融学科的最新发展方向，便于广大金融领域的研究人员在系统掌握金融学基础理论的同时，了解金融学科的学术前沿问题和发展现状，帮助中国金融学界更好地认清世界金融的发展趋势和发展前景。

我们衷心地希望这套译丛的推出能够如我们所愿，为中国的金融体系建设和改革贡献一份力量。

中国人民大学出版社

2004 年 8 月

前　言

　　这个国家的人民真是对我们的银行业和货币体系一无所知，因为如果他们了解，我相信他们会立即发起革命。

——亨利·福特（Henry Ford）

　　本书的目的是对全球银行业的理论问题以及实践问题进行全方位的介绍。尽管亨利·福特对此很是担心，但我们不认为阅读本书将引发一场革命，不过我们确实希望本书至少能让读者从愉快而有趣的视角，了解银行业的方方面面。

　　写作本书的主要动机是弥补市场空白。多年来，我们一直在教授银行学课程，我们都知道学生一直很难找到一本对银行学的各种问题进行全面性介绍的教科书。很多介绍银行学的导论性的书籍涉及的范围很广，对经济学和金融学着墨较多，而这些书（在我们看来）没有提供充足的细节或全面论及有关银行学的理论与制度问题，而这些恰恰是准确理解银行学最重要的问题所必需的知识。虽然有些教科书已经提供了全面的论述，不过主要面向的是本科高年级学生或研究生，缺少一本面向低年级本科生、全面讲述各种行业问题的教科书。此外，很多教科书是在讲述更广泛的金融与银行课程时谈论到与银行直接相关的部分话题，而且对跨国银行给予的关注太少。因此，我们写了这本书，想给面向低年级本科生讲授导论课程的教师提供基本的教学与学习资源，当然也可以用于专业的银行学课程。

　　《银行学（第一版）》（2006年）主要介绍了银行业发生的深刻变化，以及放松管制使得银行机构可以从事多样化的金融服务领域。商业银行成为全能型的金融企业，提供各种非传统型的金融服务，包括保险、证券业务、养老金等。很多银行把"银行"这个词从机构的名称里去除，意在强调它们可以向家庭和企业提供更广泛的金融服务。此外，各种变化趋势，例如银行业的整合、证券化与金融脱媒也具有巨大的影响力，导致少数几家超大型的金融机构全面从事信贷、资本市场以及货币市场业务，而且各类业务之间的重叠比重越来越高。随着银行体系变得越来越开放，很多机构在追求国际化发展策略，从而改变了银行业只关注国内业务的传统策略。对银行的管理者与股东来说，快速变化的外部环境既是威胁，又是机遇。银行的管理者必须在管理过程中同时兼顾国内业务与国外业务的发展，尤其是在银行所有的业务领域都要进行风险与收益的权衡。必须实现资本的有效管理，要遵守最低资本监管要求，还要让资本的收益大于资本成本，以提高股东的收益率。对银行来说，必须为股东创造良好收益的市场压力是银行发展战略的关键要素——银行家不得不关注成本的削减、收入的增加（主要通过收费和佣金等收入来源实现），以及更高效的资本管理。

2007年，银行业的黄金年代戛然而止，美国次级抵押贷款市场的崩溃让银行蒙受了巨大损失，政府不得不出手援救银行（以及其他金融机构），信贷市场开始紧缩，随后发达国家开始陷入漫长的经济衰退。自2007年危机刚爆发时起，学术界就涌现出各种文章来研究这场危机的成因与后果。起初只是美国金融市场的一小部分出了点问题，后来却演变成一场全方位的全球金融危机，而且直接导致了2008年9月美国投资银行雷曼兄弟公司破产。次贷危机的逐步蔓延过程如何转变成一场金融危机以及其对欧洲各国主权债务危机的影响可以被描述成多个阶段，具体包括：（1）美国次贷危机（2007年8月至2008年9月）；（2）系统性危机（2008年9月至2009年3月）；（3）经济危机（2009年3月至2010年1月）；（4）主权债务危机（2010年1月至2012年6月）。本书中，我们将次贷危机称为2007年危机，将系统性危机称为2008—2009年危机，将主权债务危机或欧元区危机称为2010—2012年危机。因为不同的危机事件发生的时点不同，因此金融市场动荡不安的那段时期也可以叫作2007—2009年全球金融危机。

上述各种危机对全球银行业产生了巨大的影响，也给全球的金融结构带来了巨大的改变。鉴于全球范围内行业变化的大背景，显然需要我们对教科书进行修订。危机已经尘埃落定，全球银行市场的新格局开始形成，我们对本书进行了彻底的修订，以便充分反映近期的各种变化。

本书共分为五个主要部分。

第一部分　银行业务简介

第一章　银行有何特殊性？

第二章　银行业务与服务

第三章　银行业务类型

第四章　国际银行业务

第一部分主要介绍金融中介的性质、银行存在的主要原因以及一些关键性问题，例如逆向选择、道德风险以及代理监督等。这部分内容还会谈论银行的信息生产、流动性转换、消费平滑作用以及与银行中介职能相关的其他问题。随后，我们会更详细地介绍银行从事的主要业务活动和提供的主要服务、支付体系的变革，以及越来越重要的道德投资与可持续性的银行发展战略。很多国家的金融行业是由各种不同类型的金融机构构成，例如商业银行、互助银行、投资银行和私人银行，而银行的业务形式也是五花八门，例如全能型银行与专业银行，还有"免息"的伊斯兰银行。鉴于银行在全球市场上的作用越来越突出，这部分的最后一章（即第四章）介绍国际银行业务的主要特征，分析银行到海外设立分支机构或从事跨境业务的主要原因。我们还会概要总结跨国银行提供的主要服务，包括支付、信贷、货币市场与资本市场业务，突出强调欧洲市场的作用——欧洲债券与欧洲货币市场业务，以及银团贷款业务。

第一部分的主要目的是让学生们了解银行存在的原因、银行提供的主要服务、近期影响银行业务的主要趋势、银行机构的类型以及国内银行业务与国际银行业务的主要区别。这部分会向读者提供有关全球银行业务的相关知识，能进一步让读者对本书后面几个部分提到的当代银行业的主要问题加深认识。

第二部分　中央银行与银行监管

第五章　中央银行理论

第六章　中央银行的实践

第七章　银行监管与监督

第八章　银行破产与银行业危机

由于银行体系是货币政策的主要管道，对于学生来说，了解中央银行的主要职能、中央银行货币政策的作用以及中央银行的其他职能是很重要的。第五章介绍的是中央银行理论，概要说明中央银行的作用与职能以及中央银行存在的基本理由。我们还讨论了货币政策的实施，区分了政策工具、中介指标与政策目标这几个概念，并解释了中央银行保持独立性的益处。第六章讨论的是英格兰银行（Bank of England）、欧洲中央银行（European Central Bank）以及美国联邦储备体系（US Federal Reserve System）如何制定和实施货币政策，以及在此过程中银行发挥什么作用。第七章关注的是银行的监管和监督。我们先分析了银行在经济体中扮演的角色如何至关重要，这是对银行进行监管的基本原因，然后概要总结了监管的目的与目标，以及各种类型的监管模式。接下来我们讨论了金融安全网的构成要素、监管的局限性以及监管失灵的原因。在这一章，我们还研究了监管改革的成因，讨论了国际范围内最重要的几项政策举措，例如巴塞尔银行监管委员会（Basel Committee on Banking Supervision，简称巴塞尔委员会）的《资本协议》。第二部分的最后一章主要研究银行破产案例与银行业危机。这一章是在《银行学（第一版）》上增加的内容。全球金融危机与欧元区危机对全球银行市场的巨大冲击意味着我们在讨论银行破产案的决定因素时，必须把这个因素考虑进去。随后，我们讨论了可用于识别问题银行的主要方法，重点关注银行的早期预警系统以及近期引入的压力测试。我们简要总结了银行重组面临的主要问题以及监管机构用于干预银行部门的主要工具。最后，我们讨论了银行业危机和金融危机的成因与后果。

截止到第二部分，学生们应当已经了解了货币政策与金融监管的重要作用，以及其对银行部门（乃至整个经济体）的影响。读者应当熟练掌握中央银行存在的主要理由、货币政策的主要工具或手段以及主要国家的中央银行如何执行货币政策。学生们应当能够说出银行被严格监管的主要原因，以及充足的偿付能力与流动性对维持一个安全而健康的银行体系至关重要的原因。尤其值得一提的是，读者应当明白资本对银行的重要作用，以及巴塞尔委员会发布的《资本协议》如何解决资本监管问题。读者要了解银行破产的决定因素以及监管机构可用于监管银行冒险行为的工具与手段。读者还要掌握银行业危机与金融危机的成因以及有效的风险管理机制。

第三部分　银行的管理问题

第九章　银行的资产负债表与收入结构

第十章　银行财务管理

第十一章　银行风险

第十二章　银行风险管理

本书的第三部分详细分析了银行机构的财务特征。第九章研究了商业银行与投资银行的资产负债表与损益表，重点区分了两类机构的不同之处。随后，我们详细讨论了两类银行机构财务报表的组成成分。此外，我们还概要介绍了可用于评估银行绩效与资产质量的传统财务比率指标分析法，以及与股东价值创造相关的业绩指标。第十章详细介绍了银行财务管理的多个话题，涵盖资产负债管理、资本管理、流动性管理以及表外业务管理。我们还介绍了衍生品业务的作用，讨论了贷款出售与证券化业务。接下来我们讨论了银行面临的各种类型的风险（包括信用风险、利率风险、外汇风险、市场风险、操作风险以及其他风险类型）。第三部分的最后一章介绍了银行风险管理的多种重要模式，还讨论了银行公司治理框架对于设计合规操作标准、在银行组织内形成风险文化的重要作用。

到第三部分结束，学生应当熟练掌握银行资产负债表与损益表的基本结构，了解表外业务活动，有能力使用传统的财务比率指标分析银行的绩效与其他表现。此外，学生还应当了解银行如何管理表内与表外的头寸，熟悉银行业务面临的主要风险。在读过第三部分以后，学生应当了解银行业使用哪些主要的风险管理手段。

第四部分　银行业市场比较分析

第十三章　英国的银行业

第十四章　欧洲的银行业

第十五章　美国的银行业

第十六章　日本的银行业

第十七章　新兴市场的银行业

第四部分主要分析各种银行体系的特征，重点强调这些银行体系的机构性特征（机构的类型、非银行存款机构、其他金融机构的作用）以及各种结构性趋势（银行与分支机构的数量、并购活动、市场集中等趋势）。我们在介绍银行体系时，尽可能把读者所有可能感兴趣的话题都包含在内，我们阐述的话题遍及英国、欧洲、美国、日本以及多个新兴银行市场。我们格外关注全球金融危机与欧元区危机结束后的监管改革举措。我们详细讨论了英国、欧盟与美国的金融监管框架。我们注意到，这些国家的金融体系都明显出现了相似的发展趋势，即银行的数量在减少，银行业在不断整合与集中，外国银行的作用越来越突出，银行的业务拓展到其他金融服务领域，金融脱媒化趋势更加明显，以及监管改革无处不在。这部分的最后一章讨论了金融与经济发展之间的关系，阐释了一个健康而高效的金融体系对经济发展的促进作用。我们还详细分析了多个新兴市场国家的银行体系，我们希望这对那些想了解全球各国银行部门的特征与发展状况的读者有所帮助。这具体包括讨论变革的主要推动力，以及这些改变对新兴经济体及转型经济体的银行业结构会造成怎样的影响——主要侧重于对放松管制与金融自由化进程的影响、国家发挥了怎样的作用、并购活动，以及外国银行的进入等话题。

到第四部分结束，学生们应当了解了英国、美国、欧洲、日本以及多个新兴市场与转型经济体的银行/金融体系的机构性特征。学生应当明白这些银行体系的机构性特征正在发生怎样的变化以及所有银行体系共有的发展趋势。全面了解这些特征能让学生掌握分析与讨论这些（以及其他）银行体系的结构特征与绩效特征的主要框架。

第五部分　银行业的高级研究主题

第十八章　银行与市场

第十九章　合并与收购

第二十章　银行业竞争和金融稳定

这部分是在《银行学（第一版）》上增加的内容。第五部分着重分析银行市场的一些关键性问题。尤其值得一提的是，在第十八章，我们研究的是银行的国际化进程、银行与市场的融合或一体化趋势，我们还讨论了"影子银行"体系的形成与发展问题。第十八章的主要目的是概要分析银行与市场之间的主要联系，重点研究近期证券化业务的起起落落。随后，我们向读者们阐释了抵押贷款担保证券（以及其他资产支持证券）的发行程序。我们注意到银行资产的证券化操作具有广泛的影响力，重点分析了为什么近年来这种业务受到更严格的监管。第十九章研究的是银行市场上的并购交易活动，介绍了银行并购交易的各种类型，并总结了银行进行并购交易的主要动因。我们概要总结了银行并购活动的发展趋势，以及并购交易对银行绩效的影响。最后一章讨论的是银行业的竞争与稳定性之间的权衡。我们使用比较分析法来分析银行业的多种竞争指标。随后，我们讨论了银行风险的多个测量指标，包括会计指标和基于市场的风险测量指标。接下来，我们又探讨了银行系统内竞争与风险之间的关系，简要总结了竞争-脆弱性观点——该观点认为竞争会导致银行冒更大的风险，从而不利于银行业的稳定，而竞争-稳定性观点认为竞争有促进金融稳定的功效。

截止到第五部分，学生们应当了解当前银行业的主要热点话题以及多篇对上述问题进行实证检验的学术文献。

我们写作本书的目的是向初学者介绍银行业的理论与实际操作，我们希望本书能为研究银行业课题的初学者或考虑在银行业等金融服务行业就职的其他读者提供有价值的指引。

我们希望各位读者阅读愉快，也希望大家能够指出本书的错漏之处或提出其他改进意见。

芭芭拉·卡苏
克劳迪娅·吉拉尔多
菲利普·莫利纽克斯

目 录

第一部分　银行业务简介

第二部分 中央银行与银行监管

第三部分　银行的管理问题

第四部分 银行业市场比较分析

第五部分　银行业的高级研究主题

第一部分

银行业务简介

第 一 章

银行有何特殊性？

学习目标

- 了解金融中介在经济体中的作用。
- 了解贷款人与借款人的不同需求，以及银行作为中介如何将两者的差异化需求连接起来。
- 了解金融中介机构如何降低交易成本、信息成本与搜寻成本。
- 掌握金融中介理论。

1.1 概览

阅读本书时读者可能会提出的第一个问题是："银行到底有什么特殊性？"我们在本章将深入分析银行业的内在本质，弄清楚是什么让银行变得如此特殊。银行是提供贷款、存款产品，以及支付服务的金融中介机构。如今，银行还能提供其他多种类型的服务，不过存款、贷款及支付服务仍是银行最鲜明的特征。因为银行在把资金由储蓄者向借款人引导的过程中发挥着极其重要的作用，所以我们在讨论银行的作用及其主要职能时，几乎把"银行"与"金融中介"当作同义词使用。规模转换、期限转换与风险转换是银行的三大主要职能。在第二章中，我们要讨论银行与其他金融中介的主要区别。本章将概要介绍信息经济学的一些重要概念及其在银行业务中的应用；并向大家介绍五种理论，这些理论能解释银行存在的原因，以及金融中介带来的好处。

1.2 金融中介的本质

为了了解银行的工作原理，我们有必要先分析一下金融中介在经济体中的作用。这能帮助我们回答"为什么我们需要银行"这个问题。金融中介与金融市场的主要作用是提供一种资金配置机制,让资金被转移或配置到生产效率最高的领域。

银行作为金融中介,其核心业务是向借款人提供贷款,同时从储蓄者手中吸收存款。换言之,如图1-1所示,银行扮演的是借款人与储蓄者之间中间人的角色。

图1-1　中介职能

通过履行中介职能,银行从储蓄者手中获取盈余资金,再贷放给资金不足的个人或企业(借款人)。在此过程中,银行帮助资金由储蓄者流向借款人,使资源得到了更好的配置,提高了经济效率。

还有一种可能,储蓄者与借款人不需要银行扮演资金中介的角色:如图1-2所示,在**直接融资**(direct finance)过程中,借款人在金融市场上直接从储蓄者手中获取资金。

金融要求权(financial claim)指的是未来要求一次性偿还和/或定期偿还的要求权。一般来说,金融要求权要求证券发行人履行定期支付利息的义务,并且在遇到下列三种情况时能按照事先约好的价格赎回证券:

(1) 证券持有人要求发行人赎回时;

(2) 在已约定的通知期结束以后;

(3) 在确定的日期或一段时期内。

借贷行为发生时,就产生了金融要求权。当经济单位(个人、家庭、公司、政府部门等)的总支出大于总收入时,我们一般把借款人称作**赤字单位**(deficit units),把贷款人称作**盈余单位**(surplus units)。金融要求权可以表现为任意一种金融资产的形式,例如货币、银行存款账户、债券、股票、贷款、人寿保单等。资金的贷出方持有借款人允诺的金融要求权,表现形式为持有金融资产。而金融要求权的发行人(借款人)相当于背负着一笔债务。

图1-2所描述的借贷过程并不需要金融中介的介入。不过,直接融资要面对两种类型的障碍:

(1) 把个人借款者与个人贷款者的复杂需求匹配起来非常困难,成本高昂。

(2) 借款人与贷款人的财务需求不一致。

贷款人看重的是安全性与流动性。然而,借款人发现不管是安全性还是流动性,自己哪一个也无法承诺。

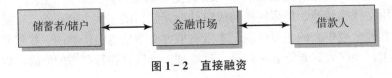

图1-2　直接融资

贷款人的要求如下:

● 风险最小化。这包括违约(借款人无法按时偿还贷款)风险的最小化以及资产贬值风险的最小化。

● 成本最小化。贷款人试图实现自身成本的最小化。

● 流动性。流动性指的是金融资产在自身资本价值不遭受损失的情况下变现的难易程度,贷款人对流动性这个指标十分看重，因此他们倾向于持有更容易变现的资产。这种做法背后的原因之一是人们对未来可能发生的情况不太确定，这导致贷款人对短期贷款的偏好强于长期贷款。

借款人的要求如下：

- 贷款在特定的指定日期偿还。
- 贷款资金可以使用一段时间；长期贷款更好（设想一下，企业申请贷款的目的是购买固定资产设备，而只有在长期内这种投资行为才能逐渐产生正收益；再比如个人贷款买房）。
- 贷款的成本尽可能低。

总而言之，大多数贷款人都希望发放短期贷款，同时获得尽可能高的收益。与之相反，大多数借款人都希望贷款的成本尽可能低，而且更偏好长期贷款。

金融中介能够在借款人与贷款人之间的"鸿沟"上架起桥梁，让两者不一致的需求与目标变得统一而协调。为了达到这个目的，金融中介一方面向资金的提供者承诺资金的安全性与流动性，另一方面把储户的资金用于发放贷款与投资。金融中介有助于实现直接融资模式的相关成本——尤其是**交易成本**（transaction costs）与**信息不对称**（information asymmetries）所导致的成本（我们将在 1.4 节详细介绍这几个概念）——最小化。

交易成本[①]具体包含：搜寻交易对手的成本；获得有关交易对手相关信息的成本；协商合同的成本；监督借款人的成本；借款人没有履行还款义务的违约成本。除了交易成本，贷款人还要面临信息不对称所导致的问题。交易的一方比另一方掌握更多的信息，这就叫信息不对称。对贷款交易而言，借款人对投资项目所掌握的信息（指的是有关投资项目风险与收益等方面的信息）要比贷款人更多。信息不对称会在贷款流程的各个阶段制造障碍。

交易成本与信息不对称都是市场失灵的例子，也就是说，它们都阻碍了金融市场的高效运行。一种解决方案是创造一个有组织的金融市场。但是在这种情况下，虽然交易成本与信息不对称问题有所缓解，但依然存在。另一种解决方案是建立金融中介。在绝大多数经济体内，有组织的金融市场与金融中介都是并存的。图 1-3 说明了在直接融资与间接融资两种模式下，资金如何由盈余单位向赤字单位转移。

在分析了金融中介相对于直接融资模式的优势以后，我们还必须指出一点，即金融中介为使用其服务的借款人与贷款人制造了额外的成本。因此，如果想得出间接融资优于直接融资的结论，那就必须先证明金融中介提供的福利大于其招致的成本。

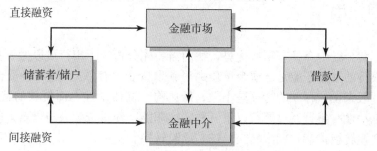

图 1-3　直接融资与间接融资

---

① 交易成本可以被定义为经济体系的运行成本（科斯，1937）。尤其值得一提的是，我们通常把交易成本分成协同成本（例如搜寻成本与协商成本）与激励成本（例如信息不对称与未按时履约所导致的成本）两个组成部分。交易成本可以用金融交易花费的时间与金钱来测量。

随着金融中介提供的服务类型越来越多，例如经纪业务（即代客户买卖股票或债券）、融资租赁业务以及保付代理业务，金融中介所发挥的作用也越来越复杂。在 2007—2009 年金融危机之前，银行也在从事多种类型的资产证券化业务（即将流动性较差的金融资产聚集起来，通过证券化将其重新包装为可交易的证券）。如图 1-4 所示，资产证券化业务使得间接融资的整个过程增加了一个新的环节或层次。当某金融中介持有其他金融中介发行的证券时，间接融资过程又增加了一个新的环节。如今，随着贷款现金流的复杂程度日益提高，间接融资至少增加两个以上的新环节也是很常见的现象。

在 2007—2009 年全球金融危机爆发前的 10 年时间里，金融市场见证了各种形式金融中介的快速发展，后来我们把这些金融中介叫作**影子银行**（shadow banking）。2007 年，由堪萨斯城联邦储备银行（Federal Reserve Bank of Kansas City）举办的杰克逊·霍尔研讨会（Jackson Hole Symposium）首次提出了"影子银行"这个术语。金融稳定委员会（2011）将影子银行定义为"在常规银行体系之外的信用中介活动或实体。"不过，这是一个很宽泛的定义，人们对影子银行涵盖的范畴及其对经济体系的影响作用依然所知甚少。这激发了学术界与政府决策部门针对银行在金融体系内的作用展开大讨论，让人们重新意识到有必要去认真了解银行的业务模式、经济作用、风险管理体系，以及银行在目前的监管框架之外还在从事的业务类型。目前，人们已经达成普遍共识，证券化与担保中介（克莱森斯等，2012）是对经济体意义最重大的两种影子银行业务。我们将在第十八章更详细地讨论这个问题。

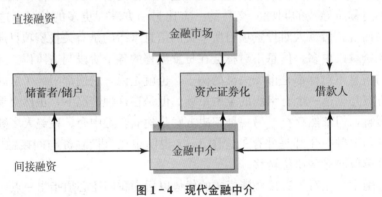

图 1-4　现代金融中介

1.3　银行的作用

为了充分了解金融中介具有哪些优势，我们需要先分析一下银行可以做哪些业务以及怎样做。我们知道银行的主要职能是从盈余单位那里获取资金（存款），然后将资金（贷款）贷放给赤字单位。一般来说，存款的特征是小额、低风险、高流动性。而贷款的特征往往是大额、高风险、缺乏流动性。银行通过履行以下三种转换职能，使得贷款人与借款人的差异化需求得以匹配：（1）规模转换；（2）期限转换；（3）风险转换。

（1）规模转换。

一般来说，储蓄者/储户愿意借出的金额大多小于借款人需要借入的金额。例如，设想一下自己的储蓄账户余额与买房所需贷款的金额到底有多大的差距。银行从储户那里吸收小额存款，然后用这些钱来发放大额贷款。在执行这一规模转换职能时，银行能够实现**规模经济**（economies of scale）效应，因为银行能接触到的储户数量要比个人借款者多得多（参见 1.4.2 节）。

（2）期限转换。

银行可以将短期存款转换为中长期贷款。例如，银行可以将活期存款（即随时可以提取的存款）转换为 25 年期的住宅抵押贷款。银行的负债（即储户存入银行的存款）主要是随时可被提取或只需临时通知便可提取的存款。与此同时，银行的资产（贷放给借款人的贷款）往往是中长期贷款。在这一过程中，银行的操作是"借短贷长"，因而我们说银行的资产与负债经常是"不匹配的"。这种不匹配会引发**流动性风险**（liquidity risk），这种风险指的是银行没有充足的流动性资金履行还款义务。

（3）风险转换。

个人借款者有违约的风险（信用风险），即借款人也许没有能力将所借资金按时偿还的风险。储户希望这种风险能最小化，自己的资金能确保安全。银行可以通过投资多样化、风险分担、筛选并监督借款人、持有资本金与准备金作为意外损失的缓冲等方式，实现单笔贷款的风险最小化。

我们将在第十二章详细介绍银行在履行上述转换职能并做到风险最小化的过程中具体使用了哪些工具或方法。

1.4 信息经济

正如前文所述，银行向企业提供了重要的外部资金资源。银行的主要特征之一是可以通过规模经济或范围经济降低交易成本，银行的超额利润要归功于其自身掌握着信息优势。1.4.1 节与 1.4.2 节会深入分析银行业的信息经济学。

1.4.1 交易成本

一般来说，银行明显不同于其他金融中介，主要源于以下两个因素：（1）银行的负债（即存款）被视为交易工具；（2）银行是唯一有能力改变存款余额，既能创造又能破坏信用工具的金融中介。现代金融中介理论认为，将企业（赤字单位）发行的原始证券转换为二级市场上对盈余单位更有吸引力的次级证券，是金融中介至关重要的职能之一。

由此推论，金融中介确实能发挥降低交易成本的作用。与原始证券相比，次级证券的风险水平更低，交易更方便，流动性更好，因为银行受益于规模经济效应，而且可以进行合理的分散化投资以降低风险。这使得银行的贷款利率要比直接融资的利率更低。不过，银行的绝大多数资产流动性较差，这主要与信息不对称所导致的问题有关（参见 1.4.3 节）。

1.4.2 规模经济与范围经济

金融中介通过实现规模经济来降低交易成本、信息成本以及搜寻成本。随着交易规模的不断增加，每笔交易的成本在不断下降。而且，规模的扩张可以让金融中介使用标准化的贷款合同，并监督客户认真执行合同。银行还会培训高素质的员工，意图寻找更多符合要求的赤字单位（借款人），并对借款人的行为进行监督。相比而言，个人贷款者很难做到这一点，而且要耗费大量的时间成本、金钱成本。

金融中介可以把个体风险汇聚起来批量处理，以降低风险水平，因而在正常情况下，虽然赤字单位在不断地从银行提走资金，但储户也在不停地向银行存入存款。于是，银行吸收了流动性较好的存款，可将大部分资金投资于长期资产。另一种观察视角是大量的储户既可以从银行获得流动性，又能将储蓄存款投资于流动性较差但收益更高的投资项目（戴蒙德和迪布维格，1983）。

范围经济（economies of scope）指的是联合生产两种互补性的产品所导致的总成本小于分开独立生产这两种产品的成本总和。我们假设两种产品的产量分别是 Q_1 和 Q_2，独立生产成本分别为 $C(Q_1)$ 与 $C(Q_2)$。如果我们将联合生产两种产品的总成本表示为 $C(Q_1，Q_2)$，那么只要下面这个不等式成立，那就意味着范围经济效应确实存在。

$$C(Q_1，Q_2) < C(Q_1) + C(Q_2)$$

当两种产品的生产过程使用相同的资源投入时——包括资本投入（例如银行办公场所所在地的建筑物）与劳动力投入（例如银行的管理人员）——就有可能发生上述情况。举个例子，假设金融中介同时提供银行与保险服务，看看会有什么经济效果。比如，一家银行在发放抵押贷款的同时，还出售与抵押贷款紧密相关的人寿保险，这就创造了交叉销售的好机会（有关银保合作更详细的内容，请参考 3.2.1 节）。但是，很多文献都认为范围经济难以确认，同时也难以测量。

1.4.3 信息不对称

信息是所有金融交易与契约的核心。信息不对称表现为三种形式：
- 每个人掌握的信息并不相同。
- 每个人掌握的信息都不完整。
- 一些交易者掌握着交易对手并不知情的"内幕信息"。

如此"不对称的"信息让双方难以成交，这就是政府要建立旨在缓解信息不对称问题的监管机构的原因。

存在不对称信息（或称私人信息）的交易随处可见。出售债券的政府不知道买家愿意支付多高的价格；银行不知道借款人偿还贷款的可能性有多大；出售人寿保险产品的金融企业不能精确地获知投保人最真实的身体健康状况（虽然它们对投保人的身体状况比较了解）；买入苹果公司股票的投资者不完全了解该公司的具体运营状况与前景展望。这些信息的不对称使得企业与用户的动机发生了扭曲，导致效率十分低下。

信息是所有金融交易与金融契约的核心。有时交易者掌握的信息不完整，有时交易对手掌握的信息更多，而且对手可以利用这些信息为自身谋利。在这种情况下做出投资决策，需要交易者事先做好准备。在每个金融体系里，信息在所有交易者之间的分布并不是均匀的或对等的，这意味着每一位交易者掌握的信息都有所不同。换句话说，所有感兴趣的交易者并不一定都能获得完整、全面的信息。尤其值得一提的是，相对于其他人，每个人都最了解自身的情况（包括个人的意图与能力）。由于信息并不是免费产品，获取信息要花费成本，于是问题便出现了。如果信息是免费的，或者获取信息不需要付出代价，那就不会有信息不对称这个难题了。

信息不对称及其带来的问题对金融制度来说至关重要，而且严重影响着金融机构限制或管理风险的方式。正如 1.4.3.1 节所述，信息不对称或信息在交易者之间不均匀的分布会导致**逆**

向选择（adverse selection）与**道德风险**（moral hazard）问题。另一种类型的信息不对称与委托人（例如银行）和代理人（例如借款人）之间的**代理成本**（agency costs）有关。我们会在1.4.3.2节讨论这些问题。

1.4.3.1 逆向选择与道德风险

信息不对称经常引发的问题之一便是逆向选择。作为掌握信息更多的知情人，代理人是理性的经济人，他们会自然而然地想利用这一信息优势为自身谋利。而代理人交易的另一方（委托人）清楚地知道自己掌握的信息不够充分，也会相应地采取行动。于是，知情人会有意识地采取操纵行为，非知情人事先预料到知情人会有这样的举动，也会采取相应的对策。结果，这两股力量的相互作用使得交易偏离了最优状态（最优状态指的是所有交易者都掌握了同样多的充足信息）。逆向选择发生在交易的搜寻/核验阶段（事前），有时人们将其称为"柠檬"问题（阿克洛夫，1970）。在那篇关于"柠檬"市场的著名文章中，乔治·阿克洛夫（George Akerlof）分析了当买家（而非卖家）不了解所交易产品的真实质量时，这种信息不对称会导致怎样的结果。在这种情况下，卖家知道自己是唯一了解商品真实品质的人，因而可以随意夸大吹嘘商品的质量。反过来，买家只有在买下商品以后（即事后），才能对商品的真实质量做出评价。阿克洛夫证明，如果市场上质量较差的产品数量相对较多，那么这个市场将会效率低下，运转不良。人们常用二手车市场来说明这种现象——卖家知道自己出售的这些二手车质量到底好不好，但买家只有在买了车并驾驶过后才能判断二手车的质量如何。正是因为买家无法判断二手车的质量好坏，所有的二手车将会按照同样的价格出售，不管其实际品质是好是坏。可能会买到一颗"柠檬"（质量差的二手车）的风险让买家降低了自己愿意支付的价格，由于二手车的价格较低，质量较好的二手车卖主就不太愿意在这个市场上出售车辆。

逆向选择问题的解决方法之一是提供担保，担保会被视为"品质好"的信号。这种**信号传递**（signalling）指的是逆向选择问题中"知情人"采取的行为。掌握信息量较少的另一方要判断知情方提供的信息是否真实可靠，这个过程叫作**筛选**（screening），例如保险公司要积极搜集潜在客户的健康信息。[①]

经济交易经常遇到交易双方掌握不同信息的状况。例如在金融市场上，购买保险产品或申请银行贷款的人可能要比保险公司或银行更加了解自己面对的是何种风险。于是，往往是面临更大风险的投保人更愿意购买保险产品，商业投资项目风险更大的借款人在申请银行贷款时表现得更加积极，而且更有可能被银行选中。金融市场的逆向选择问题导致金融机构没有吸引到自己想要的客户；反过来，这又推高了保险产品的保费水平与银行贷款利率，对低风险客户造成了伤害。因此，银行或保险公司这样的金融机构要仔细筛选/监督客户，评估客户的风险状况，并适度调整保费与贷款利率以反映个人客户的风险水平。

在银行业，贷款定价经常会引发逆向选择问题。如图1-5所示，银行预期获得的贷款收益与贷款定价（即贷款利率）起初是同时上涨的，一直涨到某个点（例如图中12%的利率水平对应的点）。贷款定价一旦超过这个点（图中的阴影区域），由于受到逆向选择的影响，利率水平的上升将会降低银行的预期收益：只有风险最高的借款人（即还款概率最低的借款人，比

---

① 三位经济学家因"研究信息不对称的市场"而被授予2001年诺贝尔经济学奖，这三位经济学家是乔治·阿克洛夫、A. M. 斯彭斯（A. M. Spence）与J. E. 斯蒂格利茨（J. E. Stiglitz）。

如投机者）才愿意接受非常高的贷款利率。

信息不对称引发的另一个问题是道德风险（隐藏行动）。握有信息优势的一方可能会故意采取伤害另一方利益的行为。一般来说，当金融交易合同让一方当事人产生了伤害另一方当事人利益的动机时，道德风险问题就爆发了。例如，在贷款人看来，借款人的某些行为可能是不可取的，因为这些行为或举动可能会降低贷款被偿还的可能性，伤害贷款人的利益。我们用一个经典案例来加以说明：原本借来用于投资"安全"项目（例如买车或住房维修）的资金被挪用，转投另一项高风险的项目（例如投资于所谓的"快速致富"计划）。因此，对银行来说，贷款被发放以后（事后）产生了道德风险，而且该问题与贷款的监督、执行阶段密切相关。有些人买了某种保险产品以后可能会冒比以前更大的风险，因为他们知道现在有了保护，因此保险公司要收取更高的保费。对银行业来说，存款保险与中央银行的最后贷款人职能（参见第七章）是常见的道德风险例子。

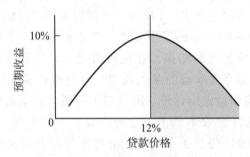

图1-5 贷款定价中的逆向选择

道德风险与逆向选择现象的存在要求金融中介对客户的行为进行监督。比如银行在决定是否发放贷款时，要通过筛选把过高风险的借款人剔除，然后通过获取各种类型的财务数据与信息——例如银行通常要求企业必须定期提交反映企业详细经营状况的财务报表——来监督借款人的表现。此外，大企业在申请银行贷款时，信用评级机构［例如标准普尔（Standard & Poor）公司与穆迪（Moody）公司］会提供该企业绩效与信用评级的相关信息（参考表4-3），于是银行会估算一下应当向企业或个人借款者发放多高额度的贷款才是风险适度的。银行还会派出巡视人员到企业去现场检查。不过，若客户/投资者想要监督金融企业的经营状况，那么要详细了解金融中介如何处理存款或投资及其他现实操作是极其困难的。这就是为什么我们需要让监管机构来监督金融机构的行为。

1.4.3.2 委托-代理问题

金融交易经常会遇到各种类型的**委托-代理问题**（principal-agent problems）。这也与激励结构有关，核心问题就是委托人怎样做才能确保代理人把委托人的最佳利益摆在首位，而不是以牺牲委托人的利益为代价，为自己谋求私利。由于代理人具有信息优势，并且掌握专业技能（这也许正是委托人雇用代理人的原因），于是产生了委托-代理问题。在双方签订了合同以后，代理人可以自由行事，通常还具有隐瞒（自身行为所导致）后果的能力。此外，委托人对代理人的监督无法做到高效率或低成本，这也是导致代理问题出现的原因之一。除非这些问题能被解决，否则引发的代理成本会对金融契约的执行造成严重阻碍。人们必须要想办法创造出可以将委托人与代理人的利益相统一的金融契约或交易安排。

企业的两权分离是常见的委托-代理问题实例。企业的管理者（代理人）可能会按照自身利益而非股东（委托人）利益来行事，因为管理者追求企业利润最大化的动机不像股东那么强烈。[①]
如果企业把股东的利益摆在首位，那么就会在进行投资时以损害债权人的利益为代价，让股东
受益。然而，据詹森与麦克林（1976）的观察，企业管理者以股东的最佳利益为先的假设值得
怀疑。作为股东的代理人，管理者可以做很多不符合股东最佳利益的事情。例如，管理者选择
某些低风险投资项目的目的是保护自己的职位与声誉。总而言之，委托人（股东）没有能力完
全控制代理人的行为。如果监督代理人的举动是毫无成本的，那么也就不会有道德风险问题
了。显然，委托人对代理人的某些行为是并不意外的。因此，委托人试图在设计合约时将代理
人的动机与自己的动机统一起来。

上述例子说明委托-代理问题总是与信息不对称、道德风险有关。在合约签订后，订约各
方（交易对手）的行为应当被继续监督，以确保其中一方不会利用信息不对称来侵害另一方的
利益，而且金融交易合约通常会导致交易双方缔结信托关系（这是一种基于信赖与信心的关
系）。不管是基于哪种原因，交易双方都应被严密监督，以确保其行为与双方的利益一致。很
多金融交易合约的特点是，在购买时难以判断或确认合约的价值（例如投资的未来收益、银行
贷款的偿还额——一部分贷款可能会违约，以及长期储蓄产品的收益等），而交易对手签订合
约后的行为将决定合约的最终价值。这也使得监督变得很有必要。此外，由于很多金融合约期
限较长，而且随着环境与条件的变化，合约签订之前获得的信息已经过时了，因此也需要持续
监督以获取最新信息。毕竟，合约或金融产品的价值很难在合约签订或产品买入时被准确地确
定。这通常是金融合约区别于其他经济合约（例如购买商品）的显著特点。虽然人们都明白有
必要进行监督，但是监督活动耗费的成本高昂，人们需要在监督的成本与收益之间做出权衡。

由于委托-代理问题的监督成本太高，依靠市场难以解决这个问题，所以政府让公共监管
机构来履行这一职责，比如监管机构对金融服务企业进行监督，目的是实现委托人（金融机
构）与代理人（客户）之间的利益冲突最小化。

1.4.3.3　免费搭车问题

信息不对称的另一解决方案是金融交易各方付费购买信息。不过，这种解决方案要支付成
本，而且有时要面对免费搭车问题——在某些情况下，免费搭车行为会让所有人都无法获得代
价昂贵的信息所能创造的全部价值。

别人付费获得的信息被某些人免费使用，这就是免费搭车行为。例如，你购买的信息能告
诉你哪个企业好，哪个企业差。你相信购买这些信息是值得的，因为你可以买入价格被低估的
好企业发行的证券，从而获得超额收益。但是，免费搭车的其他投资者发现你正在买入某些证
券，他们会跟随你买入同样的证券。

政府可以生产信息，帮助投资者区分企业的好坏，并将信息免费提供给社会公众。不过，
这种方式最大的缺陷在于在政治上很难行得通。而且，这也不能完全解决免费搭车问题。银行
发放的是私人贷款，贷款过程中银行生产的信息可以为自身带来收益，从而避开免费搭车者。

1.4.3.4　关系型与交易型银行业务

在信贷市场上，解决委托-代理问题与逆向选择问题的方法之一是交易双方签订关系合约。

---

① 请注意，在美国，"shareholders"这个词的含义就是"stockholders"（股东）。英国人所说的"equities"或"ordinary
shares"，在美国经常等同于"common stock"（普通股）。

关系合约是银行与借款人之间签订的非正式合约，以双方未来合作关系的重要价值作为基础。现代金融中介理论强调银行作为关系型贷款机构的特殊地位，即银行要花费不少力气与客户建立密切的长期关系。这样的关系能够改善银行与借款人之间信息不对称的局面，对双方都有好处。如果客户在银行有过历史记录（比如在很长一段时间之前，借款人已在银行借过款），那么银行（对此类老客户）的筛选、监督成本就会比处理新客户的成本低得多。与此同时，借款人会发现自己可以更容易地以更低的利率水平获得新借款。[①]

关系型银行业务（relationship banking）之所以优于**交易型银行业务**（transactional banking），主要因为长期的贷款合同以及信息的重复使用在一定程度上缓解了代理问题。关系型银行业务改善了信息流向，缓解了信息不对称，同时让银行拥有更大的弹性空间。

一些学术文献（布特，2000；布特与塔克尔，2014）认为，关系型银行业务能够帮助银行应对异常激烈的市场竞争。换句话说，来源于关系型贷款业务的储蓄存款可以被视为现有银行胜过市场新闯入者的比较优势的主要因素。这是因为通过签订关系合约，银行可以"阻断"其他银行和/或非银行金融机构向自己发起的竞争挑战。

上述讨论似乎说明银行与企业之间建立牢固的关系对双方都有益。事实上，在日本、德国等以银行为主导的国家，银行不仅向企业发放贷款，同时还向借款企业进行股权投资，银行工作人员进入企业的董事会，成为董事会成员。而在盎格鲁-撒克逊国家（例如美国和英国），这种做法是被严厉禁止的。

随着金融市场与银行贷款市场的脱媒化进程不断加快，交易型银行业务变得越来越常见，这对银行作为关系型贷款机构的重要性提出了挑战。交易型银行的含义是在单纯的资金贷款交易中，银行实质上扮演着"经纪人"的角色，比如一家银行发放了一笔抵押贷款，然后用证券的方式将这笔贷款出售给投资者。这个过程就是证券化，我们将在第十八章详细讨论。显然，对于关系型银行来说，交易各方之间没什么交情，合同条款也不存在弹性空间。

1.5 银行为什么存在？金融中介理论

有五种理论能够解释为什么金融中介（银行）能够存在。这五种理论的核心分别是代理监督、信息生产、流动性转换、消费平滑以及自律机制。

1.5.1 代理监督

用来解释银行存在原因的重要理论之一强调的是银行是借款人的"监督者"。由于监督信用风险（借款人违约的可能）的成本较高，因此盈余单位（储户）把监督职责委托给专业的代理人（例如银行）去执行。银行的员工拥有专业技能，在搜集处理借款人的风险信息时能实现规模经济效应。于是，随着储户发现自己执行监督职能的成本过于高昂，他们决定将监管职责委托给银行。

戴蒙德（Diamond）发表于1984年的一篇重要文章以契约理论为基础，对银行的存在理由进行了阐述。在这篇文章中，戴蒙德认为代表小贷款人进行**代理监督**（delegated moni-

---

① 不过，事实证明关系型银行会让借款人的机会主义倾向更加显著（赫弗南，2005，7）。

toring）是银行得以存在的主要原因：

> 金融中介（例如银行）受托对借款企业与银行签订的贷款合同进行监督。银行在搜集信息方面拥有明显的成本优势，否则要么是每一位贷款人（即储户）都要花费精力去监督，这么做的成本很高；要么是免费搭车问题导致最终没有贷款人（储户）愿意出面监督。金融中介理论的基础主要在于中介拥有的成本优势。熊彼特（Schumpeter）认为银行履行的职能正是代理监督。
>
> 戴蒙德（1984，393）

戴蒙德的研究分析了代理成本的决定要素，对理论模型的贡献在于清晰阐述了金融中介机构（尤其是银行或保险公司）相对于直接借贷交易具有成本节约的优势。戴蒙德的分析方法主要基于以下两个相互关联的要素：

（1）利用不同的投资项目实现投资的多元化。这一点至关重要，能够解释为什么储户不去监督金融中介机构，而是委托金融中介机构进行代理监督的做法是有好处的。

（2）代理监督的金融中介机构的规模允许其向众多借款人提供贷款。

一般来说，随着银行贷款数量的增加，投资的多元化程度也将有所提高，规模较大的金融中介机构在代理监督过程中能实现更大的规模经济效应，这使得金融中介机构能够实现比个人贷款者更高的投资风险分散程度。

不过，此时出现了一个问题，那就是谁来"对监督者进行监督"。如果监督金融中介机构的成本低于盈余单位（储户）直接将资金贷放给借款人，然后直接对借款人进行监督的成本，那么代理监督能帮助盈余单位降低监督成本。随着金融中介机构的规模越来越大，只要这些金融中介机构能够合理地履行监督职能，它们就有能力向盈余单位提供存款便利服务。

1.5.2　信息生产

如果有关潜在投资机会的信息不是免费的，那么经济代理人可能会认为生产这些信息是有利可图的。例如，盈余单位直接寻找借款人要花费高昂的搜寻成本。如果没有银行，那么盈余单位在决定是否把钱借给借款人之前，为了搜索相关信息以便做出决策，自身就要负担可观的成本，这意味着信息生产成本会成倍增加。一种替代方案是让数量较少的专业代理人（银行）去生产同样的信息。

在处理赤字单位的相关信息时——这些信息也许是在与借款人初次接触时开始搜集的，不过在现实世界里，更可能出现的情况是银行在与借款人长期打交道的过程中不断地搜集信息——银行不仅具有规模经济效应，而且拥有专业的员工。由于银行一直在从事信息处理工作（例如了解不同类型借款人的信用风险水平——客户关系），它们逐渐成为借贷领域的信息处理专家。于是，银行占据着信息优势地位，储户愿意把资金存入银行，因为他们知道银行会把资金贷放给合适的借款人，而自己不需要负担信息搜索成本。

1.5.3　流动性转换

与直接融资工具（例如股票或债券）相比，银行向盈余单位（储户）提供的金融产品通常具有非常好的流动性特征。银行存款可以被看作流动性高、风险低的金融合约，在银行的资产负债表上被计为负债项目。而银行的资产项目大多是流动性相对较差、风险较高的资产（例如贷款）。银行可以通过投资组合的多元化同时持有流动性特征不同的资产与负债。与之相反，盈余单位（储户）持有的投资组合分散化程度较低（比如储户持有的存款通常具有相同的流动性与风险特征）。比较好的银行会对自己的整个资产负债表进行多元组合，因此不太可能对储户违约。

1.5.4 消费平滑

前文中的三种理论通常被认为是金融中介机构（尤其是银行）存在的主要原因。但是，研究证明，银行还有一项主要职能——消费平滑器，即银行可以帮助经济代理人"熨平"消费路径，防止消费者的消费习惯受到外界冲击。这是因为经济代理人对自身的消费支出存在易变的偏好，这使得他们对流动性资产产生需求。金融中介，尤其是银行，可以通过贷款向消费者提供流动性资产，这有助于个人消费者实现消费路径的平滑。

1.5.5 自律机制

还有一种理论试图解释为什么流动性较差的银行资产（贷款）的资金来源是活期存款——储户可以随时提取这些活期存款，银行为了满足储户的要求，也许要将低流动性资产变现。有人认为，银行存款（活期存款）已经成为约束银行家行为的必要工具。为了控制银行的整体风险水平，活期存款这种产品被广泛使用，因为活期存款供求的变化将会表现为融资成本的变化，这促使（或要求）银行必须谨慎经营，以确保银行持有充足的流动性与资本金。

1.6 金融中介机构创造的福利

正如前文所述，金融中介机构负责将资金由想放贷或投资的盈余单位引至想借钱或需要投资资金的赤字单位。金融中介机构还能自主地创造金融资产与金融负债。

很多金融机构都在发挥金融中介职能，其中包括银行、保险公司、养老金公司、券商等。金融机构从事的很多业务类型既包括中介业务，也包括非中介业务（例如支付服务、资金管理服务等）。

金融中介业务的重要特征是能创造出金融资产或金融负债。就银行存款来说，这种金融要求权的性质以及对应的、被创造出来的银行负债是十分简洁明了的。储户对一定数额的资金拥有要求权，可能要求随时提取，而银行也持有对应的负债，能够满足储户提取存款的要求。如果银行使用储户的存款来发放贷款，那么银行就对借款人拥有一定金额的金融要求权，要求借款人在未来某个特定的时间点偿还本金以及利息。当然，借款人有义务在特定时间偿还贷款本息。

我们可以用金融中介机构创造的福利来充分阐述其在金融体系内的重要作用。可以说，这些福利归于终端贷款人（盈余单位）、终端借款人（赤字单位）以及整个社会。

1.6.1 终端贷款人（盈余单位）获得的福利

终端贷款人获得的福利可做如下总结。

● 将资金贷放给金融中介机构，而非直接贷放给最终借款人，一般能让盈余单位获得更高的流动性。

● 由于金融中介机构具有风险分担职能，因此风险水平更低，金融中介机构一般有能力实现分散化投资。风险水平的降低可以表现为金融中介机构存款担保利率水平的变化。

● 除了存款产品以外，金融中介机构还可以发行可转让证券。例如，大额可转让存单（CD）就是一种定期存款产品，银行通过发行这种存单来获取存款（这在美国十分常见）。当持有者（个人或企业）需要现金时，可以将持有的大额可转让存单在市场上出售。因而，储户不需要一直将大额可转让存单持有到期，而是可以在市场上提前卖出变现。显然，从广义上看，这改善了储户存款资金的流动性。

● 借贷过程中的交易成本有可能显著降低，尤其是当交易双方使用简单的存款产品时。

● 贷款决策被简化，因为金融中介机构的数量要少于终端借款人的数量。此外，对于是把钱存入金融中介机构还是直接贷放给终端借款人，一般来说前者的评估过程要比后者更简单。

1.6.2 终端借款人（赤字单位）获得的福利

终端借款人获得的福利可做如下总结。

● 金融中介机构给予的贷款期限一般要比终端贷款人的贷款期限更长。

● 金融中介机构要比终端贷款人更愿意发放金额较高的贷款。

● 从金融中介机构处获取贷款的交易成本通常要比直接与终端贷款人做交易低。

● 直接向终端贷款人借款的利率通常要比金融中介机构的贷款利率更高。正如前文中所述，通过最小化信息成本与分散风险，金融中介机构能够切实地降低中介成本。

● 向金融中介机构借款与直接向终端贷款人借款相比，当借款人需要贷款时，从前者手中尽快获得贷款的概率要比后者更高。

1.6.3 对整个社会的福利

金融中介不仅对借款人和贷款人有好处，而且可以起到如下作用。

● 改进贷款项目的评估模式，使经济体内资金利用的效率变得更高。

● 金融中介机构提供贷款的风险更小、成本更低，使得经济体内借款、贷款的额度更高。

● 金融机构的抗风险能力更强，使得高风险投资项目获得贷款的可能性更大。高风险的投资项目之所以重要，是因为人们大多相信这些项目正在为未来的经济繁荣创造基础。

1.7 小结

本章主要分析了金融中介的重要特征。银行以及其他金融中介机构在经济体内发挥着至关重要的作用，引导资金从盈余单位流向赤字单位。它们将小额、低风险、高流动性的存款转换为金额更高、风险更高、流动性较差的贷款资产（转换功能），使得借款人与贷款人的不同需求均能得到满足。我们讨论了银行在发挥中介职能——让终端借款人与终端贷款人（储户）的需求相匹配——过程中具有优势的主要原因。尤其值得一提的是，我们还对交易成本、规模经济与范围经济这几个概念进行了阐释。

本章还谈到了信息成本与信息不对称问题。交易者之间信息的分布不均匀会带来成本，这就是所谓的信息成本。在一笔金融交易中，一个或多个交易者并未掌握所有的相关信息，而这些信息是判断金融契约的条款对交易各方是否可接受以及/或履约所必需的信息，这就是信息不对称。信息不对称会导致逆向选择与道德风险问题。另一种信息不对称与委托人（银行）和代理人（借款人）之间的代理成本有关。

有五种理论解释了银行存在的原因，这五种理论分别是代理监督、信息生产、流动性转换、消费平滑以及自律机制。在本章的结尾，我们概要论述了金融中介机构创造的主要福利。

关键术语

逆向选择	金融资产	道德风险	盈余单位
代理成本	金融要求权	委托-代理问题	交易型银行业务
赤字单位	金融债务	代理监督	间接融资
关系型银行业务	交易成本	直接融资	信息不对称
筛选	规模经济	影子银行	范围经济
流动性风险	信号传递		

主要阅读文献

Akerlof, G. A. (1970) "The market for 'lemons': Quality uncertainty and the market mechanism", *Quarterly Journal of Economics*, 84 (8), 488–500.

Allen, F. and Carletti, E. (2014) "The roles of banks in financial systems", in Berger, A. N., Molyneux, P. and Wilson, J. O. S. (eds), *The Oxford Handbook of Banking*, 2nd Edition, Oxford: Oxford University Press, Chapter 2.

Boot, A. W. A. (2000) "Relationship banking: What do we know?" *Journal of Financial Intermediation*, 9 (1), 7–25.

Boot, A. W. A. and Thakor, A. (2014) "Commercial banking and shadow banking: The accelerating integration of banks and markets and its implications for regulation", in Berger, A. N., Molyneux, P. and Wilson, J. O. S. (eds), *The Oxford Handbook of Banking*, 2nd Edition, Oxford: Oxford University Press, Chapter 3.

Claessens, S., Pozsar, Z., Ratnovski, L. and Singh, M. (2012) "Shadow banking: Economics and policy", IMF Staff Discussion Note, 4 December.

Coase, R. (1937) "The nature of the firm", *Economica*, 4 (16), 386–405.

Diamond，D. W.（1984）"Financial intermediation and delegated monitoring"，*Review of Economics Studies*，51（3），393－414.

Financial Stability Board（FSB）（2011）"Shadow banking：Strengthening oversight and regulation"，Recommendations of the Financial Stability Board，Basel：Bank for International Settlements.

Jensen，M. and Meckling，W.（1976）"Theory of the firm：Managerial behavior，agency costs and ownership structure"，*Journal of Financial Economics*，3（4），305－360.

复习题

1.1 金融中介机构在经济体内有何作用？

1.2 银行有什么特殊性？

1.3 贷款人与借款人的要求有何不同？金融中介机构如何消除两者需求的差异？

1.4 解释银行如何降低交易成本。

1.5 解释信息不对称对金融机构发挥中介职能的影响。

1.6 逆向选择与道德风险对银行的贷款职能有何影响？银行如何做才能将这两个问题的影响最小化？

1.7 委托-代理问题对银行有何影响？

1.8 阐述解释银行存在原因的主要理论。

1.9 解释代理监督的概念。

1.10 金融中介的成本与带来的好处分别是什么？

第二章

银行业务与服务

学习目标

- 了解现代银行的主要业务。
- 了解银行提供的主要服务。
- 理解支付体系的重要性。
- 理解道德银行业务的重要性在日益提升。
- 明确与良好的商业业绩有关的银行可持续性的多个评价角度。

2.1 导论

在本章，我们要探讨银行业务的本质，研究银行提供的主要服务（存贷款业务及支付服务）以及其他辅助性服务，例如保险与投资服务。我们会特别关注支付体系的重大变革，以及现代商业银行向客户提供的主要支付工具和相关服务，例如信用卡与**电子银行**（e-banking）。本章最后一节概要总结了银行的道德伦理问题以及可持续经营问题，解释了银行在引导金融资本流向可持续产业的过程中成为关键性渠道的原因。

2.2 银行做些什么？

我们在第一章曾经讲过，金融中介促使资金从盈余单位流向赤字单位。为了更好地理解银行的工作原理，我们需要先了解一下银行的资产与负债。表 2-1 提供了一份零售型银行常见的资产负债表（我们会在第九章详细讨论银行的资产负债表与损益表）。

对传统的零售型银行来说，主要的资金来源是客户的存款（在资产负债表上列为银行的负债）；这些资金被投资于贷款、其他投资资产以及固定资产（例如银行网点的建筑物），然后被计入资产负债表的资产项目。总资产与总负债之差为银行的资本（权益）。说得更简单一点，银行发放贷款所收取的利率水平要比银行支付给储户的存款利率水平略低，中间的差额就是银行的利润。

表 2 - 1 简化的银行资产负债表

资产	负债
现金	客户的存款
流动性资产	权益
贷款	
其他投资资产	
固定资产	
合计	合计

和其他企业一样，银行可以通过发行债券或股票来融资，还可以使用留存收益来补充资本金。不过，银行的大部分资金主要来源于存款。如 2.3 节所述，吸收公众存款的能力是银行区别于其他金融机构的重要特征。

2.3 银行与其他金融机构

银行是**存款机构**（deposit-taking institutions，缩写为 DTIs），也可以被称为货币金融机构。货币金融机构在一国的经济体系内发挥着重要作用，它们的存款负债是一国货币发行总量的主要组成部分，因此政府与中央银行经常要通过货币金融机构来传递货币政策（详见第五章）。银行的存款主要发挥货币的功能，因而随着银行存款规模的扩张，经济体中流通的货币数量也将随之增加（请参考专栏 2 - 1）。在其他条件都相同的情况下，此时货币供给——经济体内的货币总量——将会增加。

人们通常认为银行存款的货币功能是存款机构相对于**非存款机构**（non-deposit-taking institution，缩写为 NDTI），例如保险公司、养老金机构、投资公司、金融公司等，受到更严格监管的主要原因之一。

货币金融机构区别于其他金融机构的另一个特征就隐藏在金融合约里。存款的持有决策完全由储户自行决定，意指储户可以自由决定持有多少存款以及持有多长时间。储户可以任意决定（存款）交易的频率以及交易金额的大小。与此相比，持有其他金融机构的资产一般要求在签订的合约上注明需要多少现金流以及频率。例如，养老金的每月缴存额或每月向保险公司缴纳的保费通常都是事先约定好的固定金额。所以，其他金融机构的资金流入与流出都是合同约定好的。

图 2 - 1 说明了英国金融中介机构的分类情况。不过读者应时刻牢记一点，这个世界上没有独一无二、被普遍认可的金融机构分类方法。而且，随着金融监管的放松，金融机构呈现集团化倾向，再加上信息技术与金融创新的持续发展、竞争的加剧、全球化以及 2007—2009 年

全球金融危机带来的后遗症，不同类别金融机构之间的界限变得越来越模糊，金融行业发生了深刻的变革。

银行如何创造货币：信用乘数

为了帮助大家理解银行如何创造货币，我们用一个**信用乘数**（credit multiplier）的简单例子来加以说明，假设前提是现代银行仅把社会公众存款中的一小部分截留下来，其余存款资金将被用于放贷或投资。这一小部分被截留的存款资金被称为准备金，目的是满足储户的提现要求。假设金融体系内只有一家银行，法定准备金率为10%。这意味着该银行要将总存款额中的10%留下来充作准备金。表2-2提供了该银行三个周期内的资产负债表。

表 2-2　法定准备金率为 10% 的单一银行案例

		第一个周期（a）	第二个周期（b）：增加了 50 000 英镑的存款	第三个周期（c）：调整准备金率
负债	存款（百万英镑）	50	50.05	50.05
资产	准备金（百万英镑）	5	5.05	5.005
	贷款（百万英镑）	45	45	45.045
准备金率		10%	10.1%	10%

在第一个周期（a），我们假设银行拥有5 000万英镑的存款，法定准备金率为10%。这意味着该银行每吸收10英镑的存款，就要多增加1英镑的准备金，余下9英镑被用于发放贷款。于是，该银行5 000万英镑的存款就被分割为500万英镑的准备金与4 500万英镑的贷款。在第二个周期（b），存款增加了50 000英镑。起初，这增加的50 000英镑存款仅作为银行的准备金被持有。不过，超额准备金不会给银行带来任何收益，因此银行希望把实际准备金率降低至10%。到了第三个周期（c），银行的实际准备金率重新回到初始状态的10%，与10%的法定准备金率要求相符。与此同时，银行的贷款总额也增加了45 000英镑。在本例中，信用乘数被定义为存款变化额与准备金变化额之比：

$$信用乘数 = \frac{\Delta 存款}{\Delta 准备金} = \frac{50.05 - 50}{5.005 - 5} = \frac{0.05}{0.005} = 10$$

上式中，

　　Δ 存款＝存款变化额

　　Δ 准备金＝准备金变化额

　　信用乘数＝准备金率的倒数（例如，1/0.10＝10）

再来看银行体系内不止一家银行的情况。我们假设A银行的存款总额增加了50 000英镑，其中10%被充作准备金，余下的45 000英镑被贷放出去，（被客户）存入另一家银行。我们假设这笔钱被贷放给个人，该客户将钱存入B银行。于是，B银行将10%的资金（4 500英镑）留下作为准备金，将余下的资金贷放出去，这笔贷款又被其他客户存入C银行。正如表2-3所示，上述每一个步骤的存款增加额都正好等于上一个步骤存款额的90%。

因此，金融体系内N家银行创造的存款总额（单位为千英镑，同表2-3）可以表示为：

$$50+(50\times0.9)+(50\times0.9^2)+(50\times0.9^3)+(50\times0.9^4)+\cdots+(50\times0.9^n)$$

$$等比数列求和=\frac{50}{1-0.9}=500(千英镑)$$

由于存款乘数等于法定准备金率的倒数（1/0.1），因此向金融体系内注入 50 000 英镑的资金（即新存款），总共将会创造出 500 000 英镑的新增存款。值得注意的是，这种存款倍数扩张的过程反过来也是一样的，即存款的倍数紧缩。

表 2-3　法定准备金率为 10%的银行体系　　　　　　　　　　　　　（单位：千英镑）

	△存款	△贷款	△准备金
A 银行	50.00	45.00	5.00
B 银行	45.00	40.50	4.50
C 银行	40.50	36.45	4.05
D 银行	36.45	32.81	3.64
E 银行	32.81	29.53	3.28
所有银行合计	500.00	450.00	50.00

前文中所讲的信用乘数理论有几个缺陷。与大多数理论一样，这个简化模型的假设条件并不符合现实情况。现实生活中存款的创造过程并不像模型里那样"机械化"，储户增加现金持有量，或者银行持有更多的超额准备金，都会让存款的实际扩张倍数小于该简化模型的结论。而且金融体系存在现金漏损的情况：资金流到国外；人们更愿意持有现金或购买国债，而不是把钱存入银行。但是，上述问题不能改变货币创造过程的本质，即银行存款能够"创造"货币。

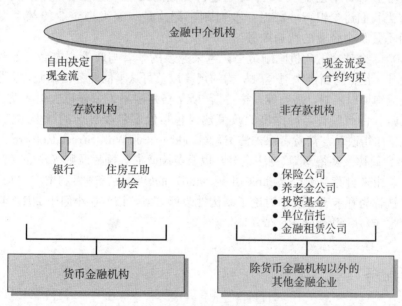

图 2-1　英国金融中介机构的分类

所有国家都设立了监管部门，这些监管部门对银行可从事的业务进行了界定。例如，在所有欧盟国家，自 20 世纪 90 年代初开始，银行可以从事多种金融业务；自 1999 年开始，美国与日本的银行变成全能型的金融机构。英国颁布的《2000 年金融服务与市场法案》（Financial

Services and Markets Act 2000）就是一个很好的例子，能说明银行所从事业务的深度。该法案规定了银行可从事的业务类型，具体包括：

- 吸收存款；
- 发行**电子货币**（e-money，或数字货币），即在互联网上使用的电子货币；
- 作为交易主体执行保险合同；
- （作为交易主体或代理人）进行投资；
- 投资管理；
- 提供投资顾问服务；
- 投资托管与投资管理；
- 安排投资交易，向客户提供受监管的抵押产品；
- 对受监管的抵押产品提供咨询意见；
- 签订并管理受监管的抵押贷款合同；
- 建立并管理集合投资项目（例如投资基金与共同基金）；
- 建立并管理养老金项目。

集团化已经成为金融市场的主要趋势，是各个银行主流的发展战略。技术进步、全球金融市场的一体化、各地区或产品限制的放松推动了这一趋势的形成。在欧盟，1989 年的第二银行指令（Second Banking Directive）允许银行成为全能型银行，这使得银行可以直接或间接地通过子公司从事其他类型的金融业务，例如交易金融工具、保付代理业务、金融租赁业务以及投资银行业务。在美国，1999 年《格雷姆-里奇-比利雷法案》（Gramm-Leach-Bliley Act）的通过使得 1933 年《格拉斯-斯蒂格尔法案》（Glass-Steagall Act）的许多限制性条款被废止。从 1999 年开始，美国的商业银行可以从事多种类型的金融业务，包括投资银行业务与保险业务。日本也于 1999 年开始进行类似的改革。随着银行逐渐成为多元化经营的金融机构，当我们讨论银行业务时，要时刻牢记这是一家大型企业的某个专业化部门的业务活动，而不是某个企业的普通业务。

2007—2009 年全球金融危机刚刚过去，越来越多的学者与政策制定者开始讨论由于系统性风险不断上升，是否应当再次对金融机构的规模以及可从事的业务活动施加限制。对大型金融机构的业务范围加以限制，需要像《格拉斯-斯蒂格尔法案》一样再次引入防火墙，控制储户所面临的风险。目前监管当局提出的政策建议包括巴塞尔委员会的《资本协议》、美国的《多德-弗兰克华尔街改革与消费者保护法案》（Dodd-Frank Wall Street Reform and Consumer Protection Act，简称《多德-弗兰克法案》）以及英国政府的**栅栏原则**（ring-fencing）[①] 建议。在欧盟层面上，由来自芬兰银行（Bank of Finland）的欧洲央行理事利卡宁（Liikanen）领导的专业小组（被称为利卡宁小组）讨论了结构性改革方案，该专业小组于 2012 年 10 月正式公布了《利卡宁报告》（Liikanen Report）。

2.4 银行服务

现代银行提供多种金融服务，具体包括：

[①] 该原则由英国银行业独立委员会（Independent Commission on Banking，缩写为 ICB）提出，该委员会也被称为维克斯委员会（Vickers Commission）。

- 支付服务；
- 存款服务与贷款服务；
- 投资、养老金与保险服务；
- 电子银行。

接下来我们将对这些服务进行简要介绍。

2.4.1 支付服务

支付服务是银行提供的一项重要服务，能帮助客户完成支付。**支付体系**（payment system）的定义是在参与者之间转移价值的、有组织的系统。赫弗南（2005）将支付体系定义为中介职能的副产品，因为支付体系便于金融行业内金融工具所有权的转移。这些支付现金流代表着各式各样的产品、服务以及金融资产的交易。其中一些交易涉及较高价值的转移，一般发生在金融机构之间。不过，个人和/或公司之间的价值转移（交易）数量最多。如果这个循环系统出了问题，那么经济体大部分部门的运行都要受到影响。银行在提供支付服务方面发挥着极其重要的作用（参考 3.5.1.1 节）。

对个人客户来说，常见的支付形式包括利用活期账户签发**支票**（cheques，在美国叫作支票账户），或者使用借记卡或贷记卡完成支付。此外，银行还能提供其他各种各样的支付服务，其中包括银行自动直接转账［或称为**信用转账**（credit transfers）］，以及自动支付，例如**直接扣款**（direct debits）与**定期支付**（standing orders）。支付服务既可以使用纸质凭证，又可以电子化，高效的支付体系是金融体系良好运行的重要基础。在大多数国家，零售支付体系由大银行设立并管理。请注意，我们通过表 2-4 和表 2-5 解释了在不同国家，无现金支付手段的重要性有所不同。

支票是客户在购买商品或服务时广泛使用的支付工具。假设个人客户 A 购买了商品，将支票支付给个人客户 B，于是 B 会把这种支票存入自己的银行账户。随后，B 的开户行要求借记 A 的账户。A 的开户行对支票进行清算，于是资产发生了转移。用支票支付是一种借记转账结算法，因为客户签发了支票，要求借记付款人的账户。绝大多数支票账户都会提供支票簿，不过偶尔也有一些例外情况；在某些国家（例如英国），银行免费提供支票簿。如今，支票主要被用于支付小笔费用与账单。然而，客户在支付账单时，如果使用支票以外的其他支付工具，例如直接转账，则通常可以享受折扣优惠。商场一般拒绝客户使用支票付款，因为如果付款人的活期账户内流动性（活期存款）不足，那么支票将会被退回。不过，商场可以要求客户提供支票担保卡，这种担保卡可以给支票提供一定程度的结算担保。可是，这种担保卡的相对重要性正在逐渐减弱，例如在英国，自 2011 年 6 月起，这种卡片将会逐步停止使用。这一举措正是英国支付委员会（UK Payments Council，该组织负责拟定英国支付体系的发展战略）庞大计划中的一个环节。该委员会计划于 2018 年的预定日期关闭中央支票结算系统。受影响较明显的社会群体对该计划反响强烈，例如消费者群体、代表老年人的组织、慈善机构（它们获得的大部分捐赠都是支票形式）以及其他组织。2011 年 7 月，在英国财政部提出质询后，英国支付委员会放弃了逐渐停止使用支票的计划，宣布只要消费者需要支票，便一直沿用下去（请参考专栏 2-2）。图 2-2 反映了英国 2003—2012 年个人交易与企业交易使用支票的比例逐年下降的趋势。

表2-4 非银行机构对支付工具的使用情况：每个支付工具完成的交易数量（年度总额）

（单位：百万英镑）

	自动转账				直接扣款			
	2000 年	2005 年	2011 年	2012 年	2000 年	2005 年	2011 年	2012 年
比利时	511	816	1 025	939	166	219	264	286
加拿大	565	857	1 043	986	444	626	673	699
法国	2 094	2 408	2 977	3 097	1 969	2 513	3 533	3 543
德国	5 585	6 713	6 090	6 154	4 766	6 662	8 661	8 812
意大利	320	1 048	1 261	1 261	326	463	600	602
日本	1 217	1 354	1 438	1 500	n.a.	n.a.	n.a.	n.a.
荷兰	1 170	1 263	1 686	1 694	836	1 059	1 340	1 369
新加坡	15	22	38	40	17	51	55	56.4
瑞典	793	654	830	859	91	160	289	297
瑞士	545	595	753	776	46	52	46	48
英国	1 845	2 984	3 601	3 693	2 010	2 722	3 322	3 417
美国	3 775	5 475	7 914	8 638	2 368	7 193	11 796	13 088.9
	支票				电子货币支付交易			
比利时	71	16	7	5.5	51	102	51	46
加拿大	1 658	1 353	871	748	n.a.	n.a.	n.a.	36
法国	4 494	3 916	2 971	2 806	3	17	47	52
德国	393	107	40	34	27	38	36	34
意大利	565	466	291	256	n.a.	20	152	191
日本	226	146	88	77	n.a.	n.a.	2 342	n.a.
荷兰	14	n.a.	n.a.	n.a.	25	147	177	148
新加坡	92	86	77	75	100	1 622	2 888	3 015
瑞典	2	1	0.4	0.2	3	n.a.	n.a.	n.a.
瑞士	11	2	0.3	0.3	18	19	10	2.8
英国	2 701	1 931	970	848	n.a.	n.a.	n.a.	n.a.
美国	41 900	32 704	21 277	18 334.5	n.a.	n.a.	n.a.	n.a.

资料来源：国际清算银行（2013；2012；2007；2006）。

表2-5 银行卡的数量

（单位：千张）

	具有取现功能的银行卡				具有借记功能的银行卡				具有透支功能的银行卡				具有电子货币功能的银行卡			
	2000 年	2005 年	2010 年	2012 年	2000 年	2005 年	2010 年	2012 年	2000 年	2005 年	2010 年	2012 年	2000 年	2005 年	2010 年	2012 年
奥地利	7 200	8 859	10 788	12 215	6 050	6 700	8 105	8 559	n.a.	n.a.	1 255	1 167	6 496	7 154	8 891	9 818
比利时	13 930	15 931	19 448	20 647	10 960	12 672	15 132	16 197	n.a.	n.a.	n.a.	n.a.	7 931	9 617	11 660	12 115
保加利亚	990	4 682	7 616	8 260	980	4 428	6 623	7 282	11	254	992	977	n.a.	n.a.	n.a.	n.a.
塞浦路斯	435	747	1 254	1 266	163	380	805	783	279	363	492	433	n.a.	n.a.	n.a.	93
捷克	3 977	5 706	9 374	10 069	3 960	6 556	7 889	8 280	39	872	1 588	1 882		334	1 984	361
德国	109 450	109 071	130 223	135 344	92 810	88 478	102 197	105 594	n.a.	n.a.	3 728	3 685	60 700	63 960	95 280	97 990

	具有取现功能的银行卡				具有借记功能的银行卡				具有透支功能的银行卡				具有电子货币功能的银行卡			
	2000 年	2005 年	2010 年	2012 年	2000 年	2005 年	2010 年	2012 年	2000 年	2005 年	2010 年	2012 年	2000 年	2005 年	2010 年	2012 年
丹麦	3 677	4 839	7 461	8 275	3 018	3 882	5 978	6 467	458	957	1 482	1 809	593	n.a.	n.a.	n.a.
爱沙尼亚	858	1 420	1 793	1 792	811	1 143	1 401	1 432	43	266	394	356	n.a.	n.a.	n.a.	n.a.
西班牙	46 682	66 236	72 405	69 139	29 744	31 835	28 617	27 468	n.a.	n.a.	n.a.	n.a.	10 496	6 815	2 781	717
芬兰	6 109	6 212	7 448	7 874	3 000	4 700	3 000	6 805	n.a.	n.a.	n.a.	n.a.	623	1 482	n.a.	n.a.
法国	40 945	81 912	96 066	92 609	n.a.	38 911	71 054	80 110	n.a.	31 159	31 613	26 843	319	22 340	37 258	26 722
英国	120 682	164 440	165 065	168 993	49 730	66 990	84 642	88 553	47 080	69 858	55 601	56 443	n.a.	n.a.	n.a.	n.a.
希腊	6 488	11 910	14 078	12 615	3 524	5 917	9 013	9 922	3 030	6 045	5 127	3 342	n.a.	n.a.	n.a.	n.a.
匈牙利	4 446	7 381	8 550	8 341	4 192	6 336	7 553	7 677	270	1 028	1 368	1 256	n.a.	n.a.	n.a.	n.a.
爱尔兰	3 089	4 396	5 014	6 538	798	1 273	3 385	3 989	1 352	2 028	2 228	2 055	n.a.	n.a.	n.a.	n.a.
意大利	21 172	35 059	49 715	60 042	20 204	30 728	36 174	39 707	n.a.	n.a.	n.a.	n.a.	n.a.	3 275	12 362	18 804
立陶宛	505	3 082	4 270	3 633	402	2 803	3 705	3 233	9	147	566	400	94	133	n.a.	n.a.
卢森堡	590	768	1 339	1 954	303	403	535	610	287	366	804	1 344	303	458	595	n.a.
拉脱维亚	635	1 732	2 426	2 378	533	1 576	1 946	1 874	n.a.	n.a.	395	331	n.a.	n.a.	n.a.	n.a.
马耳他	328	467	688	798	240	345	508	601	86	121	173	185	n.a.	n.a.	n.a.	n.a.
荷兰	26 000	31 453	30 220	30 510	21 000	25 405	24 413	24 663	n.a.	n.a.	n.a.	n.a.	20 900	17 533	23 823	24 306
波兰	11 265	19 325	31 171	33 291	9 906	15 369	22 752	26 550	376	4 384	8 901	6 448	n.a.	n.a.	n.a.	n.a.
葡萄牙	10 895	16 316	18 889	18 708	n.a.	n.a.	n.a.	n.a.	n.a.	n.a.	n.a.	n.a.	3 500	615	300	519
罗马尼亚	1 076	7 254	12 582	13 684	1 027	6 614	10 477	11 421	48	722	2 123	2 273	n.a.	n.a.	n.a.	n.a.
瑞典	4 892	8 725	11 100	12 034	4 570	6 659	8 333	8 857	2 802	3 610	6 157	5 361	593	n.a.	n.a.	n.a.
斯洛文尼亚	1 837	2 859	3 375	3 171	1 392	2 330	2 742	2 529	33	89	123	112	n.a.	n.a.	n.a.	6
斯洛伐克	1 720	3 866	5 072	5 426	1 713	3 111	4 249	4 683	3	732	848	812	n.a.	n.a.	n.a.	14
欧元区	286 062	388 125	466 022	480 648	184 869	247 022	309 930	333 711	1 639	39 599	46 391	40 334	110 950	133 249	192 949	191 114
欧盟	418 124	612 712	727 430	749 605	245 711	364 500	471 229	503 904	55 009	122 025	125 959	117 515	112 136	133 717	194 933	191 475

说明：欧洲央行数据库。

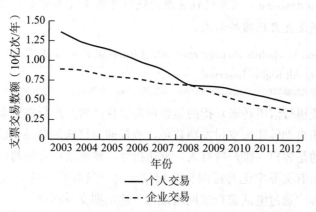

图 2-2 英国的支票交易数额（2003—2012 年的发展趋势）

资料来源：英国支付委员会（2013）。

废除支票的决定被推翻

就在议会对银行发出警告，称"银行把英国保守的中产阶级吓得要死"之后，备受争议的支票废除计划被叫停。早些时候，曾有消息称将在2018年年底之前关闭已有350年历史的支票支付系统，对此忧心忡忡的社会公众给国会议员们发来1 000多封信件或电子邮件。

转折发生在政府发声以后——英国政府声称除非能找到合适的替代方案，否则政府将出手干预。以行业为主导的金融组织——英国支付委员会在周二发表言论称，只要消费者需要，支票就将继续沿用。但是，国会议员表达了对英国支付委员会被行业人士过度把持的不满，指出在该委员会的15名成员中，有11名是行业内的企业董事。

"这只是第一个阶段。"议员安德鲁·特里（Andrew Tyrie）这样说道。特里是财政部特别委员会的主席，该委员会受命研究支票等支付工具的未来趋势。"如今我们已经能确保英国支付委员会无法再像这次一样让社会大众'大吃一惊'。这个委员会需要被纳入（英国整个）监管框架内。"

自20世纪90年代起，支票的地位就在不断下降，整个90年代支票的总签发数量为40亿张。银行认为支票结算系统效率低下，容易发生欺诈案件，如果使用无纸化的支付工具，估计能给银行节省2亿英镑的成本。英国支付委员会打算于2018年关闭中央支票结算系统，因为该委员会认为这一结算系统的设计初衷是处理数量极其庞大的支票，然而去年总共才签发了10亿张支票。但是，这一声明立即引发了消费者群体、慈善机构以及小企业的反对浪潮。

英国支付委员会主席理查德·诺斯（Richard North）带着一脸懊悔的表情出席该委员会的会议，他说英国支付委员会关闭支票结算系统的决议旨在激励创新，以便寻找到另一种更有效的支付体系。财政部金融大臣、议员马克·霍本（Mark Hoban）发文称，这一决定在全国各地引发了恐慌，尤其是让老年人或无法出门的人、学校、社团组织与慈善机构、农村社区以及小企业惊慌不已。"我们的会员很担心，"小企业联盟的发言人安德鲁·凯夫（Andrew Cave）说，"没有什么能像支票这样被人信赖。"发起"救救我们的支票"行动的筹款协会（The Institute of Fundraising）认为保住支票的地位是慈善机构的重大胜利，因为在慈善机构收到的捐款中，80%是支票捐赠的形式。

资料来源：Decision to abolish cheques reversed，*Financial Times*，12/7/11（Elaine Moore）. © The Financial Times Limited. All Rights Reserved.

- 自动转账（或银行信用转账）指的是客户要求自己的开户行将资金直接转入收款人的银行账户。消费者使用自动转账来支付发票款项，或提前为订购的商品付款。

- 定期支付指的是客户（账户持有人）下达指令，要求银行定期将固定金额转入另一个人或企业的账户。银行有义务牢记并按时完成定期支付。只有账户持有人有权更改定期支付命令。某些银行允许客户通过电话银行或网络银行下达定期支付指令。

- 直接扣款指的是商品/服务的供应商发起支付命令，客户同意进行扣款。直接扣款的交易金额多变，交易次数可能是固定的，也可能是可变的（通常是固定次数）。如果漏掉了某笔支付，那么供应商可以多次要求把这笔漏掉的支付额补上。如果一段时间内遗漏了多笔支付，那么客户的开户行将会取消直接扣款约定。很多个人客户都用这种方式支付水、电、煤气账单。

- 银行卡包括信用卡、借记卡、支票担保卡、旅行娱乐卡、商场购物卡以及智能卡或芯片卡。从技术角度来说，**银行卡**（plastic cards）本身并不是一种支付机制，它们的作用在于确认客户身份，以便完成现金支付或电子支付。

- 信用卡向持卡人提供一定的信用额度，持卡人可使用该额度在零售商店或其他销售场所购买商品。每当客户使用信用卡完成一笔货款支付，零售商就要向信用卡公司支付一笔佣金。只要客户能在某个确定日期之前还清信用卡账单，就可以免费使用信用额度。如果信用卡账单未被全额还清，则银行将向客户收取一定的利息。维萨（Visa）与万事达（MasterCard）是两家最重要的、隶属于银行的信用卡公司。信用卡已经逐渐成为消费信贷的重要源泉，尤其是在英国与美国，情况更是如此。例如，1971 年，整个英国只有一种类型的信用卡——巴克莱卡。到了 21 世纪初，全国大约有 1 300 种信用卡。正如表 2-5 所示，在进入新千年的头一个 10 年，非现金支付工具的使用频率持续增加。

- 预付信用卡是一种现收现付型的信用卡，客户先要向卡内存钱，然后才能用这种卡购买商品或服务。与普通的信用卡或借记卡不同的是，卡内存了多少，就能消费多少。现收现付型的信用卡越来越流行的原因主要是以下几点：申请这种银行卡的要求比较低（有时候只要你是英国居民就可以申请），因此信用记录不良的个人或没有能力合法获得信用卡的个人就可以申请这种银行卡。还有一类人——想对个人的财务状况拥有更大掌控力的人适合选择这种卡片，比如把度假资金存入预付型信用卡后使用，防止超支。

- 借记卡是银行直接发行的卡片，客户可用这种银行卡从账户内提取现金。持卡客户还可以使用自动取款机取现或查询银行卡信息。

- 延迟借记卡（有时也叫作递延借记卡）由银行发行，持卡人可以在一定的已授权限额内透支账户，用于购买商品或取现。延迟借记卡允许持卡人延期还款，但是在预定的透支周期结束时，所欠款项必须被全额还清。

- 支票担保卡诞生的原因是零售商不愿意接受个人支票。一般来说，付款人使用支票担保卡的目的是提供进一步的身份认证信息，零售商把支票担保卡上的信息抄录在支票上，以确保支票付款是有效的。绝大多数此类卡片还可以被当作借记卡来使用。在英国，这种银行卡已经于 2011 年 6 月被停止使用。

- 旅行娱乐卡（也叫签账卡）可被用于刷卡消费，并允许持卡人延迟到月末还款，不过这种卡片提供的信用贷款是要收取利息的。与信用卡不同的是，所有的欠款必须在月底全额还清，不允许累积到下个月。一般来说，对未清偿的欠款余额收取的利息比信用卡更高，目的是遏制持卡人逾期还款。最常用的旅行娱乐卡包括美国运通卡与大莱卡。

- 智能卡、记忆卡或芯片卡指的是植入了微处理器或记忆芯片的银行卡。这种带有微处理器的卡片可以增加、删减或修改卡片内存储的信息，功能多种多样，同时还能储存各类信息。记忆芯片卡（例如预付型的电话卡）只能用于完成预先设定好的操作。在欧洲，智能卡的发行量大约有 2 000 多万张，功能多种多样，微处理器技术给卡片支付带来了额外的安全保障。很多机构发行的商场储值卡可用于小额交易的支付。

如表 2-4 所示，在不同的国家，多种类型的非现金支付工具的相对重要性存在差异。比如，在欧盟内部，英国与法国民众使用支票的频率要比其他地区更高（企业与个人消费者都可以使用支票完成支付）。国际清算银行（2012）零售支付体系创新工作组发布的一份报告对近年支付领域的重大变革进行了广泛总结。

表 2-5 总结了欧盟多国银行卡的使用情况。该表凸显了信用卡的广泛使用以及 2000 年至 2012 年间银行卡的飞速发展（具有取现功能的信用卡增长率为 74%，具有透支功能的银行卡增长率为 129%）。表 2-5 还显示出在德国、法国与荷兰这三个国家，智能卡的使用更加普遍。

与之相反，全球经济不发达的国家由于基础设施不足，转而开发新型的移动支付技术，结果却因祸得福（请参考专栏 2-3）。发展中国家的移动电话普及率较高，移动支付服务这种新技术的发展潜力很大，很有吸引力。肯尼亚的 M-Pesa 系统（M 代表"mobile"，即移动；Pesa 在斯瓦西里语里是"钱"的意思）是萨法利通信（Safaricom）公司（肯尼亚的一家移动网络运营商）以移动电话为基础搭建的移动支付网络；坦桑尼亚的移动网络运营商沃达康（Vodacom）公司也在该领域取得了优势，促使大型银行机构不得不采用跟随策略。M-Pesa 系统允许具有本国居民身份证或护照的用户可以轻而易举地使用移动设备进行存款、取款以及转账，从而向一些原本没有银行账户的客户提供电子钱包、个人对个人的资金转账等银行服务。面对将市场份额输给非银行竞争对手的压力——移动电话运营商希望能借助移动电话普及率高的优势与便利条件向人们积极提供银行服务——银行必须要尽快创新，向客户提供移动银行服务（凯捷集团，2012）。

近年来，我们注意到一种全新的数字货币与支付手段——**比特币**（Bitcoin）呈现出史无前例的增长态势。专栏 2-4 总结了比特币的主要特征、近期的发展趋势、主要的优势与劣势。

专栏 2-3

移动支付的快速现代化

很多人知道非洲的移动支付——利用移动手机完成交易——已经比较普及。不过，人们没想到在非洲大陆上这个行业发展得有多快，现实让他们有点吃惊。在世界上移动支付使用频率最高的国家中，有四分之三在非洲。在这些非洲国家，手机银行业务已经达到了非同一般的高水准。

盖茨基金会（Gates Foundation）、世界银行（World Bank）与盖洛普世界民调（Gallup World Poll）公司的全球金融交易习惯调查发现，在 20 个受访国家里，超过 10% 的成年人承认自己在 2011 年曾使用过移动支付。在这 20 个国家里，有 15 个是非洲国家（请参考图 2-3）。在肯尼亚、苏丹与加蓬，超过一半的成年人使用过移动支付。与之相比，在其他拥有更先进金融体系的国家，使用移动支付手段的成年人比例却很低——在巴西和阿根廷，这一比例仅为 1%。如果你只把手机银行看作客户获取金融服务的手段，那么这些非洲国家的现实情况会让你产生强烈的矛盾感：在非洲，很多人从居住地步行到达最近的银行网点需要花上几天的时间。如果只看人均拥有的银行数量，你绝对想象不到他们竟然对移动支付如此熟练。

绝大多数移动支付的金额都比较小，例如，市场上的商贩使用手机向农民支付一包木薯或玉米粉的价钱。在肯尼亚，最成功的移动手机产品就是价格仅为几分钱的用户身份识别

（SIM）卡。虽然价格便宜，但是为了偶尔的交易，所有人都需要购买。人们还用移动手机来接收居住在海外的家庭成员寄来的汇款。也许这能解释为什么移动支付行业会在索马里大放异彩——这个国家几乎可以说是没有像样的政府，但是三分之一的成年人承认在过去一年使用过移动支付。索马里是严重依赖海外汇款的国家之一。一项研究发现，在索马里，新建企业80％的资本金来源于海外汇款。如果没有手机银行，这条"生命线"将会变得更加脆弱。

在大多数情况下，移动支付既是银行体系的替代品（银行注重书面材料），又是现金交易模式的替代品。它让那些无法前往银行网点或无法使用自动取款机的人也能享受金融服务。一直以来，银行体系更关注受过良好教育的客户群体，而移动支付可以在一定程度上弥补这种偏向。在非洲受过初等教育和没受过教育的群体中，仅有10％的人拥有银行账户；与之相比，在受过高等教育的群体中，有55％的人拥有银行账户。但是，在某些国家，电话银行的普及率足以证明这种支付模式正在从受过高等教育的人群向全体民众迅速扩散。

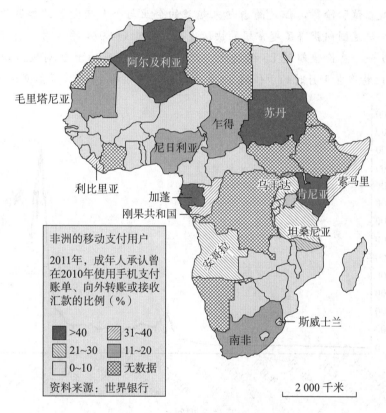

图2-3　非洲的移动支付用户

不过，手机银行与常规的银行服务并不是互相排斥的关系。在肯尼亚，大约68％的成年人使用移动支付（迄今为止这是全世界最高的比例，部分源于政府的监管极其宽松），40％多的成年人还拥有常规的银行账户。跳跃式发展的移动支付技术也能帮助传统的银行服务重新焕发生机。

资料来源：节选自《经济学家》（2012）。

比特币：一种新型电子货币

比特币诞生于 2009 年，这是一种基于分散化计算机网络的虚拟货币。[①] 比特币使用创新型的个人对个人（Peer to Peer，缩写为 P2P）支付技术，不是任何一家货币当局或中央银行发行的货币。比特币的创造过程被称为"挖矿"，强大的计算能力被用于处理交易、确保系统安全，并使得系统内的每一个用户完全同步。用户在个人电脑桌面或智能手机上创建一个比特币数字钱包，然后可以利用安全的在线地址或第三方（例如 Multibit 或 Bitpay）提供的服务，用比特币数字钱包购买、使用或接收由他人转账的比特币。在一个个屏幕背后，比特币网络共享着一份公开的分类账，名为"区块链"，上面保管着所有交易的记录，可以有效确保数字货币只能被使用一次。

比特币尚处在试验阶段，但是随着越来越多的企业与个人接受了"加密货币"这一新概念，比特币在全球范围内获得了超常规的快速发展。截止到 2014 年 3 月，流通中的比特币总量超过 1 250 万个，总价值超过 55 亿美元。比特币的币值波动十分剧烈，如图 2 - 4 所示。2013 年，每个比特币在 1 月时的币值为 13 美元，到了当年的 12 月，竟然涨到了 1 151 美元。

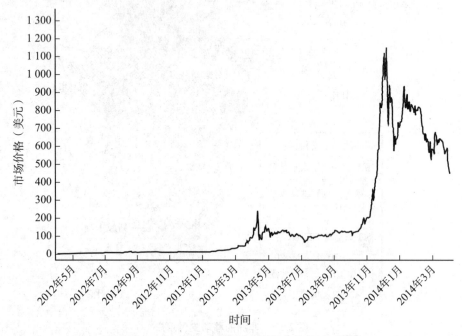

图 2 - 4 2012—2014 年比特币市场价值的波动趋势

比特币是不是一种合适的支付工具，赞成者与反对者均数量众多。表 2 - 6 对正反两方的主要观点进行了总结。

如该表所示，虽然比特币有很多长处，但同时也会让人们对某些问题更加关切，尤其是对

---

① 比特币是中本聪（Satoshi Nakamoto，化名）开发的开放源代码项目，目前正处在贝塔（beta）测试阶段。首字母大写的"Bitcoin"指的是比特币系统、软件与网络；首字母小写的"bitcoin"指的是货币单位。

洗钱与其他犯罪行为（例如在线的毒品交易）更加担忧。在未来，这种关切或担忧也许会导致更高的监管成本与合规成本。欧洲中央银行（2013）也提醒消费者，比特币这样的虚拟货币若不受监管，则会给毫无保护措施的用户带来很多风险。

比特币的使用越来越常见，这给银行带来了潜在威胁，因此瑞士的瑞银集团（2014）发布了一份详细报告，指出了威胁的两个关键要素：加快金融脱媒化与交易费用方面的竞争。一方面，储户之所以被比特币吸引，是因为投资比特币完全免税，比特币存款不会被政府冻结，也不用担心银行的破产风险是否越来越高。另一方面，个人与企业更偏好于使用比特币的原因在于比特币的转账交易高效、安全、成本低。根据这份报告，"鉴于比特币的货币生命力比较有限"，因此银行不必过于担心它带来的威胁，但应当学习借鉴比特币使用的技术，以便降低交易成本，提高安全性，尤其是在跨国交易层面。不过，估计这个目标在短期内无法实现，因为这必然会导致银行的费用性收入锐减。

表 2-6　比特币系统的主要优势与劣势

优势	劣势
• 交易方便快捷	• 未被广泛接受
• 在交易过程中无须银行或其他金融机构介入（脱媒化）	• 利用比特币洗钱、为恐怖主义提供资金支持以及从事其他犯罪活动
• 交易成本低	• 交易不能取消
• 手续费很少或没有	• 交易量波动剧烈
• 没有地理和/或时间限制	• 数字钱包可能丢失或存在被病毒感染的风险
• 加密交易在一定程度上能确保匿名	• 没有消费者保护措施
• 区块链提供公开透明的数据	• 对最低价值没有任何担保
• 降低欺诈风险	• 在绝大多数实体店里用于消费支付时，不得不将比特币兑换为其他货币（例如美元）
	• 尚在贝塔测试阶段
	• 存在技术与监管挑战
	• 比特币的总量不超过 2 100 万个

资料来源：中本聪（2009）；欧洲中央银行（2013）；瑞银集团（2014）。

2.4.2　存款服务与贷款服务

除了支付服务，个人银行业务还可提供各种各样的存款服务与贷款服务。具体总结如下。

• 活期存款或支票存款通常不支付利息（或者利率很低），主要用于交易。银行针对各个细分市场提供特征各异的活期存款产品以及配套服务。例如，图 2-5 阐述了在英国的客户如何使用常见的活期存款账户。

• 定期存款或储蓄存款的期限一般是事先约定好的，存款利率可以是固定利率，也可以是浮动利率。银行可以提供各种各样的储蓄存款产品，例如固定期限或可变期限，固定利率或浮动利率，这几种情况均可以自由组合。所有银行都能提供糅合了定期存款与活期存款双重特征的存款产品，因而客户可以立即提取存款，或者临时通知后取现。一般来说，随时可以提取的存款的利率水平要比定期存款略低一些。

● 消费贷款与抵押贷款大多被银行发放给零售客户。消费贷款可以无担保①，也可以用财产做抵押②，贷款利率大多为浮动利率（也可以是固定利率）。此外，银行也会提供各种各样的抵押贷款产品，方便客户购买大额资产。在英国，抵押贷款（一般期限为 20 年~25 年）的主要类型包括浮动利率抵押贷款③、固定利率抵押贷款④、具有利率上限的抵押贷款⑤、折扣抵押贷款⑥、返现型抵押贷款⑦。抵押贷款还可以用外币发放，用于购买海外资产或买入出租型资产。

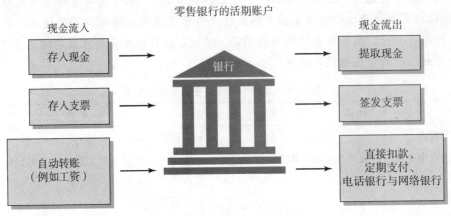

图 2-5　常见的活期账户使用方式

专栏 2-5

P2P 贷款机构

2008 年，《金融时报》（*Financial Times*）"货币"专刊的读者投票选出了"下一个伟大的投资想法"——基于互联网的 P2P 贷款。这种贷款模式的创造者是住在伦敦西北区的杰夫·诺顿（Jeff Norton）——一位很有想象力的发明家。P2P 贷款人为社交贷款提供交易场所，因而成为传统银行贷款的替代品。从本质上看，P2P 贷款就是在平台服务商的帮助下，个人与个人之间进行借贷。

我们详细总结了借贷的整个过程，如下所示［参见佐帕（Zopa）公司网站］。

● 我们先查看贷款申请人的信用评分，判断他们属于 A*、A、B、C 类还是年轻市场。如果无法将借款人归为上述任何一类，那就意味着佐帕公司不能向其提供服务。

---

① 即不需要借款人提供抵押品——这种贷款的金额一般不超过一定额，期限多为短期或中期，例如在英国，无担保的贷款通常不超过 25 000 英镑，贷款期限最长为 5 年。

② 这种贷款的本金大多为 20 000 英镑至 100 000 英镑，贷款期限长达 10 年。

③ 贷款利率随某个基准利率的变化而变化，例如盯住银行的标准贷款利率或由其他机构决定的市场参考利率，比如英格兰银行的基准利率或伦敦银行同业拆借利率。

④ 在一段固定期限内利率水平是不变的，这段时期大多为 2 年~5 年，随后又变为浮动利率。

⑤ 贷款利率是可变的，但是对一段时期内的贷款利率设置了上限。

⑥ 贷款利率可变，不过在一定时期内贷款利率要比基准利率低几个百分点，比如在贷款的头两年内，贷款利率比基准利率低一个百分点。

⑦ 抵押贷款借款人可以根据贷款金额获得一笔现金返现。

● 贷款人发出贷款承诺——"我愿意按照这个利率向 A 类借款人发放这么多贷款，期限为×。"

● 借款人对贷款人的利率报价进行评估，并尽快把他们看中的贷款抢到手。如果他们对今天的贷款利率不满意，那么可以明天再来看看是否会发生变化。

● 为了降低风险，佐帕公司贷款人只向个人借款者出借小额资金。一位贷款人总共借出 500 英镑，这笔钱被分散借给至少 50 位借款人。

● 借款人与贷款人签订有法律约束力的合约。

● 借款人采用直接扣款的方式每月还款。如果某一次还款未成功，那么催收代理机构将会使用与普通银行相同的贷款催收程序。

● 佐帕公司的收入源于每年向借款人收取 130 英镑的交易费，再加上向贷款人收取的 1% 的年度服务费。

● 每个人都很开心——贷款人获得了较高的贷款收益，借款人对贷款利率表示满意，整个贷款过程看不到银行或银行经理的身影。

在过去 5 年间，P2P 贷款机构的相对重要性越来越凸显，P2P 贷款模式似乎已被大众普遍接受。毫无疑问，金融危机、大型金融机构的破产以及随之而来的信贷冻结加快了这一进程。各国最著名的 P2P 贷款网站如下：美国的繁荣贷款（Prosper and Lending）俱乐部；英国、美国、日本与意大利的佐帕公司网站；中国的齐放（Qifang）网；还有一些成功的社交贷款网站，例如英国的瑞特赛特（RateSetter）网站与融资圈（Funding Circle）网站。然而，德国的思玛瓦（Smava）网、荷兰的布博（Boober）网未能取得同样的成就。

P2P 贷款——交易达成

厌倦了银行？加入我们吧。储户想获得更高的存款利率。消费者想获得其他贷款资源。政府希望增加贷款总额，但是为了满足资本充足率这一国际标准，银行不得不去杠杆。来看看 P2P 贷款吧，在线平台撮合借款人与贷款人成交。没有银行的各种手续费，P2P 贷款人能获得高于主流银行的贷款利率。不用担心英国政府会怂恿挑战者改变现状，P2P 贷款已经站稳了脚跟。

7 年间，佐帕公司——英国规模最大的 P2P 贷款机构一共发放了 2.6 亿英镑的贷款。另外一家 P2P 贷款机构——瑞特赛特公司的贷款总额约为 5 000 万英镑。是的，目前整个市场还比较弱小——市场总规模约为 3.8 亿英镑，但是其强大的生命力已经引起了政府的关注。上个月，政府同意向佐帕公司提供 1 000 万英镑的资金，目的是向全英国 350 万名个体经营者提供贷款，帮助刚刚成立的小企业获得融资。个人-企业型贷款机构融资圈已经开始这样做了。它只向小企业发放贷款。该机构在成立后两年内，一共贷放了 7 000 万英镑。政府刚刚向它提供 2 000 万英镑的贷款，以供其转贷给小企业。

P2P 投资者的收益相对较高。佐帕公司声称，扣除贷款平台收取的 1% 的服务费与 0.5% 的平均违约率（远远低于主流银行的违约率），P2P 贷款的投资者平均能获得 5.5% 的年化收益率。扣除贷款平台收取的服务费与 0.3% 的违约率，瑞特赛特公司的投资者也能获得差不多的收益率。瑞特赛特公司还设立了风险准备金，帮助客户规避违约风险。

尽管 P2P 贷款机构使用的信用评估技术与银行相似，但是违约依然是投资者面临的主要风险，这些投资者都无法获得由存款保险制度提供的保护。英国几家主流的 P2P 贷款网站都设计了经政府批准的消费者保护标准。从 2014 年 4 月开始，英国金融行为监管局（Financial

Conduct Authority）将对 P2P 贷款公司进行监管。

P2P 贷款模式已经站稳了脚跟。体型庞大、缺乏竞争力的银行要小心了。

另类抵押贷款的还款安排不同于传统的本金与利息还款计划，很多人认为这种抵押贷款是导致 2007 年次贷危机的罪魁祸首之一。浮动利率抵押贷款（ARM）赢得了"有毒贷款"的绰号。不过，柯克（2013）的研究认为，由于另类抵押贷款的初始还款额相对于贷款本金额偏低，对于预期未来能获得更高工资的家庭或希望能在整个生命周期内平滑消费的家庭来说，这样的贷款特别有意义。

除了存款服务和贷款服务以外，很多银行还积极进军其他金融领域，提供"一站式"服务，试图满足所有零售客户的全部金融需求。这包括提供各种各样的投资产品、养老金、保险与其他金融服务。

2.4.3 投资、养老金与保险服务

- 提供给零售客户的**投资产品**（investment products）主要包括各种各样与证券有关的投资产品：共同基金（在英国被称为单位信托）、公司股票以及其他证券关联产品（例如储蓄债券）。在现实世界里，储蓄产品与投资产品的重合度很高，因而很多银行都把这两项服务合并在一起做宣传。

- 很多银行都在广泛提供**养老金与保险服务**（pensions and insurance services）。之前按时向养老金计划账户缴款的退休人员可以定期从养老金账户获取退休金（以年金的形式发放）。存入养老金账户的缴款被用于长期投资，参与缴款的个人在退休以后可以定期领取退休金。银行提供的养老金服务叫作私人养老金计划，目的是区别于州政府提供的公共养老金计划。一般来说，养老金缴款能享受税收优惠，因为大多数政府都希望鼓励个人为退休做好储蓄。保险产品能保护个人（保单持有人）规避不利事件带来的风险。保单持有人定期支付保费，保险公司承诺如果特定的被保险事件发生，则会支付赔偿金。保险产品主要分成两大类型——人寿保险与普通保险（或财产险与意外险）。普通保险指的是并未将死亡当作主要风险的保险，包括住房保险、旅游保险、医疗保险、车险以及其他保险。银行同时提供人寿保险与非寿险产品，其中，非寿险产品包括旅游保险、财产险、抵押贷款还款保险等。在英国，收入保障保险[①]与重疾险[②]呈现快速增长的势头。

专栏 2 - 6

案例研究：还款保障保险的违规销售——"两份合同并不是分开的，也没有任何解释。"

保罗·菲尔德（Paul Fielder）现年 33 岁，是几十万个在一无所知的情况下购买了还款保

---

① 一旦被保险人失去工作能力，保险公司就可以提供收入补偿。

② 保险公司会赔偿因病产生的医疗费用和/或收入损失。

障保险的客户之一，这些客户都申请了个人贷款。2006年，菲尔德在赫尔经营一家房地产公司，他借了25 000英镑的贷款，用于重新整修他名下的一套房产。这笔贷款应在10年内还清，贷款利率为12.9%。

"当时我根本不知道自己同时还购买了还款保障保险。两份合同并不是分开的，也没有任何解释。工作人员只是告诉我'这是贷款总额，这是你以后每个月的还款额，在这里签名。'"除了贷款合同里包含还款保障保险，贷款机构甚至没有询问菲尔德是否患有可能导致其无法获得保险理赔的疾病。

一年前，当一位朋友提到媒体对这个问题的报道时，菲尔德才发现自己也买了一份还款保障保险。"我给贷款公司打电话，发现我现在每个月偿还的488.98英镑中包含了130英镑的保费。"他说。菲尔德联系了布鲁内尔·富兰克林（Brunel Franklin）公司，这家公司帮助菲尔德追回了购买还款保障保险的所有费用，再加上还款期间8%的利息。最后，菲尔德总共拿到了差不多7 600英镑。"我认为没必要憎恨银行，但是收到这张支票确实是一个惊喜，"他说，"我用这笔钱给女朋友买了一只订婚戒指，所有这一切都是大团圆结局。"

资料来源：Case study: PPI misselling-"nothing was separated and explained", *Financial Times*, 13/5/11 (Elaine Moore). © The Financial Times Limited. All Rights Reserved.

- **还款保障保险**（payment protection insurance，缩写为PPI）是一种常被用于保障负债被清偿的保险产品（负债通常是一笔贷款或透支额）。银行与其他贷款机构把还款保障保险当作附加产品来出售。这种保险的作用是一旦借款人因故（例如事故、生病、失业或死亡）失去收入，那么保险公司支付的保险理赔金可被用于偿还债务。不过，还款保障保险仅对有限时间内的债务偿还提供保障（一般是12个月）。由于银行的违规销售行为——银行这样做的主要原因是受到了高佣金的驱动——人们对还款保障保险这种产品的争议很大。金融巡视专员收到的投诉数量持续增加，在2012/2013财政年度达到了历史新高——378 699宗投诉。2007年，公平交易局（Office of Fair Trading，缩写为OFT）将还款保障保险市场存在的问题提交给英国竞争委员会（Competition Commission，缩写为CC）。在司法部门争论数年以后，2011年4月，英国高等法院裁定银行向消费者提供补偿，估计补偿金总额为45亿英镑。2011年5月，英国银行家协会（British Bankers' Association）称不会上诉，因此在不知情的情况下购买了还款保障保险的几百万消费者有资格申请赔偿。

2.4.4 电子银行

大量的创新型金融产品充分利用了快速发展的技术革新与金融市场的发展机遇。使用这些创新型产品完成的交易在总交易额、国内零售支付额以及跨境零售支付额当中所占的比例越来越高。总的来说，我们可以将其归纳为两类支付产品。

- 电子货币包括可反复充值的电子货币工具，表现形式为储值卡以及存储在电脑存储器里的电子代币。
- 远程支付指的是可以对消费者账户进行远程操作的支付工具。

图2-6举例说明了在基于全球电子网络的国际贸易领域，电子货币发挥了怎样的作用。

如今，电子银行被视为银行整体分布战略的一个组成部分，尤其是在零售银行领域，所有的大银行都提供电子银行服务。总的来说，银行在远程银行业务中的作用表现如下。

- 提供"传统的"远程银行服务（自动取款机与电话银行业务）的大型金融机构，已经开始越来越多地提供在线个人电脑银行服务以及网络银行服务。

- 一些小规模的专业银行没有实体经营场所，只提供远程银行业务。在大多数情况下，这些银行都是大型银行集团的子公司，例如在英国，虚拟银行——第一直达（First Direct）银行就是汇丰集团（HSBC group）旗下的子公司。

- 尤其是在发展中国家，一些银行开始提供手机银行业务，充分利用智能电话可移动、普及率越来越高所带来的优势（请参考专栏2-3）。虽然手机银行仍处于发展初期，但它已经做好了准备，手机银行的发展路径与过去10年网络银行的发展路径比较相似（凯捷与厄玛，2012）。

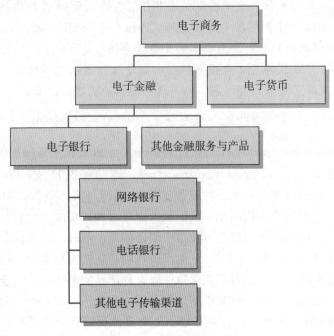

图2-6　电子银行的阐释

不同国家的银行提升各种远程银行业务"模式"的力度差别迥异。尽管以自动取款机、电话银行与手机银行为表现形式的电子银行并不是什么新现象，但是只有当互联网的使用量越来越大，提供这种服务的银行数量、使用在线银行服务的客户数量才会急剧增长。金融机构在发展远程银行业务的过程中，有些取得了成功，有些却以失败告终。互联网依然更适合运行标准化任务（例如信息搜集、查看账户状况等），而实体银行依然更适合去完成较为复杂的服务项目（凯捷与厄玛，2011）。因此，大多数互联网发展战略是为零售银行部门设计的，不过，也有一些银行正在尝试以公司客户为目标的网络服务项目。

20世纪90年代末，整个银行业都以为将来实体银行会彻底消亡，然而事实证明，实体银行一直坚挺到现在。一些银行尝试取消营业场所，客户不能再与活生生的柜员打交道，取而代之的是冷冰冰的自动系统，银行的这种做法让客户失去了与人互动交流的机会。很多银行设立了没有实体营业场所、只能通过互联网运营的支行机构，并向客户做出低服务费与高利率的承诺。然而，凯捷与厄玛（2011）证明，客户的认知正在发生变化，如今实体银行更多的是在扮演顾问的角色。实体机构正在用更加个性化的产品与服务将客户吸引回来。银行重新定位了自身的零售业务战略，改变了实体机构的布局与设计，提高了科技含量，同时改变了销售与服务的模式（参见图2-7）。

图 2-7　1980—2011年实体机构在多渠道服务网络内地位的变化过程

资料来源：凯捷与尼玛（2011，25）。

20世纪80年代

实体机构就是银行

- 实体机构是获得银行服务最方便的渠道。
- 实体机构网络的规模与零售银行的收入密切相关。
- 实体机构的管理者主导着客户与银行的关系。

20世纪90年代—2006年

实体机构要消失

- 互联网成为以较低的成本接触更广泛受众的媒介。
- 想要更多接触、使用互联网银行的动机促使银行开展网络银行业务。
- 行业领导者开始预期未来实体银行机构将会消失。

2007—2011年

实体机构处于多渠道服务网络的核心位置

其他服务渠道

推特（Twitter）、脸书（Facebook）、贝宝（PayPal）

- 随着智能手机的出现，手机银行开始向客户提供交易与服务等功能。
- 非银行的支付渠道，例如贝宝与奥宝贝（Obopay），对客户的吸引力很大。
- 社交媒体成为银行发展的新机遇。
- 不过，银行无法通过直销或其他渠道复制实体机构创下的销售纪录。

零售银行业务更多使用高科技的后果之一是导致该领域的竞争越来越激烈。过去，银行主要依靠品牌效应打败行业新进入者；然而现在，非银行的大品牌，例如英国的领先零售商乐购（Tesco）持续向支付系统以及其他银行服务领域扩张。此外，金融危机使很多零售银行的"品牌"名誉受到了损害。

　　银行希望不断增加客户基础（或者至少要保护现有的客户），那就需要意识到各种服务渠道的重要性，以增加客户的满足度。虽然看上去一些客户并没有把电话银行、手机银行看得很重要，但是这些服务渠道确实提高了客户的满意度（参见图2-8）。

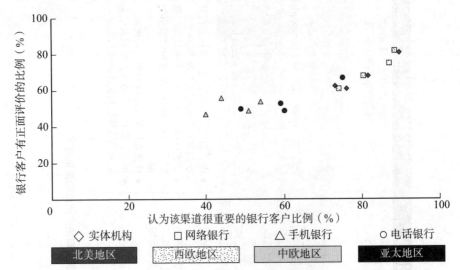

图2-8　2012年客户对各种服务渠道的正面评价与各地区服务渠道重要性的对比

资料来源：凯捷与厄玛（2012，19）。

2.5　可持续银行与道德银行：简要介绍

　　多年以来，主流银行业一直不重视可持续性问题。如今，来自股东与环保组织的压力越来越大，这促使更多银行直面挑战，向社会提供符合道德规范或具有可持续性的投资产品。银行应投资于具有社会责任感的企业——这些企业重视环境保护与人权；不应向独裁政权或军火企业提供贷款；不应与特殊产品（例如酒精、赌博或烟草）厂家做生意。说得更正式一点，**可持续银行业务**（sustainable banking）可以被定义为"银行只向充分考虑自身行为对环境与社会影响的客户提供产品与服务的决策"（鲍马等，2001）。按照国际金融公司（International Finance Corporation，缩写为IFC）——世界银行集团的成员——的说法，金融机构可持续性的定义应当包括与"良好的"企业绩效密切相关的四个方面（国际金融公司，2007，9）。

● 使金融机构与客户公司的财务实现可持续性——这样它们才能为经济发展持续贡献力量；

● 通过不断为本地区的经济发展提供助力，使得投资项目以及获得银行贷款的企业实现经济可持续性；

● 通过保护自然资源实现环境可持续性；

● 通过提高生活标准、减少贫穷、提升社区的福祉以及尊重人权实现社会可持续性。

　　总部在英国的投资管理协会（Investment Management Association，缩写为IMA）公布

了一份有关道德投资的高效指南，清楚地阐述了有道德感的基金具有不一样的目标，为了满足投资者不同的价值观，它们会遵守各种积极的或消极的评价标准。这是因为一些人希望自己投资的企业能为绿色环保以及伦理问题做出积极的贡献，还有一些人不愿意把钱贷放给所谓的"坏"企业，因为这类企业的行为偏离了它们的道德标准。专栏 2-7 提供了投资管理协会公布的负面与正面投资标准。

专栏 2-7

负面与正面投资标准

负面投资标准（资金提供者应努力规避的行为）

动物实验	英国已经禁止在动物身上进行化妆品（制成品）及其原料的试验，但其他国家尚未颁布相关的禁令。一些消费者认为在其他化学产品的生产过程中进行动物试验也同样令人无法接受。
基因工程	一些民众认为基因工程与现代生物技术是难以接受的、操纵自然的行为。
对健康及安全有害	投资者应避免投资于已被英国健康与安全执行局（Health and Safety Executive）发起诉讼的企业，以表示对这类企业行为的不赞同。
对环境影响较大	民众对环境恶化的担忧日益普遍。
人权	投资者习惯于抵制某些国家，但是越来越多的人认为，在这样的国家中，需要用投资来改善其民众的基本社会权利与经济权利。在此背景下，一部分民众对某些企业的活动表示担心。
精耕细作	很多民众关心食品质量，尤其是食品污染（疯牛病留下的"后遗症"）、抗生素残留，以及生长激素、农药的使用。
军事	一部分民众认为不管是保卫自己还是攻击别人，使用军事力量都是令人无法接受的行为。
核能	担心核能基站爆发事故导致辐射污染，这反映了很多民众对核能问题的担忧。
农药	过度使用农药会导致化学品残留物沿着食物链逐渐积累，伤害鸟类与昆虫，造成农民生病或死亡，对动物和人类的免疫系统造成损害。一些化学品还会导致臭氧枯竭。
污染	近年来，人们越来越关心环境污染对人体健康造成的影响。每年都会有几家公司被起诉，原因是未能按照法律要求发布通知或导致了严重的污染事故。
色情电影与成人电影	人们反对色情电影的主要理由是它代表着堕落、腐朽与丧失名誉，会引发性暴力或性别歧视。民众对网络色情的担忧日盛，害怕孩子们在使用互联网时接触这些有害的东西。
可持续的木材	森林砍伐包括将林地清空后用于耕作、种植或房地产开发、商业性采伐或收集燃材，这样的行为会给环境造成破坏，威胁野生动物的生存。
对发展中国家的担忧	很多投资者担心太多企业在与发展中国家做生意时对利润的追求突破了道德原则，事实上，这样做会让发展中国家变得更加贫穷，加深其对发达国家的依赖性。
传统的道德伦理问题	酒精与烟草的生产与销售、博彩业的巨额利润让一些注重道德观念的投资者担忧多年。
水污染	水污染问题大多与工业废弃物有关，水污染既是环境问题，又是社会问题。

续表

正面投资标准（资金提供者应积极投资的行为）	
公共事务	一些投资者认为，应积极鼓励企业通过捐赠或其他形式为自己所在的社区，进而为整个社会做出贡献。不过，对于企业应优先支持或援助的对象，投资者的排序不尽相同。
公司治理	公司治理为企业的所有者、投资者与股东提供了责任分担架构。从根本上看，良好的公司治理应当有助于企业获得较好绩效，确保企业的经营管理以所有者的最佳利益为先。
信息披露	投资者、社会公众以及政府越来越意识到需要获得有关公司政策与运营操作的高质量信息。投资者在挑选投资对象（企业）时，对企业的基本要求是能向投资者提供充足的信息，有助于投资者做出明智的选择。
环境问题	公众对环境污染问题的担忧日益普遍。企业已经通过各种方式对该问题做出响应，采取了很多创举或措施。
公平机会	一些企业正在改善其公平机会政策，它们开发了用于监督公平机会政策有效性的系统。
积极正面的产品与服务	道德投资调查服务（Ethical Investing Research Service）公司确认了有五类生产活动在向社会提供基本必需品、环保产品，或帮助解决问题，从而让世界变得更加安全。具体如下： • 环境技术，包括可用于回收利用的机器设备、风力发电机以及减轻污染的技术； • 废物处理； • 公共交通与自行车，包括提供公交车服务以及铁路轨道的维护保养； • 安全与保护，例如独居老人的报警系统、火警、救生衣与防护衣； • 医疗保健，包括药品、助听器与眼镜、住房、食品与衣服。
供应链问题	全球供应链的工作条件是很多投资者高度关注的问题。由于很多公司正在努力改善员工的工作环境，因此我们可以使用一个指标来评价企业的进度，如公司制定政策以鼓励、保持并提高供应链生产条件的努力程度。

资料来源：投资管理协会（2011）。

　　银行已经开始追求可持续战略。不过，它们在金融行业内的特殊作用意味着它们是横跨经济体内所有行业部门的社会、经济双重可持续发展的关键推动者。英国环境、食品与农村事务部（UK's Department for Environment，Food & Rural Affairs，缩写为 DEFPA）主持了一项研究工作——金融服务业在可持续发展中的作用研究。研究报告中写道：金融部门是一个至关重要的渠道，价格信号、监管、公民社会的压力能经由这个渠道引导金融资本流向可持续性的经济活动（伦敦公司，2002）。

　　很多在发展中国家开展业务的跨国银行都采用了名为**赤道原则**（equator principles）的政策框架，用于指导项目贷款决策。[①] 在发展中国家/新兴国家，银行经常使用项目贷款手段向各行业部门提供资金。一般来说，银行大多选择的是石油、天然气、采矿、公共事业与能源行业等部门的资产密集型项目。赤道原则包含一整套可自由选择的规则，旨在开发对社会负责任、具有完善的环境保护措施的项目。赤道原则最初于 2003 年被提出，遵循国际金融公司的

---

① 参考赤道原则官网。

环境与社会指导原则；2006 年 7 月，该原则被再次重申，并以文本形式公开发布。在极端情况下，签约银行应当避免向没有遵守赤道原则的借款人放贷。不过，赤道原则的目的是鼓励想获得融资的借款人从一开始就去寻找与赤道原则相一致的项目。而且，一旦发现项目的投资建设方案存在缺陷，那么应立即做出适当的调整，以确保项目与赤道原则相一致（吉瑞丹与斯奈斯，2011）。

毫无疑问，在过去 10 年间，可持续性与**道德银行**（ethical banking）都取得了一定程度的进展。公众对有益于社会发展的投资项目越来越感兴趣，对气候变化以及地球的其他长期环境问题也越来越关注。一些银行已经开始积极参与可持续性计划，不过，还有很多事需要做。

2.6　小结

银行业的本质已经发生了翻天覆地的变化。起初只是传统的贷款机构，随着监管的放松，如今银行可以提供各种各样的金融产品与服务。这意味着银行现在要与非银行金融机构展开竞争，成为全能型银行，同时提供非银行产品，例如保险与资产管理业务。支付体系也取得了惊人的进步，主要推动力是技术进步与创新以及消费者需求的变化。

在发达国家，年轻一代越来越习惯于使用电子支付工具，例如银行卡或自动转账。大多数国家的支票使用量已经急剧减少，而电子银行服务的相对重要性在不断提升，这并不令人惊讶。在发展中国家，人们面对的机遇与挑战紧紧围绕着比较简单的设备——手机。肯尼亚 M-Pesa 系统的发展历程具有非常强烈的正面效应。从本质上看，这个支付系统可以让人们在无须拥有银行账户的情况下，直接用手机转账或付款购买商品与服务。鉴于这种新型的手机支付服务的经济发展潜能巨大，我们预计它很快将在发展中国家与新兴国家大规模流行。

另外，在探讨现代银行业务的本质时绝不能忽视道德伦理与可持续发展问题。银行在任何经济体系内的特殊作用以及它们经常是企业获取融资的唯一渠道这一事实，都意味着银行是一个至关重要的渠道——引导着金融资本流向符合道德伦理的可持续性经济活动。尽管一些银行已经开始着手加入可持续性项目，但毫无疑问，随着社会公众越来越关心对社会有益的投资活动，同时越来越担忧类似于气候变化这样的全球性问题，未来还有很多事需要我们努力去做。

关键术语

比特币	存款机构	保险服务	银行卡
支票	投资产品	栅栏原则	信用乘数
直接扣款	非存款机构	定期支付	信用转账
电子货币/电子银行	可持续银行业务	存贷服务	赤道原则
支付体系	全能型银行	道德银行业务	养老金服务

主要阅读文献

Bank for International Settlements（2012）"Innovations in retail payments"，Report of the Working Group on Innovations in Retail Payments，May.

Cocco，J. F.（2013）"Evidence of the benefits of alternative mortgage products"，*Journal of Finance*，68（4），1663 - 1690.

Girardone，C. and Snaith，S.（2011）"Project finance loan spreads and disaggregated political risk"，*Applied Financial Economics*，21（23），1725 - 1734.

复习题

2.1　什么是存款机构？

2.2　为什么具备吸收零售存款的能力是一个很重要的特征？

2.3　银行如何创造货币？解释一下信用乘数理论。

2.4　给出全能型银行的定义。讨论全能型银行的优势与劣势。2007—2009 年的全球金融危机是否暴露出全能型银行商业模式的缺陷？

2.5　讨论银行提供的主要服务。

2.6　给出支付体系的定义。讨论当代支付体系的主要变化。

2.7　简述不同类型银行卡的主要特征。

2.8　P2P 贷款机构让交易不再依赖中介，让"中间人"无用武之地。讨论下列问题：

（a）P2P 贷款模式的收益与风险怎样？

（b）它与传统的银行贷款模式有何区别？

（c）P2P 贷款模式是否能让所有参与交易的各方获得更好的结果？

2.9　什么是电子银行？科技进步给零售银行业带来了哪些变化？

2.10　道德银行业务与可持续银行业务的含义是什么？

第三章

银行业务类型

学习目标

- 了解传统银行业务与现代银行业务之间的差别。
- 了解商业银行业务与投资银行业务的主要区别。
- 掌握互惠关系的主要特征。
- 清楚私人银行业务与公司银行业务的差别。
- 概要总结伊斯兰银行的主要特点。

3.1 导论

本章我们会向读者概要介绍从事**现代银行业务**（modern banking）的企业类型，并分析商业银行业务与**投资银行业务**（investment banking）的主要区别。本章的第一部分阐述了 20 世纪 90 年代至 21 世纪头几年，金融机构集团化的倾向以及人们对**全能型银行业务**（universal banking）经营模式［与之相对的是**专业银行业务**（specialist banking）］的普遍认可。随后，我们将简单介绍银行的主要类型，重点讨论银行可以向个人客户（包括私人银行业务）以及企业客户提供哪些产品或服务。在讨论公司银行业务时，我们会分成两个部分：面向小企业的产品与服务以及面向中等规模或大规模企业的商业银行服务与投资银行服务。我们会概要总结一下投资银行业务的主要特点，说明为什么 2007—2009 年全球金融危机会给美国的投资银行界带来"一个时代的终结"。最后，本章会简单聊一聊不以利息为导向的伊斯兰银行业务。

本章的讨论主题包括不同的银行业务与金融服务部门之间模糊的界限、对客户关系的重视以及满足客户越来越复杂、多样化的需求。不过，在这个后危机时代，金融体系改革的号角［例如，美国的《多德-弗兰克法案》与在主席约翰·维克斯（John Vickers）领导下的英国银行业独立委员会的建议〕再次吹响，投资银行业务与零售银行业务应当分隔开来（这就是所谓的零售银行业务分隔）。

3.2 传统银行业务与现代银行业务

在过去的 30 年里，银行业务已经发生了翻天覆地的变化，银行从经营相对狭窄的传统业务的金融机构，逐步转变为全能型的金融机构。**传统银行业务**（traditional banking）包含存款与贷款业务，银行的大部分利润来源于贷款业务。净利差（贷款的利息收入减去存款的利息成本）是银行利润的主要构成部分。在这样的环境下，为了提高利润，银行努力地实现利差最大化，并控制运营成本（员工薪酬成本与其他成本）。银行的经营战略主要着眼于贷款业务与吸收存款业务，这是它们的主要目标。

直到 20 世纪 90 年代，很多银行业务领域仍处于被严格监管的状态，并且被限制竞争。在英国，银行曾被禁止持有某些证券，并且不得从事投资银行业务。这种状况一直持续到 1986 年，政府出台了多项改革措施，允许商业银行收购股票经纪公司。在欧洲大陆，西班牙与意大利曾实施限制银行开设分支机构的禁令，该禁令直到 1992 年才被解除；同时，银行可以从事的业务活动也受到限制。1992 年，欧盟第二银行指令的颁布实施对欧洲各国银行可以从事的业务给出了清楚正式的界定，从此开启了所谓的全能型银行模式。全能型银行模式是指银行可从事的业务广泛地包含金融服务业的各个领域，例如证券交易、保险、养老金、金融租赁等。这意味着从 1992 年起，欧盟成员国的银行可以从事多种多样的金融服务业务。

美国也出现了同样的趋势。例如，之前政府一直禁止银行在全国范围内设立分支机构，直到 1994 年，美国颁布了《里格尔-尼尔跨州开展银行业务与设立分行效率法案》（Riegle-Neal Interstate Banking and Branching Efficiency Act），该法案允许在 1997 年 6 月以后，国民银行可以跨州设立分支机构。1999 年 11 月，美国颁布了《格雷姆-里奇-比利雷法案》，该法案允许商业银行从事证券业务与保险业务，从而使得美国的银行也可以选择全能型银行模式。日本也于 1999 年通过了类似的立法。

于是，银行可以从事的业务范围得到了急剧的扩张。我们在第二章曾经详细地介绍过，除了监管放松以外，还有很多其他因素对全球的银行业务造成了严重影响。20 世纪 80 年代，各国限制资金跨境流动的资本管制政策逐渐被取消，这使得资本跨境流动额迅速增长。在欧洲及其他地区，随着私有化进程的持续，再加上各种各样的资产负债表限制（也就是所谓的资产组合限制）被弱化或取消，政府给予银行更大、更自由的业务管理权限。在这种背景下，上述地区国有银行的重要地位有所下滑。技术进步——彻底改变了银行的后台管理模式以及前台向客户提供金融服务的模式——是导致这一全球化趋势的重要推动力。通信技术的创新变革使得信息在分散化的组织机构内快速传播的成本大大降低，从而让地理位置较分散的多个市场同时进行交易变得可行。较低的通信成本还提高了一些金融机构的竞争力，地理位置较遥远的金融机构越来越成为当地金融机构的有力竞争者。

技术进步让金融中介机构之间的界限变得越来越模糊。计算能力的提升允许投资银行与其他金融中介机构也可以向客户提供具有银行账户相似特征的账户产品。因此从总体上看，技术进步促进了各类金融业务的增长，提高了整个市场的竞争氛围。

表 3-1 证明，银行业务已经从原来的相对受限、竞争压力不大转变为全面放开、竞争激

烈的新局面。如今，银行已被视为全能型的金融机构——很多银行已经在自己的促销广告里把公司名称里的"银行"两个字去掉了，例如英国的巴克莱（Barclays）银行与美国的摩根大通（JPMorgan Chase）银行。银行的新战略目标是尽可能地满足更广大客户的金融服务需求，这一新目标促使银行转变为全能型的金融机构。可向客户提供的产品与服务种类的增加有助于强化银行与客户之间的关系，而且（只要客户对银行提供的服务感到满意）能在长期增加银行的收益。

表 3-1　传统银行业务与现代银行业务

传统银行业务	现代银行业务
产品与服务：有限	**产品与服务：全能型**
• 贷款	• 存款
• 存款	• 贷款
	• 保险
	• 证券/投资银行业务
	• 养老金
	• 其他金融服务
收入来源	**收入来源**
• 净利息收入	• 净利息收入
	• 手续费与佣金收入
竞争环境	**竞争环境**
• 竞争受限	• 竞争激烈
战略焦点	**战略焦点**
• 资产规模与资产增长	• 股东的回报
	• 创造股东价值（使得股东的权益报酬率高于资本成本率）
客户导向	**客户导向**
• 供给导向型	• 需求导向型
	• 为客户创造价值

　　面对竞争越来越激烈的市场环境，银行开始寻求利润的多元化——利用出售保险等非传统银行产品所得的手续费与佣金收入来补充贷款业务的利息收入。更加强调与客户之间的联系意味着银行已将经营策略转变为需求导向型，并将重心放在满足层次多样化、投资经验丰富的客户群体的多种需求上。

　　银行把更多的注意力放在提高经营绩效，尤其是让股东得到满意回报上，这种状况一直持续到 2007—2009 年全球金融危机爆发。按照传统，如果银行市场受到的限制较多，竞争压力不大，那么银行为了推升自身股价并让股东感到满意而追逐高收益的压力就要小一些。一般来说，此时银行更多关注的是资产成长战略。换言之，它们谋求成为规模更大的金融机构，因为规模大被视为商业成功的主要标志。现在，银行的核心战略是为股东（银行的所有者）创造价值，只关注资产增长的战略已经被摒弃了。之所以银行的关注点会发生如此转移，主要原因是随着银行对资本金的需求越来越多，股东的要求也在提高。在银行业，资本是银行保护自身、吸收风险损失的资源，同时银行还可以利用资本金收购其他金融机构或扩张规模。监管部门设定了最低资本金要求（例如巴塞尔委员会的最低资本充足率），因此银行必须持有充足的资本金，用来吸收不良贷款或其他业务活动造成的损失。在这种情况下，为了吸引新股东，同时留住老股东，银行需要创造出足够高的权益报酬率。因此，银行高管会优先执行有助于提升银行整体价值的战略（反映为银行股价乃至整个市值的上涨）。在2007—2009年全球金融危机爆发前，有助于推高银行股价的战略被排在第一位。如今，现代银行的发展模式已经与2007年美国次贷危机所引发的变革结合起来。政府应对金融服务业加强监管，同时应更关注银行业务的风险水平，这方面的需求快速增加。

2007—2009年全球金融危机过后，很多人呼吁应收窄大型金融机构的经营范围，重新引入防火墙，比如《格拉斯-斯蒂格尔法案》设置的防火墙措施，以限制银行存款面临的风险。同样的，由于银行业务范围的拓宽而不断加大的系统性风险既引起了学术界的争论，同时也奉献了真实案例。不过，降低金融机构产品的多样化程度并不能消除未来爆发系统性危机的风险。对于政策制定者来说，一个重要的问题是分清楚界限——既要实现银行产品的多元化，为股东创造价值，同时不增加系统性风险；又要注意防范这对金融体系稳定性带来的威胁，不管其是否会给某个金融机构的股东带来好处。银保合作是银行产品多元化最成功的渠道之一，我们会在3.2.1节详细介绍。

3.2.1 全能型银行与银保合作趋势

放松管制的一个重要特征是允许银行进入之前被严格禁止的金融服务领域。虽然全能型银行自20世纪90年代初就是欧洲银行业的经营模式之一，不过近年来，这股潮流主要兴盛于美国和日本。值得注意的是，选择全能型银行模式意味着商业银行在保险行业内的地位有所上升（吉那提与莫利纽克斯，1998）。欧洲银行业的实践向世人提供了一个完整的案例——如何将银行业务与保险业务相结合。这种银行业与保险业的融合就叫作**银保合作**（bancassurance）。

银保合作这个词源于法语，其含义是通过银行的分销网络销售保险产品。银保合作——也可以写作"allfinanz"——指的是提供一揽子金融服务，同时满足客户的银行与保险需求。例如，大型银行在发放抵押贷款时，通常要求客户同时购买人寿保险。一旦抵押贷款申请人死亡，人寿保险支付的死亡赔偿金就被用于清偿尚未偿还的抵押贷款。

自20世纪80年代起，银保合作的趋势一直在稳定地发展。下面我们列出了影响这种趋势的一些因素：

- 银行想利用交叉销售的机会（范围经济）。
- 随着净利差的缩小，非利息收入猛增。
- 风险分散。
- 银行转变为全能型的金融机构（放松管制）。

到了20世纪80年代，很多国家的银行开始出售保险产品，这相当于其传统银行业务的直接拓展。例如，基于消费者贷款的信用保险在法国很常见。银行还向通过抵押贷款形式购买大额财产的客户提供房屋保险或住宅/室内物品保险。

20世纪80年代，银行业出现了重大变革，尤其是在法国，当地的银行开始提供资本化产品（例如养老理财产品）。不过，虽然这些产品具有一定的保险成分，但是对于这些产品的主要目标（储蓄）来说，这种保险概念只不过起着辅助性作用。20世纪90年代，金融行业更加注重以客户为导向，多个欧盟国家的银行尝试将银行业务与保险业务更好地协调发展。如图3-1所示，截止到21世纪头一个10年快结束时，整个欧洲的银保业务大约占36%的人寿保险市场份额以及5%的非人寿保险市场份额。马耳他银保业务在人寿保险市场占据了92%的份额——这是最高份额。紧随其后的是几个南欧国家，市场占比均超过了50%。东欧地区的银保合作模式不太普遍，英国是欧洲人寿保险最大的单一市场，可是银保合作模式在英国仅占15%至20%的市场份额。

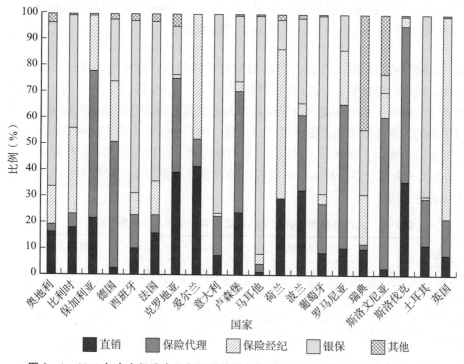

图 3-1　2010 年人寿保险产品各渠道的销售情况（按照保费总收入计算的比例）

资料来源：欧洲保险业（2013）。

如今，"银保"这个词意味着多种产品结构与商业模式。每个国家银保商业模式的发展都不尽相同，因为这些商业模式必须要适应本国市场的结构与交易惯例。更宽泛地讲，银保模式可大致分为分销联盟与控股集团两种形式。如图3-2所示，控股集团模式要比传统的分销联盟模式更复杂，后者只不过是将保险产品出售给银行的客户，而前者是在努力将客户留在银行体系内，并获取经济增加值——这是银行的财务绩效指标之一——并不只是充当保险公司的销售代理。控股集团模式的操作手法是：银行拥有自己的全资子公司，通过其所有分支机构出售保险产品，而分销联盟模式意味着银行仅代理销售保险公司的产品，以获取佣金收入。

在实践中，到底选择控股集团模式还是分销联盟模式，这主要取决于某个特定国家内银行业所扮演的角色与地位。在意大利、法国、西班牙与英国这样的国家，民众习惯了定期到银行办理业务，因而控股集团模式可能更好一些。总的来说，通过银保模式出售的人寿保险与养老金产品在欧洲市场上所占的比例在快速上升。

不过，值得注意的是，由于银保模式比较复杂，而且欧洲各国采取的形式各有不同，因此统计数据可能低估了实际的销售额。尤其是通过分销联盟模式出售的保险产品实际金额更有可

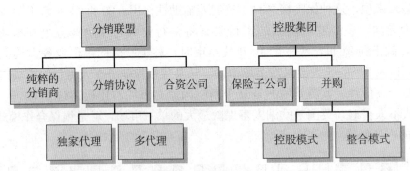

图 3-2　银保模式

能被低估，这将导致银保模式占据的市场份额被整体低估，特别是在英国。如表 3-2 所示，在欧洲以外，两个拉美国家——巴西与智利已经在人寿保险以及非人寿保险市场取得了银保模式的巨大成功。然而，总的来说，银保模式在人寿保险产品的分销领域表现得更为成功。虽然很多欧洲国家的人寿保险市场被银保模式所主导，但其他一些大型市场的情况并非如此。2010年，在美国保险市场上，银保模式仅占 2% 的市场份额；而在加拿大，银保模式的市场份额仅为 1%。与非人寿保险产品一样，这么低的市场占有率主要与立法的变革以及消费者对传统金融中介的依赖性有关。

表 3-2　2010 年欧洲以外市场银保渠道非人寿与人寿产品的销售比（%）

国家和地区	非人寿保险产品				人寿保险产品			
	银保	保险代理	保险经纪	其他	银保	保险代理	保险经纪	其他
澳大利亚	n.a.	21.0	74.0	5.0	43.0	—	57.0	—
巴西	13.3	n.a.	71.6	n.a.	55.0	n.a.	30.0	n.a.
加拿大	忽略不计	18.0	74.0	8.0	1.0	60.0	34.0	5.0
智利	18.8	—	81.2	—	13.0	—	87.0	—
中国	n.a.	45.4	2.0	52.6	16.3	—	83.7	—
日本	n.a.	92.8	0.2	7.0	n.a.	n.a.	n.a.	n.a.
马来西亚	10.0	40.0	23.0	27.0	45.3	49.4	2.4	2.9
墨西哥	10.0	25.0	50.0	15.0	10.0	—	90.0	—
台湾	n.a.	62.0	30.0	8.0	33.0	11.7	6.6	48.7
美国	n.a.	n.a.	n.a.	n.a.	2.0	n.a.	n.a.	n.a.

资料来源：欧洲保险委员会（2010）。

3.3　零售银行业务或个人银行业务

零售银行业务 ［retail banking，也称**个人银行业务**（personal banking）］指的是向个人客户提供的金融服务，一般来说金额较小。通常所有的大型银行都能提供多种多样的个人银行服务，包括支付服务（可以签发支票的活期存款账户、信用转账、定期支付、直接扣款以及银行卡业务）、储蓄、贷款、抵押贷款、保险、养老金以及其他服务（我们已经在 2.4 节介绍过这些服务种类）。

各种类型的银行均可以提供个人银行服务。包括：

- 商业银行；
- 储蓄银行；
- 合作银行；
- 住房互助协会；
- 信用合作社；
- 金融公司。

3.3.1　商业银行

商业银行（commercial banks）是所有经济体内最主要的金融中介机构。它们是家庭贷款与企业贷款的主要提供者，并负责运营支付体系。商业银行通常采取的是股份制结构，可能是在交易所公开上市的公众公司，也可能是私人公司。

商业银行可以向个人客户与公司客户提供多种多样的存款、贷款产品，以及种类齐全的金融服务。在绝大多数国家，商业银行都是规模最大的银行，其中一些银行的鼎鼎大名家喻户晓，例如花旗银行（Citibank）、汇丰银行（HSBC Bank）、德意志银行（Deutsche Bank）以及巴克莱银行。表 3-3 提供了截止到 2012 年 12 月全球排名前 15 位的银行名单，该表按照核心资本以及总资产规模的大小排名。

虽然商业银行的主营业务是存款、贷款业务，但是我们应牢牢记住那些大型银行还在积极从事投资、保险以及其他金融服务项目。它们是大多数国家零售银行市场上的主要竞争者。专栏 3-1 介绍了全球规模最大的银行之一——美国银行（Bank of America）的业务模式。

专栏 3-1

美国银行

美国银行是世界上规模最大的金融机构之一，向个人客户、中小企业以及大型企业提供种类繁多的银行、投资、资产管理、理财以及风险管理产品与服务。目前该银行向大约 5 300 万个人客户与小企业提供服务，拥有 5 500 多个零售银行分支机构、16 300 台自动取款机，同时网络银行系统十分先进，拥有 3 000 万个活跃用户。

美国银行还是全球最领先的财富管理公司之一，在公司金融、投资银行业务等领域处于国际领先地位，参与多种类型资产的交易，向遍布全球的企业、政府、机构与个人客户提供服务。美国银行向 300 万家小企业提供一系列便于使用的创新型在线金融产品与服务，引领了行业的发展潮流。该银行在全球 40 多个国家开展业务。美国银行发行的股票（代码为 BAC）是道琼斯工业平均指数的样本股之一，在纽约股票交易所（New York Stock Exchange）上市。

图 3-3 对美国银行 2012 年年底的资产负债表与损益表进行了阐释。该银行的主要资金来源为存款以及短期借款（占比为 67%），相比较而言，其资产的构成更为多元化，贷款类资产项目与非贷款类资产项目几乎并驾齐驱。

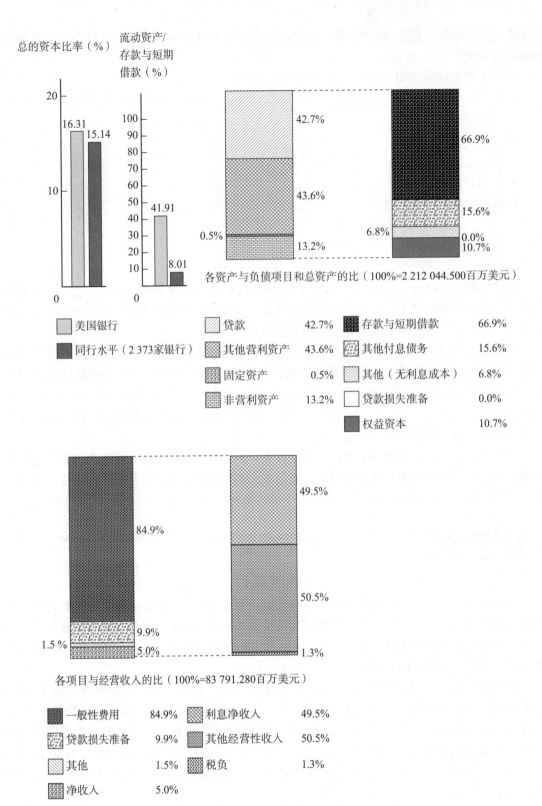

图 3-3　美国银行资产负债表与损益表的结构（2012 年）

资料来源：SNL 金融公司的金融与银行数据库。

表 3-3 排名前 15 位的商业银行 (截止到 2012 年 12 月)

排名	银行	国家	核心资本 (百万美元)	总资产 (百万美元)
1	美国银行	美国	159 232	2 136 577
2	摩根大通	美国	150 384	2 265 792
3	中国工商银行 (ICBC)	中国	140 027	2 456 294
4	汇丰控股 (HSBC Holdings)	英国	139 590	2 555 579
5	花旗集团 (Citigroup)	美国	131 874	1 873 878
6	中国建设银行 (China Construction Bank)	中国	119 135	1 949 219
7	三菱日联金融集团 (Mitsubishi UFJ Financial Group)	日本	117 017	2 664 170
8	富国 (Wells Fargo) 银行	美国	113 952	1 313 867
9	中国银行 (Bank of China)	中国	111 172	1 877 520
10	中国农业银行 (Agricultural Bank of China)	中国	96 413	1 853 318
11	法国巴黎银行 (BNP Paribas)	法国	91 857	2 542 879
12	苏格兰皇家银行 (Royal Bank of Scotland, 缩写为 RBS)	英国	88 112	2 329 767
13	法国农业信贷银行 (Crédit Agricole)	法国	80 221	2 431 931
14	西班牙桑坦德银行 (Banco Santander)	西班牙	79 897	1 619 349
15	巴克莱银行	英国	78 036	2 417 369

资料来源:《金融时报》银行家数据库。

3.3.2 储蓄银行

储蓄银行 (saving banks) 在很多方面类似于商业银行, 两者的主要区别在于所有权的性质。储蓄银行通常采用的是共有制 (即互助式), 这意味着储户或借款人是银行的所有者, 银行被自己的"用户"或"股东"所拥有。在美国, 储蓄贷款协会 (简称储贷协会) 是最主流的储蓄银行类型。过去, 家庭存款是储贷协会的主要资金来源, 其资产类型主要为零售抵押贷款。如今, 储贷协会的资产业务类型变得更加多元化, 可从事小企业贷款、信用卡及其他金融业务。原来美国的储贷协会主要采用的是共有制结构, 不过现在很多储贷协会已经改制上市了。它们构成了美国第二大类经营存款业务的金融机构梯队: 截止到 2012 年 12 月, 美国国内共有 987 家储蓄机构, 其资产总规模超过 1 万亿美元, 雇用的员工数量为 150 000 多人。[①]

储蓄银行在很多其他国家也发挥了重要作用, 尤其是在欧洲。比如在德国, 储蓄银行占据了 50% 多的零售银行市场份额, 是家庭贷款领域最重要的放贷机构。德国的储蓄银行[例如德国储蓄银行 (Sparkassen)]都是公共机构, 其所有者为联邦政府与地方政府, 这说明小型公共银行网络具有强大的政治能量 (见专栏 3-2)。

---

① 见美国联邦存款保险公司官网。

专栏 3-2

德国的小银行力争保有特权

外部人士一直在抱怨德国储蓄银行集团拥有特权，其成员行可以将彼此之间的贷款或对紧密关联的地区银行集团的贷款（很多地区性的储蓄银行协会是这些银行集团的共有者）事实上视为"无风险"。这意味着其风险敞口不需要进行资本拨备。这种异常做法会导致资本需求被低估，鼓励银行加大杠杆或增加关联交易，从而损害了银行体系的稳定性，这是 2011 年国际货币基金组织（International Monetary Fund）的官员指出的问题。

与此同时，这 423 家储蓄银行不需要作为一个统一的金融集团提交合并后的财务报表。它们的财务报表接受的是储蓄银行集团的内部审计，而非外部审计。

这些储蓄银行还认为它们应当可以不参加欧洲地区的存款保险计划，因为一直以来，它们始终在对集团内成员银行的存款余额提供无限制的担保，这种保障力度已经足够大了。批评者认为，金融危机期间政府对地区银行集团的紧急援助证明这种联合负债模式的稳定性被夸大了。在某些情况下，各个储蓄银行提供的救助与其持有的股份份额并不相称。

储蓄银行还享受着比竞争对手更低的资本成本优势：他们没有向地方市政机构分配股息的义务。

储蓄银行对当地体育事业或文化活动的捐款可以部分弥补缺失的股息。但是，德国基督教民主联盟（CDU）议员拉尔夫·布林克豪斯（Ralph Brinkhaus）认为，储蓄银行的低股息率将无法持续下去，因为很多地方政府正面临财务困境。

资料来源：Germany's small banks fight union plans，*Financial Times*，02/12/12（James Wilson）. © The Financial Times Limited. All Rights Reserved.

值得一提的是，欧洲以及其他国家的储蓄银行仍在坚持共同所有原则，追求的目标也与其所在地区的经济社会发展息息相关。与商业银行不同，储蓄银行更倾向于追逐战略性目标，而非股东财富或股东收益最大化。一般来说，它们主要侧重于向零售客户与小企业提供银行服务，不过随着一些储蓄银行的规模慢慢扩张，直至成为"巨无霸"金融机构（尤其是在德国与西班牙），它们提供的服务与产品变得越来越与商业银行相似。

3.3.3 合作银行

合作银行是与储蓄银行在很多方面都十分相似的另一类金融机构。起初，**合作银行**（co-operative banks）大多采用的是共有制，主要向零售客户与小企业提供银行服务。合作银行是德国、奥地利、意大利、法国、荷兰、西班牙与芬兰等国金融体系的重要组成部分。数量众多的小型合作银行聚集或合并在一起，成为一家规模大得多的金融机构，这已成为趋势。例如荷兰的拉博银行（Rabobank）与法国的农业信贷银行（Crédit Agricole），这两家银行如今已经上市，其股票在市场上公开交易。在英国，英国合作银行（Co-operative Bank）也在公开市场上交易。不过，在经历了 2007—2009 年全球金融危机以后，"银行合并与去共有制的做法到底好不好"这个议题被人们重新提起，很多人的看法较之前发生了剧烈转变。现在，很多评论家呼吁应倡导银行类型的多样化，因为客户有多种不同类型，所以银行的模式也应该多种多样，以便更好地支持实体经济的发展，促进经济体系的稳定性，并提高包容性。

3.3.4　住房互助协会

在英国与其他很多国家（例如澳大利亚与南非），**住房互助协会**（building societies）是另外一种能够提供个人银行服务的常见金融机构。与储蓄银行和合作银行一样，住房互助协会采用的也是共有制，主要经营零售存款与抵押贷款业务。

正如英国住房互助协会（UK Building Societies Association）所说的：

> 住房互助协会是一个互助型机构。这意味着持有储蓄账户或申请了抵押贷款的个人客户绝大多数都是协会的会员，拥有一定的投票权，有权获取信息和参会，并在会议上发言。每个会员都拥有一份投票权，不论其拥有多少存款或贷款，或拥有几个账户。每个住房互助协会都设有董事会，负责整个协会的运营以及制定未来的发展战略。
>
> 住房互助协会与银行不同，银行采用的是公司制（大多在股票市场挂牌上市），因此银行的所有者是股东，银行追逐的目标是为股东创造价值。住房互助协会不是公司，没有外部股东施加的利润最大化的压力（体现为向股东支付股息）。这使得住房互助协会可以以更低的成本运营，能够比竞争对手提供更优惠的抵押贷款利率以及更有吸引力的储蓄存款利率。
>
> 住房互助协会与银行还有一个明显的差异，即住房互助协会从货币市场获取融资的比例要受到限制。住房互助协会从批发市场获得的融资不得高于其全部资金来源的50%，否则便是违法。目前，住房互助协会在批发金融市场上获取的资金大致相当于所有资金来源的20%。

英国住房互助协会（2013）

作者在写作本书时（2014年），英国大约有46家住房互助协会，总资产规模为3 250亿英镑。此外，英国还有50家采用共有制的贷款机构与存款机构。统计表明，在20世纪90年代，随着规模最大的住房互助协会由共有制改制为公开上市公司，也就是说变成了银行，住房互助协会的数量锐减。读者可在第十三章了解到英国住房互助协会的更多信息。

3.3.5　信用合作社

信用合作社（credit unions）是另一种共有型存款机构，在很多国家发挥着越来越重要的作用。这是一种非营利性的合作机构，所有会员把储蓄资金汇集到一起，互相放贷，因而会员便是机构的所有者。信用合作社受到的监管不同于银行。它们的员工大多为兼职。如表3-4所示，2005—2010年，全球范围内信用合作社的数量实现了举世瞩目的快速增长（24%）。很多时候（例如欧洲与大洋洲出现的情况），尽管信用合作社的数量快速减少，但会员的数量以及存贷款的规模依然普遍保持着快速发展的势头。

2012年，全球信用合作社的总数量为56 000家，会员总数为2亿人。截止到2012年12月，美国共有6 960家信用合作社，会员人数超过9 500万人，存款额超过1万亿美元，贷款额超过8 500亿美元。2012年，英国共有397家信用合作社，与2005年相比，机构数量减少了153家；会员人数约为1 025 000人。自2005年以来，英国信用合作社的会员人数增加了

500 000 人；2010—2011 年，会员人数增长了 10.4%，相应的总资产规模增长了 15.19%，这股增长的势头很引人注目。[①]

表 3 - 4　2005—2010 年全球信用合作社的变化率（%）

地区	信用合作社的数量	会员数量	存款额	贷款额
非洲	135.1	77.9	125.0	125.1
亚洲	18.8	21.0	126.1	146.1
加勒比地区	42.8	67.4	75.3	90.0
欧洲	−16.4	23.1	25.5	26.4
拉丁美洲	−12.0	26.6	154.3	163.3
北美地区	−11.2	12.4	54.1	47.5
大洋洲	−18.8	0.3	96.2	108.1
全球合计	**24.0**	**19.7**	**61.0**	**56.8**

资料来源：信用合作社全球委员会（WOCCU）以及本书作者的计算。

3.3.6　金融公司

金融公司向个人以及企业提供消费贷款、商业贷款以及其他类型的贷款。它们与银行的区别在于，通常金融公司不能吸收存款，因而主要依靠在货币市场（例如商业票据）与资本市场（股票与债券）上发行证券来获得资金。在英国，人们有时称其为**分期付款公司**（hire purchase firm），尽管金融公司的主营业务为零售贷款与（在英国与欧洲大陆开展的）**租赁**（leasing）业务。所有的大型零售企业与汽车企业都设立了自己的金融子公司，例如通用汽车（General motors）旗下的金融公司可以向购车客户提供汽车贷款，这家子公司名为通用汽车金融服务（GMAC Financial Service）公司。销售贷款机构（零售商或汽车企业向客户提供消费贷款）、个人贷款机构（向无法获得银行贷款的非优质客户或高风险客户提供贷款）与企业信用**金融机构**（finance houses）存在着明显区别。企业信用金融机构往往会通过**保付代理**（factoring）（购买应收账款）与租赁业务为母公司筹集资金。

英国规模最大的金融公司均为大银行的子公司，同时它们也是个人客户无担保贷款的主要发放者。例如，2012 年，金融公司向个人消费者提供了 764 亿英镑的贷款，相当于英国全国无担保贷款总额的 30%左右。其中，金融公司共发放了 233 亿英镑的汽车贷款，在新增的私家车当中，超过 70%都申请了汽车贷款。[②]

3.4　私人银行业务

我们在前文中讨论的是个人银行业务，列出了多种服务项目的名称以及提供这些服务项目

---

① 参见信用合作社全球委员会的《统计报告》（Statistical Reports）。
② 消费贷款的更多信息可查询英国金融 & 租赁协会（UK'S Finance & Leasing Association）的官网。

的各类金融机构。在过去的 10 年间，**私人银行业务**（private banking）发展迅速，是与个人银行业务紧密相关的另一个银行业务领域。

私人银行业务面向富有的客户——主要是富有的个人或家族，为其提供高品质的金融服务以及其他相关服务。通常来说，这些服务包括零售银行产品（例如支付服务与账户便利服务）以及多种类型的、品质更高的投资服务。市场细分与提供高品质服务这两点共同构成了私人银行业务的核心。主要特点如下所示：

- 符合个人客户要求的定制化服务。
- 对客户的需求进行预判。
- 长期关系导向。
- 保持私人交往。
- 谨慎周到。

高净值个人（high net worth individuals，缩写为 HNWIs）指的是可投资资产（可自由处置用于投资的资产）达到或超过 100 万美元的个人客户。私人银行业务的一个重要特点是，它与客户人群的细分密切相关。在这个业务市场上，底层被称为"大众富裕阶层"，通常指的是可投资资产在 10 万美元与 100 万美元之间的人群；而市场的顶端常被称为超级高净值个人，其可投资资产超过 3 000 万美元；在底层与顶端之间的中间阶层则是高净值个人（可投资资产至少达到 100 万美元）以及中等层次的百万富翁（拥有 500 万美元至 3 000 万美元的财富）。随着不同层次客户拥有的财富额的增加，私人银行部门提供的服务与产品的数量也会相应地增加。

图 3-4 用数据说明了高净值人口的地区分布以及 2007—2011 年的变化情况。凯捷咨询（Capgemini）公司与加拿大皇家银行财富管理（RBC Wealth Management）公司发布的《2012 年世界财富报告》（World Wealth Report 2012）突出强调了高净值个人客户市场的诸多特征。[①]

- 截止到 2011 年年底，在全球范围内，金融资产投资额不少于 100 万美元的个人客户约为 1 100 万人。
- 高净值个人的财富总额为 42 万亿美元，比 2007—2009 年全球金融危机爆发前的峰值还要高［不过到了 2011 年，可投资资产的总额下降了 1.7 个百分点，这是更高等级的富裕人口即超级高净值个人（可投资资产至少达到 3 000 万美元的个人）数量减少导致的结果］。
- 从地区分布来看：

（1）亚太地区高净值个人的数量创造了新高，达到 337 万人，首次超过了北美地区（335 万人），成为世界上高净值人口数量最多的地区。

（2）北美地区高净值个人持有的可投资资产规模依然在各区域的排名中荣登榜首（11.4 万亿美元），只不过与 2010 年相比，所占比例下降了 2.3 个百分点。

（3）亚太地区高净值个人持有的财富总额（2011 年为 10.7 万亿美元）已经于 2009 年超过了欧洲（2011 年为 10.1 万亿美元），而且两者之间的差距在不断扩大。与此形成鲜明反差的是，欧洲的高净值人口数量增长了 1.1%，达到了 317 万人，该增长主要源于俄罗斯、荷兰与瑞士三国人数的增加。

- 随着时间的流逝，全球高净值人口的区域分布正在逐渐变得越来越碎片化，不过从整体上看，2011 年的地区分布较之前并无太大变化，全球 53.3% 的高净值个人依然集中分布于美国、日本与德国这三个国家。

---

① 凯捷咨询公司官网。

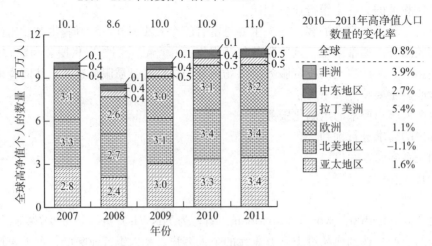

图 3 - 4　高净值人口 (2007—2011 年)

资料来源：凯捷咨询公司与加拿大皇家银行财富管理公司发布的《2012 年世界财富报告》。

　　表 3 - 5 的排名节选自 2012 年的斯格皮奥 (Scorpio) 排名。随着富裕人口的数量不断增加，再加上私人银行业务的高利润率，私人银行业务是目前很多大型银行重点开发的市场领域。尽管受到的监管压力越来越大，经济形势也不太稳定，但财富管理市场依然发展得很好。不过，受托资产的相关管理成本在逐渐上涨，主要原因是全球金融监管框架发生了变化。市场趋势显示，各家机构的成本-收益比率为 78％～85％，这比 2008 年之前高得多。在私人银行业务市场上，规模最大的前五家公司依然来自美国和瑞士，美国银行排在第一位。随着投资银行业务受到的监管压力越来越大，财务管理业务逐渐被金融机构视为稳定的收入来源。例如，2012 年，高盛 (Goldman Sachs) 公司宣布计划进一步拓展私人银行业务。

表 3 - 5　基于受托资产规模的全球私人银行业务排名前 20 位

	机构名称	受托资产 (10 亿美元)	2011 年的增长率 (％)
1	美国银行	1 671.00	-2.17
2	瑞银集团 (UBS)	1 554.53	-0.34
3	富国银行	1 300.00	-7.07
4	摩根士丹利 (Morgan Stanley)	1 219.00	-0.81
5	瑞士信贷 (Credit Suisse) 银行	843.32	-2.51
6	加拿大皇家银行 (Royal Bank of Canada)	573.32	0.68
7	汇丰银行	377.00	-3.33
8	德意志银行	348.60	-5.41
9	法国巴黎银行	316.20	-7.11
10	摩根大通	291.00	2.46
11	瑞士百达 (Pictet) 银行	262.11	-5.48
12	高盛公司	227.00	-0.87
13	花旗集团	208.00	47.83
14	荷兰银行 (ABN AMRO)	189.98	-13.67
15	巴克莱银行	182.71	-1.72

	机构名称	受托资产（10亿美元）	2011年的增长率（%）
16	瑞士宝盛（Julius Baer）银行	178.79	0.12
17	北方信托（Northern Trust）银行	173.70	12.50
18	纽约梅隆银行（Bank of New York Mellon）	168.00	1.20
19	法国农业信贷银行	163.67	−4.74
20	隆奥达亨（Lombard Odier Darier Hentsch）银行	151.30	−1.18

资料来源：2012年斯格皮奥排名。

3.5 企业银行业务

企业银行业务（corporate banking）指的是向企业提供的银行服务，不过一般来说，这个术语指的是向规模较大的企业提供的银行服务。汇丰银行的企业银行业务分成三大类：面向营业额不超过200万英镑的企业的业务，即一般企业银行业务；面向营业额在200万英镑至3000万英镑的企业的业务，即商业银行业务；面向营业额超过3000万英镑的企业的业务，即公司银行业务。向最后一类即规模最大的企业提供的银行服务也称为公司结构性银行服务。请大家注意，这三类业务彼此之间的界限并不清晰，一些银行并没有明确区分何为一般企业银行业务，何为公司银行业务。我们要提醒大家的是，公司银行业务主要指向大型企业提供的银行服务，而一般企业银行业务涉及的银行服务项目很多，既包括向小型新建企业提供的金融服务，也包括向规模较大的公司提供的金融服务。

面向中小企业的银行服务项目在很多方面类似于个人银行业务。作为服务对象，企业的规模越大，银行提供的金融产品与服务种类就越多，也越复杂。下面我们列出了不同规模的企业可以使用的主要银行服务类型。

3.5.1 面向小企业的银行服务

面向小企业的银行服务可分为四种类型：
（1）支付服务。
（2）债务融资。
（3）权益融资（又称股权融资）。
（4）特殊融资安排。

3.5.1.1 支付服务

如前所述，银行在支付体系内扮演着至关重要的角色。它们向企业和个人提供清算服务，确保活期账户交易能够快速结算，发行便于消费者支付结账的信用卡与借记卡，客户还可以通过银行的自动取款机或网点支行快速取现。面向小企业的支付服务在很多方面类似于个人客户可享受的支付服务。企业可以在银行开立活期账户，银行可以通过这种活期账户提供多种支付服务。在英国，此类服务包括：

● 现金与支票存款便利。

- 支票签发便利。
- 接入支票与信贷清算公司（cheque and credit clearing company，缩写为CCCL），该系统负责处理纸质支付凭证，完成大部分支票以及纸质信用支付凭证的结算工作。
- 接入银行自动结算系统（banks automated clearing system，缩写为BACS），该自动结算系统负责完成各银行账户之间电子支付的结算工作，还负责处理直接扣款、直接入账以及定期付款等支付命令。2012年，银行自动结算系统共处理了56.6亿笔支付，结算金额为4.15万亿英镑。[①]

2008年5月，**更快支付服务体系**（faster payments service，缩写为FPS）被投入使用。该支付体系由英国的银行业开发，通常可以在数小时内完成电子支付命令（通过网络或手机下达的支付指令）的结算。该支付体系与银行自动结算系统互为补充。12家银行与1家住房互助协会——这13家机构需要结算的交易数量占整个支付体系的95％左右——最先承诺使用该支付体系。[②] 该支付体系提高了英国各家银行之间资金转移的速度，使得不同银行的账户之间的转账可以迅速结清。

- 清算所自动支付系统（clearing house automated payments system，缩写为CHAPS）可在支付当日内完成大额电子转账支付的结算事宜（不过，小企业很少使用清算所自动支付系统，因为交易成本太高了）。虽然清算所自动支付系统主要用于企业与企业之间的大额转账结算，但消费者也可以使用该系统完成高价值物品的交易结算，例如买卖房屋或汽车。清算所自动支付系统处理的支付交易笔数仅占总量的0.5％，然而其负责结算的金额占英镑结算总额的93％。2012年，清算所自动支付系统处理的交易笔数为3 400万笔，平均每天处理134 700笔支付交易（请参考图3-5）。

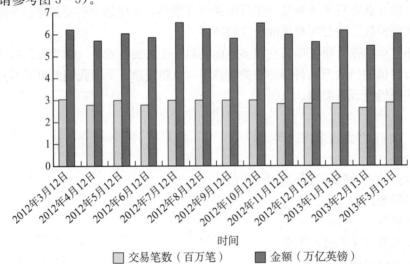

图3-5　清算所自动支付系统每月结算的笔数与金额（2012—2013年）
资料来源：清算所自动支付系统官网。

---

① 见银行自动结算系统官网。

② 该体系的首批会员如下：英国艾比（Abbey）银行（如今已并入桑坦德银行）、联合莱斯特（Alliance and Leicester）银行（如今已并入桑坦德银行）、巴克莱银行、花旗银行、克莱兹戴尔（Clydesdale）银行、约克郡（Yorkshire）银行、澳银集团（National Australia Group）、英国合作（Co-operative）银行、苏格兰哈利法克斯（HBOS）银行、汇丰银行、劳埃德信托储蓄银行（Lloyds TSB）、全国住房互助协会（Nationwide Building Society）、北方银行（Northern Bank）、丹斯克银行（Danske Bank）、北岩（Northern Rock）银行以及苏格兰皇家银行集团（Royal Bank of Scotland Group）［包括西敏寺（NatWest）银行以及阿尔斯特（Ulster）银行］。如今，桑坦德银行已在英国境内提供这种服务。

上述均属于核心支付服务，没有替代品。目前，英国面向小企业的支付服务主要由大型银行提供，这些银行还掌控着可用于提供交易服务的、庞大的支行网络。

支付体系的重要特征之一是小企业可以取现，可以使用现金或支票来完成支付。与零售消费者一样，小企业可以在银行的各个支行网点使用活期账户，用现金或支票完成支付。他们还可以使用自动取款机来取现。纵观英国小企业采用的诸多支付手段，支票与自动交易（例如直接扣款与定期支付指令）占据着主导地位。不过，小企业使用现金或银行卡支付的现象也在逐渐增多，据估计，其使用比例为15％～20％。

3.5.1.2　债务融资

对任何企业的发展来说，获取外部融资是决胜的关键要素之一。对于这一点，小企业与大企业毫无分别。传统的银行贷款与透支是小企业获取外部融资的主要渠道，不过大家不要忘了，很多小企业非常依赖内源性融资。各国银行发放的小企业贷款往往具有明显不同的特征，比如在英国，大多数银行贷款采用的是浮动利率（与固定利率贷款不同），而且贷款期限通常大于5年。

外部融资的其他主要来源如下所示。

● **基于资产的融资**（asset-based finance）。其中包括**分期付款**（hire purchase）与租赁。这两种金融服务经常会被相提并论，不过事实上两者的差别很大。按照租购协议的安排，商品的购买者要在事先约定好的周期内逐渐累积对商品的所有权。等到付清最后一笔款项，商品将会归完成分期付款的个人或企业所有。租赁安排与之类似，但是商品的法定所有权一直属于出租人。例如，租赁协议是商品的所有者（出租人）授权使用者（承租人）获取使用某种设备（例如车辆）的权利，承租人因此要在商定的租期内向承租人支付租金。与银行贷款不同的是，租赁是一种基于资产的融资产品，被租用的设备通常只是交易的抵押品。一般情况下，企业在与银行签订了设备租赁合同以后，要支付的款项不仅涵盖设备的购置成本，而且包括运输、安装、服务与保险费用。

● 保付代理与发票贴现。保付代理业务指的是保付代理商持续不断地购买企业的应收账款，企业可以通过卖掉应收账款立即拿到现金。保付代理商获得应收账款的所有权后，按照企业之前与赊欠方达成的协议追收这笔款项。保付代理商可能需要在双方商定的范围内，即在无追索权的保付代理中，承担应收账款的信用风险（这笔销售货款可能会被违约不还），或者这样的信用风险由卖家即企业来承担（即拥有追索权的保付代理）。我们可以把保付代理商想象为企业的收债人，保付代理商负责追讨赊销拖欠的货款。**发票贴现服务**（invoice discounting services）与保付代理业务相似，不过卖家在将发票贴现后要继续管理赊销的账目。

● 股东与合伙人。这些个人将自己的私人财产投资给企业，从而获得企业的所有权。

● 赊购。商业合作伙伴向企业授信，允许企业推迟付款。

● 风险投资。这指的是由**风险投资**（venture capital）公司提供的长期外部股权资本。风险投资公司向企业进行股权投资，更重视最终的资本利得收益（这取决于企业的市场价值）。根据英国的私募股权与风险投资协会（Private Equity & Venture Capital Association）的统计，风险投资通常持续3年～7年。[①] 除了提供融资，风险投资公司或个人还会提供专业技能与专家意见，并派人密切介入企业的日常管理，帮助企业快速发展。

---

① 参见私募股权与风险投资协会官网。

● 其他资源。其中包括其他的融资来源，例如信用卡借款；从个人那里获得的非股权投资性质的贷款，比如从家庭成员处获得的贷款；政府向小企业提供的专项补助拨款等。

3.5.1.3 股权融资

绝大多数小企业要依靠银行或基于资产的融资方式来获取外部资金，它们很难上市，同时也难以接触到私募股权投资。**私募股权投资**（private equity finance）可以被划分为两大类型：正式的私募股权投资与非正式的私募股权投资。正式的私募股权投资具有多种来源，例如银行、特殊的投资协议、私募股权投资公司或风险投资公司。非正式的私募股权投资指的是"天使投资人"——投资于未上市的小企业的富豪——所提供的私人投资。英国私募股权与风险投资协会（2010）指出，"私募股权投资"与"风险投资"可被用于指代投资的不同阶段。例如，在欧洲，"风险投资"这个词通常被用于涵盖整个私募股权投资行业，既包含风险投资，也包含管理层收购与管理层换购。在美国，风险投资仅指对初创期、扩张期企业的投资。

英国所有大型银行都能向小企业提供多种股权投资产品，只不过各家银行对直接股权投资的意愿程度有所不同。例如，在 20 世纪 90 年代末，汇丰银行曾设立了汇丰企业基金，目标是进行 5 000 英镑至 250 000 英镑的企业投资。该基金共投资了 39 家企业，这些企业横跨多个部门与行业，发展阶段也各不相同，既有新建立的企业，也有管理层收购。目前该基金已经终止，被新的投资项目所取代。其他大银行还提供某种类型的私募股权投资咨询服务，但是这项服务倾向于针对较大的企业或某些特定行业领域的企业，例如高科技新建企业。

值得一提的是，英国银行家协会（BBA）在其官网上专门设立了一个板块，提供小企业融资的相关信息。[①] 网站还提供了私募股权与风险投资协会官网与英国天使投资人协会（UK Business Angels Association）网站的链接。[②] 英国天使投资人协会由金融行业内的几大巨头提供支持，其中包括英国银行家协会、资金规模达 25 亿英镑的企业成长基金会（Business Growth Fund）、企业资本有限公司（Capital for Enterprise Ltd）、内斯塔（Nesta）公司以及劳埃德信托储蓄银行。

除了银行与天使投资人的股权投资以外，英国还拥有世界上除了美国以外规模最大的风险资本市场。根据欧洲私募股权投资与风险投资协会（EVCA）的统计，2011 年，欧洲企业接受的股权投资额高达 460 亿欧元，不过到了 2012 年，由于欧洲经济不景气，投资额下降了 19 个百分点。截止到 2012 年年底，获得私募股权投资的企业数量相对稳定，为 5 000 家左右。[③] 不过，有一点大家不要忘记，还有很多公开的股票市场可以为拥有强大发展潜力的企业提供资金。在英国，最重要的公开股权投资市场就是伦敦股票交易所（London Stock Exchange）的挂牌市场。规模较小的企业被划入富时小市值指数或富时小型企业指数。富时小市值指数包括未进入富时 350 指数的企业，市值占英国市场总市值的 2％左右。富时小型企业指数包括在伦敦股票交易所的主板上市，但因规模太小而未能被计入富时综合指数的英国企业。此外，还有将富时小型企业指数、富时小市值指数与其他指数综合到一起的小

---

① 参见英国银行家协会官网。

② 英国天使投资人协会是全国性的贸易协会，各成员均为英国境内的天使投资人与新建企业投资人。它取代了原来的大不列颠天使投资人协会（British Business Angels Association，缩写为 BBAA）。2012 年，该协会重新启动，被赋予了更新、更强大的功能。

③ 参见欧洲私募股权投资与风险投资协会官网。

市场指数。①

　　虽然在大多数情况下，至少是中等规模的企业才有资格申请进入正式挂牌市场，但是想进入英国股票市场且正处于快速发展的企业很有可能进入另类投资市场（alternative investment market，缩写为 AIM）。该市场是二级股票市场（类似于创业板），与挂牌市场相比，其准入要求与交易要求更低。

　　英国其他公开的股票市场还包括未上市股票市场（OFEX），这是一个由 JP 詹金斯有限公司（JP Jenkins Limited）开发的场外交易系统，准入要求比另类投资市场更低，向未来有望进入另类投资市场或挂牌市场的企业提供种子资本。

3.5.1.4　特殊融资安排

　　对小企业来说，除了上面提到的各种融资渠道以外，很多国家还设立了各种各样的政府激励计划，用于鼓励民众创办企业，促进小企业的发展。英国也不例外，很多政府项目旨在促进小企业部门的快速发展。

　　在英国，这样的计划或项目旨在：

- 为经济欠发达地区的小企业提供资金；
- 为技术型小企业提供资金；
- 为少数人种开办的企业提供资金。

政府还设立了多个财政拨款项目，目的是刺激小企业尤其是新建企业的发展。

　　2007—2009 年全球金融危机过后，为了重振经济，英国政府启动了小企业融资计划，向较难获得信贷支持的中小企业提供银行贷款，其中面向小型出口企业的贷款总额为 10 亿英镑。该计划使用 5 000 万英镑的资金将小企业的债务转换为股权投资，还有总额为 2 500 万英镑的地区性贷款转换基金（请参考第十三章）。在 2011 年 11 月英国政府的秋季预算报告中，英国财政大臣乔治·奥斯本（George Osborne）提出了放松信贷的提议（参见专栏 3-3）。

专栏 3-3

英国的信贷放松政策

　　如果银行不放贷，那么找谁去借钱呢？自从金融危机爆发后，这一直是寻求贷款的企业面临的一个难题。如今，英国政府可能会成为企业的新贷款来源。财政大臣乔治·奥斯本披露了一份信贷放松计划——这能让中小企业更容易获得贷款。奥斯本先生简略的声明提到了实现这一目标的几个要点。总的思路值得表扬，但问题在于官僚们是否能把细节做到位。

　　第一个提议是让引发信贷危机的"恶魔"——证券化——再次复活。按照这个思路，银行将已发放的中小企业贷款进行证券化，然后英国政府要负责买入这些证券化的贷款。第二个提议是政府为中小企业提供贷款担保。第三个提议与美国的做法类似，政府出面把钱发放给投资者，由投资者买入某种类型的债券。第二个提议和第三个提议都要求官员们判断借款人是否有资格获得贷款，而且它们都没有提及开发新融资渠道——可成为银行贷款的补充或替代。针对

---

　　①　1999 年 11 月，techMARK 指数正式发布，它是专门为伦敦股票交易所的创新型技术公司设立的指数。两年后，techMARK 药学指数正式发布，关注的是主营业务依赖于制药技术发展的企业，以及所生产的产品或服务全部或主要提供给医疗行业的企业。具体请参考伦敦股票交易所官网。

奥斯本先生提出的目标，最佳的实现方式是再次引入证券化，给证券化市场贴上"有毒"的标签实在很不公平。如果别除与美国次级抵押贷款相关联的交易，余下的证券化债券则一直表现很好。不过，为了确保成功，信贷放松需要引入大型投资者，例如养老金与保险公司。如果银行的贷款能力受限于其自身的高额融资成本与严格监管——在一段时间内情况将会如此——那么我们必须找到其他的长期直接贷款机构。

若企业相信能找到坚定专注的投资者，那么它们将逐渐恢复信心，为实现长期发展而投资。只有找到了这样的投资者或贷款人，奥斯本先生的建议才能奏效。

资料来源：UK credit easing，*Financial Times*，03/10/11. © The Financial Times Limited. All Rights Reserved.

2012年3月，英国财政大臣发布了英国贷款担保计划，目的是帮助小企业获取资金。具体内容包括：

- 注资促贷计划（FLS）——采取一定的措施激励银行向家庭和企业发放贷款；
- 企业融资合伙人计划（BFP）——鼓励非银行机构向中小企业发放贷款。

3.5.2 面向中型企业与大型（跨国）企业客户的银行服务

许多金融机构可以向中型企业与跨国企业提供服务，主要包括商业银行、投资银行与资产管理公司。这些金融机构可以提供多领域、多种复杂程度的金融服务。其中最核心的产品与服务通常致力于满足下列各种需求。

（1）现金管理与交易服务。

（2）信贷与其他债务型融资服务——贷款、透支、银团贷款、商业票据、债券等融资产品。

（3）贷款承诺与担保。

（4）外汇交易以及利率相关交易。

（5）证券承销与基金管理服务。

对于刚刚进入中型企业市场的企业来说，通常它们需要的服务与银行提供给小企业的服务是一样的，但是随着企业的规模变得越来越大，它们越来越需要银行提供种类更多、更复杂的金融产品。

3.5.2.1 现金管理与交易服务

大型企业所需的银行服务与小企业存在着明显的差别，其中一个重要表现便是现金管理与交易服务。一方面，企业意识到过多地持有现金会导致庞大的机会成本，因为丧失了本应获得的利息收益；另一方面，企业需要了解自身的现金或营运资金的实时状况。这两个方面促使银行向企业提供现金管理服务。此类服务包括：

- 受控支付账户。每天这些活期账户都会被及时借记，以便企业能实时了解现金净头寸的最新数据。
- 对账服务。这是针对活期账户的常见服务，向企业提供已被银行完成支付的支票清单记录。
- 锁箱服务。这指的是集中式的企业支付结算服务，可用于减少支票收付的结算时间。

- 资金集中。即将存放在多个银行或其分支机构的资金取出，集中存放在一家银行的几个账户内。

- 电子资金转账。包括通过各种支付体系完成的隔夜大额支付，具体使用哪一种支付体系取决于银行所在的国家。在英国，企业可以用清算所自动支付系统进行隔夜大额支付，通过自动清算机构（例如银行自动结算系统）自动发放员工薪水或派发股息。在美国，企业通过清算所银行间支付系统（clearing house interbank payments system，缩写为 CHIPS）与美联储电子支付系统（Fedwire）完成隔夜大额支付，通过各种自动清算系统发放员工薪水。跨国银行还可以通过环球银行金融电信协会（SWIFT）——一个跨国电信服务系统，美国与欧洲的银行可以通过这个系统完成大额支付——发送自动转账信息。

- 支票存款服务。为客户处理支票的编码、背书、微拍以及结算等事宜。

- 发放电子信用证。允许公司客户接入银行电脑网络，发放电子信用证。

- 财务管理软件服务。高效管理基于贸易与投资需求而持有的多币种投资组合。

- 计算机化的养老金管理服务。

- 在线咨询以及风险管理服务。

- 电子数据交换（EDI）。这是一个先进的电信系统，允许企业通过该系统传送发票、购买指令、装运通知单等文件，并通过银行完成资金的清算。

3.5.2.2 贷款与其他债务型融资

大企业通常需要做出决定，是获取本币融资还是外币融资。例如，为了对冲外币应收账款的净敞口，企业可能需要安排一笔外币融资。假设一家英国公司拥有一笔欧元应收账款的净敞口。如果该公司需要短期融资，那么可以借入欧元，然后将欧元兑换为英镑。然后，欧元应收账款就可以被用来偿还这笔短期负债。在这个例子中，外币融资降低了汇率波动给该公司造成的风险。当然，如果外币贷款的利率水平较低，那么这个策略将会更有吸引力。我们要强调的要点是，不管是短期融资还是长期融资，也不管企业使用的是标准的银行贷款还是发行短期债券或长期债券，都可以选择使用本币或外币。

短期融资

所有企业都需要周期性地获取短期融资，大多数情况下短期资金的提供者都是银行。一般来说，小企业可以通过透支贷款的展期或定期贷款来满足短期融资需求。与之不同的是，规模较大的企业可以与多家银行协商信贷额度，从而不必只依赖于一个资金来源。银行贷款可以使用本币，也可以使用外币。大企业还可以在资本市场上发行各种类型的短期票据来获取短期资金。银行信贷额度、透支贷款以及发行短期融资工具等安排均属于财务管理范畴。

商业票据

大企业可以通过在多个市场上发行可交易证券来获得短期资金。目前，很多大企业越来越多地通过发行**商业票据**（commercial paper）来实现短期融资。交易商在承销商业票据时，不需要组建承销团队，因此对发行人来说，出售价格并不确定。票据的期限可以根据投资者的偏好量身定做。交易商承诺买入未到期的商业票据，从而为这些票据创造了二级市场。美国拥有全球规模最大的商业票据市场，同时商业票据也是美国大型企业获得短期融资的主要渠道（除了银行贷款以外）。

有些商业票据的计价货币不是发行国的本币，而是其他国家的货币（比如在伦敦发行的日元或欧元商业票据），这样的票据叫作欧洲商业票据。注意不要把这个概念与欧洲货币相混淆。

欧洲商业票据可以使用任何货币作为计价货币，只要票据的发行地不在该计价货币的母国境内即可。相对于银行贷款，大企业更喜欢使用商业票据，尤其是当大企业的信用等级优于银行的信用等级时，情况更是如此，因为这意味着大企业能以更低的价格获得融资。有少数几家跨国大银行拥有最高的信用等级（例如被标准普尔信用评级机构授予 AAA 的信用等级），这意味着很多大企业——例如通用汽车和可口可乐（Coca-Cola）——被交易伙伴认为可信赖程度超过银行。于是，这样的企业可以以优于关联银行的条件发行短期金融工具。

欧洲票据

欧洲票据（Euronotes）是大企业用于获取短期资金的另一种金融工具。这种无担保债券的利率水平经常以银行间同业拆借利率（主要指的是伦敦银行同业拆借利率，该利率是伦敦本地各大银行彼此之间拆放贷款的利率）为基础。欧洲票据的期限通常为一个月、三个月或六个月，不过通过滚动发行，能够实现中期融资的效果。商业银行经常充当欧洲票据的承销商，为发行价格提供担保。银行与其他企业也会购买欧洲票据，将其纳入自己的资产组合。

回购协议

除了前文中提到的各种短期融资工具以外，市场上还有其他多种产品可以帮助企业获取短期融资。很多大型企业积极地参与回购市场。**回购协议**（repo）的本质是质押抵押品，以获取短期资金。在双方约定的时间，资金被清偿，抵押品也被归还给质押人。回购协议的种类多种多样，但核心都离不开由抵押协议提供担保的资金如何借出，以及如何归还。回购协议的吸引力在于公司可以通过质押长期金融资产以批发交易的低利率水平获取短期融资。银行为了确保流动性，经常在货币市场上使用回购协议这一工具。

长期融资

为了向长期投资项目提供资金，公司还需要获取长期融资（期限超过一年）。大企业可利用多种信贷便利工具，包括透支、担保贷款与无担保贷款。如果贷款金额巨大，企业则需要通过银团贷款市场来满足自己的需求。此外，规模最大的企业还可以发行债券——国内债券或**欧洲债券**（Eurobonds）都可以。[①]

银团贷款

银团贷款（syndicated loan）是一种特殊类型的贷款，牵头银行或多个银行为了完成对企业客户（或政府客户）的放贷，组建了一个贷款团队。在银团贷款市场上，公司客户往往都是规模最大的跨国企业。一般来说，大公司选择银团贷款的主要原因是它们需要的贷款金额过于庞大，一家银行难以满足其要求（请参考 4.6.1.3 节）。

欧洲债券

欧洲债券指的是发行与交易不在债券计价货币发行国境内的债券。欧洲债券在很多方面均类似于国内公司发行的债券，例如票面利率可以设定为固定利率（大部分）或浮动利率，还可以设计为可转换债券，期限通常为 10 年～15 年。与国内企业债券（用本币作为计价货币，在本国市场上发行）不同的是，欧洲债券市场受到的监管力度较弱，主要依靠国际债券交易商协会（Association of International Bond Dealers）的自我监管。之所以带有"欧洲"这个前缀，只是要说明该债券是在计价货币母国以外的地区交易。

欧洲债券的发行人包括跨国企业、大银行、主权政府、国有企业以及其他国际机构。注意不要把欧洲债券与欧元债券（也叫作欧洲主权债券）相混淆，后者指的是欧元区各国政府联合

---

① 附录 A1 简要介绍了债券市场。

起来，以发行统一债券的形式，为对方的主权债务提供担保。

3.5.2.3 承诺与担保

承诺（commitments）指的是银行同意稍晚一些向企业提供贷款的承诺，银行为此要收取一定的费用。类似的服务包括未使用的透支便利与备用信贷额度。银行还能帮助企业发行可交易的短期证券来获得资金，例如商业票据、欧洲票据以及（期限更长的）中期票据。在美国，很多大公司通过发行商业票据来获得短期融资，这样的操作通常会由银行的备用贷款承诺来提供担保。换言之，一旦商业票据的发行不成功，银行就会承诺向企业提供贷款。

担保（guarantees）指的是为第三方承销证券的银行承担交易的风险。如果交易对手违约，担保协议会立即给银行造成损失。备用信用证就是一个典型的例子。如果出现事先约定好的情况，则银行有义务提供贷款。商业信用证广泛应用于国际贸易领域。只要出口商提交了货运单据以及其他贸易文件，银行就会保证支付货款，这就是信用证的作用（请参考 4.6.1.7.1 节）。换言之，这是进口商开户行提供的担保，以保证向出口商支付货款。

3.5.2.4 向大企业提供的外汇与利率服务

银行可以向企业客户提供多种管理汇率风险与利率风险的工具。这些工具被笼统地称为衍生品（参考第十章），常见的交易形式如下所示。

- 远期外汇交易。交易双方约定，在未来某个时间按照事先约好的汇率用一种货币兑换特定金额的另一种货币，这就是远期外汇交易。在协议到期之前，一方违约会导致另一方面临汇率风险。

- 货币期货。这种期货合约在交易所内交易，双方约定在未来某个时间交割标准数量的外汇。期货合约的价格已在期货合约买卖当日确定。和远期协议一样，接下来汇率水平的波动将会给交易双方带来损益。

- 货币期权。货币期权的持有者享有在未来一段时期内按照事先约定好的汇率用一种货币兑换另一种货币的权利，当然也可以选择不执行这项权利。对于买入货币期权的企业来说，风险在于交易对手是否具有履约的能力（信用风险）。对于卖出货币期权的银行来说，风险在于两种货币的兑换比率发生波动的风险（市场风险）。

- 利率期权。这种产品与货币期权相似。买方享有在未来一段时期内将利率锁定在事先约定水平的权利（而非义务）。而期权的卖方（通常是银行）要面临利率波动的风险，买方面临的是交易对手违约的风险。

- 利率上限与利率上下限。银行（或其他贷款机构）为可变利率贷款提供最高利率担保（利率上限），或者同时提供最高利率与最低利率的担保（利率上下限）。

- 利率互换与货币互换。在货币互换交易中，交易双方约定相互交换特定资产或负债（表现为不同币种）的现金流（两笔现金流的净现值相等）。普通利率互换指的是交易双方约定以相同金额的本金额为依据，在同一个支付日内向对方支付（基于本金额计算的）利息（有时候也会涉及本金额的互换）。一方按照固定利率支付利息，同时收到另一方按照浮动利率支付的利息；反之亦然。

我们注意到很多企业正在使用银行提供的上述金融工具进行**风险管理**（risk management）。企业还可以直接进入市场为自身的利率风险敞口与汇率风险敞口进行套期保值。大量从事国际贸易的企业更需要对外币敞口进行套期保值，因此它们会更多地使用货币期权、期货以及远期产品。

3.5.2.5 证券承销与资产管理

随着规模变得越来越大,企业越希望直接从资本市场获得融资,因此它们希望银行能帮助自己发行股票或债券并提供承销服务。**证券承销**（securities underwriting）是投资银行（在英国被称为商人银行）的传统业务,不过从 20 世纪 90 年代开始,全能型银行模式开始普及,如今几乎所有的大型商业银行都拥有可以承销证券的投行部门。

在承销证券时,承销商会按照事先约定好的价格买入全部或一部分新发行的证券（股票或债券）。承销商面临的主要风险是不能按照发行价格将这些证券卖给社会投资者。

银行还可以向企业客户提供**资产管理**（asset management）服务,不仅可以受托管理企业自身的投资项目,而且可以管理企业员工的养老金计划。大型的投资银行是机构客户资产管理行业的佼佼者,这意味着它们管理的都是养老金、保险基金、企业资金以及其他大规模的投资项目。

银行之所以愿意提供诸如贷款承诺、担保、外汇或利率关联交易、证券承销以及资产管理等服务,主要在于这些服务都是收费项目,而且都是表外项目（请参考第九章）。上面提到的所有服务项目都能给银行带来佣金及手续费收入。此外,这些服务不会给银行带来必须被计入银行资产负债表的资产项目（例如贷款或投资）,因此被称为"表外项目"。

如前所述,在过去 20 多年里,银行提供的产品或服务的类型实现了快速扩张。产品种类正在增加,部分源于商业银行与投资银行向大中型企业提供的服务项目正在日益重合。

3.6 投资银行业务

上一节我们概要介绍了银行向企业提供的主要服务项目,其中一些项目与零售客户可选择的服务项目较为相似,只不过规模更大。不过,我们提到的其他业务类型,例如证券承销（包括发行商业票据、欧洲债券以及其他证券）,与零售业务的区别很大。这些服务项目通常由投资银行（或商业银行的投行部门）提供,交易规模比较大,属于批发性的金融交易活动。投资银行主要与企业以及大型机构打交道,通常不面向零售客户,除了我们在前文中提到的高端私人银行业务以外。

我们已经简要介绍了投行向企业客户提供的产品与服务,接下来要阐述的是投行业务活动的主要特点,以便读者了解其与商业银行业务的重要区别,以及自 2007—2009 年全球金融危机以来发生了哪些变化。

投资银行的主要作用是帮助企业和政府在资本市场上通过发行股票或债券（也可以叫作权益或股份）来融资。它们的主要业务除了帮助客户发行新债券或股票以外,还包括为并购项目或其他企业重组项目提供咨询服务。一般来说,它们的业务活动涵盖以下几个领域:

- 提供金融咨询服务（为企业并购项目或其他交易提供咨询建议）。
- 资产管理。即管理规模较大的投资项目（例如企业客户的养老金计划）,向富豪（私人银行业务）和机构提供投资咨询服务。
- 其他与证券相关的服务。例如经纪业务、融资业务以及融券业务。

投资银行是重要的交易中介,它们能帮助客户在资本市场上融资,管理投资组合,并进行战略性投资规划。我们几乎能在所有的大额金融交易中看到它们的身影，它们发表了很多研究报告，对市场和证券有独到的见解。投行业务包括用自有资金（即自营业务）或代表客户进行证券交易与证券投资（即发行证券或买卖证券）。它们交易或投资的金融工具种类繁多，包括股票、债券以及各种衍生产品。请注意，有时候我们会把金融咨询服务与承销业务称为投行业务，目的是将其与证券交易或其他与证券有关的业务区分开来。还有一点必须记住，过去投资银行不能吸收零售存款，它们的负债主要是证券和短期借款。如今情况已经发生了变化，尤其是在美国的几大金融巨头（所谓的单一型投资银行机构）——贝尔斯登（Bear Stearns）、雷曼兄弟（Lehman Brothers）与美林证券（Merrill Lynch）——申请破产保护或得到政府巨额紧急资金援助以后。2008年9月，美国联邦储备体系（US Federal Reserve System，简称美联储）同意国内两家规模最大的独立的投资银行——高盛与摩根士丹利——由投资银行转变为银行控股公司，使其有资格获得政府的资金援助，具体可参考专栏3-4。这被视为华尔街投资银行"一个时代的终结"（请参考表3-6）。

表3-6　美国投资银行一个时代的终结

投资银行	结果	日期
贝尔斯登	被出售给摩根大通	2008年3月
雷曼兄弟	申请破产	2008年9月
美林证券	被出售给美国银行	2008年9月
高盛	转变为银行控股公司	2008年9月
摩根士丹利	转变为银行控股公司	2008年9月

专栏3-4

一个时代的终结：美国的投资银行及其转变为银行控股公司的举动

过去，投资银行业务曾与商业银行业务存在较大差异，因为只有商业银行有资格开展传统的银行业务——吸收零售存款以及发放贷款。20世纪90年代以来的放松监管允许商业银行从事投行业务，从而使得这两类机构之间的界限越来越模糊。大型的银行集团充分利用了这个机遇，因为它们致力于转型为"一站式"金融服务机构。同样的，投资银行也逐渐发展为全能型的大型机构，至少在最近30年里，其业绩蒸蒸日上，直到始于2007年夏天、并在2008年9月进一步恶化的金融危机打乱了它们的步调。正如约翰·盖坡（John Gapper）在《金融时报》（2008）的撰稿里所说的那样：

投资银行已经享受了30年的辉煌期。它们快速发展，雇用成千上万名员工，在全世界扩展地盘。这些华尔街巨头在20世纪90年代横扫伦敦城，不费吹灰之力就击败了英国本土的小型投行，例如华宝-施罗德（Warburg-Schroders）公司。不过，在光鲜的外表下，它们承受的风险水平越来越高。光靠卖卖证券——这本是投行的核心业务——已经难以自我维持了，因为佣金费率已经降至不足一个百分点。于是，投行被迫寻找其他利润点。

它们开始用自己的资本金（后来又开始用客户的钱）豪赌。所罗门兄弟（Salomon Brothers）率先想出了自营业务的主意，即投资银行一边代表客户买卖证券，一边用自己的资金进行证券交易，猜测未来市场的波动方向。

投资银行坚称它们采取了强有力的措施以避免客户交易的内幕信息被泄露给自营业务部门。但是，毫无疑问，这种"随大流"让投行的自营业务部门拥有了一定的优势。高盛公司的自营业务利润开始被竞争对手所嫉妒。

投资银行还积极参与了复杂金融衍生品的承销与出售，例如担保债务凭证。自 2001 年 9 月 11 日恐怖袭击发生后，美联储决定快速降息，这让投行变得更加如虎添翼。房地产市场一片红火，与抵押贷款相关的衍生品也广受欢迎。然而事实证明，投行抓住的这个"机遇"其实是会对其生存造成威胁的赌博。它们根本没有足够多的资本金去应对房地产市场以及整个市场的严重下跌。当市场出现暴跌时，美国 5 家大投行中的 3 家（迄今为止）发现自己的资本金不足，而且市场已对其丧失信心。

随着 2008 年秋天监管部门同意投资银行（以及信用卡公司）转变为银行控股公司，美国的这次金融危机最终导致了很多人所说的"华尔街投资银行的终结"。[①] 高盛与摩根士丹利是率先宣布转制为银行控股公司的两家大型投资银行机构。2008 年 9 月，高盛公司的主席兼首席执行官（CEO）劳埃德·C. 布兰克费恩（Lloyd C. Blankfein）对公司的这一举动做了如下评论：

> 以前高盛曾是私人合伙制，我们意识到为了满足规模扩张的要求，需要获得永久性的资金，于是决定公开上市。现在市场被情绪所推动，我们决定接受美联储的监管，因为我们知道这样的监管能够向美联储的成员提供全方位的审慎监督，同时也能让我们获得永久性的流动性与资金支持。我们相信在美联储的监管下，高盛公司可以被视为更加安全的金融机构，资产负债表特别清晰，而且资金来源更加多样化。

毫无疑问，通过转变为银行控股公司，投资银行想要向投资者和金融市场传递一个强有力的信号——它们愿意从事更加安全稳健的银行业务。这些投行机构接受了更为严格的监管与监督，包括严格限制机构承担的风险水平、资本金要求以及管理方面的要求。作为交换，它们也获得了一些好处，例如可以从美联储获得保护与资金支持（如联邦存款保险计划、贴现窗口与问题资产援助计划）。此外，转变为银行控股公司以后，通过加强零售业务，投资银行可以让资金来源更加多样化，而吸收存款能让投行赚到更多钱。

资料来源：After 73 Years：the last gasp of the broker-dealer, *Financial Times*, 15/09/08（John Gapper）. © The Financial Times Limited. All Rights Reserved. Goldman Sachs（2008）"To become the fourth largest bank holding company", 21 September, press release.

从 2008 年 9 月起，美国的投资银行被允许从事存款业务，接受更高的资本金监管要求、更严格的信息披露义务，所承担的风险水平也受到限制，这使得它们变得越来越像商业银行。

表 3-7 列出了基于 2012 年收入水平的全球顶级投行的排名。美国的投行机构占据主导优势，不过有一点值得注意，通常来说，美国的这些投行（它们在全球的投行市场上也是领先者）都是所谓的"大型投行集团"，包括高盛、美林和摩根士丹利。由于 1933 年《格拉斯-斯蒂格尔法案》禁止商业银行从事投行业务，因此整个投行市场被这些专业的投资银行控制。不过，自 1933 年《格拉斯-斯蒂格尔法案》在 1999 年被废止后，美国的商业银行开始收购投资

---

① 按照《1956 年银行控股公司法案》（Bank Holding Company Act of 1956），银行控股公司被定义为至少持有银行 25% 的投票权或者能控制银行大部分董事的公司。

银行。这意味着花旗银行、摩根大通、美银美林可以同时提供商业银行服务与投资银行服务，如今已转变为银行控股集团的高盛和摩根士丹利也是如此。如前所述，同时提供多种金融服务项目（例如商业银行业务、投行业务、保险服务、养老金业务等）的金融中介机构被称为全能型银行。全能型银行在欧洲很常见，从表3-7也能看出，欧洲的很多银行在从事大量的投资银行业务。（美国与欧洲）投资银行的组织结构的差异十分明显，高盛与摩根士丹利很少介入贷款市场，它们的大部分手续费收入来源于传统的投行业务，例如并购项目与咨询服务。

表3-7　2012年投资银行的收入情况

	收入（百万美元）	并购项目（%）	股票（%）	债券（%）	贷款（%）
摩根大通	5 505.42	23	18	34	25
美银美林	4 695.86	19	19	34	28
高盛	4 171.14	41	21	27	11
摩根士丹利	3 738.53	32	24	32	11
花旗银行	3 622.18	19	19	40	22
瑞士信贷银行	3 476.67	32	17	30	20
德意志银行	3 342.76	22	20	38	20
巴克莱银行	3 256.05	27	15	36	22
瑞银集团	2 193.81	28	26	34	13
富国银行	1 997.40	10	14	40	36
合计	77 650.76	33	17	28	22

资料来源：《金融时报》官网。

商业银行与投资银行之间的主要区别在于前者主要从事存款与贷款业务，而后者主要从事承销以及其他证券关联业务。巴克莱银行或德意志银行这样的机构被称为商业银行，因为存贷款是它们的主营业务，不过这两家机构的投行业务规模也不容小觑。在面向大型企业客户时，商业银行通常会提供资产管理、支付与信贷服务，而投资银行则会帮助企业通过发行股票或债券等方式，获取规模扩张所需的资金。此外，投资银行还提供其他多种证券关联服务，包括风险管理产品、为企业并购或重组项目提供咨询服务等。然而，随着商业银行直接收购投资银行机构，或者直接大举进军投行业务领域以满足企业客户不断增加的需求，商业银行与投资银行之间的界限变得越来越模糊。而且，全球股票市场的发展鼓励商业银行开展资产管理与私人银行业务，以满足机构客户以及高净值的个人客户对证券关联服务不断增长的需求。

2007—2009年的全球金融危机结束后，投资银行业发生了巨大的变革，众多机构的市值严重缩水（参考表3-8）。

表3-8　投资银行业的巨变（2008年9月至2012年9月）

投资银行	市值变化	收入变化	员工数量变化
美国银行	−37.5%	40.3%	16.0%
巴克莱银行	−12.9%	0.4%	−9.7%
花旗银行	−1.5%	−0.2%	−18.6%
瑞士信贷银行	−44.8%	−9.5%	4.0%
德意志银行	−9.3%	7.4%	25.5%
高盛	−10.4%	−37.3%	−0.1%

续表

投资银行	市值变化	收入变化	员工数量变化
摩根大通	8.9%	36.2%	15.6%
摩根士丹利	−20.6%	15.8%	31.8%
苏格兰皇家银行	−60.4%	−20.4%	−26.4%
瑞银集团	−18.7%	8.0%	−16.7%

资料来源:《金融时报》官网。

专栏 3 - 5

华尔街：减少负担，提高效率

银行面临后危机时代更严格的监管与更低的利润率

1985 年，在杰米·弗雷赛（Jamie Forese）创建所罗门兄弟公司时，投资银行家并不是成为有钱人的可靠路径。"在华尔街工作被理解为收入会比较稳定，就和律师、医生以及会计师一样。"他如此回忆。然而，银行对杠杆的追逐让一切发生了变化——债务的成本如此低廉，让银行和从业者赚得盆满钵满，而且催生了规模巨大的并购交易，最终酿成了全球性的金融危机。"在年景好的那段时间，杠杆让人们相信银行业躺着就能赚钱。"他说。

如今，伴随着监管的收紧与全球经济局势的动荡，整个行业都在思考未来的前景是否会变成弗雷赛先生所回忆的旧时模样。证券公司都在裁员。奖金也被大幅削减。华尔街专业人士的名头不再那么响亮。过往令人兴奋激动的高利润已经难以再现。对于华尔街的批评家来说，这些变化并不都是坏的。作为花旗集团旗下投行机构的头儿，现年 49 岁的弗雷赛先生正是努力寻找华尔街未来的有识之士之一。但是，很多影响行业未来的重大事件远不在他的掌控之中。

在距离弗雷赛先生曼哈顿办公室 4 000 英里以外的地方，瑞士巴塞尔的银行监管者们禁止银行像过去那样借入过多的负债。这改变了整个行业的盈利模式，对固定收益证券部门的影响尤其大，毕竟在过去的 20 年里，这个部门一直被称为"利润中心"。

2005 年至 2010 年期间，除了 2008 年以外，华尔街最大的 5 家银行每年都能通过交易固定收益证券获得 500 亿美元的总收入。这远远超过了股票交易、证券承销或咨询服务所带来的收入。据统计，2012 年，这 5 家银行的总收入下降了 22%。随着巴塞尔委员会《资本协议》的逐步实施，整个银行业将要承受更大的压力。

《资本协议》要求银行持有更多可吸收损失的资本金，强调在刚刚过去的金融危机中，结构性的信贷产品是引发危机的核心要素，因此对相关业务领域的资本金要求格外高。杠杆被降低了，银行很难，甚至几乎不可能像过去那样获得较高的权益报酬率——当然，能让它们内心平衡一点的是，这样做同时也降低了银行破产的风险。

1999 年，高盛公司上市时，曾经炫耀说自己的权益报酬率超过了 40%，然而后来它再也没达到过这样的高度。2012 年，高盛公司的权益报酬率创下了历史新低，为 3.6%。显而易见，这会影响到股东对高盛公司股票的持有态度。2006 年，高盛和摩根士丹利的市值相当于其账面价值的两倍多。如今，高盛公司的市值相当于其账面价值的 90%；摩根士丹利的市值相当于其账面价值的一半左右。这意味着投资者不再相信这两家公司的市场价值高于其资产的账面价值。

除了巴塞尔委员会的《资本协议》以外，美国的银行还必须遵守沃尔克（Volcker）规则，这条规则也旨在降低固定收益部门的风险承担水平。银行抗议称这会对其充当做市商的能力——做市商的作用是将有交易意愿的卖家和买家撮合到一起——造成损害。

银行正在努力寻找能够适应新规则的现金牛产品。然而到目前为止，它们还没有找到类似于20世纪80年代的垃圾债、90年代的信用衍生品这样的新摇钱树。"我们正在等待，想知道新型的银行经营模式到底是怎样的。不过我很惊讶，竟然没有出现太多为了绕开监管的金融创新活动。"曾长期任职于摩根士丹利公司、如今在私募股权投资公司黑石（Blackstone）集团执掌咨询部门的约翰·斯图辛斯基（John Studzinski）这样说道。

看看上一轮尝试的结果，我们不难理解为什么这些金融专家们会陷入困境。"创新？天啊，看看创新让我们现在变成什么样了。"一位对冲基金经理这样说。再也没有什么"魔法"可以仰仗的银行，就像其他面临经济困窘局面的成熟企业一样行事——努力降低成本。但是，它们面临的是结构性的两难困境：为了适应新的市场环境，固定收益证券业务是只做微调，还是需要更为激进的大修大改？

想要节省成本就必须得裁员、降低薪酬——薪酬占投资银行总收入的40%以上。

创新往往指的是技术的创新。股票以及很多外汇产品已经实现了电子化交易，然而绝大多数债券和其他固定收益工具依然采用信息不透明的交易模式，严重依赖人力。由电话交易转变为电子化交易，能帮助金融机构大大降低成本，从而有助于收入的增加。而且，更高的透明度与更快的效率能进一步降低费率，让价差收窄。那么，有人可能会问：我们为什么需要银行来充当中间人呢？

在黑石集团，这种冲突已经变得很明显。公司正在积极组建电子交易系统——阿拉丁交易网络（Aladdin Trading Network），以帮助债券的买家与卖家在没有投资银行充当中间人的情况下直接交易。黑石集团反复强调"作为交易商"的银行都是它的"伙伴"，自己并不希望迫使它们出局。银行也不确定这样的交易系统能否成功，不过它们相信黑石集团——尽管黑石集团一再否认——正在对银行发起挑战。

银行和资产管理公司在电子交易系统这个问题上其实也有共同的利益点——扩大交易的规模。根据美联储的统计数据，传统的交易商银行持有的债券数量已经严重减少，由2007年的2 000亿美元下降至2011年的900亿美元，而如今仅为450亿美元。机构投资者抱怨说这会降低市场的流动性，这也是机构客户要自己开发交易平台的部分原因，因为这样的平台可以让机构客户彼此之间进行交易。

高盛公司的首席运营官加里·科恩（Gary Cohn）把持仓规模大幅减少的现象称为"最令人惊奇的图表"。他和同事们正在努力研究如何在遵守新的监管规则的条件下满足交易对手对流动性的需求，还要分析哪种产品可以实现电子化交易。

并不是所有的业务项目都需要像固定收益证券这样进行深刻反省。从收入角度看，高盛公司是华尔街参与并购交易规模最大的企业。对并购交易而言，问题总是周期性地出现，但并不是系统性、结构性的。因为受到世界经济周期性波动的影响，企业客户难以完成更多的并购交易。

但是总的来说，尤其是站在摩根士丹利公司的立场来看——摩根士丹利公司是华尔街并购业务量排名第二的企业，同时承销业务的实力也很强——另一场更彻底的变革正等待着它。2013年8月，摩根士丹利公司同意收购史密斯·巴尼（Smith Barney）公司的余下部分——史密斯·巴尼公司拥有15 000名负责向个人投资者出售股票和债券的投资顾问。目前，摩根士丹利也在逐步降低固定收益证券的交易规模。

减少债券交易额，同时加大面向个人客户的服务力度，这样的转变应该能帮助投资银行获得更加稳定的收入。同时，这还有助于降低银行的融资成本：投资者和穆迪之类的信用评级机构更青睐于波动性较小的业务类型。

摩根士丹利首席执行官詹姆斯·高曼（James Gorman）表示，现在公司只是在帮助机构客户进行债券交易，没有再用公司的自营账户买卖债券。与过去的交易模式相比，现在摩根士丹利赚到的利差虽然变小了，但同时也变得更加安全了。

另外，高盛公司似乎是在微调，试图抓住竞争对手退出固定收益证券市场的机会大赚一笔。正如高盛公司的高管所言，风险必然带来回报。

"在某段时期内，客户想要的就是杠杆率尽可能高的工具，但现在这个周期已经结束了，"科恩先生说，"我们现在正站在相反的方向上。你可能以为人们希望再次抬高杠杆，毕竟现在利率水平如此之低，可是客户们变得更加保守了。"

他认为这种趋势终将发生改变，因此不做重大调整的决定能给高盛公司带来好处。"当情况发生变化时，现金会变得不那么重要，而杠杆的作用将再次凸显。很多企业辞退了薪酬较高的高管人员，因此它们不能事先估计到趋势的变化并做好准备。"

科恩先生（擅长商品与固定收益证券交易）与高曼先生（擅长零售经纪业务）虽然分别采取了截然不同的策略，但看上去都十分坚信自己的决定。

不过，这些金融才俊们有一点达成了共识，这在当前的市场环境下颇有些令人吃惊。尽管监管力度一再加强，但他们认为，如果监管规则对金融机构的业务束缚太大，最终监管当局肯定会放松监管要求的。

科恩先生和弗雷赛先生都提到，证券化业务——能帮助银行将抵押贷款资产从资产负债表上抹掉，重新发放新贷款——已经慢慢枯萎了。各个机构一拥而上，导致抵押贷款担保证券变得名声败坏，比如臭名昭著的担保债务凭证，投资银行与交易对手都误判了其风险水平。不过，证券化的第一波浪潮确实降低了普通美国人的贷款成本，同时也为证券化产品的发行者创造了利润。

"证券化业务终止了，"科恩先生说，"除非中央银行打算提供更多的消费信贷，否则这个窗口将一直关闭。"银行高管们认为，最终中央银行将会修改《资本协议》，这能让事情变得简单一些。

与此同时，弗雷赛先生还相信，要么是沃尔克规则比想象中更宽松一些，要么就是国会直接介入以改变现状。"事实可能会证明，这样做是行得通的，如果不行，立法部门将会在需要时做出调整，"他说，"华盛顿的政客们对保持美国资本市场竞争力这个主题保持着高度的一致性。"

因此，目前华尔街的看法——未来重塑的市场是否会呈现巨变，金融机构到底应承担多高的风险——出现了分裂。但是，投资银行都希望监管部门能够走上和前辈一样的道路，注意倾听业界要求宽大处理的恳求。

金融机构所面向的新的金融环境需要调整，这意味着留下来的雇员也必须进行调整。金融机构的老板们认为，如果想给投资者提供不错的回报，员工的奖金就必须被削减。一些投资银行家发现新的华尔街模式让人有点难以适应。

"我听说员工们拿到600 000美元的薪水都很失望，因为原本他们能拿到800 000美元，对此我感到很困惑，"弗雷赛先生说，"因为对投行来说，最重要的杠杆就是薪酬。"

资料来源：Wall street：Leaner and meaner, *Financial Times*，30/09/12 (Tom Braithwaite). © The Financial Times Limited. All Rights Reserved.

3.7 伊斯兰银行业务

到目前为止，本章主要介绍的是西方或传统的、以利息为基础的银行业务。不过，接下来我们要简单讨论一下**伊斯兰银行业务**（Islamic banking）的发展状况——目前世界上很多地方都在开展这种基于无利息原则的银行业务。伊斯兰教法禁止支付利息，但是鼓励民众创业。因此，想在伊斯兰教徒聚居区开展银行业务的机构必须要开发出不收取利息的产品。解决方案是提供各种各样利润分享型的产品，让储户承担银行贷款的一部分风险。储户可以获得一部分收益（而非利息），而借款人则根据贷款支撑的项目能创造多少利润来确定贷款的偿还额。

伊斯兰银行业常用的利润分享模式叫作利润分享协议，即银行与借款人共同合办一家商业企业，一条基本原则是资本、劳动力以及管理者均由双方共同提供。企业创造的利润按照事先约定的比例在各个合伙人之间分配。如果发生损失，则损失必须按照各方出资额的比例在各个合伙人之间进行精准分配。这种利润分享协议的基本条款包括：

- 只要各方表示同意，企业的利润就可以按照任意比例分配。不过，不允许某一方合伙人在任何情况下都能预先锁定一大笔利润分配额。
- 如果发生了损失，则必须严格按照各方合伙人的出资比例来分担损失额。
- 作为一条基本要求，所有的合伙人既要出资，又要提供管理者。不过，任意合伙人都有可能被豁免提供劳动者/管理者的义务。在这种情况下，此类不参与企业管理的合伙人只能严格按照自己的出资比例分享企业创造的利润。
- 所有合伙人都承担无限连带责任。

伊斯兰银行的产品与服务种类繁多，采用的都是利润分享模式，或者其他允许金融机构充当中介但又绕开了利息的业务模式。在全球范围内，大约有100家伊斯兰银行与其他金融机构在从事私人银行业务，这不包括在巴基斯坦、伊朗和苏丹这三个国家开展业务的银行或金融机构，因为这三个国家已经宣布要将所有的银行都彻底改造为伊斯兰银行。图3-6展示了近年来全球伊斯兰银行业持有资产规模的变化趋势。

除了在具有统一的伊斯兰信仰的地区开展伊斯兰银行业务以外，西方国家的银行越来越有兴趣向自己的客户提供类似的产品或服务。例如，汇丰银行是第一家向英国客户提供伊斯兰式抵押贷款的银行。劳埃德信托储蓄银行紧随其后，于2005年3月开始提供类似的产品，专栏3-6对该产品的特点进行了总结。

专栏 3-6

劳埃德信托储蓄银行的伊斯兰抵押贷款产品

2005年3月21日，劳埃德信托储蓄银行位于伦敦、卢顿和伯明翰的5家分支行正式推出了首款符合伊斯兰教法的伊斯兰住房贷款产品，这三个城市都拥有数量众多的穆斯林人口。

劳埃德信托储蓄银行是英国前三大银行之一，这次发布的新产品并不是劳埃德信托储蓄银行自身研发的，而是使用原来已有的产品框架——布拉克住房贷款模式。这种贷款产品基于递减型的利润分享合约模式（指的是买房者与贷款人之间权益分享的合约模式）。ABC国际银行

（ABC International Bank）与隶属于伦敦爱尔兰银行集团（Bank of Ireland Group）的布里斯托-外斯特（Bristol & West）银行已经率先使用了布拉克住房贷款模式。

劳埃德信托储蓄银行先在位于繁华商业街地段的几家分行推出这种新产品以试水。劳埃德信托储蓄银行的发言人强调，银行创造的经济增加值体现为向客户提供定制化的服务。"我们只由一家贷款机构来提供伊斯兰住房贷款产品，"尼扎姆（Nizam）首长说，"递减型的利润分享合约模式是解决住房贷款问题最有效的途径。美国、英国以及巴基斯坦的抵押贷款机构一直在成功地运作这种产品。"

这种模式要求金融机构与客户合伙买房。房屋的所有权会在银行与客户之间进行分配，而且事先约定好将来客户会逐步回购银行持有的部分房屋产权，于是客户持有的房屋产权比例越来越高，直至把银行持有的产权份额全部买下来为止，使得自己在一段时间后成为资产的唯一所有者。不过，在贷款期间，银行持有的产权相当于出租给客户使用，因此客户要向银行支付租金。

布拉克住房贷款协议通常最长期限可达 25 年，客户可选择两种还款模式。第一种还款模式为，在最初的六个月内，租金额是固定的，随后每六个月调整一次租金额。第二种还款模式为，头两年租金额是固定的，随后每六个月调整一次。

资料来源：《阿拉伯新闻报》（*Arab News*）官网。

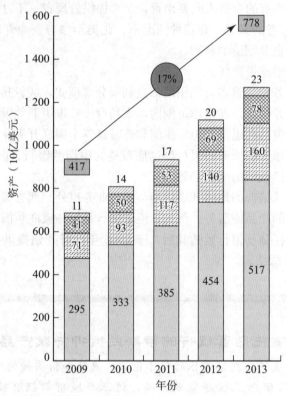

图 3-6　2009—2013 年全球伊斯兰银行业资产分布

资料来源：恩斯特和杨（2014）。

说明：由于四舍五入，数据会略有差异，后文不再单独说明。

3.8 小结

本章主要介绍了全球最主要的银行业务类型。重点是商业银行与投资银行的业务活动，本章的最后一节简要介绍了不以利息为基础的伊斯兰银行业的部分特征。在 2007—2009 年全球金融危机爆发之前，宽松的监管环境（主要原因是放松监管）促进了金融服务集团与全能型银行经营模式的快速发展。一个主要特征是不同类型的银行业务之间的界限越来越模糊，市场上出现了多家可以提供全面金融服务的集团企业，它们面向客户广泛地提供个人银行、公司金融以及投资银行服务。很多银行还能向客户提供保险、养老金以及其他非银行金融产品。甚至为了满足客户的需求，传统的西方国家的银行如今也能提供各种形式的伊斯兰银行的产品与服务。

20 世纪 90 年代与 21 世纪初，银行业务特征的变化直接反映了银行想要满足个人客户与企业客户日益增长的多元化需求的愿望。它还反映出银行收入来源多样化的趋势，比如用其他业务类型创造的手续费或佣金收入来贴补传统商业银行业务的利息收入。最终的目标是向客户提供全方位的产品与服务，以加强客户与银行之间的关系，向客户提供令其满意的服务。如今，全能型银行模式正受到质疑，因为大银行正在"去杠杆"，出售"非核心"业务部门。2007—2009 年的全球金融危机再次强调银行的经营模式必须导向长期可持续发展的业务以及可持续的盈利能力。

关键术语

基于资产的融资	投资银行业务	资产管理	发票贴现服务
银保合作	伊斯兰银行业务	银行控股企业	租赁
住房互助协会	现代银行业务	商业银行	私人银行业务
商业票据	私募股权投资	承诺	自营交易
合作银行	回购	企业银行业务	零售银行业务或个人银行业务
信用合作社	风险管理	欧洲债券	储蓄银行
欧洲票据	证券承销	福费廷	专业银行业务
更快支付服务体系	银团贷款	金融机构	传统银行业务
担保	全能型银行业务	高净值个人	风险投资
分期付款	保付代理	分期付款公司	

主要阅读文献

Ayadi，R.，Arbak，E.，De Groen，W. P. and Llewellyn，D. T. (2010) *Investigating Diversity in the Banking Sector in Europe：Key Developments，Performance and Role of Cooperative Banks.* Brussels：Centre for European Policy Studies.

Ayadi，R.，Schmidt，R. H. and Carbó Valverde，S. (2009) *Investigating Diversity in* the Banking Sector in Europe：The Performance and Role of Saving Banks. Brussels：Centre for European Policy Studies.

Capgemini and RBC Wealth Management（2012）*World Wealth Report*.

European Central Bank（2010）"Beyond ROE—How to measure bank performance". Appendix to the Report on EU Banking Structures, September.

Iqbal，M. and Molyneux，P.（2005）*Thirty Years of Islamic Banking*. London：Macmillan.

复习题

3.1 传统银行业务与现代银行业务的主要区别是什么？

3.2 什么是银保合作？

3.3 解释提供个人银行业务的各类银行的主要特征。

3.4 私人银行业务的主要特征是什么？

3.5 公司银行业务的主要特征是什么？

3.6 什么是风险投资者？它们与私募股权投资相似度有多高？

3.7 银行向大型企业客户提供哪些常规服务？辨析短期融资与长期融资的主要区别。

3.8 投资银行通常向客户提供哪些服务？

3.9 什么是自营交易？

3.10 美国投资银行转制为银行控股公司有哪些利弊？

3.11 与专业银行相比，全能型银行模式有哪些优势？

3.12 伊斯兰银行与西方国家的银行有何区别？

第四章

国际银行业务

- 概要了解国际银行业务的主要特征。
- 描述国际银行业务的发展历史。
- 了解国际银行业务发展的原因。
- 掌握国际银行业务的基本原理与理论。
- 掌握最常见的国际银行业务的产品与服务。
- 介绍银团贷款市场。
- 了解次贷危机对国际银行业务的冲击。

4.1 导论

外国银行业务与国际银行业务的发展一直是金融体系发展的重要因素之一。本章要向大家介绍国际银行业务的主要特点，重点强调其复杂多样、动态变化的特征。本章的第一部分首先给出国际银行业务的定义，简要介绍其发展历史，然后讨论国际银行提供的各种产品与服务。我们重点关注的是向大型企业提供的银行产品与服务——财资管理服务、信用、债务融资、权益融资、贸易融资以及各种各样的风险管理产品。同时，我们还会详细介绍银团贷款市场的诸多细节。在本章的最后，我们会讨论外国银行业务的发展态势以及次贷危机对国际银行业务活动的影响。

4.2 什么是国际银行业务？

国际银行业务指的是银行跨越国境并/或使用不同货币开展的业务活动。刘易斯和戴维斯

（1987）给出了更为精准的定义——他们将国际银行业务划分为两大类：传统的外国银行业务与欧洲货币银行业务。**传统的外国银行业务**（traditional foreign banking）包括对非居民的本币信贷业务，可用于贸易融资或为其他国际贸易提供便利。**欧洲货币银行业务**（Eurocurrency banking）指的是银行与居民和非居民之间进行的批发（大额）外汇交易（贷款与存款）。上面这个定义说明国际银行主要从事的业务活动包括贸易融资、外汇交易以及大额的短期欧洲货币贷款与存款业务。

虽然从事国际银行业务的银行通常开展的就是上述类型的业务活动，但其实国际银行业务的定义更加宽泛，而且没有真正考虑到一个重要事实：很多银行是在多个国家开展业务的。例如，传统的外国银行业务与欧洲货币银行业务并不要求银行必须在国外设立实体机构，相关的业务活动可以统一在一个国家境内完成。比如，英国的银行可以在香港本地未设立分支机构的情况下直接与香港客户进行英镑交易。同样的，地处伦敦的银行彼此之间可以进行大额的欧洲美元贷款业务，这些银行也不需要在美国本土设立实体机构。

为了充分体现很多银行同时在多个国家设立实体经营机构这个事实，我们要把**跨国银行业务**（multinational banking）与国际银行业务区分开来。跨国银行业务指的是银行在本国境外的地区开设了实体经营机构，并对其拥有部分所有权或控制力。跨国银行业务的主要特征是银行需要在海外市场进行某种形式的**对外直接投资**（foreign direct investment），表现形式为设立实体机构（正如大家所想，这个定义来源于跨国企业与对外直接投资这两个术语的字面意思）。

如果银行想采用跨国经营模式，那么必须要在海外多个国家与地区拥有规模庞大的海外分支机构，最极致的做法便是直接使用当地的本币开展存贷业务。与之相反，国际银行业务模式指的是银行在母国以外的地区或（主要的）国际金融中心开展业务，主要从事的是跨境交易。美国的次贷危机让这两种模式承受了严峻的考验。专栏4-1对此进行了总结。

我们应当注意的是在谈到银行的全球业务时，"国际银行业务"与"跨国银行业务"这两个术语经常可以交换使用。为了便于说明，本章我们统一用"国际银行业务"这个更常用的术语表达方式，不过大家要知道本章所讨论的银行的跨国交易活动对应的是最宽泛的定义。专栏4-2提供了一些释义。

专栏 4-1

从国际银行变成跨国银行？

20世纪80年代，在拉美债务危机给跨国贷款造成巨大损失以后，银行纷纷转换为跨国经营模式。建立或收购一家当地银行，直接在当地获得资金并放贷，即使不能规避国别风险，也能有效地防范汇兑风险。于是，外国机构手中持有的新兴市场经济体用其本币表示的债务余额从1983年的7%上升至20世纪90年代的25%～30%。1997—1998年的亚洲金融危机过后，在全球范围内，外国机构持有的本币债务额比例变得更高。进入21世纪以后，外国银行在海外设立实体机构的势头放缓。在新兴市场，在2005年前后，由于收益率更高，同时美元在持续贬值，于是银行的跨境交易又开始红火起来。欧元的诞生刺激了整个欧洲地区的银行间市场，欧洲银行开始大规模地投资于美国的资产担保证券，两者带来了同样的影响。如果促进跨境贷款的因素是暂时性的，那么本国债务与外债的比率可能会上升（参考图4-1）。即使没有出现任何有利于跨国银行业务、不利于国际银行业务的监管变化，也有可能出现这种局面。2007—2009年的全球金融危机进一步强化了银行立足于海外市场本土的跨国经营模式，尤其

图 4 - 1 本币债务与外债的比率

资料来源：麦考利等（2010，26）。

是在新兴市场地区。随着国际上银行间市场的慢慢萎缩，独立的个体银行持有的债权规模不断下降。跨境债权以及银行在海外市场拥有的外币债权（支撑债权的资金来源往往是直接在海外市场的融资）要比本币债权减少的速度更快。负债端同样的趋势证明当危机爆发时，在海外市场当地获得融资会更有弹性。不同币种的负债相对规模变化不大，这说明美元融资市场的错位变得更加严重，而且在外汇掉期市场上美元的获取成本更高。

按照国际清算银行（Bank for International Settlements）的统计数据，跨境银行间的贷款规模已经由 2008 年 3 月末的 22.7 万亿美元下降至 2013 年 9 月末的 17 万亿美元。这一收缩趋势影响了全球大多数国家，不过受影响最大的是欧洲的借款人，尤其是欧元区。英国本土银行获得的贷款额减少了 1.7 万亿美元，下降幅度为 35%。美国与瑞士的银行获得的贷款额也呈现出同样的下降趋势，分别减少了 4 150 亿美元（16%）和 346 亿美元（42%）。

资料来源：节选自麦考利等（2010）；国际清算银行（2014）。

专栏 4 - 2

一些释义

全球银行指的是经营的地理区域延展到最远的银行，这些银行通过在多个国家设立子公司或分支行的形式来提供服务，在所有的大洲均有自己的实体机构。

国际银行指的是可以提供跨境服务的银行，不过这些银行开展业务的国家数量不够多，或者规模相对较小，不能被定义为全球银行。

地方银行（也叫作本土银行）指的是只在总部所在国境内提供服务的银行。

满足下列条件的银行可被视为国际银行：

- 在海外设有分支行和/或附属机构。
- 不管身处何处，都可以进行外币业务。
- 拥有国际客户。

4.3 国际银行业务的发展简史

国际银行业务的起源要追溯到 4 000 多年前，当时多个文明主体跨越边界使用**信用证**（letters of credit）和汇票为贸易获取融资。银行在本土以外设立实体机构开展业务的历史要短得多，大概是从 15 世纪开始，佛罗伦萨的银行家，尤其是美第奇（Medici）家族，在其他地区设立子公司或分支行，为贸易、科学、军事、艺术及其他活动提供资金支持。从 14 世纪到 16 世纪，佛罗伦萨一直在为科学研究和文化事业提供资金，这个城市孕育了文艺复兴与现代的欧洲艺术。有人认为，商业与艺术的发展是与社会态度的变化——强调创造财富与大方挥霍——密不可分的。这不仅促进了地区银行业务的发展，而且刺激了国际银行业务的扩张，因为本土已经满足不了融资需求了。①

国际银行业务的现代发展可以被划分为截然不同的两个阶段。第一个阶段开始于 19 世纪殖民主义的兴起，一直持续到 20 世纪。第二个阶段是国际银行业务的扩张阶段，这与美国跨国公司的发展，以及 20 世纪 50 年代末至 60 年代初日益变化的金融监管环境有着密切的关系。

● 殖民银行业务。19 世纪 30 年代，英国银行在澳大利亚、加勒比海以及北美殖民地开设了分支行。19 世纪 50 年代后，它们进一步扩张地盘，到 19 世纪末时，英国银行已经在南非、拉丁美洲、印度与亚洲部分地区、中东地区以及部分欧洲国家设立了分支机构。其他殖民国家，尤其是比利时、法国与德国，也于 19 世纪后半叶将本土银行的势力范围拓展到了伦敦、拉丁美洲、非洲以及中国。英国银行与其他欧洲国家的银行存在一个明显的区别：前者建立的是**殖民银行**（colonial banks），也可以叫作"英国海外银行"或"盎格鲁外国银行"，仅在英国以外地区提供服务。与之相反，欧洲各国的银行同时在国内与国外开展业务，一般采用收购海外银行或建立子公司的模式。换言之，欧洲各国银行的海外扩张之路更类似于今天的模式——本土银行收购海外银行，或者在海外自己的子公司通过这些机构开展业务活动，而英国银行则是专门在殖民地设立分支机构，仅在殖民地提供服务。到了 19 世纪后半叶与 20 世纪初，很多日本银行与加拿大银行也在积极发展国际银行业务。

● **现代国际银行业务**（modern international banking）。在 20 世纪前半叶，银行在海外市场的扩张是有限的，原因是英国及其他殖民帝国在不断衰落，两次世界大战给全球经济发展带来高度的不确定性，很多国家的政治环境发生了变化——它们试图建立起本国的银行体系，限制外国银行的进入，甚至对外国银行实施国有化策略。直到经济实力超强的美国横空出世，美国的跨国企业不断壮大，国际银行业务才掀起了第二波发展浪潮。这发生在 20 世纪 50 年代后期至 20 世纪 60 年代初期，当时，为了满足跨国企业的融资需求，同时也为了充分利用本国以外市场融资成本低的优势，美国的银行开始努力拓展海外市场。那时，美国的银行要受到存款利率上限的约束（所谓的 Q 条例），同时还要持有大量的准备金。它们发现，在海外建立分支机构（一般设在伦敦）可以让这些交易不用接受母国的监管，因此美国的各大银行可以向美元存款支付更高的利息，并可以通过海外分支发放条件更优厚的美元贷款，因为这不受美国监管机构的管控。由于伦敦本地累积了大量的美元存款——有人说这是因为美国国内的一些思潮

---

① 世界上最古老的银行——意大利锡耶纳银行（Monte dei Paschi di Siena）创始于 1472 年。帕克斯（2005）对 15 世纪时美第奇家族对意大利佛罗伦萨的银行业、艺术以及其他行业的影响进行了精彩的阐述。

迫使一些国家的政府不得不将大规模的美元存款从纽约转移到伦敦，它们担心这些存款留在美国国内会有被冻结的危险——于是美国银行纷纷来到伦敦设点。无论如何，在 20 世纪 60 年代，美国的银行纷纷涌入伦敦及其他主要的国际金融中心城市（例如巴黎）。这就是**欧洲货币**（Eurocurrency）市场的起源。这个市场主要进行外币批发存款业务、贷款业务。到了 20 世纪 70 年代，美国银行继续在国际银行业内占据主导地位，不过在 20 世纪 70 年代末乃至整个 20 世纪 80 年代，日本的各大银行取代了美国银行的位置，成为最主要的国际贷款机构（这反映出那段时期日本跨国企业的发展十分迅速）。到了 20 世纪 90 年代，由于国内市场出了问题，日本银行在国际市场上的相对重要性有所降低，它们的地位被欧洲的银行取而代之——在各种因素的影响下（包括欧洲统一市场的形成），欧洲银行开始积极扩张国际业务。

接下来我们谈一谈国际银行业务的几个基本问题。我们先来关注一下促使银行海外扩张的主要理论与战略动机到底是什么；然后，我们会向大家介绍进入海外市场的几种方式；最后，我们会向大家详细说明国际银行提供的产品与服务。

4.4 为什么银行要进军海外？

很多文献已经研究了企业海外扩张的基本动机。这些学术文献充分考虑了对外直接投资的决定因素，研究了企业的战略行为，同时对跨国企业的绩效与效率优势进行了实证检验。适用于非金融机构海外扩张的诸多理论也同样适用于银行。

描述企业海外扩张动机的主要理论与下列因素有关：
- 要素价格差与贸易壁垒；
- 套利与资本成本；
- 所有权优势；
- 收益的多样化；
- 过剩的管理能力；
- 区位与产品周期。

接下来我们简单讨论与这些因素相关的理论。

4.4.1 要素价格差与贸易壁垒理论

研究对外直接投资决定因素的理论与实证文献重点关注促使企业海外扩张的两大动机——要素价格差与出口面临的贸易壁垒问题。前者被称为**垂直型对外直接投资**（vertical FDI），意指企业在海外进行生产经营活动能有效地利用生产要素的价格差。总部需要大量的物资及人力资本投入，而生产过程是劳动密集型的。因此，企业把生产基地设立在劳动力成本较低的国家，把总部设立在高素质人才成本相对较低的国家，于是跨国企业诞生了。跨国企业的另一动机与阻碍出口的贸易壁垒有关。当国际贸易成本较高时，企业会直接在目标市场国家设立分支机构，便于自己直接进入该市场，这叫作**水平型对外直接投资**（horizontal FDI）。

上述对外直接投资的两大动机都源于对现实因素的研究与分析。对银行业来说，各种证据证明，与垂直型对外直接投资相比，水平型对外直接投资可能是促使企业海外扩张更加重要的动机。例如，银行在海外市场设立分支机构的战略考量很有可能是想实现信息优势"内部化"，而非公平交易。由于在银行的某些业务领域（例如零售银行业务，小企业贷款，同时在多个监管区域、经济区域内开展经营活动的企业所需的特殊信贷产品）很难找到长距离交易的有效市场，因此海外投资可能会成为银行业的重要特征之一。

每个国家对行业方方面面的监管法规存在很大的差异，这给国际贸易制造了很大的障碍。这意味着在很多行业（尤其是银行业），如果不在海外市场设立实体的分支机构，跨境交易将难以完成。例如，税收政策、消费者保护法、市场规则、产品的界定等诸多差异都意味着除非银行在目标市场设立实体机构，否则很多金融服务产品很难出售。专栏4-3讨论了贸易壁垒对银行进军海外的决定有何影响。

专栏 4-3

贸易壁垒与银行业

很多国家和地区禁止在无实体机构的条件下出售金融产品——银行在进入市场之前，必须先建立实体机构。对于一些更具国际化视野的银行业务领域，例如投行与国际银行业务，这些贸易壁垒显得不那么令人烦恼。但是，值得注意的是，即使是世界上规模最大的投资银行，也在很多国家设立了规模庞大的实体机构。

总的来说，很多国家的国内监管法规要求银行在进入该国市场之前，必须要先设立实体机构，这构成了巨大的贸易壁垒。与此同时，银行总试图绕开限制性的监管规则，这促使它们到海外设立机构或直接并购当地的金融机构。银行业的跨境经营活动主要采用水平型对外直接投资模式，便于银行充分利用海外设点所形成的信息优势，同时规避东道国国内金融监管法规所造成的贸易壁垒。

4.4.2 套利与资本成本理论

另一种理论认为，企业的海外投资决定与企业的**套利**（arbitrage）活动有关。企业可以在强势货币市场上以较低的成本融资，然后将资金投资于主权货币较为弱势、可以用较低廉的价格并购企业的市场。举一个简单的例子，2003年，美元相对于欧元和英镑贬值了20%~30%，这意味着欧洲投资者从美国银行那里获得的贷款成本要比原来低20%~30%。当其他条件都相同时，这表示美元贬值能让（英国或欧洲）银行以更低廉的成本收购海外银行，被收购企业的总体回报率也将上升，当然资本收益率也将明显变大。欧洲的游客为什么成群结队地奔向弱势货币地区度假，而不愿意去强势货币地区游玩，其实也是同样的道理。

说得更正式一点，套利与**资本成本**（cost of capital）理论关注的是融资的成本（更详细的内容请参考第九章）。一段时期内，某些货币表现强势，而另一些货币较为疲软。以强势货币计价发行的证券，投资者要求获得的收益率或利率要低一些。于是，企业故意发行以强势货币计价的证券，目的是降低资本的融资成本（低于发行权益工具或债务工具的成本）。随后，这些企业以高于当地企业的价格——这些企业发行的证券都使用当地货币——收购海外资产或并购当地的企业。即便如此，对于使用强势货币的前者来说，收购的价格依然相对便宜。因此，如果欧元相对于美元升值，则欧洲企业与美国企业相比，前者可以以更低的成本获取并购资金，然后用来收购企业或在美国市场上以更高的出价战胜对手，买下自己想要的资产。

虽然很多人可以使用套利与资本成本理论解释在 20 世纪 90 年代末至 2005 年前后，英国与欧洲的各大银行纷纷收购美国银行的现象，但是这个理论不能真正解释下面几个问题：

- 为什么一些企业进行海外投资时选择的市场与母国使用同一种货币（比如，在欧元区内投资）？
- 为什么存在交叉投资（比如，英国企业在美国投资，同时美国企业又在英国投资）？
- 为什么企业愿意花费大量的成本在海外从无到有地设立运营机构？为什么不直接收购当地企业？

于是，学者们提供了很多其他理论来解释银行（以及其他企业）的海外扩张行为。

4.4.3　所有权优势理论

鉴于套利与资本成本理论存在一定的局限性，人们开始研究为什么外国银行想在海外市场开展业务。因为与当地本土银行相比，这些外国银行在很多方面明显具有劣势。一般来说，进军海外市场的外国银行的主要劣势包括：

- 本土银行在当地市场的需求特征、法令法规、制度环境等方面掌握更多的信息。而外国银行必须要花费较高的成本才能了解这些信息。
- 在远离母国的海外市场开展活动时，外国银行必须承受更高的管理、监管与其他成本。

由于这些劣势一目了然，因此进军海外的外国银行必然拥有某种补偿性的优势，使得它们能够在同等条件下与本土银行一较高下。这种优势被统称为所有权优势。

所有权优势——可能与专业技术、营销技能、生产效率、管理才能、产品创新能力等因素有关——在银行内部必须易转换，而且技能与其他所有权优势在组织内部被有效地分散。

"所有权优势"这个概念比较宽泛。我们不清楚银行到底需要花多少时间才能建立起这一优势，这种优势是否与创新型的产品或服务有关，抑或是否植根于更有效率的组织过程或生产过程中。同时，也没什么证据能证明形成这种优势需要多大的代价或成本。不过，现实世界里很多银行确实进入了海外市场，而且在这个市场上，乍一看与本土银行相比前者明显具有内在的劣势。这个事实说明与本土银行相比，外国银行必然拥有某种优势。

4.4.4　收益的多样化理论

企业进军海外的另一明显动机是管理层希望能够实现业务活动的多样化。该理论认为，银行的投资决策来源于高管对收益多样化从而降低风险这一目标的执着追求。进入新市场会让银行的某些业务类型面临全新的风险-收益模式。假设德国的一家银行相信美国的零售银行业务比德国本土的零售银行业务更有吸引力，于是考虑进入美国市场。这将有助于实现德国银行收益的多样化，而且避免对德国本土市场的过度依赖。

进军海外市场可以实现银行收益的多样化并降低风险，而且海外市场的收益与母国市场收益的关联程度越低，风险就越小。大家应该还记得，金融理论告诉我们，投资者希望构建风险分散化的股票投资组合，避免自己投资的所有股票都面临同样的负面风险，因此，他们会选择各种各样的股票，力求股票之间价格波动的关联度尽可能地低，从而实现多样化投资效应的最大化，最终获得自己预期的投资收益与风险水平（请参考附录 A2）。这条原则也同样适用于想进军海外市场的银行（和其他企业）。我们还需知道，银行在不同的国家开展业务活动——或被称为**地理意义上的多样化**（geographical diversification），或同时在国内与国外进入新的业务领域［例如保险、共同基金、投资管理、投行业务等，这是**产品的多样化**（product diversification）］——均可以达到多样化的目的。

4.4.5　过剩的管理能力理论

海外投资的另一理论与企业想尽可能地使用**过剩的管理能力**（excess managerial capacity）的意愿有关。对银行来说，人力资源与其他资源只有达到一定规模时才能实现物尽其用。比如，一家企业拥有高度专业化的管理团队，如果这个团队只负责管理某一特定区域市场的业务活动，那么其管理才能并没有得到充分的利用。于是，企业可以扩张规模，进军海外新市场，让高质量的人力资源得到更加高效的利用。

4.4.6　区位与产品生命周期理论

除了上述几种理论以外，还有一些学者提出了和区位与**产品生命周期**（product life cycle）有关的理论。该理论关注的是产品（或服务）的本质以及不同市场上产品需求与生产成本的变化趋势。

产品生命周期可分为三个阶段（请参考图 4 - 2）：
（1）创新型产品或新产品；
（2）成熟产品；
（3）标准化产品。

创新型产品或新产品阶段（innovative or new product stage）指的是为了满足新的消费需求而创造出新产品及服务，或者用新技术创造出新产品的阶段。一般来说，位于成熟完善市场的银行会率先满足新的消费需求。这样的成熟市场通常都拥有更高的人均 GDP。在第一个阶段，新产品可能不是标准化的，因此当产品树立市场形象时，企业的生产部门与销售部门需要紧密协调和频繁沟通。由于距离越远，沟通成本就越高，因此新产品有可能会在母国生产并销售，此时企业不会考虑进军海外市场的选项。

随着银行依靠"在实践中学习"和最有效的生产模式而获得收益，进一步明确了销售与分销渠道，产品开始变得更加标准化。于是，进入了所谓的**成熟产品阶段**（mature product stage）。消费者对产品的特点更加了解，可能对价格更加敏感（对母国市场上的产品的需求变得更加有弹性）。随着市场规模的扩张，生产者可以获得规模经济效益，生产成本得以降低。当产品或服务进入成熟产品阶段，外国消费者对新产品有所耳闻时，产品的需求（尤其是来自更加富裕的海外市场的需求）也许会增加。通常，企业会首先选择进入高收入的海外国家进行投资——这些海外国家的需求特征与母国市场相似，但是本地生产运营的成本高于直接进口商品的成本。这种**生产分散化**（production diffusion）模式——创新型产品率先在富裕的经济体内被生产销售，随后向下传导进入（相对）不太富裕的市场——是成熟产品阶段海外扩张的普遍特征。很多零售型的金融服务产品均有这一特征，比如，信用卡在 20 世纪 60 年代诞生于美国；到了 70 年代和 80 年代遍布整个欧洲；进入 90 年代以后，信用卡才开始在很多发展中国家变得常见。

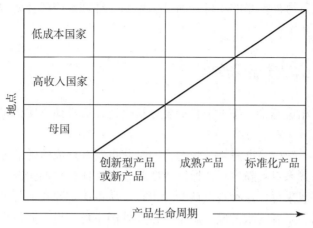

图 4-2　产品生命周期

产品生命周期的最后一个阶段叫作**标准化产品**（standardised product），此时产品是统一无差别的，生产者之间的竞争只与价格有关。在这种情况下，是否了解海外市场并不那么重要，对于生产者来说，更重要的是找到成本更低的生产基地。因此到了标准化产品阶段，生产会被转移到成本最低廉的国家，从而使得企业继续保持竞争力。

4.4.7　国际银行业务发展的其他理论

虽然很多理论都能解释国际银行业务存在和发展的原因，但是没有哪一种理论能把各种类型的海外扩张形式都解释清楚。银行既想继续实现收入现金流的多样化，又想找到成本最低的生产基地。很多银行与其他金融机构都在通过有效的差异化战略塑造鲜明的品牌形象，不过它们依然希望自己的产品或服务的定价能相对高一些，同时成本最低。

事实上，如果好好查阅并分析企业海外扩张的学术文献，你会发现所有的理论都会对下述问题做出某种形式的解释：为什么银行要通过设立海外实体机构的方式来生产并销售产品与服务？它们为什么不直接从母国市场出口这些产品或服务？与国际银行业务发展有关的其他理论如下所示。

- **企业特定优势**（firm-specific advantages）。某些银行具有的优势（资金实力、营销能力或丰富的销售经验等）可以让海外扩张变得更容易。这样的优势往往与规模有关，因为大银行通常拥有更多的融资渠道，能够获得规模经济与范围经济带来的好处，拥有更多的专业管理人才与制度，可以让海外扩张战略更容易地实现。同时，它们还拥有可用于进行大规模海外运营活动的相关财务或个人资源。
- **区位优势**（location advantages）。前文中提到的几种理论并没有把海外地区所具有的诸多吸引力一一点到。我们讲述产品生命周期时提到了区位优势，不过还有一些区位优势是与产品或服务的生产、销售、分销特征密切相关的。例如，银行喜欢聚集在金融中心地区（例如伦敦、纽约和东京），这样做的好处是紧邻外汇交易市场与欧洲货币市场。伦敦外汇市场（世界上最大的外汇交易市场）的高流动性对外国银行和其他市场服务机构（例如会计师事务所、律师事务所与咨询公司等）很有吸引力，因为在这里能招揽到生意。

总而言之，多种理论对外国银行的海外扩张行为进行了解释。事实上，我们可以同时用多个理论来分析银行进行海外扩张的动机，而且选择哪一种理论或解释要视具体个案的实际情况而定。

4.4.8　银行进军海外市场的实践

前文中已介绍了相关理论，接下来我们要分析银行在海外建立实体机构的战略动因。下面概要列出了几点。

- 寻找客户战略。银行寻求海外扩张的目的是获得新客户或追随老客户。银行为什么更愿意通过海外扩张的方式来寻找新客户，原因主要是在无实体机构的情况下跨境出售产品或服务会遇到很多障碍。一般来说，这种观点认为，银行之所以决定要在海外投资设点，是因为远距离向客户提供服务以满足其需求的成本高于直接在外国市场上设立实体机构的成本。各国的大型银行一窝蜂地涌入中国市场（中国市场的消费者数量占世界总人口的 22%）就是一个很好的例子，这充分说明了相对欠发达的零售银行与批发银行市场对规模最大的银行来说意味着不可错过的大好商机。

- 站稳脚跟战略。企业通过设立实体机构的方式进入别国的另一动机是检测海外市场的特性。尝试性的对外投资可以帮助银行搜集信息，假以时日，银行便能做出最终的决定——是扩张还是收缩。例如，很多美国与欧洲的投资银行已经收购了日本国内市场上规模相对中等的证券公司，目的就是看看能否通过这种方式在日本市场上开展私人银行业务。

- 跟随领导者战略。当一家大银行在海外市场上进行投资时，可能会刺激其他银行采取跟随策略。坊间流传了很多趣闻，说的便是各式各样的跨国大公司（包括大型银行）模仿竞争对手的跨境海外投资战略。众多大银行和其他大型企业一窝蜂地涌入中国与其他亚洲经济体，这种行为明显存在着羊群效应。在欧洲和美国随处可见的商业银行和投资银行收购资产管理公司的现象，以及西班牙的银行业大举进军拉美地区的举动，都说明了国际银行业务的发展确实存在羊群效应。

- 客户追随战略。有学者认为，在本土市场上，与现有客户始终保持联系的做法让银行逐渐获得了信息优势。这种银行-客户关系的性质让银行享有特殊的地位，可以追随客户进入海外市场。假设银行的一个大企业客户进入了一个全新的海外市场，该企业希望在市场当地获得银行服务，于是这可能会鼓励银行跟随客户一起进入这个市场。在银行业内，客户追随战略十分常见——大企业需要大银行，因为只有大银行能满足其不断增长的融资需求。当然，资本市场也能满足大企业的部分融资需求，尤其是当市场处于上升阶段时。当资本市场不能满足要求时，企业就会去寻求银行的帮助。换言之，当企业的规模越来越大，行业也变得越来越集中时，银行业也会跟随这种趋势做出反应。

- 绩效与效率优势。能证明海外扩张策略完全正确的一个最明显的理由是这有助于提高整个企业的绩效，并为股东创造价值。即海外业务创造的收益会被汇入银行总部的收益，从而增加银行的利润，最终提升银行的股价，为银行的股东创造价值。鉴于银行的主要战略目标之一是为所有者创造足够高的风险调整后收益，因此我们相信海外扩张确实能通过某种方式给银行带来增值效应。海外扩张能帮助银行降低运营成本并/或提高市场定价能力，人们预期这将给银行带来增值。

- 管理者的动机。当然，国际银行业务的海外扩张也有可能是出于管理者的动机而非追求利润最大化或为股东创造价值。位置稳固的管理者可能会基于自身对薪酬、权力、职业安全感、风险规避等因素的偏好，做出海外投资决策。总的来说，海外扩张会影响到企业控制型市场或公司治理型市场，从而直接加强或削弱企业高管所掌控的权力；或者通过改变企业的市场控制力对高管手中的权势造成间接影响。简单地说，管理者之所以决定进行海外投资，就是为了让自己有机会掌控规模更大的企业——企业/银行的规模越大，薪酬与福利就会越高。企业的管理者决定海外投资的其他考量还包括让企业不容易受到敌意收购的威胁。他们相信地理区域的多元化有助于开拓其管理视野，不过这并不一定能提高银行的股价或增加银行的利润。

● 政府的动机。国际银行业的快速发展还有一个重要的影响因素，即为了鼓励竞争、创新与市场开放，政府在不断地放松监管。被过度保护的银行业在放松管制以后鼓励外国银行进入，在理论上，这样做至少能够促进竞争，激励本土银行提高效率。例如，欧盟单一市场计划的主要目标之一正是降低所有成员国之间银行业务与金融服务产品的贸易壁垒，从而鼓励银行跨出国境线进行对外投资。

4.5 银行进入外国市场的形式

在外国市场进行经营活动时，银行可采用多种组织形式，具体选择哪一种组织形式取决于多种因素，其中包括银行拟定的投资额度、市场经验是否丰富、国际业务的规模、税负、银行的整体战略计划及其他因素。下面我们列出了银行开拓海外市场时常用的五种组织形式：

● 代理银行；
● 代表处；
● 代理处；
● 分支行；
● 子银行。

4.5.1 代理银行

代理银行（correspondent banking）关系能让银行进入海外市场所面临的风险最低。具体做法是请海外市场上的一家当地银行向外国银行提供服务。一般来说，银行可以经由代理银行在自身未设立实体机构的市场上开展业务，因而很多规模较小的银行正在普遍使用这种服务。专栏4-4介绍了加拿大最大的银行之一——加拿大帝国商业银行（Canadian Imperial Bank of Commerce）提供的代理银行服务。

可以看出，通过代理银行关系提供的服务类型主要与支付结算、交易服务以及各种各样的贸易信用工具有关。像加拿大帝国商业银行这样的代理银行向外国银行提供服务时要收取费用。很明显，外国银行通过代理银行关系进入海外市场面临的风险是最小的。

专栏 4-4

加拿大帝国商业银行的代理银行服务

加拿大帝国商业银行在支付结算领域处于领先地位，是全球范围内向代理银行提供转账服务的主要机构。加拿大帝国商业银行提供的代理银行服务主要包括：

（a）活期账户服务，包括多币种账户、品种齐全的账单与资产归集服务。

（b）向任意银行或其他收款人进行主要币种的支付服务，覆盖范围包括加拿大国内或通过其分支机构延伸至加勒比海地区。具体包括财务结算、证券的现金结算、客户向加拿大境内的收款人转账、支付、国际大额支付以及支付养老金。

（c）现金信用证结算服务，包括光票托收服务。

（d）书面凭证服务，例如信用证、跟单托收与担保服务。

客户服务团队都是客户账户业务领域的专家，十分熟悉各种支付工具、现金信用证、托收、索赔要求、邮汇支付与养老金支付、汇票与汇款单等。

加拿大帝国商业银行提供的账户与电汇服务安全高效，是全球各大银行值得信赖的合作伙伴。此外，加拿大帝国商业银行在贸易融资、机构信托与托管服务等领域拥有很强的实力。加拿大帝国商业银行已经与全球多家银行建立起稳固的结算关系。该银行向外国银行提供代理银行服务已经有将近一个世纪之久。

资料来源：加拿大帝国商业银行官网。

4.5.2　代表处

代表处（representative office）这种形式会让进入外国市场的银行面临的风险稍微大一点。代表处通常规模很小，不能开展银行业务。也就是说，它们不能吸取存款，也不能发放贷款。代表处的主要作用是寻找新的业务类型，一般只充当总行的市场营销部门。通常银行会在风险较大的市场上设立代表处，因为这种代表处的运营成本几乎可以忽略不计，在商业前景暗淡时，代表处随时可以轻而易举地被关闭。

4.5.3　代理处

代理处（agency）主要指的是外国银行在美国境内单独设立的分支机构。代理处与分支行的相似之处在于它们都是总行有机构成的一部分。代理处介于分支行与代表处之间，因为它能做的事情少于前者，但多于后者。例如在美国，代理处（如某代理行）不能用自己的名义来吸收存款或发放贷款；不过，它们可以在外国市场上以总行的名义经营存贷业务。

特意说明一下，所谓的"代理行"指的是代表另一家银行办理某些事务的银行。例如：

• 银团贷款组织内的某家银行建议其他银团贷款参与行调整对外国或本国借款人的贷款金额或贷款利率水平；

• 一家银行代理另一家银行的信用卡发行业务；

• 外国银行代表母行在美国境内开展业务。

4.5.4　分支行

与代表处相比，建立分支行通常意味着更深地介入海外市场。分支行是母行的重要组成部分，是总行的合法组成单位，代表总行发挥着功能性的作用。海外分支行在很多方面都类似于国内的分支行，只不过前者在制定商业决策时可能拥有更多的自治权，因为这些决策必须要适应海外市场的特殊性。分支行可以开展东道国银行监管机构所允许的所有业务，即存贷款业务以及提供其他产品与服务。

分支行是外国银行向海外扩张的最常见形式，因为其成本低于建立一个全资子公司，而且分支行也能让银行广泛地开展各种各样的商业活动。

4.5.5 子银行

子银行（subsidiary）是独立于母行的法律实体，拥有自己的资本金，按照东道国当地的法律建立组织并合法经营。分支行与代理处一般没有独立的法人地位，其海外经营活动所造成的风险要以母行的全部资本金作为缓冲；而子银行的风险损失仅以其自身持有的资本金为限。当然，如果海外子银行遭遇困境，监管机构肯定希望母行能提供帮助——虽然在法律意义上母行并不需要这样做，因为子银行拥有独立的法人地位。

子银行的出现可能源于并购，也可能是新建立一家企业（新建项目）——建立子银行的成本较高，因为其必须拥有独立于母行的资本金。建立子银行的主要优势是，相比于其他市场进入方式，通常这种举动意味着海外跨国银行决心花更大的力气开拓东道国本地市场，这说明海外银行对本地市场发展前景的展望比较积极。此外，在遵守东道国法令法规的前提下，子银行一般被允许从事各种各样的银行业务。例如，在 1999 年以前，美国的商业银行被禁止在美国本土市场上从事投行业务，因此美国的许多大银行纷纷在海外设立子银行，在海外市场上开展投行业务。

表 4-1 总结了各种海外市场进入方式的优缺点。

尽管在法律意义上，分支行与子银行泾渭分明，但在实际操作中，它们往往采用相似的运营及管理模式。在一些国家，分支行事实上是在以一个独立实体的身份运营。在其他国家，子银行的管理模式类似于分支行，风险管理与融资决策都要听从母行的安排。而集团内的担保以及监管部门提出的栅栏原则往往会让分支行与子银行之间的界限变得更加模糊。

表 4-1　海外市场的进入方式

进入方式	优势	劣势
代理银行	• 市场进入成本低 • 人员费用最低 • 易于抓住本地银行业的发展机会 • 当地人脉资源深厚	• 客户可能不受重视 • 被禁止从事某些类型的贷款业务
代表处	• 成本低 • 在保持现有业务的前提下吸引其他业务上门	• 很难招募和培训合格的员工 • 推展海外市场业务的能力有限
分支行	• 对海外业务发展拥有更强的控制力 • 拥有更好的客户关系 • 提供产品与服务的能力更强	• 成本高 • 很难招募和培训合格的员工
子银行	• 拥有独立的法人地位 • 在子银行陷入困境时，母公司不需要承担救助的法律义务	• 成本高 • 分散化的决策机制可能导致重复性成本

4.5.6 分支行与子银行

不管采用何种商业模式 [请参考费希特等（2011，14）]，分支行与子银行的组织结构对跨国银行都很有吸引力。

- 对整个银行集团来说，分支行结构的业务运营成本要比子银行结构更低廉。
- 大体上看，子银行结构更有利于跨国银行将附属机构的损失控制在一定范围内。
- 在其他条件都相同时，通常全球零售型银行会优先考虑设立子银行，而跨国全能型银行会优先考虑设立分支行。
- 在实际操作时，对于海外经营主体到底采用分支行还是子银行的模式，银行集团还要充分考虑母国/东道国的不同特点，有时候这也许比商业模式的考量更重要。

实际操作是很复杂的。在某些地区，跨国银行集团选择建立分支行；而在其他地区，跨国银行集团会选择建立子银行。例如，当跨国银行遇到下列问题时，会更倾向于选择分支行结构：东道国本地的金融市场欠发达，难以支撑子银行的发展；进入本地市场的主要目的是扩张信贷业务，向现有客户提供风险管理服务；政治风险较高；分支行享有的税务、监管待遇更优惠。如果东道国经济水平较为发达，则跨国银行更愿意在拥有主要的货币中心城市的国家（例如美国或英国）以及能提供大规模存款资源的国家（例如德国）建立分支行。

图 4-3 给出了截止到 2008 年年底外国银行设立的子银行与分支行的地区分布情况，而图 4-4 说明了多个金融中心国家或地区拥有的外国分支行与子银行的数量。

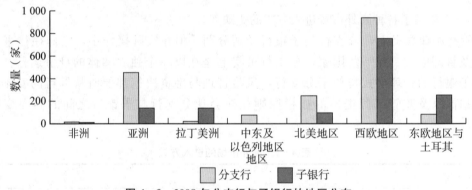

图 4-3 2008 年分支行与子银行的地区分布

资料来源：费希特等（2011，14）。

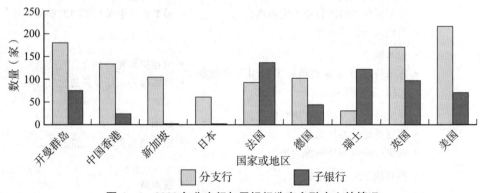

图 4-4 2008 年分支行与子银行选定金融中心的情况

资料来源：费希特等（2011，14）。

跨国银行集团进入海外市场以后，规模的扩张与业务的多样化能带来效率提高的好处，但是这些跨国集团的经营失败也将产生溢出效应，会对东道国的金融稳定造成威胁（请参考第八章）。银行集团通过一体化的分支行实现海外扩张的做法，与直接建立多个法律上彼此独立的子银行相比，看上去前者的成本更低，而且更有效率。然而，一旦遭遇风险或失败，子银行体系的救助成本通常会更低。那么，政策制定者主要考虑的是，在效率与金融稳定之间的权衡是否足以支持本国推出偏向于某种跨国银行结构的政策。

4.6 国际银行业务

银行可以通过其国际业务部门提供各种类型的银行产品或其他金融服务。之所以介绍国际银行业务会有点儿困难，原因之一是业务种类实在太多了。在传统意义上，向跨国企业提供服务通常被凸显为国际银行业务的主要特征，但是随着越来越多的银行向海外扩张，如今它们的客户能享受到银行提供的所有服务，从定位细分小市场的零售银行产品到批发性的投资与商业银行产品，可谓应有尽有。请牢记这一点，接下来这一节主要讲述的是国际银行业务涵盖的产品与服务。

4.6.1 国际银行业务涵盖的产品与服务

各种各样的金融服务企业都能开展国际银行业务，其中主要包括商业银行、投资银行以及资产管理公司。最核心的银行产品和服务与3.5.2节讲过的向大企业客户提供的产品与服务比较类似。一般来说，这些产品或服务主要是为了满足以下客户需求：
- 资金转移与现金管理；
- 信贷工具——贷款、透支、备用贷款承诺以及其他信贷产品；
- 银团贷款（仅限于提供给大企业或跨国企业）；
- 通过发行债券来获取债务资金（仅限于提供给大企业或跨国企业）；
- 其他债务融资工具，如基于资产的债务融资；
- 国内与国际权益市场（通常后者仅面向大企业或跨国企业）；
- 证券承销与基金管理服务；
- 风险管理与信息管理服务；
- 外汇交易与贸易融资。

4.6.1.1 资金转移与现金管理

从事跨国业务的企业与以本土市场为主导的小型企业的重要区别在于前者需要银行提供**现金管理与交易服务**（cash management and transaction services），因为它们必须要进行本币与外币资金的汇款与付款。尽管很多此类企业的规模没有大到拥有一个非常完善的财务管理系统，但它们很有可能拥有比国内的同行更先进、更发达的现金管理系统。企业的现金管理系统不断发展完善的主要原因在于：（1）企业意识到多余的现金若闲置不用，将会导致高昂的机会成本（损失了本应获得的利息）；（2）企业需要了解其现金或营运资本的实时数据；（3）外币现金流必须被有效管理，以实现汇率风险的最小化。

此类服务的需求程度显然要依赖于企业经营规模的大小及其跨国业务的占比幅度。规模最大的企业的财务管理部门的功能类似于小型银行，可以提供这样的服务；而中等规模的企业对现金管理服务的需求较为有限。

4.6.1.2　信贷工具——贷款、透支、备用贷款承诺以及其他信贷产品

各种规模的企业都对银行的信贷产品有广泛的需求，目的是为企业经营提供资金支持。标准化的贷款可以采用固定利率或浮动利率，可以有担保或无担保，期限也可长可短。除了金额较大以外，这些贷款产品在很多方面与消费贷款并无实际差别。当然，企业也可以使用透支贷款产品去满足短期融资需求。

除了这些标准化产品以外，大企业还能利用欧洲货币市场。欧洲货币市场本质上是一个大容量、低风险的存贷款市场。该市场的主体部分是银行间市场——数量不算多的若干大型商业银行彼此之间进行存贷款交易的市场。其他重要的市场参与者包括企业与政府，它们利用这个市场解决短期融资问题，并将闲置的短期盈余资金投资出去。其他类型的金融机构，例如投资银行，利用这个市场为自己持有的庞大证券头寸获取融资，具体做法是用这些证券作为回购交易的质押品。与银行的做法（发行大额存单）不同的是，大型的非金融企业经常通过发行商业票据或将应收货款以银行承兑贴现的方式转让来获取短期资金。欧洲货币市场能帮助企业借到非本币的外币短期大额资金。例如，一家英国跨国企业为筹集短期资金发行了总额为 500 万英镑的商业票据，同时它也可以直接在银行间市场申请借款，后者就是欧洲美元贷款。同样的，假设一家英国企业拿到了一笔 500 万美元的资金，并将其存放于银行，那么这就是欧洲货币存款。总的来说，进入欧洲货币市场是只有银行和大型跨国企业可以享有的特权。

除了标准的贷款产品以外，银行还可以向企业客户提供各种各样的贷款承诺或担保产品（请参考 3.5.2.3 节）。

4.6.1.3　通过发行债券来获取债务资金

除了前文中提到的信贷工具，大企业还可以在资本市场上发行**债券**（bonds）来融资。[①]债券是贷款人和借款人签订的合同，借款人承诺按照一定的利率偿还贷款本息（可参考 3.5.2.2 节）。一般来说，发行完毕后，债券会在二级市场上交易，因此其价格和收益率会经常波动。债券具备各种各样的特征，如图 4-5 所示，我们可以按照发行人、偿还的优先顺序、息票利率以及赎回特征将债券分类。

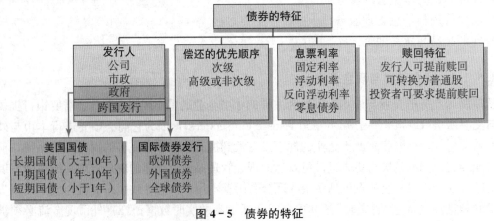

图 4-5　债券的特征

---

① 有关债券与债券市场的介绍，可参考附录 A1。

大企业、政府与跨国机构也通过发行债券获得中长期融资。债券最重要的特征是发行人的信用质量——通常人们认为政府的风险比企业小，因此政府为债券支付的利率低于企业为债券支付的利率。世界上一些超大型企业的信用评级甚至好于一些脆弱的经济体，因此这意味着前者债务融资的成本比后者更低。几乎所有的债券发行人都要接受信用评级，评级机构会评估其按时偿还债券利息（以及最终偿还本金）的能力。信用评级流程与图 4-3 提供的银团贷款评估流程一模一样。企业可发行的公司债券种类繁多；企业可通过发行国内债券在本国市场上融资，也可以在国际市场上发行债券来融资。

4.6.1.4 其他债务融资工具

任何企业若想取得成功的发展，获取外部资金都是至关重要的因素之一。传统的银行贷款与透支型信贷是从事国际贸易的小型企业获得外部融资的最主要来源。然而，发行债券与银团贷款是跨国企业外部融资的主要方式。除了上述债券融资方式以外，所有企业（不管规模大小）还可以在国内和/或国际市场上使用其他类型的债务融资工具，具体包括：

- 基于资产的融资；
- 保付代理与发票贴现服务。

我们在 3.5.1.2 节曾介绍过，资产担保型融资包括**租赁**（leasing）与分期付款购买（或称为租购）。两者的主要差别在于：前者直到合同到期，资产的所有权都归租赁公司所有；而分期付款购买模式则是企业通过分期付款最终获得资产的所有权。

保付代理（factoring）与**发票贴现服务**（invoice discounting services）是企业获得外部融资的其他渠道。正如 3.5.1.2 节所述，保付代理是一种信贷产品，企业可利用这种产品将赊销的货款收回。企业将应收账款打折出售给保付代理商，直接拿到现金，随后保付代理商会手持应收账款的单据要求当初购买企业商品或服务的买家付款。保付代理要求保理商管理企业的应收账款分类账，而发票贴现服务的业务范围更狭窄，发票贴现商只负责回收应收账款，应收账款分类账仍然由企业自己管理。保付代理商与发票贴现商相当于为企业提供了贷款——贷款额通常相当于发票总价值的 80％左右——他们要为此收取费用。一旦保付代理商和发票贴现商将应收账款全部收回，他们就会把余下的 20％货款（扣除服务费用以后的余额）付给客户。服务费用主要包括管理费（有时叫作服务费或佣金），以及贴现费或融资费（即贷款的利息）。

保付代理商帮助客户催收应收账款，并代客户管理应收账款分类账，因此要收取管理费。在英国，管理费通常相当于发票金额的 1％～3％。如前所述，发票贴现商通过贴现购买企业手中的发票，并向其提供贷款，但是与保付代理商不同的是，发票贴现商不提供管理服务。若客户的买家拒绝为已保理的发票付款，那么保付代理商和发票贴现商可以向客户提出追索，这就是有追索权的保付代理。如果没有追索权，则叫作无追索权的保付代理。对于后者，保付代理商要向客户额外收取一笔费用，用于防范可能产生的坏账。

4.6.1.5 国内与国际权益市场

当企业发展到一定规模时，它们可以选择进入资本市场以实现外部融资资源的多样化。前文中我们讲过，规模最大的企业会发行债券或通过银团贷款的方式融资，不过在此之前，它们往往会先在本国的股票交易所上市，通过公开发行股票来获得权益融资。下一步可能会考虑去外国市场如**欧洲股票市场**（Euroequity）上市。不过，绝大多数企业在海外市场的知名度还不足以吸引外国投资者，因此企业可能会先尝试发行欧洲债券，因为欧洲债券市场上都是很专业的投资者。如果欧洲债券发行成功了，那么企业接下来可以谋求到另一个股票交易所交叉上市。

20 世纪 90 年代，股票交叉上市的发展非常迅速，美国市场成为最受欢迎的交叉上市目的地。尤其值得一提的是，欧洲和亚洲的企业很渴望获得美国投资者的青睐，因为这样它们不仅能在母国上市，而且能在美国上市。这样做的主要理由是，海外上市能让企业接触更具有流动性的资本市场，获得成本更低廉的融资资源。在重要的海外股票市场（例如在伦敦与纽约的股票交易所）上市还能让企业名声大振。此外，企业之所以愿意交叉上市，也是为了实现融资来源的多样化，能接触到新的投资者群体，例如母国市场上不太常见的、各种类型的机构投资者。企业在东道国收购其他企业时发行的股票因为交叉上市而有了可流通的二级市场，这样的股票可作为奖励被分发给海外子公司的本地管理者和雇员。

4.6.1.6 证券承销、基金管理服务、风险管理与信息管理服务

除了前文中提过的金融服务以外，跨国银行还提供各种各样的复杂的金融产品，这些产品可作为传统的信贷或债务融资产品的补充。此类产品种类繁多，总体上可被划分为三大类：担保、外汇，以及与利率相关的交易、证券承销与基金管理服务（我们已在 3.5.2.5 节介绍过此类服务的主要特点）。

4.6.1.7 外汇交易与贸易融资

从事外贸交易的企业可以从银行体系获得各种形式的贸易融资，这有助于产品的进出口。贸易融资主要分为三种类型：信用证、福费廷以及易货贸易。

4.6.1.7.1 信用证

信用证是银行签署的一份担保协议书，进口商据此向出口商提供按时支付货款的承诺（还可参考 4.6.1.3 节）。信用证广泛应用于国际贸易领域已长达数百年。银行签发信用证意味着其向卖家保证，一旦收到所需的各种文件或单据，银行就将应付货款支付给卖家。这事实上相当于发证行代表买家将一定金额的货款支付给卖家，前提是卖家出示了可证明在一定时限内已将货物运出的单据或凭证。这些单据或凭证必须符合信用证明确要求的条件或模式，而且应被提交到指定的地点。

这样的安排让卖家感到安全，因为这是跨国银行的付款承诺，前提是卖家履行了信用证上所列的诸多条款。此外，若情况需要，卖家还可以用信用证做担保，获得额外的融资。从买家的角度看，信用证的吸引力在于自己无须在尚未获得所购货物的物权凭证之前，就提前向海外出口商支付货款。当然，考虑到买家与海外的供应商互不熟悉，这样的安排确有帮助。此外，信用证也能保护买家的利益，因为只有当卖家提交了指定单据以后，银行才会向其付款。只有这些单据符合信用证里规定的条款，银行才会给付。买家还可以在信用证里加入一些保护性条款，例如对货物的现场检查、质量把控以及确定货物生产与运输的时间。表 4-2 列出了标准信用证的主要步骤。

不可撤销信用证代表开证行对买家的承诺，前提是买家遵守了信用证上所列的所有条款与要求。与之不同的是，可撤销信用证允许买家在开户行签发了信用证后将其撤销或更改。

4.6.1.7.2 福费廷

福费廷（forfaiting）交易指的是出口商同意将出售货物或服务时应从进口商处收取货款的权利让渡给福费廷银行，而作为交换，福费廷银行同意向出口商支付一笔款项。福费廷银行买

下了出口商的应收账款，独自承担进口商的付款风险。于是，出口商通过这笔交易转移了所有的财务风险，只需要对产品或服务的质量及可靠性负责。买家的付款义务通常能获得当地银行的担保，在某些情况下，甚至能获得政府的担保。和信用证一样，福费廷业务对各种单据或文件的要求一目了然。这包括能证明标的交易真实存在的相关文件、货运单据的复印件以及为交易提供担保的银行的确认文件。福费廷交易可以采用固定利率，也可以采用浮动利率。出口商将货物运走以后，按照要求提供所有相关的单据和文件，随后便和信用证交易一样获得给付。

4.6.1.7.3　易货贸易

易货贸易这个术语常被用于泛指各种各样的互惠贸易。最简单的物物交换是最古老、最著名的例子。不过，还有一些贸易形式，例如转手贸易、返销贸易、回购贸易以及抵消贸易，也在逐渐发展完善，以满足日益一体化的全球经济的发展要求。易货贸易的主要类型包括：

- 单纯的物物交换——双方直接交换实物商品。
- 转手贸易——涉及将一国的双边贸易差额转移到另一国。比如，一家美国的出口商向利比亚出口商品，买家将美元货款打入利比亚当地银行的账户。美国出口商只能用这笔钱在利比亚当地购买商品。那么，这位出口商可以选择在利比亚当地买一些不相干的货物来花掉美元，也可以把美元打个折扣卖给转手贸易商，这些贸易商要采购利比亚当地的货物，将其销往其他地区。
- 返销贸易——指的是工厂或设备的出口商同意以工厂未来生产的产品作为货款的贸易形式。
- 回购贸易——指的是以货物的形式向出口商"支付"货款，而且这些货物与出口商之前生产出口的商品毫无关联。
- 抵消贸易——进口国要求卖家以某种形式对进口国给予补偿。补偿的形式包括要求出口商在进口国当地开展生产、转让技术或增加对进口国的进口额。

便于国际贸易的易货贸易机制多种多样。这种贸易形式在限制外国直接投资、政治风险较高的国家更为流行。

表 4 - 2　信用证

步骤 1	买家和卖家协商后达成一致，包括运输的方式、信用证的有效期、货物运出的最后期限以及其他相关条款。
步骤 2	买家向银行申请签发信用证。
步骤 3	银行评估买家的信用状况，可能要求其支付保证金并/或减少其他授信额度。
步骤 4	开证行签发信用证。通过航空邮件、电传或环球银行金融电信协会（SWIFT）发送给通知行。
步骤 5	通知行使用签名簿或测试密码来验证信用证的真实性，然后通知卖家（收款人）。
步骤 6	通知行可能会对信用证进行进一步的确认，甚至自己也对付款义务进行担保。
步骤 7	卖家检查信用证的条款与贸易合同是否一致，以及自己能否按时完成信用证的条款与要求。
步骤 8	若发现问题，应要求进一步修改。
步骤 9	卖家将货物装船运出，把信用证要求的所有单据和文件（例如发票与货运合同）准备齐全。
步骤 10	在把单据和文件提交给银行之前，卖家应好好检查一下是否存在与信用证不相符的地方，必要时进行修正。
步骤 11	将文件提交给银行，通常提交给通知行。
步骤 12	通知行按照信用证的要求对文件进行检查。如果文件合乎要求，则通知行将货款付给卖家 *，并将文件转交给开证行。

---

*　怀疑原文此处有误，通知行并不负责付款。——译者注

| 步骤 13 | 开证行还要检查一遍文件。如果符合要求，开证行会立即向卖家的开户行付款。 |
| 步骤 14 | 开证行对买家的账户进行借记处理，将文件和单据（包括货运文件）移交给买家。买家可依此为凭证，从货运商处领取货物。 |

说明：（1）信用证涉及与货物有关的文件，并非货物本身。（2）银行不负责代表客户对货物进行检查。（3）一般来说，要求提供的文件包括商业发票、运输单据（例如提货单或空运提单）、保险单据等。

4.6.2 银团贷款

银团贷款指的是牵头行说服多个银行共同参与放贷。正常来说，银团贷款的贷款金额非常高，要么是用于基础设施建设，要么是面对发展中国家/新兴国家的主权贷款。银团贷款的形式多种多样，但最基本的结构都是相同的：牵头行（代理行）组织并代表整个银团贷款团队（参与行）安排放贷事宜，具体如图 4 - 6 所示。尽管只签订了一份贷款合同，但是每个银团组织成员（参与行）均拥有对贷款人的独立债权。一般来说，银团贷款市场的进入门槛很高，只有规模最大的企业才能利用这个市场融资，因为即使是规模最小的贷款，其平均额度也超过了5 000 万美元。

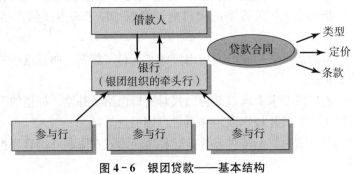

图 4 - 6　银团贷款——基本结构

从本质上看，牵头行帮助急需资金的借款人获得贷款。借款人为此向牵头行支付一笔费用，而这笔费用增加了银团贷款的复杂性与风险水平。通常情况下，每个参与行的贷款条件都是一模一样的，仅对自己承担的贷款额度负责。总的来说，银团贷款介于关系贷款与国债之间，因为牵头行可能会与借款人拥有某种形式的关系或关联，不过银团贷款的其他参与行也与借款人有关系的可能性比较低。

银团贷款市场的发展使得银团贷款与双边银行贷款的差异变得越来越明显。最重要的变化之一便是在 20 世纪 90 年代，受监管的标准化二级市场得到了快速发展，这为银团贷款市场提供了巨大的流动性。另一个重要的变化是被独立的信用评级机构评定信用等级的银团贷款数量越来越多。由于二级市场表现得更为强劲，并且被独立评级的银团贷款数量激增，机构客户越来越意识到银团贷款可以作为债券投资的替代产品［参考阿尔通巴斯等（2010）］。银团贷款市场的变化——包括规模的扩张、提供中长期贷款的能力以及越来越高的透明度——使得它越来越类似于公司债券市场，越来越远离双边银行贷款市场。

这些因素促使银团贷款市场以几何级数的速度飞速增长。目前，综合考虑贷款的规模与期限，银团贷款已经成为大企业债券融资的唯一替代方案。因此，银团贷款称得上是横跨商业银行业务与投资银行业务的混合产品。它是世界上规模最大、最灵活的资金市场。银团贷款市场已经成为大企业与主权国家融资的主流渠道之一。

银团贷款市场有自己的行话或术语：附录 4.1 提供的词汇表对参与行的职能及其有些古怪的名称进行了解释。

标准普尔公司于 2011 年发布的《贷款市场指引》（*A Guide to the Loan Market*）明确了银团贷款的三种主要类型。

● **包销贷款**（underwritten deal）：牵头行承诺提供全额贷款，然后把贷款分包给其他多个银行以及机构投资者。如果其他银行与机构投资者愿意提供的贷款额总和小于牵头行承诺的银团贷款额，则差额部分由牵头行提供资金，随后牵头行可能会再次尝试将这部分贷款推销给其他投资者。

● **代销型银团贷款**（"best efforts" syndication）：指的是银团组织允诺承销的金额小于银团贷款的总额，对于不足的部分，则要到市场上去寻找其他贷款人。一般来说，代销型贷款主要适用于风险较大的借款人或复杂的贷款交易。

● **俱乐部贷款**（club deal）：这种银团贷款只有少数几家参与行，它们无权将自己持有的贷款份额转让给第三方。参与银团贷款的银行数量较少意味着债务重组与贷款管理的成本较低，因而当借款人的违约概率较大时，牵头行更喜欢采用这种贷款模式。

借款人对上述承销手段的依赖程度并不是一成不变的，这取决于市场的发展变化。例如，当市场的成交氛围较为积极乐观时，比如经常有并购交易达成，那么包销手段的使用将会更加频繁。此时，为了确保获得充足的融资来完成类似的交易，企业愿意支付更高的费用。如果市场环境不太活跃或较为紧张，那么代销模式将成为最主要的分销手段：借款人感觉没必要支付更高的费用，或牵头行不愿意承担包销所带来的高风险。此外，还存在着地区差异。例如，欧洲的银团贷款市场只使用包销模式，而美国市场主要采用代销模式。俱乐部贷款模式逐渐变得更加重要，这说明银行越来越厌恶风险，当经济形势不确定时，贷款的违约风险也变大了。在后危机时代，金额超过 1.5 亿英镑的银团贷款采用俱乐部模式已经变得很常见了。

图 4-7 提供了俱乐部贷款的发行量，以及排名前五位的牵头行（按照其安排的银团贷款的总额排名）的发行数据（徐等，2010）。2008 年以来，银团贷款市场一直在努力地恢复元气，因为大企业越来越多地转向债券融资市场。

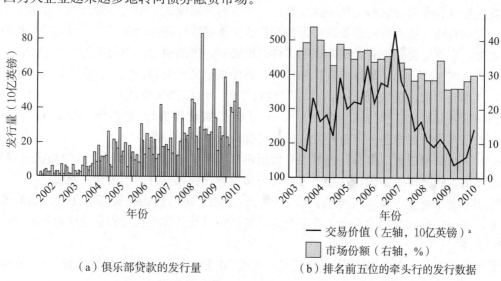

（a）俱乐部贷款的发行量　　　　（b）排名前五位的牵头行的发行数据

图 4-7　俱乐部贷款与排名前五位的牵头行的发行情况

资料来源：徐等（2010）。

说明：a. 按照 2003—2009 年银行安排的银团贷款交易总额排名。

4.6.2.1 银团贷款过程[①]

银团贷款过程可以被分解为三个阶段：（1）贷款前，（2）贷款期间，（3）贷款后。

（1）在发出授权之前，借款人（也被称为发行人）会先向牵头行询价。牵头行会向其概要说明组建银团组织的方式、资格要求以及银行对这笔贷款市场定价的评估。这个阶段也叫作承销阶段。

（2）一旦借款人给予了授权，银团组建过程便开始了。牵头行会准备好一份详细说明交易条款的**信息备忘录**（information memo，缩写为 IM）。这个阶段也叫作次承销阶段。

信息备忘录的内容一般包括：

- 执行概要；
- 投资考量；
- 条款与要求清单；
- 行业概述；
- 财务模型。

执行概要包括发行人的基本情况、交易概要、资源与用途以及关键性的财务统计数据。投资考量则是银团的管理者针对这笔交易的一些推销之辞。条款与要求清单是一个预备性的条款清单，详细说明了贷款交易的定价、结构、抵押、条款以及其他细节（一般会在牵头行收到投资者的反馈意见后，交易双方再对条款展开协商）。行业概述对企业所在的行业以及企业相对于同行的相对竞争地位加以简要介绍。财务模型则是详细分析发行人的历史财报、试算财报以及预计财报，还包括贷款管理者对发行人偏乐观或悲观以及最基础的评估结论。

因为贷款不是证券，所以只面向符合条件的银行与合格投资者保密发行。信息备忘录准备完毕以后，银团组织会向潜在投资者征求反馈意见，了解他们的交易偏好以及他们愿意参与投资的价位。一旦这些相关信息被搜集完毕，牵头行将正式向潜在投资者推销这笔贷款。

绝大多数银团贷款的第一步都是银行召开会议，银行高管与赞助团体（如果有）在会议中向潜在的投资者介绍贷款的交易条款以及银行支持的交易模式。银行高管会说一说他们对这笔贷款交易的看法，最重要的是要说明为什么贷款人能够按时或提前获得偿付以及获得偿付的方式。此外，高管还会向投资者简要说明多种退出机制，例如通过出售资产退出银团贷款。一旦贷款双方达成一致意见，最终的贷款条件将会被详细记录于贷款协议与担保协议内。值得一提的是，从本质上看，这些贷款合约都是弹性可变的，可以多次修改与修正（审批权限不同）。通常由一家或几家贷款机构充当**经办人**（arranger），或称牵头行/主办行，牵头行在借款人的指示下，将多个愿意按照一定条件发放贷款的参与行拉拢到一起。

（3）一旦获得授权，牵头行便着手开始组建银团组织。这叫作银团贷款的初次销售阶段。银团组织的承销分多个步骤，在很多方面与公司债券或股票发行的承销模式类似。

银团贷款市场上主要有三类投资者：银行、金融公司与机构投资者。此外，私募股权基金、对冲基金、高收益债券基金、养老金、保险公司以及其他股权投资者也会时不时地参与银团贷款交易。

银团贷款市场上的机构投资者常用的一种结构性产品名叫**担保贷款凭证**（collateralised

---

① 正如本节所述，有关银团贷款流程更详细的描述，读者可参考标准普尔公司于 2011 年发布的《贷款市场指引》。同时，读者还可参考标准普尔公司于 2010 年发布的《欧洲贷款市场指引》（*A Guide to the European Loan Market*）。

loan obligations，缩写为 CLOs），这是**担保债务凭证**（collateralised debt obligations，缩写为 CDOs）的一种。担保贷款凭证是由特殊目的载体创造出来的，特殊目的载体负责持有并管理杠杆贷款资产池。特殊目的载体的融资来源于其发行的多个等级的债务工具（通常分为 AAA 级、AA 级、BBB 级以及中间级），这些债务工具对抵押品与还款现金流的要求权按照其等级从高到低排列。担保贷款凭证通常要由三大评级机构当中的两家机构提供评级（18.4.2 节更详细地介绍了有关等级划分的信息）。

2007—2009 年全球金融危机爆发后，银团贷款证券化常用的结构性工具（尤其是担保贷款凭证）的市场价值快速蒸发；不过，到了 2014 年，担保贷款凭证的发行量已经得到了全面复苏，截止到 2014 年 8 月，总发行量已达到 900 亿美元。这个数值与 2007 年创下的纪录持平。

4.6.2.2　银团贷款工具

银团贷款工具可分为多种类型。

- 定期贷款。贷款的期限与金额是事先确定好的。定期贷款就是分期偿还贷款，类似于个人消费者购买汽车时常用的个人消费贷款或抵押贷款。借款人可以在较短的贷款承诺期内将贷款资金提走，然后按照约定好的分期还款时间表还款，或者在到期时一次性偿还贷款本息（一次性偿还）。

- 循环信贷便利。借款人可以提取一部分贷款使用，过一段时间偿还，然后再次提取。何时提取贷款由借款人自行决定。

- 信用证。这是银团贷款组织提供的担保。如果借款人违约，则银团组织会负责偿清债务。这种信用证具有多种类型。最常见的类型——备用信用证或金融信用证是要收取费用的，承诺贷款人会向借款企业的各种经营活动提供支持（有关信用证的详细内容可参考 4.6.1.8 节）。

- 收购或设备贷款。延迟提取的定期贷款在一段时间内被分批提取，主要用于购买特定的资产或设备，或用于并购交易。

- 过桥贷款。这种贷款是过渡性的短期融资，满足暂时性的融资需求（例如在债券/权益工具发行之前）。

4.6.2.3　银团贷款的定价

贷款定价要求牵头行评估贷款的内在风险，并测量投资者对风险的接受程度。银团贷款的定价有诸多影响因素，包括市场的流动性、其他贷款与资产类型的相对收益率、贷款人的品质、部门、贷款的规模等。

如表 4-3 所示，市场大致分成两个组成部分：投资级别（信用等级大于或等于 BBB）以及杠杆级别（借款人的信用等级等于或低于 BB+）。按照借款人的信用风险水平，在银行间贷款利率（通常为伦敦银行同业拆借利率或欧洲银行同业拆借利率，实际取决于贷款的币种）的基础上叠加合理的利差，这样便完成了贷款的定价，同时借款人还要向安排这笔贷款的银团组织支付手续费。贷款越复杂，风险越大，则手续费越高。若借款人是信用级别的大型机构，那么通常只需要付一点手续费，甚至手续费为零。而投机级别的借款人往往要按照贷款总额的 1%～5%支付手续费，实际费率取决于这笔交易的复杂程度、市场环境以及贷款是否被包销。

表 4 - 3　信用风险评级——穆迪公司与标准普尔公司

穆迪公司	标准普尔公司	证券的质量
投资级别		
Aaa	AAA	质量最高，违约风险非常小。
Aa	AA	质量高，违约风险比较小。
A	A	中高质量，质量较好，但未来可能易受影响。
Baa	BBB	中等质量，目前尚可，但未来可能不太可靠。
杠杆类（投机级别）		
Ba	BB	有一些投机因素，长期发展前景令人怀疑。
B	B	目前有偿还能力，但未来面临着违约风险。
Caa	CCC	质量较差，存在明显的违约风险。
Ca	CC	投机性很强，也许很快就要违约。
C	C	最低的评级，未来几乎不可能按时还款。
D	—	违约

　　信用风险较高的借款人（即违约可能性较高的客户）要为银团贷款支付更高的利差（高于基准利率如伦敦银行同业拆借利率或欧洲银行同业拆借利率的溢价部分）。贷款的定价取决于借款人的类型、贷款的目的、贷款是否有担保以及其他因素。很多贷款的定价与绩效表密切绑定，即根据一个或多个财务指标来调整贷款的定价。

　　美国与欧洲的银团贷款定价机制有所不同。在美国，银团贷款的定价意味着一场复杂的资本市场谈判，即要在给定时间内平衡好不同类型交易者的需求与利益。而在欧洲，银团贷款的定价要简单一些（但不太有效），因为定价过程不像美国那样灵活以及由市场驱动。不过，欧洲正在越来越靠近美国的操作方式，在安排普通的银团贷款时，也在根据市场环境用**市场弹性手段**（market flex language）来合理定价。

　　多年以来，欧洲市场有一整套完善的定价标准，绝大多数银团贷款的定价都遵循了这一标准。成比例划定的各批次贷款通常起始的利率水平为欧洲银行同业拆借利率加 225 个基点。次贷危机期间，由于投资者要求获得更高的收益率，各种类型的银团贷款的起始利率水平都上涨至欧洲银行同业拆借利率加 400~500 个基点。图 4 - 8 描绘了 2002—2010 年不同信用等级的银团贷款与非金融机构债券的发行量的变化趋势。

　　除了要支付高于伦敦银行同业拆借利率的利差，借款人还要支付各种各样的费用。牵头行与管理团队的其他参与行通常要先收取一定的预付费用，然后启动贷款的协商谈判流程，这笔费用叫作额外酬金或经办费用。承销商向借款人担保能获得融资资金，为此收取的费用叫作承销费。其他参与银行（至少是经理行或共同承销商）同意加入该贷款项目以后，也能收到一笔参与费。这笔费用的实际金额一般要取决于贷款的规模。银团组织内部层级最低的银行通常只能赚取高于伦敦银行同业拆借利率或其他类似的市场参与利率的利差。

　　一旦双方签订了贷款协议，只要资金尚未被借款人提取，那么银团成员通常还能拿到一笔承诺费，用于补偿贷款人为了随时满足借款人的提款要求而持有监管资本的成本，此费用也与贷款的规模成比例。贷款一旦被提取，借款人就可能需要支付一笔使用费。例如，如果借款企业的实际提款额超过了预先商定的比例，比如，双方事先约定好如果借款人提款的比例超过贷款项目总额的 50%，那么除了利差以外，还要向贷款人支付额外 5 个基点的使用费。代理银行要收取代理费，通常每年收取一次，用于弥补贷款的管理成本。有时贷款还包含一些惩罚

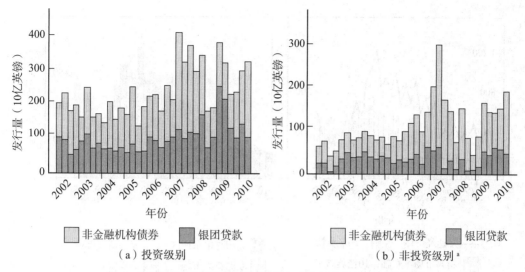

图 4 - 8　不同信用等级的银团贷款与非金融机构债券的发行量

资料来源：徐等（2010）。

说明：a. 不包括未评级的贷款/证券。

性条款，例如借款人同意若自己提前偿还贷款，则会向贷款人支付提前还款费，以补偿贷款人的损失。

另外，市场弹性手段会作为对银行的额外保护措施被写入法律合同中。市场弹性手段包括价格弹性（允许调整贷款的定价）和结构弹性（允许调整贷款各个层级的额度）。此外，贷款合同通常还包含许多旨在保护贷款人的条款，用于防范借款人财务/运营绩效恶化、市场环境变化或其他各种事件所引发的风险。贷款合同里还包括限制性条款、强制性提前还款与抵押品的约定。

银团贷款已经成为企业的主要资金来源。与其他信贷市场一样，银团贷款市场曾经一路高歌猛进，直到 2007—2009 年的全球金融危机爆发。这种融资方式的主要优势在于：

● 与发行债券相比，银团贷款的经办费用较为便宜。

● 银团贷款要求借款人支付的利差更低。若借款人通过一系列的双边贷款协议同时让若干家银行申请贷款，那么利差往往会更高。

● 银团贷款可以通过更为灵活的融资结构，来保证借款人能够按照自己想要的币种获得融资。

●（包括外国银行的）银团贷款扩大了借款企业可选择的贷款机构范围。

● 银团贷款能向借款人提供稳定的资金来源，当其他资金市场（例如债券市场）分崩离析时，这一点显得尤为宝贵。

● 在同等的发行时间内，银团贷款允许借款人获得的贷款金额高于发行债券或股票所得的融资额。

● 银团贷款的协商过程快速而谨慎，对某些类型的交易来说（例如收购交易），这一特征很重要。

● 相比于在证券市场上通过发行证券来融资，参加银团贷款的贷款机构可以相对更加容易地取消贷款承诺，而在证券市场上同样的操作会给投资者的声誉造成负面影响。

不过，雷曼兄弟公司破产以后，银团贷款市场崩溃了。2008 年的下半年，发达经济体与新兴市场的银团贷款总额减少了 67%，非洲与中东地区受到的影响最为严重（参见图 4 - 9）。

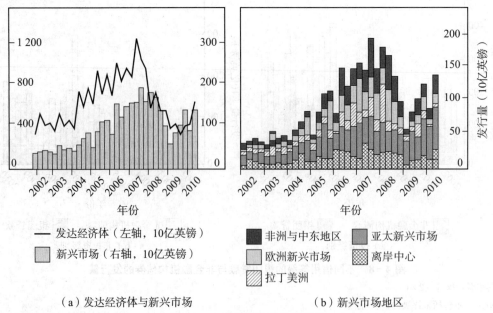

—— 发达经济体（左轴，10亿英镑）

新兴市场（右轴，10亿英镑）

■ 非洲与中东地区　　■ 亚太新兴市场

欧洲新兴市场　　　离岸中心

拉丁美洲

（a）发达经济体与新兴市场　　　　　　　（b）新兴市场地区

图 4－9　银团贷款的总发行量

资料来源：徐等（2010）。

2007—2009 年的全球金融危机也与银团贷款利差的明显放大有一定的关联性。2005 年前后，利差一度位于较低的水平；等到了 2008 年下半年，不管是投资级别还是投机级别，银团贷款一级市场的平均利差开始快速攀升，只不过幅度略小于同等信用等级公司债券的利差涨幅。临近 2008 年年底，BBB 级的银团贷款利差达到了 400 个基点，而 BBB 级公司债券的利差高达 750 个基点。不过，自 2009 年年初以来，公司债券的利差开始迅速回落，而银团贷款的利差一直保持坚挺（参见图 4－10）。

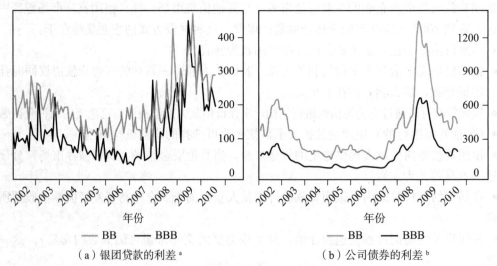

—— BB　—— BBB　　　　　　　　　　　—— BB　—— BBB

（a）银团贷款的利差 a　　　　　　　　　（b）公司债券的利差 b

图 4－10　银团贷款与公司债券的利差

资料来源：徐等（2010）。

说明：a. 发行时高于伦敦银行同业拆借利率的利差。

b. 美林环球债券指数经期权调整后的利差。

4.6.3　新型信贷产品与证券化

企业对资本市场融资越来越重视，这催生了各种各样的"新型"信贷产品问世（可参考第十八章）。例如在美国，公司债券市场的交易非常活跃，和债券一样，银团贷款或证券化资产——将贷款打包证券化，生成的新证券在市场上出售——也能在市场上交易。在美国，很多种类的贷款都可以证券化，例如公司贷款、抵押贷款、信用卡应收账款、电脑租赁贷款等。信用衍生品市场的发展也有助于推动可交易的企业信用产品市场。信用衍生品可被用于管理信用风险，即违约风险。这意味着如今美国企业 50%～60% 的信贷融资是可交易的，即拥有二级市场。这与欧洲的情形截然不同，欧洲只有 20% 的企业贷款是可交易的。

与美国相比，欧洲企业债券市场长期处于欠发达状态，直到次贷危机爆发时，很多分析师还预测欧洲的债券市场将会迎来快速发展。然而事实上，自 2007 年年中，该市场便陷入停滞状态。

4.7　小结

本章深入分析了银行开展国际业务的原因以及外国银行经营模式的变迁。国际银行业务的主要特征在于向跨国企业提供商业银行服务与投资银行服务，同时在海外市场上开展各种各样的商业银行业务。面向大型跨国企业提供的产品与服务包括支付服务和资产管理服务。这些大型跨国企业还帮助大企业进入国际融资市场，要么进入欧洲货币市场获取短期融资，要么进入债券、股票或银团贷款市场以获取长期融资。

证券化业务与结构性信用产品的发展让跨国银行和跨国企业获利颇丰，这些业务或产品让银企能够更方便地融资或调整信贷组合。信贷市场像吹气球一样快速膨胀，直到 2007 年年中，次贷危机开始爆发。2008—2009 年，证券化贷款、跨国贷款、银团贷款与债券融资额均快速减少，不过后来市场在慢慢恢复，截止到 2014 年年末，市场规模重新回到了 3.7 万亿美元。我们还注意到跨国银行在海外市场上的存在感日益鲜明，经营模式多种多样。各家银行可以提供的服务种类存在较大差异。有一点很重要，如今的国际银行业务横跨了整个金融服务业，多种类型的市场参与者均介入其中。几乎每一个国家都能看到外国银行的身影，它们的重要性日益凸显，直到次贷危机爆发，这股上升的势头才被打断。

自 2008 年开始，很多大型企业都在谋求资本金的扩张，因此也一直在寻找能迅速获取大笔融资的渠道。于是，它们考虑放弃一部分"非核心"的国际银行业务。从总体上看，这是银行业危机的共同特征，例如，20 世纪 90 年代，日本的银行业损失惨重，于是将海外业务收缩，集中精力经营国内业务。20 世纪 80 年代中期，美国的储贷协会在爆发危机时也采用了同样的处理手段。在不远的将来，很多跨国银行有可能会采用相同的手段来筹集资本金，这将阻碍美国与欧洲的大银行向海外扩张的脚步。

─────────────── **关键术语** ───────────────

代理处	套利	经办人
代销型银团贷款	债券	分行

现金管理与交易服务	俱乐部贷款	担保债务凭证
担保贷款凭证	殖民银行	代理银行
资本成本	易货贸易	信贷产品
欧洲货币	欧洲货币银行业务	欧洲股票市场
过剩的管理能力	保付代理	企业特定优势
对外直接投资	福费廷	地理意义上的多样化
租赁服务（分期付款购买）	水平型对外直接投资	信息备忘录
创新型产品或新产品阶段	租赁	信用证
区位优势	市场弹性手段	成熟产品阶段
现代国际银行业务	跨国银行业务	所有权优势
产品的多样化	产品生命周期	生产分散化
代表处	标准化产品	子银行
传统的外国银行业务	包销贷款	垂直型对外直接投资
发票贴现服务		

主要阅读文献

Chui，M.，Domanski，D.，Kugler，P. and Shek，J.（2010）"The collapse of international finance during the crisis：Evidence from syndicated loan markets"，*BIS Quarterly Review*，September，39 – 49.

Claessen，S. and van Horen，N.（2012）"Foreign banks：Trends，impact and financial stability"，IMF Working Paper，WP/12/10.

Claessen，S. and van Horen，N.（2014）"Location decisions of foreign banks and competitor remoteness"，*Journal of Money*，*Credit and Banking*，46（1），145 – 170.

Fiechter，J.，Ötker-Robe，I.，Lyina，A.，Hsu，M.，Santos，A. and Surti，J.（2011）"Subsidiaries or branches：Does one size fit all?" IMF Staff Discussion Note，March（SDN/11/04）.

McCauley，R.，McGuire，P. and von Peter，G.（2010）"The architecture of global banking：From international to multinational?" *BIS Quarterly Review*，Bank for International Settlements，March，25 – 37.

复习题

4.1 传统的外国银行业务与欧洲货币银行业务有何不同？

4.2 为什么银行会进行海外扩张？解释国际银行业务基本原理的主要理论有哪些？

4.3 解释银行愿意在海外市场开展业务活动的主要战略动机。

4.4 代理银行关系涉及哪些业务范围？

4.5 解释为什么银行愿意参与银团贷款（用国际清算银行最新一期年度报告所提供的信

息作为佐证）。

4.6　讨论银团贷款流程的各个阶段。

4.7　概述跨国银行机构可以发行的主要债券类型。

4.8　什么叫作欧洲股票？

4.9　银行业可使用哪些方式提供贸易融资，从而帮助国际贸易领域的企业更便利地完成进口与出口业务？

4.10　解释2007—2009年的全球金融危机对跨国银行贷款业务的影响。

附录4.1　银团贷款：经筛选的词汇表

术语	解释
代理费	借款人支付的年费，一次性缴清或每家银行每年缴费一次，目的是对参与银团贷款协商与交易的银行给予补偿。
经办行	指负责发起并组织银团贷款交易的银行或其他金融机构。在银团组织内部，经办行总是拥有较高的地位。一般来说，经办行也是代理行，当需要时，还负责包销部分或全部贷款，或者以参与行的身份参与放贷，不过不一定是银团组织内等级最高的角色。
有效期	指从银团贷款协议签订到贷款人的贷款承诺到期的这段时间。在有效期内，借款人被允许提取贷款，若可行，还可以发行商业票据或信用证，前提是所有的先决条件已经满足，而且会保持满足条件的状态。
AXE表	银团贷款交易的主要细节，包括借款人的名称、贷款的类型、期限与定价的相关细节。
基点（bp）	一个百分点的1/100（即0.01%）。这是绝大多数贷款交易中用来描述手续费或利差的测量单位。
账簿管理者	在银团贷款执行阶段被指派管理账簿的银行，其责任是发出邀请，向感兴趣的银行散播消息，并将每日的进展通报给借款人与承销商的管理团队。这是一个备受瞩目的角色，通常被视为各银行在银团组织内最想争夺的位置。
等级	应邀参加银团贷款协议的银行或其他投资者被给予的等级或头衔。
子弹型贷款（一次性偿还贷款）	银团贷款到期时一次性偿还本息的贷款模式。
清市	借款人同意在银团贷款的授权阶段不再进行可能与当前的银团贷款产生竞争关系的其他公开市场融资活动。
俱乐部贷款	贷款人团队同意在交易的一开始就出资，并承诺在随后整个银团贷款的过程中都不会退出或撤资。
抵押	借款人名下的某项资产被用作贷款的担保品。

术语	解释
承诺费	借款人按照一定百分比与未提取的贷款额度每年向银行支付的一笔费用，通常每季度递延支付一次。
展期费	在现有的贷款项目超过原来的到期日而进一步展期时收取的费用。
信贷限额手续费	借款人每年按照一定百分比以及银行承诺的贷款额向银行支付的费用。不管借款人实际上是否使用了贷款，都要按照银行承诺的贷款总额计费。
前端手续费	这笔费用相当于贷款本金额的一定百分比，为一次性支付，通常在贷款协议签订时或签订后不久支付。
常规的银团组建	指贷款包销后的下一步骤，贷款总额将在参与了银团贷款初始协商阶段的各个贷款人之间进行最终分配。
宽限期	这段期限是指从贷款协议签订日起，到本金的第一笔偿还日为止。在这段时期内，借款人可能会被允许尽可能地对违约事件进行补救。
扣减	借款人陷入了财务困境，贷款人同意降低利率并/或减少手续费，有时甚至同意减少本金的偿还额，目的是帮助借款人避免落入破产的境地。另一含义是在借款人陷入财务困境时，贷款人决定将自己持有的对应贷款资产在二级市场上以相当于本金较大的折扣出售。
信息备忘录	这是一份记录交易条款的文件。信息备忘录通常包括执行概要、投资考量、条款与要求清单、行业概述与财务模型。
贷款人协议	这是多个向借款人提供贷款或信贷额度的贷款机构彼此之间协调利益诉求而签订的协议。这份协议的内容涉及各方的商业行为、其债权与担保的优先顺序，尤其是当借款人丧失偿付能力时，低级别贷款人的受偿顺序要排在后面，并规定了贷款人拥有哪些权限。
投资级别	借款人、某特定债务工具或借款人发行的某批债券获得了主要信用评级机构 Baa3/BBB 或更高的评级。
巨额贷款	金额非常巨大的银团贷款，一般指金额超过 50 亿英镑或 50 亿美元，或者其他等值币种的贷款。
了解客户	必须对客户进行全方位的了解与调查，以作为洗钱防范措施的一部分。
牵头行	在银团组织内占据高等级管理位置的银行。
杠杆贷款	与投资级别的贷款相比，杠杆贷款的债务杠杆更高。各个机构对杠杆贷款的定义有所不同，不过有一点是相同的，即通常要根据银行贷款的信用等级来判断（即一家或几家主要的信用评级机构给出了 Ba1/BB+ 或更低的评级）。对于未评级的借款人，贷款利率相对于市场参考利率的利差大约为 125～150 个基点。
贷款信用违约互换	这种产品类似于信用违约互换，只不过标的资产是贷款。这是一种相对较新的产品，市场参与者正在考虑采取一些措施以实现该产品的标准化。注意，欧洲与美国的贷款信用违约互换合约有所不同。

术语	解释
被授权主牵头行（MLA）	级别最高的被授权银行。被授权主牵头行或至少一位主牵头行（当存在多个主牵头行时）会充当账簿管理者的角色。
利差	贷款人在基准利率基础上收取的额外溢价，能反映借款人的信用质量。
市场弹性	一旦银团贷款组织未能从各参与行处筹集到所需的贷款金额，则承销商可以修改贷款的结构与条件的权利。
重大不利变化（MAC）	有时贷款合同里会包含这一条款，目的是向贷款人提供一定程度的保护，防范借款人财务状况发生负面变化而导致的风险。
可交易	指银团贷款可以开始自由交易。
开箱展示	从组建银团组织开始，便向整个市场公布贷款的定价。
参与份额	一家贷款机构在银团贷款中承担的比例或份额。
参与费	这是一笔与贷款有关的费用。通常会在签约后 30 天内支付，按照每家银行承诺提供的贷款额计算。通常被称为前端费用。
额外酬金	这是前端费用的组成部分之一，用贷款的名义本金额来计算，应支付给被授权的主牵头行。为了成功达成交易，主牵头行要投入很多人力资源与技术资源，这笔费用就是对它们的补偿。若银团组织内设有多个主牵头行，则通常将这笔费用在各主牵头行之间平均分配，不考虑它们为交易而投入的资源是否存在差异。
定价网格	当借款人同意支付利差和承诺费，而且承诺费随某个特定的财务比率指标（例如杠杆率）或外部信用评级的变化而变化，那么我们就说这笔交易设计了"定价网格"机制。
私募	指一群贷款机构从交易的一开始便同意参与放贷，而且在随后的银团贷款项目里，不会有意减少自己承担的贷款额度。在贷款市场上，这样的做法通常被称为买入持有策略或俱乐部贷款。
棘轮	在定价网格上从一个价位变化到另一个价位。
发呆你就输	这是贷款协议中的一个条款。其含义是，若某个贷款人未能在一段事先确定好的期限内回应贷款经办人，那么就要剥夺该贷款人与合同修订或豁免请求有关的投票权。
转让费	当一部分贷款由登记在册的某个贷款人转让给同样登记在册的另一贷款人时，经办行会收取转让费。
承销商	在借款人实际提取贷款之前承诺提供一部分贷款的贷款机构。
承销费	承销商收取的费用，按照承销商承销的份额计算。
使用费	支付给贷款人的费用，能提高贷款人持有的贷款资产的收益率。这笔费用通常与特定时期内贷款承诺的使用超过了一定百分比或金额的整体情况有关。

续表

术语	解释
踢出局	贷款协议中的一个条款，其含义是，若某位贷款人不接受针对贷款协议的豁免请求或修订请求，则允许借款人还清该贷款人所持有的贷款份额。
YTD	本年迄今。

资料来源：贷款市场协会（Loan Market Association）网站。贷款市场协会版权所有。

第二部分

中央银行与银行监管

第五章

中央银行理论

- 理解中央银行在金融部门内至关重要的作用。
- 了解中央银行的主要职能。
- 理解中央银行的货币政策职能。
- 了解自由银行学派提出的各种观点。
- 讨论支持/反对中央银行保持独立性的各种观点。
- 理解为什么当金融危机爆发时各国中央银行应协同动作。

5.1 导论

在任意一个国家，中央银行的核心职能都是管理货币政策，追求的目标是**价格稳定**（price stability），防范流动性危机、货币市场失序或金融危机，以及确保支付体系的平稳运行。本章将探讨这些话题，并着重研究货币政策的实施，区分货币政策工具、指标与目标。本章也会讨论一些基础概念，因为它们与中央银行理论有关。尤其值得一提的是，本章会对下列几个基础性问题展开研究：

- 中央银行的货币政策职能是什么？
- 为什么银行业需要中央银行？
- 中央银行是否应当独立于政府？

本章只是概要地谈一谈上述话题。至于英格兰银行（Bank of England）、欧洲中央银行（European Central Bank）以及美国联邦储备体系的职能、组织与作用，我们将在第六章进行详细分析。

5.2 中央银行的主要职能是什么?

通常中央银行被定义为负责监管一国或多国组织货币体系的金融机构,目标是促进经济发展,抑制通货膨胀。中央银行的主要职能如下所示。

(1) 中央银行控制纸币和硬币(法定货币)的发行。一般来说,中央银行独享货币发行权,不过这一点并不是必须具备的条件,只要中央银行有能力限制私人货币或铸币的发行量即可。

(2) 中央银行有权控制银行创造的信用货币的数量。换言之,中央银行有能力通过直接或间接的方式控制货币供给。

(3) 中央银行还应当对可以提供贷款的其他非银行金融机构具有一定的控制力。

(4) 同时包含第(2)点和第(3)点的中央银行应当有效地使用相关的货币政策工具,以实现控制下列变量的目的:

- 信用扩张;
- 流动性;
- 经济体的货币供给量。

(5) 中央银行应当监管金融部门,目的是防范金融危机爆发,并充当**最后贷款人**(lender of last resort,缩写为 LOLR),以保护储户,防止恐慌性的提现行为蔓延,并避免金融机构的破产对经济造成伤害。

(6) 中央银行是政府的银行。它负责管理政府的银行账户,为政府提供一些传统的银行服务,例如存贷款业务。作为政府的银行,中央银行应履行的另一职能是管理好国债。

(7) 中央银行还要代表政府处理黄金与外汇事宜。政府的黄金与外汇储备都存放在中央银行。中央银行有时会应政府的要求而干预外汇市场,目的是对本币的汇率水平造成影响。

每个国家中央银行的组织、结构以及执行的特定任务均有所不同。时至今日,中央银行的主要任务是执行一国的货币政策。中央银行通常要担负金融稳定的职能。当金融体系动荡不安时,这一职能显得尤为重要。图 5-1 总结了中央银行各个目标在中央银行法令法规中所占的比重,研究对象大约为 50 家中央银行。很明显,与货币政策有关的目标出现的频率远远大于与其他职能有关的目标出现的频率。5.3 节会简要介绍中央银行的货币政策目标。

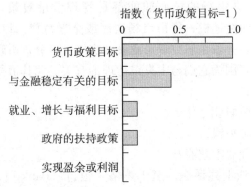

图 5-1 中央银行各种目标在中央银行法律、法规中所占的比重

资料来源:国际清算银行(2009b, 21)。

5.3 货币政策如何发挥作用?

政府执行的经济政策(更严格一点,应该叫作宏观经济政策)可分为五种类型:货币政策、财政政策、汇率政策、价格与收入政策以及国债管理政策。

- **货币政策**(monetary policy)指中央银行通过控制货币供给指标和/或利率水平与利率结构的某些指标来影响资金的可获得性以及资金与贷款的成本。[①]

- **财政政策**(fiscal policy)与政府支出的额度和结构、影响经济运行的税收制度直接相关。由于政府的所有支出都必须有资金来源,因此从定义上看,上述决策还将决定公共部门的借款规模与偿债规模。扩张性财政政策意味着政府的支出相对于税收更高。这种政策的效果是促进消费,刺激经济增长。反过来,紧缩性财政政策意味着增税和削减支出。

- **汇率政策**(exchange rate policy)致力于让本币的汇率达到目标值,从而对国际收支平衡表内的资金出入造成影响。在一些国家,汇率政策往往与其他措施——例如外汇管制、进口关税与进口配额——结合使用。[②]

- **价格与收入政策**(prices and incomes policy)旨在通过官方或民间抑制工资、股息和/或价格等措施来控制通货膨胀率。

- **国债管理政策**(national debt management policy)的重点在于管理国内私人部门持有的政府债券,目的是对利率水平与利率结构以及/或银行体系储备资产的可获得性施加影响。

本节重点分析货币政策的相关内容。不过,大家要记住一点,前文中提到的每一项政策都是整个宏观经济政策的组成部分之一,每一项政策的决策与实施都要取决于宏观经济政策的其他组成部分。专栏 5-1 介绍了**货币**(money)的概念与功能,这是本节的基础知识。

专栏 5-1

货币的定义、功能与货币总量

总的来说,我们日常生活当中使用的硬币与钞票就是货币的代表。货币就是一种所有人在做交易时都愿意接受的商品。它还能反映任意一种商品或服务的价值。对经济学家来说,货币对应的往往是"货币供给",人们在购买商品和服务或偿还债务时使用的、被广为接受的支付工具都属于货币的范畴。

在经济体系内,货币主要发挥四大功能:(1)交易媒介;(2)记账单位;(3)价值储藏;(4)延期支付标准。

(1)交易媒介也许是货币最重要的功能。如果物物交换是唯一的贸易模式,那么在很多情况下,人们不能获得自己最想要的商品或服务。使用货币的好处在于它向所有者提供了普遍购买力。货币能让使用者灵活地选择所买商品的种类与数量、购买的时间与地点,以及选择与谁进行交易。交易媒介的关键特征之一在于被普遍接受,能够很容易地与其他物品交换。政府通

---

① 可参考附录 A1。
② 请注意,在很多贸易协定框架下(例如欧盟与世界贸易组织的贸易协定),外汇管制、进口关税与进口配额要受到限制,甚至是被禁止的。

常会设计一些硬币或纸币来作为交易媒介。

（2）如果货币作为交易媒介被普遍接受，那么它也可以充当记账单位，于是所有商品的价格都能够用货币来表示，并可对其进行横向比较。于是，面对琳琅满目的商品，我们能更容易地决定将自己的收入用于购买哪些商品。基于这个原因，有时我们说货币充当了价值尺度，如果"价值"指的是价格或（物品的）价值，那么这种说法是正确的，不过后者——（物品的）价值——是一个非常主观的概念。

（3）货币还是一种流动性很好的价值储藏工具，个人可以利用货币持有并积累财富，而且这些财富可以在任意时刻立即被兑换为商品或服务。当个人持有货币的目的是储藏价值时，那么事实上就相当于将其视为其他金融资产的替代品，例如债券或存款。于是，货币的持有者放弃了持有其他资产可以带来的显性的收益，以换取持有货币的隐性好处——便利与确定性。

（4）货币还可以充当延期支付工具。由于货币具有这个功能，因此很多交易可以现在先签约，在将来某个时间再结算，比如现在先买下商品，迟一些再付款。货币的这一功能让商品的生产与销售变得更简单，因为消费者可以先买下商品和服务，然后晚些时候付款。因为货币可充当延期支付工具，劳动力、原材料以及其他商品与服务均可以先被签约买下，然后在未来某个时点再付款。尽管对于贷款、借款以及组织生产来说，货币的这一职能并非不可或缺，但它确实能让上述经济活动变得更容易。当遇到高通胀时，货币的延期支付功能可能会带来问题，因为在这种情形下，货币的实际价值正在快速下跌。因而，延迟支付能让债务人获得好处。不过，货币的延期支付功能还意味着商业贷款变得可行。借款人同意这样的安排：今天贷款人借给借款人 10 单位货币，三个月后借款人向贷款人偿还 11 单位货币。贷款人可以用货币来收取利息。

货币构成的官方定义来源于中央银行对**货币总量**（monetary aggregates）这个概念的界定。例如自 1966 年起，英国便开始公布货币供给量的官方统计值。货币供给最早期的定义十分宽泛，包括英国非银行机构持有的纸钞与硬币以及英国居民存放在英国境内各银行的存款（英镑存款或外币存款）。1970 年以来，这一定义多次被修正或补充，这反映了金融体系与金融政策的不断发展。中央银行的常规操作是从众多货币资产中挑选可能成为货币服务来源的多种资产，然后将其加总，这便是货币总量。货币总量在货币政策的制定过程中扮演了非常重要的角色。在英国，M0 是最狭窄的货币统计指标，而 M4 是最宽泛的货币统计指标。

M0＝流通中的英镑纸钞与硬币＋各银行存放在英格兰银行的操作性存款

M4＝私人部门持有的英镑纸钞与硬币＋私人部门持有的无息银行活期存款
　　＋私人部门持有的生息银行活期存款与定期存款＋私人部门持有的英镑存单
　　＋私人部门持有的住房互助协会（发售）的份额、存款以及英镑存单
　　＋住房互助协会持有的银行存款、银行存单、纸钞以及硬币

注意，活期存款包括可以立即变现、没有任何限制的资金（可参考第二章）；定期存款则是在一段固定时期内（例如 30 天或 60 天）存放在银行，只有当到期时储户才能提取的存款。存单通常是可转让的，是一份证明（通常是大额）存款在银行存放特定时长的凭证。在分析 M4 时，我们可以从其组成部分（现金与存款）入手，也可以从对应的资产入手，即银行与住房互助协会资产负债表的另一侧（按照会计准则，资产负债表的两侧总额应相等）。对应的资产包括银行与住房互助协会发放给私人部门的贷款、银行与公共部门以及海外居民的金融交易资产。

欧洲中央银行对货币总量的定义与前文中所说的英格兰银行的定义稍有不同。与国际上的通行做法一样，欧元区的货币总量范畴包括狭义货币（M1）、中间级货币（M2）以及广义货币（M3）。这三个货币总量指标的区别在于所包含的资产的"货币性"程度不同。具体定义如下所示：

- 狭义货币包括通货（即纸钞与硬币）以及可立即变现或用于无现金支付的存款（即隔夜存款）。

- 中间级货币包括狭义货币、期限不超过两年的定期存款以及最长不超过三个月通知期便可提取的存款。M2的定义反映出了分析和监控货币总量指标的特殊意义——货币总量不仅包括通货，而且包括流动性较好的存款。

- 广义货币包括M2以及由小型金融机构发行的可交易金融工具。一些货币市场工具，尤其是货币市场基金份额/单位以及回购协议，均包含在广义货币指标之内。高流动性与价格稳定使得这些工具成为存款的近似替代品。正是由于加入了这些金融工具，各种流动性资产之间的相互转换才不太会影响广义货币量，这使得广义货币比更狭窄的货币总量指标表现得更稳定。

请参考表5-1。

表5-1 欧元区货币总量的定义

负债	M1	M2	M3
流通中的货币	×	×	×
隔夜存款	×	×	×
不超过两年的定期存款		×	×
最长不超过三个月通知期便可提取的存款		×	×
回购协议			×
货币市场基金份额/单位			×
期限不超过两年的债务工具			×

资料来源：节选自英格兰银行（2007b）以及欧洲中央银行对欧元区货币总量的定义。

货币政策与控制货币供给的某些指标有关，也与利率水平和利率结构有关。如今，在政府的一揽子宏观经济政策中，货币政策被给予了比以前高得多的重视程度。这是因为人们已经形成了一个共识：价格稳定是实现核心经济目标——经济增长率与就业率不仅高，而且稳定——的最基本前提。货币政策被视为影响价格波动的最佳政策。

尽管以前选择货币政策而非财政政策作为主要的政策工具被视为意识形态问题，但如今人们更多地认为这样的选择主要是从实用主义出发。随着越来越多的人意识到过高且波动的通货膨胀率会伤害经济的长期发展与就业，政策制定者越来越关注被事实所证明的抑制通胀压力最有成效的政策手段。因此，价格稳定已经成为经济战略的关键要素，货币政策被广泛视为影响当前价格以及未来价格预期的适当政策选择。

优先使用货币政策而非其他政策与两个主要因素有关。一个因素是货币当局（中央银行）作为纸币以及银行准备金（即基础货币）唯一发行人的地位，另一个因素是货币的长期中性（参考下面的内容）。

中央银行是基础货币的唯一提供者，因此它有能力判断在什么情况下银行可以向中央银行借款。中央银行可以影响短期货币市场的流动性，因而能引导各商业银行做出买入或卖出短期批发资金的行为。通过影响短期货币市场利率，中央银行可以对金融体系内的资金价格施加影响，并最终对各种各样的经济指标（例如产出或价格）造成影响。

从长期来看，经济体内货币数量的变化将会表现为一般价格水平的变化，但是对经济变量的实际值（例如实际产出或实际失业率）并没有持久的影响。这就是货币的长期中性。该观点认为，从长期来看，实际收入或就业率只取决于实际要素，例如技术水平、人口增长或经济代理人的偏好。因此，通货膨胀只是货币现象而已。

因此，长期来看：

- 中央银行只有保持物价稳定，才能有助于提高经济的增长潜力。
- 扩张性货币政策（增加货币供给）可能会将短期利率控制在与价格稳定要求不一致的区间。

这两种做法都不能实现经济增长。过去人们已经注意到，较长时间的高通胀通常与较高的货币供给增速有关。虽然还有很多其他因素（例如总需求的变化、技术水平的改变或商品价格的变动）会在短期内影响物价水平，但在长期内，这些影响都将被货币政策的变动所抵消。

5.4 中央银行的货币政策职能

中央银行最重要的职能是进行货币控制操作。一般来说，这些操作旨在管理经济体内的货币数量（货币供给）。中央银行想实现的货币政策目标不同，则货币供给的数量也不同。而货币政策取决于政府的整个宏观经济政策（参考专栏 5-2）。

一般来说，中央银行最重要的长期货币政策目标是保持价格稳定，这意味着要保持较低且稳定的通胀率。如图 5-2 所示，只有先设定短期的操作对象，才能实现这样的长期目标。为了能将利率、商业银行的准备金或汇率控制在一定水平，通常需要先设定操作对象。

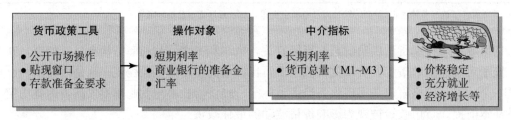

图 5-2 货币政策工具、指标与目标

货币政策目标

货币政策是通过调节经济体内的货币（或流动性）供给量来影响利率水平、通货膨胀以及信贷资源可获得性的主要政策工具之一。大家应记住的重要一点是，货币政策只是政府宏观经济政策中的一个组成部分，可以与其他各种类型的经济政策（例如财政政策）组合使用，以实现特定的经济目标。在历史上，货币政策曾经服从于财政政策或其他宏观经济管理政策，但是如今它已被视为实现各种特定经济政策目标最重要的政策工具。

经济政策（以及货币政策）的主要目标包括：

● 高就业——经常被列为经济政策的主要目标之一。高失业率意味着经济体存在闲置资源，进而导致产出和收入处于较低水平，增长率放缓，甚至可能引发社会动荡。不过，这并不一定意味着失业率为零就是更好的政策目标。人们通常认为，一定水平的失业率是保持经济体高效运转的必要条件。人们需要花一些时间来跳槽，或者为了新工作而接受再教育等。所以，即便在充分就业的情形下，一些正在跳槽的劳动者也算正处于暂时失业的状态。这就叫作摩擦性失业。此外，失业还可能是由于劳动者所掌握的技能与雇主的要求不匹配，这就是结构性失业。一般来说，虽然结构性失业不受欢迎，但货币政策对这种类型的失业无计可施。因此，高就业目标并不意味着失业率要达到零，而是要追求一个大于零的目标，这个失业率目标要能使劳动力的供求实现均衡。这个失业率水平就是自然失业率。米尔顿·弗里德曼（1968）将自然失业率定义为取决于真实的经济力量、不受货币政策左右的长期失业率水平。大量的经济学文献研究了如何测量自然失业率，不过至今未能形成统一的意见，因为本地劳动力市场环境以及劳动力供给与劳动力需求的变化会直接影响自然失业率。

● 价格稳定——被视为经济政策的基本目标，目的是规避通胀所带来的成本。人们之所以想保持物价稳定，是因为物价水平上升会给经济带来不确定性，从而对经济增长带来负面影响。很多经济学家（并非所有经济学家）都认为较低的通货膨胀率是实现经济可持续增长的必要先决条件。

● 稳定的经济增长——能逐渐提高人们的生活水平。经济稳定增长的目标与高就业率密切相关，因为当失业率较低时，企业更有可能去投资；而当失业率较高时，企业的部分产能处于闲置状态，它们不太可能想去投资建设更多的工厂。一国经济增长的速度应当至少与相似的国家差不多。

● 利率稳定——这是政府希望实现的另一个经济发展目标，因为利率水平的波动会给未来带来不确定性，从而对企业和消费者的投资决策（例如买房的决定）造成负面影响。未来利率水平可能上升的预期会阻碍投资的进行，因为对投资者来说，利率上升会降低未来现金流的现值，而对借款人来说，这会增加其借款成本。

● 金融市场稳定——这也是政府追求的重要政策目标之一，也是中央银行的关注焦点之一。金融市场的崩溃会给经济发展造成极其严重的负面影响。2007—2009年席卷全球的金融危机导致产出大幅下降，破坏了政策传导机制的有效性（参考专栏5-5），并使得资本配置缺乏效率。1929年时也爆发了一场类似的金融危机。等到1932年，美国华尔街的股灾使得工业产出减少了50个百分点，失业率上升至25%～30%。在此期间，超过11 000家银行破产。规模如此巨大的危机也许很少见，但是它向我们展示了金融危机所带来的严重后果。还有一个例子相对温和一点：美国一家对冲基金——长期资本管理（Long-Term Capital Management）公司的关门竟引发了金融市场危机。1998年9月，美联储组织了一场针对长期资本管理公司的援救行动。长期资本管理公司是一家声名卓著的大型对冲基金公司，当时正处于破产的边缘。货币当局果断介入，因为它们担心，若允许这家对冲基金公司破产，则可能会给全球金融市场带来可怕的影响。请注意，利率的稳定性会影响金融市场的稳定性，因为利率的上升将导致债券与其他证券的价格下跌，而损失将由持有这些证券的投资者承担。

● 外汇市场的稳定性——作为政策目标之一，其重要性日益凸显，尤其是在当前商品、服务与资本的跨境交易如此频繁的大背景下。本币升值会让出口商品更贵（英镑相对于美元升值意味着美国的消费者要为英国产品支付更高的价钱），而本币贬值会导致国内出现通货膨胀

（如果英镑相对于美元贬值，那么英国境内出售的美国产品的价格将会上涨）。因此，货币汇率朝着不利方向的大幅波动会给出口行业带来严重影响，与此同时，如果经济体是开放的，并且较为依赖进口产品，那么这还会带来巨大的通胀压力。所以，确保外汇市场的稳定被视为经济政策应追求的目标之一。

乍一看，上述政策目标彼此之间都是协调一致的；不过，有时候冲突确实是存在的。价格稳定目标与利率稳定、充分就业（至少是在短期内充分就业）这两个目标就有冲突，因为随着经济增长和失业率降低，由此而来的通胀压力会促使利率水平上升。如果货币当局不想让利率上升，那么这种做法会让通胀压力进一步加重；但是，若货币当局任由利率上升，这又会导致失业率攀升。这样的冲突给决策者执行货币政策与其他宏观经济政策带来了很多难题。

通常，中介指标——例如长期利率水平或广义货币增长率——起着一定的补充作用。在选择中介指标时，政策制定者应当充分考虑货币需求的稳定性以及货币总量的可控性。被选定的中介指标还应当能够较好地反映货币政策决定对物价稳定目标的影响。广义货币总量通常会表现出更高的稳定性，要比更狭窄的货币总量指标的指示性能更佳。与之相反，在短期内，通过控制官定利率，狭义货币要比广义货币更易于控制。尽管中央银行不能直接使用货币政策工具去影响中介指标，但是它们可以使用货币政策工具去影响操作对象，例如准备金或短期利率，而操作对象会引发中介指标的变化。

现在让我们来研究一下货币政策工具。过去，中央银行经常通过限制存贷款规模（例如对银行存款和贷款的增长率设定上限）或存贷款的定价（为银行的贷款利率与存款利率设定上限）来直接控制各个银行的操作。随着旨在实现金融资源有效配置的金融自由化进程的不断深化，货币当局的直接控制开始转向间接控制（格雷和塔尔博特，2006）。

间接货币政策工具首先会影响中央银行自己的资产负债表，从而间接地对金融机构的行为产生影响。尤其是中央银行会控制自身债务（准备金）的价格与供给数量，而这会对利率水平、整个银行体系的货币与贷款数量造成影响。

为了搞清楚中央银行如何通过间接工具指引并控制货币供给总量，我们应当首先评估一下中央银行资产负债表内各类型资产与负债的作用及其对货币政策的重要性。

与其他银行一样，中央银行每年也要编制财务报表（有关银行的账目问题，可参考第九章），其资产负债表中所包含的项目与商业银行区别并不大。表5-2提供了一份简化的中央银行资产负债表。

中央银行资产负债表的资产项目包括两大类：外汇储备净值与国内资产。这些资产通常表现为对银行或其他金融机构的贷款与预支款以及债务工具。在负债一侧，一般包括高能货币或基础货币（通货加上准备金）、银行与其他机构（例如政府）的存款、中央银行自己发行的证券与权益资本。权益资本包括累积损益，是由中央政府提供的资源转变而来的。

表5-2　简化的中央银行资产负债表

资产	负债
国外资产	储备货币
国内资产	通货
对政府与公共企业的债权	商业银行持有的准备金
对私人部门的债权	外币负债

资产	负债
对国内银行的债权	商业银行的其他存款等
对其他金融机构的债权	中央银行的证券等
	政府的存款
	其他
	权益资本

资料来源：菲拉尔多和耶特曼（2011，表1）。

中央银行的资产负债表扩张得十分明显。金融危机与经济衰退促使政府采取了一些罕见且不同寻常的措施，中央银行资产负债表的结构与规模的巨大变化就是表象之一。在英国，2006年5月18日的货币市场改革，以及2007—2009年全球金融危机过后实施的各项举措均对英格兰银行的资产负债表造成了显著的影响。中央银行资产负债表"史无前例"的扩张趋势并不限于发达国家与地区（美国与欧元区），还包括发展中国家与地区，例如亚太地区，而中国是该地区内率先采取类似措施的国家。在绝大多数情况下，国外净资产的增长，尤其是美元债券的增长，是资产负债表发生变化的主要推动力。专栏5-3提供了英格兰银行于2012年2月29日发布的资产负债表的部分数据。

在资产中，我们可能会发现"其他贷款与预支款"是英格兰银行最重要的资产项目（占90.8%）；而在负债中，银行与其他金融机构的存款占比最高（69.7%），这都是准备金存款，即商业银行持有的、设立在英格兰银行的活期存款账户余额。正如专栏5-4所述，商业银行准备金存款的利率水平与英格兰银行的官方利率保持一致，而这是英国货币政策执行过程中的关键环节。自2009年3月起，准备金存款快速增加，这反映了货币政策委员会的**量化宽松政策**（quantitative easing，缩写为QE）正将不断增加的准备金存款作为资金来源（5.4.5节对非常规的货币政策工具进行了详细讨论），买入了大量的资产。为了使货币供给量达到预定目标，英格兰银行会进行**公开市场操作**（open market operations，缩写为OMO）。

中央银行在货币政策操作中使用的间接工具通常分为以下几类：

- 公开市场操作；
- 贴现窗口，也叫作**常备融资便利**（standing facilities）；
- 准备金要求。

5.4.1 债券与公开市场操作

债券主要指的是中央银行用于进行公开市场操作的国债（即政府债券）。公开市场操作是最重要的货币政策工具，中央银行可利用它来调节经济体内的货币供给量，见图5-3。

专栏 5-3

英格兰银行的资产负债表（2012）

（单位：百万英镑）

资产

现金与存放在其他中央银行的存款余额　　　　　　　　　　　　　　　372

对银行及其他金融机构的贷款及预支款	15 157
其他贷款与预支款	286 582
不计损益、按照公允价值持有的证券	4 782
可随时出售的证券	5 340
衍生产品	461
不动产、厂房与设备	218
无形资产	10
退休金资产	564
其他资产	1 986
总资产（100%）	**315 472**
负债	
其他中央银行的存款	14 806
银行与其他金融机构的存款	217 623
其他存款	70 163
已发行的外币债券	5 104
衍生品	232
当前税负	44
递延税负	201
退休金负债	252
其他负债	3 660
总负债（100%）	**312 085**
权益	
资本	15
留存收益	2 477
其他储备	895
归股东所有的权益总额	**3 387**
负债与权益总额	**315 472**

资料来源：英格兰银行（2012a）。

尽管每个国家公开市场操作的具体做法有所差别，但基本原理是一样的：中央银行在市场上与非银行的私人部门买卖政府债券。一般来说，如果中央银行在公开市场上卖出国债，则货币供给量减少（其他条件都不变），因为资金从银行账户或其他渠道流出，被用于购买政府债券。这会导致短期利率上升。如果政府买入（买回来）政府债券，这相当于向金融体系注入资金，短期利率将会下降。因此，中央银行便可以对私人部门持有的资产组合施加影响。

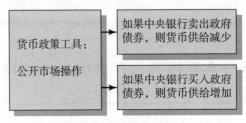

图 5-3　公开市场操作

这会影响金融体系内的流动性持有水平，也会对利率水平以及利率结构造成影响。

用公开市场操作调节短期利率水平的主要好处在于：

- 公开市场操作由中央银行负责执行，中央银行对交易规模具有完全的控制力。
- 公开市场操作既弹性灵活，又精准到位——不管是对金融体系的流动性规模做较大还是较小的调整，公开市场操作都能胜任。
- 容易做反向对冲交易。
- 公开市场操作执行速度快。

公开市场操作是发达国家最常用的货币政策间接调节工具。之所以应用如此广泛，一个重要原因在于，其使用的频率与规模（即数量）非常灵活。如果中央银行打算对货币政策进行微调，那么所采用的手段必须具备这一特征。此外，公开市场操作还具有不给银行额外增加负担的好处。

在英国，英格兰银行使用公开市场操作（买入或卖出证券）向银行提供其所需的准备金，以便达到预先设定的准备金目标。不过，英格兰银行实际提供多少准备金，不仅取决于各家银行预设的准备金目标值，而且受其他多种因素的影响，例如纸钞需求的增加（英格兰银行，2012a）。英格兰银行还可以利用回购协议——先卖出某项金融资产，随后将其买回来的一种交易——向银行提供资金。例如，在国债回购交易中，英格兰银行从私人部门手中买入金边债券（即国债），它的交易对手则承诺将按照预先设定好的价格与时间将这批债券再买回来。事实上，国债回购交易就是以国债作为抵押品的现金贷款。由于货币当局主要通过银行利率水平的高低来表现其货币政策的立场（见专栏 5-4），因此在当前的操作框架下，中央银行主要使用两种类型的公开市场操作来提供准备金：短期操作与长期操作。短期操作旨在确保英格兰银行的基准利率不会偏离银行间拆借利率，并使得整个银行体系的准备金实际持有量达到必要水平，以满足中央银行设定的目标值。长期操作则倾向于提供一种流动性保障，即英格兰银行同意接受各种各样的抵押品，向银行提供期限更长的贷款（克卢斯等，2010）。

5.4.2 对银行的贷款与贴现窗口

第二个最重要的货币政策工具当属**贴现窗口**（discount window）。在英国，这种货币政策工具通常被称为常备贷款便利。这种工具允许符合要求的银行从中央银行那里获得贷款，通常是为了满足短期流动性需求。

通过调整贴现率——货币当局向银行贷款的利率——中央银行可以控制整个经济体系的货币供给量。例如，如果中央银行调高贴现率，那么银行向中央银行借钱的成本就会增加，于是它们会减少贷款的规模，从而使得整个货币供给量相应地减少。反过来，如果中央银行调低贴现率，那么银行获得贷款的成本会降低，于是它们会增加贷款的规模（参考图 5-4）。

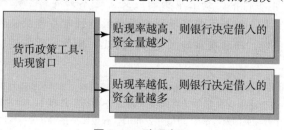

图 5-4　贴现窗口

英格兰银行与官方利率

英格兰银行的货币政策委员会在每个月的第一个星期四会宣布利率决定，根据当前的经济形势确定短期"官方利率"（也叫作政策利率或基础利率）。在英国，官方利率（自 2009 年 3 月以来一直保持在 0.5%）是英格兰银行向金融机构提供隔夜贷款的利率水平。在确定这一关键性的利率指标时，英格兰银行会充分考虑银行彼此之间隔夜拆借贷款的规模。

官方利率取代了回购利率。2006 年 5 月，英格兰银行重新调整了英镑货币市场的操作模式，在此之前，回购利率被视为基础利率。这些变化使得原本在英格兰银行存放现金比率存款（CRD）的银行与住房互助协会将更多的隔夜存款存入英格兰银行的账户。[①] 这些存款叫作准备金，代表着对中央银行的债权。其作用体现为以下几点：（1）与纸钞一样，这是经济系统内最具有流动性的无风险资产；（2）它们是在不同银行开户的消费者之间进行支付结算的终极资产；（3）便于银行对传统的存贷款业务进行流动性管理。近年来，量化宽松政策导致准备金的持有量大幅增加。

自 2009 年以来，英格兰银行按照官方利率向准备金存款支付利息。通过这种操作，英格兰银行使市场利率与官方利率保持一致，并确定了一个很重要的短期无风险基准利率。银行每天可以调整自己持有的准备金规模，以满足每日的流动性需求。官方利率会影响各银行发放短期贷款的利率以及在货币市场上短期借款的利率。从长期来看，人们对未来官方利率的预期将会影响货币市场的利率水平。官方利率的变化会通过货币政策的传导机制，经由多种渠道对消费者与企业的需求（即总支出）产生影响，而官方利率的变化可体现为：（1）商业银行与住房互助协会的存款利率与贷款利率的变化；（2）金融资产价格的变化（例如债券与股票价格的变化）；（3）汇率的变化（若想了解更多信息，可参考专栏 5-5）。

在这样的背景下，操作性常备便利具有两大作用：

（1）提供正常市场环境下的套利机制，以避免货币市场利率偏离官方利率（因此，操作性常备便利称得上是货币政策执行过程中最重要的部分）。

（2）向各银行提供管理预期外支付冲击的有效工具。银行自身系统存在技术问题或整个金融市场的支付结算基础设施存在问题，都可能会引发支付冲击。

操作性常备便利允许各银行在每个交易日内通过双边协议的方式将准备金存入英格兰银行，或者直接从英格兰银行借入准备金。操作性常备贷款便利采用隔夜回购的交易模式，使用高质量、高流动性的抵押品。而操作性常备存款便利允许银行将无担保存款存入英格兰银行。操作性常备便利的交易规模没有上限。商业银行在利用操作性常备贷款便利借入资金时，支付的利率水平高于官方利率；而在利用操作性常备存款便利将准备金存入英格兰银行的商业银行时，其存款利率又低于官方利率。如果市场的成交价还不如英格兰银行，那么通常各家银行不愿意在市场上做这样的交易。例如，若市场利率高于操作性常备贷款便利的利率水平，那么银行更倾向于向英格兰银行借钱，而非在市场上交易。因此，操作性常备便利的利率水平以官方利率

---

① 英格兰银行要求，在一个计算周期内平均负债额超过 6 亿英镑且符合条件的金融机构（即银行与住房互助协会）应强制性地持有现金比率存款。现金比率存款每年计算两次（目前分别是 5 月和 11 月），其金额等于合格负债平均值的 0.18%，考察周期为最近的 6 个月。英国财政部于 2013 年发布的《现金比率存款（金额区间）指令》[Cash Ratio Deposits (Value Bands and Ratios) Order]（第 1189 号令）提供了详细的金额区间与比率数据。

为中心构建了一个"利率走廊"，有助于限制隔夜市场利率的波动性，同时激励各家银行更审慎地进行流动性管理。图 5-5 说明了该机制。

补充阅读：Bank of England（2012b）"The framework for the Bank of England's operations in the sterling money markets"，June.

Clews，R.，Salmon，C. and Weeken，O.（2010）"The Bank's money market framework"，Quarterly Bulletin，Bank of England，Q4.

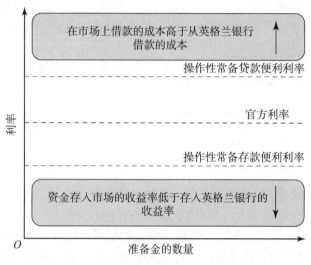

图 5-5 英格兰银行的操作性常备便利

资料来源：英格兰银行（2012b），节选自《红皮书：英格兰银行目前在英镑货币市场上的操作》（Red Book：The Bank's Current Operations in the Sterling Money Markets）。在英格兰银行官网上可获取该报告。

因此，贴现率的调控能够影响市场的短期利率。例如，欧元区的贴现率正是边际贷款便利的利率，这种贷款便利向欧元区内的银行提供隔夜贷款。表 5-3 总结了欧元区的货币政策操作。

在美国，自美联储成立以来，通过贴现窗口贷放准备金便一直是中央银行最重要的货币政策工具，但是很快它的地位就被公开市场操作取代了。事实上，现在中央银行并不鼓励商业银行使用这种贷款。[1] 直接向银行放贷还可以通过中央银行的"最后贷款人"职能来实现。通过扮演最后贷款人这一角色，中央银行直接向无法从其他渠道获取资金的金融机构提供流动性支持，所以，这有助于阻止金融恐慌。5.5.1 节讨论了这一职能的弊端。

表 5-3 欧元区货币政策操作

货币政策操作	交易类型		期限	频率	程序
公开市场操作					
主要再融资操作	• 反向交易		一周	每周一次	标准化招标
长期再融资操作	• 反向交易		三个月	每月一次	标准化招标
微调操作	• 反向交易 • 外汇掉期交易	• 反向交易 • 吸收定期存款 • 外汇掉期交易	非标准化期限	不规律	快速招标双边程序

---

[1] 更多详细信息请参考联邦贴现窗口官网。

续表

货币政策操作	交易类型		期限	频率	程序
结构性操作	• 反向交易	• 发行欧洲中央银行债务凭证	标准化与非标准化期限	规律与不规律	标准化招标
货币政策操作	• 直接购买	• 直接出售		不规律	双边程序
操作性常备便利					
边际贷款便利	• 反向交易		隔夜	应交易对手的要求	
存款便利		• 存款	隔夜	应交易对手的要求	
最低准备金					

欧元区要求各信贷机构必须在各国的中央银行存入最低准备金。应提取准备金的大部分负债项目（存款、债券以及货币市场证券）都适用于2%的准备金率。准备金享受的存款利率等同于欧元区主要再融资操作的利率水平。

资料来源："Guideline of the European Central Bank on Monetary Policy Instruments and Procedures in the Eurosystem" (2011) *Official Journal of the European Union* （L 331/17）.

5.4.3 准备金要求

出于谨慎目的，银行需要持有一定的准备金。如果银行持有的准备金资产没有达到最低要求，那么就只能拒绝客户的贷款要求，或者从其他愿意放贷的机构那里借入额外的准备金。不管是哪种情况，最终都会导致利率水平的上升，从而起到减少贷款需求的作用。

中央银行强制推行**准备金要求**（reserve requirements）的目的便是有效地复制上述过程。如果货币当局提出的准备金要求大于金融机构愿意持有的规模（或者货币当局削弱了准备金资产的可获得性），那么该金融机构要么选择收缩信贷，要么想办法获得额外的准备金。这将导致利率水平上升，贷款需求下降，从而抑制货币供给的增长速度。

通过调整准备金占存款总额的比率，中央银行能有效地控制货币供给。这个比率通常用百分比来表示，叫作法定准备金率。货币当局要求的法定准备金率越高，则银行可获得的资金量越少。货币当局要求的准备金率越低，则银行可用于其他投资渠道的可获得资金量越大（参考图 5-6）。

作为货币政策工具，准备金要求的优势在于它们对所有银行的影响都相同，而且对货币供给具有很强的影响力。不过，影响力强同时也是劣势，因为这意味着合并贷款很难使用这一工具对货币供给量进行小幅度的微调。[①] 另一不足之处在于，提高准备金持有量的要求会给并未持有超额准备金的银行带来流动性问题。如果货币当局频繁地调整法定准备金率，则可能会给银行的流动性管理制造难题。一般来说，法定准备金率上调会影响银行的放贷能力，减少银行的潜在收益，因为中央银行对准备金不支付利息。

在一些国家，例如美国、日本和欧元区，中央银行如今依然将准备金要求作为一项货币政策工具使用。不过，在实践中，准备金这种工具很少像公开市场操作和贴现窗口那样被频繁使用。事实上，很多中央银行（例如瑞士、新西兰和澳大利亚的中央银行）已经废除了准备金制度。这样做的主要原因是准备金要求对银行区别对待（因为其他金融机构不

---

① 超额准备金可以被定义为银行持有的、超出当前法定准备金要求的多余准备金。

需要在中央银行存入准备金）。而且很多银行拥有丰富的内部资金来源，远远超过了最低准备金要求，因此货币当局的任何提高准备金的要求都能被轻松做到，根本不会对银行的经营行为造成重大影响。

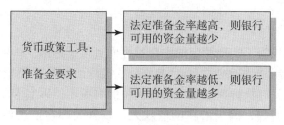

图 5-6　准备金要求

在英国战后的大部分时间里，强制性的准备金制度一直在实施，不过到了 20 世纪 70 年代末，在放松管制与金融创新浪潮的冲击下，准备金制度不再被当作货币政策工具。但是，英格兰银行要求，在一个计算周期内平均负债额超过 6 亿英镑的、符合条件的金融机构（即银行与住房互助协会）应强制性地持有现金比率存款。这种无息存款并不用于货币政策目的。现金比率存款每年计算两次（目前分别是 5 月和 11 月），其金额等于合格负债平均值的 0.18%（参考专栏 5-4）。

准备金要求通常被称为**投资组合约束工具**（instruments of portfolio constraint）。这意味着货币当局可能会对金融机构的投资组合结构施加准备金要求，其目的是影响信贷创造过程以及贷款的类型。对投资组合有限制作用的其他可用工具还包括专用存款、道义劝告以及直接控制。

5.4.4　其他投资组合约束工具

5.4.4.1　专用存款

在英国，专用存款指英格兰银行要求某些银行机构必须持有的存款。对于这种存款，其金额相当于银行部分存款负债的一定百分比被存入英格兰银行，并处于"冻结"状态，因此不能被严格看作可用于放贷的储备资产。这样的做法明显是差别式对待，因为对于那些必须遵守这条规定的金融机构来说，这对其放贷能力造成了很大的影响，可以将银行体系内的超额准备金资产全部吸光。如今，这种工具已不再用于货币政策目的。在 20 世纪 70 年代，英格兰银行曾经使用过一种名为"补充性专用存款"的工具。当时，一旦银行某些付息存款负债的增长速度超过了英格兰银行设定的上限，那么银行就必须把这种专用存款存入英格兰银行。1973—1980年，英格兰银行负责定期执行这一规定，时称"紧身胸衣"。负债增长率超过上限的金融机构必须按照要求将补充性专用存款存入英格兰银行，存款的金额取决于实际增长率相对于上限的过调量。银行不能把补充性专用存款当作准备资产使用，而且这种存款没有利息收益。专用存款的主要目的是当银行存款的增长率（以及相应的贷款增长率）增速过快时，用专用存款去除金融系统内过剩的流动性。

5.4.4.2　道义劝告

道义劝告指货币当局对银行提出的非正式的要求或所施加的压力。对于道义劝告与直接控制，到底哪一个更能体现货币当局的"实力"，这个问题还存在争议，因为在很多情况下，货币当局施加的诸多压力都是要求金融机构推行不符合其商业利益的举措。不过，货币当局的地位与潜在能量允许它们在一定范围内使用道义劝告这个工具，也许在设定贷款优先次序方面最为有效，而非用它来限制银行的信贷创造。

5.4.4.3 直接控制

直接控制指货币当局为了实现特定的中介目标而直接下达指令。例如，货币当局可能会对存款利率加以控制，限制贷款的创造额，或者命令银行面向某些类型的客户优先办理贷款业务。尽管这些直接控制具有执行速度快并精准到位的好处，但事实上是对相关金融机构的区别对待，可能会导致金融脱媒，因为潜在的借款人与贷款人都在追求他们各自的商业利益。因此，这种工具最适于短期安排，因为实施的期限越长，其效果越差。然而，很多发展中国家都在使用这种工具，这些国家的货币当局强迫银行将一定百分比的贷款贷放给"优先部门"。

5.4.4.4 投资组合约束工具的使用在减少

与市场干预工具（公开市场操作以及操作性常备便利）不同，投资组合约束工具的适用范围较为狭窄，因此作用效果有些扭曲。虽然原则上它们可适用于各种类型的金融机构，但是过去在英国以及目前在美国，这些工具仅被用于监管银行。这样做的结果便是事实上银行被歧视了。还有一点应当指出，金融脱媒的现象经常发生，因为潜在的借款人在不受金融管制的外部区域找到了其他替代性的资金来源。

正如前文中讨论准备金要求时提到的，在全球最大的经济体内，投资组合约束工具被当作货币政策工具来使用的现象越来越少见了（不过在很多发展中国家，它们依然很流行）。

投资组合约束工具之所以在发达国家内较少被使用，主要原因如下：

- 放松管制以及银行产品与服务的竞争日益激烈，使得应被纳入控制范围的金融机构的数量与类型快速扩张。界定并执行有效的投资组合约束机制不仅难度高，而且存在争议。
- 金融脱媒，尤其是大公司的金融脱媒，让投资组合约束工具毫无用武之地。与之相反，市场干预工具允许货币当局对金融体系内的所有组成部分施加影响，通过调节信贷的价格（即利率水平）来控制货币。
- 纵观20世纪50年代、60年代以及70年代，投资组合约束工具曾被广泛使用，绝大多数国家都实施了外汇汇率控制机制。这种限制资金跨境流出与流入的做法意味着即便国内的货币政策有着诸多限制，借款人也难以转到海外市场去寻找融资。外汇管制政策对投资组合约束工具具有支撑作用，但是在很多国家，这样的管制政策早已被废止了，因而国内借款人拥有了更广阔的融资市场，可以到海外市场寻找资金。
- 有人认为投资组合约束工具妨碍竞争，因为它们限制了银行与其他受管制的金融中介机构的经营自由以及快速增长，而且导致市场被扭曲，经济效率被破坏。

专栏 5-5

货币政策：传导机制、固定规则与自由裁量权

货币政策传导机制如何运作？

货币政策导致货币供给与利率水平发生变化，随后这些变化进一步影响到实体经济活动，尤其是价格水平，这就叫作**货币政策传导机制**（monetary transmission mechanism）。

了解货币政策举措与策略通过哪些渠道影响产出与通胀，以及政策举措需要多长时间才能产生效果，对于设计和执行完善的货币政策至关重要（参考图5-7）。货币政策传导机制包括几种不同的路径。

　　图5-8展示了官方利率的变化如何一步步地影响货币市场利率，进而影响公众的预期。而市场利率的变化反过来又会影响银行各种产品的定价、资产的价格、银行贷款的可获得性以及外汇汇率。特别是：

　　（1）首先，官方利率发生变化产生的影响是改变了借款的成本。零售银行常规金融产品（例如抵押贷款、普通存款和贷款产品）利率水平的变化会影响消费决策与投资决策。

　　（2）其次，传导路径以金融资产与其他资产价格的变化为桥梁。这也叫作财富传导机制，因为利率水平上升会导致债券、股票以及房地产的价格下跌，从而减少家庭的财富。

　　（3）再次，传导路径借助的工具是货币与贷款的可获得性。随着利率水平的上升，借款人的违约风险也会变大，于是家庭和企业有可能会遭遇信贷配额的制约，其消费额与投资额都将有所减少。

　　（4）最后，在公开市场上，官方利率的变化会影响到外汇市场。例如在英国，本国利率水平相对于其他国家利率水平上升，会使英镑变得更加强势，更吸引投资者，于是英国的产品价格会上涨，导致需求减少。

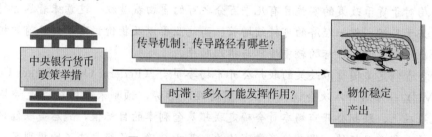

图5-7　货币政策传导的关键性问题

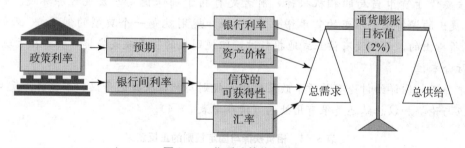

图5-8　货币政策传导路径

　　如图5-8所示，最终政策利率的变化会对经济体的支出总额即总需求（AD）造成影响。总需求等于消费者的消费支出（C）、企业的投资（I）、政府的支出（G）以及净出口（NX）之和，即 $AD=C+I+G+NX$。总需求与经济体的供给能力即总供给（AS）之间的关系将会影响到一般物价水平。如果总需求大于总供给，那么物价将会上涨，货币当局可能会插手干预，调高政策利率，以降低经济增速，避免通胀率高于政府预设的目标（作者写作本书时英国的通货膨胀目标值为2%）。反之，若总需求小于总供给，则货币当局倾向于放松货币政策，刺激消费，以确保通胀率不低于目标值。

　　总而言之，货币政策的变化最终将改变家庭、企业、政府和外国经济代理人的偏好以及消费与投资的能力，从而改变总需求与总供给。货币政策要花多长时间才能对产出与物价水平造成影响，这取决于多种因素，例如：（1）社会公众对长期利率与通货膨胀的看法；（2）市场对未来的货币政策进行预测并将政策因素纳入对未来物价走势的判断，以及这种判断能力或预测准确程度的提高。

政策利率的变化对银行利率、资产价格以及汇率能产生较快的影响力，但货币政策对产出的影响效果需要花上三个月到两年的时间，对通货膨胀的影响效果则需要等待一到三年甚至更久（参考图 5-9）。这就是为什么中央银行的决策通常需要着眼于未来，并充分考虑各种不确定性。

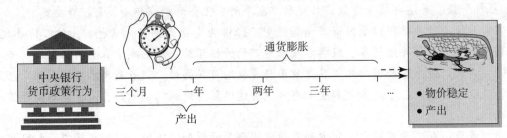

图 5-9 货币政策的传导时滞

货币政策如何实施？

货币当局对于货币政策的实施具有几乎百分之百的自由裁量权。这意味着尽管货币政策的实施要达到若干目标，例如经济的可持续增长、高就业率以及物价稳定，但目前的机构设置允许中央银行自行判断这些目标的轻重缓急与排列顺序。

例如，负责制定美国货币政策的联邦公开市场委员会（Federal Open Market Committee，缩写为 FOMC）一年召开八次会议，评估当前的经济形势，预测未来的经济走势与金融市场环境。在此基础上，联邦公开市场委员会确定联邦基金利率的目标值，随后美联储调整货币供给量以实现这一利率目标值。很多经济学家认为，基于精确、已经立法了的规则来制定货币政策的做法要优于货币当局的相机抉择，前者更有利于确保稳定的宏观经济环境。弗里德曼（1969）提出的保持固定不变的货币增长率（$k\%$）规则就是一个典型的例子。[1] 正如伯南克（2003）所指出的，虽然没有被正式地推行过，但规则式的货币政策安排确实存在于现实世界，例如国际金本位。

本书并不打算详细讨论有关货币政策的固定规则与相机抉择的争议，不过将正反两方最重要的观点与论据加以总结还是很有用处的（请参考表 5-4）。

表 5-4 相机抉择与固定规则的正反意见

	相机抉择（主观判断）	固定规则
支持者	• 灵活，适用于不断变化的经济环境。 • 不受规则约束的积极态度能发挥作用。 • 政策制定者可以迅速地对经济事件做出反应。	• 公开透明，可预期。 • 不需要决策者发挥积极作用。 • 减少政策制定者犯错的可能。
反对者	• 时间不一致"陷阱"，有日益宽松的倾向，尤其是在经济低迷时期。	• 过于机械，不切实际。

---

[1] 此外还有其他比较著名的规则，例如泰勒（Taylor）规则与麦克勒姆（McCallum）规则。更多详细信息请查阅伯南克（2003）与米什金（2011）。

相机抉择（主观判断）	固定规则
• 发现问题与执行政策之间存在较长的时滞。	• 面对意料之外的冲击，这种消极模式缺乏灵活度。
• 一旦出现意料之外的冲击，公众不清楚货币当局应当怎么做。	• 如果对遵守规则的要求太过严格，则会难以适应特殊环境，最终导致规则不适用。
• 只有当社会公众信任政策制定者时才能发挥作用。	• 要求货币当局具有高度自信，相信各种经济变量都能符合预期。
• 要求对目前以及未来的经济形势（预测）有准确的认知与度量。	• 需要为意外事件（例如战争）设置例外条款，而这样的条款有被滥用的倾向。

时间不一致问题——"把汤喝掉，否则不许看电视"

相机抉择最重要的问题之一是时间不一致问题，诺贝尔经济学奖获得者芬恩·基德兰德（Finn Kydland）和爱德华·普雷斯科特（Edward Prescott）在《规则优于相机抉择：最佳方案的不一致》[Rules rather than discretion：The inconsistency of optimal plans，1977 年发表于《政治经济学期刊》（*Journal of Political Economy*）] 一文中第一次分析了这个问题。

在正式公布政策之前，货币当局先宣称它们希望通过这些政策影响私人经济部门的预期。然而，当私人经济部门按照自己的预期采取行动以后，货币当局也许又撤回了原来的决定。于是，政策的时间不一致问题出现了。这种情况会导致一个后果：私人经济部门意识到货币当局可能会变来变去，因而不再信任政策制定者发布的公告。为了获得公众的信任，政策制定者也许会发现最佳的选择便是承诺坚守固定不变的规则。

各种场景下的时间不一致例子有很多，甚至父母教育子女时也会遇到这个问题，例如父母（政策制定者）宣布要对孩子（经济代理人）的不当行为小施惩戒，比如"把汤喝掉，否则不许看电视"。这种威胁的目的是影响孩子的预期，进而影响其行为。虽然这是一个明明白白的威胁，但有时家长们可能会对孩子妥协。不过，如果家长能够坚持"不许看电视"的行为规则，那么情况会好得多，因为对父母来说，不要动怜悯心，不要破坏自己的威信，防止出现时间不一致陷阱，这样才能得到最佳的效果。因而，我们的推论是，政策制定者只有放弃相机抉择，才能更好地实现其目标。

在货币政策实践中，能得到类似效果的方式之一是给政策制定者（中央银行）一个简单的规则，这个规则近似于最优规则。在这种情况下，如果中央银行想要偏离这条规则，而且偏离的程度超过了预先设定的范围，那么虽然允许中央银行这样做，但代价是它必须向公众解释这样做的合理理由（阿西等，2005）。

再看表 5-4，对于两种极端情况——纯粹的相机抉择与纯粹的固定规则，支持与反对的理由都很多，这就是为什么很多国家在制定货币政策时采用的是混合型的"有约束的相机抉择"模式，即将固定规则与相机抉择两种做法相结合。

一个很经典的例子是通货膨胀目标制，指的是中央银行做出非常坚定可信的承诺，要在长期内保持稳定的通货膨胀率，通常是将通胀率控制在一个边界明晰的区间内，同时也允许中央银行在短期内推出旨在将产出稳定在自然产出附近的相关政策（米什金，2011）。完善的通货膨胀目标制政策的关键要求在于中央银行：（1）具有一定的独立性；（2）承诺不盯住其他指标（例如就业率或汇率）。在通货膨胀目标制下，"有约束的相机抉择"框架把两类截然不同的要素结合起来：对中期通货膨胀率设定精确的数字化目标，同时对短期内遇到的经济冲击及时做出反应。有关通货膨胀目标制的详细内容，大家可参考贾汗（2012）以及第六章的专栏6-2。

说明：绝大多数国家的中央银行会对货币政策的传导机制提供解释说明。读者通常可以在中央银行的官网上获得相关的文件资料。例如，英格兰银行的《货币政策的传导机制》（The transmission mechanism of monetary policy）、欧洲中央银行的《货币政策的传导机制》（Transmission mechanism of monetary policy）以及加拿大银行的《货币政策如何发挥作用：货币政策的传导》（How monetary policy works：The transmission of monetary policy）。

5.4.5 货币政策的非常规工具与零利率下限

在正常时期，货币政策的主要目标是为货币市场的隔夜利率确定目标值，然后通过公开市场操作调整货币供给量以实现这个目标值。在此过程中，中央银行控制着市场上的流动性水平，不需要向私人部门或政府放贷。但是，如果利率与货币政策这两个常规货币政策工具无法有效地刺激经济或抑制通胀压力，那该怎么办呢？如果利率降为零或接近零，但实体经济仍在泥沼中挣扎，而货币当局不能再进一步下调利率，那又该怎么办呢？

如果中央银行遇到了零利率下限，即不能进一步下调政策利率，那么它可能选择使用"非常规"或"非标准"的政策工具去刺激贷款与消费。一般来说，中央银行可以通过以下几种手段来达到这一目的：（1）向投资者保证未来的短期利率会比他们现在的预期值还要低；（2）通过调整中央银行的资产负债表，改变市场上某些证券（例如中长期国债）的供给状况；（3）扩张中央银行资产负债表的规模，甚至使其超过将短期政策利率降至零所需的规模（量化宽松）。[1]

量化宽松这种非常规政策工具的含义是直接向经济体内注入货币，以抵消因消费支出下降而导致的总需求的快速减少。在实际操作中，中央银行会使用刚创造出来的电子化货币从私人部门那里买入资产（主要是政府债券）。卖出债券的机构（例如商业银行、其他金融中介机构与非金融企业）则获得了中央银行增发的新货币，货币供给总量有望增加。

在英国，货币政策委员会首次于2009年3月引入了量化宽松工具，当时银行利率已经降至有史以来的最低点——0.5%。自2009年3月至2012年2月，一连串的资产购买计划向经济体注入了大量流动性，其目的在于提振名义需求，向经济体施加货币刺激。表5-5总结了从2008年12月到2012年9月，作为量化宽松政策的一部分，英格兰银行共买入了多少政府债券（金边债券）与公司债券（经过了货币政策委员会的批准）。英格兰银行从私人投资者（大多为非银行金融机构）手中购买国债，这些投资者愿意把低收益资产（国债）卖掉，转而买入公司债券或股票等其他资产。这会导致长期借款成本下降，刺激私人部门发行新的股票与债券，从而推动公司信贷市场恢复正常运转（乔伊斯等，2011）。

![专栏 5-6]

日本的量化宽松

在刚进入21世纪的头几年，紧随所谓的"失去的十年"，量化宽松政策的第一次尝试便在

---

[1] 参考伯南克和莱因哈特（2004）。

日本展开了。早在20世纪80年代，日本国内的问题便开始露出端倪，当时日本正经历着难以持续的经济繁荣——泡沫经济，而错误的货币政策是其根源。伊藤和米什金（2004）详细彻底地讨论了日本央行在资产价格泡沫时期面临哪些货币政策选择，可供读者参考。在经济繁荣阶段，银行快速扩张贷款业务，向不同行业部门的高风险客户放贷，例如房地产与建筑业以及中小企业。银行的贷款通常要求借款人提供抵押品，毫不令人惊奇的是，大多数的抵押品都是不动产（卡纳亚和胡，2000）。

在20世纪90年代初，泡沫破灭，不良贷款的数量达到了警报线，日本进入了零增长时期，面临着巨大的通货紧缩压力。在20世纪90年代的前半叶，被严重高估的股票与房地产市场价格猛跌，不良贷款、资本被不断侵蚀以及缓慢的政策反应首先导致大量的中小型金融机构破产，随后1997—1998年大规模的银行业危机使得几家大型的日本银行破产。2001年，日本央行的官方利率（即无担保拆借利率）事实上已经跌至零，但即便如此，也没有逆转趋势，货币当局只好求助于非常规的货币政策。

日本央行将主要的货币市场操作目标由原来的无担保拆借利率改为商业银行的活期账户（准备）余额，该余额应大于法定准备金额。最初，活期账户余额的目标值被设定为5万亿日元，而法定准备金大约为4万亿日元。到了2004年1月，目标值被多次调高，最后达到30万亿~35万亿日元，随后保持不变，直到2006年3月量化宽松政策结束为止。日本央行还增加了每月直接购买日本长期国债的额度，从2001年8月的4 000亿日元至6 000亿日元，逐渐提高至2002年10月的12 000亿日元。此外，日本央行还大量购买了私人部门的债务，其中包括资产担保证券以及金融机构持有的股票（伊藤和米什金，2004；白家，2010）。

尽管在2001年，日本央行曾经承诺这些政策将一直保持不变，除非核心通胀率停止下跌，但是很多经济学家认为，量化宽松不能给总需求带来足够大的刺激，不足以战胜持久稳固的消费物价紧缩趋势。与之相反，一些分析人士（鲍曼等，2011）认为，量化宽松政策对日本经济具有一定的积极作用（虽然作用不大），但是这种效应会被多种因素抵消，尤其是银行业存在的严重问题。

日本和英国的量化宽松政策都同时动用了中央银行资产负债表的两侧，而美联储的量化宽松政策更着重于资产侧，因此有时人们会把美联储的政策举措形容为"信贷宽松"而非"量化宽松"。2008年12月，美国的联邦基金利率下降至接近零的位置，当时美国正身受金融危机与经济衰退的双重折磨。就在那时，美联储开始了第一个大规模资产购买项目。该项目于2009年3月结束，总购买额高达1.725万亿美元（参考表5-5）。

在理论上，量化宽松的狭义定义暗示着中央银行的资产负债表整体规模在扩张，但结构保持不变。与之相反的是，**信贷宽松**（credit easing）改变了中央银行资产负债表的结构，对规模却毫无影响。也就是说，信贷宽松是在用非常规资产替代常规资产。白家（2010）认为，在实际操作中，作为一项效果显著的非标准政策，资产负债表的两侧（资产与负债）应该相互影响，资产负债表的两个重要特征（规模与结构）应该被结合在一起考虑。

一般来说，在2007—2009年全球金融危机爆发后，欧洲中央银行的举措与英格兰银行和美联储很相似，因为这些政策想达到的目的都是提供更多、更实用的工具以及设计更新颖的机制，以确保银行能够比较容易地获得所需的流动性。自2007年8月以来，欧洲中央银行开始实施一项非同一般的货币政策措施，名为"增强版信贷支持"，用来刺激欧元区各国的经济（欧洲中央银行，2010b）。欧洲中央银行的主要目标是增加流动性以及改善欧元区货币市场的运行状况。重要的是，欧洲中央银行扩大了标准再融资工具的使用范围，将贷款条件改为固定利率不限额度（而非原来的可变利率投标程序），而且期限延长至不超过一年。这种做法提前确定了贷款利率，只要银行能提供合适的抵押品，那么需要多少流动性，欧洲中央银行便会向其提供多少。

表 5-5　英国和美国的资产购买计划

时间	美国	英国
2008 年 12 月	1.725 万亿美元	
2009 年 3 月		2 000 亿英镑
2010 年 11 月	6 000 亿美元	
2011 年 10 月		750 亿英镑
2012 年 2 月		500 亿英镑
2012 年 9 月	400 亿美元（每月）[a]	

资料来源：英格兰银行官网，《量化宽松解释》（Quantitative easing explained）。

说明：a. 持续买入政府抵押贷款担保证券，直到其市场价格趋于稳定。

不过在 2009 年年末，主权债务危机爆发（第十四章详细介绍了欧元区的主权债务危机），欧洲中央银行的应对措施与美联储和英格兰银行的量化宽松政策有所不同。欧洲中央银行先于 2010 年春推出**证券市场项目**（securities markets programme，缩写为 SMP），随后于 2011 年 12 月推出一系列的**长期再融资操作**（longer-term refinancing operations，缩写为 LTROs）。此外，欧洲中央银行还在 2009 年和 2011 年推出购买**资产担保债券**（covered bonds）的计划（资产担保债券购买计划），总购买额高达 1 000 亿英镑。资产担保债券是由发行人资产负债表上一揽子高质量抵押品（抵押贷款或公共部门发行的债券）提供担保的债券，这不同于资产支持债券。资产支持债券的信用风险可以转移，作为担保品的资产也可以从资产负债表上抹去（欧洲中央银行，2008a）。资产担保债券购买计划的主要目的是：（1）让银行与企业的融资环境变得更宽松；（2）鼓励银行放贷（可参考第六章）。有关欧洲中央银行非标准货币政策工具的详细信息，我们建议读者参考库尔-西曼和温克勒（2013）。

图 5-10 展示了 2008—2012 年中央银行的资产负债表非同一般的快速扩张过程。自 2006 年以来，英格兰银行的资产负债表扩张了 300%，美联储的资产负债表扩张了 230%，欧洲中央银行则扩张了 170%。

格罗斯等（2012）发现各国中央银行资产负债表的规模对比无法做到十分精确，因为 2010 年以后，欧洲中央银行开始为只发生在欧元区内的债务危机推出相应的政策措施。图 5-10（b）反映了三家中央银行推行证券市场项目（相当于 GDP 的比例）的力度存在较大差异，欧洲中央银行的项目规模最为有限。

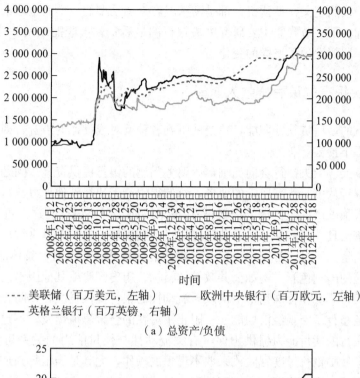

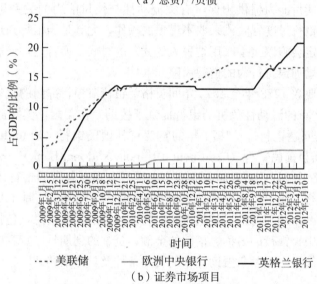

图 5－10　英格兰银行、美联储与欧洲中央银行总资产/负债的扩张与证券市场项目

资料来源：格罗斯等（2012，3－5）。

5.5　为什么银行需要中央银行？

　　绝大多数国家的银行业都是金字塔结构，中央银行占据了塔尖，而常见的银行机构构成了金字塔的基座。中央银行也可以被看作"超级银行"，它身处金融体系的中心，既担负宏观职能，例如货币政策，又负责微观职能，例如做银行体系的最后贷款人。中央银行的角色与职能随着时间不断地发展演变，各家银行的经营环境也是如此。

　　自由化、金融创新与技术进步使得银行业的经营环境发生了翻天覆地的变化。很多银行转型为私营机构——按照定义，私营机构都是需求或客户驱动型的——而全球银行业的风险与不确定性在显著增加。下一节我们主要研究中央银行的最后贷款人职能以及 2007—2009 年全球金融危机以后这一职能发生了怎样的变化。

5.5.1 中央银行的最后贷款人职能

对于中央银行的最后贷款人职能，总是能听到各种反对或批评的声音，因为该职能意味着货币当局直接插手干预银行业。

作为最后贷款人，中央银行会向面临严重财务问题的银行提供资金。问题的产生可能源于储户突然提现或银行从事一些高风险的业务，这使得银行无法在其他地方获得流动性（即没有哪个机构愿意向濒临破产的银行提供贷款）。在技术层面，中央银行的这一重要职能源于贴现窗口这一货币政策工具。我们在 5.4.2 节已经讲过，贴现窗口这一工具常被用于调节银行业的准备金与货币供给量。不过，各国中央银行在履行最后贷款人职能时，具体的做法大相径庭。这些差异带有明显的国别色彩，例如公共政策的目标、历史经验或其他因素。

显然，中央银行只会在特殊情形下向缺乏流动性的银行提供贷款，以防止其破产。在此过程中，中央银行还履行了宏观经济职能——阻止了潜在的金融恐慌爆发。不过，中央银行不能为一国境内所有银行的偿付能力提供担保（有关流动性与偿付能力的关系可参考专栏5-7）。因为这样做反而会鼓励银行过度冒险或采取不谨慎的操作，尤其是当银行知道如果自己失去了偿付能力，中央银行肯定会施以援手（用纳税人的钱）的时候。换言之，最后贷款人职能所提供的担保有可能诱导或增加银行行为的道德风险。

最有名的案例之一要数 1973 年至 1974 年间英格兰银行对银行部门的直接援助。当时英格兰银行为 27 家面临着严重的流动性危机的银行提供了援助。在美国，美联储扮演最后贷款人的经典案例包括向两家问题银行——1974 年的富兰克林国民银行（Franklin National Bank）与 1984 年的大陆伊利诺伊国民银行（Continental Illinois National Bank）——提供救助。

自 2007 年起，英格兰银行、美联储与欧洲中央银行分别向各自的银行体系注入大量的流动性，这样的市场干预行为让它们的举动越来越受到关注。2010 年 12 月 1 日，美联储破天荒地公布了 2007 年至 2009 年期间与最后贷款人职能密切相关的保密信息，包括接受美联储资金援助的金融机构与外国中央银行的名称、借款的金额、贷款的到期日、贷款的利率水平、有关抵押品的信息以及美联储每一项紧急援助计划的贷款条件及具体描述。[①]

专栏 5-7

流动性与偿付能力的关系

如前所述，银行的流动性与其偿还短期债务（包括预期内的与预期外的）的能力有关。例如，银行可以相对准确地预估自己需要持有多少现金才能按时支付公共事业费（电费、水费）、房屋的租金以及（在正常的市场环境下）储户的提现。除了这些早已预料到的流动性需求，银

---

① 之所以会公布数据，源于彭博社（Bloomberg）根据《信息自由法案》（Freedom of Information Act）要求美联储提供这些数据。在彭博社多次申请以后，美联储终于让步，于 2010 年 12 月公布了每一笔贷款以及金融危机期间其他交易的详细信息。根据《多德-弗兰克法案》，贴现窗口贷款与公开市场操作的交易信息可按季度查询，大概有两年的滞后期。读者可以在美联储理事会的官网以及纽约联邦储备银行（Federal Reserve Bank of New York）的官网上查询这些信息。

行还要多持有一些现金，以满足意料之外的流动性需求，这也解释了为什么流动性风险管理是银行经营管理的关键性特征（可参考 11.4 节以及 12.6 节）。

偿付能力指银行最终能偿付债务的能力。这意味着资产的价值大于负债的价值，两者之间的差便是银行的资本金。如果某些资产变成不良资产（例如贷款到期未被偿还），那么银行必须要冲减贷款损失准备，而这笔准备是从留存收益里提取的。只要银行的利润足够冲销坏账准备，那么银行的资本金以及资本充足率（巴塞尔委员会的风险加权资本-资产比率）就能保持不变。但是，若利润不足以冲销坏账准备，那么就只能用资本金来冲抵坏账损失（这会导致银行的资本金减少），或者银行要求股东提供额外的资本金，从而使得资本充足率重新回到应达到的水平。

银行的流动性与偿付能力之所以相关，是因为严重的流动性短缺最终必将导致偿付危机。例如，持续性的流动性不足会导致银行收紧贷款政策，比如不再继续提供短期循环贷款。这会迫使借款人比预期更早地提前偿还贷款，而做不到的借款人就会违约。反过来，贷款资产组合的质量将会恶化，要求银行提取更多的贷款损失准备。如果银行没有足够多的准备，那么就只能用资本金来冲抵损失，这将降低银行的偿付能力。总的来说，如果银行不能满足流动性需求，首先考虑的便是通过最后贷款人项目向中央银行借款。不过，如果这条路行不通，那么银行将不得不考虑用自己的资本金来吸收损失，这会使得银行的资本金减少。

流动性危机可以很快演变成偿付危机。例如，如果银行遭遇了实质性的（甚至是想象中的）流动性困难，那么很快其他银行就会收到风声，它们将会把存放在问题银行的银行同业批发存款全部取走，导致问题银行的批发性存款大规模流失，甚至可能进一步引发零售存款的挤兑。在这种情形下，银行没有能力偿还短期债务，不得不用资本金去承受损失。最终银行再也没有足够多的资本金来吸收损失，导致银行丧失偿付能力。

对于单个银行的破产案，监管部门要做出一个至关重要的判断：这家银行濒临破产是因为流动性不足还是失去了偿付能力。只有搞清楚这个问题，监管机构才能做出决定，是向这家问题银行提供援助，还是任由其破产。例如，如果一家小银行正面临财务困境，则监管机构必须要判断一下这是短期流动性不足还是长期偿付能力出了问题导致的后果。如果监管当局判定问题源自流动性不足，那么其更有可能通过最后贷款人项目（向银行提供新的流动性，帮助它度过流动性危机）向银行提供援助。如果银行是偿付能力出了问题，那么监管当局更有可能任由其破产，或者组织其他形式的援助。在理论上，监管机构应当考虑援助遭遇流动性不足的银行，不应理会那些偿付能力不足的银行。但是我们都知道，在实践中，事情并不都是这样。另外需要指出的一点是，判断银行到底是遇到了流动性问题还是偿付问题，这本身就是一项非常困难的任务，而且监管机构必须在非常短的时间里做出是否应向问题银行提供流动性支持的决定。通常监管机构需要花上几天的时间来考察问题银行的流动性与偿付能力，同时监管机构还要考虑不提供流动性支持的决定是否会导致银行破产，是否会引发整个金融系统的猛烈反弹。一般来说，流动性与偿付能力之间的关系正是银行监管的核心，是银行监管程序的关键特征之一。

全球金融危机的深度与广度将最后贷款人这一角色转变为**最后做市商**（market maker of last resort，缩写为 MMOLR）。为了满足功能失调的金融市场的流动性需求，传统的白芝浩（Bagehot）规则[①]在不断地扩张边界。一些评论员对这种变化表示欢迎，认为它反映了最后贷款

---

① 该规则指出，为了规避道德风险问题，最后贷款人的操作应当仅限于具有偿付能力、能提供优质的抵押品但流动性不足的银行。

人职能为了满足现代金融体系的需求而实现了演变与进化。还有一些评论员对中央银行资产负债表的"大爆炸",以及在2007—2009年全球金融危机期间与危机结束后中央银行执行的抵押品政策持批评态度。另外一群人担心中央银行贷款的快速增加会造成巨大的通胀压力,而且决策过程缺乏透明度。有人批评中央银行不应当援助那些丧失偿付能力的机构,很多人注意到,中央银行通过定价非常慷慨的银行援救"大礼包",向银行提供了准财政式的援助(莫,2012)。

5.5.2 自由银行假说

自由银行学派一直在研究中央银行是否应当扮演"超级银行"的角色。**自由银行**(free banking)理论家认为监管应该交给市场。因此,他们反对将发行货币的特权或"垄断权"只交给中央银行。

该领域的很多学者都认为,现代银行向中央银行申请贷款的做法与当前银行业的发展并不相符,因为银行业的发展越来越由股东价值最大化的目标所驱动。尤其值得一提的是,这些学者认为,在以市场为主导的经济体内,中央银行最后贷款人功能的发挥反而有害于整个银行体系的高效与良好运转,因为这会带来市场的扭曲以及资源的错配。

按照多德(1996,35-36)的说法:

> 一旦政府插手干预经济,银行业就会变得虚弱无效,货币开始滥发,诸如此类的坏事接踵而至。银行业之所以会变得虚弱,是因为政府在大肆掠夺,抑或因为政府建立了存款保险制度或最后贷款人制度,破坏了银行维持自身财务健康的主观能动性。

这样的观点提出了一个问题:如果没有中央银行,市场能有效地运转吗?按照自由主义经济学家的观点,答案为"是的"。自由派经济学家的主要目标是阻止政府"掠夺"金融体系,废除所有妨碍金融部门自由运转的规则,包括资本充足性监管,取消存款保险与最后贷款人制度。自由银行学派的学者认为储户应当逐渐适应银行业的竞争本质,接受"如果有一天银行破产了,他们将失去自己的存款"的可能性。不过,银行管理者还是希望保持住投资者的信心,理由很常见:如果投资者对银行的安全性有所怀疑,那么他们就会把钱全部提走。因此,为了让投资者感到安心,银行管理者愿意持有充足的资本金或采取其他必要的措施。于是,这能确保整个银行业的安全性与健全性达到一个可接受的水平。

查尔斯·古德哈特(1987)针对中央银行的存在理由提出了一个有趣的理论解释。他认为三个可能的原因促使众多银行组成银行间的同盟组织(银行俱乐部),然后委托这个组织履行某些职能。首先,如果由中央银行居于中央位置来安排银行间贷款,则交易成本与监督成本都会下降。其次,银行要被迫持有某种"社交最优化"的准备金,若银行间的同盟组织不存在,则它们很可能不会持有准备金。最后,这能减轻传染效应所带来的潜在的负外部性。

按照古德哈特的观点,中央银行的必要性主要基于两大原因。首先,银行能提供两个最基础的功能:运行支付体系和提供组合管理服务。这两大功能被视为"公共产品",因此要受到保护。其次,维护整个银行业的声誉以及保持投资者的信心对银行家来说直接涉及他们本人的经济利益。而中央银行也在努力防止银行业因为信息不对称、银行家的滥用以及过度冒险而崩溃瓦解。

不过,古德哈特的观点对传统理念提出了挑战。传统观念认为,银行在提供支付服务的同时也提供资产组合管理服务的做法会让整个货币体系面临传染性风险,中央银行应阻止这种情形的发生。与之相反,本书作者认为,银行资产的特殊性质——大多数不能在市场上交易且名义价值保持不变的贷款的真实价值是不确定的——才是导致银行比其他非银行机构更为脆弱的原因。

虽然中央银行的优势或劣势还存在争议，但世界上几乎每一个国家都拥有中央银行是一个不争的事实。一个关键问题在于中央银行是否应当被赋予不受政府干预的独立性。如果答案是肯定的，那么其享受独立性的程度应有多高。

5.6 中央银行应当独立吗?

很多国家都出现了中央银行保持独立性的明显趋势，而且在世界范围内，针对这个话题的讨论也越来越多。理论研究似乎证明**中央银行的独立性**（central bank independence）很重要，因为这有助于中央银行更好地制定货币政策。例如，很多文献都得出了这样的预判：中央银行的独立性越高，则经济体的通货膨胀率越低。

中央银行的独立性可被定义为在执行职能的过程中，尤其是在制定和执行货币政策时，不受政治势力的干预或压力。独立性可分为两种类型：目标独立性，指的是中央银行自主确定货币政策目标（例如低通胀率、较高的产出水平）的能力；工具独立性，指的是中央银行独立地使用货币政策工具来实现货币政策目标的能力（米什金，2000）。

中央银行享有工具独立性却没有目标独立性，这是很常见的情形。反过来，中央银行享有目标独立性却无工具独立性的情形比较少见。例如在英国，目前英格兰银行就享有工具独立性，即**通货膨胀目标制**（inflation targeting）。这意味着政府负责制定通货膨胀率的目标值（在作者写作本书时即 2014 年，通胀率的目标值为 2%），而英格兰银行可以独立地制定货币政策来帮助实现这一目标。只有民主国家能接受这样的安排，因为英格兰银行的官员并非选举产生的，所以货币政策目标应当只由民选政府来确定。

既然中央银行的独立性意味着中央银行在履行职能时（尤其是制定和实施货币政策时）不受政治势力的影响与干预，那么不独立就意味着屈从于政府。在这种情况下，政府就有可能会基于经济或政治原因来"操纵"货币政策。不过，有一点需要指出，所有独立的中央银行的官员都是由政府任命的。这意味着在某种程度上，中央银行不可能完全独立。

专栏 5-8

谁拥有中央银行

这个问题没有统一的答案，要看具体情况。例如，英格兰银行是完全归政府所有的公共部门机构。这意味着英格兰银行的所有资本均由英国财政部的法务官代表英国财政部持有。目前的规定要求，英格兰银行在 4 月和 10 月的第 5 天向英国财政部支付上一财年税后利润的 25%，或者英格兰银行与英国财政部同意的金额［参考《1946 年英格兰银行法案》（Bank of England Act 1946）与 1998 年的修正案］。

英格兰银行由英国政府所有，而欧洲中央银行由会员国的各中央银行所有，欧洲中央银行的宪章里清楚地说明了这一点。这意味着各会员国的中央银行作为股东拥有投票权（欧洲中央银行理事会章程的第 10.3 款），可分享或分担欧洲中央银行的利润或亏损（第 33.1 款）。但是，各成员国的中央银行的所有者又是谁呢？我们可以从欧洲中央银行的宪章里找到答案：各国国内的大型金融机构是它们的所有者。

另一个有趣的例子是美联储。在美联储官网上的常见问题网页上，在内部搜索引擎上输入"谁拥有美联储"，获得的答案是：美联储作为政府内部的独立实体来履行公共职能。它不属于任何人，不是私有的营利机构。作为美国的中央银行，美联储的权力来源于美国国会。它是独立的中央银行，因为它的货币政策决定不需要经过总统或政府的行政部门或立法部门的审批，它无须国会提供拨款，而且美联储理事会理事的任期可横跨多个总统或国会议员的任期。不过，美联储要接受国会的监督，通常国会要对美联储的各种活动进行检查，还可以以立法的形式改变其职责范围。因此，更准确的说法是，美联储是政府内的独立实体，而非独立于政府机构。由国会建立的 12 家地区性联邦储备银行是美联储这一中央银行体系的地方职能机构，其组织形式与私营企业类似——可能这会让人们对"所有权"问题感到困惑。例如，各地区联邦储备银行向会员行发行股票。但是，持有联邦储备银行的股票不同于持有私营企业的股票。联邦储备银行不是营利性机构，根据相关法律，持有一定数量的股票是成为美联储成员的条件之一。这些股票不能被出售、交易或当作贷款的抵押品；按照法律规定，持有者每年可以获得 6% 的股息收益。这说明美联储成员行拥有的"所有权"具有独一无二的内涵。

自次贷危机爆发后，中央银行保持独立性具有诸多积极作用的观点遭受了越来越多的质疑。例如，在 2008 年雷曼兄弟公司宣布破产以后，美联储的独立性受到了详细的审查。美联储在 2007—2009 年全球金融危机期间及危机过后的表现被各界严厉地批评。由于受到的政治压力越来越大，《多德-弗兰克法案》修改了第 13（3）款，要求财政部对美联储执行最后贷款人的行为进行审批。而直接货币交易计划（outright monetary transaction programme，缩写为 OMT）* 也让欧洲中央银行的独立性打了折扣。这项计划承诺购买各欧元区成员国的主权债务。虽然这项计划有助于恢复市场信心，但一些人将这一计划视为"中央银行的财政化"，因为它允许政府干预市场，可能会导致欧洲中央银行丧失独立性。[1]

我们来看一看"支持"或"反对"中央银行保持独立性的理由。一般情况下，人们出于政治与经济因素的考量而支持中央银行保持独立性。而且，公众（委托人）与中央银行和政府（代理人）之间存在委托-代理问题。代理人可能会采取伤害委托人利益的行为。按照中央银行独立性支持者的说法，政府才具有按照其自身利益行事的强烈动机。只有中央银行保持独立，不受政府日常行事的影响或干预，才能确保经济的长期稳定发展。表 5-6 总结了支持与反对中央银行保持独立性的理由。

表 5-6　中央银行的独立性

支持理由	反对理由
● 由于货币政策存在时滞，因此在决策时应把眼光放长远。中央银行保持独立性有利于抵御短期政治利益的侵袭。	● 欠缺民主治理。
● 中央银行保持独立性能避免政府利用中央银行为政府支出买单。鉴于很多国家都有庞大的公共债务，中央银行应当充当阻止财政赤字进一步增加的角色。	● 中央银行机制自身存在局限性，例如，中央银行可能过于担心受到政治干预，太害怕失去独立性与公信力。

---

① 参考布拉德（2013）和丰田（2013）。

* 原文此处写错了，应是 transaction 而非 transmission。——译者注

支持理由	反对理由
● 政治压力会毁掉中央银行的公信力，扭曲民众的通货膨胀预期，这不利于中央银行实现物价稳定的终极目标。 ● 很多实证研究已经证明，中央银行的独立性越高，则越有助于促进经济增长与价格稳定。 ● 中央银行保持独立性有助于其更快速、更有效地应对宏观经济冲击。	● 执行效果不佳（通货紧缩）。

资料来源：丰田（2013）。

5.7 小结

中央银行的主要职能是基于政府确定的特定的货币政策目标，采取各种货币控制举措，以管理经济体内的货币总量。在执行货币政策时，现代的中央银行倾向于使用间接性工具，一般包括：（1）公开市场操作；（2）贴现窗口；（3）准备金制度。目前，公开市场操作是最流行的中央银行工具，因为这种工具不仅免税（公开市场操作不会对银行的经营活动施加特殊的限制），而且灵活（从使用的频率与规模来看）。尤其值得一提的是，使用公开市场操作来影响短期利率的主要吸引力在于：发起公开市场操作的货币当局对交易的规模拥有完全的控制力；规模可灵活调整且精确——中央银行可以使用公开市场操作对经济体内的流动性数量进行较大或较小的调整；容易被反向对冲；执行迅速。

2007—2009 年的全球金融危机让危机化解过程中中央银行的作用成为焦点。尤其值得一提的是，类似于量化宽松与信贷宽松这样的非常规货币政策已经成为全球后金融危机时代的主要货币政策工具。虽然为了适应环境的变化，全球各国中央银行的角色与核心职能在不断地演化，但依然有一个学派——自由银行学派还在质疑人们是否需要中央银行。从本质上看，自由银行学派怀疑中央银行在以需求为导向的银行市场上是否有效率，因为整个市场越来越被利润最大化的行业文化所驱动。该学派对中央银行的最后贷款人角色提出了批评，反对中央银行拥有垄断性的货币发行权。古德哈特（1987）反对这种观点，用自己的银行俱乐部理论再次确认了中央银行存在的必要性。他强调，由于银行所持资产的特殊性——这些资产大多是不可交易的，银行业非常容易爆发危机。

近来发达国家与发展中国家都呈现出同样的趋势：虽然在后危机时代，中央银行的独立性重新成为人们关注或热议的焦点，但总的来说，中央银行越来越不受政府政治压力的影响。

关键术语

中央银行的独立性	投资组合约束工具	货币总量	价格稳定
资产担保债券	最后贷款人	货币政策	价格与收入政策
信贷宽松	长期再融资操作	货币政策传导机制	量化宽松政策
贴现窗口	最后做市商	货币	准备金要求

| 汇率政策 | 国债管理政策 | 证券市场项目 | 财政政策 |
| 公开市场操作 | 常备融资便利 | 自由银行 | 通货膨胀目标制 |

主要阅读文献

Bank for International Settlements（2009）"Issues in the governance of central banks", A Report from the Central Bank Governance Group.

Cour-Thimann，P. and Winkler，B.（2013）"The ECB's non-standard monetary policy measures. The role of institutional factors and financial structure", ECB Working Papers Series，No. 1528，April.

Dowd，K.（1996）*Competition and Finance：A New Interpretation of Financial and Monetary Economics*. London：Macmillan.

Friedman，M.（1968）"The role of monetary policy", *American Economic Review*，58 (1)，1–17.

Gros，D.，Alcidi，C. and Giovanni，A.（2012）"Central banks in times of crisis：The FED vs. the ECB"，CEPS Policy Briefs，No. 276，July.

Mishkin，F.（2000）"What should central banks do?" Federal Reserve Bank of St Louis Review，November-December.

复习题

5.1 经济政策的五种主要类型是什么？

5.2 什么是货币？什么是货币总量？

5.3 概要说明货币政策工具、手段与目标的区别。

5.4 为什么公开市场操作是最受欢迎的货币政策工具？

5.5 什么是英格兰银行的官方利率？

5.6 解释资产组合约束工具的定义与局限性。

5.7 讨论货币政策传导机制的关键要点。简要解释货币政策通过哪些渠道对经济体产生影响。

5.8 概要说明相机抉择货币政策与固定规则货币政策的优缺点。重点关注时间不一致性问题。

5.9 什么是非常规货币政策工具？

5.10 什么是最后贷款人职能？为什么存在争议？

5.11 自由银行学派提出的主要观点是什么？

5.12 支持与反对中央银行保持独立性的理由分别是什么？

第六章

中央银行的实践

学习目标

● 了解英格兰银行、欧洲中央银行以及美联储的职能与作用。

● 了解英格兰银行、欧洲中央银行以及美联储的组织结构与公司治理结构。

● 理清欧洲中央银行与欧盟各成员国中央银行之间的关系。

● 理解英格兰银行、欧洲中央银行以及美联储在 2007—2009 年全球金融危机期间及危机后采取各项措施的动因。

● 理解欧洲中央银行在 2010 年欧元区危机期间及危机过后所采取的措施。

6.1 导论

本章研究中央银行各种操作的功能、结构与作用。特别要强调的是，6.2 节讨论英格兰银行，6.3 节讨论欧洲中央银行，而 6.4 节讨论的是美国联邦储备体系。我们首先分析这几家中央银行的结构与职能，因为它们是全球各国中央银行当中最重要的机构；随后，我们要研究这几家中央银行的决策机制；最后，我们对近期这三家中央银行与本章主题最密切相关的操作变化展开讨论。

6.2 英格兰银行

英格兰银行是英国的中央银行。正如我们在第五章里谈到的那样，中央银行是一国官方金融政策——其中包括货币政策——的最终负责人，它是政府的银行，通常也是整个金融体系的监管者。

英格兰银行的起源要追溯到 1694 年。作为一家股份制公司，当时英格兰银行刚刚拿到经营许可证。事实上，创办英格兰银行的目的就是想改善英国政府的融资能力。不过，直到《1844 年英格兰银行条例》（Bank Charter Act of 1844）颁布，英格兰银行才获得了彻彻底底的中央银行地位。《1844 年英格兰银行条例》最终使得英格兰银行垄断了英国境内纸钞与硬币的发行权。

在 19 世纪，通过在需要时立即买入其他商业银行发行的银行券，英格兰银行逐渐巩固了其作为整个英国银行体系监管者的地位。最后贷款人职能有助于维持公众对银行体系的信任与信心。事实上，在 19 世纪，英格兰银行所履行的诸多职能对于今天的中央银行来说是很常见的操作：纸钞与硬币的主要发行人；最后贷款人；成为政府与其他本土银行的银行；负责管理本国的官方储备。除了向客户提供银行服务，英格兰银行还负责管理英国的外汇与黄金储备以及政府证券的登记事务。后者指的是国债（金边债券）的登记。不过，有一点必须记住，尽管英格兰银行确实履行了这些职能（同时在经济金融管理领域发挥的作用越来越大），但它依然是一家追逐利润的私营股份制企业。1946 年 3 月 1 日颁布实施的《1946 年英格兰银行法》（1946 Bank of England Act）将英格兰银行国有化，英国政府收购了英格兰银行的所有股票资本。1997 年，英国政府授予英格兰银行独立制定货币政策的自主权，英格兰银行要对整个金融体系的稳定性承担法定责任。2012 年，英格兰银行被授予宏观审慎监管权，负责监管金融体系并承担金融服务企业的日常审慎监管职责（参考专栏 6−1）。

专栏 6−1

英格兰银行——300 多年的历史

● 成立于 1694 年（皇家特许）。

● 1734 年，英格兰银行迁至目前所在的地址——英国针线街。

● 1781 年，英格兰银行的特许经营执照被更新——成为银行的银行。

●《1844 年英格兰银行条例》——英格兰银行开始充当最后贷款人的角色。

●《1946 年英格兰银行法》——英格兰银行被国有化，正式成为英国的中央银行。

● 在 1997 年之前，按照法律规定，英格兰银行隶属于财政部管辖。

●《1998 年英格兰银行法》——英格兰银行被赋予独立操作权。

●《2012 年金融服务法》——英格兰银行内部成立了金融政策委员会，这是金融监管新体系的组成部分之一。

6.2.1　英格兰银行的建立

英格兰银行是一家国有企业，其基本职能紧密围绕着"保持一个稳定而高效的货币金融体系"这一目标。和其他国有机构一样，英格兰银行实际上的操作自由度是有限的。1997 年 5

月，英国财政部针对英格兰银行提出了很多机构与操作方面的改革建议。1998 年 6 月 1 日，这些建议最终以法案的形式颁布——《**1998 年英格兰银行法**》（Bank of England Act 1998）。随着《1998 年英格兰银行法》的实施，英格兰银行被授权独立确定官方利率区间，后来这一职责由英格兰银行内部新成立的部门——**货币政策委员会**（Monetary Policy Committee，缩写为 MPC）承担。不过，该法案还规定，如果发生极端情况，或者基于国家利益的需要，英国政府有权在特定时期内向英格兰银行下达有关利率调整的指示。

此外，《1998 年英格兰银行法》还将英格兰银行原来拥有的银行体系监管权转让给新成立的"超级"监管机构——**金融服务管理局**（Financial Services Authority，缩写为 FSA）。于是，英格兰银行管理国债的职能也被顺理成章地转给新成立的英国**债务管理办公室**（Debt Management Office，缩写为 DMO）。这个新机构在法律上隶属于英国财政部。

1997 年 10 月，英格兰银行、英国财政部以及金融服务管理局共同签署了一份"谅解备忘录"，决定建立一个高等级的常设委员会。该委员会定期召开会议，并开设论坛以供三家机构就金融稳定问题达成一致意见。后来，这一框架被称为"三方协作"，指的是三家监管机构——英格兰银行、金融服务管理局与英国财政部——对银行业进行协同监管。不过，2007—2009 年的全球金融危机依然让整个金融体系的脆弱性暴露无遗，随后几项重大改革被相继实施。《**2012 年金融服务法**》（Financial Services Act 2012）于 2013 年 4 月 1 日正式实施，该法案对《1998 年英格兰银行法》、《2000 年金融服务与市场法案》（Financial Services and Markets Act 2000）及《2009 年银行法》（Banking Act 2009）进行了修订，深刻地改变了英国的监管框架。法案引发的大多数变革都与英格兰银行有关，英格兰银行正在经历着自 1997 年以来最重要的机构与职能变革。监管方面的改革导致英格兰银行获得了重要的新职能，6.2.2 节重点讨论这一话题。

6.2.2　《2012 年金融服务法》与英国的监管框架

《2012 年金融服务法》使得英国三大监管机构的监管职能统一交付给一家机构——英格兰银行。《2012 年金融服务法》赋予英格兰银行宏观审慎监管权——不仅负责监管整个金融体系，而且对金融服务企业进行日常审慎监管。[①] 基于《2000 年金融服务与市场法案》而成立的金融服务管理局不再存续，取而代之的是三家新成立的监管机构：**金融政策委员会**（Financial Policy Committee，缩写为 FPC）、**审慎监管局**（Prudential Regulation Authority，缩写为 PRA）以及**金融行为监管局**（Financial Conduct Authority，缩写为 FCA）。三家新机构当中的两家——金融政策委员会与审慎监管局是英格兰银行的附属机构。英格兰银行除了原有的货币政策委员、现有的货币政策职能以及提供流动性等职能以外，又被赋予了这些新职能。图 6-1 展示了英国的新监管框架。

《2012 年金融服务法》引发的重大变革旨在保护并促进英国经济发展。图 6-2 阐释了英格兰银行下辖的几个重要的法定决策机构。

---

① 参见英国公共部门信息办公室官网。

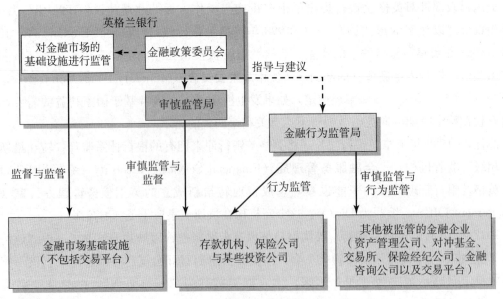

图 6 - 1　英国的新监管框架

资料来源：节选自英格兰银行（2013b）。

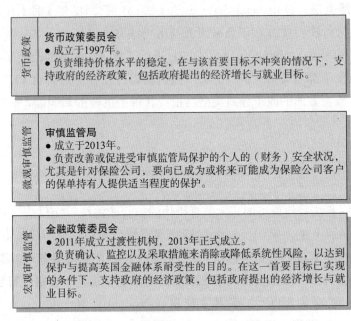

图 6 - 2　英格兰银行下辖的法定决策机构

资料来源：节选自英格兰银行（2013b）。

6.2.2.1　审慎监管局

审慎监管局是英格兰银行的下设机构，负责对大约 1 700 家金融机构——包括银行、住房互助协会、信用合作社、保险公司与大型投资公司——进行审慎监管与监督。它的主要职能是促进金融企业的安全性与稳定性，因此它与英格兰银行下辖的货币政策委员会以及特殊处理部密切合作。审慎监管局负责监督总部位于英国的金融企业以及跨国金融企业，包括来自欧洲经济区其他国家或地区的持有"欧盟护照"的金融企业、外国金融企业的分支机构以及跨国企业在英国境内的子公司。

从治理与权责划分的角度来看，作为英格兰银行的一个组成部分，审慎监管局要负责英格兰银行董事会的行政事务。审慎监管局拥有自己独立的董事会，该董事会的成员包括英格兰银行行长、审慎监管局的首席执行官、负责金融稳定事务的副行长、金融行为监管局的首席执行官以及至少三位独立的非执行官员。2013 年 3 月 7 日，审慎监管局召开了第一次董事会会议。与英格兰银行的其他决策机构一样，审慎监管局的董事会要对英国议会负责。

6.2.2.2 金融政策委员会

金融政策委员会是英格兰银行的官方委员会，主要负责宏观审慎监管。说得更具体一点，金融政策委员会负责确认、监控以及采取措施来消除或降低系统性风险，以达到保护与提高英国金融体系耐受性的目的（在不阻碍英国的中长期经济增长机遇的情况下）。实现首要目标以后，金融政策委员会可以支持政府的经济政策，尤其是经济增长与就业政策。[①]

金融政策委员会的四大主要职能如下：
- 监督英国金融体系的稳定性，着眼于系统性风险的确认与评估；
- 指导金融行为监管局与审慎监管局；
- 在英格兰内部向金融行为监管局与审慎监管局提供建议；
- 拟定金融稳定性报告。

6.2.2.3 金融行为监管局

自 2013 年 4 月，金融服务管理局退出历史舞台，两家独立的监管机构得以成立：审慎监管局与金融行为监管局。前者是英格兰银行内部的独立实体，主要负责金融机构的微观审慎监管，而后者的主要职能是行业监管、消费者保护与市场行为监督。

说得更具体一些，金融行为监管局是一个独立的监管主体，其主要目标是确保并维持市场的完整性与有效运转，确保金融服务企业与客户进行公平交易，促进竞争。

《2012 年金融服务法》赋予金融行为监管局一个特殊的战略目标：确保相关的市场运转良好。《2012 年金融服务法》还明确了金融行为监管局作为市场行为监管部门应实现的三个主要的操作性目标：
- 确保消费者能得到保护；
- 保护并提升英国金融体系的完整性；
- 促进有利于消费者权益的有效竞争。

而竞争有助于上述目标的实现。

金融行为监管局负责对金融零售市场、批发市场的操作行为以及支撑这些市场的基础设施进行监管。金融行为监管局还负责对不属于审慎监管局监管范围的企业进行审慎监管，例如资产管理公司、对冲基金、交易所、保险经纪公司以及金融咨询公司（参考图 6-3）。因此，对于 23 000 多家原本接受金融服务管理局监管的企业来说，金融行为监管局是负责监管它们的新机构。图 6-3 总结了英国金融体系的全新金融监管框架。

---

① 见金融政策委员会官网。

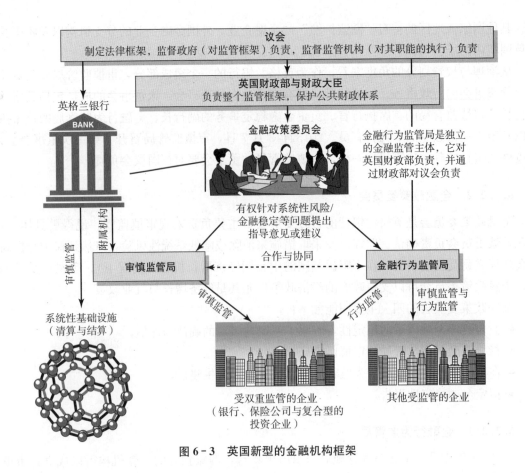

图6-3 英国新型的金融机构框架

6.2.3 英格兰银行的目标与职能

英格兰银行有两大核心目标:

- 货币稳定;
- 金融稳定。

6.2.3.1 货币稳定的核心目标与货币政策委员会的作用

英格兰银行的第一个核心目标是通过维持稳定的价格水平以及公众对货币的信心来确保货币稳定。货币当局通过影响货币的价格,即确定利率水平,来维持价格稳定。货币政策委员会负责决策,要满足政府每年的通货膨胀目标(作者在写作本书时的通胀目标为2%,测量标准为12个月内消费物价指数的上涨幅度)。至于公众对货币的信心,英格兰银行还要负责保护本币(英镑)的币值。

英格兰银行下辖的货币政策委员会的成员包括:行长、两位副行长、英格兰银行的首席经济学家、负责市场操作的执行董事以及由财政大臣直接任命的四名外部成员。货币政策委员会每月召开一次会议,会上要决定中央银行向金融机构提供贴现贷款的利率水平(2014年该利率水平为0.5%)。正如第五章里谈到的,这一基准利率会直接影响银行与住房互助协会向客户提供的各种金融产品的利率水平。它还会对金融市场的资产价格与汇率水平产生影响。

我们要强调的是,全球所有国家的货币当局都很关心利率以及银行准备金的供给状况,货币当局可自行决定使用各种各样的政策工具去影响这些经济变量。毋庸置疑的是，利率水平较低且保持稳定的环境更有助于实现宏观经济政策的所有主要目标（高就业、经济增长、金融稳定等）。虽然一些货币当局（例如美联储）倾向于盯住短期利率，将其作为主要的货币政策工具，但英格兰银行的做法仍然是主要盯住通货膨胀率。

一个清晰而稳定的通胀目标有助于提升货币政策目标的可信度，从而确保通胀预期与价格稳定保持一致。在英国，中介目标（例如货币总量）与保持价格稳定这个主要目标之间的关系并不确定。这就是为什么现在通货膨胀目标制成为英格兰银行货币政策的最主要特色。专栏6-2总结了通货膨胀目标制作为英国货币政策的核心经历了怎样的演变过程。

专栏 6-2

英国的通货膨胀目标制

什么是通货膨胀目标制？这是一种基于下列五大要素而形成的货币政策框架（哈蒙德，2012）：

(1) 货币当局明确承认价格稳定是货币政策的主要目标。

(2) 货币当局向公众公开宣布通货膨胀的量化目标。

(3) 基于多种广泛的信息资源——其中包括通胀预测——制定货币政策。

(4) 透明度。

(5) 可靠的机制。

1992年，通货膨胀目标制的正式使用标志着英格兰银行彻底废除了过去的做法。另一个重要的日子是在1997年，当时英格兰银行被授权拥有操作的独立性，于是，英格兰银行的机构框架也做了相应的调整，以确保并提升通货膨胀目标制的可信度，这种做法得到了广泛的赞誉。哈蒙德（2012）注意到绝大多数采用通货膨胀目标制的中央银行都拥有法定的独立性。图6-4（a）说明在2009年，27个国家采用了系统而完备的通货膨胀目标制，其中9个是工业化国家。新西兰是第一个采用这种框架的国家，而塞尔维亚是相对最晚的——2009年才开始采用通货膨胀目标制。根据图6-4（b），本例中的大多数国家（27个当中的15个）是由政府和中央银行联合制定通货膨胀目标。瑞典是唯一的政府未参与确定通货膨胀目标的国家。

与其他采用通货膨胀目标制的国家一样，英国已经取得了不错的成绩，过去20多年的成功进一步强化了通货膨胀目标制的可信度。因此，民众和企业越来越相信通货膨胀率会保持在官方的目标值附近——信念能自我实现。《1998年英格兰银行法》确立了机构框架。按照要求，英格兰银行确定的利率目标要能达到"维持价格稳定，并在满足该条件的前提下支持政府的经济政策，包括政府的经济增长与就业目标"的目的。而政府必须详细说明其追求的经济目标，包括价格稳定的具体含义。货币政策委员会的职权范围必须以书面文件的形式予以公布，每年至少一次。

职权范围一直是影响灵活度的重要因素。例如，虽然货币政策委员会按照规定应"在任何时候"只盯住通货膨胀目标，如出现系统性的偏离，则立即采取纠正措施，但这并不意味着机械性地做出反应。相反，如果实际通货膨胀率偏离目标值的幅度超过了1个百分点，那么央行行长必须向财政大臣做出书面说明，解释为什么会出现这种局面，以及货币政策委员会将考虑采取哪些必要措施来促使通货膨胀率返回目标值。

如图6-5所示，按照第二次世界大战结束后的标准，近20多年来的通货膨胀目标制是比较成功的，通货膨胀率一直保持得很稳定。

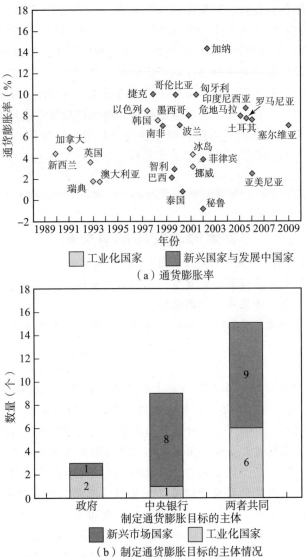

（a）通货膨胀率

（b）制定通货膨胀目标的主体情况

图 6 - 4　通货膨胀目标制

资料来源：哈蒙德（2012，7 - 8）。

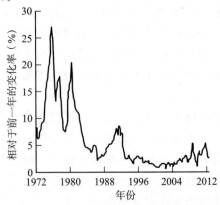

图 6 - 5　1972—2012 年英国消费物价指数通货膨胀率

资料来源：默文·金（2012）。
说明：1976 年以前使用的是零售价格指数，1976 年以后使用的是消费物价指数。

尽管在头 20 年里，通货膨胀目标制取得了成功，但最近的金融危机让很多人非常怀疑这种制度是否足以保证经济与金融的稳定。2012 年，英格兰银行的前任行长默文·金（Mervyn King）在伦敦政治经济学院（LSE）的一次演讲上讨论了这个话题。他承认，在未来的 20 年里，货币当局有必要聚焦于宏观审慎政策，同时还要确保低而稳定的通货膨胀率，将其视为实现经济发展目标的重要前提条件。不过，金先生认为，虽然中央银行应当做出一些调整，以便将未来可能发生的金融危机的破坏力最小化，但价格稳定依然像 20 年前那样重要——不管是在理论上，还是在实际操作中。

资料来源：哈蒙德（2012）；金（2012）。

6.2.3.2 金融稳定的核心目标与最后贷款人职能

在广泛意义上，金融稳定要求保持经济体内资金有效流通，民众对金融中介机构抱有信心。英格兰银行负责维护英国金融体系的稳定。从 2013 年 4 月起，在英格兰银行内部，促使金融稳定这一目标得以实现成为金融政策委员会的使命，该委员会受命采取各种措施消除或减轻系统性风险，目的是保护并提高英国金融体系的柔韧性。英格兰银行的各种金融措施——包括最后贷款人，金融政策委员会的决策，审慎监管局对金融机构的审慎监管，英格兰银行扮演破产清算人的角色，英格兰银行对关键性的支付、清算与结算设施的监督与监管——都以实现金融稳定为目标。

6.2.3.2.1 英格兰银行扮演最后贷款人的角色

英格兰银行担任整个银行体系的最后贷款人已经有一个多世纪之久。这意味着一旦流动性不足或出现偿付问题（流动性与偿付能力的区别可参考第五章的专栏 5-6），英格兰银行就应准备向银行部门提供资金。

但是，这并不意味着英格兰银行为英国国内的每一家银行机构提供担保。真实情况是，英格兰银行时刻准备着解决银行体系的流动性不足问题，银行体系资金短缺有可能是非银行的私人部门所导致的，也可能是因为资金十分罕见地从私人银行账户净流出，转而流入政府设立在英格兰银行的账户。这就是最后贷款人职能的短期视角。有观点认为，在扮演最后贷款人角色时，英格兰银行并不准备为每一家银行机构的偿付能力提供担保，因为这种做法可能会鼓励银行家出现过度冒险与不谨慎的操作（即增加了道德风险——参考第七章的内容），尤其是当银行知道如果自己失去了偿付能力，中央银行肯定会（用纳税人的钱）提供援助资金的时候。换言之，英格兰银行可能会向问题银行提供贷款，以避免该银行破产引发系统性危机。不过，这一"安全网"并不意味着向每个银行、银行高管或股东提供保护。恰恰相反，它的存在只是为了保护整个金融部门的稳定性。

2007—2009 年的全球金融危机使得全球几家规模最大的中央银行（美联储、欧洲中央银行与英格兰银行）重新调整了最后贷款人职能。这场危机迫使中央银行在更大的范围内履行最后贷款人职责，包括提供流动性与抵押品，放宽抵押品标准，对陷入困境的金融机构提供援助，开放特殊的流动性工具，降低利率水平，使用扩张性的货币政策，并成为最后做市商（参考第五章）。

一些评论家认为英格兰银行在 2007—2009 年全球金融危机期间的所作所为有些偏于保守。英格兰银行的第一次干预发生在 2007 年 9 月——处理北岩银行的挤兑事件。英格兰银行的应对策略（一些批评者认为有些迟缓）是提供 270 亿英镑的紧急流动性援助（ELA），并对该银行 400 亿英镑的负债提供担保。后来，这些贷款转而由英国财政部持有，事实上相当于把濒临破产的金融机构收归国有。^① 2008 年 10 月，英格兰银行向苏格兰皇家银行（Royal Bank of Scotland）和苏格兰哈里法克斯银行（HBOS）提供了紧急流动性援助（参考专栏 6-3）。英格兰银行还使用了一些非常规的贷款工具，因而使其自身逐渐转变为"最后做市商"。这些贷款工具包括：（1）特别流动性计划；（2）贴现窗口融资便利；（3）指数化长期回购公开市场操作；（4）延长抵押品定期回购。

（1）特别流动性计划。

特别流动性计划始创于 2008 年 4 月，旨在改善银行体系的流动性状况，允许银行与住房互助协会将其手中持有的高质量抵押贷款担保证券或其他证券互换为期限不超过三年的英国国债。起初，特别流动性计划只是为了给银行资产负债表上的非流动性资产提供支持——将这些非流动性资产临时互换为其他更容易出售的资产。虽然特别流动性计划的贷款支用期截止于 2009 年 1 月 30 日，但是在接下来的三年时间里，该计划依然生效。面值大约 1 850 亿英镑的英国国债经由该计划被贷放出去，共有 32 家银行与住房互助协会（这些机构的资产之和相当于有资格使用该计划的金融机构所持有的资产总和的 80%）获得了援助。该计划回收的绝大多数抵押品是住宅抵押贷款担保证券或住宅抵押贷款支持证券。通过该计划借入英国国债以后，银行与住房互助协会要支付一笔费用，费率基于三个月伦敦银行同业拆借利率与三个月回购利率（以金边债券作为一般抵押品）的利差。在贷款支用期内，平均利差约为 115 个基点。特别流动性计划于 2012 年 1 月 30 日正式宣告终止。所有基于该计划而提取的贷款资金必须在计划终止之前被偿还。^②

专栏 6-3

向苏格兰哈利法克斯银行与苏格兰皇家银行提供紧急流动性援助

2008 年 10 月，雷曼兄弟公司宣告破产以后，金融危机愈演愈烈，苏格兰哈利法克斯银行与苏格兰皇家银行相继从英格兰银行获得大笔的紧急流动性援助，最高达到了 615 亿英镑。苏格兰哈利法克斯银行于 2008 年 10 月 1 日接受第一笔紧急流动性援助。2008 年 11 月 13 日，该银行累积获得的紧急流动性援助资金达到最大峰值——254 亿英镑。2009 年 1 月 16 日，苏格兰哈利法克斯银行还清了最后一笔紧急援助贷款。而苏格兰皇家银行于 2008 年 10 月 7 日获得第一笔紧急流动性援助，起初拿到的是美元资金，但是自 2008 年 10 月 10 日以后获得的其他贷款均为英镑资金。2008 年 10 月 10 日，苏格兰皇家银行借入的美元援助资金达到最大峰值——250 亿美元；2008 年 10 月 27 日，该银行借入的英镑援助资金达到最大峰值——294 亿英镑。2008 年 12 月 16 日，苏格兰皇家银行偿还了最后一笔紧急流动性援助贷款。

英镑紧急流动性援助采用的是抵押互换形式，即英格兰银行将英国国债借给上述两家银行，而这两家银行以非证券化的抵押贷款或普通贷款作为担保。这种交易模式与特别流动性计划很相似。自 2008 年 4 月开始，特别流动性计划接受范围更广的抵押品，以此为担保向金融机构提供贷款。英格兰银行对贷款额收取 200 基点的利息。而且，对于 2008 年 10 月 13 日以后经由特别流动性计划发放的贷款，英国财政部均已向英格兰银行提供了全额补偿。在英国财

---

① 2012 年 1 月，北岩银行被再次私有化，随后被出售给维珍理财（Virgin Money）公司。

② 有关特别流动性计划的更多信息，请参考英格兰银行官网。

政部的补偿款到位之前，英格兰银行已经发放了511亿英镑的贷款，这笔钱是不能拿到补偿的。到了2008年10月17日，即使财政部的补偿款到位以后，英格兰银行未获得补偿的贷款净额依然高达509亿英镑，而这一天英格兰银行已发放的特别流动性计划援助贷款总额达到了最大峰值——615亿英镑。因而紧急流动性援助计划是在偷偷摸摸中进行的，2009年11月24日才正式对外公布，那时距离该计划实施已经过去一年多了。

2008年10月，正值英格兰银行需要动用紧急流动性援助计划帮助苏格兰哈利法克斯银行与苏格兰皇家银行之时，危机的紧张态势让金融市场变得更加不稳定，这种状态已经持续一年多了。2007年，英格兰银行已经向北岩银行提供了紧急流动性援助。

就在英格兰银行宣布使用紧急流动性援助计划后不久，2008年10月8日，英国政府宣布了援助金融体系的一揽子方案，包括针对银行的资本重组计划。政府出面进行资本重组以后，苏格兰皇家银行与劳埃德银行集团（2009年1月19日，苏格兰哈利法克斯银行与劳埃德信托储蓄银行合并为劳埃德银行集团）引入了部分国有资本，这种状态一直持续到今天。2012年3月底，英国政府持有劳埃德银行集团40%的股权。苏格兰皇家银行的资本重组计划通过一系列交易得以实现，最终政府拥有苏格兰皇家银行83%的股权。2014年9月，英国政府持有苏格兰皇家银行80%的股权（同时持有劳埃德银行集团20%的股权），并在考虑重新让这两家银行完全私有化。

2012年5月21日，在英格兰银行理事会委托进行的三项审查中，其中一项的主题便是金融危机达到最高点时英格兰银行采取的种种措施。

资料来源：普兰德雷斯（2012）。可在英格兰银行官网下载。

（2）贴现窗口融资便利。

当金融机构遭受非系统性或系统性冲击时，贴现窗口融资便利可以让其提供流动性支持。这是一种双边融资便利，既能解决短期的流动性冲击问题，又不会对银行的流动性审慎管理造成扭曲。按照英格兰银行的要求，符合条件的银行与住房互助协会可以以各种各样的抵押品作为担保借入英国国债，期限为30天或364天，同时还要支付费用，费率取决于抵押品的性质、借入国债的规模以及期限。[①]

（3）指数化长期回购公开市场操作。

英格兰银行每月一次通过指数化长期回购公开市场操作提供资金，一般是在月中的某个周二。每次操作都会在某个特定的日子按照事先公布的固定金额向市场释放资金。正常情况下，在一个季度的三次操作当中，两次操作的期限为三个月，余下一笔操作的期限为六个月。指数化长期回购公开市场操作取代了长期回购公开市场操作，并以整个银行体系作为调节对象。

参与者可以凭借两类不同性质的抵押品来获得贷款："窄抵押"与"宽抵押"。第一类抵押品指的是符合英格兰银行短期回购公开市场操作要求的证券；第二类抵押品涵盖范围更广，包括多种在流动性市场上可交易的高质量债券，具体可由英格兰银行自行判断。参与者要参与投标，说明拟交易金额以及在银行利率基础之上愿意支付多高的利差（用基点表示）。[②]

（4）延长抵押品定期回购。

延长抵押品定期回购是一种流动性工具，当整个市场遭遇意外的现实或潜在冲击时，英格

---

① 有关贴现窗口融资便利的更多信息，请登录英格兰银行官网查阅。
② 有关指数化长期回购公开市场操作的更多信息，请登录英格兰银行官网查阅。

兰银行可以主动使用这种工具。延长抵押品定期回购可接受的抵押品范围要比指数化长期回购公开市场操作广泛得多。[1]

6.2.3.2.2 英格兰银行扮演最后做市商的角色

通过使用上述工具,英格兰银行不仅可以使用各种特殊的贷款便利,而且扩大了抵押品的范围,并开始将整个市场的流动性压力作为操作指引。不过,英格兰银行是通过资产购买计划(APF)摇身一变成为最后做市商的。2009年1月,财政大臣授权英格兰银行制订资产购买计划,利用发行国债以及债务管理办公室的资产管理操作所获得的收入购买高质量资产。资产购买计划的目的是改善信贷市场的流动性。财政大臣还宣布货币政策委员会可以基于货币政策目标使用资产购买计划这一新工具。当资产购买计划用于货币政策目标时,中央银行通过创造储备货币的方式来购买资产。[2] 资产购买计划通过公司债券二级市场计划与担保商业票据便利这两个项目持续发挥作用,其购买资产的资金来源于国债发行收入以及债务管理办公室的资金管理收入。商业票据便利于2011年11月15日终止,这说明自2009年2月13日英格兰银行首次在市场上买入商业票据以来,市场环境已经有了较大的改善。图6-6展示了自资产购买计划实施以来各类型资产的累积购买净值。

专栏6-4对英格兰银行的前任行长默文·金先生的任期进行了回顾,他带领英格兰银行闯过了多个重要的变革关口。

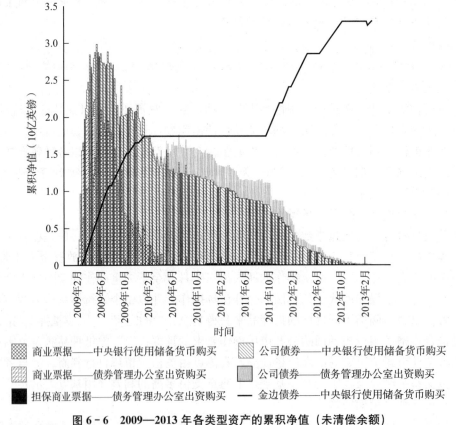

图6-6 2009—2013年各类型资产的累积净值(未清偿余额)

资料来源:英格兰银行(2013a,2)。

---

① 有关延长抵押品定期回购的更多信息,请登录英格兰银行官网查阅。

② 有关资产购买计划的更多信息,请登录英格兰银行官网查阅。

告别 "老妇人"

自 1694 年以来，英格兰银行共有 119 位行长，而默文·金先生在两个方面表现突出。他见识过万众狂欢，也经历过可怕的低谷——从低通胀、经济稳定增长的大缓和时期，到英国历史上最糟糕的银行业危机。他不仅深刻地改变了英格兰银行，而且对全球其他国家的中央银行产生了深远的影响。在某些方面，于 2013 年 6 月 30 日卸任的默文先生是失败的。然而，在其他方面，他获得的成功如此巨大，以致我们几乎忘记了在他上任之前情况有多糟糕。在 20 世纪 90 年代以前，英国的货币政策是混乱无序的。中央银行与财政部忙着确定货币供给与信贷增长的目标，然后完美地错失目标，最终不得不放弃目标。在绝望中，它们试图借助外力提高可信度，先是尝试追随德国央行的操作，后来在 1990 年，英格兰银行加入了**汇率机制**（exchange rate mechanism）。如果说之前的各种努力是跌跌撞撞，那么事实证明这一决定是灾难性的：为了与德国货币保持稳定的兑换比率，英国不得不执行高利率政策，这使得英国陷入衰退。1991 年，默文·金先生成为英格兰银行的首席经济学家，一项全新的政策即将出台：通货膨胀目标制。

他是将这项政策全面贯彻的最佳人选。他曾就读于剑桥大学，那时由于学术意见不同，剑桥大学的经济学系弥漫着傲慢自大、与世隔绝的气息。默文先生逃走了，他频繁地前往美国，开始着迷于应用型的微观经济学，尤其是企业如何应对政府的税收政策。哈佛大学的一位同僚——马丁·费尔德斯坦（Martin Feldstein）还记得当时他一心一意地研究通货膨胀的破坏效应。在英格兰银行——用 1993—1997 年担任英国财政大臣的肯尼斯·克拉克（Kenneth Clarke）的话来说——他是这项新政策得以确立的智力基石。

认真仔细的评估证明了通货膨胀目标制确实取得了不凡的成就。1992—2012 年，零售价格的平均上涨幅度在 3% 左右。而在此之前的 20 年里，这个指标的平均值曾经高达 10%。价格低廉的进口商品帮了大忙。但是在默文先生的任职期间，这一制度遇到并经受住了严峻的考验。2008 年与 2011 年，石油价格两次出现暴涨，其冲击力可以与 20 世纪 70 年代的石油危机相媲美。然而，这并未导致英国国内出现类似于 20 世纪 70 年代的严重通货膨胀（参见图 6-5）。

默文先生并不是使用通货膨胀目标制的第一人——新西兰比英国更早采用这一制度——但正是他让通货膨胀目标制变得更受欢迎。他在美国建立的学术界关系网不断地将多位学者送入各国央行与国际货币基金组织担任要职。这些人脉关系，再加上英国控制通货膨胀的成功经验，让默文先生在全世界名声大振。1992 年，全球只有三个国家实施通货膨胀目标制。时至今日，选择通货膨胀目标制的国家已经超过了 30 个。

但这一全新的制度安排依然存在着一些未来可能会带来隐患的细小的缺陷。要想顺利地实施通货膨胀目标制，经济学界必须坚信每个政策目标至少应当对应一种政策工具。中央银行的利率水平通常会直接盯住消费价格水平。而资产价格——房屋、债券与权益工具的价格——并不是中央银行盯住的目标。这里面的逻辑是金融体系的循环与实体经济的循环往往是不同步的。只是为了挤出房地产市场的泡沫就把原本发展不错的经济拖入衰退，这种做法是毫无意义的。

收窄关注焦点的做法很新颖。新建立的银行监管机制使得 "集中焦点" 的做法变得可能。

一个新机构——金融服务管理局将致力于维护个体银行的稳定性。英格兰银行与金融服务管理局的头头脑脑们已经把个人声望压上了牌桌，誓要达到目标，并且他们手中也有了相应的武器。在理论上这是行得通的。

不过，如果说英国的通货膨胀目标制是表现最优的，那么它的银行体系肯定是表现最差的。2002—2007年，英国银行资产负债表的规模至少翻了三倍，这催生了房地产价格泡沫。企业的权益资本较少，而且其中包括一些所谓的"高效的"新型资本，然而事实证明这些新型资本根本不能吸收损失。银行的新资金不是存款，而是容易逃跑的市场短期借款。较高的杠杆率与依靠短期资金让银行像宿醉一样头脑发昏。

默文先生没能预料危机的来临。他最初的反应说明他判断失误了。当北岩银行的市场融资出现挤兑时，中央银行及时地提供了援助。但是默文行长选择去谈论这次危机更深层的原因，却没有意识到情况的紧急性，他还谈到当市场知道银行可以依靠政府救援以后会出现什么情况。他是对的！经济学理论中的"道德风险"确实能够解释银行为什么要借入这么多债务。但是，当务之急并不是吸取教训。在危机迫在眉睫的时刻，高谈阔论那些抽象的经济学概念，只会让他显得脱离现实。

北岩银行的破产仅仅是默文先生接下来一连串"痛苦经历"的开端而已。到2008年，苏格兰皇家银行不仅是英国规模最大的银行，而且是世界上最大的银行。其资产规模高达2.2万亿英镑（折合3.5万亿美元），相当于英国GDP的150%还要多。然而，这家银行的资本金像晶片那么薄：政府不得不向其注入455亿英镑的资本，获得了该银行81%的股权。一夜之间，英国的银行部门从自由状态变成了国有状态。每一个英国人平均向苏格兰皇家银行投资了740英镑，今天这笔投资的价值仅为470英镑。这一事实使得苏格兰皇家银行的首席执行官史蒂文·海斯特（Steven Hester）丢掉了工作。

危机爆发后，默文先生的处置要比之前好得多。尤其值得一提的是，面对各种各样复杂难解的经济问题与通胀压力，默文先生老练地将其一一化解。石油价格与被管制的价格（例如增值税与大学学费）将通货膨胀率一度推高至5%。通过加息将通胀率重新压低至2%将会阻碍英国经济的复苏。一些货币政策机构，尤其是中央银行，总是表现得太过鹰派。默文先生比他们圆滑得多。在过去的四年里，他允许通货膨胀率保持在高于目标值的位置，同时又不断地向公众承诺一定会实现这个目标值。这种做法确实起到了一定的效果。英格兰银行推行的通货膨胀目标制的可信度并未被削弱：企业与劳动者依然相信通货膨胀率会下降到接近2%的位置。即将于2013年7月1日上任的英格兰银行的第120任行长马克·卡尼（Mark Carney）会发现这微妙的分寸很难把握。

对银行业来说，卡尼先生的到来就像是1992年的"昔日重现"。旧体系已经被抛弃，金融服务管理局也被拆分了。如今掌管银行监管领域的卡尼先生继承了一个未经检验的新工具。金融政策委员会会调整银行的资本金要求，试图"烫平"信贷周期。如今，他面临的局面更加棘手——银行体系需要更多的资本金，而经济体的信贷呈现紧缺状态。银行为了改善自身状况而削减贷款，这会威胁到英国原本就比较微弱的经济增长。尽管默文先生给出的解决方案——向银行提供廉价资金，条件是银行必须向企业放贷——可能会缓解信贷市场的紧缩态势，但不能彻底解决问题。

缓解资本与贷款之间紧张状态的方法之一是鼓励新来者进入这个领域。默文先生在任时，英国进行了多笔金额巨大的银行并购案，包括2000年的苏格兰皇家银行与西敏寺（NatWest）银行的合并案以及2009年劳埃德银行与哈利法克斯银行的合并案。默文先生批准了这些并购案，他遵循了已有一个多世纪的传统：向前追溯到 1825 年的那场危机，继任的英格兰银行行长总是更喜欢合并。如果卡尼先生能想办法简单干脆地建立一家新银行，那么便能结束这个传统。这能让他以及其继任者的工作变得简单多了。

资料来源：*The Economist*（2013）15 June.

6.3　欧洲中央银行

欧洲中央银行（European Central Bank，缩写为 ECB）成立于 1998 年 6 月 1 日，总部位于德国法兰克福，是世界上历史最短的中央银行之一。它是欧洲单一货币——欧元——的中央银行。欧洲中央银行的法律基础是创立欧盟的协议以及《关于欧洲中央银行体系与欧洲中央银行的议定书》（Protocol on the Statute of the European System of Central Banks and of the European Central Bank）。按照《关于欧洲中央银行体系与欧洲中央银行的议定书》的规定，欧洲中央银行的首要目标是维持欧元区内的价格稳定，因此它要负责监督通货膨胀率，并保持统一货币的购买力。

欧元区由使用欧元作为货币的欧盟国家组成，共包括 18 个欧盟成员国：奥地利、比利时、塞浦路斯、爱沙尼亚、芬兰、法国、德国、希腊、爱尔兰、意大利、拉脱维亚、卢森堡、马耳他、荷兰、葡萄牙、斯洛伐克、斯洛文尼亚与西班牙。2014 年 1 月，拉脱维亚宣布正式使用欧元，成为欧元区的第 18 个成员国。

欧洲中央银行的起源可以追溯到早期的经济货币联盟（请参考第十四章的专栏 14 - 2，里面谈到了欧盟金融服务统一市场的形成）。1994 年，欧洲货币局（European Monetary Institute，缩写为 EMI）成立；欧洲货币局是欧洲中央银行的前身。1998 年 5 月 25 日，当时的 11 个成员国政府选出了欧洲中央银行的行长、副行长以及执行董事会的其他四名成员。他们的任命自 1998 年 6 月 1 日开始生效，这标志着欧洲中央银行正式成立。[①]

欧洲中央银行与欧盟**成员国的中央银行**（national central banks）——不管这些成员国是否加入了欧元区——共同构成了**欧洲中央银行体系**（European system of central banks，缩写为 ESCB）。

欧洲中央银行与使用欧元的欧盟各成员国的中央银行共同构成了**欧元体系**（Eurosystem），其依据是《欧盟职能协议》（Treaty on the Functioning of the European Union）的第 282 款。欧元体系这个词是由欧洲中央银行理事会选定的，用来描述欧洲中央银行体系在欧元区内履行职责的各种机制。只要还有欧盟成员国没有使用欧元，那么就有必要区分欧元体系与欧洲中央银行体系。

6.3.1　欧洲中央银行的组织结构

欧洲中央银行共有三个主要的决策部门：管理委员会、执行委员会与总理事会（请参考图 6 - 7）。

---

① 参考欧洲中央银行官网。

管理委员会（Governing Council）是欧洲中央银行的主要决策部门。其成员包括 6 名执行委员会委员，再加上欧元区所有成员国的中央银行行长。该委员会的主要职责是：（1）确定指导方针，制定必要的决策，以确保完成欧元体系交付的任务；（2）制定欧元区的货币政策，包括欧元体系内重要的基准利率与准备金指标。相关法令确定了欧洲中央银行与欧洲中央银行体系在履行职责的过程中不受政治势力干扰的独立性。[①]

执行委员会成员包括欧洲中央银行的行长、副行长以及欧洲理事会任命的其他四名委员，采用有效多数的表决程序。执行委员会负责执行管理委员会制定的货币政策，向欧元区内各成员国的中央银行下达指令。执行委员会还负责筹备管理委员会的会议，同时还肩负欧洲中央银行的日常管理工作。

总理事会是欧洲中央银行的第三大决策部门。其成员包括欧洲中央银行的行长、副行长以及所有欧盟成员国的央行行长。总理事会负责欧洲中央银行的咨询与协调工作，帮助欧洲中央银行做好未来欧元区进一步扩大的相关准备。总理事会被视为过渡机构，一旦所有的欧盟成员国都开始使用欧元这一单一货币，总理事会就会解散。

除了决策部门以外，欧洲中央银行的公司治理结构还包括多个外部与内部的控制层。欧洲中央银行的功能单位按照业务范围——总局（DG）与分局（D）——分成多个组群，下设多个部门单位。执行委员会对欧洲中央银行的日常事务负总责。

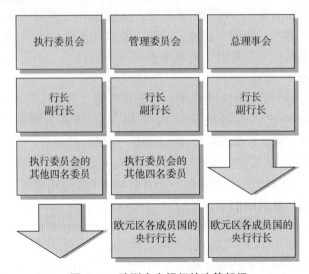

图 6-7　欧洲中央银行的决策部门

资料来源：欧洲中央银行（2011，18）。

欧洲中央银行的组织结构反映出它应履行哪些职责，可分为核心职责部门［与《欧洲联盟条约》（Treaty on the European Union）密切相关的职责］与辅助部门。

6.3.2　欧洲中央银行的核心职能

《关于欧洲中央银行体系与欧洲中央银行的议定书》是 1992 年的《欧洲联盟条约》的附加协定，详细解释了欧洲中央银行以及欧洲中央银行体系的职能。欧洲中央银行体系的首要目标

[①]　参考 2004 年 6 月 1 日签订的《关于欧洲中央银行体系与欧洲中央银行的议定书》第 7 款。

是保持价格稳定，而且在不损害价格稳定目标的前提下，欧洲中央银行体系应当支持欧盟内部的一般性经济政策，以促进第 2 款所列的联盟目标的实现（《欧洲联盟条约》第 105.1 款）。《欧洲联盟条约》的第 2 款声明，高就业与低通胀的可持续性增长也是联盟追求的目标。

说得更具体一点，按照《欧洲联盟条约》（第 105.2 款），欧洲中央银行的基本职责是：

（1）确定并执行欧元区的货币政策；

（2）进行外汇操作；

（3）持有并管理欧元区各成员国的官方外汇储备（组合管理）；

（4）确保支付体系平滑运转。

除了上面列出的几项核心职能，欧洲中央银行还拥有在欧元区内发行货币的独家垄断权。这意味着它是基础货币的垄断发行人。而且，在与各国中央银行的合作过程中，欧洲中央银行会从各国货币当局或直接从各个经济主体那里搜集各种必要的统计信息，以便更好地履职。

最后，在处理欧元体系委托的各项事务时，欧洲中央银行与欧盟内部以及全球多个相关机构、实体与论坛保持工作联系。

6.3.2.1 货币政策

截止到 2012 年 7 月，12 个欧盟成员国，即奥地利、比利时、芬兰、法国、德国、希腊、爱尔兰、意大利、卢森堡、荷兰、葡萄牙和西班牙已经将其本国货币都替换为欧元。欧元区内的货币政策决定权被移交给欧洲中央银行，而欧洲中央银行与欧元区内各成员国的中央银行保持合作关系。正如前文中所说，这些机构汇集到一起就构成了欧元体系。

按照《关于欧洲中央银行体系与欧洲中央银行的议定书》，欧元体系的首要目标是保持价格稳定。在不损害这一目标的前提下，欧元体系应当对欧盟内部的一般性经济政策表示支持。此外，欧元体系的操作还要符合开放市场原则，强调自由竞争与资源的有效配置。按照《欧洲联盟条约》，欧洲中央银行制定的成功的货币政策能够确保物价长期保持稳定，而这也是追求高增长与充分就业等目标的前提条件。

管理委员会已将"价格稳定"定义为"**欧元区消费者物价调和指数**（harmonised index of consumer prices，缩写为 HICP）的年度增长率低于 2%，[①] 要在中期内保持价格稳定"。图 6-8 给出了 1990—2014 年的通货膨胀率（依据欧元区消费者物价调和指数计算）。

欧洲中央银行可以使用多种货币政策工具，具体包括：

● 公开市场操作——通常采用回购交易或担保贷款的形式。反向交易（在回购协议或担保贷款的基础上使用）是最重要的工具，因此欧洲中央银行要通过这种工具进行主要再融资操作。例如，2014 年 9 月，主要再融资操作的利率水平为 0.05%。

● 常备融资便利——主要用于提供或吸收隔夜市场上的流动性。这种工具由各成员国的中央银行控制，具体包括边际融资便利与存款便利。

● 最低准备金率——适用于欧元区内的贷款机构以及总部在欧元区以外但分支机构在欧元区内开展业务的贷款机构。

图 6-9 展示了欧洲中央银行基准利率的变化趋势。我们可以将货币政策的执行情况划分

---

① 自成立之日到 2003 年 5 月，欧洲中央银行一直将"维持价格稳定"这个法定义务定义为"将通货膨胀率控制在 2% 以下"。当全球通胀压力较小时，选择这样的目标不仅会被认为太过严格，而且有可能被批评不如通货膨胀目标区间那样具有灵活性。2003 年 5 月，欧洲中央银行正式宣布放松政策体制，这意味着从此以后欧洲中央银行将寻求把欧元区内的中期通货膨胀率控制在接近 2% 的位置。

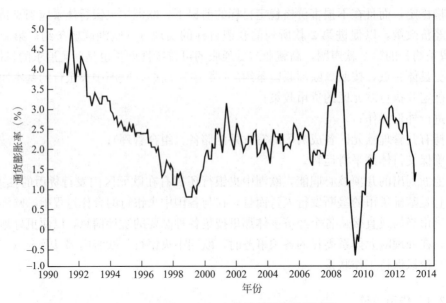

图 6 - 8 1990—2014 年欧元区的通货膨胀率

资料来源：欧盟统计局数据，可从欧洲中央银行官网获取这些信息。

为六个阶段：（1）1998 年年中到 1999 年年中，向统一货币的过渡阶段；（2）1999 年年中到 2000 年年底，调高利率以控制通胀压力；（3）2001 年年初到 2003 年年中，为了应对价格变化的压力，将基准利率向下调整；（4）2003 年年中到 2005 年年底，价格压力被有效控制，利率水平未做调整；（5）2005 年年底到 2008 年年中，逐步取消宽松的货币政策（即较低的利率）；（6）自 2008 年秋到 2010 年，欧洲中央银行对金融危机做出反应。

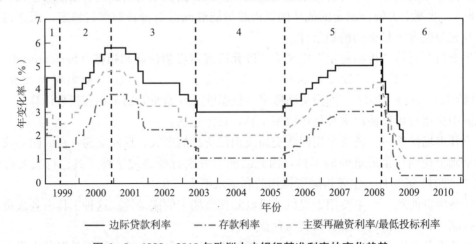

图 6 - 9 1999—2010 年欧洲中央银行基准利率的变化趋势

资料来源：欧洲中央银行（2011a，100）。年变化率依据日数据计算而得。

使用何种货币政策要由管理委员会来决定。此外，管理委员会要使用一个分析框架来评估维持价格稳定的风险，该框架以经济分析与货币分析这两大重要支柱为基础。[1] 管理委员会的做法是组织、评价并交叉检查所有与评估价格稳定风险相关的信息，而这一切是建立在两个分

---

[1] 欧洲中央银行（2011a）。

析视角基础之上的，就是所谓的"两大支柱"：经济分析与货币分析。

- 第一个支柱聚焦于分析经济动态与各种冲击，旨在识别短期至中期内与实体经济活动和金融环境密切相关的价格波动的决定因素。这种分析的关键要素在于商品、服务与要素市场的供求关系。因此，它要基于多种指标——例如经济增长、欧元汇率、需求与劳动力市场的供求状况、商业与消费者调查以及欧元区的财政政策——来评估通胀压力。
- 第二个支柱与货币分析有关，着眼于长期角度。欧洲中央银行使用各种各样的工具检查货币市场与信贷市场的运行状况，其目的是判断未来通货膨胀与经济增长可能出现的结果。尤其值得一提的是，它密切关注广义货币量（M3）的增长率，并与之前公布的中期增长率目标相对比。

有人认为，欧洲中央银行没有足够重视欧元区使用单一货币这一转变可能给货币体系带来的冲击，也不够重视整个欧元区只有一个利率体系的潜在影响。在使用单一货币的头几年，一个突出的问题是相对于欧元区内其他几个成员国的高增长率、高就业率与高通胀率，德国的经济状况有些疲软。这给欧元区的货币政策决策造成了一定的困难，因为欧洲中央银行在制定货币政策时，要全盘考虑所有成员国差异较大的宏观经济发展状况。例如，1995 年至 2008 年期间，爱尔兰一直保持经济快速发展（"凯尔特之虎"），这可能是因为欧洲中央银行实施的紧缩性货币政策（有助于抑制通胀压力）要比扩张性货币政策更有利于爱尔兰的经济发展。可是，对于经济不景气的德国、法国和意大利来说，扩张性的货币政策才对它们有好处。在 2007—2009 年全球金融危机爆发之前，考虑到更自由的市场竞争与劳动力市场的弹性，欧元区市场需要进行结构性调整已经是再清楚不过的事实了，而欧洲中央银行正面临着在欧元区内推行"一刀切"式货币政策的巨大挑战。

对于欧元体系，一直存在着一个有争议的话题，那就是欧洲中央银行在多大程度上是"民主的"，即其性质是不是民主管理？是否具有开放性？其行为是否具有可信度？很简单，有人认为欧洲中央银行被授予了独立确定自己通胀目标的权力，因此不需要求助于欧元区内各成员国的民选政府，而且有关欧洲中央银行货币政策的决策过程的相关信息披露也非常有限。这并不是在质疑一旦确定了货币政策目标，就应当不受政治压力的干扰、坚决保持独立性的重要意义。为了公平起见，我们不允许各种批评的声音故意歪曲欧洲中央银行已取得的、备受认可的成就。欧元区的成立与新货币的推出所遇到的实际问题要比先前大家担心的少得多。欧元区内保持价格稳定的目标已经基本实现了，尽管 2％的目标总是被周期性地突破（参考图 6-8）。

图 6-10 阐释了欧洲中央银行以稳定为导向的货币政策策略。几次负面冲击（一段时期以来，国际油价高企，商品价格波动剧烈）、不确定性（尤其是在美国 2001 年 9 月 11 日恐怖袭击发生以后）以及最近这场自 20 世纪 30 年代美国大萧条危机以来最为严重的金融危机使得在欧元区内保持价格稳定所面临的外部环境变得非常严峻。

欧洲中央银行在拟定最初的货币政策策略时，非常强调盯住欧元区货币总量这个中介目标，尤其是广义货币量指标 M3。在确定广义货币量的参考值（即中介目标）时，管理委员会主要考虑的是价格稳定性（即通货膨胀率低于 2％）与实际 GDP 的增长率保持在年均 2％～2.5％。而且，货币的流通速度（名义 GDP 与名义 M3 的比率）会在中期内缓慢下降，预计每年的下降幅度为 0.5％～1％。管理委员会决定将货币增长率的第一个参考值定为 4.5％。

1999—2008 年，尽管欧洲中央银行几乎实现了 2％的通货膨胀目标，但 M3 的增长率总是超过量化参考值 4.5％。因此，使用广义货币量作为中介指标的做法越来越被质疑。每当媒体

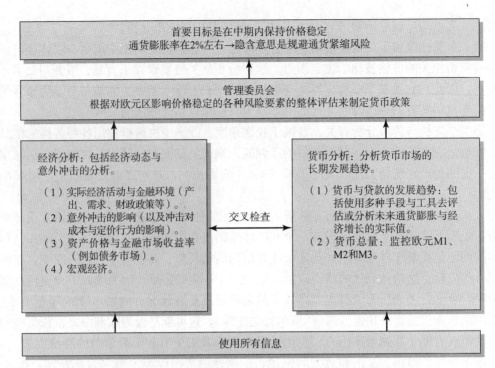

图 6 - 10　欧洲中央银行以稳定为导向的货币政策策略

资料来源：欧洲中央银行官网。

报道这一指标突破了参考值时，都会给欧洲中央银行带来应采取更严厉的货币政策的压力，最终损害了货币政策的可信度，让人们对货币当局逐渐失去信心。所以，后来欧洲中央银行宣布，在制定货币政策时，不再过多强调货币供给量指标 M3，转而采用其他能反映欧元区真实经济状况的指标。上述内容也是促使欧洲中央银行做出这一决定的原因之一。最终这表现为欧洲中央银行现行的双支柱分析框架以及前文中谈到的货币因素的作用。

欧洲中央银行出面应对金融危机与欧洲主权债务危机，算得上是欧元区货币政策经历过的最重要事件。与其他主要国家的中央银行一样，欧洲中央银行猛烈地降息，将利率降至历史低位，随后采取了一系列非常规政策工具（可参考第五章的 5.4.5 节）。根据国际货币基金组织（2013c）的统计，这些非标准化货币政策的最终目的在于确保宏观经济的稳定，尤其是要实现：（1）促使金融市场与金融中介恢复功能；（2）面对零利率下限，提供更多的货币政策调整空间。专栏 6 - 5 详细介绍了欧元体系为了应对危机而采用的非标准化政策手段。

中央银行的货币政策行为会间接受到财政政策的影响，因为后者最终会直接影响各种基础性的宏观变量，例如 GDP、通货膨胀率以及就业率。所以，为了确保经济稳定与金融稳定，货币政策与财政政策应当协调一致。在欧洲，虽然 18 个成员国执行相同的货币政策，但财政政策是由各成员国独立制定的。《欧洲联盟条约》与其他许多协定都谈到了货币政策与财政政策的协调问题，不过，经济危机与金融危机揭示出欧洲急需完善财政政策框架。2012 年，欧洲中央银行强调，各国制定的财政政策框架必须做到：（1）支持以价格稳定为导向的货币政策；（2）为可持续性的公共财政与经济政策提供更强有力的保护；（3）包括有助于确保金融稳定与危机治理的明确措施。①

---

① 参考欧洲中央银行（2012b）。

专栏 6-5

欧洲中央银行非标准化货币政策措施

增强信贷支持

欧洲中央银行的增强信贷支持措施旨在改善融资环境，增加信贷供给，使得贷款的提供量高于欧洲中央银行基准利率降息后实现的额度。2008年10月，这些措施开始实施，2009年5月终止。这些措施反映了当时欧元区的金融结构，主要以银行为基础，有助于货币市场更好地正常发挥功能。具体包括五个组成部分：(1) 延长流动性供给的期限；(2) 不限额度的固定利率贷款；(3) 货币互换协议；(4) 抵押品要求；(5) 担保债券购买计划。

(1) 延长流动性供给的期限。

就在欧洲中央银行决定在金融危机期间使用期限为三个月至六个月的补充性再融资工具以后，长期再融资操作（LTROs）已经让欧元体系的流动性供给量大为增加。雷曼兄弟公司破产后（2008年9月15日），长期再融资操作的最长期限被临时延长至12个月。这一调整以及不限额度的固定利率贷款均有助于确保货币市场的利率水平保持在低位，加强了欧元体系的中介作用，缓解了欧元区银行体系对再融资问题，尤其是对中长期融资问题的担忧。不确定性的降低以及更低的流动性成本，再加上可以在更长的窗口期内进行流动性规划，都能鼓励银行继续向实体经济提供贷款。

(2) 不限额度的固定利率贷款。

在金融危机期间，所有的再融资操作都采用了不限额度的固定利率贷款模式。因此，与正常操作不同的是，10家符合条件的欧元区金融机构只要提供了充足的抵押品，就可以按照主要再融资利率，从中央银行那里获得不限数额的流动性支持（即贷款）。

(3) 货币互换协议。

在金融危机期间，欧元体系还临时提供外币贷款，绝大多数是美元贷款，期限多种多样，以欧元资产作为抵押。这项工具利用与美联储签订的双边货币互换协议，以欧元体系内符合要求的抵押品作为担保来提供美元贷款，期限灵活多样，采用固定利率形式，且不限额度。这一举措向金融危机期间美元融资缺口较大的银行提供了很大帮助。欧元区银行以及大量使用表外产品的其他金融机构手上都持有着庞大的美元负债，它们曾向美国的多个金融市场提供资金，其中包括次级抵押贷款市场与房地产市场。

(4) 抵押品要求。

在金融危机期间，欧元体系再融资操作可以接受的合格抵押品名单被进一步拓展，这使得银行可以利用其资产负债表上更多类型、更高比例的资产作为抵押品，获取中央银行提供的流动性。通过中央银行对非流动性资产进行再融资有效地缓解了由银行间同业市场突然冻结所导致的流动性短缺问题。例如雷曼兄弟公司破产后，由于市场陷入崩溃，资产担保证券的流动性变得很差。

(5) 担保债券购买计划。

在这个购买计划范围内，欧元体系在2009年5月至2010年6月期间，共计买入总价值高达600亿英镑、在欧元区内发行的欧元担保债券。不管从流动性、发行量还是利差的角度来看，担保债券市场实际上已经枯竭了。担保债券购买计划的目的是恢复担保债券市场，这是欧洲一个非常重要的金融市场，也是银行的主要融资来源。它是固定收益市场与公共部门债券市场上规模最大、交易最活跃的子市场。担保债券是银行发行的长期债券，作用是将银行贷放给公共部门、私人部门的贷款实现再融资，通常这些贷款大多与房地产交易有关。担保债券——与抵押贷款担保债券不同——具有"双重保护"的法律特征：除了将再融资的资产作为抵押以外，投资者还可以向发行人追索。这一购买计划的规模相当于担保债券未清偿余额的 2.5％左右，在一定程度上推动了债券市场的重启。

证券市场计划

证券市场计划得以开启的背景是金融市场面临重压，尤其是 2010 年 5 月开始，欧元区主权债券市场爆发了危机（希腊主权债务危机）。这一计划的目的是使得功能失调的市场重新恢复流动性，让货币政策的传导机制重新正常运作。按照证券市场计划，欧元体系的干预将在欧元区的公共与私人债务市场上进行。为了与《欧洲联盟条约》上规定的欧盟职能条款相符，买入国债的行为被严格限制为仅能在二级市场上进行。此外，由于同时还进行了回收流动性的相关操作，所以该购买计划对市场的影响被抵消了，不会对中央银行的货币发行造成影响。

资料来源：库尔-西曼和温克勒（2013）。

这些措施包括调整《欧盟稳定与增长公约》（EU's Stability and Growth Pact，缩写为SGP）。1997 年，欧盟各国政府共同签署了《欧盟稳定与增长公约》，随后于 2005 年对其进行了修改。修改的最主要目标是对各成员国的财政政策与国债融资制度加以限制。《欧盟稳定与增长公约》被各国接纳的主要理由是财政政策可能会与通货膨胀目标相冲突，或者可能导致各成员国的经济表现呈现较大差异。根据《欧盟稳定与增长公约》，各成员国的财政赤字占 GDP 的比重不得超过 3％，政府债务占 GDP 的比重不得超过 60％。[①]

《欧盟稳定与增长公约》未能有效地促进欧元区各国实现健康的财政状况，因而导致了后续的一连串改革，我们将改革举措总结如下。

• 欧元区各国政府首脑于 2011 年 3 月共同签署了《欧元附加条约》（Euro Plus Pact），保加利亚、丹麦、拉脱维亚、立陶宛、波兰和罗马尼亚也随后加入了该条约。《欧元附加条约》旨在进一步强化经济与货币联盟（EMU）的经济支柱，让各国的经济政策更加协调一致，从而使各国的经济发展状况更加趋同。该条约包括于 2011 年 12 月正式实施的、有关欧洲经济治理框架的六部相关立法，对《欧盟稳定与增长公约》进行的预防性、纠正性的改革举措，各国财政预算的全新最低要求，新的宏观经济失衡程序（MIP），以及被新的金融制裁手段进一步强化效力的执行机制。

• 监管规定（2011 年 11 月）的目的是：（1）欧洲委员会要对欧元区内各成员国的财务预算草案进行审查，完善各国的预算监督机制，确保其与《欧盟稳定与增长公约》的相关规定保持一致；（2）进一步对欧元区内具有金融不稳定风险的问题国家加强监督。加强监督的决定是由欧洲委员会做出的，它将与欧洲银行管理局（European Banking Authority，请参考第七章）合作，对各国进行压力测试。

• 大多数欧盟成员国于 2012 年 3 月签署了《稳定协调与治理协定》（Treaty on Stability

[①] 不过，在 2005 年，《欧盟稳定与增长公约》的很多条款变得更加弹性化。例如，只要成员国经济是负增长（之前标准是－2％），那就应当调整各种相关因素来避免使用过度赤字程序。如果这些国家的赤字规模确实超出了之前规定的最低值，那么可延长最后期限。具体请参考欧洲中央银行（2008）。

Coordination and Governance，又称为《财政协定》或《财政稳定协定》）。[①] 该协定具有四个重要组成部分（欧洲中央银行，2012a）：（1）平衡的预算规则，包括已写入各国国家法的自动修正机制；（2）强化过度赤字程序；（3）对于政府债务规模已超过 GDP 60％的成员股，制定削减债务的量化指标；（4）对公共债务发行计划实施事前报告制度。

6.3.2.2　外汇操作

欧洲中央银行的第二项最重要的基本任务是进行外汇操作，具体包括：（1）外汇干预；（2）类似于卖出外汇利息收益这样的操作，也就是商业交易。目前（2014 年），欧元体系可以独自进行外汇干预（单边干预），或者与其他国家的中央银行合作，在一定的协作框架下共同进行干预（联合干预）。此外，干预可以直接通过欧洲中央银行进行（即集中化模式），或者各国中央银行以分散化的形式代表欧洲中央银行进行干预。

6.3.2.3　组合管理

欧洲中央银行持有、管理着两大资产组合：（1）外汇储备组合，确保欧洲中央银行拥有足够多的流动性来执行外汇操作；（2）自己的资产组合，这个组合能给欧洲中央银行带来收入，以冲抵相应的运行成本。欧洲中央银行一直在努力争取获得最佳的投资组合收益率，同时还将资产组合管理与欧洲中央银行的其他操作严格分割开来。欧洲中央银行负责监督并管理直接源于自身操作或欧元体系内各成员国央行代表欧洲中央银行操作所引发的金融风险。

6.3.2.4　支付体系

欧洲中央银行与欧元体系共同致力于实现支付结算体系流畅而严谨的运行。这是确保币值稳定、有效执行货币政策、确保金融市场正常运行，以及确保银行与金融部门稳定的坚实基础。

说得更具体一点，欧元体系通过推行下列举措来完成这一任务。

● 提供支付工具与证券结算设施。欧元体系管理着欧元大额支付结算体系。该体系英文名为 TARGET2，是沿袭 TARGET 的二代系统。TARGET 全称为跨欧洲自动实时全额结算快速转账系统（trans-European automated real-time gross settlement express transfer system）。它还向各国提供了抵押品跨境使用机制，即对应中央银行模式（correspondent central banking model，缩写为 CCBM）。[②]

● 监督欧元支付与结算系统。欧元体系设定了多个标准，以确保欧元交易结算系统的稳定与高效。它还要负责评估欧元支付结算系统是否能始终遵守这些标准。

● 为证券结算与清算体系设定标准。

● 确保证券结算系统例如欧洲中央银行体系与欧洲证券监管机构委员会之间的合作框架（ESCB-CESR）拥有一体化的监督和监管框架。2011 年 1 月 1 日，欧洲证券监管机构委员会正式

---

① 英国与捷克投了弃权票。具体信息可参考欧洲中央银行（2012a）。

② TARGET2 是欧元的实时全额结算系统，同时也是世界上规模最大的支付系统，主要用于中央银行结算、大额欧元银行间转账以及其他欧元支付的结算。该系统的特点是对设立在央行的账户进行实时处理与结算。欧元体系内所有的中央银行及各国的商业银行都与 TARGET2 相连接。其他欧盟国家的中央银行可以自愿加入 TARGET2，因此 TARGET2 的成员广泛遍布 23 个欧盟成员国。对应中央银行模式确保了所有的交易对手都可以获得用于货币政策操作的资产，或者作为抵押品通过 TARGET2 获取日间流动性——不管这些资产或交易对手身处欧元区内的何处。

改名为欧洲证券与市场监管局（European Securities and Markets Authority，缩写为 ESMA）。

• 充当变革的催化剂。欧元体系提高了支付系统的效率，为了满足**单一欧元支付区**（single Euro payments area，缩写为 SEPA）的要求，改进了相应的基础设施。它还鼓励消除各种一体化障碍，以提高证券市场的效率。

2007—2009 年全球金融危机与 2010 年欧元区经济危机爆发后，欧洲委员会提出了一项建立银行联盟的长期计划（第十四章）。该计划包括建立单一监督机制、单一处置机制与单一银行重组基金。在单一监督机制框架下，欧洲中央银行将负责与整个欧元区银行的金融稳定相关的特定监管职能。我们将在 14.4.2 节讨论上述有关欧洲中央银行的职能范围以及欧洲金融体系结构的重大变化。

6.4 美国联邦储备体系

联邦储备体系（Federal Reserve System）是美国的中央银行，在 1913 年国会签署了《联邦储备法》（Federal Reserve Act）后被组建。美国创立联邦储备体系的目的是向美国人民提供"更加安全、更加灵活、更加稳定的货币系统与金融系统"[1]。

作为美国的中央银行，美联储的权力来源于国会。美联储被视为独立的中央银行，因为它的决定不需要得到总统或政府内任何官员的批准，它也不需要国会提供拨款，而且美联储**理事会**（Board of Governors）成员的任期横跨多个总统或国会议员的任期。不过，美联储要接受国会的监督，国会定期会对美联储的行为进行评估检查，并能通过立法的形式改变美联储的职权范围。而且，美联储必须在由政府制定的经济政策、金融政策所构成的一定框架内发挥作用。所以，更准确的说法应当是美联储在政府内保持独立。

6.4.1 美联储的组织结构

美联储的组织结构包括一个位于华盛顿的中央管理机构——美联储理事会，以及坐落于全美各重要城市的 12 家地区储备银行。[2] 这些机构负责监督或监管金融机构与金融活动，向存款机构和联邦政府提供银行服务，确保消费者在与银行系统打交道时能获取充足的信息，并受到公平的待遇。

联邦公开市场委员会（Federal Open Market Committee）是美联储的一个重要机构，其成员包括美联储理事会的所有理事、纽约储备银行行长、其余 5 家地区储备银行的行长（采用轮换制）。联邦公开市场委员会负责公开市场操作，这是美联储调节货币市场供求、影响货币与贷款增长率的主要工具。

此外，联邦咨询委员会（Federal Advisory Council，缩写为 FAC）由 12 名银行业的代表组成，这些代表由每个地区储备银行的董事会每年选举产生。联邦咨询委员会的主要职责是向美联储理事会提供货币政策操作的意见与建议。

---

[1] 美联储理事会（2013）。
[2] 12 家地区储备银行分别位于亚特兰大、波士顿、芝加哥、克利夫兰、达拉斯、堪萨斯城、明尼阿波利斯、纽约、费城、里士满、圣路易斯与旧金山。更多信息可参考 6.4.3 节。

总而言之，美联储的结构主要包括以下机构：

- 美联储理事会；
- 联邦储备银行；
- 联邦公开市场委员会；
- 联邦咨询委员会；
- 成员银行。

6.4.2 美联储理事会

美联储理事会是联邦政府机构，共有 7 名理事，均由总统提名，然后经参议院批准，任期长达 14 年。理事的任期是交错的，所以每个偶数年的 1 月 31 日都有一位理事的任期届满。为了避免政治干预，理事只能任职一个完整的任期。美联储理事会的主席与副主席也由总统提名并经过参议院核准，任期为 4 年。每个联邦储备区只能选出一名理事。美国总统负责平衡各地区的利益，确保美联储理事会的成员能够公平地代表各地区、各部门的利益。

美联储理事会成员的主要职责是指导货币政策操作。联邦公开市场委员会共有 12 名委员，而 7 名理事占了其中的大多数——联邦公开市场委员会负责制定的关键性决策会直接影响货币与信贷的成本以及可获得性。美联储理事会制定准备金要求，并与各地区储备银行共同确定贴现贷款的利率。这两项职能再加上公开市场操作，正是美联储的三大主要货币政策工具。

除了管理货币政策，美联储理事会还对参加了联邦储备体系的成员银行、银行控股公司以及跨国银行设立在美国境内的分支机构负有监管与监督职责。[①] 有关美国银行体系监管的更详细内容，请参考第十五章。理事会还负责确定保证金要求，防止人们过度使用贷款来购买或持有证券。此外，美联储理事会还有一项重要任务，即确保全美支付体系的平滑运转与不断发展。

美联储主席可以向美国总统提供经济政策方面的建议，可以代表美国与其他国家进行经济问题协商。2014 年，珍妮特·耶伦（Janet Yellen）在参议院的投票中胜出，成为美联储历史上第一位女性主席；她的前任——本·伯南克（Ben Bernanke）带领美联储走出了全球金融危机的阴影。

6.4.3 联邦储备银行

每一个储备区都拥有一家地区性的联邦储备银行（简称地区储备银行）：亚特兰大、波士顿、芝加哥、克利夫兰、达拉斯、堪萨斯城、明尼阿波利斯、纽约、费城、里士满、圣路易斯与旧金山。地区储备银行在位于华盛顿的美联储理事会的统一监督下开展工作。每家地区储备银行的董事会都有 9 名董事，负责监督银行的日常运行状况。从 2008 年开始，所有的地区储备银行——除了位于波士顿、费城以及纽约的三家地区储备银行以外——都拥有可开展业务的分支，总共有 24 个分支行。

---

① 国际银行设施允许美国国内的存款机构在豁免法定准备金要求以及豁免某些州、地方所得税的情况下，向外国居民与机构提供存款与贷款服务。国际银行设施允许美国银行利用其国内的办事机构向外国客户提供存款与贷款服务，而原本这些服务只能由位于美国境内的外国银行分支机构来提供。

12 个地区储备银行的行长当中,有 5 人是联邦公开市场委员会的委员。纽约储备银行的行长始终是联邦公开市场委员会的委员,其余 11 家储备银行的行长则采用轮换制在联邦公开市场委员会内任职,每次任期为一年。每家地区储备银行都拥有自己的研究团队,广泛搜集和分析各种各样的经济数据,研究并阐释经济环境及其发展变化,以帮助公开市场委员会制定并执行货币政策。

站在货币政策的角度,各地区储备银行的董事会通过投票给出贴现率的调整建议。而调整贴现率的请求必须得到美联储理事会的批准。

6.4.4 联邦公开市场委员会

联邦公开市场委员会的成员包括 7 名美联储理事会理事以及 5 名地区储备银行的行长。地区储备银行被分成若干组,每一组银行的董事会每年选举出一名进入联邦公开市场委员会的委员。地区储备银行的分组情况如下所示:(1)波士顿、费城与里士满;(2)克利夫兰与芝加哥;(3)亚特兰大、圣路易斯与达拉斯;(4)明尼阿波利斯、堪萨斯城与旧金山。纽约储备银行的行长是联邦公开市场委员会的永久性成员,且始终拥有投票权,其他储备银行的行长按照法律规定,轮流进入联邦公开市场委员会任职并参与投票。联邦公开市场委员会的主席永远由美联储理事会主席担任,副主席也永远由纽约储备银行的行长担任。

联邦公开市场委员会每年在华盛顿特区定期召开 8 次会议。在每次例行会议上,联邦公开市场委员会先对经济金融环境加以分析,随后制定下一阶段的货币政策,其政策目的是实现价格稳定与可持续经济增长等长期目标。

联邦公开市场委员会每次在开会之前,都要先把分析过去与未来经济及金融发展形势的书面报告准备好,分发给联邦公开市场委员会的委员以及非委员的其他地区储备银行行长。在开会时,工作人员先就当前与未来的商业发展形势、金融市场状况以及国际金融发展的趋势等主题做口头报告。报告结束后,联邦公开市场委员会委员与其他储备银行行长开始讨论货币政策。一般来说,每一位与会者都要发表自己对当前与未来的经济形势、货币政策合理导向的看法与观点。不过,货币政策最终要基于全国的总体形势而非地区性的经济环境做出决定。在开会时,与会者会充分讨论当前的经济发展形势、银行体系的经营环境与未来展望、外汇市场与金融市场的现状与展望等。联邦公开市场委员会最终必须就下一阶段的货币政策达成一致意见,并据此向纽约储备银行下达具体的指令——纽约储备银行负责执行系统公开市场账户的交易操作。指令会具体阐述联邦公开市场委员会为某些重要的货币总量指标与信贷总量指标设定的长期增长目标。

联邦公开市场委员会指导的公开市场操作是影响美国经济体内货币总量与信贷总量的主要工具。美联储努力提供充足的储备货币,以鼓励货币与信贷规模的扩张能够与价格稳定及经济可持续增长的长期目标保持一致。[①]

6.4.5 董事会与联邦咨询委员会

地区储备银行的董事会拥有 9 名董事,分成 3 个类别,每个类别有 3 名董事。A 类董事代

---

① 若想获取更多信息,可登录美联储官网。

表储备区内的成员银行，基本上都是银行家。B类董事和C类董事则代表公众利益。A类董事和B类董事由储备区内的成员银行选举产生，而C类董事由华盛顿的美联储理事会直接任命。所有的董事任期均为3年。

董事的职责范围较广，从监督并管理地区储备银行［按照《联邦储备法》(Federal Reserve Act)的规定］到提供货币政策建议，都属于其职责范围。董事要负责审查本地区储备银行的预算与支出情况。他们还要负责对本地区的储备银行进行内部审计。

《联邦储备法》要求董事每隔两周重新确定储备银行的贴现利率，并提交美联储理事会获得批准。董事应向美联储提交有关地区发展形势的报告，对未来商业前景以及本地区的信贷市场环境给出独立的评价、判断与建议。

地区储备银行的董事会负责选出联邦咨询委员会的成员。联邦咨询委员会每年与美联储理事会召开四次会议，共同商讨经济与银行业事务。联邦咨询委员会的12名委员每届任期1年，可连任3届。

6.4.6　成员银行

所有的国民银行，即由货币监理署(Office of the Comptroller)颁发营业执照的银行都必须加入美联储。在各州注册登记的银行不要求必须加入美联储，可以自行选择是否加入。[①] 很多在各州注册的大型银行已经加入了美联储，但是绝大多数州立银行选择不加入。成员银行必须认购其所在地区储备银行发行的股票，认购金额相当于成员银行资本金与盈余的6%。持股的成员银行每年可获得6%的股息收益，可以投票选出地区储备银行的A类董事与B类董事。不过，与持有其他营利机构的普通股不同的是，成员银行虽然持有地区储备银行的股票，但不拥有相应的控制权与经济利益。成员银行的持股不能带来资本利得收益，这些股票不能被出售，也不能用于贷款的抵押。持有这些股票只不过是各成员行成为美联储成员而应尽的法律义务。

6.4.7　美联储的职能

美联储的职能可分为四个方面：(1)执行全国的货币政策；(2)监督、监管银行机构，保护消费者的贷款权利；(3)确保金融体系的稳定性，并控制金融市场的系统性风险；(4)向美国政府、社会公众、金融机构与外国官方机构提供某些金融服务，例如掌管美国的支付体系。[②]

美联储的使命是"促进可持续发展、较高的就业率与价格稳定"。一般来说，美国的宏观经济政策（与英国和欧元区类似）强调一揽子经济政策，其中货币政策居于主导地位。这是因为价格稳定被视为实现高就业、经济稳定增长这些主要经济目标的必要前提条件。

---

① 美国的银行体系是双层银行体系，指各州与联邦政府都可以颁发银行的经营执照（经营许可）。货币监理署向国民银行颁发执照，各州的银行监管部门向州立银行颁发执照。因此，在美国的银行体系内，银行的名称当中有"国民"（national）或"州"（state）的字样与银行在哪里经营毫无关系，而指的是该银行领取的是哪一种营业执照。执照代表银行机构的第一监管人，货币监理署负责监管大约3 191家国民银行。州立银行监管部门负责监管大约7 524家商业银行。有关美国银行申请执照与相关监管问题的详细内容，请参考第十五章。

② 若想获取更多信息，可登录美联储官网。

6.4.7.1　货币政策

在 20 世纪 70 年代的后半叶与 80 年代初，美国的货币政策（和英国一样）主要盯住的是货币总量指标。此类举措是基于这样一种观点：如果货币当局能够盯住经济体货币供给（指标）的增长率，那么就能有效地控制通货膨胀压力。例如在美国，货币当局曾经盯住多个货币供给指标的增长率（例如 M1—现金与纸币＋银行支票存款账户；M2—M1＋储蓄存款账户与货币市场基金），将前一个指标的增长率锁定在 3%～6%，而将后一个指标的增长率锁定为 4%～7%。在美国，M3（主要由准备金与银行存款构成）是目前使用最广泛的货币指标。不过，如今美联储早已不再将这些货币总量指标当作货币政策的中介指标来使用了，因为自 20 世纪 80 年代中期开始，实证检验证明，货币供给（总量）的增长率与通货膨胀之间的经验关系是弱相关的。

在执行货币政策时，美联储可使用三种政策工具：

- 公开市场操作；

- 贴现利率；

- 准备金要求。

公开市场操作指的是买入及/或卖出美国政府债券或联邦机构债券。这种操作在很大程度上确定了联邦基金利率的水平——存款机构将存放在美联储的超额准备金贷放给其他金融机构的隔夜贷款利率水平。反过来，联邦基金利率又会影响货币市场与金融市场的供求状况，从而最终对就业、产出以及一般物价水平造成影响。联邦公开市场委员会负责制定有关公开市场操作的决定。贴现利率指的是地方储备银行向商业银行或其他存款机构通过贴现窗口提供贴现贷款时收取的贷款利率。准备金要求的含义是存款机构必须要为自己持有的存款负债持有一定金额的准备金。存款机构必须以库存现金或联邦储备银行存款的形式持有准备金。美联储理事会负责确定贴现利率与准备金要求。自 20 世纪 90 年代初开始，美国开始将联邦基金利率作为基本的货币政策工具之一。专栏 6-6 简要介绍了美国货币政策的这一主要特点。

6.4.7.2　监督与监管

美联储理事会负责执行《联邦储备法》——该法案是建立美联储的基础——以及其他很多与银行经营及金融活动密切相关的法案。所以说，美联储理事会对银行负有监督、监管的职责。具体包括监督已加入美联储的商业银行、美国境内的跨国银行分支机构、成员银行的境外活动以及外国银行在美国境内的活动。美联储还需要确保银行的行为符合公众利益。

不过，美国有几个联邦政府机构共同分担银行机构的监管职责，以确保整个银行体系的安全与稳定，美联储只是其中之一（第十五章讨论了美联储以及其他负责监管银行体系的联邦机构的作用）。

6.4.7.3　金融稳定

美联储的监督、监管目标包括促进银行体系的安全与稳定，提高金融市场的稳定性，确保机构与个人遵守各项法律、法规，确保银行机构认真负责地满足所在社区的金融需求。金融危机的爆发进一步凸显了金融部门深化改革以及加强监督、监管制度的必要性。2010 年《多德-弗兰克法案》事实上将监管机构的职责扩展为促进整个金融体系的稳定。如今，金融稳定的承诺与价格稳定同样重要，如同本·伯南克在 2011 年的一次演讲中所说的^①：

> 我猜测目前的货币政策框架——毫无疑问，我们采取了一些创新措施，进一步提升了中央银行与公众沟通的能力——将仍然保持标准化形式，因为事实已经证明这有助于保持宏观经济稳定。不过，中央银行也注意到一个更广泛的问题，即保持金融稳定也是一个同样至关重要的任务。当然，在近期金融危机爆发前的几十年里，中央银行并没有忽视金融稳定这个问题，但人们通常认为金融稳定政策的地位或重要性要略低于货币政策。本次金融危机最重要的一个经验总结便是我们应当让金融稳定政策重新恢复与货币政策同等重要的地位。

美联储主席　本·S. 伯南克

在波士顿储备银行第 56 届经济会议上的演讲

2011 年 10 月 18 日

专栏 6-6

大规模资产购买计划的功效与成本

2007—2009 年全球金融危机严重威胁到了全球金融机构与市场的稳定。在努力恢复金融市场的稳定与信心的过程中，美联储采取的措施包括：（1）以短期担保贷款（最后贷款人政策）的形式提供流动性。（2）与外国中央银行协商，安排外汇互换交易。通过将外币与美元互换，外国的中央银行可以获得美元资金，以满足其国内金融机构的美元融资需求。（3）直接与财政部及其他联邦监管机构合作，进一步完善监管体系。（4）对规模最大的银行进行压力测试，以提高其安全性与稳定性，重建投资者的信心（请参考第七章的内容）。

在努力促使经济重返稳定状态的过程中，当事实证明传统的货币政策面对全球性的金融危机效果不佳时，美联储采取了较为激进的策略——求助于非常规货币政策工具来执行并拓展其最后贷款人职能。自 2008 年 9 月开始（雷曼兄弟公司破产后），非常规货币政策的使用变得越来越有必要。2008 年 12 月，美联储再次对联邦基金利率目标进行调整，使其降至接近于零的位置（到现在六年过去了，联邦基金利率依然保持在零附近）。

为了影响长期利率，2009 年 3 月，美联储宣布了一项大规模资产购买计划（large-scale asset purchases，缩写为 LSAPs，量化宽松的一种形式，具体内容请参考第五章）；2010 年 11 月，美联储又安排了第二轮大规模资产购买计划。从本质上看，大规模资产购买计划指的是在私人市场上买入美国政府以及类似于两房机构这样的政府支持企业（government-sponsored enterprises，缩写为 GSEs）发行的长期债券。由于联邦基金利率已经接近有效下边界，这意味着进一步降息的空间十分有限，所以在 2008 年晚些时候，美联储开始执行了一连串的大规模资产购买计划。

2008 年年末到 2010 年年初，美联储共计购买了约 1.7 万亿美元的长期国债、政府机构债券以及机构抵押贷款担保债券（mortgage-backed securities，缩写为 MBS）。从 2010 年年末到 2011 年年中，美联储开始执行第二轮大规模资产购买计划，买入了 6 000 亿美元的长期国债。2011 年 9 月至 2012 年年底，美联储推出了期限延长计划，共买入价值约 7 000 亿美元的长期

---

① 可在美联储官网查阅。

国债，同时卖出或允许发行相等金额的、期限较短的国债。2012年9月和12月，美联储公布了分批次购买机构抵押贷款担保证券与中长期国债的计划，首批购买金额为400亿美元，此后每月购买额为450亿美元。这些购买计划的目的是对长期利率施加向下的压力，支持抵押贷款市场，帮助金融市场的供求关系趋于平衡，从而起到促使经济复苏的目的。购买资产的行为会通过资产组合平衡渠道这一机制对金融市场环境产生影响，这种传导机制的前提条件是：在投资者的资产组合内，不同的金融资产比较相似，但并不是完美的替代品。这一假设前提暗示着不同资产供给状况的变化可能会影响这些资产的市场价格或收益率，而价格相近的资产可以相互替代。于是，美联储的大规模资产购买计划可以推高所买入证券的市场价格，使其收益率降低，从而进一步影响到其他资产的价格。随着投资者调整资产组合的结构，整个金融市场环境应当逐渐变得更加宽松，经由类似于传统货币政策的传导机制来刺激经济复苏。此外，资产购买行为还揭示了中央银行意图展现出较之前民众的猜测更具适应性的政策立场，从而减少公众对未来联邦基金利率可能上升的预期，对长期利率施加更多的向下压力。

大量的实证研究发现美联储的大规模资产购买计划明显降低了长期国债的收益率。更重要的是，大规模资产购买计划的影响并不局限于国债收益率。尤其值得一提的是，有学者发现，机构抵押贷款担保债券及公司债券收益率的明显下降、股票价格的上涨均与大规模资产购买计划有关。

虽然已有大量的实证研究证明大规模资产购买计划降低了长期利率，让金融市场环境变得更加宽松，但是我们依然很难估计大规模资产购买计划对宏观经济的影响到底有多大，反过来也是一样——如果没有大规模资产购买计划，经济发展情况会是怎样——根本不能直接观察到。但是，我们可以在一定的假设前提下——大规模资产购买计划促成的更宽松的金融环境与常规的宽松货币政策所达到的效果类似——使用计量经济学模型来估算大规模资产购买计划对经济的影响。美联储模型的模拟结果证明，大规模资产购买计划对经济发展具有明显的促进作用。例如，一项基于美联储委员会模型的研究估计，截止到2012年，头两轮大规模资产购买计划已经将国内实际总产出提高了将近3个百分点，私人企业增加了300万个工作岗位，失业率降低了1.5个百分点。这些模型还认为，大规模资产购买计划极大地降低了通货紧缩风险。当然，所有基于模型来评估大规模资产购买计划对宏观经济影响的做法，都存在着统计不确定性与模型不确定性的问题，因此我们应当谨慎对待。事实上，虽然一些研究声称资产购买计划对宏观经济的影响很明显，但同时也有一些研究发现影响很小。不过，总的来说，学术界的研究支持这样一个结论：大规模资产购买计划确实为经济复苏提供了不小的帮助，同时还减轻了通货紧缩风险。

除了分析大规模资产购买计划的潜在好处，我们还必须关注其成本。执行大规模资产购买计划的第一个潜在成本为，这样的操作可能会导致市场功能的退化，或者（美联储执行买入策略的）市场的流动性枯竭。说得更具体一点，如果美联储在某个市场上成为绝对主导的大买家，那么私人市场参与者之间的交易就会大大减少，于是市场的流动性与价格发现功能都要受到损害。全球金融体系都要依赖于美国国债这一高流动性市场，因此如果该市场的流动性遭到极大破坏，成本将会非常高昂。而且，市场流动性的恶化还会阻碍货币政策的传导。尽管相对于美国国债与机构债券市场的规模来说，美联储的资产购买计划规模确实很庞大，最终可能会导致不良后果，但是迄今为止，人们尚未在上述市场发现什么问题。

大规模资产购买计划的第二个潜在成本是这样的操作可能会让公众对美联储在合适的时机快速退出适应性政策的能力产生不信任感。信心被削弱可能会使得公众的长期通货膨胀预期失去固定锚的风险进一步加大。

美联储当然已经意识到了上述问题，因此很重视开发必要的工具，以确保在适当的时候顺利退出适应性政策。例如，美联储可以在适当的时候通过调高准备金存款利率、签订准备金互换协议或与存款机构签订定期存款协议之类的流动性抽取工具、卖掉美联储持有的资产组合中的部分证券等方式，对短期利率施加向上的压力。到目前为止，美联储资产负债表的扩展并没有对美国民众的长期通胀预期造成实质性的影响。

第三个应考虑的潜在成本是金融稳定的风险。例如，一些观察家已经注意到，通过压低长期利率，非传统性的货币政策可能会诱使一些投资者过度冒险。当然，冒险是健康的经济体逐步复苏过程中的必要因素，而适应性的货币政策应当有助于降低体系内的这种风险。不过，美联储已经明显扩大了其对金融体系的监管范围，监管方式也改为采用更加系统性的视角。迄今为止，尚没有太多证据证明美联储的非常规政策会导致金融资产的久期、信用风险或杠杆的过度放大，但是美联储仍将继续谨慎行事，继续进行旨在降低系统性风险的金融监管改革。美联储已将购买证券所得的大量收益移交给美国财政部，自 2009 年以来，这方面的累积收益高达 2 900 亿美元。不过，如果经济走势持续强劲，同时适应性政策被取消，那么在未来几年里，美联储移交的收益额将有所减少。事实上，在某些情况下，尤其是当利率水平快速上升时，移交给财政部的收益将会变得非常少。然而，即便是在这种情形下，在美联储执行大规模资产购买计划期间，平均每年被移交的收益额基本上都要高于危机爆发前的正常值，也许超出的幅度还不小。而且，如果货币政策促使经济强劲复苏，那么随之而来的联邦赤字的削减额将会远远高于美联储移交给财政部的交易收益额。也就是说，美联储执行货币政策的目的是实现国会确定的充分就业及物价稳定的目标，可不是为了帮美国财政部赚钱。

资料来源：美联储理事会（2012，23，专栏 2）。

6.4.7.4 向美国政府提供的服务

美联储不仅是银行的银行，而且是联邦政府的银行。政府在美联储设有账户，可以凭借该账户签发支票来完成支付义务，或者通过电子系统将账户内的资金转出。美联储帮助政府融资。财政部每周、每月以及每个季度都会举行拍卖会，在拍卖会上收到的个人与机构拟购买新发行国债的大部分投标都要交给美联储进行处理。美联储还代表联邦政府发行并赎回美国储蓄债券。

地区储备银行提供的其他服务包括财政部账户所签发支票的结算服务以及充当联邦政府的财务代理人（即地区储备银行代表政府出售、赎回国债并提供相应的服务）。而且，美联储要负责发行（或回收）流通中的纸币及硬币。

6.5 小结

英格兰银行是英国的中央银行。该行成立于 1694 年，是世界上最古老的中央银行。《1998年英格兰银行法》提出了一系列的变革举措，其中包括重新确定英格兰银行的职能范围。根据《1998 年英格兰银行法》，英格兰银行被赋予了确定基准利率的操作独立性。英格兰银行的货币政策职能由货币政策委员会具体实施，该委员会负责确定短期利率水平。《2012 年金融服务法》改变了英国的监管框架，因而金融服务管理局被审慎监管局、金融行为监管局所取代。此外，英格兰银行内部成立了一个专业的宏观审慎监管部门——金融政策委员会。英格兰银行的主要目标是维持人们对本币的信心与币值，确保金融体系的稳定，确保英国金融服务业的效率。

欧洲中央银行成立于 1998 年，是世界上最年轻的中央银行之一。它是所有使用单一货币——欧元——的国家共同的中央银行。欧洲中央银行与所有欧盟成员国的中央银行——不管这些成员国是否使用欧元——构成了欧洲中央银行体系。欧洲中央银行与使用欧元的国家的中央银行构成了欧元体系。只要还有欧盟成员国没有使用欧元，我们就要对欧元体系与欧洲中央银行体系加以区分。《欧洲联盟条约》的附加协议——《关于欧洲中央银行体系与欧洲中央银行的议定书》明确规定了欧洲中央银行的职能以及欧洲中央银行体系的职能。欧洲中央银行体系的主要目标是保持价格稳定。

美联储是美国的中央银行，于 1913 年组建，标志是同年国会签署了《联邦储备法》。美联储是一个联邦体系，包括一个中央式的政府机构——位于华盛顿特区的美联储理事会，以及12 个地区储备银行，坐落于美国境内多个大型城市中。联邦公开市场委员会是美联储最重要的组成部分，该委员会负责执行公开市场操作。美联储公开宣布将盯住短期利率作为其主要的货币政策工具，而英格兰银行与欧洲中央银行则更加强调通货膨胀目标制。

2007—2009 年的全球金融危机与随后的经济动荡导致各国中央银行刺激经济的方式出现了重大变化。由于传统的货币政策工具被事实证明效果不佳，量化宽松政策开始成为货币当局最为倚重的工具或手段。令人吃惊的是，事实证明价格稳定并不一定意味着金融稳定，阻止金融市场的过度投机行为不应当是中央银行的次要目标。相应的监督、监管框架已经出现了重大变化，目的是将未来再次爆发类似金融危机的可能性降至最低，有关这方面的讨论可参考第七章与第八章的内容。

关键术语

《1998 年英格兰银行法》	欧元体系	金融政策委员会	成员国的中央银行
理事会	汇率机制	《2012 年金融服务法》	审慎监管局
债务管理办公室	联邦公开市场委员会	金融服务管理局	单一欧元支付区
欧洲中央银行	联邦储备体系	管理委员会	欧洲中央银行体系
金融行为监管局	货币政策委员会	欧元区消费者物价调和指数	

主要阅读文献

Bank of England（2013）"Asset purchase facility", *Quarterly Report*.

Board of Governors of the Federal Reserve System（2013）*The Federal Reserve System：Purposes and Functions*, 9th Edition.

Cour-Thimann, P. and Winkler, B.（2013）"The ECB's non-standard monetary policy measures：The role of institutional factors and financial structure", ECB Working Papers Series,

No. 1525，April.

European Central Bank（2011）*The Monetary Policy of the ECB*.

Hammond，G.（2012）"State of the art inflation targeting，Bank of England"，*CCBS Handbook*，No. 29，February.

International Monetary Fund（2013）"Unconventional monetary policies：Recent experience and prospects"，April.

复习题

6.1　英格兰银行的主要职能与目标是什么？

6.2　英格兰银行如何实现价格稳定的目标？

6.3　描述欧洲中央银行与各欧盟成员国中央银行之间的关系。

6.4　欧洲体系指的是什么？

6.5　欧洲中央银行的核心职能是什么？

6.6　说明联邦储备银行的业务结构。

6.7　联邦公开市场委员会的作用是什么？

6.8　联邦储备银行的核心职能是什么？它与英格兰银行以及欧洲中央银行有何区别？

6.9　讨论 2007—2009 年全球金融危机期间及危机过后英格兰银行、欧洲中央银行以及美联储都采取了哪些主要措施。

6.10　讨论大规模资产购买计划的效果及成本。

第七章

银行监管与监督

- 了解金融监管的基本原理。
- 分辨不同类型的监管模式。
- 了解金融安全网的构成要素。
- 理解监管的局限性与成本。
- 了解监管改革的动因。
- 掌握银行的资本金监管要求。
- 了解国际监管合作不断提高的重要性。

7.1 导论

一般来说，对金融市场，尤其是对银行机构的监管一直是一个充满争议的话题。金融部门是经济体内受到最严格监管的部门之一，而且银行业一直是监管最严厉的行业。在第一章，我们列举了若干个理由来说明银行为什么特殊，以及市场失灵是确实存在的（例如信息不对称、道德风险与逆向选择问题），并解释了为什么银行的存在有助于缓解上述问题。本章要讨论银行在经济体内发挥的关键性作用，帮助读者理解金融监管的基本原理（7.2节）。7.3节分析监管的目的与目标以及监管的不同类型。7.4节研究金融安全网的组成部分。7.5节讨论监管的局限性以及导致监管失败的可能原因。7.6节分析监管改革的动因。7.7节介绍国际监管政策，例如巴塞尔委员会的《资本协议》。

在讨论监管的基本原理之前，我们先要向大家介绍用于描述监管环境的多个术语。**监管**（regulation）指制定特殊的行为准则并要求企业必须遵守——这些行为准则有可能采取立法的形式，或者由相应的监管机构制定法规。**监控**（monitoring）指的是相关的监管机构评估金融企业是否遵守了相关行为准则的过程。**监督**（supervision）这个词涵盖的范围更广，指的是对金融企业行为的一般性监督。在实际操作中，你会发现在对监管环境进行一般性讨论时，上述三个术语通常是可以交换使用的。

7.2 监管的理由

金融体系容易出现不稳定的状况。全球多次金融危机（东南亚、拉美地区以及俄罗斯的金融危机）已经使得大量银行破产。2007—2009 年全球金融危机以及由此引发的全球金融动荡让这些问题再次受到关注。一些人认为，这说明我们需要建立更加有效的监督、监管机制。还有一些人把很多次危机，包括 2007—2009 年的全球金融危机，归咎于监管失灵。自由银行学派认为，没有了监管、监督以及中央银行，金融部门反而能运行得更好。[①] 他们认为，没有了政府的监管，银行将具有更强烈的避免破产的（谨慎经营）动机。

不过，金融服务行业是一个具有政治敏感性的行业，严重依赖于公众的信心。由于银行经营活动的性质较为特殊（资产缺乏流动性，常依赖于短期负债），因而银行要比其他企业更容易遇到困难。而且，由于银行彼此之间的关联度较高，所以一家银行破产将会立即牵连其他银行。

银行的**传染**（contagion）可能会导致**银行挤兑**（bank runs）。银行体系容易受到**系统性风险**（systemic risk）的影响。系统性风险指的是一家银行的危机将会迅速蔓延到整个银行部门的风险（我们将在第八章详细分析银行破产与金融危机）。

当大量储户由于害怕银行不再安全、可能会破产而在短期内蜂拥而至，要求提取存款时，银行挤兑便发生了。当公众开始怀疑银行可能失去了偿付能力时，他们便会采取挤兑行为。因为银行只会将一小部分存款以现金的形式持有——它们将大部分存款以贷款的形式贷放给借款人，或者用存款资金购买其他生息资产——所以挤兑行为会导致银行流动性不足。短时间内突然出现大量的提款，这要求银行增加流动性以满足储户的要求。若银行的准备金不足以满足储户的提现要求，那么银行就要被迫出售资产。由于缺乏二级市场，银行持有的资产（贷款）流动性很差。如果银行陷入财务困境，为了获取流动性，它们就只能被迫以亏损的价格出售贷款（美国称之为"大减价"）。但是，以低价出售贷款所造成的大量亏损将使得银行丧失偿付能力，从而导致银行破产。

银行的贷款之所以非常缺乏流动性，主要是因为信息不对称：潜在的买家很难对贷款所涉及客户的相关信息进行准确的评估。银行贷款合同的这一特征使得缺乏流动性（缺少短期资金）转变为丧失偿付能力（指银行不能履行偿债义务，即银行的资产价值低于其负债的价值）。

总的来说，需要用监管来确保消费者对金融部门的信心。按照卢埃林（1999）的说法，金融部门监管的主要原因是：

- 确保系统稳定；
- 向小型零售客户提供保护；
- 保护消费者免受垄断剥削。

---

① 有关自由银行学派的更多讨论，请参考 5.5.2 节。

确保系统稳定是监管的第一个原因，也是主要原因，因为银行破产的社会成本要高于私人成本。第二个原因是消费者保护。在金融市场上，仅一句"买家留心"（这是一句拉丁俗语）还不够，因为金融合约通常很复杂难懂，获取信息的成本很高，尤其是对于小型零售客户来说更是如此。消费者保护是一个很敏感的话题，因为消费者有可能会损失他/她一生的积蓄。监管的第三个原因是保护消费者免受垄断势力随意定价所导致的危害。

7.3 监管的类型

监管大体上可分为三种类型：
(1) 系统性（或宏观审慎）监管；
(2) 审慎（或微观审慎）监管；
(3) 商业行为监管。

7.3.1 系统性监管

古德哈特等（1998）将系统性监管定义为旨在确保整个金融体系安全稳定的监管。按照这一定义，在本书里，系统性监管指的是所有旨在实现银行挤兑风险最小化、被归入金融安全网的公共政策监管。尤其值得一提的是，安全网包含两个主要组成部分——**存款保险**（deposit insurance）安排与**最后贷款人**（lender of last resort，可参考 7.4 节）功能。
- 存款保险向储户担保，一旦银行破产，储户的全部或部分存款将会获得赔偿。
- 最后贷款人是中央银行最主要的功能之一。中央银行或其他中央管理机构会向陷入财务困境、无法从别处获得资金支持的银行提供贷款。我们已在第五章详细讨论了中央银行的职能。通过最后贷款人功能，货币当局可以在危机爆发时向银行部门提供流动性。

系统性监管关注的是个体银行行为对全局造成的影响。因为系统性监管旨在确保整个金融体系正常运转，因此也被称为"自上而下式监管"。

7.3.2 审慎监管与商业行为监管

审慎监管主要着眼于消费者保护，具体而言，要对金融监管进行监管，对金融机构的资产质量以及**资本充足性**（capital adequacy）要格外留意。审慎监管的理由是消费者掌握的信息不完整，而且中介业务天然地存在代理问题，因此消费者无法判断金融机构是否安全健康。
审慎监管指的是检查单个金融机构遵守金融监管法规的情况。具体包括搜集并分析金融企业的风险信息、企业的业务系统以及工作人员的相关信息。因此审慎监管要使用单个企业的信息去评估企业的风险水平与管理状况，这种监管也被称为"自下而上式监管"。
商业行为监管关注的是银行与其他金融机构如何开展业务。这种监管涵盖的范围包括信息披露、公平商业操作、金融机构及其雇员的能力、诚信与正直的品质。总的来说，商业行为监管重点在于制定相应的规则与指导文件，以降低下列情况出现的概率：
- 消费者获得不好的建议（可能存在代理问题）；
- 在合约到期之前，提供服务的金融机构丧失了偿付能力；

- 合约与消费者之前的预期不相符；
- 金融机构的雇员与机构本身表现不一致；
- 发生了欺诈或虚假陈述；
- 发生了内幕建议；
- 洗钱。

7.4　金融安全网

2007—2009 年全球金融危机所导致的后果之一是人们开始愈加关注金融监管，发现保护个体银行的稳定性（微观审慎监管）与整个金融体系的稳定性（宏观审慎监管）同等重要。

金融安全网是致力于提升与确保一国金融稳定性的综合性系统。金融安全网通常包含五个组成部分（参考图 7-1），这五个组成部分彼此之间相互补充、相互加强（贝尼特和沃尔特，2009）。

- 监管与监督；
- 存款保险制度；
- 最后贷款人功能；
- 银行丧失偿付能力与破产法；
- 合作与解决机制。

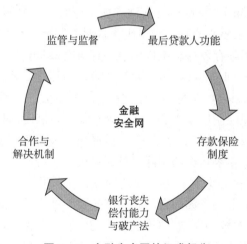

图 7-1　金融安全网的组成部分

资料来源：贝尼特和沃尔特（2009）。

金融安全网的各个参与者彼此之间权力与责任的分配取决于公共政策的选择，要视各国的具体情况而定。

7.4.1　存款保险

如前所述，存款保险向储户担保，一旦银行破产，储户的全部或部分存款将会获得赔偿。这种担保可以以法律或法规的形式公开宣布；或者政府没有公开保证，这种担保是私下里提供的；抑或基于口头承诺和/或货币当局过往的行为而得以推断。每个国家存款保险的程度与覆盖范围均有所不同。在某些国家，货币当局并未出台具体的法规、法令，也未进一步明确哪些类型的银行负债可参与存款保险，保护的程度有多高，或者采用哪一种赔偿方式。

美国于20世纪30年代开始推广存款保险制度，是世界上第二个采用存款保险制度的国家（排在捷克斯洛伐克之后）。在1970年至2011年间，多个国家相继采用了存款保险制度。[①] 根据国际存款保险机构协会（International Association of Deposit Insurers，缩写为IADI）的统计，截止到2014年1月，共有113个国家或地区实施了存款保险制度。[②] 欧洲于1994年发布了第一条有关存款保险制度的指令（94/19/EC指令），确定了存款保险的最低标准。不过，很多国家并没有实施"显性"的存款保险制度。例如，在2007—2009年全球金融危机爆发之前，澳大利亚、中国、沙特阿拉伯与南非等国家并未建立"显性的"存款保险制度。

2007—2009年的全球金融危机也暴露出了当时的存款保险制度存在一些根本性的漏洞。此外，多年来，国际货币基金组织和世界银行一直呼吁应对存款保险制度进行调整，以使其适应快速变化的国内与国际金融市场环境。几乎所有国家都受到了这场金融危机的冲击，于是各国开始对现有的存款保险制度进行根本性的改革。金融危机还促使其他超国家机构认真反思一国的存款保险制度应采用何种结构或执行模式。2008年年初，金融稳定论坛（Financial Stability Forum，缩写为FSF）的一份报告重点强调了国际社会应当对存款保险制度的基本原则与条件达成共识的必要性（金融稳定论坛，2008）。作为回应，2008年夏天，巴塞尔委员会与国际存款保险机构协会共同发布了一份名为《有效存款保险制度的核心原则》（Core Principles for Effective Deposit Insurance Systems，简称《核心原则》）的修改稿。2009年夏天，这项工作的成果——共包含18条核心原则，对现代存款保险制度的目标职能给出了明确定义——正式发布。自那时开始，国际存款保险机构协会一直与巴塞尔委员会、欧洲存款保险机构论坛（European Forum of Deposit Insures，缩写为EFDI）、国际货币基金组织、世界银行以及欧洲委员会（European Commission，缩写为EC）保持合作关系，力图开发出一整套完善的评价机制，用于评估各国存款保险制度是否满足《有效存款保险制度的核心原则》。《有效存款保险制度的核心原则》的最终版本已于2010年11月被提交给金融稳定委员会（Financial Stability Board，缩写为FSB）（巴塞尔委员会与国际存款保险机构协会，2010）。

《有效存款保险制度的核心原则》为有效的存款保险操作提供了框架，供各国自愿采用。各国监管当局可以在此基础上随意添加自己认为有必要的补充性措施，以实现有效的存款保险安排。《有效存款保险制度的核心原则》（专栏7-1进行了总结）的设计并没有涵盖每一个存款保险制度的所有需求与具体环境，也不是想"开药方"——提供单一的存款保险模式——而是想努力适应多个国家各种各样的环境、制度与结构。

随着《有效存款保险制度的核心原则》及其评估方法的不断演变，金融稳定委员会同意自2011年开始对各国的存款保险制度进行同业互查。《存款保险制度的主题评述》（Thematic review on deposit insurance systems）（金融稳定委员会，2012d）总结了同业互查的结果以及金融稳定委员会提出的建议。

---

① 20世纪20年代至30年代初，数以千计的银行破产。为了应付这种局面，1933年，联邦存款保险公司（Federal Deposit Insurance Corporation）成立。

② 见国际存款保险机构协会官网。

显性的存款保险制度被认为优于隐形的存款保险制度，因为前者向储户详细阐明了监管当局的责任，限制了可能导致套利行为的相机抉择的空间。存款保险制度应当涵盖可能引发银行流动性危机的所有类型存款，具体包括所有类型的储蓄存款以及个人与企业客户（除去金融机构）持有的短期存款。在欧盟，94/19/EC 指令的第 1（1）款明确规定了受保护的存款类型。2008 年，恢复民众对金融部门的信心是当务之急，欧洲委员会提交了一份欧盟规则的修改稿，旨在促使各成员国的存款保险制度朝着同一个方向发展，从而进一步提高对储户的保护，包括提高存款的保额（由 20 000 欧元提高至 100 000 欧元）、去除共同保险（即要求储户本人承担一部分损失）以及将赔偿期由三个月降至三天。2009 年 2 月，欧洲委员会已经采纳了上述提议。不过，欧元区经济危机的不断深化意味着急需进行更为猛烈的变革，这直接促成了单一存款担保制度的形成。我们将在 14.5 节讨论欧盟的单一存款担保制度。

专栏 7-1

有效存款保险制度的核心原则

1　公共政策目标：在设计存款保险制度时详细完整地阐述这项政策的目标

2　减轻道德风险

3　指令：清晰，以较为正式的方式详细阐述

4　权利：清晰，以较为正式的方式详细阐述

5　治理：在操作层面上保持独立、透明并负责任

6　与安全网其他参与者的关系：清晰，以较为正式的方式详细阐述

7　跨境问题：对职责的清晰划分

8　强制性会员资格：所有吸收存款的金融机构必须加入该体系

9　承保范围：清晰，以较为正式的方式详细阐述

10　由全额保险转变为有限额度保险

11　资金：确保立即向储户赔偿

12　公众意识

13　法律保护

14　与银行破产案中的相关责任方协商

15　提早发现问题，及时干预，给出解决方案

16　有效的处理程序

17　向储户赔偿

18　恢复

资料来源：巴塞尔委员会与国际存款保险机构协会（2010）。

一般来说，由存款保险制度赔偿的存款被称为合格存款。并不是所有的合格存款都能得到赔偿，因为一些国家设定了最高保额。例如在英国，如果一家银行、住房互助协会或信用合作社破产了，金融服务赔偿计划将会自动在七天内对不超过 85 000 英镑的存款进行赔偿。按照金融服务赔偿计划的统计，大约 98% 的英国民众持有的储蓄额少于 85 000 英镑，因此这一最高保额能够保护绝大多数人。

图 7-2 给出了金融稳定委员会各成员国的最高保额标准。[1] 2007—2009 年全球金融危机的教训之一是最高保额过低会导致金融不稳定性增加。不过,虽然高保额能够降低储户的挤兑动机,但是同时也会损害市场的自律。《有效存款保险制度的核心原则》并没有给出一个最优的保额标准,只是建议各国设定的最高保额必须确保小额零售储户的存款能够得到全额保障(于是这些储户就失去了挤兑的动机),但是银行体系内存款总额的相当一部分仍然处在无保险的状态,仍然要依靠市场自律。

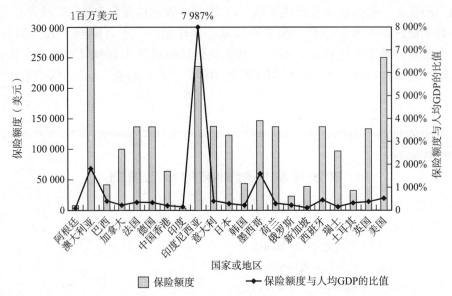

图 7-2 **2010 年年末各国或地区存款保险额度的横向对比(绝对值以及相对于人均 GDP 的比值)**
资料来源:金融稳定委员会(2012d, 19)。

为了提升一国金融体系的稳定性,存款保险制度需要做到:(1)可信;(2)设计合理;(3)良好的贯彻执行,被民众所了解;(4)被强大的审慎监管与监督体系所支持;(5)被完善的会计与信息披露制度所支持;(6)被法律的有效执行所支持(贝尼特和沃尔特,2009)。

必须要指出的是,同时爆发的银行破产案若数量有限,存款保险制度尚能应付得来,但我们不能指望这一制度能够应对系统性的银行危机。存款保险制度的执行机构具有明显的国别特征,可能是私营的,也可能是国有的,这要取决于各国的法律环境。

7.4.1.1 存款保险制度的类型

存款保险制度有多种不同的类型[2],下面我们列出了最常见的几种:

---

[1] 金融稳定委员会成立于 2009 年 4 月,其前身是金融稳定论坛。金融稳定论坛始创于 1999 年,发起者为七国集团的财政部部长与央行行长。2008 年 11 月,20 国集团(G20)领导人呼吁增加金融稳定论坛的成员。2009 年 4 月,扩大化的金融稳定论坛被重组为金融稳定委员会,其使命为促进金融稳定。金融稳定委员会的成员机构来自下列各国的中央银行及/或财政部(或对等的政府部门):阿根廷、澳大利亚、巴西、加拿大、中国、法国、德国、印度、印度尼西亚、意大利、日本、墨西哥、荷兰、韩国、俄罗斯、沙特阿拉伯、新加坡、南非、西班牙、瑞士、土耳其、英国和美国。金融稳定委员会的成员还包括下列国际组织:国际清算银行、欧洲中央银行、国际货币基金组织、经济合作与发展组织以及世界银行。此外,下列专门制定标准的国际组织也是金融稳定委员会的成员:巴塞尔委员会、全球金融体系委员会(Committee on the Global Financial System)、支付结算系统委员会(Committee and Payment and Settlement Systems)、国际保险监督官协会(International Association of Insurance Supervisors)、国际会计准则理事会(International Accounting Standards Board)以及国际证监会组织(International Organisation of Securities Commissions)。

[2] 有关各种存款保险制度类型的详细讨论,读者可参考贝尼特和沃尔特(2009)以及金融稳定委员会(2012d)。

- 售票处模式；
- 成本缩减模式（或损失最小化模式）；
- 解决方案服务商模式；
- 监管者模式（或风险最小化模式）。

在售票处模式里，存款保险机构的作用十分有限，只充当"结算部门"（即存款保险机构的职能仅限于向储户支付赔偿，确保所有理赔案能够有序结算）。很多国家和地区采用了这种有限授权的模式，例如澳大利亚、德国、中国香港、印度、荷兰、新加坡和瑞士。英国（以及阿根廷和巴西）采用的是"售票处＋"模式，即存款保险机构还承担了一些额外的职能，例如破产清算职能。

在成本缩减模式里，存款保险机构和售票处模式一样履行结算职能。除此以外，它还要负责处理被保险金融机构的破产事件，力图实现处置的成本最低，且对金融体系的外部效应最小。共有9个国家采用这种损失最小化模式——存款保险机构肩负着破产清算成本最小化的使命——它们是加拿大、法国、印度尼西亚、意大利、日本、墨西哥、俄罗斯、西班牙和土耳其。

在解决方案服务商模式下，存款保险机构还拥有额外的权利：可以插手干预，对遇到麻烦的银行（而非丧失流动性的银行或资不抵债的银行）施以援手。它可以帮助企业进行重组，甚至为了保护储户的利益，直接促成收购案。

在监管者模式下，存款保险机构要承担更广泛的职责，因为这些存款保险机构本身就是金融监管体系的组成部分之一，例如，美国联邦存款保险公司与韩国存款保险公司（Korean Deposit Insurance Corporation，缩写为KDIC）。

2007—2009年全球金融危机过后，很多存款保险机构的职能被修改并扩大化了，很多国家开始采用成本缩减模式。

金融危机还揭示出储户的信心部分来自存款保险机构随时拥有充足的资金，能够确保尽快地向储户做出赔偿（《有效存款保险制度的核心原则》第11条）。支付存款保险费用是银行的主要责任，同时适度的紧急资金安排也是很重要的（金融稳定委员会，2012d）。在谈论存款保险制度的资金来源时，政策制定者考虑的主要问题是应该事前就把资金准备到位（即事先将理赔资金全部准备好，确保随时可向储户支付赔偿），还是事后再说（不预先准备好保险理赔资金，一旦出了事，监管机构立即要求参与存款保险制度的各家金融机构出资）。事前出资与事后出资这两种方案各有利弊。事后出资倡导的是市场自律，银行彼此之间会互相监督。不过，当需要向储户理赔时，这种做法可能会有所延误。此外，在经济动荡时期要求各金融机构向存款保险基金出资缴款，可能会引发银行破产的多米诺骨牌效应。

与此同时，事前出资有利于提振公众信心，保费收缴更顺畅，而且如果保费的多少是基于风险的高低来确定，那么这还有助于降低道德风险（专栏7-2讨论了为什么安全网会导致道德风险上升）。事前建立保险基金的弊端在于难以确定多大的保险基金规模才足以为大型金融机构的存款提供保障，而且这么庞大的基金也不便管理。此外，若储户更偏好于事前出资的存款保险制度，那么这种预先缴款的安排要求先确定各家金融机构应支付多高的保费。因此在这种情况下，最关键的问题在于如何确定存款保险的保费；如何实现保费的"公平"；保费应当包含哪些项目；如何构建将系统性风险因素纳入存款保险保费后的评估体系。

在全球金融危机过后，基于风险模型来计算参加存款保险的各金融机构应缴纳多少保费，已经成为各国监管机构的重要目标。例如，欧洲委员会联合研究中心（European Commission

Joint Research Centre）正在与欧洲存款保险机构论坛合作，研究各种可加以利用的模型，并评估其对欧盟各成员国的潜在影响（欧洲委员会联合研究中心，2009）。另外，金融稳定委员会（2012d）还对旨在保护储户的各种改革措施以及正在推进中的各种制度安排进行全面的评估。表 7-1 给出了不同国家或地区存款保险制度特征的横向比较。

表 7-1　不同国家或地区存款保险制度的横向比较

国家或地区	最高保额（美元）	正式化的公共政策目标	管理	多机构/体系	类型/授权	类型/出资安排
阿根廷	7 545	通过立法确定	私营	否	售票处＋	事前
澳大利亚	1 016 300	在法律的附件中明确提出	公共	否	售票处	事前
巴西	42 000	通过法令、法规形式提出	私营	是	售票处＋	事前
加拿大	100 000	通过立法确定	公共	是	损失最小化	事前
法国	136 920	通过立法与监管规则确定	混合型	否	损失最小化	事前
德国	136 920	通过立法确定	混合型	是	售票处	事前
中国香港	64 000	通过立法确定	公共	否	售票处	事前
印度	2 240	通过法案的序言及年度报告确定	公共	否	售票处	事前
印度尼西亚	235 294	通过立法确定	公共	否	损失最小化	事前
意大利	136 920	通过立法确定	私营	是	损失最小化	事前
日本	122 775	通过立法确定	混合型	是	损失最小化	事前
韩国	43 902	通过立法确定	公共	否	风险最小化	事前
墨西哥	146 606	通过立法确定	公共	否	损失最小化	事前
荷兰	136 920	通过立法确定	公共	否	售票处	事后
俄罗斯	23 064	通过立法确定	公共	否	损失最小化	事前
新加坡	38 835	通过部长声明及法案的序言确定	公共	否	售票处	事前
西班牙	136 920	通过立法确定	私营	否	损失最小化	事前
瑞士	96 830	通过立法及法规确定	私营	否	售票处	事后
土耳其	32 341	通过立法确定	公共	否	损失最小化	事前
英国	133 068	通过立法及法规确定	公共	否	售票处＋	事后
美国	250 000	通过立法确定	公共	是	风险最小化	事前

资料来源：本表列示的信息来源于金融稳定委员会（2012d，附录 C）的若干表格，经核对整理而成。

说明：使用 2010 年年底的汇率换算。中国宣称将于 2015 年至 2016 年在全国设立存款保险制度。

7.4.2　最后贷款人

最后贷款人通常是中央银行的主要职能之一（请参考 5.5.1 节）。中央银行或其他中央管理机构可以向财务困难且无法从其他渠道获取融资的银行提供资金支持。通过最后贷款人机制，货币当局可以在危机爆发时向银行部门提供流动性。最后贷款人的操作在一国国内进行。不过，银行机构越来越明显的国际化趋势以及银行业危机、金融危机的爆发，让人们开始关注"国际最后贷款人"这个话题。虽然大家希望存在这样一个跨国机构，但并未达成什么协议。在全球治理框架内，人们还不清楚是否应该让国家货币基金组织扮演这个角色。不过，全球金融安全网的诸多组成部分正处在不同的审批过程中（例如，国际货币基金组织已经开发出一项全新的预防性备用贷款工具，并进一步完善其现有的弹性备用贷款工具，满足一系列严格标准的国家可以申请此类贷款）。国际货币基金组织发布了《全球金融稳定报告》（Global Financial Stability Report），详细阐述了当前全球金融体系面临的风险，并突出强调了可降低风险的政策举措（可参考第八章）。

7.4.3 银行破产法

作为金融行业的监管内容之一，银行破产法指的是对银行破产案的处置过程进行监管的法律条文。适用于一般企业的破产法通常不能较好地平衡或阻止银行破产案对实体经济造成的负外部性。基于这个原因，绝大多数国家都实施了专门针对银行与金融机构的破产法或破产机制（贝尼特和沃尔特，2009）。这也被称为特别处理机制（也称为特别处置机制）。银行破产监管法规的拟定与执行要受到政治势力的严重影响，欧盟成员国以及世界上其他国家的具体处理方法各不相同。自全球金融危机爆发伊始，很多国家对监管体系进行了重大改革，以求设立一个全新的或进一步修正现有的破产机制。在英国，《2009年英国银行法》（Banking Act of 2009）设立了特别处理机制，英国监管当局（财政部、英格兰银行与审慎监管局）均可以使用这一永久性框架安排来处理英国银行与住房互助协会的破产事件。这部法案还授权英格兰银行在使用法定工具处理破产案的过程中发挥关键性作用。审慎监管局在与英格兰银行和财政部协商后，最终决定是否让银行进入特别处理机制。然后，在特别处理机制进行处置的过程中，多个监管当局会相继介入。财政部负责决定是否将当事银行临时收归国有。如果银行没有被临时国有化，那么英格兰银行在与其他监管机构协商后，会决定使用哪一种破产工具，并负责整个破产案的处置。这项工作由英格兰银行内部的特别处理部负责完成。特别处理部成立于2009年2月，专门与濒临破产的银行或住房互助协会打交道。金融服务赔偿制度也能在特别处理机制中发挥作用——为参与储户赔偿计划的存款所遭受的损失向储户进行赔偿，其资金还可以用于支持非赔偿型破产案，前提条件是扣除破产后可回收的价值，非赔偿型处理方法的成本不高于赔偿型处理方法的成本。

《2009年英国银行法》列出了监管机构在考虑使用哪一种破产工具时必须考虑的5个关键性目标（英格兰银行，2008）：

- 保护并促进英国金融体系的稳定性；
- 保护并促进公众对英国银行体系稳定性的信心；
- 保护储户；
- 保护公共基金；
- 不要妨碍财产权，以免违反《1998年人权法案》（Human Rights Act 1998）。

美国联邦存款保险公司和加拿大存款保险公司（Canada Deposit Insurance Corporation，缩写为CDIC）要遵守成本最小处置要求，即不用考虑其他目标（但是若触发了"金融稳定例外情况"，则在这种局势下，可以暂时不顾及成本最小处置要求），必须要使用存款保险基金成本最小的破产处置方式。一些国家或地区，例如新西兰和香港，在特别处理机制的相关文件上详细阐述了公共利益目标。其他国家，例如欧盟各成员国，在处置破产银行的相关法案条文中并没有详细指出金融稳定的公众利益目标。

在欧盟，单一处置机制（也称为单一处理机制）始创于 2013 年，当时的大背景是银行联盟刚刚成立（参考第十四章的内容）。单一处置机制的基础是 2013 年**银行复苏与处置指令**（bank recovery and resolution directive，缩写为 BRRD）的《银行处置规则手册》（Rulebook on Bank Resolution）。具体要求是建立单一处置机制理事会（Single Resolution Board，缩写为 SRB）以及单一银行处置基金（Single Bank Resolution Fund，缩写为 SRF），我们将在 14.4.4 节讨论这些问题。欧盟在该领域的立法保持一致应当有助于确保未来银行破产事件的处置对金融稳定以及公众财政所造成的破坏效应最小化。鉴于目前欧洲各国的破产法案与具体操作存在差异（参见表7-2），为了整个欧盟地区的银行体系，似乎有必要向前更进一步。即使是在欧盟以外的国家与地区，银行国际化程度的不断提高也需要各国的存款保险机构、监管部门以及破产处置部门更加紧密地合作。

表7-2 提供了多个国家或地区负责银行重组事务的管理当局名单。从不同国家或地区管理当局的管理范围、职权范围来看，区别较为明显，这也说明了不同国家或地区的监管环境存在差异，所以并不存在最优的处理机制，这些差异使得人们很难为积极开展国际化业务的银行设立一个统一的破产处理机制。为了解决这个问题，位于巴塞尔的金融稳定委员会（2011a）在与相关的标准制定机构协商后，发布了金融机构有效处理机制的关键特征，并将其纳入解决重要金融机构的系统性道德风险问题的政策工具包中。

表7-2 银行破产处理机构：跨国/地区横向比较

国家或地区	中央银行与银行监管部门	其他银行监管部门	存款保险机构与银行破产处置机构	综合性的金融监管机构	公共机构/政府机构
阿根廷	阿根廷央行（Banco Central de la Republica Argentina，缩写为 BCRA）				
澳大利亚					澳大利亚审慎监管局（Australian Prudential Regulation Authority，缩写为 APRA）
巴西	巴西央行（Banco Central do Brasil，缩写为 BCB）				
加拿大			加拿大存款保险公司		
中国	中国人民银行（People's Bank of China，缩写为 PBC）	中国银行业监督管理委员会（China Banking Regulatory Commission，缩写为 CBRC）*			

续表

国家或地区	中央银行与银行监管部门	其他银行监管部门	存款保险机构与银行破产处置机构	综合性的金融监管机构	公共机构/政府机构
法国		法国金融审慎管理局（Autorité de Contrôle Prudentiel，缩写为ACP）			
德国				联邦金融监管局（Federal Financial Supervisory Authority）	联邦金融市场稳定局（Federal Agency for Financial Market Stabilisation，缩写为FMSA）
香港					香港金融管理局（Hong Kong Monetary Authority，缩写为HKMA）
印度	印度储备银行（Reserve Bank of India，缩写为RBI）				
印度尼西亚	印度尼西亚银行（Bank Indonesia）内部的金融系统稳定论坛（Financial System Stability Forum）		印度尼西亚存款保险公司（Indonesia Deposit Insurance Corporation，缩写为IDIC）		
意大利	意大利银行（Bank of Italy）				
日本				日本金融服务局（Financial Services Agency，缩写为FSA）	
韩国			韩国存款保险公司	金融服务委员会（Financial Services Commission）金融监管服务局（Financial Supervisory Service）	
墨西哥		独立支付顾问委员会(Instituto para la Protección al Ahorro Bancario，缩写为IPAB)			

国家或地区	中央银行与银行监管部门	其他银行监管部门	存款保险机构与银行破产处置机构	综合性的金融监管机构	公共机构/政府机构
荷兰	荷兰央行（De Nederlandsche Bank，缩写为DNB）				荷兰财政部（Dutch Ministry of Finance)[a]
俄罗斯	俄罗斯联邦中央银行（Central Bank of the Russian Federation，缩写为CBR）		存款保险机构（Deposit Insurance Agency）		
沙特阿拉伯	沙特阿拉伯央行（Saudi Arabian Monetary Agency，缩写为SAMA）				
新加坡				新加坡金融管理局（Monetary Authority of Singapore，缩写为MAS）	
南非	南非储备银行（South African Reserve Bank）内设的银行注册部				
西班牙	西班牙银行（Bank of Spain）		银行有序重组基金（Fondo de Reestructuración Ordenada Bancaria，缩写为FROB）		
瑞士				瑞士金融市场监管局（Swiss Financial Market Supervisory Authority，缩写为FINMA）	
土耳其		银行监管监督委员会（Banking Regulation and Supervision Agency）	储蓄存款保险基金（Savings Deposit Insurance Fund）		
英国	英格兰银行（Bank of England，缩写为BoE）				财政部（HM Treasury)[b]
美国	联邦存款保险公司（Federal Deposit Insurance Corporation，缩写为FDIC)[c]				

资料来源：本表中的所有信息来源于金融稳定委员会（2013）。

说明：a. 如果金融机构（或其母公司）的破产对荷兰的金融稳定造成直接且严重的威胁，那么荷兰财政部将被授予处置权。

b. 只有当临时收归国有时，英国财政部才会介入。

c. 对于在美国注册的外国银行分支机构，货币监理署可以指派接管人。

* 现为中国银行保险监督管理委员会。——译者注关键特征指出了高效处理机制的核心要素。对于任何破产的金融机构来说，具体的破产处理机制是至关重要的。处理机制的执行应当可以让监管当局有条不紊地处理金融机构的破产案，监管当局对破产机构的紧急援助无须让纳税人承担成本，同时还要确保金融体系能持续发挥正常功能。它们共列出了12个方面的基本特征，不管是哪个国家或地区，银行破产处理机制都应包含这些特征：

(1) 处理机制包含的范围；

(2) 负责处理的监管当局（存在、授权与治理）；

(3) 处理权；

(4) 管理破产抵销权、合约净额清算、担保协议以及客户资产隔离的法律框架；

(5) 具有保障措施；

(6) 对破产企业施以援手的贷款安排；

(7) 跨境合作的法律框架；

(8) 危机管理团队；

(9) 特定机构的跨境合作安排——这些安排主要适用于全球系统重要性金融机构；

(10) 可解决性评估；

(11) 回收与破产处理规划；

(12) 信息的获取与信息分享。

7.4.4 合作与处理机制

危机爆发时安全网的可靠性还要取决于安全网多个组成部分之间的有效沟通与协作（参见表7-1）。这要求监管当局制定适度标准化的、管理透明的处理程序，最好能与全球其他国家尽量保持和谐一致。2007—2009年的全球金融危机凸显了未来该领域进一步开展工作的必要性，因为事实已经证明，即使在一国的层面上，信息交换与协同式决策也很难实现，更别说多国的协调统一了。

7.5 监管的局限性

到目前为止，我们已经说明了金融监管存在的理由——主要是因为市场存在各种各样的缺陷与失灵（信息不对称、代理问题等）。如果没有监管，这些问题将会导致次优结果，并损害消费者的福利。因此，监管的目的应当为纠正这些已知的市场缺陷与失灵。不过，也有很多观点对监管持反对态度。

监管安排，尤其是安全网制度，引发了道德风险问题。我们在第一章已经介绍了道德风险的定义。存款保险与最后贷款人会导致人们变得不那么认真谨慎。例如，如果能获得100%的存款保险，那么储户就会对银行的行为漠不关心。同样的，相信中央银行最终肯定会伸出援手救助陷入困境的银行（最后贷款人）可能会促使金融机构在放贷时冒更大的风险。专栏7-2阐述了这些概念。**政府安全网**（government safety net）引发道德风险的其他例子还包括**大而不倒**（too big to fail，缩写为TBTF）与太重要而不能倒闭。由于大型（或具有战略性重要地位的）银行的破产将会给其他金融机构以及整个金融体系带来较大的风险，决策者的反应可能是保护银行的债权人免遭部分或全部损失。如果大型银行的管理者相信当自己的财务状况出问题时，监管当局肯定会（用纳税人的钱）救助它们，那么这将增加大型银行的道德风险动机，从而导致银行以更冒险的态度追逐利润，并向高管支付巨额报酬。若银行的高管知道一旦出了事，储户和银行最终肯定能获得政府的救助，那么就会对冒险表现得无所谓。

专栏 7 – 2

道德风险与政府安全网制度

金融监管与监督是必要的，因为旨在保护银行体系与金融系统的政府安全网制度可能会引发道德风险问题。例如，流动性不足且无法从其他银行获取融资的银行可以请求监管当局充当最后贷款人的角色，向其提供紧急流动性援助。从原理上看，这似乎是一件好事，因为监管当局的这种安排可以在危机爆发时向银行体系提供流动性。不过，如果银行都相信自己能获得最后贷款人的帮助，那么就会倾向于冒更大的风险，因为它们知道一旦遇到了麻烦，监管当局会来拯救它们（换言之，用纳税人的钱来挽救它们，因为监管当局动用的是公共基金），于是产生了道德风险问题。为了减轻道德风险，监管当局需要建立一整套的监管框架，以确保最后贷款人功能绝不是单纯地向银行提供担保。

与之相关的另一个概念便是"大而不倒"，指的是大型银行由于规模太大了，政府不会允许它倒闭，因此这样的银行必须拥有肯定能获得最后贷款人援助的途径——这同样会引发道德风险问题。没有哪一个监管部门能向金融机构承诺，确保其肯定可以获得最后贷款人的援助，但是历史告诉我们，（出于系统性或其他原因）大型银行被救助的可能性确实高于小型银行。此外，"太重要而不能倒闭"的观点认为，单纯的规模并不是监管当局考虑是否救助问题银行的相关标准，在考虑是否提供资金援助时，银行在特定市场上的重要性、破产的预期规模及潜在影响应当是监管机构的主要衡量标准。

其他的投资（以及保险）补偿机制与存款保险制度一样，也会引发类似的道德风险问题。如前所述，如果存款保险制度太过慷慨，那么银行就会变得更喜欢冒险，因为它们知道，即便银行破产了，储户的存款也会受到保护。人们对其他的补偿制度也有同样的担忧。金融监管机构应当好好进行制度设计，以降低此类道德风险问题发生的概率。有一点很重要，监管不可能消除所有的信息不对称，但可以（并且应当）尽可能地使市场失灵所导致的潜在负面影响最小化。

监管宽容（regulatory forbearance）也能给银行带来好处。监管宽容（或重新谈判）就是一个时间不一致的例子。时间不一致指的是事先（事件发生之前）看来是最优选择的监管措施，事后（事件发生后）看来却并非最优的选择。当金融中介机构遇到麻烦时，监管部门可能会遇到"不要执行现有监管规则"的压力，比如要求持有更多的资本金或提高流动性。因为这样做会导致金融机构的问题进一步恶化。如果政府允许银行破产，那么破产案可能会耗尽存款保险基金。而且，围绕着问题银行的各种公开报道会让公众感到担忧，诱使公众把存款从问题银行提走，这会让银行的处境变得更加艰难（甚至可能引发其他金融机构的多米诺骨牌效应，导致更多的银行破产）。此时执行监管规则还要面临政治成本，所以监管当局会产生推迟行动的动机。监管宽容能带来一些好处。首先，不将银行的问题公布于众能有助于避免银行挤兑带来的系统性风险。其次，如果保持经营状态，即银行继续营业，而不是停业并进行资产清算，那么银行的价值也会更高。为了保持经营状态，银行必须能够获得足够多的资源。如前所述，银行的资产流动性很差，因此出售资产可能无法创造足够多的现金来满足债权人的提现要求。

然而，监管宽容也有相应的成本。首先，它可能引发道德风险。一次宽容可能会让金融机构以为，当未来出现类似的情况时，监管机构还会继续"宽容"，从而导致金融监管不再严谨认真地遵守监管规则。其次，监管机构与被监管企业将会陷入不断恶化的负面循环，导致公众对银行以及整个金融体系的监管丧失信心。

监管可能会带来**机构捕获**（agency capture）问题——生产者（我们这里指的是银行与其他金融机构）会利用监管程序为自己而非客户谋利。比如，有人认为第二版《资本协议》为银行部门尤其是大银行考虑得太多、太周到了。第二版《资本协议》允许大银行使用内部模型来评估风险以及资本充足状况，这导致大银行持有的监管资本规模偏小（还可参考 7.7.3 节）。事实上，在设计监管规则时——这些规则就是用来监管银行自身操作行为的——大银行拥有分量很重的话语权，也许这就是"机构捕获"的标志之一。

监管的成本很高，遵守监管规则的成本会被转嫁给消费者，从而导致金融服务的价格上涨，甚至中介业务减少。另外，监管成本还阻碍着新机构进入市场，这会加强市场上原有机构的垄断地位。银行监管的主要概念见表 7-3。

阿尔方与安德鲁斯（1999，16）提出增量**合规成本**（compliance costs）的观点：

> 合规成本是指企业与个人从事监管机构要求的活动所导致的成本，在没有监管的情形下，他们本可以不从事这些活动。于是，此处"合规成本"指的是监管导致的增量成本，而非有助于遵守监管规则的活动所招致的全部成本。合规成本的例子包括任何额外的制度、培训、管理时间所带来的成本，同时监管部门要求金融机构持有的资本也有成本。

表 7-3　银行监管的主要概念

目标	原因	基本原理	成本
维持系统稳定	银行在整个金融体系内具有关键性地位	市场缺陷与失灵	道德风险
保持金融监管的安全与健康	消费者需求	潜在的系统性问题	机构捕获
保护消费者		监督金融企业	合规成本 进入/退出成本
		维持消费者的信心	控制产品/活动/价格

但是，没有哪一种批评意见足以驳倒金融监管存在的意义。一直以来，监管始终是在成本与收益之间做权衡。诚然，我们要意识到监管具有局限性，同时建立一个设计完善的监管框架也是确保消费者对金融体系始终怀有信心所必需的。

尽管这样做会有一些成本，但确有证据证明消费者与其他用户需要适度的监管。公众要求开展监管的压力可能来源于监管的市场化方式（即完全依靠市场自律）不能让用户相信自己获得了适当的保护。

7.6　监管改革的原因

金融监管的范围与复杂程度几乎是一直在持续增加。造成这种局面的部分原因是公众对金融丑闻反应强烈，由此形成了政治压力（即消费者对监管的需求增加）。

金融创新是促使监管改革的另一因素。随着新型的金融产品与金融服务不断涌现并在市场上占据重要位置，人们往往会呼吁引入新的监管模式。例如，2005 年年初，美联储倡导加强对对冲基金的监管——对冲基金是一种私人投资基金，代表其客户投资交易各种类型的资产，例如证券、商品、货币与衍生品——这是因为对冲基金的发展速度过快，而且其经营活动不利于市场保持稳定。类似的例子还包括对衍生品以及其他金融工具的监管。2007—2009 年的全球金融危机让监管当局开始关注衍生品、表外工具、对冲基金、私募股权投资等金融创新产品。

金融创新引起监管当局关注的原因之一是金融创新的动机往往是规避监管。换言之，金融机构与市场开发新产品不仅是为了满足新的市场需求，而且为了绕开监管。例如，在 20 世纪 80 年代的前半期，表外交易活动（衍生品交易、证券承销、外汇交易等）快速增加，其原因便是与表内业务相比，当时这些交易活动不受资本监管的约束。同样的，20 世纪 60 年代，美元大量流向英国以及美元欧洲债券市场，主要是因为美国较为严苛的监管要求促使美元资金流向伦敦，借款人可以通过发行欧洲债券来获得美元融资。企业为了绕开监管才积极创新，监管当局总是比市场落后一步——这就是所谓的规则辩证。

如前所述，国际化与全球化趋势也是促进监管改革的因素之一。金融企业出现了越来越多的跨境活动，意味着外国金融机构在本国国内的金融市场上发挥着越来越重要的作用。席卷全球的金融自由化浪潮推动各大银行进入海外市场，跨境提供服务。

外国金融机构的存在感越来越强，这带来了一个新问题：应当如何对其进行监管。人们最关心的是：如果一家银行在海外市场上陷入困境，那么谁是最终责任人——是东道国还是母国的监管机构？一般来说，对于大型的银行机构，东道国的监管部门负责其分支机构在东道国境内的经营活动；但是，一旦该银行面临财务危机，母国将承担最终责任（详细内容可参考第四章）。

除了监管责任问题，国际化趋势还引发了更激烈的辩论——监管规则趋同是否有必要，这样做的目的是确保银行在不同的司法管辖区内开展经营活动时面对的是相似的监管规则。有人认为，最低限度的协调一致（基于最低标准的监管）在执行监管法规时能提供更大的弹性空间，可能会比高度一致更有利于形成（或维持）竞争更为激烈的市场环境。协调一致肯定会导致各国监管规则的趋同，同时还会增加现有的与潜在的同业竞争（系统的安全程度也会相应提升）。很多评论员承认各国的监管当局彼此间需要更大的合作力度，同时还需要改善监管当局、市场参与者与客户三者之间的关系。

影响监管改革的另一因素——与国际化趋势密切相关——是全球化现象。跨境贸易活动越来越多，跨国企业的交易额也在不断增长，这要求金融机构跨境提供服务，因此金融企业得以进一步扩展自己在国际市场上的存在感。这意味着各种各样的金融机构在跨国经营（例如汇丰银行、桑坦德银行、花旗银行、高盛公司等）。于是，银行越来越暴露在海外经营所要面对的风险中，可能会对金融稳定造成危害的风险因素不再局限在一国境内。这要求政府至少要进一步加强监督、监管以及各国监管当局之间的协作。而且，全球银行业的并购整合催生出庞大的金融集团，这样的企业可以在集团的组织框架下广泛开展业务。金融集团的形成迫使监管机构重新思考应当采用什么方式监管金融部门。

除了前文中提到的因素，还有其他因素也对现有的监管环境造成了不小的冲击。几次严重的金融危机推动监管模式发生改变，危机的发生证明了危机爆发前的金融监管是不到位、不充足的。不过，在全球金融危机过后，并不是所有国家都收紧了监管的口袋。巴斯等（2013）所做的一项调查显示，80%的国家在危机后加强了监管，而余下的国家，包括巴西、葡萄牙和瑞士，实际上反而放松了监管。

资本监管是全球银行业监管规则的支柱之一。大量的规则与指导文件详细规定了银行必须持有的资本的数量与性质。我们将在7.7节详细分析这一问题。

7.7 银行资本监管

资本监管是金融部门尤其是银行的核心监管要素。银行的资本可以被定义为净资产（即总资产减去总负债）。在实际操作中，资本等于银行的实收资本加上累积资本公积。从保护储户的角度来说，银行的资本金具有至关重要的作用。由此延伸开来，资本对于维持公众对银行的信心、支撑银行长期稳定经营与发展都具有十分重要的意义。

我们可以用下面这个简化版的资产负债表来举例说明资本对银行的作用。假设格瑞迪银行（Bank Greedy）（也可直译为"贪婪银行"）的总资产为550亿英镑，资本为50亿英镑。该银行共持有540亿英镑贷款、500亿英镑存款。

A. 格瑞迪银行的资产负债表

负债		资产	
资本	50亿英镑	现金与流动性资产	10亿英镑
存款	500亿英镑	贷款	540亿英镑
合计	550亿英镑	合计	550亿英镑

现在我们假设银行发放了一些高风险贷款，其中40亿英镑的贷款变成了坏账。银行相信这些贷款肯定不会被偿还了（银行无法收回这些贷款）。格瑞迪银行不得不承受这个损失，并使用资本来吸收损失，起到缓冲作用。如B表所示，资产缩水了40亿英镑，而资本减少至10亿英镑。

B. 遭受40亿英镑贷款损失后格瑞迪银行的资产负债表

负债		资产	
资本	10亿英镑	现金与流动性资产	10亿英镑
存款	500亿英镑	贷款	500亿英镑
合计	510亿英镑	合计	510亿英镑

在本例中，格瑞迪银行之所以能承受40亿英镑的损失，是因为它拥有充足的资本来冲抵损失。请注意，我们假设现金与流动性资产依然为10亿英镑。

但是，如果损失额超过 50 亿英镑，那么格瑞迪银行就没有足够多的资本来冲抵损失，也就无法向储户履行还款义务。现在我们假设格瑞迪银行损失了 70 亿英镑而非 40 亿英镑的贷款，如 C 表所示。

C. 遭受 70 亿英镑贷款损失后格瑞迪银行的资产负债表

负债		资产	
资本	0	现金与流动性资产	10 亿英镑
存款	480 亿英镑	贷款	470 亿英镑
合计	480 亿英镑	合计	480 亿英镑

我们看到，为了吸收贷款损失，格瑞迪银行已经用光了所有 50 亿英镑的资本，而且动用了 20 亿英镑的存款来弥补不足的缺口。这意味着银行没有能力向所有的储户还款，因为存款的价值已经由原来的 500 亿英镑缩水至 480 亿英镑——在理论上，银行应当告诉储户这个坏消息：很不幸，有些储户将不能提取自己的存款（或者由所有的储户共同分担这笔损失）。当然，在现实生活中，这种情况不会发生，因为银行已经资不抵债了。

我们要强调的重点是银行的任何损失——不管这损失来源于不良贷款、证券交易、子公司的破产还是欺诈行为——都必须动用资本来冲抵。为了维持公众对银行乃至整个银行体系的信心，银行必须不惜一切代价保护存款。这就是银行监管机构会花费如此多的时间与精力来关注银行资本充足性的根本原因。

资本是否充足不仅取决于资产的绝对数量，而且受到资产质量的影响。在其他条件都相同的情况下，资产的风险水平越高，提供缓冲作用的资本就应当越多，这样才能保持一定水平的资本充足率。

多年来，英格兰银行详细规定了每一家英国银行应持有的资本相对于风险加权资产的最低充足率。如果实际资本充足率低于"触发"标准，那么英格兰银行可能会插手干预银行的经营活动。英格兰银行评估了每一家银行的管理能力、风险状况、盈利能力以及总的发展前景，然后确定了该银行的监管资本比率。此外，在正常环境下，每一家银行都应当保持"目标"资本比率，即实际的资本比率要比"触发"标准高一些，以留出一定的安全空间。鉴于国际标准的不断演进，英国的银行业监管机构已经修改了上述监管模式。全球范围内努力促使不同国家的银行执行一致的资本充足率监管标准的发展趋势导致资本充足性的监管框架变得更加严格。国际清算银行麾下的银行监管委员会于 1988 年 7 月发布了一份有助于实现统一的资本充足性监管标准的框架性文件。这份框架性文件就是人们熟知的巴塞尔委员会的第一版《资本协议》。这份文件的目的是强化国际银行体系，使其未来在世界金融市场上能更好地抵御风险。另外，该文件还努力地为不同国家的银行提供更加公平的竞争基础，抑制银行为了利用更加宽松的监管环境而将业务活动转移到其他国家的动机。

资本充足率反映了银行的资本占风险加权信用敞口的百分比。巴塞尔委员会的第一版《资本协议》提出了最低资本充足率这个指标，以确保银行在丧失偿付能力之前，可以用资本吸收足够多的损失。最低资本充足率标准的使用有助于实现保护储户利益、促进整个金融体系的稳定与效率这一目标。因此，最低资本充足率标准可被视为降低系统性风险至关重要的工具。

尽管巴塞尔委员会没有任何权利强制推行《资本协议》，但目前已经有 100 多个国家在以不同的方式执行巴塞尔委员会的指导文件。

7.7.1 第一版《资本协议》（又称《1988年资本协议》）

巴塞尔银行监管委员会（简称巴塞尔委员会）创立于1974年年底，由十国集团（即G10，包括世界上规模最大的10个工业化国家：比利时、加拿大、法国、德国、意大利、日本、荷兰、瑞典、英国和美国）以及卢森堡和瑞士掌控。这些国家的中央银行行长努力寻找可用于测量资本充足性并对最低资本要求进行准确描述的统一方式。[1] 1988年7月，巴塞尔委员会推出了第一版《资本协议》。世界上最先进的多个国家的中央银行承诺到1992年年底之前全面实施第一版《资本协议》（截止到1992年年底，欧盟几乎已经在欧盟区内执行了第一版《资本协议》的所有相关标准）。

第一版《资本协议》是巴塞尔委员会致力于全球范围内资本充足性统一监管标准的智慧结晶，采用的是风险资产比率模式（参考专栏7-3）。巴塞尔委员会声称，"资本对应着各种不同类型的资产与资产负债表的表外项目，这些资产按照所属的不同风险类别被赋予权重，如此计算出来的加权风险比率是评估银行资本充足性更好的方式"（巴塞尔委员会，1988，第9段）。

第一版《资本协议》确定了最低资本充足率为8%这一国际标准，关注各种贷款项目的风险水平（信用风险），但忽视了其他类型的风险。第一版《资本协议》对资本的定义为，资本由两部分组成：一级资本（核心资本）与二级资本（附属资本）。银行的资本总额等于一级资本与二级资本之和（即资本基础）。

具体来说，资本的构成包括：

（1）一级资本。

1）实收普通股股本；

2）已披露的资本公积。

（2）二级资本。

1）未披露的资本公积；

2）资产重估准备；

3）普通准备金/一般贷款损失准备金；

4）混合型（债务/权益）资本工具；

5）定期次级债。

有关资本各组成部分的准确定义，读者可参考专栏7-3。一级资本与二级资本各组成部分之和被计入资本基础，对于哪些是符合要求的资本，第一版《资本协议》中规定了很多限制条件。图7-3展示了银行资本的不同测量指标。

专栏 7-3

资本组成部分的详细信息（于1988年确定，1992年执行）

一级资本（核心资本）＝普通股股东的权益资本＋非累积永久优先股＋盈余
＋合并子公司权益账户内的少数股东权益

---

[1] 巴塞尔委员会是由多个工业化国家的中央银行与银行监管部门组成的委员会，每三个月在瑞士巴塞尔的国际清算银行召开会议。请注意，在法文里，巴塞尔（Basel）这个词的拼写是"Basle"，而德文的拼写是"Basel"。后面这种拼写更为常用。

——商誉与其他无形资产（当满足某些条件时才能抵扣）

需要持有的核心资本＝风险权重×风险资产的 4%

二级资本（附属资本）＝贷款与租赁损失补贴（准备）

　　　　　　　　　　　　＋可累积可转换永久、长期优先股

　　　　　　　　　　　　＋永续债和其他债务、权益混合型工具

　　　　　　　　　　　　＋中期优先股与定期次级债

　　二级资本的总额不得超过一级资本的 100%。1992 年推出的《资本协议》修订版明确列出了其他限制条件。

　　总资本（一级资本与二级资本之和）的扣除项包括对非合并银行/金融子公司的投资、因相互控股而持有的资本性证券以及其他抵扣项目（例如其他子公司或合资企业），具体由监管当局按照个案逐一处理，或者在推出正式的规则以后，按照既定政策统一处理。

需要持有的总资本＝一级资本＋二级资本－扣除项

　　　　　　　　　＝风险权重×风险加权资产的 8%

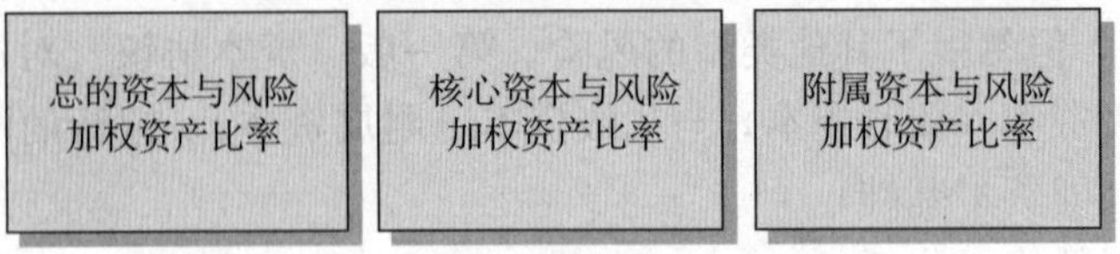

| 总的资本与风险加权资产比率 | 核心资本与风险加权资产比率 | 附属资本与风险加权资产比率 |

图 7-3　银行资本的测量指标

　　我们将基于风险加权资产的资本充足性监管框架总结如下。在计算风险加权资产时，资产被分为四个风险类型，每一类代表不同的信用风险程度。

　　（1）无风险：0（例如现金或现金等价物、由经济合作与发展组织成员发行的债务）；

　　（2）低风险：20%（例如期限为一年或不足一年的短期贷款、由经济合作与发展组织成员的政府机构发行的债券）；

　　（3）中等风险：50%（例如抵押贷款）；

　　（4）标准风险：100%（例如商业贷款、向非经济合作与发展组织成员的银行发放的贷款以及债券）。

专栏 7-4

风险资产比率

　　风险资产比率（RAR）是一个相对简单的测量指标，是在银行相对风险的基础上评价其资产充足性。银行的资产被监管当局划分为多个风险类别，每个类别内的资产被视为风险相同。每个风险类别被赋予不同的"风险权重"。于是，风险加权资产总额的计算如下所示：

$$W = \sum a_i r_i$$

其中，

$$A = \sum a_i$$

另外，

$$RAR = C/W$$

其中，

$W=$ 风险加权资产总额

$RAR=$ 风险资产比率

$A=$ 银行总资产

$a_i=$ 资产的风险类别

$r_i=$ 风险权重

$C=$ 监管当局定义的资本

而且，对于表外项目，银行需要使用转换因子来计算等价的信用敞口值：

（1）0（例如未使用的贷款承诺）；

（2）20%（例如商业信用证）；

（3）50%（例如循环承销便利）；

（4）100%（例如备用信用证）。

总的来说，资本充足性监管框架包含四个步骤：

（1）将资产划入前文中所说的四个风险类型之一。

（2）将表外的承诺及担保等或有事项转换为表内的等价信用敞口值，然后将其划入合适的资产风险类型。

（3）将每一种风险类型的资产总额乘以对应的风险权重，计算结果为风险加权资产。

（4）将风险加权资产乘以风险资产比率。对应一级资本，乘以 4%；对应总资本，则乘以 8%。达到上述标准的银行才称得上"资本充足"。

例如，假设某银行持有下列各项资产：

现金 $=1$ 亿美元（风险权重为 0）

对其他银行的贷款 $=5$ 亿美元（20% 的风险权重）

对自住业主的抵押贷款 $=8$ 亿美元（50% 的风险权重）

商业贷款 $=15$ 亿美元（100% 的风险权重）

按照第一版《资本协议》，计算如下：

$$
\begin{aligned}
风险加权资产总额 &= 100 \times 0 + 500 \times 0.2 + 800 \times 0.5 + 1\,500 \times 1 \\
&= 0 + 100 + 400 + 1\,500 \\
&= 2\,000(百万美元)
\end{aligned}
$$

最低资本要求等于 20 亿美元的 8%，即 1.6 亿美元，而且其中至少有 50% 需要以权益资本（一级资本）的形式持有。

如果银行的风险资产比率低于监管当局规定的最低标准，那么这显然说明该银行持有的资本不够充足。我们对最低资本充足要求进行了总结。专栏 7-5 说明了如何区分资本充足的银行与资本不足的银行。

第一版《资本协议》通常被视为银行资本充足性监管领域的一大进步。这是一份国际协议，成为大多数国家对所有银行进行资本监管的基础。不过，很快就有人开始质疑它的效率与效果。例如，风险资产比率似乎缺乏经济基础，风险权重并未准确反映资产的风险水平（例如贷款的风险），对资产组合多样化的作用认识不足等。还有一点应当指出，很多国家选择将本国资本充足率的标准设定得略高于第一版《资本协议》提供的最低标准，这反映出各国对单个银行经营活动的风险水平有自己的评价。

7.7.2 对第一版《资本协议》的修改——1996 年的修改稿

第一版《资本协议》主要关注的是银行发放贷款所引发的风险，但其忽视了其他类型的风险（第十一章会对银行面临的主要风险进行总结评述）。1995 年 4 月，巴塞尔委员会提出了将市场风险的资本要求也纳入模型的建议。目标是"为银行所面临的价格风险，尤其是交易中产生的价格风险提供显性的资本缓冲"。巴塞尔委员会将市场风险定义为市场价格波动给表内与表外头寸带来损失的风险。

尤其值得一提的是，新框架涵盖的风险包括：（1）银行持有的债券、权益工具交易头寸以及相关的表外合约；（2）银行持有的商品及外汇头寸。第一版《资本协议》的修改稿将市场（交易）风险纳入模型后，也增加了一个新的辅助性资本层次，即第三层次资本，用于支持银行的交易活动。而且，市场风险资本所要求的重大创新在于允许银行在测量交易组合的风险水平时有机会使用内部的风险评估模型（更多详细内容请参考第十二章）。

总的来说，有关市场风险最低资本要求的监管规则改革于 1996 年开始正式实施，这代表着巴塞尔委员会朝着加强全球银行业与金融体系的健康与稳定这一目标又迈出了重要的一步。

专栏 7 - 5

银行的 5 级资本充足性类别

（1）资本非常充足。

- 总资产与风险加权资产的比率不低于 10%；
- 一级资本与风险加权资产的比率不低于 6%；
- 一级资本与总资产的比率不低于 5%。

（2）资本充足。

- 总资产与风险加权资产的比率不低于 8%；
- 一级资本与风险加权资产的比率不低于 4%；
- 一级资本与总资产的比率不低于 4%。

（3）资本不足。

- 不能满足资本充足银行应满足的一个或多个最低资本要求。

（4）资本严重不足。

- 总资产与风险加权资产的比率低于 6%；
- 一级资本与风险加权资产的比率低于 3%；
- 一级资本与总资产的比率低于 3%。

（5）资本极其不足。

（普通股资本＋永久型优先股－无形资产）/总资产≤2%

7.7.3 第二版《资本协议》

为了回应对第一版《资本协议》的批评，巴塞尔委员会对文本进行了多处修改。1999年6月3日，巴塞尔委员会正式公布了新的资本充足性监管框架的征求意见稿（即第二版《资本协议》）。银行家与学术界对第一版《资本协议》发起了猛烈的批评，这促使巴塞尔委员会做了很多重大修改，进而形成了第二版《资本协议》。2004年5月，10国集团的中央银行行长以及银行监管当局的首脑共同签署了正式发布的《资本计量与资本标准的国际统一范式：一个改进的框架》（International Convergence of Capital Measurement and Capital Standards：A Revised Framework）（巴塞尔委员会，2004）。

2006年6月，巴塞尔委员会发布了一份较为全面的文本，将《资本计量与资本标准的国际统一范式：一个改进的框架》、第一版《资本协议》在修订为第二版《资本协议》的过程中未被改动的部分、第一版《资本协议》于1996年的修改稿，以及第二版《资本协议》于2005年的修改稿全部整合到了一起（巴塞尔委员会，2006）。巴塞尔委员会多年来一直致力于促进国际金融监管规则的协调统一，反复修订用于监管国际化银行资本充足性的规则条款，2006年发布的综合性指导文件是巴塞尔委员会多年努力的成果。其主要目的是引入一个更为全面、对风险更加敏感的银行风险评估模型。尤其值得一提的是，最低资本要求的计算采用风险加权模式，可以使用银行的内部风险评估模型或外部信用风险评估模型。表7-4总结了第一版《资本协议》与第二版《资本协议》之间的主要差别，阐释了巴塞尔委员会对第一版《资本协议》进行修改的主要原因。

表7-4 第二版《资本协议》的基本原理：更灵活、更具有风险敏感性

第一版《资本协议》	第二版《资本协议》
只关注单一的风险测量指标	更关注银行的内部风控手段、外部监管机构的监督审查以及市场自律
只有一种方案	更灵活，有多种方案可选，鼓励银行进行更好的风险管理
结构较为粗糙	更具有风险敏感性

第二版《资本协议》以三大支柱为基础。第一支柱解决的是如何量化计算资本要求，其主要依赖于银行的内部风险加权模型或外部的信用评级机构；第二支柱是监管机构的监管审查；第三支柱是市场自律，即为了提高透明度，要求银行执行更严格的信息披露标准。图7-4对三大支柱进行了总结。

（1）第一支柱。

第一支柱对旧规则进行了修改，使得风险加权方式与借款人的信用等级联系得更加紧密。第二版《资本协议》进一步提炼了资本要求的计算方法，以更高的精确度反映出银行必须持有资本来应对哪些风险。第二版《资本协议》并没有修改资本的定义以及资本与风险加权资产的比率不低于8％这一最低资本充足率要求。在这一方面，它对如何测量银行的风险进行了改动。信用风险指借款人违约的风险。操作风险指与系统的潜在失灵相关的风险。市场风险指由于市场变量发生波动而导致投资品价值下跌的风险。变动最大的是信用风险资本要求的计算。按照第二版《资本协议》，银行要自行选择评估方法，即在标准法与内部评级法之间做出选择

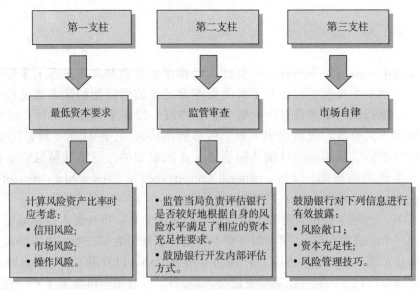

图 7-4　第二版《资本协议》：三大支柱

（参考专栏 7-6）。标准法指的是第二版《资本协议》参考外部信用评级机构根据严格的评价标准得到的评级结果，对各种各样的主权债务、银行以及企业债务赋予风险权重。而内部评级法要求银行使用自己的内部信用风险评估系统，当然也要遵守严格的程序与信息披露要求。

（2）第二支柱。

第二支柱明确界定了为确保银行使用正确的方法计算资本充足率并采取相应的策略将其保持在合理水平，国家监管机构应当发挥怎样的作用。具体要求如下所示：

- 对银行的内部评估模型与策略进行审查，如果低于标准，则要采取相应的措施；
- 鼓励银行持有的资本超过最低标准；
- 一旦发现银行的资本低于最低标准，就应尽可能早地介入，要求银行保持充足的资本。

专栏 7-6

第一支柱

（1）最低资本要求。

$$\frac{总资本（未变化）}{信用风险＋市场风险＋操作风险}＝银行的资本比率（最低为 8\%）$$

（2）可选择的评估方法。

1）信用风险。

- 标准法；
- 基础内部评级法；
- 高级内部评级法。

2）市场风险。

- 标准法；
- 内部模型法。

3）操作风险。

- 基本指标法；
- 标准法；
- 内部测量法。

外部的监管审查旨在确保银行的资本充足性与其整体的风险状况相一致。为了实现这一目标，银行监管当局必须要对每一家银行是否具有测量并管理好自身风险的能力进行判断。监管当局还应当有能力要求银行持有的实际资本额超过最低监管资本要求。

（3）第三支柱。

第三支柱是通过提高对银行资本信息披露的标准来实现有效的市场自律。这要求银行提供更可靠、更及时的信息，从而使得其他市场参与者能够更好地评估风险。银行应当披露：

- 风险敞口；
- 资本充足性；
- 计算资本要求的具体方法；
- 所有的重大信息。

总的来说，第一支柱提供了风险敏感性以及与风险相关的最低资本要求的量化计算方法。与此同时，第二支柱的外部监管与第三支柱的市场披露要求又为第一支柱提供了支持。最终，第二版《资本协议》旨在建立一个更为全面灵活的监管框架，同时又能兼顾第一版《资本协议》已经实现的安全稳健目标。

7.7.3.1　对第二版《资本协议》的批评

第二版《资本协议》在早期也收到了很多批评意见，总结如下。

（1）它是顺周期的，即随着经济周期波动。研究第二版《资本协议》顺周期效应的学术文献认为，第二版《资本协议》提出的监管规则可能会让经济衰退更加恶化。例如，当经济衰退时，信用风险上升，于是资本要求也会相应增加，这可能会引发信用配额。

（2）第二版《资本协议》使用标准法增加了银行所面临的系统性风险。这些银行根本没有动机去实现资产多样化，因为这样做根本不能给它们带来任何好处。

（3）一些学者认为，当银行是大型金融集团的子公司时，银行为了减少自己应持有的资本量，故意将信用风险转移给同一集团下另一个非银行的金融子公司，这种做法是很危险的。

（4）另一担忧是第二版《资本协议》的相关规则会鼓励银行将信用风险从资产负债表上转移出去（请参考第十八章有关资产担保证券以及使用金融衍生品的相关内容）。

（5）发展中国家的中小型企业会发现自己很难获得融资，因为它们没有上市，所以无法获得正式的信用评级。

（6）信用评级机构在评级的同时，还为大银行提供有关风险管理系统的咨询服务，这中间存在潜在的利益冲突。

2007—2009 年全球金融危机的爆发让人们开始重视这些早期的批评意见。从那时开始，各界提出了各种各样的修改建议。全球金融危机过后，人们都在呼吁对金融机构进行更加严格、更加全球化的监管。不过有些人认为，即便全球化监管的尝试（即第二版《资本协议》）不是引发 2007—2009 年全球金融危机的元凶，它也会让危机更加恶化。

7.7.4　第三版《资本协议》

事实上，第二版《资本协议》从来没有全面实施过。全球金融危机揭露了现有的审慎监管框架的诸多缺陷，全面彻底的重新修订成为压倒一切的当务之急。2009 年 7 月，就在欧盟实施第二版《资本协议》不足两年时，巴塞尔委员会对第二版《资本协议》增补了有关交易账户的监管规则（也就是所谓的"第 2.5 版《资本协议》"）。[①]

2010 年 11 月，20 国集团在首尔峰会上签署了新的偿付能力与流动性监管规则。在 2010 年 12 月和 2011 年 6 月，巴塞尔委员会先后发布了最新的银行偿付能力与流动性监管规则建议，即第三版《资本协议》，以及其修改稿（巴塞尔委员会，2011a）。

按照巴塞尔委员会的说法，第三版《资本协议》是该委员会开发的一系列改革措施的全面总结，旨在加强银行部门的监管、监督与风险管理。这些改革措施的目的是：

- 提高银行部门抵抗来自外部金融市场或经济环境的冲击——不管冲击来自哪里——的能力；
- 完善风险管理与治理；
- 强化银行的透明度与信息披露制度。

改革目标是：

- 银行层面的监管，或微观审慎监管，有助于提高个体银行机构承受压力周期的弹性；
- 对银行部门不断累积的系统性风险以及这些风险随时间逐渐累积的顺周期放大效应的宏观审慎监管。

新的征求意见稿首次发布于 2010 年 12 月，2011 年 6 月又发布了修改稿。此外，巴塞尔委员会还于 2013 年 1 月发布了修改后的流动性覆盖比率的完整文本（巴塞尔委员会，2013a）。

在本节的余下部分，我们将向大家介绍新的监管标准有哪些重大变化及其具体实施的时间表。

第三版《资本协议》解决了几个问题。为了强化银行部门的监督、监管以及风险管理，第三版《资本协议》提出了很多有关资本、杠杆以及流动性的监管新标准。资本充足性标准与新的缓冲资本要求意味着相比于第二版《资本协议》，银行要持有数量更多、质量更高的资本。新的杠杆与流动性比率指标不是基于风险的测量指标，因此为基于风险的最低资本要求提供了补充，有助于确保银行在危机期间依然能保持充足的资金来源。

巴塞尔委员会详细阐述的资本比率指标等于符合要求的监管资本除以按照监管规则计算的风险加权资产总额。如图 7-5 所示，所有三个部分都发生了变化，更大的压力迫使金融机构遵守这些比率标准。在这些标准中，资本比率指标被提高了；资本的合格标准被收紧，金融企业可用于满足资本充足率要求的资本类别有所减少；风险加权资产总额的计算方式有所变化，导致很多金融机构的计算结果变大了。

第三版《资本协议》建立在第二版《资本协议》三大支柱的基础上，改进后的最低资本与流动性要求进一步强化了三大支柱，尤其是第一支柱。图 7-6 给出了相比于第二版《资本协议》，第三版《资本协议》所发生的变化。

---

① 欧盟通过下列多个欧盟资本要求指令来执行第二版《资本协议》：2006 年 6 月 14 日有关信贷机构的成立与业务开展的 2006/48/EC 指令，2006 年 6 月 14 日有关投资企业与贷款机构资本充足性要求的 2006/49/EC 指令。

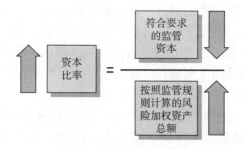

图7-5 第三版《资本协议》对资本比率的影响

7.7.4.1 第三版《资本协议》的主要组成部分

第三版《资本协议》旨在提升银行资本基础的质量、稳定性与透明度。除了提高资本要求与资本比率以外,第三版《资本协议》还引入了新的流动性比率与杠杆比率。

第三版《资本协议》框架主要包含以下几个组成部分:

(1)更高的最低核心资本充足率要求;

(2)新的资本留存缓冲;

(3)逆周期资本缓冲;

(4)更高的最低普通股一级资本比率要求;

(5)最低总资本比率要求。

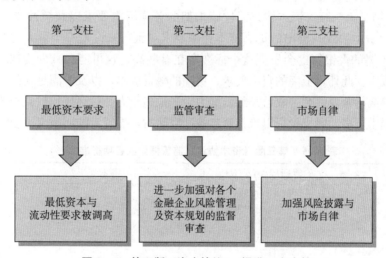

图7-6 第三版《资本协议》:提升三大支柱

(1)更高的最低核心资本充足率要求。

第三版《资本协议》将最低核心资本充足率由4%提高至6%。建议各国按照下列时间表来逐步采用这一更高的最低核心资本充足率标准:2013年1月1日,实施4.5%;2014年1月1日,实施5.5%;2015年1月1日,实施6%。

巴塞尔委员会正在关注第三版《资本协议》改革措施的执行情况。在2013年的报告中,巴塞尔委员会注意到,在巴塞尔委员会的27个成员中,有25个已经发布了以第三版《资本协议》为基础的资本监管法规的最终版本。余下的两个成员——印度尼西亚与土耳其已经完成了草案的起草工作,正在努力实现最终目标的过程中(巴赛尔委员会,2013c)。

金融危机揭示出某些一级资本工具——被归类为核心资本——不能吸收损失。为了解决这个问题，第三版《资本协议》收紧了监管资本的定义。如今一级资本主要由普通股权益及留存收益构成。如果把资本留存缓冲也算在内，普通股权益将占一级资本的82.3%。第三版《资本协议》抛弃了"核心一级资本"的说法，转而使用更为严格的普通股一级资本的说法。

（2）新的资本留存缓冲。

新加入的2.5%的资本留存缓冲将被用于吸收金融危机或经济动荡期间产生的损失。这一要求的目的是帮助银行抵御危机带来的负面冲击，使总的普通股资本比率的最低标准达到7%，即4.5%的普通股一级资本比率加上2.5%的资本留存缓冲。

应当注意的是，资本留存缓冲只能用普通股权益资本来实现，未持有资本留存缓冲的银行将在股息支付、股份回购以及发放奖金等方面受到限制。绝大多数大银行可以长期持有这样的资本缓冲，因为一旦低于这一标准，将会导致额外的监管审查。

（3）逆周期资本缓冲。

第三版《资本协议》还引入了由普通股权益资本构成、持有比例为0～2.5%的逆周期资本缓冲。事实上这相当于资本留存缓冲的延伸，各国将依照自身情况具体实施。

（4）更高的最低普通股一级资本比率要求。

最低普通股一级资本比率也由原来的2%调高至4.5%。2013年1月1日，该比率标准上调至3.5%；2014年1月1日，执行4%的标准；2015年1月1日，正式执行4.5%的标准（有关推荐的执行时间表可参考表7-6）。

表7-5总结了第三版《资本协议》监管框架的各项资本要求以及缓冲要求。一些批评者认为，第三版《资本协议》提出的更高资本比率要求对银行来说是一个很大的挑战，连欧洲与美国资本实力雄厚的大银行也会发现这个标准实在有些高。这可能会减少贷款的可获得性或增加企业的贷款成本。此外，更高的资本要求、更高的融资成本，以及为满足新的监管规则必须进行的结构性调整会给企业的利差收益及经营能力带来很多压力，最终导致权益报酬率（ROE）降低。当企业想吸引更多的股权投资以维持资本缓冲空间时，投资者的回报率也会降低。

表7-5　第三版《资本协议》监管框架的各项标准（%）

	普通股一级资本	一级资本	总资本
最低	4.5	6.0	8.0
资本留存缓冲	2.5		
最低标准相加	7.0	8.5	10.5
资本留存缓冲			
逆周期缓冲	0～2.5		

资料来源：国际清算银行；巴塞尔委员会。

（5）最低总资本比率要求。

最低总资本比率依然保持在8%。如表7-6所示，额外增加的资本留存缓冲将银行必须持有的资本总额增加至相当于风险加权资产总额的10.5%，而且其中8.5%必须是一级资本。

此外，按照表7-6列出的时间表，二级资本工具的使用要符合要求，同时三级资本已经被废止。[①]

---

① 有关一级资本、二级资本和三级资本的定义，请参考7.7.1节和7.7.2节。

表 7-6 第三版《资本协议》的逐步实施计划——资本

阶段	2013	2014	2015	2016	2017	2018	2019
杠杆率	2013—2015 年期间生效,自 2015 年 1 月 1 日开始披露				转移到第一支柱下		
最低普通股资本比率	3.5%	4.0%	4.5%	4.5%	4.5%	4.5%	4.5%
资本留存缓冲	—	—	—	0.625%	1.25%	1.875%	2.5%
最低普通股资本比率+资本留存缓冲	3.5%	4.0%	4.5%	5.125%	5.75%	6.375%	7.0%
最低一级资本比率	4.5%	5.5%	6.0%	6.0%	6.0%	6.0%	6.0%
最低总资本比率	8.0%	8.0%	8.0%	8.0%	8.0%	8.0%	8.0%
最低总资本比率+资本留存缓冲	8.0%	8.0%	8.0%	8.625%	9.25%	9.875%	10.5%
不再符合要求的资本工具	自 2018 年开始,10 年内逐步退出						

资料来源:国际清算银行;巴塞尔委员会。

7.7.4.2 第三版《资本协议》的流动性标准

引入流动性比率指标是第三版《资本协议》的重大创新之一。说得更具体一些,新的监管规则建议银行使用流动性覆盖比率(LCR)与净稳定资金比率(NSFR)这两个指标。

(1)流动性覆盖比率。

流动性覆盖比率旨在确保危机发生时金融机构持有的高质量流动性资产足以满足一个月的营业需求。高质量流动性资产被定义为现金或可以在自由市场上快速变现且损失很小或无损失的资产,能够在流动性较为紧张的情形下满足银行 30 个日历日的流动性需求。

流动性覆盖比率有两个变量:1)银行持有的高质量流动性资产的价值;2)在未来 30 个日历日内资金的净流出额。表达式为:

$$流动性覆盖比率 = \frac{银行持有的高质量流动性资产的价值}{在未来 30 个日历日内资金的净流出额} \geq 100\%$$

按照国际清算银行的定义,高质量流动性资产由一级资产和二级资产构成。[①] 一级资产通常质量最高,流动性最强,一般包括现金、中央银行准备金以及某些由政府和中央银行提供担保的可交易证券。二级资产包括满足一定条件的政府债券、担保债券和公司债券。二级资产包括信用评级较低的公司债券、住房抵押贷款担保证券以及股票(住房抵押贷款担保证券以及股票被称为 2B 级资产)。二级资产的总量不得超过银行持有的高质量流动性资产总额的 40%。2B 级资产的总量不得超过银行持有的高质量流动性资产总额的 15%。

$$资金净流出额 = 预期资金流出总额 - 预期资金流入总额与预期资金流出总额的 75\% 两者之间的较小者$$

第三版《资本协议》还要求在正常情况下,流动性覆盖比率的值不能低于 100%(即高质量流动性资产的持有量应当至少等于资金的净流出额)。在金融危机期间,由于银行可能要动用这些高质量流动性资产,因而流动性覆盖比率可以暂时低于 100%。表 7-7 给出了流动性覆盖比率的执行时间表。

---

① 见国际清算银行官网。

（2）净稳定资金比率。

净稳定资金比率指标鼓励银行持续性地使用更加稳定的资金来源，从而提高银行在较长期限内的经营弹性。此外，该指标还有助于限制银行在市场流动性较丰沛时过度依赖短期批发性资金来源，激励银行更好地评估所有表内、表外项目的流动性风险。

第三版《资本协议》增加的新流动性监控指标重点关注期限错配、融资来源过于集中以及可用的未定用途资产。作者写作本书时（2014 年），人们正在讨论该指标应如何具体实施，详情可参考专栏 7-7。2014 年 1 月，巴塞尔委员会发布了一份指导性文件（巴塞尔委员会，2014），对之前协议中提到的净稳定资金比率指标进行了修改。

表 7-7 第三版《资本协议》的逐步实施计划——流动性

阶段	2013	2014	2015	2016	2017	2018	2019
流动性覆盖比率			60%	70%	80%	90%	100%
净稳定资金比率						引入最低标准	

资料来源：国际清算银行；巴塞尔委员会。

专栏 7-7

第三版《资本协议》对流动性覆盖比率的逐步实施做出妥协后，净稳定资金比率的执行也变得不再确定

信用分析师和银行业人士对交易报告（DealReporter）公司透露，作为第三版《资本协议》流动性监管框架的重要组成部分，净稳定资金比率指标的实施可能会被推迟，甚至可能被取消。净稳定资金比率指标意在确保银行能够在批发资金市场大面积冻结的时期存活下去。该指标基于窗口期一年内银行的资产与交易活动的流动性特征，设定了可接受的稳定资金最低额。据 2010 年公布的消息，在正式实施之前，该指标要先经历一段观察期，以便进行调整或修改。2010 年开始观察期，预计 2018 年正式实施。

但是，两位信用分析师和两位银行业的消息人士称，2013 年 1 月 6 日，巴塞尔委员会宣布，已经就流动性覆盖比率指标的实施达成了妥协意见，这将改变净稳定资金比率指标的实施计划。

在巴塞尔委员会公布的有关流动性覆盖比率指标实施规划的各种变动当中，最重要的是允许银行在计算危机爆发时需要多少资金才能满足 30 个营业日的流动性需求时，将更多类型的资产——包括股票和高质量的住房抵押贷款担保证券——都算作容易出售的资产。在该妥协方案达成前，只有现金和诸如国债之类的易于出售的资产才能用于满足流动性覆盖比率的最低标准。

这一妥协方案还为即将执行流动性覆盖比率指标的银行设置了更加灵活的执行环境、更长的逐步实施周期。按照现在的方案，到 2015 年，银行只需要达到流动性覆盖比率指标最低值的 60%，随后每年的实际值上浮 10%，直到 2019 年 1 月 1 日，银行须达到流动性覆盖比率指标最低值的 100%。分析师和业界人士都认为，流动性覆盖比率指标的执行计划改动不仅会增加净稳定资金比率指标被推迟执行的可能性，而且会促使人们有更多时间重新评估这一充满争议的测量指标。"这两个指标与其执行计划之间是有关联的，"一位分析师这样说道，"因为净稳定资金比率指标应当对流动性覆盖比率指标起到有效的补充作用。"他指出："不管怎么说，流动性覆盖比率指标的逐步执行期被进一步延长，这给予银行更多时间将长期资本转化为短期

流动性资金。"

不过，这让银行家们发现，通过游说为净稳定资金比率指标的实施争取更灵活的条件是完全可行的，尤其是随着2007—2009年全球金融危机给人们留下的记忆逐渐消退，成功的概率会更高。巴塞尔委员会称，它仍将积极推动现有的净稳定资金比率指标实施计划，要求各银行持有期限不超过一年的高质量流动性资产是阻止未来再次发生系统性危机所必需的。对巴塞尔委员会的计划较为了解的业内人士可能坚持认为流动性覆盖比率与净稳定资金比率这两个指标的实施没什么关联，但是巴塞尔委员会之所以会优先推动流动性覆盖比率指标的相关执行工作，是因为按照计划要先实施这一指标。

在很多方面，净稳定资金比率要比流动性覆盖比率指标对金融机构的"穿透"力度更强，因为前者要全面检查银行的商业模式与具体操作。这要求银行更好地将资产与负债相匹配，一旦危机爆发——在一年内无法有效获取市场融资的情况下——这会避免银行陷入流动性耗尽的困境。如此旷日持久的金融危机是2007年北岩银行破产的元凶，同时在很大程度上也是2008年导致雷曼兄弟公司破产的主要原因。

但是两位银行业人士称，他们认为目前净稳定资金比率指标的草案存在一些根本性的缺陷。其中一人认为，如果按照草案执行，现实中净稳定资金比率根本就没什么用处，部分是因为其"一刀切"的做法让稳定融资机制（例如回购协议）变得不可行了。与此同时，他还认为新标准会产生"不当激励"，导致银行持有过多的潜在高风险资产，而其原因仅仅是这些资产与负债相匹配，能让银行满足最低标准的要求。

举个例子，假设银行可以选择持有蓝筹股或发放给对冲基金9个月贷款，那么按照净稳定资金比率指标的算法，前者要求银行持有的稳定资金（50%）要比后者高，因为后者的权重为0。同样的，持有期不超过一年的可交易证券被赋予的风险权重为5%，而被归入"所有其他资产"类别的零售抵押贷款有高达100%的风险权重。

两位业内人士都说他们赞同流动性覆盖比率指标的执行时间表被延长，同时他们认为净稳定资金比率指标想要化解的问题已经在第三版《资本协议》框架内现有的第二支柱条款部分得到了更有效的阐述与解决。这部分管理细则包括银行定期发布流动性风险报告，监管机构更加密切地关注现金流预测值以及压力测试情况。

一位业内人士认为全球的监管机构已经比以前更加紧密地监控银行的流动性状况——监管机构在认真审查银行的经营模型与所持有资产的期限，还对现金流进行压力测试。他估计第二支柱的相关报告与国内监管将成为第三版《资本协议》框架下银行流动性监管的基础。该业内人士以近期英国金融服务管理局发送给银行基金经理的信为例，说明监管当局正在加紧努力以确保银行持有充足的流动性。他说，在这封信中，金融服务管理局要求银行的基金经理不要把零售客户的资金投资于定期存款，以确保银行可以随时向客户支付这些存款，同时也保护储户不会因为金融危机而遭受损失。

第二位业内人士说，他猜测随着银行不停地游说，监管当局最终会相信净稳定资金比率指标的执行不仅没有必要，而且会产生负面效果，于是该指标在未来几年会慢慢变得无人问津。金融服务管理局对此拒绝评论。

资料来源：NSFR implementation uncertain after Basel III compromise on LCR phase-in, *Financial Times*, 22/01/13 (Henry Teitelbaum). © The Financial Times Limited. All Rights Reserved.

7.7.4.3 第三版《资本协议》规定的杠杆率

除了偿付能力指标外，杠杆率指标——该比率的分子是资本，分母是包含表内、表外多个资产项目的综合值——也将于2018年1月1日被纳入三大支柱的监管框架体系。这是补充性的、不基于风险的杠杆率指标（标准为3%），为前文中列出的其他指标起着辅助的作用。

使用杠杆率的主要理论依据是，基于风险的比率指标不能杜绝在计算分母时低估某些风险的行为。必须指出的是，杠杆率这个指标依然存在争议，其运行机制尚有不明确之处。2013年6月，国际清算银行发布了一份指导性文件，里面提到了修改后的杠杆率指标（巴塞尔委员会，2013b）。作者写作本书时（2014年），新规则尚在讨论过程中。

按照国际清算银行的说法，设置杠杆率指标的主要目的是：

- 限制银行部门杠杆率的增加，以避免不稳定的去杠杆过程损害金融体系与实体经济；
- 用简单的、不基于风险的"后背"指标来强化基于风险的指标要求。

巴塞尔委员会认为简单的杠杆率指标很重要，可以对基于风险的资本监管框架起到补充作用，而且可靠的杠杆率指标能够帮助监管机构全面了解银行的表内杠杆与表外杠杆。

杠杆率指标的定义式（表示为百分比）为：

$$杠杆率 = 资本指标/敞口指标$$

资本指标即第三版《资本协议》规定的一级资本。敞口指标包括表内的风险敞口，以及衍生品敞口、融券交易敞口和其他表外风险敞口。

杠杆率指标的执行首先从银行层面开始——自2013年1月1日起，银行应向监管当局汇报杠杆率数据以及组成成分；自2015年1月1日起，将上述信息公开披露。在2017年之前，相关机构会完成对杠杆率指标定义的最终调整与校正，并自2018年1月1日起，将其纳入第一支柱的监管框架。

7.7.4.4 第三版《资本协议》与全球系统重要性银行

第三版《资本协议》将会对所有银行造成影响。不过，不同类型和规模的银行受到的影响有所差别。绝大多数银行受到的主要影响是需要提升资本的数量与质量、流动性增加、杠杆率变大、修改后的第二支柱以及资本保全。而更大、更复杂的银行所受的影响包括：修改后的交易对手信用风险处理方式、更健全的市场风险测量框架以及修改后的证券化操作处理方式。

系统重要性金融机构与全球系统重要性金融机构将要遵守更为严格的资本要求或额外的监管。**系统重要性金融机构**（SIFI）、**全球系统重要性金融机构**（G-SIFI）以及**全球系统重要性银行**（G-SIB）这几个术语可用于界定被世人认为"大而不倒"的银行或金融机构。金融稳定委员会已经给出了试验性的定义以及一份包含29家企业的系统重要性金融机构名单。

全球系统重要性金融机构的定义是：

> 由于其规模庞大、结构复杂，且与整个金融系统具有较强的互联性，因此一旦陷入危机或破产，将会导致金融体系及经济活动受到严重破坏的金融机构。为了避免这一后果，监管当局别无选择，只能通过公共紧急援助机制防止其倒闭。正如这场危机所揭示的，这给私人激励与公共财政都造成了有害的影响。
>
> ——金融稳定委员会（2011b）

2011年，金融稳定委员会和巴塞尔委员会制定了第一份包含29家企业的全球系统重要性银行名单（金融稳定委员会，2011b）。而全球系统重要性金融机构的名单将由金融稳定委员会负责每年更新一次，并于每年的11月对外发布。表7-8提供了2012年和2013年全球系统重要性银行的名单。相比于初始名单，现在确实有了一些变化。与2011年发布的全球系统重要性银行名单相比，2012年新增了两家银行：西班牙毕尔巴鄂比斯开银行（Banco Bilbao Vizcaya Argentaria，缩写为BBVA）和英国渣打（Standard Chartered）银行。2013年新增了中国工商银行（Industrial and Commercial Bank of China，缩写为ICBC）。2012年去掉了三家银行：比利时德克夏（Dexia）银行（因为当时该银行正在进行重组）、德国商业银行（Commerzbank）和劳埃德银行，因为其全球系统重要性有所降低。2013年没有银行从名单上剔除。

全球系统重要性银行要受到更加严密的监管，包括监管当局的监管权限会更大及资源会更多，而且监管机构对这些银行的风险管理功能、数据整合能力、风险治理以及内部控制等方面都提出了更高的要求。对全球系统重要性金融机构和全球系统重要性银行的资本要求将使其具有额外的损失吸收能力——此类机构的破产将产生巨大的影响力，所以对其资本的要求也更高——从相当于风险加权资产的1%提高至2.5%，而且必须使用普通股权益来满足这部分资本要求。用金融稳定委员会的话来说，3.5%这一档暂时空在那里，可用于遏制进一步的系统性影响，即一家银行破产会给整个金融体系带来多大的冲击力。

额外的损失吸收能力要求一开始只适用于2014年11月金融稳定委员会参照巴塞尔委员会的评估方法所确定的全球系统重要性金融机构。2016年1月1日，该要求开始逐步实施，直到2019年1月全面实施。表7-8提供了全球系统重要性银行列表以及表中每家金融机构按照要求为了提升损失吸收能力应额外持有的资本。巴塞尔委员会使用一种名为"以指标为基础"的测量方法来界定表中每一个档次的相关参数。被选中的指标包括银行的规模、相互关联性、它们提供的服务是否较难找到替代品、其全球范围内的跨境活动及组织结构的复杂性。这些指标能够反映各个方面，例如，哪些因素导致了负面的外部性影响，或者银行对金融体系的稳定具有怎样重要的作用。[①]

表7-8　全球系统重要性银行与额外的资本要求

档次		2012年	2013年
5	3.5%	无	无
4	2.5%	花旗集团 德意志银行 汇丰银行 摩根大通	汇丰银行 摩根大通
3	2.0%	巴克莱银行 法国巴黎银行	巴克莱银行 法国巴黎银行 花旗集团 德意志银行
2	1.5%	美国银行 纽约梅隆银行（Bank of New York Mellon） 瑞士信贷银行	美国银行 瑞士信贷银行 高盛公司

---

① 有关这一基于指标的测量方法，可参考巴塞尔委员会（2011c）。

档次		2012 年	2013 年
		高盛公司	法国农业信贷银行
		三菱日联银行	三菱日联银行
		摩根士丹利公司	摩根士丹利公司
		苏格兰皇家银行	苏格兰皇家银行
		瑞士联合银行（UBS）	瑞士联合银行
1	1.0%	中国银行（Bank of China）	中国银行
		西班牙毕尔巴鄂比斯开银行	纽约梅隆银行
		法国 BPCE 银行集团（Groupe BPCE）	西班牙毕尔巴鄂比斯开银行
		法国农业信贷银行	法国 BPCE 银行集团
		荷兰商业银行（ING Bank）	中国工商银行
		日本瑞穗集团（Mizuho FG）	中国银行
		北欧联合（Nordea）银行	荷兰商业银行
		西班牙桑坦德银行	日本瑞穗集团
		法国兴业（Société Générale）银行	北欧联合银行
		英国渣打银行	西班牙桑坦德银行
		道富（State Street）银行	法国兴业银行
		三井住友金融集团（Sumitomo Mitsui FG）	英国渣打银行
		意大利联合信贷集团（Unicredit Group）	道富银行
		富国银行	三井住友金融集团
			意大利联合信贷集团
			富国银行

资料来源：金融稳定委员会（2013b）。

7.8 小结

本章主要讨论了金融监管问题。在一开始，我们讨论了金融监管的基本原理，向读者介绍了监管的不同类型。我们还分析了监管的局限性，尤其是与政府安全网制度（例如存款保险制度与最后贷款人功能）有关的道德风险问题。本章还重点介绍了巴赛尔委员会发布的《资本协议》，以及该委员会为了拟定一份对跨境经营银行加强监管的全球通用规则所做出的努力。

银行监管不能阻止金融危机的爆发，但是目前设立的监管框架将会影响未来若干年银行体系的发展。政府采取的诸多措施，例如购买不良资产、向问题银行注入资本，以及向经济系统注入流动性等，已经得到了很多银行业的学者与实业人士的支持。

关键术语

机构捕获	合规成本	政府安全网
监管宽容	《银行处置规则手册》	传染
最后贷款人	系统重要性金融机构	银行挤兑

存款保险	监控	监督
资本充足性	全球系统重要性银行	监管
系统性风险	全球系统重要性金融机构	大而不倒
银行复苏与处置指令		

主要阅读文献

Barth, J. R., Caprio, G. and Levine, R. E. (2013) *Measure It, Improve It: Bank Regulation and Supervision in 180 Countries 1999—2011*. Milken Institute, April.

Basel Committee on Banking Supervision (2011b) "Basel Ⅲ: A global regulatory framework for more resilient banks and banking systems".

Bernet, B. and Walter, S. (2009) "Design, structure and implementation of a modern deposit insurance scheme", *SUERF Studies*, 5.

Brunnermeier, M. K., Crocket, A., Goodhart, C., Persaud, A. and Shin, H. (2009) *The Fundamental Principles of Financial Regulation*, Geneva Reports on the World Economy. London: Centre for Economic Policy Research.

Goodhart, C. A. E., Hartmann, P., Llewellyn, D., Rojas-Suarez, L. and Weisbrod, S. (1998) *Financial Regulation: Why, How and Where Now?* London: Routledge.

Llewellyn, D. (1999) "The economic rationale for financial regulation", FSA, Occasional Papers Series, No. 1.

复习题

7.1 金融中介与金融市场的监管有合理的理由吗?

7.2 什么是银行挤兑?

7.3 金融监管的主要类型是什么?

7.4 为什么安全网制度被认为会加剧金融市场的道德风险问题?

7.5 金融监管的主要局限性是什么?

7.6 什么是监管宽容?说明监管宽容的主要利弊。

7.7 什么是金融安全网?为什么存款保险是运转良好的金融安全网的核心组成部分?

7.8 监管改革的主要推动力是什么?

7.9 讨论"大而不倒"的说法。你能举几个近期的例子吗?

7.10 阐释《资本协议》的主要特征,尤其是第三版《资本协议》所进行的改革。

第八章

银行破产与银行业危机

- 给出银行破产与财务失败的定义。
- 评价确定问题银行的策略。
- 识别成功的银行充足程度。
- 明确银行业危机的主要原因。
- 评估银行业危机与金融危机的成本。
- 了解处理银行业危机的不同方式。
- 了解监管机构为了降低系统性风险所做的重要尝试。

8.1 导论

银行是追求利润最大化的企业，银行的管理都围绕着追逐利润与风险管理这两大议题。银行经理们例行公事般地处理风险管理与战略规划问题。偶尔，经理们会过度冒险或采取一些损害银行利益的战略，从而使得银行陷入麻烦。和其他企业一样，银行也会破产。银行破产的原因各种各样，但通常都是相互关联的。管理缺陷往往是导致金融机构破产的重要原因。因此，银行的风险管理也是监管机构关注的焦点。此外，由于银行破产有可能会引发系统性风险，所以监管机构倾向于对银行部门进行干预。

在讨论导致银行破产的主要原因以及监管机构应采用哪一种策略鉴别问题银行之前，我们先介绍银行破产的定义。作为追求利润最大化的企业，当银行的负债值大于其资产值，从而使得其净资产值变成负数时，我们就说这家银行"资不抵债"了。如果一家银行清盘了，在监管机构的指示下/政府的压力下和另一家健康的银行合并，或者接受了国家提供的资金援助，我们就说这家银行已经"破产"了。有人认为应当像对待其他破产企业那样对待破产银行，然而，银行破产可能引发的系统性效应往往会招致监管部门对银行系统不同程度的干预（从存款保险到中央银行的最后贷款人功能，再到国家的直接干预与提供救援资金）。

如何处理银行破产是一个有争议的话题。银行在经济体内发挥着至关重要的作用，因此受到的监管比其他部门更为严格。正如我们在第七章讨论的，市场失灵是银行体系监管的合理理由，而信息不对称与负外部性会导致市场失灵。银行监管可采取多种形式——从存款保险到资本要求（即巴塞尔资本充足性监管条例）、银行的准入以及定期检查。监管机构主要担心的是一家银行的破产会产生传染性的多米诺骨牌效应，从而导致其他银行的破产，最终对整个金融体系造成不利影响。在现实生活中，一家银行的破产导致一国整个银行体系的崩溃是十分罕见的（尽管有这种可能——2008年冰岛银行体系的崩塌就是一个典型的例子）。不过，近年来，发达国家与新兴经济体频繁爆发系统性危机。本章稍后将会详细讨论这些话题。8.2节分析导致银行破产的主要原因；8.3节研究应使用哪些策略辨别问题银行，主要关注银行健康状况的早期预警系统以及近期引入的压力测试；8.4节探讨银行重组的关键问题以及监管机构可用的工具；8.5节讨论银行危机与金融危机的成因与后果；8.6节对全章进行小结。

8.2 银行破产的决定性因素

单独一个因素就导致银行破产的案例是比较少见的，通常多个因素共同作用才会导致银行破产。不过，清晰掌握导致金融机构陷入困境的主要原因是很有必要的，这能帮助监管机构选择适当的监管工具，并确保处置方案的成功实施。举一个非常简单的例子，一家银行正面临暂时性的流动性不足，中央银行向该银行提供流动性贷款（或者使用贴现窗口）能帮助其解决问题。不过，如果银行面临的问题是偿付能力不足而非流动性不足，那么允许该银行使用贴现窗口不仅不能解决银行的问题，而且会给纳税人带来代价高昂的后果。

学术文献与政策文件将导致银行破产的决定性因素做了如下总结：

- 管理不善；
- 欺诈；
- 监管宽容；
- 大而不倒；
- 过于聚集；
- 宏观因素与系统性因素。

（1）管理不善。

银行存在管理缺陷几乎是每个问题银行案例都具有的共同特征。在绝大多数的银行破产案例中，高管人员都是罪魁祸首。例如1995年巴林银行的破产案，尽管最终银行是被一位"流氓"交易员连累而破产，但背后最根本的原因在于高管不称职。事实上，正是银行总部允许尼克·里森（Nick Leeson）同时管理新加坡分行的前台与后台业务——内部审计报告建议交易员应当与后台隔离——这才让里森有机会把巨额亏损隐藏起来。2008年1月，法国兴业银行的交易员杰洛米·科维尔（Jérǒme Kerviel）惹出的交易事件让兴业银行蒙受了49亿欧元的巨额损失——这是银行业发展历史上的最大亏损——兴业银行的管理受到了各方的质疑（参考专栏8-1）。

"流氓"交易员与银行的损失

1995 年，一位"流氓"交易员——尼克·里森先生在衍生品市场上持有过多未抵补的风险敞口，以致最终搞垮了雇用自己的公司——巴林银行（英国的一家商人银行）。他自称原本是出于好意想要弥补客户账户的损失，然而结果是，他在亚洲市场上的交易造成了高达 12 亿美元的巨额亏损。他被判欺诈而入狱。

还是在 1995 年，日本大和银行（Daiwa Bank）的井口俊英（Toshihide Iguchi）做美国国债交易共计亏损了大约 11 亿美元（在违法交易 10 多年以后）。大和银行没有破产，因为它出售了部分资产，而且拥有比较多的准备金，然而大和银行的市场声誉一落千丈。井口俊英被罚款 260 万美元，并被判入狱 4 年。

2002 年，约翰·拉斯纳克（John Rusnak）给爱尔兰最大的银行——爱尔兰联合银行（Allied Irish Bank）造成了高达 7.5 亿美元的损失。约翰·拉斯纳克被指控在爱尔兰联合银行驻美国的分支机构——艾福斯特（Allfirst）银行——进行未经授权的外汇交易。拉斯纳克先生预计日元会相对于美元升值，然而事实并非如此。银行以为如内部系统所示，已经购买了相应的期权合约，可事实上根本没有购买。因此，没有什么保险可用来冲抵这些损失。银行的偿付能力并未受到威胁，但是吸收这些损失的代价是盈利与资本大幅减少。

另外一位"流氓"交易员彼得·杨（Peter Young）先生是德意志银行旗下的投资公司——摩根建富资产管理（Morgan Grenfell Asset Management）公司的基金经理。他故意隐瞒了一连串未经授权的投资交易，给自己管理的基金造成了 3.8 亿美元的损失。德意志银行不得不向他管理的基金注资 3 亿美元以赔偿投资者的损失。不过，事情被曝光后，几周之内就有三分之一的投资者撤资退出，这给银行造成了巨大的损失。2002 年，中欧地区也冒出一个"流氓"交易员。克罗地亚第三大银行——里耶卡银行（Rijecka Banka）的交易员爱德华·诺帝罗（Eduard Nodilo）先生给银行造成了累积 9 800 万美元的外汇交易损失，使得银行的资本被消耗殆尽。

2004 年 1 月，澳大利亚最大的银行——澳大利亚国民银行披露称，该行在墨尔本和伦敦的分行发现了一些未经授权的外汇期权交易，估计损失高达 4.45 亿美元。

2008 年 1 月，法国兴业银行也卷入了交易丑闻，其交易员杰洛米·科维尔的错误操作让兴业银行损失了 49 亿欧元。这一事件促使人们思考：这到底是一起独立的"流氓"交易员事件，还是涉及情况更为复杂的"流氓"交易模式？

> 兴业银行揭发了一项欺诈事件，其规模与性质都很特殊：一位交易员在 2007—2008 年超越自己的权限持有大量欺诈性的头寸。凭借着自己对银行内控制度的了解，他通过一系列精心安排的虚假交易，成功地将这些头寸隐藏起来……最终这给兴业银行造成了银行业有史以来数额最大的交易损失。
>
> 《金融时报》，2008 年 1 月 24 日

2011 年，奎库·阿多博利（Kweku Adoboli）在瑞士联合银行的所作所为也让人们产生了同样的疑问。

> 瑞士联合银行近期披露了其下属投资银行的一位交易员的非授权交易所造成的损失。该事件仍处在调查中，不过最近瑞士联合银行估计这些未授权交易的损失额可能

在 20 亿美元左右。这可能导致瑞士联合银行在 2011 年第三季度报告亏损。客户的头寸未受到影响。

《金融时报》，2011 年 9 月 15 日

2012 年 11 月，阿多博利因犯下这桩英国历史上金额最高的银行欺诈案而被判入狱，瑞士联合银行因在此案中行为不当而被罚款 2 970 万英镑。

英国金融服务管理局于 2011 年发布的一份报告旨在探寻 2008 年 10 月导致苏格兰皇家银行破产的诸多原因，该报告明确指出：

> 苏格兰皇家银行高管人员的判断失误以及错误的操作使得苏格兰皇家银行成为这场危机中的破产银行之一。苏格兰皇家银行的高管与董事会制定的各项决定要为银行的破产负最终的责任。

——金融服务管理局（2011a）

金融服务管理局这份报告的结论是：即使充分考虑到当时监管制度存在的各种缺陷以及宏观经济形势，从根本上看，导致苏格兰皇家银行破产的主要原因依然是银行高管以及董事会做出的错误决定（有关苏格兰皇家银行的破产事件，还可参考专栏 13 - 2）。

除了这些极端案例，管理不善还会导致资产项目出问题（例如不良贷款与投资损失），负债项目出问题（例如流动性问题、存款被大量提取以及银行挤兑），或者表外项目出问题（例如衍生品造成亏损）。糟糕的资产管理或过度集中于一个或几个行业/部门所导致的贷款组合管理不当最终都有可能导致银行破产。

国际货币基金组织按照贷款的实际表现将其分成五种类型，便于银行对外披露信息：

1）标准。贷款很健康，能按时偿还。

2）关注。取决于各种条件，如果不加以纠正，可能会引发是否能足额偿还的担忧。

3）次级。由于保护不够充足，可能无法足额偿还。利息或本金逾期未还（逾期 90 天以上）。

4）可疑。贷款的回收也被认为不太可能。利息或本金逾期未还（逾期 180 天以上）。

5）损失。贷款无法回收。利息或本金逾期未还（逾期 1 年以上）。

次级、可疑和损失这三类被视为**不良贷款**（non-performing loans，缩写为 NPLs），一直挂在账上，直到贷款被注销或本金与利息被还清。说得更具体一点，国际货币基金组织（2004）将不良贷款定义为债务人没有依照提前约定好的时间按合同还款的贷款。[1]

应当注意的是，被划为不良贷款的贷款并不一定会造成损失。如果贷款有足值的抵押品，那么银行可能不会蒙受损失。反过来，有些贷款即使没有被划分为不良贷款，也有可能给银行带来损失。

并不是所有的国家都采用相同的不良贷款定义，即使在一国内部，也可能存在着多种不同的定义，具体取决于涉及哪个行业或部门（金融机构、上市公司、小企业、政府机构等）。此外，国际会计与银行业标准并不使用"不良贷款"这种说法，而是使用"减值贷款"这种说法。[2] 合理地确认不良贷款的存在并拨备相应的坏账准备是预防危机与危机管理最基本的要

---

[1] 2004 年，国际货币基金组织在其官网上发布了一份指导意见［即《财务稳健性指标的汇编指南》（Compilation guide on financial soundness indicators），后来于 2006 年正式出版，2007 年加以修改］，其目的是对财务稳健性指标所涉及的各种概念、定义、资源以及技巧提供信息与建议，以利于这些指标的汇总与传播。

[2] 减值是国际会计准则第 39 号（IAS 39）与巴塞尔委员会使用的特定术语。

求。不过，虽然现在很多人都认同需要建立更加严格的贷款分类标准，但是标准确立的时机以及收紧的程度还存在很多争议。有人担心全面披露不良贷款的相关信息可能会导致市场过度反应，尤其是新兴市场或当前经济环境比较困难的市场。不过，也有人担心把问题的真实情况隐瞒不报反而会伤害市场的信心。图 8-1 给出了欧元区、欧盟、英国以及美国在 2000 年至 2012 年期间不良贷款的变化趋势（趋势指标的定义为银行的不良贷款与贷款总额的比值）。

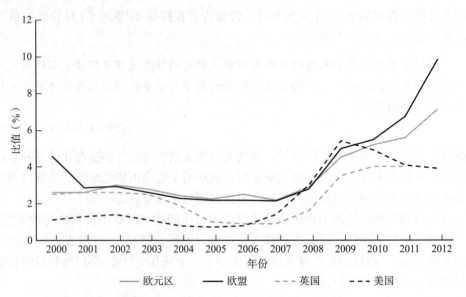

图 8-1　银行的不良贷款与贷款总额的比值

资料来源：作者基于世界银行的数据计算得到的结果。

根据图 8-1，我们能看出贷款组合的信用质量一直保持得比较稳定，不良贷款大约占贷款总额的 4% 左右，直到全球金融危机爆发。从 2007 年开始，银行资产的平均质量开始快速恶化。2009 年，欧元区银行的状况变得比美国和英国的银行还要糟糕。

准确测量不良贷款的金额是任何银行重组计划最基础的一步。这项工作很重要，因为实际操作中贷款的定义与分类五花八门，而且各国的监管环境也不尽相同。一些监管当局使用量化的标准，例如偿还贷款时已经逾期的天数；还有一些监管当局使用定性的标准，例如客户的财务状况，或者依赖于银行的管理者对未来贷款偿还情况的估计与判断。

抵押品（collateral）的估值是银行重组过程中容易引发争议的问题之一。在理论上，绝大多数银行贷款是有抵押品的（通常是以不动产作抵押），因此对于重组方来说，这些抵押品应当是可用的资源。在实际操作中，抵押品的真实价值往往要比账面价值低得多，只有有效地执行了破产程序，抵押品的价值才能得以实现。在银行业爆发危机期间，随着总需求的降低，抵押品的价值（例如房地产的价格）会大幅下跌。而且，大量抵押品同时"跳楼大甩卖"会迫使抵押品的市场价值进一步下跌。这引出了一个问题：重组代理方应当持有破产银行的资产多长时间？最后，抵押品的价值还要取决于强制性还款的法律程序的可靠性。

（2）欺诈。

长久以来，欺诈一直被视为银行破产的主要原因之一。美国银行家协会于 1986 年实施的一项研究——该研究的目的是寻找美国银行破产的主要原因（本斯顿等，1996）——指出："不管是过去还是现在，欺诈都是导致银行破产的最重要的原因，因此必须将其与过度冒险区别开来。"

沿着同样的思路，巴克和霍尔茨沃思（1993）也指出，美国众议院政府工作委员会的一份报告宣称，20 世纪 80 年代，大约 50％的银行破产案与 25％的储蓄机构破产案的罪魁祸首都是欺诈。不过，我们很难给欺诈"定罪"，因为欺诈与管理不善之间的差别十分细微。专栏8-1 介绍了几件最有名的金融机构欺诈事件。

（3）监管宽容。

当金融机构陷入困境时，监管当局可能会面临不能严格执行现有监管规则的压力。正如 7.5 节所述，这就是所谓的监管宽容，当执行监管规则（例如要求金融机构遵守资本充足率要求）会让金融机构面临的问题变得更棘手，可能导致机构破产，甚至会引发民众对其他金融机构的挤兑时，往往就会出现监管宽容现象。监管宽容本身就可能会引发银行业危机，因为银行监管机构可能会陷入日益恶化的负面循环而无法脱身，从而导致公众对银行以及整个金融体系的监管都失去信心。对管理不善的银行监管宽容会损害监管当局的可靠性与权威性。此外，与监管宽容相伴而生的道德风险会鼓励银行过度冒险。

就银行破产案来说，银行的审计师与监管部门"漏掉"了问题银行发出的重要信号，或者是因为他们认为问题银行的利益比纳税人的利益更重要，所以会犯下"宽容之罪"。在很多银行破产案中，随后的调查都证明风险敞口限额被明目张胆地突破，监管机构对此一清二楚，这几乎是很多监管机构处理问题银行时最常见的宽容举动。

（4）大而不倒。

大而不倒指的是银行体系内的大型银行由于规模过大，因此不被允许倒闭，它们肯定能够获得"最后贷款人"的援助。大而不倒的说法并不新鲜，20 世纪 80 年代，在美国的大陆伊利诺伊银行获得美联储的紧急援助以后，大而不倒的说法便开始流行起来。从 20 世纪 80 年代开始，金融机构的规模变得越来越大，而且彼此之间的关联程度越来越高。事实上，一种常见的观点是，规模并不是中央银行判断是否对问题银行施以援手的相关标准，央行看重的是问题银行在特定市场上的重要性以及其破产可能带来的潜在影响/冲击。这就是美联储要救助美国投资银行贝尔斯登（2008 年 3 月）以及保险公司美国国际集团（AIG，2008 年 9 月）的原因，毕竟后者曾经是世界上规模最大的保险公司。这促使人们开始使用其他的缩略词，例如"系统重要性太强而不能倒闭"或"相互关联程度太高而不能倒闭"。

尽管金融监管当局不向金融机构承诺会动用"最后贷款人"工具来提供援助，但是历史告诉我们（基于系统重要性以及其他原因）大银行被救助的可能性确实高于小银行。在某种程度上，所有的国家都是执行大而不倒政策。批评家们认为政府向大银行提供的隐性担保会鼓励银行过度冒险，从而加大这些银行破产的可能性。

2007—2009 年全球金融危机过后，监管机构与学术界的讨论时不时会出现大而不倒的说法，随后逐渐扩散到民众之中，于是有人呼吁拆分大银行。例如，《多德-弗兰克法案》正是美国政府试图解决美国大银行大而不倒问题所做的尝试。在全球范围内，2011 年，金融稳定委员会将第一批 29 家银行确定为系统重要性金融机构，建议对其采用更加严格审慎的监管标准（可以参考 7.7.4.4 节）。同样的，巴塞尔委员会还为全球系统重要性银行制定了额外的资本要求。在写作本书时（2014 年），大多数监管改革正在进行中，因此大银行的未来暂时是不确定的（可以参考 8.4.2 节）。

（5）过于聚集。

这里"聚集"的含义是，一国的银行破产案总是倾向于在几年的时间里集中性爆发，而非在较长的时期内平均分布。在储户与投资者之间蔓延的"羊群心理"或"传染效应"有助于解释为什么短期内会集中出现几家银行都被挤兑的现象。不过，在解释聚集现象时，宏观经济因素也很重要。

破产案集中爆发的另一原因可能与政府或监管机构未能及时插手干预有关。20 世纪 90 年代的日本银行业危机就是一个典型的例子——宏观经济因素与监管机构没能及时干预，这两方面因素叠加在一起促使银行业爆发了危机。

(6) 宏观因素与系统性因素。

还有很多影响因素无法被简单地划入前面这些类别。讨论银行破产与银行危机成因的文献浩如烟海。这些文献大致可以分为两大类：一类认为微观经济因素是银行破产与银行业危机的主要影响因素；另一类认为宏观经济因素与系统性因素才是主要的影响因素。我们将在 8.5.3 节更详细地讨论这个话题。

正如本节所述，对银行破产案的定性分析让我们对银行破产的原因有了一定的了解。而定量分析要使用银行破产的计量经济学模型，这类模型来自研究公司破产的文献。这些模型旨在评价银行的健康状况，提供早期预警信号。我们会在 8.3 节讨论早期预警系统。

8.3　银行健康状况的早期预警系统

近期国际金融市场的混乱让人们意识到需要用更好的工具来监控银行的冒险行为以及金融体系的脆弱性。从监管机构的角度来看，关键在于确认哪些机构存在明显的弱点与缺陷，同时充分考虑外部经济环境的潜在触发因素（例如被其他银行/国家传染、贸易冲击、政治不稳定等），并提前预判下一个破产的银行。

简单地说，**早期预警系统**（early warning systems，缩写为 ESW）是根据过往金融危机积累的经验，用一些关键性的变量吸引监管当局的注意力。这些变量能反映一家金融机构的风险水平（微观审慎监管方式）或整个金融体系的风险水平（宏观审慎监管方式）。

银行监管机构一直都很关注评估个体金融机构的风险与健康状况。微观审慎监管方式主要关注以下要素：

(1) 标准资产负债表与损益表的财务比率指标，包括"骆驼"指标（可参考 8.3.2 节）。

(2) 金融工具的市场价格，例如银行发行的股票与次级债的价格。

(3) 银行风险水平与财务实力的测量指标，例如存款利率。

此外，监管机构还要搜集主要的宏观经济指标。不过，批评家认为，2007 年之前监管机构对微观监管的强调没能提前发现国内以及跨国金融机构相互关联度越来越高所蕴含的风险。

在政策制定过程中使用早期预警系统并不是什么新鲜事，2007—2009 年的全球金融危机促使各国的金融监管当局以及国际组织（例如国际货币基金组织和金融稳定委员会）共同合作，对现有的监管工具加以修正，以达到能预判系统性风险的目的。其中一项新举措便是持续不断地努力开发并使用宏观审慎指标，这类指标被广泛定义为能反映金融体系健康和稳定程度的指标。

早期预警系统通常可以分为两种类型：一类是基于财务比率分析或同业分析的模型；另一类是统计模型（例如预测破产率或生存率的模型、估算信用等级以及降级概率的模型，以及计算预期损失的模型）。

8.3.1 基于财务比率分析的模型

财务比率分析是银行管理的重要工具，银行内部与外部的监管机构均可以使用这一工具来评价银行的绩效——可分析银行的盈利能力、资产质量、流动性、偿付能力以及资本充足性（有关财务比率分析的更详细内容，可参考 9.4 节）。

对早期预警系统来说，银行的财务状况与一系列重要财务比率指标密切相关，银行若想保持安全稳健的经营状态，那就应当把这些指标的值控制在一定范围内。如果一个或多个重要财务比率指标超出了事前规定的临界水平或位于特定区间内，那么早期预警系统就会发出警报信号，提示应更多地关注这家银行。

在这种情况下，银行绩效的评价往往以其过去的历史业绩为基准（即检查某个特定的比率指标或多个指标是否与银行的历史数据差异较大），或者以银行同业的表现为评价标准。一般我们会基于某些共性的特征，例如银行的规模（大银行与小银行）、银行的专业化分工（合作银行、储蓄银行、商业银行、投资银行）或其他特征（国内银行或外国银行，上市银行或非上市银行，国有银行或私营银行），来确定对照组（同业）。

同业对照组分析（peer group analysis）的基础是计算一组银行的财务比率指标。先根据这些指标的值来判断某家银行的经营状况是否与同行存在明显的差异，然后找出导致这种差异性的主要原因，最终判断这是否值得监管当局重视或关注。在每个对照组内，第一步是与同行业平均值对比，找出表现最好的/最差的机构。此外，财务比率从最好到最差依次进行排序，并算好百分等级。监管机构可依据该指标对银行相对于同类型金融机构的业绩状况有一个较为全面的了解。与对照组的平均值相比，财务指标值明显恶化的银行很容易被发现，因此可以迅速地对其采取必要的措施。一些监管机构出于监管目的使用财务比率分析工具时，会采用较为正式的程序。在此类模型中，最有名的当属美联储使用的骆驼评级法。

8.3.2 骆驼评级法

在美国，银行监管机构要对单个银行的整体健康状况进行评估，此时就要用到**骆驼评级法**（CAMELS）。"CAMELS"是由该评估体系各组成部分首字母缩写组成的单词：资本充足性（capital adequacy）、资产质量（asset quality）、管理水平（management quality）、盈利性（earnings）、流动性（liquidity）以及市场风险敏感性（sensitivity to market risk）。

表 8-1 总结了用于评估银行财务状况的主要财务指标。美联储同时使用公开信息（源自银行的财务报表）与银行管理者提供的非公开信息，得出一个综合性的评级结果。骆驼评级法共设有五个等级，从 1（最高等级）到 5（最低等级）。评级结果只向银行高管披露，并不向公众公布，除非发生了银行破产案。

表 8-1 骆驼评级法

骆驼评级法	指标
资本充足性	总的风险资本比率；核心资本比率；贷款损失准备的冲销
资产质量	不良贷款/总资产；非流动性贷款比率；由商业不动产担保的贷款/总资产；其他贷款/总资产

骆驼评级法	指标
管理水平	非利息支出与收入的比（净利息收入加上非理性收入）
盈利性	资产回报率；净利差
流动性	核心存款/总资产；易变负债比率（长期资产/短期负债）
对市场风险的敏感性	非利息收入/总资产（风险资产收益的代理指标）

图 8-2 提供了 1991 年至 2011 年间美国银行骆驼评级的平均水平。实力强劲的银行能获得 1 级或 2 级的骆驼评级，而较差的银行只能拿到 3 级、4 级和 5 级的评级。[①] 数据显示，在 20 世纪 90 年代初信贷紧缩时期，银行的平均评级结果较低，直到 20 世纪 90 年代末和 21 世纪初，情况才开始慢慢好转；然而，自全球金融危机爆发以来，银行的评级又开始快速恶化。

图 8-2　骆驼评级的平均值

资料来源：巴西特等（2012，8）。

说明：柱形阴影对应的是衰退期。

如图 8-3 所示，银行骆驼评级结果的平均值曲线反映了每个等级（共 5 个等级）内银行数量的变化。说得更具体一点，数据显示，伴随着"强大的银行"（尤其是拿到 1 级银行）数量的减少，5 级银行的数量相应增加了，而且前者减少的幅度大于后者增加的幅度。让监管机构担忧的另一事实是 3 级银行所占的百分比在稳步上升，这也许意味着金融体系内各个银行的财务状况都在恶化。

自全球金融危机爆发以来，美国的监管机构还将**压力测试**（stress testing）作为一项监管工具。2009 年，监管资本评估项目是第一次压力测试尝试。在监管资本评估项目之后，美国监管机构还引入了两个同样基于压力测试模型的监管计划，这两个计划差别明显但又相互关联：（1）《多德-弗兰克法案》压力测试旨在量化评估当面对较为紧张的金融与经济环境时，银行的资本规模是否足以应付危机；（2）综合性资本分析与评估将压力测试的定量分析与银行资本规划的定性评估相结合。

全球金融危机促使监管当局的着眼点由单个金融机构面临的风险转移到系统性风险，压力测试已经成为很多国家最流行的监管工具。

---

① 说得更具体一点，骆驼评级结果为 1 级意味着银行在每个方面都很健康。2 级意味着银行比较健康，但是在日常经营过程中有一些小缺陷需要改正。3 级意味着银行的财政状况、运行情况或合规经营等方面存在比较严重或不符合要求的缺陷。4 级意味着银行存在大量较为严重的财务问题或其他令监管机构不满意的状况。5 级意味着银行具有非常高的立即破产或短期内破产的概率（巴西特等，2012）。

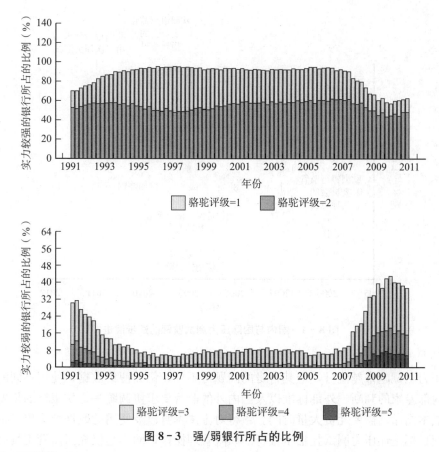

图 8－3 强/弱银行所占的比例

资料来源：巴西特等（2012，8）。

说明：实力较强的银行指的是骆驼评级为 1 级或 2 级的银行。

实力较弱的银行指的是骆驼评级为 3 级、4 级或 5 级的银行。

8.3.3 压力测试

近年来，压力测试变得越来越重要，这是因为监管要求越来越高，而且很多国家的经济环境充满了各种不确定性。图 8－4 形象地展示了国内以及全球压力测试监管的发展历程。穆迪公司（2011）发布的"银行业压力测试调查"指出，从 2007 年到 2011 年，各国监管法规或指导文件的数量增加了四倍。监管要求的提高不仅表现为监管法规数量的增加，而且其复杂程度也有所上升，如今银行必须要应付多个监管机构提出的各种要求。

一般来说，压力测试的意义在于为标准的巴塞尔资本比例指标进行补充，提供更具有前瞻性的视角，确保银行持有足够多的资本——即使在非常不利的市场情况下，银行依然能继续放贷。此外，压力测试结果的披露能提供有关各银行财务状况的连续多期、可横向比较的信息，有助于促进市场自律。巴塞尔委员会于 2009 年发表了更为强大的压力测试指引文件，其目标在于确保金融机构能够在紧张环境下依然满足资本要求与流动性要求。正如专栏 8－2 中提到的，2010 年，欧洲银行监管委员会〔Committee of European Banking Supervisors，缩写为 CEBS，现在已改名为欧洲银行管理局（European Banking Authority，缩写为 EBA）〕发布的相关监管指令也遵循了巴赛尔委员会的指导意见。

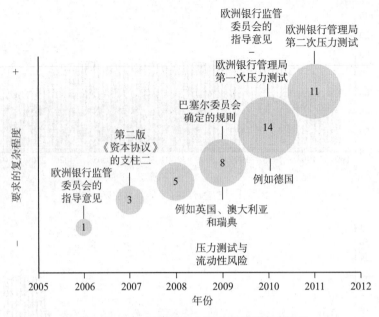

图 8-4 国内与国际压力测试监管的逐步演进

资料来源：穆迪公司（2011，9）。

尽管压力测试越来越流行，但其自身的问题可不少，例如搜集数据，使用不同的方法，以及需要将内部专家的判断、外部标准以及国内外的监管要求协调统一。从银行的角度来看，压力测试的成本高昂，需要耗费大量时间。银行对方法本身以及使用的数据都提出了批评。监管当局的长期目标是让压力测试扎根于银行的风险管理操作，而不是仅充当监管工具而已。

专栏 8-2

欧洲银行管理局与欧盟整个地区的压力测试

欧洲银行管理局是一家独立的欧盟机构，其职责是确保整个欧洲银行业能得到有效而持续的审慎监管。它的主要目标是维持欧盟地区的金融稳定，保证银行部门的诚信、高效与有序运营。

欧洲银行管理局始建于 2010 年 11 月（见 2010 年 11 月 24 日欧洲议会与欧洲理事会的 1093/2010 号条款），2011 年 1 月 1 日正式成立。它接管了欧洲银行监管委员会的所有任务与职能。欧洲银行管理局拥有广泛的权限，例如加强国际监管协作，促进监管趋同，向欧盟机构提供有关银行业、支付体系以及电子货币监管的咨询意见。它的主要任务是积极促成《欧洲银行业单一规则手册》（European Single Rulebook）的出台，该手册可以为整个欧盟地区的金融机构提供一整套和谐一致的审慎监管规则。

欧洲银行管理局隶属于欧洲金融监管体系（European system of financial supervision，缩写为 ESFS），后者由三家监管机构构成：欧洲证券与市场管理局（European Securities and Markets Authority，缩写为 ESMA）、欧洲银行管理局以及欧洲保险和职业年金管理局（European Insurance and Occupational Pensions Authority，缩写为 EIOPA）。欧洲金融监管体系又包括欧洲系统性风险理事会（ESRB）、欧洲监管机构联合委员会（Joint Committee of the European Supervisory Authorities）以及欧盟各成员国国内的监管机构。

欧洲银行管理局的主要决策主体为监事会。写作本书时，监事会的主席是安德里亚·恩瑞亚（Andrea Enria）；监事会的成员为欧盟各成员国委派的中央银行官员。监事会成员还包括欧洲委员会（European Commission）、欧洲系统性风险理事会、欧洲中央银行以及隶属于欧洲金融监管体系的其他监管机构派出的观察员。欧洲银行管理局的总部位于伦敦。

欧洲银行管理局的主要职能可大致分为三个方面：（1）监管；（2）监督；（3）消费者保护。

欧洲银行管理局的主要职责之一是确保欧盟金融体系的稳定。为了实现这一目标，欧洲银行管理局被授权监督评估市场的发展状况，以微观审慎监管为基础寻找趋势、潜在风险以及脆弱点。欧洲银行管理局的主要监管工具之一是整个欧盟地区的压力测试。

在与欧洲系统性风险理事会合作时，欧洲银行管理局以自下而上的方式，使用欧洲银行管理局与欧洲系统性风险理事会、欧洲中央银行以及欧盟委员会（EU Commission）共同开发的测试方法、虚拟情境以及主要假设，在整个欧盟地区内进行压力测试。这种测试的目的是评价金融机构抵御不利市场环境的抗压能力，进而对欧盟金融体系的系统性风险做出整体评估。2011年，它们测试了21个国家的90家银行。测试结果被公布于众，银行的敞口以及资本构成等信息达到了前所未有的极高透明度（参考欧洲银行管理局官网）。

8.3.3.1 压力测试的不同方法

压力测试可采用不同的方法，主要方法如下所示：

（1）自下而上式（BU）；

（2）自上而下式（TD）；

（3）逆向法。

自下而上式指的是银行定期基于多个常见的模拟情境（由监管机构提供），来评估自己的头寸敞口。欧洲银行管理局采用的就是自下而上式。这种测试方法的优势之一在于使用了单个银行有关交易组合与总敞口的极其细微的信息。这有助于更加深入细致地观察日益恶化的宏观经济与市场环境会对个体银行造成怎样的影响。不过这也有不利的一面，自下而上的测试意味着每个金融机构都具有特殊性，因而很难将测试结果进行横向比较。

自上而下式指的是监管当局设定多个宏观经济虚拟情境，然后在此环境下进行压力测试，并在银行自身不参与的条件下计算评估结果。自上而下式的测试既重视个体银行，又关注整个银行体系。这种压力测试先要设计出多种宏观经济虚拟情境，然后用统计方式来估计不利的市场环境对信用敞口与市场敞口的冲击作用。它要绘制一个正式的"地图"：说明经济冲击对金融体系的传导效应。自上而下式测试使用同样的虚拟情境、同样的模型与同样的假设条件，在同样的时点进行测试，所以该方法允许各家银行进行横向比较，有助于监管机构更好地了解并找出整个银行体系最脆弱的地方。自上而下式不如自下而上式那么细致。很多中央银行偏好自上而下式，例如英格兰银行，它使用的系统重要性机构风险评估（RAMSI）模型就是自上而下式压力测试模型，是英格兰银行常用的风险评估工具之一。[1]

逆向法要求银行对可能导致其商业模型失去可行性的情景或环境进行评估，从而找出潜在的脆弱点。逆向压力测试首先从银行破产这一结果出发，分析可能导致这一结果的外部环境。这与常见的压力测试——改变虚拟环境，然后测试环境改变所导致的后果——不一样。2012年12月，英国金融服务管理局引入了逆向压力测试，如今该测试由英格兰银行下设的审慎监

---

[1] 有关模型的更多信息，可参考巴西特等（2012）。

管局负责。银行可将逆向压力测试当作风险管理工具使用，它能帮助银行管理者克服"灾难短视"的倾向，完善应急计划。

8.4 银行重组

尽管监管机构一直在努力寻找金融体系的脆弱之处，银行破产事件依然时有发生。监管者脑海里有一个很重要的疑问："援救问题银行的最佳政策选择是什么？"本节讨论的正是监管机构应对银行破产事件时可用的工具。

银行重组有很多目标（有时候这些目标还互相冲突），因此并不存在一个所有人都接受并能成功完成重组的方式。银行重组的终极目标往往是降低银行的违约概率，同时还要确保纳税人的负担尽可能地小（兰迪尔和上田，2009）。

在开始讨论政策制定者可用的银行重组方式之前，我们需要先向大家介绍一下银行重组的基本术语。其中一些术语有多种含义，而且不同国家会使用不同的术语。表 8-2 提供的术语是国际货币基金组织有关银行业危机与重组的大多数文献最常用的术语。

每个国家的监管机构处置问题银行的工具都不太一样，同理，问题银行的重组程序与步骤也存在较大差异。在每个国家，相关的法律都明确规定了哪些机构必须参与重组程序、该机构的作用以及权限。

表 8-2 银行重组术语

被干预银行	指丧失偿付能力或无法继续存活的银行，因此监管机构接管了银行管理者与股东的权利。这样的银行可能会被关闭，或在监管机构的控制下继续开门营业，前提条件是银行的财务状况较容易理清，而且监管机构的决定以合理的重组策略为基础。
被重组银行	正在执行重组策略的银行，重组策略具体包括清算、并购、转让给过渡银行、政府注资收为国有化以及出售或转让大量资产或负债。
银行关闭	银行作为法人实体停止营业。一般来说，收回银行执照都伴随着银行的关闭。关闭也是经营不善的银行在诸多重组方式——例如清算以及将全部或部分资产与负债转让给其他机构——当中可实现有序退出的选项之一。
银行清盘	指的是银行的资产被出售，同时其负债也被尽可能处置掉的法律程序。清算程序可能是自愿进行，也可能是被迫进行，可使用/不使用一般的破产程序，法庭可以介入，也可以不介入。清算时，资产被出售，所得资金按照法律规定的顺序依次向债权人赔偿。可以按照一国的破产法、公司法或银行的**特别处理机制**（special resolution regime，缩写为 SRR，又称为特别处置机制）来完成清算。
合并（或出售）	指企业所有的资产与负债都被转让给另一机构或被另一机构吸收。合并可以是企业的自愿行为，也可以是在政府帮助下完成。
购买与接盘（P&A）	指一家拥有偿付能力的银行买下另一家破产银行的全部或部分资产（包括其客户基础以及商誉），同时还接受了该银行全部或部分债务。在进行购买与接盘时，通常政府会用支付证券的方式向购买方支付资产与负债的价值差额。这一过程往往还要撤销或收回问题银行的经营执照，终止股东对银行享有的所有者权利，承接问题银行的存款与正常资产，而问题资产则由破产重组管理机构接管。在英国，类似的做法叫作私人部门买家。

过渡银行	一种购买与接盘的模式，即成立一家临时性的金融机构，使其接收并管理另一家或几家破产银行的正常资产。过渡银行可被允许从事某些银行业务，例如发放新贷款或重组已发放的贷款。过渡银行不要求监管当局或国家收购破产银行的股份，不管是部分股份还是全部股份。
存款偿付	存款保险机构确保破产银行的客户能拿回被保险的存款。
公开银行援助（OBA）	指的是在政府提供资金援助的条件下，问题银行继续开门营业，政府的做法就叫作公开银行援助。这与英国的临时收为国有比较相似，只不过临时收为国有要求英国政府收购破产银行的全部股份。
好银行/坏银行	问题银行被拆分为好银行（继续经营，通常会被另一家健康的银行收购）与坏银行（被监管机构接管）。被保险的存款通常被划给好银行，而其他所有债权人的债权会全部被划给坏银行，变成破产处理过程中的索赔人。这也叫作部分财产转移。
国有化	指的是政府收购了问题银行的所有股份，成为其所有者。
援助	指的是问题银行为了避免破产而接受外部投资者或公共基金的资金援助。
自救	按照这种破产处置安排，监管机构有权要求债券持有人承担损失，以确保银行的关键部门能够继续运转。

资料来源：布莱尔利（2009）；霍尔舍与昆汀（2003）；麦奎尔（2012）。

破产重组应当选择可以使破产处置管理机构或政府的成本最小化的重组方案［即**最小成本处置**（least-cost resolution）］，这是一条被普遍接受的原则。为了找到最小成本处置方案，监管当局要将几个不同的处理方案加以比较，同时还要充分考虑当时的宏观经济环境与市场环境，因为有时环境因素可能会让某些处理方案变得不可行。金融稳定委员会（2011a）已经发布了指导文件——《金融机构有效处置机制的关键属性》（Key attributes effective of resolution regimes for financial institutions），以促进各国高效持续地开展工作，支持监管当局有序处置，不让纳税人因（政府向破产机构提供）偿债支持而利益受损，同时还要确保金融机构能持续地发挥经济职能。该文件的落实对跨国银行以及系统重要性金融机构的破产处置尤为重要（参考8.4.2节）。专栏8-3概要介绍了有效的银行处置机制的目标。

8.4.1 银行处置机制

当银行无法继续存活下去时（或可能无法继续存活下去），监管当局就要启动处置机制。多种技术手段可被用于处理问题银行。在某些情况下，这种手段是互斥的选项；在其他情况下，它们彼此间可能又变成了互相补充的关系。常见的处置机制如下所示：

- 清盘（银行破产程序）；
- 合并与收购；
- 购买与接盘；
- 过渡银行；
- 公开银行援助。

（1）清盘（银行破产程序）。

当银行无法再存活下去时，如果不可能获得外部援助，或者预期不可能恢复长期生存能力，那么银行可以按照该国的通用破产程序或银行特别处理机制来进行清盘。储户可能获得全额赔付，而债权人要按照债权的优先等级依次获得赔付。处置当局会把破产银行的资产全部处理掉，这个过程成本很高，而且需要大量时间。此外，清仓甩卖的资产往往售价远远低于其公平市场价值。清盘或破产程序最有可能被用于处置破产事件时不会造成严重的系统性风险的银行，或者无法找到买家的银行。

专栏 8 - 3

有效的银行处置机制的目标

有效的银行处置机制（与保护储户、保单持有者与小投资者的其他机制或安排相互作用）应当：

（1）确保系统重要性金融服务以及支付、清算与结算功能的持续提供。

（2）保护储户、保单持有者以及投资者的利益，同时注意与其他相关的保险制度或安排相协调，确保被隔离的客户资产能得到快速返还。

（3）将损失分摊给企业的所有者（股东）以及无担保、无保险的债权人，要按照债权的等级顺序向债权人分摊损失。

（4）不依赖公共资金支持，不要让人们形成"可获得这种支持"的预期。

（5）避免价值的无异议损耗，寻求母国国内与东道国国内破产处置成本的最小化，同时还要兼顾其他目标，由债权人分摊损失。

（6）处置快速透明，相关法律与程序清晰无误，高效规划以实现有序处置，尽可能地让整个过程具有高度的可预测性。

（7）在处置之前以及处置过程中，通过立法授权的方式建立国内与外国破产处置机构之间的合作、信息交流与协作关系。

（8）确保无法生存的企业能有序地退出市场。

（9）可信——提高市场自律性，促使人们选择以市场为基础的破产处置机制。

资料来源：金融稳定委员会（2011a）。

（2）合并与收购。

在处理破产银行时，企业所有的资产与负债都被转让给另一机构或被另一机构吸收，这就是所谓的合并。合并可以在无外界帮助的条件下进行（企业自愿行为），或在政府帮助下完成。如果是无政府帮助的合并，监管机构则不会提供任何资金支持。这种策略的好处在于对监管机构来说没有任何成本。缺陷在于收购了一家问题银行会让原本强壮的收购银行变得虚弱，因此未来可能会留给监管机构一个规模更大的问题银行去处置。政府帮助下的合并指的是政府提供某种形式的直接资金支持，目的是为问题银行找到买家。提供直接资金援助时需要做好规划，避免以纳税人的利益为代价让收购企业的股东受益。

（3）购买与接盘。

购买与接盘是处置问题银行最有效的方法之一。具体做法是，一家健康的金融机构"买下"问题银行的部分或全部资产，同时"接盘"该机构的部分或全部负债，通常为已参加保险的存款（若该国设立了显性的存款保险制度），或全部存款，甚至包括其他债务（麦奎尔，2012）。购买与接盘可分为多种类型。在最基础的购买与接盘中，收购企业通常买下有限数量的资产，这些资产大多为现金与现金等价物。然后，收购企业会接收与资产相匹配的负债，可能是部分或全部存款。在整个银行参与购买与接盘的模式下，收购方会在无担保的条件下按照现状买下问题银行的全部资产。购买与接盘还包括某种形式的看跌期权，该期权赋予收购银行在一段特定时期内退回部分（已收购的）资产，或者按照事先约定好的收益分享/损失分摊协议，退回部分或全部资产的权利。

（4）过渡银行。

过渡银行（bridge bank）是购买与接盘的一种变化形式。这种模式要求破产处置当局充当收购方，建立一个新的临时性的全能型银行。从银行破产到处置机构与第三方完成银行收购案之间需要等待一段时间，处置当局成立新银行的目的便是让其在这段时间内发挥过渡作用（麦奎尔，2012）。当银行的破产出乎意料时（例如因欺诈事件的披露或陷入流动性危机而破产），处置当局往往会采用这种处理方法。过渡银行可以迅速改变问题银行的股权结构，一般过渡银行的存续时间有限（通常都是一年到两年）。如果在私营部门寻找合适的收购者需要更多的时间去协调安排，例如**私营部门购买者**（private sector purchaser，缩写为 PSP）需要对问题银行的财务记录进行深入的尽职调查，那么先把问题银行转让给过渡银行代持应该是最佳选择。

（5）公开银行援助。

在某些环境下，政府或破产处置当局可能会向濒临破产的银行直接提供资金支持。这种援助可以采用贷款、购买资产、注入资本金或购买其他债务工具的形式。有时监管当局还会倾向于"监管宽容"，尤其是对资本充足性指标的监管。在某些特定情况下，如果不太可能将问题银行（直接或通过过渡银行）出售给私营部门购买者，而且短期内银行破产将会给金融稳定造成巨大威胁，那么就有必要将银行**临时收为国有**（temporary public ownership，缩写为 TPO）。

表 8-3 总结了不同处理工具的优缺点。监管机构要根据银行的财务状况、导致财务困境的根本原因、当时的市场环境以及银行破产事件对系统稳定性的影响等因素来做出选择。

8.4.2 大型复杂金融机构的破产处置

8.4.1 节讨论的处置方式不能用来处理大型复杂金融机构的破产事件。大型复杂金融机构也叫作系统重要性金融机构，指的是跨境经营并从事多种业务活动的金融机构。它们具有复杂的资本结构，各种各样的负债工具都可以向其提供资金来源（我们已经在 7.8.4.4 节讨论了系统重要性金融机构的定义）。

表 8-3　银行破产处置方式

处置方式	优点	缺点
清盘（银行破产程序）	• 持有已保险存款的储户可以迅速获得存款保险基金的理赔。	• 持有未保险存款的储户与债权人必须要（漫长地）等待清盘所得的资金。 • 持有未保险存款的储户可能无法拿回未保险存款的全额。 • 储户必须找到一家新银行。 • 由于处置的成本很高，这种方法通常被视为"最后的选择"。
合并与收购	• 未获得政府帮助的合并案不会给监管当局带来任何成本。 • 银行可以不间断地继续提供服务。	• 健康的银行可能会被问题银行的麻烦所拖累。
购买与接盘	• 持有保险存款的储户没有任何损失。 • 收购银行有机会接收新的客户。	• 大部分资产需要清盘。 • 未参加保险的储户可能遭受损失。

处置方式	优点	缺点
过渡银行	• 给予监管机构充足的时间安排交易。 • 给予收购方充足的时间评估银行的整体状况。	• 复制破产程序的一些步骤。 • 监管机构要对过渡银行的经营负责，这不仅需要大量的人力，而且非常耗费时间。 • 可能需要政府提供持续性的流动性支持。 • 难以留住最优秀的雇员与客户。 • 如果无法将问题银行卖掉，那么经营过渡银行的成本可能超过直接清盘的成本。
公开银行援助	• 可以相对较快地执行。 • 阻止系统性问题爆发。 • 资产可被留在私营部门内部。	• 让人们更加相信"大而不倒"。 • 政府的资金援助会让私人股东受益。

大型复杂金融机构的破产处置面临的第一个问题是这可能要动用政府的能力与资源。第二个至关重要的问题是如何处理国际业务繁忙的大型银行。大型复杂金融机构通常是跨国的银行集团，那么在破产处置时会遇到一个难题：很多国家都有自己的特别处理机制，而相应的处理工具不能自动在境外使用。

第三个问题是现有的特别处理机制不能用于处理投资银行的破产案（例如，标准的特别处理机制不能高效有序地处置巨额且复杂的衍生品组合或交易组合）。正如雷曼兄弟公司与美国国际集团事件所揭示的，衍生品头寸的处理尤其复杂，为了达到保值的目的，需要使用动态套期保值手段。然而，在交易对手已经逃之夭夭、资金来源彻底枯竭的情况下，清盘过程中很难做到这一点。

为了解决这些问题，为了维护金融体系的稳定性不被大型复杂金融机构的破产事件所影响，国内与国际社会都在酝酿着重大改革。几项关键性的监管改革计划旨在减少大型复杂金融机构对系统性风险的影响，建议对系统重要性金融机构提出额外的资本要求（参考 7.8.4.4 节），还提出了一些便于跨国金融机构破产处置的提议。同时，对大型复杂金融机构的结构、组织以及业务范围均会造成影响的监管措施也正在讨论过程中。表 8-4 总结了英国国内与国际社会的监管新举措以及具体的实施时间。

表 8-4　监管新举措

重要改革	目的	时间表
全球改革		
第三版《资本协议》的资本标准	• 更改了资本的定义。	2019 年
第三版《资本协议》的资本要求	• 更好地评估风险。 • 对交易活动提出了更高的风险资本要求。 • 对衍生品与回购交易的交易对手风险敞口提出了更高的资本要求。 • 对全球系统重要性金融机构提出了额外的资本要求。 • 按照（清算会员）银行的主要交易对手违约风险敞口计算资本要求。	2019 年
全球系统重要性金融机构的额外要求	• 对系统重要性银行提出额外的普通股权益资本要求。	2019 年

重要改革	目的	时间表
第三版《资本协议》的流动性要求	• 流动性覆盖比率：要求银行持有的高质量流动性资产足以满足 10 天的资金流出需求。 • 净稳定资金比率：要求资产与负债实现更好的期限匹配。	2015 年
第三版《资本协议》的杠杆率	• 规定了风险敞口（不管风险权重是多少）与资本的比率上限（总敞口不得超过一级资本的 3%）。	2018 年
金融稳定委员会的薪酬指引	• 董事会负责制定薪酬政策。 • 应当按照风险以及具体的任期评估薪酬。 • 监管机构应当监督企业的薪酬政策。	2019 年
公司治理	• 强调进一步完善公司治理，包括银行董事会的作用。	
全球系统重要性金融机构的破产处置	• 降低全球系统重要性金融机构破产时使用公共基金进行援救的可能性。	已执行
英国国内的改革		
沃尔克规则（《多德-弗兰克法案》）(美国)	• 存款机构不得从事某些交易活动或拥有私募股权基金与对冲基金的股权。	法案已通过，执行时间未定
《维克斯报告》（英国）	• 英国的零售银行不得从事投行业务（栅栏原则）。 • 被"栅栏"限制的金融机构应持有额外的资本。	2019 年
银行复苏与处置指令（2013 年 6 月 27 日欧盟指令）	• 建立信贷机构与投资公司复苏与破产处置的统一框架。 • 要求金融机构起草复苏计划。 • 处置当局要为每个机构准备破产处置方案。 • 授权处置机构使用自救工具。 • 各成员建立事前破产处置基金。	指令已通过，执行时间未定

资料来源：国际货币基金组织（2012c），作者做了部分更新。

8.5 银行业危机

银行的违约或破产会让人们丧失对银行体系的信心，很多个人或企业纷纷要求提取存款，这会导致银行挤兑现象的发生，此时监管当局面临的就是银行业危机。在过去的 20 年里，几个国家经历过严重程度不同的系统性银行业危机。国际货币基金组织经济学家卢克·莱文与费比安·巴伦西亚（2012）发现，1970 年至 2011 年间，全球共发生了 147 次银行业危机。在同一时间段内，他们还确认了 218 次货币危机与 66 次主权债务危机。

1980 年至 1993 年期间，自由化与放松管制的浪潮导致美国 1 300 家储蓄机构和 1 500 家商业银行宣告破产（这就是所谓的"储贷协会危机"）。在 20 世纪 90 年代中期，瑞典、挪威和芬兰的银行体系因放松管制而一片欣欣向荣的景象突然受到了打击，于是各国不得不采用各种各样的政府赔偿方式来提供援助，最终这几个国家的银行业得以复苏。没有一家银行违约，但是高昂的成本要由纳税人来承担。银行业危机以及随之而来的援助措施对这三个国家的经济发展产生了深远的影响，而且芬兰与挪威的受影响程度比瑞典更高。

20 世纪 90 年代初，法国的经济危机主要集中在房地产领域，导致 7 家有信用评级的银行破产。自 20 世纪 90 年代中期以来，日本的银行体系也经历了一段危机期，不过没有银行违约。日本严重的通货膨胀以及随后的房地产价格暴跌给大型银行造成了严重的伤害。纵观第二次世界大战结束后的历史进程，自 20 世纪 90 年代中期至今，日本的银行业最急需政府提供援助的时期正是 20 世纪 90 年代中期（有关日本银行业危机的更多细节请参考第十六章）。

保加利亚、捷克、匈牙利、波兰、罗马尼亚与斯洛伐克也在 20 世纪 90 年代遭遇了银行业危机，尤其是在加入欧盟之前，危机程度更为深重。

1997 年，东南亚地区的多个新兴经济体遭遇了一场严重的金融危机，危机发端于泰国，而后迅速蔓延至印度尼西亚、马来西亚、韩国以及越南。

近年来，美国和英国于 2007 年经历了一场银行业危机，2008 年至 2010 年间，这场危机扩散到全球其他多个国家。

研究发现，银行业危机的爆发具有波浪式特征，危机之前的市场往往处于信贷繁荣的状态。图 8-5 展示了 1970 年至 2010 年间银行业危机的周期趋势。

正如 8.4 节所述，政府、中央银行以及外部监管机构根据具体环境的不同，采用各种不同的方式应对银行业危机。尽管具体措施各不相同，但成功的危机管理具有某些相同的组成要素：

- 政府必须尽可能早地主动承认危机的规模与程度。
- 若监管机构打算关闭资不抵债的银行，则政府应当表示支持。
- 政府应当主动向银行体系投入大量的财政资源。
- 危机初期应当采用高度透明的措施处置不良贷款。
- 更完善的监督与监管框架往往是必要的。

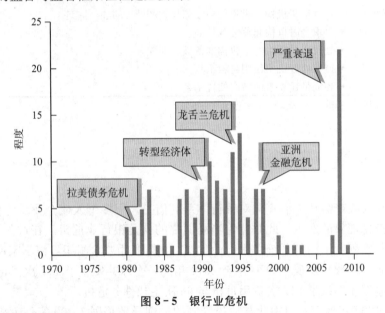

图 8-5　银行业危机

资料来源：莱文与巴伦西亚（2012，10）。

8.5.1　系统性银行业危机

危机管理以及银行重组的成功最终取决于有利的宏观经济环境，以及监管当局动用必要的手段做出有关银行体系重组的艰难决定（一般这样的决定在政治上是不受欢迎的）。不过有时候，事情并没有按照监管当局的计划向前发展，一家或几家银行的破产引发了大量的违约行为，给经济造成了深重的不良影响。大银行的破产会引发民众对其他银行的挤兑，因为人们急于提走存款，没有能力区分哪些银行是健康的，哪些银行是有问题的。而且，由于银行之间彼此关联，一家银行的破产会立即影响其他银行，这就是银行传染，可能会导致银行挤兑。

银行体系容易受系统性风险的影响。系统性风险指的是一家银行的风险会蔓延到整个银行系统，于是演变成系统性危机。存在系统性风险这一"脆弱点"是必须对银行进行监管的主要原因（参考第七章）。

根据博赛等（2013）的研究，系统性的银行危机并不常见，平均每隔40年爆发一次。不过，这种系统性的银行危机所引发的经济衰退要比其他形式的经济衰退持续的时间更长，程度更深。

根据莱文和巴伦西亚的研究（2012），当满足下列条件时，银行业危机可以被界定为系统性危机：（1）银行体系出现财务危机（例如重要的大银行被挤兑，银行体系出现损失和/或银行破产清盘）；（2）为了应对银行体系的重大损失，监管机构出台干预银行业的政策措施。说得更具体一点，莱文和巴伦西亚（2012）认为，一旦下列六种措施当中至少有三种措施已经被监管机构使用，那么这场危机就是系统性危机：（1）防范的流动性支持（规模至少相当于存款以及对非居民负债的5%）；（2）银行重组成本（至少相当于GDP的3%）；（3）大银行国有化；（4）提供重大担保；（5）大量买入资产（规模至少相当于GDP的5%）；（6）存款冻结和/或银行暂停营业。通过使用上述标准，两位学者发现在2007年至2011年间，全球共有17个国家经历过系统性的银行业危机。此外，还有8个国家的银行业危机处于系统性危机的临界状态（即在上述六项措施当中，监管机构实际采取的措施不足三项）。在过去，虽然一些国家在干预金融部门时实际使用的措施没有达到三项，但每一项措施的规模都非常大（例如将国内所有的大银行国有化）。因此，只要满足下列标准，便可将其判定为系统性的银行业危机：（1）一国的银行体系遭受巨大损失，导致不良贷款的占比超过了20%；（2）破产的银行所持有的资产至少占整个银行体系总资产的20%；（3）银行部门的财政重组成本非常高，超过GDP的5%。

在过去的20年里，很多经济体都爆发过系统性的银行业危机，给经济发展带来了深远的负面影响。这些危机导致国民财富大量损失，产出严重下降，大量劳动力失业。例如，阿根廷（2001—2002年）、印度尼西亚（1998年）与土耳其（1999—2001年）的平均累积产出损失大致等于GDP的12%～15%。正如表8-5所示，不管是产出的损失还是公共债务的增加，2007—2009年全球金融危机所造成的经济成本都要比以前的危机大得多。之所以会形成这样的差距，一方面反映出金融体系规模的扩张，另一方面在于2007—2009年全球金融危机集中爆发于高收入国家，而之前的银行业危机主要影响的是发展中国家以及转型经济体（不过也有一些值得注意的例外情况，例如日本的银行业危机）。

表8-5 银行业危机的成本

	直接财务成本（%）	公共债务的增加（%）	产出的损失（%）
之前爆发的危机（1970—2006年）			
发达经济体	3.7	36.2	32.9
新兴市场	11.5	12.7	29.4
合计	**10.0**	**16.3**	**19.5**
最近爆发的危机（2007—2009年）			
发达经济体	5.9	25.1	24.9
新兴市场	4.8	23.9	4.7
合计	**4.9**	**23.9**	**24.5**

资料来源：莱文与巴伦西亚（2014，第13章）。

说明：该表中数据均为各项占GDP百分比的中位数。

表 8 - 6 对比分析了两次规模最大的金融危机——1997—1998 年的亚洲金融危机与 2007—2009 年的全球金融危机——所造成的产出损失与财政成本。1997—1998 年，多个东南亚经济体遭遇了严重的金融危机，导致了巨额的产出损失。写作本书时（2014 年），2007—2009 年的全球金融危机已经过去，全球经济依然在努力复苏的过程中，毕竟这场危机引发了自第二次世界大战以来最严重的衰退，已经被命名为"大衰退"。受到这场全球金融危机影响的国家或经济体在 2007 年或 2008 年年初陷入衰退，多个欧元区成员国的经济前景自 2010 年开始恶化。

表 8 - 6　亚洲金融危机与全球金融危机的成本比较

	国家或经济体	起始年份	终止年份	产出损失（占 GDP 的百分比,%）	财政成本（占 GDP 的百分比,%）	财政成本(占金融部门总资产的百分比,%)	不良贷款的最大值(占贷款总额的百分比,%)
亚洲金融危机	印度尼西亚	1997	2001	69.0	56.8	105.4	32.5
	马来西亚	1997	1999	31.4	16.4	12.7	30.0
	泰国	1997	2000	109.3	43.8	30.6	33.0
	合计			**69.9**	**39.0**	**49.6**	**31.8**
全球金融危机	英国	2007	进行中	25.0	8.8	2.5	4.0
	美国	2007	进行中	31.0	4.5	2.1	5.0
	比荷卢经济联盟（Benelux）	2008	进行中	26.0	8.8	1.7	2.5
	德国	2008	进行中	11.0	1.8	0.6	3.7
	希腊	2008	进行中	43.0	27.3	15.8	14.7
	冰岛	2008	进行中	43.0	44.2	5.0	61.2
	爱尔兰	2008	进行中	106.0	40.7	4.6	12.9
	西班牙	2008	进行中	39.0	3.8	1.3	5.8
	合计			**40.5**	**17.5**	**4.2**	**13.7**

资料来源：作者计算所得。原始数据来自莱文和巴伦西亚（2012）。

说明：产出损失表示为占 GDP 的百分比。产出损失的计算方法是计算 [T, $T+3$] 期间实际产出与趋势实际 GDP 的累积差额，表示为占趋势实际 GDP 的百分比，T 代表危机的起始年份。财政成本被定义为与金融部门重组相关的财政资金支出总额占金融部门总资产的百分比。这包括收购银行股份的财政资金支出，但不包括财政部的资产购买计划与直接的流动性援助。不良贷款表示为占贷款总额的百分比。不良贷款数据来源于国际货币基金组织人员的相关报告以及金融健康指标。

8.5.2　金融危机

近期这场金融危机并不局限于银行部门，而是波及其他金融市场。因此，一些经济学家将金融危机的定义进一步拓展，囊括了金融脆弱性、银行恐慌与危机传染等特征——当金融市场剧烈波动，金融机构失去流动性和偿付能力时，就会表现出这样的特征。除了银行业危机，金融危机有多种表现形式。莱因哈特和罗戈夫（2009）将危机分成两种类型：（1）货币危机与急停危机；（2）债务危机与银行业危机。

货币危机（currency crisis）指的是投机势力攻击一国货币，导致其快速贬值。这会迫使货币当局通过卖出外汇储备、提高国内利率水平或实施资本控制等手段来维持本币币值。

以前货币危机相对比较常见。最著名的货币危机当属 1976 年的英镑危机以及 1992—1993

年的欧洲汇率机制危机。1994—1995 年的墨西哥比索危机以及 1997 年的泰铢危机——这标志着 1997—1998 年亚洲金融危机的开始——都主要表现为本币放弃固定汇率制，短时间内币值大幅下跌。

急停（sudden stop）也叫资本账户危机或国际收支危机，被定义为国际资本流入突然（而且通常大幅地）减少，或者向一国流入的资本总量突然迅速减少，可能还伴随着信贷利差的快速增加。随着资本流入突然快速地减少，产出、个人支出以及面向私人部门的贷款也随之迅速减少，实际汇率不断上涨。急停危机打击了多个新兴经济体，尤其在金融危机爆发以后。

克莱森斯和高丝（2013）将外债危机定义为当一国没有能力（或不想）偿还外债时出现的金融市场动荡。外债危机的形式包括主权债务危机和私人债务危机，有时这两种形式会同时出现。欧洲主权债务危机是最近爆发的一次外债危机。这场危机开始于 2008 年，以冰岛的多家银行破产为标志（参考专栏 8-4），随后蔓延到希腊、爱尔兰与葡萄牙，接下来又扩散到意大利和西班牙，导致整个欧元区都陷入了危机（我们将在第十四章详细讨论欧元区遇到的这些麻烦）。

各种危机往往是相伴相生的，货币危机过后通常会爆发银行业危机（例如亚洲金融危机），抑或银行业危机过后又爆发主权债务危机（例如欧元区的金融危机）。这种现象被定义为**共生危机**（twin crises）。三重危机（即同时发生三种或更多种危机）更少见。莱文和巴伦西亚（2012）研究了自 20 世纪 70 年代初至今所有的金融危机，共整理出 99 次银行业危机、18 次债务危机以及 153 次货币危机。他们还确认了 68 次共生危机，其中 28 次是货币危机与银行业危机同时爆发，29 次是货币危机与债务危机同时爆发，余下 11 次为银行业危机与债务危机同时爆发。最后他们发现，1970 年至今，三重危机只出现过 8 次。

专栏 8-4

冰岛的"融化"

2008 年秋，冰岛银行体系的崩塌被国际货币基金组织判定为有史以来规模最大的银行业危机（相对其经济规模而言）。别忘了，冰岛的人口只有区区 300 000 人。2001 年，冰岛放松了金融监管，三家大银行——冰岛国民银行（Landsbanki）、考普森（Kaupthing）银行以及格利特尼尔（Glitnir）银行——开始像脱缰的野马，根本不考虑冰岛实体经济较小这一客观事实，开发出不受实体经济约束、可超常规增长的商业模式，从国际资本市场吸收了大量资金。2006—2008 年，冰岛国民银行和考普森银行推出了网络银行服务，用"Icesave"这个品牌向英国和荷兰的储户提供高利率的网络存款账户；同时还用"考普森"这个品牌，通过分支机构在 9 个欧洲国家开展业务。

在银行业危机爆发前，冰岛的国际收支经常账户的赤字明显是不可持续的，2006 年相当于 GDP 的 25%，2007 年相当于 GDP 的 15%。2008 年的 1 月至 9 月间，消费物价的上涨幅度约为 14%，国内利率水平高达 15.5%。尽管在 2008 年的头 9 个月里，冰岛的本币克朗相对于欧元已经贬值了 35%，但克朗的币值依然处在明显被高估的位置，之前克朗的高币值要完全归功于被冰岛国内的高利率所吸引的蜂拥而至的国际资本。2008 年 9 月中旬，随着美国雷曼兄弟公司宣布破产清算，冰岛的银行间同业市场也陷入了资金枯竭的困境。冰岛中央银行的外汇储备不足，没有能力作为最后贷款人为银行的债务提供担保。欧洲中央银行、美联储、英格兰银行以及三个北欧国家的中央银行同时拒绝向冰岛政府提供为避免危机爆发所需的充足资金。

2008 年 9 月 29 日，冰岛政府宣布收购格利特尼尔银行 75％的股权。不过，这种部分国有化措施并不是事件的终点；几天后，格利特尼尔银行进入破产管理程序。2008 年 10 月 4 日至 5 日这两天正值周末，英国媒体的相关报道似乎"惊醒"了英国与荷兰的网络储蓄者，冰岛储蓄（Icesave）银行的储蓄账户被疯狂挤兑，于是在 2008 年 10 月 7 日，冰岛国民银行也进入了破产管理程序。由于冰岛储蓄银行是冰岛国民银行的分支机构，因此使用该账户的英国储户无法获得英国存款保险制度的保护。到了 2008 年 10 月 8 日，英国政府冻结了冰岛国民银行在英国境内的资产，并宣布政府将向英国的个人储户全额赔偿。对于将闲置资金存入冰岛国民银行的英国多个地方政府机构以及其他政府组织，没人为其存款的赔偿提供担保。这些组织与机构到底遭受了多大损失，依然尚未可知。2008 年 10 月 8 日，英国金融服务管理局接管了考普森银行的英国子公司，将其互联网银行事业部"考普森 Edge"出售给荷兰国际集团的直销银行。2008 年 10 月 9 日，考普森银行也宣布进入破产管理程序，几天之后，考普森银行的其他子公司要么关门大吉，要么被东道国当地的监管机构收归国有。

克朗继续相对于欧元贬值，2008 年 10 月底，冰岛政府向国际货币基金组织求助。2008 年 11 月，国际货币基金组织同意提供总额高达 21 亿美元、为期两年的备用贷款，同时还通过贷款以及与多国签订货币互换协议（包括北欧三国、俄罗斯、波兰、英国、荷兰与德国）等方式提供援助。货币互换协议的总规模超过 100 亿美元。国际货币基金组织的援助条件是要求冰岛政府维护地区货币稳定，控制通货膨胀，重建银行业以及压缩财政支出。预计 2009 年冰岛的 GDP 会大幅下降，外界普遍预测下降幅度约为 10％。未来几年要节衣缩食地过日子似乎是不可避免的了。

2009 年 4 月，新一届冰岛政府已经选举产生，新政府承诺要让冰岛成为彻彻底底的欧盟成员国，尽早使用欧元来替代本币克朗。加入欧元区，成为欧元这一全球储备货币的成员国意味着未来有了风险屏障，一旦再次遇到 2008 年摧毁冰岛银行系统的大危机，欧元区成员国的身份将能为冰岛提供保护，而且便于银行获取短期外币资金以偿还外币债务。2009 年 7 月 16 日，冰岛申请加入欧盟。不过，一些有争议的问题，尤其是与渔业相关的争议话题尚未得到解决。2013 年 9 月 13 日，冰岛政府解散了申请团队，宣布暂缓加入欧盟的申请。

资料来源：戈达德等（2009b），作者进行了更新。

8.5.3　识别银行业危机与金融危机的成因

从危机管理以及提高解决方案的效率出发，识别银行业危机与金融危机的成因是很重要的。引发危机的真正原因到底是什么，这会对监管当局采用何种措施应对危机具有重要的影响。已有大量的学术文献研究银行业危机的成因。这些文献基本上可被分成两大类：一类强调微观经济因素，另一类强调宏观经济因素。

经常被列举的微观经济因素包括：

● 银行的错误操作（资本金不够充足，过于低估信用风险以致产生了不良贷款，贷款组合的分散程度不够，期限与币种的不匹配程度较高）。

● 委托-代理问题（尤其是当信贷员的薪酬要按照已发放的贷款金额来计算时）。

● 人员过多（尤其是国有银行）。

- 人力操作受限（有时会推迟采用信息技术）。

宏观经济因素通常被视为危机的催化剂，但这并不能减轻银行高管应承担的责任。宏观经济冲击，例如 20 世纪 70 年代的石油危机，也会让管理良好的银行遭受压力。

还有一类成因就是系统性因素，即环境不利于形成高效的银行体系。例如：

- 国家大量持有银行部分的股份会扭曲整个行业。如果国有银行能够享受特权，那么这会阻碍竞争，限制银行分散投资的可能性。
- 政府直接指挥贷款会妨碍银行发展信用风险的管理能力。
- 限制外国银行进入本国市场。
- 市场自律性较差（由于道德风险问题以及过度的存款保险制度）。
- 较差的公司治理。
- 监管不严。
- 立法不足直接影响了银行体系的效率。
- 不发达的证券市场使得风险过度集中于银行体系。
- 早进入市场的银行拥有较强的市场能力，导致银行业缺乏竞争。

银行业危机可能还源于银行经营环境的迅速变化。例如在 20 世纪 90 年代初，墨西哥就曾经历过商业银行的快速私营化，同时还辅以金融自由化措施，并突然降低公共部门的借款要求。于是，这些变化带来了信贷的快速扩张，再加上监管宽松，最终导致了 1994 年金融部门爆发危机。

很多文章分析了 2007—2009 年全球金融危机的成因。虽然学术界与政策制定者对各种因素相对重要性的观点不同，但大多数人都赞同下列因素是导致这场金融危机的主要原因（克莱森斯和高丝，2013）：

（1）事实证明资产价格的上涨是不可持续的；
（2）信贷繁荣导致过度负债；
（3）边际贷款风险与系统性风险不断增加；
（4）金融监管与监督没有跟上金融创新的步伐。

上述因素在之前的金融危机里也曾发挥过作用。不过，除此以外，2007—2009 年全球金融危机还有一些新的触发因素，具体包括：（1）复杂难懂的金融工具被广泛使用；（2）国内与国际金融市场的互联程度越来越高；（3）金融机构使用过高的杠杆；（4）家庭部门发挥最核心的作用；（5）出现不受监管的"影子银行"。这些新因素，以及以往金融危机的常见触发因素，共同引爆了这场自大萧条危机以来最严重的金融危机，直到现在，很多国家依然在感受着危机带来的切肤之痛。

8.5.4　危机管理

危机管理可分为下列三个不同的阶段：
（1）遏制阶段；
（2）处置阶段；
（3）结构改革阶段。

危机管理的第一个阶段是遏制阶段，此时危机刚刚爆发，监管机构的快速反应至关重要。第一步是通过向陷入困境的金融机构提供紧急流动性援助来缓解银行体系的流动性压力。在这个阶段，主要目标是稳定市场，有时需要政府向所有的金融机构提供担保。

在处置阶段，监管机构可采取多种措施（例如 8.4.1 节介绍的各种措施）进行银行重组。在结构改革阶段，应对金融行业的监督与监管框架进行根本性的改革。

本书已经多次讨论了国内与国际监管机构为了化解这场金融危机都做了哪些努力。总的来说，在 2007—2009 年全球金融危机期间，监管当局实施的政策与以前类似。很多国家的中央银行与政府采取的第一项措施便是通过提供流动性支持以及为银行负债提供担保等方式来缓解流动性压力。在银行破产重组的处置阶段，处置机构可使用各种各样的工具，包括购买资产、资产担保与资本注入。在某种程度上，过去这些工具都被使用过。有些正在实施的举措具有一定的创新意义（比如专栏 6-5 谈到的欧洲中央银行非标准化的货币政策措施）。当前正值结构改革阶段，表 8-4 总结了主要的改革措施。

2007—2009 年全球金融危机的主要特征之一是，它主要影响的是拥有跨国大型金融机构的发达经济体，而且这些大型机构原本被看作"大而不倒"或"密切关联而不能倒闭"。大型金融机构相互往来形成的庞大国际网络以及跨境交易形成的风险敞口使得危机向其他国家迅速蔓延。其中任意一家大型金融机构的破产都可能会导致其他系统重要性金融机构的破产，传染途径有两种：一是破产机构违约直接使得交易对手蒙受巨额损失；二是引发恐慌，间接导致其他银行被挤兑。在很多国家，这场危机迫使政府对金融部门施以前所未有的大规模干预。

这些干预措施是否成功呢？这是一个很复杂的问题，就像我们很难比较哪一国的危机处理政策更加成功，这是因为各国情况不同，金融体系受到的初始冲击的规模不同，金融体系的规模也不同，金融机构的质量、政策干预的强度与范围也都不同。墨西哥的国内银行树立了积极正面的榜样——1994 年至 1995 年，这些银行曾爆发过严重的危机。专栏 8-5 讨论了墨西哥的银行的复苏以及所吸取的教训。

专栏 8-5

墨西哥的银行：走出龙舌兰酒危机，迎来曙光

墨西哥的银行在历史上从来不是存放资金的安全之所。1995 年，墨西哥爆发银行危机，随后墨西哥比索贬值，"龙舌兰酒危机"爆发。欧洲和美国的银行家摇摇头，对墨西哥银行不负责任的放贷感到难以置信。抱怨连天的朋友和邻居一共凑了 500 亿美元的援助资金。

然而情况已经发生了变化。欧洲和美国的银行正在胡乱摸索着去满足更严格的资本监管要求——错误的贷款操作导致一些银行破产，更严格的监管变得很有必要——墨西哥抛出了一根救生索。西班牙桑坦德银行曾计划将其四分之一的墨西哥分支机构在墨西哥城和纽约的股票交易所同时上市。之前桑坦德银行已经将其分支机构分别在巴西、智利和秘鲁上市，还出售了设在哥伦比亚的事业部。这些安排帮助桑坦德银行将核心资本充足率提高至 10.1%；在墨西哥上市，计划融资额约为 40 亿美元，能让银行的核心资本充足率再提高 0.5 个百分点。

这么高的发行价格相当于账面资产的两倍，远远好于大多数欧洲或美国银行在国内发行新股能拿到的价格。这是因为墨西哥的银行利润特别高。桑坦德银行设在墨西哥的分行能给股东带来约 20% 的权益报酬率，大致等于欧洲银行的两倍。西班牙毕尔巴鄂比斯开银行的墨西哥分行——墨西哥商业银行（Bancomer）贡献了西班牙毕尔巴鄂比斯开银行全球利润的三分之一。信用评级机构穆迪公司对墨西哥商业银行、花旗银行与桑坦德银行设在墨西哥的分支行给出的信用等级均高于其母公司的评级。西班牙毕尔巴鄂比斯开银行与加拿大丰业银行不久以后

可能会把墨西哥的分支机构安排上市，外界猜测可能是布莱克费尔资产管理（Blackfriars Asset Management）公司的比尔·罗德曼（Bill Rudman）负责此事。

墨西哥的银行业之所以能够顺利摆脱金融危机的影响，这主要归功于有利的经济环境以及其自身严守的贷款保守主义。我们先来说一说经济环境。在过去十年的大部分时间里，墨西哥一直被笼罩在巴西带来的阴影里，如今终于能扬眉吐气了。2011年，墨西哥的经济增速超过了其在拉美地区的竞争对手；2012年，预计墨西哥的经济增速能够翻一倍，达到4%左右。

各国之间的财富分布发生了变化，部分原因是中国的经济增速放缓——中国是巴西商品的大买家，同时又是墨西哥制造业的强劲竞争对手。由于中国国内的工资水平提高，加之跨越太平洋的运输成本也有所增加，墨西哥对外国投资者的吸引力越来越大。尽管美国市场依然不太景气，但墨西哥商品在美国市场上的占比正在增加。汇丰银行估计，到2018年，墨西哥将会超过加拿大和中国，成为美国进口商品的主要来源国。

作为拥有1.15亿人口的中等收入国家，这样的经济发展速度确实可观，而且墨西哥银行还受益于自身的谨慎作风。其私人债务规模相当于GDP的20%，因此墨西哥是拉美地区这一指标值最低的国家（巴西的私人债务与GDP的比值超过50%）。墨西哥只有三分之一的企业能够获得商业银行的贷款；小企业获得贷款的比例更低。很多商人抱怨说墨西哥的银行办事情太重视安全性了。

之所以银行会这么"小气"，部分归因于严格的信用评分制度——墨西哥国内有两大私人评级机构负责评级，其大股东就是银行自己。没有具体的级别，客户只是被简单地分成两类：资信可靠与资信不可靠。被列入黑名单的违约行为没有设定下限，因此错过电话也可能让某人失去贷款的资格。罚款或未按时缴税也会让客户被拉入黑名单。"因为你曾被税务部门罚款500比索（相当于40美元），所以你不能贷款买车，这意味着要多缴纳10 000比索的增值税。"加利安诺·普洛雷斯蒂（Giulliano Lopresti）发出这样的抱怨。他就职于"创造墨西哥"，这个机构的主要工作是帮助小企业起步。

有资格申请贷款的少数幸运儿还要面临高利率的考验。尽管基准利率只有4.5%，但绝大多数信用卡的利率水平超过了40%，此外还要收取年费。大多数存款账户的利率水平低于通货膨胀率。客户服务不太令人满意。周末假期来临前，银行网点前排着长长的队伍。一家大银行——墨西哥国民银行近两年来每天都在给错误的号码打电话，因为它的电话中心始终没有纠正这一错误的号码。

虽然在墨西哥国内，5家银行控制着四分之三的市场，但与很多其他部门相比，银行业依然算竞争较为激烈的行业。但是，既然有这么多潜在的新客户，银行无须太努力就能获得丰厚的利润。桑坦德银行一年内就新开了100多个分支行。新颁布的法案允许超级市场转制为银行，但是2009年的信用卡违约事件耽搁了转型进展的速度。贷款以每年15%的速度增长，这几乎是在不影响信用评级质量的条件下一国能接受的最快速度。日本野村（Nomura）银行估计，等到2020年，墨西哥的贷款总额将相当于GDP的35%。

前路有些阻碍。银行需要改变原来的商业文化——企业的大部分贷款都来源于供应商，而供应商提供的贷款质量很差，只不过双方彼此间更容易打交道。家族企业应当满足银行提出的会计与公司治理要求。而小企业为了避税，更愿意把账面做成亏损；它们不愿意为了获得贷款而把账目做得漂亮一些。

如果这些问题得到了解决，那么实体经济也能获得好处。墨西哥央行行长阿古斯丁·卡斯滕斯（Agustin Carstens）说，连续5～6年的贷款增长，再加上宏观经济始终保持稳定，这能让墨西哥的年增长率再提高 0.5 个百分点。对墨西哥的股票交易所来说，更多的外国银行前来上市也是一个好消息。目前，只有一个墨西哥国内的大银行——北方银行——在交易所上市。"桑坦德银行的上市计划意味着投资者拥有更多选择。"交互证券（Interacciones）公司的乔治·拉古纳（Jorge Lagunas）这样说道。到了那时，墨西哥可要好好庆祝一番，只不过龙舌兰酒可要节省着喝哦。

资料来源：《经济学人》（2012a）。

8.6　小结

　　银行监管不能阻止金融危机的发生，但是当前的监管框架将会对未来很多年内银行体系的发展造成影响。目前政府使用的银行破产处置机制（包括购买不良资产、向问题银行注入资本以及向金融系统注入流动性）避免了更严重后果的出现。不过，有些民众担心，用公共基金向银行提供援助会向银行的投资者以及问题的始作俑者——银行的高管——传递错误信号。

　　写作本书时，欧洲与美国的复苏计划还未确定，大家都在担心欧盟区内的很多银行要耐心等待许久才能等到 2007—2009 年全球金融危机以及欧元区主权债务危机的影响彻底消散。很多专家预测银行会精简机构，持有更多的资本，降低杠杆，同时还要受到比以前更加严格的监管。只有从近期这场严重的金融危机中涅槃重生的银行体系变得更可靠、更高效，那才算是认真吸取了 2007—2009 年全球金融危机的教训。

关键术语

过渡银行	早期预警系统	同业对照组分析	压力测试
骆驼评级法	最小成本处置	私营部门购买者	急停
抵押品	不良贷款	特别处理机制	临时收为国有
货币危机	共生危机		

主要阅读文献

Bassett, J. L., Lee, S. J. and Spiller, T. W.（2012）"Estimating changes in supervisory standards and their economic effect", Finance and Economics Discussion Series, Federal Reserve Board, 2012 - 2055.

Claessens, S. and Kose, M. A.（2013）"Financial crises: Explanations, types, and implications", IFM WP/13/28.

Koopman, G. J.（2011）"Stability and competition in EU banking during the financial crisis: The role of state aid control", *Competition Policy International*, 7, 8 - 21.

Laeven, L. and Valencia, F.（2012）"Systemic banking crises database: An update",

IMF WP/12/163.

Stolz, S. M. and Wedow, M. (2010) "Extraordinary measures in extraordinary times. Public measures in support of the financial sector in the EU and the United States", ECB Occasional Paper Series, No. 117, July.

复习题

8.1　导致银行破产的因素有很多，而且彼此之间相互关联。管理不善通常是一个很重要的因素，而管理不善与欺诈之间存在微妙的差别。请讨论上述观点。

8.2　请讨论破产银行的不同处置方法。说明最小成本处置原则的内涵以及该原则对监管机构选择处置工具的影响。

8.3　请讨论如何使用早期预警系统来预判并防止银行出现问题。压力测试的主要用途是什么？

8.4　什么是不良贷款？请讨论不良贷款与银行破产、银行重组的关系。

8.5　请讨论银行处置工具的优缺点，举例说明处置成功以及不成功会导致什么后果。

8.6　请讨论只在国内经营的银行破产与跨国银行破产会带来哪些不同的问题。跨国银行监管面临的主要问题是什么？

8.7　界定危机管理的不同阶段。哪些因素会对危机管理以及银行重组的成功造成影响？

8.8　简要说明自 2007 年以来影响大型复杂金融机构的重大监管新政。

第三部分

银行的管理问题

第九章

银行的资产负债表与收入结构

学习目标

- 了解银行财务报表的重要性。
- 了解商业银行与投资银行的主要资产与负债项目。
- 掌握商业银行与投资银行的收入来源。
- 理解经济资本的重要性。
- 掌握股东价值创造与权益资本成本等概念。
- 熟练掌握最常用的银行财务比率指标。

9.1 导论

从传统的角度来看，银行的主要业务是将资金由盈余方传输给赤字方，从而将存款人与借款人联系起来。银行还能提供风险分摊与流动性服务，并且代表储户对借款人进行监督。我们可以按照金融中介机构不同的**资产负债表**（balance sheet）结构将其分类。对于存款机构来说，主要的资金来源（客户的存款）被列在资产负债表的负债项目一侧，而这些资金的使用（现金、贷款、投资以及固定资产）被列在资产项目一侧。**损益表**（income statement 或 profit and loss account）能帮助我们了解银行的盈利状况，它能告诉我们银行的**成本**（costs）与收入，能反映相邻两个资产负债表日之间银行的业绩状况。本章重点介绍商业银行与投资银行的财务报表，分析其资产负债表与损益表的主要特征。本章的最后一部分讲述的是最常见的银行财务比率指标，例如**资产回报率**（return on assets，缩写为 ROA）、**权益报酬率**（return on equity，缩写为 ROE）、**净利差**（net interest margin，缩写为 NIM）以及**成本收入比率**（cost-income ratio）。

9.2 零售银行的资产负债表结构

资产负债表是反映企业或其他组织在给定时点拥有多少财富的财务报表。通常这个给定的时点都是会计年度的最后一天。对商业银行来说，其资产负债表（在美国也叫作情况报告）列出了所有资金的价值以及资金的具体用途。银行的资金来自：

（1）社会大众（零售存款）；

（2）企业（小型企业、大中型企业的存款）；

（3）其他银行（银行同业存款）；

（4）权益证券的发行收入（发行股票，购买股票的投资者对银行拥有所有权）；

（5）债务工具的发行收入（发行债券以及获得贷款）；

（6）把以前的利润积攒起来（留存收益）。

上面列出的项目一般可被划分为银行的**负债**（liabilities）或**资本**（capital）。然后，这些资金会被转化为金融资产与实物**资产**（assets），只不过转化为后者的概率要小一些。

（1）现金；

（2）流动性资产（证券）；

（3）短期货币市场工具，例如短期国债，当银行缺少资金时，可以将这种资产快速卖掉变现；

（4）贷款；

（5）其他投资；

（6）固定资产（分行网点、电脑以及经营场所）。

表9-1以简化的商业银行资产负债表为例对资产与负债项目进行了总结。

表 9-1　简化的商业银行资产负债表

资产	负债
现金	存款：零售
流动性资产	存款：批发
贷款	
其他投资	
固定资产	
	权益资本
	其他资本
总资产	**负债与资本总和**

银行的负债（例如零售存款）期限一般会比资产（例如抵押贷款）的期限短一些。这种不匹配源于储户与借款人的不同要求：一般来说，大部分储户都希望存款的期限短一点，收益尽可能高一点。与之相反的是，大多数借款人都希望贷款的期限长一点，同时贷款的成本低一点。银行的资产转换功能就源于双方的不同要求。简单地说，之所以银行的主要职能是资产转换，是因为银行必须充当储户与借款人的中介——当银行的负债从资产负债表的一侧"移动"到另一侧时，银行必须改变这些负债的特征。资本（还可以参考9.2.1.3节）有时被称为权益

资本或净值，它等于资产与负债的差。

9.2.1　商业银行的资产与负债：主要组成部分

资产负债表提供了会计周期期末时银行财务状况的相关信息。资产负债表包含三个组成部分：(1) 银行控制的资产；(2) 银行应偿还的债务；(3) 银行所有者的权益资本。

表 9-2 和表 9-3 提供了英格兰银行汇总的所有英国银行的合并资产负债表数据。这两张表给出了经英格兰银行确认的英国所有金融机构的资产总额与负债总额。

9.2.1.1　资产项目

在资产一侧，银行持有相对较少的现金（2012 年现金占总资产的比重约为 0.3%），现金以纸钞与硬币的方式持有，以满足每天客户提现的要求。在英国，按照现行的监管规则，平均合格负债达到 6 亿英镑及以上的银行与住房互助协会必须按照负债总额的 0.18% 向设立在英格兰银行的账户存入一定金额的非操作性无息存款。保留这笔存款（即现金比率存款）的目的是确保银行拥有充足的流动性。银行还可以将其他存款（即超出现金比率存款以外的部分）存入英格兰银行的账户，这些存款给中央银行提供了收入来源。

当现金不足时，银行可以在银行间市场上借入资金。银行间市场是货币市场的重要组成部分，银行每天在这个市场上交易资金。因此，在银行资产负债表的资产一侧，市场贷款包括以期限非常短（即隔夜贷款或通知贷款）、流动性非常强（银行将资金贷放出去以后，口头通知一下便能收回贷款）、交易金额非常大（通常大于 100 万英镑）为主要特征的批发贷款。

银行承兑汇票是已被银行承兑的可转让定期汇票，承兑银行承诺在特定的到期日按照票据的面额向票据持有人支付款项。这种票据主要用于为进出口、货运或商品仓储提供融资。承兑还意味着银行对开票人拥有要求权，除非票据被同一家银行承兑并贴现，否则银行这样的操作会被计为贷款（除非后来这张汇票又被再贴现）。

流动性的另一重要来源是短期证券。如表 9-2 所示，英国银行持有的短期证券主要为短期国债，本质上这就是一种短期的政府借款；此外还包括银行票据（通常可以向英格兰银行申请再贴现）以及其他短期证券，例如当地政府或市政机构发行的短期证券。

出售与回购协议这一项目也能提供流动性。银行的交易对手承诺买入银行出售的证券并短暂持有一段时间，银行承诺将来会回购这些证券。因此在交易的过程中，出售与回购协议也向银行提供了一定的流动性。

到目前为止，资产一侧最重要的项目——贷款包括所有未被其他资产项目所包含的、向客户提供的贷款余额。尽管近年来，银行部门的变化很大，但是贷款依然是银行的主要盈利资产，在总资产中占据着相对较高的份额。如表 9-2 所示，2012 年，贷款是银行资产负债表上金额最高的资产项目：英国银行持有的英镑贷款资产总额超过 2 万亿英镑，相当于银行持有的英镑总资产的 54% 多。一般来说，英国银行会向个人、金融机构以及非金融企业提供贷款。贷款的主要类型包括：商业贷款（例如对企业的短期贷款）、消费贷款（例如透支与信用卡贷款）、抵押贷款以及房地产贷款（例如向商业房地产项目提供的长期贷款，比如写字楼）。

表 9 - 2　英格兰银行汇总的所有英国银行总资产数据（截止到 2012 年年末）

资产	2012 年年末（10 亿英镑）	占英镑总资产的比例
纸钞与硬币	11.2	0.30%
存放在英国中央银行的存款	271.8	7.36%
一现金比率存款	2.5	0.07%
一其他存款	269.3	7.29%
市场贷款	583.2	15.79%
一英国银行	461.3	12.49%
一英国银行发行的大额存单与商业票据	6.0	0.16%
一非居民	115.9	3.14%
银行承兑汇票	0.3	0.01%
一英国银行	0.0	0.00%
一英国公共部门	—	—
一其他英国居民	0.3	0.01%
一非居民	0.1	0.00%
短期证券	13.2	0.36%
一短期国债	8.4	0.23%
一英国银行票据	0.0	0.00%
一其他英国居民	0.3	0.01%
一非居民	4.5	0.12%
出售与回购协议	253.8	6.87%
一英国银行	84.1	2.28%
一英国公共部门	0.0	0.00%
一其他英国居民	121.2	3.28%
一非居民	48.5	1.31%
贷款	2 005.0	54.27%
一英国公共部门	7.9	0.21%
一其他英国居民	1 919.2	51.95%
一非居民	77.9	2.11%
投资	487.0	13.18%
一英国政府债券	91.2	2.47%
一其他英国公共部门	0.3	0.01%
一英国银行	84.0	2.27%
一其他英国居民	267.9	7.25%
一非居民	43.7	1.18%
在途项目与托收项目	24.6	0.66%
应收账款	18.6	0.50%
其他资产	25.9	0.70%
英镑资产总额	3 694.5	100.00%
外币资产总额	4 104.3	
一欧元资产总额	1 754.5	
总资产	7 798.8	

资料来源：英格兰银行货币与金融统计交互数据库，作者经计算而得。

说明：由于四舍五入，细分数据的加总值可能与表上的合计值有差别。数据中的"0.0"与"0.00%"仅表明数值太小，不等同于 0。后文同，不再说明。

下一项资产是投资，具体包括报告机构持有的所有期限较长的证券，还包括虽然已被报告机构出售，但出售的时间有限且已约定将来购回（即回购）的证券，但不包括买入后持有有限时间，将来要按照约定再次卖出（即反向回购）的证券。证券被定义为可交易或潜在可交易、能带来收益的金融工具，包括长期债券、浮动利率中期债券、优先股以及其他债务工具，但是不包括被列示为市场贷款的大额存单与商业票据。

余下的资产项目包括：

● 在途项目与托收项目，例如即将转入客户账户的借方余额以及等待结算的证券交易款项。托收项目包括在托收中的支票，支票的开户行为英国其他银行或住房互助协会。

● 应收账款指的是应收但尚未收取的款项，包括利息收益与其他收入。

● 其他资产包括银行持有的金块和金币、其他商品，以及土地、房屋、工厂、设备和其他实物资产，或者因签订了经营性租赁合同而租出去的资产项目。基于金融性租赁合同被租出去的资产会被计入贷款项目。

●（合格的银行承兑）英镑资产总额包括报告机构承兑的所有票据，这些票据有资格向英格兰银行申请再贴现，其中包括报告机构自己做过贴现的票据。

2012 年，英国银行共持有大约 41 040 亿英镑的外币资产（例如外币贷款），其中大约 43% 是欧元资产。如表 9 - 2 所示，外币资产与负债在银行总资产中占据了相当高的比例。

9.2.1.2 负债项目

如表 9 - 3 所示，在负债一侧，第一项是已发行的银行券与可储值的银行卡。即银行发行的所有银行券以及具有储值功能的银行卡，包括苏格兰地区和北爱尔兰地区的银行发行的英镑票据以及银行发行的具有现金储值功能的银行卡（例如电子卡与智能卡）。

在银行负债项目中，占比最高的当属存款。一般来说，存款大多来源于个人与企业，也包括其他英国银行的存款。如图 9 - 1 所示，存款的主体部分由活期存款和定期存款构成。活期存款指的是全部款项均可被动用且储户不会受到任何惩罚的存款，这样的存款可以随时提取或在存款日的下一个营业日结束之前提取。定期存款包括其他所有存款，例如 30 天与 60 天的储蓄存款以及个人储蓄账户[①]存款。如图 9 - 1 所示，存款包括客户账户的所有贷方余额，还包括对外授予的承兑、出售与回购协议项下的负债以及银行发行的大额存单等。

对外授予的承兑代表着银行对票据持有人的负债。出售与回购协议项下的负债包括出售证券或其他资产所得的资金，但银行只是临时出售这些资产，并已经和对方约定未来要将资产购回。与英国银行签订了出售与回购协议而产生的负债占银行负债总额的比例超过 34%。

在大额存单与银行发行的其他短期票据中，大额存单指的是储户持有的将来银行据此向储户返还大额存款的凭证。大额存单可以采用固定利率或浮动利率模式。大额存单是短期证券，可以在二级市场上交易。此外，这一负债项目还包括报告机构发行的本票、任意期限的非次级资本市场工具（除信用债券与担保债券以外）以及期限不超过五年的次级债券。其他次级债券以及信用债券属于资本与其他资金项目（更详细的信息请参考后文中对资本项目的介绍）。

如表 9 - 3 所示，余下的非存款负债项目包括以下内容。

● 在途项目：例如等待结算的证券交易款项、要存入客户账户的定期支付与信用转账款项

---

① 个人储蓄账户（缩写为 ISA）于 1999 年出现在英国市场。这是一种免税的储蓄与投资账户，可被用于储蓄或投资于股票。

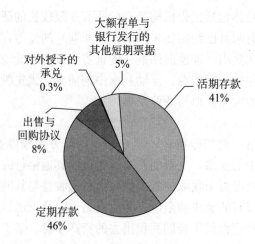

图 9 - 1　2012 年年末英国银行英镑存款的构成

资料来源：英格兰银行货币与金融统计交互数据库，作者经计算而得。

说明：由于四舍五入，各个比值的总和可能不等于 100%。

以及报告机构尚未完成支付的其他负债项目。

- 衍生品净值：包括报告机构交易账户与银行账户上持有的衍生品头寸的净值。
- 应付款项：指的是应付而未付或未贷记账户的款项。
- 资本与其他内源资金：主要包括股东的股本资金、资本公积与长期债务。

如表 9 - 3 所示，2012 年，英国银行的外币负债（例如外币活期存款与定期存款）超过 4 万亿英镑，其中欧元负债大约占 42%。

表 9 - 3　英格兰银行对所有英国银行负债总额的统计情况（2012 年年末）

负债	2012 年年末（10 亿英镑）	占英镑总资产的比例
已发行的银行券与可储值的银行卡	6.7	0.18%
活期存款	1 282.0	35.24%
一英国银行	181.3	4.98%
一英国公共部门	13.6	0.38%
一其他英国居民	951.8	26.17%
一非居民	135.3	3.72%
定期存款	1 461.1	40.17%
一英国银行	281.8	7.75%
一英国公共部门	18.5	0.51%
一其他英国居民	912.7	25.09%
一非居民	248.0	6.82%
出售与回购协议	267.6	7.36%
一英国银行	91.7	2.52%
一英国公共部门	3.6	0.10%

续表

负债	2012 年年末（10 亿英镑）	占英镑总资产的比例
—其他英国居民	109.6	3.01%
—非居民	62.8	1.73%
对外授予的承兑	0.3	0.01%
大额存单与银行发行的其他短期票据	149.1	4.10%
英镑存款总额	3 160.2	86.88%
在途项目	26.3	0.72%
衍生品净值	−25.0	−0.69%
应付账款	25.9	0.71%
资本与其他内源资金	443.5	12.19%
英镑负债总额	3 637.6	100.00%
外币负债总额	4 161.2	
—欧元负债总额	1 757.7	
负债总额	7 798.8	

资料来源：英格兰银行货币与金融统计交互数据库，作者经计算而得。

说明：由于四舍五入，细分数据的加总值可能与表上的合计值有差别。

一家英国大银行的资产与负债项目

表 9-4 和表 9-5 给出了一家英国大型银行——巴克莱银行——在 2008—2012 年的合并财务数据。图 9-2 和图 9-3 阐释了 2012 年巴克莱银行资产与负债的主要构成情况。

表 9-4　2008—2012 年巴克莱银行的资产　　　　　　　（单位：百万英镑）

资产	2008 年	2009 年	2010 年	2011 年	2012 年
现金与中央银行准备金账户存款余额	30 019	81 483	97 630	103 087	81 996
向其他银行收款的托收项目	1 695	1 593	1 384	1 634	1 076
交易性资产	185 637	151 344	168 867	85 048	74 719
按照公允价值核算的金融资产	121 199	42 568	41 485	44 552	82 237
金融衍生品工具	984 802	416 815	420 319	546 921	476 129
可出售的投资品	64 976	56 483	65 110	47 979	61 753
贷放给其他银行的贷款或垫付款	47 707	41 135	37 799	52 287	51 175
对消费者的贷款及透支垫付款	461 815	420 224	427 942	517 780	474 723
逆回购协议以及其他类似的担保贷款	130 354	143 431	205 772	161 436	174 284
预付款、应计收入和其他资产	6 302	6 358	5 269	10 384	12 019
对关联企业或合资企业的投资	341	422	518	174	174
对附属子公司的投资	—	—	—	22 073	14 718

资产	2008 年	2009 年	2010 年	2011 年	2012 年
物业、厂房和设备	4 674	5 626	6 140	1 937	1 906
商誉和无形资产	10 402	8 795	8 697	4 333	4 564
当前与递延所得税资产	3 057	2 652	2 713	1 270	1 414
养老金资产	—	—	—	1 708	2 276
总资产	2 052 980	1 378 929	1 489 645	1 602 603	1 515 163

资料来源：巴克莱银行官网。

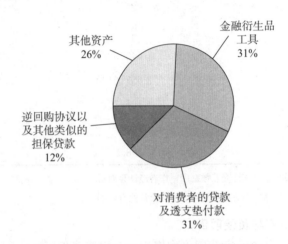

图 9 - 2　2012 年年末巴克莱银行的资产状况

资料来源：巴克莱银行官网，作者经计算而得。

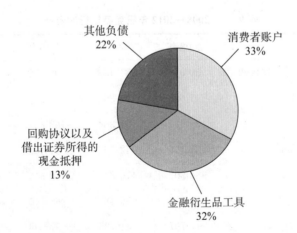

图 9 - 3　2012 年年末巴克莱银行的负债情况

资料来源：巴克莱银行官网，作者经计算而得。

在分析评价这些财务数据之前，我们有必要先简单说一说近年来巴克莱银行的经营状况。最近这几年，巴克莱银行开始转而使用全新的财务报告标准，该标准已得到欧盟委员会的批准，于 2005 年 1 月 1 日正式生效，所有的上市公司都必须遵守。相应的，一些资产与负债项目的估值以及损益表的格式都要进行重大修改。例如，现在交易型的资产与负债以及金融资产与负债要按照**公允价值**（fair value）记录并报告。专栏 9-1 解释了与使用账面价值相比，使用公允价值记账的意义何在。

此外，2008 年，巴克莱银行买下了雷曼兄弟公司的北美投资银行交易部门。这一收购案导致巴克莱银行接手了雷曼兄弟公司高达数千亿美元的衍生品头寸，这是导致 2008 年年末巴克莱银行的资产负债表与前几年的资产负债表存在明显差异的重要因素之一。其他影响因素包括贷款与垫付款项目的变化、波动性、2008 年收益率曲线的变化以及英镑相对于其他主要货币的大幅贬值（巴克莱集团，2008）。2009 年 12 月，巴克莱集团旗下的资产管理公司——巴克莱全球投资者（Barclays Global Investors）公司被黑石集团收购。这笔交易使黑石集团成为世界上规模最大、最杰出的资产管理公司，雇员超过 10 000 人，受托管理资产高达 3.79 万亿美元。直到 2012 年，巴克莱集团持有黑石集团大约 20% 的股权，随后黑石集团完成了巴克莱集团 2 610 万股普通股的二次发行，并从巴克莱集团手中回购了 640 万股黑石集团的股票。从此，巴克莱集团不再持有黑石集团的股权。

图 9-2 给出了 2012 年年末巴克莱银行的资产构成。大约 31% 的银行资产是面向零售客户与企业客户的贷款（与之相比，根据巴克莱银行 2004 年的年报，2004 年年末，该项目占总资产的比重为 64%）。尤其值得一提的是，该贷款项目具体包括住房贷款、信用卡贷款、无担保贷款和其他零售贷款（对消费者的贷款与垫付款项目的总额占贷款总额的 40% 左右）以及对企业客户的贷款（占贷款的 60%）。在巴克莱银行的资产负债表上，金融衍生品工具是金额排名第二位的资产项目（占总资产的 31%）。

如表 9-4 和表 9-5 所示，2012 年年末巴克莱银行的资产负债表的总规模超过 1.5 万亿英镑。如果我们剔除 2008 年——因为这一年收购了雷曼兄弟公司的北美投资银行交易部门，所以比较特殊——那么在 2009—2012 年，巴克莱银行资产负债表的规模大约增长了 10%。

在负债一侧，客户的存款大约占负债总额的 33%。其他负债，即短期和长期债券（例如商业票据、大额存单与长期债券）仅占负债总额的 6% 左右。和资产一样，金融衍生品工具的相对比重依然很大（大约占 32%）。表 9-5 还给出了股东权益资本的详细信息（有关银行的资本监管，可参考第七章）。

表 9-5 2008—2012 年巴克莱银行的负债状况 （单位：百万英镑）

负债	2008 年	2009 年	2010 年	2011 年	2012 年
其他银行的存款	114 910	76 446	77 975	108 816	83 740
应付给其他银行的托收项目	1 635	1 466	1 321	966	1 231
客户账户（存款）	335 505	322 429	345 788	454 522	481 126
回购协议以及借出证券所得的现金抵押	182 285	198 781	225 534	193 453	187 148
交易组合负债	59 474	51 252	72 693	28 632	30 105
按照公允价值记录的金融负债	146 075	87 881	97 729	101 069	91 376
金融衍生品工具	968 072	403 416	405 516	535 837	466 321
已发行的债券	149 567	135 902	156 623	83 939	85 173
次级债	29 842	25 816	28 499	26 764	22 941
应计项目、递延收入以及其他负债	14 792	14 241	13 233	15 471	14 996

负债	2008 年	2009 年	2010 年	2011 年	2012 年
准备金	535	590	947	939	2 405
当前所得税负债	1 520	1 462	1 160	1 327	750
养老金负债	1 357	769	365	109	146
负债总额	2 005 569	1 320 451	1 427 383	1 551 844	1 467 458
股东权益					
不包括非控股股东的股东权益	36 618	47 277	50 858	50 759	47 705
控股股东权益	10 793	11 201	11 404	—	—
股东权益总额	47 411	58 478	62 262	50 759	47 705
负债与股东权益总额	2 052 980	1 378 929	1 489 645	1 602 603	1 515 163

资料来源：巴克莱银行官网。

专栏 9-1

银行资产与负债的估值

公允价值是一个会计术语，是银行评估某些资产与负债价值的方法。按照公允价值法，资产或负债应当按照当前的市场价值计入财务报表，如果不存在活跃的交易市场，那么银行可以使用估计值。历史成本法是公允价值法的主要替代方法，指的是将银行购买资产（或出售负债）时支付（收到）的原始购买价格作为其账面价值。不过，历史成本法还意味着财务报表上记录的金额不能大于使用负债或出售资产所收回的金额。

为了理解这些财务术语，我们用一个简单的例子加以说明。假设 2012 年，ABC 银行买入 1 000 股另一家上市银行的股票，买入价为每股 12 欧元。再假设到 2012 年年底时，股价上涨至每股 20 欧元。等到 2013 年年末，由于经济快速衰退，股价下跌至每股 5 欧元。按照两种会计准则，ABC 银行在资产负债表上记录的数据如下所示：

资产负债表	股票的公允价值（欧元）	股票的历史成本（欧元）
2012 年年末	20 000	12 000
2013 年年末	5 000	5 000

最近多种因素促使银行业全面转向新的公允价值法，这些因素包括银行对资本市场交易不断加深的介入程度、快速的金融创新以及基于市场的风险管理理念。监管领域走在前面的要数美国财务会计准则委员会（US Financial Accounting Standards Board，缩写为 FASB）以及国际会计准则理事会（International Accounting Standards Board，缩写为 IASB），它们提出了两套明显不同的会计准则：美国通用会计准则（GAAP）与国际会计准则/国际财务报告准则（IAS/IFRS）。按照国际财务报告准则（IAS39）与美国通用会计准则（FAS159），银行持有的多种金融工具既可以使用公允价值法，又可以使用历史成本法。银行准备持有到期的资产按照历史成本法估值。与之相反，准备出售的资产或交易型资产按照其市场价格（公允价值）来

估值。出售型或交易型资产的盈亏被计入其他综合收益。公允价值的确定共有三种方法：方法1是使用活跃市场上可观察的价格信息；方法2是使用活跃或非活跃市场上类似资产的交易价格；方法3是使用模型算出的估计值，也可以叫作按模型计价。

正如前文中的表格所示，公允价值法与历史成本法的不同之处在于公允价值大于成本。反过来，当价值下跌时，损失也可能会大于成本。这意味着公允价值法的一个重大缺陷在于财务报表会顺周期变化，因为账面金额要随市场的波动情况而调整。相比于其他行业，这一点对银行业来说尤为重要，因为在银行的资产负债表上，金融资产与负债的比例更高。

想获取更多信息，请参考英格兰及威尔士特许会计师协会（Institute of Chartered Accountants in England and Wales，缩写为 ICAEW）的相关资料。

9.2.1.3 银行的权益资本

资本的定义是资产的价值减去负债价值。资本（或称为净值、权益资本）代表的是所有者对企业的所有权。

资本＝资产－负债

银行的资本与负债对应着不同的资金来源（参考图 9-3）。不过，与制造类企业相比，通常银行的**杠杆化**（leveraged）程度很高，即资本与资产的比率较低（参考专栏 9-2）。即便违约未偿还的贷款额看上去并不算太高，也有可能会严重影响银行的资本规模，甚至使得银行技术性破产。如果贷款未被偿还，则所形成的损失要被资本吸收，因为银行持有资本的目的就是防范此类损失。与损失额相比，银行的资本越多，则银行获得的保护力度就越强。如果损失额大于银行的资本，那么银行相当于已经技术性破产，因为即使银行卖掉所有资产，也无法获得足够多的资金向储户归还存款。在这种情况下，为了维持储户对银行的信心（信心是银行业面临的主要问题）会引发下列措施：

（1）其他银行共同参与救援，向问题银行注入新的资本。

（2）监管当局决定用纳税人的钱向问题银行提供援助。对整个银行体系的潜在影响是，监管当局会对银行的经营行为加以监控，努力确保银行拥有充足的资本，以安全稳健的方式经营（还可以参考 7.7 节）。[①]

一般来说，资本的主要功能是通过吸收经营性或其他类型的损失，降低企业的破产风险。资本通过下列五种渠道来实现这一目标：

（1）吸收意料之外的损失，为企业提供缓冲空间，以维持市场信心，确保银行具有充足的偿付能力；

（2）若银行丧失偿付能力，则在破产清算时能保护没有参加存款保险的储户（存款保险制度主要是为小额储户提供保险，有一部分储户无法获得存款保险制度的保护）；

（3）保护银行保险基金与纳税人；

（4）帮助银行较容易地进入资本市场，从而避免因存款外流而出现流动性不足的问题；

（5）限制银行的冒险行为。

---

① 充足的资本可对应于骆驼评级法的某一等级。骆驼评级法的其他评估标准还包括资产质量、管理质量、盈利、流动性以及对市场风险的敏感性。更多细节请参考 8.3.2 节。

购置办公场所以及提供金融服务所必需的其他实物投资也需要资本。例如，银行的技术投资、建立分支网点以及管理支付体系都需要资本。银行还要利用资本来收购其他企业。

资本与风险密切相关。一般来说，风险越高，需要持有的资本就应该越多，因此在其他条件都相同的情况下，资本是否充足要取决于银行的风险敞口。如今，银行面临着各种各样的金融风险——这是因为银行在市场上的交易活动越来越频繁，所以必然要受到利率、汇率以及信贷市场上其他经济变量的影响，而且对表内、表外项目都有影响。在这种局面下，银行需要持有的资本金要比过去高得多。近期全球性的金融危机已经促使监管当局与政策制定者修改了资本监管规则，从而使得银行的财务报表能更加充分地反映其风险水平（参考 7.6 节）。

专栏 9-2

制造业企业与零售银行的资本结构对比

表 9-6 提供了一家银行与一家制造业企业的简化资产负债表（还可以参考图 9-4）。与制造业企业相比，银行的短期资产占总资产的比重更高，固定资产所占的比重更小。在负债一侧，银行的短期负债（存款）所占比重更高。另一重要区别与杠杆有关。制造业企业的资本与总资产的比率要比银行高得多。

表 9-6　一家银行与一家制造业企业的简化资产负债表（%）

制造业企业		银行	
资产		**资产**	
短期资产	55	短期资产	70
固定资产	45	长期资产与固定资产	30
总资产	100	**总资产**	100
负债		**负债**	
短期负债	25	短期负债	80
长期负债	35	长期负债	12
股东权益	40	股东权益	8
总负债	100	**总负债**	100

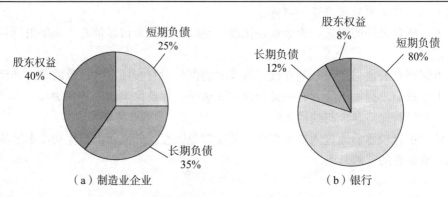

（a）制造业企业　　　　（b）银行

图 9-4　制造业企业与银行的资产负债表

制造业企业的价值至少要下跌40%，才会丧失偿付能力；然而，对银行来说，价值只要下跌8%，就会丧失偿付能力。

制造业企业的债务/权益比率（或称为财务杠杆）为1.5（＝60/40）倍，而银行的债务/权益比率高达11.5（＝92/8）倍。

对所有企业来说，资产负债表的结构都非常重要。显然，企业的财务杠杆对企业的价值具有明显的影响。对财务经理来说，其目标是促成一个合理的债务/权益比率，以实现企业价值最大化的目标。

资料来源：柯克和麦克唐纳（2009，504）。

9.2.1.4 银行的损益表

我们可以通过分析银行的损益表来评估其盈利能力。**损益表**（profit and loss account）在美国又被称为收入报告。这种财务报表反映了在两个相邻的资产负债日之间银行的绩效情况。资产负债表与损益表的关系基于这样一个事实：资产负债表报告的是存量价值（例如已发放贷款的金额），而损益表反映的是某一年内现金流的价值（例如已发放贷款获得的利息收益）。因此，损益表反映的是银行的收入来源与成本的产生。

成本（costs）来源于资产负债表上的负债项目，与银行必须履行的支付义务有关，例如支付存款利息，向股东支付股息，支付债务利息，用准备金冲销贷款损失以及缴税等。而**收入**（revenues）来源于资产，包括贷款与投资的利息收益、手续费与佣金收入等（利息与非利息收入）。此外，和其他企业一样，银行也要向员工支付薪酬，并承担其他的运营成本。

利润＝收入－成本

在上述关系式中，收入等于利息收入与非利息收入之和；成本等于利息成本、人力成本以及其他经营成本之和。表9-7提供了一份简化的银行损益表，并以此为例说明了一家零售银行的**利润**（profits）是如何计算的。

利息收入包括银行所有资产产生的利息收入，例如贷放给其他机构、家庭与借款人的证券与存款。利息支出指的是银行为所有付息债务支付的利息总和，例如存款账户、大额存单、短期借款与长期债务等。利息收入与利息支出之差叫作净利息收入。

贷款损失准备金指的是银行用一部分利润建立的专门准备金，用于吸收预期内的贷款损失。贷款违约后，一部分报告利息收入明显高于实际能获得的利息收入，此时便可以用贷款损失准备金冲减净利息收入。于是，扣除了贷款损失准备金的净利息收入等于净利息收入与贷款损失准备金之差。

非利息收入指的是手续费、佣金以及交易性收入。近年来，由于银行越来越关注这一类收入，因此其重要性逐渐上升。非利息收入通常包括手续费、存款服务费（例如银行保险箱的使用费）、佣金（例如销售保险产品所得的佣金）、证券交易产生的收益/损失，以及其他非利息收益来源，例如外汇交易或其他表外业务（比如证券承销）带来的收益/损失。

非利息支出包括员工的薪酬与福利、物业与设备的相关费用以及其他非利息支出（例如存款保险的保费与折旧）。净非利息收入等于非利息收入与非利息支出的差。

沿着表9-7继续往下看，税前营业净利润等于净利息收入减去贷款损失准备金，然后加上净非利息收入。税前利润等于税前营业净利润加（减）银行按照高于初始购买成本的价格将资产组合内持有的证券卖掉所得的证券收益（损失）。接下来，扣除税负和非经常项目（指的是与正常业务无关的非常见性项目，例如出售不动产获得的净收入），我们便得到了净利润，即税后利润。

最后，留存收益等于净利润减去现金股息。

表9-8是使用国际财务报告准则编制的2008—2012年巴克莱银行的损益表。

表9-7 简化的银行损益表

a	利息收入
b	利息支出
$c\ (=a-b)$	净利息收入
d	贷款损失准备金
$e\ (=c-d)$	扣除了贷款损失准备金的净利息收入
f	非利息收入
g	非利息支出
$h\ (=f-g)$	净非利息收入
$i\ (=e+h)$	税前营业净利润
l	证券收益（损失）
$m\ (=i\pm l)$	税前利润
n	税负
o	非经常性项目（净值）
$p\ (=m-n-o)$	净利润
q	现金股息
$r\ (=p-q)$	留存收益

表9-8 2008—2012年巴克莱银行的损益表 （单位：百万英镑）

	2008年	2009年	2010年	2011年	2012年
利息收入	28 010	21 236	20 035	20 589	19 199
利息支出	16 595	9 567	7 517	8 393	7 564
净利息收入	11 415	11 669	12 518	12 196	11 635
应收手续费与佣金	9 489	9 946	10 368	10 208	10 216
应付手续费与佣金	1 082	1 528	1 497	1 586	1 634
手续费与佣金净收入	8 407	8 418	8 871	8 622	8 582
交易净收入	1 260	6 994	8 080	7 738	3 028
投资净收入	680	283	1 490	2 322	663
保险合约的保费净收入	1 090	1 172	1 137	1 076	896
其他收入	454	1 389	118	39	335
总收入	23 306	29 925	32 214	33 123	25 139
保险合约产生的赔偿与收益净值	237	831	764	741	600
扣除保险赔偿后的总收入	23 069	29 094	31 450	32 382	24 539

	2008 年	2009 年	2010 年	2011 年	2012 年
贷款减值支出与其他贷款损失准备	5 419	8 071	5 672	5 602	3 596
净收入	17 650	21 023	25 778	26 780	20 943
员工薪酬	7 779	9 948	11 916	11 407	10 447
管理费用与一般性支出	5 662	5 558	6 581	6 351	6 638
折扣、摊销与其他成本	921	1 206	1 470	3 014	3 899
营业费用	14 362	16 712	19 967	20 772	20 984
关联企业与合资企业税后净利润（损失）的分成	14	34	58	60	110
处置子公司、关联企业与合资企业的损失/利润	327	188	81	（94）	28
收购案产生的利润	2 406	26	129	—	2
税前利润	6 035	4 559	6 079	5 974	99
税负	786	1 047	1 516	1 928	（483）
持续经营项目的税后损失/利润	5 249	3 512	4 563	4 046	（384）
非持续经营项目在本年度的利润	—	6 777			
税后损失/利润	5 249	10 289	4 563	4 046	（384）
其他综合性收入（净值）	—	547	（63）	794	（121）
本年度综合性收入总和	5 249	10 836	4 500	4 840	（505）

资料来源：巴克莱银行官网。

在 2012 年年末，巴克莱银行的总收入超过 250 亿英镑，比 2008 年增长了大约 9 个百分点。收入的增长主要来源于交易净收入的增加（交易净收入的增长幅度超过 140%）。2009 年，巴克莱银行的净利润达到近几年的峰值，主要原因是巴克莱银行将巴克莱全球投资者公司卖给了黑石集团。我们注意到，2011 年，巴克莱银行的税后利润超过 40 亿英镑；然而，2012 年净亏损 3.84 亿英镑。

损益表能较好地反映出商业银行的盈利能力，而**银行绩效**（bank performance）的评估通常需要分析各种财务比率指标，这种指标分析要使用资产负债表与损益表提供的各种信息。9.4 节重点讨论了财务比率分析的重要作用以及如何阐释最常见的财务比率指标。

在讨论财务比率指标之前，9.3 节说明了投资银行财务报表的主要特征，并将投资银行与商业银行的财务报表做了比较分析。

9.3　投资银行的财务报表

我们在第三章曾经说过，大规模的批发性融资活动通常都是通过投资银行来处理的。而且，投资银行能提供各种类型的服务，例如证券承销（包括发行商业票据、欧洲债券以及其他证券）、向企业提供并购交易以及其他重组交易的咨询服务等。简单地说，投资银行主要与企业和其他大型机构打交道，除了提供高端的私人银行服务以外，它们一般不接待零售客户。

2007—2009 年全球金融危机造成的后果之一是，为了有资格获得政府的资金援助，美国的投资银行要么转制为银行控股公司（高盛和摩根士丹利这两家投行就是这样做的），要么被商业银行收购（美林证券被美国银行收购）。在本节的余下部分，我们用"投资银行"这个词来形容主要从事投资银行业务的金融机构，它可以是独立机构，也可以是隶属于企业集团的子公司。截止到2013年，全球规模最大的投资银行（按照收入所占的比例）是摩根大通，紧随其后的是高盛。在英国，巴克莱银行是最成功的投资银行之一，因为巴克莱银行拥有庞大的投资银行事业部——巴克莱投资银行〔Barclays Investment Bank，以前叫作巴克莱资本（Barclays Capital）〕。

为了更详细地了解投资银行的业务性质，好好研究一下其财务报表的构成是很有帮助的。近期刚转变为银行控股公司（例如高盛，请参考专栏9-3）的投资银行，其年报看起来相对简单直接一些。而被银行控股公司收购的投资银行的财务报表更复杂，因为它们的业务被拆解了，目的是分别对应银行的业务板块，比如美林银行。"美林银行"这个名字现在只用于美国银行的私人银行业务/财富管理业务，而其投资银行业务被拆分为两条业务线：全球银行业务和全球市场。①

9.3.1　投资银行的资产负债表

表9-9提供了一份简化版的投资银行资产负债表。

表9-9　简化版的投资银行资产负债表

资产	负债
现金与其他非营利性资产	商业票据与其他短期借款
交易型资产	交易性负债
融券交易（应收账款）	作为抵押品的证券
投资型证券	长期借款
贷款、中期债券与抵押贷款	存款
其他投资	其他应付账款
固定资产	
其他资产	
	权益
	其他资本项目
总资产	**负债与权益之和**

9.3.1.1　资产项目

在资产这一侧，投资银行首先持有的是现金与其他非营利性资产，比如高流动性的短期证

---

① 除了全球银行业务与全球市场，美国银行还有另外三个业务板块：消费者与企业银行业务、消费者不动产银行服务以及全球财务与投资管理业务。2012年，按照净收入的高低排序，最赚钱的业务部门是消费者与企业银行部，其具体业务包括面向消费者和小企业提供存款、借记卡与信用卡服务、企业银行业务，以及各种形式的贷款、商业银行与投资银行的产品与服务。

券以及为了满足监管要求而持有的资产。

另一个关键性的资产项目是交易型资产。这指的是银行因交易活动——主要包括证券经纪业务、证券交易与承销、衍生品交易与经纪业务——而持有的资产。一般来说，交易型资产包括现金工具（例如证券）以及交易目的是管理风险敞口的衍生品。其他现金工具还包括基于交易目的而持有的贷款（即可以在二级市场上进行交易的贷款）。

为了满足客户需求，投资银行进入了担保贷款市场，持有可用于结算的证券。在进行转售交易、融券交易、客户保证金贷款以及其他贷款交易时，投资银行能收到对方提供的抵押品。对于在融券交易中获得的作为抵押品的证券，银行可将其出售或进行再次质押。

基于非交易目的而持有的证券叫作投资型证券。这些证券或金融工具都可以在市场上交易，一般包括流动性很好的债券（例如基于流动性管理目标而持有的债券）、权益证券以及其他投资产品（例如出于战略目的而持有的长期证券）。投资银行的贷款业务及相关活动包括发起贷款、组建银团以及贷款的证券化（请参考第十八章），这些项目被计入贷款、中长期债券与抵押贷款项目。

其他投资包括应收账款，例如客户在进行现金交易与保证金交易时尚未支付的款项。固定资产包括设备与设施。常见的例子包括技术软硬件以及投行所拥有的各种设施（例如经营场所）。其他资产包括无形资产、商誉以及衍生品带来的未实现收益（衍生品的使用目的是对冲银行的存贷风险）。除此以外，这一项目还包括预付费以及基于投资目的而购买的不动产。

9.3.1.2　负债与权益

如表9-9所示，投资银行的资金来源于多种渠道，如下所示。

● 作为抵押品的证券：银行与交易对手签订了担保借款协议，在未来某个时点要将已出售的证券回购。这包括回购协议项下的应付账款以及证券贷款交易所涉及的应付账款（这一项目对应着资产一侧的融券交易）。

● 交易型负债：指的是投资银行根据自身对未来市场的预判而进行的交易活动，例如买卖证券、衍生品或经纪业务。

● 商业票据：包括银行发行的短期可转让债务工具，这种工具在货币市场上交易，可帮助银行获得无担保资金。

投资银行还可以发行其他的短期债务工具——这些工具可以与股票价格指数或其他指数挂钩——以及中长期债务工具。

下一项负债是存款（储蓄存款与定期存款），一般来说企业存款的规模很大；随后是对客户、经纪人与交易商的其他负债；最后是股东权益。

9.3.2　投资银行的损益表

投资银行与商业银行一样，也需要发布损益表，报告一个会计年度的所有成本、收入与净利润。投资银行的收入主要来源于以下四个方面：

● 交易与本金投资；
● 投资银行业务；

- 资产管理与资产组合服务的佣金;
- 利息收入。

交易与本金投资指的是股票、股票衍生品、公司债券、债券衍生品、抵押贷款、市政债券、国债、政府机构债券以及外汇交易所产生的收益。本金投资指的是投资银行出于一般性的投资目的而持有的证券头寸。投资银行业务(在美国)一般包括承销与金融咨询服务(例如并购交易咨询服务)。资产管理与资产组合服务则是以佣金的方式(例如在大型的股票交易所或期货交易所代表客户进行交易)给投资银行带来收入。说得更具体一点,资产管理业务能够给投资银行带来费用性收入,因为投资银行向个人或机构提供了资产管理服务(例如管理企业的养老金以及其他投资产品)以及咨询服务。

证券服务同样也能给投资银行带来费用性收入,对应的业务类型包括经纪业务、融资服务、融券交易以及资产/负债匹配性的交易活动。最后,利息收入主要来源于银行的批发贷款业务。

在成本这一侧,利息支出相对较高,因为投资银行持有大量的借款,同时还发行了债券与短期商业票据(与商业银行相比),而员工的薪酬成本构成了营业费用的主体部分。其他成本包括:

- 通信与技术;
- 经营场所以及相关的折旧;
- 经纪业务、清算与汇兑的费用;
- 顾问费;
- 市场营销费用;
- 其他费用。

专栏9-3具体分析了高盛公司的财务报表结构。

专栏 9 - 3

高盛公司的财务报表 (2012 年)

德国移民马尔库斯·高曼 (Marcus Goldman) 于 1869 年创立了高盛公司,如今高盛公司已经成为"居于领先地位的全球投资银行、证券与投资管理企业,向企业、金融机构、政府以及高净值个人等多种类型客户提供全方位的金融服务"(见高盛公司官网)。截止到 2012 年 12 月 31 日,高盛公司在全球各地共有 32 400 名员工,净收入高达 346 亿美元。

高盛公司可提供多种类型的服务,例如资本市场服务、投资银行业务与咨询服务、财富管理、资产管理、银行业务以及相关的产品与服务。2008 年,高盛公司转制为银行控股公司,于是要遵守美联储对合并监管资本的要求。

图9-5给出了2012年高盛公司的资产与负债结构。

在资产中,按照公允值记账的交易型资产包括银行出于交易目的而持有的证券和金融衍生品。这种资产在总资产中所占的比重较高(43%)。其他的项目包括担保协议,即借入证券以及按照回购协议现在买入、将来卖出的证券等。还有一点值得注意,高盛公司持有的流动性资产比例相对较高(大约为8%)。

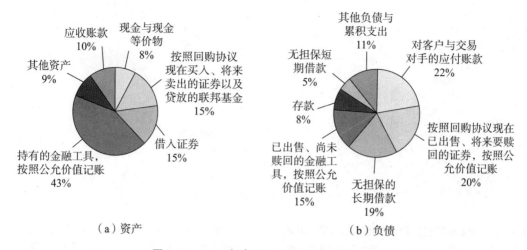

图 9 - 5 2012 年高盛公司的资产与负债结构

资料来源：高盛公司 2012 年年报，作者经计算而得。

（a）资产 （b）负债

传统的发放贷款、吸收存款的银行业务看上去似乎没有其他银行业务那么重要：存款所占的比重相对较小，仅占总负债的 8%。这是因为投资银行与商业银行不一样，商业银行的主要业务是将存款转变为贷款，并使其期限、规模相匹配；而投资银行主要从事的是各种各样的证券业务。因此，投资银行的资产/负债结构通常表现为资产负债表上资产的平均期限要比传统的商业银行更短。高盛公司的资金主要来源于无担保的长期借款（19%）、对客户与交易对手的应付账款（22%）以及交易型负债（15%）。

图 9-6 分析了 2012 年高盛公司的收入来源。

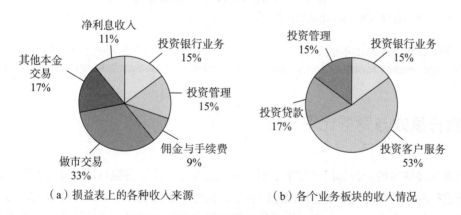

（a）损益表上的各种收入来源 （b）各个业务板块的收入情况

图 9 - 6 2012 年高盛公司的收入来源

资料来源：高盛公司 2012 年年报，作者经计算而得。

如上图所示，高盛公司的大部分收入来源于做市交易与其他本金交易（50%）、投资管理及佣金与手续费（24%）以及投资银行业务（15%）。值得注意的是，高盛公司将近 60% 的净收入来源于美国本土（请参考图 9-7）。来自欧洲、中东地区以及非洲的收入大约占 25%。

在营业成本中，员工费用（即员工薪酬与福利）所占的比重最高（56%）（请参考图 9-8）。值得注意的是，在成本中，非利息支出与利息支出的比值大致为 75∶25（请参考图 9-9）。

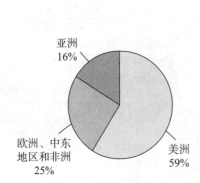

图9-7 2012年高盛公司在各地区的净收入状况

资料来源：高盛公司2012年年报，作者经计算而得。

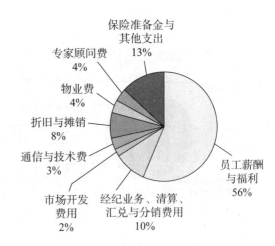

图9-8 2012年高盛公司的非利息支出

资料来源：高盛公司2012年年报，作者经计算而得。

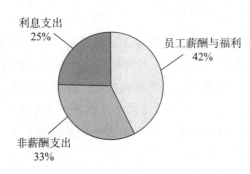

图9-9 2012年高盛公司的成本结构

资料来源：高盛公司2012年年报，作者经计算而得。

资料来源：高盛公司2012年年报。

9.4 银行绩效与财务比率分析

所有发达经济体的金融部门都发生了翻天覆地的变化，这使得银行绩效分析的重要性越来越大。当前银行的经营环境充斥着更加激烈的竞争，银行不仅控制成本与管理风险的压力更大，而且要追求收入的最大化。对于上市银行来说，股东财富最大化的目标（让持有银行股票的投资者获得最大的回报）依然是银行追求的首要目标，只不过越来越强的监管要求（迫使银行持有更多资本金的监管要求会降低资本收益率）让银行的行为有所约束。2007—2009年全球金融危机以及随后的经济衰退意味着市场越来越需要审慎监管，这一点并不令人吃惊（参考第七章的内容）。

如图9-10所示，绩效分析是一个重要工具，不管是银行的内部人员（例如银行经理）还是构成银行外部经营环境的其他利益相关者（例如监管机构）都可以使用这一工具。

- 股东、债券持有人：银行股票和债券的投资者、银行经理以及银行的其他雇员对银行当前以及未来的发展前景都拥有明显的经济或战略利益。

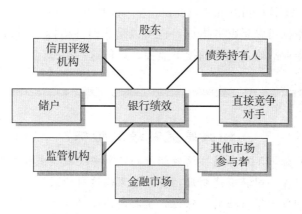

图 9 - 10　谁对银行绩效感兴趣？

● 直接竞争对手：同业分析指的是对比分析一家银行与另一家在类似市场环境下经营的银行的盈利能力。在某些情况下，我们可以使用更复杂的统计工具来分析组内的共同特征。

● 其他市场参与者：具有潜在收购或合并可能的竞争对手会使用**财务比率分析法**（financial ratio analysis）来评估潜在的并购交易，以及合并后的经济协同效应。

● 金融市场：资本市场与货币市场的参与者使用财务比率分析法评价银行的绩效。货币市场参与者，尤其是在银行同业市场上借贷的金融机构，需要对申请贷款的银行进行资信评估。银行绩效的下滑会导致信用风险上升，因而银行同业市场上的贷款机构会要求调高贷款的利率水平。资本比率更高的银行更有可能在银行同业市场上获得更廉价的资金（因为这样的银行被视为风险水平较低）。资本市场参与者与分析师也是用财务比率分析来评价银行的绩效状况，因为银行绩效的变化会改变银行发行的股票和长期债券的估值。例如，潜在的债券投资者将银行绩效的变化趋势当作投资的向导。

● 监管机构：国内与国际的监管机构也很关心银行的绩效。例如，金融监管机构需要评估银行的偿付能力、流动性以及整体绩效情况，从而降低潜在问题爆发的可能性。旨在加强市场竞争的监管机构也会调查银行的绩效指标，目的是分析银行是否获得了超额利润以及银行是否有反竞争行为。

● 储户：银行良好的绩效让储户更加信任银行。储户会相信银行一直在盈利，且没有冒太大的风险。

● **信用评级机构**（credit-rating companies）——例如穆迪公司、标准普尔公司和惠誉公司（Fitch IBCA）——分析银行的各项绩效数据，最终对在某国或地区开展经营活动的银行评定信用等级。

用财务比率分析法来评估银行的绩效，其目的在于：（1）了解过去与当前的趋势；（2）得到未来银行绩效的估计值。财务比率分析法研究的是银行绩效的方方面面，例如盈利能力、资产质量与偿付能力。

此外，近年来，**关键绩效指标**（key performance indicators，缩写为 KPIs）越来越受到重视。[①] 关键绩效指标可被定义为有助于有效测量企业的发展、绩效或经营状况的指标〔参见

---

① 在英国，商业领域的相关立法要求企业使用财务关键绩效指标或其他关键绩效指标来提升陈述性报告的质量。更多详细内容请参考会计准则委员会（Accounting Standards Board）于 2006 年 1 月发布的《经营与财务评估报告》（Reporting Statement on Operating and Financial Reviews）。

《2006 年英国公司法》（UK Companies Act 2006）第 417（6）款]。正如专栏 9-4 所述，这个定义暗示着关键绩效指标可以是财务指标，也可以是非财务指标（例如客户的满意度），企业的管理者应当在遵循企业战略目标的前提下监控、评估这些指标。

普华永道（2007）强调了财务关键绩效指标与非财务关键绩效指标对陈述性报告的重要意义。该报告指出，要确保公司具有透明度，并按照下面这种模式清晰地阐述关键绩效指标的主要特征与涵盖范围。即鉴于银行业的特殊性，主要的战略推动力应围绕着下列六个关键领域：客户维系、客户渗透、资本充足、受托资产、资产质量以及贷款损失。

关键绩效指标

（1）应当报告多少个关键绩效指标？	一般来说，大概需要 4~10 个指标。不过，为了提高企业的透明度，关键绩效指标应当能切实反映企业特定的业务状况及其发展策略，所以说不存在"一体适用"式的关键绩效指标。
（2）报告业务部门的关键绩效指标还是整个集团的关键绩效指标？	在某些情况下，企业的各个业务（例如零售银行业务、企业银行业务、资产管理业务与保险业务等）部门单独报告关键绩效指标会更有用。一个多元化经营的企业集团仅报告整个集团层面的关键绩效指标，这样做是毫无意义的。
（3）应如何严格地挑选关键绩效指标？	由于企业的策略与目标是与时俱进的，因此关键绩效指标也要适时地进行调整以适应这些变化，因此之前会计周期内确认的关键绩效指标并不一定要一直持续报告。
（4）选择关键绩效指标时，可靠性是否重要？	尤其是对非传统或不太知名的指标，企业的管理者要确保这些指标所传递的信息是可靠清晰的，这一点很重要。因此，如果可能，则应当向报告的阅读者详细说明指标的局限性。

资料来源：普华永道（2007）。

接下来我们讨论的是用于评价银行绩效的传统财务比率指标。可用于绩效计算的各种比率指标都来源于企业会计系统定期发布的财务报告所提供的信息：资产负债表与损益表。

9.4.1 盈利指标

在银行体系内，常用的盈利指标为权益报酬率、资产回报率、净利差与成本收入比率。

资产回报率的计算式为净收入/总资产（或者使用两个会计年度的平均资产额）。这一比率指标能够说明每一单位资产能创造多少净收入。

$$资产回报率 = \frac{净收入}{总资产} \tag{9.1}$$

权益报酬率可能是反映银行的盈利能力与增长潜力的最重要指标。它就是股东的投资回报率，即股东向银行投资的每一英镑权益投资能获得的百分比收益。

$$权益报酬率 = \frac{净收入}{权益资本总额} \tag{9.2}$$

专栏9-5将权益报酬率分解为资产回报率与权益乘数。该专栏还简要总结了欧洲中央银行一份报告（2010a）的主要观点——这份报告探讨了权益报酬率这一被广泛使用的指标存在哪些缺陷。

权益报酬率的分解

我们可以用公司金融课程里常见的杜邦模型——美国杜邦公司于20世纪20年代率先使用了这一模型，因而如此命名——来分解权益报酬率。这种分解形式很重要，因为它能让财务分析师了解各种比率指标之间的内在联系，帮助银行瞄准经风险调整后收益率更高的领域。

如公式（9.2）所示，权益报酬率等于净收入除以权益资本总额（或者权益资本的平均值）。用权益报酬率乘以总资产，则可以将其分解为两个部分：资产回报率（＝净收入/总资产），该指标测量的是银行总资产的平均盈利能力；另一组成部分就是权益乘数（EM），即银行杠杆率的测量指标。具体来说：

$$权益报酬率 = \frac{净收入}{总资产} \times \frac{总资产}{权益资本总额} \tag{9.3}$$

其中，

$$权益乘数 = \frac{总资产}{权益资本总额} \tag{9.4}$$

因此，

$$权益报酬率 = 资产回报率 \times 权益乘数 \tag{9.5}$$

资产回报率也可以被分解为两个部分：利润率（＝净收入/总收入）以及总收入与总资产的比值，我们将后者定义为资产收益率（又称资产利用率）。如下所示：

$$资产回报率 = \frac{净收入}{总收入} \times \frac{总收入}{总资产} \tag{9.6}$$

替换一下得到，

$$权益报酬率 = \frac{净收入}{总收入} \times \frac{总收入}{总资产} \times \frac{总资产}{权益资本总额} \tag{9.7}$$

我们可以用图的形式说明权益报酬率的分解过程，具体如图9-11所示。

在金融危机期间，先前权益报酬率很高的银行表现得很糟糕。欧洲中央银行的一份报告（2010a）承认，在分析银行绩效或讨论权益报酬率作为基准评价指标的可靠性时，尤其是当市场震荡、经济环境疲软的时候，我们需要更好地理解风险与收益之间的权衡关系。这份报告指出，权益报酬率的主要缺陷为：

（1）权益报酬率（即资产回报率与权益乘数的乘积）驱动因素的失衡，尤其需要注意的是权益报酬率对风险不敏感。

（2）权益报酬率缺失了最重要的风险要素，例如风险资产所占的比重以及偿付能力。

（3）权益报酬率指标不能将表现最佳的银行与其他银行区分开来，因为这只是一个短期指标，无法评价银行的可持续性（长期）发展潜力。

（4）和其他会计指标一样，权益报酬率容易被操纵，从而偏离市场的真实情况，因为数据并不是永远可靠的，而且重要的季节性银行业务也会对数据造成影响。

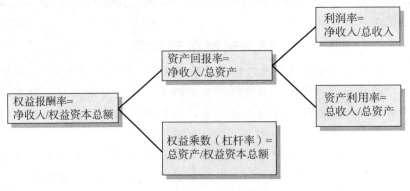

图 9 - 11　权益报酬率的分解

资料来源：欧洲中央银行（2010a）。

在传统银行业内，另一个重要的绩效指标是净利差，该指标反映了银行的净利息收入与银行的总资产、平均资产或盈利资产之间的对比关系。

$$净利差 = \frac{利息收入 - 利息支出}{总资产} \tag{9.8}$$

这个指标计算的是每一单位资产能获得多少净利息收入，即资产的利息收入减去利息支出。其实净利差反映的正是银行每一单位资产的利差。较高的净利差意味着存款利率与贷款（加其他生息资产）利率之间的利差较大，反之亦然。正如我们在前面几章里讲过的，很多银行的净利差呈现不断下降的趋势，这反映出存贷款市场的竞争越来越激烈——银行愿意为存款支付的利息与发放贷款所收取的利息之间的差在逐渐缩小。

成本收入比率（C/I）是快速测量企业效率的指标之一，它能反映出银行的非利息成本与收入之比。

$$成本收入比率 = \frac{非利息支出}{净利息收入 + 非利息收入} \tag{9.9}$$

非利息支出被视为银行经营过程中的主要投入，而营业收入总额被视为产出。

如果银行在资本市场上市，那么还有一些可用的绩效指标，例如每股收益（EPS）、市净率（P/B）以及信用违约互换（CDS）利差。

$$每股收益 = \frac{净收入}{已发行的平均股份数} \tag{9.10}$$

每股收益计算的是银行已发行的每一股普通股可以分摊到多少税后净利润。较高的每股收益意味着股东的投资收益较好。

$$市净率 = \frac{股票价格}{每股账面价值} \tag{9.11}$$

股票价格与每股账面价值的比值（也可以叫作市净率）用银行股票的市场价格除以股东每股股票的账面价值。这个指标越小，对（潜在）投资者来说越好——打个比方，假设银行当前的股价为每股 4 英镑，每股股东权益的账面价值为 2 英镑，那么投资者每买入一股股票，都要支付相当于其账面价值两倍的价格。

表 9 - 10 提供了澳大利亚四家大银行最主要的财务信息，这四家银行分别是：澳新银行（Australia and New Zealand Bank，缩写为 ANZ）、澳大利亚联邦银行（Common Wealth Bank of Australia，缩写为 CBA）、澳大利亚国民银行（National Australia Bank，缩写为 NAB）以及西太平洋银行（Westpac Banking Corporation，缩写为 WBC）。我们注意到，这几家银行的资产回报率分布在 0.72% 和 1.03% 之间，而权益报酬率大约为 16%，净利差为 2.16%。① 通常资产回报率的基准值为 1% 左右，而权益报酬率若能超过 10%，会更受投资者的青睐。绩效较好的银行通常将目标权益报酬率定为超过 15%。一般来说，从银行的角度来看，这些比率的值越高，情况就越好，因为较高的净利差应该对应着较高的净收入，从而抬高资产回报率和权益报酬率的值。不过，如专栏 9 - 5 所述，非常高的权益报酬率也意味着银行采用的是过度冒险、无法持续的商业模式。如表 9 - 10 所示，澳大利亚四家大银行的成本收入比率表现相对较好，全部低于 50%。成本收入比率的基准区间为 50% 至 70%，即较低的成本收入比率说明银行的经营比较有效率。

表 9 - 10　2012 年澳大利亚四大银行绩效情况一览

	澳新银行	澳大利亚联邦银行	澳大利亚国民银行	西太平洋银行
排名				
按照总资产规模排名	4	2	1	3
按照市值排名	3	1	4	2
盈利能力与效率				
资产回报率	0.96	1.03	0.72	0.98
权益报酬率	15.6	18.6	14.2	15.5
净利差（基点）	231	209	210	216
成本收入比率	48.1	46	49.8	44
资产质量				
不良贷款与总贷款的比值	1.01	0.85	1.36	0.84
资本充足率				
核心资本充足率	10.8	10.01	10.27	10.3
总资本充足率	12.2	10.98	11.67	11.7

资料来源：毕马威（2013）。

表 9 - 11 提供了 2012 年美国三家前大型投行主要盈利指标的数据。值得注意的是，摩根士丹利的绩效不如另外两家。摩根大通和高盛这两家公司的权益报酬率都超过了 10%，然而摩根士丹利的权益报酬率仅为 1% 左右；此外，摩根大通的资产回报率（0.9%）相当于摩根士丹利的 10 倍。一般来说，相较于商业银行与零售银行，净利差对投资银行盈利状况的影响只能排在次要位置。评价投资银行的盈利能力，更合适的指标是**利润率**（profit margin），该

---

① 用基点的方式来表示这些比率的做法并不少见。一个基点等于 1/10 000，或 0.01%。例如，0.055% 就是 5.5 个基点。

指标等于税前利润除以总营业收入，全面考虑了利息收入与非利息收入。

表9-11还提供了另外两个基于市场的绩效评价指标（每股收益与市净率）。看上去很明显，摩根大通表现最佳，因为其每股收益最高，而且保持着与另两家投行规模相似的权益资本。与之相反，摩根大通的流动性资产与存款的比率（55.87%）明显低于另两家投行（大于150%）。

信用违约互换利差也提供了有用的信息，这一指标揭示了信用保险的成本——为某一家机构发行的无担保债券购买一定期限保险的成本。信用违约互换利差被视为金融机构信用风险的直接指标（欧洲中央银行，2009a）。

表9-11　美国三家前大型投行的财务指标一览（%）

2012年年末	摩根大通	高盛	摩根士丹利
资产回报率	0.92	0.80	0.09
权益报酬率	10.98	10.23	1.02
净利差	2.22	0.52	−0.03
成本收入比率	66.71	67.20	98.03
其他营业收入/平均资产	2.25	3.25	3.44
利润率	25.97	22.23	4.11
流动性资产/存款	55.87	180.57	150.56
核心资本充足率	12.59	16.70	17.70
总资本充足率	15.27	20.10	18.50
权益资本/总资产	8.65	8.07	8.93
每股收益（2013年6月）	5.98	1.19	0.52
市净率（2013年6月）	1.06	1.09	0.85

资料来源：全球银行与金融机构（Bankscope）数据库。

说明：2013年6月雅虎财经官网。

9.4.2　资产质量

贷款依然是银行最重要的业务类型之一。所有银行都会面临不良贷款问题，都要承受一定的贷款损失，因此银行管理的关键目标之一便是贷款损失的最小化。对于损益表，财务管理人员可以随意调整贷款损失准备金，从而达到操纵会计利润的目的。例如，更保守的银行会通过拨备较多的、超过平均水平的贷款损失准备金来人为地压低会计利润，而更激进的银行会故意调低贷款损失准备金以抬高会计利润。

近年来，银行利润的降低通常是因为其资产质量较差。受欧元区危机的影响，欧洲多个国家的银行资产质量持续恶化（可参考第十四章的讨论）。专栏9-6评价并分析了2007—2011年欧洲40家银行（按规模排名为前40）业绩不佳的主要原因。

欧洲银行业业绩不佳的原因

　　麦肯锡（2012）用欧洲 40 家银行（按规模排名为前 40）在 2007—2011 年间的表现为例，分析了欧洲银行业表现不佳的诸多原因。这些银行糟糕的业绩已经导致：（1）银行市值下跌（自 2007 年开始已下跌了 50%）；（2）股东的总收益下降幅度超过 15%。具体表现为：

- 盈利能力普遍下降；
- 大量资产被减值或注销；
- 贷款损失准备金的拨备额增加；
- 成本与收入的比率上升；
- 监管负担加重，例如更高的资本充足率、流动性比率要求以及其他监管约束。

　　于是，权益报酬率也随之下降，从经济增加值的角度来看，这有损于银行的价值。正如图 9 - 12（a）所示，在 2008—2011 年间，权益报酬率始终保持在远远低于权益资本成本（COE）的水平。图 9 - 12（b）则说明在 2001—2007 年间，这 40 家银行的经济利润增加了 1 790 亿欧元；与之相比，全球金融危机的爆发导致接下来几年银行的经济利润减少了 2 780 亿欧元。

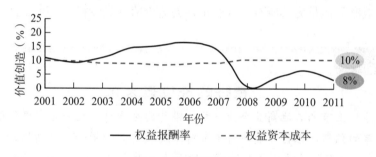

（a）价值创造视角

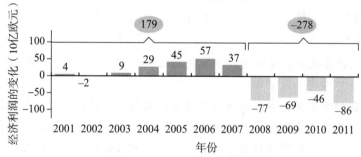

（b）经济利润的变化

图 9 - 12　欧洲银行业的价值破坏

资料来源：麦肯锡（2010）。

　　说明：（a）图表示企业报告的权益资本成本大于权益报酬率所导致的价值创造。在（b）图中，经济利润的变化＝股东持有的权益资本×（权益报酬率－权益资本成本）。

　　为了保持盈利，银行应当一方面保有资本，以满足新的监管规则以及监管机构的要求；另一方面要集中精力提高效率。说得更具体一点，麦肯锡（McKinsey）提出了一些战略性措施的建议，旨在帮助银行创造价值，提升其盈利能力。我们将这些建议做如下总结：

（1）优化资产组合，包括改善资本密集型投资组合的风险对冲与出售情况，管控投资组合的风险状况。

（2）改进风险与资本模型，提升数据质量，包括对受压情况下的在险价值（VaR）模型以及新的内部风险模型加以改进。

（3）提高财务效率，包括资产负债表的优化，以及改善企业的资本（从而形成一个可被接受的杠杆率）、流动性以及资金储备状况。

（4）提高经营效率，既包括传统的成本效率措施（裁员、缩减信息技术成本），又包括大力推广电子交易。

（5）重新思考非核心业务的发展战略。

资料来源：麦肯锡（2011；2012）。

9.4.3　银行业的资本成本与股东价值创造

我们在讨论银行绩效问题时重点介绍了传统的评价指标以及以市场为基础的评价指标，此外还有一个银行业（以及其他企业）广泛使用的重要指标，即股东价值创造。以利润为导向的银行的最主要战略目标是为其所有者（股东）创造价值（见专栏 9-7）。

专栏 9-7

银行的价值最大化

和在股票市场上市的其他商业企业一样，银行的主要目标之一是实现价值的最大化。因为只有满足投资者的预期，银行才能获得未来持续发展所需的资金。众所周知，任意企业的股票价值应当等于未来所有预期股息收益 $E(D)$ 的现值（请参考附录 A1 有关现值概念的解释）：

$$V_0 = \frac{E(D_1)}{(1+r)^1} + \frac{E(D_2)}{(1+r)^2} + \cdots + \frac{E(D_t)}{(1+r)^t} = \sum_{t=1}^{\infty} \frac{E(D_t)}{(1+r)^t} \tag{9.12}$$

上式中，r 是可接受的最低股票投资收益率（又称必要投资收益率），判断标准是银行的整体风险水平与其他投资可获得的收益率。

上面列出的估值模型是很有名的股息贴现模型，该模型假设每一期支付的股息额随时间而变化。这要求我们预测接下来每一年的股息额，直到无止境的未来。假设股息按照一个不变的增长率逐年增加——我们假定股息增长率为 g——则上面的公式可以简化为：

$$V_0 = \frac{D_0(1+g)}{r-g} = \frac{D_1}{r-g} \tag{9.13}$$

这就是戈登（Gordon）模型，该模型暗示未来银行的股价会以股息增长率同样的速度上涨。例如，假设德尔塔银行（Bank Delta）最近支付的股息额为 $D_0 = 5$，$g = 0.04$，适当的贴现率为 12%。那么使用该公式就能求出德尔塔银行当年的股票价值：

$$V_0 = \frac{5}{0.12 - 0.04} = 0.625 \text{（美元/股）}$$

银行为了创造**股东价值**（shareholder value），可以采取这样的策略：相对于**资本成本**（cost of capital，让股东与债券持有人感到满意的成本），实现资本投资收益的最大化。换言之，如果银行投资的项目所创造的收益大于为银行维系股权资本的成本——股东为项目出资，银行为让股东满意需要付出一定的成本——那么这将提高银行股票持有者的收益，具体表现为股票价格以及股息收益的上涨。这样的逻辑既适用于单个项目，例如银行正在考虑对另一个国家进行战略投资，又适用于银行的整体绩效。

因此当满足下列条件时，银行就创造了股东价值：

投资于该项目的资本收益＞企业的资本成本

或者

资本收益＞资本成本

为了创造股东价值，企业必须投资于资本收益大于资本成本的项目。经济增加值（EVA）是一个常见的股东价值测量指标，具体可参考专栏 9-8。

为了计算资本成本，我们要使用资本资产定价模型（CAPM）：

$$R_i = R_f + \beta(R_m - R_f) \tag{9.14}$$

上式中，

R_i 是投资的必要收益率；

R_f 是无风险利率；

R_m 是市场收益率；

β 是企业的股票相对于整个市场的价格波动性。

专栏 9-8

什么是经济增加值？

银行的股东使用绩效指标来评价银行的业绩，是否实现了股东财富最大化的目标？不过，以利润为基础的指标忽视了权益资本的成本，而且其遵循的会计准则不能真实地反映财富的创造额。经济增加值（EVA）这一绩效衡量体系能够克服上述两大缺陷。

经济增加值的发明者是美国一家咨询公司——思腾思特（Stern Stewart）公司，经济增加值如今已经成为企业家和学者在研究股东价值时广泛使用的工具。为了增加股东价值，金融机构必须要创造出正的权益差额，才能转化为经济增加值。说得更具体一些，经济增加值代表的是银行（或银行内的事业部）在一段时间内创造的增加值，即扣除所有资本成本以后的净利润。这是一个很有用的指标，可用于计算银行内部某个事业部门或业务部门的价值创造额。

按照法德利希（2007）的观点，我们可以用一个全面考虑了银行各种特征的模型计算银行在 $[t-1, t]$ 期间实现的经济增加值。该模型的表达式为：

$$\text{EVA}_{(t-1,t)} = \text{NOPAT}_{t-1,t} - (\text{CI}_{t-1} \times K^e_{t-1,t}) \tag{9.15}$$

上式中，NOPAT 是税后净营业利润，CI 是用于投资的银行资本，K^e 是资本成本（即股东的预期收益率）。

计算经济增加值要求税后净营业利润和用于投资的银行资本这两个变量使用经济基础（而

非会计基础）的表达式。正常来说，我们需要对会计数据进行调整，尤其是贷款损失准备金、坏账准备金、研发与培训成本、税负等数据。

至于用于投资的银行资本及其成本，很多研究文献都建议使用权益资本；而资本成本可以考虑使用股东权益资本的账面价值。最后，可以使用资本资产定价模型来估计权益资本的成本，同时还要考虑投资者的预期收益。

专注于经济增加值战略的银行将按照以下优先顺序执行：

（1）通过各种增加收入或控制成本（例如关闭分支行）的措施来提高资产收益率；

（2）着力开发不需要投入资本的业务，以提高权益资本成本（例如增加非利息性的手续费收入，这样的业务不需要投入太多资本）；

（3）如果某些资产不利于银行实现既定的权益资本成本目标（例如通过证券化操作），那么就把这些资产从资产负债表上抹掉；

（4）做好准备，一旦有必要，迅速调整组织结构（例如将一部分业务外包出去）；

（5）若某些业务领域创造的收益率低于目标值，那就及时退出这些领域；

（6）将资本返还给股东（例如从股东手中赎回股份）。

资料来源：特许管理会计师公会（2004）；法德利希（2007）。

资本资产定价模型（请参考附录 A2）认为投资者持有企业的股票要求获得的收益率大于无风险收益率（R_f），因为持有股票比持有债券的风险更大，因而要获得补偿（即 $R_m - R_f$，也就是权益风险溢价），同时投资者还要求获得企业风险高于市场平均风险水平（β）的相应补偿。[①]

例如，假设公司的 β 值为 1.5，无风险利率为 6%（即美国长期国债的利率水平），则股票的风险溢价就等于 5%（$R_m - R_f$），于是企业的资本成本就等于 13.5%。换言之，为了保持股东价值，企业必须投资于收益率大于 13.5% 的项目，这样才有助于增加股东价值。而收益率低于 13.5% 的投资项目反而会损坏股东价值。股票市场溢价（股票收益率与债券收益率之差）通常以 20 年或 25 年的周期为基准来计算，这个溢价到底有多大存在很多争议，不过事实证明，美国股票市场的溢价始终高于英国的股票市场，而且欧洲的溢价更低。此外，我们应该计算较长期限内的 β 值，因为短期估计值可能会导致资本成本的估算结果不太可靠。

专栏 9-9 解释了如何计算资本成本。实际上，可以计算整个银行的资本成本，也可以计算银行内部单个事业部门/业务部门的资本成本，目的是确定组织内部如何分配资本。例如，假设银行抵押贷款业务部门的收益率大于资本成本，但信用卡部门的收益率小于资本成本，那么银行就要考虑将更多的资本性资源投入前者，还应当想办法提高信用卡业务的收益率（或者裁掉这一业务部门）。

专栏 9-9

计算权益资本成本

2002 年，竞争委员会（Competition Commission）的一份关于清算银行向中小企业提供银行服务的报告提供了一种评估权益资本成本的方法，并使用这种方法计算了国民西敏寺银行

---

① β 值小于 1 意味着风险水平低于市场；β 值大于 1 意味着风险水平高于市场。

与苏格兰皇家银行的资本成本。接下来我们向大家解释一下这种成本计算法。

资本资产定价模型权益资本成本

资本资产定价模型是计算权益资本成本的标准模型。尽管存在一些缺陷，但这个模型始终是企业决策过程中使用最广泛的评估工具。2002 年，竞争委员会要求苏格兰皇家银行提供自己的资本成本数据。但是，较合适的基准值并不是当前使用的权益资本成本，而是每年评估银行绩效时应当使用的权益资本成本率。换句话说，应当使用年初时估算的权益资本成本率。后来，竞争委员会将 1998 年、1999 年、2000 年苏格兰皇家银行与国民西敏寺银行的权益资本成本（按照资本资产定价模型）均设定为对应年份的年初估计值。

无风险利率

这份研究报告将 1997 年 12 月 31 日、1998 年 12 月 31 日和 1999 年 12 月 31 日的 6 个月伦敦银行同业拆借利率分别作为 1998 年年初、1999 年年初、2000 年年初的无风险利率。之所以要用 6 个月伦敦银行同业拆借利率，是因为这能避开短期国债利率所反映的一些流动性问题。

权益风险溢价

权益风险溢价的取值区间（3%～9%）较宽，可见于诸多研究文献。这份报告将权益风险溢价确定为 4%，以反映未来预期收益率较低的事实。

资本资产定价模型的 β 值

对于 β 值，竞争委员会咨询了伦敦商学院风险管理服务部，拿到了国民西敏寺银行与苏格兰皇家银行的年初 β 值数据。表 9 - 12 列出了国民西敏寺银行与苏格兰皇家银行在 1998 年至 2000 年间权益资本成本的数据。

表 9 - 12　国民西敏寺银行与苏格兰皇家银行的标准权益资本成本

	1998 年	1999 年	2000 年
国民西敏寺银行			
无风险利率（6 个月伦敦银行同业拆借利率）	7.70%	5.90%	6.20%
权益风险溢价	4.00%	4.00%	4.00%
β（从伦敦商学院风险管理服务部获得的年初数据）	1.14	1.20	1.12
资本资产定价模型的标准权益资本成本	12.30%	10.70%	10.70%
苏格兰皇家银行			
无风险利率（6 个月伦敦银行同业拆借利率）	7.70%	5.90%	6.20%
权益风险溢价	4.00%	4.00%	4.00%
β（从伦敦商学院风险管理服务部获得的年初数据）	1.02	1.27	1.24
资本资产定价模型的标准权益资本成本	11.80%	11.00%	11.20%

资料来源：竞争委员会（2002，附录 13.3）；查尔斯河联合（Charles River Associates）公司对正常利润以及回报率的注释（报告的主体部分第 13.240 段），148 - 154）。

说明：之所以使用"标准"这个词，是因为这份报告对这些估计值进行了多次调整。

按照同样的方法，我们重新计算了 2013 年几家美国银行与欧洲银行的资本成本。表 9 - 13 给出了计算的最终结果。

表 9 - 13 几家美国与欧洲银行的标准权益资本成本

美国银行

	高盛	摩根士丹利	摩根大通	花旗集团	美银美林
无风险利率（短期国债利率）	0.05%	0.05%	0.05%	0.05	0.00%
权益风险溢价	5.78%	5.78%	5.78%	5.78%	5.78%
β	1.87	2.45	1.80	2.09	2.39
资本资产定价模型的标准权益资本成本	10.86%	14.21%	10.45%	17.08%	13.81%

欧洲银行

	德意志银行	非洲联合银行	西班牙桑坦德银行	汇丰银行	苏格兰皇家银行
无风险利率（短期国债利率）	0.50%	0.50%	0.50%	0.34	0.34
权益风险溢价	5.90%	3.40%	3.10%	4.30%	4.30%
β	2.01	1.58	1.75	1.32	2.25
资本资产定价模型的标准权益资本成本	11.86%	5.38%	5.43%	6.02%	10.02%

资料来源：有关无风险利率以及权益风险溢价的数据来源于达莫达兰（2013）。β 值的来源为雅虎财经，2013 年 7 月 19 日的"主要统计数据"。

说明：有关 β 值的更多详细信息请参考附录 A2。

10 年后，银行的资本成本总的来说是比较接近的，这有些让人吃惊。不过，欧洲各家银行的资本成本看上去差距较大。

请注意，这只是权益资本成本，我们可以更进一步地将债务成本也囊括进来，从而求出加权资本成本。另外还应指出的一点是，资本成本有多种计算方法（包括各种各样的会计或其他方面的调整），所以必须强调的是，资本成本的计算结果不存在"最优"或"最准确"的说法——改变计算方法必然导致计算结果随之发生变化。

9.4.4 偿付能力比率

第三版《资本协议》（第七章已详细介绍过）要求银行的风险加权总资本比率不得低于 8%，而且核心资本充足率不得低于 6%。总资本充足率同时考察核心资本（一级资本）与附属资本（二级资本），最低值为 8%。此外，新增的资本留存缓冲将银行必须持有的总资本提升至相当于风险加权资产的 10.5%，而且其中至少有 8.5 个百分点是由一级资本来满足的。

在计算总资本充足率时，我们不能只简单地查看银行的资产负债表，因为银行要将所有的资产以及表外相关业务划入不同的风险类别，每个风险类别要求持有的资本规模是不同的。比如，大家回忆一下 7.8 节，现金的风险权重为 0，这意味着不需要为现金资产持有资本；与之相比，无担保贷款却需要 8% 的资本来提供风险缓冲。一级资本充足率与二级资本充足率只能由银行内部核算。银行可以选择将这些比率的计算结果公布在年报上。表 9 - 10 和表 9 - 11 提供了 2012 年澳大利亚与美国多家银行的财务比率指标，我们发现，这些银行的核心资本充足率与总资本充足率已经明显高于 6% 与 8% 的最低标准。

最后，权益资本是抵御资产损失的缓冲垫，单纯的权益资本/资产指标（我们可以根据银行的资产负债表直接计算）可以说明银行的权益资本能够向银行投资的资产提供多大的保护。结论是这个比率越高，保护的力度就越大。不过，这个指标只能很粗糙地反映银行的资金实力，因为与巴塞尔委员会的核心资本充足率以及附属资本充足率指标相比，这个指标没有考虑银行各种业务的风险水平。

9.4.4.1　安全与股东回报之间的权衡

资本的规模会影响股东的投资回报率，权益报酬率是一个很不错的指标，股东可以通过这个指标了解银行利用股东的权益资本赚取了多少利润。事实上，正如我们在专栏 9-5 里讨论的，权益报酬率与资产回报率是直接相关的，关系式如下所示：

$$资产回报率 \times 权益乘数 = 权益报酬率 \tag{9.16}$$

将上式变形可得，

$$权益乘数 = 权益报酬率 \times \frac{1}{资产回报率} \tag{9.17}$$

同时，

$$权益乘数 = \frac{总资产}{权益资本总额} \tag{9.18}$$

上式中，权益乘数指标测量的是银行的资产在多大程度上是由银行的权益资本而非负债支撑的。为了让大家理解权益乘数的重要意义，如表 9-14 所示，我们假设有两家银行，它们的总资产均为 5 000 万英镑（而且风险水平也相同），资产回报率都等于 1.5%。

表 9-14　偿付能力与盈利能力之间的权衡

银行	总资产（英镑）	总资本（英镑）	权益乘数	资产回报率	权益报酬率＝权益乘数×资产回报率
阿尔法银行	50 000 000	5 000 000	10	1.5%	15%
贝塔银行	50 000 000	2 500 000	20	1.5%	30%

上表反映了总资本与权益报酬率之间此消彼长的关系。尤其值得一提的是，阿尔法银行持有的总资本更多，因此其权益乘数和权益报酬率的值都低于贝塔银行。不过，虽然贝塔银行的股东获得的收益率是阿尔法银行股东的两倍，但"贝塔银行是股东最喜欢的投资对象"的说法并不一定正确，因为贝塔银行的风险更大——两家银行的资产规模相同，但贝塔银行在用仅相当于阿尔法银行一半的资本支撑着同等规模的资产。显然，安全性与股东回报之间是需要权衡的。

9.4.5　财务比率指标的局限性

财务比率指标有它们自身的局限性。首先，通常一年的数据不足以评价银行的绩效，因此财务分析师会进一步研究一段时间内（至少五年）财务比率指标的变化趋势与波动情况。其次，银行与银行之间的精准对比分析是很难的，因为它们可能在不同的市场上开展业务，产品特征、目标客户群体以及其他方面都存在较大的差异。所以，有时候财务比率分析可能具有误导性，因为很难进行"类似对类似"的横向比较。尽管存在这些问题，财务分析师仍然会对相似的银行机构进行同业分析，这意味着要建立一个同业对照组（有关同业对比分析还可参考8.3.1节）。最后，各个财务比率指标并不是相互孤立的，它们是彼此关联的。例如，盈利能力差会影响银行的流动性与资本比率。绩效较差的银行可能要被迫使用自己的流动资产（如果该银行持有较多此类资产）为未来的贷款发放提供资金，这将导致银行的流动性比率有所降低。大额的资产损失要用资本来冲销，这会导致资本比率下降。

另外，这些财务比率指标往往与特殊的时间点有着密切联系，因此季节性因素可能会导致比率指标发生扭曲。而且，财务报表的数据可能被"粉饰"过——意思是看上去比实际情况更好（例如我们之前提到的案例，银行提取过多或过少的不良贷款准备金）。同样的，财务报表可以被操纵，没有遵守通用的会计准则。这就是为什么国内以及国际监管机构都指出，随着市场的国际化程度不断提高，银行的财务报表也需要提升透明度，增加信息披露与一致性。例如，在欧盟层面上，自2005年1月1日起，被要求发布合并财务报表的所有上市公司还要按照已实施的国际财务报告准则来编制财务报表。同样重要的是，在进行跨国分析时，一些财务比率指标的有效性可能会受到各国税法的影响，因为各国税法的差异性很大。

9.5　小结

本章介绍了银行财务报表的主要组成部分以及银行用来评估绩效状况的财务比率指标。同时，我们还重点分析了银行资本的重要作用，简要解释了资产与负债的区别。一般来说，与非金融企业相比，银行的杠杆率很高，因此资本管理手段对于确保银行机构的偿付能力至关重要。本章还讨论了股东价值创造以及权益资本成本的概念界定。

分析损益表能让我们了解银行收入的多种来源、成本结构以及如何判断银行的盈利能力。我们还谈论了投资银行的不同业务活动及其财务报表如何反映出（与商业银行）业务类型的差异。我们注意到，投资银行的资产负债表结构与损益表明显不同于商业银行的财务报表。

很多不同类型的代理人，例如银行经理、监管当局与信用评级机构——有些在银行内部，有些在银行外部——都对银行的绩效十分关注，因此本章的最后一部分挑选了多个关键性的财务比率指标来衡量银行的绩效状况，尤其关注盈利能力、资产质量与偿付能力。

关键术语

资产	公允价值	杠杆化	资产回报率
资产负债表	财务比率分析法	负债	权益报酬率
银行绩效	收入报告	净利差	收入
资本	关键绩效指标	利润率	股东价值
资本成本	损益表	成本收入比率	利润
成本	信用评级机构		

主要阅读文献

ECB (2010) "Beyond ROE—How to measure bank performance", Appendix to the Report on EU Banking Structures, September.

Fiordelisi, F. (2007) "Shareholder value efficiency in European banking", *Journal of Banking and Finance*, 31 (7), 2151-2171, July.

Koch, T. W. and MacDonald, S. S. (2009) *Bank Management*, Mason, OH: South-Western Cengage Learning.

复习题

9.1 什么是银行的资产负债表？商业银行的资产负债表包含哪些主要组成部分？

9.2 什么是权益资本？权益资本有哪些功能？

9.3 什么是银行的损益表？

9.4 银行的资产负债表与损益表的主要差别是什么？

9.5 商业银行与投资银行财务报表的主要区别是什么？

9.6 使用表9-4和表9-5提供的信息，计算巴克莱银行的资产回报率、权益报酬率、净利差以及成本收入比率。

9.7 下载两家大型银行集团的年报，然后重点研究介绍关键绩效指标的部分。在本学期的课堂上，以小组形式讨论这两家银行机构年报里提及的关键绩效指标，根据银行在年报中说明的主要发展战略，尝试确认并解释普华永道提出的6个重要方面（见专栏9-4）。

9.8 解释如何计算银行的权益资本成本。概要说明相比于使用标准的盈利比率指标，这种银行绩效评估方法所具有的主要优势。

9.9 解释偿付能力与盈利能力之间的权衡关系。

9.10 银行财务比率指标主要有哪些局限性？

第 十 章

银行财务管理

- 了解资产负债管理的基本内容。
- 明确资产负债表的主要管理意义。
- 了解表外事项的主要管理目的。
- 掌握最常见的衍生产品的特征。

10.1 导论

私营企业的主要目标是实现利润以及股东财富的最大化。为了实现这一目标，财务管理主要发挥三方面的作用：（1）制定投资决策（如何分配使用资金）；（2）制定融资决策（如何获得融资）；（3）控制资源（如何留住资金）。投资与融资决策是一个组织为了实现既定目标而进行规划的过程中最重要的因素。例如，对于一家制造业企业来说，我们会评估一段时间内其销售目标与利润目标是否得到了实现，用财务指标来辅助判断其经营是否有利于实现企业的终极目标。对银行来说，其目标是管理好资产与负债，以实现利润的最大化，同时还要确保安全与稳健。由于银行在经济体内发挥着特殊的作用，而且存在着多米诺骨牌效应——一家银行的破产可能会导致整个金融部门爆发危机（参考第八章）——所以银行业的谨慎是必需的。说得更具体一些，银行的管理者应当做好下列几个方面的工作。

- **资产管理**（asset management）：银行必须确保自己持有的资产组合（主要由贷款构成）包含一些低风险资产，而且是高度分散化的。
- **负债管理**（liability management）：银行必须以尽可能低的成本获得资金（吸收存款）。

- **流动性管理**（liquidity management）：银行必须以最低的误差准确地预测每天的提款额以及客户的其他支付金额，目的是确保银行持有充足的现金，以及其他流动性资产可供随时取用。

- **资本管理**（capital management）：银行必须遵守监管规则，持有充足的资本，从而维持适当的偿付能力。银行的资本指的是可被用于冲销损失的资金——如果贷款未被偿还，那么就要用资本来冲抵这笔损失。在理论上，银行的资本越多，银行就越安全，因为这意味着银行吸收损失的缓冲空间越大。

- **表外管理**（OBS management）：银行必须控制并限制表外交易所形成的风险敞口。

财务管理的职能便是监督计划目标的实际实施情况。在此过程中，财务经理要依靠定期的财务报表——各企业编制财务报表时所遵循的会计准则不一定相同——所提供的信息。正如第九章里我们曾提到的，企业的财务报表主要指的是资产负债表与损益表。本章贯穿始终的是前文中提到的银行财务管理的五个主要领域。近年来，大多数发达经济体的金融体系在不断发展，高新技术也得到了广泛应用，这些都意味着如今银行已经开始使用种类更多的可转让金融工具（例如大额存单）与金融手段（例如证券化）去管理资产或负债头寸。大多数机构都要同时对资产负债表的两侧进行管理，这包括使用各种各样复杂的风险管理工具以及程序（请参考10.7节）。

本章要介绍的另一重要领域与银行的表外担保事项以及衍生工具的使用密切相关。表外业务指的是不被计入资产负债表的交易活动，例如信用证、未使用的透支贷款以及担保。银行的管理者要追求较高的盈利与安全性，因此可能被引诱着从事更多的表外业务，因为这些交易能给银行带来手续费收入；此外，表外业务还包括衍生品交易、证券承销以及外汇交易。正如我们在第九章讨论过的，后者会给银行带来一些新型风险，最近国际会计准则的变化要求银行必须按照公允价值将上述表外业务计入资产负债表。

10.2　资产负债管理

在过去的几十年间，两次转型直接影响了银行资产负债表的结构：首先是负债的重要性逐步提升；其次是银行间市场的快速扩张——银行可以很容易地在这个市场上买入或卖出多余的流动性，甚至可以隔夜交易。这些变化导致的结果便是现代的商业银行越来越倾向于对资产负债表的两侧进行协调式管理，而非只关注资产这一侧。图10-1总结了银行管理者对资产/负债端最重要的关切与追求的目标。

银行若能实现贷款与证券收益的最大化，例如改进贷款的筛选与监督机制，或者选择信用风险小/高收入的客户，那么便可以称得上较好地完成了资产管理。而且，银行要力图做到资产组合的多元化，以避免对单一部门过度投资。资产管理的另一重要目标是决定手上应持有多少流动资产与准备金，要同时考虑盈利与流动性两方面的因素。回忆一下，流动性资产倾向于带来较低的回报率，因此资产负债表上持有较高比例流动性资产的银行也许只能获得较少的收入与利润。在负债这一侧，银行管理者力图在货币市场上（向其他银行借款或发行可转让大额存单）以较低的成本获取融资，与此同时，还要确保存款的利息支出尽可能地少。

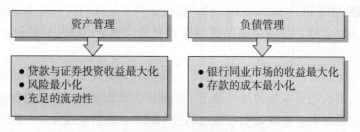

图 10-1　资产管理与负债管理形式

融资与投资决策的协调统一是**资产负债管理**（asset-liability management，缩写为 ALM）的核心。如图 10-2 所示，资产负债管理通常涉及利率风险管理与流动性管理，其目标包括控制银行的价值与利润，确保银行的风险水平适度，保持一定的安全性。专栏 10-1 介绍了资产负债管理的实际操作流程。

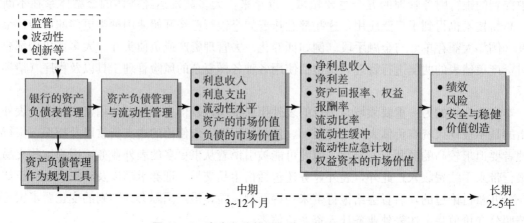

图 10-2　资产负债管理与流动性管理的目标

2007—2009 年全球金融危机过后，显然银行应当对自己的资产负债表进行更全面的管理。普华永道公司调查了 43 家市场上领先的大型金融机构（2009a），发现银行在管理资产负债表时要面临几个关键性的挑战。其中一个重要挑战表现为：近年来，银行越来越像是单纯被利润驱动的组织，它们日益将业务线看作利润中心（参考专栏 10-2）。同样的，银行的风险管理部门也变得越来越关注单个风险类别的风险度量、管理与监控。全球金融危机的教训之一是银行需要扩展资产负债表的管理范围，同时采取更加全局性的发展战略。普华永道公司的调查得出了一个关键性的结论，即居于领先地位的大银行确实是在沿着这个方向前进。

专栏 10-1

美国资产负债管理实践

辛基（2002）将资产负债管理定义为中期规划功能（3～12 个月），目标是推动银行朝着长期计划（2～5 年）的方向前进，同时还要保持可进行短期（月度）调整的灵活性。除了有规划的职能以外，指导与控制资产、负债及资本的额度、变化和结构也是资产负债管理的组成部分。从会计的角度看，资产负债管理的关键变量在于净利息收入、资产回报率以及权益报酬率。从经济的角度看，最重要的变量在于权益资本的市场价值。辛基（2002）提出了一种可用步骤一是总体管理，关注银行的资产、负债以及资本的协调管理情况。步骤一要求步骤二涉及的多个职能部门实现协调合作。

步骤一：全局（或总体）法

资产管理	负债管理
	资本管理

步骤二是明确区分银行的资产负债表在协调管理资产组合时所涉及的各个组成成分。步骤二以指导与控制资产负债表各项目的额度、变化以及结构为基础，而银行的损益表（步骤三）正是脱胎于资产负债表。

步骤二：区分各个组成部分

准备金-头寸管理	负债管理
流动性管理	准备金-头寸负债管理
投资/证券管理	贷款-头寸负债管理
贷款管理	长期债务管理
固定资产管理	资本管理

步骤三是基于一定的价格与利率水平，分析银行的表内、表外业务的损益情况。

步骤三：由资产负债表生成损益表

利润＝利息收入－利息支出－贷款损失准备金＋非利息收入－非利息支出－税负

有助于实现目标的企业政策如下：

（1）利差管理；

（2）贷款质量；

（3）创造手续费与服务费收入；

（4）控制非利息营业支出；

（5）税务管理；

（6）资本充足性。

一般来说，由银行的资产负债管理委员会来负责资产负债表管理事务。这个委员会是银行内部最重要的管理团队与职能部门。该委员会还应当意识到资本管理的重要性（请参考 10.4 节）。前文中提到的普华永道公司的调查凸显了这样一个事实：近期大多数银行已经做到了这一点——要么成立专门的资本管理委员会，要么确保现有的资产负债管理委员会的职能范围会进一步扩大，同时负责资本管理事务。资产负债管理部门的职责通常要在**财务会计部门**（treasury）与首席财务官之间进行分配（参见图 10 - 3）。下一节我们会从流动性管理的角度出发，资产负债管理的重要性将会再次凸显。

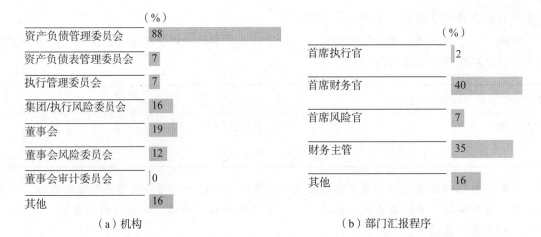

（%）		（%）	
资产负债管理委员会	88	首席执行官	2
资产负债表管理委员会	7	首席财务官	40
执行管理委员会	7	首席风险官	7
集团/执行风险委员会	16	财务主管	35
董事会	19	其他	16
董事会风险委员会	12		
董事会审计委员会	0		
其他	16		

（a）机构　　　　　　　　　　　　　　　　　（b）部门汇报程序

图 10-3　主要负责资产负债表管理的机构以及资产负债管理的部门汇报程序

资料来源：普华永道（2009a）。

说明：（a）图的百分比指有多少比例的受访公司设置了对应的机构；（b）图的百分比指各职能岗位在资产负债管理流程中所负责任的比例。

专栏 10-2

"银行内的银行"与资金转移定价过程

财务部门对银行管理具有非常重要的作用，因为财务部门要确保：（1）现金充足（流动性管理）；（2）持有充足的资本（资本管理）；（3）按照需要或在需要时获得融资（资金管理）。

财务部门的职能在快速变化，主要是因为金融危机结束后监管当局的改革对银行提出了更高的流动性要求（例如巴塞尔委员会的第三版《资本协议》），同时经济环境也变得不太稳定。现代银行面临的主要挑战是提高利差，在受限的环境下创造股东价值——近来一些报告证明，为了实现这些目标，银行在制定发展战略的过程中，财务部门要发挥至关重要的作用。[①] 如图10-4所示，我们可以用"银行内的银行"来解释财务部门的作用。资金转移定价技术同时考虑资产与负债，因为它们是银行创造收入不可或缺的基础。

管理者对资金转移定价过程的重视程度有所提高，因为他们相信正是通过这一框架，财务部门的职能才能成为更具有战略意义的资产负债表管理职能，从而对优化银行的风险-收益结构做出重大的贡献。这意味着内部资金定价与内部融资政策将会对流动性风险管理以及银行整体的资产负债管理造成更大的影响。在资金转移定价过程中，财务部门要发挥核心职能，因为它要在银行内部的资产利润中心与负债利润中心之间扮演中间人的角色；在银行外部，财务部门要在银行与市场之间充当中间人。布拉默茨等（2011）提供了一个有效的案例，帮助我们了解财务部门如何赚取利差收益，同时借助资金转移定价技术来降低市场风险。

表10-1以一家银行为例，在 t 时点按照不同的利率水平同时进行了两笔交易，从而产生了利差收益。在本质上，财务部门就是在资产利润中心与负债利润中心之间扮演中间人的角色，因为它发放的三年期贷款的资金要支付5.6%的无风险利率，同时吸收的一年期存款要支付5%的无风险利率。资金转移定价技术的优势在于能在各个利润中心——其中包括财务部

[①]　除了改善风险-收益状况，财务部门还面临着其他考验，例如实现资本效率的最大化以及降低资产负债表的杠杆。

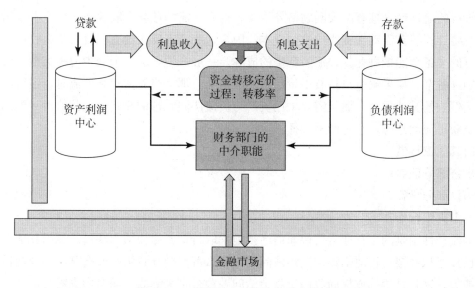

图 10 - 4   利润中心与资金转移定价过程

资料来源：布拉默茨等（2011）。

门，它可以在资金转移定价过程结束时获得 0.6％ 的净利差——之间分配盈利。这笔利差收入可被看作财务部门充当中间人、降低市场风险而应得的回报。一年后存款到期，我们假设负债利润中心不得不向新储户支付更高的存款利率，那么为了确保利差保持相对稳定，财务部门就得少赚一些利润，于是资产利润中心与负债利润中心才不会被市场波动所影响。当然，如果一年后市场利率向反方向变化，那么财务部门能获得更多的利润（布拉默茨等，2011）。

表 10 - 1   利润中心与资金转移定价过程：一个简单例子

	交易	利率（收到的与支付的）	支付给财务部门的无风险市场利率	利差
资产利润中心	三年期贷款	6.0％	5.6％	0.4％
负债利润中心	一年期存款	4.5％	5.0％	0.5％
财务部门			0.6％	

资料来源：布拉默茨等（2011）。

在一般意义上，资金转移定价可以被定义为，复杂的内部度量与分配系统对银行的融资、贷款或投资等环节进行利润分配。转移定价是风险转移、利润度量、资本分配以及设计业务部门激励的关键环节，因为它要负责将净利息收入分配给银行内部的各种产品或事业部门。大多数银行机构使用的资金转移定价形式各异，复杂程度也各不相同。因此，在整个银行业，各家机构的实际操作以及复杂程度不一而同。作为银行利润测量过程的重要组成部分，资金转移定价将净利息收入分配给多种产品或事业部门（穆迪公司，2011b）。

10.3   流动性管理与准备金的重要意义

银行的流动性很重要，因为银行需要确保持有充足的现金或其他流动性资产，以满足储户提现或客户贷款的需求。从本质上看，银行必须始终有能力解决预期现金流正常或异常的短缺问题。银行的流动性管理有两大问题格外重要。首先,流动性与盈利性之间要左右权衡。这意味着银行要计算持有流动性资产的机会成本,因为这些资产要么没有收益,要么收益较少。其次,银行的准备金能抵御存款外流所产生的成本。一般来说,准备金分为两种类型:法定准备金与超额准备金。如果银行只持有少量的超额准备金,那么当大量存款外流时,银行必须得调整资产负债表的其他项目,而且需要采用资产与负债协同管理的模式。尤其值得一提的是,当银行需要获得流动性时,它有四种选择:

- 向其他银行借款;
- 出售部分证券;
- 出售部分贷款;
- 向中央银行借款。

遭遇流动性困难的银行通常要快速而谨慎地采取行动,尽快堵上缺口。如果其他金融机构或储户已经意识到银行正面临流动性短缺问题,那么可能会导致银行被挤兑,甚至使得银行丧失偿付能力。这就是卖掉或提前收回贷款会给问题银行带来麻烦,而向中央银行借款是最后手段的原因(请参考第五章有关中央银行最后贷款人职能的相关内容)。流动性与偿付能力是密不可分的。

10.4　资本充足性管理

在第九章,我们讨论了银行资本的简单定义:资本等于资产的价值减去负债的价值。银行的资本一直是资产负债表上极受关注的项目之一,因为它能反映出银行的安全系数有多高,换言之,即银行的偿付能力有多强。与银行的流动性刚好相反——流动性指的是债务到期时银行按时偿还的能力——偿付能力指的是银行最终偿还债务的能力。和流动性一样,银行也需要在安全性与盈利性之间做出权衡,因为资本越多,股东的权益报酬率就越低。

不过,从银行的角度来看,资本的成本是比较高的,因为资本持有量越多,股东的回报率就越低。但从监管机构的视角来看,资本是吸收潜在损失的必要缓冲。

监管资本与经济资本通常是有明显区别的。监管资本指的是监管机构要求持有的资本。近期大家在热烈讨论持有多少资本才算是充足的,因为国内与国际的监管机构为了确保金融部门的安全稳定,一直致力于提高金融机构的资本持有量。第七章谈到了该话题近期的一些进展情况。经济资本指的是银行相信为了冲抵自身风险而应当持有的资本。

银行管理着经济资本,将资本资源分配给各个业务领域,旨在创造出最高的风险调整后收益。因此,如果银行认为两个业务领域,比如对消费者的无担保贷款与中小企业的无担保贷款的风险水平相同,但是前者能够带来更高的收益,那么银行就应当向前者分配更多的资本,促进该业务领域的发展以获取更多的利润,因为对消费者的无担保贷款与对中小企业的无担保贷款风险水平相同,但收益更高。假设监管资本的要求相同,那么银行应当减少分配给中小企业贷款的资本,转而将资金分配给消费者的无担保贷款。如果银行想要实现效益的最大化,那么贯穿整个银行的资本有效配置至关重要。银行应当仔细检查每一个业务领域,了解哪一个业务领域能最高效地使用经济资本创造出最佳的风险调整后收益。

10.5　银行的表外业务

现在银行的表外业务规模很大。一般来说，这样的业务不需要资产支持，有时被称为或有负债业务。通常表外业务指的是承诺未来从事某种类型的业务（按照定义，"或有"意味着"要取决于可能发生或不发生的某种情况"）。例如，未被使用的透支贷款就会被计为表外业务。此外，银行可以通过承销业务以及其他多种承诺、担保业务，将风险从资产负债表上转移出去。

对银行来说，表外业务创造的盈利大多来源于费用性收入，因为不是资产或负债项目，因此只要是或有事项，就可以不计入资产负债表（至少截止到目前可以这样做，请参考专栏 10 - 5）。不过，当或有事项发生时，形成的资产或负债就要被计入资产负债表的资产（或负债）项，损益表上也会对应地生成非利息收入（或支出）事项。在 1988 年巴塞尔委员会的第一版《资本协议》发布前，这种类型的表外业务不需要拨备资本准备。而且，表外业务也不需要预留存款保证金（不需要持有现金资产准备）。

近年来，银行的管理者越来越关注盈利与安全问题，这导致他们开始大力开发表外业务，例如证券化与贷款出售业务。回忆一下第九章的内容，银行的权益报酬率等于净收入除以权益资本，而且权益报酬率可以被分解为两个部分：资产回报率（＝净收入/总资产）——反映银行资产的平均盈利能力——与权益乘数（＝总资产/权益资本总额），因此权益报酬率＝资产回报率×权益乘数。如果银行希望增加利润，那么可以发展表外业务，资产的增长率会受到抑制，但费用性收入会增加。在其他条件都相同的情况下，这将使得资产回报率变大，而权益乘数变小，从而满足监管当局希望银行增强盈利能力、持有更多资本的要求。[①]

10.5.1　贷款承诺、担保与信用证

很多表外业务可以给银行带来费用性收入（其中一部分我们已经在第四章介绍过），具体包括：
- 贷款承诺（包括透支）；
- 财务担保（包括信用证）；
- 证券承销；
- 其他金融服务。

贷款承诺（loan commitments）指的是银行承诺按照事先约定的条款向客户提供一定金额的贷款。很多商业贷款是通过贷款承诺发放的。例如，一家银行承诺在两年内向葛兰素史克（GlaxoSmithKline）公司提供总额为 2 000 万英镑的贷款，用于兴建一家新的化工厂。在特定的两年期内，借款人可以自行决定只使用部分（甚至不使用）贷款承诺。合约的条款还会明确注明如何确定利率水平，以及采用固定利率还是浮动利率。一般来说，贷款承诺的金额都比较大，银行的利差收益相对较低。当然，银行给出这样的承诺是要收取一定费用的，这相当于对银行低利差的补偿。银行可以通过多种方式（戈林鲍姆和塔科尔，2007）来获得贷款承诺的补偿，具体包括如下内容。
- 承诺费：表示为贷款承诺总额的一定百分比，借款人要提前支付；

---

① 不过，巴塞尔委员会的第三版《资本协议》要求银行在计算风险加权资产时，要将表外业务转换为等价的信用头寸或资产。更多信息可参考第七章的内容。

- 使用费：贷款承诺未被使用的部分要征收使用费；
- 服务费：对客户实际借用的贷款额收取服务费，以弥补银行的交易成本；
- 补偿余额要求：借款人在贷款承诺有效期间必须保持的账户最低余额，相当于贷款承诺总额的一定比例，而且银行对这部分存款支付的利率低于市场利率水平。

贷款承诺具有多种形式，它们的主要区别如下所示。

- 循环信贷额度：银行承诺在未来几年内向借款人提供贷款。
- 未使用的透支贷款：银行允许客户在一定额度内透支账户；不过在某些情况下，银行可能会取消原来的透支承诺。一般来说，客户要为银行提供的透支贷款服务支付一定的费用。这笔费用等于透支总额乘以一个相对较高的比率。
- 票据发行便利：银行（若贷款金额很高，则为银团组织）安排并向客户担保未来可以通过一连串的短期票据（通常为3～6个月）发行来获取融资。如果这些票据不被市场认可或接受，则由银行来提供资金。

财务担保（financial guarantees）这种工具常被用于提高借款人的信用等级，以确保贷款人能有效规避违约风险，从而降低借款的成本。即便借款人破产或者没有能力按照贷款合同履行义务，这种担保也可以确保贷款本金与利息能被按时偿还。财务担保相当于银行为第三方的债务承担了偿还责任，从而使得贷款的实际提供者不需要努力评估客户是否具备履约的能力。财务担保的常见形式包括商业信用证与银行承兑（还可参考第四章的内容）。

商业信用证（commercial letter of credit）是银行签发的文件，上面注明只要卖家满足一定的条件与条款，银行就会承诺代表买家向卖家支付一定金额的款项。商业信用证有助于贸易的进行，尤其当存在各种不确定性的贸易时，例如有这样一笔国际贸易：加拿大的出口商不了解欧洲进口商到底实力如何，而且跨境交易也限制了出口商监督对方履行的能力。如图 10 - 5 所示，进口商向自己的开户行申请商业信用证，其开户行为进口商的付款提供担保，并为自己承担了进口商的违约风险而收取一定的费用。商业信用证的签发降低了出口商面临的违约风险，缓解了交易双方的信息不对称问题。值得注意的是，在使用商业信用证时，进口商的银行通常会先垫付货款，随后进口商再把钱还给银行。

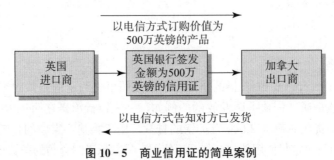

图 10 - 5 商业信用证的简单案例

在收到了一系列必需的文件后，进口商的开户行要么签发"立即支付"的即期汇票，要么承诺会在未来某天支付"定期汇票"。对于后面这种情况，其本质上是**银行承兑**（banker's acceptance），这种工具（汇票）可以转让，通常流动性比较好。如果出口商愿意持有承兑汇票，那么本质上就相当于向进口商提供贷款。反过来，如果出口商在二级市场上卖掉承兑汇票，则贷款的提供者就变成了承兑汇票的买入者，不过银行会为将来的还款提供担保。

备用信用证（standby letter of credit）与商业信用证类似，这种金融工具也是对当事人

（例如前文例子中的进口商）在商业交易或金融交易中的表现提供担保。一般的信用证肯定会涉及资金交易，但备用信用证并非如此——只有当进口商未能按时履行付款义务时（即进口商违约），备用信用证的签发行才会向出口商付款。因此，进口商开户行签发备用信用证意味着只有当进口商未能按时履约时，银行才有义务向出口商赔偿。显然，这种服务需要进口商支付一定的费用，而且进口商有义务偿还银行在备用信用证项下的每一笔付款。

证券承销（securities underwriting）是投资银行的常见业务类型，指的是投资银行同意购买一定额度的未被他人购买的新发行证券。例如，投资银行在帮助企业到资本市场上首次公开发行时要收取一定的报酬（如图 10-6 所示，有时需要组建承销辛迪加）；投资银行还帮助已上市的企业发行股票或债券。对发行人来说，这相当于确保所有新发行的证券都会被卖掉，因此要向提供承销服务的投资银行支付一定的费用（有关银团贷款的内容可参考第四章）。

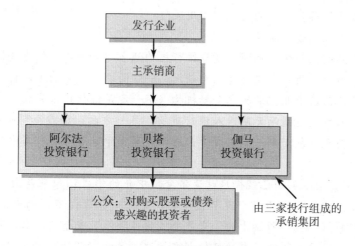

图 10-6　证券承销辛迪加

可以带来费用性收入，同时不会对资产负债表造成影响的其他金融服务还包括咨询服务，比如某家公司准备与另一家公司合并或收购其他企业，那么银行会向其提供咨询服务。在欧洲，按照第二银行协调指令，所有的商业银行都可以提供这样的服务；而在过去，只有投资银行可以提供这样的服务（自从美国颁布《1999 年金融服务现代化法案》以及日本于 1999 年进行"大爆炸"改革，美国与日本的商业银行也被允许从事投资银行业务）。

还有一种金融服务也能给银行带来非利息性收入，即银行为了获得费用性收入而发放了一笔贷款，随后便将贷款转让给另一家银行，从此原贷款行继续提供与这笔贷款有关的各项服务（参考专栏 10-3 的相关内容）。同样的，贷款出售的具体操作是发放贷款的原银行将贷款的全部或部分现金流出售给外部买家，从而将贷款从自己的资产负债表上抹去。我们将在 10.8 节介绍上述金融服务。

专栏 10-3

贷款活动的拆解过程

银行的贷款活动通常由以下四个主要部分构成。

- 贷款发放：

—管理并处理与贷款申请有关的书面材料与文档；

—进行风险分析（筛选），评估潜在借款人的可信度；

—拟定贷款合同，对贷款定价。

- 向借款人提供贷款：

—为贷款获得融资；

—将贷款计入资产负债表的资产项下；

—分配资本以抵御风险。

- 服务：

—向借款人收取还款；

—记账。

- 执行监督任务：

—贷款发放以后的监督，目的是控制信用风险；

—实现多样化以控制违约风险。

随着监管规则的变化与金融创新，现代银行机构越来越专业化，仅能提供上面介绍的部分贷款功能。贷款功能的"拆解"主要有两大效用。一方面，这意味着可以将提供贷款过程中的部分环节转交给其他高度专业化的独立金融机构（不一定是银行）来完成。这些独立的金融机构之前可能由于进入壁垒过高而无法进入银行市场。另一方面，这鼓励银行把单笔贷款卖掉，或者将性质相同的多笔贷款汇到一起形成资产池，然后出于风险管理或其他目的对这些贷款进行证券化。

在过去 20 年间，金融创新已经彻底改变了金融中介的形式：原来是由一家金融机构充当中介，现在是将中介职能拆分为多个环节或步骤，每一个环节由不同的专业化机构来负责实施。正如阿德里安等（2013）所指出的，专业分工明显降低了中介的成本，同时也能更好地向借款人提供流动性。不过，降低成本的目标也在把这一类金融活动"推入阴影里"，目的是降低或消除与审慎监管和监督、投资者信息披露以及税负有关的成本。影子银行体系的成长速度极快，在规模上已经与传统的银行体系不相伯仲。不过，在此期间并不是一点问题都没有，2007—2009 年的全球金融危机已经让问题暴露得十分明显了。

10.6 贷款出售与证券化

贷款出售（loan sales）的做法已经延续很多年了。贷款出售指的是银行发放一笔贷款，然后决定将贷款出售给另一法律实体，通常是金融中介机构。如果银行只出售了贷款的一部分，那么这种操作就叫作贷款参与或银团贷款（还可参考第四章的内容）。因为贷款已经被出售或转让给其他机构，自然会从资产负债表上被删除。不过，如果贷款的出售附带了追索权，那么原始的贷款银行还要承担贷款风险。在这种情况下，如果贷款变成不良资产，则买家可以将贷款"还给"当初出售的银行，因此，贷款银行仍然持有一项或有负债。如果贷款的出售不附带追索权，则由贷款的买家承担全部风险。表 10 - 2 提供了一份简化版的银行资产负债表，该表提供了贷款出售前后的财务数据。如果贷款在无追索权的情况下被出售，那么银行的资产负债表会直接抹掉这笔贷款，即使这笔贷款最终变成不良资产，银行也无须承担任何责任。这意味着买家——而非原始发放贷款的银行——要承担全部的信用风险。如果贷款被出售时附带了追索权（这种情况不太常见），那么银行相当于持有了一项或有负债，这笔贷款也会从资产负债表上注销。不过，将来买家有可能把贷款卖回给原始贷款银行，导致这笔贷款重新回到银行的资产负债表上。

表 10 - 2　贷款出售前后的银行资产负债表简化版　　　　　　　　（单位：百万英镑）

贷款出售前的资产负债表（附带或不附带追索权）			
资产		**负债**	
现金资产	5	存款	45
贷款	45	权益资本	5
合计	**50**	**合计**	**50**
贷款出售以后的资产负债表（附带或不附带追索权）			
资产		**负债**	
现金资产	5	存款	45
贷款	35		
新投资	10	权益资本	5
合计	**50**	**合计**	**50**
表外（附带追索权的贷款出售行为）			
		或有信用风险负债	
		贷款出售	10

资料来源：桑德斯与科尼特（2012）。

贷款出售合约主要包括三种类型。

● 参与贷款：贷款的购买者不是贷款合同的合伙人——贷款合同是出售贷款的银行和借款人签订的协议——因此贷款被出售以后，出售贷款的银行与借款人之间的原始贷款合同依然有效。贷款的购买者只是"参与"了一项已存在的贷款业务，对贷款合同条款的修改只拥有部分控制力，一旦出售贷款的银行或借款人违约，贷款的购买者就要承受相当大的风险。

● 贷款分配：指的是参与银团贷款，成为银团组织的一部分，按照合约享有对借款人的一定控制力与权利。贷款的所有权会被转让给购买者，于是购买者就获得了针对借款人的直接要求权。在某些情况下，在贷款被分配之前，贷款的出售事宜需要先得到借款人的许可。

● 贷款拆分：这种贷款出售形式较为少见。贷款拆分是将期限较长的贷款拆分为多个期限较短的组成部分。买入一部分拆分贷款的买家有权获得相应比例的贷款本息偿还，同时原贷款银行承担借款人的违约风险。

从银行管理者的角度来看，将贷款出售给外部投资者是获取融资的一种重要方式，原因如下（桑德斯和科尼特，2012）：

● 当市场利率上升时，出售贷款有助于银行将低收益资产置换为高收益资产；

● 若将贷款置换为其他更易出售的资产，例如政府债券，则有助于改善银行的流动性；

● 有助于管理信用风险与利率风险；

● 放慢银行资产的增长速度，有助于保持资本与信用风险之间的平衡；

● 有助于银行资产的多样化，降低银行的资本成本（有关这一点，可参考9.4.3节）。

尤其值得一提的是，在努力遵守巴塞尔委员会资本监管框架的过程中，银行发现，通过减少资产规模来提高资本在资产中所占比率的做法要比直接增加资本的做法便宜多了，因为债务具有税盾效应，所以权益资本的成本要高于债务。

普华永道（2013）注意到，欧洲各银行正在战略性地使用贷款出售这一手段来降低杠杆率（参考专栏 10-4）。

不同于贷款出售，**证券化**（securitisation）操作的历史没有那么悠久。第一笔证券化交易发生在 20 世纪 70 年代的美国，而英国的第一笔证券化交易是在 1985 年（有关证券化的更多信息，请参考第十八章）。直到 2007—2009 年全球金融危机爆发，证券化市场的发展速度开始加快；不过，美国证券化市场的发达程度高于英国与欧盟市场。证券化是一种结构性的金融工具。利用这种工具，银行可将缺乏流动性的资产（通常会持有到期）转变为证券，然后出售给投资者。银行的具体做法是将多种资产汇到一起形成资产池，然后将其出售给特殊目的载体；而特殊目的载体通过出售证券（通常被称为资产担保证券）来获取购买上述资产的资金。如表 10-3 所示，证券化将金融资产（本例中是一揽子抵押贷款）从资产负债表上抹掉了。

专栏 10-4

贷款出售与现代银行战略

在未来几年内，规模不断扩张的贷款交易市场将会在银行的战略决策过程中发挥越来越重要的作用。西欧地区与美国的银行可能会继续保持"贷款的主要出售者"的地位。在 2011 年年末，欧洲银行的非核心贷款规模估计超过了 2.5 万亿欧元，相当于银行业总资产的 6%。不良贷款的估值超过 1 万亿欧元，目前欧元区很多成员国的经济放缓可能会导致这一数值进一步攀升。

在过去的两年里，我们亲眼见证了欧洲各银行处置了总面值高达上百亿欧元的贷款。我们预测，在未来几年内，随着银行不断降低杠杆并努力追求资产收益的最大化，贷款出售的节奏将会进一步加快。

交易不仅来自美国、英国、爱尔兰和西班牙这些贷款出售市场早已相对发达的地区，而且来自德国和意大利等地区，后者拥有体量庞大的非核心贷款，但之前贷款出售的规模相对较小。随着投资者的数量逐渐增加，再加上遇到再融资障碍的银行将"栅栏"资产处置掉的意愿越来越强烈，贷款组合的交易规模也将有所上升。欧洲银行掀起的这股新潮流将有助于降低买卖差价，也会对贷款交易起到刺激作用。

当然，对银行来说，出售贷款并不是去杠杆的唯一途径。很多非核心贷款可以按照正常方式实现再融资，或者被加速到期，甚至可以考虑资产互换或结构性安排等方式。即便如此，我们仍估计贷款交易——与之前信贷市场危机相比，目前该市场的规模已经不容轻视——将会成为银行业发展战略中更重要的工具。

资料来源：普华永道（2013）。

在表 10-3 中，商业银行资产负债表上的长期抵押贷款已经被证券化所得的资金替代，这笔资金可被用于偿还债务。在这个例子中，银行的流动性资产增加了 5 000 万英镑。比较一下两种模式：一种是证券化，另一种是发放抵押贷款的银行用直接发行债券的方式来融资。我们发现，证券化完成后，资产负债表上的资产与负债的规模都小于（或者至少不会导致资产的增加）后者。在其他条件均相同的情况下，证券化导致权益报酬率以及资本与资产的比率均有所上升，抑制了指标值的下降。

表 10 - 3 证券化前后简化版的银行资产负债表 　　　　　（单位：百万英镑）

证券化之前的资产负债表			
资产		**负债**	
现金准备	5.33	存款	53.33
长期抵押贷款	50.00	资本	2.00
合计	**55.33**	**合计**	**55.33**
证券化之后的资产负债表			
资产		**负债**	
现金准备	5.33	存款	53.33
抵押贷款证券化所得的资金	50.00	资本	2.00
合计	**55.33**	**合计**	**55.33**

资料来源：桑德斯和科尼特（2012）。

10.7　银行的衍生品业务

近年来，**金融衍生品**（financial derivatives）市场的发展速度很快。金融衍生品这种金融合约往往涉及与买卖标的实物资产或金融资产（例如黄金和股票）有关的权利或义务，抑或与由指数（例如伦敦富时 100 指数）变化所引发的支付有关。这些权利和义务与标的交易有关，或者说衍生于标的交易，因此人们给它们起了一个通用的名字，叫作"金融衍生品"。金融衍生品的主要类型包括期货、远期、期权以及互换。我们将在 10.7.1 节至 10.7.4 节详细讨论这几类产品。通过这些衍生产品，银行可以利用自己并不持有的资产赚取收益，当然也可能亏损。由于不持有资产，所以这样的交易通常会被计为表外业务。近来国际会计准则的修订让很多上市公司公告金融工具持有情况的方式发生了根本性的变化。如今，银行应按照要求在资产负债表内报告金融衍生品（参见专栏 10 - 5）。

专栏 10 - 5

金融衍生品由表外变成表内

直到最近，金融衍生品都没有出现在上市银行的资产负债表内。银行使用历史成本法核算金融衍生品的价值，并在财务报表的"注释"里披露金融衍生品的相关信息。在 2005 年左右，上市银行记录金融衍生品及其他金融合约的方式终于发生了根本性的变化。

会计准则发生变化的主要原因与下列两大因素有关：（1）随着全球金融市场一体化的程度越来越高，实现国际会计准则协调一致的迫切需求；（2）大众普遍要求提高银行信息披露的透明度，尤其是交易开始时毫无成本的衍生合约的信息披露。因此，银行必须在资产负债表内报告所有的金融衍生品交易，以及其他出于交易目的而持有的金融资产/金融负债和可被出售的金融资产，上述交易均按照公允价值入账。正如第九章所述，衍生品在银行的总资产当中占据着相当大的比重。如图 9-2 所示，在 2012 年，巴克莱银行资产负债表的资产几乎可以平分为贷款与金融衍生品，它们占据了资产与负债总额的 31% 左右。

至于会计准则，1998 年的美国财务会计准则（FAS 133）《衍生工具与对冲交易的会计准则》（*Accounting for Derivative Instruments and Hedging Activities*）以及国际会计准则（IAS 39）《金融工具：识别与度量》（*Financial Instruments: Recognition and Measurement*）提供了最关键的金融衍生品会计处理标准。这些会计准则十分复杂，而且在过去十年间，已经过若干次的修改与修订（普华永道，2009b）。2008 年，监管机构开始着手研究国际会计准则（IAS 39）的新替代标准。新标准的头两个条款与金融资产或负债的分类与度量相关，分别发布于 2009 年 11 月和 2010 年 10，代号为 IFRS 9《金融工具》（*IFRS 9 Financial Instruments*）。该标准旨在提供一整套更完善、更简化的金融工具会计处理原则，要求自 2015 年 1 月 1 日起的会计年度都要遵循该标准。

资料来源：普华永道（2009b）。

与衍生品有关的权利或义务相对都比较复杂，但是这些工具通常可以帮助我们"消除"标的资产的价格变化，也就是人们一般所说的现货市场。通常来说，如果有对应的衍生品市场，那么与之相关的现货市场需要具有较好的流动性——不需要改变资产的价格便可轻松地完成买卖交易（尽管价格可能因为其他原因而发生变化）——而且价格是波动的。在这种语境下，"波动"这个词的含义为"价格是可变的"。如果价格不可变，那就根本不可能通过交易这种资产来获得短期收益。现货市场与衍生品市场之间的关联在于交易者一直在两个市场之间进行买卖交易，即**套利**（arbitrage）——在一个市场上买入，然后在另一个市场上卖出，目的是利用两个市场的价格差来谋利。如果在价格较低的市场上买入，同时在价格较高的市场上卖出，那么买入行为会促使第一个市场的价格上涨，而卖出的价格将会促使第二个市场的价格下跌，最终两个市场的价格差将会消失。

在有组织的交易所挂牌上市的衍生品都是"标准化"合约。不过，银行希望可以向客户提供量身定做的产品以加强与客户之间的关系。例如，远期协议只能在场外交易（专栏 10-7 讲解了官方交易所的场内交易与场外交易的主要区别）。

银行可以使用衍生品来管理头寸，或者出于风险管理的目的进行套期保值。**套期保值**（hedging）指的是通过建立反向头寸，降低市场价格或利率水平的波动对银行的收入或价值造成影响的风险。例如，银行想安排一笔金融交易来对冲某个多头头寸的风险（多头头寸就是银行买入资产后持有该资产所形成的市场头寸），那么可行的方案是在未来某个时点再做一笔反向的空头交易（即卖出资产，并约定在未来某个时点进行资产交割）。反过来，银行也可以在未来某个时点做一笔多头交易（即买入资产）来对冲空头头寸（银行卖出某资产，并约定未来进行交割）的风险。

专栏 10-6 简要介绍了银行在财务管理时如何使用信用衍生品。

专栏 10-6

银行的财务管理如何使用信用衍生品？

信用衍生品

信用衍生品指的是可以将一方当事人的风险与收益转让给另一方当事人的互换、远期及期权产品，而且实际标的资产的所有权并未发生真正的转移。类似的产品早已存在上百年了，例如信用证、政府的出口信贷以及抵押贷款担保等。

信用衍生品与之前类似产品的主要区别在于其交易独立于标的资产；与之相反，早期的产品基本上都是发行人与担保人之间签订的协议。

某些贷款人想降低特定借款人带来的敞口风险，但又不愿意直接卖掉自己对这位借款人的债权（比如出于税务或成本等因素的考虑），那么信用衍生品是最适合他们的工具。

信用衍生品的类型

信用衍生品主要有三种类型：信用违约互换、总收益互换以及信用价差看跌期权。

信用违约互换是将"参考资产"因受到特定信用"事件"——例如违约、破产、丧失偿付能力或信用降级——影响而形成的潜在损失转移给交易对手。流动性较好的债券是最受欢迎的参考资产类型，因为它们的价格很透明。虽然银行贷款具有成为参考资产主导类型的潜力（因为贷款的规模很庞大），但也面临着一定的阻碍。毕竟，与债券相比，贷款的细分种类十分混杂，而且流动性也不如债券。

在进行信用违约互换交易时，保护的购买方定期或预先向保护的出售方支付一笔费用。如果未来发生了违约事件，保护的出售方则要向保护的购买方进行赔偿（请参考图10-7）。一些信用违约互换基于一篮子资产，一旦资产篮子中任意一项资产发生了违约事件，就应立即进行赔付，同时互换协议即刻终止。信用违约互换是全球信用衍生品市场上占比最高的产品。

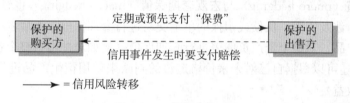

图 10 - 7　信用违约互换

总收益互换是将标的参考资产的收益与风险由一方当事人转移给另一方当事人。在总收益互换交易中，总收益买家定期向总收益卖家付费，以换取标的参考资产的全部经济收益。总收益包括参考资产的全部利息收益以及资产市场价值的变化额。如果市场价格上涨，则总收益买家就能拿到市值升值的部分；如果价格下跌，那么买家就要向卖家支付贬值的部分（参考图10-8）。如果互换协议到期前发生了信用事件，那么通常总收益互换会立即终止，双方马上进行价格结算。

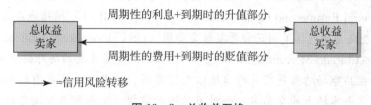

图 10 - 8　总收益互换

信用价差看跌期权可以利用参考资产价值下跌的机会，这种下跌偏离了正常的收益率曲线。从本质上看，这是一种违约互换交易，双方约定当信用事件发生时（参考图10-9），价差就会变大。通常，价差等于参考债券的收益率与相同期限利率互换的收益率之差。与信用违约互换或总收益互换不同的是，交易对手不需要对特定的信用事件做出定义——只要信用价差发生了变化，就会引发赔偿，不管因何原因而变化。看跌期权买家向看跌期权卖家预先支付一笔费用，双方约定一旦价差放大至超过某一事先约定好的临界值，卖家就应向买家赔偿。

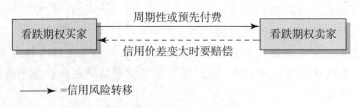

图 10-9　信用价差看跌期权

　　20世纪90年代末，在亚洲、拉丁美洲以及东欧地区的金融市场爆发危机期间——由于不像传统的信用违约互换协议那样需要定义什么是信用事件，所以价差在短时间内快速扩大——信用价差看跌期权不需要界定信用事件的优势表现得一览无余。不过，信用价差衍生品很难用于套期保值，而且由于结构复杂，难以建模或定价，所以大多数投资者和套期保值交易者可以使用更便宜的信用违约互换产品来达到目的。有关银行如何使用各种类型的衍生品来进行风险管理的更详细信息，请参考贝西（2009）。

　　资料来源：齐夫和莫罗（2000）。

　　微观套期保值（micro-hedging）与**宏观套期保值**（macro-hedging）也经常被拿来做对比。前者指的是银行对涉及资产、负债或担保的单笔交易进行套期保值；而后者指的是银行使用期货（或其他衍生产品）对整个资产负债表进行套期保值（例如对冲银行整个资产组合的利率风险）。显然，银行还可以根据自己对未来价格走势的判断来使用衍生产品进行投机交易（即交易的目的是赚取收益）。

专栏 10-7

衍生品：官方交易所市场与场外市场

　　衍生品既可以在官方交易所内交易，也可以在场外市场交易。在欧洲，目前主要的衍生品交易所包括欧洲期货交易所［Eurex Exchange，隶属于德国交易所集团（Deutsche Börse）］和洲际交易所（Intercontinental Exchange，缩写为ICE）。2013年，洲际交易所收购了纽约泛欧证券交易所（NYSE Euronext），从而使得伦敦国际金融期货期权交易所（London International Financial Futures and Options Exchange，缩写为LIFFE）间接地成为自己旗下的交易所。在美国，大型交易所包括美国芝加哥期权交易所（US Chicago Board Options Exchange）和芝加哥商品交易所（Chicago Mercantile Exchange）。伦敦依然是最主要的场外衍生品交易中心。

　　率先开拓衍生品市场的当属交易所市场以及清算所。这是一个高度有组织性的市场，所有者——通常也是这个市场上的交易者——对市场进行监督。交易所负责决定以下事项。

　　● 交易的标准单位——货币、规模、期限——以及每天交易开始与结束的时间点。

　　● 清算所的规则。所有的交易都需要通过清算所进行，因此X向Y出售衍生品的交易就转变成X出售给清算所，然后清算所再出售给Y的交易。反过来，Y向清算所付款，然后清算所再向X付款（不管Y是否向清算所付款或X是否将衍生品交割给清算所，清算所对另一方的义务都不受影响）。清算所介入交易双方之间充当中间人，承担了交易对手的违约风险，有效降低了衍生品交易的违约风险。事实上，这相当于交易对手的标准化*，就如同衍生交易都使用标准化产品一样。这样也便于交割。

● 保证金要求。所有交易所会员都要在清算所存入保证金，以确保自己不违约。此外，所有投资者还必须在经纪人那里存放保证金。当然，经纪人都是交易所的会员。初始保证金大多相当于合约价值的2%~10%。不过，如果交易的一方损失额超过了初始保证金，那么亏损的这一方必须继续缴纳更多的保证金，这叫作追加保证金。因此，随着价格的波动，亏损这一方必须每天按照当天收盘的结算价格向交易对手支付追加保证金。

● 逐日盯市。所有尚未平仓的交易每天都要重新估值，因为价格经常发生变化，这就是逐日盯市。换言之，不适用历史价格/成本来确定头寸的价值，因为价格是波动的。清算所会对所有的交易所会员进行逐日盯市处理；同样的，充当经纪人的交易所会员也会对客户的头寸进行逐日盯市的处理。由于每天都要按照标的资产的价格变化情况来调整保证金的额度，所以交易所的风险敞口是很有限的。

衍生品也可以在场外市场上交易。场外市场不实施官方会员制，银行、非银行金融机构以及（通常）大企业彼此之间通过电话、传真或计算机网络进行交易。每个国家的监管机构负责监督这个市场，同时国际清算银行负责监管协调。在场外市场上，多个交易者之间签订非标准化的私人交易协议，清算机构不介入交易。

场外市场的主要特征之一是存在很多报价服务商，它们在电脑屏幕上提供实时的价格信息。提供类似服务的企业包括路透社、彭博新闻服务（Bloomberg News Services）公司以及麦克拉奇（McClatchy）公司。报价服务商还与交易所市场建立数据连接，因此可以提供综合性的价格信息服务。它们从场外市场的交易商那里获得场外价格信息。

总而言之，在有组织的交易所（即官方交易所）内交易与场外交易的主要优势分别为：

官方交易所市场	场外市场
● 为每一份合约提供担保，意味着交易对手的违约风险大大降低。	● 投资者签订的合约是量身定做的，交易的数量与期限都依照其需求来确定，不同于交易所的标准化合约。
● 通常要求具有一定的资本实力，并执行保证金制度（初始保证金与追加保证金）。	● 对价格的影响要弱于官方交易所内的交易，因为官方交易所内的流动性更加"集中"。
● 时刻监督交易者的行为，持有清算资金。	● 交易对手大多为受监管机构监管的成熟商业银行，因此人们相信交易对手风险已经被控制在最小限度。

但是，场外交易也存在一些不利之处，总结如下：

● 虽然越来越多的银行要求交易对手提供一定的保证金，但场外交易没有清算机构来消除交易对手的风险。

● 不执行每日保证金结算制度，这提高了交易对手的违约风险。

● 二级市场规模有限。

● 书面文件比官方交易所内的交易更复杂。

● 价格不如官方交易所内的交易透明，尽管报价服务商在尽可能提供更多的价格信息。

图10-10揭示了全球衍生品场外市场的近期发展趋势。衍生品被分为六种类型：外汇、利率、商品、权益、信用以及其他。未平仓合约的名义金额测量的是衍生品市场的总体规模，如图所示，截止到2013年6月底，市场总规模达到693万亿美元。在全球各类型衍生品的场

---

* 所有交易者都是在清算所进行交易。——译者注

外交易市场上，利率协议的成交名义金额最高，2013 年 6 月底为 577 万亿美元。总市场价值指的是按照当前的市场价格替换所有未平仓合约的成本。这个指标从衍生品交易的潜在盈利（或亏损）的角度为"市场风险"的大小提供了估计值。过去的事实证明，总市场价值这个指标波动性很大——仅在 2012 年年末到 2013 年 6 月底这 6 个月内，总市场价值就减少了 5 万亿美元，收于 20 万亿美元。

信用总敞口可以被定义为囊括依法可执行的双方交易净值，但未对抵押品进行调整的总市场价值。如图所示，这一指标在后期有所上升。与总市场价值相比，信用总敞口的上涨幅度高出了 4 个百分点，达到 19%，这是自 2007 年以来的最高涨幅。

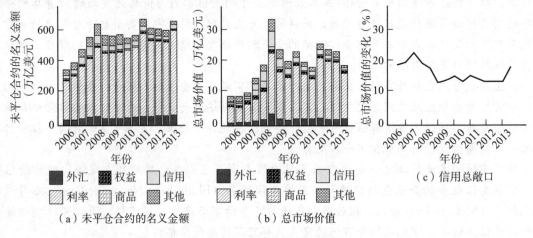

（a）未平仓合约的名义金额　　　（b）总市场价值

图 10-10　全球衍生品场外市场

资料来源：国际清算银行（2013d，6）。

10.7.1　金融期货

金融期货（financial futures）这种标准化合约是交易双方约定在未来某个特定的时间、按照特定的价格买卖并交割实物资产或金融资产的协议。期货的标的资产涉及多种类型的金融工具，包括债券、大额存单、货币与指数。交易最为广泛的期货合约当属国债期货合约。例如，假设在 2014 年 12 月 1 日，一家银行卖出了一份价值为 100 000 英镑，2015 年 3 月到期的国债期货合约，成交价为 115 000 英镑。期货合约的买家同意支付 115 000 英镑来购买面值为 100 000 英镑的长期国债。等到 2015 年 3 月末，如果利率水平上升，债券的价格就会下降。假设降至 110 000 英镑（债券的价格与利率水平为反比关系，可参考附录 A1），于是，期货合约的买家损失了 5 000 英镑，因为银行要按照 115 000 英镑的价格将债券卖给买家，而在市场上买入该国债只需要支付 110 000 英镑。专栏 10-8 提供了一个 3 个月欧洲美元定期存款期货的案例。

期货交易的特征有很多，例如：

● 期货合约在有组织的市场上进行交易（期货市场），因此其合约条款、数量与期限都是标准化的。

● 期货市场的流动性很好，因为期货合约都是在二级市场上买卖的。

- 期货交易通常不会导致商品或货币的实际交割。
- 期货合约常常被反向对冲，比如在交割之前用卖出交易抵消先前的买入交易，反之亦然。
- 清算所要求交易双方提供交易的保证金，这就是初始保证金。
- 如果交易一方的损失额大于初始保证金，那么该方就需要进一步补充保证金。这就是追加保证金。即随着价格发生变化，当前亏损的一方必须按照每天收盘时的结算价格向另一方交易对手支付追加保证金。[1]
- 如果期货合约的交易对手违约，那么交易所会承担违约方的头寸与支付义务。

专栏 10 - 8

3个月欧洲美元定期存款期货的案例

欧洲美元定期存款期货是在国际货币市场交易的短期利率协议。自 1981 年起，国际货币市场（International Money Market）一直隶属于芝加哥商品交易所。在欧洲，这种市场的产品于 2004 年 3 月首次进入泛欧交易所，由于这种市场的产品可以向各种类型的市场参与者提供交易机会，所以其交易频率快速上升。2012 年，未平仓合约总数超过 800 万份，这种产品成为衍生品发展史上最成功的产品之一。

这种期货合约的标的资产是期限为 90 天的欧洲美元定期存款。"欧洲美元"指的是存放在不受美国银行业监管的银行内的美元存款。[2] 因此，欧洲美元定期存款支付的利率通常要高于美国银行发行的大额存单以及短期国债的利率水平。这种合约"赌"的就是相对于期货合约签订时的利率水平，未来短期利率的变化情况。

表 10-4 提供了节选自《金融时报》在 2013 年 9 月 16 日的 3 个月欧洲美元期货合约的报价信息。尤其需要注意的是，该表提供了以下信息：交割日期、开盘价、收盘价、相比于前一日收盘价的变化。随后两列数据是当天合约的最高成交价（即最高价）与最低成交价（即最低价），随后是当天新签订的合约数（即成交数量）。最后一列是未平仓合约数，即当天交易结束时尚未平仓的合约份数。

表 10 - 4　欧洲美元期货合约

	交割日期	开盘价	收盘价	变化	最高价	最低价	成交数量(份)	未平仓合约数(份)
3 个月欧洲美元	10 月	99.735	99.75	+0.010	99.745	99.735	16 569	21 128
3 个月欧洲美元	1 月	99.705	99.70	+0.010	99.705	99.705	977	607
3 个月欧洲美元	3 月	99.645	99.66	+0.015	99.675	99.645	169 621	805 657
3 个月欧洲美元	6 月	99.560	99.58	+0.025	99.615	99.555	245 400	902 967

资料来源：《金融时报》，2013 年 9 月 16 日。

* 表中报价均为报价指数，无单位。——译者注

该合约的主要特征如下所示。

- 每一份欧洲美元期货合约代表着初始面值为 100 万美元的欧洲美元存款，存款会在期货

---

[1] 为了反映资产的当前市场价值或合约标的资产的市场价值，重新评估资产或合约的价值的制度就叫作逐日盯市。

[2] 以前，这些存款几乎仅存在于欧洲地区，因此得名"欧洲美元"。不过到了现在，存放在美国以外其他地区的美元存款都被统一称为"欧洲美元"。

合约期满 90 天后到期。

● 期货合约的到期月份为 10 月、1 月、3 月和 6 月。

● 存款的参考利率为最后一个交易日上午 11 点时 3 个月的英镑存款伦敦银行同业拆借利率（即交割月的第三个星期三）。

● 报价指数等于 100 减去利率水平与 100 的乘积（比如报价 95 意味着期货合约的利率水平为 5%）。

● 期货的利率水平每变化一个基点，就相当于期货合约价值变化 25（＝0.01%×1 000 000×90/360）美元。请注意，期货合约价值变化的 25 美元就是"价位值"。比如，5 个基点的利润就等于 125（＝25×5）美元。①

● 在计算盈利/亏损时，用期货交易的盈利/亏损乘以交易的合约份数，再乘以 100 万美元，最后乘以 90/360。例如一位交易者在 94.50 的价位买入 40 份合约，平仓价位为 96，那么：

每份期货合约的盈利＝1.5(150 个基点)
总利润＝40×150×25＝150 000(美元)

还可以用下面这种方式计算盈利：

40×(0.96－0.945)×1 000 000×90/360＝150 000(美元)

● 欧洲美元期货合约采用现金结算方式，这意味着合约结算是要计算期货价格与市场价值的现金差额，然后由一方向另一方支付。

一般来说，

反之亦然。请注意，如果标的资产的价格上涨，那么欧洲美元定期存款期货的买家就有权要求卖家支付现金，因此，买家希望期货的利率水平下跌。反过来，如果资产价格下跌，那么期货合约的卖家就有权要求买家支付现金，因而卖家希望期货的利率水平上升。总结一下：

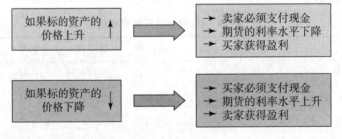

利率期货可被用于对冲当前或未来的利率风险。具体做法是持有期货头寸，用期货头寸产生的盈利抵消市场利率向不利方向波动所导致的损失。而且，市场参与者还可以使用期货产品进行投机交易。交易者先判断未来期货合约的价值是会上涨还是下跌，然后根据这个判断来买入或卖出期货合约。一般来说，借款人为了防范未来利率上升的风险，会选择卖出期货合约，而贷款人为了防范未来利率下降的风险会买入期货合约。

看看下面这个多头套期保值的例子。

---

① 不过，期货合约价格的最小波动单位也可以是 0.002 5（每份合约 6.25 美元），或当前月份到期的期货合约的最小价格波动单位为 0.005（每份合约 12.50 美元）。

假设在 2014 年 6 月 30 日，汇丰银行预计会在 2014 年 11 月 9 日收到一笔价值为 100 万美元的款项，打算把这笔资金投资于 3 个月的欧洲美元定期存款。如果银行在 2014 年 6 月就能收到这笔钱，那么会立即买入欧洲美元定期存款；不过，在拿到钱之前还要等上 5 个月，而在等待期间利率水平可能会下跌。

为了套期保值，汇丰银行应当买入期货合约，一旦利率水平下降，期货利率通常也会随之下降，期货多头头寸就会升值。表 10-5 总结了套期保值的结果：假设在 2014 年 6 月 30 日，汇丰银行买入了一份 12 月到期的欧洲美元期货合约（2014 年 11 月以后第一批到期的期货合约），买入时期货利率水平为 4.24%，当时市场利率为 4.15%（注意这两个利率之间存在 0.09% 的基差）。2014 年 11 月 9 日，汇丰银行卖掉了 2014 年 12 月到期的欧洲美元期货合约，因为此时银行收到了 100 万美元的款项，并在现货市场上将其投资于 3 个月欧洲美元定期存款。在这段时间内，利率水平实际下降了 0.25%，所以银行只能获得 3.90% 的投资收益率。不过，期货市场的净盈利（475 美元）能部分抵消现货市场的机会损失（625 美元），因为银行以更高的价格卖掉了期货合约。总之，银行的这笔投资共获得了 10 225 美元的累积收益，实际收益率等于 4.09%。

投资收益（3.90% 的收益率）= 1 000 000 × 0.039 0 × 90/360 = 9 750（美元）

期货交易的盈利 = 475（美元）

累积收益 = 10 225（美元）

$$实际收益率 = \frac{10\ 225}{1\ 000\ 000} \times \frac{360}{90} = 4.09\%$$

表 10-5　使用欧洲美元期货进行多头套期保值

日期	现货市场	期货市场	基点
2014 年 6 月 30 日（期货合约最初建仓）	银行打算在 5 个月后将 100 万美元投资于欧洲美元，当前的现金利率为 4.15%。	银行买入一份 2014 年 12 月到期的欧洲美元期货合约，利率为 4.24%，期货价格为 95.76。	4.24% - 4.15% = 0.09%
2014 年 11 月 9 日（期货合约平仓）	银行投资 100 万美元买入 3 个月欧洲美元，利率水平为 3.90%。	银行卖出一份 2014 年 12 月到期的欧洲美元期货合约，利率为 4.05%，期货价格为 95.95。	4.05% - 3.90% = 0.15%
净效应	机会损失：4.15% - 3.90% = 0.25%，即 25 个基点，每个基点的价值为 25 美元，则损失为 625 美元。	期货交易的盈利：4.24% - 4.05% = 0.19%，即 19 个基点，每个基点的价值为 25 美元，则盈利为 475 美元。	基点变化：0.15% - 0.09% = 0.06%

资料来源：科克和麦克唐纳（2010）。

下面我们举例说明银行如何使用期货合约来管理头寸风险或出于利率风险管理目的进行套期保值（注意，期货合约还可用于对冲外汇风险）。

假设银行预期未来 6 个月后利率水平将会上升。为了保护自己，今天银行决定卖出 6 个月后到期交割的利率期货合约，即承诺未来按照特定的价格出售一定面值的短期国债。6 个月后，银行从交易所买回一份交割相同国债的期货合约。于是，这两份期货合约被期货交易所的清算机构相互抵消了，即平仓了。如果利率水平不发生变化，那么银行无须再履行买入或卖出的义务。如果像银行预期的那样——6 个月后利率水平上升，则意味着债券的市场价格将会下跌。银行将获得收益，或者至少可以抵消全部或部分证券贬值所造成的损失，因为 6 个月后债券的市场价格下跌了（有关利率风险管理的更多详细内容，请参考第十二章）。

10.7.2　远期协议

远期协议（forward）是指交易双方直接签订协议，约定在未来某个特定时间按照特定价格买卖实物资产或金融资产。远期协议与金融期货合约的区别在于远期协议是个性化的，在场外市场交易，受到的监管程度较轻。我们举例说明一下外汇市场上的远期交易：3 月 30 日，一方同意向另一方出售价值相当于 100 000 英镑的美元，交割日为 12 月 31 日，成交汇率为 1 英镑兑换 1.67 美元。远期协议：

- 是在场外市场上交易的非标准化产品，是交易双方（例如两家银行）通过协商签订的双边协议；
- 是交易双方签订的私人协议，因此协议条款可以量身定做，以满足双方的特定需求；
- 流动性很差，远期协议不可转让，因为不存在二级市场；
- 要求（在合约到期时）一次性支付所有现金流；
- 如果一方因没有存货而无法交割，那么为了履行远期协议，该方必须到现货市场上买入商品或货币。

清算机构不会对远期交易提供担保，因此存在交易对手的违约风险。

远期利率协议（forward rate agreement，缩写为 FRA）是最常见的远期协议之一，这种产品可被用于对冲利率风险，从而"锁定"资产的未来价格水平。因此，在管理利率风险时，远期利率协议的使用方法类似于金融期货。假设银行持有长期债券的多头头寸，当前该债券的市场价格等于其面值。为了消除可能导致未来债券价格发生波动的利率风险，银行决定签订一份远期协议，在未来某一天按照现在的市场价格卖掉这些债券。买家肯定与卖家对未来有不同的预期，买家担心的是同一时期内债券的利率水平可能会下降。

另一种重要的远期产品名叫**外汇远期**（currency forwards），这种产品可以帮助买家和卖家对冲未来汇率波动的风险。例如，4 个月后将持有美元多头头寸的交易者为了防范汇率风险，可以签订一份远期协议，约定在 4 个月后按照现在的汇率水平卖掉美元，买入欧元。这种外汇远期合约能够确保这笔交易不受未来 4 个月内汇率波动的影响。专栏 10 - 9 提供了一个远期利率协议的案例。

专栏 10 - 9

远期利率协议的案例

假设：

- X 公司预计未来 3 个月后要借入 100 万英镑，借款期限为 6 个月。
- 短期利率，比如 6 个月伦敦银行同业拆借利率[①]目前为 6%，但是 X 公司估计未来 3 个月内利率水平将会上升。
- 为了防范利率上升的风险，X 公司买入一份远期利率协议——这份协议涵盖时间段的起点

---

① 要注意各种伦敦银行同业拆借利率指标之间的区别：隔夜、1 周、2 周、1 个月、2 个月等。

为 3 个月后，涵盖时间长度为 6 个月，这就是所谓的"3 对 9 个月"，或写作 3×9 远期利率协议。

● 银行的报价为 6.25%，这能让 X 公司在未来 3 个月后锁定 6.25% 的借款利率，锁定时长为 6 个月，因此 X 公司买入了远期利率协议。

● 3 个月后，6 个月伦敦银行同业拆借利率上升至 7%。尽管买入了远期利率协议，X 公司依然要在现货市场上借款并支付 7% 的借款利率。6 个月的借款期限要求借款人支付大约 35 000 英镑的利息，计算方法是用 7% 的伦敦银行同业拆借利率减去远期利率协议的协定利率 6.25%，然后除以 2（因为借款期限为 6 个月）。

● 按照远期利率协议条款，X 公司能拿到银行支付的 3 750 英镑，从而能部分抵消 6 个月的 100 万英镑借款多出来的 0.75% 的应付利息——这就是远期利率协议的结算金额，能够有效地抵补较高的借款成本。这笔钱会在结算日支付，而结算日正是远期利率协议的起始日。

请注意，虽然远期利率协议不能为 X 公司的某一笔特定融资项目的融资利率提供保证，但它至少能确保 X 公司从远期利率协议获得 6.25% 的固定融资利率。

计算远期利率协议支付额或结算额的标准公式如下所示：

$$支付额 = 名义本金额 \times \frac{(参考利率 - 远期利率) \times 天数/360}{参考利率 \times 天数/360 + 1}$$

上式中，

名义本金额＝贷款的名义金额

参考利率＝伦敦银行同业拆借利率或远期协议中约定的其他浮动利率

远期利率＝远期利率协议约定的固定利率

天数＝远期利率协议的期限长度

我们仍以这个例子来进一步说明如何使用上面这个公式：

利息节省（分子）＝(0.07－0.062 5)×180/360＝0.007 5×0.5＝0.003 75

贴现因子（分母）＝0.07×180/360＋1＝1.035

支付额＝1 000 000×0.003 75/1.035＝3 623.10（英镑）

10.7.3　期权合约

期权（options）赋予持有者按照特定价格（即执行价格）买入或卖出标的资产（金融工具或商品）的权利而非义务。期权的购买价格叫作期权费。赋予持有人买入标的资产权利的期权叫作看涨期权，赋予持有人卖出标的资产权利的期权叫作看跌期权。通常期权分为美式期权与欧式期权两种类型，美式期权可以在到期日之前的任意时点被执行；而欧式期权只能在到期日那一天执行。

● 期权可以在场外市场或交易所内交易。

● 交易所内交易的期权（又称上市期权）是标准化合约，已事先确定了执行价格与到期日。

● 如果期权在交易所内交易，例如债券期权，那么清算所负责为会员的借项或贷项进行结算（因此事实上会员没有违约风险）。

● 期权可以赋予购买者按照特定的利率水平（执行利率）、在未来某一天借入或贷出一定期限的资金（如存款）的权利，或者在未来约定的日期按照约定的汇率买入/卖出外汇的权利。

专栏10-10讨论了期权合约的结算与盈亏状况。

期权合约的结算与盈亏状况

最常见的期权合约是股票期权。例如，2014年4月到期的看涨期权标的资产为巴克莱银行的股票，执行价格为每股50英镑。2014年1月3日，该期权的出售价格为2英镑。在到期日（到期月的第三个星期五，本例中为2014年4月21日），看涨期权的购买者有权按照每股50英镑的价格买入巴克莱银行的股票，如果该股票价格上涨，则期权的购买者可以获得收益。如果在到期日，市场上巴克莱银行的股价大于期权的执行价格，比如股价为55英镑，那么期权的持有者可以先执行看涨期权，以每股50美元的价格买入巴克莱银行的股票，随后在现货市场上以每股55英镑的价格出售这些股票。于是，看涨期权的持有者可以获得每股3英镑的利润，即盈利（5英镑）减去购买期权所支付的期权费（2英镑）。

市场价格与执行价格之间的关系如下所示。

- 实值期权——执行期权能获得利润。
  看涨期权：市场价格＞执行价格（$S_T > x$）
  看跌期权：执行价格＞市场价格（$x > S_T$）
- 虚值期权——执行期权无利可图。
  看涨期权：市场价格＜执行价格（$S_T < x$）
  看跌期权：执行价格＜市场价格（$x < S_T$）
- 平值期权——执行价格与资产的市场价格相等（$x = S_T$）。

图10-11给出了看涨期权持有者的盈亏曲线。例如，如果期权的执行价格为50英镑，当前巴克莱银行的股价为60英镑，那么看涨期权的持有者就能获得每股10英镑的收益。利润应当等于收益（10英镑）减去期权费（2英镑），即8英镑。不过，若股价等于或低于每股50英镑，那么期权的持有者会选择不执行期权而继续等待，自然既无收益也无损失。

巴克莱银行的股价（英镑）	40	50	60	70	80
期权的价值（英镑）	0	0	10	20	30

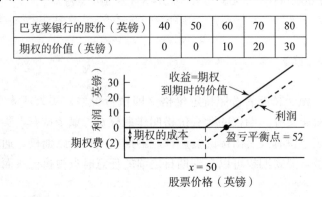

图10-11 到期日看涨期权的收益与利润（站在期权购买者的角度）

看涨期权持有者的收益如下所示：

收益＝$S_T - x$，　如果 $S_T > x$

收益＝0，　　　　如果 $S_T = x$

看涨期权持有者的利润＝收益－期权的购买价格（期权费）

图 10 - 12 给出了看跌期权持有者的盈亏曲线。如果看跌期权的执行价格为每股 50 英镑，而巴克莱银行当前的股价为每股 30 英镑，那么看跌期权的持有者可以获得每股 20 英镑的收益〔利润＝20－2＝18（英镑）〕。如果股价等于或高于每股 50 英镑，那么期权的持有者会选择不执行期权而继续等待，同样是既无收益也无损失。

看跌期权持有者的收益如下所示：

收益＝0，　　　　如果 $S_T = x$

收益＝$x - S_T$，如果 $S_T < x$

看跌期权持有者的利润＝收益－期权费

巴克莱银行的股价（英镑）	20	30	40	50	60
期权的价值（英镑）	30	20	10	0	0

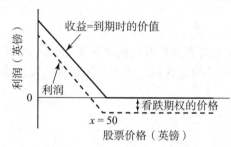

图 10 - 12　到期日看跌期权的收益与利润（站在期权购买者的角度）

除了股票期权，其他资产的期权包括：

● 指数期权。这种看涨期权或看跌期权将股票市场指数作为标的，例如伦敦富时 100 指数。

● 期货期权。这种期权赋予持有者买入或卖出特定数量期货合约的权利，期权的执行价格就是期货的价格。

● 外汇期权。期权持有者有权用一定数量的本币买入或卖出一定数量的外汇。

● 利率期权。这种期权的标的可以为国债、普通债券和大额存单。

期权合约的常见用途是保护银行的债券投资组合免受利率上升风险的影响。在管理利率风险时，相比于期货和远期，使用期权的主要优势在于没有交割义务，因此若利率水平下降导致债券价格上涨，银行依然可以把债券留在手中。例如，为了防范利率上升的风险（利率上升会导致银行资产的市场价值下跌、借贷成本增加等），银行决定买入一份标的为证券的看跌期权。看跌期权赋予银行按照特定的价格（P）出售证券的权利。如果市场利率上升了，那么证券的市场价格就会下跌，于是银行可以按照当前的市场价格买入证券，然后按照更高的期权执行价格（P）将证券卖给期权的出售方。银行的利润等于 P 减去证券当前的市场价格，再减去银行为执行期权而支付的期权费。注意，一般来说，银行主要是看涨期权或看跌期权的买方而非卖方，因为利率波动会给期权的卖方带来很大的风险。

10.7.3.1　利率上限、利率下限与利率上下限

利率上限（caps）与利率下限（floors）也是期权的常见类型。这类期权赋予持有者事后买入远期利率协议的权利。利率上下限（collars）是一种混合型产品，同时具有远期协议与期

权的部分特征。

交易者可以从银行购买利率上限产品，以确保浮动利率贷款的利率水平不会超过利率上限协议中约定的最高值。当市场利率下降时，持有者（借款人）仍然可以受益，并要求利率下限的出售方赔偿超出利率上限的部分利息。

利率下限的特征与利率上限一样，只不过它的作用是使得投资者或储户可以规避浮动利率低于某一特定临界值的风险。如果浮动利率低于利率下限，则出售者要向购买者赔偿利息损失。同时，利率下限的购买者依然保留了利率上升可能带来的收益。

利率上下限实际上就是利率上限与利率下限结合在一起。购买利率上下限的企业一方面希望已发行债券的浮动利率不要超过利率上限，另一方面愿意放弃当市场利率下降至低于利率下限时可能带来的收益，以换取利率上限的期权费被调低的好处。

10.7.4 互换

互换（swaps）是交易双方同意相互交换两种支付义务的协议。大家可以把这种产品想象成现金流的交换，而交换的目的是管理资产和负债结构或降低借款成本。利率互换与货币互换是最常见的两种互换产品。

10.7.4.1 利率互换

利率互换协议往往由借款人与互换交易商（通常为银行）签订。在这样的互换交易中，互换交易商是借款人的交易对手。有一点要记住，双方互换的只是偿债义务，标的借款并没有被互换。于是，互换可以被用作风险管理工具，因为企业可以在不干扰标的借款的前提下，改变负债的利率形式。此外，交易者还可以使用互换进行投机交易，通常在这种情况下，交易者只是单独从事互换交易，在现货市场上并不持有相匹配的风险敞口。

利率互换的主要特征是：

- 只交换利息，不交换本金；
- 双方交换的利息支付额按照一开始商定的利率、期限以及特定的名义本金额计算；
- 双方通常会采用标准化的互换协议（但是名义本金额与互换期限是非标准化的）；
- 互换协议的权利和义务与标的借款的权利和义务完全相互独立；
- 利率互换的期限通常为1～10年，甚至更长。

使用互换协议可以让交易者：

- 将浮动利率债务转变为固定利率债务，或者将固定利率债务转变为浮动利率债务；
- 在未来发行债务工具之前提早锁定较为优惠的利率水平；
- 处置固定利率债务，因为预期未来利率会下降；
- 针对资本市场上债券的价格差进行套利交易或投机交易。

如前所述，互换交易要通过交易商来安排，而且交易商充当的是交易当事人，而非代理人。交易商在进行互换交易时通过买卖差价来赚取利润。[①] 利率互换产品可以提供多种币种、

[①] 在市场上交易的很多金融工具都具有买卖差价。买入价指的是普通交易者卖出金融工具的价格。而卖出价指的是普通交易者买入金融工具的价格。也可以这样说，买入价就是某人在某个时点为了买入某种金融工具而愿意支付的最高价格，而卖出价就是某人卖出金融工具时愿意接受的最低价。买入价与卖出价之差叫作买卖差价。做市商同时做买入和卖出的交易，因此他们的报价具有买卖差价，交易可以给做市商带来收益。

各种期限且最长期限达 30 年的交易报价,《金融时报》提供了相关的价格信息。通常来说,这些报价的变动方向与期限相似的国债的收益率变化方向相同。

10.7.4.2 货币互换

货币互换是将支付一种货币的义务与支付另一种货币的义务交换。

一般情况下,货币互换涉及:

- 一开始时先按照即期汇率交换两种货币的本金。
- 在互换协议有效期内,按照固定利率或浮动利率以及各自互换的币种,相互交换利息现金流。
- 到期时,再按照最初的即期汇率重新互换本金。有时候,交易开始时的本金互换环节被省略,取而代之的是直接"轧差支付"(即结算双方的支付额之差)。

在进行货币互换交易时,交易对手同意在一段时间内交换等价值的两种不同货币。交易的期限可协商,最长可以达到 10 年。与其他外汇产品一样,如果借入某种货币的成本高于借入另一种货币的成本,那么其中一方交易者需要支付利息差。

金融中介机构愿意参与货币互换交易的常见理由是,这种交易可以把自己不想持有的币种现金流交换为自己想持有的币种现金流。全球各大银行与其他大型金融中介机构经常在国际市场融资,因此需要履行各种币种的偿债义务。专栏 10 - 11 提供了利率互换的案例,而专栏 10 - 12 提供了固定利率-浮动利率货币互换的案例。

专栏 10 - 11

利率互换案例

假设最近一家总部位于英国的银行同意发放一笔价值为 1 亿英镑、利率为 7% 的抵押贷款。在未来 5 年内,贷款利率将一直保持在 7%。我们再假设银行的资金来源为批发性存款,期限为 3 个月,利率水平为伦敦银行同业拆借利率,而目前 3 个月伦敦银行同业拆借利率为 6.6%。只要抵押贷款保持 7% 的固定利率,那么只要伦敦银行同业拆借利率下降,银行就能获得盈利;反之,如果伦敦银行同业拆借利率上升,则银行会亏损。

互换交易商可以向银行建议这样一笔交易:

- 互换交易商在未来 5 年内每年向银行支付一笔钱,支付金额相当于 1 亿英镑贷款按照伦敦银行同业拆借利率计算的利息额。
- 银行在未来 5 年内每年向互换交易商支付一笔钱,支付金额相当于 1 亿英镑贷款按照

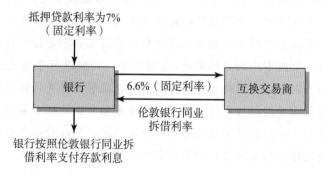

6.6%的固定利率计算的利息额。

- 银行可以利用利率互换来锁定未来5年内抵押贷款与3个月存款之间的利率差。

只要互换的名义本金额和到期日与固定利率抵押贷款的本金额和到期日相匹配，利差就能锁定在0.4%。于是，银行的利润率就不会受到伦敦银行同业拆借利率上升的影响。不过，如果伦敦银行同业拆借利率下降，那么利差依然保持在0.4%，银行就不能利用市场利率下降的机会获利。不管伦敦银行同业拆借利率的值是多少，利差是固定不变的。

银行可能还面临另外一个问题：如果未来利率水平下降，则固定利率抵押贷款可能会被提前偿还。如果抵押贷款能被提前偿还，那么银行就不需要吸收大额存款来提供资金来源。然而，利率互换交易依然生效，银行依然有履约的义务。假设伦敦银行同业拆借利率为4%，那么利率互换交易会给银行带来260万英镑的损失。银行依然需要向互换交易商支付660万英镑，而从互换交易商那里只能获得400万英镑的收入。为了避免这一问题，银行需要在抵押贷款合同中加入提前还款的惩罚条款，不过要确保这样的条款不会触犯任何相关的消费者保护法案。

这个例子清楚地说明了一条基本原理：衍生品头寸与标的现货市场头寸相匹配有助于降低风险，但是若现货市场不存在对应的标的资产，或者标的资产头寸出于某些原因无法到期，那么使用衍生品反而会增加风险。

专栏 10-12

固定利率-浮动利率货币互换的案例

假设一家美国的银行发行了一批总额为6 000万英镑的3年期债券，息票利率为10%，计价货币为英镑。同时，这家美国银行持有的资产主要为浮动利率的短期美元资产。

- 一家英国银行发行了一批总额为1亿美元的短期欧洲大额存单，计价货币为美元，利率等于1年期伦敦银行同业拆借利率加上1%的溢价。同时假设这家英国银行持有的资产主要为固定利率的长期英镑资产。

两家银行都面临着利率风险与汇率风险：

- 对美国银行来说，如果美元的短期利率下降，则美元会相对于英镑贬值；
- 对英国银行来说，如果美国的利率水平上升，则美元会相对于英镑升值。

因此，两家银行希望达成一笔固定利率-浮动利率货币互换交易，约定：

- 美国银行将原来的固定利率英镑负债转换为浮动利率的美元负债；
- 英国银行将原来的浮动利率短期美元负债转换为固定利率英镑负债。

每年两家银行都会按照事先约定的美元/英镑汇率——假设为2美元兑1英镑——相互交换支付。英国银行向美国银行支付的固定利率英镑利息能够抵补美国银行发行的英镑债券的利息成本，同时美国银行向英国银行支付的浮动利率美元利息也能抵补英国银行发行的美元大额存单的利息成本。表10-6总结了互换交易的现金流状况，可以看出在整个互换期间，双方交换支付的净效应是美国银行向英国银行净支付300万美元。

表 10-6　固定利率-浮动利率货币互换

年份	伦敦银行同业拆借利率（%）	伦敦银行同业拆借利率＋3（%）	美国银行支付的浮动利率利息（百万美元）	英国银行支付的固定利率利息		美国银行的净支付额（百万美元）
				（百万美元*）	（百万美元，按照2美元兑1英镑的汇率）	
1	8	11	11	6	12	−1
2	9	12	12	6	12	0
3	10	13	130	66	132	−2
净支付总额						−3

资料来源：桑德斯和科尼特（2012）。

＊原文如此，疑误，应为百万英镑。——译者注

比如，一家日本银行持有的大部分债务是固定利率的日元债务，而一家英国银行的主要债务是固定利率的英镑债务。如果日本银行持有一些固定利率的英镑债务，同时英国银行也持有一些固定利率的日元债务，那么这两家银行就可以考虑互换债务的本金与利息——于是英国银行收到了日元固定利率利息现金流，而日本银行收到了英镑固定利率利息现金流。简单地说，两家银行互换了不同币种的现金流。

货币互换具有多种形式：

● 固定利率对固定利率的货币互换——在互换协议生效后，交易双方相互交换两种货币的利息现金流，均采用固定利率计息。

● 固定利率对浮动利率的货币互换（交叉货币互换）——一种货币使用浮动利率计息，通常与伦敦银行同业拆借利率（大型跨国银行在伦敦货币市场上彼此借贷美元的平均利率）挂钩，而另一种货币使用固定利率计息。

● 浮动利率对浮动利率的货币互换——双方均使用浮动利率计息。

货币互换市场快速发展的主要原因是一些金融机构及其他企业经常能产生某种货币的现金流，如果这些企业想获得其他币种的现金流，那么货币互换交易正符合它们的利益。随着企业变得越来越国际化，融资与投资要求也越来越多元化，有渠道获得多个不同币种现金流的需求日益凸显。

10.8　小结

银行管理者的职能是执行决策，实现企业的利润最大化与股东价值最大化。为了实现这一目标，银行管理者应当贯彻执行多个领域的发展战略，例如资产负债管理、流动性管理以及资本管理。本章介绍了银行的资产负债表内管理事项，也谈到了各种不同类型的资产负债表外业务，例如贷款出售以及其他或有承诺。在过去，金融衍生品都被当作表外业务。近年来，随着监管机构要求进一步改善信息披露与透明度，这些交易活动已经被计入银行财务报表的表内。目前国际会计准则的发展趋势是要求银行按照公允价值将衍生品计入资产负债表，并将套期保值工具产生的任何收益（损失）计入损益表，只要衍生品的使用目的是对标的资产或负债进行套期保值。

风险管理是对银行的利润、价值以及安全性具有重大潜在影响的战略决策领域。接下来的

两章概要介绍了银行面对的主要风险类型（第十一章），讨论了银行可以使用哪些工具来度量并管理这些风险（第十二章）。

关键术语

套利	外汇远期	套期保值	期权
资产管理	金融衍生品	负债管理	拆解过程
资产负债管理	金融期货	流动性管理	证券承销
银行承兑	财务担保	贷款承诺	证券化
资本管理	远期利率协议	贷款出售	备用信用证
上限	下限	远期协议	宏观套期保值
互换	上下限	资金转移定价	微观套期保值
财务会计部门	商业信用证	表外管理	

主要阅读文献

Deloitte (2013) "Future of bank treasury management：A profession in focus", March.

Koch，T. W. and MacDonald，S. S. (2010) *Bank Management*，7th Edition，Mason，OH：Southwestern Cengage Learning.

Saunders，A. and Cornett，M. (2012) *Financial Institutions Management：A Risk Management Approach*，New York：McGraw-Hill/Irwin.

复习题

10.1 什么是资产负债管理？

10.2 为什么流动性与盈利性之间要进行权衡？

10.3 财务部门在银行内部的主要职能是什么？什么是资金转移定价过程？

10.4 资本管理关注的主要问题是什么？

10.5 解释附带追索权与不附带追索权的贷款出售交易。

10.6 解释证券化操作前后银行资产负债表的变化。

10.7 概要说明衍生品的含义，解释官方交易所内交易与场外交易的区别。

10.8 银行如何使用期货与远期产品对利率风险敞口进行套期保值？

10.9 期权合约的主要特征是什么？如何使用期权产品进行风险管理？

10.10 利率互换与货币互换的主要差别是什么？

第十一章

银行风险

- 界定银行业最常见的风险。
- 区分银行业的不同风险类别。
- 了解银行业各种风险相互关联的重要性。

11.1 导论

对于很多私营银行来说，管理层的目标是实现股东价值的最大化。如果银行公开上市，而且市场是有效的，那么收益应当与所冒的风险成正比；如果银行规模较小且没有上市，那么管理者为了实现股东价值最大化的目标，就得在自己可接受的风险范围内努力追求最高的收益率。随着提高股东收益率的压力越来越大，银行不得不冒更大的风险，与此同时还要好好地管理这些风险以避免损失。

放松监管、全球化以及金融机构集团化的趋势为银行提供了提升盈利能力、开拓价值创造业务的大好机会（参考第九章），但是也带来了严峻的风险挑战。2007—2009 年全球金融危机的爆发一方面证明了银行体系的脆弱性，另一方面也揭示了银行业务的高度关联所引发的潜在系统性风险。本章介绍现代银行必须面对的主要风险类型。随后，我们会在第十二章介绍当前比较流行的风险管理手段。

11.2 信用风险

按照巴塞尔委员会（2000）给出的定义，**信用风险**（credit risk）是指银行借款人或交易对手没有按照约定条款履行义务的可能。一般来说，信用风险与银行的传统贷款业务相关，因此被简单地描述为贷款的一部分或全部未被偿还的风险。不过，持有债券或其他证券也要面临信用风险。

信用风险是交易对手信用等级降低所带来的风险。信用降级并不一定意味着违约，但是它暗示着违约的可能性上升。资本市场对于企业信用等级的态度会通过债券或其他债务工具的发行利率、股价的变化以及**信用评级机构**（credit-rating agencies，例如标准普尔公司、穆迪公司以及惠誉公司）评估的信用等级等形式来展现。不过，银行还要面对其他各种各样的金融工具所带来的信用风险，例如衍生品和担保。信用风险的一种特殊类型有时会被叫作**交易对手风险**（counterparty risk）。瑞斯蒂和西洛尼（2010）将交易对手信誉变差的风险定义为迁移风险——显然，如果发布公开信用评级的评级机构调低了交易对手的信用等级，那么这种风险事实上就是降级风险。本书认为，虽然现在我们谈论的是信用风险，但应借机好好区分一下价差风险、回收风险、结算前风险（或替代风险）以及国别风险（参考11.7节）。价差风险是指借款人被要求支付的价差进一步扩大的风险，例如市场要求债券发行人支付更高的价差。假设由于市场不稳定、爆发危机或受到冲击，投资者的风险厌恶程度提高，于是高质量债券与低质量债券之间的收益率差可能会变大（即安全投资转移）。对于因交易对手丧失偿付能力而未清偿的债务，银行还要面临回收风险——回收率低于当初的预期值，原因可能是资产的清算价值较低，或不良资产的清算变现遇到了意料之外的延迟。结算前风险或替代风险也是银行要应付的风险之一，若银行在场外衍生品交易中的交易对手于交易到期之前丧失偿付能力，这会迫使银行不得不以不太有利的条件替换交易对手。

一般来说，银行的管理者应当通过构建风险分散化的资产组合（贷款与证券）来实现信用风险损失的最小化。这是因为违约风险非常低的资产，通常信用风险也很低，预期收益率也较低；而预期收益率较高的资产的违约概率也比较大（即信用风险较高）。我们重点关注银行总资产中占比最高的组成部分——贷款，第十章曾经介绍过传统的贷款职能包含四个组成部分（辛基，2002；戈林鲍姆和塔科尔，2007）：

(1) 贷款发放（贷款申请过程）。

(2) 提供贷款（贷款审批并获取贷款所需资金）。

(3) 服务（收取利息与本金的还款）。

(4) 监督（在贷款期限内监督借款人的行为）。

银行必须在贷款发放之前与之后认真调查借款人偿还贷款的能力（这就是银行的事先筛选与事后监督职能），因为银行的目标是股东价值的最大化，而且银行对储户以及存款保险机构负有确保自身安全稳健的义务。

回忆一下，我们曾说过银行代表贷款人（储户）扮演着"代理监督人"的角色，为了达到这个目的，银行在设计与执行贷款合同时会使用各种各样的工具或创新。对银行来说，这样的合同成本比较高，却是保护银行的所有者与全体储户所必需的。不过，在银行履行职能（1）和职能（4）时，可能会产生代理问题。正如第一章谈到的，代理问题是委托人（贷款人）与代理人（借款人）之间由于信息不对称、道德风险以及逆向选择问题而产生的潜在摩擦。为了实现贷款损失最小化的目标，银行需要充分考虑上述问题。

大家公认，所有的银行都会遭遇贷款损失问题，不过每家银行的风险厌恶程度存在着明显的差异。所有银行都拥有自己的**贷款理念**（credit philosophy），正式的书面文件《**贷款政策**》（loan policy）充分体现了这一理念。该理念必须得到适当的贷款文化的支持与融合。贷款理念还能反映出银行很看重以灵活的审贷标准为基础的贷款快速增长。反过来，贷款理念也可能反映出银行更加保守的管理风格，旨在追求高质量的贷款组合以持续性地获得高绩效。贷款政策能说明银行管理者准备冒多大的风险。随着时间的流逝，政策可能也会发生变化。如果银行的所有员工都支持管理层的贷款标准（亨佩尔和西蒙森，2008），那么贷款文化也是成功的，请参考专栏 11-1。

专栏 11-1

银行的贷款文化与股权文化

贷款文化（credit culture）指的是推动银行贷款活动的基本原则以及银行管理者分析风险的基本方式。贷款文化尤其与银行管理层为银行设计的价值观密切相关，而这一价值观又与信用风险管理制度有关联。而且，贷款文化与组织相关，并对组织施加影响。在这种情形下，银行高管人员，尤其是首席执行官（CEO）在确定银行的贷款文化、奠定基调以及为组织指引方向的过程中，发挥着至关重要的作用。

政府前任部长、渣打银行主席戴维斯（Davis）勋爵在班戈商学院（Bangor Business School）的一次非公开演讲中特别强调了首席执行官的特殊作用，他认为银行的首席执行官应负责给出明确的信号，指出他们决心追求怎样的贷款文化。与现有的研究文献观点相同，戴维斯勋爵也赞同首席执行官应是银行价值体系的保护者，有责任维护审慎规则，推行银行的指导方针与责任制。

按照米勒（1994）的观点，贷款文化可被定义为"规则背后真正的精神……拥有与信贷扩张有关的、包罗万象不断变化的多个组成部分。它根植于想法、传统、技能、态度、理念与标准"。因此，贷款文化不仅与有形的书面政策或程序有关，而且与很多无形的东西有关。此外，贷款文化会随时间不断发展、融合与传递。也就是说，强大的贷款文化能够渗透整个组织，所有员工都能直观地了解哪些行为是可接受的，哪些是不可接受的。

2007—2009 年的全球金融危机已经证明，银行业源自贷款文化的股权文化正在逐渐崩塌。股权文化意味着银行会鼓励过度冒险与加大杠杆的行为，而且更关注短期（并且短视的）发展战略。《金融市场趋势》（*Financial Market Trends*）上的一项研究成果（布伦德尔-维格诺尔等，2009）尝试解释导致银行以忽视贷款文化为代价、更关注股权文化这一变化的主要原因，具体包括流动性过剩、监管不善、竞争与治理框架、结构性产品与衍生品快速增长等因素（通常银行会为了避税而使用大量的衍生品）。布伦德尔-维格诺尔等（2009）按照近年来大量资本与流动性的注入、几乎所有发达国家都实施过的资产购买与债务担保计划来评估银行业全面转向股权文化所导致的"损害程度"。

布伦德尔-维格诺尔等（2009）不仅谴责了银行业追求股权文化所造成的损失，而且指出了未来"任由这种局面不受控制"会引发的风险。研究强调，需要进行根本性的改革以避免大而不倒的风险，维护系统的稳定性。这些改革措施包括更加透明、更具可比性的会计准则以及更完善的公司治理。

资料来源：布伦德尔-维格诺尔等（2009）；戴维斯（2010）；米勒（1994）。

如果可以获得内部数据，那么观察中等质量贷款与总资产的比率变化情况，便可对信用风险进行监控。银行可以通过降低这一比率的方式来降低信用风险。如果无法获得中等质量贷款的相关数据，那么传统的信用风险替代指标包括：

- 贷款总额/总资产；
- 不良贷款/贷款总额；
- 贷款损失/贷款总额；
- 贷款损失准备/总资产。

这些比率指标适用于银行资产负债表上持有的各种不同类型的贷款。例如，银行可以查看抵押贷款的账目，然后计算抵押贷款占总资产的比例，同理还可以计算不良贷款与总资产的比率、抵押贷款的损失与总资产的比率等。

不过，亨佩尔和西蒙森（2008）认为，这些指标可能会受到批评，因为它们滞后于收益数据，而冒更大的风险总会让收益数据看上去很美好。因此，人们应当关注领先指标，例如：

- 贷款的地区或部门集中度指标；
- 贷款快速增长率指标；
- 过高的贷款利率；
- 贷款损失准备/不良贷款。

另一个关键性的信用风险指标是贷款总额与存款总额的比率。这一比率的值越高，监管当局对银行的关注度就越高，因为贷款是银行各种资产当中风险最大的一类资产。不良贷款与存款总额的比率较高也意味着储户面临的风险较大。

由于存在信用风险，银行资产组合的平均收益率要低于贷款组合全部处于无风险状态的收益率，于是银行发现必须要使用分散化策略来尽快降低贷款组合发生损失的概率。分散化投资能降低**非系统性**（unsystematic）风险或企业特定的信用风险。这种风险源于微观因素，是因持有某个特定企业的贷款或债券而承担的信用风险。分散化投资有助于降低企业特定的风险，但银行依然要面对**系统性信用风险**（systematic credit risk）。这种风险指的是在一段时期内，由于宏观经济环境发生变化或发生了某些对实体经济/市场造成严重影响的事件（例如当经济衰退时，企业偿还债务的能力也将下降），所有企业的违约可能性同时上升的风险。

11.3 利率风险

利率是当前对资源的要求权相对于未来对资源要求权的价格。利率是借款人为了现在就能使用资源而不用等到将来所支付的价格。因此，这是贷款人放弃当前的消费所获得的补偿。与自由市场上的其他价格一样，利率取决于供求关系。按照供求理论，利率的高低具体取决于未来对资源要求权的供给与未来对资源要求权的需求之间的相互作用。因此，利率可以被定义为由未来资源要求权的供求关系所决定的价格。这种价格指标通常被表示为一定时期内借入或贷出的资金的一定比例。

利率在金融体系中占有至关重要的地位。例如，它们会影响经济体内资金的流动、财富的分配、资本投资以及金融机构的盈利性（有关货币政策执行的更多内容，可参考第五章）。对银行来说，利率风险是指利率的意外波动所导致的风险。近年来，由于市场利率的波动性放大，尤其在国际市场上更是如此，银行所面临的利率风险也随之变大。①

---

① 请注意，借款人和贷款人都面临着利率风险，前者不愿意支付更高的贷款利率，而当利率下降时，后者要蒙受损失。

不过，并不是所有银行的资产与负债都以相同的方式受到**利率风险**（Interest rate risk）的影响。我们必须要把**固定利率资产与负债**（fixed-rate assets and liabilities）和**利率敏感性资产与负债**（rate-sensitive assets and liabilities）严格区分开来。

● 固定利率资产与负债的利率水平在一段时间内（例如一年）是不变的，除非发生违约、提前支取或意料之外的提前还款，否则现金流也是固定不变的。

● 利率敏感性资产与负债可以在一定时间内（例如 90 天）重新定价，因此利率敏感性资产与负债的现金流会随利率的波动而变化。

其他银行的资产与负债可被划分为非营利性资产（即不产生显性收益的资产，例如现金）与不付息的负债（即不支付利息的负债，例如活期存款，美国称其为"支票存款"）。

市场利率的上升会导致银行的融资成本增加，因为可变利率存款与其他可变利率负债的成本增加了。如果贷款适用的是固定利率，那么显然市场利率上升将导致贷款的净收益下降。同样的，如果银行持有过多的固定利率债务，那么利率下降反而会对银行带来不利的影响。对债券来说，利率水平的上升会导致债券的市场价值下跌。一般情况下，长期固定利率债券给其持有者带来的利率风险最大（有关债券价格与利率之间的关系可参考附录 A1）。与之相反，短期债券（例如短期国债）受利率波动的影响就要小得多。

近年来，监管机构与银行家一直在评估美国市场利率的上升会对银行业造成多大的破坏，因为各家银行实施的都是适应低利率环境的发展战略，具体可参考专栏 11 - 2。

传统的利率风险分析将利息收益相对于资产收益率的敏感性与利息支出相对于负债成本率的敏感性进行对比分析。尤其值得一提的是，分析者经常会提到一个比率指标——利率敏感性资产与利率敏感性负债的比率：当（某一特定期限区间内的）利率敏感性资产大于利率敏感性负债时，银行就要面临利率下降的风险。反过来，当利率敏感性负债大于利率敏感性资产时，一旦市场利率上升，银行就要遭受损失。一般来说，如果这一比率高于 1.0，那么利率下降会导致银行的收益减少，而利率上升会导致银行的收益增加。不过，鉴于人们很难预期未来利率的走势，一些银行相信实现利率风险最小化的最佳措施是使敏感性比率尽可能接近 1.0。正如亨佩尔和西蒙森（2008）所指出的，有些银行很难让敏感性比率接近 1.0，而且即便做到了，它们也常常要付出资产收益减少的代价。

专栏 11 - 2

谨慎提防利率快速上涨给银行业造成的打击

2013 年年初，联邦存款保险公司的官员与银行业的领导者进行了一次有关利率风险的头脑风暴。这个消息让人迅速冷静下来。

2013 年 4 月，联邦存款保险公司并没有预计到没过多久美国的利率水平就要快速下降。这并不奇怪：当时 10 年期国债收益率依然保持在低于 2% 的水平，而且有可能继续下行，因为时任美联储主席的本·伯南克（Ben Bernanke）宣布要推行量化宽松政策。

但是，如果利率不降反升，那么不良影响会令人痛苦，监管机构已经发出了警告。正如联邦存款保险公司的官员丹·弗莱（Dan Frye）告诉银行家的："如果现在利率水平开始上升，那么会给某些银行带来严重的后果……很多银行会受到伤害。"事实上，联邦存款保险公司一直对此感到不安，它要求银行开始仔细检查自己的资产负债表，为那一天的到来做好准备。

投资者——银行家就更不用说了——应当提高重视程度。毕竟，利率上升不再是一个完全假设的话题。恰恰相反，在过去几个月间，10年期国债收益率下跌了60个基点，因为大多数交易者预计2014年美联储将会逐步缩减量化宽松计划，直至最终结束。

利率的上升已经给债券投资者和一部分对冲基金造成了巨大的损失。尽管银行尚未受到太大影响，但是随着债券市场的波动性加剧，联邦存款保险公司提出的问题如今看上去十分切中要害。值得注意的是，监管机构和一些银行家正在尝试评估利率上升会对市场和金融机构造成怎样的破坏性效应——利率上升不仅会伤害大银行，小银行也在劫难逃。

人们对此有各种看法。理论上，未来几年间美国市场的利率重新回归到更为正常的水平应当对很多银行都有好处。毕竟，低利率通常会导致银行的净利差缩水。过去两年间，利差的不断缩小让很多银行倍感痛苦，以至于美联储的一些官员说，银行确实希望量化宽松尽早结束。"在我这个储备区，各家银行都在指控低利率正在杀死它们。"一位地区储备银行的行长这样说道。

但是这里有一个至关重要的问题。正是因为利差不断缩小，很多银行已经开始静悄悄地使用各种各样"新奇的"——如果不是绝望的话——策略来提振利润。一些银行正在发放更多的长期贷款，通常采用固定利率，或者投资于高风险的债券或复杂的结构性产品。一旦利率上升，特别是一旦利率水平像1994年那样快速上升，就会给银行造成巨额损失。

此时此刻，绝大多数监管机构都认为，美国规模最大的几家银行已经得到了很好的保护，能够规避这一风险。一部分原因是自2008年以来，大银行已经重新构建了自己的资本储备，另一部分原因是很多大银行已经采用了极其复杂的套期保值策略。

不过，对投资者来说，一个重要问题是银行的资产负债表不够透明，因此外面的人很难判断这些套期保值交易到底有多大的弹性。如今，根据联邦存款保险公司的调查结果，只有3%的社区银行在使用复杂的金融产品对冲利率风险；更多的银行选择以更明智的方式管理资产与负债。不过，这项任务正变得越来越艰巨。一个原因是银行发放了太多的长期抵押贷款与商业贷款，通常采用的是较低（或相当低）的固定利率。而另一个原因是银行在逐步增加对短期债务以及非定期存款的使用力度。在过去几年间，由于利率较低，大约有15 000亿美元的资金从货币市场基金流出，转变为银行存款。

正如联邦存款保险公司所言，这一连串反馈的净效应正是"银行资产负债表的结构意味着眼下利率升高给银行带来的风险要比2004年时更大"，同时也比上一次利率快速攀升所造成的影响更大。回头看看2004年的情况，长期资产仅占银行资产组合的17%；如今，这一比例已经上升到了28%。同样的，2004年，非定期存款的占比为48%，如今升至59%。不过，如果利率上升，资金将会快速抛弃非定期资产，于是长期固定利率贷款的融资成本也随之上涨，银行也会受到打击。"一些银行正在做疯狂的事情，它们竟然还在追求高收益率。"一家小银行的董事会主席如此抱怨。正如弗莱先生所说："现在依然存在用长期成本追逐短期收益的倾向。"

当然，此时此刻，这些风险与代价还是虚拟状态。美联储坚称它希望将低利率保持一段时间。如果事实果真如此，那么银行应当有足够多的时间来调整。不过，美联储推迟变动货币政策的等待期越长，一些银行就越倾向于追逐更高的收益率，而且把联邦存款保险公司的担忧抛在脑后。只是再提醒大家一次，想在不冲击市场的情况下"退出"量化宽松是非常难的，即便是使用声名狼藉的"缩减资产购买"策略也是如此。

资料来源：Gillian Tett (2013) *Financial Times*，13 June.

传统的利率风险测量指标有很多局限性。如今的银行管理者使用更加复杂的利率风险管理手段，例如缺口分析、期限模型以及久期分析模型。我们将在第十二章详细介绍上述模型。值得注意的是，利率风险指标与风险管理都意味着要采用资产负债管理模式（参考第十章的内容）。

11.3.1节引用了桑德斯和科尼特（2012）的几个例子，指出银行面临着两类利率风险——**再融资风险**（refinancing risk）与**再投资风险**（reinvestment risk），同时还要关注这些风险对银行盈利能力的影响。

11.3.1　再融资风险与再投资风险

利率风险是指银行的资产与负债的期限或数量不相匹配的风险，事实上这种风险产生于银行履行资产转换职能的过程中。正如第一章里已经谈到的，金融中介机构的主要功能之一是进行资产转换，例如将短期存款转换为长期贷款。

通常情况下，银行资产（例如贷款）的期限要比银行负债（例如存款）的期限更长。这意味着银行总是处于"短期融资"的状态，必须要面对资产的再融资利率比之前更高的风险。桑德斯和科尼特（2012）将再融资风险定义为"债务展期或再借款的成本高于资产投资所得收益的风险"。

例如，假设银行资金（负债）每年的成本为7%，而资产的收益率为9%。在第一年，借入短期资金（1年期），发放较长期贷款（2年期），则利差等于贷款利率与借款利率之差，即2%，具体可见图11-1的（a）部分。到了第二年，利差变得不确定，这是因为如果利率水平没有发生变化，那么银行可以继续像第一年一样按照每年7%的利率进行再融资，那么利差依然等于2%。不过，如果利率水平有所上升，如图11-1的（b）部分所示，假设银行按照8%的利率融资，那么利差收益将变成只有1%。

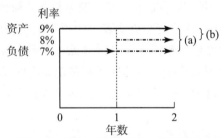

（a）如果第二年利率水平保持不变，则利差收益等于2%。
（b）如果利率上升至8%，则利差收益等于1%。

图11-1　再融资风险

资料来源：桑德斯和科尼特（2012）。

当银行负债的期限比资产的期限更长时，也会出现不匹配的状况。这意味着银行处在"长期融资"的状态，因而不得不面临下一个周期再投资的收益率低于上一个周期收益率的风险，而且这种风险不能提前预测。在银行业，特定的期限区间（即连续的期限间隔，例如3个月至6个月的期限区间）经常发生此类状况。于是，桑德斯和科尼特（2012）将再投资风险定义为"资金再投资的收益率下降至低于资金成本的风险"。

例如，假设银行某项资产每年的收益率为9%，而资金（负债）的成本为7%。在第一年，借入长期资金（2年期），发放短期贷款（1年期），则利差收益等于贷款利率与借款利率之差，即2%，具体如图11-2的（c）部分所示。在第二年，利差收益会变得不确定，因为若利率水平没有发生变化，则银行依然可以获得每年9%的再投资收益率，那么利差收益就和第一年一样，都是2%。不过，一旦利率水平不断下降，如图11-2的（d）部分所示，假设银行的贷款利率降至8%，那么利差收益就只有1%。

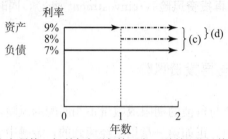

（c）如果第二年利率水平保持不变，则利差收益等于2%。
（d）如果利率上升至8%，则利差收益等于1%。

图11-2　再投资风险

资料来源：桑德斯和科尼特（2012）。

11.4　流动性（或融资）风险

流动性资产可以被定义为能够迅速变现、没有本金损失或罚息的资产。大多数银行存款的流动性非常好，但是银行投资的资产，比如不动产，流动性就很差。贷款机构必需的流动性取决于多种因素，例如银行持有的各种证券自身的流动性。而且，银行需要用流动性来支付经营成本并满足客户的贷款需求。在其他条件都相同的情况下，贷款机构希望持有流动性较好的贷款。

流动性风险（liquidity risk）源于资产负债表上的资产与负债的规模与期限的不匹配。银行在资产负债表上持有的流动性资产数量不足，因此无法在不损害金融资本或声誉资本的情况下满足要求。银行必须好好管理流动性，以确保所有预期以内的以及意料之外的流动性需求可被及时满足，而且要考虑以低价或"跳楼甩卖价"立即出售资产对银行的盈利状况所造成的不利影响。[①]

如果银行没能满足储户的提现要求，那么储户可能会失去信心，从而蜂拥而至，要求把存款全部提走，这就导致了银行挤兑。于是，银行将很难在同业市场上获得资金，不久以后，**流动性危机**（liquidity crisis）将会转变为偿付危机，甚至可能导致银行破产（流动性危机与偿付危机的区别可参考第五章的专栏5-6）。因此，我们通常将流动性风险分为两种类型：

● 日常流动性风险与每天的取现情况有关。一般来说可以提前估算取现的金额，因为在一个营业日内只有一小部分储户会到银行提取存款。事实上很少有金融机构会因为储户取现而现金不足，因为银行可以在同业市场上非常容易地从其他银行那里借入资金，以弥补现金的不足。

---

① 戈林鲍姆和塔科尔（2007）指出流动性风险的最极端表现是资产的出售者不管按照多低的价钱都没法把资产卖掉。这就是所谓的信用配给，即不管借款人愿意支付多高的利率，银行都拒绝向其提供贷款。

流动性风险与信息不对称

假设一家银行持有价值为 100 万欧元的三年期贷款，资金来源是未参加保险的活期存款。与外部投资者相比，该银行明显拥有信息优势——对银行的信用风险状况以及贷款组合的整体质量更加了解。假设一年后，50 万欧元的存款被提走，银行手上的现金资产仅剩下 10 万欧元。为了应付存款提现，银行需要获得 40 万欧元的现金。此时发生了两件事：（1）潜在的新储户认为银行的贷款组合质量不错，于是银行可以轻而易举地依靠吸引新增存款来获得 40 万欧元的资金；（2）银行外部人得知了一些有关银行贷款质量的不佳传闻，尽管银行认为质量不错。于是，银行可能无法吸收新增存款（在极端情况下，银行还可能会失去全部现有的存款），抑或为贷款组合的高风险支付过高的代价。有关资产质量的信息不对称引发了流动性风险。如果外部人和银行一样了解贷款组合的真实质量，那么银行就可以按照与贷款组合风险水平相适应的价格吸收存款。

信息不对称还会影响银行间的贷款交易，事实上已经证明，在 2007—2009 年全球金融危机期间，监管机构推行的各项措施并没能让冻结的银行间市场重新回暖。这些措施包括中央银行降低利率的货币政策、量化宽松以及向银行注入资本。每一天银行都在同业市场上交易流动性，这对于确保货币政策的顺利实施以及银行流动性的健康管理至关重要。

资料来源：戈林鲍姆和塔科尔（2007）。

- 当储户要求提现的金额大于正常情况时，流动性危机就爆发了。在这种情形下，银行被迫以更高的利率水平借款，借款成本高于其他银行为类似的借款所支付的市场利率。通常这种情况（或者说是异常情况）无法被提前预测，可能由于市场对某家银行没有太大信心，或者突然出现了大量的意料之外的现金需求。流动性危机最终将会影响银行偿还债务的能力，如果中央银行不干预或不存在存款保险制度，那么最终将导致银行被挤兑，甚至彻底丧失偿付能力。

一般来说，银行可以通过持有更多的现金资产或易变现资产（例如短期国债或其他政府债券）或使用期限更长的负债作为银行的资金来源等方式来降低流动性风险。不过，银行面临的困难在于流动性资产通常收益率较低，如果银行持有的流动性资产规模没有达到最优水平，那么银行的利润将会减少。要在流动性与盈利性之间进行权衡：储存流动性的机会成本很高，而在资产负债表上持有低收益资产及类似于现金的零收益资产会降低银行的盈利能力（我们将在第十二章进一步讨论这个问题）。

银行可以用一个指标来监督流动性风险的大小，即短期证券——用来替代银行流动性的来源——与存款总额的比率，从而近似评估银行的流动性需求有多大。另一个测量流动性风险的传统比率指标是贷款/存款比率。这一比率指标倾向于关注资产负债表上资产的流动性。短期证券/存款的比率较高，同时贷款/存款的比率较低，这意味着银行的风险比较小，但同时获得的利润也较少。

不过，还有一些其他指标更适合于替代银行基于实际或潜在的现金流所估算的流动性需求。例如，银行持有多少"买入"（即借入）的资金以及银行已经使用了多少潜在的借贷资源，这都是反映银行流动性需求的好指标。

流动性短缺可能会导致信贷紧张（或信贷紧缩），但是一般中央银行会采取措施以避免或阻止金融体系内贷款可获得性的不断下降。2013 年，中国国内的多家银行发现同业市场越来越难以满足它们的流动性需求,可是中国人民银行迟迟没有采取行动,市场对此表示惊讶(参考专栏 11-4)。

专栏 11-4

中国信贷紧缩的原因是什么?

2013 年 6 月,几家中国银行发现很难从其他银行那里借到自己所需的资金。2013 年 6 月 20 日,银行间隔夜拆借利率曾短暂地触碰 30% 这一高点,然而在 2013 年的早些时候,银行间隔夜拆借利率大多保持在 2.5% 左右。这种信贷紧缩(又称为 SHIBOR 紧缩,SHIBOR 代表的是上海银行间同业拆借利率,是一种基准利率)加大了人们对银行违约的担忧。同时,这也凸显了市场对中国金融的过度担忧,因为目前中国国内贷款供给的增速快于经济增速。

到底是什么原因导致了这场突如其来的信贷紧缩?银行持有现金准备的目的是一方面满足监管要求,另一方面履行对客户、债权人的义务。如果银行出现现金短缺,一般会从有闲置资金的其他银行借入资金。央行向商业银行购买资产,例如外汇、债券或其他比较安全的金融资产,从而将这些新鲜出炉的货币转移到商业银行手中。央行也可以向商业银行提供贷款。但是当中国的几家银行现金不足时,中央银行竟然拒绝施以援手,这让所有人都很吃惊。中国央行没有向银行系统注入更多的资金,反而在一旁袖手旁观,于是引发了信贷紧缩。

为什么中国央行要这样做,现在人们还在争论。中央银行可能出于担心通货膨胀的心态而不愿意印钞票。但是中国的通货膨胀率相当低。中国人民银行肯定是在担心其他的东西。在其官方声明中,它强调银行业作为一个系统,内部存在着大量的可用资金。如果只是一两家银行出现资金短缺问题,那完全是因为这些银行自身管理不善。也许它们发放了太多贷款,抑或它们为了发放期限更长的贷款,而从其他银行那里借入了过多的短期借款。

如果银行知道自己总是能轻而易举地借到便宜的资金,那么过度放贷与资产负债的错配就不用付出任何代价。也许中国人民银行故意制造资金紧张态势,以提醒或警告各家银行。不过,没想到的是,这竟然引发了严重的信贷紧缩。随着市场利率水平的暴涨,中央银行未能及时向市场清晰地阐述它的政策意图。于是,害怕与不确定性开始四处蔓延。最终中央银行确实出手加以干预,命令大银行向小银行提供贷款并承诺稳定市场。不过,中央银行的犹豫不决还是让银行体系出现了一些动荡。

这对中国的经济发展会带来怎样的持续性影响?直接的损害作用是有限的。冲击力虽大,但持续时间短。利率已经大幅回落(尽管目前的利率依然高于信贷紧缩发生前的水平)。在 2013 年 6 月 24 日和 25 日,中国的股票市场曾出现快速跳水的行情;如今,与最低点相比,市场已经回升了 7%。但是,间接的影响意义深远。中央银行的犹豫不决显示出中国担心信贷快速增长。过度放贷对经济发展毫无贡献。看上去这些贷款并没有被用来支持消费者的消费或企业的规模扩张,而是被用于购买现有的资产。这对于经济增长毫无益处。可是,政府纠正贷款行为的努力拉低了经济增长的速度。位于北京的龙洲经讯咨询(GK Dragonomics)公司的一位主管预测,2014 年中国的经济增长率充其量略微高于 6%。巴克莱资本认为在接下来的几年时间里,中国的季度增长率可能会暂时降至 3%。* 现在还不知道中国政府会用哪些措施来应对"熊市"的来临。

资料来源:*The Economist* (2013) 4 July.

* 此处的 3% 可能指同比增长率。——译者注

11.5 外汇风险

银行市场正变得越来越全球化,表现为对外直接投资与海外组合投资等形式的跨国业务活动的重要性快速上升。不过,银行在海外投资的实际收益可能会受到汇率波动的影响。一国货币相对于其他货币的价值会发生变化,即汇率出现波动。和其他价格一样,汇率(本质上就是货币的价格)也会受到供求压力的影响。

外汇指的是其他国家或经济体使用的货币。企业或个人用"母国"货币兑换另一国本币的行为叫作买外汇(即购汇)。无论是交易规模非常小,比如只有几英镑,还是交易规模非常大,例如企业要兑换 10 亿美元用于收购外国企业,这样的行为本质上都是在购汇。此外,如果买入的货币以外币现钞、外币银行存款或其他外币资产形式存在,那么这样的交易也被视为购汇。简单地说,外汇交易意味着资金或其他短期金融债权从一个国家、一种货币转移到另一个国家,并兑换为另一种货币。

外汇具有多种形式,比如现金、外币信用卡(在海外度假时使用信用卡支付外币款项,但使用本币记账)、银行存款或其他各种各样的短期债权。一般来说,如果金融债权是可转让的,而且计价货币并非所在国使用的本币,比如在巴黎的美元银行存款,那么这样的金融债权便可以被视为外汇。专栏 11-5 提供了一个更加正式的定义,还分析了汇率与外汇市场。

专栏 11-5

汇率与外汇市场:什么是汇率?

汇率就是价格——为了兑换 B 国一单位的货币,需要使用 A 国货币的数量。这是"汇率"的宽泛定义,例如美元、日元、英镑以及欧元。在现汇市场上,对应市场上每一个正在交易的其他国家的货币或各种各样的复合型货币——例如国际货币基金组织的特别提款权(SDRs)——都存在一个兑换比率(汇率)。同时,交易者还用"贸易加权汇率"或"实际汇率"等指标来反映某种货币相对于其他多种货币平均币值的价值变化趋势。

除了现汇汇率,期汇市场上还有对应其他交割日期的汇率指标。比如,人们在谈论欧元汇率时,一定要注意市场上并不是只存在单一的欧元汇率价格,因为汇率取决于何时进行交易。即期汇率是当前交易的汇率,而远期汇率要受到很多因素的影响,其中最值得关注的是欧元利率与其他货币官方利率的对比关系。

市场价格取决于供求因素,即买家与卖家的相互作用,两种货币之间的市场汇兑比率取决于外汇市场上官方机构(主要为中央银行)与私人机构(银行、企业、投资公司等)之间的博弈。某些货币的汇率由货币当局制定,中央银行或其他官方机构是外汇市场的关键交易者,随时准备为了维持官定汇率而买入或卖出外汇。

外汇市场具有哪些特征?

虽然大多数人都比较熟悉前文中提到的外汇的特征,但他们对外汇市场的特征不太了解。外汇市场是由全球各地进行大量外汇交易(批发交易)的大型外汇交易商(中央银行、商业银行、经纪商以及其他交易商)构成的跨国交易网络。这些外汇交易几乎总是采用将一国货币的银行存款兑换成另一国货币存款的形式。如果一家银行同意向另一家银行卖出欧元,买入美元，那么事实上这就是一笔欧元银行存款与一笔美元银行存款的交易。

外汇市场并不是一个具体的地点，交易都是通过全球各地的银行、大企业以及其他各种机构的电脑屏幕来完成的。大部分外汇交易发生在国际金融中心，例如伦敦、纽约和东京。主要的市场参与者包括银行、非金融企业、个人、官方机构以及其他私人机构。这些交易者可以在任何时点买卖外汇。一些外汇的买家和卖家可能正在进行实物商品的交易，因此需要用外汇来完成付款（例如一家英国进口商从日本进口汽车零部件，需要用日元付款）。不过，与商品贸易相关的外汇交易所占的比重通常被认为非常小——不足所有外汇交易的5%。市场上的其他参与者进行外汇交易的目的是对（外国）工厂和设备进行直接投资，或者进行组合投资（跨境投资于海外的股票、债券或其他金融资产），还有一些参与者同时在货币市场上进行交易（在国际金融市场上交易短期债务工具）。

总的来说，外汇市场参与者的动机各式各样。一部分市场参与者是国际投资者或投机者，还有一部分交易者是为了进行外国投资或国际贸易而买卖外汇。很多市场参与者还出于风险管理目的进行外汇交易，为了对冲汇率向不利方向波动所带来的风险。交易的期限可能非常短，也可能比较长，交易者可能是官方机构（例如中央银行），也可能是私人机构，交易的动机不同，交易的规模也经常发生明显变化。所有这些特征汇集到一起，构成了全球外汇市场的供求特征。

鉴于外汇市场供给与需求两方面的特征，未来汇率走势的预测特别复杂，而且很不确定。此外，由于汇率会对市场参与者和企业的决策造成广泛性的影响，因此它是经济体中至关重要的价格指标，会影响到消费价格、投资决策、利率水平、经济增长、行业选址等方面。对于打算进行跨境交易的企业来说，如果想成功地实现海外扩张，则了解外汇市场、预测未来的汇率走势以及防范外汇风险都是高管人员必须掌握的基本技能。

外汇市场包括批发市场（或称为银行间市场）与零售市场。批发市场上的交易主要发生在银行与银行之间，每笔交易的金额巨大，通常超过100万美元。与之相反，零售市场的单笔交易额要小得多，而且客户通常通过银行来买卖外汇。

根据2013年国际清算银行发布的3年期报告，2013年4月，全球外汇市场的交易量比2007年4月高出61%，每日的平均交易量为5.3万亿美元，与之相比，2010年的日均交易量为4.0万亿美元，2007年的日均交易量为3.3万亿美元。外汇掉期是最活跃的外汇交易工具，2013年4月的日均交易量高达2.2万亿美元，紧随其后的是现汇交易，日均交易量为2.0万亿美元。外汇交易的增长主要由金融机构而非报告交易商所驱动。规模较小的银行（没有像报告交易商一样参与本次调查）大概占24%的交易额，机构客户（例如养老金与保险公司）占比为11%，对冲基金以及从事自营交易的企业占比为11%。2010—2013年，与非金融客户（主要是企业）的外汇交易所占的市场比重逐年递减，目前在全球外汇市场上仅占9%的份额。美元依然是占主导地位的交易货币。2013年4月，单边交易总额当中有87%是美元交易。欧元是排名第二的币种，但其市场份额从2010年4月的39%下降至2013年4月的33%。根据2010年与2013年发布的两次报告，日元的交易规模出现了明显的增长。几个新兴市场的货币也是如此，墨西哥比索和中国的人民币都进入了交易量最大的币种前十名。外汇交易日益集中于最大的金融中心。2013年4月，英国、美国、新加坡和日本的交易席位共处理了71%的外汇交易；与之相比，在2010年4月时，这一比例为66%。

资料来源：国际清算银行（2013b）。

外汇风险（foreign exchange risk）指的是汇率波动对银行的外币资产、负债以及表外业务造成影响的风险。我们已经在第九章谈到过，英国的各家银行在资产负债表上持有大量的外币资产与外币负债——主要源于位于伦敦、从事批发性外汇业务的外国银行的资产与负债（参考表9-2和表9-3）。银行愿意利用两国之间的利差来谋利，或者单纯地想投资于使用另一种货币的海外地区。对于发放外币贷款的银行来说，如果外币相对于本币贬值得更快，那么银行就要承受外汇风险。

如图11-3所示，假设一家西班牙银行持有一笔美元的净资产多头头寸（例如一笔美元贷款），金额为1亿美元。银行持有净外币资产多头头寸意味着它持有的外币资产多于外币负债。反过来，如果银行持有净外币资产空头头寸，那就意味着它持有的外币资产少于外币负债。在负债这一侧，这家西班牙银行持有价值6 000万美元的大额存单，而且大额存单的计价货币是欧元。如果在持有期间美元汇率下降或相对于欧元贬值，那么银行就要蒙受损失，因为美元贷款资产的价值下跌幅度要比欧元大额存单更大。

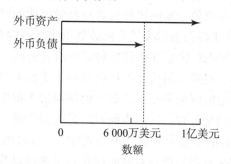

图11-3　一家西班牙银行的外币资产与负债：用美元表示的净资产多头头寸

为了测量外汇风险，银行要计算每种货币的净敞口。净敞口等于同一种货币的资产与负债之差。在上面这个例子中，银行面临的风险是它持有的净外币资产在清盘时的汇率水平低于银行在建立外币资产/负债头寸时适用的汇率水平。

11.6　市场（或交易）风险

市场风险（market risk）是市场价格波动给表内或表外头寸造成损失的风险。这种风险尤其与资产、负债以及衍生品的短期交易有关，也与利率、汇率和其他资产价格的波动有关。

现代的市场环境使得市场风险被放大，因为传统的收入来源在不断衰落，所以银行只能越来越依赖于证券交易所产生的收益。于是，变幻莫测的市场环境增加了银行盈利的波动性。自1996年起，国际监管机构开始意识到市场风险的重要性，当时第一版《资本协议》被修订，资本充足性条款里增加了市场风险的资本要求（参考第七章的内容）。

赫弗南（2005）做了如下区分：

● 系统性市场风险，源于由宏观因素（例如经济政策的变化）导致的所有市场工具的价格波动。

● 非系统性风险（又称特定市场风险）往往表现为一种金融工具的价格波动与其他类似的金融工具不同步，而不同步的原因可能与该工具的发行人遇到的某些事情相关。例如企业遭遇了环保诉讼，这导致其股价下跌，但不会导致市场指数下跌。

市场风险是所有类型的资产或负债都经常发生的风险。这种风险意味着投资的价值会在一段时期内下降，原因可能是经济形势变化或其他影响到大部分市场的事件。一般来说，市场风险与利率、汇率以及证券价格的变化有关，而这种变化都是由市场所驱动的。就银行的贷款而言，信用风险是最重要的风险；不过，如果获得银行贷款的企业投资于各种证券（例如银行向对冲基金发放贷款），那么银行对这笔贷款信用风险的评估结果就要受到对冲基金市场风险敞口的影响（银行自己投资的证券交易活动也要承受市场风险）。

债券与股票对市场利率以及汇率的波动尤为敏感，这还会影响投资者对银行风险状况及盈利前景的评估。银行业内市场风险（或价格风险）的重要指标为（罗斯和赫金斯，2010）：

- 资产的账面价值/资产的市场估值；
- 权益资本的账面价值/权益资本的市场价值；
- 债券与其他固定收益资产的市场价值/债券与其他固定收益资产的账面价值；
- 普通股与优先股的市场价值，反映出投资者对金融机构的风险状况及盈利前景。

专栏11-6讨论了2013年经巴塞尔委员会修改后的市场风险监管框架。

大银行使用在险价值（VaR）模型评估其交易资产组合的风险损失，而小银行通过敏感性分析来测量市场风险的大小。在险价值模型是用市场的历史数据以及波动率数据来估算银行的某一资产组合或业务线在给定时间内基于一定概率的预期最大损失。这样做的目的在于直接给出一个数值——银行在一定的统计置信区间内面对的最大损失额。例如，估算结果可以是"该资产组合在下个季度有0.5%的概率会损失100万英镑"。与之相关，敏感性分析是一种更为传统的分析模式，可用于评估资产与负债对利率变化的敏感性以及对股东的权益资本会造成怎样的影响。

专栏11-6

改革银行账户与交易账户的边界：
全新的巴塞尔委员会第四版《资本协议》？

市场风险指频繁交易资产、负债以及衍生品的银行在市场上所面临的风险。为了满足监管要求，各种金融工具的高流动性头寸（例如债券、权益与衍生品）通常被计入银行的**交易账户**（trading book）。与之相反，如图11-4所示，**银行账户**（banking book）则包括存款、现金、贷款以及其他非流动性资产。

尽管交易账户与银行账户所记录的经营活动并不存在根本性的差别，但是监管机构对它们的态度截然不同。一般来说，基于市场的交易活动不需要满足太高的资本要求，于是这导致整个系统出现了扭曲——变相鼓励银行将资产或负债项目由银行账户转移到交易账户，于是风险增加了。换言之，银行账户与交易账户的边界不清将导致监管套利行为的发生以及交易账户的资本金不足。

在发布了第三版《资本协议》以后，巴塞尔委员会又在2013年10月推出了征求意见稿。这将成为全新的第四版《资本协议》，或者至少是第3.5版——目的是给出评估市场风险所需资本的计算方法。意见征集的截止时间为2014年1月31日。这份征求意见稿重点关注的是交易账户的结构设计，并且阐明了标准法与内部模型法的缺陷。它还提出了有关银行账户利率风险（资产负债管理）的资本要求的一些建议或想法。

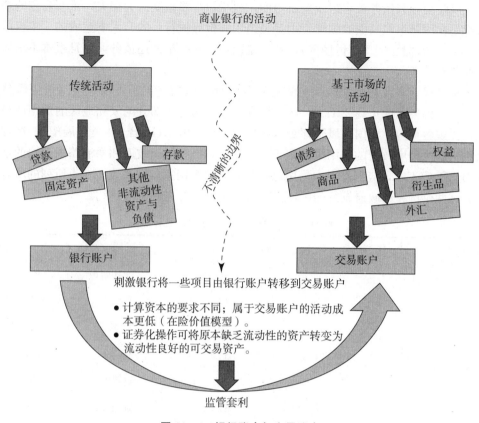

图 11 - 4 银行账户与交易账户

资料来源：巴塞尔委员会（2013c）。

11.7 国别风险与主权风险

国别风险（country risk）指的是外国的经济、社会与政治环境对银行的商业利益、金融利益造成负面影响的风险。具体而言，这种风险意味着不断恶化的宏观经济形势以及政治与社会的不稳定会对海外投资收益带来不利的影响。国际贷款总是面临一些"不寻常"的风险，但大家都相信对外国政府的贷款要比对私人部门借款人的贷款更安全（亨佩尔和西蒙森，2008）。

不过，即使是政府，也有可能对银行或政府机构发放的贷款违约。这就是**主权风险**（sovereign risk），意思是政府作为代表最高权力的主权机构，可以动用权力宣布对海外债权人的债务无效，或者修改利润、利息以及资本的偿还计划。当外国政府遭遇某种经济或政治压力，决定将资源用于纠正国内问题时，往往会出现海外债务拖欠不还的现象。很明显，豁免法律程序的待遇让政府可以利用这样的操作来获得好处，这也使得国际贷款变得风险极大，因为一旦违约，发放贷款的银行就会发现自己很难，甚至不可能通过占有该国的某些资产来收回一部分贷款。

主权风险会导致债务被重组或重新协商,放贷银行要蒙受巨大损失。重新商定的新贷款协议一般都是在国际组织(例如国际货币基金组织和世界银行)的介入下达成的。主权风险的最极端形式是"全部赖账"(拒付债务),意思是政府直接拒绝偿还债务,而且根本不承认对海外贷款机构负有债务。

为了帮助投资者评估国别风险与主权风险,评级机构提供了主权风险(信用风险)评级表。表11-1提供了截止到2012年12月标准普尔公司对一部分国家和地区的信用评级。如该表所示,在观察期内,中国的风险评级(AA-)高于印度(BBB-,负面展望),这意味着信用评级机构认为印度政府的信用风险高于中国政府。巴基斯坦政府和塞浦路斯政府的信用评级分别为B-和CCC+,应当是表中信用风险最高的两个国家,即在表11-1所列的所有国家和地区中,这两个国家的政府发行的国债最有可能发生本金与利息的违约。

表 11-1 部分国家和地区的风险评级

国家和地区	评级	国家和地区	评级	国家和地区	评级
阿根廷	B-(-)	香港	AAA	巴基斯坦	B-
澳大利亚	AAA	匈牙利	BB	菲律宾	BB+(+)
奥地利	AA+(-)	冰岛	BBB-	波兰	A-
比利时	AA(-)	印度	BBB-(-)	葡萄牙	BB(-)
巴西	BBB	印度尼西亚	BB+(+)	俄罗斯	BBB
保加利亚	BBB	爱尔兰	BBB+(-)	新加坡	AAA
加拿大	AAA	以色列	A+	斯洛文尼亚	A(-)
智利	AA-	意大利	BBB+(-)	南非	BBB+(-)
中国	AA-	日本	AA-(-)	西班牙	BBB-(-)
哥伦比亚	BBB-(+)	苏丹	BB(-)	瑞典	AAA
克罗地亚	BB+	韩国	A+	瑞士	AAA
塞浦路斯	CCC+(-)	立陶宛	BBB	台湾	AA-
捷克	AA-	马来西亚	A-	泰国	BB+
丹麦	AAA	墨西哥	BBB	土耳其	BB
芬兰	AAA(-)	荷兰	AAA(-)	英国	AAA(-)
法国	AA+(-)	新西兰	AA	美国	AA+(-)
德国	AAA	挪威	AAA	委内瑞拉	B+
希腊	A-	秘鲁	BB-	赞比亚	B+

资料来源:标准普尔公司(2012)。

说明:最高等级为AAA,随后是AA、A、BBB、BB和B,接下来是CCC和CC,最差的等级是D(代表违约)。字母后的+和-代表的是微调,因此BB+的信用评级要高于BB,但低于BBB,依此类推。括号中的+和-代表标准普尔公司做出的正面和负面展望。

11.8 操作风险

银行面临的另一重要风险是**操作风险**（operational risk）。巴塞尔委员会的风险管理小组（2011）将操作风险定义为"由内部程序、人员与系统不完善或失误，或者外部事件导致损失的风险"。一般来说，这种风险与银行的系统、内控不健全或其他管理不善有关（包括人为的错误）。

上面给出的操作风险的定义包含**技术风险**（technology risk），不过，操作风险与技术风险之间存在一定的差别，具体如下所示（桑德斯和科尼特，2012，129）：

- 技术风险指的是技术投资没能通过规模经济或范围经济效应实现预期的成本节约目标。这种风险还指随着新的交割系统的不断发展，现有的交割系统缺乏效率的风险。
- 操作风险指的是现有技术或后台的辅助系统出现故障。

操作风险是第二版《资本协议》的主要创新。第二版《资本协议》要求银行为防范操作风险、信用风险以及市场风险而持有资本金。表11-2给出了操作风险事件的各个类别，这是巴塞尔委员会在咨询过业界以后确定的分类，这些事件可能会导致金融机构蒙受重大损失。正如该表所示，操作风险包括很多风险事件类型，从雇员欺诈到自然灾害，这些事件损坏了银行的实物资产，降低了银行与客户沟通的能力。

11.9 表外风险

到目前为止，我们分析了资产负债表的表内业务可能引发的风险。例如，资产一侧的不良贷款、负债一侧的存款提取与银行挤兑。不过，除了表内业务以外，风险也可能源于表外敞口，甚至造成巨大损失。

表外风险［off-balance-sheet（OBS）risk］与表外业务有关——银行签订的某些合约要求它们履行各种各样的义务，但这种合约不被计入资产负债表内，这样的业务就是表外业务。常见的例子包括财务担保、信用证（第十章已经介绍过），这样的业务活动会创造出或有资产及或有负债。很多衍生工具的市场价值波动剧烈，而且产品结构复杂，因此也具有较高的表外风险。尽管新的会计准则要求银行在资产负债表上披露金融衍生品的公允价值，但表外风险依然存在。

表 11 - 2　操作风险事件类型

事件类型	举例
内部欺诈	故意谎报头寸价值、员工偷窃以及员工用自己的账户进行内幕交易。
外部欺诈	抢劫、伪造、开空头支票以及电脑被入侵所造成的损失。
员工操作与工作场所安全	员工的薪酬要求、违背员工健康与安全规范、有组织的员工活动、歧视指控以及一般性责任。
客户、产品与商业操作	违反诚信义务、错误使用客户的保密信息、使用银行账户进行不正确的交易、洗钱以及出售未经批准的产品。
实物资产的损毁	恐怖主义、故意破坏他人财物、地震、火灾和洪水。

事件类型	举例
经营中断与系统失灵	硬件与软件失灵、通信系统出现故障，以及水、电、煤气停止供应。
执行、交割与程序管理	数据输入错误、抵押品管理不善、法律文件不齐全、未经授权登录客户账户、非客户的交易对手表现失误以及与供应商发生纠纷。

说明：开空头支票是一种欺诈行为，试图将未收取的银行资金用于支付。

鉴于表外业务的特殊性质以及现在变得越来越普遍的事实，投资者与监管机构很难准确评价一段时期内银行风险的真实水平。让人感觉自相矛盾的是，衍生品被创造出来是为了减少企业承担的风险，然而近年来的市场实践已经证明，虽然衍生品能够起到一些防范重要风险的作用，例如利率风险或汇率风险，但是过度使用表外业务可能会给银行造成巨大的损失，主要原因是管理不善或将衍生品用于投机交易。1995 年的巴林银行破产案是经常被引用的案例，这家英国投资银行之所以破产，正是因为衍生品的滥用。我们已经在第八章讨论了巴林银行的例子，以及因"流氓"交易员滥用衍生品或其他表外业务（外汇交易与投资基金业务）而遭受巨额损失的其他案例（参见专栏 8 - 1）。

鉴于滥用表外交易可能造成潜在的巨大损失，监管机构的解决方案是将表外项目纳入（使用表内或信用当量值）银行资本充足率的计算框架（参考第七章）。此外，如前所述，最近发布的会计标准要求银行在资产负债表内按照公允价值披露衍生品的相关信息。

11. 10　其他风险

银行还要面对其他多种风险。宏观风险与微观风险是人们经常拿来对比的两种风险。宏观风险也叫作环境风险，所有企业都要受到这种风险的影响。宏观风险包括经济衰退的风险、税收政策突然变化或金融市场环境出现意料之外的变化——战争、革命、股市崩盘或其他因素导致市场环境突变——所导致的风险。其他例子如下所示：

● **通货膨胀风险**（inflation risk）——商品与服务的价格上涨对银行利润以及股东投资收益的购买力造成侵蚀的风险。

● **结算风险或支付风险**（settlement or payment risk）——这是银行同业市场上经常发生的风险，具体指的是合约的一方没能在结算时向另一方付款或交割资产。如果一方没能按时结算，那么这种风险还包括信用风险与违约风险。结算风险还与交易双方存在结算时间差有关。

● **监管风险**（regulatory risk）——这是一种与监管规则发生变化相关联的风险。例如，如果监管当局放松监管，贷款标准或新机构的准入门槛被降低，那么银行可能要面临某些新的风险。与产品以及客户关系相关的监管规则发生变化也意味着存在潜在的监管风险。

● **竞争风险**（competitive risk）——竞争环境发生变化所引发的风险，例如越来越多的市场新进入者（比如非银行金融机构与零售商）也能提供和银行一样的产品或服务。

微观经济风险通常源于银行的内部因素，而非外部因素，例如：

● **操作风险**（operating risk）——营业费用可能与预期值相差较大的风险，这会导致银行的收入与价值下跌。

● **法律风险**（legal risk）——合约不能合法执行或准确记录的风险，这种风险会对银行的经营、盈利性或偿付能力造成干扰或负面影响。

- **声誉风险**（reputation risk）——管理层战略性的错误可能会给银行的声誉带来负面影响的风险。负面报道——也许是真实的，也许是不真实的——会对银行的客户基础造成负面影响或引发成本高昂的诉讼，进而影响银行的盈利能力。
- **组合风险**（portfolio risk）——最初贷款对象的选择被事实证明不正确的风险，在被拒绝的贷款对象中，有些实际上获得的收益率高于被选中的贷款对象。
- **赎回风险**（call risk）——借款人有权提前偿还贷款所引发的风险，这会降低贷款机构的预期收益率。

有时候风险同时源于内部因素与外部因素。比如收益风险，指的是银行的利润出乎意料地减少，可能是因为管理不善或法律、法规发生了变化。

还有一种值得一提的风险——**管理风险**（management risk），指的是银行管理者缺乏获取商业利润并使各项决策保持一致的能力，具体包括员工不诚实的风险以及银行不拥有高效组织的风险。

11.11 资本风险与偿付能力

资本风险（capital risk）不应该被当作一种独立的风险，因为本章已介绍的所有风险都会对银行的资本造成潜在的影响。换言之，过高的信用风险、利率风险、操作风险、流动性风险、表外风险等都会导致银行持有的资本金不足以吸收风险所造成的损失。正如我们在第八章（专栏 8-1）讲到巴林银行案例时所说的，在这种情况下，银行的偿付能力受到损害，甚至可能导致银行破产。

当银行的股东权益资本的净值变成负数时，我们就说银行丧失了偿付能力。我们在第九章讲过，银行的净值等于资产的市场价值与负债市场价值之差。因此，资本风险指的是资产市场价值的减少大于负债市场价值的减少。假如被清盘，银行将没有能力向所有的债权人全额偿付，于是银行将宣告破产。

资本风险与财务杠杆（债务/权益）密切相关，银行通常是高杠杆企业。资本风险还要取决于资产的质量以及银行的整个风险状况。到了现在，我们必须意识到银行持有的资本规模应当与其风险水平呈现正相关关系，即银行承担的风险越大，需要持有的资本应当越多。资本风险较高的银行（这种银行的资本/资产比率较低）的利润的周期性波动会更加剧烈。

因此，资本风险与丧失偿付能力风险或破产风险是一回事。下面我们列出了破产风险的早期预警指标（罗斯和赫金斯，2010，187）。

- 银行发行的债务工具的市场收益率与相同期限的国债收益率之间的利差：如果利差变大，那么投资者会认为相对于国债，银行的风险正在上升，于是，市场上的投资者预期买入并持有银行发行的债务工具可能要面临更高的损失风险。
- 每股的股价与每股盈利（即每股收益）的比率：如果投资者越来越相信银行的资本相对于其风险水平不够充足，那么这个比率通常会下降。
- 权益资本与总资产的比率：权益资本与总资产的比率较低意味着银行债券的持有者与股东面临着更大的风险。
- 借入的资金与总负债的比率：借入的资金通常包括没有参加保险的存款以及货币市场上

的短期借款。

- 权益资本与风险加权资产的比率：能够反映银行资本冲销资产减值所造成的潜在损失的能力。

11.12　风险的相互关系

本章介绍了现代银行面临的主要风险类型的特征。虽然我们将每种风险进行了单独介绍，但事实上各种风险之间是相互关联的。例如，利率的上升可能会抬高违约风险，因为企业发现按照承诺及时偿还债务的本息变得更难了。如果违约的贷款对银行的流动性管理十分重要，那么这还可能导致银行流动性风险的上升。最终，这将影响银行的盈利与资本。同样的，如专栏 11 - 7 所述，市场风险与"流氓"交易员风险（rogue trader risk，即操作风险）也是高度相关的。

专栏 11 - 7

市场风险与"流氓"交易员风险的相关性

"流氓"交易可以被界定为交易员在代表机构交易时，有意违反机构的相关交易规则/授权从事欺诈操作，目的是为自己获取金钱方面的超高收益（还可以参考第八章）。

按照巴塞尔委员会的说法，"流氓"交易员风险是操作风险的一种类型，确切地说，应该属于"人员风险"，即员工的失误或行为不当所导致的风险，通常被归类为"内部欺诈"（请参考表 11 - 2）。

在一篇有关"流氓"交易监管的有趣文章里，我们注意到，"流氓"交易带来的巨大损失往往是由市场风险因素（例如利率、汇率、商品价格与股票价格）的不利变动所触发的。在这种操作风险因素与市场风险因素相互交织的典型案例中，"流氓"交易造成亏损的严重程度主要取决于市场风险因素（图 11 - 5）。因此，除非伴随着市场风险因素的不利变动，否则"流氓"交易只会像单纯的操作风险事件一样造成比较小的损失。例如，监管机构所处的罚金有极大可能低于市场向不利方向波动所造成的损失。认真评估各种风险之间的关联及其影响至关重要，只有这样，银行等金融机构才能采取必要的控制措施，严格监督交易头寸以便有效地管理"流氓"交易员风险。

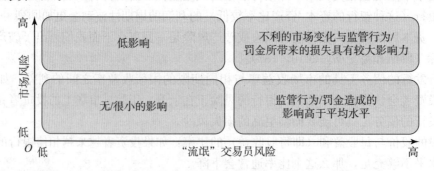

图 11 - 5　"流氓"交易员风险与市场风险之间的关联：对损失的影响

资料来源：埃森哲咨询公司（2013）。

请注意，银行面临着多种风险，而且这些风险并不是相互排斥的。银行发放贷款时要面临信用风险，交易证券时要面临市场风险，融资时要面临利率水平，从事所有业务活动时都要面临操作风险，诸如此类。

11.13 小结

风险是任何经济活动的组成部分。在提供金融服务时，风险是一个很特别的因素，因为银行的业务与不确定的未来事件有关，而在一个本质上以信心为基础的系统里，银行破产的风险始终是一个概率问题。

本章向大家介绍了银行必须面对多种相互关联的风险，例如利率风险、信用风险与流动性风险，有时银行努力应对这些风险的行为会带来其他风险。衍生品就是一个应景的例子：原本创造衍生品的目的是通过各种各样的套期保值技术来控制风险，然而事实证明，在某些情况下，这些衍生品自身成为风险极高的投机工具。

管理到位的银行可以采用多种方法防范风险。一种方法是各种形式的多样化投资（例如组合投资多样化与地区多样化）。此外，银行还要执行适当的资产负债管理与套期保值策略。资本发挥着金融缓冲的作用，能够将银行破产的风险降至最小。下一章我们将继续讨论这些问题，并重点关注现代银行业管理主要风险的多种方式。

关键术语

银行账户	固定利率资产与负债	管理风险	再投资风险
赎回风险	外汇风险	市场风险	声誉风险
资本风险	通货膨胀风险	表外风险	"流氓"交易员风险
竞争风险	利率风险	经营风险	结算风险或支付风险
交易对手风险	法律风险	操作风险	主权风险
国别风险	流动性危机	组合风险	系统性/非系统性信用风险
贷款文化	流动性风险	利率敏感性资产与负债	贷款理念
《贷款政策》	技术风险	信用评级机构	再融资风险
交易账户	信用风险	监管风险	

主要阅读文献

Hempel, G. H. and Simonson, D. G. (2008) *Bank Management*, New York: John Wiley & Sons.

Resti, A. and Sironi, A. (2010) *Risk Management and Shareholders' Value in Banking*, Chichester: John Wiley & Sons.

Rose, P. S. and Hudgins, S. C. (2010) *Bank Management & Financial Services*, 8th Edition, Singapore: McGraw-Hill.

Saunders, A. and Cornett, M. M. (2012) *Financial Institutions Management: A Risk Management Approach*, New York: McGraw-Hill/Irwin.

Sinkey, J. F. Jr (2002) *Commercial Bank Financial Management*, London: Prentice Hall International.

复习题

11.1　什么是信用风险？贷款文化的含义是什么？

11.2　给出利率风险的定义，区分再投资风险与再融资风险。

11.3　什么是利率敏感性资产与利率敏感性负债？

11.4　为什么流动性风险是银行管理最重要的一个方面？

11.5　流动性风险根植于信息不对称的说法是否正确？

11.6　什么是汇率风险？外汇市场的主要特征是什么？

11.7　什么是商业银行的银行账户？为什么银行账户与交易账户要界限清晰？

11.8　国别风险与主权风险的区别是什么？

11.9　操作风险与技术风险有何区别？解释市场风险与"流氓"交易员风险的相互关系。

11.10　解释资本风险的重要意义。

第十二章

银行风险管理

- 界定风险度量与风险管理。
- 了解公司治理在构建银行风险文化过程中的作用。
- 了解风险管理的重要性。
- 掌握主要的风险管理手段。

12.1 导论

本章重点介绍对银行保持稳定与盈利至关重要的风险管理手段。风险管理是一个复杂而全面的过程，包括创造合适的环境、保持高效的**风险衡量**（risk measurement）结构、监控并减少冒险活动以及建立适当的内控制度。正如我们在前面几章里提到的那样，面对近期市场的剧烈波动——很多人认为次贷危机就是**风险管理**（risk management）系统失灵所导致的后果——银行风险管理正变得越发重要。全球各国的政策制定者都在讨论银行业各种各样新型的风险管理手段。尤其值得一提的是，制定与**公司治理**（corporate governance）相关的正确操作标准，并对银行高管的薪酬方案进行监管与从根本上解决银行过度冒险的需求密切相关。此外，巴塞尔委员会还建议采取一系列的资本与流动性改革措施，让银行变得更安全（也可以参考第七章的内容）。关键目标包括提高资本基础的质量、持久性与透明度，改善银行的风险防范状况，引入杠杆比率，改进前瞻性的坏账准备金制度，并使得准备金的实际额度大于最低额度，以便留有缓冲空间。于是，银行不仅应当采用更加正式、量化的风险度量与风险管理程序，而且要确保采用了适当的风险操作，在披露风险敞口信息时更加透明。另一个十分重要的话题与用于风险管理的金融工具有关，这些金融工具的名义价值并不一定与银行风险敞口的大小直接相关。我们已在第十章宽泛地介绍了多种衍生品，所以本章不再赘述，读者应当明白衍生品在银行风险管理过程中的重要作用。

监管机构越来越强调风险管理，以试图促进金融稳定和经济发展。另外，对银行家来说，风险管理对更高效地管理资本和实现风险加权收益率的最大化也具有十分重要的意义。

银行业的风险管理可分为几个领域，本章不打算详细讨论每一个领域，只重点分析最主要的问题。12.2 节介绍风险管理的一般性问题。12.3 节到 12.6 节概要介绍银行管理风险的主要手段。12.7 和 12.8 节介绍可使用哪些技术来管理市场风险与操作风险。我们将在 12.9 节讨论国别风险的管理。

12.2 风险管理概述

本节讨论的是如何在银行组织内部执行风险管理职能，重点分析银行管理者对风险管理的重视，以及机构环境对风险管理的有效性与效率的影响。我们试图向大家概要地介绍整个风险管理系统与操作，涉及银行面临的多种主要风险类型。这些管理系统与管理程序包括向风险管理活动分配资源、治理问题、簿记、组织内部的沟通以及内部审计。正如卡明和赫特尔（2001）指出的那样，风险度量与风险管理的区别在于风险度量是测量风险敞口的大小，而风险管理是一整套程序——金融机构要遵循这一程序来制定商业策略、判断自身面临哪些风险、对风险进行量化以及连接并掌握风险的性质。在第十一章，我们介绍了金融机构面对的主要风险。对于每种风险，银行需要评估预期损失以及非预期损失发生的概率，然后持有适度规模的资本。

银行风险管理的主要目标是实现股东财富的最大化，在追求这个目标的过程中，银行要谨慎地处理好风险与收益之间的平衡关系。为了增加股东的财富，公司必须确保收益高于资本的机会成本。资本的机会成本是指银行获得权益资本并让股东感到满意的成本（也可以参考9.4.3 节）。例如，如果银行做了一笔能创造 8% 的股权收益率的收购案，但是这笔收购案所需的权益资本的融资成本高达 10%，那就意味着这笔交易反而损害了股东的财富。反过来，若收购案的股权收益率高于 10%，那就能给股东创造价值。一般来说，较高的权益报酬率会表现为企业股票的市场估值更高，换句话说，投资者对高盈利的企业评价较高，进而转化为较高的股价。因此，银行管理者的目标是促使权益报酬率相对于资本成本最大化，这将有助于实现股东财富的最大化。请注意，银行可以对所有的业务部门进行类似的计算，以确定资本在银行内部如何分配，判断哪些事业部门能够创造出最佳或最差的收益率。

与此同时，投资者只有通过增加自己承担的风险来获取更高的收益率。风险指标与盈利指标密切相关，因为银行必须承担一定的风险才能赚取足够多的收益。正如辛基（2002）所指出的，现代银行业的本质是度量、管理与接受风险，银行财务管理的核心就是风险管理。于是，银行管理者的任务变成：如何设定合适的利润目标以及应承受多大的风险。亨佩尔和西蒙森（2008）虽然警告大家这个问题不存在准确的答案，但是建议采取下列三个步骤：

- 评估其他类似的单个银行与银行集团如何制定其风险/收益决策。
- 将银行的绩效指标与这些同类银行相比较。
- 根据银行的历史绩效、同行绩效以及银行的外部环境设计合理的目标。

反过来，上述三个步骤在本质上都要以下列分析为基础：

- 股票市场预期（如果银行已经上市）；
- 历史绩效的趋势分析；
- 同行绩效的趋势分析与对比分析，要考虑到业务组合、可获得的生产技术以及外部环境因素（宏观经济与监管环境）。

在大多数银行系统内，一个潜在的问题是放松监管、全球化与国际化已经加大了银行市场的（实际的或感知的）竞争激烈度，迫使银行不得不冒更大的风险才能获得令人满意的收益。

鉴于银行在所有经济体内发挥的特殊作用，银行必须以安全稳健的方式经营。正如我们在8.3.2节中讨论的，美国监管机构监督银行的经营行为，努力促使银行达到较高的骆驼评级（充足的资本、良好的资产质量、有效的管理、良好的收益、足够多的流动性以及对市场风险的敏感性）。银行的骆驼评级为1级（很健康）到5级（丧失偿付能力）。1级或2级的银行被认为几乎不存在什么监管问题，而3级、4级和5级的银行则存在着一定甚至迫在眉睫的监管问题。银行的骆驼评级结果是高度保密的。银行高管负责完成评估，评估详情与结果只向特定的监管人员披露。不过，公众可以根据随后银行采取的措施或特殊的信息披露来推断银行的评级。

现代风险管理程序与策略的主要构成要素包括确认、度量与监控风险敞口。整个风险管理程序应当具有综合性，金融机构内的所有部门都应形成特有的风险管理文化。每家银行的资产负债管理职责都不一样。不过，正如第十章里已经讲过的，资产负债管理职能是从银行全面风险管理的角度入手。尤其值得一提的是，资产负债管理与管理职能和风险职能相关，例如流动性管理、资本管理、融资与融资成本管理以及银行的证券组合管理。

利率风险管理、贷款管理以及信用风险管理是银行全面风险管理职能的关键组成部分，同时也是资产负债管理职能的组成部分，但是这几项管理职能通常由银行内部的独立部门或单位负责执行。基于此，再加上这几种风险对金融机构很重要，所以我们将会详细分析相应的风险管理程序。在讨论特定的风险管理手段之前，我们先概要介绍一下风险管理程序的基本概念。

1997年，巴塞尔委员会（1997a）发布了有效银行监管的核心原则，随后为了进一步促使银行机构稳健经营，巴塞尔委员会又公布了多份文件——采用核心原则、标准或指导文件的形式——这些操作与标准从根本上为风险管理程序奠定了基础。近年来，巴塞尔委员会对2007—2009年全球金融危机的反思催生了一系列指导文件的出台，构成了新一版《资本协议》的基础。

- 第三版《资本协议》：适用于更加具有弹性的银行以及银行体系的全球监管框架（2011年6月）。
- 第三版《资本协议》：目标是建立更安全的金融体系（2010年9月）。

大家可以在国际清算银行的在线出版物（见国际清算银行官网）上搜索到相关报告的完整列表。值得注意的是，巴塞尔委员会近期的目标之一是改善公司治理以及管控金融机构的薪酬制度。相关领域已发布的文件包括：

- 《改善公司治理的原则》（Principles for enhancing corporate governance）（2010年10月）；
- 《建立风险与绩效相结合的薪酬体系的方法》（Range of methodologies for risk and performance alignment of remuneration）（2011年5月）。

公司治理与薪酬政策之所以会成为银行业特别敏感的话题，主要是因为以下两个原因：首先，任何企业的**风险文化**（risk culture）最终都要取决于并受控于公司治理框架；其次，银行经理的薪酬与绩效绑定的做法会增加其冒险的动机，从而带来令人不快的后果，尤其是在银行业这种严重依赖信心的行业。专栏 12-1 更加详细地讨论了这些话题；不过，对读者来说，应当先好好思考一下表 12-1 提供的风险文化的定义。

根据鲍尔等（2013）的研究，将风险文化所有概念都串起来的"那条主线"正好将组织内人员的行为与风险管理联系起来。应当好好设计公司治理与领导结构，表现并传递出公司对风险的态度。不过，银行的公司治理不同于其他金融机构，原因有好多个，具体可参考专栏 12-1。

表 12-1　风险文化的多种定义

文献中的定义	来源
拥有共同目标的一群人，尤其是一个组织的所有雇员或组织内的团队成员共享的有关风险的价值观、信念与理解。	风险管理协会（2012）
一整套个人或企业的价值观、态度、能力与行为，决定了一个企业对操作风险管理的态度与管理风格。	巴塞尔委员会（2011d）
贯穿整个组织的一整套价值观与行为规则，对组织的风险决策具有决定性作用。风险文化会影响管理者与员工的决策，即使他们并未有意识地对风险与收益进行评估。	毕马威（2010）
组织内个人或团体遵循的行为标准或行为传统决定了他们如何确认、理解、讨论和处置组织面对的风险或组织承担的风险。	国际金融协会（2009）
符合企业的操作目标、财务目标与战略目标，能确认、评估并管理风险的组织行为与程序。	普华永道（2012）

资料来源：鲍尔等（2013）。

专栏 12-1

银行的公司治理

2007—2009 年全球金融危机过后，对于应当如何监管银行以及银行的高管应享受何种薪酬方案，人们已经谈论了很多。大家基本都认同一些首席执行官与其他高管有着一意孤行的强烈动机，这促使他们采用过度冒险的策略（从而提升自身的薪酬或其他福利），却以银行最终所有者（股东）的利益为代价。还有人批评说，一些银行的首席执行官的权力过大，对董事会和董事会主席拥有过高的影响力，从而使得他们（有时）过度冒险的行为几乎没有受到什么监督或检查。近年来，欧盟的政策已经转向限制银行高管的薪酬——通过限制奖金的发放。在过去十年里，这一直是改善上市公司治理情况的普遍方式。本部分会简要分析有关银行的公司治理的话题。

如何定义公司治理？

公司治理没有一个被普遍接受的定义，但是一般来说，它的大概含义是外部投资者和其他利益相关者，例如员工和政府，对企业高管及其他内部人进行监督以保护自身利益的方式。在詹森和麦克林（1976）的开创性研究的鼓舞下，学术界研究的重点开始聚焦于企业内部人与股东、股票持有者与其他债权人（例如银行和债券持有人）对企业（包括银行）应当承受多高的风险才算"适度"这个问题的不同见解。由于股东拥有所投资企业的剩余索取权（这是一种较为正式的说法，不管是年景好的时候还是坏的时候，在企业对外支付时，都是债权人，例如银行或债券持有人先得到支付，然后才轮到股东），因此这种结果促使股东产生关注风险大小的强烈动机。股东希望企业能勇于承担风险以获取更高的收益，于是其他债权人可以先得到支付，随后股东也能获得更高的股息。更大的风险和更高的收益还可能推动股价上涨，从而为股东带来资本利得收益。

当然，过度冒险最终将导致破产——这是股东和其他利益相关者都不愿意看到的结果。关键问题在于如何平衡内部人与外部人的利益，让企业不要过度冒险，让所有利益相关者的收益达到最大化。

银行的治理与其他企业不同吗？

银行治理要比其他类型的企业更为复杂，主要原因有三个：

（1）银行使用很高的杠杆——银行持有的资本远远少于其他行业。

（2）银行拥有独特的商业模式——一些业务活动很难评估，例如不良贷款的数量、衍生品的价值与衍生品交易等。

（3）安全网制度，例如存款保险、大而不倒和最后贷款人之类的保障制度，这意味着银行的高管被变相鼓励过度冒险，因为即便失败了，惩罚也不算太糟/很有限。换言之，如果高管过度冒险导致银行破产，他们自己并不会太担心，因为他们相信绝大多数储户会获得存款保险的保护；如果存在大而不倒的问题，政府也会向银行提供援助资金。于是，过度冒险的好处（银行高管能获得巨额奖金和更高的薪酬）颇多，同时安全网的保护让过度冒险的坏处十分有限，于是产生了扭曲的动机——鼓励银行家过度冒险。

尽管存在这些差别，但正如哈根道夫（2014）所指出的那样，在传统意义上，银行的公司治理"密码"与非银行企业并没有太大的区别。

董事会的职能是什么？

上市公司的董事会被视为最重要的内部控制机制，能有效地提高和保护股东利益。一般来说，董事会的主要职能应当是检查管理冗余现象，监督高管人员的行为，在适当的时候支持管理层的意见。董事会还要评估高管人员的业绩，决定薪酬制度，并将业绩较差的管理者"炒鱿鱼"。通常人们相信，外部人员（非执行董事）——而且这些人的背景各不相同——数量更多的董事会最可能做到独立行事。一般来说，董事会越被内部人把持（例如公司的高管在董事会内占据较大比例），就越容易被当权者掌控，越可能代表内部人（企业的高管）的利益行事。与之相反，董事会越独立，公司的运营就越会以股东的利益为先。庞大的咨询业向董事会主席和首席执行官提供有关董事会构成的咨询建议。

自银行业爆发危机以来公司治理领域有哪些关键性的改变？

在 2009 年 2 月，英国政府请戴维·沃克（David Walker）爵士对英国的银行业进行评估（沃克，2009）。这份评估报告［即《沃克评估报告》（*Walker Review*），出版于 2009 年 11 月］总结了以下几个关键问题：董事会的作用与组建；董事会的规模、构成以及董事会成员的资格；董事会的职能与业绩考核；机构股东的作用；风险治理与薪酬体系。报告提出的很多建议正在实施过程中——尤其是那些有关薪酬体系和董事会成员资格认证的建议。其他国家也在对银行的公司治理状况进行评估。例如在 2010 年，荷兰向银行业引入了新的公司治理规范，以便对传统的治理模式起到补充作用。

特别是高管薪酬问题，2010 年，金融服务管理局（现在的审慎监管局）发布了第一版薪酬法案，对英国所有金融服务企业（大约有 2 700 家银行、住房互助协会和一部分投资公司）高管薪酬的水平与结构加以控制（金融服务管理局，2010）。2011 年，政府发布了该法案的修订版（金融服务管理局，2011b）。尽管英国没有加入欧元区，但作为欧盟成员国，它必须遵守欧洲议会于 2013 年 2 月通过的 CRD IV 指令，即第四号资本要求指令。这部充满争议的法案于 2014 年 1 月开始实施，对全欧盟银行高管的奖金设置了上限。这影响到银行业的很多从业人员，对金融中心的冲击也很大——金融中心（例如伦敦金融城）要吸引高薪酬的金融行业雇员。值得注意的是，美国并没有对银行高管的薪酬加以限制，于是可能会导致一部分交易活动要么移到别处，对伦敦金融城的地位造成伤害（参考下面《金融时报》的文章），要么通过提高银行高管的固定薪酬"津贴"来躲避监管，例如2014年2月汇丰银行的所作所为。[①]

结构性变化是解决银行家奖金问题的答案（《金融时报》的文章）

现在正是伦敦金融城发奖金的时候。这一年一度的仪式曾是银行家、经纪人和交易者们期待能拿到改变人生的巨额奖金的时刻。但是自金融危机爆发以后，奖金越来越少，这些镁光灯下的"演员"也换了角色，要不断躲避监管者和政治家射来的子弹。这真是一出有趣的戏剧，有三个很特别的次要情节：（1）欧元的奖金限令会对伦敦金融城的竞争力造成怎样的影响？（2）在危机中被收归国有的苏格兰皇家银行的特殊情况如何？（3）最重要的是，找到奖金这个争议问题背后隐藏的根本原因。

欧盟发布的新法令规定，在得到股东同意的前提下，银行家的奖金最高不得超过薪水的两倍。这部新法令针对的是投资银行——在这个行业，拿到非常高的奖金是最常见的现象，在伦敦金融城这个欧洲唯一全球性的投资银行基地，那就更是司空见惯了。纽约并没有跟随这一潮流的迹象，于是欧洲和美国之间出现了薪酬套利的机会。随着这部法令的实施，高薪酬的银行家将会更愿意在纽约而非伦敦工作，而美国银行也会逐步将大部分投资银行业务从伦敦转移到华尔街。伦敦金融城的既得利益者夸大了金融服务业对英国经济的重要意义，不过毫无疑问的是，这样发展下去将会威胁到伦敦金融城的繁荣，并蔓延到英国东南部的其他经济部门，实际效果尚未可知。当然，这也有好的一面，英国经济与金融业这个经常波动、并不稳定的行业之间的捆绑程度有所减弱。

苏格兰皇家银行因这部法案成为政治焦点。这是一个特殊的案例，因为它是唯一被国有化的英国大银行。英国财政大臣乔治·奥斯本（George Osborne）要做出一个尴尬的决定——作为银行的大股东，他被要求批准银行向某些员工支付两倍薪水的奖金。一方面，他既需要安抚民众对金融行业高薪酬的怒火，要利用国家控股的金融机构树立一个榜样；另一方面，他又有责任为纳税人实现价值最大化。为了平衡各方关系，苏格兰皇家银行需要雇用一些专业的债务与咨询专家，帮助它打理好与英国财政部的关系以及其他的投资银行业务。拥有这种技能的专家肯定价钱不便宜，若苏格兰皇家银行提出奖金问题，财政大臣则需要做一下成本-收益分析，把政治因素和经济因素都考虑进去。他肯定抱着一线希望：但愿这些银行发放的奖金没有突破上限，从而让自己不必处于尴尬的境地。

先抛开国内与欧洲政界的激烈辩论，更有趣的问题是在全球范围内，银行家的薪酬对市场供求力量保持了非常高的弹性。在其他任何一个刚刚接受援助的部门，消费者和股东肯定会要求员工的薪酬应降至与其他职业相近的水平。事实上，银行业的薪酬确实已经从高点回落下来，然而股东依然在抱怨，因为与其他行业相比，银行业的薪酬仍然要高出一大截。根本原因在于银行的经营模式对投资者很有利，不管什么时候，整个行业或行业内的一部分投资者都有获得超额收益的可能。除非能解决这个结构性问题，否则奖金问题将会继续难以解决。

尽管资本比率有所提高，场外交易受到了限制，自营业务也受到了一定的限制，但这些并未对银行的优势造成什么影响——销售、交易与咨询服务集中于一个机构的经营模式让银行拥有强大的信息优势。银行还隐藏了产品线的真实利润，这意味着客户并不清楚自己到底为个人

---

① Arnold (2014) "HSBC fixed pay soars as bonus paradox bites", *Financial Times*, 24 February.

银行产品或服务付了多少钱。在交易过程中，客户可以对信息比较透明的交易环节压压价，但是一些被隐藏起来的交易环节——这正是一体化的银行所享有的优势——能给银行带来超额利润，从而让银行高管有机会拿到高薪。

为了促使全球的金融机构变得更安全，各监管机构与政府做了一些努力，它们要求金融机构将交易业务与咨询业务分隔开来，重新恢复行业的透明度，让费率受到传统市场供求力量的影响或调控。如果做不到这一点，那就意味着公众关注的焦点将一直聚焦于奖金问题，这是金融行业依然存在缺陷的表象，而非成因。

总而言之，银行的公司治理依然是一个热门话题，在过去十几年间，研究董事会的特征、首席执行官的作用、高管薪酬以及其他一连串相关问题的学术文献呈现爆炸式增长。图 12 - 1 总结了学者对银行的公司治理的主要研究。

主要参考文献

哈根道夫（2014）；詹森和麦克林（1976）；沃克（2009）。

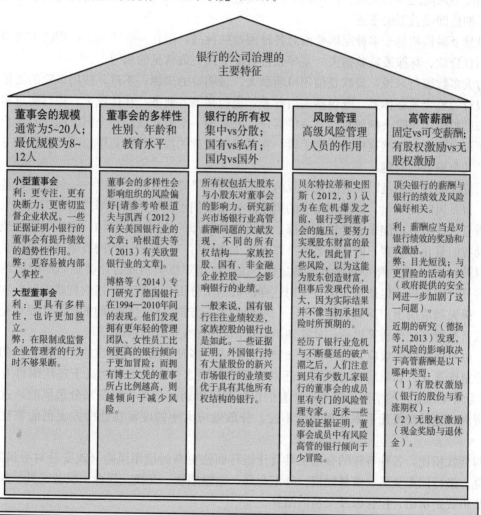

图 12 - 1 银行的公司治理

资料来源：Philip Augar (2014) *Financial Times*, 16 January.

正如第十一章所述，金融机构面对的各种风险的来源并不相同。下一节将详细讨论各种风险的管理措施。

12.3 信用风险管理

信用风险是我们最熟悉的一种银行风险（同时也一直是最难量化的风险），其定义为银行的借款人或交易对手不能按照协议条款履约的可能性。

按照巴塞尔委员会（2000）的观点，信用风险管理的目标是通过将信用风险敞口控制在可接受的范围内，实现银行风险调整收益率的最大化。银行既需要管理个人债权人与个人交易所蕴含的信用风险，又要管理银行整个资产组合的内在风险。而且，银行需要认真思考信用风险与其他类型风险之间的关联。信用风险的有效管理是全面风险管理手段的关键要素，对银行机构的长期稳健经营至关重要。

虽然金融机构基于多种原因要面对各种困难的挑战，但在一般情况下，贷款未被偿还（指的是不良贷款、坏账或贷款损失）是导致银行蒙受损失最常见的原因。

对大多数银行来说，贷款是信用风险最大、最明显的来源；不过，信用风险的其他源头贯穿于银行的整个业务体系，既包括表内业务，也包括表外业务。在传统上，银行通过多种标准程序来监控信用风险，例如对任意一位客户，或者同一个行业或同一个国家的所有客户提供的贷款额设定上限。虽然这样的管理手段一直是银行贷款的主要特征，但信用风险管理方法确实提出了几个重要的问题：

- 贷款的规模不足以准确测量风险的大小，因为风险具有两个维度——风险的数量，即损失额，以及风险的质量，即违约发生的概率。通常我们可以根据某种形式的信用评级来得出风险的质量。评级有可能来源于银行内部，也可能是外部的信用评级机构。观察风险的质量最终将帮助我们量化分析客户的违约概率，以及发生违约后，贷款被回收的概率（有多少贷款或债务可以被回收）。违约概率显然不容易量化。按照信用等级类别或行业类别归纳的违约历史数据很容易就能获得，但通常无法直接用这样的数据来分析个人客户。违约贷款的回收程度也未可知。损失额取决于担保的具体情况——可能是第三方担保或已提交的抵押品。要在企业宣布破产且所有资产完成清算以后，才能知道可以回收多少已违约的贷款。

- 由于存在分散效应，资产组合（贷款组合或由多种市场工具构成的资产组合）的累积信用风险很难量化。如果所有客户同时违约，那么风险水平一定会远远高于违约事件互不相干（或称为相互独立）的情况。当然，所有的银行都可以通过多样化投资来分散风险，这使得多笔投资同时违约变得几乎不太可能。不过，分散效应大小的度量在建模方面仍面临比较大的挑战。

与贷款相比，各种各样的金融工具会让银行面临更高的信用风险（或交易对手风险），例如承兑、银行同业交易、贸易融资、外汇交易、金融期货、互换、债券、权益工具、期权以及进一步拓展到承诺、担保以及交易的结算。

市场交易同样也会产生信用风险。例如，企业没能按时履行互换、期货或期权协议约定的义务，或未按时支付债券的利息，这些也被视为信用风险。违约所造成的损失取决于这些金融工具的价值及其流动性。如果违约完全是意料之外的，那么损失额就等于违约时金融工具的市场价值。如果交易对手的信用评级被下调，例如标准普尔公司将交易对手的信用评级从 AAA

级下调为 AA 级，那么此时金融工具打完折依然可以在市场上出售。对于市场流动性有限的金融工具，例如场外交易工具——互换和期权，通常很难转手卖给其他人。这些类型的金融工具的信用风险总是随着市场的波动而变化。因此，在合约的有效期内，交易的潜在价值要面临一定的风险（不确定性）。显然，信用风险与市场风险之间有所关联，因为价值取决于市场的波动。

过去十年间，银行一直在寻找能更准确测量信用风险的方法，以下多种因素交织在一起，强力推动了这股需求的形成：

- 贷款证券化与贷款交易二级市场的不断发展（可以参考 4.6.2 节和第十七章）；
- 信用衍生品行业的不断发展；
- 更加强调风险调整后的业绩度量体系（根据企业/银行各部门所承担的风险以及资本的分配量来评估其业绩）以及转移信用风险；
- 企业希望更有效地管理债务融资的风险/收益特征。

这些因素共同促进了银行贷款与其他信用工具交易市场的发展，提升了市场的流动性与透明度。这样的市场可以让银行和大型企业更高效地交易信用风险，从而提高收益。这个市场还让银行能更灵活地满足客户的需求，因为银行可以以更有效的方式重组贷款组合，从而将释放出来的资源投入需求更旺盛（而且利润率更高）的领域。信用工具市场的发展以及银行希望能更好地度量信用交易风险的需求，推动了多种建模技术的发展，这一趋势类似于先前市场风险测量手段的发展历程，例如摩根大通开发的信用矩阵（CreditMetrics）系统或瑞士信贷第一波士顿（Credit Suisse First Boston）开发的"信用风险＋"（CreditRisk＋）系统。[1]

毫无疑问，2007—2009 年的全球金融危机已经证明，贷款证券化、表外业务的快速发展，以及在管理信用风险时越来越依靠外部评级的做法，最终导致银行的风险敞口被严重低估。一般来说，银行会使用复杂的定量模型来评估贷款业务的风险水平以及交易策略。在这种情况下，一个最主要的问题在于这些模型大多依赖于"正态分布"，尽管在经济体长期处于稳定和温和增长状态时（例如"大缓和"时期，即 20 世纪 80 年代末一直到 2007 年），这种正态分布的假设是符合现实情况的，然而一旦遇到意料之外的冲击（即负面冲击），这样的假设将会带来灾难性的后果。银行过度依赖复杂的风险管理程序可能导致道德风险进一步放大，于是鼓励银行制造出更多的风险敞口。

在一次很有挑衅性的演讲中，欧洲中央银行的一位执行委员冈萨雷斯·帕拉莫（2010）强调，这场全球金融危机之所以会造成如此严重的后果，主要原因之一是银行在管理风险，尤其是在管理信用风险时，严重偏离了（有时候甚至彻底抛弃了）原来较为完善的一整套规则。[2]这些都是常规的风险管理操作，例如"了解你的交易对手"，"只投资自己了解的产品"，"不要把信用风险管理外包给别人，只依赖外部的信用评级"及"不要只依赖定量分析模型，不管这模型有多复杂"。正如我们在专栏 11-1 里谈过的，银行内部建立起适宜的贷款文化对于确保银行部门更加稳定可靠至关重要。

巴塞尔委员会（2000）的指导文件明确了信用风险管理的完善操作模式，专门阐述了以下几个方面：

（1）建立适当的信用风险环境；

---

[1] 有关信用风险模型的主要特征，可参考贝西（2011）。

[2] 《信用风险管理面临的挑战——由危机吸取的教训》（The challenges of credit risk management—lessons learned from the crisis），可见国际清算银行官网。

(2) 按照完善的授信程序来操作；

(3) 保持适当的信贷管理、风险测量以及监督程序；

(4) 确保银行对信用风险具有充足的控制力。

尽管各家银行具体的信用风险管理操作不尽相同，主要取决于各银行贷款业务的性质与复杂程度，但是综合性的信用风险管理程序都应涵盖上述四个方面。这些操作还应当与稳健的资产质量评估、持有充足的坏账准备金以及信用风险披露等操作保持协同合作。

12.4 管理贷款职能

虽然两者遵循相同的基本原则，但零售银行业务的信用风险管理与批发银行业务的信用风险管理依然存在着明显的差异，例如，贷款承诺的规模明显不同。不良企业贷款会给银行带来十分严重的后果，因为涉及的金额非常高。21世纪初，大企业的破产让银行元气大伤。明星企业的破产，例如安然（Enron）、世通（WorldCom）以及其他几家大公司的倒闭（大多是美国的通信与能源公司）让银行背负了庞大的不良贷款。以前的拉美债务危机和亚洲金融危机也导致大量的不良贷款被注销。而2007—2009年的全球金融危机严重影响了非金融企业的资产负债表和业绩，从而间接影响银行部门的现金流和资本。与此同时，零售贷款业务虽然不太可能因为个人贷款的违约而给银行带来严重的后果（不过，若大量的零售贷款同时违约——可能是因为银行向经济体的某个特定部门过度放贷，例如房地产行业——那么造成的影响也不容小觑），但是评估的难度更大，因为银行对潜在的个人借款者的资信状况缺乏信息。

12.4.1 零售贷款

根据银行的贷款标准，一个正确的贷款决定应当能为银行实现贷款价值的最大化与违约风险的最小化。因此，对潜在借款人的相关信息进行搜集、处理与分析是信用风险管理的关键步骤。

在做出贷款决定之前，银行需要先评估贷款的风险-收益状况。这一过程既包括评估贷款申请人与申请人所从事的商业活动的风险，又包括对外部环境、贷款的用途以及申请人提出的贷款结构进行评估。在此环节中，最重要的一步是贷款定价，假设不存在其他成本，则"价格"[**贷款利率**（loan rate）]应当等于：

$$R^L = \frac{1+r}{1-d} - 1 \tag{12.1}$$

上式中，

R^L = 贷款利率；

r = 无风险利率（即无风险投资的收益率，例如政府债券的收益率）；

d = 预期的违约概率。

如公式（12.1）所示，贷款利率会随着借款人预期违约概率的上升而变大。从贷款人的角度来看，贷款的总收益应当充分考虑以下几个关键因素：

(1) 贷款的利率水平；

(2) 贷款的相关手续费；

（3）贷款的信用风险溢价；

（4）贷款的抵押品；

（5）其他非价格条款（例如有关贷款使用的条款与要求）。

根据桑德斯和科尼特（2012）提出的一般模型，贷款的总收益等于：

$$1+k=1+\frac{f+(L+M)}{1-b(1-R)} \tag{12.2}$$

上式中，

k＝合约约定的每 1 英镑贷款应得的总收益；

f＝管理费；

L＝贷款基准利率；

M＝贷款的信用风险溢价；

b＝补偿余额要求（贷款的一定百分比）；

R＝准备金率。

在公式（12.2）中，L 反映了银行的边际资金成本（在美国被称为优惠贷款利率——银行对最优质的客户收取的贷款利率）。补偿余额要求是指银行要求借款人将一部分贷款以存款的形式留在银行账户内。这种操作一般见于企业的贷款业务。准备金率事实上相当于对存款征收的税负，会导致贷款价格上涨，因为准备金不能给银行带来任何收益。贷款的价格应当包括贷款的信用风险溢价和管理费。贷款的信用风险溢价应当能够反映借款人的风险状况：借款人的风险越大，则溢价越高。管理费应当涵盖贷款在发放与管理过程中发生的所有费用。

还有一个因素也能影响贷款的价格，即提供抵押品（抵押品指的是为贷款提供担保的资产，包括住房、其他不动产、证券等）。有抵押的贷款的利率应当比无抵押的贷款更低。不过，当经济遭遇困难时，抵押品的价格会剧烈波动，此时银行要么提高贷款的价格，要么要求借款人提供额外的贷款抵押品。如果抵押品的价值严重下跌，那么可能会导致银行部门的崩溃——就像 1997—1998 年日本的银行业危机那样（我们会在第十六章讨论这个案例）。显然，如果抵押品的价值与借款人的还款能力相关，那么抵押品价值的下跌会增加违约的可能性。专栏 12-2 解释了 20 世纪 90 年代初以及 2007—2009 年全球金融危机后，英国房地产价格的下跌为什么会给银行带来巨大的贷款损失，甚至让银行变得资不抵债。

专栏 12-2

抵押贷款市场、股权资本退出与负资产

在过去的 40 年间，英国的住房市场一直处于波动之中（房屋价格的快涨快跌），带来了高昂的经济成本与社会成本。在 20 世纪 80 年代末，英国的房价快速上涨，这让人们相信住房市场将会继续繁荣下去，刺激民众用房屋作抵押向银行借款。在 1980 年至 1990 年期间，英国民众的平均抵押贷款债务与收入的比值翻了一倍多。

资产增值抵押贷款（mortgage equity withdrawal）指的是房屋所有者用不动产价值增加的部分（资本利得收益）作为抵押，申请更多的房屋净值贷款。英格兰银行对资产增值抵押贷款规模的估算反映出借款人从抵押贷款机构获得的一部分贷款被用于消费，并没有被投资于住房市场。资产增值抵押贷款的规模在 20 世纪 80 年代末达到非常高的水平；房屋净值抵押贷款是

1987 年至 1988 年间消费市场异常火爆的主要原因。然而，到了 20 世纪 90 年代初，住房市场的崩塌让超过 150 万名房主变成了**负资产**（negative equity）持有者——他们手上持有的不动产的市场价值低于未偿还的抵押贷款。就在英国房地产市场暴跌的同时，抵押贷款的拖欠还款以及作为抵押品的住房被银行收回的现象开始剧增。在 1989 年至 1993 年期间，随着利率水平与失业率的上升，抵押贷款逾期未还的家庭数量也在增加。到了 1992 年，贷款逾期现象达到顶峰，超过 350 000 户家庭拖欠了 6 个月或更长时间的还款。1991 年，房屋被收回的数量达到最高点，共计 75 450 套房屋被银行收回；1993 年，这一数值下降至 58 540 套。

如图 12-2 所示，截止到 2005 年左右，房价暴涨过后，与历史标准相比，因拖欠贷款而导致房屋被银行收回的比例相对偏低。不过，自 2007—2009 年全球金融危机爆发后，随之而来的全球信贷紧缩与经济衰退严重影响了英国的房屋市场，2009 年房屋被收回的个案数量达到顶峰，大约 49 000 套住房被银行收回。

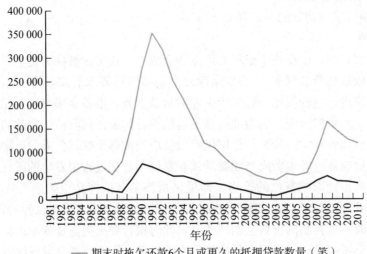

图 12-2　1981—2011 年英国住房收回情况

资料来源：英国社区与地方政府部（DCLG）的统计数据。

20 世纪 90 年代初与 2005—2010 年的市场波动扭曲了人们买房置业的决策，增加了风险。从贷款机构的角度来看，房地产市场存在的问题给银行与住房互助协会造成了巨大的损失（参见表 12-2）。名义房价的下跌导致了房屋净值的缩水，于是借款人拖欠的还款额越积越多，而贷款机构不得不将担保贷款的不动产收回。

表 12-2　1994—2012 年英国抵押贷款未偿还余额、拖欠与房屋收回情况

年份	期末时抵押贷款的总额（英镑）	期末时拖欠还款 6～12 个月的抵押贷款		期末时拖欠还款超过 12 个月的抵押贷款	
		数量（笔）	比例（%）	数量（笔）	比例（%）
1994	10 410 000	133 700	1.28	117 100	1.12
1995	10 521 000	126 700	1.20	85 200	0.81
1996	10 637 000	101 000	0.95	67 000	0.63

年份	期末时抵押贷款的总额（英镑）	期末时拖欠还款6～12个月的抵押贷款		期末时拖欠还款超过12个月的抵押贷款	
		数量（笔）	比例（%）	数量（笔）	比例（%）
1997	10 738 000	73 800	0.69	45 200	0.42
1998	10 821 000	74 000	0.68	34 900	0.32
1999	10 987 000	57 100	0.52	29 500	0.27
2000	11 177 000	47 900	0.43	20 800	0.19
2001	11 251 000	43 200	0.38	19 700	0.18
2002	11 368 000	34 100	0.30	16 500	0.15
2003	11 452 000	31 000	0.27	12 600	0.11
2004	11 515 000	29 900	0.26	11 000	0.10
2005	11 608 000	38 600	0.33	15 000	0.13
2006	11 746 000	34 900	0.30	15 700	0.13
2007	11 852 000	40 500	0.34	15 300	0.13
2008	11 667 000	72 000	0.62	29 500	0.25
2009	11 504 000	93 900	0.82	69 500	0.60
2010	11 478 000	80 500	0.70	63 700	0.55
2011	11 384 000	72 200	0.63	54 400	0.48
2012	11 284 000	69 900	0.62	48 500	0.43

资料来源：英国社区与地方政府部，实时表1300。

零售市场上贷款的可获得性并不是简单地与贷款定价相关，而是往往只有特定类型的借款人才能获得贷款。这是一种信用风险管理手段——**信用配给**（credit rationing），目的是将贷款市场上的逆向选择问题最小化。为了减少风险敞口，银行会限制某类借款人可以获得的贷款数量——例如，想一想信用卡的授信额度。尽管基于种族、性别、宗教、性取向和地址等因素而歧视某些借款人的做法是不合法的，但是人们获得贷款的"权利"并不是自然而然且顺理成章的，银行可能基于各种各样的理由拒绝申请人的贷款请求。

如前所述，贷款评估过程关注的是贷款的未来潜在风险与对收益的评估。我们可使用多种技术手段或模型来评估信用风险，这些模型可被粗略地划分为定性模型与定量模型。当借款人的可获得信息较为有限时，银行一般会使用定性模型。银行经理会从私人机构那里搜集信息，而评估所需的信息量与贷款的规模成正比。定量模型会根据违约概率的估计值来评估借款人的资信状况。

12.4.2 信用核查与信用评估

贷款机构希望将零售贷款市场上的信息不对称问题最小化，因而它们想确保潜在的借款人风险较小，而且以前没有坏账或贷款拖欠不还的历史。为了实现这一目的，贷款机构需要做两件事：**信用核查**（credit checking）与**信用评估**（credit scoring）。

12.4.2.1 信用核查

贷款机构会核查申请人的征信状况。英国的**信用调查机构**（credit reference agencies），例如益百利（Experian）、艾可飞（Equifax）与考科瑞特信用查询（Callcredit）持有零售客户的大量真实信息，贷款机构可去核查个人申请者的姓名、地址与信用记录，包括任何地方法院的判决或个人违约记录。[1] 这一过程就叫作个人的信用调查。

12.4.2.2 信用评估

为了获得潜在借款人的信息，银行首先要采用定性分析的方式，例如向贷款申请人提出若干个问题。随后，银行为各种答案分配分值（即赋予权重）。这些问题包括申请人的就业经历、多久以前成为银行的客户、个人名下账户的数量与类型、在现在的住址居住了多久等。贷款专员根据"5C"原则（性格、能力、资本、抵押品与市场环境）进行个人判断的做法，如今已被替换为量化分析方式，即使用申请人提供的信息计算违约概率。[2] 通过使用统计模型，贷款机构可将信息与背景相似的其他客户的还款情况加以对比。信用评估系统会为每个指标赋值，从而预测出谁最有可能偿还债务。分数的总和——信用评分——有助于预测申请人的可靠程度，即他们按时偿还贷款的可能性。因为担心欺诈，贷款机构不会披露信用评估过程的具体细节，而且每家贷款机构都有自己的评估体系。你的贷款申请被一家贷款机构拒绝，并不一定意味着也会被其他贷款机构拒绝。

尽管这样的评估体系看上去有点武断，缺乏人情味，但是若能合理设计，必将有助于贷款机构比纯人工能更快、更准确、更公正地做出贷款决策。在一些边缘案件里，申请人会与信贷经理见面，后者有决定公司或贷款机构是否发放贷款的权利。信贷经理与客户之间会进行讨论或协商。专栏 12-3 介绍了实践中信用评估系统是如何运行的。

信用评估可被应用于个人与企业，显然，评估个人与评估企业的信用状况所使用的变量有很大差别。辛基（2002）、桑德斯和科尼特（2012）对主要的信用评估模型进行了概述。

专栏 12-3

信用评估：如何拿到高分

- **你能按时支付账单吗？**

支付记录通常是一个很重要的指标。如果你曾经没有按时支付账单，或有过账户被催收的经历，抑或申报过破产，一旦这样的记录出现在你的信用报告上，那么你的信用评分将会受到负面影响。

- **你现在未偿还的债务有多少？**

很多评估模型会将申请人的未清偿债务与其个人的信用额度相比较。如果申请人的欠款总

---

[1] 益百利、艾可飞也是美国的大型全国征信机构，和全联（TransUnion）公司合称为美国三大征信局。

[2] "5C"原则的具体内容如下：（1）性格，指的是借款人偿还贷款的主观意愿；（2）能力，指的是借款人的现金流状况以及个人用现金流偿还债务的能力；（3）资本，指的是借款人资产负债表的实力；（4）抵押品，指的是为贷款提供还款保证的担保品；（5）市场环境，指的是借款人对外部环境的敏感性，例如利率、商业周期以及竞争压力（桑德斯和科尼特，2012；辛基，2002）。

额已经接近信用额度，那么也会对申请人的信用评分造成负面影响。

- **你的信用记录有多长时间？**

一般来说，模型会考虑申请人开始有信用记录的时间长度。次要的信用记录会对信用评分有点影响，但这点影响会被其他因素所抵消，例如及时还款与较低的账户余额。

- **近期你申请过新贷款吗？**

很多评估模型会通过"查询"贷款申请人的信用报告来判断申请人近期是否申请过贷款。如果近期申请人已经申请过太多的新贷款，那么就会对申请人的信用评分造成负面影响。不过，并不是所有的"查询"都会被记录。贷款机构为了监督申请人的账户，或为了向潜在客户提供"预筛式"的贷款邀约而对信用报告进行查询的行为不会被记录在案。

- **你拥有多少个信用账户？都是什么类型？**

尽管使用信用账户一般来说是一件好事，但是过多的信用账户会对申请人的信用评分造成负面影响。此外，很多评估模型会分析申请人使用的信用账户的类型。例如，在某些评估模型中，从财务公司借来的贷款会对个人信用评分造成负面影响。

资料来源：联邦贸易委员会（Federal Trade Commission）。

12.4.2.3 线性概率模型

贷款可被分为两种类型：一种是违约贷款（$Z_i=1$），另一种是不会违约的贷款（$Z_i=0$）。可使用 n 个变量——这些变量能够反映第 i 个借款人的量化信息——对观察到的数据进行回归。

$$Z_i = \sum_{j=1}^{n} \beta_j X_{ij} + \varepsilon \tag{12.3}$$

Logit 模型（与概率单位模型）

贷款的累积违约概率在 0 和 1 之间，假设违约概率为对数分布（在概率单位模型下为正态分布）。

线性判别模型

这些模型（包括奥特曼 Z 评分模型）按照借款人获得的 Z 评分将借款人分成高违约风险与低违约风险两种类别，具体取决于借款人被观察到的特征值（X_j）。

$$Z_i = \sum_{j=1}^{n} \alpha_i X_{ij} \tag{12.4}$$

12.4.3 管理贷款组合

从个人贷款到银行的贷款组合，信用风险管理的第一步是多样化。贷款组合多样化背后的原理与俗语"不要将鸡蛋放在一个篮子里"是一样的。银行经理应当将贷款分散到实体经济的多个部门、多个地区、多个行业、多个期限中。通过贷款组合的多样化，即持有收益率不具有统计意义上的相关性的多种资产，银行能够化解非系统性风险，降低任意一笔贷款违约所带来的冲击。贷款过度集中于一个经济部门将会给银行带来严重的隐患。例如，在英国，住房互助协会曾经将大部分贷款投放于住宅市场，后来当房地产市场价格暴跌时，银行的不良贷款数量激增（参考第八章和专栏 12-2）。如果贷款彼此之间互不相关，那么在多个资产类别之间实现贷款组合的多样化将有助于银行提高预期回报率。换言之，我们可以使用标准的组合理论来度量总的信用风险敞口。[1]

在评估贷款组合的总体信用风险水平时，银行经理需要计算下列几个变量：

- 在一段时间内，每笔贷款以及整个贷款组合的预期损失；
- 每笔贷款以及整个贷款组合的意外损失（即损失的波动性）；
- 基于一定的置信水平与时间窗口计算贷款组合信用风险损失的概率分布（参考图12-3）。

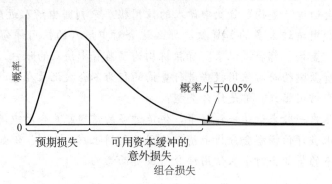

图12-3　组合损失的概率分布

三个因素决定了贷款组合的预期损失与意外损失：

- 客户的违约风险——取决于组合的风险等级；
- 敞口——违约行为发生时尚未偿还的贷款余额；
- 违约损失——取决于担保的覆盖程度、坏账回收流程的有效性以及信贷周期。

预期损失的计算要基于当前贷款组合的整体风险状况，可能会忽略历史损失率。有些银行会依照历史平均损失率计算预期损失，它们通常会假设风险状况、业务组合以及风险管理程序不会随时间发生变化。不过，当前这个贷款组合的风险状况可能会比过去曾造成损失的组合小得多。

使用组合理论对银行的贷款组合进行分析时面临的主要问题为，在绝大多数情况下，银行的贷款都是不可交易的资产。正如我们在前文中所说的，市场上已有的几种产品正在尝试解决这一问题，其中最负盛名的包括瑞士信贷第一波士顿的"信用风险＋"，麦肯锡公司的信用组合视野（CreditPortfolioView）以及摩根大通的信用矩阵。此外，KMV[2] 公司和毕马威公司正在积极参与讨论，与公众分享它们的分析工具。2002年，KMV公司被穆迪公司收购，从那时起，KMV组合模型改名为M-KMV模型。穆迪公司也向市场推出了几种相关产品，例如信用监视（Credit Monitor）和组合经理人（Portfolio Manager）。毕马威公司使用的评估模型叫作贷款分析系统（Loan Analysis System）。[3]

12.5　管理利率风险

利率风险可被定义为利率向不利方向变动会给银行的财务状况带来负面影响（巴塞尔委员

---

① 有关组合理论的介绍，请参考附录A2。

② KMV是凯霍夫（Kealhofer）、麦奎恩（McQuown）和瓦西塞克（Vasicek）三人名字的首字母缩写，他们三人是KMV组合模型的创始人。

③ 有关这些产品的更多信息，请参考瑞士信贷第一波士顿（1997）；贝西（2011）。

会，2004）。对银行来说，利率风险来源于资产与负债的期限错配，而这刚好属于银行资产转换的部分职能。银行以短期存款的形式吸取资金，然后将获得的资金发行或购买长期资产（贷款与债券），不过一般来说，相比于短期价格与利息支出，这些资产的价格与收入对利率波动的反应不太一样。

利率风险管理实际上就是银行对利率敞口进行管理。一般来说，这会在资产负债管理框架内完成，但是由于利率的波动性越来越大，再加上表外业务的利率风险也在不断上升，如今银行内部已经设置了一个专门的部门来管理利率风险。正如 11.3 节所述，利率风险源于银行收益的潜在变化，而这种变化正是由利率的意外波动造成的。利率变化还会影响银行的经济价值。银行的资产、负债以及表外项目的价值都要受到利率变化的影响，这是因为未来现金流的现值以及某些情况下现金流本身都会因利率的变化而发生改变。[①] 银行的利率风险敞口指的是由于市场利率突然变化导致银行净值的变化额。当我们尝试度量并管理利率风险时，有一点很重要，即这样的风险敞口总是与未来的损失（或收益）有关，因此总是存在着一定的不确定性。一些利率风险管理手段包括预测未来的利率走势，而每一次尝试预测未来时，大家都要记住，在这个世界上不存在 100% 准确的事。换言之，管理利率风险就是要确认、度量并控制这种风险，同时将不确定性考虑进去。

金融机构常用两种工具来度量利率风险，即缺口分析与久期分析。

12.5.1 缺口分析

缺口分析（gap analysis）可能是最有名的利率风险管理工具。"缺口"（GAP，一般指增量缺口）指的是一定时段内利率敏感性资产与利率敏感性负债的差，见图 12-4。如果利率敏感性负债大于利率敏感性资产，那么利率的上升将会减少银行的利润，反之亦然。在进行基础性的缺口分析时，重点在于利率敏感性资产与利率敏感性负债的期限。

$$GAP = RSA - RSL \tag{12.5}$$

上式中：

RSA＝利率敏感性资产；

RSL＝利率敏感性负债。

如果当利率发生变化时，某项资产或负债的现金流也朝着相同的方向发生变化，那么我们就认为该资产或负债具有利率敏感性。根据公式（12.5）可推导出缺口比率（也叫作利率敏感性比率）。如果该比率等于 1，那么意味着利率敏感性资产与利率敏感性负债是完美匹配的。不过，绝大多数银行拥有正缺口（RSA＞RSL），因为银行总是"借短贷长"，于是资产总是比负债晚一些到期。缺口分析的主要目的是评估利率变化对银行的净利息收入与净利差的影响。最理想的情况是银行对缺口的管理能够达到这样的效果：当利率上升时，缺口变大；当利率下降时，缺口变小。不过，对于银行经理来说，很难确定自己到底正处在利率循环周期的哪个阶段，而且，银行的客户也许会持有与银行相反的利率头寸。

到目前为止，我们已经知道缺口与特定的时间段（比如 90 天）有关（或者说是时间的函

---

① 例如，银行在发放一年期贷款时，每个月会根据一个月国库券的收益率来调整贷款定价（即贷款利率），同时银行在吸收一年期存款时，每个月也会根据一个月伦敦银行同业拆借利率来调整存款利率。于是，市场利率的意外波动会导致现金流以及资产与负债的利差收益也随之发生意料之外的变化。这种利率风险叫作基差风险。

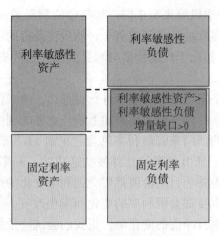

图 12 - 4 利率敏感性与正缺口

数)。不过，时间段的划分是有些武断的，因为这并没有清楚地说明多长的时间段最适合判断资产与负债的利率敏感性。例如，人们在关注短期缺口时可能会忽视再投资风险（贷款被提前偿还的风险）。期限分类法是基础缺口模型的一种拓展形式。银行的每一项资产或负债都按照期限被划入不同的期限类别，例如隔夜、3 个月、3～6 个月等。分析师计算出增量缺口与累积缺口。增量缺口被定义为每一个期限类别的利率敏感性资产与利率敏感性负债之差；累积缺口等于增量缺口的累积和。

如表 12 - 3 所示，由于按照定义总资产等于总负债，因此增量缺口必须等于零，而最后一项累积缺口也必须等于零。期限分类法可以让银行经理关注不同时间段的累积缺口。

表 12 - 3　期限分类缺口　　　　　　　　　　　　　　　　　　（单位：百万英镑）

	资产	负债	增量缺口	累积缺口
1 天	40	30	+10	-10
大于 1 天，小于 3 个月	50	60	-10	0
大于 3 个月，小于 6 个月	90	110	-20	-20
大于 6 个月，小于 12 个月	110	120	-10	-30
大于 1 年，小于 5 年	80	70	+10	-20
大于 5 年	30	10	+20	0
	400	400		

有一种拓展形式叫作期限缺口（M Gap）。

$$M\ Gap = W_A RSA - W_A RSL \tag{12.6}$$

上式中，

$W_A RSA$＝利率敏感性资产的加权平均值；

$W_A RSL$＝利率敏感性负债的加权平均值。

如果银行按照当前的市场价格处置资产组合，则这一形式能更好地反映银行资产或负债的经济价值或真实价值。如果银行资产的期限长于负债的期限，那么利率的上升将会导致资产价值下跌的幅度大于负债价值下跌的幅度，因为资产比负债更晚到期。期限缺口越大，则利率的上升对银行净值的负面影响就越大。图 12-5 以战略矩阵的形式简要总结了缺口与期限缺口，力图实现利率波动时银行收益的最大化（即净利息收入与净利差的最大化）。

	缺口	期限缺口
如果利率上升	利率敏感性资产＞利率敏感性负债	资产＜负债
如果利率下降	利率敏感性资产＜利率敏感性负债	资产＞负债

图 12-5 利润最大化的战略矩阵

还有一种拓展模式叫作动态缺口分析，即对未来的利率波动进行预测，然后计算未来某一期限内银行资产负债表的变化情况。该模式向银行经理提供了模拟工具，帮助他们了解未来一段时期内如何构建缺口。

缺口分析是率先发展起来的第一批银行利率风险缺口度量工具，一直被银行广为使用。尽管存在各式各样的拓展模式，但缺口模型一直被认为"过于简单幼稚"。作为一种分析模型，缺口分析遭到了很多批评，例如：

- 没有充分考虑市场价值效应（即利率变化会改变资产的市场价值）；
- 过于追求"总和"效应，没有考虑各个期限类别之间的效应；
- 没有考虑到现金流问题，即长期资产定期发生的利息现金流与分期偿还本金而形成的现金流；
- 忽视了银行的提前还款风险敞口（即贷款被提前偿还的风险）；
- 忽视了当市场利率发生变化时，不同的利率指标之间存在的利差（基差风险）；
- 没有考虑到市场利率环境发生变化所导致的支付时间的变化；
- 对银行资产负债管理的复杂性过于简化。

基于上述原因，缺口分析只能对利率变化所造成的实际影响提供粗略的估计值。

12.5.2 久期分析

久期这个指标度量的是资产（或负债）现金流的平均期限。**久期分析**（duration analysis）研究的是资产（或负债）的平均期限，而非其名义期限。这个指标借鉴了债券组合管理——久期被定义为息票支付现金流的加权平均期限。在这种情形下，若资产的偿还计划同时包括利息和本金，那么久期将不同于名义期限。三年期的汽车贷款每个月分期偿还，则其久期不等于名义期限。当资产只有一笔支付现金流或零息债券时，名义期限才与久期相等。较大的久期意味着利率发生一定幅度的变化会对资产的经济价值造成更大的影响。息票债券的久期可使用下列公式计算［即麦考利（Macaulay）久期，请参考专栏 12-4］：

$$D = 1 \times \frac{C_1/(1+Y)^1}{V} + 2 \times \frac{C_2/(1+Y)^2}{V} + \cdots + n \times \frac{(C_n + P_n)/(1+Y)^n}{V} \tag{12.7}$$

上式中：

Y＝债券的内部收益率或到期收益率；

C_1＝第一年的息票支付额；

P_n＝本金偿还额；

n＝距离到期日的年数；

V＝债券当前的市场价值。

可使用标准的久期分析模型结果较准确地估算结构不太复杂的银行的经济价值的风险敞口规模。不过，使用久期指标也会遇到很多问题：

- 凸性——久期的计算公式意味着利率变化与债券价格变化之间存在着线性关系；然而实际上，两者之间的关系是凸性的（即非线性）。当利率变化幅度很小时，久期是一个不错的估计值；但是若利率变化幅度较大，则久期这个指标就会变得不那么准确了。
- 数据的要求——计算久期缺口需要很多数据。
- 久期通常只关注一种类型的利率风险敞口——再估值风险，而忽视了一段时间内多个利率指标之间的关系发生变化所引发的利率风险（基差风险）。
- 标准的久期计算方法使用的是简化的假设条件，这意味着表外业务的风险可能会被低估。

12.5.3　模拟法

很多大银行使用更复杂的利率风险测量模型（即模拟法）。这种模型一般会模拟未来利率的变化路径及其对现金流的影响，以详细评估利率变化对银行的盈利与经济价值有哪些潜在的影响。模拟法通常会将表内与表外头寸进行更细致的分类，于是将利息和本金偿还方式的特定假设与每一类头寸的非利息收入与非利息支出结合起来。此外，模拟法可以模拟更加多变、更加微妙的利率变化——从收益率曲线斜率与形状的变化，到使用类似于蒙特卡洛模拟法等统计工具获得虚拟利率环境。[①]

我们要分清楚：

- 静态模拟——只评估银行当前的表内头寸与表外头寸所产生的现金流；
- 动态模拟——模型的基础是针对未来利率的走势以及银行业务活动的预期变化给出的更为详尽的假设条件。

基于模拟法的利率风险度量工具的适用性取决于假设条件的可靠性以及基本方法论的准确性。在《利率风险管理原则》（Principles for the management of interest rate risk）这份文件中，巴塞尔委员会（1997b）警告说，在对复杂的模拟模型所得到的结果进行评估时，必须先考虑模拟模型对未来利率变化、银行的反应以及客户行为的假设是否正确。巴塞尔委员会主要担心，这样的模拟程序会变成"黑箱子"，导致人们对估计结果的准确程度盲目自信。

专栏 12 - 4

麦考利久期的示例

假设某债券具有下列特征：

- 每年的利息为 100 英镑；

[①] 蒙特卡洛模拟法是一种使用计算机完成的模拟技术，是概率风险分析的基础技术，通过对计划事件进行数学建模来复制其在现实中的发生概率。

- 还有两年到期；
- 到期收益率＝10％；
- 市场价值为 1 000 英镑。

则该债券的麦考利久期为 1.909 年。

$$1.909 = 1 \times \frac{100/1.1}{1\,000} + 2 \times \frac{1\,100/1.1^2}{1\,000}$$

公式（12.7）是在求所有支付现金流的加权平均值，每笔支付现金流的期限都要乘以权重，权重值即现金流的金额与债券价值之比。正如上面这个例子所示，久期分析的重点在于市场价值，而非账面价值，这一点与缺口分析一样。

使用公式（12.7）可以算出一家银行所有资产与负债的久期（可以参考专栏 12-5 提供的例子）。只要资产与负债的久期相匹配，利率变动对资产负债表两侧的影响就几乎是相同的。久期缺口（DG）测量的是银行的资产久期与负债久期之间的不匹配状况。

$$DG = D_A - \frac{L}{A}D_L \tag{12.8}$$

上式中，

$A=$ 资产的市场价值；

$L=$ 负债的市场价值；

$D_A=$ 资产的久期；

$D_L=$ 负债的久期；

$\dfrac{L}{A}=$ 杠杆率。

我们可以使用公式（12.9）计算利率变化对银行权益价值的影响，公式如下所示：

$$\Delta E = -DG \frac{\Delta r}{1+r}A \tag{12.9}$$

上式中，

$\Delta E=$ 银行权益资本价值的变化；

$DG=$ 久期缺口；

$\Delta r=$ 利率的变化；

$A=$ 资产的市场价值。

专栏 12-5

久期缺口模型的示例

假设某银行具有下列特征：

- 资产总额为 5 亿英镑；
- 负债总额为 4 亿英镑；
- 权益资本为 1 亿英镑；
- 资产的久期为 5 年；

- 负债的久期为 3 年。

现在我们假设银行的管理层预期，在英格兰银行货币政策委员会的下次会议结束后，市场利率水平将会上升 0.25%，达到 4.5%。

$$DG = 5 - 400/500 \times 3 = 2.6$$

$$\Delta E = -2.6 \times 0.002\,5/(1 + 0.042\,5) \times 500 = -3.12(百万英镑)$$

在本例中，利率从 4.25% 上升至 4.5%，将会使得权益资本的价值缩水 312 万英镑。

最近，美联储（2010）的建议包括同时运行动态的与静态的收益模拟模型，这样才能全面了解银行的利率风险状况；同时还要使用经济价值的方法论去进一步拓展利率风险敞口的量化分析，克服静态模型与动态模型的局限性。尤其值得一提的是，经济价值法关注的是更长的窗口期，会将目前持有的资产与负债预期产生的所有现金流都纳入分析框架。此外，这种研究方法还能更有效地分析金融机构资产组合的内嵌期权。

总结一下：
- 权益经济价值（EVE）模型评估的是在不同的市场利率环境下银行头寸的经济价值发生变化的程度，可以使用动态模型提供经济价值的前瞻性估计。

总的来说，最近的指导文件都鼓励银行使用多种风险度量方法。目的是确保利率风险度量系统能充分考虑到所有表内与表外头寸，并将压力测试系统也结合到一起使用，以确认并定量分析金融机构的风险敞口与潜在的问题区域。

12.6　管理流动性风险

正如 11.4 节所述，由于储户对银行缺乏信任，或者因意外事件需要使用现金，导致提现额高于平时的正常水平，此时若银行不能满足储户的要求，那么这就是流动性风险。完善的流动性管理能够降低爆发严重问题的概率。流动性的重要性早已超越了单个银行的层面，因为一家机构的流动性短缺将会引发整个银行体系的巨大反响。我们已经在第七章及其他章节讨论过系统性风险、传染效应以及银行挤兑等话题。

当银行遇到临时性的流动性短缺问题时，如果它不能或不愿意在银行间市场上借款，那么中央银行可用贷款或垫款的方式向其提供资金。不过，中央银行提供的贷款成本较高，这表明中央银行收取的贷款利率较高，会对银行的市场声誉造成一定的负面影响。

流动性压力可能源于资产负债表的两侧。在负债这一侧，意料之外的大量现金被提走会导致原本具有偿付能力的银行出现流动性问题。在资产这一侧，意料之外的贷款高违约率以及客户突然大量申请新贷款的行为也会给银行带来流动性问题。表外业务活动与支付体系出现故障也可能会给银行造成流动性问题。或有负债例如信用证与财务担保的出现意味着未来大量资金有可能会从银行流出，资金的流出通常与银行流动性头寸的持有状况不相关。其他可能导致现金流出的潜在项目包括互换、场外期权、其他利率协议或远期外汇合约、追加保证金以及提前终止协议等交易所引发的支付义务。

流动性管理是资产负债管理职能的有机组成部分。流动性风险管理旨在保护银行抵御流动性风险，即避免银行陷入流动性净资产为负的境地。

为了避免流动性问题，银行会持有流动性资产。不过，增加流动性也要付出相应的代价。流动性与盈利性之间是此消彼长的关系，因为资产的流动性越好，收益率就越低。除了持有流动性资产，银行还可以将资金用于发放收益率更高的贷款。尽管要付出成本，但为了达到以下目的，银行依然有必要持有流动性资金：

- 再次让债权人相信银行是安全的，有能力偿还债务；
- 向市场发出"银行稳健经营、管理完善"的信号；
- 确保所有的贷款承诺都能被履行；
- 避免银行资产的强制拍卖；
- 避免在银行同业市场上不得不支付过高的借款成本；
- 避免向中央银行借款。

实现资金来源的多样化（负债管理）可以帮助银行实现提款风险的最小化。谨慎的银行还可以追求波动率（VR）的最小化：

$$VR=(VL-LA)/(TA-LA) \tag{12.10}$$

上式中，

VL＝不稳定的负债；

LA＝流动性资产；

TA＝总资产。

谨慎的银行会将波动率控制在小于零的位置。

在测量与管理银行的流动性敞口时，管理者可以使用下面这些工具：

- 每日流动性头寸的现金流预测；
- 每日流动性资源的现金流预测；
- 虚拟情境分析与模拟模型；
- 流动性缺口分析。

12.6.1 流动性缺口分析与资金缺口

流动性缺口分析是应用最广泛的银行流动性管理手段。正如我们在前文中已经讨论过的，流动性风险源于资产负债表上资产与负债的规模和期限的不匹配。这种风险指的是银行在资产负债表上持有的流动性资产不足以满足需求。流动性缺口被定义为流动性资产净值与不稳定负债之差。如果银行的流动性资产净值小于不稳定负债，那么银行就需要在市场上"买入"资金以填补流动性资产的不足。银行通常会检查各项资产与负债的期限，找出需要资金填补的、因不匹配而形成的流动性缺口（L Gap）。

$$L\ Gap=NLA-VL \tag{12.11}$$

上式中，

NLA＝流动性资产净值；

VL＝不稳定负债。

流动性缺口分析与前文中讲到的用于管理利率风险的期限分类法比较相似。流动性缺口模型要将资产负债表上的项目按照未来现金流发生的预期时点归入各个期限类别。然后，将各个期限类别的错配头寸净值相加，求出错配头寸的累积净值。通过这种方式，银行能够监控各个时段内可使用的现金额。

资金缺口（F Gap）是另一个度量银行流动性状况的有用指标。

$$资金缺口 = 平均贷款 - 平均存款 \qquad (12.12)$$

如果资金缺口为正，那就意味着银行需要获得资金，要么卖掉一部分资产，要么在银行同业市场上借款。资金缺口越大，银行需要借入的资金就越多，银行的流动性风险敞口也就越大。不过，技术进步与金融创新让银行可以采用新方法来获取融资并管理流动性。对核心存款的依赖性越来越低，再加上对批发性资金的依赖性越来越高，这些都改变了银行对流动性的管理方法。

在 2007 年次贷危机的早期阶段，尽管很多银行的资本比较充足，但还是遇到了很大的困难，主要是因为缺乏审慎的流动性管理。这场危机已经证明，市场会非常迅速地进入缺乏流动性的状态，而且这种状态会持续很长时间。巴塞尔委员会制定了银行业流动性管理与监管的关键原则、详细的指导文件以及框架，图 12-6 以时间线的方式列出了最重要的几份文件。巴塞尔委员会最近提出的流动性管理框架具有两个基础性的最低标准，分别是流动性覆盖比率与净稳定资金比率，我们已在第七章详细介绍过（7.7.4.2 节）。

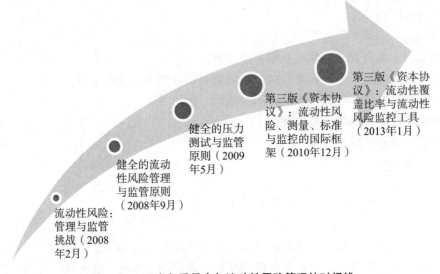

图 12-6 巴塞尔委员会与流动性风险管理的时间线

12.7 管理市场风险

市场风险指的是市场利率工具、权益工具、商品以及货币的价格波动向不利方向变化所引发的风险（参考 11.6 节）。人们一般用头寸/组合的潜在收益或损失来测量市场风险，而这种潜在收益或损失与一段特定时期内价格发生变化的概率有关。

金融机构一直都在受市场风险的影响，不过，自 20 世纪 80 年代开始，资产交易的快速发展已经催生出一种新需求——要确保这些金融机构具有适当的管理系统来控制市场风险敞口所带来的风险（并持有相应的资本以吸收风险损失）。当巴塞尔委员会于 1993 年发布《市场风险监管规则》（The supervisory treatment of market risks）时，市场风险作为一种风险受到了很高的关注，这是该机构首次提出除了信用风险以外，市场风险也应被纳入银行资本要求的计算框架（对 1988 年发布的第一版《资本协议》进行了更新）。

1993 年，巴塞尔委员会发布的征求意见稿提出了一个标准化的测量框架，专门用来计算利率、权益工具以及货币的市场风险，这些风险对资本的要求不同于普通的市场风险。巴塞尔委员会（1996）公布的《加入市场风险的〈资本协议〉修改稿》提供了计算市场风险资本要求的框架。该指导文件提供了两种市场风险资本要求的计算方法：标准法与内部模型法。一些银行使用标准法的具体方式类似于"堆积木"——特殊的市场风险与证券头寸带来的一般性市场风险被分开测量。与此同时，很多内部模型的焦点集中于银行的普通市场风险敞口，而特定风险（即对特定发行人的风险敞口）则主要使用独立的信用风险测量系统来度量。2007—2009 年全球金融危机爆发后，巴塞尔委员会（2010b）已经修改了市场风险测量框架，对市场风险资本要求的计算方法做了如下修正：

- 有压力的在险价值应考虑一年观察期内的重大损失（除了基于最近观察期得到的在险价值以外）；
- 增加的风险包括违约风险与迁移风险（针对未被证券化且发行人具有一定信用风险的信用产品，例如债券、股票等）。

此外，巴塞尔委员会（2013b）还发布了两份征求意见稿，进一步完善了交易账户的资本要求。

在险价值（value at risk，缩写为 VaR）是市场风险管理的核心，我们将在 12.7.1 节讨论它。尽管起初在险价值模型主要被用于管理市场风险，但如今这个模型被进一步拓展，囊括了其他类型的风险，其中包括信用风险。全球金融危机过后，业内人士意识到虚拟情境分析与压力测试对市场风险管理的重要性。尤其值得一提的是，巴塞尔委员会提出了一些关键性的改革建议，其中包括对在险价值模型的替换，表 12-4 对此进行了总结。

表 12-4 交易账户概览

对第 2.5 版《资本协议》的修改建议	描述
交易账户与银行账户	明确画出一条更客观的边界，与银行的风险管理操作保持一致，同时降低监管套利动机。
风险测量方法与校准	将风险测量从在险价值转向预期损失，从而更好地捕捉"尾部风险"，同时基于"在一段时期内承受较大的财务压力"这个假设条件来进行校准。
市场缺乏流动性的风险	将"流动性范围"引入市场风险的度量标准，同时还要对具有缺乏流动性的复杂产品的交易平台使用其他风险评估工具。
标准法	确保对风险足够敏感的标准法能够向内部模型提供可靠的反馈，标准法适合不需要对市场风险进行精细度量的银行。
内部模型评估法	一个更严密的模型审批程序，对市场风险要素的确认与资本化更加统一。人们对套期保值与多样化操作的认可也是建立在经验证据的基础之上，实践证明这样的操作在市场紧张时期很有效。
标准法与内部模型评估法的关系	通过建立更紧密的校准指标，将标准法和内部模型评估法统一起来，这要求： • 所有银行使用标准法来计算； • 所有银行向公众披露标准化的资本要求计算结果。

资料来源：巴塞尔委员会（2013c）。

12.7.1 在险价值

在险价值模型主要被用于度量资产组合的市场风险——它能估算不利的市场变动会对当前的资产组合带来多少潜在损失。起初这个模型是摩根大通在开发风险矩阵系统时建立起来的，其基础便是现代资产组合理论。在险价值是描述潜在交易收入波动性的统计指标，在险价值一般水平的变化通常会被解读为将导致每日交易收入的波动性也随之发生变化。在险价值的主要特征在于它要使用资产的波动性数据。

在险价值的基础计算公式[①]如下所示：

$$\text{VaR}_X = V_X(\mathrm{d}V/\mathrm{d}P)\Delta P_t \tag{12.13}$$

上式中：

V_X＝资产组合 X 的市场价值；

$\mathrm{d}V/\mathrm{d}P$＝每一英镑市场价值相对于市场价格波动的敏感性；

ΔP_t＝一段特定时期内发生的不利价格变化（按照巴塞尔委员会的《资本协议》，$t=10$ 天）。

计算结果代表在一定的置信水平下，风险因素的变化（例如利率、汇率、股票价格以及商品价格的变化）使银行遭受的最大损失额。观察期 t 和置信水平 q 是两个重要参数，应当合理选择。对于交易十分活跃的平台，观察期可以是几个小时，而养老金的观察期可以长达一年。简单地说，在险价值模型旨在回答下面这个问题："在预先设定的观察期内，我会以多大的概率损失多少？"

假设银行的组合经理计算出每日的在险价值为 100 万英镑，置信区间为 99％。这意味着在市场符合正态分布的前提下，每日损失额超过 100 万英镑的可能性只有 1％。

公式（12.13）给出的在险价值的计算方法包含下列几项假设前提：

- 金融工具的价格符合正态分布；
- 假设各种金融工具的价格变化互不相关；
- 价格或利率的波动性（标准差）在一段时间内保持稳定；
- 两个不同的价格指标的变化之间的关系符合联合正态分布。

专栏 12 - 6 提供了一个在险价值的示例。

不过，绝大多数在险价值的计算都不涉及一年的在险价值。监管机构和银行管理者主要关心的是在非常短的时间内（通常是几天内）组合价值的损失额可能达到多少。

1996 年巴塞尔委员会对第一版《资本协议》进行修正，引入市场风险指标以后，监管机构开始鼓励大家使用在险价值模型。它们要求计算置信区间为 99％ 的 10 日在险价值。不过，10 日在险价值的计算没有考虑当市场出现不利变化时金融机构可以采取的反向对冲措施，也没有给出当最极端的情况发生时（不常见的或前所未有的市场环境）可能实现的最糟糕的结果。因此，在险价值的绝对值不应当被解读为每日交易收入的可能分布区间。

因为目前人们对执行在险价值风险的"最佳方式"尚未达成共识，因此在选择概率分布模式时，可以有多种选择：

---

① 乔瑞（2007）对在险价值模型进行了一般性的介绍。

- 参数法（例如风险矩阵）；
- 非参数法（历史法）；
- 模拟法（例如蒙特卡洛模拟法）；
- 混合模型（例如使用参数的历史模拟法）。

专栏 12 - 6

在险价值模型的示例

假设组合经理管理的资产组合只包含一项资产。该资产的收益符合正态分布，年收益率的平均值为 15%，年收益率的标准差为 25%。目前该资产组合的价值为 1 亿英镑。我们要回答下列几个关于年末时资产组合价值如何分布的简单问题：

（1）年末时损失额超过 2 000 万英镑的概率是多少？即年末时资产组合的价值低于 9 500 万英镑的概率是多少（1.15 亿英镑减去 2 000 万英镑）？

（2）当显著性水平为 1% 时，年末时的最大损失额是多少？这需要我们求出显著性水平为 1% 的在险价值。

在回答这些问题时，大家要时刻牢记前文中给出的假设条件，我们要使用统计软件（例如微软的 Excel）。

（1）在 Excel 里，你要使用累积标准正态分布函数。在本例中：

$$NORMDIST(95，115，25，TURE)=0.211\ 855$$

损失额超过 2 000 万英镑的概率约为 21%。

（2）在 Excel 里，你要使用累积正态分布的倒数函数。在本例中：

$$NORMINV(0.01，115，25)=56.841\ 325$$

年末时资产组合的价值有 1% 的概率低于 5 684 万英镑，这意味着最大损失额等于：

$$1.15\ 亿英镑 - 5\ 684\ 万英镑 = 5\ 816\ 万英镑$$

由于参数选择不同，即各家金融机构可能使用不同的置信区间或持有期参数以及不同来源的历史数据，或者使用或长或短的时间序列，对遵循不同分布的单个风险因素使用近似变化值，因此直接比较不同金融机构的在险价值计算结果会产生误导的效果。近期美国和跨国银行进行的一次正式调查显示，迄今为止，历史模拟法是最流行的在险价值估计方法，排在第二位的是基于蒙特卡洛模拟法的估算方法（培里侬和史密斯，2010）。

为了计算总头寸或净头寸，我们要按照资产组合对某种风险的敏感性分类。

（a）绝对价格风险（delta 风险）：指的是标的资产价格发生变化的风险。

（b）凸性风险（gamma 风险）：考虑到标的资产的价格变化与组合价值的变化之间存在非线性关系的可能性。

（c）波动性风险（vega 风险）：指的是标的资产价格的预期波动率发生变化的风险。

（d）时间衰减风险（theta 风险）：指的是资产组合的价值随时间的流逝而发生变化的风险。

（e）折扣风险（rho 风险）：这种风险与无风险利率的变化有关。

为了计算在险价值，我们要按照上述风险因素将资产组合拆解，求出各自的净值，然后求和。

为了向大家展示银行如何报告在险价值，表 12-5 提供了瑞银集团的数据（2012）。如该表所示，2011 年年末与 2012 年年末相比，瑞银集团的管理在险价值减少了一半左右。这主要是瑞银集团旗下的投资银行努力降低交易风险带来的结果，这是瑞银集团整体发展战略的一个组成部分。从数量上看，2012 年，管理在险价值的平均值为 3 300 万瑞士法郎（3 770 万美元），而 2011 年的管理在险价值的平均值为 6 000 万瑞士法郎（6 850 万美元）。[①]

表 12-5　瑞银集团的在险价值　　　　　　　　　　（单位：百万瑞士法郎）

	2012 年年末				2011 年年末			
	最小值	最大值	平均值	2012 年 12 月 31 日的值	最小值	最大值	平均值	2011 年 12 月 31 日的值
美洲财富管理公司	1	2	2	2	1	2	1	2
投资银行	15	164	30	15	30	219	75	34
全球资产管理公司	0	0	0	0	0	0	0	0
企业中心	3	17	11	10	4	14	7	4
投资多样化的效果			(10)	(9)			(7)	(4)
管理在险价值总额	18	167	33	18	31	222	76	36

资料来源：瑞银集团（2012）。

一些学者（塔勒布，1997；丹尼尔松，2000；丹尼尔松，2002）都曾对在险价值的使用表达过担忧：

- 在险价值模型不能提供未来损失额的准确值。
- 金融工具的收益率呈现正态分布，且彼此之间互不相关的假设前提可能是不成立的。
- 在险价值的测量看上去很容易被操控。
- 在险价值不能提示银行破产的概率。
- 如果所有交易员都使用相同的方法来实现市场风险的最小化，那么这将导致流动性风险增加。

2007—2009 年的全球金融危机严重破坏了在险价值模型的声望，银行和政策制定者都意识到承压的市场所产生的损失远远高于在险价值模型预测的最大损失额。

基于这些原因，巴塞尔委员会提倡推广**事后检验**（back testing），即事后将模型得到的风险指标值与资产组合价值每日变动的实际值对比。由于前文中提到的在险价值模型的各种局限性，大多数银行还会同时使用虚拟情境分析与压力测试。

简单地说，事后检验是将头寸平仓的实际收入（剔除日间收益、手续费与佣金后）与这些头寸的在险价值计算值相比较，用来监督在险价值模型的质量。

图 12-7 给出了 2012 年 12 个月内瑞银集团的日收益数据，以及对应的 99% 置信区间的 1 天在险价值。

---

① 这些数据剔除了 2011 年 9 月瑞银投资银行交易事件的影响，这次事件造成了总计 23 亿美元的损失。这些未经授权的交易是由一位交易员通过交易所中交易基金的交易席位实施的，这隶属于该投行伦敦地区的股票交易业务。涉事交易员被英国当局指控，并被判入狱 7 年。

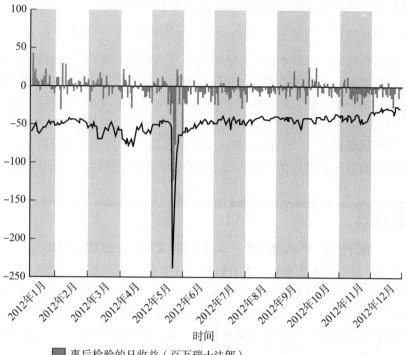

图 12-7 2012 年 1 月 2 日至 2012 年 12 月 31 日事后检验的日收益及在险价值（瑞银集团）

资料来源：瑞银集团（2012）。

说明：不包括非交易收入，例如佣金、手续费及日间收益。2012 年 5 月在险价值的大跌是受脸书公司首次公开发行事件的影响。

如图 12-7 所示，2012 年，瑞银集团的收益波动率位于在险价值模型的预测区间。如果我们发现事后检验得到的收益为负数，同时这些收益的绝对值高于上一日的在险价值，那么这就属于例外情况。2012 年，瑞银集团遭遇了一次类似的事后检验例外情况，起因与 2012 年 5 月脸书（Facebook）公司的首次公开发行有关——当时这家瑞士银行声称，纳斯达克股票交易所（Nasdaq Stock Exchange）的技术故障给自己造成了超过 3.5 亿美元的损失（也可以参考 12.8 节，因为这个事件可被视为经典的操作风险案例）。

虚拟情境分析和压力测试要先对不利的虚拟情境进行模拟预测，然后计算当最糟糕的情况发生时银行会遭受多少损失，以测试银行承受打击的能力。

12.7.2 风险调整后的资本收益率

20 世纪 70 年代末，信孚银行（Bankers Trust）提出了**风险调整后的资本收益率**（risk-adjusted return on capital，缩写为 RAROC）这一概念。在风险调整绩效考核框架下，该指标可被用于衡量规划与绩效管理工作。不同于传统的基于风险或基于权益报酬率的评估方法，为了给股东创造价值，为了更有效地分配银行的内部资源，这种全新的基于资产波动率的评估方法得以问世。风险调整后的资本收益率可以测量每一种银行业务的内在风险，在计算风险因素时会充分考虑资产价格的波动性，并使用历史数据计算。风险调整后的资本收益率的一个有趣特征是它可以被用于估算所有类型的银行风险对应的资本分配额。

$$风险调整后的资本收益率＝（收入－成本－预期损失）/权益资本总额 \qquad (12.14)$$

在巴塞尔委员会第二版《资本协议》的框架下（参考7.8节）——该框架鼓励银行使用内部风险模型去估算银行应持有的资本——风险调整后的资本收益率能够帮助银行经理评估哪些领域应当分配更多的资本。随着巴塞尔委员会第三版《资本协议》开始逐步实施，再考虑到重大的信用风险损失以及近期的银行业危机，显然当前计算风险调整后的资本收益率的方法需要进行修正，应当把**尾部风险**（tail risk）和压力测试也囊括进去（参考专栏12-7）。尾部风险可以被定义为投资收益率偏离均值的距离超过三个标准差以上的高于预期的风险。

专栏 12－7

银行业研究表明，风险管理领域的进展很慢

"银行、保险公司与资产管理公司在薪酬与风险绑定以及完善数据这两个方面只取得了一点点进步，所以尽管它们的风险管理成本大幅增加，但目前它们还只能发现迫在眉睫的危险。"德勤（Deloitte）发起的一次全球调查得出这样的结论。在86家受访的金融机构当中，只有55％的金融机构将风险管理纳入绩效考核目标以及高管的薪酬计划，与2010年的同类调查相比，几乎没什么变化。对公业务部门、人力资源以及中层经理甚至不怎么受风险管理因素的影响，只有三分之一的企业称已经正式地将风险管理要素纳入薪酬体系。

金融集团在这方面做得更好，一旦事态恶化，金融集团会把已发给员工的奖金收回来，41％的金融集团称已经在高管的薪酬方案里加入了返回利益条款，相比于2010年的26％有所上升。"在这方面有些进展。"主持调研工作的德勤合伙人爱德华·希达（Edward Hida）这样说道。希达先生说银行也在继续努力改善数据的质量，尽管自2008年9月雷曼兄弟公司倒闭后，更好地处理交易对手风险与其他数据一直是银行排在首位的任务。40％的调查受访者说，他们"极度或非常关心"自己所在机构的数据管理能力。"数据是很多金融机构面临的最大挑战。"他说。德勤的调查还发现，不足三分之一的受访银行已经做好了充分的准备，来迎接巴塞尔委员会第三版《资本协议》有关资本与流动性的监管新政，这些新举措自2011年开始逐步实施。

尽管大约一半的受访机构在2010年增加了风险管理预算，58％的受访机构估计未来三年内风险管理的成本还将继续增加，但它们还是取得了缓慢的进展。希达先生认为，管理成本的持续增加反映出监管机构关注的重点发生了转移。在全球金融危机爆发后，银行监管机构一直在集中精力催促超大型银行改善风险管理系统，因此这些机构的风险管理预算增长得很快。现在，新的监管要求已经开始触及中等规模的金融机构，因此这类机构的预算成本也要增加。

德勤的调查结果与上周公布的另一份调查报告相符，后者是甫瀚咨询（Protiviti）与经济学人智库（Economist Intelligence Unit）联合主持的、面向顶级金融服务机构的高管进行的调查。这份调查发现，只有20％的受访金融机构认为已经将风险意识整合到企业文化里。只有15％的受访金融机构认为自己在建立涵盖整个企业的全面风险管理体系这一目标上有了很大的进展。

资料来源：Risk management process has been small, says banking study, *Financial Times*, 03/10/11 (Brooke Masters). © The Financial Times Limited. All Rights Reserved.

12.8　管理操作风险

巴塞尔委员会（2011a）将操作风险宽泛地定义为"由于内部程序、人员或系统的不完善和失灵，以及外部事件而导致损失的风险"。一般来说，这种风险与银行系统、内控制度可能出现的失灵或其他管理失职有关（包括人员犯错）。这个定义的着眼点在于操作风险的成因，旨在促进操作风险的测量与管理。

看一看近年来银行的经营环境，我们发现各种因素共同导致了操作风险的上升。外部因素包括交易技术（例如高频交易）的发展，全球金融市场变得越来越复杂，而且关联程度越来越高。损失可能相当惨重——图 12-7 展示了瑞银集团在脸书公司首次公开募股时投资银行业务所遭受的巨大损失（超过 3.5 亿美元）。瑞银集团声称造成损失的主要原因是纳斯达克对脸书公司首次上市的违规操作。它谴责道："交易平台在履行职能时出现了重大失误。"[1]

过去十年间，金融机构操作风险的重要性不断提升，巴塞尔委员会早已意识到了这一点，于是在第二版《资本协议》里加入了应对市场风险的资本要求。尽管操作风险还不是一个被完美界定的概念，但近年来银行业建立操作风险有效测量与有效管理框架的工作确实取得了不错的进展。2011 年 6 月，巴塞尔委员会发表了两份关键性文件：《完善管理操作风险的原则》（2011c）与《操作风险——高级测量方法的监管指引》（2011b）。第一份文件重点强调的是采用完善的操作风险管理操作的重要意义，第二份文件则是为操作风险的治理、数据与建模提供监管建议的指引。这些文件发布后，如图 12-8 所示，完善的操作风险管理应当依靠三条防线。

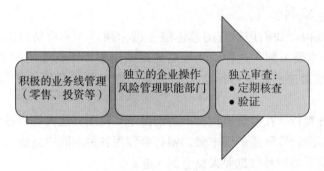

图 12-8　完善的操作风险管理框架的三条防线

资料来源：巴塞尔委员会（2011c）。

第一条防线是业务线管理，即各业务线负责确认并管理产品、业务活动、流程以及系统的内在风险。第二条防线是建立一个专业化的独立内部委员会，即企业操作风险管理职能部门，负责银行内部操作风险管理框架的设计、维护与不断完善。企业操作风险管理职能部门的工作包括操作风险的度量与报告程序，并负责向董事会汇报。第三条防线是银行操作风险管理的控制、程序与系统的独立审查。这包括两个相关领域：（1）定期核查；（2）验证。定期核查工作通常由银行的内部与/或外部审计机构执行，负责测试操作风险管理框架的有效性与稳定性。验证职能由审计部门与/或外部团队执行，应进一步确认银行使用的量化分析程序与风险管理

---

[1]　Shotter et al. (2012) "UBS updates Facebook status", *Financial Times*, 31 July.

方法是稳健而可靠的。

与其他银行风险的管理一样，银行需要事先拨备好资本，用来吸收操作风险造成的意外损失。不过，如何对操作风险造成的损失进行明确的"定价"，方法并不多见。

巴塞尔委员会的第二版《资本协议》提供了可用于计算操作风险资本要求的三种方法，按照复杂程度与风险敏感性的逐步上升可排序如下：

（1）基本指标法；

（2）标准法；

（3）高级测量法。

基本指标法用单一指标（总收入）作为一家银行总体操作风险敞口的替代，依此分配资本。总收入被定义为净利息收入加上非净利息收入。银行为了吸收操作风险所导致的意外损失而拨备的资本应当等于过去 3 年间每年总收入乘以固定百分比（α）所得结果的平均值。

按照标准法，银行的业务活动可被分为 8 个标准业务单位（或称 8 条业务线），所有业务单位都使用总收入作为共同的指标。这 8 条业务线是：

（1）公司金融（18%）；

（2）交易与销售（18%）；

（3）零售银行业务（12%）；

（4）商业银行业务（15%）；

（5）支付与结算（18%）；

（6）代理服务（15%）；

（7）资产管理（12%）；

（8）零售经纪业务（12%）。

在每一条业务线内，我们用银行的总体财务指标乘以一个贝塔（β，即上面括号里的百分比值），以计算资本要求额。这种做法粗略地反映出整个银行业内某条业务线的操作风险损失额与该条业务线对应的财务指标之间的关系。资本要求总额等于每条业务线的资本要求额之和。

高级测量法允许银行（在监管机构批准的情况下）使用自己内部的操作风险测量系统，利用各种定性与定量标准计算所需的资本额。银行会使用各种不同的高级测量法模型，这取决于它们使用什么方法将下列四种数据要素整合到一起：

（1）内部损失数据；

（2）外部损失数据；

（3）虚拟情境分析；

（4）商业环境与内部控制因素。

巴塞尔委员会（2011b）承认，使用上述四种数据要素构建高级测量模型的方式多种多样，银行应当确保基于这些模型的计算结果所拨备的操作风险资本足以应付银行的风险敞口。巴塞尔委员会还建议，操作风险建模最受欢迎的方式是损失分布法，其次是虚拟情境法。

至于实际的测量方法，巴塞尔委员会提供了三种方法供银行选择。

（1）记分卡法：在计算资本需求时，主要依赖于各条业务线的定性分析，对历史损失数据的依赖性不大。这种测量法一直在不断更新，旨在创造出可被计入评分的风险指标，这个评分能够反映出银行操作风险的水平。风险损失数据被用于验证记分卡的结果。

（2）损失分布法：在计算资本要求额时，这种方法以操作风险损失的历史数据作为计算的基础。它要判断出操作风险损失事件的概率分布以及某一操作风险事件损失严重程度的条件概率分布。每个业务部门和每种风险事件都要如此计算，然后将业务线/风险事件类型的操作风险资本需求相加，就得到了操作风险的资本要求额。

（3）内部测量法：参考专栏 12-8。

专栏 12-8

内部测量法的结构

内部测量法将银行的业务活动分为多条业务线，同时定义多种操作损失类型，并将这些损失类型用于每一条业务线。根据业务线/损失类型所构成的组合，管理者特别指定一个敞口指标（EI），这是每条业务线操作风险敞口规模（或风险水平）的一个替代指标。

对每个由业务线/损失类型构成的组合，银行根据内部损失数据算出代表损失事件发生概率的参数（PE）以及代表该事件所导致损失的另一参数（LGE）。敞口指标、损失事件发生概率的参数和代表该事件所导致损失的另一参数三者的乘积被用于计算业务线/损失类型组合的预期损失（EL）。

监管机构为业务线/损失类型组合提供了一个因子——伽马（γ），可将预期损失转变为资本要求。一家银行的操作风险资本要求额等于上述多个乘积的总和。我们可以将其写成：

$$资本要求额 = \sum i \sum j \big[\gamma(i, j) \times \mathrm{EI}(i, j) \times \mathrm{PE}(i, j) \times \mathrm{LGE}(i, j) \big] \qquad (12.15)$$

上式中，

i = 业务线；

j = 风险类型。

为了方便监管机构核查，银行要向监管机构提供计算预期损失时所需的每个因子（即 EI、PE 和 LGE），而不是直接上报三者的乘积。监管机构会根据这些信息计算预期损失，然后使用伽马因子调整意外损失，从而达到预期的稳健标准。

资料来源：巴塞尔委员会（2001，8）。

12.9 国际风险评估

银行从事跨国业务活动时也会面临很多风险，除了前文中我们已经讨论过的那些风险，还包括外汇风险、监管风险、战略风险与声誉风险。这些风险并不是互斥的关系，在国内或国际市场上提供的任何产品与服务都可能会让银行面临多种风险。对于那些进行跨国投资的银行或已经在海外大量开展业务的银行来说，需要评估海外营业的风险。简单地说，跨国经营的企业都应当评估与海外经营有关的国别风险。

国别风险指的是外国的经济、社会与政治环境以及事件会对企业的商业/经济利益造成负面影响的风险。除了不断恶化的宏观经济与政治环境以及社会的不稳定给海外投资收益造成的不利影响以外，国别风险还包括以下风险：资产被国有化或被没收、政府收回牌照、实施外汇管制以及货币贬值。

国别风险对企业的跨国经营具有至关重要的影响，因此在对所有海外投资/业务进行风险评估时，必须把国别风险明确地囊括进去。即便是最稳定（或最安全）的投资，也会遇到风险，例如政治环境或宏观经济环境发生变化，导致汇率贬值，从而减少海外投资的现金流（利润也随之下降）。国别风险并不仅限于企业的海外业务，企业在本国市场上与外国企业有商业合作关系时，这家外国企业也可能会面临一些国别风险。例如，在评估国内买家客户的资信状况时，也应当把国别风险因素考虑进去。人们还应该意识到国别风险因素对各种类型的跨国企业都很重要，不管是不是金融企业。高风险国家的借款人要比低风险国家的借款人支付更高的贷款利率。

在银行业，国别风险被看作跨境贷款的损失敞口，损失是由一国发生的事件所导致的，而这个国家（至少在某种程度上）由政府控制，而不受私营企业或个人的控制。这与主权风险刚好相反，主权风险指的是政府对债券或贷款违约的风险。国别风险更为宽泛的定义是，海外经营环境超出企业控制范围的不利变化给企业的跨国经营带来损失的风险。转移风险是另一种风险形式，被视为国别风险最重要的驱动因素。这种风险指的是海外政府限制跨国企业将所得收益汇回母国或银行。转移风险与限制私人代理人之间的支付有关，而主权风险与政府债务违约相关。在现实中，主权风险与转移风险总是紧密相关的，因为政府债务违约往往导致私人主体也对自己的债务违约——尤其在遇到政府违约导致本币大幅贬值或爆发危机的时候。

12.9.1 管理国别风险

为了有效地控制跨国经营的风险水平，企业必须制定可系统性地评估各类业务的国外风险特征的程序。设计国别风险评估体系是为了实现以下目的：
- 有效监控高管人员；
- 制定适当的风险管理政策与程序；
- 设计包括国别风险与潜在风险敞口变化情况的系统；
- 分析国别风险的有效程序；
- 设计国别风险评级系统；
- 定期监控东道国局势。

虽然各家银行国别风险评估的细节与复杂程度不尽相同，但是高管必须有足够的资质去评估银行的跨国业务风险。

如果国别风险想得到有效的管理，那么银行的高管，一直到董事会层面，必须监督整个风险管理过程。可以建立一个高级项目评估小队，由其负责评估银行的海外业务，以确保海外事业能与公司的总体战略目标保持一致。开拓海外业务的决定以及进入不同国家的风险分析最终要被提交给公司的董事会，然后董事会应当审视各国的风险状况。确保国别风险（以及其他风险）得到有效的管理是董事会的责任。

银行的高管负责执行国别风险管理政策与程序。具体包括：
- 确认哪些投资项目或其他业务活动要面临国别风险的影响；
- 确认哪些机会是令人满意的或不满意的，这些机会可被用于补充或替代当下正进行的业务活动，从而使得国别风险降低；
- （如果需要）为国别风险设定范围；

- 明晰国别风险管理决策的责任分配与问责制。

企业高管是国别风险管理政策、标准与操作的最终负责人，他们还需要确认企业内部的各个部门能够对国别风险管理问题进行有效的沟通。

为了有效地管理国别风险，银行需要建立可靠的报告系统，研究企业海外业务的规模与性质，并将其分类。这样的报告系统应当覆盖企业海外业务的方方面面。例如银行应当建立一个国别风险报告系统，为海外风险敞口监管报告提供支持。

各家银行国别风险分析程序的资源耗费情况不尽相同，具体取决于银行跨国业务的规模以及复杂程度。为了建立有效的国别风险评估体系，高管人员需要提出下列问题：

- 是否对企业正在开展业务或打算开展业务的每个海外国家进行了定量与定性的风险评估？
- 是否定期进行正式的国别风险分析？被监控的国别风险是否有变化？
- 当国别风险分析结果与一些政党相关时，该分析是否得以充分记录？
- 是否向国别风险评估系统提供了充足的资源？
- 企业的国别风险评估是否与第三方评估机构（例如信用评级机构）的风险评级相一致？

如果这些问题的答案都是肯定的，那就证明银行在制定战略与经营决策时，有效地使用了国别风险的结论。为了对银行所面临的国别风险能有一个清晰的最终判断，银行经理需要评估某国当前（以及未来的）经济、政治以及社会特征。因此，他们可能要使用某种类型的国别风险评估系统。

12.9.2 国别风险评级

国别风险评级简单总结了国别风险分析程序的主要结论。大企业和银行大多拥有评估国别风险的专业团队，但小企业更多地依赖于可提供国别风险评估结果的专业的第三方机构。因为影响国别风险的因素有很多，所以小企业通常很难有能力向复杂的国别风险评估提供充足的资源。

宏观经济与政治环境会快速变化，企业通常很难及时跟上这些变化，尤其是当企业要同时分析或监控很多国家的投资项目时。专栏12-9列出了影响国别风险的多种因素。

专栏 12-9

影响国别风险的因素

宏观经济因素

- 该国外债相对于经济发展状况的规模与结构。
- 国际储备的规模。
- 潜在或极端的汇率暴跌及其对该国进口相对价格的影响。
- 当前以及未来预期的 GDP 增长率与通货膨胀率。
- 外国资金来源对该国融资需求的作用。
- 该国进入国际金融市场的途径以及丧失市场流动性的潜在效应。
- 该国与私人部门债权人的关系。
- 该国当前与多边官方债权人（例如国际货币基金组织）的关系。

- 外国投资的趋势以及该国未来获得外国投资的能力。
- 国有企业的私营化。
- 一国经济在多大程度上会受到他国经济问题的负面影响。
- 一国银行业与金融体系的规模与状况。
- 国家主导的贷款或政府的其他干预行为会对该国的金融体系与经济发展造成多大程度的负面影响。

社会-政治因素
- 国家的自然与人力资源潜力。
- 政府承认经济或预算存在问题并实施相应整改措施的意愿与能力。
- 政治或区域性的党派之争，或者武装冲突会给一国政府带来多大程度的负面影响。
- 政府倾向于管控价格、利率或实施外汇管制的趋势。
- 在多大程度上可以依赖该国的法律系统，相信其能公正地保护外国债权人与投资者的利益。
- 会计标准与财务信息的可靠性及透明度。
- 遵守国际法律与商业操作标准的水平。
- 腐败情况。
- 企业社会责任的履行状况。

机构自身的因素
- 银行的商业战略及其投资海外国家的计划。
- 投资的类型。例如，是对外直接投资、组合投资、合资企业，还是特许权协议等。
- 在海外国家计划开展业务的经济前景。
- 未来政治或经济形势的发展对银行特定业务线的影响。
- 政治或经济发展对该国交易对手信用风险状况的影响程度。例如，拥有强劲的发达国家出口市场的外国企业与本地其他企业相比，前者反而不太容易受本地经济不振局势的影响。
- 机构通过一国或地区性代表处有效管理国别风险的能力，或者能采取及时报告问题、及时解决问题的其他措施。

如专栏 12-9 所示，影响国别风险评级的因素有很多，例如各种各样的经济、金融以及社会政治风险，还包括当事银行或企业自身特定的风险。为了量化分析经济/金融以及社会政治风险，企业要完成自己的风险评估，也可以与第三方机构提供的各种评级结果进行交叉验证。

很多企业能够提供测量国别风险的服务。主要服务商包括：
- 控制风险集团（Control Risks Group）；
- 经济学人智库；
- 欧洲货币（Euromoney）；
- 机构投资者（Institutional Investor）；
- 穆迪投资者服务公司；
- 经济合作与发展组织；
- 政治风险服务商——国际国家风险指南（International Country Risk Guide，缩写为 ICRG）；
- 政治风险服务商——考普林-欧里尔评级系统（Coplin-O'Leary Rating System）；

● 标准普尔评级集团。

除了经济合作与发展组织以外，其他所有机构都充当了"评级机构"的角色，通过网络或其他媒体出售各自的国别风险评级报告。每家企业都使用各种各样的定性和定量信息去计算单一指数或国别风险评级表。例如，机构投资者公司的信用评级建立在对领先的跨国银行的调查问卷基础之上，要求受访银行给每个国家打分，分值为 0~100 （100 代表信用最高）。机构投资者计算出打分的加权平均值，给全球风险敞口规模较大、国别风险分析系统更复杂的受访银行赋予更高的权重。国际国家风险指南每月搜集并汇总各国政治、金融以及经济风险的相关数据，为每一种风险编制风险指数以及综合性的风险指数。指数编制系统使用了 5 个金融因子、13 个政治因子以及 6 个经济因子。每个因子被赋予一定的数值。至于国别风险权重的设计，政治风险的评估分值基础是员工根据可获得的信息做出的主观判断。经济风险的评估分值则基于定量数据的客观分析，而金融风险的评估分值建立在对定量信息与定性信息的综合分析基础之上。

经济合作与发展组织定期提供的非商业化的国别风险评级也被全球广泛使用，而且经常被用来和企业内部的风险评估或私营第三方评级机构提供的评级结果进行交叉验证。专栏 12 - 10 概要介绍了经济合作与发展组织如何计算国别风险级别，而表 12 - 6 提供的是 2014 年 1 月的国别风险评估结果。

专栏 12 - 10

经济合作与发展组织国别风险权重计算

经济合作与发展组织定期发布国别风险评估，将全球多个国家分成 8 个风险类别（0~7），7 级是风险最高级别。国别风险分类法测量的是国别信用风险，即一国偿还外债的可能性。

国家的分类所用的方法论包含两个基本要素：（1）国别风险评估模型根据三类风险指标（市场参与者的支付体验、金融环境与经济环境）对国别信用风险进行量化分析。（2）使用模型进行定性评估，然后将政治风险与其他模型未包含的风险因素也考虑进去，最后逐个进行评估。国别风险评估模型的具体内容是保密的，从未向公众披露。

最后一类是国别风险专家小组的一致意见。小组内包括出口信贷机构的国别风险专家。评估值只建立在国别风险有效因素的基础之上。

国别风险专家小组每年召开几次会议。这些会议的组织形式能够确保每个国家都会被评审，而且至少每年一次——只要专家小组发现该国有了一些根本性的变化。这些会议是保密的，专家的审议过程不会出具正式的报告，每次会议结束后会对外公布国别风险的分类名单。

资料来源：经济合作与发展组织官网。

银行手中拥有可用于评估国别风险的多种资源，它们还要确保持续地监控国别风险，因为一国的营商环境经常快速变化。跨国银行应当建立一个体系，专门监控银行各投资国的变化情况，同时还要确保自身的风险评估结果与其他机构的评估结果（例如前文中提到的企业给出的信用评分）一致。当然，监控一国市场环境需要投入的资源应当与企业海外经营活动的规模以及预期的风险水平成正比。外国高管提供的信息是监控一国营商环境的宝贵资源；同样的，负责地区或一国事务的高管定期提交的报告也很有价值。母国的高管与负责海外市场的管理者之间定期交流沟通也是很有必要的。所有从事跨国业务的银行都不能只依赖非正式或临时的沟通模式，而应当建立正式的程序，专门处理在复杂的海外市场经营中遇到的问题。同时，各种各样的后备计划也应当提前准备好，以应对国别风险上升所引发的问题；如果需要，还应当事先准备好海外市场退出策略。

表 12-6　经济合作与发展组织成员基于官方出口信贷政策评估的国别风险类型（截止到 2014 年 1 月 31 日）

成员代码	成员名称	上一次评估结果	本次评估结果
ALB	阿尔巴尼亚	6	6
DZA	阿尔及利亚	3	3
AGO	安哥拉	5	5
ATG	安提瓜和巴布达	6	6
ARG	阿根廷	7	7
ARM	亚美尼亚	6	6
ABW	阿鲁巴	4	4
AUS	澳大利亚	0	0
AUT	奥地利	0	0
AZE	阿塞拜疆	5	5
BHS	巴哈马	3	3
BHR	巴林	4	4
BGD	孟加拉国	6	6
BLR	白俄罗斯	7	7
BEL	比利时	0	0
BLZ	伯利兹	6	6
BEN	贝宁	6	6
BOL	玻利维亚	6	6
BIH	波斯尼亚和黑塞哥维那	7	7
BWA	博茨瓦纳	2	2
BRA	巴西	3	3
BRN	文莱	2	2
BGR	保加利亚	4	4
BFA	布基纳法索	7	7
CMR	喀麦隆	6	6
CAN	加拿大	0	0
CPV	佛得角	6	6

资料来源：经济合作与发展组织官网。

应当强调的是，跨国银行必须拥有完善的内控机制。只有这样，流畅的报告制度才能确保监控国别风险的高管人员所用信息是真实可靠的，才能保证企业实际的国别风险被控制在先前预设的国别风险敞口上限以内。

12.10 小结

本章主要介绍了银行风险管理的各个方面。第十章主要讨论的是银行管理的基本原则，包括资产负债管理；而第十一章分析的是银行业面临的主要风险。本章在 12.2 节主要介绍了银行风险管理的基本概念。这一节还进一步讨论了银行公司治理框架对于在银行组织内部建立合规操作标准以及风险文化的重要意义。随后，我们分析了各种银行业风险的管理方法，尤其关注的是最近巴塞尔委员会各种指导文件提及的监管资本计算所涵盖的风险（信用风险、市场风险与操作风险）以及传统的资产负债管理（利率风险与流动性风险）。最后，由于跨国银行业务的重要性不断上升，我们在 12.9 节概要介绍了国别风险管理的主要特征。

风险管理是一个复杂且综合性的过程，包括创建合适的环境、维持高效的风险测量系统、监控风险经营活动并试图降低风险以及建立完善的内控机制。银行越来越需要采用更加正式的定量风险测量模型以及风险管理系统。

关键术语

事后检验	信用评估	负资产	尾部风险
公司治理	久期分析	风险文化	在险价值
信用核查	缺口分析	风险管理	信用配给
贷款利率	风险衡量	信用调查机构	资产增值抵押贷款
风险调整后的资本收益率			

主要阅读文献

Basel Committee on Banking Supervision (2010a) "Principles for enhancing corporate governance", October.

Basel Committee on Banking Supervision (2011a) "Basel Ⅲ: A global regulatory framework for more resilient banks and banking systems", December.

Basel Committee on Banking Supervision (2011d) "Range of methodologies for risk and performance alignment of remuneration", May.

Beltratti, A. and Stulz, R. M. (2012) "The credit crisis around the globe: Why did some banks perform better during the credit crisis?" *Journal of Financial Economics*, 105 (1), 1 - 17.

DeYoung, R., Peng, E. and Yan, M. (2013) "Executive compensation and business policy choices at US commercial banks", *Journal of Financial and Quantitative Analysis*, 48 (1), 165 - 196.

Hagendorff, J. (2014) "Corporate governance in banking", in Berger, A. N., Molyneux,

P. and Wilson, J. O. S. (eds), *The Oxford Handbook of Banking*, 2nd Edition, Oxford: Oxford University Press, Chapter 4.

Hagendorff, J., Keasey, K. and Vallascas, F. (2013) *Size, Risk and Governance in European Banking*, Oxford: Oxford University Press.

Jensen, M. C. and Meckling, W. H. (1976) "Theory of the firm: Managerial behavior, agency costs and ownership structure", *Journal of Financial Economics*, 3, 305 – 360.

Walker, D. (2009) "A review of corporate governance in UK banks and other financial industry entities, final recommendations", London: HMSO.

复习题

12.1 你对"风险文化"有何理解?

12.2 为什么银行的公司治理要比其他类型的企业更复杂?

12.3 什么是奖金上限?为什么人们对此有争议?

12.4 在管理信用风险时,怎样的操作才称得上"稳健"?

12.5 解释信用评分的过程,说明其主要用途。

12.6 缺口模型的主要局限性是什么?

12.7 为什么审慎经营的银行寻求波动率的最小化?

12.8 银行管理流动性风险敞口的主要技术手段是什么?

12.9 什么是在险价值?

12.10 测量与管理操作风险的内在困难是什么?

12.11 影响国别风险的主要因素是什么?

第四部分

银行业市场比较分析

第十三章

英国的银行业

学习目标

- 了解英国银行业市场的主要结构特征。
- 明确英国银行业近期业绩表现的发展趋势。
- 讨论和分析英国银行业不同部门竞争趋势不断增强的隐含意义。
- 理解金融危机如何影响英国的银行业。
- 了解英国支付系统的特征。
- 描述金融危机前与金融危机后金融监管的改变如何影响英国银行业的发展。

13.1　导论

英国银行业在 2007—2009 年全球金融危机中遭受重创。曾经盈利、勇于创新且生机勃勃的行业实际上消失了，并暴露出一系列的不足，而这些不足之处放大了金融危机的危害，深刻地影响着实体经济的发展。2009 年的《**特纳评估报告**》（Turner Review）认为有五个方面的因素在英国银行业的衰退过程中发挥着至关重要的作用。金融部门的快速发展，特别是零售金融业务的发展速度与整个经济的发展相比显得尤为迅速。金融行业的发展与金融杠杆水平（总资产与自有资本的比值）的不断增加是同步进行的，同时，金融系统也变得日益复杂（例如信贷产品和影子银行的证券化扩张，我们将会在第十八章详细探讨这一主题）。此外，不断扩张的银行业规模（特别是投资银行业务规模）使得金融产品的到期期限出现了很多新形式，这会降低对风险水平的预估，而风险管理过于信赖比较复杂的风险管理模型（比如在险价值模型）。现在形成的共识就是，风险评估和管理过程中所使用的数学模型越复杂，对于银行管理层来说，就越难真实地掌握银行所面临的风险状况。最终，为管理决定和交易策略服务的风险管理模型的运用导致内部关联程度很高，从而放大了银行业衰退带来的影响。作为全球领先的金融中心，英国银行业深受这些因素的影响，从而放大了其对金融危机的影响，加剧了金融危机的危害程度。

2007—2009 年的全球金融危机同时也向我们揭示了现有金融监管体系的脆弱，说明金融监管体系改革应该提上日程。在英国政府的改革计划中，银行部门的改革放在第二步。金融领域的第一步改革是金融服务监管改革，**《2012 年金融服务法》**（2012 Financial Service Act）便是改革的成果。2012 年的法律废止了金融服务管理局（Financial Services Authority，缩写为FSA），重新建立起三个金融监管部门：金融政策委员会（Financial Policy Committee，缩写为 FPC）、审慎监管局（Prudential Regulation Authority，缩写为 PRA）和金融行为监管局（Financial Conduct Authority，缩写为 FCA）。在这三家新成立的机构中，金融政策委员会和审慎监管局隶属于英格兰银行，而金融行为监管局是一家独立的监管机构，负责监管企业经营、消费者保护和市场行为（6.2.2 节对《2012 年金融服务法》有详细的介绍）。在写作本书的时候（2014 年），英国政府正通过**《金融服务法（2013 年银行改革法）》** ［Financial Services（Banking Reform）Act（2013）］推动银行系统的改革。英国政府希望通过《金融服务法（2013 年银行改革法）》实现英国银行业最重要的改革，这部法律的主要内容源自 2011 年 9 月**银行业独立委员会**（Independent Commission on Banking，简称独立委员会）提出的相关建议，就是我们所熟悉的**《维克斯报告》**（Vickers Report）里面的相关内容。

这里先快速介绍一下本章的主要内容，我们首先对英国的银行业发展做一个简单回顾，包括 2007—2009 年的全球金融危机是如何发生以及应该如何应对这次危机（13.2 节）。然后我们探讨一下监管体系的重要变革以及其对英国银行业的潜在影响，这是 13.3 节的内容。在13.4 节，我们会重点分析监管的结构安排以及最近发展的趋势特征。13.5 节回顾了英国银行业的金融结构，特别关注**主要的英国银行集团**（Major British Banking Groups，简称英国银行集团）。13.6 节分析英国银行业的业绩表现。13.7 节重点阐述英国支付系统的特征。13.8 节分析英国银行业的竞争状况，13.9 节对本章的内容进行总结。

13.2 金融危机中的英国银行业

发端于 2007 年年中的全球金融危机影响了不少国家，也严重地冲击着英国的银行业。本部分将会重点分析 2007 年年中到 2009 年年中发生的一些重要的危机事件。[①]

2007 年夏季爆发的美国次贷危机让全世界都开始关注银行向不动产行业所发放的贷款规模以及资产支持证券的价值（具体参见第十五章的美国银行业危机）。那些不动产贷款比重很高的银行受到分析师、储户和投资者们的重点关注。这些担忧从美国银行业迅速向世界其他国家银行业市场蔓延。2007 年 9 月，英国第一家受到冲击的是北岩银行（Northern Rock），具体情况请阅读专栏 13-1。北岩银行失败的根本原因包括在抵押贷款市场过于激进和过度依赖短期批发融资来源。在 2007 年 9 月，北岩银行面临的储户提款规模非常巨大，超过一个世纪以来任何一家英国银行面临的挤兑规模。为了安抚储户们的恐慌情绪，英国政府宣布为所有的储户账户提供全额担保。

---

① 有关金融危机对英国银行业的影响详见戈达德等（2009a）。本部分内容来源于他们的分析报告。

北岩银行的失败与重组

北岩银行的失败

英国北岩银行的前身是位于泰恩河畔纽卡斯尔的北岩住房互助协会（Northern Rock Building Society）。1965 年，北方郡县永久住房互助协会与岩石住房互助协会合并之后成立了北岩住房互助协会，其业务范围主要集中在北方。1997 年，北岩（连同其他几家比较大的住房互助协会）选择改制为银行，通过将会员制改为股份制 [即**股份化**（demutualisation）]，完成其银行身份的转变，将原来的会员性质共同资产转为商业银行资产（参照附录 13.1）。在1997 年到 2007 年的十年时间里，北岩的银行业务扩张计划非常激进，实施了一系列的改革措施，将重心从传统稳健的抵押贷款转向积极扩张的个人抵押贷款，其资金来源主要是短期货币市场上的融资和证券化（参考图 13 - 1）。通过这样的激进扩张，北岩银行在 21 世纪初的时候，在英国抵押贷款市场上的份额增长了三倍。1999 年，北岩银行占英国抵押贷款市场的比重为 3.6%（毛权重）和 6%（净权重）；而到了全球金融危机前夕，这两个数字分别上升为9.7%和 18.9%（英格兰银行，2007a）。

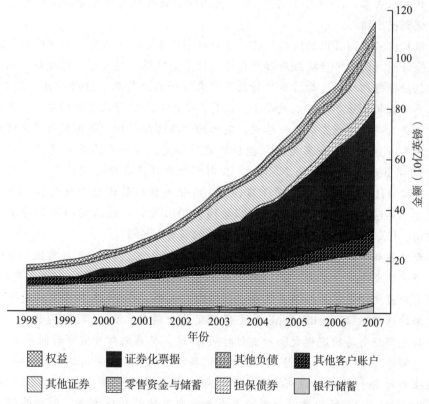

图 13 - 1　1998 年 6 月—2007 年 6 月北岩银行资产负债表增长情况与负债结构

资料来源：英国银行业（2007a）；北岩银行的季度报告和年度报告。

北岩银行贷款业务的快速扩张和融资的高度集中是以缩小利差为代价的，不论是利差绝对水平还是与其他银行相比，北岩银行的存贷款利差都不高。然而，这并不妨碍它被评为拥有高质量抵押贷款的高度资本化银行。标准普尔（2006 年 8 月）和穆迪（2007 年 4 月）都上调了其债务评级。其风险水平（信用违约互换利差）的市场测度比较稳定，在 2007 年年初，北岩银行依然有能力通过本金证券化项目融资 107 亿英镑，以及通过三类资产担保债券（抵押担保贷款依然进入银行的资产负债表）融资 22 亿英镑。2007 年，北岩银行所发行的证券化产品占所有英国金融机构发行的住房抵押贷款债券总额的权重超过 17%（英格兰银行，2007）。

然而，尽管北岩银行的信贷利差保持稳定，但从 2007 年年初开始，其股票价格就面临不小的压力。随着全球信贷和货币市场的形势恶化，北岩银行的信用违约互换的成本也在不断攀升，这又进一步促使北岩银行股票价格走低。为了偿还不断到底的短期债务，北岩银行的流动性面临挑战。到 2007 年 9 月中旬的时候，北岩银行依赖短期融资的经营模式弱点不断显现，因此它不得不想办法从长期资本市场上融资。那个时候，北岩银行还从英格兰银行购买了流动性保险。2007 年 9 月 14 日，北岩银行发布盈利警示，同一天，三方（英格兰银行、英国财政部和英国金融服务管理局）联合发布声明，宣称它们将会为北岩银行提供流动性支持。尽管三方发布的联合声明是一个利好消息，但它同时也证实了公众的担心，并成为北岩银行走向破产的导火索。

英国政府的应对措施还包括为所有北岩银行的储户提供存款保险计划。不过，随着金融危机的不断发酵，政府面临的选择越来越少。2008 年 2 月 17 日，随着北岩银行破产，英国政府试图为其寻找私人买家；2008 年 2 月 22 日，英国政府宣布将其实行全面国有化。

从国有化到被出售

在北岩银行被宣布国有化的时候，其总资产规模高达 1 000 亿英镑，政府为其储户提供全面的存款保险计划，北岩银行从政府那里获得的应急贷款规模超过 250 亿英镑。在处理公众股权事务上，北岩银行期待通过卖掉抵押贷款资产来偿还应急贷款，这样的话，到 2011 年年底的时候，客户储蓄担保业务就可以被移除。同时，随着私人银行业务的回报率上升，北岩银行期待能够重新进入一个增长发展期。然而，实际的亏损远超预期，英国政府重新评估选择，将北岩银行的业务一分为二：一家为私人控股的北岩集团，另一家为北岩资产管理（Northern Rock Asset Management，缩写为 NRAM）公司，北岩资产管理公司依然为公众持股，但会慢慢降低公众持股比例。2010 年 1 月 1 日，由 100 亿英镑的最优抵押贷款和 110 亿英镑现金所支撑的 210 亿英镑的个人储蓄被划给北岩集团。2010 年，重组后的新公司转变为**英国金融投资有限公司**（UK Financial Investments Ltd，缩写为 UKFI）。[①]

尽管公众持股部分的业绩表现低于预期——2010 年和 2011 年，北岩集团都没有完成其贷款目标，亏损比预期进一步扩大。2011 年，英国金融投资有限公司再次审视所有的备选方案，认为降低损失的最优方案就是尽早出售手里的股份。最终，在 2011 年年末的时候，财政部将北岩集团卖给维京理财（Virgin Money）公司（交易金额在 8.63 亿英镑到 9.77 亿英镑之间，具体取决于双方部分交易的规模大小和支付时间）。这笔交易的对外宣布时间是 2011 年 11 月，但最终完成时间是 2012 年 1 月。图 13-2 向我们展示了北岩集团买卖的大概流程。

英国国家审计署和英国财政部（2012）表明，尽管出售北岩集团给纳税人带来了总计 2.32 亿英镑的损失，但如果出售时间再晚点或者采取其他的处理方案，则会面临更多的不确定性，因此，及时出售的选择完全是合理的。

---

① 英国金融投资有限公司是由英国财政部控股的公司，负责金融机构中国有股份的管理，而这些金融机构的资金来源主要是纳税人所缴纳的税款。

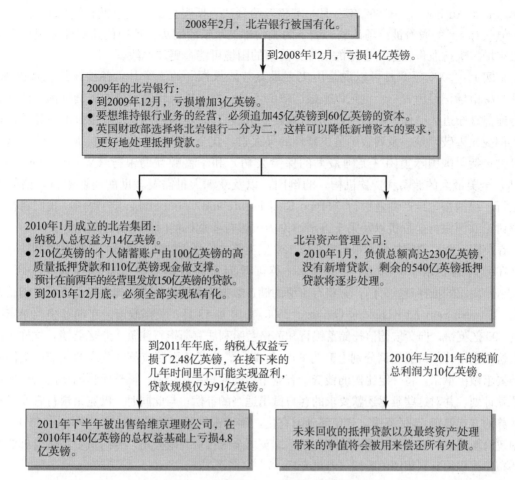

图 13 - 2　北岩集团：从国有化到被出售

资料来源：英国国家审计署（2012）。

说明：依据 2011 年的账目价值和出售亏损的中位数获得北岩集团的最新估计值。

顺着北岩银行快速发展的故事情节，英格兰银行认为英国经济进入衰退的可能性在上升，于是在 2007 年 12 月决定下调基准利率。这是一系列降息政策的开始，到 2009 年 3 月，基准利率降到了 0.5%，这是史无前例的低水平。

为了向处于挣扎边缘的英国银行系统注入更多的流动性，2008 年 4 月，英格兰银行引入了**特别流动性计划**（special liquidity scheme，缩写为 SLS），允许银行用高质量、流动性不足的抵押担保支持贷款和其他证券与国库券进行互换（参照专栏 6 - 3，讨论向苏格兰哈利法克斯银行和苏格兰皇家银行提供应急流动性的问题）。这一计划最开始只是临时性的举措，目的是让银行改善资产负债表，实现融资渠道多元化，但这一计划持续了将近四年的时间，直到 2012 年 1 月 30 日，官方才正式宣布结束。

尽管货币当局持续不断地向银行体系注入流动性，但不良资产侵蚀英国最大的几家银行业的资本所带来的市场担忧在不断上升。在接下来的几个月里，有好几家英国的银行宣布新的融资计划，但并不成功。例如，2008 年 7 月，巴克莱银行宣布，在发行的价值 45 亿英镑的股票中，只有 18% 的股份被市场认购，其他都由投资银行购买，包括卡塔尔投资管理局（Qatar

Investment Authority）。2008 年 7 月，苏格兰哈利法克斯银行试图通过发行股票融资 40 亿英镑，但只有 8％的股份被市场认购，剩下的股份都被承销商购买。英国的这些商业银行无法说服股东增持银行股份释放出这样的信号：前面的困境可能会更加严峻。

事实上，2008 年 9 月可以说是历史上最具"毁灭性"的一个月，各种坏消息接踵而至，全球金融市场正经历着一个世纪以来最严峻的考验：两家美国政府支持的房贷机构，即房利美和房地美宣布进入"保护状态"（政府有效控制其股权），美国第四大投资银行雷曼兄弟宣布破产。雷曼兄弟破产是一系列金融危机事件的导火索，让全球金融体系走向崩溃的边缘。这一系列事件包括美国国际集团（美国最大的保险公司）和华盛顿互助银行（Washington Mutual Bank，全美最大的储蓄和贷款机构）的倒闭，以及欧洲大量需要救助的商业银行，诸如德克夏银行、德国裕宝地产商业银行（Hypo Real Estate and Commerzbank）等——我们将在第十四章讨论欧洲银行业危机以及第十五章讨论美国银行业危机的时候进行详细论述。

在英国，劳埃德信托储蓄银行宣布以 120 亿英镑的价格收购陷入困境的苏格兰哈利法克斯银行（在政府的要求下）。2008 年 9 月末，英国政府宣布收购布拉德福德宾利（Bradford & Bingley）集团的抵押贷款部门，并将有价值的储户数据库和网络分支机构卖给西班牙桑坦德银行集团（Spanish Santander Banking Group）。2008 年 10 月 13 日，英国政府宣布向苏格兰皇家银行注资 200 亿英镑，向劳埃德信托储蓄银行和苏格兰哈利法克斯银行注资 170 亿英镑，这样英国政府在这两家银行的持股比例分别上升为 60％和 40％。为了正面回应英国政府的注资，英国的银行被要求做出承诺，将一定比例的钱贷给有竞争力的客户和小企业，调整面临困难的房屋所有人的还款计划，并对这些延迟还款要求的客户做出适当的补偿。与此同时，巴克莱银行宣布计划通过私募的方式筹资 65 亿英镑，避免部分国有化，确保银行股权的私人特性。2008 年 11 月 3 日，英国政府新成立一家"放手型"管理公司，即英国金融投资有限公司，专门负责经营管理北岩银行和布拉德福德宾利集团的股权（参见专栏 13-1）。

2009 年 2 月 21 日，根据《**银行法**》（Banking Act），英国建立了**特别处理机制**（special resolution regime，缩写为 SRR），赋予当局应用相应的工具和措施来干预和处理问题银行。随后不久，特别流动性计划、**信用担保计划**（credit guarantee scheme，缩写为 CGS）和**资产保护计划**（asset protection scheme，缩写为 APS）等相继出台。2009 年 3 月 30 日，当英国财政部宣布从邓福姆林住房互助协会（Dunfermline Building Society）接管价值 15 亿英镑的不良住房抵押贷款和商业贷款时，英国出现了第一家破产的银行。邓福姆林住房互助协会的其他贷款组合、储蓄以及其他分支机构的财产都由全国住房互助协会接管。

表 13-1 向我们简要介绍了英国财政部为支持英国银行渡过难关所采取的各类政策行动。这个表并没有包括英国政府为其他国家提供的贷款支持和承诺帮助，也没有包含广义上支持经济发展的其他政策（比如，英格兰银行的量化宽松政策）。我们可以将为银行提供帮助和支持的政策分为两大类：第一类是提供现金支持（比如，为金融服务补偿计划提供的贷款、为偿债能力不足的银行提供的贷款，以及为苏格兰皇家银行和劳埃德信托储蓄银行提供的再融资贷款）；第二类是提供担保和非现金支持（比如，前文中提到的信用担保计划、特别流动性计划和资产保护计划等）。英国国家审计署提供的数字表明，英国政府为银行业提供的金额最高达到 11 620 亿英镑。

我们可以发现，从 2007 年中期次贷危机爆发以来，很多事情都发生了改变，而这些改变背后隐含的意义现在开始显现，很显然，我们今天的银行体系与前些年的银行体系相比，有着非常明显的差别。到 2009 年年末，全国最大的两家商业银行——苏格兰皇家银行（参考专栏

13-2）和劳埃德信托储蓄银行已经是国有控股银行，而北岩银行和布拉德福德宾利集团完全国有化。那些没有被国家控股的商业银行也直接或间接地受益于英国政府通过英格兰银行实施的大规模资产和流动性宽松支持计划。

表 13-1　2007—2012 年英国政府为英国银行提供的各类支持

干预类型	干预行为	目标
现金支持	再融资	为劳埃德信托储蓄银行和苏格兰皇家银行提供再融资服务，防止其破产。通过一系列交易，最终控股 83% 的苏格兰皇家银行和 41% 的劳埃德信托储蓄银行。
	通过金融服务补偿计划借款	为储蓄客户提供价值 5 万英镑的担保。
	直接借款给偿债能力不足的银行	直接借钱给偿债能力不足的银行，方便它们能够偿还规模超过 5 万英镑的客户提现。受益银行包括伦敦苏格兰银行、邓福姆林住房互助协会和冰岛银行的英国储户，冰岛银行包括：荷瑞特保（Heritable）银行、考普森（Kaupthing）银行、兴格-弗里德兰德（Singer & Friedlander）银行、国民银行（Landsbanki）。
	国有化	将北岩银行和布拉德福德宾利集团国有化以保护银行储户的利益，逐步有秩序地解除银行所负债务和财政部的责任。
担保义务	特别流动性计划	该计划（2008 年 4 月到 2012 年 1 月）的目标是为英国的银行提供流动性。这是英国央行的计划，英国财政部为此提供担保，英国的银行在付费的基础上，可以用自己的资产与流动性更强的国库券进行互换。
	信用担保计划	该计划（2008 年 10 月到 2012 年 10 月）的目标是帮助修复投资者的信心，通过提供短期流动性为未担保负债提供担保。
	资产保护计划	该计划（2009 年 1 月到 2012 年 10 月）的目标是保护银行资产负债表上的资产。该计划最初只为苏格兰皇家银行和劳埃德信托储蓄银行提供帮助，但最后只有苏格兰皇家银行参加，劳埃德信托储蓄银行在 2009 年 11 月从其股东那里筹资 25 亿英镑之后退出该计划。因为该计划鼓励信贷的扩展，从而取得了部分成功。

资料来源：英国国家审计署（National Audit Office）官网。

专栏 13-2

为什么苏格兰皇家银行会失败？

在 2008 年 10 月，苏格兰皇家银行实际上已经破产了，并部分被国有化。从 2008 年 10 月 7 日开始，苏格兰皇家银行的运行和融资都依赖英格兰银行提供的紧急流动性援助；2008 年 10 月 13 日，英国政府宣布为苏格兰皇家银行提供总额为 200 亿英镑的新股发行融资服务。随后，政府增加资金注入，总规模达到 255 亿英镑。苏格兰皇家银行的破产让英国的纳税人损失惨重。此外，它的破产对金融危机的全面爆发也起着非常重要的推波助澜的作用，从而引发经济的严重衰退。

在 2009 年 3 月，金融服务管理局的执行部门开始调查 2007 年到 2008 年间实际上已经破产的金融机构。尽管这个调查的结果并没有向公众公布，但金融服务管理局还是就苏格兰皇家银行破产出具了一份非常详细的报告，其目的是更好地找到在苏格兰皇家银行破产的过程中，金融服务管理局自身在监督和管理过程中存在的不足。

金融服务管理局的报告内容可以概括为以下几个方面。

为什么苏格兰皇家银行会破产？糟糕的管理决策、无效监管和有问题的督导机制

金融服务管理局（2011）认为，苏格兰皇家银行之所以会破产，主要可以从六个方面加以解释：

（1）资本化。苏格兰皇家银行的资本头寸管理存在非常明显的不足，其根源是管理决策无效，资本结构管理存在比较大的问题。

（2）流动性。过分依赖风险较大的短期融资方式。

（3）资产质量。苏格兰皇家银行的基础资产质量令人担忧且存在诸多不确定性，反过来又影响了金融服务管理局对其开展基本面分析的素材。

（4）交易活跃度。信贷活动带来的大规模亏损严重伤害了市场信心。不论是苏格兰皇家银行的战略还是金融服务管理局的监管方法，都大大低估了结构性信贷引发的亏损。

（5）并购荷兰银行。苏格兰皇家银行在并购荷兰银行之后，并没有审慎地评估并购存在的风险且处理措施不当。

（6）系统性风险。在应对系统性金融风险时，资产结构安排不合理、头寸存在问题的银行尤其容易破产，苏格兰皇家银行就是这样的银行。

资本化

导致苏格兰皇家银行破产的直接原因是流动性枯竭。但市场对其资本充足性（银行体系资本充足性问题始终存在）的关注也是导致其破产的关键原因。很显然，现在的资本监管框架比金融危机前要完善许多，第二版《资本协议》针对银行系统资本充足性问题也做了比较大的改革。然而，即便考虑其资本结构的特殊性，与同行相比，苏格兰皇家银行的资本充足性还是偏低，而且低质量的资本所占比重过高（参考图13-3）。此外，并购荷兰银行使其资本头寸进一步弱化。

例如，金融服务管理局评审小组预测，如果在金融危机爆发前就实施第三版《资本协议》关于资本的定义，那么在2007年年末的时候，苏格兰皇家银行的一级资本充足率仅为2%（第三版《资本协议》的最低标准是4.5%，而金融稳定委员会和巴塞尔委员会为系统重要性银行设定的标准是9.5%，参考7.7.4节关于第三版《资本协议》的内容）。因此，我们可以很清楚地看到，在金融危机爆发之前，苏格兰皇家银行的资本充足率就存在不足的问题。

流动性

苏格兰皇家银行之所以陷入危机是因为过度依赖批发融资。在同行业中，它是短期批发融资缺口最大的几家银行之一，与行业内的其他银行相比，它尤其依赖隔夜拆借融资和无担保融资。并购荷兰银行进一步加剧了其对短期批发融资的依赖。

回到我们在前文中谈到的例子，如果按照第三版《资本协议》的流动性覆盖比率指标，金融服务管理局评审小组估算在2008年8月底的时候，苏格兰皇家银行的流动性头寸比例水平为18%~32%，与未来100%水平的标准相比，差距很大。

资产质量

此外，这些年苏格兰皇家银行的资产负债表和杠杆比例快速上升是导致金融危机的重要原因，当然，苏格兰皇家银行的扩张与整个银行业部门的信贷快速增长和杠杆快速上升是同步的。尽管苏格兰皇家银行的投行部门——全球银行与市场部门——是增长速度最快的部门，但苏格兰皇家银行的其他贷款部门同样在不断扩张。于是，在很多商业领域，贷款出现了呆坏账，从而引发了巨额亏损，尤其是在商业地产领域。事实上，在2007—2010年间，各类贷款和透支放款引发的坏账损失高达325亿英镑，明显地高于其他信用活动导致的177亿英镑的亏损。

交易活跃度

在2007年早期，苏格兰皇家银行累计的含有信用风险的各类敞口交易投资组合在其信贷活动中的比例就有非常显著的上升，这当然与其在2006年中期所制定的扩张政策紧密相关。并购荷兰银行使得苏格兰皇家银行的信用交易活动带来的各类资产吸引力下降。这引发了市场的担忧，其应对市场不确定性的能力在下降，并变得更加脆弱。

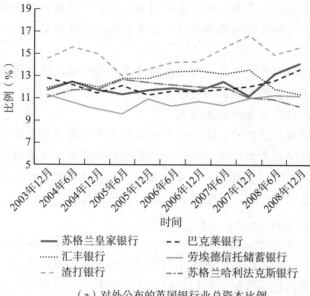

（a）对外公布的英国银行业总资本比例

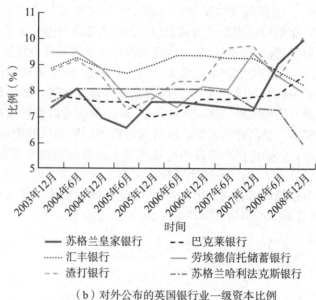

（b）对外公布的英国银行业一级资本比例

图 13 - 3　苏格兰皇家银行的资本构成

资料来源：2003—2008 年年度报告和中期报告；金融服务管理局（2011a）。

并购荷兰银行

　　通过并购荷兰银行构建大集团的战略反而让苏格兰皇家银行陷入更大的困境。为了完成并购，苏格兰皇家银行首先考虑的融资方式是短期借款，而不是发行股票，这严重地侵蚀了苏格兰皇家银行的资产充足性，使其更加依赖短期批发融资。并购显著地增加了苏格兰皇家银行对结构性信贷和其他资产类别的风险头寸，随后苏格兰皇家银行的很多亏损也都来自这些资产。考虑到全球金融危机的大背景，作为并购后大金融集团的主导者，市场对苏格兰皇家银行的信心明显不足。

系统性风险

　　2008 年的夏天，市场不确定性进一步增强。2008 年 9 月，随着雷曼兄弟破产，市场信心瞬间崩塌，这对所有的银行都带来或大或小的影响和冲击。特别是那些资本金、流动性或资产质量表现不佳的银行，受到的影响更为明显，其中就包括苏格兰皇家银行。

总体分析

导致苏格兰皇家银行破产的很大一部分原因是系统性风险，这也是整个金融系统的失败带来的结果。但事后来看，苏格兰皇家银行董事会和管理层在2006年到2007年间所做出的糟糕的管理决策才是其陷入破产境地的根本原因。

金融服务管理局评审小组认为，差劲的管理决策才是导致苏格兰皇家银行破产的原因。不管是从当时来看，还是事后分析，这些错误的决策折射出苏格兰皇家银行管理效率低下、管理风格涣散、公司治理不合理、支票和余额管理不当、没有良好的复核和纠偏机制、公司管理文化特别是在风险和增长之间平衡的态度存在比较严重的问题。

资料来源：金融服务管理局（2011），具体可参见其官网。

英国国家审计署（2013）向我们揭示了自全球金融危机爆发以来，经过英国财政部同意向银行系统提供的金融支持最新数据，我们可以从中了解到：提供帮助的具体金额有多少？有多少支持还在继续中？花费了多少纳税人的钱？直到2013年3月，还未结束的援助总额为1 410亿英镑（与2012年的2 420亿英镑和最高峰时的1.2万亿英镑相比还是下降了不少）。在这1 410亿英镑中，1 150亿英镑以现金的方式提供，260亿英镑以担保承诺的方式存在。提供这些帮助和支持并不是免费的，英国财政部对所提供的担保承诺和现金贷款都是收利息的。如果将机会成本和所承担的风险都考虑进来，那么，英国政府从2008年开始的援助计划在金融部门的救助中一共花费了纳税人50亿英镑。英国国家审计署陈述道，如果没有这样的金融救助计划，金融危机带来的亏损则很难估算，因此，这50亿英镑可以被看成在金融危机中维护金融行业稳定所付出的成本。最高峰的时候，政府为银行部门所提供的援助超过了1万亿英镑。然而，如图13-4所示，包括担保承诺在内的规模庞大的政府援助干预在2012—2013年出现了显著性减少。这主要是因为资产保护计划和信用担保计划的结束（详见表13-1）。此外，北岩资产管理公司和布拉德福宾利集团归还了31亿英镑的贷款，并从其他金融机构那里回收了价值15亿英镑的贷款（英国国家审计署，2012）。

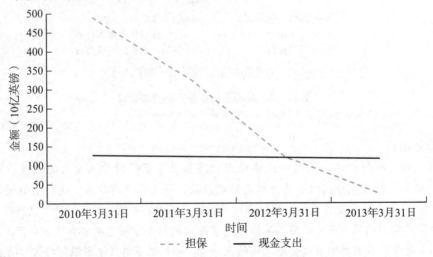

图13-4　2010—2013年英国银行部门的未结担保

资料来源：英国国家审计署（2013）。

13.3　监管改革与英国银行业的改头换面

自 20 世纪 80 年代中期以来，英国银行和金融服务业的监管大环境就有了非常巨大的转变。为了更好地理解 13.2 节所谈到的各类事件带来的改变，我们有必要回顾一下从 20 世纪 80 年代到 21 世纪初，英国政府所实施的一系列金融改革措施。

总的来说，与此相关的法律涵盖了三大领域。第一，一系列的监管措施改革都是为了寻求减少不同金融服务机构（特别是银行与住房互助协会）之间的界限，正如减少商业银行业务和投资银行业务之间的区别一样。第二，英国将很多欧盟关于银行的法律引入国内，这样是为了更好地运用单一银行业务执照（方便英国的银行在欧盟国家开展业务），大大地调和了商业银行和投资公司之间的审慎监管分歧。第三，2001 年，《金融服务与市场法》（Financial Services and Markets Act）的通过将整个金融系统的监管职责由原来的英格兰银行转移给超级监管者——金融服务监管局，这样英格兰银行就可以专门服务于货币政策这一目标。

对住房互助协会监管政策的改变大大影响了商业银行零售业务部门的竞争态势。讽刺的是，原本是想通过改革来提升住房互助协会与商业银行竞争过程中面临的不利境况，但最终的结果是让住房互助协会失掉了更多的市场份额，出现了全方位的下降。这其中的原因是，住房互助协会实施股份化改革，导致很多资产从住房互助协会转向商业银行部门（参见附录 13.1）。

另一个受到法律层面改革影响非常大的业务是国内商人银行的重构。早在 1986 年"**大爆炸**"（big bang）改革实施之前，投资银行业务和证券业务都由英国国有银行掌控，这些银行都是城市合伙制。一些全资独立的英国公司，诸如摩根建富（Morgan Grenfell）、克莱沃特-本森（Kleinwort Benson）以及华宝（Warburg）等垄断了国内的证券业务。在"大爆炸"改革中，英国的商业银行成为伦敦证券交易所的会员，证券经纪业务和股票公司（在证券交易所大厅开展业务的公司）业务之间的法律界限也被废除了。这让国内和外国的商业银行（主要是美国的投资银行）在并购英国证券公司方面都表现出疯狂的态势。在经历 1987 年股市暴跌之后，这股并购的浪潮才逐渐消退，即便如此，在 1989 年，德意志银行依然购买了摩根建富。在经济衰退之后，特别是 1995 年市场进入复苏以来，到 2005 年，在英国市场上很难找到完全独立的国内商人银行。从 2005 年开始，英国市场上的投资银行业务和证券业务基本上被美国的大公司（高盛、摩根士丹利、美林证券）和其他的瑞士银行（瑞士信贷和瑞银集团）以及德国银行（德意志银行）所垄断。英国的银行，诸如巴克莱银行和苏格兰皇家银行，之前投资银行业务所占的比重在整个业务体系中都比较高，在国外投资银行竞争压力之下，都开始将业务重心转向信贷领域。

与商业银行、投资银行、证券公司和保险公司经营相关的结构性去监管意味着这些金融机构有可能成为全能型选手。英国政府在 1999 年成立专门的金融监管机构（金融服务管理局）的决定是英国银行业全能化发展的另一个信号。

前文所提到的各种放松监管行为的最终目标都是创造一个更加有竞争力、有创新性的银行和金融系统。国内的商业银行开始在更广阔的领域介入非利息收入的业务，与国内其他金融机构和国外银行开展竞争，同时，一些新成立的非银行金融机构也开始提供金融服务担保。存在过度竞争的领域之一便是不动产信贷市场，这个市场的泡沫也越吹越大。当美国房地产信贷市场的泡沫破灭之后，在 2007 年中期，这股浪潮跨过大西洋，来到英国，英国的银行在不动产市场上的泡沫也面临破灭的危险。

英国监管部门对金融危机的反应速度还是很快的，目的是让处于危机的金融体系重新回到稳定状态（参见13.2节的内容）。此外，有一点也非常明显，那就是英格兰银行、英国财政部和金融服务管理局三方各司其职、分开监管的效果在此次危机中并不是很好。因此，2011年，英国政府正式发布《金融监管新方法：改革蓝图》（A new approach to financial regulation—the blueprint for reform）的白皮书，全面阐述监管改革方案。《2012年金融服务法》随后得到议会批准，规定自2013年4月起正式施行准"双峰"金融监管体制。新改革方案赋予英格兰银行维护金融系统稳定的核心地位，并撤销金融服务管理局，将其拆分为审慎监管局和金融行为监管局。本书在6.2.2节对《2012年金融服务法》做过详细的说明。

2012年，英国银行体系也卷入不同类型的危机中：英国最大的信贷机构被宣称卷入伦敦银行同业拆借利率操纵案，专栏13-3将对此加以介绍。鉴于这一丑闻带来的不良影响，英国政府通过了一项新的法案，目的就是监管伦敦银行同业拆借利率，并确保在英国任何干预市场基准利率的行为都是违法行为。

专栏 13-3

伦敦银行同业拆借利率操纵案

了解伦敦银行同业拆借利率

伦敦银行同业拆借利率是全球价值350万亿美元各类金融产品价格的基准。伦敦银行同业拆借利率的出现与伦敦是世界金融中心紧密相关：全球超过30%的外汇交易和超过20%的国际信贷都发生在伦敦金融市场。

从传统上看，伦敦银行同业拆借利率被英国银行家协会（到2014年2月为止）按照如下方式进行设定：

（1）每天全球银行专门小组都会发布一份各种时间周期的借贷利率。

（2）个人借贷业务报价在每天上午的11点发布。

（3）路透社会剔除部分最高价和最低价，然后用中间报价来计算平均水平。这个过程会重复150次，从而获得10种货币在15个不同时间周期中的报价水平。

（4）一旦伦敦银行同业拆借利率计算完毕，就会在当天对外发布。

（5）伦敦银行同业拆借利率为广大金融产品提供定价基准，这些金融产品包括大量的批发金融产品、金融衍生品，还有住房零售抵押贷款、信用卡以及公司贷款。

当全球银行对外发布的伦敦银行同业拆借利率是它们精心操纵的，目的是有利于自己的金融衍生品定价时，就会出现很多问题。下面我们会详细说明其中的内幕和丑闻。

调查伦敦银行同业拆借利率的庞大任务越来越清晰

2012年，当巴克莱银行首先承认操纵伦敦银行同业拆借利率时，政客、监管官员和银行家们表现出惊人一致的见风使舵行为，对外承诺要还银行间借贷市场一个清白，并且调查其他容易被操纵的市场指数是否存在问题。

15个月之后，这一庞大的目标任务变得越来越清晰。四家大银行和一家交易商因操纵伦敦银行同业拆借利率而支付了35亿英镑的罚款，这比预想的金额要大。公布出来的利率操纵案涉及三大洲的金融中心，包括新加坡、纽约和伦敦，这些金融中心的金融机构通过邮件、聊天室公开讨论如何影响每天的利率水平，从而通过金融衍生品交易谋利。

雄心勃勃的投资银行也存在很多不当行为。全球最大的农业贷款机构荷兰合作银行（Rabobank）这周也被罚款 10 亿美元，这是第二高的罚款记录，银行首席执行官被迫辞职。

与此同时，寻找一个不会被操纵的基准利率来代替伦敦银行同业拆借利率的工作也被提上日程，但有三个问题拖住了这个进程。第一，到目前为止，大量以伦敦银行同业拆借利率为基准的合约持有者，包括 30 年期的住房抵押贷款合约持有者，都不愿意接受用一个新的利率水平替代伦敦银行同业拆借利率。第二，银行间借贷市场比较低迷，还没有那么多交易可以支撑一个新的基准利率。第三，这周的市场交易非常萧条，仅依靠一个交易基准利率是解决不了问题的。

世界上最大的几家银行——包括几家伦敦银行同业拆借利率的参与银行——对外证实它们正在配合有关操纵外汇市场汇率的案件调查。巴克莱银行、苏格兰皇家银行、摩根大通以及花旗银行的相关员工都被解雇，还有其他几家银行正在进行内部调查。据说监管人员特别重视不同银行交易员之间发送的短信。尽管调查还处于初始阶段，但关于伦敦银行同业拆借利率丑闻的早期调查以回忆录的方式开始对外公布。

不过，这一次的丑闻不会因为被调查或交易减少而受到指责。外汇市场是世界上流动性最好的市场，存在问题的汇率都是在特殊窗口时期真实交易基础上形成的。

如果利率的形成机制不能有效地阻止被操纵的命运，那么，监管人员又应该做些什么呢？本周瑞银集团对外宣布，它们被命令筹集 50% 的大量资本以应对法律、合规和经营风险，这就是瑞士监管部门给出的信号。全球监管者的思路基本雷同，专注银行监管事务的巴塞尔委员会在 2012 年就警告说，为了解决这一领域存在的难题，有必要在全球范围内筹集资本应对困境。

关于这一问题发展最乐观的看法是，监管部门通过提高资本要求比例，迫使银行更加谨慎地开展业务，履行合规职责。悲观主义者认为，监管部门本来已经下定决心要解决这一难题，但最终还是放弃了。从根本上来讲，监管部门的态度好像是，即便它们不能阻止舞弊行为的发生，但它们至少可以让银行有足够的现金来应付无法避免的法律诉讼和赔偿事宜。

新的伦敦银行同业拆借利率安排

2014 年 2 月 1 日，管理伦敦银行同业拆借利率的职责从英国银行业协会转移到洲际交易所基准管理机构（ICE Benchmark Administration，缩写为 IBA），这是洲际交易所下属的一家公司，洲际交易所控股纽约证券交易所和泛欧交易所（Euronext）。在英国政府独立调查结束之后，洲际交易所被赋予这一职责。洲际交易所基准管理机构受英国金融行为监管局控制。洲际交易所用《安全文件传输协议》（Secure File Transfer Protocol，缩写为 SFTP）的方式承担对外发布伦敦银行同业拆借利率的职责，此前这一职责属于路透社。具体的流程安排详见图 13-5，其目的主要有以下几个方面：

● 在强监管和政府框架以及市场引导确认技术的支持下，伦敦银行同业拆借利率的收益率值得信赖、公平且严谨。

● 执行一套全新的事后监督和测试系统，目的是确保伦敦银行同业拆借利率发布和其利率水平的可信度。

● 引入一套全新的监督方法来应对变化的市场环境，执行更加复杂的分析工具让基准价格设定流程更加公开透明。

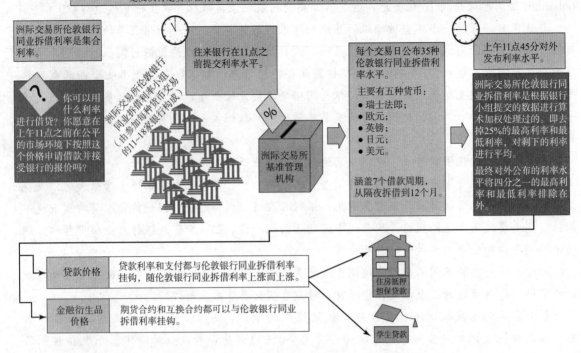

图 13 - 5　新的洲际交易所伦敦银行同业拆借利率安排

资料来源：Ben Freese and Johanna Kassel（2013）"Understanding LIBOR"，*Financial Times*；Brooke Masters（2013）*Financial Times*，1 November；ICE Benchmark Administration.

13.3.1　英国银行业监管的新思路

当英国财政部意识到英国银行业由于结构性以及其他特征需要进行一场改革时，2010 年 6 月，英国财政部成立了一个专门负责银行业改革的独立委员会，委员会主席是约翰·维克斯（John Vickers）爵士。独立委员会被要求对以下问题提出对策建议：

● 降低银行业的系统性风险，探索不同大小、规模和功能的银行业风险水平测度方法；

● 缓和银行业领域的道德风险；

● 降低银行破产的可能性和影响，用一种新视角在确保满足银行消费者和委托客户需求的基础上，提升零售银行业务和投资银行业务的竞争水平，特别是要考虑如何使大银行既能够发挥其大而不倒的特性，又能充分发挥其竞争优势，还要考虑如何清晰地界定这个"大"的程度。

2011 年 9 月，独立委员会（2011）的最终报告出炉。报告主要的建议措施是在零售银行建立**栅栏原则**（ring-fencing），增强资本来源渠道以及更加科学地测度竞争状况。报告更多的关注放在栅栏原则分析上，该原则的目的是保护零售储户的利益，将其与高风险的投资银行业务区分开来。简单来说，栅栏原则就是将开展零售储蓄业务的银行与承接一系列金融活动但不直接提供支付服务和贷款业务的银行隔离开来。专栏 13 - 4 是从《金融时报》上摘取的有关这份报告的评论文章。

面对现实：《维克斯报告》

栅栏原则

（1）对外宣布了什么？

英国的银行必须将大型商业银行存贷业务与投资银行业务分开。栅栏原则必须将所有零售客户和小企业储蓄业务和透支业务涵盖进来。而投资银行业务必须排除在外，投资银行业务包括金融衍生品业务、债券和股票承销业务以及证券的投资与交易业务。银行也可以根据具体情况，对其他的业务进行分类，看看是否需要排除在外，这些业务包括为消费者和企业提供的贷款业务以及贸易融资业务。

（2）受影响最大的是谁？

改革将会触发所有英国大型商业银行业务发生结构性的根本变化。独立委员会预测在栅栏原则实施之后，背后涉及的资产规模为1.5万亿英镑~2.3万亿英镑。允许单个金融机构决定底线划在哪里意味着它们将会修改规则以便满足各自模型的需要。无论如何，作为英国最大且业务最多元化的两家银行——巴克莱银行和苏格兰皇家银行可能是受影响最大的银行。

（3）批评人士会说些什么？

英国对零售业务使用栅栏原则进行分类，可能会鼓励可以从事这些业务的商业银行在开展业务活动时敢于冒更大的风险，这些业务包括住房抵押贷款以及个人和公司的贷款，因为它们对所处的环境更有信心，知道不会被排除出去。银行家们则抱怨英国在最坏的阶段实施栅栏原则只会越来越糟糕，特别是在经济下行，而且政策效果未明确的情况下实施这一原则。

（4）《金融时报》的观点。

有弹性地实施栅栏原则，特别是当银行决定在哪些领域——比如是否包括大公司的储蓄和贷款——实施栅栏原则时给予其一定的自主裁决权，是独立委员会为达成基本目标而做出的有效折中办法。

资本要求

（1）对外宣布了什么？

按照栅栏原则，银行持有质量和安全系数等级最高的权益资本占风险加权资产的最低比例为10%。对于最顶层的资本，维克斯建议银行至少应该有17%~20%的吸纳亏损的资本规模。这些资本包括权益资本、其他资本、内部救助债券、长期无担保债券、或有资本及应急可转债。

（2）受影响最大的是谁？

所有的英国银行都会受到影响，尽管它们已经开始朝这个方向努力。《维克斯报告》提出的标准要比第三版《资本协议》的规则高一些。分析师预计，除了最高等级的权益资本外，一般情况下，银行还会有占风险总资产15%~25%的亏损吸收负债。

（3）批评人士会说些什么？

这些资本要求已经超过国际上一致形成的标准。瑞士对商业银行的资本要求显著高于这一标准，因为瑞士要求商业银行准备充足的资本缓冲。商业银行本身就是意见最大的批评者，它们认为，在英国实施如此严厉的监管标准将会大大降低英国银行在国际上的竞争力。还有一些人士认为，这一建议可能会推高英国企业的借贷成本，这让它们在对外竞争中处于弱势地位。

(4)《金融时报》的观点。

在这次金融危机中，导致银行破产的最大原因就是资本太少，所以，提高资本要求是必然的选择，肯定会被提及。尽管栅栏原则中对资本比例的要求高于第三版《资本协议》的水平，但独立委员会对不需要遵守栅栏原则的银行提出的建议水平与国际标准是一致的。银行想要有更多的缓冲，提高亏损吸附资本的比例是必然选择，这方面不应该有什么争议。

成本

(1) 对外宣布了什么？

独立委员会投入银行业的成本费用每年大概为 40 亿英镑～70 亿英镑。不过，独立委员会预测社会成本可能会进入缓慢增长的阶段，将会处于 10 亿英镑～30 亿英镑的水平。这些成本主要是源于更高的融资成本，特别是对于非栅栏原则企业。经营方面的改变也会带来成本的增加，但增加的幅度会非常小，这一方面的增长主要表现为在零售部门中成立独立的董事会。

(2) 受影响最大的是谁？

银行股东、贷款人、员工以及客户都会受到不同程度的影响。独立委员会认为受影响最大的是非栅栏原则企业，它们的融资成本更容易上升。英国的借款人受到的影响可能比较小。总的来说，独立委员会认为借款成本平均可能上升千分之一，比原来预计的要低。

(3) 批评人士会说些什么？

当银行和企业集团在企业模型的压力之下不得不做出改变时，可能会给放贷业务和贷款回收带来不小的影响，会让成本增加几十亿英镑。它们担心，尽管执行这一原则要求是在 2019 年，但银行不得不提前进行业务重构，这会给它们的放贷能力带来不小的压力。

(4)《金融时报》的观点。

独立委员会预计金融危机带来的年度损失为 400 亿英镑，因此，70 亿英镑的成本看上去还是值得的。独立委员会的预测比很多银行自己的预测要低，这些银行预测的成本大约为 100 亿英镑。很大一部分原因是 2019 年才实施相关规定。此外，如果能够有效防范其他危机事件，那么，这个成本还是值得的。

竞争

(1) 对外宣布了什么？

一系列改革的措施主要聚焦于为零售客户和小企业客户提供开设银行账户的机会。独立委员会希望通过劳埃德信托储蓄银行出售分支机构的投资组合，从而为市场创造一个新的竞争对手。它创造了一个新的全行业服务转移机制，允许客户在 7 天之内选择不同的服务提供商，并且建议银行提供费用结构明细，监管者也可以更好地对市场竞争状况加以监控。

(2) 受影响最大的是谁？

作为规模最大的高质量贷款人，劳埃德信托储蓄银行是独立委员会建议考虑的中心机构。最终的建议比原来担忧的要温和：劳埃德信托储蓄银行必须确保其出售的业务规模占当前英国银行相关账户的 6%，但没有必要出售更多的分支机构。对市场整体来说，那些长期以来抱怨很难从大银行手里分享市场份额的新进入者和小银行们将会从这一转移服务机制中受益。

(3) 批评人士会说些什么？

总的来说，为消费者和小企业考虑的竞争促进措施广受欢迎和支持。不过，消费者保护组织担心这些措施的实施需要很长一段时间，而且，通过这些措施的执行让市场发生真正的改变可能需要的时间会更长。同时，一些分析人士也觉得针对劳埃德信托储蓄银行的市场份额标准设定有些低。最初的时候，独立委员会希望能够尽可能降低劳埃德信托储蓄银行在当前账户服务中所占的比重，但在最终提案中没有获得批准。

（4）《金融时报》的观点。

劳埃德信托储蓄银行逃过一劫。它不需要出售更多的分支机构，原本以为分支机构的出售会让其市场份额降至 25％，但实际上根本没有达到这一目标，很多业务没有受到影响。同时，由欧盟主导的分支机构处理业务不应该被停止。劳埃德信托储蓄银行依然可以向新进入者出售业务，只要能够满足 6％ 的标准就行。一个更简单、更快的服务转移机制已经清晰可见。第一手资源解决方案（Firstsource Solution）公司的一份调查表明，半数受访者表示如果期限设定为 7天，那么他们将会考虑转移服务提供商。

资料来源：Just the facts：the Vickers Report, *Financial Times*, 12/09/11 (Sharlene Goff). © The Financial Times Limited. All Rights Reserved.

在考虑独立委员会建议的基础上，英国财政部（2012）发布了名为《银行改革：维护稳定和支持可持续发展的经济》（Banking reform：Delivering stability and supporting a sustainable economy）的白皮书，白皮书中专门谈到针对英国银行部门的改革方案。

经过一段时间的商谈之后，2013 年 2 月，英国首相向议会提交了一份《银行改革法》（Banking Reform Bill）。该法案吸收了独立委员会的很多建议，目的是将英国银行业的零售业务与投资银行业务分开，在零售银行之间实现栅栏原则，这样的话，即使整个银行业出现危机，也不会影响到零售银行的最根本业务。政府还保证，如果法案被通过，那么一定会在银行业实施栅栏原则，这就意味着，监管部门如果发现银行违背了栅栏原则，就可以将一家银行一分为二，将商业银行业务与投资银行业务完全隔离。

《银行改革法》（2013 年获得英国王室同意）的内容[1]包括：

• 将栅栏原则引入个人和小企业储蓄业务中，将高风险业务与低风险业务相区分，这样在遇到麻烦的时候可以最大限度保护纳税人。

• 确保新成立的审慎监管局能够合理地将商业银行业务和投资银行业务进行区分，赋予监管机构足够的权力对单个银行进行业务拆分。

• 在金融服务补偿计划项目保护下，当银行破产时，优先照顾储户的利益，赋予政府相应的权力，让它们有能力要求银行准备足够的资本来应对亏损。

总的来说，法案的目标是通过栅栏原则，让个人和小企业的储蓄业务能够与高风险的投资银行业务区分开来，当银行陷入破产境地时，能够让受保护的储户优先得到赔偿，让政府有权力督促银行准备足够的资本来吸收损失。不过，对大量遵守栅栏原则的银行来说，英国政府并没有采纳独立委员会关于更高比例要求的建议，而是追求欧洲水平。

纵观全局，2013 年《银行改革法》的目的是建立一个更加有弹性、稳定且有竞争力的银行体系。[2] 英国当前的银行体系结构将在 13.4 节进行说明。

13.4 英国银行体系结构

本节的主要目标是回顾英国银行业的结构特征，特别要聚焦英国银行集团（又称为主要的

---

① 参见英国政府网站，找到名为"创造更强和更安全的银行"的政策。
② 该法案可在英国政府网站下载。

英国银行集团、主要的大型商业银行集团），以及它们近期的发展趋势。从 2007 年中期开始，银行业的并购重组进一步巩固了银行业的垄断趋势，给银行业市场带来了一些负面影响，这让主张**竞争政策**（competition policy）的制定者们感到有些担忧，从而给银行施压。

13.4.1 银行的数量和类型

与欧洲其他几个大国相比，英国的银行数量其实很少。如图 13-6 所示，获得批准的银行机构总数量从 1985 年的 600 家下降到 2013 年的 298 家。该图还向我们揭示了在同一时间段，住房互助协会的数量也处于下降趋势。

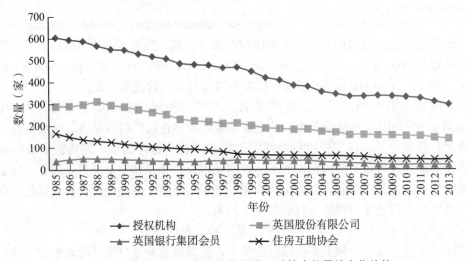

图 13-6 1985—2013 年银行与住房互助协会数量的变化趋势

资料来源：数据截止日期是 2013 年 2 月底。数据来源包括英国银行家协会（2013，表 1-04；2012，表 1-04；2011，表 1-04；2004，表 1-04；1999，表 1-04；1996，表 6-01）；住房互助协会官网；金融服务管理局建房统计数据。

说明：英国银行集团指的是主要的英国大银行集团。

银行数量的减少主要是因为国外银行对英国本土银行的并购，以及英国国内零售银行之间的合并。表 13-2 表明 20 世纪 90 年代外国银行数量的减少幅度要大于英国本土银行的并购，尽管英国银行集团之间由于并购使得机构总量从 1999 年的 202 家降至 2008 年年末的 157 家。金融危机后，这些金融机构的数量继续减少，2012 年只有 146 家。在 20 世纪 90 年代后半程，非欧洲的银行（主要是日本银行）数量下降与欧洲金融机构的数量增加是同步的，欧洲金融机构的数量从 1993 年的 79 家增加到 1999 年的 105 家。然而，到 2012 年，欧洲银行的数量也随之减少到 90 家。在英国的外国银行总数量从 1995 年的 257 家减少到 2012 年的 165 家。

外国银行很少从事小额信贷业务，它们主要聚焦在与投资银行活动相关的外汇批发业务上。除了我们所知的英国银行集团之外，小额银行信贷业务都是由英国的零售银行掌控。在 2007 年年末，英国银行集团成员包括阿比国民（Abbey National）银行、联合莱斯特（Alliance & Leicester）银行、巴克莱银行、布拉德福德宾利集团、苏格兰哈利法克斯银行、恒生银行、劳埃德信托储蓄银行、北岩银行和苏格兰皇家银行。它们中间有四家是由住房互助协会转换而来的银行，分别是阿比国民银行（1989 年转换）、联合莱斯特银行（1997 年转换）、北岩银行（1997 年转换）和布拉德福德宾利集团（2000 年转换）。苏格兰哈利法克斯银行是在 2001 年 9 月由哈里法克斯银行（1997 年 6 月转换为银行）和苏格兰银行合并成立的新银行机构。

表 13 - 2　1995—2013 年英国银行的数量变化

（单位：家）

	1995	1996	1997	1998	1999	2000	2001	2002	2003	2004	2005	2006	2007	2008	2009	2010	2011	2012	2013
授权机构	481	478	466	468	449	420	409	385	380	356	346	335	335	338	336	332	327	311	298
其中：																			
英国股份有限公司	224	220	212	214	202	190	188	184	185	174	171	159	160	157	157	154	154	146	141
欧洲授权机构	102	103	105	105	109	103	97	89	92	89	87	93	93	97	97	98	93	90	78
欧洲经济体以外的机构	155	155	149	149	138	127	124	112	103	93	88	83	82	84	82	80	80	75	79
英国银行家集团会员和银行部门附属公司	37	40	41	44	43	41	42	41	42	35	32	30	28	23	22	22	23	22	22
英国银行家协会会员银行（含上）	307	306	311	337	327	302	295	265	244	236	218	206	199	203	196	186	180	182	n. a.

资料来源：数据截止日期是 2013 年 2 月底。数据来源包括英国银行家协会（2012，表 1 - 04；2005，表 1 - 04；1999，表 6 - 01）。

说明：授权机构数量来自英格兰银行。1999 年的英国银行集团包括：阿比国民银行、联合莱斯特银行、巴克莱银行、布拉德福德宾利集团（从 2000 年开始）、苏格兰哈利法克斯银行、恒生银行、劳埃德信托储蓄银行、北岩银行（从 1999 年开始）和苏格兰皇家银行。2012 年 2 月，英国银行集团包括：桑坦德银行英国分行、巴克莱银行、苏格兰哈利法克斯银行、劳埃德信托储蓄银行和苏格兰皇家银行。

正如我们在 13.2 节所分析的，从 2007 年中期开始，英国银行集团就开始被危机困扰，危机给它们的经营活动带来了不小的负面影响。北岩银行成为 2007 年 9 月倒下的第一家银行（参见专栏 13 - 1）。随后几个月，劳埃德信托储蓄银行宣布以 120 亿英镑的价格并购苏格兰哈利法克斯银行，创造了总价值为英国储蓄与抵押贷款市场规模三分之一的交易。为了避免苏格兰哈利法克斯银行的破产，英国政府不得不放弃之前反垄断的做法，因为这两家超级大银行的并购进一步提升了劳埃德信托储蓄银行的市场垄断地位。2008 年 9 月 29 日，英国政府宣布将布拉德福德宾利集团的住房抵押贷款部门国有化，并将其他依然活跃的储蓄业务和其他分支机构出售给西班牙桑坦德银行集团。

英国银行家协会（2012）对英国银行集团的界定做了变动，更改为主要的大型商业银行集团，其成员包括：桑坦德银行英国分行、巴克莱银行、苏格兰哈利法克斯银行集团、劳埃德信托储蓄银行和苏格兰皇家银行（参见表 13 - 2 的说明，其详细介绍了英国银行集团在 2013 年 2 月的成员构成情况）。

13.4.2　银行分支机构、自动取款机和员工数量发展趋势

在过去大约 25 年的时间里（不考虑金融危机带来的实质性影响），英国银行业和住房互助协会实现了大规模的结构性重组。从 20 世纪 80 年代开始，金融行业分支机构的数量就处于减少的趋势中。金融危机只不过加快了这一步伐，英国金融行业分支机构的总数量从 2006 年的 10 051 家减少到 2012 年的 8 837 家（英国银行家协会，2013）。图 13 - 7 向我们展示了 1985—2012 年，英国银行分支机构和自动取款机数量的变化情况。在 20 世纪 90 年代，尽管分支机构数量在下降，但自动取款机（放在分支机构和比较偏僻的终端位置）的数量出现显著的上升趋势。[①]

尽管没有在图形上体现出来，但销售终端的电子转账系统设备也出现了大幅上涨，进一步确立了"全新的支付系统在崛起"的新趋势。很多商店、加油站都出现了支付终端设备，可以用借记卡和贷记卡实现各类支付。

之所以出现这样的发展变化，其原因主要是英国的零售金融服务公司意图提供经营效率，同时，英国的消费者对传统金融服务时间范畴（相对有限）也提出了更高的要求。

2012 年，拥有分支机构最多的银行是劳埃德信托储蓄银行，共有 1 749 家；其次是巴克莱银行，共有 1 593 家。不过在 2009 年，欧盟委员会就政府通过出售分支机构的方式从银行撤出投资的行为进行了裁定。裁定的目的是提升英国银行部门的竞争水平，以及为消费者提供更多的选择（参见 13.8 节）。2012 年，英国合作银行准备购买 632 家劳埃德信托储蓄银行的分支机构，但在 2013 年 5 月，该计划最终落空了。2013 年 9 月，劳埃德银行集团宣布将信托储蓄银行独立出去。独立后的信托储蓄银行在英格兰、威尔士和苏格兰一共有 631 家分支机构（参见专栏 13 - 5）。

---

① 2013 年，自动取款机的总数量为 66 619 台。付费使用的机器数量占总现金机器财产的 30%，占场外机器数量的 43%。与此同时，免费使用的机器数量增加到 46 444 台。到 2013 年第二季度末的时候，大约 70% 的现金机器是场外的。其中，28 274 台（约 60%）在零售店，17 296 台在便利店，还有 7 273 台在超市。21% 的场外自动取款机（9 451 台）在各服务点，包括休闲娱乐社会场所；11% 的场外自动取款机在交通部门，包括加油站和铁路/公路站点；6% 的场外自动取款机（2 907 台）在邮局。2013 年第二季度，自动取款机共发生 7.53 亿笔提款业务，提款金额约为 487 亿英镑。平均每笔提款金额为 65 英镑。付费使用机器上的提款数量占总数量的 2.4%。这些数据都可以从英国支付委员会官网获得。

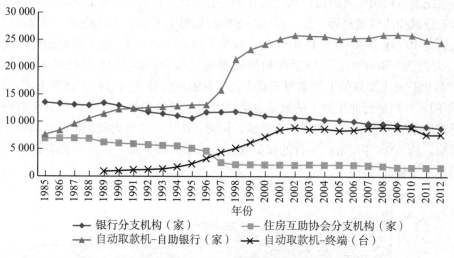

图 13-7　1985—2012 年分支机构与自动取款机的数量变化

银行分支机构（家）　　住房互助协会分支机构（家）
自动取款机-自助银行（家）　　自动取款机-终端（台）

资料来源：英国银行家协会（2013，表 5-02 和表 5-03；2012，表 5-02 和表 5-03；2011，表 5-02 和表 5-03；1999，表 5-02 和表 5-03；1996，表 5-02 和表 5-03）。

说明：这里只考虑了英国银行集团的分支机构和自动取款机/现金取款机器的数量，并没有考虑小银行。1998 年至 1999年的自动取款机数量之所以快速上升，是因为各类由住房互助协会转换成商业银行和其他再分类的机构都被包含进来了。

专栏 13-5

信托储蓄银行的发展历史

● 1810 年：为了帮助在邓弗里斯郡工作的人们管理年度薪资，亨利·邓肯（Henry Duncan）牧师成立了信托储蓄银行（Trustee Savings Bank，缩写为 TSB）。

● 1951 年：信托储蓄银行的储蓄业务已经超过 10 亿英镑。

● 1961 年：作为庆祝信托储蓄银行成立 150 周年的活动之一，信托储蓄银行的"三环"标志被确立。

● 1986 年：信托储蓄银行集团（TSB Group）在伦敦证券交易所上市，市值为 12 亿英镑。

● 1995 年：劳埃德银行和信托储蓄银行合并为劳埃德信托储蓄银行。

● 2008 年：在救助苏格兰哈利法克斯银行之后，英国政府向劳埃德信托储蓄银行注资救助。

● 2009 年：劳埃德信托储蓄银行被欧盟委员会勒令出售 600 多家分支机构。

● 2013 年：劳埃德信托储蓄银行将分支机构出售给合作银行的计划于 4 月破产。

● 2013 年：9 月 9 日，劳埃德银行集团将信托储蓄银行专门独立出去，将 632 家分支机构划给信托储蓄银行。拥有这些分支机构之后，信托储蓄银行的客户数量超过 500 万位，员工有8 500 人，贷款和储蓄业务总额大约为 200 亿英镑，占据英国市场份额比例为 4.3%。2014 年，信托储蓄银行准备发行股票融资。

资料来源：Sharlene Goff（2013）"Born from the reverend Henry Duncan, a brief history of TSB", *Financial Times*, 6 September.

金融系统的结构调整使得银行和住房互助协会的就业也出现下降趋势，这与前文中提到的分支机构数量减少的发展趋势一致，图13-8向我们展示了这一下降趋势。零售银行的员工数量下降尤为突出（在1990年到1996年间，减少了约75 000人），员工数量最高峰的时候是在1999年，大约为350 000人，然后开始呈现系统性减少，到2012年已经低于200 000人。1996年之后银行员工数量的上升是源于很多住房互助协会转变为银行。该图表明，从1996年到2001年间，外国银行雇用员工的数量也呈现大幅上涨的趋势，反映出在这个时间段，国外投资银行在伦敦的金融市场上表现非常活跃。同时，图13-8也向我们清晰地展示了由于金融危机的影响，从2008年以来，银行的雇员数量出现了大幅下降，但随后也有迹象表明雇员数量重新出现了小幅反弹。

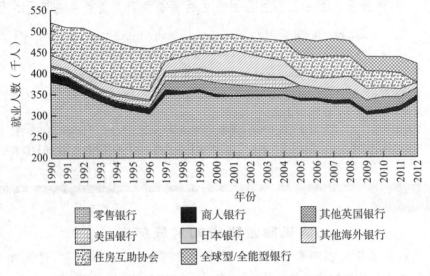

图13-8　1990—2012年英国银行部门的就业人数分析

资料来源：英国银行家协会（2013，表5-01；2012，表5-01；2011，表5-01；2005，表5-01；1999，表5-01；1996，表5-01）。

说明：

（a）与银行业相关的就业数据来自英国银行家协会。在1997年之前，对英国银行家协会会员银行的统计中并不包含附属子公司的就业人员，但1997年之后统计数据都已包含进来，所以图形上呈现出1997年大幅上升的走势。

（b）其他海外银行、日本银行、美国银行、其他英国银行和商人银行的数据更新到2005年。

（c）2005年，分类标准发生了改变。所有的海外银行归类为其他海外银行。一种新的分类——全球型/全能型银行在2005年开始启用。批发/投资银行数据归于商人银行类别下。

图13-9向我们清楚地展示了最大的几家英国零售银行雇员的变化趋势。直到2007年，几家主要的大银行员工规模都比较稳定。国民西敏寺银行员工的数量在2000年出现大幅下降，与此同时，苏格兰皇家银行的员工数量出现上涨，因为这一年苏格兰皇家银行并购了国民西敏寺银行。我们还注意到另外一个有趣的现象：2012年，英国银行集团的雇员总数量为292 600人，其中，60%是女性员工，女性员工中有36%是兼职（男性员工中只有3.3%是兼职）。从20世纪90年代初开始，银行部门的兼职员工数量呈现出显著增长的态势，特别是在零售银行领域。银行部门总的雇员数量下降与兼职员工数量上涨同时出现，其实是银行提升经营效率的表现。

当然，全球金融危机对英国银行业的就业有着非常大的负面冲击。从2007年中期开始，英国主要的商业银行大约裁员 25 000 人，其员工总数量从 318 300 人降到 2012 年的 292 600人。员工的平均成本占总资产的 0.6%，在 2009—2012 年间，这一比例都比较稳定（英国银行家协会，2013）。2012 年，雇员数量最多的是劳埃德银行集团（共有 110 295 人），其次是汇丰银行（共有 74 190 人）。2007 年，苏格兰皇家银行雇员数量最多，为 203 500 人，但到了2012 年年底的时候，只有 71 200 人（参见专栏 13 - 2 关于苏格兰皇家银行困境的分析）。*

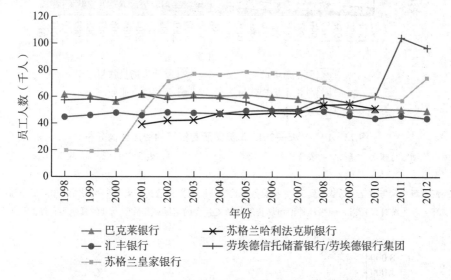

图 13 - 9　1998—2012 年雇员人数规模：英国主要的商业银行

资料来源：英国银行家协会（2013，表 5 - 01；2012，表 5 - 01；2011，表 5 - 01；2005，表 5 - 01；1999，表 5 - 01）。

说明：

（a）苏格兰哈利法克斯银行是在 2001 年由哈里法克斯银行和苏格兰银行合并而成的银行。

（b）劳埃德信托储蓄银行和苏格兰哈利法克斯银行的数据更新到 2010 年。2011 年的数据由劳埃德银行集团整理和报告。

（c）2000 年，苏格兰皇家银行并购国民西敏寺银行。

13.5　英国银行业的财务结构

　　英国银行体系的资产负债表结构与欧洲很多其他国家的银行体系资产负债表结构有较大的差异，其原因主要是英国市场上的外国银行数量很多。国外的商业银行主要从事的是外国货币业务（就是我们所熟知的欧洲货币业务），很少开展英镑业务。[①] 与此相反，英国本土的银行主要从事的是英镑信贷业务。考虑到外国银行在英国金融市场上所占的比重，这就意味着银行体系总的资产负债表是由外国货币占主导。图 13 - 10 向我们展示了这一态势，表明在英国银行部门中，外汇业务至少与英镑业务占据同等重要的地位。同样的，图 13 - 11 向我们展示了外汇储蓄业务在英国金融体系中的重要性。

　　回顾外国银行在英国银行业市场上的表现，我们可以看到从 20 世纪 90 年代开始，欧洲其

---

① 欧洲货币业务包括外币银行间存款以及用外币标示的债券产品，包括商业票据、国库券、大额可转让存单和回购协议。

* 该段中原书数据如此，疑有误。——译者注

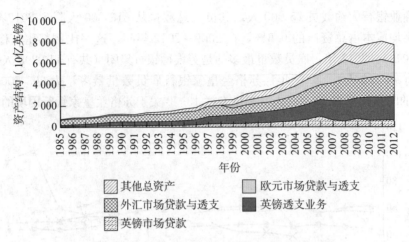

图 13 - 10　1985—2012 年英国所有银行的资产结构分布

资料来源：英国银行家协会（2013，表 5 - 01；2012，表 5 - 01；2011，表 5 - 01；2005，表 5 - 01；1999，表 5 - 01；1996，表 5 - 01）。

说明：外汇市场贷款与透支包括截止到 1998 年的各种类型外汇贷款和透支。从 1999 年之后，由于欧元启动，欧元市场贷款与透支开始单独统计，所以，原来的外汇市场贷款与透支包含的范围就是除欧元外的其他所有外汇贷款与透支。

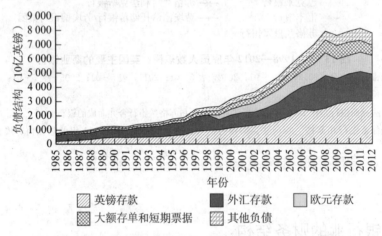

图 13 - 11　1985—2012 年英国所有银行的负债结构分布

资料来源：英国银行家协会（2013，表 5 - 01；2012，表 5 - 01；2011，表 5 - 01；2005，表 5 - 01；1999，表 5 - 01；1996，表 5 - 01）。

说明：外汇存款包括截止到 1998 年的各种类型外汇存款。从 1999 年之后，由于欧元启动，欧元存款就单独统计，所以，原来的外汇存款包含除欧元外的其他所有外汇存款。

他国家银行在英国银行业市场上所占的比重显著上升，这主要是因为：欧洲市场一体化进程加快（详见第十四章的内容）；日本银行在英国的金融资产规模有所下降（主要是因为它们国内金融市场出现问题，引发了资金的回流）；美国银行在过去的 20 年时间里，所占的比重基本保持不变。此外，从 20 世纪 90 年代后半期开始，很多欧洲的大银行除了在伦敦开展大量的私人银行业务和资产管理业务外，也把总部的资本市场运作业务搬到伦敦。

英国银行集团垄断了英国的英镑信贷业务，图 13 - 12 向我们展示了这些大银行的英镑信贷业务的具体构成情况。我们可以从图中看到，从 20 世纪 90 年代中期开始，国内抵押贷款规模与其他类型的贷款规模相比，上升趋势更为明显。同时，我们还发现，从 2006 年开始，发放给金融机构的贷款规模有一个显著的提高态势，这主要是源于银行增加了给对冲基金和私募公司的贷款，但 2008 年之后，贷款有非常明显的下降，这主要是受金融危机的影响。发放给制造业部门的贷款规模所占比重非常低，这也引起了决策部门的注意，尤其是发放给中小企业的贷款规模让人担忧。尽管没有从图中显示出来，但我们知道，个人英镑储蓄业务占据英国银行集团的非银行英镑储蓄业务总量的 52% 左右，紧随其后的是公司储蓄业务（占比为 22%）。在过去的十年时间里，个人英镑储蓄业务在总的英镑储蓄业务中所占的比重有所增加。这一发展趋势反映出英国的银行越来越重视零售业务，这是以牺牲公司业务和投行业务为代价的。从 1995 年到 2000 年，英国银行业的主要利润来自零售银行业务，这也让很多大银行特别重视这一领域的业务，并在保险和私人养老金等其他零售服务领域进行分散化发展。相对较低的个人储蓄融资成本，以及来自抵押贷款和消费者贷款的利润，让主要的大银行将零售银行业务放在优先发展的位置上，降低其他业务的重要性。例如，前文提到的国民西敏寺银行由于投资银行业务的糟糕业绩表现，于 1997 年年底降低了投资银行的业务比重，自 2007—2009 年全球金融危机爆发以来，所有的英国银行集团成员都大幅减少了投资银行业务和其他高风险的证券业务。

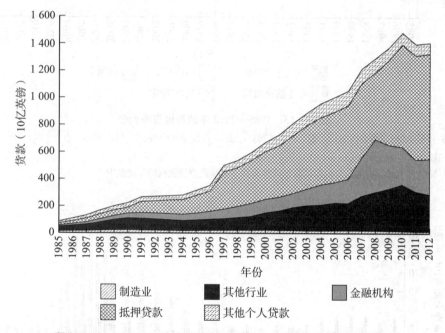

图 13 - 12　1985—2012 年英国银行集团发放给英国居民的英镑贷款

资料来源：英国银行家协会（2013，表 5 - 01；2012，表 5 - 01；2011，表 5 - 01；2005，表 5 - 01；1999，表 5 - 01；1996，表 5 - 01）。

说明：2011 年之前的行业分类是基于英国国家统计局"1992 年标准行业分类"的标准，额外增加"个人贷款"类别。从 2011 年开始，行业分类是基于英国国家统计局"2007 年标准行业分类"的标准，额外增加"个人贷款"类别。

英国主要的大型商业银行在消费信贷和抵押贷款领域与住房互助协会和其他贷款机构之间的竞争非常激烈，表现比较激进。图 13 - 13 和图 13 - 14 向我们展示了这两类机构在 1985—2012 年的贷款余额情况。这两大领域的周期性特征非常明显——消费信贷领域一直到 2004 年都保持快速增长的势头，随后处于下降趋势。与此相对应的是，从 2000 年开始，抵押贷款呈现出快速增长的发展趋势，这与其在 20 世纪 80 年代后期和 90 年代初期的缓慢发展形成鲜明对比，在 2006—2007 年达到顶点——这也是金融危机来临前的先兆（2008 年，专业的住房抵押贷款机构曾面临毁灭性打击）。这两个图同时向我们表明，从 1997 年到 2006 年，商业银行在消费信贷领域占据绝对垄断地位，随后专业的信贷机构开始变得越来越重要。银行开始在抵押贷款领域成为主要的放款人。图 13-13 和图 13-14 还非常清晰地向我们揭示了金融危机后，消费信贷领域和抵押贷款领域的规模出现崩塌式下降。

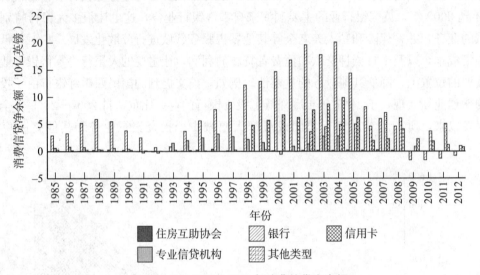

图 13-13　1985—2012 年消费信贷净余额

资料来源：英国银行家协会（2013，表 5-01；2012，表 5-01；2011，表 5-01；2005，表 5-01；1999，表 5-01；1996，表 5-01）。

说明：从 2004 年开始，专业信贷机构的数据就包含在"其他消费贷款机构"类型中。

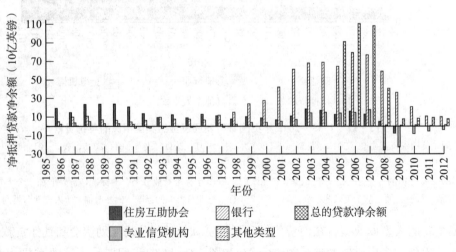

图 13-14　1985—2012 年抵押贷款净余额

资料来源：英国银行家协会（2013，表 5-01；2012，表 5-01；2011，表 5-01；2005，表 5-01；1999，表 5-01；1996，表 5-01）。

说明：从 2010 年开始，银行和住房互助协会就没有单独统计数据。

13.6 英国银行资产负债表特征与业绩表现

一直到 2007 年中期，英国商业银行的业绩表现在欧洲金融机构中都处于最佳的行列。这主要得益于英国国内经济的持续向好状态以及管理到位，从而能够保持比较高的存贷利差（利息收入与利息支出之间的差额）。此外，成本已经大幅下降，需要提取的准备金（为了防止贷款挤兑而准备的一定规模资金）也显著下降。零售银行业务市场由于缺少外国商业银行的竞争，所以国内商业银行的盈利水平都比较高。这几个方面的因素综合在一起，让英国商业银行的盈利状况一直到 2007 年年末为止都处于不断上涨的态势。正如 13.2 节所介绍的，英国商业银行受到全球金融危机的影响，盈利状况在 2008 年出现了断崖式下降。尽管英国商业银行的盈利能力仍然不容乐观，特别是贷款和应收账款的坏账准备居高不下，但从 2009 年开始，英国银行部门出现了反弹走势，业绩正在逐步改善（参见图 13-15）。

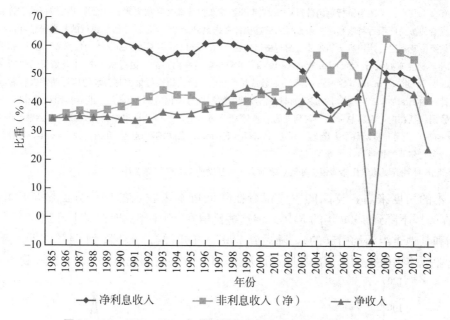

图 13-15　1985—2012 年英国银行集团净收入占总收入的比重

资料来源：英国银行家协会（2013，表 5-01；2012，表 5-01；2011，表 5-01；2005，表 5-01；1999，表 5-01；1996，表 5-01）。

表 13-3 向我们展示了从 2006 年到 2012 年间，英国最大的几家商业银行为贷款、应收账款，以及投资和其他信贷而计提的坏账准备。

表 13-3　2006—2012 年坏账准备　　　　　　　　　　（单位：百万英镑）

	2006	2007	2008	2009	2010	2011	2012
阿比国民银行	407	344	365				
联合莱斯特银行	105	253	1 071				
巴克莱银行	2 154	2 795	5 419	8 071	5 672	3 802	3 596

续表

	2006	2007	2008	2009	2010	2011	2012
布拉德福德宾利集团	7	117	699	687			
苏格兰哈利法克斯银行	1 813	2 072	12 050				
汇丰银行	983	1 043	1 835	3 364	1 951	1 623	1 245
劳埃德信托储蓄银行	1 555	1 796	3 012				
劳埃德银行集团				16 673	10 952	8 094	5 149
北岩银行	81	472	1 162	1 093	2		
桑坦德银行英国分行				842	712	565	1 009
苏格兰皇家银行	1 878	1 968	8 072	13 899	9 256	8 709	5 279

资料来源：英国银行家协会（2013，表3-08；2012，表3-08）。

说明：数据来源于英国银行家协会统计的英国银行集团。2006年以来，英国银行业的重组使得数据对比工作很费劲。主要的变化有以下几点：桑坦德银行英国分行从2008年开始将布拉德福德宾利集团和联合莱斯特银行的零售储蓄业务囊括在内。苏格兰哈利法克斯银行将哈利法克斯银行的数据统计在内直到2006年，将苏格兰银行的数据统计在内直到2008年。劳埃德银行集团将哈利法克斯银行、切尔滕汉姆与格洛斯特（Cheltenham & Gloucester）*的数据统计在内直到2006年，从2009年开始将苏格兰寡妇银行（Scottish Widows Bank）的数据囊括在内。汇丰银行从2011年开始将马克斯和斯宾塞金融服务（Marks & Spencer Financial Services）公司的数据囊括在内。劳埃德银行集团将劳埃德信托储蓄银行和苏格兰寡妇银行的数据统计在内直到2008年，将切尔滕汉姆与格洛斯特的数据统计在内直到2006年。北岩集团从2009年开始只将北岩有限公司的数据包括在内，而将总资产转移到北岩资产管理公司名下。苏格兰皇家银行将直接线性金融服务（Direct Line Financial Services）公司和特斯科个人金融（Tesco Personal Finance）公司的数据统计在内直到2006年，统计数据还包括国民西敏寺银行和阿尔斯特银行。

* 1995年8月被劳埃德信托储蓄银行并购，之前为住房互助协会。——译者注

从成本的角度来看，英国的主要银行在降低成本占收入的比值方面做得比较成功，从1994年的65%下降到1999年的54%。但这些比值在2004年的时候又上升到60%左右（主要是由并购和其他重组活动引起的），随后到2007年的时候，又下降到54%以下。金融危机对英国银行业成本占收入的比值的影响可以从图13-16中清晰地反映出来，这一比例在2008年

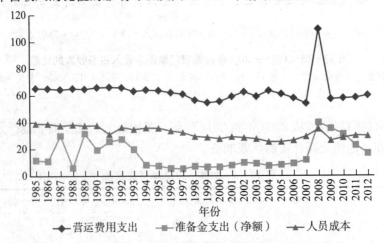

图13-16　1985—2012年英国银行集团的成本占收入的比值

资料来源：英国银行家协会（2013，表5-01；2012，表5-01；2011，表5-01；2005，表5-01；1999，表5-01；1996，表5-01）。

上涨到 109%，随后从 2009 年开始快速回落到 57% 的水平。2006 年，人员成本占收入的比值下降到 27% 左右，但随后有所上升。此外，从 1992 年开始，准备金支出（净额）一直处于下降趋势中，这为总利润率的提升贡献了力量，不过，从 2000 年开始，这一成本开始上升，到 2008 年，更是如火箭般猛涨。

到目前为止，我们分析了英国银行业的收入与成本发展趋势，正如我们所了解的，收入减去成本就是利润。在我们分析英国银行业的利润表现之前，我们有必要了解银行的利润是如何产生的。

为了计算英国银行业的盈利能力，我们必须明确收入来源与成本支出。专栏 13-6 对具体的计算进行了总结说明（有关银行财务账户的具体细节可参见第九章的内容）。

专栏 13-6

银行利润的构成

利息收入包括贷款利息、能够获得利息收入的投资（比如债券）、在其他银行持有的可获得利息收入的银行存款以及其他利息收入。

利息支出包括付给储户的利息、付给债券持有人的利息——这些债券是银行为满足融资需要而发行的，以及其他利息支出。

> 净利息收入＝利息收入－利息支出

非利息收入包括费用和佣金收入（来自保险销售、股票买卖、私人养老金、各种支付业务、资产销售以及其他与利息收入无关的收入）。

> 总收入＝净利息收入＋非利息收入

营运费用支出包括人员成本及其他与分支机构和总部运营相关的费用支出。

> 净收入＝总收入－营运费用支出

准备金包括银行为应对无法收回的贷款损失而提取的准备金（各种各样的贷款）。准备金的提取有常规比例，并且根据当前收入计提。累积的准备金余额就是我们所熟知的贷款损失准备金。这属于银行的成本，所以在计算银行利润的时候，我们要把它从净收入中扣除。

> 税前利润＝净收入－准备金
> 税后利润＝税前利润－所得税
> 留存收益＝税后利润－分配利润（发放给股东和所有者的利润）

通过分析 2006—2012 年间英国银行集团的数据，表 13-4 向我们展示了银行利润的计算结果。表 13-4 中的数字代表着行业的平均水平。2012 年，苏格兰皇家银行和劳埃德银行集团的税后亏损为 57 亿英镑，正好对冲了其他银行集团的利润，这样使得 2012 年的总体状况显得比较平稳。

表 13-4　英国银行集团的利润计算

	2006	2007	2008	2009	2010	2011	2012
利息收入（10亿英镑）	116.8	147.0	172.3	107.2	90.7	87.7	79.6
利息支出（10亿英镑）	76.8	104.4	117.6	56.5	40.0	39.1	37.6
净利息收入（10亿英镑）	40.0	42.5	54.7	50.7	50.7	48.6	41.9
非利息收入（净）（10亿英镑）	56.9	49.9	30.1	62.9	58.0	55.6	42.1
总收入（10亿英镑）	96.9	92.4	84.8	113.6	108.7	104.2	84.1
营运费用（10亿英镑）	56.2	49.9	92.8	64.9	63.0	60.8	60.0
人员成本（10亿英镑）	25.5	27.1	29.7	30.0	31.0	31.2	29.8
净收入（10亿英镑）	40.6	42.5	−7.9	48.7	45.9	43.4	24.1
坏账准备与准备金（净）（10亿英镑）	8.9	10.9	33.7	46.7	33.9	23.7	16.7
税前利润（10亿英镑）	31.7	31.7	−41.7	8.3	12.0	10.2	0.0
税（10亿英镑）	9.2	7.2	−4.2	0.0	4.2	3.4	−0.6
税后利润（10亿英镑）	22.5	24.5	−37.5	8.3	7.6	6.8	−0.6
盈利比率（％）							
资产回报率（净收入/资产）	1.1	0.8	−0.1	0.9	0.9	0.8	0.9
税前利润/资产	0.9	0.6	−0.6	0.2	0.2	0.2	0.0
税前利润/总收入	32.7	34.3	−49.1	7.3	11.1	9.8	0.0
税后利润/净收入	55.4	57.6	471.9	17.1	16.6	15.6	−2.5
坏账准备与准备金（净）/净收入	22.0	25.5	−424.2	83.0	73.8	54.5	69.5
税后利润/资产	0.6	0.5	−0.6	0.2	0.2	0.1	0.0
税后利润/总收入	23.2	26.5	−44.2	7.3	7.0	6.5	−0.7

资料来源：英国银行家协会（2013，表 3-07；2012，表 3-06；2008，表 3-06）。

说明：2007 年，英国银行集团的平均总资产规模大约为 7 358.99 亿英镑。2008 年的英国银行集团包括：阿比国民银行、联合莱斯特银行、巴克莱银行、布拉德福德宾利集团、苏格兰哈利法克斯银行、汇丰银行、劳埃德信托储蓄银行、北岩银行、苏格兰皇家银行。

　　正如我们在前文中所分析的，相对较高的利润率、较低的成本和持续向好的经济环境使得英国银行部门的盈利能力整体比较强（参见图 13-17）。2000—2007 年，银行税后收益率都在 20％ 和 25％ 之间徘徊。2006 年，银行的盈利水平处于相对高位，2007 年则是英国银行业利润高涨的拐点。例如，2007 年，巴克莱银行的权益报酬率高达 20.5％，但到了 2008 年，下降到 14.6％；劳埃德银行集团的权益报酬率在 2007 年为 34％，到了 2008 年却下跌到 8％；最夸张的是苏格兰皇家银行，权益报酬率从 2007 年的 18.6％ 下降到 2008 年的 −43.7％（于是政府对其进行收购重组）。从 2008 年开始，英国银行业的利润率开始反弹，但与 2005 年的水平是不可相提并论的，此后盈利能力维持在 10％ 左右的水平（最好状态）。

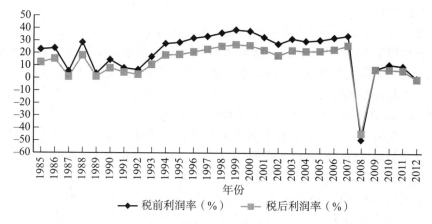

图 13-17　1985—2012 年英国银行集团的利润率（与总收入相比）

资料来源：英国银行家协会（2013，表 5-01；2012，表 5-01；2011，表 5-01；2005，表 5-01；1999，表 5-01；1996，表 5-01）。

13.7　英国支付系统

我们在第二章的时候已经介绍过支付系统，支付系统可以定义为不同参与主体之间有组织的价值转移。其中有些交易，特别是金融机构之间的交易，包含着价值很高的转移。不过，交易数量最多的往往是个人之间或者公司之间的支付往来，这些支付活动包括工资、薪水、政府福利、直接债务、支票、负债和信用卡支付等。

2012 年，超过 400 亿英镑的现金和非现金支付发生在英国，总价值高达 9.5 万亿英镑。[①]英国主要的支付系统包括清算所自动支付系统（CHAPS，英国大额支付体系）、银行自动结算系统（BACS，英国小额支付体系）、快捷支付系统（FPS）、英国证券结算体系（CREST）、伦敦清算所下属的清算网有限公司（LCH Clearnet Ltd，受保护的支付系统）、英国洲际欧洲清算所（ICE Clear Europe，有保证的支付系统）和持续连接结算系统。

英国支付管理有限公司（UK Payments Administration Ltd，缩写为 UKPA）是一家致力于推动英国支付行业发展、最大化提升行业效率的交易机构。[②] 英国支付委员会的目的是制定行业发展策略。[③]

按照 2009 年的《银行法》的第五部分，支付行业的监管由英格兰银行负责。英格兰银行当前负责监管七个有组织的支付系统——三个主要的英镑支付系统（清算所自动支付系统、银行自动结算系统和快捷支付系统）、持续连接结算系统、由英国与爱尔兰欧洲清算机构（EUI）负责运营并用于英国证券结算体系的证券结算系统（SSS）、由伦敦清算所下属的清算网有限公司负责运营的中央交易对手系统（CCPs）以及英国洲际欧洲清算所。此外，按照《2012 年金融服务法》，对中央交易对手系统和证券结算系统的监管责任从金融服务管理局转移到英格兰银行，从 2013 年 4 月 1 日起生效。经过一段时间的调查，2013 年 2 月，英国首相宣布开始

---

① 见英国支付委员会官网。

② 信息更新到 2009 年 7 月，参见英国支付管理有限公司官网。

③ 参见英国支付委员会官网。

监管支付系统的计划。

过去十年，我们见证了银行卡业务的飞速扩张，银行卡替代了原来的支票或现金交易，不管是借记卡还是贷记卡，都发展迅速（参见 2.4.1 节的相关内容）。现金支付业务总体上还算稳定，变化不大，但是支票的使用下降非常明显。英国的企业和消费者的支付习惯已经从支票转移到银行卡：各种各样的银行卡（信用卡、借记卡和储值卡）交易出现了非常显著的增长。1985 年，英国首次引入借记卡，将发卡行或住房互助协会的账户与客户的借记账户互相关联，便可以直接进行交易。1994 年，借记卡的发卡数量首次超过信用卡，一半以上的个人获取现金的途径和方式是通过自动取款机实现的。1998 年，个人消费者通过借记卡完成的支付已经超过使用支票完成的支付。2001 年，英国有超过 600 万的成年人拥有银行在线账户（占四分之一的网民数量）。2002 年，我们见证了年度支票使用量最大幅度的下降和信用卡发卡数量最大规模的扩张。2005 年左右，消费者通过个人身份识别号码（PIN）完成信用卡和借记卡交易，而不是通过签收商品和货物。[1]

出现时间相对较短的创新是**快捷支付**（faster payments）：2008 年，快捷支付开始为我们所熟悉，但它首次作为创新支付手段而被引入英国的时间已经超过了 20 年。到 2011 年年末的时候，超过 85% 的手机和网络支付是通过快捷支付进行的。任何信贷机构都可以申请为快捷支付系统会员，并在英格兰银行开设一个结算账户，通过这个结算账户可以每周七天、每天 24 小时将它们的支付系统与央行结算系统连接。[2] 快捷支付系统由快捷支付计划有限公司负责运行，所有权属于快捷支付系统的 10 家会员单位。当前的会员单位包括：巴克莱银行、花旗银行、合作银行（Co-operative Bank）、澳洲国民银行、汇丰银行、劳埃德银行、全国住房互助协会、丹斯克银行（Danske Bank）、苏格兰皇家银行（包括国民西敏寺银行和阿尔斯特银行）以及桑坦德银行英国分行。快捷支付系统交易量从 2012 年第二季度的 1.98 亿笔增长到 2013 年第二季度的 2.39 亿笔。从全球金融危机之后，快捷支付系统的成交量就一直处于上升的过程中，尤其在 2012 年表现特别明显。2012 年，支付总量增长 35%，支付总金额增长 65%。2013 年第二季度的支付总金额高达 1 900 亿英镑。快捷支付系统平均每笔交易金额为 795 英镑。[3]

对电子支付系统依赖的不断强化也不是没有出现过问题，专栏 13-7 对此有所描述。

专栏 13-7

苏格兰皇家银行技术故障

2013 年 12 月 2 日不仅是一个星期一，而且是我们所熟知的"网络星期一"（感恩节假期之后的第一个上班日的网购促销日）。当天，苏格兰皇家银行遭遇了两年内的第四次技术故障，使得上百万的消费者无法用银行的借记卡和贷记卡进行结算。[4]

---

[1] 所有数据来源于《1985 年以来的支付发展与革新里程碑事件》（Payments Developments and Innovations Milestones Since 1985）。

[2] 参见快捷支付系统官网。

[3] 参见英国支付委员会官网。

[4] "网络星期一"是与"黑色星期五"齐名的在线名词。在美国，"黑色星期五"是购物狂欢的传统节日，也是感恩节后的第一天，零售商们对成千上万件商品打折。这与英国的节日很类似。"网络星期一"是感恩节后的第一个星期一，美国的消费者在网上而不是在实体店享受折扣。尽管这个传统来自美国，但很快在英国以及世界上其他国家流行起来，这要感谢开展全球线上销售的公司，诸如亚马逊（Amazon）、苹果（Apple）、沃尔玛（Wal-Mart）等。

苏格兰皇家银行老板罗斯·麦克尤恩（Ross McEwan）承认银行并没有及时地对支付系统进行投资，导致信息技术部门未能在一年之中最繁忙的购物节提供服务，因此，他必须向公众道歉。信息技术部门让数百万的苏格兰皇家银行以及由其控股的国民西敏寺银行和阿尔斯特银行客户在星期一未能用信用卡和借记卡进行支付结算——两年之内出现四次，这一过程持续了三个多小时。

这一次技术故障是 2012 年 6 月苏格兰皇家银行大规模电脑系统出现问题导致上百万客户无法登录账户故障的延续。软件更新导致苏格兰皇家银行系统的崩溃，引发支付业务的大量积压，国民西敏寺银行、苏格兰皇家银行和阿尔斯特银行共有超过 1 700 万的客户账户被锁定，无法登录。爱尔兰的部分客户，如标准普尔 500 不能登录的时间甚至超过了三周。在有问题的软件更新之后，银行花了三个星期的时间才处理完这些积压的业务。

尽管曾承诺追加投资以改善这一困境，然而，相同的问题还是在 2013 年 3 月再次发生，只不过这一次规模小一些。2013 年 3 月 7 日，由于硬件出现故障，苏格兰皇家银行的客户无法从自动取款机取钱或者隔天登录账户。几个星期之后的 3 月 28 日，国民西敏寺银行、苏格兰皇家银行和阿尔斯特银行的手机银行应用程序出现问题，在工作日出现长达六个小时的罢工。

2013 年 4 月，金融行为监管局宣布采取特殊措施对此前出现的信息技术系统失灵进行调查，这可能会导致大额罚款。但到目前为止，金融行为监管局并没有决定是否采取进一步的强制措施。

批评人士指出在过去的几年时间里，银行并没有对技术革新进行投资。严重的故障比较少见，也只有少数银行遭受过信息技术系统失效的情形，一般来说，这都是并购整合不到位的后果。

例如，桑坦德银行在并购阿比国民银行和英国住房互助协会时就遭遇过并购整合问题。2012 年，苏格兰银行在被劳埃德信托储蓄银行并购时，其客户也遭遇过类似的困扰。

并购后，行业工会这样说道："从金融危机发生以来，苏格兰皇家银行宣布裁员 30 000人。信息技术部门出现问题并不会有什么影响，只是让客户更加相信苏格兰皇家银行将会合理地投资人力和系统设备，确保服务客户的质量不会下降。"

资料来源：Lina Saigol（2013）"RBS apologises for Cyber Monday technology breakdown", *Financial Times*, 3 December.

13.8 英国银行业竞争

与欧洲其他国家银行业发展类似，英国的银行业市场也是相对比较集中的。2012 年，英国前四大商业银行资产规模占英国银行业总资产规模的比例超过 60%。图 13-18 向我们展示了前四大银行总资产规模占行业总规模的比例情况，这反映出英国银行业的行业集中度状况。从 20 世纪 80 年代到 1997 年，行业集中度相对比较稳定，而在欧洲其他国家的银行业市场，行业集中度的发展趋势完全相反（参见第十四章）。不过，从 1997 年开始，行业集中度进一步提升。我们可以看到，从 1997 年以来，由于大规模的并购活动，排名靠前的几家大银行总资产规模占英国银行业和住房互助协会总资产规模的比例的上涨速度非常快。这些体量庞大的并购活动包括：苏格兰银行并购哈利法克斯，形成了规模庞大的苏格兰哈利法克斯银行；苏格兰皇家银行并购国民西敏寺银行。

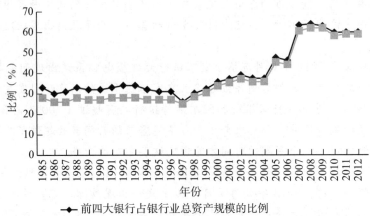

图 13 - 18　1985—2012 年前四大银行资产占比情况

资料来源：英国银行家协会（2013，表 5 - 01；2012，表 5 - 01；2011，表 5 - 01；2005，表 5 - 01；1999，表 5 - 01；1996，表 5 - 01）。

　　除了主要趋势是不断加强集中度之外，各子市场的集中度发展趋势也很明显。此外，我们还发现，从 2005 年开始，前四大银行占行业总资产规模的比例增长速度比之前几年都要快。2008 年，劳埃德信托储蓄银行与苏格兰哈利法克斯银行的并购形成的新机构占英国零售储蓄市场规模的三分之一。进一步的重组和重构行为会继续强化这几家大机构的垄断地位。

　　尽管前文中的分析表明，英国银行业市场的集中度表现出不断强化的趋势，但对更广泛的集中度指标的各种国际比较显示，情况并非如此。不过，2007—2009 年的全球金融危机确实强化了英国零售市场业务的集中程度。自从苏格兰皇家银行和劳埃德信托储蓄银行的并购发生之后，市场开始对"大而不倒"的银行产生担忧，从风险承受和分担的角度来看，这些并购只是让银行变得更大而已，承担的风险未必大规模下降。出于维护英国和其他国家银行体系安全的考虑，监管部门对不断强化的市场集中度表示关注，并出台相应的政策加以引导。表 13 - 5 罗列了发生在 2008—2010 年英国银行业的并购事件。

表 13 - 5　英国银行业的并购事件

年份	并购方	并购目标
2008	桑坦德银行	联合莱斯特银行
2008	桑坦德银行（阿比）	布拉德福德宾利集团
2008	荷兰国际集团直销银行	考普森辛格 & 芙利兰德（Kaupthing Singer & Friedlander）银行
2008	切尔西住房互助协会	天主教住房互助协会
2008	全国住房互助协会	柴郡住房互助协会
2008	全国住房互助协会	德比郡住房互助协会
2008	劳埃德信托储蓄银行	苏格兰哈利法克斯银行

续表

年份	并购方	并购目标
2008	约克郡住房互助协会	巴恩斯利住房互助协会
2009	合作金融服务公司	不列颠尼亚住房互助协会
2009	约克郡住房互助协会	切尔西住房互助协会
2009	全国住房互助协会	邓弗姆林住房互助协会
2009	斯基普顿住房互助协会	斯卡伯勒住房互助协会
2010	巴克莱银行	标准人寿银行（Standard Life Bank）
2010	考文垂住房互助协会	斯特劳德和斯温顿住房互助协会

资料来源：House of Commons，Treasury Committee（2011）"Competition and choice in retail banking" Ninth Report of Session 2010 – 11.

对英国银行业竞争状况的担忧并不是近期金融危机和英国银行业重组事件之后才出现的，对银行业市场竞争效率的担忧可以追溯到很多年以前。2000 年，英国财政部发布了一份名为《英国银行业竞争》（Competition in UK banking）的报告，目的就是调查相关问题（克鲁克香克，2000）。这份报告由唐•克鲁克香克（Don Cruickshank）负责，所以又称为**《克鲁克香克报告》**（Cruickshank Report）。该报告分析了一系列与英国银行业市场竞争状况相关的主题内容。不过，报告主要还是聚集三大领域——现金传导服务、零售客户服务和中小企业服务。从那个时候开始，英国公平贸易局（Office of Fair Trading）和**竞争委员会**（Competition Commission）针对零售银行市场的不同构成部分开展了 20 多项调查研究。很多调查研究项目聚焦零售市场的一些特定部分，比如个人经常账户市场（公平贸易局，2008）、现金个人储蓄账户（公平贸易局，2010a）和储值卡信贷服务（公平贸易局，2004；竞争委员会，2006）。关于中小企业银行业务的研究有竞争委员会（2002）和公平贸易局（2007）。公平贸易局就"零售银行业务准入、扩张和退出的壁垒回顾"（2010b）和"个人经常账户市场回顾"（2013）开展了市场调查研究。此外，欧盟也对银行业市场开展了一系列研究，其中就包括欧盟委员会于 2007 年针对零售银行业务进行的研究（欧盟委员会，2007）。

下文将会对这些研究报告的研究成果和英国银行业市场竞争效率的重点问题做一个简要的概述（参见第二十章有关银行业竞争环境评估的各种方法分析）。

《克鲁克香克报告》

《克鲁克香克报告》发布于 2000 年 3 月，报告发现各类关键市场上的竞争都存在很多限制，而现有的监管环境在处理这些问题时都存在不适应的地方。因此，报告建议对银行监管进行全面改革，目的是提高英国银行业的竞争和改革创新。

特别受到批评的领域是现金传导服务（支票支付、信用卡转账和其他支付媒介），这个领域存在着"深层次的竞争问题和无效问题"。报告认为当前的现金传导服务领域被几家主要的银行所垄断，准入门槛很高，使用信用卡和借记卡的零售客户与提取现金的客户一样，都被迫承担高收费（收费额度是其成本的六倍）。同时，报告发现在现金传导服务领域还存在"死板且不灵活"的特征，在应对电子商务新需求方面也表现得比较滞后。

在零售银行服务供给方面，报告发现，尽管新进入者对原有的价格体系有所影响，但已呈现了一定的效果，抵押贷款、个人贷款和信用卡领域的竞争程度有所增强。此外，一些大银行在经常账户市场领域占据主导地位被认为是限制该领域竞争发展的原因。经常账户转换的一些重要壁垒依然存在。报告还关注了信息披露不充分以及出现纠纷时对消费者的赔偿不足等问题。报告认为，存在"非常明显的信息不对称问题"，例如，消费者对他们所购买产品的条件和限制信息知道得很少。

中小企业银行服务市场与零售服务领域相比，竞争不足的状态更加明显。存在的问题主要与经常账户转移、金融产品信息、信息披露与赔偿等相关，而且都比较尖锐。中小企业银行服务市场的行业集中度比零售部门要高很多，进入壁垒也要高很多（有一个现象很明显，那就是转换成银行的住房互助协会机构都没有进入中小企业市场）。与国际水平相比，英国中小企业现金传导成本显得更高，发放给高成长企业的风险资本的可能性会更低，受到的限制比较多。

将报告中关于零售业务和中小企业银行服务业务的重要发现总结起来分析，就可以提出一些有针对性的建议，这些建议包括：

- 加强当前消费者申诉和补偿的制度安排，包括建立新的金融服务消费者委员会；
- 通过金融服务管理局提升消费者信息披露质量，根据市场价格（在考虑地区价格和全英国价格基础上）设定零售业务和中小企业银行服务业务的价格参照标准；
- 改进流向高成长性中小企业权益融资的创新举措。

其他更有争议性的建议包括：

- 改革英国的并购法，当并购公司的市场占有率很高时，政府应该关注并购的各方信息——从金融服务提供商到竞争委员会；
- 要求竞争委员会对服务于中小企业的银行展开调查。

纵观整个报告，有一点非常突出，那就是该报告非常关注国内支付系统结构安排、英国经常账户特性和中小企业市场。报告认为，这几个领域的进入壁垒很高，价格有一定的限制且非价格竞争激烈。大量的市场份额被少数几家大银行控制，从 20 世纪 90 年代以来，英国银行业之所以能够保持这么高的盈利能力，很大一部分原因就源于此。在中小企业市场，市场结构和逆向竞争结果让人印象深刻。报告认为竞争问题非常重要，因此，改变市场结构可能是营造有效竞争市场状态的唯一出路。报告还对实现这一改变的唯一方法就是参照竞争委员会提出的综合垄断方案这一思路提出质疑。

总的来说，报告认为，需要提高竞争的领域还有很多，即便只提供基本的银行服务，银行也有很多机会来获得足够的收益率。尽管在报告发布时，英国主要的商业银行对报告中所提出的建议很不爽，但它确实为改善英国银行业市场的竞争状况提出了一个明确的方向；不过，在现实中，这份报告所提出的建议收效甚微。

竞争委员会的报告

竞争委员会的报告（2002）是按照《克鲁克香克报告》的标准，把银行分为小银行和中等规模银行，并对各类银行提供的服务供应链进行分析。报告就减少中小企业银行服务领域的市场准入和扩张壁垒提出了一系列建议，这些建议对规模排名前八的结算服务机构都适用。在所有的建议中，最主要的是要确保零差错转换账户的速度，这一举措被认为是营造更有竞争力市场的关键。此外，报告还建议应该采取措施来限制捆绑销售服务、提升信息披露和透明度，以及检查分支机构的覆盖面情况。报告的结论表明，前四大（按规模排名）结算机构（巴克莱银行、汇丰银行、劳埃德信托储蓄银行和苏格兰皇家银行）均存在收费过高的情况（包括对不需要承担利息支出的经常账户收取利息），从而能够在英格兰和威尔士每年多盈利 7.25 亿英镑，这严重地侵占了中小企业和其他客户的利益。在大多数情况下，报告并没有发现在苏格兰和北爱尔兰地区存在超高的价格。报告建议这四大结算机构应该通过经常账户将利息还给客户，或者为中小企业提供免费的现金传导服务，抑或让中小企业自己在这两个方案里面自由选择。

银行业对这些报告建议的反馈是引入**银行业准则和企业银行服务准则**（Banking and Business Banking Codes），这些准则为银行和住房互助协会提供了一个参照标准，方便它们在服务英国的个人客户或企业客户时，自愿选择最佳的操作规范。作为自律守则，它鼓励竞争，市场会促使银行提升服务标准，从而有利于维护客户的利益。为了让零售客户和小企业客户更简单地转换账户，很多政策已经付诸实施，对新客户来说，现在可以享受免费的服务；不过，很多银行并没有采取所有的对策建议，在经常账户应该按照市场利率水平收取费用以及支付系统领域仍然存在一定的限制。总之，竞争委员会的报告并没有带来市场竞争状况的明显改善。

独立委员会的报告

独立委员会（也是我们熟知的维克斯委员会，因为该委员会由约翰·维克斯爵士领导）是英国政府在 2010 年 6 月成立的，目的是"审视英国银行业结构，从结构性和非结构性的角度对英国银行业系统进行改革，提高竞争效率"。尽管独立委员会的主要关注点是，在零售行业和投资业务领域实施栅栏原则，拓展银行资本来源渠道（详见 13.3.1 节），但独立委员会的报告同样关注如何提高英国银行业的竞争水平。尽管我们在前文中也谈到了这些问题，在这里，我们还是针对竞争问题多进行一些深入的探讨。独立委员会的报告的目标是更好地区分"好的竞争状态"（能够让消费者有更多的选择，能够更好地服务消费者）和"坏的竞争状态"（利用消费者的无知，例如，"在贷款标准上创造奔向底线的行为"）。报告向我们描绘了以下场景：

- 对于《克鲁克香克报告》中强调的大多数不好的问题，该报告都有保留。
- 最近几年，竞争监管部门对一些情形进行了干预。
- 金融危机发生之后，行业集中度比金融危机发生前更严重。
- 消费者满意度比较低，在现有市场环境下，账户转移的感知成本仍相当低。

独立委员会提出的建议如下：

- 苏格兰皇家银行和劳埃德银行集团的分拆工作应该进一步强化，目的是创造出新的市场竞争者。
- 为个人和中小企业引入账户重新定位服务，目的是提高账户自由转移的可信度。
- 提高账户成本的透明度，包括利息指标等。
- 竞争应该是金融监管的中心工作。

就提高市场竞争水平问题，英国政府接受了独立委员会的报告的所有建议，将劳埃德银行集团加以拆分，标准还高于欧盟的要求（参见 13.3 节讨论金融监管新趋势和《维克斯报告》的相关内容）。

13.9 小结

2007 年中期，英国银行业表现出来的特征是市场环境不断改变和各类国内监管改革带来的结果。自 2007 年夏天全球金融危机爆发之后，一切都发生了改变。英国的银行由原来高盈利、管理完善和改革创新的面貌一下子变成了社会的弃儿以及公众嘲讽的对象。围绕全球金融危机给英国（全球）银行业和金融系统重构可能带来哪些影响，社会各界展开了广泛的讨论。大家都支持银行业"回归本源"，回归活动包括更加重视简单的杠杆和流动性比率、在风险导向资本监管的基础上更加重视真实的风险评估、追求更高的透明度、减少不透明的模型运用（比如复杂的证券化和金融衍生品相关模型），以及开发新系统和其他程序，使其能够在金融衰退出现的早期就及时介入干预。

2011 年 9 月，独立委员会提出的建议已经体现在两部法律上：《2012 年金融服务法》和《金融服务法（2013 年银行改革法）》。2012 年的法律废除了之前存在的金融监管部门——金融服务管理局，成立了三家新的金融监管机构：金融政策委员会、审慎监管局和金融行为监管局。2013 年的法律除了采取其他措施外，还专门在零售银行领域引入了栅栏原则。

不管发生什么改变，毫无疑问，这些里程碑式的事件所带来的影响都会持续很多年，未来，英国银行业的经营活动和风险承受能力肯定会受到一定的影响和限制。

关键术语

资产保护计划	《银行法》	银行业准则和企业银行服务准则
"大爆炸"	竞争委员会	竞争政策
信用担保计划	《克鲁克香克报告》	股份化
快捷支付	《2012 年金融服务法》	《金融服务与市场法》
《金融服务法（2013 年银行改革法）》	银行业独立委员会	主要的英国银行集团
栅栏原则	特别流动性计划	英国金融投资有限公司
《特纳评估报告》	特别处理机制	《维克斯报告》

主要阅读文献

Goddard, J., Molyneux, P. and Wilson, J. O. S. (2009) "Crisis in UK banking: Lessons for public policy", *Public Money and Management*, 29, 276 - 284.

Financial Services Authority (2011) "The failure of the Royal Bank of Scotland", Financial Services Authority Board Report.

The Independent Commission on Banking (2011) "Final report recommendations".

The Turner Review (2009) "A regulatory response to the global banking crisis", March, London: Financial Services Authority.

复习题

13.1 为什么全球金融危机对英国银行业会产生如此严重的影响？分析 20 世纪 90 年代和 21 世纪初英国银行业的主要特征，请解释为什么这些特征会让英国银行业特别脆弱。

13.2 银行业危机给金融监管机构带来了哪些改变？当前和未来改革的一些关键问题有哪些？

13.3 认真阅读专栏 13-3，然后回答下列问题：

（a）什么是伦敦银行同业拆借利率？它又是如何确定的？

（b）如何理解"利率操纵"？

（c）银行故意错报伦敦银行同业拆借利率的两个主要原因是什么？

（d）对于伦敦银行同业拆借利率的操纵丑闻，英国采取了哪些改革措施？

13.4 为什么苏格兰皇家银行会失败？分析这家英国的大银行破产的原因。

13.5 英国银行业的盈利能力受哪些因素的影响？全球金融危机如何影响英国银行业的业绩表现？

13.6 英国银行业市场集中度不断加强意味着什么？用竞争来换取稳定合理吗？

13.7 在不远的未来，我们有可能看到更多的英国银行集团的并购活动吗？这对英国银行业竞争和创新会有什么样的影响？

13.8 独立委员会的主要对策建议有哪些？你觉得银行实业部门是如何回应这些建议的？

13.9 英国支付系统有哪些主要的特征？

13.10 作为全球金融中心的伦敦所面临的挑战和威胁有哪些？

附录 13.1 英国住房互助协会股份化

年份	住房互助协会名称	资产规模	转换或并购特性
1989	阿比国民	389 亿英镑（1989 年年底）	1989 年 7 月转为公司和银行。
1995	切尔滕汉姆与格洛斯特	194 亿英镑（1994 年年底）	1995 年 8 月被劳埃德信托储蓄银行并购。
1996	全国与省级（National & Provincial）	141 亿英镑（1995 年年底）	1996 年 8 月被阿比国民银行并购。
1997	联合莱斯特	223 亿英镑（1996 年年底）	1997 年 4 月转为公司和银行。
1997	哈利法克斯	1 021 亿英镑（1996 年年底）	哈利法克斯住房互助协会与利兹永久住房互助协会于 1995 年合并。1997 年 6 月，合并后的哈利法克斯住房互助协会转为银行。2001 年 9 月，哈利法克斯银行与苏格兰银行合并成立苏格兰哈利法克斯银行。
1997	伍尔维奇	293 亿英镑（1996 年年底）	1997 年 7 月转为银行，2000 年 10 月被巴克莱银行并购。
1997	布里斯托和西部（Bristol & West）	94 亿英镑（1996 年年底）	1997 年 7 月被爱尔兰银行并购。
1997	北岩	137 亿英镑（1996 年年底）	1997 年 10 月转为银行。
1999	伯明翰中部郡	82.2 亿英镑（1999 年年底）	1999 年 4 月被哈利法克斯银行并购。2001 年 9 月，哈利法克斯银行与苏格兰银行合并成立苏格兰哈利法克斯银行。
2000	布拉德福德宾利	247 亿英镑（2000 年年底）	2000 年 12 月转为银行。

说明：1997 年是住房互助协会转为银行出现最多的年份，在前八大住房互助协会中，有五家转为银行。这五家住房互助协会的资产规模占住房互助协会总资产规模的 60% 左右。

第十四章

欧洲的银行业

学习目标

- 理解欧洲银行市场的主要结构特征。
- 分析 2007—2009 年全球金融危机对欧洲银行业带来的影响和冲击。
- 分析欧元区危机对欧洲银行业的影响和冲击。
- 描述影响欧洲银行业的监管变化。
- 理解银行联盟的关键构成要素。
- 理解欧洲银行业近期业绩表现的主要发展趋势。

14.1 导论

自 1977 年引入第一银行协调指令后，欧盟金融服务的**放松管制**（deregulation）——伴随着欧洲经济共同体的构建和欧元的启动——目的变为在欧盟建立统一的银行服务规范，从而推动业务整合。为了使欧洲更有效率和竞争力，从而更有利于经济的可持续增长，金融整合被认为是最关键的因素之一。在这个过程中，欧洲银行市场经历了很多改变——由于大规模的兼并和收购，银行数量显著下降，行业集中度明显提升。银行已经将业务重心转移到非利息收入业务上，目的是增加收入。这些业务领域分布广泛，包括保险业、养老金业务、共同基金业务，以及与证券相关的业务。技术进步重塑了银行将产品和服务传送给消费者的方式，也对金融交易和信息处理的后台功能进行了重构。

过去的十年，欧盟金融整合一直在不断进行中，并且取得了实质性进展，特别是在批发业务领域。这一过程也培育了很多超大型的银行集团，它们的业务范围涵盖投资、商业银行业务、零售银行业务和投资银行业务，为欧盟国家和非欧盟国家提供包罗万象的金融服务。欧盟的业务整合模式建立在**单一欧盟护照**（single EU passport）（1989 年的第二银行协调指令）基础上。在统一法律框架下，金融机构可以自由决定在哪儿建立分支机构。经过一段时间的发展，很多金融机构的业务经营通过分支机构和附属机构的方式突破了国界限制。

在引入欧元十年后，2007—2009 年的全球金融危机让欧盟金融整合步伐陷入摇摆境地，欧盟日程表上商业银行业务模型的可持续性开始遇到一些麻烦。此外，在 2009 年年底爆发的影响欧元区国家的**欧元区危机**（Eurozone crisis）混合了银行业危机与主权债务危机，严重加深了全球金融危机对欧盟经济增长和竞争效率的冲击。为了加强欧盟统一监管框架，控制银行活动带来的风险，有必要采取相应的改革措施，这方面的争论依然在进行中。为了同时加强金融稳定的三大支柱，欧洲当局开展了一系列的改革措施，金融稳定的三大支柱为：金融监管、危机预防和危机管理。改革是在欧盟**银行业联盟**（Banking Union）的统一指导下开展的，主要分为三大部分：（1）计划将欧元区银行全部纳入欧洲央行的全能监管范畴；（2）构建普通银行解决方案计划；（3）普通存款计划。

本章首先介绍欧盟的发展（14.2 节）和金融服务单一市场的形成（14.3 节）。在 14.4 节，我们将分析全球金融危机和欧元区危机对欧盟银行业的影响和冲击，分析欧盟银行业都采取哪些措施应对 2007—2009 年全球金融危机和 2010—2013 年欧洲主权债务危机。14.5 节分析欧洲银行业结构性发展趋势，14.6 节对欧洲银行业最近的业绩特征展开分析，14.7 节是对全章的总结。

14.2 欧盟

欧盟的诞生最早可追溯到 20 世纪 50 年代：1951 年，比利时、法国、德国、意大利、卢森堡和荷兰成立了欧洲煤炭和钢铁联合会（European Coal and Steel Community，缩写为 ECSC）；到 1957 年，根据《罗马条约》（Treaty of Rome），成立了欧洲经济共同体（European Economic Community，缩写为 EEC，简称欧共体）。从那个时候开始，欧盟［在《马斯特里赫特条约》(Maastricht Treaty) 签订后正式成立］逐步成长为一个有着 28 个国家的联盟组织，尽管这些国家是逐步加入的，具体可以参见表 14-1。欧盟基础条约最后一次修正案的生效时间是 2009 年，这个条约就是我们所熟知的《里斯本条约》（Lisbon Treaty）。[①] 为了加入欧盟组织，任何一个国家都必须满足哥本哈根标准，这个标准要求国家政治稳定、保障人权、尊崇法治、市场经济，并且接受会员义务要求，包括欧盟制定的法律。

表 14-1 欧盟：各个国家加入时间一览表

年份	成员国	扩容
1957	比利时、法国、德国、意大利、卢森堡、荷兰	创始六国
1973	丹麦、爱尔兰、英国	第一次扩容

---

① 《里斯本条约》签订于 2007 年 12 月 13 日，但是要经过所有成员国批准同意才能生效。最后一个批准条约的国家是捷克，于 2009 年 11 月 3 日完成批准流程。条约从 2009 年 12 月 1 日起正式生效。《里斯本条约》既是对建立欧共体条约（即《罗马条约》）的修订，也是对建立《欧洲联盟条约》（即《马斯特里赫特条约》）的修订。这两个条约依然是欧盟各项功能发挥的基础。《里斯本条约》对欧盟结构进行简化，当前的欧盟含有三大支柱：理事会、共同外交和安全政策、司法和内务。在新条约中，三大支柱退出，欧盟代替理事会，并且具有法律属性。建立欧共体的条约又被命名为《联盟职能条约》(Treaty on the Functioning of the Union)。

年份	成员国	扩容
1981	希腊	第二次扩容
1986	葡萄牙、西班牙	第三次扩容
1995	奥地利、芬兰、瑞典	第四次扩容
2004	塞浦路斯、捷克、匈牙利、爱沙尼亚、拉脱维亚、立陶宛、马耳他、波兰、斯洛伐克、斯洛文尼亚	第五次扩容（第一批）
2007	罗马尼亚、保加利亚	第五次扩容（第二批）
2013	克罗地亚	
2014	冰岛、马其顿、黑山、塞尔维亚、土耳其、阿尔巴尼亚、波斯尼亚和黑塞哥维那、科索沃	正式候选国申请加入

2004 年 5 月 1 日，塞浦路斯、捷克、马耳他、波兰、匈牙利、斯洛伐克、斯洛文尼亚、爱沙尼亚、拉脱维亚、立陶宛加入欧盟。2007 年，保加利亚和罗马尼亚加入欧盟。这是欧盟历史上最大规模的一次扩容，是几十年冷战结束后，欧洲统一进程中的一次历史性事件。2013 年 7 月 1 日，克罗地亚成为欧盟第 28 个成员国。在过去的 20 年时间里，为了在经济指标上满足欧盟的要求，这些国家必须面临并做出一系列改变，当然，最终它们都取得了非常明显的进步。例如，从 1999 年到 2003 年，这些国家的 GDP 平均增速为 3.2%，而欧盟原 15 国的 GDP 平均增速只有 2%。尽管经济增长速度较快，融合越来越好，但这些国家的人均 GDP 还是要比欧盟成员国低很多。事实上，获得欧盟成员国资格只是艰难的第一步，在未来的几年里，这些国家还要面临很多问题带来的挑战。

在写作本书的时候（2014），冰岛、黑山、塞尔维亚、马其顿以及土耳其成为欧盟正式候选国。阿尔巴尼亚、波斯尼亚和黑塞哥维那、科索沃也申请加入欧盟，被认为是潜在的候选国。在南斯拉夫解体之后，经过 20 世纪 90 年代的内战洗礼，巴尔干半岛上的国家都有可能成为欧盟成员国。土耳其从 20 世纪 80 年代开始就与欧盟谈判加入事宜，而冰岛是在 2008 年之后才申请加入欧盟。

14.2.1 经济展望

欧盟的 28 个成员国覆盖了欧洲大陆的大部分面积，人口规模也超过 5 亿，排在中国和印度之后。尽管在过去的十年时间里，欧盟成员国生活水平有很大的提升，但不同成员国之间的差异还是存在的。人均 GDP 最高的国家是卢森堡，最低的国家是保加利亚。欧盟一直致力于缩小最富成员国与最穷成员国之间的差距，此外，2004 年之后加入欧盟的国家的 GDP 的当前增速也比原有成员国增速要快。

表 14-2 罗列了欧盟 28 个成员国主要的经济指标，这些数据表明中欧地区、东欧地区和西欧地区不同国家的 GDP 总量和人均 GDP 都有明显的增长。事实上，在同一时间里，这些新加入欧盟国家的增速要比原来的成员国速度更快。不过，最近几年，大多数国家经济增长都出现了紧缩的态势，部分新加入的成员国的经济发展受全球经济衰退的冲击很大。

表 14-2　宏观经济展望

国家	人口（千人常住居民）		当前价格计算的 GDP（百万欧元）		真实的 GDP 增速（％，同比）		就业率（％）	
	2005 年	2012 年	2005 年	2012 年	2005 年	2012 年	2005 年	2012 年
比利时	10 474	11 041	303 435	375 881	1.8	−0.1	66.5	67.2
保加利亚	7 719	7 327	23 256	39 668	6.2	0.8	61.9	63.0
捷克	10 234	10 505	104 629	152 926	6.3	−1.0	70.1	75.4
丹麦	5 419	5 580	207 367	245 252	2.4	−0.4	78.0	75.4
德国	82 464	81 844	2 224 400	2 666 400	0.8	0.7	69.4	76.7
爱沙尼亚	1 348	1 340	11 182	17 415	9.4	3.9	72.0	72.1
冰岛	4 160	4 583	162 897	163 938	6.2	0.2	72.6	63.7
希腊	11 104	11 291	193 050	193 749	2.3	−6.4	64.6	55.3
西班牙	43 398	46 496	909 298	1 029 002	3.6	−1.6	67.2	59.3
法国	62 958	65 398	1 718 047	2 032 297	1.9	0.0	69.4	69.3
意大利	58 607	60 821	1 436 380	1 567 010	0.7	−2.5	61.6	61.0
塞浦路斯	758	862	13 598	17 887	3.9	−2.4	74.4	70.2
拉脱维亚	2 300	2 042	12 928	22 257	10.6	5.2	70.3	68.1
立陶宛	3 414	3 008	20 969	32 940	7.8	3.7	70.6	68.5
卢森堡	465	525	30 270	42 918	5.4	−0.2	69.0	71.4
克罗地亚	4 669	4 383	36 030	43 904	4.3	2.0	60.0	55.4
匈牙利	10 087	9 958	88 766	96 968	4.0	−1.7	62.2	62.1
马耳他	403	416	4 931	6 851	3.9	0.9	57.9	63.1
荷兰	16 317	16 730	513 407	599 338	2.0	−1.2	75.1	77.2
奥地利	8 225	8 443	245 243	307 004	2.5	0.9	71.7	75.6
波兰	38 161	38 538	244 420	381 204	3.6	1.9	60.1	64.7
葡萄牙	10 549	10 541	154 269	165 108	0.9	−3.2	72.3	66.5
罗马尼亚	21 624	21 355	79 802	131 579	4.2	0.7	63.6	63.8
斯洛文尼亚	2 001	2 055	28 731	35 319	4.5	−2.5	71.1	68.3
斯洛伐克	5 387	5 404	38 489	71 096	6.7	1.8	64.5	65.1
芬兰	5 245	5 401	157 429	192 350	2.9	−1.0	73.0	74.0
瑞典	9 030	9 483	298 353	407 820	3.3	0.9	78.1	79.4
英国	60 238	62 990	1 867 129	1 932 702	2.2	0.3	75.2	74.2

资料来源：欧盟统计局（Eurostat）和欧洲委员会。

　　新成员国人均收入占原有欧盟成员国人均收入的比重从 1999 年的 40％上升到 2008 年的 52％。研究数据表明，2000—2008 年，在追赶的过程中，新成员国的经济增长速度每年以 1.75％的幅度上涨。平均说来，1999—2003 年，经济增长速度为 3.5％；而 2004—2008 年，经济增长速度为 5.5％。[①]

---

　　① European Commission（2009）"Five years of an enlarged EU：Economic achievements and challenges"，DG Economic and Financial Affairs.

欧盟的扩容也有利于原成员国的经济发展，特别是与新成员国贸易和投资关系比较紧密的国家。增长的一个重要动力就是机构建设。机构改革源于《欧洲共同体法》(Acquis Communautaire) 的修正和调整。《欧洲共同体法》是欧盟经过多年协商，就组织原则、实践、义务、目标、法律和其他行为达成共识的最终协议，既包括加入欧盟后需要遵守的《欧洲联盟条约》，也包括退出欧盟时需要遵守的相关法律以及欧洲法院的判决。这些法律提升了管理框架，提高了对加入国家公共事务管理的效率。

不过，在全球金融危机之后，发生在 2010 年的欧洲主权债务危机让所有的成员国面临新的挑战，表现为缩减的贸易量、融资可获得性减少、房产价值的下降以及不断恶化的市场信心。尽管欧盟成员国身份，甚至有些是欧元区成员国身份，能够提供一定程度的保护和稳定，但所有的成员国其实都面临着相同的困境。大家都担心，当双重危机同时来到时，同步化进程会放缓。不过，经济形势的衰退倒是为改革提供了机会，通过改革，可以化解负面的社会和经济影响，为经济和社会的快速恢复与发展打下坚实的基础。

为了促进经济增长，欧盟实施了一系列的改革举措。2020 欧洲计划就是欧盟为未来十年发展设计的战略计划（参见专栏 14-1）。这一战略计划包括七大"标志性革新"，目的是搭建一个合作框架，促使欧盟和欧盟成员国共同努力，期待 2020 欧洲计划能够在创新、数字经济、就业、青年政策、工业政策、贫困和资源效率等领域取得不错的成绩。

专栏 14-1

2020 欧洲计划概要

欧盟正致力于战胜危机，为构建高就业的竞争经济体创造条件。2020 欧洲计划是欧盟为未来十年发展制订的战略计划。它不仅要应对影响欧洲主要经济体发展的当前危机，而且要找到欧盟经济增长模型的不足，为营造更具可持续性和更有包容性的经济增长方式创造条件。

为了让目标变得更有操作性，欧盟为未来十年设定了五大关键目标。这些目标包括：(1) 就业——20～62 岁之间的劳动力就业率达到 75%。(2) 教育——减少儿童教育流失率到 10% 以下，提高 30～34 岁人群接受第三等级（大学）教育的比率到 40%。(3) 研究和创新——将欧盟 GDP 总量的 3% 投入研发环节。(4) 社会融入和减少贫困——目标是让贫困人口和社会融入有问题的人口数量降至 2 000 万人以下。(5) 环境改变与能源可持续性——目标是与 1990 年的水平相比，减少温室气体排放 20%（或者 30%，如果条件合适）；获得 20% 的可再生能源，至少提升 20% 的能源效率。这些目标都会被分解到每个国家，每个成员国都可以根据自己的目标来控制进度。

为了实现这些目标，欧盟的政策和工具包括推进单一市场进程、解决跨境活动的瓶颈问题、提高内部交流，以及实施单一市场规则。

资料来源：欧洲委员会（2013）。

14.3 金融服务欧洲单一市场

自从 1977 年第一银行协调指令通过后，欧盟的立法都是朝着创造统一而又有竞争性的欧洲法律体系努力。为了帮助银行应对经济环境变化带来的挑战，欧洲的金融管理部门变得格外重视金融监管。最有可能成为欧盟银行业管理法律的是 1989 年**第二银行协调指令**（Second Banking Coordination Directive，缩写为 2BCD），其目的是通过建立欧盟范围内单一银行执照从而提高银行业竞争水平。1992 年的《马斯特里赫特条约》创建了欧盟，并且促使欧元和欧洲中央银行于 1999 年诞生。

从这个角度来看，制定**单一市场**（single market）的欧盟法律以及在 1999 年创建**经济与货币联盟**（Economic and Monetary Union，缩写为 EMU）（更多细节详见专栏 14-2）的目的都是进一步激活金融市场活动。

专栏 14-2

欧盟为金融服务建立单一市场

直到 20 世纪 80 年代，欧洲金融和银行业都是以发展国内市场为主。各个国家的政府总是充当着国内银行的保护者角色，防止被外国势力影响，有时候，各国政府直接就是本国银行的股东。利率限制和资本控制很常见，有一些国家还对分支机构的设立做出了严格的限制。法律协调的目标和各成员国的实践反映出主要的经济政策、国际化、技术创新和全球化等领域出现了广泛的变革。欧盟成员国融合进程体现出更加广泛的金融自由化，最终的目标是为金融服务行业创建单一市场。

在一份给上议院的报告中，欧盟选举委员会（2003）详细说明了金融服务行业构建单一市场对供给者和消费者的意义：

> 金融服务业单一市场意味着任意成员国中被授权提供金融服务的机构可以在欧盟范围内提供相同的金融服务，也就是说，这些机构可以在统一监管框架下与欧盟所有成员国中提供类似金融服务的机构竞争。另外，消费者可以有更多的选择空间，有机会接触到更有价格竞争力的金融服务和产品，在市场上更有信心买到合适的产品。

欧盟银行业立法协商进程中里程碑式事件是 1989 年的第二银行协调指令，这一指令在欧盟范围内建立起单一银行业经营"护照"，可以在欧盟成员国通用，在欧盟层面建立起各国都认可的最低标准（包括资本金）。此外，指令还允许银行成为全能型银行，也就是说，可以直接开展其他金融活动，比如金融产品的开发、保理、租赁和投资银行（商人银行）业务。还有其他一系列指令被制定出来，目的是更好地协调一些具体的细节问题（比如，为存款保险计划设定最低标准）。金融服务单一市场的构建对其他非银行金融机构来说也是一种松绑。保险公司和投资公司能够获得单一欧盟金融"护照"是基于 20 世纪 90 年代早期指令生效的结果。在取得了共识的系统中，被允许获得执照的银行在不同国家建立分支机构，但要遵守每个国家的法律和规章。

金融服务单一市场形成的最主要障碍是每个国家依然有各自的货币，而且货币政策都是独立的。作为欧盟单一市场计划的一部分，引入单一货币被认为是这个过程中最重要的第一步。单一市场的第二步在 1999 年 1 月 1 日最终形成，随后启动经济与货币联盟第三阶段的工作。经济与货币联盟的三个阶段进展情况都在欧盟的报告里面有详细论述，这份报告是由欧盟委员会前主席雅克·德洛尔（Jacques Delors）领衔完成的。

● 经济与货币联盟第一阶段开始于 1990 年的 7 月 1 日。成员国不得不废除所有存在的资本管控措施。这同时要求各国央行在更高层次上展开合作，强调制定新条约的目的是实现经济联盟的构建。1991 年 12 月，各国都同意《马斯特里赫特条约》，该条约于 1992 年 2 月 7 日在马斯特里赫特签订。

● 经济与货币联盟第二阶段开始于 1994 年 1 月 1 日，也就是《马斯特里赫特条约》生效后。成员国为了谋求统一的政策安排都做出了巨大的努力，作为欧洲央行的前身，欧洲货币局（European Monetary Institute，缩写为 EMI）成立了。它成立的目的是加强各国央行之间的合作，为单一货币的引入做必要的准备工作。

● 经济与货币联盟第三阶段开始于 1999 年 1 月 1 日。不同成员国之间的货币汇率被固定下来，创建了欧洲央行。向第三阶段过渡是在《马斯特里赫特条约》关于欧盟建立标准的基础上实现的，该条约的目标就是要在所有成员国实现可持续的低通胀增长的经济环境。

2002 年 7 月 1 日，欧元正式代替各国货币进入流通：1999 年，欧元刚启动时，有 11 个成员国加入欧元区，现在欧元区成员国有 18 个。

最早加入经济与货币联盟并使用欧元的 11 个国家（我们所知道的欧元区）是奥地利、比利时、芬兰、法国、德国、爱尔兰、意大利、卢森堡、荷兰、西班牙和葡萄牙。2000 年 7 月，欧元与希腊货币德拉克马之间汇率固定，希腊满足加入经济与货币联盟的条件。丹麦和英国与欧盟协商《"选择退出"协议》（"Opt-out" Protocol），希望欧盟能够同意它们选择是否加入欧元区。瑞典最开始并不满足加入欧元区的必备条件。2003 年 9 月，在全民投票的时候，瑞典否决了加入欧元区的决定。

从那个时候开始，还有另外的 6 个国家加入了欧元区：2007 年 1 月，斯洛文尼亚加入欧元区；2008 年 1 月，塞浦路斯和马耳他加入欧元区；2009 年 1 月 1 日，斯洛伐克加入欧元区；2011 年 1 月 1 日，欧元取代爱沙尼亚克朗成为爱沙尼亚货币；2014 年 1 月，拉脱维亚成为欧元区第 18 个成员国。

2002 年 1 月 1 日，欧盟的 12 个成员国正式启用欧元纸币和硬币。欧元与 12 个成员国货币之间的汇率如表 14 - 3 所示（官方公报 359，第 41 卷，31/12/1998；官方公报 167，07/07/2000）。表 14 - 3 同时也向我们展示了新加入欧元区成员国的货币汇率情况。

表 14 - 3　欧元区成员国

国家	1 欧元对应的固定汇率	加入欧元区时间
奥地利	13.760 3 奥地利先令	1999 年
比利时	40.339 9 比利时法郎	1999 年
塞浦路斯	0.585 274 塞浦路斯镑	2008 年
爱沙尼亚	15.646 6 爱沙尼亚克朗	2011 年
芬兰	5.945 73 芬兰马克	1999 年
法国	6.559 57 法国法郎	1999 年
德国	1.955 83 德国马克	1999 年
希腊	340.750 希腊德拉克马	2002 年
爱尔兰	0.787 564 爱尔兰镑	1999 年

续表

国家	1欧元对应的固定汇率	加入欧元区时间
意大利	1 936.27 意大利里拉	1999 年
拉脱维亚	0.702 804 拉脱维亚拉特	2014 年
卢森堡	40.339 9 卢森堡法郎	1999 年
马耳他	0.429 300 马耳他里拉	2008 年
荷兰	2.203 71 荷兰盾	1999 年
葡萄牙	200.482 葡萄牙埃斯库多	1999 年
斯洛伐克	30.126 0 斯洛伐克克朗	2009 年
斯洛文尼亚	239.640 斯洛文尼亚托拉尔	2007 年
西班牙	166.386 西班牙比塞塔	1999 年

欧盟立法的一个主要目标就是减少银行业和金融服务业跨境交易遇到的各类壁垒,最终的目标是创建一个单一的金融服务市场。通过减少政府直接控制金融,金融去监管化的进程让结构性难题最终得到解决。表14-4向我们展示了金融危机前,为了建立欧洲金融服务协调统一的框架所发布的主要监管措施(金融监管的放松诱发了全球金融危机和欧元区危机,14.4节对此有详细介绍)。

表 14-4 影响欧盟银行业和金融部门的监管措施

年份	措施
1977	第一银行协调指令(77/780/EEC)——监管措施的采用、标准和流程,这个指令消除了不同成员国之间提供金融服务和开设分支机构的壁垒。同时,为了给银行发放统一执照,该指令协调各种规则和外部环境,界定管理当局监管银行和国外银行分支机构的权力,以及这些监管当局之间的合作流程。
1985	《内部市场竞争》(Completing the internal market)(COM 85/310)——目的是取消所有存在的非关税壁垒,让商品、服务、人才和资本可以自由流动。
1988	《资本协议》——为银行设定最低资本充足性要求,也就是我们所熟知的8%的比例要求。定义第一层次资本(权益)和第二层次资本(准权益)的含义。为银行业设计基于信用风险的风险权重。这些都被理事会指令(89/299/EEC)所采用,体现在欧洲法律中,聚焦信用机构的自有资金管理。
1988	欧洲货币体系资本流动放松管制——目的是实现欧盟内资本的跨境自由流动(理事会指令 88/361/EEC)。
1989	第二银行协调指令(又称第二次理事会指令 89/646/EEC)——在欧盟内建立统一的银行执照标准,引入本国货币控制的原则(本国监管部门对外国银行在本国的经营活动有最终的监管权力)和共识(欧盟银行监管者认识到他们的监管原则和管理是相对应的)。第二银行协调指令的通过与自有基金和偿债指令是同步的,自有基金和偿债指令与《资本协议》中的资本充足性要求类似,被引入欧盟法律体系。
1993	投资服务指令(理事会指令 93/22/EEC)——为欧盟的投资公司和证券市场设定法律框架,为投资服务提供单一执照。
1994	存款保险计划(指令 94/19/EC)——为存款保险计划提供最低标准的协调机制。

年份	措施
1999	金融服务行动计划——目的是为金融服务单一市场建立法律框架。在 2000 年 3 月引入，2004 年 4 月结束。在金融服务行动计划的 42 项措施中，有 38 项被欧盟采用。
2000	E 货币指令（2000/46/EC）——该指令源于电子商务的蓬勃发展，目的是使得非信贷机构有条件涉足电子商务保险业务。处理与移动支付相关的协调规则和标准，可以用旅行卡完成支付，就像巴塞尔支付设施一样方便。
2001	信贷机构重组和清算指令（2001/24/EC）——为了确保欧盟信贷机构所在国在实施重组措施或清算程序时，与在整个经济体实施相应的措施和程序是一致的。
2001	欧洲公司法律地位监管(理事会监管 No 2157/2001)——为新形态公司、欧洲公司构建法律框架，建立欧盟监管规定（设立核心公司法律框架，在整个共同体范围内都有效），颁布欧盟指令处理欧洲公司的就业问题。目的是为欧盟的公司形态建立标准规则。
2004	收购行为指令（2004/25/EC）——为跨境收购行为建立一个通用的框架。
2004	金融工具市场指令（2004/39/EC）——这就是我们熟知的 MiFID，指令为欧洲经济区投资服务构建协调统一的监管措施。它为欧洲经济区的交易通道和投资公司引入执照体系，当然，这些交易通道和投资公司都是在各会员国行政管理基础上运行。该指令同时引入各种各样的投资者保护措施。
2006	第二版《资本协议》中的偿债（资本充足率）能力框架——更新原来的国际银行资本标准（第一版《资本协议》），原来的标准于 1988 年开始生效。新规则的目的是提升资本监管的国际持续性，让监管资本具有更高的风险敏感性，提升和增强大型、国际化业务活跃的银行组织的风险管理能力。这些标准都被欧洲法律所引用，体现在资本要求指令（2006/49/EC，缩写为 CRD）中。
2007	支付服务指令（2007/64/EC）——这个指令是为构建统一的国际支付市场而制定的法律框架。这被认为是构建单一市场的额外步骤，目的是增强消费者保护和市场透明度，通过消除市场准入壁垒提高支付市场的竞争。这也是迈向单一欧元支付区的关键一步。

考虑到这一点，1999 年的欧盟**金融服务行动计划**（financial services action plan，缩写为 FSAP）被认为是单一市场实现的催化剂——金融服务行动计划的最终目标是在更好的监管背景下，构建更加具有竞争性和动态变化的金融服务行业，这被认为是推动经济增长的重要动力。金融产品的消费者应该可以获得更低的价格，提供这些服务的生产商将会因为成本的进一步降低从而获益。最初的文件提出了指导性的建议和时间表，提出了一些特定的措施，目的是实现下面三个战略性目标：

- 在批发金融服务领域建立单一市场；
- 让零售市场更加开放和安全；
- 加强审慎监管原则。

有很多监管行动聚焦于对金融产品和企业建立更加统一的财政处理措施，目的是让理想的单一金融市场获得更好的外部环境。按照建议的措施，过程进展顺利，2005 年年初，在金融服务行动计划原有的 42 条建议中，有 38 条被采纳，现在已经被写入欧盟法律体系中。

2005 年，金融服务行动计划被《金融服务白皮书》（White Paper on Financial Services）所代替，确立了 2005 年到 2010 年的欧洲委员会目标。在《金融服务白皮书》中，欧洲委员会详细说明了 2005—2010 年的政策目标，包括：

- 整合已经取得的进程效果；
- 完成当前措施；
- 加强监管的合作与融合；
- 消除影响整合的剩余壁垒。

白皮书确立以下几个方面优先发展：（1）继续强化在金融服务计划框架下取得的成就；（2）加强监管框架；（3）加强监管实践的融合，提升监管架构；（4）培育欧盟金融服务竞争环境；（5）在全球资本市场加强欧盟的作用。

关键的目标之一是确保监管框架的一致性和持续立法工作的推进。欧盟内部金融监管的协调配合工作是通过**朗法吕西程序**（Lamfalussy process）进行的，这一程序的目的是简化和加速欧盟立法相关程序，使其不那么复杂和冗长。用欧洲委员会的话来说，2001 年启动朗法吕西程序的目的是建立一套能够融合欧洲金融监管实践的有效市场机制，促进金融服务立法能够快速且灵活地反映出金融市场的变化。在这一方法的指导下，金融监管被分为四个层次，专栏14-3 对此有详细介绍。2007 年有一个专门的董事会对这一流程进行了评估，认为尽管流程总体上满足所有的目标，但还是需要做出一些根本性调整，以变得更有效率。

专栏 14-3

朗法吕西程序

2000 年 7 月，欧盟轮值国——法国发起并成立哲人委员会（Committee of Wise Men，本专栏中简称委员会），并委任亚历山大·朗法吕西（Alexandre Lamfalussy）为主席，目标是为提高欧盟证券市场监管流程效率而提出草案计划。2001 年 2 月，哲人委员会提出四层次立法流程，一些非常有权势的人被委任到执行部门。今天我们所熟知的朗法吕西程序目标就是通过四层次方法来简化和加速欧盟立法程序。2002 年 12 月，它被延伸到整个欧盟金融行业。

按照朗法吕西程序，欧盟机构在委员会支持下调整并修改框架法律（第一层次）。在四个专家委员会的帮助下，委员会制定了详细的技术实施措施（第二层次）。四个专家委员会分别是欧洲银行业委员会（EBC）、欧洲证券业委员会（ESC）、欧洲保险和职业年金委员会（EIOPC）和金融集团委员会（FCC），它们负责跨行业集团的监管事项。它们决定由委员会提出的执行措施。

在制定执行措施时，委员会按照朗法吕西程序第三层次的专家委员会建议行事。这些专家委员会包括欧洲银行业监管委员会（CEBS）、欧洲证券业监管委员会（CESR），欧洲保险和职业年金监管委员会（CEIOPS）。欧洲银行业监管委员会同时还有来自各国央行的代表。除了为委员会提供建议和帮助外，各专家委员会还要处理监管信息的交流、欧洲法律法案的持续执行以及欧洲金融服务市场的监管实践协调问题。在第四层次，委员会还需要与各成员国保持密切合作，第三层次监管当局和私人部门还需要检查共同体法律是否可持续适用。朗法吕西程序详见图 14-1。

2007 年对朗法吕西程序进行评估，目的是对流程的实践性、必要性和可获得性做出改进。

随着 2007—2009 年全球金融危机的爆发，欧盟立法者意识到，不管从整合的角度出发，还是从金融稳定的视角出发，监管整合都是一个关键性目标。

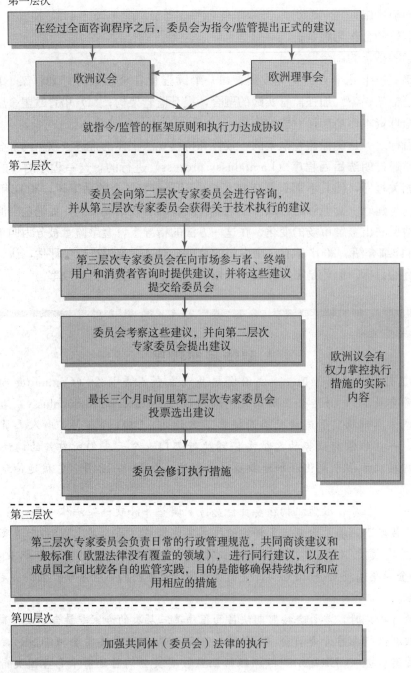

第一层次

在经过全面咨询程序之后，委员会为指令/监管提出正式的建议

欧洲议会 ⟷ 欧洲理事会

就指令/监管的框架原则和执行力达成协议

第二层次

委员会向第二层次专家委员会进行咨询，
并从第三层次专家委员会获得关于技术执行的建议

第三层次专家委员会在向市场参与者、终端
用户和消费者咨询时提供建议，并将这些建议
提交给委员会

委员会考察这些建议，并向第二层次
专家委员会提出建议

最长三个月时间里第二层次专家委员会
投票选出建议

委员会修订执行措施

欧洲议会有
权力掌控执行
措施的实际
内容

第三层次

第三层次专家委员会负责日常的行政管理规范，共同商谈建议和
一般标准（欧盟法律没有覆盖的领域），进行同行建议，以及在
成员国之间比较各自的监管实践，目的是能够确保持续执行和应
用相应的措施

第四层次

加强共同体（委员会）法律的执行

图 14 - 1 朗法吕西程序

资料来源：欧洲委员会（2007b）。

────────────────────

尽管单一市场的建立是一个让人非常期待的目标，但由于重新组织的时间太久，所以对某些金融产品来说，这可能是一个非常难实现的目标，特别是本国属性很强的产品。最早关于欧洲金融服务状况的评估认为，零售金融服务市场受国境限制，是分割的。单一市场观察组（欧洲经济与社会委员会，2012）的一项研究表明，经过 20 年的努力，单一市场进程依然在完善

中，尽管很多壁垒都消除了，但新的壁垒不断出现。

表 14 - 5 根据供给和需求因素的不同，向我们概况了整合面临的困难。总的来说，大多数是看上去自然的或者政策导向的结果。在相当大的范围里，这些障碍对进一步整合的影响非常明显，有些障碍是自然因素，它们只会部分被政策制定者影响，其他因素则需要更多的监管（例如，新的资本充足率规定）。

表 14 - 5　欧盟金融零售市场完全整合面临的障碍

	自然因素	政策导向
供给端	• 语言，文化 • 消费者对本国供给者的信任 • 距离和个人联络的愿望	• 对国外服务/产品的税收差别待遇 • 主权货币（如英镑）的存在 • 对跨境赔偿程序知识储备不够
需求端	• 自然因素导致的信息成本（如文化差异） • 与本国产品已经建立的分销渠道存在差异 • 更小的欧盟市场份额没有什么吸引力	• 监管国别差异导致的信息和调整成本（如消费者保护） • 跨境信息流动的障碍（如对国外信用住户的有限接触） • 国内供给者的竞争特权 • 国内市场规则的不足（如缓慢的欧盟法律调整对新发展反应不足） • 跨境运转的特殊成本（如货币转账）

资料来源：海尼曼和约普（2002）。

各种研究已经证明，在欧盟范围内，零售金融服务产品之间还存在大量的价格差异。这些价格差异反映出有很多因素影响到价格差异，不仅源于机构不同，而且源于不同国家市场的法律和风险特征不同。它们同时反映出竞争程度的变化以及零售产品跨境买卖的缺乏。对非担保贷款、存款和储蓄账户、信用卡、养老金和保险业务（当然，非寿险和零售共同基金业务规模还是比较大）来说，这些金融零售服务的跨境贸易利润都不错。所有因素都表明，市场离完全整合还有很长一段距离。欧洲委员会向欧洲议会提交的一份报告（2013b）指出，各成员国在劳动、税收、健康和安全、消费者保护以及合同法领域存在的分歧仍然是一个比较大的问题。总的来说，自 2007—2009 年全球金融危机之后，市场分割进一步强化了。例如，当我们比较不同成员国发放给普通居民和中小企业的银行贷款利率时，市场分割还是非常明显的，图 14 - 2 向我们揭示了这样的差别。

每个国家的零售金融服务监管也是不同的。在建立单一市场的情况下，开展跨境零售金融服务活动仍然有很多问题。税收待遇、消费者保护立法、市场规则、产品界定、投资者保护等领域存在的差异严重阻碍了很多零售银行业务和其他金融服务的跨境供给。因此，那些试图将自己的零售服务进行跨境销售（没有实体机构）的银行就有可能面临很多竞争劣势。当某个区域有大量的投资银行和国际银行分支机构时，这些障碍可能没有那么麻烦。尽管世界上最大的投资银行在很多国家都有实体分支机构，但这折射出来的是，没有实体机构做支撑来提供跨境金融服务并不是优先发展战略，即便在批发金融业务领域也是如此。总的来说，国内监管与机构因素、文化、银行关系强弱、对某种服务的大致需求等因素类似，都表明银行在开拓零售业务市场时，必须在相应的国家建立实体分支机构。

总体上讲，欧盟零售金融服务领域整合之所以这么慢，主要是因为：

• 零售银行/金融服务关系的自然属性。
• 有限的跨境整合（主要因为经济/商业的因素）。
• 如果没有实体机构，则只能提供非常有限的跨境服务，主要源于行业原因和其他障碍。

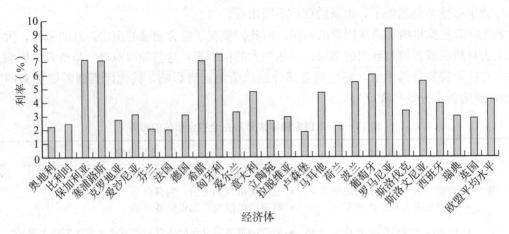

图 14 - 2　发放给非金融企业的贷款利率

资料来源：欧盟委员会（2013b）。

说明：该图中的贷款利率为 1 年期贷款余额利率水平，时间段从 2013 年 1 月到 2013 年 8 月。

其他障碍包括当产品跨境销售时的双重税收或者金融产品税收歧视、消费者保护法、数据传递问题、合同法差异、零售抵押贷款担保品法律界定、消费者界定、执行"了解消费者的原则"时遇到的困难、价格计算的不同方法（比如年收益率计算）等。

零售金融服务市场存在的分割现象同时还会因为一些国家监管者的反应而进一步加重，这些国家监管者特别关注会引发欧元区危机（始于 2010 年）的潜在金融稳定问题，其中包括具有"栅栏原则"效应的审慎举措，这些举措的目标是在本国范围内维持流动性、股利和其他银行的资产。为了应对问题不断减少的整合事项，欧盟监管者提出建立《单一规则手册》（Single Rulebook），确保在欧盟范围内使用统一的监管规则、监督机制和解决方案（14.4.6 节将会对此展开讨论）。此外，银行业联盟的建立也是为了修复金融服务单一市场信心。

14.4　构建全新的欧盟金融框架结构

在《尼斯条约》（Nice Treaty）和里斯本战略的基础上，欧盟加快了金融服务供给者和金融市场自由化的进程。[①] 这个战略计划背后的关键原则是进一步提升欧盟市场的竞争状态，目的是减少金融成本，提高资源分配效率，从而提升欧盟金融业的全球竞争力水平。正如前文中所讨论的，欧盟立法的一个主要目标就是减少和降低银行业和金融服务业跨境交易的障碍，最终目标是为金融服务业构建单一市场。在过去的二十年时间里，欧盟立法做了大量的工作，目的是推动金融监管和监督领域的合作、整合和协调工作（参见表 14 - 4）。这些创新举措——由朗法吕西程序主导——由于重叠的专家委员会从而在某种程度上创造了一个更为复杂的框架结构。欧洲委员会有权力提议一个指令，经济和金融事务理事会（Economic and Financial Affairs Council，缩写为 ECOFIN）与欧洲议会［通过经济和货币事务委员会（Economic and Monetary Affairs Committee）］有联合决定的权力来采纳指令。一旦指令被采纳，欧盟和成员国在执行指令的过

---

① 《尼斯条约》于 2001 年由欧洲领导者签订，2003 年 2 月正式生效。该条约对退出立法做了非常清晰的界定，目的是为欧盟扩容。

程中就发挥着非常重要的作用。尽管欧洲中央银行没有法律权限监督和管理银行、其他金融机构或者金融市场，但它依然活跃在很多欧盟结构体系和机构中，发挥着咨询功能，并且在维护金融稳定过程中被赋予法定权利以提供必要的信息（参见专栏 14 - 3 关于朗法吕西程序的分析）。

在 2000 年代后期的金融骚乱和政府干预过程中，现有结构的弱点便显得非常清晰。很多国家的政府在开展欧盟范围内合作之前，首先考虑的都是本国的政策选择。这饱受各界批评，引发公众讨论欧盟机构安排发生的变化。要想更好地了解这些管理方面的改变，我们首先有必要回顾一下欧盟银行业发生的一些关键危机事件。14.4.1 节将会重点回顾这些关键的危机事件，分析它们对欧洲银行业发展的影响。

14.4.1 欧洲银行业危机

一些人认为 2000 年代后期发生的、给欧盟国家带来严重影响的危机主要有三类：银行业危机、主权债务危机和经济危机。这三者之间有着高度的内在关联性（参见图 14 - 3）。多重危机并不是什么新鲜概念（参见第八章对危机的定义），不过，还是有很多人认为欧元区的问题与一般的多重危机还是有很大的区别。

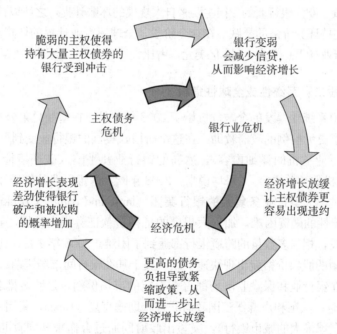

图 14 - 3　欧元区三大危机关联性分析

资料来源：香博（2012）。

在讨论欧元区危机发生的原因时，相当多的批评人士将矛盾的焦点指向统一货币制度的创建。我们将在第十五章详细讨论 2007 年年中始发于美国的全球金融危机的原因，并对金融危机进行深入探究，分析金融危机如何演变为欧洲主权债务危机和经济危机。我们通常都是分阶段展开分析，具体的阶段划分如下。

（1）阶段一：美国次贷危机（2007 年 8 月到 2008 年 9 月）。

（2）阶段二：系统性或全球性危机（2008 年 9 月到 2009 年 3 月）。

（3）阶段三：经济危机（2009 年到 2010 年）。

(4) 阶段四：主权债务危机（2010 年到 2011 年）。

(5) 阶段五：欧洲信心危机（从 2011 年开始）。

14.4.1.1　阶段一：美国次贷危机

早期阶段的全球金融危机主要是影响美国银行业，从 2008 年 9 月开始演变为系统性或全球性金融危机，转折点就是美国著名投资银行雷曼兄弟公司破产。与美国的银行不同，欧元区银行尽管也持有次级证券化产品，但并没有立刻受到美国不动产市场泡沫破灭的冲击（部分情况属意外），因此，美国住房抵押贷款的衍生证券化产品带来的损失也相对较小。

一个众所皆知的意外事件是德意志工业银行（Deutsche Industriebank）成为欧元区第一家被金融危机冲击的银行。这家德国银行建立了大量的商业票据支持资产，但 2007 年美国投资银行贝尔斯登（Bear Stearns）宣布亏损给这家银行的投资带来了巨大的麻烦。2008 年 3 月，贝尔斯登宣布破产，随后被摩根大通收购。当 2007 年商业票据支持资产市场崩溃之后，德意志工业银行的流动资产未能偿还其流动负债，不得不在德国央行的安排下，接受一揽子救助协议。在德意志工业银行接受救助期间，欧元区金融市场环境开始恶化，欧洲中央银行开始对市场进行流动性干预（首次干预是在 2007 年 8 月，第二次干预是在 2007 年 10 月）。

在危机第一阶段，欧洲银行业的亏损主要来自大规模的坏账计提，之所以计提这么多的坏账准备是源于抵押贷款支持证券价格的暴跌。在这个阶段，全球银行业计提的坏账准备总额高达 7 200 亿美元，欧元区银行业计提总额为 1 310 亿美元，占比大约为 18%（欧洲中央银行统计数据）。

14.4.1.2　阶段二：系统性或全球性危机

第二阶段或者说系统性爆发的金融危机始于 2008 年 9 月。在雷曼兄弟公司破产之后的 12 个月里，银行业迎来了史无前例的政府救助。在这个阶段，英国的银行业受到严重的影响（参见第十三章有关英国银行业危机的详细内容），冰岛的银行业几乎陷入破产境地（具体细节参见专栏 8-4 有关冰岛危机的相关内容）。平均说来，2008 年欧元区银行业的信贷亏损总体还处于相对比较低的水平；不过，**大型且业务复杂的银行集团**（large and complex banking groups，缩写为 LCBGs）遭遇了持续性的融资困难，加上大规模的抵押贷款证券损失计提，导致利润大幅下降。实际上，在这一阶段，相当多数量的跨境银行都遇到了困难。2008 年 9 月，比荷卢经济联盟的金融机构——富通集团的股票价格就出现快速下跌，关于其在银行间市场短期融资遭遇困难的谣言满天飞，富通集团在银行业和保险业市场都占有一定的市场份额，是欧盟排名前五的金融集团。2008 年 9 月，比利时、法国和卢森堡三国政府联合救助德克夏（Dexia）集团（一家法国-比利时金融机构，曾经是全球最大的城市银行），突显出政府间通过合作来共同救助从事跨境金融业务的商业银行的必要性。2008 年的政府紧急救助只是德克夏集团最终所需要的一系列救助的第一站，最后，德克夏集团成为在欧洲债务危机中倒下的第一家银行（参见专栏 14-4）。

专栏 14-4

跨境银行的破产：富通集团和德克夏集团

富通集团

富通集团是一家比利时-荷兰金融集团公司，在比利时、荷兰和卢森堡有大量的分支机构。富通集团的业务遍布 50 多个国家，雇员超过 85 000 人。2006 年，集团的财务报表显示利润为

40 亿欧元。监管者是比利时银行、金融和保险委员会（CBFA）。富通集团的银行业务主要由比利时富通银行负责，也是集团业务规模量最大的部门。富通集团注定与这三个国家有系统性的相关性，不仅因为它在国内市场所占的份额巨大，而且与其在几个主要的国内和国外股票交易所发挥清算功能相关。

2007 年，富通集团通过联合苏格兰皇家银行和桑德坦银行，并购了荷兰银行的相关业务。全球金融危机使富通集团在实施计划时遭遇融资困难，在并购和整合荷兰银行股份时变得很麻烦。从 2008 年 6 月开始，金融市场上的不确定性增加，富通集团能够如期实现原来的计划开始变得不确定。夏天过后，富通公司股票价格开始走低，公司流动性引发市场严重关注。

2008 年 9 月的最后一周，公司股价快速下跌，机构客户开始大规模挤兑。富通集团失去了参与隔夜银行间拆借市场的资格，不得不向比利时国家银行（National Bank of Belgium，缩写为 NBB）求助欧元系统融资便利。这些事情累积到一起的效应就是被迫找一个解决方案，这引发了公共职能部门对它的干预。

当荷兰政府出资购买荷兰富通银行、荷兰富通保险公司、富通公司保险和富通在荷兰银行的股份之后，比利时政府也将比利时富通银行的股份增持到 99％的水平。比利时政府还同意将 75％的法国巴黎银行的股份置换为法国巴黎银行的新股份，确保至少 25％的比利时富通银行的出资比例。法国巴黎银行同时还购买富通集团的比利时保险业务，在卢森堡富通银行中处于控股股东地位。原来的结构化产品投资组合转变为由比利时政府、法国巴黎银行和富通集团共同控股的金融结构。

2008 年 12 月 12 日，布鲁塞尔上诉法院中止了出售给法国巴黎银行的交易，当然这并不是最终判决，富通集团股份最终能否被出售给荷兰政府、比利时政府，以及其他股份能否被出售给法国巴黎银行需要富通集团股东代表大会同意才行，这样才能确保三项出售计划符合比利时的法律要求。最开始，股东们对这些交易投出了反对票，部分交易经过再协商，结构化产品投资组合的融资被修订。在第二轮股东投票表决时，比利时政府和法国巴黎银行的交易获得通过。2009 年 5 月 12 日，最后一项交易也顺利完成了。

富通集团的案例反映出金融集团跨境业务的性质与风险管理的国内视角及责任划分之间存在矛盾。这导致解决方案是基于国内底线，并没有通过法律机制来解决问题。富通案例同时还表明必须在维持金融稳定和银行股东权益之间做好平衡工作，特殊情况下银行问题的解决必须考虑到公众的利益，得到公众的支持，这样才能确保金融稳定。尽管荷兰和比利时两国监管部门保持着长时间合作监管和信息分享的关系，但它们在评估现实状况方面还是存在不同的看法。分歧主要存在于对现有信息的评估和对解决方案紧急复杂程度的感知。

德克夏集团

德克夏集团成立于 1996 年，由法国公用银行（Crédit Local de France）和比利时信用合作银行（Crédit Communal de Belgique）合并而成，在卢森堡有大量的业务。1999 年，两家控股上市公司——德克夏法国（Dexia France）和德克夏比利时（Dexia Belgium）——合并成立德克夏 SA（Dexia SA），这是一家比利时法律框架下的非银行金融公司，股份由法国、比利时和卢森堡三家主要的金融实体机构——德克夏公用银行（Dexia Crédit Local）、比利时德克夏信用合作银行（Dexia Banque Belgique）和卢森堡德克夏国际银行（Dexia Banque Internationale à Luxembourg）——组成。

快速增长阶段

从 1999 年到 2008 年，三家银行联合起来的资产负债表增长速度为 2.7％。集团的净收入连续改善，2006 年达到 27.5 亿欧元。集团规模的增长主要源于投资组合资产的增加。此外，银行融资结构不仅源于长期、稳定的资金来源或储蓄，而且有超过 40% 的资产来自短期融资。从结构的角度来看，集团对批发业务流动性有比较大的依赖。

第一次救助

在 2008 年，困难部分来自：(1) 长期资产融资需求，特别是一些重要的债券投资组合依赖短期融资方式；(2) 其美国子公司——金融证券保险公司（FSA）是一家业务单一的保险商。根据 2008 年 9 月 30 日董事会的决定，资本金增加 64 亿欧元，法国和比利时的公众和私人部门分别认购 30 亿欧元的股份，卢森堡政府以可转换债券的方式认购了 3.76 亿欧元。按照这一资本金分配计划，德克夏集团董事会主席和首席执行官都进行了换届。

2008 年 10 月 9 日，比利时、法国和卢森堡三国就联合担保机制达成协议，以帮助德克夏融资，其中，比利时承担 60.5%，法国承担 36.5%，卢森堡承担 3% 的比例要求。2008 年 11 月 14 日，为了将金融证券保险公司出售给美国债券保险（Assured Guaranty）公司，比利时和法国再次公开宣称为德克夏集团提供担保，目的是确保美国债券保险公司不受金融证券保险公司高风险证券投资组合带来的风险影响，这些高风险资产组合主要是与次级抵押贷款相关的证券，这些证券并不在出售范围之内。

在面对德克夏集团的难题时，比利时、法国和卢森堡三国政府达成共识，一起承担担保责任，目的是能够让公司可以继续融资，为出售资产和其他业务重组赢得时间。按照一般原则，三国政府担保责任的划分与机构投资者和三国政府所占的股份比例相关。在金融危机之前，公共机构和市政部门对德克夏集团拥有少数股东权益。在金融危机期间，这些原有的股东不断追加注资，它们在公司中所占的权益比重也在同步上升。

欧元区危机和德克夏集团问题的爆发

尽管有政府救助，但德克夏集团还是成为欧元区危机中第一个倒下的金融机构。在 2011 年，德克夏集团需要第二次救助；到 2012 年，德克夏集团又需要第三次救助。

2011 年 10 月，因为担心德克夏集团会破产，法国、比利时和卢森堡三国一致同意对陷入困境的德克夏集团进行第二次救助。在危机最关键的时刻，德克夏集团持有 34 亿欧元的希腊政府债券（分析人士预测，德克夏集团还持有金额超过 175 亿欧元的意大利、西班牙、葡萄牙和其他陷入困境的欧元区经济体主权债券）。在 2011 年夏季，德克夏集团对其持有的部分长期希腊债券价值提取 21% 的减值。不过，这一提取减值行为以及德克夏集团没有吸收亏损的能力引发了德克夏集团股票价格的下跌，而且此后一直都保持在低位水平。这就促使了第二次救助行动的到来。比利时政府同意购买德克夏集团在比利时的股份，金额为 40 亿欧元。卡塔尔投资集团准备购买卢森堡在德克夏银行的股份。

德克夏集团同时对外保证，政府为公司提供的担保金额高达 900 亿欧元，确保其可以在未来 10 年时间里继续借款。比利时、法国和卢森堡承担的担保金额分别为 60.5%、36.5% 和 3%。德克夏集团的资产负债表和收入情况如表 14-6 所示。

表 14-6　德克夏集团的资产负债表和收入情况　　　　　　　　（单位：10 亿欧元）

	1999	2000	2001	2002	2003	2004	2005	2006	2007	2008
总资产	245	258	351	351	350	405	509	567	605	651
净收入	761	1 001	1 426	1 299	1 431	1 822	2 038	2 750	2 533	−3 326

资料来源：国家审计院（2013）。

第二次救助带来的后果就是重组德克夏集团的资本构成变得非常有必要，因为在折价出售部分资产之后，德克夏集团产生了巨额的亏损。2011 年，在部分资产折价销售之后，实际的亏损高达 116 亿欧元。2011 年 6 月，德克夏集团将土耳其海湾银行（Denizbank）以大约 30 亿欧元的价格卖给俄罗斯联邦储蓄银行（Sberbank）。

2012 年 11 月，法国和比利时两国达成协议，同意在四年内实施第三次救助，向世界上曾经最大的城市商业银行注资 55 亿欧元。比利时承担 53％即 29 亿欧元的救助计划，余额由法国承担。预计法国在救助德克夏集团的过程中亏损总计 66 亿欧元。

尽管法国和比利时政府三次对德克夏集团进行救助，但德克夏集团还是破产了，这表明非常有必要在欧元区加速建立统一的银行监管机构和问题解决机构。

2013 年 7 月，主管部门法国会计院（French Court of Accounts）就法国-比利时银行集团破产出具了一份报告，其重要的观点如下：

● 德克夏集团的管理层追求的是高风险战略（融资模型是基于短期融资，追求高盈利和高股息派发），不论是德克夏集团的内部自我管理还是外部监管，都未能阻止这一战略。

● 2008 年的重组计划失败将困难都集中在一起。为了获得政府援助，欧洲委员会的重组计划是希望重组能够降低德克夏集团的资产负债表余额。尽管重组计划的大部分目标都已经实现，但德克夏集团面临着大量主权债务风险，这意味着在 2011 年主权债务危机集中爆发时，德克夏集团不得不进行分拆。

● 公共支出成本太高，长期来看，增加了不少风险。到德克夏集团真破产的那一刻，仅法国的直接成本就高达 66 亿欧元。

● 问责制实施得太晚，且不健全。2008 年，政府对德克夏集团实施救助之后，就更换了管理层；2009 年，德克夏集团董事会实行了全面大换血。然而，不管情况发生了什么变化，德克夏集团的高管们依然拿着不菲的薪水，而且没有承担相应的责任。

资料来源：巴塞尔委员会（2010b）；国家审计院（2013）；作者有所更新。

在同一时期，德国一家主要从事商业地产信贷的金融机构——德国裕宝地产（Hypo Real Estate）在其爱尔兰分支机构陷入短期融资困境之后处于崩溃的边缘，因此不得不接受外界的救助。德国第二大商业银行，即德国商业银行（Commerzbank）在 2008 年 11 月到 2009 年 1 月之间也受到了公众部门的支持，目的是弥补 2008 年 8 月在收购德累斯顿银行（Dresdner Bank）时造成的部分亏损。

到 2008 年 9 月底的时候，欧元区金融市场环境变得极其艰难，商业银行基本上都需要依赖欧洲中央银行提供的流动性资助和隔夜拆借，因为银行间最长期限的拆借活动基本上都停止了。欧洲中央银行和欧元区主权国家政府之间的快速且有效的合作政策帮助稳定了银行和市场环境。2009 年 10 月，支持银行面对危机的一般性欧元区框架和行动计划形成共识。这些举措包括加强版的储蓄担保计划，政府为银行债务提供担保，为相关银行提供备用资本金。2009 年年末，欧元区的政府为银行发行新债务提供的担保超过 2 万亿欧元，以支持银行资本重构或者购买银行的相关资产（欧洲中央银行，2009b）。

14.4.1.3 阶段三：经济危机

从 2009 年年中开始，欧洲中央银行和欧元区主权国家中央银行和政府实施的一系列极端救助行动在修复金融市场信心方面取得了巨大的成功。不过，欧元区的商业银行依然面临着严峻的压力和很多潜在的不确定性。特别是，商业银行去杠杆的压力非常急迫。在批发市场，它们面临着高额的融资成本，发行债券也面临很多困难，筹集缓冲资本的压力不断增加。为了应对这些挑战，欧元区银行只能提高信贷标准，想方设法降低经营成本。这导致银行的风险加权资产增速出现大幅下降，由于发放给居民和企业的贷款速度放缓，因此经济增长更加缓慢。欧元区经济一度要滑向衰退的边缘。此外，对某些成员国政府公共财政可持续性的担忧开始出现。

14.4.1.4 阶段四：主权债务危机

主权债务指的是政府应当承担的债务——主要是通过发行中长期债券。在某些特殊情况下，政府可能会推迟或者暂停偿还债务。换句话说，政府也会对自己的债务违约。主权债务危机可以定义为一国政府没有能力或者不愿意偿还自己的债务。违约和债务危机可能会由各种不同的经济和政治因素引发（例如战争、经济衰退、领导人换届、货币贬值、进口产品价格波动，以及其他因素）。主权债务危机未必导致真正的违约，例如，为了让自己能够有继续承担偿还债务的能力，某个国家可能会接受打包救助或者贷款支持（来自国际货币基金组织的贷款）。

从债务违约的成本和收益考虑，很多国家可能并不愿意偿还债务。很多国家由于破产或者流动性不足，确实无能力偿还它们的债务。一国债务感知风险（也就是一国偿还其债务的能力或意愿）可以通过"利差"或额外利息负担来衡量，额外利息负担指的是市场对有违约风险的国家债务收取的利息，与具有同样债务水平但不存在违约风险的安全国家收取的利息两者之间存在的差额。在欧元区范围内，"安全国家"的标杆就是德国，与十年期德国债券的利差就是衡量风险的参照标准，它可以用作市场或投资对持有风险债券的溢价标准，也就是说，可以成为希腊债券（风险）与德国债券之间利差的参照标准。

在危机的第二阶段，相对来说，欧元区主权债券的收益率并没有受到多大影响。不过，当新选举出来的希腊政府在 2009 年 11 月将真实的国家赤字和负债公布于众时，市场开始担心希腊主权债务风险。在那之后，对大多数欧元区国家来说，主权债务利差快速上升，欧洲货币联盟遭遇了自创始以来最大的挑战。由于市场担心希腊政府偿还其债务的能力，投机氛围越来越重，市场担心欧洲大型商业银行持有大量的希腊债券将会面临违约，于是，主权债务危机与银行危机就通过这种方式联系在一起。

2010 年 5 月，在经过长时间的谈判协商之后，希腊政府最终接受 1 100 亿欧元的欧盟/国际货币基金组织联合救助方案。与此同时，为了支持其他更弱的欧洲经济体，欧盟成员国和国际货币基金组织联合成立总额为 7 500 亿欧元的应急基金。2010 年 11 月，爱尔兰向应急基金寻求金融支持和帮助。2011 年 4 月，葡萄牙也需要应急基金的支持和帮助。在欧洲层面，长期的政治联合进程建立起足够强大的防火墙，为希腊、爱尔兰和葡萄牙找到了最终的解决方案，并试图努力修复市场信心，但这给欧洲的银行业带来了巨额的成本负担，欧洲的银行不得不依赖资产担保债券（由资产负债表上的资本做担保），或者从欧洲中央银行获得有担保的短期融资（参见 2012 年的《利卡宁报告》）。

在 2011 年上半年，欧盟当局投入市场的监管力度显然不满足市场要求。2011 年 6 月，由于市场持续担忧希腊政府不能满足"三巨头"（欧洲中央银行、欧盟委员会和国际货币基金组织）设定的目标，标准普尔公司进一步下调了希腊主权债务等级。2011 年 7 月，金额超过 1 000 亿欧元的第二次救助计划变得非常有必要。在 2011 年夏季，主权债务压力同样向意大利和西班牙蔓延，而这两个国家是欧元区经济总量排名非常靠前的经济体。尽管在 2011 年秋季，这两个国家的信用利差有所下降，但曾经有过这样的一段时光，大家都希望能够建立稳定、可信且永久的机制，为欧盟成员国提供金融援助。为了应对危机，欧洲理事会修改了一系列综合的政策措施，这也是为未来应对危机提供储备措施。最后，**欧洲稳定机制**（European stability mechanism，缩写为 ESM）被设计出来，目的就是使欧元区主权国家在经历金融困难或可能遭遇金融困难的时候能够获得金融援助。欧洲稳定机制替代了**欧洲金融稳定基金**（European financial stability facility，缩写为 EFSF），后者是于 2010 年成立的临时机构，当所有的外债被偿还之后，机构完成其使命就退出了。表 14 - 7 介绍了在这次危机过程中，为欧元区国家提供的一些关键性的金融援助措施。

表 14 - 7　为欧元区国家提供的金融援助基金

	欧元区贷给希腊的政府间贷款	欧洲金融稳定机制	欧洲金融稳定基金	欧洲稳定机制
法律/机构形式	政府间协议	欧盟机制	欧元区国家拥有的私人公司	政府间组织
资本结构	无，欧盟委员会集合处理的双边贷款	欧盟预算担保（所有成员国）	欧元区国家担保	实收资本 800 亿欧元，可赎回资本 600 亿欧元（欧元区国家以原始股的方式认购，5 年，每年出资 20%）
贷款能力 ● 欧盟/欧元区限制 ● 承诺责任	● 800 亿欧元 ● 800 亿欧元	● 600 亿欧元 ● 225 亿欧元（爱尔兰），260 亿欧元（葡萄牙）	● 4 400 亿欧元 ● 177 亿欧元（爱尔兰）加 48 亿欧元的双边贷款，260 亿欧元（葡萄牙）	● 4 400 亿欧元
产品	贷款	贷款，信用额度	贷款，一级市场买入债券	贷款，一级市场买入债券
期限	在贷款发放之后的 7 年半时间里，按季度分 22 次等额还款	持续到 2013 年 6 月底	持续到 2013 年 6 月底，但依然会保持运转，直到所有负债都偿还	从 2013 年 7 月开始的永久机制
欧洲中央银行参与情况	作为支付机构参与项目设计和监督	作为支付机构参与项目设计和监督	作为支付机构参与项目设计和监督	参与可行性分析，作为支付机构参与项目设计和监督
主要的决策制定机构	欧洲集团	欧盟经济财政理事会委员会	欧洲集团/欧洲金融稳定基金董事会成员	欧洲集团/欧洲稳定机制董事会高管和董事
法律基础 ● 融资 ● 制约性	● 政府间决策与条约条款 136 ● 条约条款 126 和 136	● 条约条款 122 ● 基于欧洲金融稳定基金规定的欧盟理事会决策	● 政府间决策 ● 谅解备忘录和欧盟理事会决策共同形成的欧洲金融稳定基金框架协议	● 与修正的条约条款 136 相关联的政府间条约 ● 条约条款 136 下的欧盟理事会决策

资料来源：欧洲中央银行（2011b）。

14.4.1.5　阶段五：欧洲信心危机

2011 年的各种事件让欧洲总体目标和欧元这个特殊目标都面临严峻的压力。整合的过程被打断，分裂的风险有所上升。监管者过于关注国内金融稳定也减缓了进程。例如，一些跨境信贷开始下降或者回流到国内，银行越发关注本国金融市场，不同成员国之间的批发金融业务成本和零售利率水平的差距在上升（参见《利卡宁报告》，2012；欧洲委员会，2012）。

2012 年 6 月，欧洲理事会、欧洲委员会、欧元区集团和欧洲中央银行联合发布了一项报告——《构建真正的经济与货币联盟》（Towards a genuine Economic and Monetary Union），为经济与货币联盟的未来发展设定了四大基本的构建模块：（1）统一的金融框架体系；（2）统一的预算框架体系；（3）统一的经济政策框架体系；（4）强化民主合法与问责制（范龙佩，2012）。2012年6月，为了实现真正的经济与货币联盟，欧洲委员会提出了路线图。在欧洲建立单一的监管机制被认为是合法合理的建议，可以首先从银行业统一联盟开始，最终的目标是将银行业危机与主权债务危机实现有效隔离。

14.4.2 实现欧洲银行业统一的路径

在全球金融危机爆发的早期阶段，欧盟监管框架的脆弱性变得非常明显，特别是在处理跨境经营的金融集团的时候。在缺乏多边争端解决机制框架的情况下，一国当局通常情况下都是尽自己所能维护本国的利益（也就是说，尽可能最小化本国储户、股东和其他信用者的亏损，甚至包括最小化纳税人和存款保险公司的亏损）。

2009年，由法国央行前行长雅克·德拉罗西埃（Jacques de Larosière）牵头撰写了一份关于欧盟监管框架改革的报告。这份报告被称为**《德拉罗西埃报告》**（de Larosière Report），就欧盟市场的监督和管理提出了31条建议（欧盟金融监管高水平专家集团，2009）。报告重点强调的一个核心主题是欧盟成员国缺乏一本通用的原则指南，这就导致危机管理和隔夜金融稳定不具备可持续性。因此，报告提出了两个层次的方法来改革欧盟金融结构体系，即为隔夜金融市场创建一个全新的系统性风险管理委员会，以及追求国家监管部门之间更高层次的合作。报告建议成立欧洲系统性风险管理委员会（ESRC），主席由欧洲中央银行行长兼任。图14-4为我们总结了《德拉罗西埃报告》中的监管改革建议。

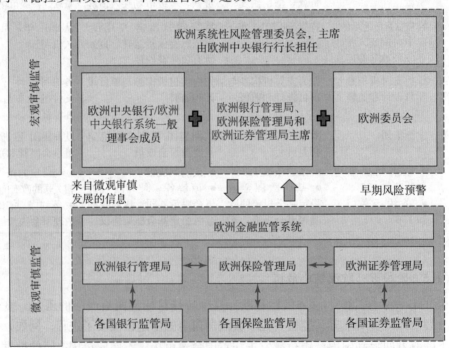

图14-4 欧盟金融监管改革建议——《德拉罗西埃报告》

资料来源：《德拉罗西埃报告》（2009）。

欧洲委员会采纳了报告的大部分建议，欧洲金融监管的新框架结构开始形成。2010年11月，欧盟经济财政理事会同意成立全新的**欧洲系统风险委员会**（European Systemic Risk Board，缩写为ESRB）和**欧洲金融监管系统**（European System of Financial Supervisors，缩写为ESFS）。欧洲金融监管系统由三大监管机构构成：**欧洲银行管理局**（European Banking Authority，缩写为EBA）、**欧洲保险和职业年金管理局**（European Insurance and Occupational Pensions Authority，缩写为EIOPA）以及**欧洲证券和市场管理局**（European Securities and Markets Authority，缩写为ESMA）。欧洲系统风险委员会于2010年12月16日成立，2011年1月1日开始，全新的监管系统开始运转。表14-8向我们展示了为建立单一的银行业联盟，重要监管措施发生的时间节点。

表14-8　迈向单一银行业联盟之路：时间轴与里程碑事件

时间轴	里程碑事件
2008年10月	欧洲议会请求欧洲委员会对基于朗法吕西程序于2001年建立的第三层次专家委员会的监管框架进行根本性改革。第三层次专家委员会包括欧洲银行业监管委员会、欧洲保险和职业年金监管委员会和欧洲证券业监管委员会。
2008年11月	欧洲委员会成立了由雅克·德拉罗西埃为主席的高层次集团，目的是为如何加强欧洲监管体系安排提出一个有效的方案。
2009年2月	欧盟出版《德拉罗西埃报告》。
2009年6月	欧洲理事会建议为单一市场上的所有金融机构建立《单一规则手册》。
2009年9月	欧洲委员会采纳了强化金融监管的相关建议，建立欧洲金融监管系统，这一系统由欧洲系统风险委员会和三大欧洲监督管理局构成，这三大监督管理局分别是欧洲银行管理局、欧洲证券和市场管理局以及欧洲保险和职业年金管理局。
2010年12月	三大基础性的监管措施和欧洲系统风险委员会监管措施发布，并于2010年12月开始执行。2010年12月16日，欧洲系统风险委员会成立。
2011年1月	欧洲监管局开始运作。
2011年7月	欧洲证券和市场管理局开始成为信贷评级机构的直接监管者。
2012年9月	欧盟委员会发布"银行业联盟的路线图"，建议在欧洲中央银行成立单一监管机制，对欧洲银行管理局监管规定加以修订，目的是加强经济与货币联盟的作用。这一套建议是走向整合的银行业联盟的第一步，建议还包括很多其他内容，诸如《单一规则手册》、一般存款保护和单一银行解决机制。
2012年12月	欧洲理事会、欧洲委员会、欧洲中央银行和欧洲集团的主席们联合发布一则报告（被称为《四大主席报告》），名为《构建真正的经济与货币联盟》。报告为真正的经济和货币统一体制定了路线图，主要的观点都来自2012年6月时任欧洲理事会主席的范龙佩（Van RomPuy）。
2013年3月	欧洲议会和欧洲理事会就修订欧洲银行管理局监管措施达成一项新协议，在全新的单一监管机制下，充分考虑欧洲银行管理局和欧洲中央银行之间的关系。
2013年7月	欧洲委员会开始咨询欧洲金融监管系统的观点。
2013年7月	欧洲委员会为银行业联盟提出单一解决机制。单一解决机制是对单一监管机制的完善和补充，它的设定是为了集中关键能力和资源，对欧元区和加入银行业联盟的其他成员国的破产银行提供帮助。
2013年11月	单一监管机制的相关规定开始生效。
2014年1月	为了提升欧盟信贷机构的恢复能力，欧洲委员会采取了结构性的改革措施。
2014年3月	欧洲议会和理事会就银行业联盟的单一解决机制达成备忘录协议。

欧洲金融监管系统

在吸取金融危机教训和基于《德拉罗西埃报告》建议的背景下，欧洲金融监管系统创建成功，这是一个去中心化、包含微观和宏观审慎监管机构的多层次系统。这一系统在 2011 年 1 月成型，当前（2014 年）为了引入银行业联盟，正在做一些重要的调整。

欧洲金融监管系统有两大支柱：宏观审慎监管和微观审慎监管（详见图 14 - 5）。

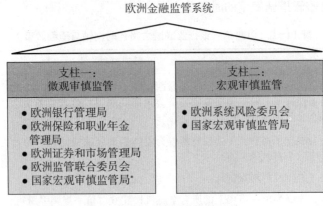

欧洲金融监管系统

支柱一： 微观审慎监管	支柱二： 宏观审慎监管
● 欧洲银行管理局 ● 欧洲保险和职业年金管理局 ● 欧洲证券和市场管理局 ● 欧洲监管联合委员会 ● 国家宏观审慎监管局*	● 欧洲系统风险委员会 ● 国家宏观审慎监管局

图 14 - 5　欧洲金融监管系统

资料来源：欧洲系统风险委员会（2011）。

* 原书如此，疑误。——译者注

微观审慎监管支柱在欧洲层面上由三大欧洲监督管理局构成：欧洲银行管理局、欧洲证券和市场管理局以及欧洲保险和职业年金管理局，这三家机构联合在一起共同组成欧洲监管管理系统。新成立的三家监督管理局接手了欧洲银行业监管委员会、欧洲保险和职业年金监管委员会和欧洲证券业监管委员会。

三大管理局在各自的领域有着类似的管理权力和能力。欧洲银行管理局的总部在伦敦，管理的范围包括区域内的信贷机构、金融集团、投资公司和支付机构（包括电子货币）。欧洲证券和市场管理局总部在巴黎，管理的范围直接针对证券市场和市场上的参与机构。同时它还负责监管信用评级机构。欧洲保险和职业年金管理局的总部位于德国法兰克福，它的成立与欧洲银行管理局类似，但管理的范围是保险公司、再保险公司、金融集团、职业养老金机构和保险中介机构。有一点需要重点强调，日常监管的责任依然属于**国家竞争管理局**（National Competent Authorities）。

联合委员会确保总体和部门之间的合作，目的是确保部门之间的监管活动保持一致性。这包括：金融集团、会计和审计、部门之间发展的微观审慎分析、风险和金融稳定脆弱性、零售投资产品、监测反洗钱、欧洲系统风险委员会和欧洲监管局之间的信息交流，以及机构之间的关系维护与发展。联合委员会还负责对欧洲金融监管系统管理机构之间的不同意见进行协商。

宏观审慎监管由欧洲系统风险委员会负责，它的总部（隶属于欧洲中央银行）位于德国法兰克福，这是一家独立于欧盟的机构。其目标是监督整个金融部门，确认那些可能会在未来演变为金融危机的潜在问题，与欧洲监管局开展密切合作。

资料来源：欧洲议会（2014）。

与欧洲系统风险委员会和三大金融监管局相比，欧洲金融监管系统的建立大大地提升了欧盟成员国各自监管部门之间的合作。同时，这还有利于金融服务《单一规则手册》的形成。不过，银行业的监管在很大程度上还是各个国家自己的事情，因此，很难形成统一整合的银行业市场。为了进一步加强合作，提高监管效率，从而修复银行市场和欧元的信心，欧洲委员会为建立银行业联盟提出了一个长期计划。2012年6月，欧洲委员会向欧盟提出了自己的愿景，形成了一份名为《构建真正的经济与货币联盟》的报告，报告的核心分为四个部分（这也是我们所熟知的范龙佩计划）[①]：

（1）统一的金融框架；

（2）统一的预算框架；

（3）为确保增长、就业和竞争的统一的经济政策框架；

（4）确保在经济与货币联盟范围内政策决定的民主合理性和可信性。

银行业联盟是四大基本构成要素的首要条件，其目标是构建统一的金融框架体系（见图14-6）。2012年9月，欧洲委员会提出一份详细的路线图——报告名称为《构建统一的银行业联盟路线图》（A roadmap towards a Banking Union）——并对实现这一路线图的必要中心条件加以重点强调（欧洲委员会，2012）。银行业联盟的核心要素包括以下几个部分：

（1）单一的欧洲银行业监管［**单一监管机制**（single supervisory mechanism，缩写为SSM）］；

（2）共同存款保险［**单一存款担保机制**（single deposit guarantee machanism，缩写为SDM）］；

（3）共同解决机制框架［**单一解决机制**（single resolution mechanism，缩写为SRM）］；

（4）《单一规则手册》（共同法律框架，欧洲银行管理局《单一规则手册》）。

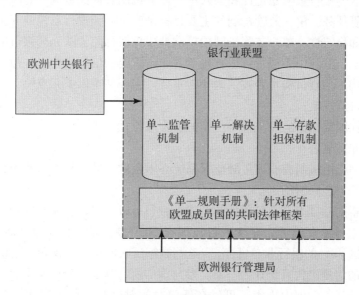

图14-6　银行业联盟

在我们详细讨论银行业联盟基本构成要素之前，我们有必要回顾一下采用单一货币的欧盟国家都有哪些（18个国家形成了欧元区），以及虽然是欧盟成员国，但没有采用欧元的国家有

---

① 参见范龙佩（2012）。

哪些（详见专栏14-2）。这样的区分使得欧盟的改革需要遵循"双速度"路径：一条路径为欧元区设置，另一条路径为所有成员国设置（有批评人士认为，这是在搞"两个欧洲"的做法）。我们所说的"双速度欧洲"并不是指创造了两个层次的欧洲，诸如一等公民和二等公民的区别，它指的是在所有成员国追求共同目标的过程中，部分成员国更容易形成一个统一的整体。

从这个角度来看，我们可以将最近的发展分为两个层次：

（1）第一层次——针对所有的欧盟成员国。这包括欧洲金融监管系统，如前文中我们所分析的。它同时包括《单一规则手册》，其中有资本金要求指令（CRD IV）、资本金要求规定（CRR）、银行恢复和解决机制（BRRD）、存款担保计划（DSG）。

（2）第二层次——针对欧元区国家。这包括为创建银行业联盟而实施的高级整合措施，比如单一监管机制、单一解决机制和单一银行解决基金。

14.4.3 单一监管机制

2013年3月，欧洲议会和欧洲理事会就新单一监管机制框架下欧洲银行管理局和欧洲中央银行审慎监管部门之间相互合作的规定达成一致意见。2013年11月，规定开始生效。2014年下半年，规定进入全面实施阶段。监管任务转移到欧洲中央银行是基于欧盟功能条约（也是我们熟知的《里斯本条约》）的127（6）条款。具体说来，规定的细节如下：

- 欧洲中央银行履行监管者职能；
- 欧洲中央银行和欧洲银行管理局之间开展合作。

单一监管机制是银行业联盟的一个组成部分，在单一监管机制框架下，欧洲中央银行负责履行对所有欧元区的银行金融稳定性和加入单一监管机制其他成员国（非欧元区）银行的脆弱性进行具体的监管任务。单一监管机制的主要目标是确保欧洲银行系统的安全和稳健，提升欧洲金融的统一性和稳定性。单一监管机制授权欧洲中央银行监管欧元区银行的全新权力。在单一监管机制框架下，欧洲中央银行可以直接监管非常重要的信贷机构，并与各国监管机构合作监督其他信贷机构。信贷机构是否被认为非常重要，主要基于以下几点[1]：

- 资产的总价值规模；
- 在它们所在国或欧盟的经济中所占据的重要地位；
- 跨境活动非常显著；
- 是否向欧洲稳定机制或欧洲金融监管系统寻求金融援助，是否从欧洲稳定机制或欧洲金融监管系统那里获得金融援助。

在前文中分析的基础上，市场预期欧洲中央银行可以直接监管所有银行，这些被监管的银行总资产规模超过300亿欧元，至少占各自国家GDP总量的20%，大约包含130家信贷机构，代表着欧元区85%的银行业总资产。[2] 这些数字反映的是整体视角，也就是说，我们将拥有很多分支机构的信贷机构只统计为一家。参与国的所有其他信贷机构将会一如既往地被本国监管机构监管。不过，欧洲中央银行可以在任何时间对这些信贷机构的任意一家开展直接监管，目的是确保高标准的监管具有一致性。

单一监管机制的主要目标是集中审慎监管（具体由欧洲中央银行负责执行），是为了解决

---

① 参见欧洲中央银行官网。

② 从2013年12月到2014年秋季，欧洲中央银行在其资产质量审查中对欧元区128家银行开展压力测试。

不同国家监管的分割性，确保规则能够以同样的方式适用于所有情形。单一监管机制的创建应该有助于建立一个更高层次的领域，同时可以降低监管套利的范畴和国家之间的监管保护，后者经常会违背单一市场的相关原则。

此外，这也有助于提升跨境交易活动的大环境。图14-7向我们概括了单一监管机制的主要特征。

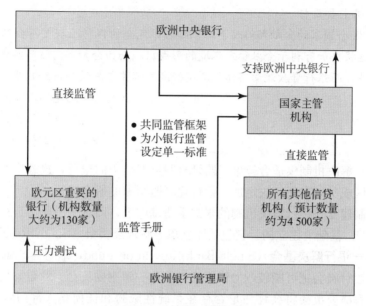

图14-7　单一监管机制

非欧元区成员国同样也可以选择加入单一监管机制，方式是通过其国家主管机构与欧洲中央银行进行紧密合作。对于在本国和外国同时开展业务活动的银行来说，加入单一监管机制之后，现有的本国和东道国监管者之间的合作程序将会慢慢终止。

有必要让欧洲中央银行的治理结构对其货币政策职能与监管任务进行分割，这样做的目的是消除潜在的利益冲突，为了实现这一目的，在单一监管机制框架下，可以在指导委员会的支持下新成立一家独立的监管局。

14.4.4　单一解决机制

银行业联盟第二个基本构成要素是单一解决机制。正如2012年12月和2013年6月欧洲理事会所强调的那样，没有单一解决机制支持的单一监管机制是行不通的。如果银行问题都留给每个国家自己去解决，那么欧洲银行监管者（如欧洲中央银行）和国家主管机构在解决跨界经营的银行问题时必然会出现矛盾和冲突，压力会增加。在同一时间，随着2013年塞浦路斯的危机进入高潮阶段，如果没有一个单一解决机制市场环境，那么成员国处理自己国家银行破产能力的预期会持续存在下去，这会强化主权政府与银行之间的负面反馈效应。在单一市场环境下，市场分割和竞争扭曲状态会持续存在。2014年3月，单一解决机制的政治协议达成，如下所示：

今天的折中方案允许我们在欧元区实现银行业联盟的结构搭建工作。这代表着在考虑到所有相关国家利益的基础上，我们在中央层面实现了银行业监管和银行业解决机制的共识问题上迈出了最主要的一步。在恰当的单一银行解决基金的支持下，加上可接受的决策制定流程，银行业联盟的第二根支柱可以帮助银行监管者更有效地管理银行危机。在跨境经营银行破产情形中，这比一国主管机构处理危机事件更有效，可以避免风险的蔓延和传染。单一解决机制可能不是一个非常完美的安排，但在欧元区，它为跨境经营的银行提供了一套及时、有效的解决方案，从而可以更好地实现主要目标。

　　将所有 28 个国家的金融部门改革结合起来，完全的银行业联盟将会结束大规模并购的时代。这将更加有利于金融稳定环境的形成，从而为金融部门服务实体经济提供更好的外界条件，而银行贷款流向实体经济是经济能够恢复发展和增加就业的根本所在。

迈克尔·巴尼耶（Michel Barnier）

内部市场与服务专员

布鲁塞尔，2014 年 3 月 20 日

　　被建议的单一解决机制仅适合被单一监管机制框架覆盖的银行，这意味着单一解决机制将会涵盖所有欧元区成员国和任何决定加入银行业联盟国家的所有银行。

　　单一解决机制建立在银行解决机制的规则手册基础上，而这个手册又是在银行恢复和解决机制指令（BRRD）基础上建立的。它包括建立**单一解决委员会**（Single Resolution Board，缩写为 SRB）**和单一银行解决基金**（Single Bank Resolution Fund，缩写为 SBRF）。在大多数情况下，欧洲中央银行将会把可能破产的银行通告给单一解决委员会、欧盟委员会和相关国家的主管机构。单一解决委员会将会评估是否存在系统性威胁和任何私人部门解决方案。如果没有，它将会采纳一个解决计划，这个计划会包括相关的解决工具和基金的运用情况。一旦被认可和接受，国家主管机构将会为解决方案的执行负责。如果解决方案需要国家援助，在解决方案获得解决计划委员会（Board of the Resolution Scheme）同意之前，单一解决委员会将会批准这一援助。

　　单一解决机制最矛盾的地方就在于面向所有成员国银行的单一银行解决基金需要捐款（详见专栏 14-6）。基金的目标水平是 550 亿欧元，由单一解决委员会拥有和管理。这里面有 8～10 年的过渡期，在这个期限里，单一银行解决基金至少要达到所覆盖存款 1% 的目标水平。在过渡期里，单一银行解决基金将会为各参与国设定合理的目标。从长期来看，属于每个国家的资金目标将会被集中起来共同使用，在第一年，可以调用 40% 的资源总规模。

　　单一解决机制建议的生效时间是 2015 年 1 月 1 日，在银行恢复和解决机制指令的特定安排下，自救和解决功能将会从 2016 年 1 月 1 日起发挥作用。

专栏 14-6

欧盟就银行业联盟的最终价格达成协议

　　在经过马拉松式的谈判之后，欧盟就银行业联盟的最终价格达成一致意见，这是为应对银行业危机构建的共同系统，谈判过程很艰难，成本分担触碰到德国的底线。

　　突破创纪录的 16 个小时的谈判之后，欧洲议会和欧盟成员国之间的政治僵持最终得到和解，此前的僵持严重威胁到改革的进程。

　　一旦欧洲议会正式同意，法律上将会构建单一欧元区系统。为了关闭濒临破产的银行，在

单一解决机制中，550 亿欧元共享基金被用于覆盖成本，支付给银行。

尽管妥协的标准还是低于议会开始设定的头寸，但多名欧洲议会的议员提出担保条件的目的是确保基金在最开始是共享的，在某种程度上可以约束财政部部长们在关闭一家银行的决策中发挥不当的影响。

多名欧洲议会的议员对这个妥协方案表示不满，并给德国财政部部长施压，迫使他比其他的财政部部长做出更多的让步。

尽管妥协方案从系统上来看，很大程度上都是按照德国的观点行事，很多外交人士担心这个暂时性的交易会失败，特别是考虑到德国政府对基金共享速度的不满。

改革是这个让人担忧的项目最后的希望，项目起始于两年前，目的是在欧元区提供隔夜融资，增强货币区的可信赖程度，缓冲大家对债务危机的不安。

然而，解决系统由于太过复杂以及资金不足还是面临各种批评，包括来自欧洲中央银行的批评。

最后条件的达成是欧盟成员国之间艰难协商谈判的结果，影响最大的是德国的纳税人，因为他们要承担救助任何银行的重任，所以对本国政府的做法有很大的抵触心理。

负责改革的欧盟委员会专员迈克尔·巴尼耶认为，之所以能够达成协议，完全是妥协精神在发挥作用。

"单一解决机制可能不是一个完美的安排，但是它可以及时有效地为欧元区跨境经营的银行提供解决方案，从而可以满足资本金目标。"巴尼耶这样说。

向欧洲议会做出的主要让步是加速建立共同银行支付基金，将时间从 10 年缩短到 8 年，并实行前端收费，这样的话，在早期，有很多资金就可以投入使用。根据补充条款，40％的资金来自第一年，60％的资金来自第二年。

这个领域是萧伯乐进行重要性测试的地方，他认为共担机制不应该太快，至少应该与基金建立的时间同步。

决策制定结构同样也需要进行微调。欧洲委员会被赋予正式的权力批准由独立委员会提出的解决方案。在特殊的情况下，财政部部长们有能力推翻这些决定。

欧洲议会和欧洲委员会共同促使完全责任共享基金的成立，并获得了强大的外部信贷支持。位于布鲁塞尔的欧盟总部（而不是任何成员国）对最终的决策负责。

其他的修正条款包括赋予欧洲中央银行最高监管者的身份，当某家银行被确定面临困难时，欧洲中央银行对启动解决程序承担主要责任。不过，如果成员国有要求，解决委员会也可做出与欧洲中央银行相反的判断，推动银行进入破产程序。

资料来源：EU reaches deal on final piece of Banking Union, *Financial Times*，20/03/14（Alex Barker）. © The Financial Times Limited. All Rights Reserved.

14.4.5 单一存款担保计划

银行业联盟的第三个基本构成要素是创立单一存款担保计划（SDGS）。回想一下，存款保险的目标是在银行处于破产境地时，可以将有限的存款再分配给储户。

欧盟的存款担保计划受 1994 年指令（94/19/EC）的监管。2008 年，欧盟修复金融市场的想法非常迫切，欧洲委员会提出一系列的欧盟规则修改建议，促进欧盟成员国存款担保计划趋同，目的是提升存款保险效果。主要的改变包括以下几个方面：

- 提高储蓄覆盖层次。在1994年指令中，存款担保计划提供担保的存款标准至少是2万欧元，不过，单个成员国可以选择提升担保标准额度。改革提议将存款保险覆盖标准从2万欧元提高到10万欧元。
- 废除共同保险。共同保险（例如，存款者承担部分损失）应该被废止。成员国必须确保储蓄在覆盖层次进行再分配。在1994年指令中，成员国有权利选择只为90%的存款提供保险服务。
- 缩减支付期限。当银行破产时，存款担保计划向储户支付保险的时间周期应该从三个月缩减至三天。

这些建议在2009年2月被欧洲理事会采纳。不过，随着欧元区危机的发展，需要出台更加激进的保障措施，主要目标是在欧盟范围内提高存款保险之间的协调统一性，这样可以为所有的储户提供统一水平的保障。2010年7月，欧洲委员会建议对现有规则加以改变，目的是为银行账户持有人和个人投资者提供更多的保护。这就包括对现有的存款保险计划指令（94/19/EC）的修正。具体说来，草案立法建议对覆盖范围（存款的类型）进行协调，引入融资共同标准（事前和事后融资计划分歧模型缺乏共同标准），目标规模是符合要求储蓄总额的1.5%，引入基于风险的资本认缴，缩短支付周期（缩短到七个工作日），明确职责划分，目的是提高跨境银行的保险支付，在不同国家存款担保计划之间限制跨境借贷安排。此外，为了方便跨境状态下的支付流程，欧洲委员会还建议东道国的存款担保计划为其他国家分支机构的储户提供"单一联系点"服务（包括利用本国的存款担保计划支付其他储户，这样会在东道国的存款担保计划中进行再支付）。[1] 从2010年开始，欧洲议会和欧洲委员会已对新的草案立法进行了商讨，并于2013年12月达成最终协议（详见专栏14-7）。

专栏 14 - 7

欧盟同意存款担保计划协议

在经过漫长的拉锯之后，欧盟同意为储户提供担保，这样的话，银行破产之后，银行为弥补储户的成本而支付给储户的钱会增加许多。

在经过漫长的三年多断断续续的协商谈判，欧盟成员国和欧洲议会就出资比例改革达成一致意见，约定以银行业受担保存款总额的0.8%的规模建立基金。

存款担保计划指令的修订只是一系列金融服务改革中的一项，欧洲央行希望这项改革能够在2013年12月完成。上周的时候，银行破产问题中的国别规则获得了初步通过。各国政府向银行征收金额为受担保存款总额1%水平的费用，这些费用将会用于解决问题银行的成本支出或者救助银行。

尽管在欧盟存款担保中，10万欧元的标准仍然没有改变，但规则会有适当的调整，目的是让政府更好地安排保险金的支付。当前，很多国家融资能力很弱，或者不能为存款担保提供融资，在支付之后，便请求行业捐款。

"对纳税人和储户来说，这一天都是值得庆贺的。我们让银行与纳税人之间的关系更紧密，储户也有能力更快地得到他们的钱。"欧洲议会主要协调人彼得·西蒙（Peter Simon）这样

---

① 参见国际货币基金组织（2013a）。

说道。

负责改革的欧盟专员迈克尔·巴尼耶认为，这是欧盟信贷机构在危机管理方面迈向单一规则的另外一个重要步骤。

金融危机之后，现有担保机制的弱点便显现出来了。今年对塞浦路斯的最初救助计划没有考虑被担保的储户，原因是纳税没有触碰到 10 万欧元存款担保的标准。星期二的晚上，指令被修正之后，存款税收的标准被排除了。

欧洲存款担保系统在爱尔兰案例中同样经受了检验，爱尔兰拒绝赔偿英国和荷兰的储户，这些储户被高利率吸引，而高利率必然要面对较大的系统性风险。

从原则上来说，协议要求在接下来的十年时间里，各国有必要为存款担保建立银行支付基金，总金额可能高达 530 亿欧元。法律要求这些来自银行的资金必须在危机中使用。有些国家可能会选择建立单独的基金，这些基金通常投资的对象是主权债券。

在欧洲委员会的认可下，在"集中融资的银行部门"，融资目标可以从储户存款总额的 0.8% 下降到 0.5%，做出这一让步也是为了帮助法国。

按照协议，从事"风险"活动的银行被要求支付相对较高的费用。将近 30% 的基金可以用于履行"支付义务"。

到 2024 年，支付期限逐渐从 20 天缩减到几个工作日。支付金额的 70% 必须用现金形式，剩余部分可以递延到下一年支付。

资料来源：EU agrees deposit guarantee scheme deal，*Financial Times*，18/12/13 (Alex Barker). © The Financial Times Limited. All Rights Reserved.

14.4.6 《单一规则手册》

在整合过程中，一个非常重要的难题是建立《单一规则手册》(Single Rulebook)，这个手册适用于欧盟的所有金融机构。《单一规则手册》这个概念最早是由欧洲理事会在 2009 年提出来的，目的是为欧洲金融行业构建一个统一的监管框架，这样有利于在金融服务行业形成单一市场。《单一规则手册》的目标就是提出一套单一的、协调各方的审慎规则，欧盟范围内的所有金融机构都必须遵守。

预期《单一规则手册》将会为欧盟带来一个更有弹性、透明和高效的银行业。[1]

● 弹性：《单一规则手册》将会确保审慎安全措施在欧盟范围内得到推广，而不只是局限于成员国。

● 透明：对欧盟的监管者、储户和投资者来说，《单一规则手册》将会确保金融机构的财务状况更加透明和可比。缺乏透明性，不仅对有效监管来说是阻碍，而且对市场和投资者信心来说也是麻烦。

● 高效：《单一规则手册》将会确保所有机构不用应对 28 套不同国家的规则体系。

尽管创建《单一规则手册》代表着加强经济与货币联盟的关键一步，把监管欧元区所有银行的责任转移给欧洲中央银行，但各国监管部门还是要在银行日常监管工作和欧洲中央银行决

---

[1] 参见欧洲银行管理局官网。

策的执行过程中承担重要责任。此外，10 个欧盟成员国并不是欧元区国家的现实状况也促使欧盟当局向欧洲银行管理局建议使用《单一监管手册》（Single Supervisory Handbook），目的是"保证单一市场的整体性和确保 28 个欧盟国家监管的一致性"。欧洲银行管理局被授权为资本要求指令程序包的执行制定一系列的捆绑技术标准（BTS）。捆绑技术标准是法律行为，对欧盟立法的某些领域做特别界定，目的是在一些特殊领域确保规范具有一致性。

执行《单一规则手册》的关键是要有更强的审慎监管要求（如执行第三版《资本协议》）和执行为银行业恢复和解决问题而建立的统一框架。

• 资本要求指令/资本要求规定（CRD IV/CCR）：巴塞尔委员会于 2010 年 12 月颁布了银行资本充足性和流动性的最新全球标准，这也符合欧盟法律框架体系。2013 年 7 月 17 日，监管标准开始生效。尽管欧盟成员国不得不将指令转换为国内法律，但其实资本要求规定是可以直接应用的，不需要国内监管机构采取更多的行动。资本要求规定对资本、流动性、杠杆和交易对手信用风险有非常详细和明确的规定条款。资本要求指令通过国内法律得到执行，具体的要求内容包括加强版的资本质量和数量要求、新的流动性和杠杆要求基础、交易对手信用风险新规则、新的宏观审慎标准。这个标准包括为系统重要性金融机构准备的资本缓冲和逆周期资本缓冲。资本要求指令同时还对公司治理原则进行改革，包括公司薪酬、引入标准化的欧盟监管报告体系，这个标准体系详细地界定了公司必须向监管部门报告的信息，包括拥有的基金、大规模敞口和财务信息等（更多信息可以参见 7.7.4 节的相关内容）。

• 银行业恢复与解决指令（BRRD）：这条指令适用于所有 28 个欧盟成员国，制定这条法令的初衷是确保陷入破产的银行能够以可预计和有效的方式，以最低的成本处理公众的资产。从根本上来讲，这是为了修复欧洲银行业的信心。指令提出，为解决银行问题，应建立最小规模的协调机构，目的是确保银行或金融机构能够被快速处理，给金融稳定带来的风险尽可能最小化。

全球金融危机和欧元区危机给欧洲银行业带来了非常深远的影响和冲击。在统一的银行业联盟方针的指引下，监管框架已经发生了很大的改变。下一节，我们将分析欧洲银行业市场的主要结构特征以及结构性改革。

14.5 结构性特征和整合趋势

按照国际标准来分析，欧盟银行业规模庞大，不管是绝对指标（依照 2014 年 1 月的统计数据，总资产高达 42.9 万亿欧元）还是与 GDP 相比较，数字都不小。美国银行业总资产占美国 GDP 总量的 80%，日本银行业总资产占日本 GDP 总量的 175%，而欧盟银行业总资产占欧盟 GDP 总量的 350%（《利卡宁报告》，2012）。不过，不同国家存在很大的差异，从绝对规模来看，一些最大的银行集团来自英国、德国和法国。但是，从相对指标来看，特别是与 GDP 相比较，最大的银行反而来自卢森堡、爱尔兰、马耳他和塞浦路斯（这些国家都是离岸金融中心）。图 14-8 向我们展示了按照绝对指标（单位是百万欧元）衡量的欧元区信贷机构总规模和各国银行业资产占 GDP 比重的相对指标。2013 年，欧元区信贷机构总资产规模高达 345.165 亿欧元，占区域 GDP 总量的 361%。

直到 20 世纪 80 年代末期，很多欧洲国家的金融系统都呈现出相对比较严格的政府控制状

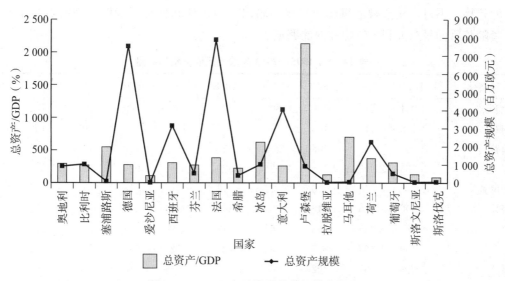

图 14 - 8　2013 年欧元区信贷机构总资产

资料来源：作者预测，欧洲中央银行和欧盟统计局。

态，监管机构都坚持保护性的银行大环境，限制竞争发展。不过，在最近几年时间里，市场环境已经发生了巨大的改变。从需求方来看，客户的偏好已经出现了明显的改变，变得越来越复杂多样且对价格很敏感。从供给方来看（第二章有所说明），伴随着去监管、金融创新和自动化交易的发展，金融市场全球化发展的步伐越来越快。这些因素的变化意味着竞争越来越激烈。此外，技术的进步在客观上也为金融机构扩张业务提供了现实的可能性，业务范围超越本地和本国的限制，可以通过有竞争性的产品扩大市场份额，以更低的价格赢得更多的市场占有率。技术进步同样使银行有能力重组它们的后台服务中心，让金融信息的分析和处理更迅速、更高效。金融零售服务的新供给形式，比如更多的零售商、自动取款机等，让市场变得更加丰富多彩。因此，银行面临来自银行和非银行金融机构的强大竞争压力，在整个银行业乃至金融业全行业，竞争的态势在不断加强。这些都反映在银行更加合理化布局产品线、积极削减成本的行为中。此外，从 2008 年以来，欧盟银行业一直都在进行去杠杆化的工作：将欧元区看成一个整体，到 2012 年，银行业的总资产规模已经下降到 29.5 万亿欧元，与 2008 年的水平相比，下降了 12%（欧洲中央银行，2013）。去杠杆化的进程伴随着信贷机构数量的大幅下降，这是因为在欧盟的很多国家，银行重组和破产处理在不断推进。

14.5.1　银行能力的结构性指标

欧盟层面的技术发展和去监管化以及金融服务的单一市场发展方向、全球金融危机和欧元区危机对欧洲银行业市场的重构都发挥着重要作用。这反映在银行数量的下降上。欧洲中央银行的统计数据表明，2013 年年末，欧元区信贷机构的总数量超过 5 846 家（基于非独立统计基础，包含国外分支机构），在 2008—2013 年间，一共缩减了 724 家信贷机构（大约占 11%）。尽管从 2008 年开始，信贷机构的数量出现加速减少的情况，但银行业整合的发展趋势早在金融危机发生前就开始了。因此，这导致国内银行业市场的集中度在不断上升，一小部分银行在银行总资产规模中所占的比重非常高。正如表 14 - 9 中所反映的，银行数量的下降是整个欧洲共同的趋势。不过，从金融危机爆发以来，希腊、西班牙和葡萄牙等国的银行数量下降最厉害，紧随其后的是意大利、法国和塞浦路斯。

表 14 - 9　1995—2013 年欧元区信贷机构数量

经济体	1995	1999	2004	2007	2008	2009	2010	2011	2012	2013
奥地利	1 041	878	796	803	803	790	780	766	751	731
比利时	145	117	104	110	105	104	106	108	103	103
塞浦路斯			405	215	163	155	152	141	137	101
德国	3 785	2 996	2 148	2 026	1 989	1 948	1 929	1 898	1 869	1 842
爱沙尼亚			9	15	17	18	18	17	16	31
西班牙	506	386	346	357	362	352	337	335	314	290
芬兰	381	345	363	360	357	349	338	327	313	303
法国	1 469	11 163	897	808	728	712	686	660	639	623
希腊	53	57	62	63	66	66	62	58	52	40
冰岛	56	80	80	81	81	492	489	480	472	458
意大利	970	894	787	821	818	801	778	754	714	694
卢森堡	220	209	165	155	153	174	146	141	141	147
拉脱维亚			23	31	34	37	39	31	29	63
马耳他			16	22	23	23	26	26	28	27
荷兰	648	615	461	341	302	295	290	287	266	253
葡萄牙	233	223	197	175	175	166	160	155	152	151
斯洛文尼亚			24	27	25	25	25	25	23	23
斯洛伐克			21	26	26	26	29	31	28	28
欧元区	9 507	7 906	6 406	6 127	6 570	6 458	6 334	6 210	6 019	5 846

资料来源：欧洲中央银行官网。

图 14 - 9 向我们展示了欧盟和欧元区货币金融机构（MFIs）数量的变化趋势。欧元区货币金融机构占大头的是信贷机构（比如商业银行、储蓄银行、邮政银行、信用社等），2014 年 1 月，它们占货币金融机构的 87%（5 909 家）；与此同时，货币市场基金占比 12%（816 家）；中央银行（包括欧洲中央银行在内共 19 家）和其他机构（46 家）加起来仅占欧元区货币金融机构总数量的 1%（欧洲中央银行统计数据）。

欧盟作为一个整体，2014 年 1 月，其信贷机构占货币金融机构的比重为 88.3%，其中，货币市场基金占 10.8%（详见图 14 - 10）。

在欧元区，德国和法国的货币金融机构数量占总体的 42%。奥地利、意大利和爱尔兰的占比略多于 30%。1999—2013 年，货币金融机构数量呈现相对大幅下降的国家有荷兰（-60.5%）、法国（-50%）、卢森堡（-46.7%）和西班牙（-43.3%），下降幅度相对较缓的国家有葡萄牙（-28.9%）、意大利（-24.4%）和比利时（-24.2%）。正如表 14 - 10 中的数据所显示的，在非欧元区的欧盟国家里，波兰的货币金融机构数量最多（2013 年年末的时候有 692 家），占欧盟货币金融机构总数量的 8%，占非欧元区货币金融机构的 35%。其他贡献比较大（指的是货币金融机构的数量）的非欧元区的欧盟国家是英国（20%）、匈牙利（13%）、瑞典（9%）和丹麦（8%）。不过，在 2000 年到 2012 年间，英国和丹麦两国的货币金融机构数量都出现了相当大规模的减少（分别是 -30% 和 -24%）。

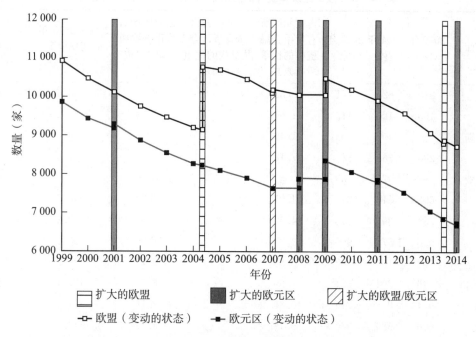

图 14-9　1999—2014 年欧盟和欧元区的货币金融机构数量

资料来源：欧洲中央银行于 2014 年 1 月 21 日的新闻发布，见其官网。

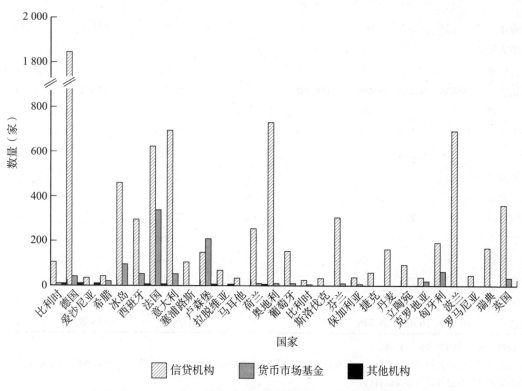

图 14-10　2014 年 1 月货币金融机构数量（根据国家和类型统计）

资料来源：欧洲中央银行官网。

表 14－10　按照经济体统计的货币金融机构数量和百分比变化

经济体	2000 年（家）	2004 年（家）	2013 年（家）	占欧元区所有货币金融机构的比重（%）	占非欧元区所有货币金融机构的比重（%）	占欧盟所有货币金融机构的比重（%）	2000—2013 年的变化情况（%）	2004—2013 年的变化情况（%）
奥地利	910	827	741	10.68	—	8.47	−18.6	−10.4
比利时	153	126	116	1.67	—	1.33	−24.2	−7.9
塞浦路斯	—	409	103	1.49	—	1.18	—	−74.8
德国	3 280	2 268	1 885	27.18	—	21.55	−42.5	−16.9
爱沙尼亚	—	25	35	0.50	—	0.40	—	40.0
西班牙	608	512	345	4.97	—	3.94	−43.3	−32.6
芬兰	354	396	318	4.59	—	3.64	−0.2	−19.7
法国	1 938	1 577	966	13.93	—	11.05	−50.2	−38.7
希腊	102	100	62	0.89	—	0.71	−39.2	−38.0
冰岛	96	294	554	7.99	—	6.33	477.1	88.4
意大利	944	854	714	10.30	—	8.16	−24.4	−16.4
卢森堡	676	586	360	5.19	—	4.12	−46.7	−38.6
拉脱维亚	—	52	73	1.05	—	0.83	—	40.0
马耳他	—	17	31	0.45	—	0.35	—	82.4
荷兰	668	484	264	3.81	—	3.02	−60.5	−45.5
葡萄牙	228	205	162	2.34	—	1.85	−28.9	−21.0
斯洛文尼亚	—	27	29	0.42	—	0.33	—	7.4
斯洛伐克	—	28	30	0.43	—	0.34	—	7.1
欧元区	**9 856**	**8 230**	**6 935**	**100.00**		**79.29**	**−10.2**	**−19.7**
保加利亚	—		37	—	1.89	0.42	—	
捷克	—	79	59	—	3.02	0.67	—	
丹麦	216	206	164	—	8.38	1.88	−24.1	−20.4
立陶宛	—	74	92	—	4.70	1.05	—	24.3
克罗地亚	—		56	—	2.86	0.64	—	
匈牙利	—	238	250	—	12.78	2.86	—	
波兰	—	659	692	—	35.38	7.91	—	5.0
罗马尼亚	—		42	—	2.15	0.48	—	
瑞典	179	255	174	—	8.90	1.99	−2.8	
英国	556	475	390	—	19.94	4.46	−29.9	−14.7
欧盟	**10 909**	**10 856**	**8 746**			**100.00**	**−19.8**	**−18.7**

资料来源：欧洲中央银行官网。

说明：货币金融机构包括中央银行、信贷机构，以及其他业务是吸收存款、发放贷款或从事证券投资的其他金融机构。货币市场基金同样也算是货币金融机构。

欧元区总体覆盖了统计数据发布时采用欧元的欧盟成员国（见表 14－3 中关于使用欧元的时间）。欧盟成员国包括在数据发布时加入欧盟的国家（详见表 14－1）。冰岛信贷机构数量的变化归因于 2009 年，419 家信用社性质的机构被调整为信贷机构。

反映银行业结果特征发生改变的另外一个重要指标是与银行业服务能力相关的指标，包括分支机构的分布、单位信贷机构和分支机构的就业人数和自动取款机的数量。银行业服务的能力和单个银行员工服务的人口数量与单个银行员工所分配的银行资产指标相关。表 14－11 向我们展示了这些反映银行服务能力的重要指标。

表 14－11 2012 年欧元区银行服务能力指标

经济体	分支机构数量（家）	单家信贷机构服务总人数（人）	单家支行服务总人数（人）	单台自动取款机的服务总人数（人）	单个银行职员服务总人数（人）	单个银行职员拥有资产（千欧元）	人口密度（每平方公里居住的人口数量）
奥地利	4 460	11 220	1 889	1 028	109	12 592	100
比利时	3 820	107 320	2 894	696	185	18 143	334
塞浦路斯	866	6 375	1 009	1 219	68	9 969	94
德国	36 239	43 829	2 260	971	124	12 740	229
爱沙尼亚	176	83 731	7 612	1 523	241	3 536	30
西班牙	38 142	147 016	1 210	806	197	15 255	91
芬兰	1 404	17 293	3 855	2 404	240	26 524	16
法国	38 359	102 400	1 706	1 119	157	18 505	119
希腊	3 629	217 117	3 111	1 321	198	7 743	86
冰岛	1 064	9 725	4 314	1 434	144	27 463	65
意大利	32 528	85 247	1 871	1 171	197	13 604	202
卢森堡	203	3 770	2 618	1 078	20	27 800	206
马耳他	107	14 945	3 911	2 128	105	13 320	1 308
荷兰	2 466	62 976	6 793	2 140	162	24 080	410
葡萄牙	6 258	69 752	1 694	616	185	9 692	115
斯洛文尼亚	1 061	89 425	2 959	1 113	179	4 417	102
斯洛伐克	695	193 080	5 095	2 245	290	3 201	110
欧元区	**171 477**	**55 504**	**1 945**	**1 035**	**158**	**15 076**	**127**

资料来源：欧洲中央银行（2013）。数据可从欧洲中央银行官网获得。

在金融危机期间，理想化发展战略和成本削减方案导致银行分支机构下降的幅度大约为8.7％（如果用绝对指标来衡量，这代表着削减 16 294 家分支机构）。2012 年年末，分支机构的总数量为 171 477 家。此外，每家分支机构服务的总人口数量和每个银行职员服务的总人口数量都出现稳步上升的趋势，这是因为银行花费很多力气来减少人员成本开支和分支机构网络系统。

14.5.2 跨境银行活动

欧盟银行业的快速发展一直伴随着国际业务的扩张，不管是在欧盟内部还是在全球范围内，都呈现出这样的发展趋势。单一市场的创建和欧元的使用促使跨境业务活动的扩大在金融危机爆发前尤为明显。

2014 年 1 月 1 日，有 645 家非本地信贷机构落户欧元区，占欧元区总信贷机构数量的 11%。在所有信贷机构里，有 108 家（17%）落户德国。不过，在德国的国外分支机构数量只占德国信贷机构总数量的 6%，其规模占总资产规模的 4%，这与欧盟的平均水平基本相当。比利时、斯洛伐克和希腊这三国的国外分支机构占信贷机构总数量的比例最高。在金融危机爆发之前，跨境银行活动发展迅速，但不同成员国之间的差别很大。如表 14-12 所示，在欧盟一些经济体量比较大的成员国中，非本国银行资产份额受到一定限制，而一些经济体量比较小的成员国的外国银行资产占全国银行总资产规模的比例有时候超过 50%。在金融危机之后，希腊、爱尔兰、葡萄牙和塞浦路斯等国的本国银行资产数量所占权重有所增加，其原因为，在欧盟和国际货币基金组织的联合监管下，各国政府实施了大规模的金融救助计划。

表 14-12　2012 年欧元区国外分支机构及附属机构的数量和总资产规模

经济体	国内机构数量（家）	分支机构（家）		附属机构（家）		国外信贷机构占比（%）	国外机构拥有的总资产规模*	国外机构拥有的总资产规模占比（%）
		其他欧盟国家	欧盟外国家	其他欧盟国家	欧盟外国家			
奥地利	4 460	28	1	18	17	8.76	216 389	22.20
比利时	3 820	35	24	21	6	83.50	695 428	64.08
塞浦路斯	866	11	16	5	3	34.65	44 307	34.58
德国	36 239	88	20	22	15	7.87	1 001 068	12.17
爱沙尼亚	176	7	1	2	3	41.94	6 749	34.31
西班牙	38 142	77	8	33	10	44.14	324 450	9.06
芬兰	1 404	20	2	4	3	8.58	399 730	66.59
法国	38 359	65	22	56	61	32.74	835 909	10.35
希腊	3 629	18	4	5	0	67.50	72 329	16.36
冰岛	1 064	35	1	15	11	13.54	417 897	35.72
意大利	32 528	69	9	17	7	14.70	567 687	13.45
卢森堡	689	8	0	66	34	73.47	687 774	71.50
拉脱维亚	400	8	1	3	4	25.40	20 546	72.49
马耳他	107	1	2	11	2	59.26	16 529	30.88
荷兰	2 466	34	5	9	14	24.51	273 274	10.99
葡萄牙	6 258	22	2	7	4	23.18	114 818	20.61
斯洛文尼亚	695	3	0	7	0	43.48	14 902	29.34
斯洛伐克	1 061	14	0	12	0	92.86	57 204	95.79
欧元区	**171 477**	**557**	**123**	**310**	**187**	**16.97**	**581 9643**	**17.78**
欧盟	**217 716**	**743**	**228**	**439**	**289**	**19.43**	**45 535 202**	**14.36**

资料来源：作者预测；欧洲中央银行统计数据，可从欧洲中央银行官网获得。

* 原书未标注单位，译者依据上下文亦无法推测。——译者注

另外一个能够代表银行业相对规模的因素是银行业就业人数占总就业人数的比例。从传统来看，欧洲银行业的就业人数一直都远远高于美国或日本。然而，谈到这个问题，我们应该注意到在最近几年，银行业的就业人数出现了一定程度的下降——2008 年欧盟银行业的就业人数为 360 万人，而到了 2012 年，下降为 300 万人。

14.5.3　整合发展趋势

正如前文所提到的，最近几年欧洲银行业发展的一个重要特征是整合发展趋势，这使得少数几家银行在各类银行业系统中占据垄断性地位。在 20 世纪 90 年代，银行业偏向**国家整合**（national consolidation），因为这在降低成本方面有优势，而且源于同质化的企业文化，并购过程中的很多问题都容易处理，有利于银行并购整合。此外，只有在本国层面建立起强大的金融机构，才有可能在与其他国家金融机构竞争中赢得优势，建立跨国金融机构。进入 21 世纪以后，一直到金融危机爆发前夕，银行业的整合重头戏集中在本国市场的**跨境并购**（cross-border mergers）上。欧盟最大的几家银行比过去规模更庞大了，从而出现了大型且业务复杂的银行集团。这一概念是在 2006 年由欧洲中央银行首次提出的，参见《金融稳定报告》（Financial Stability Report）。欧洲中央银行（2006）意识到界定和监督大型和跨境银行集团的经营活动非常重要，因为一旦经营失败，它们的规模和业务模式将会给金融稳定带来非常严重的影响。

尽管一些欧盟国家的银行业市场被一些规模庞大的国内银行垄断（比如法国和英国），仍有很多国家的银行业市场被外国金融机构垄断，正如我们之前所分析的。按照 2013 年年底的统计数据，欧盟最大的商业银行是汇丰银行（不管是总资产规模还是市值），这家英国的银行完胜德国的德意志银行。

大型且业务复杂的银行集团这一专业术语现在几乎完全替代了 2011 年金融稳定局提出的系统重要性金融机构的概念。回忆一下我们在第七章所学的内容，系统重要性金融机构主要取决于四个方面的特征：（a）规模，（b）跨境经营活动，（c）复杂性，（d）可替代性。金融稳定局每年都会发布系统重要性金融机构（全球系统重要性金融机构或者全球系统重要性银行）的名单。在 2013 年 12 月发布的名单中，一共有 29 家银行属于全球系统重要性银行，其中 14 家银行来自欧盟：巴克莱银行（英国）、西班牙毕尔巴鄂比斯开银行（西班牙）、法国巴黎银行（法国）、德意志银行（德国）、BPCE 集团（法国）、法国农业信贷银行（法国）、汇丰银行（英国）、荷兰商业银行（荷兰）、北欧银行（瑞典）、苏格兰皇家银行（英国）、桑坦德银行（西班牙）、兴业银行（法国）、桑坦德加盟银行（英国）和联合信贷集团（意大利）。

图 14-11 向我们展示了欧盟代表性银行的资产规模。特别是对一些经济总量比较小的国家来说，大银行的总资产规模甚至超过国家的 GDP 总量，这对金融稳定有着非常重要的影响。

从 2008 年以来，兼并和收购活动呈现下降的趋势（不管是并购数量还是并购规模，都出现下降趋势）。在 2012 年到 2013 年间，欧盟内部并没有出现一起真正意义上的跨境交易。这一趋势也反映出欧盟银行业市场的集中度指标发展情况。以总资产为例，当我们计算被五大银行集团控制的银行和信贷行业比重的时候，我们发现，这些数据在大多数国家都呈现出上升的发展态势。银行业部门在有些国家的集中度水平要比那些正处于银行业重组进程的国家（比如希腊和爱尔兰）高出许多。不过，与传统的高集中度指标相比，现在银行业市场的集中度水平还是下降了不少，比如在比利时，前五大银行集团所占的市场份额从 2008 年的 80.8% 下降到

2012 年的 66.3%（参见表 14-13）。

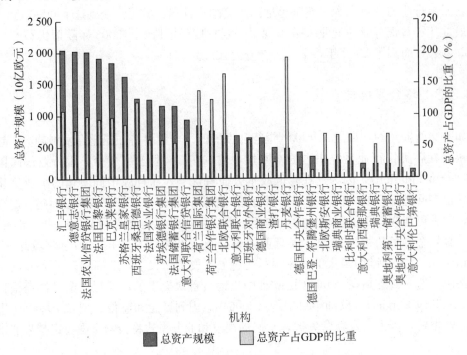

图 14-11　2012 年欧盟代表性银行的资产规模

资料来源：SNL 金融公司（总资产），欧洲统计局（GDP），欧洲委员会员工能力记录影响评估。

表 14-13　五大银行集团集中度指标比例

国家	赫芬达尔指数（HHI）					银行部门总资产规模比例〔CR-5（总资产），%〕				
	2008	2009	2010	2011	2012	2008	2009	2010	2011	2012
奥地利	454	414	383	423	395	39.0	37.2	35.9	38.4	36.5
比利时	1 881	1 622	1 439	1 294	1 061	80.8	77.1	74.9	70.8	66.3
保加利亚	834	846	789	766	738	57.3	58.3	55.2	52.6	50.4
塞浦路斯	1 019	1 089	1 124	1 027	996	63.8	64.9	64.2	60.8	62.5
捷克	1 014	1 032	1 045	1 014	999	62.1	62.4	62.5	61.8	61.5
德国	191	206	298	317	307	22.7	25.0	32.6	33.5	33.0
丹麦	1 229	1 042	1 077	1 192	1 130	66.0	64.0	64.4	66.3	65.6
爱沙尼亚	3 120	3 090	2 929	2 613	2 494	98.8	93.4	92.3	90.6	89.6
西班牙	497	507	528	596	654	42.4	43.3	44.3	48.1	51.1
芬兰	3 160	3 120	3 550	3 700	3 010	82.8	82.6	83.8	80.9	79.0
法国	681	605	610	600	545	51.2	47.2	47.4	48.3	44.6
希腊	1 172	1 184	1 214	1 278	1 487	69.5	69.2	70.6	72.0	79.5

国家	赫芬达尔指数（HHI）					银行部门总资产规模比例〔CR-5（总资产），%〕				
	2008	2009	2010	2011	2012	2008	2009	2010	2011	2012
匈牙利	819	864	828	848	872	54.4	55.2	54.6	54.6	54.0
冰岛	800	90	900	800	1 000	55.3	58.8	56.8	53.2	56.9
意大利	307	298	410	407	410	31.2	31.0	39.8	39.5	39.7
立陶宛	1 714	1 693	1 545	1 871	1 749	81.3	80.5	78.8	84.7	83.6
卢森堡	309	310	343	346	345	29.7	29.3	31.1	31.2	33.1
拉脱维亚	1 205	1 181	1 005	929	1 027	70.2	69.3	60.4	59.6	64.1
马耳他	1 236	1 250	1 181	1 203	1 314	72.8	72.8	71.3	72.0	74.5
荷兰	2 168	2 032	2 052	2 061	2 026	86.7	85.1	84.2	83.6	82.1
波兰	562	574	559	563	568	44.2	43.9	43.4	43.7	44.4
葡萄牙	1 114	1 150	1 207	1 206	1 191	69.1	70.1	70.9	70.8	70.0
罗马尼亚	922	857	871	878	852	54.0	52.4	52.7	54.6	54.7
瑞典	953	899	860	863	853	61.9	60.7	57.8	57.8	57.4
斯洛文尼亚	1 268	125	1 160	1 142	1 115	59.1	59.7	59.3	59.3	58.4
斯洛伐克	1 197	1 273	1 239	1 268	1 221	71.6	72.1	72.0	72.2	70.7
英国	370	360	424	523	436	35.3	34.1	39.8	44.1	40.6

资料来源：欧洲中央银行官网。

14.5.4 《利卡宁报告》和欧盟银行业结构性改革

2011 年 11 月，欧洲委员会授权一个高水平专家团评估欧盟银行业结构性改革的必要性，专家团的主席是芬兰银行行长艾尔基·利卡宁（Erkki Liikanen）。更具体地说，专家团的任务是分析欧盟银行业结构性改革是否会强化金融稳定、提升效率和增强消费者保护，这是建立在 14.4.2 节所分析的进行中的监管改革基础上的任务。专家团在 2012 年 10 月发布了一份报告〔就是我们所熟悉的《**利卡宁报告**》（Liikanen Report）〕。《利卡宁报告》的主要建议可被概括为以下几个方面：

- 自营业务与其他高风险交易活动的强制性分离；
- 银行恢复经营管理活动和解决计划时应尽可能实现额外分离；
- 对于作为解困工具的自救债券（债券可以转换为权益，目的是在危机发生时筹集资本）的使用，应尽可能做出修正和调整；
- 评估交易资产和不动产贷款的资本金要求；
- 强化银行的公司治理和管控能力。

在征求意见期间，欧洲委员会采纳了一项监管建议，禁止欧盟最大的商业银行参与自营业务。新规定还赋予监管者一项新权限，当银行开展交易业务可能会影响金融稳定时，监管者可以要求银行将潜在风险性的交易活动与它们的储蓄业务分离。我们注意到这些新规定只适合最大的商业银行，而这些商业银行被认为是大而不倒的金融机构，特别是那些经营活动范围非常广泛的机构，它们如果经营失败，给金融体系的其他部门以及整个经济带来的影响都是毁灭性的。考虑到现实情况，新规定适用于欧盟那些在全球占据系统重要性地位的商业银行或者超过某些阈值的金融机构（总资产规模超过 300 亿欧元，交易量超过 700 亿欧元或者银行总资产的 10%）。

征求意见结束后，欧洲委员会同意在全局实施结构性改革措施，这对一些规模比较小的商业银行来说可能不合适，还会带来一些不必要的成本开支。预计在欧盟开展业务的 8 000 家商业银行中，仅有非常少（大概 30 家）的银行受到这一举措的影响，但这些银行的总资产规模非常庞大，占欧盟银行业总资产规模 65% 以上的水平。为了追求在同一水平竞争，举措实施范围将包括欧盟的商业银行，以及它们的控股股东，包括分支机构和附属机构，不管这些机构具体位于哪里。举措同样适用于在欧盟开展经营活动的分支机构。预期自营业务禁止将会在 2017 年 1 月 1 日起生效，在 2018 年 7 月 1 日之前，相关机构对自营业务与其他业务的分离并不会做强制要求。这项改革举措与美国（所谓的沃尔克规则）和英国（《维克斯报告》中提出来的栅栏原则）的相关改革是同步的。只不过，欧盟的改革既不对一般的银行模型提出质疑，也不想拆分大型欧盟银行集团。

14.6 欧洲银行业资产负债结构与业绩表现

2007—2010 年的一系列危机事件对欧盟银行业的资产负债表结构带来了非常大的冲击。在资产端，贷款所占的比重在大多数国家都出现了下降，这有两个方面的原因：一是"问题贷款"被转移给了资产管理公司，二是信贷规模本身在减少。此外，为了更好地满足第三版《资产协议》，银行一直都在积极扩充资本金和流动性安全缓冲边际。不同国家之间的差别也很明显：例如，爱尔兰的贷款占银行总资产规模的比重为 80%，而法国的贷款占银行总资产规模的比重仅有 49%（欧洲中央银行，2013）。差异的原因也与银行规模有关，对那些大型银行来说，交易资产占总资产规模的比例大约为 24%，而小型银行的这一比例大约为 2%（规模中等的银行大约为 4%）。因此，从资产结构的角度来看，小型银行和中型银行的贷款在总资产中所占的比重非常大，特别是零售贷款。表 14-14 向我们展示了这些差异。

当我们分析负债端时，我们会发现，在金融危机之前，很多银行对短期批发融资的依赖在不断上升。不过，从 2008 年开始，银行不得不改变它们的融资结构，偏向更稳定的融资来源，诸如消费者存款和权益，减少它们对短期批发业务和银行间融资的依赖。银行采用不同的策略减少它们对银行间负债的依赖，增强流动性，构建更加稳定的融资来源渠道。

图 14-12 向我们展示了银行间市场依赖程度指标（计算方法为用来自信贷机构的储蓄存款除以总资产）和融资基础稳定性指标（计算方法为用来自非信贷机构的储蓄存款除以总储蓄存款和总负债产品的和），以衡量银行流动性。

表 14 - 14　2013 年代表性资产负债表表项目

	所有国内银行		国内大型商业银行		国内中型商业银行		国内小型商业银行		外国银行	
	数额 (10 亿欧元)	与总资产的 比重（%）	数额 (10 亿欧元)	与总资产的 比重（%）	数额 (10 亿欧元)	与总资产的 比重（%）	数额 (10 亿欧元)	与总资产的 比重（%）	数额 (10 亿欧元)	与总资产的 比重（%）
资产										
现金和中央银行现金余额	1 343.30	3.90	1 176.30	4.64	155.30	1.95	11.70	1.06	307.50	4.10
用于交易的金融资产	6 472.80	18.80	6 328.90	24.95	141.10	1.77	2.80	0.25	2 343.10	31.24
可供出售的金融资产	1 764.50	5.12	1 234.80	4.87	509.70	6.41	19.60	1.78	338.00	4.51
无形资产	235.50	0.68	203.80	0.80	30.77	0.39	0.90	0.08	18.40	0.25
贷款和透支总额	20 632.60	59.93	14 515.50	57.22	5 359.80	67.35	757.40	68.75	3 409.40	45.46
负债产品总额	5 840.10	16.96	4 070.40	16.05	1 555.90	19.55	213.70	19.40	1 547.30	20.63
权益产品总额	724.10	2.10	512.07	2.02	153.30	1.93	58.70	5.33	114.80	1.53
负债										
来自信贷机构的总存款	3 178.70	9.23	2 039.90	8.04	1 001.20	12.58	137.50	12.48	1 365.70	18.21
总存款（来自非信贷机构）	15 163.20	44.05	10 541.70	41.56	3 831.90	48.15	789.50	71.67	2 229.20	29.73
总的债券凭证（包括债券）	6 164.70	17.91	4 744.90	18.71	1 402.50	17.62	17.40	1.58	976.90	13.03
总权益	1 883.20	5.47	1 326.20	5.23	474.50	5.96	82.50	7.49	423.20	5.64
总资产	34 426.10		25 366.20		7 958.30		1 101.66		7 499.40	

资料来源：欧洲中央银行官网。

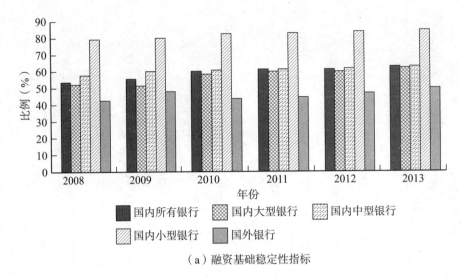

（a）融资基础稳定性指标

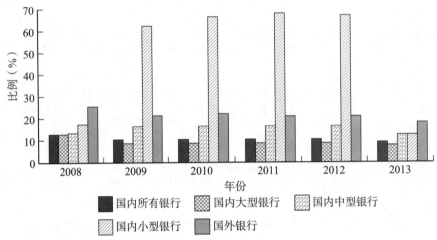

（b）银行间市场依赖程度指标

图 14 - 12　2008—2013 年融资基础稳定性指标和银行间市场依赖程度指标

资料来源：欧洲中央银行和各国中央银行。

说明：银行间市场依赖程度指标被定义为来自信贷机构的储蓄存款与总资产的比例。融资基础稳定性指标被定义为来自非信贷机构的储蓄存款与总储蓄存款和总负债产品的和的比例。

自 2008 年以来，在大多数欧盟国家，所有类型的商业银行中非银行储蓄存款与总负债之比都有所增加。不过，在不同的国家之间，这个比例的差别还是非常大。例如，爱尔兰的这一数据是 21.5％，而斯洛伐克的数据高达 71.5％（欧洲中央银行，2013）。

从 2008 年以来，欧洲银行业的业绩表现一直都比较弱，尽管不同国家之间的差别依然很明显，但相当重要的原因是：总体市场环境不好，以及特定市场具有不同的特征。不过整个体系也有很多共同的特征。从危机爆发一开始，盈利水平就比较低（参见表 14 - 15），到 2013 年，大多数国家的资产回报率和权益报酬率已经回到了正数，不过，其水平与 2006 年的峰值相比仍相差太多（仅希腊、塞浦路斯、葡萄牙和斯洛文尼亚等国银行业的权益报酬率和资产回报率处于负数水平）。

表 14 - 15 同时还向我们展示了欧盟银行业成本效率（用成本收入比率衡量）的最近发展

趋势。成本收入比率在 2008 年到 2013 年间呈现出温和下降的趋势,从超过 70％的水平回落到 60％左右。总体上来看,发展的趋势是业务重组和削减成本,目的是提升银行的效率。不过,这些数据将国别之间的差别、不同类型和规模银行之间的差别隐藏了。例如,通常情况下,小银行的成本收入比率与大银行的成本收入比率相比,数值会更高,同样,投资银行的这一比例也要高于商业银行。经营成本作为总资产的构成部分之一,在 2008 年到 2013 年间也呈现出缓慢下降的趋势。有意思的是,这些成本的下降并不是因为裁减员工而带来的成本节约——相反,大银行的员工成本反而增加,而中小规模银行的成本保持不变。

表 14-15　代表性损益表项目(欧盟银行)

	2008 年	2009 年	2010 年	2011 年	2012 年	2013 年
收入结构(占总资产比重,%)						
利息收入	4.4	3.2	2.84	2.96	2.75	2.46
净利息收入	1.1	1.3	1.34	1.27	1.1	1.09
总营业收入	0.1	2.2	2.2	2.15	1.9	2.03
支出结构(占总资产比重,%)						
总营业费用	−1.2	−1.3	−1.34	−1.34	−1.19	−1.23
盈利能力(占总资产比重,%)						
经营性利润	0.5	0.9	0.86	0.81	0.71	0.8
效率指标(%)						
成本收入比率	70.6	59.8	60.89	62.39	62.58	59.27
权益报酬率	3.2	0.3	3.9	−0.78	2.65	6.03
资产回报率	−0.1	0	0.2	−0.04	0.13	0.33

资料来源:欧洲中央银行官网。

从 2008 年以来,欧盟银行业就遭遇收入下降的挑战(利息收入和非利息收入都下降),削减成本就变得非常有必要。

另一个影响欧盟银行业盈利能力的负面因素是金融危机期间持续恶化的资产质量,这迫使银行增加坏账费用支出和备付金规模(参见图 14-13)。不过,越来越高的备付金规模跟不上表现不佳贷款增加的速度。后者主要是因为贷款和应收账款带来的损失增加,以及其他金融资产带来的损失增加,其他金融资产包括主权债务资产(特别是持有大量的希腊主权债务)。

一直以来,欧盟银行业都面临资本缓冲增加的压力,有些银行做得还不错:中等规模银行一级资本充足率从 2008 年的 8.7％上升到 2012 年的 12.7％(欧洲中央银行,2013)。之所以能够取得进步,部分是源于欧洲银行管理局的资本运作,有些银行预期能够满足第三版《资本协议》的要求。通过增加资本金和减少资产规模两种方式(收回贷款和出售资产),大多数欧盟银行都降低了杠杆(参见图 14-14)。

总的来说,2007—2009 年的全球金融危机给欧盟银行业带来了非常严重的冲击,并引发了欧元区危机。欧盟银行业至今依然在与低盈利和坏资产做斗争。监管机构改革的高度不确定性,以及银行和主权债务危机之间相互影响的负面作用给欧盟的银行业发展带来了更悲观的预期,特别是与美国的银行业相比显得更加悲观。从积极的角度来看,从 2007 年金融危机爆发以来,欧盟银行业在缩减资产负债表方面取得了巨大的进步,在不远的未来,其盈利能力将会回到正常水平。

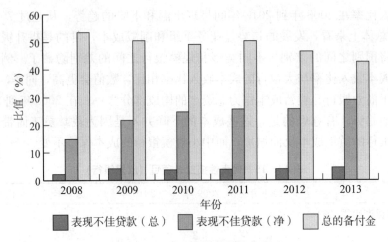

图 14 - 13　表现不佳贷款和备付金

资料来源：欧洲中央银行官网。

说明：表现不佳贷款（总）是有问题贷款和表现不佳的贷款（贷款和债务类证券）之和与贷款、透支和债务类证券规模之和的比值。表现不佳贷款（净）是有问题贷款和表现不佳的贷款（贷款和债务类证券）之和与用于偿债的自有资金的比值。总的备付金是总的备付金数额与有问题贷款和表现不佳的贷款之和的比值。

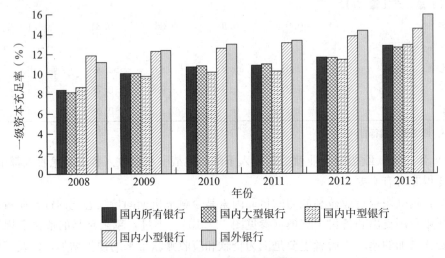

图 14 - 14　一级资本充足率

资料来源：欧洲中央银行官网。

14.7　小结

很多变化对全球金融系统有着深刻的影响，欧洲的银行业也未能独善其身。欧盟银行业经历的危机期限比较长，这场始发于 2007 年的次贷危机，发展为全球金融危机，随后又演变为主权债务危机。这严重地影响了所有欧盟经济体，特别是欧元区的国家，导致大量银行破产，政府实施大规模的救助行动。

在评估这些危机产生的原因时，《利卡宁报告》发现欧盟银行业承担的风险过大，过度依赖短期融资来源。从那个时候开始，欧盟被迫采取一系列的金融监管改革措施以确保金融稳定。新的资本充足性指令的实施将会鼓励银行改善其资本状况。

增强统一和加强金融稳定的重要一步是构建欧洲金融监管系统，包括三大金融管理局：欧洲银行管理局、欧洲保险和职业年金管理局、欧洲证券和市场管理局。为了进一步加强合作和提高银行监管水平，欧洲委员会为银行业联盟提出了一个更长远的计划，包括三个重要的支柱：单一监管机制、单一存款担保机制、单一解决机制。所有欧盟的银行业将按照统一法律框架（《单一规则手册》）接受监管。如果欧盟能够解决主权债务危机的法律问题，加强统一的必要性就突显出来，特别是加强欧元区的统一变得迫在眉睫。同时，我们也希望新的银行业联盟能够打破银行业与主权债务危机之间的关联。

关键术语

放松管制	单一欧盟护照	欧元区危机
银行业联盟	《欧洲共同体法》	第二银行协调指令
经济与货币联盟	单一市场	金融服务行动计划
朗法吕西程序	《单一规则手册》	大型且业务复杂的银行集团
欧洲稳定机制	《德拉罗西埃报告》	欧洲系统风险委员会
欧洲金融监管系统	欧洲银行管理局	欧洲保险和职业年金管理局
欧洲证券和市场管理局	国家竞争管理局	单一监管机制
单一存款担保机制	单一解决机制	单一解决委员会
单一银行解决基金	国家整合	跨境并购
《利卡宁报告》	欧洲金融稳定基金	《单一监管手册》

主要阅读文献

Allen, F., Beck, T., Carletti, E., Lane, P., Schoenmaker, D. and Wagner, W. (2011) "Cross-border banking in Europe: Implications for financial stability and macroeconomic policies", London: Centre for Economic Policy Research (CEPR).

Beck, T. (2012) "Banking union for Europe: Risks and challenges", London: CEPR.

Goddard, J., Molyneux, P. and Wilson, J. O. S. (2014) "Banking in the European Union: Deregulation, crisis and renewal", in Berger, A. N., Molyneux, P. and Wilson, J. O. S. (eds), *Oxford Handbook of Banking*, Second Edition, Oxford: Oxford University Press, Chapter 35.

High-Level Expert Group on reforming the structure of the EU banking sector (2012) Final Report (Liikanen report).

复习题

14.1　描述过去十年影响欧洲银行业市场结构发展的主要趋势。

14.2　从 1977 年第一银行协调指令颁布以来,影响欧洲银行业和金融业的其他重要的监管政策有哪些?

14.3　讨论全球金融危机和欧元区危机对欧盟银行业的影响。

14.4　从大型跨境经营的银行诸如富通集团和德克夏集团的失败中,我们应该学到哪些经验教训?

14.5　讨论欧元区国家构建银行业联盟的步骤有哪些。

14.6　详细说明欧洲金融监管系统以及宏观审慎监管和微观审慎监管之间的关系。

14.7　结合欧盟内欧元区国家和非欧元区国家的差异,分析构建《单一规则手册》的目的。

14.8　探讨欧盟成员国之间跨境银行经营的重要性。

第十五章

美国的银行业

- 区分美国各种类型的存款机构与投资银行。
- 了解金融脱媒的含义。
- 了解美国支付体系的主要特征。
- 了解美国银行业绩效的主要趋势。
- 了解美国监管机构的主要任务与组织结构。
- 了解全球金融危机对美国银行业的影响。

15.1 导论

本章要研究美国银行体系的主要特征，概要介绍近期美国银行业的结构与金融领域的发展。自 2007 年年中以来，美国的银行业被卷入了这场全球金融危机，见证了人类有史以来规模最大的金融部门援救计划。从次贷危机一开始，美国的银行体系就从世界上最赚钱的行业之一迅速转变成濒临破产倒闭的状态。本章的第一部分简要分析一下这场金融危机，以及其对美国银行业与金融部门的影响。随后，我们要分析美国银行体系结构的变化，重点关注金融机构合并的趋势、行业集中度的提高以及危机后根本性的发展与变革。接下来，我们会概要介绍美国银行业与金融服务企业的主要类型，讨论一下大型存款机构与其他金融企业。自 1999 年《格雷姆-里奇-比利雷法案》（Gramm-Leach-Bliley Act）通过后，美国的各家银行纷纷成立金融控股公司，致力于提供全方位的金融服务。我们会讨论全能银行模式的普遍采用及其对银行的资产负债表结构、绩效以及银行监管的潜在影响，并将这些变化与银行业爆发的危机相联系。不过，2010 年 7 月《多德-弗兰克华尔街改革与消费者保护法案》（Dodd-Frank Wall Street

Reform and Consumer Protection Act，简称《多德-弗兰克法案》）的通过逆转了全能型银行的浪潮。这部法案限制商业银行从事自营业务以及持有对冲基金和私募股权投资公司的股份，即**沃尔克规则**（Volcker Rule）。在新的监管环境下，美国银行被迫持有远高于从前的资本与流动性，降低风险敞口，并采用更加保守的业务操作手法。自 2009 年以来，随着商业银行与投资银行业务利润的缩水，零售银行业务的利润已经成为商业银行绩效的主要推动力。

本章的余下部分是这样安排的。15.2 节讲述金融危机过程中美国银行业的大事件。15.3 节研究美国银行业与金融体系的结构。15.4 节关注美国的支付体系。15.5 节讨论美国商业银行资产负债表的特征。15.6 节分析商业银行的绩效特征。美国金融部门的监管框架，包括《多德-弗兰克法案》的通过带来的一些变化，是 15.7 节的主要内容。15.8 节是全章的总结。

15.2   金融危机在美国

过去 20 年间，在放松监管、金融创新以及并购浪潮的推动下，美国的银行体系经历了剧烈的变动。大规模的并购导致美国多家金融机构合并，竞争力更强。一方面，这些变化使得美国金融行业的利润与效率增加，向客户提供更多的银行与金融服务，而且刺激了美国金融机构的跨国扩张。另一方面，不利影响表现为这些快速变化也导致风险和不稳定性增加，直到 2007—2009 年的全球金融危机爆发时达到顶峰。危机起始于美国的银行系统，**次级抵押贷款**（sub-prime mortgage lending）市场的崩溃导致大量的财务损失，政府不得不出手援助，很多国家因为危机陷入了漫长的经济衰退。

从 2007 年危机伊始，很多研究都在分析这场危机的起因与后果。本节要分析的是导致美国银行业几乎彻底崩溃的关键事件，以及监管机构与政策制定者采取了哪些措施来避免这一可怕的后果。

2007—2009 年全球金融危机的源头与住房市场的泡沫以及证券化市场的快速发展（参考 18.3 节）有关。在美国，从 20 世纪 90 年代中期一直到 2006 年，在低利率、家庭收入增加以及抵押贷款越来越容易获得等诸多因素的推动下，住房市场的需求越来越旺盛，导致房屋价格一直在持续上涨。抵押贷款发放数量的增加伴随着贷款标准的降低。

次级抵押贷款指的是发放给相对高风险的借款人用于购买不动产的贷款。从 21 世纪初开始，这个市场迅速扩张，其资金主要来源于抵押贷款的证券化——抵押贷款被重新打包好，证券化后被出售给投资者（也可以参考第十八章）。专栏 15 - 1 阐述了美国买房人可以申请的抵押贷款类型。

专栏 15 - 1

美国抵押贷款的基本信息

美国的抵押贷款行业与英国或欧洲大陆的同行相比，存在着诸多差异。在美国，联邦政府建立了几家政府支持企业（GSE），其主要作用是鼓励金融机构发放抵押贷款，鼓励民众买房。这几家政府支持企业包括政府国民抵押贷款协会［Government National Mortgage Association，又称吉利美（Ginnie Mae）］、联邦国民抵押贷款协会［Federal National Mortgage Association，又称房利美（Fannie Mae）］与联邦住房贷款抵押协会［Federal

Home Loan Mortgage Corporation，又称房地美（Freddie Mac）]。这些政府支持企业自身并不发放抵押贷款，它们的主要任务是基于独立的、每年签订的协议条款，买入其他贷款机构发放的抵押贷款。政府支持企业为某些"合格贷款"的偿还提供担保。一笔贷款是不是"合格贷款"取决于其规模以及自动承销系统执行的一系列指引标准。

美国市场经常使用专业术语，下面我们逐个给出解释。

合格抵押贷款：贷款金额等于或小于两房机构（即房利美与房地美）的监管部门——联邦住房企业监管办公室（OFHEO）规定的合格贷款金额标准，同时满足两房机构融资标准的贷款。在 2013 年，一户（即一个家庭的住房）合格抵押贷款的金额上限被连续第八年确定为417 000 美元。

不合格抵押贷款：贷款金额超过了合格抵押贷款的金额上限，被归入非合格抵押贷款或巨额抵押贷款的贷款。

大额抵押贷款：大额抵押贷款的金额高于常规合格贷款的最高限额。超级大额抵押贷款指的是贷款金额超过 650 000 美元的抵押贷款（不同贷款机构的此项标准也许并不相同）。

次优级抵押贷款：次优级抵押贷款的界定并不是看贷款的金额，而是看贷款的风险水平。次优级抵押贷款的借款人通常具有比较良好的信用记录，但是抵押贷款本身存在问题，使得贷款风险上升（例如，贷款抵押率以及借款人的债务-收入比率较高，抵押品是投资物业，或借款人收入证明的书面材料不齐全等）。从这个角度来看，次优级抵押贷款的安全性确实不及政府为企业提供担保的合格抵押贷款。

次级抵押贷款：这种贷款的借款人一般信用级别较低。信用评分较高的借款人通常会获得 A 类贷款（即合格抵押贷款）。而信用得分较低的借款人可能会得到 A—类、B 类、C 类甚至 D 类贷款，这些类别的贷款利率依次上升，而对应借款人的信用评分依次降低。尽管不存在一个标准定义，但是在美国，次级抵押贷款通常被界定为借款人的费埃哲（FICO）得分低于640 分的贷款。费埃哲公司是全球领先的信用评分服务供应商，该公司还提供决策管理、欺诈检测以及信用风险评估等服务。

许多文献详细描述了贷款标准的放松以及次级抵押贷款的增长情况（戴尔阿里恰等，2012）。表 15-1 阐释了可调整利率抵押贷款（也叫作可变利率贷款，这种抵押贷款的利率根据指数进行周期性调整，反映贷款机构融资成本的变化情况）、只付利息抵押贷款、书面材料不足/无书面材料贷款（次优级抵押贷款）的增长情况。[①] 表 15-1 还反映了债务还款-收入比率（这个指标等于每月收入用于偿还抵押贷款和其他债务的比例）与贷款抵押率（房屋的价值与贷款金额的比值，例如抵押贷款金额为 150 000 美元，房屋价值为 200 000 美元，则贷款抵押率等于 75%）的上升情况。较高的贷款抵押率通常被视为贷款风险较高的信号。

这些风险较高的抵押贷款会被当作抵押品，通过证券化模式发行结构性金融产品（有关证券化更详细的讨论，可参考第十八章）。以次级抵押贷款或其他类型抵押贷款作为担保的结构性产品从 2000 年的 1 500 亿美元增加至 2007 年的 1.2 万亿美元。截止到 2007 年年中，市场对结构性信用产品的需求呈现几何级数增长。1995 年，抵押贷款担保债券的市场规模约为 2.4 万

---

① 只付利息抵押贷款每月的还款额只由未偿清债务的应付利息构成，而贷款的本金会在贷款到期时一次性偿还。书面材料不足/无书面材料贷款通常被归入次优级抵押贷款。

亿美元；到了 2006 年年底，这一指标快速上升至 7.1 万亿美元。[①]

表 15 - 1　次级住房抵押贷款（%）

年份	可调整利率抵押贷款	只付利息抵押贷款	书面材料不足/无书面材料贷款（次优级抵押贷款）	债务还款-收入比率	贷款抵押率
2001	73.8	0.0	28.5	39.7	84.04
2002	80.0	2.3	38.6	40.1	84.42
2003	80.1	8.6	42.8	40.5	86.09
2004	89.4	27.2	45.2	41.2	84.86
2005	93.3	37.8	50.7	41.8	83.24
2006	91.3	22.8	50.8	42.4	83.35

资料来源：数据来源于房地美公司，参见国际货币基金组织官网。

图 15 - 1 揭示了抵押贷款相关保险产品的增长情况。回忆一下，机构证券指的是政府支持企业发行的证券。说得更准确一点，其包括下列机构发行的证券：联邦住房贷款抵押协会，即房地美；联邦国民抵押贷款协会，即房利美；政府国民抵押贷款协会，即吉利美；全国信用合作社管理局（NCUA）；联邦存款保险公司（FDIC）。而非机构证券，即所谓的私有品牌证券，会发放非合格抵押贷款（即不满足合格抵押贷款条件的抵押贷款，有关美国抵押贷款的基本信息可参考专栏 15 - 1）。

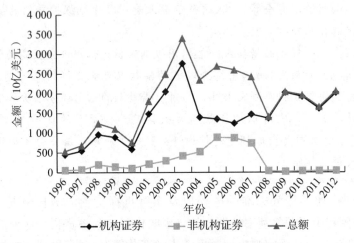

图 15 - 1　美国抵押贷款相关的保险产品

资料来源：证券业与金融市场协会。

图 15 - 1 揭示了保险产品总发行量的增长情况，其背后的主要推动力是自 2002 年以来机构证券、非机构证券的发行量开始快速增加，2005 年至 2006 年达到顶峰，2007 年危机爆发后才下降。投资者之所以会对这样的证券感兴趣，是因为它们能提供比其他类似信用等级的投资产品更高的收益率。

2006 年，当美国的信贷扩张达到顶点时，美国市场上发放的抵押贷款中大约有 20% 是次级抵押贷款，其中 75% 被证券化。从 2006 年年底开始，美国次级抵押贷款的违约以及相应的取消抵押品赎回权的个案数量快速上升，由此类资产提供担保的证券的市场价值快速下跌。而

[①]　数据来源于证券业与金融市场协会（SIFMA）官网。

且，房屋价格暴跌，导致越来越多的标准合格贷款与次级抵押贷款的借款人违约，进一步给抵押贷款的证券化产品及银行贷款的账面价值带来向下的压力。这导致银行间同业市场出现流动性不足，随之而来的便是"信贷紧缩"现象。美国信贷危机的主要大事件可参考专栏 15-2。

专栏 15-2

美国信贷危机的主要大事件

2007 年 12 月——美联储开始引入定期拍卖工具（TAF）。这是美联储管理的临时流动性计划，旨在"缓解短期资金市场日益严重的紧张局势"。定期拍卖工具的具体安排是货币当局向"财务状况普遍良好"且"预计在定期拍卖工具贷款期内能始终保持良好状况"的存款机构拍卖期限为 28 天和 84 天的抵押贷款。符合要求的抵押品包括多种金融资产。这一项目旨在帮助银行获取短期资金，缓解银行间市场的资金紧张态势。起初美联储的设想是通过定期拍卖工具向存款机构提供 200 亿美元的贷款，然而实际规模远远超出了最初的想象——截止到 2008 年 11 月，美国多家银行使用各式各样的抵押品通过定期拍卖工具共计获得了 1.6 万亿美元的贷款。

2008 年 3 月——贝尔斯登成为当时"信贷紧缩"的最大受害者。摩根大通早些时候曾向贝尔斯登提供流动性援助（2008 年 3 月 24 日，摩根大通提出了修改后的报价，即按照每股 10 美元的价格收购贝尔斯登 39.5% 的股权）。最终，这家濒临破产的投资银行被摩根大通彻底收购（最终收购价为每股 2 美元，交易总额为 2.36 亿美元）。此外，美联储还延伸了政府安全网的保护范围，以确保摩根大通借给贝尔斯登的贷款不会遭受重大损失。

2008 年 6 月——联邦存款保险公司接管了印地麦克银行（IndyMac Bank），这家专门发放次优级抵押贷款的大型贷款机构（次优级抵押贷款的风险高于合格抵押贷款，低于次级抵押贷款，通常需要借款人提交收入证明）蒙受了巨大的贷款损失。该银行拥有 320 亿美元的资产，其破产是美国历史上排名第二的银行破产案。据估计，该银行破产的成本高达 89 亿美元。储户对这家银行的挤兑行为不算太激烈，2008 年 6 月 27 日至 7 月 10 日，储户从该银行提走了 13 亿美元的存款。接着参议员查尔斯·舒默（Charles Schumer）发出了公开警告，随后联邦存款保险公司接管了这家银行。与此同时，房利美和房地美——两房机构为美国超过 5 万亿美元的抵押贷款提供担保（大概相当于抵押贷款总额的一半）——自身也遇到了问题，它们发行在外的股票和股份受到了"挤兑"，较 2008 年年初时的股价暴跌了 80% 多。

2008 年 7 月——美国财政部部长亨利·保尔森（Henry Paulson）宣布了一项保证两房机构能继续向住房市场提供支持的计划。该计划包含一项重要提案：在必要时，财政部可以向两房机构提供临时贷款，在某些情况下，两房机构也可以向美联储借款，而且财政部可以得到临时授权，买入两房机构的股票。

2008 年 9 月——房地美和房利美被联邦住房金融局（FHFA）托管。

2008 年 9 月——雷曼兄弟公司破产，美林证券被出售给美国银行。剩下的两家大型投行——高盛和摩根士丹利转制为商业银行。美国国际集团——全球最大的保险公司获得了美联储非常慷慨的高达 850 亿美元的紧急援助资金；作为交换，联邦政府获得了美国国际集团 79.9% 的股权。华盛顿互助银行由美国储蓄机构管理局（US Office of Thrift Supervision）接管，该银行的非问题资产大多被卖给了摩根大通。

2008 年 10 月——美联储宣布，把商业票据也纳入合格抵押品的范围，以帮助缓解持续的流动性紧张态势。

2008年11月——花旗集团陷入困境，得到了美国政府的援助。美国政府和花旗集团达成了一笔很复杂的交易：美国政府宣布，买入花旗集团270亿美元的优先股以及4.5%的普通股权证。优先股的股息率为8%。在更早些时候，联邦政府已经动用问题资产救助计划（TARP）的资金，买入了花旗集团250亿美元的优先股。问题资产救助计划授权美国财政部共买入总额高达7 000亿美元的抵押贷款担保证券。历经多次修改后，美国财政部部长保尔森于2008年9月20日正式对外公布了这一计划。按照协议，花旗集团和监管机构将会为总额高达3 060亿美元的资产提供支持，这些资产主要由花旗集团资产负债表上的住宅抵押贷款、商业不动产抵押贷款以及其他资产构成。花旗集团自身承担最初的290亿美元损失。

2008年11月——美联储宣布了总额为2 000亿美元的**定期资产担保证券贷款便利**（term asset-backed securities loan facility）。该项目支持金融机构发行资产担保证券，主要使用的担保资产为汽车贷款、信用卡贷款、教育贷款以及小企业贷款。与此同时，美联储还宣布将从政府支持企业（例如房地美和房利美）买入总价值为6 000亿美元的抵押贷款担保证券（MBS），目的是降低抵押贷款利率。

2009年2月——美国监管当局提出了援助金融部门的综合性新措施，包括总额高达1万亿美元、专门用于购买问题资产的**公私合营投资计划**（public-private investment program，缩写为PPIP）。

2009年3月——美联储宣布计划在未来6个月内买入总额不超过3 000亿美元的长期国债，同时提高美国机构证券的最高计划购买额。财政部披露了于2009年2月提出的公私合营投资计划的细节。

2009年4月——美国联邦公开市场委员会与英格兰银行、欧洲中央银行、日本银行以及瑞士国民银行签订了新的临时性双边货币互换协议。

美联储公布了对美国规模最大的19家金融机构进行压力测试的详细结果，数据显示大多数银行持有的资本金远远大于监管资本要求，这些银行都处于资本非常充足的状态。

2010年1月——巴拉克·奥巴马（Barack Obama）总统宣布计划禁止商业银行从事证券业务，并限制其规模。这项改革建议是《多德-弗兰克法案》包含的条款之一，禁止商业银行从事自营交易（即用自己的账户买卖证券），禁止商业银行投资于对冲基金或私募股权投资公司。银行持有的存款额不得超过美国全国存款总额的10%，而且存款各组成部分的定义口径比较狭窄，目的是避免美国国内银行业的进一步集中。

2013年12月——美国监管机构通过了沃尔克规则。该规则旨在禁止银行使用自身账户进行投机性交易（自营交易）。这条规则是《多德-弗兰克法案》最重要的条款之一。尽管它如此重要，监管机构还是花了将近4年的时间才最终敲定。

资料来源：瓦尔迪兹和莫利纽克斯（2013，294-295，图10.3）；国际清算银行（2009a，19，表11.1），作者做了适当的更新。

美国对这场危机的回应是近代银行发展史上史无前例的。美国政府试图从多个不同的方面应对这场危机，总的目标是帮助经济尽快恢复正常状态。政府创造性地使用了很多新工具，迄今为止最有名的当属**问题资产救助计划**（troubled asset relief program，缩写为TARP）。通过这项计划，美国政府从金融机构那里买入资产和股权。在2008年10月，美国国会为这项计划批准了7 000亿美元的额度；不过，《多德-弗兰克法案》将额度降至4 750亿美元。在这项庞

大的援助计划中，大约有 2 500 亿美元的资金被用于救助银行部门，促使其恢复稳定。

问题资产救助计划旨在把不良资产或问题资产从银行的资产负债表上（或表外）抹去，从而改善银行的财务状况，间接帮助它们提升资本实力，让整个体系信心更强，从而达到鼓励放贷的目的。2012 年，问题资产救助计划的负责人发表了各银行对问题资产救助计划资金使用状况的相关报告，证实了该计划的救助范围很广，确实起到了鼓励银行放贷的作用。财政部相信，通过向 700 多家银行注入资本金，问题资产救助计划有助于促进金融系统的稳定。不管大型银行还是小型银行，都获得了问题资产救助计划的援助资金。就在作者撰写本书时（2014年），美国各家银行已经向财政部偿还了 99％的援助资金。在金融危机最严重的时候参与问题资产救助计划的银行所持有的资产占美国银行业总资产的比例超过了 98％，然而如今这一指标的值仅为 1％。图 15 - 2 说明了尚未清偿的问题资产救助计划的资金状况。根据财政部提供的数据，问题资产救助计划利用银行的投资为纳税人赚取了不菲的收益。截止到 2013 年 12 月31 日，美国财政部共计收回了 2 732 亿美元，这包括银行偿还的债务以及其他投资收入——与当初财政部 2 450 亿美元的投资本金相比，收益超过 280 亿美元。

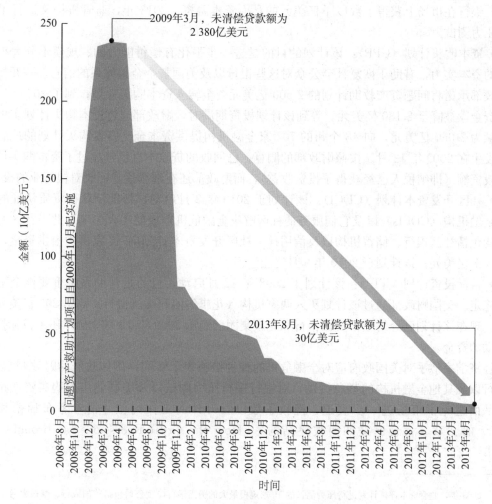

图 15 - 2　问题资产救助计划的未清偿贷款

资料来源：美国财政部（2013）。

说明：问题资产救助计划回收的款项包括小企业贷款基金再融资的 20 亿美元贷款。

除了问题资产救助计划，专门针对银行部门的其他项目如下。

• 资产担保计划（AGP）：该计划于 2009 年 1 月开始实施，如今已经结束。美国政府通过该计划向一些性质特殊的金融机构——这些机构的破产倒闭将会给金融体系以及整个经济体造成巨大损失——提供援助。这是财政部、美联储和联邦存款保险公司三个机构联合实施的项目，为符合要求的某些金融资产的价值提供保证，同意吸收这些资产所产生的部分损失。两家金融机构获得了资产担保计划提供的援助——美国银行和花旗集团。

• 监管资本评估计划（SCAP）和资本援助计划（CAP）：这两个计划的目的是确保美国大型银行机构拥有充足的资本缓冲，当面对不利的市场环境（例如，比预期更为严重的衰退）时，有能力承受风险损失，同时满足客户的贷款需求。监管资本评估计划本质上就是压力测试，于 2009 年年初开始实行。该计划对美国 19 家规模最大的银行控股公司（资产规模大于 1 000 亿美元）进行了测试。测试结果证明，其中 18 家银行拥有充足的资本缓冲，因此不需要监管资本评估计划提供帮助，后来该计划于 2009 年 11 月终止。[1] 事实证明，监管资本评估计划是重建公众对金融体系信任的关键一步，它让资金与贷款重新流动起来。压力测试结果公布后，银行在市场上获得了数以千亿美元的私人资本融资。2013 年，监管机构又进行了一次中期压力测试。

• 资本购买计划（CPP）：该计划的目的是进一步强化有偿付能力的、规模不分大小的各银行的资本实力，有助于恢复社会公众对这些银行以及美国整个金融体系的信心。一开始，美国财政部承诺将问题资产救助计划的 2 500 亿美元资金转入资本购买计划；到了 2009 年 3 月，转入资金额被降至 2 180 亿美元。等到该计划投资期满时，财政部通过资本购买计划实现的总投资额为 2 050 亿美元，向 48 个州的 707 家金融机构提供资本金。资本购买计划的最后一笔投资发生在 2009 年 12 月。按照财政部的测算，已回收的贷款本息已经超过了资本购买计划的原始投资额（即纳税人已经获得了投资收益），而财政部还在继续逐步回收对银行业的投资。

• 社区开发资本计划（CDCI）：该计划于 2010 年 2 月启动，帮助已获得资质认证的社区开发金融机构（CDFIs）以及它们服务的社区解决金融危机造成的不良影响。此类社区开发金融机构包括社区银行、储蓄机构以及信用社。社区开发资本计划向 84 家机构提供资金，总额高达 5.7 亿美元。该计划于 2010 年 9 月终止。

• 目标投资计划（TIP）：该计划于 2008 年 12 月启动，目的是帮助系统重要性金融机构恢复稳定。美国财政部通过该计划买入两家机构（花旗集团和美国银行）高达 200 亿美元的优先股。现在该计划已经终止，美国银行和花旗集团已经于 2009 年 12 月全额归还了目标投资计划援助的资金。

经济学家似乎对美国政府应对金融危机的种种措施表示赞同，例如政府的财政刺激政策、对银行以及其他金融机构的紧急援助、对银行进行压力测试以及美联储出面购买资产担保证券，从而避免了市场进一步衰退，挽救了数以百万计的工作岗位［请参考布林德和赞迪（2010）的文章《大衰退是如何被终结的》（How the Great Recession was brought to an end）］。

---

[1] 2009 年，监管资本评估计划进行压力测试的 19 家规模最大的美国银行控股公司包括美国银行、摩根大通、花旗集团、富国银行、高盛公司、摩根士丹利、大都会人寿保险公司（Metropolitan Life Insurance Company）、匹兹堡金融服务公司（PNC）、美国合众银行、纽约梅隆银行、通用汽车金融服务公司、太阳信托银行（SunTrust Bank）、第一资本金融（Capital One Financial）公司、分支银行和信托公司（BB&T）、地区金融公司（Regions Financial Corporation）、道富银行、美国运通（American Express）公司、五三银行（Fifth Third Bank）以及科凯集团（KeyCorp）。

尽管大部分市场的金融危机已经于 2010 年结束，但危机过后的复苏一直很缓慢。2010 年 7 月，奥巴马总统批准了《多德-弗兰克法案》。这部法案旨在彻底整顿金融监管与监督系统，以全面改善信息披露制度，提升透明度，加强金融体系的安全与稳健。该法案提出的重要改革措施包括：建立**金融稳定监管委员会**（Financial Stability Oversight Council，缩写为 FSOC）；引入新措施来监管系统重要性金融机构；建立消费者金融保护局。此外，法案还对美联储进行了改革；提议将更多的场外交易转入交易所内完成，从而提高衍生品交易的透明度；对高管薪酬以及信用评级机构制定了新规则。《多德-弗兰克法案》的另一项重要的监管改革是将"有序清盘权限"授权给联邦存款保险公司执行。我们将在 15.7 节更详细地讨论这些重要的改革措施。

15.3 美国银行和金融体系的结构

美国金融系统内的金融中介机构可向客户提供各式各样的银行服务或其他金融服务。通常我们会根据金融机构主要持有的负债类型，将金融中介机构分成以下几种类型：

- 存款机构——商业银行、储蓄机构和信用社。这些机构持有的主要负债为存款。
- 契约型储蓄机构——保险公司与养老基金，它们的主要负债为向保单持有人和基金份额持有者支付的长期未来收益。这些负债通常以准备金的形式被列在金融机构资产负债表上的负债一侧。
- 投资中介——共同基金、投资银行、证券公司以及金融公司。它们的负债通常为短期货币市场证券或资本市场证券。

接下来我们对上述几种类型金融机构的主要特点进行概要介绍。

15.3.1 存款机构

商业银行是美国经济体内最重要的金融中介机构。它们是家庭与企业贷款的主要提供者，同时还负责运营支付体系。商业银行通常都是股份制公司，要么是在股票交易所内公开上市，要么是私人所有。

正如前文中所述，商业银行的主要负债是存款（存款的规模、币种以及期限可能不同）。存款类型可分为活期存款（随时可用于支付的存款）以及定期存款（有固定期限的存款，例如三个月定期存款）。存款还有零售存款（小额的家庭存款）与批发存款（企业、银行或其他机构的大额存款）之分。存款的币种可以是本币，也可以是外币。

如图 15 - 3 所示，商业银行的数量由 1935 年的 14 000 多家减少至 2013 年的 5 876 家。按照联邦存款保险公司对存款机构的统计数据，截止到 2013 年年底，商业银行持有的资产总额为 13.6 万亿美元，其中贷款总额超过了 7 万亿美元。

银行数量在减少，这种趋势同样也出现在其他国家，其实主要是并购交易带来的后果。近年来，我们已经亲眼见证了多起大银行之间的并购案，这导致整个行业的集中度不断上升。最大的 10 家银行持有的资产与银行业总资产之比从 1990 年的 20% 上升到 2012 年年底的 56.3%。在同一时期内，前 100 家大银行所占的市场份额由原来的 50% 左右上升至 84.5%。图 15 - 4 的数据说明了小银行的数量变化情况——小银行指的是资产规模小于 5 亿美元的银行——在过去的几十年间，小银行的数量大大减少。《格雷姆-里奇-比利雷法案》的通过也刺激了金融机构的合并，因为该法案允许成立金融控股公司，所以银行可借此从事证券承销、保险销售以及其他各种各样的投行业务或其他金融服务。所有的大型银行都是金融控股公司的子公司，2014年美国共有489家金融控股公司。

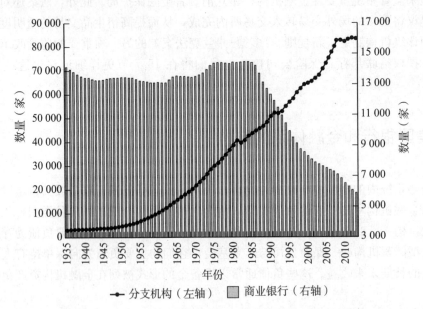

图 15－3　1935—2013 年美国商业银行及其分支机构的数量

资料来源：联邦存款保险公司。

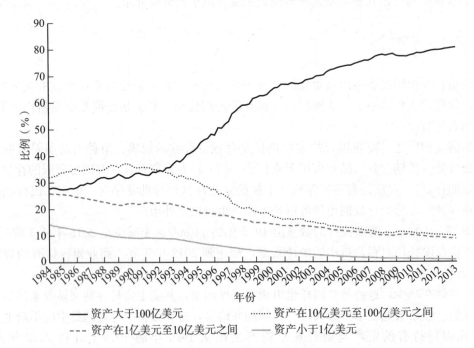

图 15－4　1984—2013 年不同规模的银行持有的资产占行业总资产的比例

资料来源：联邦存款保险公司。

表 15-2 提供了不同时期美国 10 大银行的排名情况。我们发现，一些银行自 1988 年起就一直保持在第一梯队里，例如花旗银行、美国银行、JP 摩根（现在已经与大通曼哈顿银行合并为摩根大通）以及富国银行。还有几家银行消失不见了，例如化学银行（Chemical Bank，被大通曼哈顿银行收购）、汉诺威制造银行（Manufacturers Hanover，被化学银行收购，后来化学银行又被大通曼哈顿银行收购）、信孚银行（Bankers Trust，被德意志银行收购）以及第一州际银行（First Interstate Bancorp，被富国银行收购）。2012 年 12 月，美国排名前几位的银行有：高盛公司（这家投资银行在 2008 年银行业危机最严重的时刻转制为银行控股公司）、通用电气资本公司（General Electric Capital Company，这是美国通用资本集团旗下的银行子公司），以及主要提供信用卡以及其他消费金融服务的第一资本金融公司。

表 15-2　按照资产规模排名的美国前 10 大银行

	1988 年 6 月		1997 年 12 月		2007 年 6 月		2012 年 12 月	
	银行	总资产（百万美元）	银行	总资产（百万美元）	银行	总资产（百万美元）	银行	总资产（百万美元）
1	花旗银行	194 600	大通曼哈顿银行	365 531	花旗集团	2 220 866	摩根大通	2 359 141
2	大通曼哈顿银行	98 860	花旗银行	262 159	美国银行	1 535 684	美国银行	2 212 004
3	美洲银行	96 923	国民银行（Nations Bank）	260 159	摩根大通	1 458 042	花旗集团	1 864 660
4	化学银行	78 410	JP 摩根	157 274	美联银行	719 922	富国银行	1 422 968
5	JP 摩根	74 681	美洲银行	140 102	富国银行	539 865	高盛公司	938 770
6	汉诺威制造银行	73 826	第一联合银行（First Union Corp.）	116 182	华盛顿互惠银行（Washington Mutual Inc.）	349 140	摩根士丹利	780 960
7	安全太平洋公司（Security Pacific Corp.）	64 714	信孚银行	140 102	美国合众银行（U.S. Bancorp）	222 530	通用电气资本公司	548 771
8	信孚银行	54 700	第一银行公司（Banc One Corp.）	116 182	太阳信托银行	180 314	纽约梅隆银行（Bank of New York Mellon）	359 301
9	第一州际银行	51 790	第一芝加哥国民银行（First Chicago NBD Corp.）	114 096	第一资本金融公司	145 938	美国合众银行	353 855
10	富国银行	44 721	富国银行	97 456			第一资本金融公司	313 040

资料来源：《美国银行家》（American Banker）。

* 2007 年 6 月排名第 10 的银行名称及数据缺失。——译者注另一个有趣的发展趋势是从 20 世纪 90 年代起，美国银行在国际上的存在感越来越强。值得注意的是在过去 10 年间，隶属于各大银行控股集团的非银行子公司是集团内外国资产增长速度最快的事业部门。这些子公司从事多种业务活动，包括证券承销、房地产中介以及其他商业活动。非银行子公司的快速发展说明了银行业利润多元化的长期发展趋势，利润的来源不再局限于传统的商业银行产品或服务。

总的来说，美国银行海外扩张的主要战略原因与银行的下列愿景有关：

- 通过向新的、具有高增长潜力的区域市场以及跨种群市场拓展分销渠道，来实现利润的增长；
- 提供商业贷款与资本市场产品或服务，为企业客户与商业客户的国际扩张计划提供支持；
- 提高收入的多元化程度；
- 在海外市场实现交叉销售，并充分利用现有的产品特质。

虽然美国的大银行都在积极地进行海外扩张，但值得注意的是，国内银行市场的自由化倾向也加强了外国银行在国内市场上的存在感。此外，转向全能型银行模式的做法——这会让传统的商业银行业务与市场更加紧密地结合在一起——可能会导致银行过度冒险，住宅抵押贷款的证券化与抵押贷款的发放尤其体现出这一倾向（也可以参考 15.2 节）。

美国金融系统内存在着各种各样的储蓄机构，它们在很多方面类似于商业银行，主要区别（通常）表现为它们的所有制结构不同于商业银行——储蓄机构传统上大多采用共有制结构。这些机构由其"会员"或"股东"所有，这些"会员"为储蓄机构的储户或借款人。**储蓄贷款协会**（Savings and Loans Associations，缩写为 S&Ls，简称储贷协会）是美国最主要的储蓄机构类型。储蓄贷款协会的主要资金来源是家庭的存款，其资产业务主要是发放零售抵押贷款。如今储贷协会的业务类型变得更加多样化，可以提供多种类型的企业贷款、信用卡及其他产品。一开始时，储贷协会采用的是共有制，但如今很多通过改制已经挂牌上市了。它们直接与商业银行展开竞争，尤其是在零售银行以及中小企业业务领域。截止到 2012 年年底，美国共有 987 家储蓄贷款协会，资产总额达 1.059 万亿美元，是美国第二大存款机构群体。商业银行与储贷协会同时在个人银行与企业银行业务领域展开竞争，不过商业银行更关注大企业的银行业务。

信用社是美国金融体系内另一类互助式存款机构，在过去 10 年间其重要性不断提升。信用社是非营利性机构，其会员就是所有者，很多员工都是兼职的。会员的存款被汇集在一起，用于向会员发放贷款。信用社几乎只提供零售金融服务，通常它们受到的监管不同于银行。截止到 2012 年年末，美国共有 7 165 家信用社，会员共计 9 370 万人，总资产超过 10 150 亿美元。

15.3.2　契约型储蓄机构

尽管存款机构是美国最主要的可吸收存款的金融机构，但另一种金融服务机构也很重要，它们在金融服务领域与商业银行竞争，或起着补充作用。因为与银行相比，这些金融机构，尤其是养老金和共同基金在美国金融体系内的相对重要性越来越高。

保险公司

保险产品是金融服务行业的重要组成部分，如今美国很多银行正在向银行业务客户交叉出售保险产品。正如我们在第三章里曾说过的，保险公司能保护个人和企业（或保单持有人）规避各种负面事件所造成的损失。保险公司向保单持有人收取保费，并承诺一旦发生负面事件，保险公司会给予赔偿。保险公司可分为两种主要类型——人寿保险公司、财险与意外险公司。后者提供的保险产品不把死亡作为主要承保的风险，具体包括房屋保险、汽车保险以及其他各种商业保险，例如航空保险。同时从事寿险业务与非寿险业务的保险公司叫作综合性保险公司。

根据美国保险信息协会（US Insurance Information Institute）的统计，2012 年，人寿保险行业的保费净收入为 5 680 亿美元，财险与意外险的保费净收入为 7 030 亿美元。[①] 美国是全球规模最大的保险市场，其保费收入占全球保费总收入的 27.5%（紧随其后的是日本，占比 14%；第三名是英国，7%；第四名是中国，5.3%）。2012 年，美国共有 2 660 家财险与意外险公司，913 家人寿保险公司。表 15 - 3 和表 15 - 4 提供了美国国内主要的保险公司名录。我们注意到，在 2012 年，美国国际集团（AIG）是第四大财险/意外险公司——2008 年 9 月 16 日，该集团陷入危机。该集团在信用违约互换市场上遭受了巨大损失，导致信用等级被降级，从而引发了流动性危机。美国国际集团是信用违约互换产品——客户购买这种产品的目的是防范债券的违约风险——最主要的承销商。当时爆出了好几个债券违约事件，美国国际集团不得不支付巨额赔偿款——它根本没有为这些风险做好对冲安排。为了挽救这家保险公司，美联储不得不向其提供 850 亿美元的紧急援助（美联储收购了美国国际集团 79.9% 的股权），后来美国政府又再次修改援助条款，最终援助资金总额达到了 1 825 亿美元。事实上，这相对于在对这个全球规模最大的保险公司进行国有化。

表 15 - 3　2012 年美国领先的财险与意外险公司

公司	整体签单的保费收入[a]（单位：百万美元）
州立农场共同汽车保险公司（State Farm Mutual Automobile Insurance Company）	53 654.20
美国利宝互助保险公司（Liberty Mutual Insurance Company）	28 297.50
好事达保险集团（Allstate Insurance Group）	26 531.00
美国国际集团	23 596.40
旅行者公司（Travelers Companies，Inc.）	22 696.00
国民保险公司（National Indemnity Company）及下属各保险公司[b]	20 236.50
农民保险集团（Farmers Insurance Group of Companies）[c]	18 311.40
全美互惠保险公司（Nationwide Mutual Insurance Company）	17 042.90
前进保险集团（Progressive Insurance Group）	16 559.70
联合服务汽车协会（United Services Automobile Association）	13 286.30

资料来源：SNL 金融公司官网。

说明：a. 在再保险交易之前，包括一些州的基金。

b. 隶属于伯克希尔-哈撒韦（Berkshire Hathaway）公司。

c. SNL 金融公司单独报道了农民保险集团和苏黎世金融集团（Zurich Financial Group，农民管理公司的母公司）的数据。

[①]　见美国保险信息协会官网。

表 15 - 4　2012 年美国领先的人寿保险公司

公司	整体签单的保费收入[a]（百万美元）
大都会人寿保险公司（MetLife Inc.）	102 321.50
保诚金融集团（Prudential Financial Inc.）	85 852.80
杰信人寿保险公司（Jackson National Life Group）	24 206.90
纽约人寿保险集团（New York Life Insurance Group）	24 010.50
荷兰国际集团银行保险 & 资管公司（ING Groep N. V.）	23 513.20
林肯国民公司（Lincoln National Corp.）	21 004.30
宏利金融公司（Manulife Financial Corp.）	20 965.70
马萨诸塞互助人寿保险公司（Massachusetts Mutual Life Insurance Co.）	20 751.70
荷兰全球人寿保险集团（AEGON NV）	19 695.60
信安金融集团（Principal Financial Group Inc.）	18 337.00

资料来源：SNL 金融公司官网。

说明：a. 包括人寿保险、年金产品、存款类型的契约基金以及其他保险产品的对价；不包括人寿/健康保险公司发售的事故与健康保险。表中数据为再保险交易之前的状态。

养老金

养老金向参加养老计划的员工提供退休收入（以年金的方式）。员工和雇主同时向养老金账户缴款，然后账户内的资金被投资于各种长期证券（债券与股票）以及其他投资产品，例如房地产。等员工退休以后，再从养老金账户提取退休金。私人养老金与公共养老金的区别是：

- 私人养老金指的是由银行、人寿保险公司或基金管理公司负责管理的基金。雇主与员工定期向养老金账户的缴款被用来进行长期投资，符合条件的退休员工可以从养老金账户领取养老金或退休金。不过应注意的是，很多企业的养老金计划处于缴款不足的状态，因为这些企业总是用企业的当期利润来满足员工领取养老金的要求。如果企业当期有充足的利润，那么养老金账户缴款不足自然不是一个问题；但是如果当期的利润不足，那么企业将无法履行支付养老金的义务。针对这一问题，各国政府通过了多部立法，尤其是美国和英国政府，旨在努力降低养老金账户缴款不足的可能性，但是对很多大型的私人养老金计划而言，缴款不足依然是一个很严重的问题。

- 公共养老金指的是政府主办的养老金计划。在美国，老年人与遗属社会保障保险基金是最重要的公共养老金计划。

15.3.3　投资中介

投资中介这一类金融企业的负债通常是短期货币市场证券或资本市场证券，具体包括共同基金、投资银行、证券公司和金融企业。

共同基金

共同基金将很多投资者（即基金的股东）的资金汇集到一起，投资于各种各样的证券。基金的投资对象包括股票、债券、货币市场证券或证券组合。共同基金由专业人士代表股东管理，每位投资者拥有基金投资组合的一定比例所有权，当投资组合内的证券被卖掉时，投资者有资格分享利润（和损失）。

共同基金行业可分为两大板块——长期基金与短期基金。长期基金包括债券基金、权益基金和同时投资于债券和权益工具的混合型基金。短期基金就是所谓的货币市场共同基金，它们主要投资于各种各样的货币市场工具——在美国（一般来说，美国的基金市场称得上是全球最发达的基金市场），基金的股东还可以使用货币市场基金账户来签发支票（这叫作货币市场基金支票账户）。

对投资者来说，最主要的吸引力在于共同基金能够提供多样化投资的好处，投资者的资金可被投资于多种不同类型的证券。请注意，市场上的基金可分为多种类型，它们的风险-收益目标也不同。截止到 2012 年年底，美国共有 8 750 只共同基金，总投资额高达 13 万亿美元。[①]

投资银行

正如第三章所言，世界上最大的投资银行都来自美国，其中包括高盛和摩根士丹利。投资银行的主要职能是帮助企业和政府在资本市场上融资、代表客户安排新股票或债券的发行事务、向企业提供有关并购交易或其他形式的企业重组交易的咨询建议服务。自《格拉斯-斯蒂格尔法案》（Glass-Steagall Act）在 1999 年被废止，美国多家商业银行收购了投资银行，这意味着这些银行，比如花旗集团和摩根大通，如今可以同时提供商业银行服务与投资银行服务。

尽管拥有漫长而辉煌的历史，美国的投资银行业差一点就被次贷危机彻底摧毁。贝尔斯登和雷曼兄弟于 2008 年破产；美林证券被美国银行收购；高盛和摩根士丹利转制为银行控股公司。到了 2009 年年底，在美国前五大投资银行中，没有一家能依然保持 2007 年年初的公司所有制形式。公众指责投资银行是衍生品泛滥的罪魁祸首，这直接导致了次贷危机的爆发（可以参考 3.6 节）。

证券公司和金融企业

证券公司主要参与的是已发行证券的交易活动。证券公司可分为两种类型：经纪商（是投资者的代理人，负责把证券的买卖双方撮合成交）与交易商（自身从事证券买卖业务，从而把市场上的买家和卖家联系到一起）。例如在美国，有一类特殊的经纪商——贴现经纪人，他们只代表客户完成交易，不提供其他服务，例如嘉信理财（Charles Schwab）公司；还有一类是专门从事电子交易的证券公司，例如 E* 贸易（E* trade）公司。

表 15-5 简要介绍了美国各类金融企业的发展演变进程以及相对规模，我们能看出在 1980 年至 2012 年间，存款机构相对于共同基金呈现出不断下降的长期趋势。这种现象正是 **金融脱媒化**（disintermediation）趋势的一种表象，即客户绕开金融中介，通过直接融资渠道获得更高的收益。近年来，银行越发活跃的市场行为（至少在次贷危机爆发之前）扭转了这一趋势，不过在金融危机过后，共同基金和养老金在市场上的相对重要性有所上升。

若表述得更正式一些，金融脱媒化指的是最终借款人和最终贷款人绕开现成的金融中介渠道，直接完成借贷交易的现象。在传统上，想要融资的大型企业客户往往具有较高的信用评级，因此直接从储户或投资者手中获取资金要比通过金融中介融资成本更低。使用金融中介所带来的成本会同时消减借款人与贷款人通过交易所获得的好处。对企业来说，直接融资还有其

---

① 有关美国共同基金行业的更多信息，可参考美国投资公司协会（ICI）官网。

他好处，例如提高市场声望，实现资金来源的多样化。不过，企业必须在这些好处与相应的成本（即放弃金融中介的成本）之间好好权衡。金融脱媒化的一个典型案例是大企业将发行商业票据当作获得短期融资的主要方式。

表 15-5　美国各类金融企业的发展（市场份额）

	1980 年（%）	2012 年（%）
存款机构（银行、储蓄机构、信用合作社）	50.6	24.5
养老金（公共养老金与私人养老金）	18.0	18.5
保险公司	14.8	11.5
抵押贷款公司与基金ᵃ	7.1	16.3
金融公司	4.9	2.5
共同基金（股票、债券以及货币市场共同基金）	3.3	19.9
证券公司（经纪商、交易商以及贷款公司）ᵇ	1.4	6.9
合计	100.0	100.0

资料来源：美国联邦储备体系资金账户数据。

说明：a. 包括政府支持企业与此类企业的发起人、私营抵押贷款证券化机构及发起人、抵押贷款银行与不动产投资信托。

b. 包括投资银行持有的资产。

虽然成本因素是金融脱媒化的主要商业动机，不过若官方对正常的金融中介活动施加了一些限制——监管当局的目的也许是控制货币供给——也有可能会造成金融脱媒化。借款人可能不再去寻求金融中介机构的帮助，而是寻找其他资金来源，直接从储户或投资者手上获得融资。不管原因是什么，我们从表 15-5 可以清晰地看出，存款机构的衰落是美国目前普遍存在的金融脱媒化必然导致的结果。

影子银行体系的出现（我们将在第十八章详细讨论这个问题）也从另一个侧面反映出金融脱媒化是一个普遍现象。很多参与证券化业务的金融机构——对冲基金、私募股权投资公司、结构性投资公司以及货币市场基金——要么与银行交易，要么从事和银行类似的业务活动，却不需要接受和银行一样的监管。这意味着金融体系中的大部分机构都不受传统的银行监管法令、法规的辖制，因此它们几乎是在无监管的环境下经营。影子银行最先在美国出现，证券化业务是背后的推手。[①]

15.4　美国的支付体系

拥有一个运行良好的支付体系对于经济的平稳运行至关重要。个人、企业和政府不断变化的需求所带来的挑战以及技术的进步都对支付体系的演变进化带来了冲击与影响。与大多数发达国家一样，美国的支付体系也分为两个组成部分——一个是专门处理大额批发支付的系统，另一个是处理小额零售支付的系统。

---

① 波扎尔等（2010）对影子银行进行了精彩绝伦的描述。

15.4.1　批发支付

在美国，支付与证券结算系统要涉及数量众多的金融中介机构、金融服务企业以及非银行企业，这些机构与企业彼此之间经常进行大额交易。这些大额支付指令的结算处理大部分采用电子化的方式——通常与买入或卖出证券或融券交易相关，也可能是发放或偿还大额贷款，以及房地产交易结算。一些大额支付对结算时间的要求很高，例如银行同业市场交易结算、外汇交易结算或其他金融市场交易结算，都具有这样的特征。

银行间市场，或者说国内大额资金转账支付命令，拥有两个主要支付网络。第一个叫作**联邦结算系统**（Fedwire），该系统由美联储所有并负责运营，主要向银行间市场提供支付结算服务，同时也向美国政府、联邦机构证券以及抵押贷款担保证券提供保管与过户服务。联邦结算系统是实时全额结算系统（RTGS），该系统的会员可以直接使用存放在中央银行账户内的资金完成最终支付。[①] 联邦结算系统由多个程序和计算机应用软件构成，以实现支付命令的排队与结算：系统先对支付命令进行核查，然后提示会员要对他们的账户进行借记或贷记处理。联邦结算系统由美联储的 FEDNET 全国通信网络提供技术支持。

在联邦储备银行开立账户的机构通常都会成为联邦结算系统的会员。这些会员使用联邦结算系统向联邦储备银行下达指令，将资金从会员自己的联邦储备账户转出，转入另一会员的联邦储备账户。联邦结算系统在整个交易日内逐笔地处理并结算各种支付指令。向应收到款项的联邦结算系统会员付款是最后一步，而且是不可撤销的付款，即收款会员的账户会被贷记相应的金额，或者将支付指令发送给收款会员——取决于哪一个更早完成。联邦结算系统会员可以通过电子网络或电话向联邦储备银行发送支付指令。支付指令要使用特殊的句法，并满足相应的安全管控要求。向联邦储备银行发送支付指令的机构必须拥有充足的资金，要么以账户余额的形式，要么具有足够的透支能力，否则支付指令将会被拒绝。

2012 年，联邦结算系统每日完成的支付结算额超过了 2.4 万亿美元（平均每天有 524 452 笔交易）。

第二个重要的批发支付结算系统叫作**清算所银行同业支付系统**（缩写为 CHIPS），这是归大银行所有的支付体系，专门用于大额支付的结算。清算所银行同业支付系统是美元实时结算系统，采用双边或多边结算机制（在银行用户之间进行净值支付）。2013 年，清算所银行同业支付系统每天处理 420 000 多个支付指令，结算额超过 1.5 万亿美元。清算所银行同业支付系统的很多业务与美元的跨境支付有关。使用清算所银行同业支付系统的会员数量已经由 1996 年的 104 个减少至 2013 年的 50 个，这反映出大银行相互合并的趋势。而且，清算所银行同业支付系统处理的交易结算额也由 1997 年的大约相当于 GDP 的 40 倍下降至 2013 年的不足 23 倍，导致这一现象的原因是会员银行的数量减少，而且联邦结算系统调低了批发支付结算的处理费用。

大额资金的转账处理涉及两个重要因素：清算与结算。清算指的是转账以及付款人（转出款项的金融机构）与收款人（收到款项的金融机构）的信息确认。结算是付款人开户的金融机构与收款人开户的金融机构之间进行的资金转账。结算是付款人开户的金融机构按照支付指

---

① 实时全额结算系统实时进行交易的处理与结算。

令，向收款人开户的金融机构履行付款义务。最终的资金结算是不可撤销、无条件的。支付结算的最终完成要取决于相关的规则与法律。

一般来说，支付信息可能是贷记转账或借记转账。大多数大额资金转账系统都是贷记转账系统，即付款信息和资金都由付款人开户的金融机构转向收款人开户的金融机构。发起资金转账请求的机构要先发出支付指令（要求向收款人转账的信息）。支付指令的处理要遵守大额支付系统的相关规则或程序。一般来说，大额支付系统的操作程序包括处理支付指令所必需的识别、对账和确认程序。在某些结算系统内，金融机构可能会直接联系一个或多个第三方，代表本机构完成清算与结算程序。

15.4.2 零售支付

在美国，传统上很多支付是用纸质支付工具——支票与现金完成的，然而现在人们大多使用电子化支付工具，例如借记卡和贷记卡，或者通过**自动清算所**（Automated Clearing House，缩写为 ACH）来完成支付。自动清算所电子资金转账系统向会员银行与其他存款机构提供电子资金转账结算服务。自动清算所处理的支付命令包括：

- 工资、社保、政府提供的其他福利津贴以及退税的直接存入；
- 消费账单的直接支付，例如抵押贷款、普通贷款、水电费以及保险费；
- 企业对企业的支付；
- 电子支票；
- 电子商务的支付；
- 缴纳联邦、州政府以及地方政府的税金。

纸质支票曾是非现金支付的最主要工具，但是从 20 世纪 90 年代以来，支票越来越被其他非现金支付方式所代替。如表 15-6 所示，在 2000 年至 2012 年间，美国支票付款的次数快速减少，与此同时，信用卡交易的数量增长较快，借记卡支付（尤其是在线交易）的增长势头更加迅猛。美联储认为，多种因素，例如经济活动与人口的增长，共同促进了电子支付的发展。我们还注意到，电子支付的部分增长源于现金和支票被电子支付工具所取代。

表 15-6　2000 年至 2012 年非现金支付的金额　（单位：10 亿美元）

	2000 年	2003 年	2006 年	2009 年	2012 年
非现金支付	72.5	81.2	93.3	109.0	122.8
支票	41.9	37.3	30.6	24.5	18.3
信用卡	15.6	19.0	21.7	21.6	23.2
自动清算所	6.2	9.1	14.6	19.1	20.1
借记卡	8.3	15.6	25.4	37.9	40.8
预付卡	—	—	3.3	6.0	—

减少支票的纸质处理程序是**《21 世纪支票清算法》**（Check 21）的重要特征之一。《21 世纪支票清算法》于 2004 年 10 月正式生效，旨在鼓励支付体系的创新，允许银行将纸质支票转变为电子支票，以加快零售支付速度，提高支付体系的效率。

15.5 美国商业银行资产负债表的特征

美国商业银行的资产负债表结构反映了其业务活动主要由哪些资产或负债构成。表15-7和表15-8分别概要介绍了美国商业银行持有资产与负债的情况。表15-7展示了商业银行的资产结构,2012年贷款占银行部门总资产的53%左右,而在1990年,这一指标的数值大约为62%——事实上,2012年是自2008年以来,银行贷款占总资产的比重最低的年份。投资型证券一般要占总资产的15%至25%,不过在2007年和2008年,这类资产所占的比重大幅下降,只有14%左右。此外,流动性资产(现金与即将收到的款项)呈系统性的减少,从1990年的9.4%降至2007年的4.3%,随后又在2008年引人注目地上窜至8.5%——流动性资产的突然上升显然反映出银行(以及监管当局)考虑到当时的信贷紧缩局面,想要增加流动性的意愿。2012年年底,流动性资产的比重提升至10%。其他类型的盈利资产也从1990年的5%左右上升至2012年的9%。

表15-8反映了美国商业银行负债特征的变化情况。我们发现,银行对借入资金(通过银行间市场借入的批发性存款资金)的依赖性越来越强,这股趋势一直持续到2004年(借款占总负债的16%),随后保持这个水平直到2008年;到了2012年,又下降至8.5%。在大多数时候,银行的资本金规模始终在增加,权益资产比率由1990年的6.4%上升至2000年的8.5%,2007年时达到10.2%。而2008年的数据反映出金融危机的影响力,权益资产比率下降至9.4%,但是危机过后的资本注入行为让这一指标在2012年回到了11%左右。

我们需要记住的重要一点是,上面谈到的各种趋势都与整个银行体系有关,而且规模最大的银行的资产负债表结构不同于其他银行。例如平均来看,排名前10位的大银行与规模小一些的银行相比,前者发放的贷款要少一些,持有的证券要多一些,同时资本金的持有比例也要少一些。此外,如前所述,银行的贷款结构也会因银行规模的不同而存在较大的差异性。例如,中小银行发放的商业房地产贷款占美国房地产贷款总额的45%,而排名前100位的银行总共发放的商业房地产贷款额才占不足20%的比重。因此,我们应牢牢记住,若银行的资产规模不同,则资产负债表的结构特征也随之大相径庭。

15.6 美国商业银行的业绩

美国商业银行是发达国家当中利润能力最强的银行,1993年至2006年期间,除了规模最小的银行以外,其他所有银行的权益报酬率都在11%至15%区间(参考图15-5)。从2006年开始,美国银行业的收益率就逐步下滑,到2007年时下跌至8%,到2008年时一路崩塌至-1.1%,2009年时变成-1.35%。随后,美国银行业又经历了缓慢的复苏,2010年的平均收益率为5.7%,2013年年底时这个指标略高于9%。资产回报率也是同样的发展趋势,2008年跌至0.1%,2009年变成0.08%,这是自1991年以来的最低值,如图15-6所示。2008年,大约20%的美国银行遭受了损失,这些亏损银行持有的资产占银行业总资产的35%,这是自1987年以来的最高比例。

表 15 - 7　1990—2012 年美国商业银行的资产值

（单位：百万美元）

年份	银行的数量（家）	现金与即将到账款的收藏（百万美元）	投资型证券（百万美元）	贷款与租赁（百万美元）	不良贷款损失准备（百万美元）	贷款与租赁净值（百万美元）	其他盈利性资产（百万美元）	银行的经营场所与设备（百万美元）	其他不动产（百万美元）	无形资产（百万美元）	其他资产合计（百万美元）	总资产（百万美元）
1990	12 343	318 016	604 622	2 110 170	55 532	2 054 638	194 601	51 437	21 607	10 646	133 923	3 389 490
1991	11 921	304 862	691 385	2 052 754	55 146	1 997 609	215 858	52 249	27 553	12 245	128 921	3 430 682
1992	11 463	298 083	772 941	2 032 494	54 519	1 977 975	238 970	53 104	26 377	15 559	123 163	3 506 171
1993	10 959	272 979	836 712	2 150 658	52 805	2 097 853	272 995	55 528	16 784	18 057	136 181	3 707 088
1994	10 452	303 577	823 028	2 359 813	52 217	2 307 596	343 051	58 922	10 177	24 009	141 747	4 012 107
1995	9 941	306 545	810 877	2 605 474	52 966	2 552 508	398 023	61 425	6 644	30 219	148 934	4 315 175
1996	9 528	336 052	800 656	2 815 090	53 647	2 761 444	404 770	64 613	5 451	44 721	164 457	4 582 165
1997	9 143	355 149	871 879	2 974 456	54 897	2 919 559	558 528	67 182	4 454	61 690	180 090	5 018 532
1998	8 774	356 703	979 867	3 236 642	57 255	3 179 386	563 908	71 311	3 656	80 222	207 552	5 442 604
1999	8 580	366 456	1 046 536	3 489 092	58 746	3 430 346	483 580	73 743	3 075	98 067	233 332	5 735 135
2000	8 315	369 931	1 078 985	3 815 498	64 120	3 751 377	584 102	75 794	3 210	103 803	278 358	6 245 560
2001	8 080	390 340	1 172 540	3 884 328	72 273	3 812 055	620 534	76 644	3 830	120 143	356 208	6 552 294
2002	7 888	383 846	1 334 727	4 156 250	76 983	4 079 267	709 197	79 235	4 431	124 850	361 358	7 076 912
2003	7 770	387 437	1 456 248	4 428 947	77 124	4 351 823	780 438	83 392	4 531	158 174	379 502	7 601 545
2004	7 631	387 555	1 551 101	4 906 362	73 496	4 832 866	889 529	86 799	3 853	275 726	388 186	8 415 615
2005	7 526	400 267	1 572 202	5 382 110	68 731	5 313 379	942 515	91 725	4 026	302 892	414 334	9 041 339
2006	7 401	432 960	1 666 204	5 981 812	69 060	5 912 753	1 149 123	96 829	5 467	358 512	470 109	10 091 958
2007	7 284	482 162	1 590 802	6 626 409	89 179	6 537 229	1 513 678	105 022	9 792	423 218	514 140	11 176 043
2008	7 087	1 041 803	1 746 327	6 838 447	156 659	6 681 788	1 627 921	109 681	22 916	392 528	685 933	12 308 897
2009	6 840	976 573	2 199 578	6 495 187	213 817	6 281 370	1 108 125	110 514	35 859	386 800	723 910	11 822 728
2010	6 530	922 704	2 351 738	6 594 996	217 973	6 377 023	1 177 980	110 664	46 653	373 186	705 541	12 065 489
2011	6 291	1 195 925	2 541 235	6 719 066	178 636	6 540 430	1 171 969	112 006	41 017	348 297	698 058	12 648 937
2012	6 096	1 333 764	2 750 150	7 047 941	152 158	6 895 783	1 227 730	112 657	34 887	351 250	684 896	13 391 116

资料来源：联邦存款保险公司的《银行业、商业银行的历史统计数据》（Historical statistics on banking, commercial banks）。

表 15-8 1990—2012 年美国商业银行的负债与权益资本

年份	银行的数量（家）	负债					权益资本					
		总存款（百万美元）	借入资金（百万美元）	次级债（百万美元）	其他负债（百万美元）	总负债（百万美元）	永久优先股（股）*	普通股（股）*	盈余（百万美元）	未分配利润（百万美元）	权益资本总额（百万美元）	负债与权益资本总额（百万美元）
1990	12 343	2 650 150	385 292	23 920	111 511	3 170 873	1 673	30 858	92 382	93 703	218 616	3 389 490
1991	11 921	2 687 664	379 726	24 962	106 632	3 198 983	1 524	31 259	101 523	97 393	231 699	3 430 682
1992	11 463	2 698 682	407 095	33 731	103 196	3 242 704	1 610	32 130	117 409	112 319	263 467	3 506 171
1993	10 959	2 754 330	498 665	37 372	120 118	3 410 484	1 523	32 881	126 596	135 604	296 604	3 707 088
1994	10 452	2 874 439	563 674	40 756	221 012	3 699 881	1 505	34 630	136 168	139 923	312 226	4 012 107
1995	9 941	3 027 576	629 214	43 536	265 057	3 965 382	1 835	35 883	146 952	165 124	349 793	4 315 175
1996	9 528	3 197 139	681 616	51 167	276 657	4 206 578	2 001	35 105	167 751	170 729	375 586	4 582 165
1997	9 143	3 421 664	774 441	62 015	342 367	4 600 487	2 406	34 485	190 992	190 162	418 045	5 018 532
1998	8 774	3 681 391	853 188	72 785	373 010	4 980 373	2 698	34 713	217 730	207 090	462 231	5 442 604
1999	8 580	3 831 058	1 000 653	76 450	347 284	5 255 445	3 129	32 833	238 904	204 825	479 690	5 735 135
2000	8 315	4 179 567	1 047 273	87 043	401 320	5 715 204	3 377	31 245	260 557	235 177	530 356	6 245 560
2001	8 080	4 377 558	1 071 515	95 313	414 313	5 958 699	4 378	30 258	303 722	255 457	593 595	6 552 294
2002	7 888	4 689 847	1 171 190	94 744	473 736	6 429 516	6 000	30 005	320 342	291 221	647 395	7 076 912
2003	7 770	5 035 052	1 260 898	100 759	512 940	6 909 650	6 497	30 259	350 467	304 863	691 895	7 601 545
2004	7 631	5 593 175	1 315 668	110 138	546 450	7 565 430	6 237	29 811	493 502	320 818	850 185	8 415 615
2005	7 526	6 073 134	1 424 578	122 237	509 061	8 129 010	5 264	32 274	529 804	345 268	912 329	9 041 339
2006	7 401	6 731 411	1 589 614	149 790	591 214	9 062 029	5 122	33 835	625 625	365 732	1 029 930	10 091 958
2007	7 284	7 309 871	1 880 519	174 900	667 887	10 033 176	5 000	35 982	738 911	363 143	1 142 867	11 176 043
2008	7 087	8 082 230	2 079 101	182 982	810 406	11 154 719	6 391	45 410	851 030	251 631	1 154 177	12 308 897
2009	6 840	8 333 221	1 482 515	154 663	544 075	10 514 474	6 170	46 192	993 731	242 225	1 288 006	11 822 728
2010	6 530	8 514 285	1 448 435	144 824	593 769	10 701 314	6 480	45 952	1 026 855	258 468	1 337 530	12 065 489
2011	6 291	9 256 822	1 193 208	131 789	645 334	11 227 152	5 133	44 181	1 041 267	313 301	1 403 648	12 648 937
2012	6 096	10 014 144	1 141 104	117 533	615 621	11 888 402	4 814	43 446	1 064 166	375 002	1 487 188	13 391 116

资料来源：联邦存款保险公司的《银行业、商业银行的历史统计数据》（Historical statistics on banking, commercial banks）。

* 原书单位为百万美元，疑有误，单位应为股。——译者注

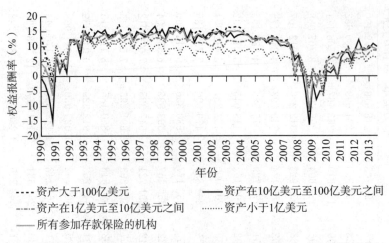

图 15－5　1990 年至 2013 年美国商业银行的绩效情况——权益报酬率

资料来源：联邦存款保险公司的《银行业、商业银行的历史统计数据》（Historical statistics on banking, commercial banks）。

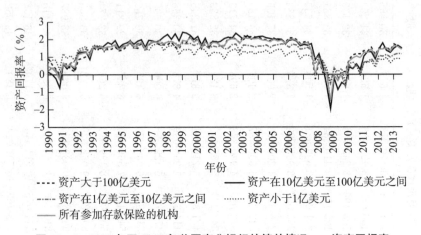

图 15－6　1990 年至 2013 年美国商业银行的绩效情况——资产回报率

资料来源：联邦存款保险公司的《银行业、商业银行的历史统计数据》（Historical statistics on banking, commercial banks）。

　　商业银行利润率快速下滑的主要原因是非利息收入减少（尤其是证券交易造成了损失）以及贷款损失准备金的大幅增加。利润的严重缩水正好彰显了次贷危机所造成的负面影响。

　　2009 年，美国商业银行的业绩有所提振，2010 年年初，前文中提到的接受问题资产救助计划资金援助的几家大型金融机构（美国银行、纽约梅隆银行、花旗集团、摩根大通以及富国银行）将所借资金全部还清。与此同时，接受援助的顶级投资银行，例如高盛和摩根士丹利，也还清了所有借款。纵观整个 2009 年，很多证据表明，美国（以及欧洲）大型投资银行的盈利状况正在逐渐改善。最终，这一年最高潮的事件是高盛报告称，2009 年，它获得了创纪录的 134 亿美元利润，再次激起了政界和民众对银行家巨额奖金的愤怒不满之情。

　　从 2010 年起，美国银行业的盈利能力恢复到原本适中的状态，银行开始研究如何适应更严格的新监管规则以及放慢的经济增长环境。如前所述，到了 2013 年，整个银行业的权益报酬率逐渐上升到10%左右。表15-9列出了2013年最赚钱的银行所在的地区——犹他州、亚利桑那州和内华达州。这在某种程度上反映出这些表现优异的州快速发展的本质。表15-9还能说明银行业的复苏并不是遍布美国全境的普遍现象，而且各地区银行业的回暖速度也不相同，一些州的银行部门依然处于落后状态。

表 15 - 9　美国各地区银行业的盈利状况——资产回报率

	地区	银行数量（家）	2013 年（%）	2012 年（%）	变化（绝对值,%）		地区	银行数量（家）	2013 年（%）	2012 年（%）	变化（绝对值,%）
1	犹他州	55	2.16	2.54	−38	28	密苏里州	309	0.95	1.00	−5
2	亚利桑那州	24	1.97	1.67	30	29	路易斯安那州	142	0.94	0.92	2
3	内华达州	20	1.69	3.04	135	30	堪萨斯州	295	0.93	0.95	−2
4	特拉华州	23	1.56	1.33	23	31	俄亥俄州	232	0.93	0.93	0
5	夏威夷	9	1.43	1.24	19	32	新墨西哥州	48	0.92	1.02	−10
6	北达科他州	88	1.40	1.65	−25	33	肯塔基州	185	0.89	1.06	−17
7	俄克拉何马州	229	1.34	1.42	8	34	密西西比州	86	0.88	0.90	−2
8	南达科他州	76	1.29	1.14	15	35	佛罗里达州	200	0.84	0.59	25
9	蒙大拿州	65	1.28	1.04	24	36	马萨诸塞州	154	0.82	0.90	−8
10	阿肯色州	126	1.23	1.11	12	37	纽约州	165	0.77	0.78	−1
11	得克萨斯州	543	1.23	1.23	0	38	佐治亚州	224	0.76	0.58	18
12	内布拉斯加州	210	1.17	1.24	−7	39	缅因州	28	0.76	0.55	21
13	密歇根州	126	1.16	1.61	−45	40	佛蒙特州	14	0.75	0.79	−4
14	艾奥瓦州	333	1.14	1.20	−4	41	爱达荷州	16	0.71	0.45	26
15	明尼苏达州	364	1.14	0.8	34	42	伊利诺伊州	544	0.69	0.61	8
16	俄勒冈州	28	1.13	1.22	−9	43	新罕布什尔州	20	0.69	0.66	4
17	南卡罗来纳州	79	1.11	0.89	22	44	康涅狄格州	46	0.67	0.77	−10
18	怀俄明州	34	1.11	1.12	−1	45	华盛顿哥伦比亚特区	5	0.65	0.52	13
19	加利福尼亚州	228	1.07	1.10	−3	46	田纳西州	180	0.65	0.53	12
20	阿拉斯加州	6	1.04	1.28	24	47	南卡罗来纳州	69	0.64	0.45	19
21	科罗拉多州	100	1.03	0.95	8	48	新泽西州	108	0.61	0.27	34
22	印第安纳州	133	1.02	1.05	−3	49	马里兰州	76	0.53	0.54	−1
23	威斯康星州	260	1.02	0.88	14	50	宾夕法尼亚州	197	0.44	0.76	−32
24	西弗吉尼亚州	61	1.01	0.92	9	51	波多黎各	6	0.01	0.55	−54
25	亚拉巴马州	136	1.00	0.92	8	52	罗得岛州	10	−3.74	0.65	−439
26	弗吉尼亚州	106	0.99	0.43	56						
27	华盛顿州	64	0.99	1.69	−70		合计	6 891	1.06	1.02	4

资料来源：联邦存款保险公司的银行业统计数据，见其官网。

15.7 美国银行体系的监管

当前，美国金融机构的监管系统形式各异，相对较为复杂，而且自全球金融危机爆发后，鉴于整个银行体系面对的环境越发动荡，政府更加密切关注金融监管体系。在联邦政府层面上，商业银行由三家政府机构监管，这三家监管机构是：

- **货币监理署**（Office of the Comptroller of the Currency，缩写为 OCC）；
- **联邦储备体系**（Federal Reserve System）；
- **联邦存款保险公司**（Federal Deposit Insurance Corporation，缩写为 FDIC）。

全球金融危机揭示出美国的金融监管框架存在很多缺陷与不足。《多德-弗兰克法案》已经为解决这些问题提供了路线图。

《多德-弗兰克法案》建立了一个跨部门的机构——金融稳定监管委员会（Financial Stability Oversight Council，缩写为 FSOC），将银行监管部门由 5 家机构合并为 4 家［储蓄管理局（Office for Thrifts Supervision，缩写为 OTS）被解散，其职责被转移给其他监管机构］。此外，《多德-弗兰克法案》还授予了美联储对最大型金融机构的监督权，授予联邦存款保险公司对最大型金融机构的处置权。《多德-弗兰克法案》还建立了新的消费者金融保护局（Consumer Financial Protection Bureau，缩写为 CFPB），将原本由多个监管机构共同负责的消费者保护责任统一交给这个新建立的机构。

表 15 - 10 总结了当前的美国金融监管结构。在美国，金融监管机构可以分为两大类：一类是审慎监管机构，包括美联储、货币监理署、联邦存款保险公司以及美国信用社管理局（NCVA）；另一类是专门监督"信息披露"的监管机构——监督各金融机构以及交易所是否向市场参与者及时、充分披露信息。此外，其他金融监管机构身负促进各监管机构之间信息交换与协调合作的职能，具体包括金融稳定监管委员会、联邦金融机构检查委员会（Federal Financial Institutions Examination Council，缩写为 FFIEC）以及总统资本市场工作小组（President's Working Group on Capital Markets）。

表 15 - 10　美国金融监管机构

监管机构类型	监管机构名称	监管对象	权限
审慎监管机构	美联储	• 银行控股公司 • 金融控股公司 • 成为联邦储备体系会员的州银行 • 外国银行设在美国的分支行 • 美国银行的海外分支行	最后贷款人（通过贴现窗口）。在"异常情况"下，美联储可以向非会员银行提供贷款或向金融系统注入流动性。对于某些给金融稳定带来巨大风险的企业，美联储有权发起关闭该企业的处置程序。
	货币监理署	• 国民银行 • 外国银行在美国联邦政府注册的分支机构	检查国民银行与联邦储蓄机构的经营状况。批准或拒绝改变企业或银行结构的申请。对不遵守相关法律、法规或业务操作不合规的国民银行及联邦储蓄机构采取监管措施。发布管理银行投资、贷款或其他业务活动的法令及法规。

续表

监管机构类型	监管机构名称	监管对象	权限
审慎监管机构	联邦存款保险公司	● 参加联邦存款保险的机构，包括不是联邦储备体系会员的银行	管理为联邦、州注册的银行或储蓄机构建立的存款保险基金。在发生系统性风险时，联邦存款保险公司有权使用存款保险基金向存款机构提供援助。
	美国信用社管理局	● 在联邦政府注册的信用社或参加了存款保险的信用社	通过中央流动性设施向流动性短缺的信用社提供贷款。管理信用社的存款保险基金——全国信用社股份保险基金（National Credit Union Share Insurance Funds，缩写为 NCUSIF）。
证券与衍生品监管机构	证券交易委员会（Securities and Exchange Commission，缩写为SEC）	● 证券交易所 ● 经纪商与自营商 ● 共同基金 ● 投资顾问	被授权确定财务会计准则。可以单方面关闭市场或在有限时间内暂停交易。对面向公众出售的企业证券进行登记。
	商品期货交易委员会（Commodity Futures Trading Commission，缩写为CFTC）	● 期货交易所 ● 经纪商 ● 资产池管理者 ● 顾问	可以暂停交易、下令平仓或提高保证金要求。
其他金融交易监管机构	联邦住房金融局（Federal Housing Finance Agency，缩写为FHFA）	● 房利美 ● 房地美 ● 联邦住房贷款银行	充当两房机构的管理者（自 2008 年 9 月起）。
	消费者金融保护局	● 非银行抵押贷款发放机构 ● 私人学生贷款机构 ● 发薪日贷款机构 ● 其他大消费者金融企业[a] ● 资产规模超过 100 亿美元、从事消费业务的银行	发布法令、监管企业并执行联邦消费金融保护相关法令。禁止不公平、欺诈或滥用行为。听取消费者的投诉意见。监督金融市场给消费者带来的新风险。执行消费金融领域内禁止歧视或其他不公平待遇的法令、法规。

资料来源：墨菲（2013）。

说明：a. 不包括保险公司、在证券交易委员会和商品期货交易委员会注册的机构、汽车经销商、非金融商品的售卖商、房地产经纪人与代理人，以及资产规模小于 100 亿美元的机构与银行。

15.7.1 货币监理署

货币监理署负责向所有国民银行签发执照，并对其进行监督和监管。货币监理署是财政部下设的独立管理机构，成立于 1863 年，负责监管所有在联邦政府注册登记的银行。这些银行名为国民银行，它们的名称当中或有"国民"（national）这个词，或带有"NA""NS&T"的字样。货币监理署还负责监管外国银行在联邦政府注册的分支机构与代理处。

货币监理署负责对国民银行进行现场检查，并持续监督银行的经营状况。该机构发布各种有关银行业务、银行投资、银行业发展以及其他银行经营领域的法规、法律解释以及监管决定。在监管国民银行时，货币监理署有权：

● 检查银行。

- 批准或拒绝有关新执照（或许可证）、建立分支机构、新增资本或公司/银行结构变更的申请。
- 对不遵守相关法律、法规的银行或业务活动不健康的银行采取措施。货币监理署可以开除银行的管理者和董事，与银行协商签订改变业务操作形式的协议，发布勒令停业的命令以及对当事银行处以罚款。
- 发布管理银行投资、贷款或其他业务活动的法令和法规。

截止到 2012 年，货币监理署负责监管 1 900 多家国民银行以及 50 家外国银行设立在美国境内、在联邦政府注册的分支行。2011 年 7 月 21 日，按照《多德-弗兰克法案》规定的条款，储蓄管理局成为货币监理署的一部分。于是，如今货币监理署也负责监管联邦储蓄机构。

15.7.2　联邦储备体系

除了拥有中央银行制定货币政策的权限（我们已经在第六章讨论过这个问题），美联储还负责监管各种类型的银行机构。具体包括：
- 银行控股公司，包括按照 1999 年《格雷姆-里奇-比利雷法案》成立的多元化经营的金融控股公司以及在美国经营的外国银行；
- 在州监管机构注册、同时也是联邦储备体系成员的银行；
- 会员银行设立在国外的分支机构；
- 埃奇法公司和协定公司——美国银行可通过此类机构从事国际银行业务；
- 外国银行在美国各州监管机构注册的分支行、分理处以及办事处；
- 外国银行的非银行业务活动。

一般来说，美联储负责监管规模最大、最复杂的美国银行，因为它承担着对银行以及多元化经营的金融控股公司的监管职责。美联储还负责监管外国银行的操作行为，很多设在美国境内的外国银行从事的都是相对复杂的投资或公司银行业务。

《多德-弗兰克法案》对美联储进行了改革。该法案指定美联储成为系统重要性金融机构的主要监管机构。美联储的紧急贷款权利 [1932 年，根据《联邦储备法》（Federal Reserve Act）的第 13（3）款，美联储拥有了这项权利] 允许它在"异常而紧急的情况"下，向非存款机构（投资银行与保险公司）提供贷款。如今，《多德-弗兰克法案》将这项权利增加了一个前提条件，即先要得到财政部部长的批准。美联储必须将与第 13（3）款有关的贷款的所有细节全部公开，必须接受美国审计总署对近期次贷危机期间的紧急贷款举措进行一次性审计。因此，美联储新设立了一个专门负责监督的副主席职位，而美国审计总署还将检查美联储的治理问题以及董事的任命情况。

15.7.3　联邦存款保险公司

联邦存款保险公司是在各州注册，同时没有加入联邦储备体系的银行的主要联邦监管机构。它还负责监督从事存款业务的外国银行设在美国境内的分支机构或代理处。作为一家独立的监管机构，联邦存款保险公司的资金来源于银行和储蓄机构为获得存款保险服务而缴纳的保费以及投资于美国国债的投资收益。截止到 2012 年年底，联邦存款保险公司为 7 000 多家机构的 5 亿多个存款账户提供保险服务，被保险的存款总额达到了创纪录的 7.4 万亿美元。一般来说，存款保险能够在银行破产时为零售客户的存款提供保障。在次贷危机爆发前，对于储蓄、支票存款以及其他类型的存款账户，每位储户在每家银行或储蓄机构可以获得 100 000 美元的最高保额。被存放在所有权形式不同的账户里——例如个人账户或联名账户——的存款都可获得单独的保险。鉴于公众对美国银行业的状况越来越担忧，2009 年 5 月，存款保险的最高保额上升至 250 000 美元。

《多德-弗兰克法案》拓展了联邦存款保险公司处置和清算具有系统性风险问题的金融机构的权限。

15.7.4　其他监管机构

除了前文中提到的联邦三大监管机构以外，美国还设立了其他多个监管机构，负责监管美国其他类型的存款机构。例如于 1989 年成立的储蓄管理局，当时是所有储蓄贷款协会的主要监管者，不管储贷协会是在联邦还是各州主管机构注册。如前所述，《多德-弗兰克法案》撤销了储蓄管理局，如今储蓄机构都由货币监理署监管。信用社则由全国信用社管理局负责监管，该机构还负责向信用社的存款提供保险。

表 15-11 列出了所有主要的银行监管机构的监管职责，尤其是职责重叠的部分。由该表可以看出，监管结构较为复杂，很明显存在着资源的浪费。不过，有些人认为这是一件好事，因为这会导致不同监管机构之间的竞争，防止监管机构骄傲自满。然而，从银行的角度来看，整个监管系统过于累赘，而且官僚气息浓重。多头监管与单一监管的成本-收益之争还远远没有解决。随着银行的规模变得越来越大，结构越来越复杂，而且银行可通过建立金融控股公司进入更广阔的金融服务领域（例如保险、投资银行业务以及养老金），有人提出需要建立一个更统一的银行监管模式。当美国的各家银行运行良好时，这种说法非常热门，而次贷危机的爆发提出了一个问题：单一监管机构是否一定比多头监管做得更好。在 2008 年，英国各家银行（当时只被一家监管机构监管，即金融服务管理局）看上去似乎和美国的同行们一样糟糕（有关英国银行业在危机中的境遇可参考第十三章的内容）。英国引入了全新的监管框架，金融服务管理局（2013 年解散）将银行监管权还给了英格兰银行。不过，有一点是毫无疑问的，银行监管与非银行机构的监管变得越来越协调一致。随着银行规模变得越来越大，结构越来越复杂，一旦银行破产，就会带来更加沉重的负面影响，因此银行"大而不倒"的治理问题已经成为现实（例如花旗集团）。

表 15-11　美国银行的监管机构

金融机构	监管机构
银行控股公司（包括金融控股公司）	美联储
银行控股公司的非银行子公司	美联储/职能监管机构[a]
国民银行	货币监理署
州银行	
同时是联邦储备体系的会员	美联储
不是联邦储备体系的会员	联邦存款保险公司
储蓄控股公司[d]	储蓄管理局[d]
储蓄银行	储蓄管理局[d]/联邦存款保险公司/美联储

金融机构	监管机构
储蓄贷款协会	储蓄管理局[d]
埃奇法公司和协定公司	美联储
信用社	全国信用社管理局（NCUA）
政府支持企业	联邦住房金融局
外国银行[b]	
分支行与代理处[c]	
在各州注册的机构	美联储/联邦存款保险公司
在联邦政府注册的机构	货币监理署/美联储/联邦存款保险公司
代表处	美联储

资料来源：美联储（2005），作者做了适当的更新。

说明：a. 从事证券、商品贸易或保险业务的非银行子公司由对应的职能监管机构负责监管。接受职能监管的子公司包括在证券交易委员会注册并接受其监管的经纪商、交易商、投资咨询公司以及投资公司（对于投资咨询公司，不管是在哪个州注册，都要接受证券交易委员会的监管）；保险公司或保险代理要受到各州保险监管机构的监管；从事商品交易活动的子公司则由商品期货交易委员会负责监管。b. 适用于美国境内的直接业务部门。外国银行还可以通过收购美国的银行机构来进行间接的业务操作。c. 联邦存款保险公司对参加存款保险的分支行负有监管职责。d. 《多德-弗兰克法案》撤销了储蓄管理局，将其监管职责转交给货币监理署。

一般来说，美国国内银行对应的监管机构通常取决于机构的类型以及政府对其可从事业务类型的许可。鉴于众多监管机构都在履行相似的职能，美国政府成立了联邦金融机构检查委员会（FFIEC）。该委员会的人员构成是：联邦存款保险公司、全国信用社管理局以及货币监理署这三家机构的主席、**消费者金融保护局**（Consumer Financial Protection Bureau）的主管以及美联储主席指派的一名美联储理事会理事。联邦金融机构检查委员会的主要目标是确保联邦政府层面对存款机构的监管规则及标准保持一致，同时促进各个联邦金融机构监管主体之间的协同合作。此外，该委员会还谋求促进联邦机构与州监管机构的协同。

基于《住房与经济复苏法案》（Housing and Economic Recovery Act）提出要"巩固与加强"对住房金融类政府支持企业的监管这一要求，联邦住房金融局于2008年成立。联邦住房金融局被授予的权限类似于联邦银行监管机构（包括确定资本标准的权限；命令企业停止经营或没收对金融稳定造成威胁的资产的权利；一旦企业出现资本金严重不足的状况，具有更换企业管理者、对企业进行管控的权利）。联邦住房金融局推出的第一批举措之一是与财政部达成协议，接管房利美和房地美。

消费者金融保护局的成立也是基于《多德-弗兰克法案》，旨在"促进存款机构与非存款机构的消费者保护监管规则更加统一"。消费者金融保护局是美联储下设的独立机构，是联邦政府层面最主要的消费者保护监管机构，其监管范围涵盖多种金融产品。

《多德-弗兰克法案》还指出美国的监管框架存在系统性风险的监管漏洞，弥补方式是成立金融稳定监管委员会。该委员会对国会负责，主要职能包括：（1）识别影响美国金融稳定的风险因素；（2）促进市场自律；（3）对新涌现的风险及时做出反应，维护美国金融体系的稳定性。该委员会由10名金融监管委员（拥有投票权的委员）、美国总统任命的一名保险专家以及5位无投票权的委员组成。财政部部长担任委员会的主席。委员会的主要职责是针对越来越大的银行规模，推行更加严格的资本、流动性以及风险管理要求。只要拿到三分之二的赞同票，委员会就可以要求系统重要性金融机构接受美联储的监管。

公众对建立合理的监管框架、规避下一次信贷危机的担忧还远远没有结束。和所有银行业危机一样，第一步是让整个金融体系重新充实资本，积累流动性；与此同时，新的监管框架不能对银行过度束缚，否则银行将停止放贷或创新。此外，监管机构还需要对大银行进行更严格的监管，以确保"大而不倒"的金融机构不会陷入破产危机。

自危机爆发以来，美国监管当局采取了诸多措施，弥补了银行监管体系的多个漏洞与不足。2010 年，《多德-弗兰克法案》的通过——这是美国自大萧条危机以来规模最大的金融改革——就是这股潮流的重要体现。

《多德-弗兰克法案》带来的主要变革之一便是沃尔克规则。该规则以美联储前任主席保罗·沃尔克的名字来命名，禁止银行从事自营业务，限制银行投资于对冲基金/私募股权基金，投资额不得超过银行资本的 3%。尽管沃尔克规则作为《多德-弗兰克法案》的一部分已被通过，但具体执行依然面临很多困难，主要是遭到了银行业的极力反对，最后在 2013 年 12 月得到了正式批准（参考专栏 15-3）。

专栏 15-3

尽管抗议不断，但沃尔克规则正式获批

自从美联储前任主席保罗·沃尔克第一次提出应当禁止银行用自己的钱做自营交易，以他的名字命名的这条规则终于熬过了来自华尔街、外国政府以及多个机构之间的冲突等诸多方面的挑战，在四年以后，终于在本周二被美国监管机构正式批准。

在过去三个月间，草案在多个监管机构之间来来回回。总的来说，这条规则变得更加严格，它对自营业务的限制将会对银行的业务活动产生深远的变革作用。不过，它并不会如某些人担心的那样，对银行的盈利状况造成决定性的打击。

沃尔克先生在一次采访中对《金融时报》说，监管机构的规则起草工作——禁止银行从事自营业务——完成得"太棒了"。以后银行再也不能用政府提供保险的存款来豪赌了。自沃尔克先生在 2010 年 1 月提出这条规则，他就一直在告诉人们，识别自营交易是一个很复杂的过程，就像是隐藏起来的名人名言——只有当你看到它的时候，你才发现这竟然是一句有名的格言。"它们早就越界了，而且有详细的方案能帮助你实现越界。一旦你开始这样做，那么原本合法的做市行为就会变得很复杂，这是毫无疑问的。"

判断怎样的交易行为才是做市——为客户买卖股票和债券——是很复杂的，再加上自营交易不太好界定，于是立法过程有所拖延。如果监管过于软弱，那么银行会想方设法伪装自营交易；如果过于严厉，那么企业融资所必需的商业活动又会受到阻碍。沃尔克先生说，有些业务活动无疑是让金融机构从银行（例如摩根大通和高盛）转变为更敏捷、受到更少监管的企业。不过，这并不一定是坏事。"它们并没有假装已经获得了美联储的支持。市场压力要求它们必须持有充足的资本金。它们没有义务提供基础性的公共服务。"

尽管对这个结果很满意，但沃尔克先生对拖拖拉拉的立法过程不太满意。"这个念头就在我的脑海里。"他说。然后他提到建立的新机构——沃尔克联盟（Volcker Alliance）将会研究这个问题。"我们的首批研究项目便是评估机构的多样性。"他说。他还认为，有更多的团队来参与研究无疑是一件好事，因为"别人可以站在你的肩膀上"。

规则的起草涉及美联储、联邦存款保险公司、商品期货交易委员会、证券交易委员会以及货

币监理署等多家机构，同时美国财政部也要在其中发挥作用。监管机构都说，2012年，公众对规则操作提出的各种建议数量史无前例地多——总共有18 000条，每一条都被认真评估。银行家和政府官员也参与了起草工作。在2012年的一场会议上，摩根大通的6位高管警告说，规则草案威胁到了银行执行常规任务（流动性管理）的能力，例如将银行的资金投资于短期资产。

就在一个月后，"伦敦鲸"交易丑闻重创了摩根大通，银行业逃避更严格的交易环境的机会就这样烟消云散了。最终，信用衍生品交易给摩根大通造成了60亿美元的损失。这一事件伤害了摩根大通的市场声誉，也导致那些曾游说美联储放弃沃尔克规则的高管人员离开了摩根大通。

这样的一团糟让华尔街希望豁免沃尔克规则的恳求变得难以接受。一些银行使用信用衍生品的策略是用它们对冲银行流动性管理部门面临的其他风险，这说明这种高风险交易并不局限于很易识别的银行领域。尽管"伦敦鲸"事件让华尔街的请求——华尔街希望对冲交易都能豁免沃尔克规则——变得站不住脚，但最终颁布的沃尔克规则还是对所谓的"组合套期保值交易"网开一面。组合套期保值指的是银行为了对冲风险，同时持有方向相反的头寸。但是，监管机构要求金融机构满足很多条件，必须要证明这种套期保值交易旨在对冲"特定的、可识别的风险"，并且提供相关性分析，以说明该风险与套期保值之间的关系。

银行还认为，禁止银行投资于对冲基金与私募股权基金的禁令过于宽泛，因为看上去似乎彻底断绝了银行成立合资企业与全资子公司的可能，而这并不是当初提出沃尔克规则的本意。于是，最终颁布的沃尔克规则对受影响的基金提供了更明确的定义，并将合资企业以及其他不从事"向其他企业进行股权投资"业务的实体机构排除在外。不过，沃尔克规则还规定，一旦发现金融机构这样做的目的是逃避监管，则会立即废除这一特定的豁免权。银行并不是唯一呼吁对规则进行修改的群体。墨西哥、日本政府都专门派遣官员向美联储施压。他们的目标是：希望条款能够允许美国银行从事美国国债的自营交易，但外国国债的自营交易不被豁免，大批的说客聚集在美国监管机构周围，他们试图让监管机构下达禁止美国境内的外国银行从事自营交易的禁令。最初的草案豁免了"只在美国境外"的交易活动，但是这个定义如此狭窄，只涵盖美国境外的交易行为。

于本周二最终揭晓的沃尔克规则的最终版本证明政府对规则内容的调整只取得了部分成功。在纽约的德意志银行分行被允许从事德国债券的自营交易，但是高盛不能做同样的事。总而言之，外国银行在纽约的业务部门也要受到该规则的约束，自相矛盾的是，即便是一家英国银行，比如巴克莱银行在纽约的业务部门与美国的机构进行交易，也属于该规则的管制范围。不管怎么说，沃尔克规则的最终版本确实比之前的草案更宽松。

如今，沃尔克规则除了允许外国银行通过清算机构在美国交易所进行交易以外，还允许外国银行与美国银行的海外分支机构进行交易。美国商会的戴维·赫希曼（David Hirschmann）抱怨规则制定的过程有缺陷，警告这会提高融资成本，让美国在全球经济体内处于竞争劣势，并暗示将来可能会采取法律行动。

"我们会认真检查规则的最终版本，评估其对流动性和做市交易的影响，充分考虑所有选项，然后找出最佳的执行方案。"他说。

美联储的高级官员马克·范德维德（Mark Van Der Weide）承认欧洲不太可能执行同样的规则："在美国以外，我们这些大银行在资本市场上的主要竞争对手不可能遵守沃尔克规则，我们将持续关注此事。"

资料来源：Volcker rule comes of age in spite of protests, *Financial Times*, 10/12/13 (Tom Braithhwaite and Gina Chon). © The Financial Times Limited. All Rights Reserved.

除了前文中提到的几处重要变化,《多德-弗兰克法案》还包括很多其他条款,尤其是一些针对系统重要性机构的条款,类似于拟定"生前遗嘱"(提前做好"一旦破产,将如何快速有序地关门"的计划)。该法案还为联邦存款保险公司创造出专门用于关闭破产的系统重要性机构的有序清算机制。

银行业以外的主要条款包括:(1)提高衍生品市场的透明度与可靠性;(2)有关信用评级机构的新规则;(3)首席执行官薪酬体系的新法规。

预计《多德-弗兰克法案》会极大地改变未来美国银行体系被监管的模式,银行可以从事的业务类型将受到更多的约束,而且银行要受到增加资本金以及流动性储备的持续压力,以避免(至少在理论上)以后政府再用纳税人的钱来援救这些金融机构。不过,正如专栏15-4所述,法案的批评者声称,新规则并不能明显地降低美国金融体系的系统性风险。

专栏 15-4

《多德-弗兰克法案》的失败

上个月,弗里德里希·哈耶克(Friedrich Hayek)的经典名著《通往奴役之路》(*The Road to Serfdom*)——这本书警示民众提防国家过度控制的危害——成为亚马逊排名第一的畅销书。与此同时,现代经济学与资本主义的基石——亚当·斯密(Adam Smith)的《国富论》(*The Wealth of Nations*)——在畅销书单上的排名却在一万名左右。这恰恰生动准确地反映了我们身处的这个不确定的世界对自由市场的信仰降至有史以来的最低点,而对政府和监管机构是否具有管理能力的怀疑达到了顶点。对多德(Dodd)先生和弗兰克(Frank)先生来说,起草《多德-弗兰克法案》并让满腹怀疑的民众相信金融系统很快就会恢复稳定并不是一件轻松的事。

这部法案出台的背景很好理解。当时,大多数金融部门的资金都来源于脆弱的短期负债,而它们持有的长期资产受到了严重的打击,这可能会导致家庭与企业依赖的金融中介机构大批破产。

因为亲眼见证过从19世纪50年代到大萧条危机期间大大小小的金融恐慌或金融危机,格拉斯(Glass)先生和斯蒂格尔(Steagall)先生才起草了《1934年银行法》(Banking Act of 1934)。他们建议成立联邦存款保险公司,对有问题的存款机构——银行——在破产之前就进行有序的处置。为了防范银行以联邦存款保险公司的利益为代价从事投机行为的风险,他们将银行的业务活动限定为商业银行业务,而风险更高的资本市场业务只交给投资银行来开展。

不过,随着时间慢慢流逝,银行业一点点地蚕食着分业经营的边界,而且传统的银行逐渐变成规模庞大、结构复杂的金融机构。一个平行的银行体系在不断演进——货币市场基金一边吸收未参加存款保险的短期存款,另一边向金融企业提供资金;而投资银行会履行商业银行的很多职能,各种各样的衍生品与证券化市场让原本没有流动性的贷款变得极富流动性,而这一切都是在被监管银行体系的阴影下完成的,过程毫不透明,并且使用了较高的杠杆。《1934年银行法》做了较大的妥协,而传统银行与影子银行规模的增长以及彼此间关联程度的提高——很多机构已经变成"大而不倒"了——证明法案需要修订。

快进到2004年,一场完美风暴席卷了全球几乎所有的大型银行——这些银行依靠短期负债来获取资金来源，融资利率创下了历史新低——它们无一例外地押注住房市场，同时美国政府自己的影子银行——房利美、房地美、美国国际集团（全球规模最大的保险公司）——也同样加入了这场游戏。按照审慎监管标准，这些机构单个看起来都很安全，但聚集到一起共同酿成了现代规模最大的信贷泡沫（信贷繁荣），等到赌输时，大家一起完蛋。第一家即将破产的大银行被装上了"氧气瓶"（紧急援助），可是等"氧气"耗尽时，恐慌开始了，人们清楚地知道这些大型金融机构个个都需要"氧气瓶"——市场也预期政府会援救它们。

从本质上看，《多德-弗兰克法案》的主要任务是解决金融部门越来越明显的一个倾向——它们的行为让整个金融体系面临巨大的风险，最终援救这些机构的成本要让纳税人买单。

那么，这部法案实现预期目标了吗？它当然完成了最核心的任务。法案建立了一个委员会，该委员会负责评估哪些非银行金融机构属于系统重要性机构，然后对其进行监管，并作为最后贷款人对其进行关停处置；要求事先拟定破产机构的关闭计划以及有序清算程序，禁止用纳税人的钱来挽救这些机构，所有成本都应由股东、债权人以及其他大型金融企业来承担；限制联邦政府向单个金融机构提供紧急援助；禁止银行控股公司投资于对冲基金以及私募股权基金；为标准化的衍生品提供中央清算服务，对复杂衍生品进行监管，提高标准化产品与非标准化产品的透明度，将非标准化产品头寸交给资本充足的子公司持有，并隔离开来；在财政部设立一个办公室，专门搜集、分析并传播可预测未来危机的相关信息；实施更多的改革措施，进一步解决抵押贷款操作、对冲基金的信息披露、评级机构的利益冲突、证券化操作的利益共享机制以及股东对高管薪酬和公司治理问题的话语权等诸多问题。

首先，法案对阻止单个金融机构让整个金融体系面临风险的执行力度还不够。由于系统重要性金融机构的破产给整个经济体系造成的损失大于破产机构自身的损失，因此仅摧毁破产企业的利益相关人是远远不够的。在向整个金融体系注入风险之前，这些机构要先付出代价。这部法案不仅没有考虑这个问题，反而让问题变得更糟糕——它是让其他大型金融企业支付这笔成本，准确地说，这些企业将要面临破产企业所带来的传染风险。烟民的房子着火了，却让他的邻居支付灭火的费用，这样的做法毫无经济意义。

其次，法案陷入了常见的监管陷阱，即过于关注形式，却忽视了功能。例如，它允许联邦政府在某些情况下向银行控股公司提供资金援助，但是禁止向其他系统重要性企业提供类似的援助。于是，当非银行机构陷入困境时，它们会主动去收购小型的存款机构，反而违背了这条禁令的初衷。如果大型清算所或互换交易商丧失了偿付能力，那么禁止政府向其提供紧急援助将会带来灾难性的后果，而有序的清盘处置即便不等上几个月，至少也需要几周的时间。

最后，政府对大部分影子银行部门的隐性担保问题还未被触及。房利美和房地美就是最明显的例子：它们两个都是系统重要性机构，正因为有政府的担保，它们的风险选择反而出了错。法案并未尝试改变这种状况。对系统重要性市场——例如出售与回购协议市场——的有序清盘处置如今已经花了数万亿美元的成本，但依然尚未解决。同样的，雷曼兄弟公司破产后随之而来的对货币市场共同基金的挤兑行为让货币市场的融资陷入停滞，而不菲的治理成本也没有彻底解决问题。所有这些机构依然是"大而不倒"的状态。

在《国富论》不那么出名的一段文字里，亚当·斯密完美地解释道，一小部分人对天赋自由权的使用可能会危及整个社会的安全，这样的行为应当被所有政府的法律所禁止，不管是最自由的政府还是最独裁的政府。为了防止火灾蔓延而修筑界墙的行为虽然违背了天赋自由权，但这与我们提出的应对银行的交易行为加以监管的建议本质上是一样的。

《多德-弗兰克法案》正在要求存款银行及审慎监管机构修筑界墙。不过在影子银行系统里，这种被严令禁止的操作可以——也确实——随处进行。

虽然《多德-弗兰克法案》雄心万丈，努力尝试禁止让纳税人买单的援救行为，但在某种程度上，这部法案有些不幸：虽然它是我们这个时代最雄心勃勃想要彻底改革金融监管体系的法案，但自从法案被正式批准的那一天起，一部分条款就被打上了"时代错误"的烙印。

资料来源：Viral V. Acharya (2010) *Financial Times*, 15 July.

15.8　小结

本章分析了美国金融体系的结构特征，尤其关注了银行体系。近年来，美国银行业发生了很多变化，例如银行的数量在减少，变得更加集中，同时国际化发展方向越来越明显（外国银行在美国市场上的存在感越来越强，同时美国银行在海外市场的存在感也越来越强）。规模最大的银行已经转变为全能型金融机构，向零售客户与企业客户提供品质更加丰富的产品与服务。美国银行的盈利状况不断创出新高，直到 2005 年左右，这股势头才暂停下来，之前一直是全球业绩最佳的金融机构。近期官方的预测显示，次贷危机的成本可能会低于预期——大概相当于 GDP 的 1%——不过很多评论员相信这个预测太过乐观了。虽然真实成本到底是多少还有一些不确定，但短期的政策反应看上去似乎是有效的（到目前为止），将紧缩螺旋的发生概率降到了最低。不过，金融危机对未来银行业和金融系统的结构会带来哪些长期影响，应使用怎样的政策应对，这些方面依然存在着很多争论。

引入全新的（同时也更简单、更严格）资本与流动性监管规则的相关讨论已经有很多了。一些新法规禁止美国银行从事证券交易。监管机构也在谋求建立完善的监管框架，开发出更好的早期预警系统，能够及时地识别并抑制信贷的过度增长以及银行的快速扩张。不管会发生哪些变化，毫无疑问的是，美国的银行与金融机构监管机制已经发生了彻底的变化。

关键术语

《21 世纪支票清算法》	联邦存款保险公司
《格雷姆-里奇-比利雷法案》	次级抵押贷款
清算所银行同业支付系统	联邦结算系统
货币监理署	定期资产担保证券贷款便利
公私合营投资计划	消费者金融保护局
金融稳定监管委员会	储蓄贷款协会
问题资产救助计划	金融脱媒化
自动清算所	沃尔克规则
《多德-弗兰克华尔街改革与消费者保护法案》	联邦储备体系

主要阅读文献

Blinder，A. S. and Zandi，M. （2010）"How the Great Recession was brought to an end"．

DeYoung，R. （2014）"Banking in the United States"，in Berger，A. N. ，Molyneux P. and Wilson，J. O. S. （eds），*The Oxford Handbook of Banking*，2nd Edition，Oxford University Press，Chapter 34.

Federal Reserve Board （2014）*Consumers and Mobile Financial Services 2014*，Washington，DC：Federal Reserve.

Pozsar，Z. ，Tobias，A. ，Ashcraft，A. and Boesky，H. （2010）"Shadow banking"，Federal Reserve Bank of New York Staff Reports No. 458，February.

复习题

15.1 美国不同类型的存款机构的主要特征是什么？

15.2 美国国内最主要的储蓄机构是什么？

15.3 区分美国不同类型的投资机构。

15.4 过去十年间美国银行业与金融部门出现的脱媒化趋势如何？

15.5 批发银行业务与零售银行业务的支付结算体系是如何构建的？

15.6 信用危机对美国商业银行的资产负债表结构及其绩效造成了怎样的影响？

15.7 美国最主要的监管机构是哪一家？该机构是如何组成的？美国只有唯一的银行监管机构吗？

15.8 次贷危机过后，美国银行业面临的主要挑战是什么？

15.9 分析美国政府为了帮助银行间同业拆借市场恢复正常，采用了哪些措施向银行体系注入流动性。这些举措成功了吗？

15.10 概要总结人们对国家援救大型金融机构（例如花旗集团和美国国际集团）的支持/反对意见。

第十六章

日本的银行业

学习目标

- 区分在日本经营的两类不同的金融机构。
- 了解日本支付系统的特征。
- 了解日本监管当局的主要任务和组织形式。
- 了解日本银行业业绩表现的主要发展趋势以及 1997—1998 年亚洲金融危机带来的影响。
- 了解 2007—2009 年全球金融危机对日本银行业带来的相关影响。

16.1　导论

　　本章将主要介绍日本银行业和金融体系的主要特征。日本的金融体系以银行业为基础，一直以来，银行业在日本经济中所发挥的作用远超过股票市场。银行业体系本身也很复杂，包含的类型非常多，有私人银行、合作和公众银行，还有全能型银行。主要的私人储蓄金融机构是城市银行，最大的公众银行是**日本邮政银行**（Japan Post Bank）［前身是邮政办公室储蓄银行（Post Office Savings Bank），2007 年完成私有化改革］。最近这些年，日本的银行金融系统发生了巨变，主要是受 1997—1998 年亚洲金融危机的影响，很多银行陷入破产的境地，银行系统也产生了大量的不良贷款。20 世纪 90 年代末期，日本银行体系的危险状态引致了大规模的金融改革，目的是改善和提高银行和金融部门的声誉，方式主要是通过构建银行体系。本章将重点讨论这些主题，同时也会着重分析 2007—2009 年全球金融危机给日本银行业带来了哪些影响和冲击，以及处理危机带来的结果。本章第一部分将对日本银行体系的结构性特征，以及体系里运营的各种金融机构进行说明。然后，我们将探讨支付系统的主要特征以及 1997—1998 年亚洲金融危机带来的影响，还有对监管方面的影响。最后，我们会说明 2007 年的信贷危机是如何形成的，以及金融危机只对日本银行业带来一些比较温和的冲击的原因。

16.2　日本银行体系的结构

最近几年，日本的银行业体系也经历了很多艰难的时刻，主要是国内经济下滑，使得银行业举步维艰，总体上银行业的呆坏账规模很高。20世纪90年代坏账规模的飙升源于20世纪80年代金融资产和实物资产价格上涨引发的银行过度放贷。20世纪90年代，日本资产价格暴跌导致产生大量的不良贷款，这也是1997—1998年亚洲金融危机发生的一个重要原因，当时好几家大型金融机构都破产了。1998年，为了稳定金融系统，日本政府颁布实施了不少相关法律和政策措施，其中就包括为处理破产金融机构而允许政府临时掌控的举措（16.4.1节将会详细讨论日本银行业危机）。

20世纪90年代末期的亚洲金融危机带来的后果之一就是出台了大量的金融监管政策，目的是重构银行业系统，保护储蓄者的利益，本章将会详细介绍这些内容。考虑到外围环境的脆弱，日本银行业系统经历了一场大变革——表现尤其明显的是银行的数量出现大幅下降，大型金融机构之间的并购明显增多。尽管私营金融机构遭受重创，但各类公共金融机构信贷规模和其他活动都有明显的扩张。

日本银行业系统的结构相对比较复杂，履行特定职能的储蓄类金融机构的范围非常宽泛。图16-1向我们展示了当前日本银行业系统的框架结构。日本的金融机构主要分为两大类：私营金融机构和公共金融机构。两者最主要的区别是基于这样的一个事实："银行"的定义是依据《1981年银行法》（1981 Banking Law）确定的，而其他类型金融机构（包括合作银行）都是受不同专业监管部门的监督管理〔相关法规有《信金银行法》（Shinkin Bank Law）、《合作机构和中小企业法》（Co-operatives and Small and Medium Enterprises Law）及《农林中央金库银行法》（Norinchukin Bank Law）〕。

日本金融体系中的主要金融机构可以分为以下三大类：

- 私营储蓄类金融机构；
- 私营非储蓄类金融机构；
- 公共金融机构。

根据它们的企业功能或历史背景，私营银行可以分为好几个类别。常见的区分，如城市银行、地区银行，以及第二层次地区银行（指图16-1中的地区银行协会第二层次会员银行）并不是一个法律概念，而是为了管理和统计方便做出的习惯性分类。

16.2.1　私营储蓄类金融机构

日本银行业体系中有很多种**私营储蓄类金融机构**（private deposit-taking institutions），它们的主要特征和功能如表16-1所示。主要的银行包括：

- 城市银行；
- 地区银行（一般指第一层次地区银行）；
- 第二层次地区银行；
- 信托银行；
- 外国银行。

城市银行、信托银行、地区银行和第二层次地区银行、外国银行、**信金银行**（Shinkin

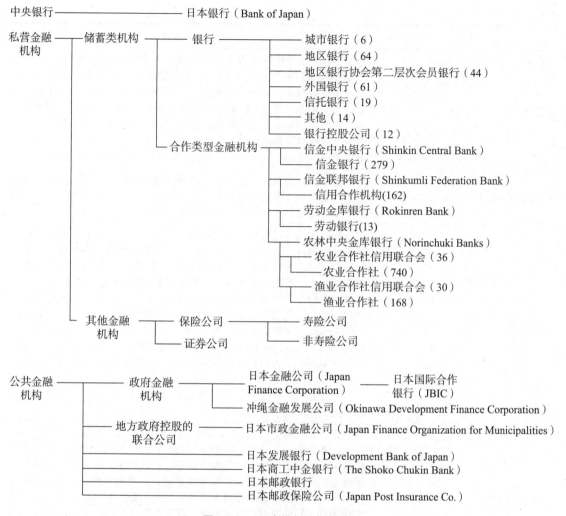

图 16-1 日本银行业框架结构

资料来源：日本银行家协会（Japanese Bankers Association）官网。

说明：在图中，日本邮政银行和日本邮政保险公司被认为是"公共金融机构"，因为它们正处于私有化的转换期（私有化进程开始于 2007 年，计划在 2017 年完成）。日本发展银行和日本商工中金银行都是这样处理的，它们计划在 2017—2019 年完成私有化。

banks）和信用合作社与过桥银行及网络银行一样，都包含在"狭义银行体系"界定范围内。宽泛意义上的银行体系还包括日本邮政银行和农林中央金库银行。

表 16-1 日本获得营业执照的金融机构（到 2012 年 12 月）

类型	特征与功能
A. 银行类	
城市银行	主要的商业银行包括：三井住友（Sumitomo-Mitsui）银行、三菱东京 UFJ（Mitsubishi-Tokyo-UFJ）银行、瑞穗银行（Mizuho Bank）和理索纳银行（Resona Bank）。这些都是日本国内知名的大型银行。城市银行是日本最大的商业银行，提供全能的银行业服务、投资服务以及其他金融服务。它们是日本企业金融服务的主要提供者。日本银行关于城市银行的分类中还包括埼玉里索纳银行（Saitama Resona Bank）。

类型	特征与功能
地区银行	地区银行主要聚焦于日本地方本土的零售业务和中小企业银行业务。64家地区银行有着非常庞大的分支机构体系，在全国范围内有7 500家分支机构和35 000台自动取款机。尽管从传统上来看，城市银行的业务主要集中在城市，但地区银行还是会在全国不少地区或县开展业务。它们在零售储蓄业务领域占有22%的市场份额。三家最大的地区银行（按照信贷规模界定）是横滨银行（Bank of Yokohama）、福冈金融集团（Fukuoka Financial Group）和千叶银行（Chiba Bank）。
第二层次地区银行（互助银行）	与传统意义上的地区银行类似，这些规模更小的地区银行同样是在地理活动范围内主要从事零售和中小企业业务。它们中的大多数银行都已经从互助储蓄银行转变为普通的商业银行。
信托银行	信托银行提供传统意义上的商业银行服务，但聚焦在信托企业上。信托是一种投资产品，投资者（委托人）将资金投资到信托银行，信托银行根据自己的意愿将这些信托资金投资到各种各样的产品（股票、债券等）中，将投资收入以股利的方式返还给投资者（委托人）。所有的城市银行都设立信托银行附属机构，包括三菱东京UFJ信托银行（Mitsubishi UFJ Trust and Banking）、瑞穗信托银行（Mizuho Trust and Banking）和野村信托（Nomura Trust）。2012年，三井住友信托银行集团（Sumitomo Trust and Banking Corp.）、中央三井信托银行（Chuo Mitsui Trust and Banking）以及其附属的中央三井资产信托银行（Chuo Mitsui Asset Trust and Banking）的并购行动创建了日本最大的信托银行——三井住友信托银行（Sumitomo Mitsui Trust Bank，缩写为SMTB）。
长期信贷银行	这些银行是根据1999年的《长期信贷银行法》（Long-term Credit Bank Law）建立的，这部法律对这些银行进行重构/国有化改革。长期信贷银行为企业提供长期和中期融资服务。长期以来，它们的一个重要特征就是以低利率水平为企业提供高额贷款。因为各种各样的原因，这些银行从技术上来看已经陷入破产，只能重组。瑞穗银行就是由日本实业银行和其他银行重组而来的，新生银行（Shinsei Bank）就来自日本长期信贷银行重组，青空银行（Aozora Bank）就来自日本债券信用银行（Nippon Credit Bank）重组。请注意，瑞穗信贷银行是瑞穗银行集团的一部分。
外国银行	外国银行主要从事企业和投资银行业务，同时也从事一些高层次零售业务（私营银行）。
B. 合作金融机构	
信金银行	信金银行都是合作金融机构。它们的会员是当地居民和中小企业。它们以相互支持为指导原则，属于非营利组织。原则上，信金银行的贷款只发放给会员。不过，它们的功能与商业银行类似，它们同样也为非会员提供吸收存款和外汇服务，为包括公共事业单位在内的机构提供支付服务，参与公共债券、投资信托和保险产品的柜台销售。
信用合作机构 劳动银行 农业合作机构 渔业合作机构	日本储蓄类合作金融机构范围非常广。它们提供的服务包括存款、贷款、票据贴现、本外币汇兑。作为一项基本原则，信用协会基本上只对会员提供服务（但可以从非会员那里吸收存款）。会员通常都是本地居民、合作地区工作者或企业主。一般情况下，会员资格不向大企业开放。合作银行服务的行业分布很广，包括农业、渔业和其他行业。
C. 合作金融机构联合会	

类型	特征与功能
信金中央银行（信金银行中央机构） 信金联邦银行（信用合作机构全国联合会） 农林中央金库银行（日本农业、林业和渔业合作机构的中央银行） 日本商工中金银行（日本商业和工业合作金融机构中央银行）	上面罗列的各类合作金融机构的中央管理组织。为各自的会员银行提供各种各样的产品和服务，通常情况下，它们会承担更大、更复杂的银行交易业务。例如，它们不仅为各自的会员银行提供更为复杂的企业银行服务，而且为会员银行提供投资和资产管理服务。

资料来源：对来自不同出处的信息资料进行加工整理，具体出处包括新友鸠井社区银行（Community Bank Shinyo Kumiai）、日本银行家协会、日本邮政银行、日本证券商协会（Japan Securities Dealers Association）、信金中央银行研究院（Shinkin Central Bank Research Institute）、农林中央金库银行、日本地区银行协会（Regional Banks Association of Japan）和金融服务局（Financial Services Agency）。

16.2.1.1　城市银行

城市银行（city banks）是日本银行体系中最大的商业银行类型，占银行业总资产规模的50%以上。从表16-1中我们知道，它们是提供全方位银行业务服务的商业银行机构，包括零售业务、公司业务和投资银行业务。从传统上来看，它们主要是为规模相对比较大的公司服务，它们的零售银行业务服务对象主要是在城市地区。所有的城市银行在全国范围内都设立分支机构，有着广泛的海外业务网络。

最近一些年，城市银行经历了大规模的重组。它们重组的目的是加强日本主要商业银行的金融实力，最终的结果是形成了三家"巨型银行"（三菱东京UFJ银行、三井住友银行、瑞穗银行），现在，这三家银行在日本银行业占有统治地位。图16-2向我们展示了主要的国内银行集团（不包括日本邮政银行和合作金融机构）总资产规模的发展趋势。

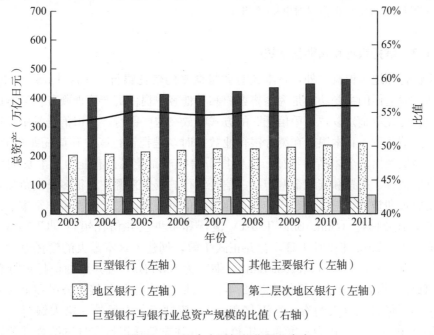

图16-2　国内主要银行集团总资产

资料来源：日本银行家协会官网。

16.2.1.2 地区银行和第二层次地区银行

地区银行（regional banks）是银行业务活动范围主要集中在某个区域的中等规模金融机构。日本有 64 家地区银行，它们的区域分布比城市银行更加广泛，在全国范围内有超过 7 000 家分支机构。它们更倾向提供零售金融服务和为各地区（或者各县）的中小企业提供信贷服务。大多数地区银行都是上市公司，最大的地区银行提供全方位的银行和金融服务，只不过它们的服务对象主要是集中在日本某个区域的企业和家庭上。要注意，日本有两个层次的地区银行，两者之间的差别主要是在规模上（参见表 16 - 1），第二层次地区银行表示其规模属于第二层次。从历史传统来看，还有很多互助银行，它们创建的目的是帮助中小企业融资。尽管它们并不局限于在某个地区经营，但它们依然保持着集中经营的特点。41 家第二层次地区银行有超过 3 500 家分支机构和 35 000 台自动取款机，它们是小企业融资的重要提供者（参见表 16 - 2）。

表 16 - 2　不同类型银行的储蓄总额与分支机构数量（截止到 2012 年 3 月）

银行类型	储蓄总额（10 亿美元）	分支机构数量（家）
城市银行	3 326	2 400
地区银行	2 683	7 481
信金银行	1 490	7 535
农业合作机构	1 072	755
第二层次地区银行	725	3 136
信用合作机构	216	1 751
劳动信用协会	212	642

资料来源：信金中央银行（2012）；农林中央金库银行（2012）。

16.2.1.3 信托银行和长期信贷银行

除城市银行和地区银行之外，日本还有数量众多的**信托银行**（trust banks）。它们从事商业银行活动，但它们的主要功能是为零售客户和其他客户提供资产管理服务。日本的家庭习惯将资金（或者受托资金）以"货币信托"的方式存放在这些银行，货币信托是中长期定期存款的一种形式。请注意，日本银行在统计银行业数据时，是把银行账户和信托账户分开统计的，以便更准确地反映出两个体系的特征。这些货币信托产品让银行有能力从事长期商业信贷活动，以及投资债券、股票和其他金融产品。信托银行的资金来源中有很多长期负债，这使得它们有能力发放长期贷款，正因为这样，在企业长期信贷领域，它们发挥着非常重要的作用。

2009 年，住友信托（Sumitomo Trust）银行和中央三井信托银行（Chuo Mitsui Trust Bank）宣布合并。2012 年 4 月 1 日，合并正式生效，创建了日本最大的信托银行——三井住友信托银行（Sumitomo Mitsui Trust Bank，缩写为 SMTB），合并后的信托银行总资产高达 328 390 亿日元。作为一家信托银行，2012 年，三井住友信托银行接受公司和个人委托的资产价值高达 122 万亿日元（大约有 1.5 万亿美元），超过行业内另外一家大银行——三菱东京 UFJ 信托银行 10% 以上。作为一家商业银行，三井住友信托银行在日本综合排名第五，仅次于四家巨型城市银行。住友信托银行和中央三井信托银行的合并是发生在 2005 年日本最大银行集团——三菱东京 UFJ 银行并购案之后市值规模最大的并购案。

1999 年，**长期信贷银行**（long-term credit banks）破产，不得不进行重组，我们在表 16 - 1 中有过描述。排名前三的长期信贷银行经过重组之后，形成了三家银行：瑞穗银行——由日本实业银行和其他银行重组而来；新生银行——由日本长期信贷银行重组而来；青空银行——由日本债券信用银行重组而来。2009 年，新生银行和青空银行宣布合并，不过，2010 年 5 月，合并谈判失败。

16.2.1.4 合作银行

合作银行同样在日本银行业体系中发挥着重要作用。这些互助组织和非营利金融机构成立的目标是为某些行业（比如农业和渔业）的中小企业服务，还服务于其他客户群体，包括各地的居民客户。它们主要提供零售银行业务服务和中小企业服务，通常活动区域比较小（一般都是县域范围内）。信金银行原则上只给会员发放贷款。不过，它们的功能与大多数商业银行几乎是一样的。271 家信金银行总存款余额（截止到 2012 年 3 月底）大约为 122 万亿日元（相当于 14 900 亿美元），这让信金银行成为日本第三大金融机构组织，仅次于城市银行和地区银行（参见表 16 - 2）。在所有的金融行业分类中，信金银行也有着非常庞大的分支机构，在全日本形成了强大的网络体系。

合作银行（co-operative banks）的中央组织在它们各自范围内都是相对比较大的银行，它们为各自的会员银行直接提供服务。合作银行的主要特征是，在区域银行业市场上，它们是地区银行的强大竞争对手。

当信金中央银行成为一家独立的金融机构时，它就为日本 271 家信金银行履行了中央银行的职责。信金中央银行（截止到 2012 年年底，总资产规模为 30 万亿日元，相当于 3 650 亿美元）是日本最大的金融机构之一。此外，它还为信金银行提供范围宽泛的金融服务。

农林中央金库银行是服务于农业、渔业和林业合作机构的合作银行。其会员包括各类合作联合会，诸如日本农业合作社、日本渔业合作社以及日本林业合作社。它的主要功能是在组织内提供合作银行业务服务。农林中央金库银行也是日本最大的机构投资者之一。就资产规模而言，农林中央金库银行是日本最大的合作银行。2012 年，其总资产规模高达 722 628 亿日元（大约为 8 796 亿美元），是信金中央银行资产规模的两倍以上。图 16 - 3 向我们展示了合作银行系统的复杂关系网。

16.2.2 私营非储蓄类金融机构

日本的**私营非储蓄类金融机构**（private non-deposit-taking financial institutions）包括范围广泛的证券公司、保险公司和其他类型的公司。证券公司包括主要的经纪业务和投资银行类型业务，投资银行类型业务是为公司和家庭提供证券买卖服务。它们的业务只跟证券相关，它们不吸收存款。除此之外，还有很多保险公司和其他类型的公司，保险公司主要分为寿险公司和非寿险公司，其他类型的公司包括消费金融公司、租赁公司、货币市场交易商（以短期批发货币市场工具为交易对象的公司）和抵押贷款证券公司（进行抵押贷款支持证券交易的公司）。在很多方面，私营非储蓄类金融机构与发达国家金融体系中的同等类型机构功能类似。

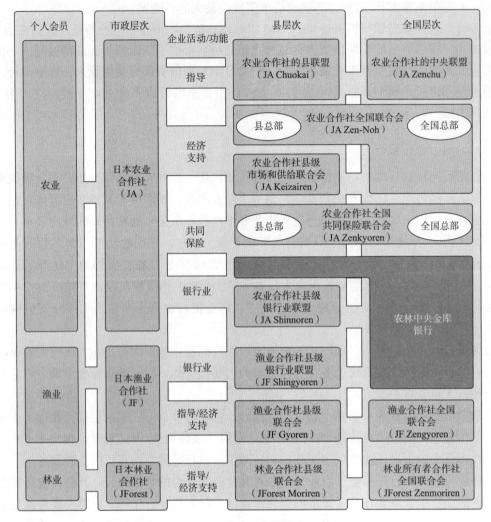

图 16 - 3 合作机构系统的框架

资料来源：农林中央金库银行（2012）。

16.2.3 公共金融机构

日本还有很多**公共金融机构**（public financial institutions），它们在金融体系中发挥着非常重要的作用。这些机构主要是**发展银行**（development banks）（与政府关系都很密切），它们的职责是向经济的某些特定行业发放直接贷款（通常是补贴融资和中长期融资）。这样的公共金融机构包括：

- 日本发展银行（Development Bank of Japan，为地方发展提供长期融资）；
- 日本国际合作银行（Japan Bank for International Cooperation，为促进日本出口、进口和海外经济活动提供贷款和其他金融服务）；
- 日本国民生活金融公库（National Life Finance Corporation，向无法获得传统信贷的小企业、学生、其他组织和个人提供贷款）；

- 日本中小企业金融公司（Japan Finance for Small and Medium Sized Enterprises，为中小企业提供补贴贷款）；
- 农业、林业和渔业金融公司（Agriculture，Forestry，Fisheries Finance Corporation，为日本农业、林业、渔业的公司提供贷款，目的是维持和发展农业、林业和渔业部门的生产力，通过支持食品行业的发展确保稳定的食品供给）；
- 政府住房贷款公司（Government Housing Loan Corporation，为很难从银行获得个人住房贷款的个人提供抵押贷款）；
- 日本市政企业金融公司（Japan Financial Corporation for Municipal Enterprises，为地方政府提供补贴贷款）；
- 冲绳发展金融公司（Okinawa Development Finance Corporation，为冲绳企业发展提供补贴贷款）。

16.2.4　日本邮政银行

从储蓄的角度来衡量，日本邮政储蓄系统是世界上最大的金融机构。长期以来，邮政储蓄在日本家庭储蓄领域都发挥着非常重要的作用，考虑到过去十多年里金融危机对银行业的影响，邮政银行在银行系统中的地位相对有所提高。在《邮政服务私有化法案》（Postal Service Privatization Act）的支持下，2007 年，日本政府同意支持日本邮政银行私有化。这导致日本邮政的解散，以及日本邮政集团（Japan Post Group）和其五个子公司的创建：日本邮政控股（Japan Post Holdings）公司、日本邮政服务（Japan Post Service）公司、日本邮政网络（Japan Post Network）公司、日本邮政银行（Japan Post Bank）和日本邮政保险（Japan Post Insurance）公司。

在 2007 年实施私有化之后，日本邮政集团的私有化之路并没有计划的那么顺利（参见专栏 16-1）。

专栏 16-1

缩减规模的日本邮政私有化改革

星期三，日本实施缩减规模计划，对世界上最大的金融集团实施私有化改革，希望通过购买更多政府债券的方式确保能够继续控制国有集团。对日本政府来说，在财政年度结束的 3 月底发行新债券可以获得一定的收入支撑，日本政府面临着高昂的负债，规模是本国 GDP 的 2 倍，这在发达国家中是最高的。

日本银行大臣龟井静香（Shizuka Kamei）说，缩减计划并不是要创建一家巨型银行，从而可以经常性地购买日本政府债券，但这一观点在某些方面正好与现实状况相符合。"从本质上来说，这是一项将钱从私营部门重新流回公共部门的行动。日本邮政集团的资产将会用来支持公共财政的开支。"东京基金会（Tokyo Foundation）的高级研究员石川和雄（Kazuo Ishikawa）如此说道。从预期来看，日本政府债券的收益率曲线是平的，意味着日本邮政可能成为日本政府债券的最大买主。5 年期债券和 20 年期债券之间的利差收紧了 1.5 个基点，为 163 个基点，与本月初创下的近十年的高点 167 个基点相比，下降了不少。

从盈利报告中所公布的资产规模来看，日本邮政是世界上最大的金融机构。它的金融总资产规模大约为 300 万亿日元（约为 3.3 万亿美元），超过法国的 GDP 总量。只剩下 6 个月任职时间的民主党党魁鸠山由纪夫（Yukio Hatoyama）首相推翻了这一计划，这个计划是由小泉纯一郎（Junichiro Koizumi）在自由民主党组阁时提出来的。

之前的计划提出成立两家金融附属机构，分别是日本邮政银行和日本邮政保险公司，并计划到 2017 年将三分之二的控股公司出售。鸠山由纪夫冻结了这一计划，原因是这一计划忽视了消费者的需求，并由于过度重视利润，导致很多地方的邮政分支机构都已经关闭。

在新计划中，政府将会保持超过三分之一的日本邮政母公司的股份，这足以保证政府对公司重要的变革拥有否决权。"从根本上说，日本邮政将会成为一家政府运营的公司。"石川和雄研究员如此分析。

基金转移？

计划允许到 2012 年 6 月的时候，日本邮政的公司储蓄和保险销售限额翻倍，尽管到 2012 年 4 月，受计划影响最大的依然是银行业。计划需要经过内阁和议会批准，但国家战略大臣仙谷由人（Yoshito Sengoku）要求重新考虑储蓄限制翻倍的建议。

债券交易商认为这些政策将有可能把资金从其他银行转移到日本邮政的账户，特别是日本邮政变成一家有政府在背后为其背书的公司。假设日本邮政坚持将四分之三的金融资产投资到日本政府债券上，这一消息一定会带来债券市场的牛市走势，相关人士这样分析。

"只要日本邮政银行持有的债券久期长于其他银行，那么，新计划对长期日本政府债券来说是有利的。日本邮政保险公司是一家寿险公司，所以它可以投资长期债券。"巴克莱资本公司的固定收益证券战略研究部门的负责人森田长太郎（Chotaro Morita）说道。尽管在过去的 10 年时间里，日本利率水平接近于零，日本的储户还是不愿意冒险投资股票和外国资产，宁愿选择将大部分储蓄存入日本的银行。

在日本，大约只有 1% 的家庭总资产选择投资外汇或者外国证券。日本最大的私营药业集团大冢控股（Otsuka Holdings）表示它们考虑投资日本邮政，但是让日本邮政减少投资日本政府债券有难度。

事实上，让日本邮政减少持有日本政府债券是不可能的事情，因为政府债券发行在一定时间内的突然激增会让市场不稳定。

背弃？

大冢控股说未来日本政府可能会减少日本邮政的股份，但并没有明确具体的时间安排。日本邮政的金融服务被认为是"黄金鹅"，受到电子邮件使用率不断增加以及日本人口下降趋势的影响，传统的邮政服务需求也在下降。

作为一家政府支持的银行，日本邮政银行长期以来设定的每人储蓄限制是 1 000 万日元。但是政府决定将标准提高到 2 000 万日元以支撑银行的盈利能力。政府同时还计划将运输服务和邮政办公服务并到母公司，希望两家金融公司的盈利能够补贴运输和邮政服务。

资料来源：佐野和平田（2012）。

2012 年，日本政府重新修订了私有化方案。2012 年 4 月 27 日，经过四年半左右时间的初步私有化，政府颁布了《邮政服务私有化法和其他法的部分修正案》（Act for Partial Revision of the Postal Service Privatisation Act and Others)。2012年5月8日，该修正案获得通过。修正后的法案将会见证日本邮政服务公司和日本邮政网络公司的合并。因此，日本邮政集团将会由原来的五家公司重组为四家公司。此外，2012年的法案还要求日本邮政控股公司尽可能快地处理日本邮政银行和日本邮政保险公司的所有股份。图16-4向我们展示了日本邮政集团的主要变革。日本邮政银行的所有股权都是由日本政府控股公司（日本邮政控股公司）掌控，出售计划以及私有化进程都要到2017年才能完成。不过，在写作本书的时候（2014年），这一进程依然存在很多政治问题。与日本邮政银行私有化相关的很多关键问题都可以从泽田（2012）的研究中有所发现。

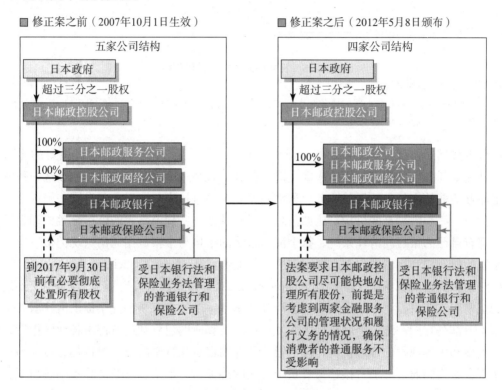

图16-4　日本邮政集团的结构变革

资料来源：日本邮政银行（2012，25）。

　　作为日本邮政集团的成员之一，日本邮政银行通过全国234家分支机构和大约24 000家办公室网络以及26 557台自动取款机为日本居民和企业提供服务。如此庞大的分支机构系统为银行吸收存款提供了坚实的基础，2012年，日本邮政银行的存款规模为175万亿日元（约为21 360亿美元），居世界首位。截止到2013年6月30日，日本邮政银行的总资产规模为203.129万亿日元，总权益为10.664万亿日元（详见图16-5）。

16.3　支付系统

　　日本银行间的清算和结算一共有四大支付系统，包括私营部门的三大清算系统和一套由日本银行负责运行的资金转移系统。这些支付系统的具体内容和运行如下所述。

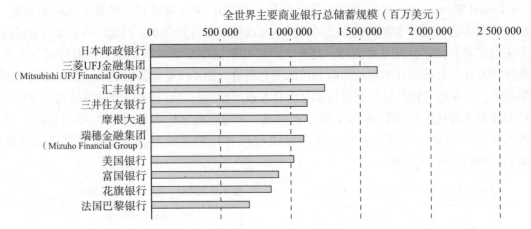

图 16 – 5　日本邮政银行的储蓄规模

资料来源：日本邮政银行（2012，11）。

说明：日本银行的统计数据截止到 2012 年 3 月 31 日，其他银行的统计数据截止到 2011 年 12 月 31 日。统计数据都是按照各自财政年度年末的汇率折算的。

- **全银数据通信系统**（zengin data telecommunication system）是日本最主要的零售支付系统，其主要任务是为零售信用转账提供清算服务。有超过 2 000 家的机构加入这一系统。这个系统能够清算的交易包括汇兑业务、薪水和养老金的直接支付，以及来自同一地区账单和支票的支付。一些小规模金融机构，比如信金银行和其他一些规模不大的合作金融机构以及地区银行，都有自己的银行间清算系统。每个清算系统的结构与全银数据通信系统类似。全银数据通信系统的所有权和运营都归东京银行家协会（Tokyo Bankers Association）。

- **汇票和支票清算系统**（bill and cheque clearing system，缩写为 BCCS）对提交到同城清算所的汇票和支票进行清算。汇票和支票清算系统基本上是为汇票和支票提供清算服务，这些交易基本上都是在同一地区金融机构之间发送的。清算所的建立和运营都由各地区银行家协会负责。大型和中等规模的金融机构，包括银行和外国银行在日本的分支机构都直接参与这一系统。小型金融机构通过参加直接参与者系统实现间接参与。汇票和支票清算系统垄断了公司间商业交易往来所用的汇票和支票处理业务。

- **外汇日元清算系统**（foreign exchange yen clearing system，缩写为 FXYCS）主要是为日元外汇市场上的批发交易提供清算服务。外汇日元清算系统建立于 1980 年，目的是方便日元支付跨境金融交易。清算交易是通过日本银行金融网络系统的资金转账系统进行，主要的参与者是大型商业银行和外国银行的分支机构。

- **日本银行金融网络系统的资金转账系统**（Bank of Japan financial network system funds transfer system，简称 BOJ-NET 资金转账系统）是日本中央银行的资金转账系统，用于银行间批发业务的结算，包括来自其他清算系统的结算业务。日本银行金融网络系统的资金转账系统承担着日本银行的大部分支付服务，包括：（1）金融机构之间来自银行间货币市场和证券交易市场的资金转账业务；（2）同一金融机构不同账户之间的资金转账业务；（3）私营清算系统的净头寸结算业务；（4）金融机构与日本银行之间的资金转账业务，包括货币政策操作引起的资金转账。大多数通过日本银行金融网络系统的资金转账系统进行的资金转账业务都是信用转账。

2011 年 11 月，新一代实时全额结算系统（RTGS-XG）项目完工，这个项目把日本大额支付的安全和效率提升到一个更高的水平。

图 16-6 向我们展示了日本的支付系统，表 16-3 则向我们提供了一些关键数据。[①]

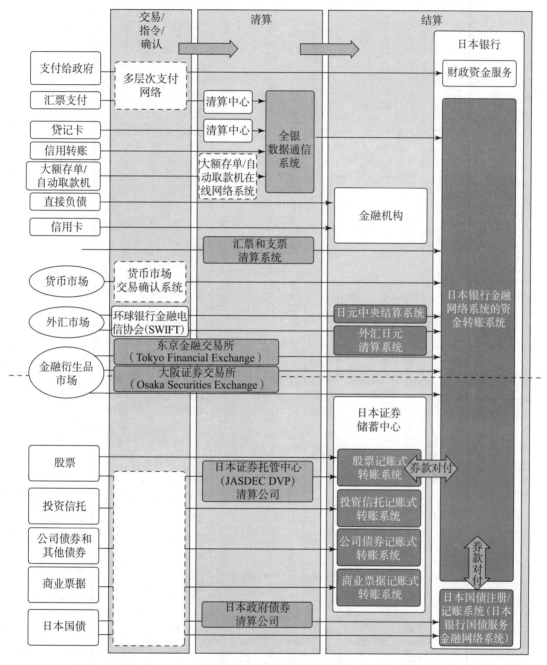

图 16-6　日本的支付系统

资料来源：日本银行（2012）。

---

①　有关这些系统操作的更详细账户可参见日本银行（2012）的报告——《日本支付、清算和结算系统》（Payment, Clearing and Settlement Systems in Japan）的报告。

表 16-3 支付系统统计数据：交易次数与金额

交易次数（百万次）

	2008	2009	2010	2011	2012
日本银行金融网络系统	8.47	12.31	12.41	12.93	15.3
外汇日元清算系统	7.54	6.21	6.35	6.33	6.29
全银数据通信系统	1 368	1 380	1 380	1 394	1 460
东京清算所	36.65	31.17	28.51	26.64	24.97

交易次数增长（同比，%）

	2008	2009	2010	2011	2012
日本银行金融网络系统	25.3	45.4	0.8	4.2	18.3
外汇日元清算系统	-2.8	-17.7	2.3	-0.3	-0.7
全银数据通信系统	1.1	0.9	0	1.0	4.7
东京清算所	-10.0	-15.0	-8.5	-6.6	-6.3

交易金额（10亿美元）

	2008	2009	2010	2011	2012
日本银行金融网络系统	285 589	291 305	291 496	311 549	341 479
外汇日元清算系统	50 080	33 957	32 859	35 399	30 848
全银数据通信系统	25 974	25 703	28 266.8	32 204	33 252
东京清算所	2 884	2 782	3 117.3	3 522	3 416

平均每笔交易金额（千美元）

	2008	2009	2010	2011	2012
日本银行金融网络系统	33 714	23 656	23 485	24 093	22 326
外汇日元清算系统	6 643	5 470.8	5 176	5 591	4 907
全银数据通信系统	19	18.6	20.5	23	23
东京清算所	79	89.3	109	132	137

交易金额实际增长率 [同比，经消费者价格指数（CPI）调整后，%]

	2008	2009	2010	2011	2012
日本银行金融网络系统	-1.2	-6.5	-5.5	-2.6	9.7
外汇日元清算系统	-9.3	-37.8	-8.6	-1.8	-12.8
全银数据通信系统	0.9	-9.3	3.9	3.8	3.4
东京清算所	-7.2	-11.6	5.8	3.0	-2.9

交易金额占 GDP 的比重（%）

	2008	2009	2010	2011	2012
日本银行金融网络系统	5 894	5 784	5 300	5 277	5 727
外汇日元清算系统	1 034	674	597	600	517
全银数据通信系统	536	510	514	545	558
东京清算所	59	55	57	60	57

资料来源：国际清算银行（2013c），可从其官网获得。

当我们考察日本零售系统的时候，我们发现日本零售系统的一些关键特征与日本现金交易比例较高有很大关系，而其他发达国家现金交易的比例则相对比较低。如图 16 - 7 所显示的，与美国、英国和欧元区相比，日本流通中的现金水平还是非常高。

日本零售支付系统与其他主要经济体零售支付系统的不同源于日本的居民有强烈的现金支付偏好。日本的支票转账业务并不多，大量的非现金支付主要是信用转账（我们所熟知的转账付款）和刷卡支付。① 这与美国形成鲜明的对比，美国的支票账户转账服务占据零售交易总业务量的 30% 左右。信用转账在日本使用范围很广泛，主要是用来支付工资、养老金、股息和税负。日本零售支付系统中的智能卡和手机支付技术在世界上处于领先地位。日本智能卡在零售支付系统中的运用非常广泛。日本的家庭都特别喜欢使用智能卡，这类卡片的使用范围很广，比如支付交通费、进行准入控制，以及充当电子货币和信用卡。

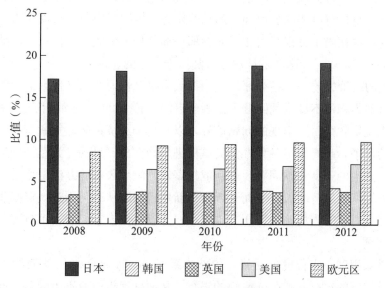

图 16 - 7　2008—2012 年流通中的银行券与硬币（与名义 GDP 相比）

资料来源：国际清算银行（2013c）。

16.4　日本银行业危机

通过本章的内容介绍，我们将会分析 20 世纪 90 年代的银行业危机是如何严重影响日本金融体系的。这一系列事件之后，日本监管体系的特征发生了翻天覆地的变革，在我们准备详细分析 2007—2009 年全球金融危机的影响之前，我们有必要对上一次金融危机的主要特征以及其对日本监管结构产生的影响做一个全面的阐述。

16.4.1　20 世纪 90 年代的日本银行业危机

20 世纪 90 年代日本银行业的崩盘主要是三个方面的原因所致：

---

① 遗憾的是，日本的这些图形并没有呈现出信贷转移和直接负债的突破状态，可参见国际清算银行（2013c）。

- 过度信贷——从 20 世纪 80 年代末期开始，在土地和实物资产的担保下，银行信贷规模快速飙升。银行信贷活动主要集中在批发和零售贸易、不动产、金融与保险、建筑等行业。20世纪 90 年代初，日本股票价格的暴跌以及经济表现发生逆转，担保品价值的下跌让这些行业中的高负债公司无力偿还贷款，从而产生了大量的呆坏账贷款。然而，尽管遇到了这些问题，由于政府的持续低利率政策，银行在不动产和建筑行业的表现仍能够保持增长的态势，并一直延续到 20 世纪 90 年代的后半期。这导致银行的不良贷款规模不断攀升，最终在 1997—1998年，整个银行业陷入系统性危机。

- 资产价格通货紧缩的负面影响——20 世纪 90 年代信贷的快速增长带来的影响是股票价格翻倍和商业地产价格的快速上涨，尤其在大城市表现更为明显。利率水平的不断飙升以及与不动产行业相关的各种贷款限额（对银行能够放贷的规模做出限制性规定）的引入导致资产价格泡沫的破灭。这给持有股票的公司和以不动产作为抵押担保向银行大规模借贷的公司带来了巨额亏损。因此，这相当于将银行占比很高的那一部分贷款变成了不良资产，随后资产价格进入**通货紧缩**（deflation）——这也是日本经济随后十余年的表现。

- 解决问题的政策失效——各类评论人士都认为政府管理部门（日本银行和财政部）在应对银行系统中日益累积的不良贷款问题方面表现迟缓。整个 20 世纪 90 年代，银行持续向不动产行业放贷而无视贷款账面上出现的问题信号，以及整个经济走向通货紧缩的信号。利率已经下降到非常低的水平，政府想尽各种办法尝试促进公共支出，目的是为经济创造需求，却忽视了银行系统里面产生的不良贷款问题，直到危机爆发。政府最初的办法是通过财政政策刺激需求，这被认为可以恢复经济增长，从而让银行重新回到健康状态。不过，财政刺激对经济仅有边际影响。国际上对监管当局施加的压力也很小，并没有要求它们解决银行问题，因为这被认为是国内经济问题。

当所有力量累积到一定程度的时候，**护航体系**（convoy system）就崩溃了，护航体系指的是财政部鼓励健康的银行并购陷入麻烦的银行，从而确保银行业不出问题。此外，尽管日本银行（日本中央银行）为银行业系统提供流动性，这也不能阻止金融危机的爆发。表 16 - 4 向我们罗列了与此次危机相关的很多重要事件。

表 16 - 4　1998 年日本银行业危机中的主要事件

时间	事件
1995 年年中	大量的不良贷款导致两家大型信用社和一家地方银行破产。
1995 年	数量庞大的住房贷款公司破产，比如巨森（Jusen）公司需要银行集团和政府资金的救助。由于巨森公司的破产以及担心不良贷款的规模会不断上升，到 1995 年年底的时候，银行的股价相对其他公司的股价下降幅度很大，信用评级公司开始调低日本银行的信用等级——这导致银行的融资成本上升。
1997 年 11 月	1997 年 11 月 3 日，在银行间贷款市场上，三洋证券（Sanyo Securities）公司出现违约，让市场再次遭受重创。
1997 年 11 月	北海道拓殖银行（Hokkaido Takushoku Bank）和山一证券（Yamaichi Securities）（四大证券公司之一）破产，导致银行信用评级进一步下调。
1998 年 3 月	1998 年 3 月，日本政府通过向银行业注入资本帮助资本金不足的银行走出困境。新成立的金融风险管理委员会处理资本注入问题，这在恢复市场环境上取得了很大的成功（直到 1998 年 5 月）。

时间	事件
1998 年年中到年末	政府试图通过一些特殊的改革法案。其中一个法案是《金融重振法案》(Financial Revitalisation Act)，目的是处理破产的金融机构。在这一法案中，破产的银行可以选择由金融重组管理局 (Financial Reorganisation Administration，缩写为 FRA) 处理，或者选择临时性国有化。这一法案为 1998 年国有化两大银行的政府决策提供了基础，这两大银行是日本长期信贷银行和日本债券信用银行，两家银行都处于破产的边缘。
20 世纪 90 年代末到 21 世纪初	1998 年 6 月成立金融监管局 (FSA)，将私营存款机构的金融监管责任从财政部转移到新成立的独立金融监管机构。2001 年，金融监管局更名为金融服务局 (Financial Services Agency)。

自银行业危机发生之后，大规模的改革开始实施。这些改革举措的目标都是稳定银行业系统，从而方便银行业结构重组。政府管理部门引入了一揽子存款保险计划（目的是保护储户在银行破产的时候免受亏损），向陷入困境的银行提供应急流动性资助，为问题银行之间的并购提供金融支持，向虽然脆弱但依然可以存活的银行注入资本金，将难以维系的银行暂时实施国有化改革。

与银行业重组相关的各种改革措施包括：

● 各种银行的公开**再资本化**（recapitalisation）（1998 年 3 月、1999 年 3 月和 2003 年 5 月），筹资总规模大约为 9 万亿日元。

● 不良贷款的更快确认（2002 年 10 月实施）——更严格的贷款分类标准和贷款损失备用金规则，这不仅让监管者可以确认不良贷款的规模，而且让不良贷款的处理更加迅速（例如，银行可以尽快将它们从资产负债表中移除）。

● 从 1998 年以来，不良贷款处理的规模将近 90 万亿日元，尽管处理了这么大规模的不良贷款，但不良贷款的增长速度并没有因为不良贷款应急基金的出现和处理而有所下降。

● 大量无效存款吸收机构的退出。

● 建立各种各样的公共资产管理公司，目的是处理打包出售的银行不良贷款。

在这些银行改革措施之外，监管部门还非常积极地鼓励大银行之间的合并，它们在 2005 年收回了一揽子存款保险担保，并将重心放在能够降低银行系统不良贷款规模的政策举措上。在 16.4.2 节，我们将着重介绍全球金融危机给日本银行业带来的影响。

16.4.2 2007—2009 年全球金融危机对日本银行业的影响

1998 年之后，日本的银行业在接近通货紧缩的大背景下一直保持缓慢的增长态势。它们对自己的业务进行了重组，降低了不良贷款的规模，但从国际标准来看，整个日本银行业系统的盈利能力和水平依然很低（参见 16.5.2 节）。尽管从 1998 年危机中恢复很艰难，但 2007 年中期爆发于美国的次贷危机仍然严重地打击了日本的银行业。不过，与美国不同的是，日本并没有高风险的抵押贷款市场——抵押贷款证券化在日本并不常见。在将近 20 年的时间里，日本资产价格的发展趋势与美国和英国的发展趋势完全不一样。自 20 世纪 90 年代初期日本房地产泡沫破灭之后，日本主要城市的房地产价格一直处于下跌中。尽管在 2004—2008 年间，日本住宅地产价格上涨了约 25%，但其在 2007 年美国次贷危机爆发前的房地产价格依然没有回到 2000 年的水平。因此，日本并不需要面对资产证券化和过度信贷引发的不动产泡沫问题。此外，日本的银行并没有大量持有美国的次级贷款和其他类型的证券化产品。比如，日本最大的三家银行集团（瑞穗银行、三井住友银行和三菱东京 UFJ 银行）到 2008 年 3 月末的时候，预计投资在次级抵押贷款支持证券、次级资产支持证券或担保抵押负债等金融衍生品的金额不超过各自资产负债表总额的 1%。尽管全球经济形势下滑对本已疲软的日本经济带来了不少负面影响，并因此给日本的银行业造成了不小的压力，但在此次金融危机中，没有一家日本银行破产。

正如前文中所提到的，尽管日本的银行并不是次贷产品的大买家，但在这次金融危机中，它们依然受到了余波冲击。银行利润进一步下滑，因为日本银行业的主要业务是放贷给企业，企业表现不佳导致银行利润下降。当银行贷款增速放缓，银行的盈利能力也同步放缓。2008 年 4 月到 2009 年 4 月，日本的股票市场也跌去了 40%，进一步减少了银行的资本金规模。由此带来的一个大问题是，几乎所有的日本银行都在想办法筹集更多资本金（2008 年 1 月到 2009 年 4 月，通过发行新股和优先股实现 340 亿美元的融资）。

尽管遇到前文所述的各种挫折，与美国和英国的银行业相比较，日本银行业在本次危机中所遭遇的伤害要低许多。它们的亏损承受能力还是比较高，资产质量更稳定，与美国和欧元区的银行相比，日本银行业对批发融资的依赖程度更低。

在全球金融危机之后，日本银行业仍然面临着未来盈利能力和商业模式的一些挑战（国际货币基金组织，2013d）。此外，日本的银行业引入了不少国外投资，这提高了它们对外部融资的依赖程度。按照国际货币基金组织（2013d）的数据，日本银行业系统外部融资的头寸——国外资产与负债之间的差额——已经增加到 1.6 万亿美元（这是美国和英国银行的净盈余头寸）。考虑到可获得性、到期日和成本，规模如此巨大的外部头寸让日本的银行业很容易受到外汇市场波动的冲击。

当然，最主要的担忧还是来自国内经济的状况，这是影响日本银行业业绩表现的最大因素。

16.5 金融系统的结构变革

考虑到 20 世纪 90 年代中后期日本经济的糟糕境地，所以，当 1989—1999 年间，日本金融活动从私营金融中介转移到公共金融中介时，会让人感到有些惊讶，不过，从那个时候开始，形势就已经在慢慢发生改变。表 16-5 的数据显示，金融机构持有 45%～46% 的全国金融资产，家庭部门持有大约 24% 的全国金融资产（15 万亿日元），非金融公司持有 15%～16% 的全国金融资产。在家庭部门持有的 15 万亿日元资产中，超过 45% 是银行存款。在企业部门，从私营金融机构那里获得的贷款约占总负债的 36%，这是负债最重要的来源。例如，公司债券和商业票据借贷账户不超过总负债规模的 8%。在美国，公司债券和商业票据占美国企业总负债的 22%，只有 9% 的负债是银行贷款。很显然，日本的金融系统是以银行为主导的，市场在企业融资中的重要性要远低于银行。按照日本银行（2013）的统计，在过去的 20 年时间里，银行业所持有的金融资产规模和比例处于下降的趋势，但在 2000 年代的晚些时候，由于金融危机的爆发，这一趋势结束了。

表 16 - 5   日本各部门的金融资产规模

部门	2011 年 3 月（万亿日元）	2012 年 3 月（万亿日元）	年增长率（%）
国内部门	5 707	5 794	1.5
金融机构	2 822	2 869	1.7
国内非金融机构	2 886	2 925	4.1
非金融公司	845	488	2.8
政府部门	485	488	0.6
家庭部门（包括个体户）	1 502	1 513	0.7
服务家庭的私营非营利机构	54	55	3.1
海外	347	380	9.6

资料来源：日本统计局（2013）。

16.5.1   日本银行业的监管

从 1998 年之后，日本银行业面临的监管环境发生了深刻的变化。直到 20 世纪 90 年代末期，金融机构的检查和监管一直都是由财政部负责，这也是金融系统一开始所设计的。从传统来看，日本银行负责监管日本银行体系，并且负责我们所熟悉的**金融大改革**（big bang，俗称"大爆炸"），将通用银行模型有效地引入日本监管系统。1998 年到 1999 年间的去监管措施包括：

- 允许金融控股公司存在；
- 消除了银行业和其他金融服务行业之间的壁垒；
- 允许证券经纪费用自由竞争；
- 允许银行出售投资信托产品。

这些改革措施以及其他改革措施带来的结果就是，日本的金融机构可以为客户提供范围宽泛的金融产品和选择。从 1998 年 4 月开始，日本银行在货币政策上享有更大的自主权。1998 年 6 月，新成立的政府机构被命名为金融监管局［2001 年改名为**金融服务局**（Financial Services Agency）］，负责私营金融机构的监督和检查。在这之前，日本银行和日本财政部履行监管职责。

金融服务局负责日本所有私营银行的监督和检查工作。它负责监管银行的稳健性，包括企业活动控制系统的法定状态和表现。金融服务局的主要功能包括：

- 与金融系统相关的规划和政策制定；
- 检查和监督私营金融机构，包括银行、证券公司、保险公司和包括证券交易所在内的市场参与者；
- 为证券市场交易设定规则；
- 制定企业会计准则以及与公司金融相关的其他规则；
- 监督注册会计师和审计公司；
- 参与国际组织的金融相关主题活动，参加双边和多边论坛，促进与国际金融管理部门之间的合作；
- 监督和管理证券市场，确保参与者遵守规则。

金融服务局还负责处理破产的金融机构以及日本金融体系中私营银行业的稳健性监管。同时，日本还成立了一家存款保险公司，确保在银行破产的时候储户的资金不受损失。

正如我们在 16.2 节所讨论的，日本的商业银行都应遵守 1981 年《银行法》（Banking Law）。尽管金融服务局负责对大多数金融机构（农林中央金库银行除外）的监管，但其他类型的银行受不同的法规管理，表 16-6 对此进行了总结。更具体一点，很多其他类型的金融机构（包括合作银行）都受不同的专业法规监管（比如《信金银行法》、《合作机构和中小企业法》及《农林中央金库银行法》）。

表 16-6　不同类型银行的管理与监督

银行类型	中央银行	法律基础	监管机构
商业银行	日本银行	1981 年《银行法》	金融服务局
信金银行	信金中央银行	1951 年《信金银行法》(1981 年修订)	金融服务局
信用合作银行	信用合作银行联合会	1994 年《合作机构和中小企业法》	金融服务局
劳动银行	全国劳动合作联合会	1953 年《劳动银行法》（Labour Bank Law）	金融服务局 健康、劳动和福利部（Ministry of Health, Labour and Welfare）
农业、渔业和林业合作机构	农林中央金库银行	1943 年《农林中央金库银行法》	日本农业、渔业和林业部（Ministry of Agriculture, Forestry and Fisheries of Japan）

16.5.2　资产负债表特征和业绩表现

从 20 世纪 90 年代中后期以来，日本经济一直处于滞胀的状态，整个国家遭受了一场影响非常深远的经济和金融危机冲击（参见 16.4.1 节）。2000 年代中期开始，日本经济看上去迎来了温和复苏，然而，全球金融危机的爆发重新将日本经济拖回衰退和通货紧缩的泥潭。从那个时候开始，日本政府为了刺激经济，实施了一系列的改革措施。最近实施的改革举措都是在日本首相安倍晋三（Shinzo Abe）的主导下进行的，融合了货币政策、财政政策和结构性改革等多方面的因素，这一系列操作也因此获得了**安倍经济学**（Abenomics）的称号，被认为是日本历史上最激进的改革方案。这些改革的目标是让日本经济重回可持续发展的道路，看上去似乎取得了不错的成绩，但暗藏诸多风险（参见专栏 16-2）。

专栏 16-2

安倍经济学下的日本最大银行的盈利状况分析

日本最大的几家银行在"安倍经济学"创造的经济环境下，盈利有了很大的改善——至少目前来看是这样的——但市场担忧在日本新货币政策的影响下，债券交易收入的减少会让利润持续走低。

资产规模排名前两位的三菱东京 UFJ 银行和瑞穗银行在星期三对外公告二季度的盈利远超预期，股票市场的上涨和企业贷款需求的上升超过了债券收入下降的幅度，从而带来盈利的上涨。

与前一年相比，三菱东京 UFJ 银行的净利润上涨了 40%，达到了 2 550 亿日元（约 26 亿美元）；而瑞穗银行的净利润上涨了 35％，为 2 480 亿日元。三井住友银行——日本第三大贷款银行在星期一对外披露同期的净利润实现翻倍，达到 2 880 亿日元。2013 年 5 月，三家银行预测从 4 月 1 日开始的新一个财报年度的盈利将会更低。它们之所以做出这样的预测，是对日本银行实施的激进宽松货币政策和新上任央行行长黑田东彦（Haruhiko Kuroda）的悲观反应。

为了让日本持续很久的消费者价格指数通货紧缩的状态能早点结束，黑田东彦将日本央行每月购买日本债券的规模翻倍，于是日本央行在公开操作市场上垄断了新发行国债 70％的交易量。

这样操作带来的结果之一就是市场交易量急剧下降，商业银行被排挤出市场，而此前商业银行利润很重要的来源就是市场交易。很多年以来，日本银行业一直依靠日本国债交易的收益生存，因为向企业贷款根本赚不到多少利润。日本企业界现金非常丰沛，考虑到同时期日本经济表现很弱，企业对扩大生产、增加厂房和设备的购买欲望很低，需求很少。但企业向银行申请贷款时，利率水平如此之低，使得银行发放的贷款鲜有盈利。上个季度，信贷领域是利润率罕见之低的行业。在三菱东京 UFJ 银行，国内贷款和存款之间的利差为 6 个基点到 105 个基点之间。其他银行的利差水平也基本相当。贷款量有所放大，从而总收入在增长。到 2013 年 6 月，日本银行业信贷规模达到四年来的最高点。一方面，这是经济表现强劲的反应；另一方面，如此低的利率水平也促使一些公司寻求资金进行投资。首相安倍晋三实施的税收减免政策也进一步促进了需求的发展。

"对日本公司来说，外部环境正在改善，促使它们扩大资本支出。"2013 年 7 月，三井住友银行董事长和日本银行家协会会长国部毅（Takeshi Kunibe）如此说道。

随着三菱东京 UFJ 银行在 2013 年 7 月向泰国大城府银行（Bank of Ayudhya）提出收购主要股权，日本银行业加快了海外并购的步伐。从 2012 年开始，日本的股票市场开始反弹，银行业从中获利不少，其股票投资组合的价值上升很多，共同基金买方力量的增强为它们带来了不少收入。三菱东京 UFJ 银行对外报告称，这一季度与股票相关的收入为 128 亿日元，而 2012 年同期则亏损 545 亿日元。第一季度前三家银行的盈利位于全年盈利预期的三分之一到二分之一的水平，稍微低于 2012 年的同期盈利水平。星期三的时候，银行关于其他方面的预测依然没有改变。

资料来源：Japan's biggest banks profit under Abenomics, *Financial Times*, 31/07/13 (Jonathan Soble).
© The Financial Times Limited. All Rights Reserved.

日本国内的经济衰退与金融危机严重地影响了日本银行体系的资产负债表和业绩表现。从 1996 年到 2000 年代中期，银行信贷投资组合大概下降了 30％，反映出需求不振，越来越多的呆坏账不得不进行注销处理。但是，从平均水平来看，日本银行业体系从 2000 年代中期以来，还是呈现出稳步改善的迹象（参见图 16-8）。只不过考虑到日本银行业的高度分割性特征，不同类型银行的业绩表现差别很大。一些地区银行受低盈利水平困扰，资本金也比较薄弱，低速增长的状态让它们更容易受伤，如图 16-9 所示（国际货币基金组织，2012a）。与此同时，日本的大型银行倒是进入了高速增长期（参见专栏 16-2）。

表 16-7 和表 16-8 向我们展示了 2012 年日本银行业的财务报表数据。日本的银行持有大量的流动资产，在短期负债和总资产中所占比重都不低，分别约为 50％、20％（参见表 16-7）。不过，市场担心银行大规模持有政府债券可能会给盈利水平带来不小的麻烦。

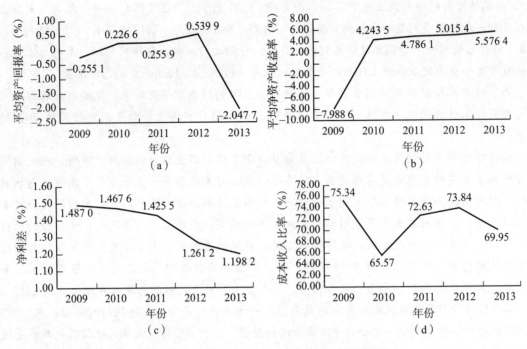

图 16-8　2009—2013 年日本银行业的业绩表现

资料来源：SNL 金融公司（2013，第二季度）。

表 16-7　2012 年 3 月资产负债表　　　　　　　　　　　（单位：百万日元）

	所有银行	城市银行	地区银行
(a) 负债			
存款	616 711 968	291 289 365	220 991 780
商业票据	1 545 410	1 409 947	—
交易性负债	12 303 209	11 470 429	95 718
借款	36 687 441	27 576 925	3 776 241
外汇	1 548 556	1 534 548	12 457
短期应付债券	366 768	117 399	—
应付债券	15 869 202	13 400 981	788 164
有权认购股票的债券	58 502	—	51 402
从信托账户借入资金	4 004 337	798 541	53 275
其他负债	19 256 332	15 046 382	1 812 739
其他储备	296 047	136 126	78 041
总负债	828 584 587	450 464 226	240 844 264
(b) 权益资本			
实收资本	11 722 261	5 936 947	2 551 310
留存收益	15 573 253	5 216 822	7 599 969
股东权益	38 844 157	19 626 982	11 569 832
总负债和权益资本	870 696 762	471 493 980	253 880 822
(c) 资产			
现金和银行债权	39 974 851	23 103 467	9 424 581
通知贷款	16 680 970	9 798 850	4 622 568
回购协议下的应收账款	1 896 980	1 776 253	32 090
证券借款交易下的应收账款	3 403 682	3 032 958	120 459
交易资产	17 897 479	15 702 464	466 474

	所有银行	城市银行	地区银行
交易账户证券	117 674	40 793	63 524
证券	278 652 128	166 266 403	71 084 654
贷款和贴现票据	458 254 205	209 926 763	161 973 978
外汇	3 909 784	3 544 073	239 017
其他资产	21 695 168	17 044 054	1 716 099
有形固定资产	6 509 877	2 699 097	2 552 118
无形固定资产	1 341 973	816 800	282 536
总资产	870 696 762	471 493 980	253 880 822

资料来源：日本银行家协会官网。

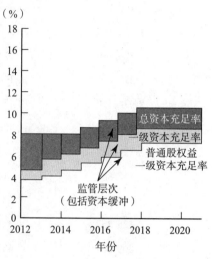

（a）国际上比较活跃的银行

（b）国内银行

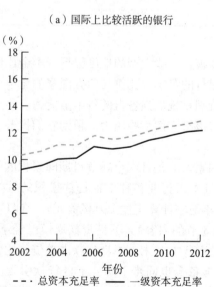

（c）信金银行

图 16 - 9　日本银行资本化

资料来源：日本银行（2013）。

说明：（1）国内银行不包括信金银行。银行的数据都是以总行为基础进行统计的。（2）国际上比较活跃的银行和国内银行的图形分别以第三版《资本协议》要求和第二版《资本协议》要求为基准。

表 16 - 8　2012 年 3 月损益表　　　　　　　　　　　（单位：百万日元）

计算项目	所有银行	城市银行	地区银行
常规收入	15 437 211	7 684 655	4 632 973
利息收入	9 934 733	4 566 816	3 488 779
费用和佣金	2 638 849	1 479 003	677 024
交易性收入	306 015	245 401	4 530
其他常规收入	1 579 193	1 022 595	257 692
其他收入	731 480	345 595	204 184
常规费用	11 619 848	5 463 470	3 607 725
利息费用	1 777 832	1 056 463	308 934
费用和佣金支付	931 600	420 385	298 978
其他常规费用	514 480	271 021	104 246
一般和行政费用	6 855 170	2 974 512	2 456 403
其他费用	1 535 907	740 403	438 571
常规利润	3 817 305	2 221 182	1 025 215
额外收入	46 856	18 883	18 146
额外亏损	159 427	63 712	31 318
税前收入	3 704 716	2 176 352	1 012 035
总所得税	1 223 453	609 034	432 551
净利润	2 481 210	1 567 316	579 452

资料来源：日本银行家协会官网。

日本银行业的资本金比例得到了稳步提高和改善，一些大型的地区银行资本金比例比部分城市银行竞争者的比例都高。排名最靠前的几家银行的资本金比例与西方国家的竞争对手基本相当，特别是在全球金融危机之后，各大银行都特别重视加强各自的资本金能力。不过，一些日本地区银行的资本金实力还是让人有些担忧，应该给它们一些压力，帮助它们提升自己的偿债能力。

近年来，影响日本银行业业绩表现最重要的因素可能是日本金融危机期间累积的规模庞大的不良贷款。按照日本金融服务局的官方数据，日本银行业各种不良贷款累积的亏损规模到 2008 年 9 月大约为 1 002 630 亿日元（按照 2008 年汇率计算超过 1 万亿美元）。在日本大银行和保险公司一系列著名的并购重组之后（参见 16.3 节的内容），不良贷款规模已经下降不少，资本金状况有明显改善。如图 16 - 10 所示，到 2008 年 9 月末，不良贷款占总贷款比例已经从 9.6% 下降到 2.4%，随后一直都比较稳定，坏账准备金也同步下降。不良贷款引发的总亏损同样出现稳步下降的趋势，尽管在 2008—2010 年间有所上升，但总体上保持在比较低的水平。

再来看看日本银行业损益表的数据（参见表 16 - 8），考虑到日本国内利率水平长期处于比较低的状态，这一状态也是导致日本银行业业绩表现不佳的重要原因，日本银行业的净利润率一直都在低位徘徊，与国际同行业的水平相比要低一些。尽管主要发达经济体最近几年的净利润率水平都有所下降，但日本银行业的净利润率面临的压力更大，从 2012 年的数据来看，日本银行业

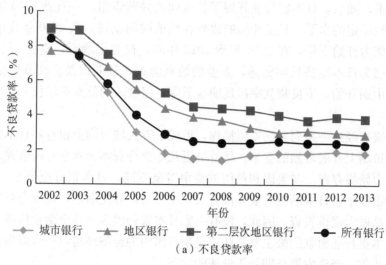

（a）不良贷款率

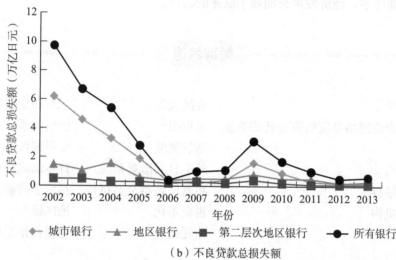

（b）不良贷款总损失额

图 16 - 10　2002—2013 年日本银行业不良贷款率和不良贷款总损失额

资料来源：日本金融服务局，可在其官网上查询。

的净利润率为 1.2%，而美国银行业和英国银行业的净利润率分别为 3.3% 和 2.9%。

　　总的来说，自 20 世纪 90 年代中后期以来，日本银行业体系改革取得了巨大的进步，变得更强、更稳健。并购重组让日本银行业体系变得更加健康，这也是它能够在 2007—2009 年全球金融危机中表现优异的原因所在。资本金水平有所提升，不良贷款率有所下降。尽管日本银行业的不足依然很明显，比如持有大量的政府债券、信贷质量比较低，以及地方的宏观经济背景比较脆弱，但与过去的 20 年相比，今天的日本银行业要健康很多。

16.6　小结

　　在过去的几十年里，日本的银行业体系经历了巨大的变革。20 世纪 80 年代，日本银行业迎来了高速增长期，一直持续到 20 世纪 90 年代中期，但在 1997 年到 1998 年间，日本银行业遭遇了毁灭性打击，随后，日本银行业开展了长时间的并购重组，一直到 2005 年，盈利能力重新回到一个比较稳定的水平。只是业绩的改善存续的时间很短，从 2000 年代中期开始，日本银行业的盈利能力开始下降，在 2009 年到 2012 年间，权益报酬率一直在 4%～5% 的低水平徘徊（主要是因为日本经济长期低迷，企业的盈利能力比较差以及面临其他信贷机构的挑战）。从 2005 年中期开始，不良贷款率出现明显下降，但收入的低水平增长一直困扰着盈利能力的提升。

日本的大型银行经过一系列并购重组操作，形成了五大城市商业银行和日本邮政银行，它们在拥挤饱和的市场上开展激烈的竞争。尽管最近几年银行资本金水平有所改善，但不断加强资本金实力的压力始终存在。与美国和英国的竞争对象不同，日本银行业受 2007—2009 年全球金融危机的冲击很小。日本的银行业并没有大规模参与证券化活动，也没有对次级贷款及其相关的证券化产品做大规模投资，因此，没有一家日本银行因为全球金融危机破产或需要政府的直接救助。日本银行业面临的最主要威胁还是来自国内的经济环境，一直以来，日本经济都在与通货紧缩做斗争，经济发展长期处于低迷的状态。

关键术语

安倍经济学	金融大改革	汇票和支票清算系统
日本银行金融网络系统的资金转账系统	城市银行	护航体系
合作银行	通货紧缩	发展银行
金融服务局	外汇日元清算系统	日本邮政银行
长期信贷银行	私营储蓄类金融机构	私营非储蓄类金融机构
公共金融机构	再资本化	地区银行
信金银行	信托银行	全银数据通信系统

主要阅读文献

Bank of Japan (2013) "Financial system report".

Bank of Japan (2012) "Payment, clearing and settlement systems in Japan".

Kanaya, A. and Woo, D. (2000) "The Japanese banking crises of the 1990s: Sources and lessons", IMF Working Paper WP/00/7.

Uchida, H. and Udell, G. (2014) "Banking in Japan", in Berger, A. N., Molyneux, P. and Wilson, J. O. S. (eds), *Oxford Handbook of Banking*, Oxford: Oxford University Press, Chapter 36.

复习题

16.1 日本不同类型金融机构的主要特征有哪些？

16.2 去中介化进程对日本银行业和金融部门的影响有多深？

16.3 日本银行间清算和结算支付体系是如何运行的？

16.4 从 2000 年以来，对日本银行业盈利能力影响最大的变革是什么？

16.5 比较 1997—1998 年和 2007—2009 年两次金融危机对日本银行业的影响有什么不同。

16.6 分析讨论为什么日本的银行业在 2007—2009 年全球金融危机中遭受的冲击比美国和英国的银行业要小。美国和英国的银行业可以从中学到哪些有用的经验？

16.7 分析日本银行业发展的最新趋势以及这些发展对业绩的影响。

16.8 讨论日本经济发展的前景如何，以及经济发展将会对日本银行业业绩改善有什么影响。

第十七章

新兴市场的银行业

- 了解金融行业发展如何促进经济增长。
- 分析金融和增长关系研究的演变过程。
- 了解新兴市场银行业的主要结构性特征。
- 了解最近几年发生在新兴市场银行业领域的主要变革。
- 分析银行业市场国有控股和外国控股的作用。
- 理解金融领域自由化和其他力量如何影响新兴市场银行业的联合和国外银行的准入。

17.1 导论

在过去的几十年时间里，全球银行业市场经历了一系列主要的变革，这些变革与很多国家实施的宏观经济改革是相关的，发展方向保持一致。柏林墙的倒塌，以及从 1991 年开始的东欧剧变为改革提供了动力，亚洲和拉丁美洲的很多国家开始接受并重视市场经济的力量，开启了自由化改革的进程。在很多国家，国有银行被私营银行所替代，外国银行也在一国金融体系中发挥着非常重要的作用。竞争加剧和整合强化的趋势也变得很普遍。尽管新兴市场经济体的商业银行与传统发达国家的商业银行相比处于弱势地位，但在范围广泛的金融服务领域，它们的竞争能力越来越强，通常的发展模式是，新兴市场经济体的银行一般都是凭借自己的专业经验，在消费信贷和中小企业金融服务领域先取得优势，随后在业务复杂的商业信贷和投资银行业务领域不断提升自己的竞争力。

由于国内资源稀缺，一些发展中国家和转型经济国家不得不积极吸引外资银行入股国内的银行业，比如一些中东欧国家以及东南亚国家（在 1997—1998 年金融危机之后，马来西亚、印度尼西亚和泰国的银行业体系都面临崩溃）。其他经济体也变得更加谨慎。中国坚持外国银行必须在国内有合伙人——限定一家外国银行对国内银行持股最高比例为20%，国内银行外资股权最高比例为25%。印度对个人投资者持股最高比例设定为10%，但总的外资银行股权不超过74%。其他国家对外资银行持股比例也有类似的规定，但在部长批准之后可以适当增加比例（比如越南）。

本章的主要目标是分析影响新兴经济体银行业市场发展的一些重要问题。去监管化、国家层面的金融自由化以及国内很多行业向外资银行开放等几个方面的因素促进了发展中国家经济转型，推动发展中国家的竞争和创新（金融创新和技术创新）。与介绍这些发展的基础不同，17.2节主要讨论以银行为基础和以市场为基础的两种金融服务体系之间的不同，然后对两种不同体系的方法加以比较，特别是重点分析新兴市场体系中两者的不同之处。17.3节分析的是金融与经济增长的关系，向我们揭示了一个良好且高效的金融体系是如何促进经济发展的——尽管也有可能带来风险。在17.4节，我们将会展望新兴市场宏观经济未来发展状况，在2007—2009年全球金融危机过后，新兴市场国家和地区的表现（一般情况下）都欠佳，尽管它们的长期增长速度预期依然保持在发达经济体之上。17.5节主要分析促使改革发生的主要动力，以及在考虑去监管化和金融自由化、政府的作用、并购以及外资银行进入等背景下，这些动力如何影响银行业的结构改变。17.6节对全章进行了总结。

17.2 金融发展的衡量标准

在我们探讨银行和金融市场是如何促进经济发展之前，有必要对金融体系的主要特征做一个概要分析，包括金融机构和金融市场的相对重要性分析。著名的美籍奥地利经济学家约瑟夫·熊彼特（Joseph Schumpeter）第一个意识到金融行业的发展对经济增长有非常重要的促进作用（不过他坚持技术创新在经济发展过程中发挥着更重要的作用）。从20世纪80年代开始，学术界就一直存在争论：哪种类型的金融体系对经济发展作用最好——在以银行为主导的金融体系与以资本市场为主导的金融体系中，哪个体系更重要？这个命题是泰德·雷布钦斯基（Tad Rybczynski）于1983年首次提出的，引发出**以银行为基础的金融体系**（bank-based financial systems）**和以市场为基础的金融体系**（market-based financial systems）之间的争论（可以参见18.2节相关内容）。从20世纪60年代到80年代中期，德国和日本的经济（以银行业为主，股票市场规模比较小）发展要强于它们的对手——美国和英国的经济发展（这两国股票市场规模相对比较大）。与此同时，德国和日本的银行都属于全能型银行，这些银行持有大量的非金融公司的股权，持股的方式是直接控制（德国）或通过控股公司间接控制（日本）。在有些经济学家看来，以银行为基础的全能型银行金融体系对经济增长作用最大。不过，从20世纪80年代后期开始，随着发达国家政治经济学开始重视和强调亲市场改革和更加广泛的自由化改革，这一观点开始发生改变。商品和服务交易的障碍也变得越来越少，援助性质的国际资本流入也越来越多。国际货币基金组织（主要目的是缓解国际收支失衡和一般宏观经济危机问题）和世界银行（专注消除贫困和促进经济发展）均越来越重视政策上放松管制和自由化，目的是推动更加广泛的市场化改革。

以银行为基础的金融体系还是以市场为基础的金融体系对经济发展更有效的争论一直在进行中——最终形成的共识是，不管一国经济体中是否有庞大的银行业或资本市场体系，最重要的事情是要有一个规模大、效率高且有竞争力的金融体系。像世界银行这样的重要政策组织，在衡量和区分银行业和金融市场对经济发展所起到的作用有何不同方面进行了大量的研究和努力。表17-1对世界银行的分类指标做了说明，以帮助我们更好地理解两大体系的特征。西赫克等（2012a）提供了金融体系特征的4×2框架，从四个维度对金融体系特征进行了总结和概括。

表 17-1　金融体系特征的 4×2 框架

	金融机构	金融市场
深度	• 私人部门信贷占 GDP 的比重 • 金融机构资产占 GDP 的比重 • M2 与 GDP 之比 • 存款总额占 GDP 的比重 • 金融部门的总增加值与 GDP 之比	• 股票市场资本化加发行在外私有债券总额占 GDP 的比重 • 私有债券占 GDP 的比重 • 公共债券占 GDP 的比重 • 国际债券占 GDP 的比重 • 股票市场资本化占 GDP 的比重 • 股票交易量占 GDP 的比重
可获得性	• 每千个成人拥有的账户数量（商业银行） • 每 10 万成人拥有的分支机构数量（商业银行） • 拥有银行账户的人口比例 • 获得银行信贷的公司数量比例（所有公司） • 获得银行信贷的公司数量比例（小公司）	• 除前 10 大公司外的市场资本化率 • 除前 10 大公司外的上市公司交易额 • 政府债券收益率（3 个月和 10 年） • 国内债券占总债券的比重 • 私有债券占总债券的比重 • 新发行公司债券占 GDP 的比重
效率	• 净利息收益率 • 非利息收入占总收入的比重 • 期间费用占总资产的比重 • 盈利能力（资产回报率、权益报酬率） • 集中度指标［例如赫芬达尔-赫希曼指数（HHI）］ • 竞争指标（波恩指标、H-统计指标）	• 股票市场成交率（成交量与总资本化之比） • 股价同步性 • 内幕消息交易 • 价格影响 • 流动性与交易成本之比 • 政府债券买卖报价差价 • 证券交易所债券交易量（私有、公共） • 结算效率
稳定性	• Z-分值（违约距离） • 资本充足率比例 • 资产质量比例 • 流动性比例 • 其他比例（资本的净国外头寸等）	• 股票价格指数和主权债券指数波动率（标准差与平均数之比） • 指数偏度 • 操控盈利的难易度 • 市盈率（P/E） • 久期 • 短期债券占总债券（包括国内债券、国际债券）的比重 • 主要国家债券收益率的相关性（美国、英国）

资料来源：西赫克等（2012a）。

（1）深度指的是银行业规模和资本市场规模。让我们来看看金融机构的指标，这些变量包括：①私人部门信贷占 GDP 的比重（主要是银行信贷与 GDP 之比）；②金融机构资产占 GDP 的比重（指的是银行、保险公司、养老金公司和其他非银行金融机构的总资产与 GDP 之比）；③M2 与 GDP 之比（M2 是广义的货币供给层次，是现金、活期存款、储蓄账户存款之和）；④金融部门的总增加值与 GDP 之比（指的是金融部门为宏观经济做出的总贡献——总产出减去中间消费）。金融市场的指标包括：衡量股票市场规模的指标（资本化水平——发行的总股份乘以每股价格）；债券市场规模的指标，包括私有债券（公司发行的债券）占 GDP 的比重和公共债券（政府发行的债券）占 GDP 的比重。股票交易量占 GDP 的比重将股票交易的数量与宏观经济总量规模（GDP）连接起来。当金融部门的总量超过整个经济的总量规模时，经济学家们通常用**金融深化**（financial deepening）来形容这一状态。

（2）可获得性指的是金融服务是如何提供给总人口或企业部门的。对金融机构来说，参照的衡量指标是能够享受银行服务的人口占总人口之比。比如，这些指标包括每 10 万成人拥有的分支机构数量（商业银行）、拥有银行账户的人口比例。其他指标考察的是能够获得银行信贷的公司数量比例（可以考虑所有公司数量或小公司数量）。金融市场可获得性指标与所有公司能够通过市场获得融资的可能性相关，而不只是考虑大公司的融资情况。此外，可获得性指标还包括除去市值最大的 10 家公司后的市场资本化率、除去市值最大的 10 家公司后的股票交易的价值（即上市公司交易额）、公司债券新发行的规模，以及私人部门与公共部门债券发行比例（最后一个指标表明了私人公司债券发行规模与公共债券发行规模之比）。政府债券收益率水平往往也被认为是市场可获得性的指标之一，因为收益率水平越低，政府就越容易借钱，通常情况下，银行和公司的债券收益率紧跟政府债券收益率（一般会高一点），因此，当政府债券收益率水平比较低的时候，往往就意味着金融公司和其他私营行业公司可以很容易地通过发债融资。

（3）效率指标与一系列因素相关，包括：①净利息收益率（利息收入与利息成本之差除以盈利总资产）；②存贷利差（贷款利率与存款利率之间的差额）；③非利息收入占总收入的比重。就净利息收益率和存贷利差来说，数值越小，意味着体系的竞争越激烈（效率越高）。非利息收入占总收入的比重同样也可以看为衡量效率的指标之一，因为银行的非利息收入主要来自金融服务的交叉销售。其他的效率指标与盈利能力（资产回报率和权益报酬率）、竞争指标和集中度指标相关。从理论上讲，竞争越激烈，效率就越高——尽管也有很多不足的地方（参见第二十章关于竞争指标和集中度指标的介绍，以及银行业竞争与效率两者之间关系的分析）。不管怎样，我们都必须重视盈利——高盈利可以反映出效率（收入远远高于成本），同样，低盈利也能反映出效率（低收入和低成本）。在这种情况下，我们有必要知道银行的定价行为，以便作为效率指标的盈利衡量标准。期间费用占总资产的比重是一个传统的效率指标（期间费用包括人工、租金和其他非利息成本支出），与成本收入比率（被行业广泛应用在对效率的衡量上）类似。金融市场的效率指标与成交量相关，也就是换手率。成交量规模越大，交易过程就越有效率。其他的推荐指标与定价相关，包括买卖差价、交易成本和交易执行的速度（结算效率）。它们都是标准的金融市场效率指标。

（4）稳定性指标与银行资本、流动性以及资产质量等相关。比较低的资本充足率和流动性意味着较高的脆弱性。测度违约安全距离的指标——Z-分值反映的是银行盈利和资本水平能够承受盈利水平的波动程度（参见 20.5.1.1 节）。资本水平越高，盈利能力越强，银行就越稳定，所以 Z-分值越高意味着银行越稳定。只要计算出单家银行的 Z-分值，就可以通过加权平均的方法求出整个银行业的 Z-分值，权重就是银行规模（通常用总资产作为权重）。金融市场的稳定性指标与各种各样的波动性测度指标相关（波动性越大，稳定性越差），比如价格与盈利之比（市盈率）、价格与股息之比（久期）。这些测度指标可以这样解读：市盈率和久期值越大，脆弱性就越显著。

表 17-2 以西赫克等（2012a）的研究报告中一些金融机构指标为例，向我们展示了不同国家被选取的指标最高值和最低值。我们发现一个非常有趣的现象，金融深化程度（私人部门信贷占 GDP 的比重）最高的国家包括圣马力诺（位于意大利东北部，被意大利包围的一个小国）、塞浦路斯、爱尔兰、英国和西班牙（2008 年，这些国家的银行业都遭遇危机）。这表明

银行体系越庞大，越容易出问题。而世界上一些最贫穷的国家——乍得和缅甸——拥有世界上最不发达的金融业。

表 17-2   不同国家金融机构特征：2008—2010 年平均水平

指标		最低	最高	其他
深度	私人部门信贷占 GDP 的比重	缅甸 (3.3%) 乍得 (3.3%)	圣马力诺 (361.7%) 塞浦路斯 (265.6%) 爱尔兰 (228.2%) 英国 (205.3%) 西班牙 (203.7%)	巴西 (45.6%) 中国 (111.1%) 印度 (44.1%) 俄罗斯 (41.3%) 德国 (109.1%) 日本 (103.7%) 美国 (60%)
可获得性	每千个成人拥有的账户数量（商业银行）	中非共和国 (2.4) 刚果共和国 (16.1)	日本 (7 185.2) 南非 (4 374) 希腊 (3 799.7)	印度 (747.3) 新加坡 (2 070.3) 乌克兰 (3 176.4)
效率	存贷款利差	伊朗 (0.1%) 荷兰 (0.2%) 白俄罗斯 (0.4%)	刚果民主共和国 (41.5%) 马达加斯加 (35.2%) 巴西 (34.0%)	中国 (3.1%) 俄罗斯 (6.0%) 日本 (1.2%)
稳定性	Z-分值	几内亚 (2.8) 拉脱维亚 (3.0) 缅甸 (3.2) 爱尔兰 (3.7) 立陶宛 (4.3) 哈萨克斯坦 (4.3)	利比亚 (77.3) 巴林 (48.6) 约旦 (48.2) 纳米比亚 (41.1) 克罗地亚 (39.8)	巴西 (15.9) 中国 (34.8) 印度 (27.8) 俄罗斯 (18.1) 德国 (10.5) 日本 (32.9) 美国 (24)

资料来源：根据西赫克等 (2012a) 的报告整理而得。

尽管第一眼看上去世界银行的指标并不连续，研究却表明金融机构（金融市场）的这些指标在不同国家之间的相互关联性越来越高。不过，从金融行业的规模来看，发达国家依然占据主导地位。

17.3   金融与经济增长

由于前人有过很多关于以银行为基础的金融体系和以市场为基础的金融体系作用对比分析的研究，所以，长期以来，经济学家们对金融体系如何影响经济发展这个命题非常感兴趣。金和莱文 (1993) 曾经对 80 个国家的金融行业如何影响经济发展进行过调查。通过对 1960 年到 1989 年长达 30 年的状况进行研究，他们发现不断发展的金融体系对实际人均 GDP 的增长（实物资本的累积增长速度）有着非常强烈的正面促进作用。这一关键的发现随后引发了大量的实证研究，目的是解释金融体系如何驱动经济增长，以及发展过程中有哪些其他方面的特征。

17.3.1   金融如何推动经济增长？

追随金融体系能够促进经济发展的研究成果，学者们的研究重点开始关注促进经济发展的路径方式。文献表明金融部门的发展帮助公司提高了生产力，提升了资源分配的效率。融资渠道越广泛的公司——不管是通过银行体系还是通过金融市场体系——表现得越有效率和生产力，从而通过这种方式促进经济增长。同时，也有证据表明，当金融体系越发达时，公司的创新精神和企业家精神就越高涨，这是建立在这样的假设前提上——为了获得外部融资，公司在准备商业计划书时会更有独创性，从而更好地推动了企业创新/创业流程优化。公司还可以通过融资的方式完成并购，从而提升规模效应，这样也可以提升效率，获得更多的生产能力。除了促进经济增长之外，还有证据表明，金融行业的发展降低了波动性。金融体系越完善，经济遭遇融资冲击的可能性就越低（如果一国有非常完备的银行体系和金融市场，那么其中一个体系的融资就可用于弥补另一个体系的融资建设）。还有一些证据表明，基础牢固、高度发达的金融体系有助于经济政策的制定。国际货币基金组织（2012d）认为，发达的金融体系能够提高本国货币政策的效果，为财政政策创造良好的基础，还可以让汇率安排有更多的选择。

尽管金融部门的发展可以正面促进经济增长获得了广泛的共识，但影响效果并不是线性的。也就是说，最发达的经济体和最大的公司从中获益最少。金融部门的发展看上去对最不发达国家和相对较小的公司影响最大。为解释这一现象，存在以下五个方面的争论。

（1）追求表现最佳的生产力和效率——发展中国家经济体的一个重要特征就是存在大量生产力水平和生产效率都比较低的中小企业，特别是跟发达经济体相比，尤为明显。随着发展中国家经济体有更多的机会和可能提升公司质量规模和业绩表现，金融部门的发展（比如银行信贷和服务更容易获得，股票市场融资以及其他融资方式更容易实现）对企业投资和增长的影响会更明显。

（2）金融部门发展的传统衡量方法存在不足——衡量金融部门发展的方法，诸如银行信贷与GDP之比、银行资产与GDP之比、股票市场资本化与GDP之比（还有表17-1中提到的其他衡量方法），对金融部门发展来说过于简单，很难体现出金融部门发展的精髓。目前，影子银行受到的关注度越来越高。何为影子银行？就是从事银行机构的经营活动，诸如买卖证券化产品，但又不像银行那样被监管，以及经营活动并不被监管机构所记录的金融机构（对冲基金、私募基金、投资公司）（参见第十八章关于影子银行的分析）。对影子银行规模的估计也是在不断变化中。2013年，美国影子银行规模预计占官方银行业总资产规模的50%，但这个数字比2007—2009年全球金融危机爆发前的120%要低很多（金融稳定局，2012a）。从传统上来看，衡量金融部门发展的指标并不会考虑影子银行活动及其微不足道的影响，这会导致发达国家对金融功能及其影响的理解有所不同。不过，还有一种观点认为，对金融部门的界定越窄，其对经济增长的作用就越弱，如果此时还选择更宽泛的衡量方法来测度，那么其影响效果会变得更弱。

（3）企业部门的金融影响效果比家庭部门的金融影响效果更显著——有非常强劲的证据表明，通过企业测度出来的金融影响经济增长的效果会更明显，特别是小企业的效果比中等规模的企业效果更突出。一般说来，在发达经济体中，家庭部门的信贷——尤其是住房抵押贷款——不论是贷款规模还是贷款增长速度，都在商业银行信贷中占很大的比重。由于偏爱零售/住房金融服务，因此，与企业贷款相比，其对经济增长的作用显得更弱。

（4）发达的金融体系对有才能的员工更有吸引力，这些员工在其他部门会有更高的产出，发挥更大的作用。金融部门越发达，就越有可能通过高薪吸引有才能的员工，投资银行就是典型的例子。这个方面的争论在于，这些有才能的员工原本可以在其他行业发挥更大的作用，从而能够为经济增长做出更多的贡献。争论的焦点是，银行部门招募工程师、物理学家、数学家和其他科学家来开发越来越复杂的产品和系统，其实这些产品对经济增长并没有发挥出应有的作用，有些产品甚至带来的是副作用。最新的研究指出"吸引聪明的人进入金融部门"带来的影响很大。随着去监管化政策的实施，银行和金融部门的发展对有经验的人才需求会不断增加，从而将实业部门的人才吸引到金融部门，带来总体生产力水平的下降，特别是对熟练劳动力依赖比较大的部门损失更大。

（5）对安全保障措施的不断探求——当银行变得越来越大时，就有强大的冲动和欲望开发出更多的安全保障措施（存款保险、贷款人最后保护措施、大而不倒），这些措施能够在银行陷入财务困境的时候提供相应的保护。简单地说，它们相信在出现危机时，政府会出手救助，超级大银行（大而不倒的银行）的高级管理人员因此可能会为了追求盈利（和他们的奖金分红）过度冒险。同时，银行也不会对储户的资产安全担心，因为大多数储户资产都参加了存款保险，从而银行可能会从事一些风险较大的经营活动。总的来说，因为有安全保障措施的保护，银行有更大的欲望去追求增长和承担过多的风险。银行部门的快速发展和过多的风险负担很有可能带来更多的问题，从而最终导致经济增长速度的下降。

金融部门促进经济增长的机制同样会让经济更容易受到外部冲击和金融脆弱性的影响。更加开放的金融市场使得资本的流动更加容易和顺畅，从而加剧了国内资本市场的波动。快速发展的银行业会导致其承担的风险也同步上升，从而有可能带来偿债和流动性问题。总的来说，最近的证据也指出了这样一个现实，即越发达的金融体系，银行业或银行部门遭遇危机的可能性就越大。

表17-3对前文所述的金融与经济增长关系的文献做了一个总结和梳理。图17-1根据奥纬咨询公司（2011）研究报告的预测，描绘出了不同经济体金融和经济的增长关系。相关文献中更加详细的回顾可以从贝克（2012b）的研究中获取。

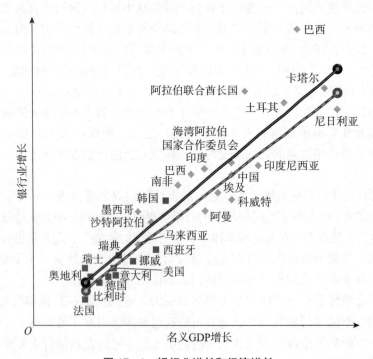

图 17-1　银行业增长和经济增长

资料来源：奥纬咨询公司（2011）。

表 17 - 3　金融与经济增长：文献回顾

A. 金融发展促进经济增长	
● 金和莱文（1993）	对约瑟夫·熊彼特的金融行业发展将有助于经济增长的理论进行实证研究。对 80 个国家的金融行业如何影响经济发展进行过调查。通过对 1960 年到 1989 年长达 30 年的期限进行研究，他们发现不断发展的金融体系对实际人均 GDP 的增长（实物资本累积增长速度）有着非常强烈的正面促进作用。研究还发现当前金融部门的发展对未来经济增长也有促进作用。

B. 如何实现？金融行业发展能够正面积极推动生产力发展、资源分配和公司创新	
● 克莱森斯和莱文（2003） ● 德米尔古克-肯特等（2006）	金融行业的发展可以通过选择更好的资产组合（更有效率和更高生产力）及更好的组织形式（比如有限责任公司和股份有限公司），来帮助企业提高效率。
● 贝克等（2006） ● 贝克等（2008）	金融体系越发达，则银行资产规模越大，银行信贷占 GDP 的比重越高，股票市场资本化水平占 GDP 的比重越高，相对于大型企业来说，其对中小企业的影响也更有效。
● 拉詹和津加莱斯（1998） ● 贝克等（2006） ● 贝克等（2008）	一个更发达的金融行业更能促使现有企业利用各种各样的增长和投资机会来获得更大的（更优的）企业规模。
● 贝克等（2000）	一个发达的金融行业可以通过推动生产力发展和资源分配（更合理地分配土地、劳动和资本），而不只是单纯的资本积累（发展实物基础设施投资），为经济增长做出更大的贡献。
● 克拉珀等（2006） ● 阿洪等（2007） ● 阿雅噶里等（2011）	外部融资的可获得性与企业家才能的发挥、企业的成长以及更多的创新活动都存在正面积极的关系。

C. 金融发展同时还可以减少经济增长的波动性和增加政策实施的效果	
● 阿洪等（2010）	发达的金融体系能够减少公司的流动性限制，扩大长期投资规模，最终能够降低投资和增长的波动性。
● 阿洪等（2009）	金融体系发展能够减少汇率波动带来的负面影响，汇率波动对公司流动性及投资能力都有影响。
● 国际货币基金组织（2012d）	一个发达的金融体系能够增强国内货币政策的有效性，为财政政策的实施提供更宽广的基础，为汇率制度安排提供更多选择。

D. 但金融行业的发展对经济的影响并不是线性的——发达经济体和大公司受益最少	
● 里奥哈和瓦拉乌（2004a；2004b）	金融行业发展对经济增长的影响在中等收入国家效果最显著。
● 阿洪等（2005） ● 阿坎德（2012）	当国家变得越来越富裕的时候，金融行业的作用就变得越来越弱。

E. 发达经济体和大公司从金融行业发展中受益最少的五个理由	
（1）经济体在追赶的时候金融部门效率最高［阿洪等（2005）］。	金融行业的发展对处于追赶发展的国家来说更有效率，而对生产力水平已经很高的国家来说，能够提供的动力则有限。
（2）金融行业发展的传统衡量方法过于简单［伯泰等（2013）］。	传统的中介机构衡量方法太受限制，未能考虑很多非中介性质的融资带来的影响（比如影子银行、其他资本市场活动），而这些活动在发达国家越来越重要。
（3）在发达国家，金融对企业的推动作用比金融对家庭的推动作用更明显［贝克等（2012）］。	新兴市场的金融发展/深化主要与企业部门的信贷和融资的可获得性相关，与消费者/家庭部门的关系比较弱（至少目前是这样）。这也可以解释为什么发达国家较少地从金融发展中获益。

(4) 发达金融体系吸收了更有才华的员工，而这些员工可以在其他行业发挥出更大的作用［菲利蓬 (2010)，尼尔 (2013)］。	与实体经济相比，金融行业可能过于庞大，将大量有才华和天赋的员工和其他资源吸引过来，从而降低了经济的整体生产力水平。或者简单地说，在金融行业就业的数学家、工程师和其他科学家本可以在其他行业发挥更大的作用（以经济增长为标准）。
(5) 安全保障措施被过度开发［卡尔博-瓦尔韦德等 (2013)］。	随着经济发展，当银行开始寻求安全保障措施时（存款保险、贷款人最后保护措施、大而不倒策略），金融体系最终也会过剩。当银行发展速度太快，它们将会敢于冒险，因为它们相信即使它们出了问题，政府和纳税人最终都会开展救助。这一道德风险问题会促使银行高管人员采取更加激进和冒险的行为去追求高收益（他们也可以从中获得更多奖金和分红），而即使出了问题，亏损也有限制（尽管高管可能会面临失业）。追求增长的冲动和承担过多的风险被安全保障机制所放大。金融行业的快速发展以及风险的过度累积也会带来一系列问题，最终的结果是让经济发展速度变缓。

F. 通过金融促进经济增长的机制同样会让经济更容易受到冲击，变得脆弱

● 莱文和瓦伦西亚 (2008)	银行业系统的危机带来的影响可能会非常大，超过50%的GDP以各种形式变成了财政成本，会带来总产出100%的亏损。事实已经证明，在很多情况下，越依赖外部融资的行业越容易遭受不成比例的伤害，这种情况在拥有发达金融体系的国家更明显。
● 莱因哈特和罗格夫 (2011)	银行业危机通常会引发范围更为广泛的主权债务危机。

17.4 宏观经济展望

在我们对新兴经济体进行宏观经济发展展望之前，有必要先学习一些专业术语。**新兴市场**（emerging market）最初是由国际金融公司（International Finance Corporation，缩写为 IFC）提出来的，用来描述发展中国家里拥有中等到高等收入的国家，这些国家拥有股票市场，且外国投资者可以买卖证券，这个名单上的国家其实很少。[①] 后来，这一术语的意思被扩大到几乎包括所有的发展中经济体。**发展中国家**（developing countries）指的是那些人均国民收入（GNI）低于 12 615 美元的国家。以 2014 年为例，世界银行将不同的经济体分为四类，分别是低收入经济体（人均国民收入不高于 1 035 美元）、下中等收入经济体（人均国民收入为 1 036～4 085 美元）、上中等收入经济体（人均国民收入为 4 086～12 615 美元）和高收入经济体（人均国民收入为 12 616 美元及以上）。低收入经济体和中等（包括下中等和上中等）收入经济体有时候就是我们所说的发展中国家。[②] 而**转型经济体**（transition economies）指的是将经济体制由原来的计划经济转为市场经济的国家。从本章叙述的需要出发，我们将转型经济体归入新兴经济体范围。换句话说，所谓的"新兴经济体"包括所有发达国家以外的国家和经济体。

表 17-4 向我们展示了新兴经济体的地理分布，表 17-5 按照这些经济体的收入进行分类。从表 17-4 和表 17-5 的新兴经济体数量来看，很显然，不可能把每个新兴经济体的银行

---

① 国际金融公司是世界银行集团的成员，总部在华盛顿特区。国际金融公司的使命是促进发展中国家私人部门投资的可持续发展，并将此作为减贫和提高人民生活水平的手段。

② 在 2014 年年初，世界银行有 188 个成员和 26 个人口总数超过 3 万人的其他经济体，所以全世界经济体总数量为 214 个。

业以及与银行业发展相关的问题都做详细说明。正是出于这方面的原因，我们只能简要地分析几个主要的新兴经济体。

表 17 - 4　新兴经济体——按照地区分类

东亚和太平洋地区

东萨摩亚、柬埔寨、中国、斐济、印度尼西亚、基里巴斯、朝鲜、老挝、马来西亚、马绍尔群岛、密克罗尼西亚联邦、蒙古国、缅甸、帕劳、巴布亚新几内亚、菲律宾、萨摩亚、所罗门群岛、泰国、东帝汶、图瓦卢、汤加、瓦努阿图、越南

欧洲和中亚地区

阿尔巴尼亚、亚美尼亚、阿塞拜疆、白俄罗斯、波斯尼亚和黑塞哥维那、保加利亚、格鲁吉亚、匈牙利、哈萨克斯坦、科索沃、吉尔吉斯斯坦、马其顿、摩尔多瓦、黑山、罗马尼亚、塞尔维亚、塔吉克斯坦、土耳其、土库曼斯坦、乌克兰、乌兹别克斯坦

拉丁美洲和加勒比地区

阿根廷、伯利兹、玻利维亚、巴西、哥伦比亚、哥斯达黎加、古巴、多米尼加、厄瓜多尔、萨尔瓦多、格林纳达、危地马拉、圭亚那、海地、洪都拉斯、牙买加、墨西哥、尼加拉瓜、巴拿马、巴拉圭、秘鲁、圣卢西亚、圣文森特和格林纳丁斯、苏里南、委内瑞拉

中东地区和北非地区

阿尔及利亚、吉布提、埃及、伊朗、伊拉克、约旦、黎巴嫩、利比亚、摩洛哥、叙利亚、突尼斯、约旦河西岸和加沙、也门

南亚地区

阿富汗、孟加拉国、不丹、印度、马尔代夫、尼泊尔、巴基斯坦、斯里兰卡

撒哈拉以南非洲地区

安哥拉、贝宁、博茨瓦纳、布基纳法索、布隆迪、喀麦隆、佛得角、中非共和国、乍得、科摩罗、刚果民主共和国、刚果共和国、科特迪瓦、厄立特里亚、埃塞俄比亚、加蓬、冈比亚、加纳、几内亚、几内亚比绍、肯尼亚、莱索托、利比里亚、马达加斯加、马拉维、马里、毛里塔尼亚、毛里求斯、莫桑比克、纳米比亚、尼日尔、尼日利亚、卢旺达、圣多美和普林西比、塞内加尔、塞舌尔、塞拉利昂、索马里、南非、南苏丹、苏丹、斯威士兰、坦桑尼亚、多哥、乌干达、赞比亚、津巴布韦

资料来源：世界银行（2014），见其官网。

表 17 - 5　新兴经济体——按照人均国民收入分类

低收入经济体（人均国民收入不高于 1 035 美元）

阿富汗、孟加拉国、贝宁、布基纳法索、布隆迪、柬埔寨、中非共和国、乍得、科摩罗、刚果民主共和国、厄立特里亚、埃塞俄比亚、冈比亚、几内亚、几内亚比绍、肯尼亚、朝鲜、吉尔吉斯斯坦、利比亚、马达加斯加、马拉维、马里、莫桑比克、缅甸、尼泊尔、尼日尔、卢旺达、塞拉利昂、索马里、南苏丹、塔吉克斯坦、坦桑尼亚、多哥、乌干达、津巴布韦

下中等收入经济体（人均国民收入为 1 036～4 085 美元）

亚美尼亚、不丹、玻利维亚、喀麦隆、佛得角、刚果共和国、科特迪瓦、吉布提、埃及、萨尔瓦多、格鲁吉亚、加纳、危地马拉、圭亚那、洪都拉斯、印度尼西亚、印度、基里巴斯、科索沃、老挝、莱索托、毛里塔尼亚、密克罗尼西亚联邦、摩尔多瓦、蒙古国、摩洛哥、尼加拉瓜、尼日利亚、巴基斯坦、巴布亚新几内亚、巴拉圭、菲律宾、萨摩亚、圣多美和普林西比、塞内加尔、所罗门群岛、斯里兰卡、苏丹、斯威士兰、叙利亚、东帝汶、乌克兰、乌兹别克斯坦、瓦努阿图、越南、约旦河西岸和加沙、也门、赞比亚

上中等收入经济体（人均国民收入为 4 086～12 615 美元）

安哥拉、阿尔巴尼亚、阿尔及利亚、东萨摩亚、阿根廷、阿塞拜疆、白俄罗斯、伯利兹、波斯尼亚和黑塞哥维那、博茨瓦纳、巴西、保加利亚、中国、哥伦比亚、哥斯达黎加、古巴、多米尼加、厄瓜多尔、斐济、加蓬、格林纳达、匈牙利、伊朗、伊拉克、牙买加、约旦、哈萨克斯坦、黎巴嫩、利比亚、马其顿、马来西亚、马尔代夫、马绍尔群岛、毛里求斯、墨西哥、黑山、纳米比亚、帕劳、巴拿马、秘鲁、罗马尼亚、塞尔维亚、塞舌尔、南非、圣卢西亚、圣文森特和格林纳丁斯、苏里南、泰国、汤加、突尼斯、土耳其、土库曼斯坦、图瓦卢、委内瑞拉

高收入经济体（人均国民收入为 12 616 美元及以上）

安道尔、安提瓜和巴布达、阿鲁巴、澳大利亚、奥地利、巴哈马、巴林、巴巴多斯、比利时、百慕大、文莱、加拿大、开曼群岛、海峡群岛、智利、克罗地亚、库拉索岛、塞浦路斯、捷克、丹麦、爱沙尼亚、赤道几内亚、法罗群岛、芬兰、法国、法属波利尼西亚、德国、希腊、格陵兰岛、关岛、香港、冰岛、爱尔兰、马恩岛、以色列、意大利、日本、韩国、科威特、拉脱维亚、列支敦士登、立陶宛、卢森堡、澳门、马耳他、摩纳哥、荷兰、新喀里多尼亚、新西兰、北马里亚纳群岛、挪威、阿曼、波兰、葡萄牙、波多黎各、卡塔尔、俄罗斯、圣马力诺、沙特阿拉伯、新加坡、圣马丁岛、斯洛伐克、斯洛文尼亚、西班牙、圣基茨和尼维斯、圣马丁、瑞典、瑞士、特立尼达和多巴哥、特克斯和凯科斯群岛、阿拉伯联合酋长国（简称阿联酋）、英国、美国、乌拉圭、美属维尔京群岛

资料来源：世界银行（2014），见其官网。

* 该表中有不少发达经济体，发达经济体本不属于新兴经济体，但原书如此，故不做改动。——译者注

从 20 世纪 90 年代中期以来，新兴经济体的表现发生了很大的改变，尽管不同经济体经济增长预期差别很大，但还是有一些比较明显的特征。我们要强调的是，从 1995 年到 2004 年，事实上所有新兴经济体增长速度都快于发达经济体，其中，东亚和太平洋地区（包括中国）增长速度最快，其次是南亚地区、撒哈拉以南非洲地区、中东地区以及南非。发达国家中，增长速度最快的是美国。从 2004 年以来，这一发展趋势依然在延续，在 2005 年到 2014 年间，亚洲的两大区域保持着更加快速的发展势头。

在同一时间段，拉丁美洲和加勒比地区、欧洲、中亚地区（包括大多数转型经济体）等经济体的表现也都不错。与此相反的是，发达经济体由于受金融危机的影响，2009 年的经济增长非常差，美国、欧元区国家和英国的经济增长率极低。例如，从 2005 年到 2014 年，欧元区国家的经济年平均增长速度为 0.8%，而美国经济的表现要稍好一些，增长速度为 1.3%。很显然，银行体系的崩溃对经济发展的影响是负面的，发达经济体的感知尤为明显，因为这次危机主要来自发达国家，不过在 2009 年和 2010 年，很多发达国家花费了大量的救助成本，这让它们经济下降的步伐有所缓和，并开始缓慢回升。

国际货币基金组织（2013d）对全球经济发展进行展望，表 17-6 对新兴经济体的发展趋势做了简要说明，将 2018 年预测的经济增长速度与之前的十年经济增长情况加以对比。只有少数的发达经济体能够保持高速增长的预期，这是因为它们从 2000 年代中期开始就采取措施来扭转表现不佳的宏观经济走势。按照《经济学人》（*The Economist*）的分析，2013 年增长速度最快的经济体是蒙古国（18.1%）、澳门（13.5%）、利比亚（12.2%）、中国（8.6%）和不丹（8.5%）。①

---

① 参见《经济学人》官网。

表 17 - 6　新兴经济体的实际增长速度（%）

	1995—2004 年	2005—2014 年	2018 年预测值
东亚和太平洋地区	7.1	8.5	7.7
中国	9.2	10.1	8.5
印度尼西亚	2.9	6.0	6.5
马来西亚	5.2	4.8	5.2
蒙古国	4.5	9.6	8.9
越南	7.3	6.5	5.5
欧洲和中亚地区	3.5	4.3	4.3
保加利亚	1.6	2.7	3.5
罗马尼亚	2.5	2.4	3.5
土耳其	4.2	4.3	4.5
拉丁美洲和加勒比地区	2.6	4.0	3.9
阿根廷	1.1	6.0	3.0
巴西	2.5	3.7	4.2
秘鲁	3.5	6.9	6.0
中东地区和北非地区	4.5	4.6	4.6
阿尔及利亚	4.1	3.0	3.9
埃及	4.8	4.5	6.5
伊朗	4.9	2.9	2.4
伊拉克	4.2	7.0	8.3
南亚地区 *			
印度	6.1	7.5	7.0
巴基斯坦	4.2	3.1	3.0
撒哈拉以南非洲地区	4.5	5.5	5.5
赤道几内亚	39.3	4.1	−7.1
加纳	4.7	7.4	5.7
尼日利亚	6.5	6.8	6.7
南非	3.1	3.4	3.1
发达经济体 **	2.8	1.4	2.5
美国	3.3	1.3	2.9
日本	1.1	0.7	1.1
欧元区	2.2	0.8	1.6
德国	0.9	1.0	1.2
英国	3.3	0.7	1.5

资料来源：根据国际货币基金组织（2013d）报告整理而得。

* 原书无数据。——译者注

** 发达经济体本不属于新兴经济体，但原书如此，故不做改动。——译者注

图 17-2 显示在最近几年里，新兴经济体的表现要强于发达经济体。我们可以发现，增长速度较快的中国、印度和印度尼西亚，在 2000 年代早些时候的表现要强于金融危机之后的表现。反观发达经济体，我们发现，其 GDP 增速很难超过 5%，金融危机后的西班牙、意大利、葡萄牙和希腊陷入主权债务危机，2010—2012 年间的经济增长是负数。考虑到这些因素，我们就不难理解为什么很多商业银行将战略性目标市场都锁定于新兴经济体。

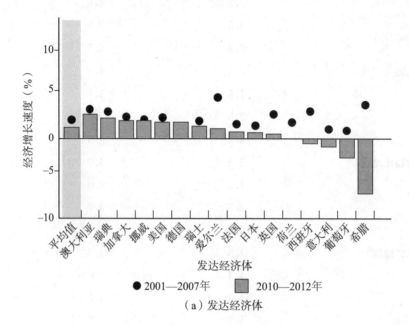

（a）发达经济体

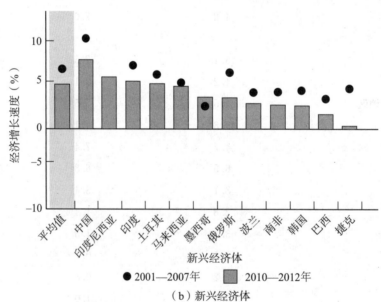

（b）新兴经济体

图 17-2 发达经济体和新兴经济体的经济增长速度

资料来源：国际清算银行（2013a，第Ⅲ部分）。

说明：经济增长速度为年平均 GDP 增速的实际值，平均值是以 2005 年 GDP 为基础进行加权，按照购买力平价（PPP）汇率计算。

17.5　结构特征与趋势

本节将对新兴经济体银行业体系的当前结构是如何形成的,以及未来的发展趋势做一个概要分析。首先,我们会在考量监管政策发展的基础上了解新兴经济体银行业体系发展的主要趋势。然后,我们对银行业体系结构和业绩变动的影响因素进行分析。

从金融机构的数量和规模、所有权结构、盈利性和竞争程度、信息技术的运用以及其他结构特征等方面来考虑,新兴经济体的银行业体系具有典型的异质性。在大多数国家,少数几家大型商业银行占据较大的市场份额,同时存在的还有数量众多的小型私营(家族拥有)银行以及各种类型的储蓄和合作银行。在过去的十年时间里,外资银行在新兴经济体银行业体系所占有的股权份额有非常显著的增加,很多国家的银行体系——特别是中东欧国家——都被外资银行所垄断。

还有一个非常有意思的特征是,政府在融资体系中占据非常重要的位置——有些经济体的银行体系直接在政府的控制之下。当然,在全球金融危机期间,发达国家政府也加强了对银行业体系的控制,很多政府在危机中直接救助银行:到 2014 年年初的时候,大约 45% 的英国零售银行市场是由政府控制的。表 17-7 和表 17-8 展示了亚洲和转型经济体银行业体系的一些特征。表 17-7 表明亚洲银行业市场规模相对较大,特别是银行资产占 GDP 的比值的数据,平均来看,要比东欧和拉丁美洲的发展中国家高很多。分支机构和自助取款机的数量也比其他新兴经济体要多很多,但与发达经济体相比,仍处于比较低的水平。

表 17-8 展示了转型经济体银行业体系的信息,重点突出外资银行在这些银行业体系中的绝对作用——除斯洛文尼亚(外资银行所占比例为 29%)和俄罗斯(外资银行所占比例为 18%)之外。不同国家银行业体系的特征各有不同,对每一种银行体系都展开分析显然不现实。不过,在这个不断变化的大环境下,分析影响银行业结构和效率特征的主要因素还是非常有必要的。

17.5.1　监管放松和金融自由化

从传统上来看,新兴经济体银行业体系的一个重要特征是政府的高度控制,政府对存贷款利率以及内外资银行的准入都有非常严格的限制。在部分国家,金融活动管制的水平和政府干预金融市场的程度是非常严重的(比如在苏联时期),这些管制可以被形容为**金融抑制**(financial repression)。政府实施金融抑制的方法主要是维护国有银行在金融行业中的垄断地位,严格限制银行和非储蓄存款金融机构的准入,严格控制影响银行存款的新金融产品的出现。金融抑制程度有深有浅,主要包括:

- 控制利率水平;
- 控制信贷;
- 直接信贷(发放给有特殊政治意义行业的"无经济效益"的补贴贷款);

表 17 - 7　亚洲的银行业

	银行资产占GDP的比重(%)		私人信贷占GDP的比重(%)		期间费用占资产的比重(%)		净利息收入占资产的比重(%)		分支机构(家,每10万人)		自动取款机(台,每10万人)		自动取款机(台,每1000平方公里)	
	2007年	2013年	2007年	2013年	2007年	2013年	2007年	2013年	2007年	2013年	2007年	2013年	2007年	2013年
国家														
中国	109.5	131.57	99.7	121.49	1.5	1.24	3.7	2.86	n. a.	7.8	n. a.	46.94	n. a.	9.32
印度尼西亚	31.5	29.96	22.7	25.37	3.8	3.40	6.5	6.35	5.9	10.4	11.3	42.40	10.4	39.79
朝鲜	99.5	98.43	93.1	98.43	1.2	1.2	1.9	2.6	18.4	18.3	235.4	290.03	967.1	1 265.79
马来西亚	102.9	120.15	97.0	106.40	1.4	2.8	3.2	4.7	10.7	11.3	39.4	55.50	22.2	36.23
菲律宾	35.0	44.9	22.4	29.8	3.6	2.8	4.2	3.7	7.7	8.63	12.7	22.95	24.0	48.73
泰国	100.9	114.4	89.6	101.9	2.4	1.8	3.6	2.8	9.6	12.16	46.9	104.32	48.7	111.19
孟加拉国	51.8	65.2	34.6	44.6	3.4	2.4	2.5	4.3	7.0	8.19	0.5	6.33	3.7	52.22
印度	57.7	65.2	41.1	47.2	2.1	1.7	3.1	3.1	9.0	12.16	3.4	13.27	9.1	38.96
巴基斯坦	38.8	34.1	27.2	18.1	2.5	2.9	5.1	5.7	7.9	9.33	2.7	6.49	3.6	9.90
地区														
东亚和太平洋地区	79.9	42.5	70.7	32.3	2.3	3.7	3.8	4.6	10.5	10.9	69.1	80.5	214.5	239.2
南亚地区	49.4	40.5	34.3	34.7	2.7	7.1	3.6	6.1	8.0	8.0	8.4	2.2	3.5	5.5
中亚地区和东欧地区	51.8	48.3	41.7	42.1	4.9	3.7	3.9	4.3	25.6	26.9	42.3	55.1	33.1	39.0
拉丁美洲	42.2	38.8	21.7	31.6	4.5	4.2	5.6	5.7	21.1	22.3	50.7	55.6	10.5	11.8
中东地区和北非地区	58.6	44.1	38.6	36.2	1.7	2.7	2.9	3.6	7.3	9.8	7.8	10.5	3.4	4.7
撒哈拉以南非洲地区	47.6	34.8	39.1	27.8	4.6	5.1	5.3	5.9	4.9	6.7	13.3	23.7	4.8	9.6

资料来源：国家和地区层面银行资产占GDP的比重、私人信贷占GDP的比重，数据来自金融准入调查数据库（国际货币基金组织，2013）；地区层面分支机构和自动取款机的数据来自：Klapper, L., Martinez-Peria, M. S. and Zia, B. (2014) "Banking in developing nations of Asia: Changes in ownership structure and lending over the financial crisis", Chapter 38 in the *Oxford Handbook of Banking*, 2nd Edition edited by A. N. Berger, P. Molyneux and J. O. S. Wilson, Oxford, OUP. Table 1.

表 17 - 8　转型经济体的银行业

	银行数量（家）	外资银行所占资产份额（%）	国内信贷占 GDP 的比重（%）	净利息收益率（%）	不良贷款占总贷款的比重（%）	欧洲复兴开发银行（EBRD）转型指数
中东欧地区						
捷克	37 (15)	84.8	75.3	2.68	2.8	4.0
匈牙利	38 (23)	81.3	66.5	3.82	6.7	3.7
波兰	67 (57)	72.3	55.2	3.18	8.0	3.7
斯洛伐克	26 (13)	91.6	51.1	2.77	5.2	3.7
东南欧地区						
保加利亚	30 (22)	84.0	75.3	3.59	6.7	3.7
克罗地亚	32 (15)	91.0	69.6	2.95	7.8	4.0
罗马尼亚	31 (25)	84.3	40.7	4.35	8.5	3.3
塞尔维亚	33 (—)	72.5	45.0	4.54	16.9	3.0
斯洛文尼亚	25 (11)	29.5	92.7	2.36	6.0	3.3
前苏联地区						
爱沙尼亚	17 (14)	98.3	98.8	3.21	5.3	4.0
拉脱维亚	27 (18)	69.3	103.3	1.57	16.4	3.7
立陶宛	17 (5)	91.5	69.8	1.44	20.8	3.7
俄罗斯	1 058 (108)	18.3	44.4	5.08	9.7	2.7
乌克兰	182 (51)	50.8	73.3	4.66	47.9	3.0

资料来源：伯宁等（2014，表2）。

说明：数据来自欧洲复兴开发银行《转型报告》（Transition Report）中的国别数据，以及欧洲复兴开发银行《结构和机构改变》（Structural and Institutional Change）中的指标。还有一些特别的数据来自世界银行的在线数据库。欧洲复兴开发银行的指数取值范围是1～4。2010年数据缺失，我们用2009年可获得的数据来替代。银行数量的括号中为外资控股数量，"—"表示数据不可获得。

- 较高的准备金比例；
- 对新银行和其他金融中介机构的准入设定限制；
- 对外资金融中介机构的准入设定限制；
- 金融机构国有化。

从传统上看，改变这种保护性银行体系大环境和培养竞争氛围都存在动力不足的问题。不过，在20世纪90年代，全球金融市场发生了一系列改变，来自各种各样形式的银行业危机和快速发展的技术创新迫使政府在国内层面放松监管，并对外开放，引入竞争。这些因素以稳定的速度持续前进，一直延续到2000年代后期，彼时，放松监管趋势被认为导致了全球金融危机的后果。

尽管新兴经济体银行业体系受金融危机冲击比较小，但在监管放松的大背景下，很多银行承担过多的风险让国内和国际银行业监管者都开始重新评估这一状况。例如，巴塞尔委员会的第三版《资本协议》提出了新的资本金和流动性规定，要求银行拥有更多的资本金，降低风险资产比重（详细内容参考第七章）。这些监管举措（加上缓慢的经济增长速度）严重阻碍了发达经济体银行业的发展，同时也对新兴经济体产生了不小的影响。很多新兴经济体增长预期放缓，此外，随着监管者变得越来越谨慎，外资银行扩张的步伐也在放慢。尽管如此，在写作本书的时候（2014年），与发达经济体相比，新兴经济体银行业增长预期以及金融行业投资者面临的机会依然很多。

在全球金融危机爆发前的自由化期间，很多国家的银行业体系都发生了结构性改变。在国内层面，新兴经济体最大的改变是废除了存款利率上限的规定，取消了经常账户利息支付的限制规定。这些改变的意义非常深远，意味着银行业不再只是依赖便宜的融资来源。盈利面临新的挑战，从而鼓励银行重组业务结构，选择以市场为导向的发展模式。

新兴经济体银行业市场的对外开放使得外资银行（包括非银行金融机构）在寻求盈利机会方面面临更多的选择。其结果是，大多数新兴经济体银行业体系现在高度依赖由外资银行提供的资本金、技术和管理技能。我们将会在17.5.4节讨论这一主题。

长期以来，放松管制和**金融自由化**（financial liberalisation）被认为有着非常积极的作用，因为通过竞争和消除让经济活动发生扭曲的监管规定，它们能够提高银行业的经营效率。放松管制带来的好处包括：

- 扩大金融市场；
- 增加竞争；
- 拥有更多选择和更加便宜的金融产品；
- 技术进步带来持续的金融创新；
- 提升了消费者福利；
- 促进经济增长。

不过，除了带来积极的正面影响之外，大家一致认为放松管制走得太快，这容易引发金融不稳定，从而导致金融危机的爆发。从积极的角度去考虑，放松金融管制毫无疑问可以让金融中介更容易突破行业和国界的限制。同时，放松管制还可以促进技术进步，技术进步反过来降低了成本，推动了金融创新的步伐。例如，电脑技术和通信技术的革新突破了分支机构的地理限制。金融创新包括新的金融产品开发，这些产品现在广泛地被新兴市场国家的银行使用。由于技术的进步，新兴经济体银行业市场实现了"跨越式金融发展"，快速地从一个相对落后的体系进入一个相对比较发达的体系。例如，自动取款机、借记卡、贷记卡、电话银行和网络银行的快速发展让发展中国家从原来以现金交易为基础直接进入以电子交易为基础的阶段，跨过了"支票阶段"。专栏17-1对此做了很好的说明，向我们详细介绍了中国的商业银行和货币市场基金争夺储蓄的竞争，它们通过使用移动手机软件（APP）为消费者提供收益率高且方便快捷的服务来吸引客户。

专栏 17-1

在线投资 APP 的兴起加剧了中国银行业的竞争

很多年之前，中国银行业体系的吸收存款之战就已经打响，在过去的一周，随着在线投资基金与最流行的聊天 APP 相结合，吸储之战再次升级。

这种基金最近才进入中国在线投资市场，但在线投资产品已经存在了一年多时间，而此次合作的对象是腾讯（Tencent）公司的微信聊天工具。中国的商业银行一直以来很少面对竞争和挑战，但互联网基金产品的发售让银行损失了不少客户，迫使它们提高存款利率。

2014年1月22日，腾讯官方发布新产品，两天内，腾讯理财通吸引的资金规模已经超过10亿元（约1.65亿美元）。尽管并没有正式发布统计数据，但一家官方金融报纸——《上海证券报》（*Shanghai Securities News*）预计理财通的规模将超过100亿元。

阿里巴巴（Alibaba）电子商务集团公司已经成为中国最大的货币市场基金，腾讯微信理财通基金的成立是对阿里巴巴的最大挑战。在2014年1月中旬，阿里巴巴宣称余额宝基金已经吸引了4 900万投资者，规模超过2 500亿元。尽管按照官方的分类标准，它们都属于货币市场基金，但阿里巴巴和腾讯的投资基金产品被中国的储蓄者当成银行储蓄账户的替代品。

尽管银行提供的活期存款利率为0.35%——这是中国央行确定的基准，但阿里巴巴和腾讯提供的活期利率水平超过6%。腾讯理财通的收益率为7.5%，高出阿里巴巴余额宝一个百分点。这让中国商业银行的存款增速出现断崖式下跌。2013年第一季度，中国的银行储蓄增加了9万亿元，但第二季度仅增加了3万亿元，推出在线投资理财产品之后，银行存款出现了大幅下滑。但在线投资基金的总规模占总储蓄存款的比例不超过1%，所以，从短时间来看，在线投资基金对银行的冲击力有限。

"但是它们很快就会因为规模庞大而成为经济体中无法忽视的一个部分，"瑞银分析师维克托·王（Victor Wang）这样说道，"今天，它们在不断吞噬银行存款。如果银行不对此做出反应，明天，银行的很多地盘都会被它们侵占。"

银行开始回击在线投资基金。最大的五家商业银行已经将一年期存款利率水平提高到3.3%，这比基准利率高了10%，但与阿里巴巴和腾讯的在线投资产品收益率相比，还不到它们的一半。"我们已经无能为力了。"一位不愿透露姓名的银行高管这样告诉《财经》（*CaiJing*）记者，《财经》是中国金融领域具有号召力的一本杂志。阿里巴巴和腾讯通过将消费者的现金资产投资到货币市场基金获得高收益，这些货币市场基金的投资对象是银行间市场和更高收益的债券基金。阿里巴巴基金由天弘资产管理（Tianhong Asset Management）公司负责管理，而腾讯基金由四家公司负责管理，其中包括中国资产管理（China Asset Management）公司。不管是阿里巴巴还是腾讯，在星期五开始的农历新年期间，都吸引了大量新消费者加入投资的队伍。

本周，腾讯公司的微信APP新上线红包业务，取代了传统的新年期间亲朋好友之间发红包的功能。这一功能现在特别流行，它让数百万用户可以实现在线支付和投资功能。在过去的七天时间里，阿里巴巴余额宝投资基金吸引了400万新用户，现金流入超过100亿元，远远高于其正常水平。"很多人都把他们的年终奖投到了余额宝。"阿里巴巴这样说。

资料来源：Rabinovitch, S. (2014) *Financial Times*, 30 January.

新兴市场将新的销售渠道看成它们零售业务和商业银行经营活动的一个非常重要的组成部分，不仅是因为信息技术和通信技术在稳步发展，而且因为与传统的分支机构相比，这种销售渠道的成本相对低很多。与技术进步相关并让新兴经济体特别担心的一件事是在享受银行服务过程中碰到的**数字鸿沟**（digital divide）问题。这指的是受过高等教育且比较富有的消费者可以通过互联网等技术获得银行提供的有竞争力的服务，而随着分支机构数量的减少，特别是在农村地区，那些不怎么富有的消费者可能就享受不到这些优质服务。关于这方面问题的详细分析，可以参照世界银行构建的全球金融机构（全球金融指数）数据库以及德米尔古克-肯特和克拉珀（2012）的研究成果。

17.5.2 政府的作用

20世纪80年代和90年代早期，在大多数发展中国家和地区，国有控股银行资产规模在银行业体系中占据大头。银行业与公用事业、通信业、铁路和航空都被认为是国民经济的重要支柱行业，不能被私人控制。在过了近20年时间后，发展中国家和地区政府对银行业的持股比例出现了大规模下降。银行国有控股比例发展趋势以及发展中国家和地区政府控股比重变化分别见图17-3和图17-4。

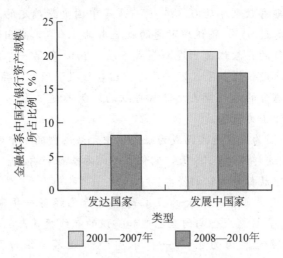

图17-3 银行国有控股比例发展趋势

资料来源：世界银行（2013）。

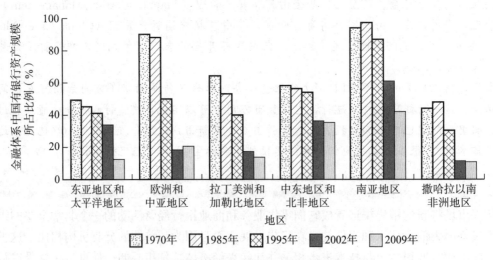

图17-4 发展中国家和地区政府控股比重变化

资料来源：世界银行（2013）。

在很多国家，政府持有银行的比重之所以会下降，通常都是因为业绩表现较差，而国有银行业绩表现较差的原因是不恰当的政治干预、脆弱的管理和政府会给表现不佳的国有企业提供贷款（不考虑成本）。这带来的结果就是在20世纪80年代和90年代银行业危机中，大量的国有银行破产，或者变得非常脆弱。为了应对这一局面，很多新兴经济体的政府开始有所动作，在其他情况不变的条件下，对银行业逐步实现私有化改革。这有助于维护金融稳定，特别是在拉美地区和中欧地区。

尽管每个新兴经济体实施银行私有化改革都有自己的动机，但是，这些改革都是为了鼓励银行业的竞争和效率的提升。

20世纪90年代，拉丁美洲国家开始实施不同阶段的银行私有化价格，这些改革计划是更大规模、更长周期公共部门改革的一部分，其目的是重构公共金融行业，减少借贷的要求，发挥证券市场的作用。与此同时，亚洲新兴经济体面临的是如何对在1997—1998年被国有化的银行进行私有化改革。到2000年代中期的早些时候，政策制定者们开始质疑新兴经济体的国有银行的价值到底是什么。特别是糟糕的业绩表现和经常出现的救助让政策制定者们倍感疑惑。同时，国有控股比例比较高的金融部门通常金融系统都不发达且效率低下。此外，政府控股比例高的借贷活动往往都有"政治目的"，从而降低了银行体系服务的覆盖面，拉大了中间服务的利差，最终减缓了经济增长的速度。[①] 但不管怎么样，国有银行还是有一些优点的：

- 国有银行与私人银行相比，不会那么顺周期放贷。
- 国有银行愿意向边远地区的消费者提供服务，而私人银行不愿提供这样的服务。
- 有部分国家，比如泰国、巴西和阿根廷，其国有银行愿意为大城市之外的农民和中小企业提供金融服务。
- 由于缺少基本的市场和法律基础，国有银行是唯一能够提供金融服务的机构。

大多数新兴经济体政策制定者看上去都将银行国有控股权看成次优选择，至少在"正常"状态下是这样的——但在金融危机期间，他们都会通过国有化的方式挽救银行——他们越来越倾向依据市场规则来发展公共金融部门，从监管和其他角度出发，以相同的方式和标准对待私营银行和公共金融行业。专栏17-2从正反两个方面对国有银行控股权进行了详细的分析和讨论。

专栏 17-2

关于国有银行作用的两种观点分析

在最新发表的世界银行的博客文章——《金融的一切》（All about finance）中，有关国有银行在推动金融稳定和准入中的作用方面，存在两种完全不同的学术观点。

日本人寿保险公司名誉教授、宾夕法尼亚大学沃顿商学院（Wharton School, University of Pennsylvania）金融和经济学教授富兰克林·阿伦（Franklin Allen）认为，在金融危机期间，公共银行比私营银行有明显的优势，因此我们应该重新评估其价值，尽管从长期资源分配的角度来看，私营银行优于公共银行。他接着分析说：

> 当遇到危机时，公共银行的优势就会体现出来。不需要中央银行干预商业信贷市场，在这一方面，中央银行本来经验就不足，国有商业银行可以从资产和贷款两个方面临时充当中央银行的角色。这将有利于提升经济自我调节的能力，解决信贷崩溃带来的难题。

---

① 参见世界银行（2013，第4章）关于政府对国有银行直接干预的讨论。

在金融危机期间，大多数私营银行和一到两家国有银行的混合安排能够为金融体系提供安全保障。平常，国有银行与私营银行之间的竞争可以确保成本结构有竞争力，防止腐败，还可以为监管部门提供私营银行风险过高或垄断权力过大的信息。然而，它们存在的真正价值体现在金融危机期间。国有控股银行为零售业务和银行间存款提供安全保障，在风险扩散的过程中充当灭火器的作用，还可以在危机期间为企业——特别是中小企业提供贷款支持。它们可以弥补私营银行留下来的业务空白。这些银行上市之后，可以确保所有的信息能够对外公开，它们的股票价格将会对它们的业绩做出真实的反映。

公共银行在提升银行服务的可获得性方面还发挥着另外的重要作用。如果政府希望自己的计划能够如期实现，那么，公共银行可以为此类活动提供补贴贷款。在 19 世纪和 20 世纪的很多欧洲国家，邮政局为很多无法享受金融服务的消费者提供存款账户和其他金融服务。这方面的典型案例是智利的国家银行（Banco del Estado），这家银行完全由国家所有。它是智利国家的第三大贷款人，几乎在所有的银行业子市场都提供相应的服务。现实情况是，它不得不与私营银行开展竞争，以确保自己能够顺利运营。同时，智利的国家银行涉足本国所有行业，服务所有国民。其他很多国家都受益于这种类型的银行。

与此相对的是，哥伦比亚大学亨利·考夫曼（Henry Kaufman）金融学院教授查尔斯·卡洛米利斯（Charles Calomiris）认为，学术研究表明国有控股银行对一国银行体系有着非常明显的负面效应，20 世纪 90 年代，很多国家实行降低国有控股银行的持股比例是完全正确的做法，因为这为经济增长和政治改革创造了新的机遇。

他继续分析道：

国有控股银行之所以表现比较差劲，有三个方面的原因。第一，政府官员无须面临任何动力和压力，而这些动力和压力有助于银行发挥其功能。他们没有动力去实现最大化的经济效率，他们也不会像私人银行家那样接受信贷分析方面的培训。他们考虑问题更多是从政治因素出发而不是从经济因素出发。第二，以政治手段的方式将资金分配给与政府关系亲密的资本家是对一个地区或国家政治和社会体系的严重伤害。国有控股银行的存在为选举和任命的政府官员、金融监管部门以及法院等提供了腐败的温床。他们不仅严重地影响了经济的正常发展，而且大大弱化了政治和行政机构所依赖的民主和法律基础。第三，国有控股银行是持续亏损的机构。因为它们存在的目的不是盈利，对贷款的偿还并没有什么动力，反而愿意用资金分配的权力讨好与他们关系亲密的资本家，总是亏损的国有控股银行给政府带来了沉重的财政负担。这些财政成本总是能够找到合理的理由，规模如此庞大的亏损对政府偿债能力和财政赤字来说，都是一个不小的潜在威胁。

危机再次证实了带有政治目的的贷款最终会带来极端损失。准政府机构的美国房地美和房利美发放了一半以上的次级贷款和次优级抵押贷款，最终导致全球金融危机。很显然，政治因素让这些机构在 2003 年之后降低了放贷标准，让贷款质量出现恶化，承担的风险加大，这正是 2004—2007 年次级贷款规模快速膨胀的一个关键因素。政府配额让房地美和房利美有足够的资金可以向低收入群体和不满足信贷标准的客户发放贷款，但低收入群体和不满足信贷标准的客户不能为还款提供稳定的保障。于是，信贷标准开始调低。美国的经历并不是唯一的。出于政治目的，西班牙储蓄银行发放大量贷款以支持房地产市场的繁荣，但最终变成了巨大的泡沫，泡沫破灭后一地鸡毛。在德国，政府控股的银行同样也做过非常可怕的投资决策，不仅反映出腐败或政治目的不纯，而且反映出经营管理能力严重不足。回顾历史，政府掌控的放贷往往是不明智决策和政治利益驱动的结果，风险不断累积，最终的结果非常惨淡，这样的事情总是不断重复出现。

由危机引发的银行体系巨额资本金亏损和随之而来的银行业严厉监管使得银行业短期内信贷供给出现收缩。在经济衰退阶段，信贷的收缩进一步放大了 GDP 下降的影响，延缓了经济复苏的步伐。在这样的背景下，通过法律建立一家国有银行，目的是让可供贷款的资金快速流动起来，便显得非常有吸引力。但这样的行为无疑是短视的。这样不仅不能够促进经济的可持续发展，而且会减缓中期或长期的发展速度，因为资金会慢慢流入生产力不高的使用者手中。支持发展国有控股银行还有可能增加系统性风险（房地美和房利美以及西班牙储蓄银行的例子已经证明了这一点），诱发政府官员和机构发生腐败，带来财政亏损，最终会威胁到政府的偿债能力，带来恶性通货膨胀。

资料来源：The World Bank（2013）；"All about finance"（blog），World Bank.

尽管私营银行与国有银行相比有很多方面的优势，但在很多国家，政府在银行业体系中依然占据统治地位。例如，阿尔及利亚、埃及和印度等国家的国有银行资产在银行体系中所占的比重超过 50%。在其他国家，比如阿根廷、巴西、印度尼西亚、韩国、波兰、俄罗斯和土耳其，国有银行在银行业市场中所占份额为 20%～50%。全世界国有银行在银行业体系中所占权重最高的地区包括南亚地区、中东地区以及北非地区，参见图 17-4。

17.5.3　兼并和收购

20 世纪 90 年代发生在欧洲和美国的市场驱动性质的整合同样会发生在新兴经济体。在常规的金融自由化趋势来临之前，大多数的银行业并购都是来自政府的努力，其目的是重构效率低下的银行业（很多拉丁美洲国家就是这样），或者在银行业危机之后采取干预措施（很多东亚国家就是这样）。然而，在放松管制和私有化进程中，很多市场的竞争程度开始上升，并购的趋势更多来自市场本身的驱动。跨境并购是新兴经济体市场并购的一个重要特征，因为国外所有权通常都是通过购买已有企业来获得，而不是通过"绿地投资"（建立新公司）实现的。

金融行业的并购整合呈现出很多趋势，最显著的特征就是，当股票市场和银行估值较高时，或者当银行业体系崩溃，必须通过强有力的整合实现行业重构时，并购的价格都会更高。2008—2009 年，全球银行业并购的总价值达到一个高峰，其原因就是全球金融危机带来的影响。从那之后，并购市值出现快速回落。新兴市场出现的不断增加的整合预期可能与经济增长的预期类似。

● 到 2020 年，亚洲经济体可能会出现规模最大、增长最快的银行业并购活动。这些交易大多数是国内经济活动。然后会慢慢演变为地区间的交易，来自日本、韩国、新加坡、马来西亚和澳大利亚的银行可能会在亚太地区建立一家基础宽厚的商业银行集团。其他全球型银行很有可能寻求投资银行、资产管理和私营银行领域的并购。很明显，监管部门对跨国并购设定的门槛越来越高，促使国内银行间完成并购交易，同时，巴塞尔委员会的第三版《资本协议》对少数股东权益要求更多的资本金，这样会在某种程度上禁止外资银行的并购扩张。同时，还有一点需要引起我们重视，很多地区的大银行，特别是中国的大银行，往往都会跟随它们服务的公司大客户走向世界，它们通常通过并购和新建绿地投资实现服务大公司客户的目标。

- 对银行并购来说，拉丁美洲保持着世界上第二具有吸引力的市场地位，大多数并购活动发生在拥有最大银行业体系的巴西。此外，一些大型的拉丁美洲银行业务活动与贸易资金往来紧密相关，对贸易伙伴国家的银行实施并购行为。在巴西，外资一般都聚焦一些特殊的领域，比如私营银行、主要的经纪业务和资产管理。不过，从2009年开始，巴西中等规模的银行开始出现并购整合。有意思的是，中国和其他亚洲国家的银行进入巴西市场不是通过并购，而是通过设立绿地投资企业来实现。在拉丁美洲的其他地区，并购整合预期就比较有限，尽管有部分人认为在墨西哥以及其他的拉丁美洲国家，比如哥伦比亚和乌拉圭，国内并购活动还是值得期待的。

- 尽管非洲很多国家的银行业市场还是高度集中，但也呈现出很多并购机会。尼日利亚（政府强势主导并购，目的是整顿金融体系）和南非这两个国家已经有了很多并购活动，这些并购交易都是以市场为导向。其他国家，比如肯尼亚还是有这种并购的可能性，但很多非洲国家的政治风险和其他风险依然很高，这必定会影响外资并购的节奏。

- 俄罗斯和中欧部分国家也有过一些并购活动。俄罗斯大约有1 000家银行，并购重组有很多机会，特别是一些中小规模金融机构的并购机会则更多。作为俄罗斯最大银行之一的俄罗斯联邦储蓄银行（Sberbank）在本地区和土耳其就完成过多项并购活动。未来波兰的一些大银行也存在不少并购机会。

- 海湾国家和中东地区其他国家拥有巨额财富，意味着这些能源大国的银行也期待能够进入其他国家的市场，最近卡特尔银行的一些并购活动就特别引人注目，具体参见专栏17-3。

专栏 17 - 3

过于饱和的海湾地区银行市场的并购整合范围

就在几年前，中东地区的银行从它们本国政府那里获得几十亿美元应对全球金融危机的冲击。现在，从坏账危机中脱身的中东地区银行开始在本地区尝试并购，挑战全球性的大银行，目的是在新兴市场地区获得一定的贸易份额。

2012年，兼并和收购开始重启，很多银行，诸如卡塔尔国家银行（Qatar National Bank）通过重塑，已经成为地区的领导者，它们积极参与欧洲贷款人在本地区的经营活动，从而很快从危机中恢复。银行扎堆的阿联酋和巴林也开始出现并购行为。"那些资产回报率非常高的国际银行其实并不愿意在中东地区进行投资。"惠誉评级公司在迪拜负责中东地区金融机构评级的主管雷德蒙·拉姆戴尔（Redmond Ramsdale）如此说道。与此同时，中东地区的领导人在并购方式选择上表现出很强的"投机性"。"随着欧洲从金融危机中慢慢恢复，我们可以看到它们对中东地区的关注会不断上升，但这将是一个中长期过程。"雷蒙德这样分析。

在阿拉伯之春发生的时候，阿联酋和卡特尔的银行获得了意外之喜，存款大规模增加，叙利亚、埃及和其他焦躁不安的中东国家的居民出于安全考虑，将他们的存款转移至阿联酋和卡特尔的银行，从而让这两个国家银行的资金非常丰沛。

受益于本地区丰富的石油，中东地区的很多国家都非常富有，从而使得海湾地区银行的一级资本金充足率是世界上最高的。政府的支持让海湾地区银行的评级一直比肩世界上最强的国际大公司，这些银行包括阿布扎比国家银行（National Bank of Abu Dhabi）、卡塔尔国家银行和科威特国家银行（National Bank of Kuwait）。很多银行通过贸易融资或本国零售信贷扩张的方式重新布局海外资金的使用情况。

卡塔尔国家银行凭借其强大的资金实力在北非地区和黎凡特地区开展一系列并购行动，如果按照 2012 年总资产规模排行，卡塔尔国家银行在海湾地区所有贷款人中遥遥领先。

不过，其他银行运用它们手中过多的资金购买一些比较弱的竞争对手——有些交易还是政府主导的——其结果要么在时机不错的时候成为国内老大，要么挽救了一些濒临破产的贷款机构。不管怎么说，很多市场都有不少并购整合的机会。阿联酋一共有 51 家银行，被认为是最需要兼并和收购的市场。"阿联酋毫无疑问有大量的并购机会。"艾睿铂（AlixPartner）咨询管理公司的总经理克劳迪奥·斯卡多威（Claudio Scardovi）这样分析。

"一些想在中东地区拓展业务的中国银行对阿联酋市场也表现出浓厚的兴趣。"他补充说。自 2008 年进入阿联酋以来，包括中国工商银行在内的中国的很多贷款机构都在阿联酋开展业务，以满足那些外派业务人员的金融需求。但金融机构的数量最近在缓慢减少。由阿布扎比王室控制的第一海湾银行（First Gulf Bank）以 1.63 亿美元的价格从迪拜集团（Dubai Group）手中购买了信用卡支付公司第一迪拜（Dubai First）。迪拜集团是由酋长完全控股的皇家公司，负责皇室的对外投资。不久之后，巴克莱银行对外宣布将出售阿联酋的零售银行业务，包括盈利的信用卡业务，但不包括分支机构的营业执照。这些业务都受到阿联酋中央银行的严格管控，只有少数几家国际大银行才允许染指这些业务。

并购看上去为突破这些规则提供了可能，比如 2012 年，汇丰银行就通过购买劳埃德信托储蓄银行中东地区分支机构从而获得在该地区开设分支机构的权限。其他市场同样也开始有了这样的并购交易。

该地区之前的银行中心是巴林，但从 2011 年发生骚乱以来，巴林的中心地位仍在艰难复苏中，很多小型贷款机构在巴林王室的支持下开展并购整合。2013 年 1 月，巴林三家伊斯兰投资银行——资本投资（Capivest）公司、艾乐夫银行（Elaf Bank）和资本管理公司（Capital Management House）合并为一家银行。2013 年 10 月，阿勒-萨拉姆（Al Salam）银行同意以股份互换的方式并购 BMI 银行，而卡雷（Khaleeji）商业银行开始与阿勒-凯尔（Al Khair）银行携手开展尽职调查。其他银行认为，北非地区和黎凡特地区不发达的银行业市场比人口密度较小的海湾地区有更多的市场切入机会。

2012 年，阿联酋国民银行（NBD）和卡塔尔国家银行通过从法国信贷机构手中购买特殊经营权从而进入埃及地区开展业务，这些法国信贷机构包括法国巴黎银行和法国兴业银行等，它们选择从北非撤退。不过，新加入的银行正谋划着组建金融集团。"这个地区的贸易和投资还有很多机会，特别是在中东地区和北非地区，"西方一家要求不署名的金融高管这样说道，"我们同样对伊拉克市场很感兴趣。"

尽管爆炸和其他骚乱依然不断，但随着石油产量的恢复，在国际金融机构眼中，伊拉克成为新的淘金热地。渣打银行计划 2014 年在伊拉克设立三家分支机构。花旗银行和摩根大通准备依赖石油产量回升和贸易融资的方式进入伊拉克市场。海湾地区的银行同样也在寻找进入伊拉克的机会。阿布扎比伊斯兰银行（Abu Dhabi Islamic Bank）和卡塔尔国家银行从 2012 年开始同时加大对伊拉克业务的投资。对汇丰银行来说，这个市场被证明是一块难啃的硬骨头，在战略性分析之后，汇丰银行决定先将达累斯萨拉姆（Dar Es Salaam）投资银行的主要股权处理掉。

资料来源：Scope for consolidation in overcrowded Gulf banking markets, *Financial Times*，09/10/13 (Gregor Stuart Hunter). © The Financial Times Limited. All Rights Reserved.

不管是发达经济体还是新兴经济体，并购整合都是一个很重要的特征，这一趋势的发展最终会带来更高的行业集中度，从而带来对这些大银行规模过于庞大，以及大而不倒的安全保障补贴的担忧。不过，很多大公司的金融需求也需要大银行去满足。随着新兴市场银行业的扩张，这些地区的银行和其他金融机构也必定跟着市场一起扩张。

17.5.4 外资银行

在过去的20年时间里，外资银行在很多银行体系中发挥着越来越重要的作用，在新兴市场地区尤为明显。之所以要选择进入其他市场，银行的出发点受很多因素的影响，这些影响因素范围广泛且经常变化。第四章已经讨论过外资银行进入新兴（和其他）市场的一些主要原因。

克莱森斯和范霍伦（2014）对1995—2009年间，5 324家银行在137个国家开展的各种银行活动进行研究。该研究对外资银行参与全球金融活动的程度做了描述，表17-9向我们展示了从1995年开始，全世界各地区都见证了外资银行活动的不断扩展，特别是中东欧地区和撒哈拉以南非洲地区，外资银行经营在东道国市场占有的比例最高。外资银行通常被认为是更有效率和更容易从危机中恢复的金融部门，这既因为外资银行有助于本币更高效率的借贷（从而减少本币的错配），又因为外资银行能够有效地帮助新兴经济体实现银行体系的再融资。同时，外资银行还可以通过更大范围内的多元化借贷和风险管理能力的提升，来增强新兴经济体的金融稳定性。尽管外资银行能够为新兴经济体的发展提供很多好处，这一点获得了市场的广泛认同，但依然有很多让人担心的问题：

- 大规模的外资银行活动会减少东道国监管部门信息的可获得性；
- 大规模的外资银行活动因外资银行的母银行引发的外部事件对东道国带来冲击；
- 外资银行会通过"摘樱桃"的方式选择服务最优的公司，而将风险较大的信贷组合留给本国的银行业；
- 外资银行的信贷集中于大且有盈利能力的公司，而将中小企业信贷留给本国银行。

表 17-9 按照收入和地区汇总的东道国银行的数量

	1995 年		2000 年		2005 年		2009 年	
	数量（家）	权重	数量（家）	权重	数量（家）	权重	数量（家）	权重
所有国家								
本土	3 192	0.80	3 064	0.74	2 861	0.71	2 617	0.66
外资	788	0.20	1 069	0.26	1 165	0.29	1 330	0.34
总计	3 980	1	4 133	1	4 026	1	3 947	1
经济合作与发展组织								
本土	1 067	0.82	1 092	0.80	1 102	0.78	1 068	0.76
外资	238	0.18	280	0.20	311	0.22	329	0.24
总计	1 305	1	1 372	1	1 413	1	1 397	1
其他高收入国家								
本土	79	0.66	74	0.66	63	0.60	62	0.60
外资	40	0.34	38	0.34	42	0.40	41	0.40
总计	119	1	112	1	105	1	103	1

	1995 年		2000 年		2005 年		2009 年	
	数量（家）	权重	数量（家）	权重	数量（家）	权重	数量（家）	权重
新兴市场国家								
本土	1 484	0.82	1 313	0.74	1 159	0.70	1 011	0.64
外资	328	0.18	473	0.26	486	0.30	572	0.36
总计	1 812	1	1 786	1	1 645	1	1 583	1
发展中国家								
本土	562	0.76	585	0.68	537	0.62	476	0.55
外资	182	0.24	278	0.32	326	0.38	388	0.45
总计	744	1	863	1	863	1	864	1
地区								
本土	261	0.82	277	0.81	296	0.81	290	0.76
外资	56	0.18	64	0.19	68	0.19	93	0.24
总计	317	1	341	1	364	1	383	1
东欧地区和中亚地区								
本土	673	0.85	610	0.72	510	0.62	418	0.53
外资	115	0.15	235	0.28	310	0.38	374	0.47
总计	788	1	845	1	820	1	792	1
拉丁美洲和加勒比地区								
本土	604	0.75	485	0.66	400	0.65	369	0.61
外资	197	0.25	254	0.34	215	0.35	233	0.39
总计	801	1	739	1	615	1	602	1
中东地区和北非地区								
本土	147	0.82	135	0.77	120	0.72	103	0.64
外资	32	0.18	40	0.23	46	0.28	57	0.36
总计	179	1	175	1	166	1	160	1
南亚地区								
本土	134	0.93	144	0.91	149	0.91	141	0.87
外资	10	0.07	15	0.09	15	0.09	22	0.13
总计	144	1	159	1	164	1	163	1
撒哈拉以南非洲地区								
本土	227	0.69	247	0.63	221	0.58	166	0.48
外资	100	0.31	143	0.37	158	0.42	181	0.52
总计	327	1	390	1	379	1	347	1

资料来源：克莱森斯和范霍伦（2014，302）。

总的来看，大量聚焦外资银行行为研究的实证分析（克莱森斯和范霍伦，2012）得出结论，大规模的外资银行活动对本国经济发展有着积极的影响，但少数最贫穷的国家除外，这可能是因为在这些最贫穷的国家，外资银行经营活动还不够多。

17.5.5 外资所有权和监管改革

促使新兴市场银行业体系中外资银行活动不断增加和外资所有权不断上升的最重要的驱动因素可能来自监管改革。在 20 世纪 90 年代和 2000 年代早期，很多新兴市场国家都开展了自由化改革，目的是鼓励外资银行进入。有些时候，放松管制是金融危机后改革的必然选择，就好像在危机之后，很多经济体都被迫扩大开放，目的是吸引资本流入，提高直接投资规模。监管改革的目标是加强竞争，扩大自由贸易规模，为结构性改革提供额外动力。一些早期的政策举措是为了实现更加开放的资本账户和更加透明的直接投资活动，这同时有利于更多外资银行进入本国市场。

贸易自由化能够有效地促进经济增长，在这一方面最典型的代表就是中国，其影响就是从 2001 年 12 月中国加入世界贸易组织（WTO）开始显现的。世界贸易组织成员的身份意味着要履行一系列承诺，诸如资本自由流动、通过减少贸易和准入壁垒实现商品和服务的自由流动。在世界贸易组织框架下，中国做出了一系列安排，向外国竞争者开放本国市场。表 17 - 10 对亚洲其他国家的要求和限制情况做了一个总结。

表 17 - 10　南亚地区银行业外资所有权限制

形式	印度尼西亚	马来西亚	菲律宾	泰国	越南
股份并购	从 1992 年开始限定为 49%（东南亚国家联盟的银行为 51%），1999 年增加到 99%（1989 年合资限定为 85%，1999 年增加到 99%）	从 1989 年开始限定为 30%，2007 年增加到 49%（伊斯兰银行从 49% 增加到 100%）	从 1994 年开始限定为 60%，2000 年增加到 100%，对新进入银行设定了 7 年窗口期	1997 年之前限定为 25%，1997 年增加到 100%，10 年后下降到 49%	1993 年开始限定为 10%，2004 年增加到 30%（单一战略投资者限定为 20%，联合投资增加到 49%）
全资子公司	不可以	不可以	可以	可以	可以（2007 年）
全能型支行	可以	不可以	可以	可以	可以（2007 年）
分支机构和附属机构的国内办事处	到 1999 年有 10 个城市可以，从 1999 年开始全部放开	没有数据	1994 年开始全部放开	在 2004 年金融行业精英方案之后，1 个城市可以设立分支机构，4 个城市可以设立附属机构	对外资银行分支机构的设立有隐形的限制

资料来源：慕尼丽丝等（2014，表 2）。

17.6　小结

经过 20 年的自由化发展和改革，新兴经济体银行业体系从市场规模、所有权结构、竞争状况和盈利能力等角度考虑，依然处于分割的状态。尽管有这些变化的特征，但大多数国家依然继续进行放松监管和金融自由化的改革，在信息和通信技术的支持下广泛开展私有化改革计划。这带来了更为深远的结构性变革——从银行数量的减少、外资金融机构活动的增加到政府作用的逐渐下降。

在2007—2009年全球金融危机爆发之后，自由化和放松监管的改革趋势开始逆转，银行面临增加资本金和流动性、减少高风险金融活动的压力。不管是发达国家还是新兴市场国家，政策制定者们都集中在维护银行体系的稳定上，而不是程度更深的自由化改革。很难预测这样的发展趋势会持续多长时间。在有些国家，国内经济的下滑同样阻碍了金融部门的发展。毫无疑问，到2050年，7个新兴经济体（巴西、中国、印度、印度尼西亚、墨西哥、俄罗斯和土耳其）的经济总规模将超过传统的7个发达国家［7国集团（G7）——加拿大、法国、德国、英国、意大利、日本和美国］的经济总规模，因此，这些新兴经济体的银行业和金融公司的未来发展前景值得期待。

关键术语

以银行为基础的金融体系	发展中国家	数字鸿沟
新兴市场	金融深化	金融自由化
金融抑制	以市场为基础的金融体系	转型经济体

主要阅读文献

Beck, T. (2012) "The role of finance in economic development-benefits, risks, and politics", in Müller, D. (ed.), *Oxford Handbook of Capitalism*, Oxford: Oxford University Press.

Č ihák, M., Demirgüç-Kunt, A., Feyen, E. and Levine, R. (2012) "Benchmarking financial systems around the world", World Bank Policy Research Working Paper 6175, August, Figure 6, Washington, DC: World Bank.

Claessens, S. and van Horen, N. (2014) "Foreign banks: Trends and impact", *Journal of Money*, *Credit and Banking*, Vol. 46, No. 1, pp. 295 – 326.

Demirgüç-Kunt, A. and Klapper, L. (2012) "Measuring financial inclusion, The Global Findex Database", World Bank Policy Research Working Paper 6025, April, Washington, DC, World Bank.

Demirgüç-Kunt, A. and Klapper, L. (2013) "Measuring financial inclusion: Explaining variation in use of financial services across and within countries", *Brookings Papers on Economic Activity*, Spring, 279 – 394.

The World Bank (2013) *World Development Report*, *Rethinking the Role of the State in Finance*, Washington, DC: International Bank for Reconstruction and Development/The World Bank.

17.1 金融行业的发展如何促进经济增长？为什么说发达国家在这一方面的影响相对比较小？

17.2 概述新兴经济体银行业的主要结构特征。总的来说，它们与发达经济体的对手们有哪些不同？

17.3 为什么金融和经济增长之间的关系不是线性的？概述非线性发展的五个原因。

17.4 为什么银行的国有股权都是与表现不佳的发达金融体系相关？

17.5 在什么情况下，国有股权比私营银行股权更有优势？

17.6 外资银行如何影响金融体系的表现？解释为什么新兴经济体的外资银行影响力比发达经济体的外资银行影响力更深远。

17.7 随着新兴经济体并购整合趋势加快，由外资银行引发的主要担忧有哪些？

17.8 技术如何快速影响银行的行为和它们的客户？在你回答这个问题的时候，尤其要重视中国智能手机 APP 的发展情况。

第五部分

银行业的高级研究主题

第十八章

银行与市场

- 了解以银行为主导的经济体系与以市场为主导的经济体系的主要特征。
- 了解银行与市场日益融合的趋势以及影子银行体系的发展。
- 分析美国抵押贷款担保证券业务的演变发展历程，以及在此过程中政府支持企业的作用。
- 明确证券化操作的关键性程序。
- 结合当前的金融改革举措，讨论证券化市场的未来走向。

18.1 导论

银行与市场的联系是难分难解的。银行不仅要利用传统的零售存款和企业存款来获得资金，还要通过银行间市场从其他银行那里获得资金。为了管理短期融资需求，银行需要进入货币市场。货币市场不仅包括银行间市场，而且包括短期证券的发行市场，例如商业票据。在传统上，银行也是交易货币市场短期工具的主要参与者（买入或卖出），例如交易短期国债、票据以及其他短期工具（比如回购协议）。银行主动从事这些交易，目的是管理好可预期（以及不可预期）的流动性头寸。此外，银行还是外汇市场的主要支柱。[1]

---

① 外汇市场（通常简称为 forex）是由个人投资者、企业、投资管理公司、对冲基金、经纪商、银行、中央银行与主权政府构成的买卖不同国家货币的交易网络，交易的目的是为国际贸易融资、进行海外投资或海外经营，或者针对货币价格的波动做投机交易。外汇市场是全球规模最大的金融市场。截止到 2013 年，全球外汇市场的平均日交易量高达 5.3 万亿美元，远远高于 2010 年时的 4.0 万亿美元。2010 年至 2013 年间，全球外汇市场交易活动的快速增长率超过了上一个调研报告观察期（2007 年至 2010 年）19％的增长率，不过依然低于 2004 年至 2007 年间创纪录的 72％的增长率（按照当前的汇率水平）（国际清算银行，2013d）。

在过去的十年间，银行在市场上活跃程度的上升速度非常快，部分反映出银行机构向全能型银行模式转变的趋势，还因为技术进步让更多复杂的金融产品的定价与交易变得更加简单。银行变得越来越依赖于市场，不仅是为了获取资金来源，而且要借助市场完成风险管理目标（套期保值），并帮助客户完成各种各样的交易。银行与市场之间的相互依赖编织出一张复杂的大网。在过去的十年里，我们还见证了另一种新型金融中介的快速发展——**影子银行**（shadow banking）。一般来说，影子银行指的是在受监管的银行体系之外，与信用中介、流动性及期限转换有关的所有活动。

本章的主要目标是概要介绍银行与市场之间的主要联系，尤其关注近期**证券化**（securitisation）市场的起起落落。18.2 节分析银行的中介作用，并将其与市场交易加以对比，重点分析信息不对称的影响。此外，我们还要简单讨论一下影子银行体系这一存在于银行与市场之间的新型金融中介。18.3 节将介绍证券化操作的发展历程，重点是美国政府支持企业在促进抵押贷款担保证券市场的发展过程中到底发挥了怎样的作用。接下来，我们要向大家解释抵押贷款担保证券（以及其他资产支持证券）的主要发行环节。18.4 节介绍现代证券化操作流程。18.5 节讨论的是随着担保债务凭证与资产支持商业票据的出现，第二波证券化浪潮的兴起，重点关注银行如何参与其中，以及它是如何给银行造成巨额损失的。18.6 节讨论信用评级机构以及专业保险公司在证券化过程中发挥的作用。18.7 节研究银行的证券化行为会带来哪些广泛性的影响，以及未来如何将这样的业务活动纳入更严格的监管之下。在 18.8 节，我们要讨论一下证券化市场的未来，列出旨在约束银行市场活动的金融改革建议。18.9 节是本章的小结。

18.2　银行中介、市场与信息

银行的主要作用是履行金融中介职能，即吸收低风险、高流动性的小额存款，然后将其转换为期限更长、金额更大、风险更高的贷款。将存款转换为贷款是几个世纪以来商业银行的传统功能（可参考第一章）。金融中介理论强调的是银行在贷款过程中筛选和监督借款人等方面发挥的特殊作用（可参考 1.4.3 节）。例如，银行必须确保不会向糟糕的借款人（即会违约的借款人）提供贷款，于是银行使用大量的资源开发相应的筛选机制与程序（例如对客户进行信用评估或信用评分等），目的是使贷款发放给"坏"借款人的可能性降至最低。说得更正式一些，筛选有助于降低贷款授信环节的逆向选择问题。这其中的道理是：想要借入大笔贷款（甚至以很高的利率借入）的借款人往往是风险最高的借款人，所以银行应当把他们筛选出去，因为他们最有可能会违约。一旦"坏"借款人被剔除，那么接下来银行就可以放贷了。不过，借款人的行为可能会发生改变。一旦拿到了贷款，他们可能会产生不还钱的动机（比如借款人的经济条件发生了变化），这就是所谓的道德风险。于是，银行必须在贷款的整个有效期内监督借款人的行为，将贷款过程中发生道德风险问题的概率降至最低。成功的筛选能有效地减少逆向选择问题，而适度的监督有助于缓解道德风险。

总而言之，筛选与监督能帮助银行缓解信息不对称问题，因为这能向银行提供有关潜在借款人与实际借款人的特殊信息。人们一般都认为，银行比市场更能有效地解决信息不对称问题，因为银行可以在长期内更密切地接触借款人，并根据实际情况相应地调整贷款（以及其他）行为。与之相反，基于市场的融资活动（债券或其他债务工具融资）则主要以分析师在某个特定的时间点所做的分析评估为基础。例如，一旦债券被发行出去，其各项合约条款便不能再更改，相关信息也会被公布。基于市场的融资活动（以及相应的投资银行业务）一般被看作以交易为基础，而商业银行业务更关注的是"关系"（有关交易与关系银行，还可以参考1.4.3.4节）。

前文中的很多讨论聚焦于银行与借款人之间的信息不对称问题。一般来说，借款人与贷款人之间的信息不对称问题是比较严重的，因此传统的银行中介职能会显得更加重要。一旦信息不对称问题的严重程度下降，那么基于市场的融资活动（以硬信息为基础）就会变得更加重要。一些人认为银行的贷款对小企业很重要，那么随着企业的规模变得越来越大，它们会变得更加适合于市场融资。这是因为通过成功地建立中长期借贷关系，银行起到了认证的作用。而成功地建立长期合作关系反过来又意味着借款企业的逆向选择与道德风险问题非常轻微，于是顺利成为可以进入资本市场融资的合适对象之一。换言之，银行同意放贷就证明了这家企业具有一定的信息特征，可以进入金融市场获得融资。

从传统角度来看，银行被视为资本市场的竞争对手。这曾经激起一场大讨论：拥有相对于经济规模来说十分庞大的银行系统的经济体（即以银行为主导的经济体）与以市场为主导的经济体（指的是相对于经济规模而言，股票市场的市值很大的经济体）相比，前者的宏观经济绩效是否更出色（还可以参考17.2节）？在以银行为主导的经济体内，银行是企业外部融资的最重要资源，只不过具体程度有所不同。银行与客户之间的关系很紧密，全能型银行模式很普遍。信息障碍更为突出，早已开展经营的银行要比新进入者更有信息优势。而在以市场为主导的经济体内，资本市场通常是企业融资的主要来源。银行与客户之间的关系往往是"在商言商，公平公正"的，与关系型融资相比，合约的灵活度更小。

美国和英国被视为传统的以市场为主导的经济体，而日本和德国（以及欧洲大陆的大多数国家以及新兴经济体）被视为以银行为主导的经济体。近年来，这种金融体系的传统分类形式的边界不断被模糊，如今公认的说法是银行中介与资本市场融资活动相互补充。这一共识源于以银行为主导的体系与以市场为主导的体系孰优孰劣的大讨论，这个结论也说明从经济绩效的角度来说，经济体以银行为基础还是以市场为基础，根本就不重要——最重要的是经济体是否有发育良好的银行体系和金融体系。这一观点很能说明国际货币基金组织为什么要实施旨在促进全球金融行业发展的政策举措。

18.2.1 影子银行体系

银行与资本市场活动之间除了存在传统的差别以外，影子银行的出现进一步加强了银行与市场的内在联系。尽管学术界和决策者对影子银行越来越感兴趣，但到底哪些成分构成了影子银行体系，至今没有一个综合全面的界定。[①] 金融稳定委员会（2011c）将影子银行定义为涉及传统银行体系以外的机构与活动的信用中介。[②] 波扎尔等（2010）将影子银行界定为具有期

---

① 有关影子银行体系的分类，可参考波扎尔等（2010）。
② 界定影子银行并不是一件简单的事。若想了解当前学术界和监管机构如何定义影子银行，可参考克莱森斯等（2012）与拜克-西蒙等（2012）。

限、信用与流动性转换功能，但表面上不能获得中央银行流动性担保或公共部门信用担保的金融中介。这包括金融公司、资产担保商业票据发行主体、结构性投资工具、信用对冲基金、货币市场共同基金、证券借出机构、专用金融公司以及政府支持企业。根据相关的文献，（美国与欧元区）影子银行体系的主要组成部分包括：（1）证券化操作；（2）担保中间；（3）货币市场基金；（4）回购市场；（5）对冲基金。按照更宽泛的定义，影子银行还包括投资银行与抵押贷款经纪人。

虽然对影子银行体系的度量存在较大差异，但是在美国，影子银行体系的规模很大，可以与传统的银行体系相媲美。在欧元区，影子银行体系规模要小一些，其资产不足银行部门总资产的一半，而且国与国之间也存在明显的差别（拜克-西蒙等，2012）。在全球范围内，2011年影子银行体系的交易规模大约为65万亿美元（2002年的规模为26万亿美元），相当于全球金融资产的25％，全球GDP总和的111％（克莱森斯等，2012）。

证券化操作重要性的提升也许是近期能够反映出银行贷款与资本市场融资之间存在相互补充关系的最新证据。我们将在18.3节讨论证券化现象的发展历程与主要特征。接下来我们将简单评述一下影子银行体系的其他组成部分。

抵押中介

影子银行的关键功能之一是支持金融体系内以抵押品为基础的操作，其中包括抵押品的集中再利用（汇集在一起的抵押品可能质量不同，既有投资级别的AAA级债券和短期国债，也有投机级别的债券或股票），从而为尽可能多的金融交易（这就是再抵押，即将收到的抵押资金再次用于其他用途）提供了支持。抵押中介功能由数量不算太多的"银行交易商"来履行，它们大部分都被金融稳定委员会判定为系统重要性金融机构。从事此类业务的主要交易商包括美国境内的高盛、摩根士丹利、摩根大通、美银美林以及花旗银行；在欧洲，则包括巴克莱银行、法国巴黎银行、瑞士信贷、德意志银行、汇丰银行、苏格兰皇家银行、兴业银行以及瑞士联合银行。在除美国与欧洲以外的其他地区，只有野村（Nomura）证券在这个市场上表现得较为活跃。[1]

货币市场基金

货币市场基金（money market funds，缩写为MMFs）是银行存款的替代产品，最初是为了逃避美国国内对银行存款利率的上限约束而产生的。货币市场基金投资于短期债券，大量买入大额存单、商业票据，还从事回购交易。在美国以外的其他地区，货币市场基金显得不太重要；在欧元区，货币市场基金的资产负债表仅相当于货币金融机构资产负债表的4％。不过，各国的具体情况存在较大差异（例如，根据欧洲中央银行的统计，卢森堡的货币市场基金占货币金融机构总资产的27％，爱尔兰则占到了24％）。[2]

回购市场

回购市场是影子银行体系的另一关键组成部分，尤其在美国更是如此。[3] 根据统计，2010年，回购市场的交易总额高达12万亿美元。欧元区回购市场的总规模没有官方数据，

---

① 有关抵押中介的更多信息，可参考辛格和艾特肯（2010）、克莱森斯等（2012）。

② 见欧洲中央银行官网。

③ 回购（回购协议）是资金借入者与资金贷出者签订的协议。资金借入者暂时将资产按照一定的价格出售给资金贷出者，并由资金贷出者持有一段时间，以换取现金。资金借入者（回购的卖方）在持有资金期间要向资金贷出者（回购的买方）支付利息（回购利率）。

但是截止到 2011 年年底，市场信息显示，欧洲市场上未了结的回购协议总价值为 6.2 万亿欧元。

对冲基金

对冲基金也是金融市场上的主要参与者，可是它们到底算不算影子银行体系的组成部分之一，目前尚存在争议。[①] 不过，对冲基金也是金融中介机构相互关联所构成的复杂网络中的一份子，这个网络通过参与证券化业务或回购市场促进了影子银行体系的生成（金融服务管理局，2012）。

18.3 证券化市场的发展[②]

证券化业务的起源可以追溯到 20 世纪 80 年代中期美国大批储蓄贷款协会的破产事件。储蓄贷款协会的传统主营业务是吸收零售存款，然后用这些资金去发放长期住房抵押贷款。在 20 世纪 80 年代中期，由于市场利率飞快上涨，为了留住资金，储蓄贷款协会不得不提高存款利率，这让储蓄贷款协会面临崩溃。不过由于存在各种限制，它们不能相应地调节抵押贷款的利率以弥补融资成本的增加。于是，储蓄贷款协会进入了风险更高的商业不动产抵押贷款市场，以谋求获得更高的收益率，然而结果是巨额损失。回忆一下在 20 世纪 80 年代，美国禁止银行跨州设立分支机构，因此很多储蓄贷款协会都持有地理区域非常集中的抵押贷款组合。这样的过度集中放贷导致违约率很高。储蓄贷款协会爆发的危机导致美国政府成立了**重组信托公司**（Resolution Trust Corporation），这家公司接管了储蓄贷款协会的部分资产，将其出售给投资者或其他银行。这个处理过程显然是有成本的——美国纳税人要为大约 1 500 亿美元的损失买单——不过这样的举措确实有效地避免了系统性危机。

我们在前文中讨论的案例就是第一次大规模的证券化操作。这样做是为了解决储蓄贷款协会面临的主要问题，解开了储蓄贷款协会原有的流动性束缚——在它们的资产负债表上，大多是缺乏流动性的资产。通过证券化操作，银行不再只依靠存款来发放贷款；它们可以先发放贷款，然后把贷款以证券的形式出售给投资者，以实现为贷款融资。

贷款的融资方式分为两种，如下所示。

● **发起-持有模式**（originate-to-hold model）：贷款机构找到潜在借款人，发放贷款，然后一直持有贷款直到它到期（传统模式）；

● **发起-分销模式**（originate-to-distribute model）：贷款机构找到潜在借款人，发放贷款，然后将贷款（以证券的形式重新打包）出售给投资者（证券化模式）。

在证券化之前，银行只能基于自己的资产负债表规模发放有限数量的贷款。然而，新的融资模式让贷款机构可以把贷款出售给其他银行或投资者，然后将所得资金用于发放新贷款（有关证券化操作的具体流程，请参考 18.4.1 节）。

---

① 对冲基金是面向少数富裕投资者的投资基金（因为这种基金只关注富有/专业的投资者）。对冲基金可从事的投资交易活动范围要比其他投资基金更广阔。按照对冲基金具体进行的交易活动，将其分成多种类型，比如宏观对冲基金，其投资与交易策略根据宏观经济指标（例如利率与汇率等指标）的变化来确定。

② 巴利等（2008）对证券化业务的发展演变过程进行了非常精彩的描述与分析。我们从该文献著作中引用了若干信息。

抵押贷款担保证券（mortgage-backed securities，缩写为 MBS）是美国证券化潮流的一个重要推动力。这种证券的创造者是美国的**政府支持企业**（government-sponsored enterprises，缩写为 GSEs），如**房利美**（Fannie Mae）——**联邦国民抵押贷款协会**（Federal National Mortgage Association，缩写为 FNMA）和**房地美**（Freddie Mac）——**联邦住房贷款抵押协会**（Federal Home Loan Mortgage Corporation，缩写为 FHLMC）。几年前，美国成立了几家政府支持企业，旨在提升美国民众的房屋自有率。[①] 符合一定标准的抵押贷款（即合格抵押贷款）可被卖给房利美和房地美（有关美国抵押贷款的基础知识，可参考专栏 15 - 1）。随后，这些政府支持企业将地区分散的抵押贷款打包整理为一个资产组合，在金融市场上出售抵押贷款担保证券。

从 20 世纪 90 年代到 2000 年代的早中期，政府支持企业的证券化业务利润率非常高，它们的业务一片兴旺繁荣。在 21 世纪初，政府支持企业是抵押贷款市场上最关键的参与者，优质抵押贷款市场的不断扩张主要归功于它们的努力。2003 年以后，它们还引入了次级抵押贷款（风险更高），并相应地扩充了资产组合。[②] 随着次级抵押贷款违约率的上升（2007 年 8 月，在信贷紧缩危机中达到最高点），它们持有的资产组合出现了大量贷款因违约而被注销的情况，这给它们带来了巨额损失——根据其监管部门 [**联邦住房企业督察局**（Office of Federal Housing Enterprise Oversight，缩写为 OFHEO）] 的统计，到 2007 年年底，房利美和房地美总共注销了大约 150 亿美元的贷款。不过，即便遇到了这些问题，截止到 2007 年年底，两房机构依然是抵押贷款市场上最大的买家，2007 年第四季度发放的新贷款大约有 75％被房利美和房地美买下。人们越来越怀疑政府支持企业持有的规模庞大的抵押贷款担保证券到底价值几何（据估计约为 5 万亿美元），结果到了 2008 年 7 月，这几家政府支持企业的股价暴跌。如专栏 18 - 1 所述，2008 年 9 月，联邦政府不得不介入，向几家企业提供紧急援助。图 18 - 1 解释了美国抵押贷款市场如何运行。

专栏 18 - 1

房地美与房利美的发展历史

1938 年：大萧条期间，房利美被组建。作为联邦机构，它的作用是确保抵押贷款的提供。房利美使用现金大量买入已发放的抵押贷款，以提升银行发放住房贷款的能力。

1968 年：房利美成为股份制公司，资金全部来源于私人资本，并再次获得国会签发的执照。

1970 年：房地美成立，目的是在抵押贷款二级市场上引入竞争，终结房利美的垄断地位。

1971 年：房地美向市场引入第一只抵押贷款相关证券。

2003 年：美国的基准利率创下新低，仅为 1％，这进一步促进了美国房地产市场的繁荣。

---

① 国会成立政府支持企业的目的是引导资金进入特定的经济部门。在抵押贷款市场上表现最活跃的政府支持企业包括房地美（1970 年成立）、房利美（1938 年成立）以及政府国民抵押贷款协会（吉利美，1968 年成立）。2008 年 9 月，房利美和房地美被美国政府紧急援救。

② 一部分原因是国会鼓励（一些批评者说是逼迫）它们向低收入借款人提供更多的贷款，目的是要证明因为有联邦政府提供的隐性担保，它们的资本实力很雄厚。

2004 年：在爆出会计丑闻后，房利美和房地美两家公司的监管机构——联邦住房企业督察局要求两家企业将核心资本的持有量较之前提升 30%，事实上这相当于限制了两房机构购买抵押贷款的能力。

2006 年：次级抵押贷款违约率与取消抵押品赎回权个案数量的激增导致很多次级抵押贷款机构破产倒闭。这些贷款机构的破产导致抵押贷款担保证券的市场价格开始下滑。

2007 年 8 月：次级抵押贷款的违约率持续上升引发了全球的信贷紧缩危机。

2008 年 3 月：联邦住房企业督察局允许两房机构减少资本的持有量，向抵押贷款市场注入 2 000 亿美元的资金。

2008 年 4 月：联邦住房企业督察局的报告显示，截止到 2007 年年底，房利美和房地美两家企业共持有 75% 的新增抵押贷款，因为原本向市场提供资金的其他机构已经纷纷撤资退出了。

2008 年 7 月：房地美和房利美的股价受投机交易的影响直线下跌，市场传言这两家政府支持企业需要政府出资援救，而这样的援救会使其股东血本无归，于是在纽约股票交易所内，股东们的恐慌抛售开始了……这让两房机构的股价跌至 1991 年以来的最低点。

2008 年 9 月：美国政府接管了两房机构，这是全世界规模最大的一次紧急援救行动。这是自次贷危机爆发以来美国政府最引人注目的一次行动，目的在于确保两房机构遇到的困难不会对美国的房地产市场造成影响，同时确保事态不至于恶化到两房机构破产并向全球金融市场释放冲击波的地步。

资料来源：*Financial Times*（2008）15 July, 8 September.

有一点很重要，虽然在前文中我们的讨论一直围绕着政府支持企业，但事实上其他金融机构也在发行抵押贷款担保证券。因为起初政府支持企业的主要使命是提高美国民众的住房自有率，因此它们只交易金额不超过一定标准、具有适度信用风险特征的抵押贷款。于是，其他金融机构从事的是规模更大的"大额抵押贷款"或风险更高的"次级抵押贷款"的证券化业务（定义可参考专栏 15-1）。

美国次级抵押贷款行业的发展值得我们特别关注，因为它是全球金融危机的罪魁祸首。2003 年年中，次级抵押贷款的发放量大约为 2 000 亿美元；而到了 2004 年年中，就快速增加至超过 5 000 亿美元；等到 2005 年至 2006 年期间，达到了最高点，约为 6 000 亿美元，占美国新增住宅抵押贷款的 20% 左右。次级抵押贷款的吸引力在于贷款的利率水平高于优质的抵押贷款（或称为合格贷款）——通常次级抵押贷款的利率要比固定利率优质抵押贷款的利率高出两个百分点。在低利率环境下，这对银行很有吸引力。

如图 18-2 所示，证券化的重要性越来越高——尤其是在次级抵押贷款市场和次优级抵押贷款市场上——直到 2007 年次贷危机爆发。截止到 2006 年，大约 81% 的次级抵押贷款被证券化。21 世纪初以来证券化市场的巨大发展意味着，一直到 2006 年，市场发展的主要推动力是非优质抵押贷款，一旦次级抵押贷款的借款人开始违约，建立在此类贷款基础之上的证券化业务也会随之崩溃，从而加深信用危机的程度。18.4 节概要介绍了证券化的流程，向大家展示了抵押贷款担保证券和资产支持证券是如何被创造出来的，而 18.5 节重点分析担保债务凭证和其他工具的特征。

美国抵押贷款市场如何运行

抵押贷款

被贷款机构出售

贷款机构

如果贷款机构想发放新贷款，
就必须想办法让已发放的抵
押贷款从资产负债表上消失

贷款被出售给　　　贷款被出售给

大型银行　　　房利美　　　房地美

抵押贷款担保证券
大型机构也需要把抵押
贷款从资产负债表上抹
去，于是它们创造出了
抵押贷款担保证券

被出售给　　被出售给

信用市场投资者

自次贷危机爆发

投资者变得不太愿意通过
大银行投资抵押贷款

但是，他们依然通过两房
机构投资抵押贷款市场，
部分原因是两房机构拥有
联邦政府的隐性担保

图 18-1　美国抵押贷款市场如何运行

资料来源：A history of Freddie Mac and Fannie Mae，FT. com，08/09/08. © The Financial Times Limited. All Rights Reserved.

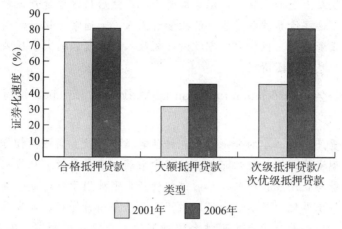

图 18 - 2　2001 年和 2006 年各类抵押贷款的证券化速度

资料来源：巴利等（2008，图5）。

说明：合格抵押贷款指的是符合政府支持企业相关要求的贷款，这意味着这样的贷款可以被出售给两房机构（不满足要求的贷款叫作不合格贷款）。大额抵押贷款指的是贷款金额高于业内传统合格抵押贷款金额上限标准的贷款（2006年，合格抵押贷款的上限约为 420 000 美元，2011 年为 417 000 美元）。次优级抵押贷款是美国的一种贷款，其风险水平高于大额抵押贷款，低于次级抵押贷款。

18.4　现代证券化操作

美国的证券化开始于 20 世纪 70 年代政府支持企业（政府国民抵押贷款协会，即吉利美）对抵押贷款的结构性融资活动。不过，证券化市场的发展开始于 20 世纪 90 年代中期。1996 年，美国证券化市场的规模为 2.9 万亿美元；等到 2007 年年末，已发行的证券化产品总价值高达 11.6 万亿美元。而在欧洲市场，证券化市场规模从 1996 年的 79 亿美元增长至 2007 年年底的 1.97 万亿美元。[①]

在度过一段漫长的成长期后，2007—2009 年的全球金融危机让全球的证券化市场濒于崩溃，当时人们认为证券化是导致这次危机的主要原因之一。从那时起，由于投资者普遍失去信心，绝大多数新发行的证券化产品被银行买入，在政府再融资项目里充当抵押品。尽管这场危机暴露出证券化操作的种种缺陷或不足，但政策制定者和市场从业者都承认证券化在信用风险转移、多样化投资等方面确实具有较大的潜力，他们希望通过提高市场透明度、推动证券化模式使其变得更加简单化和标准化来重启这个市场（欧洲中央银行，2008b）。

传统的证券化操作可以这样定义：将多种风险资产汇集到一起，将其出售给**特殊目的载体**（special-purpose vehicle，缩写为 SPV），然后发行证券。这些证券通常是固定收益证券，其本金和利息取决于标的资产池产生的现金流。

按照欧洲金融市场协会（2014）的说法，证券化程序可以被描述为：

　　将能够产生现金流的资产，例如由银行发放的最初被计入银行资产负债表的抵押

---

① 见证券业与金融市场协会（SIFMA）官网。

贷款、汽车贷款或中小企业贷款，汇集成资产池，然后用这些资产来融资，在资本市场上发行债券。这些债券被各种各样的投资者买入——通常是银行的财务部门、保险公司以及各种投资基金。投资者定期收到一笔收入，其金额的大小反映出标的贷款的借款人本金与利息的偿还情况。

欧洲金融市场协会（Association for Financial Markets in Europe，缩写为 AFME）还阐明了可以被证券化的资产类型：

> 可以支撑资产支持证券的金融资产包括住宅抵押贷款、商业抵押贷款以及非抵押贷款的其他类型资产，例如应收账款、信用卡余额、消费贷款、租赁应收款、汽车贷款以及其他消费与企业应收账款。尽管这些资产类型被用于创造更普遍、更常见的资产支持证券，但证券化的基本理念可以被用于几乎每一种资产，前提是这种资产拥有合理的可确定价值，或者能产生可被合理预期的未来收入现金流。因此，证券化可以延伸到更多鲜为人知的资产类型，例如保险应收款、发货人对铁路承运人的欠款、商业银行贷款、医疗应收款、买家对天然气供应商的欠款以及未来获得娱乐特许权使用费的权利等。总的来说，证券化过程就是把资产汇集起来，然后作为证券被出售。

资产支持证券（asset-backed securities，缩写为 ABS）和抵押贷款担保证券起初都是标的资产池进行证券化所得的固定收益证券。在欧洲和美国，证券化市场上占比最高的证券名叫住宅抵押贷款担保证券（RMBS）。其标的资产通常被视为小型资产（即资产支持证券对应的资产池是由数量众多的小额、相对同质化的相关资产构成）。

18.4.1 资产支持证券的创造：参与者及其功能

图 18-3 展示了资产支持证券的创造过程，证券化将金融资产（例如多笔抵押贷款）从银行的资产负债表上抹掉。证券化交易的标的资产在一开始时被发起人创造出来，比如银行向借款人发放贷款，借款人就是债务人。一般来说，一旦金融资产被创造出来，并获得了相应的融资，银行接下来就要继续为贷款提供服务，即提供与这笔贷款相关的还款催收与管理职能。正如赫弗南（2005）所说的，银行可以发行以一揽子资产作为抵押的债券，但是银行的信用等级就是这批新债券的信用评级，而债券的发行收入要遵守法定准备金制度，相应投资的资产要被纳入银行资本比率的计算中。银行可以利用证券化操作避开这些约束与限制。

如图 18-3 所示，证券化过程的主要参与者如下所示。

- 发起人：谋求将自身资产进行证券化的机构（银行）。
- 主办人：主持证券化程序的机构。有时主办人与发起人是同一个机构，有时主办人是收费的代理人。
- 特殊目的载体：只为了交易目的而建立的实体。特殊目的载体买下资产，然后向投资者发行证券，它也被叫作证券化产品发行人。
- 受托人：这是中立的第三方，负责监督整个交易。
- 托管人：代表证券化产品的购买者持有资产。
- 服务商：负责资产的现金流，然后将其转交给特殊目的载体或托管人。
- 承销商：负责推销、分销与销售由特殊目的载体发行的证券化产品的投资银行。

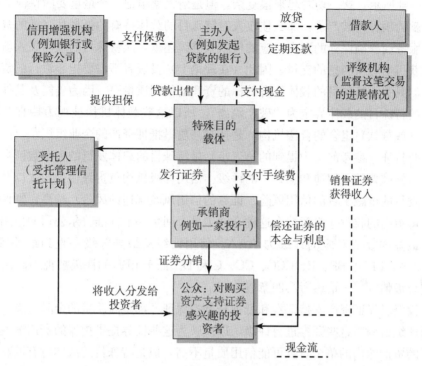

图 18 - 3　资产支持证券的创造过程：参与者及其功能

我们把图 18 - 3 所示的证券化过程的主要步骤总结如下。[①]

● 第一步：发起人发放抵押贷款（或其他类型的贷款）。

● 第二步：特殊目的载体从发起人手中买入抵押贷款，这是一笔"真实出售"交易。请注意，很多大银行会基于证券化目的而建立自己的特殊目的载体。真实出售的目的是将标的资产（已买入的抵押贷款或其他贷款）的现金流与发起人的偿付能力隔离开来。说得更简单一点，即使发放贷款的银行丧失了偿付能力，特殊目的载体（在理论上）依然可以合法地保持独立，被特殊目的载体买下的资产受到了保护。特殊目的载体除了买入标的资产，并以该资产池（抵押贷款或其他贷款）作为担保发行证券以外，通常没有其他的功能。这样的安排有助于降低特殊目的载体破产的可能性。

● 第三步：特殊目的载体发行证券，从购买者手中获得的发行收入通过特殊目的载体被转交给贷款的发起人。

● 第四步：特殊目的载体还要指定一位服务商，专门催收标的贷款的利息与本金还款。

● 第五步：信用增强机构（或互换的交易对手，一般会使用各种类型的互换交易对冲或减少标的资产池的利率风险或汇率风险）与受托人是交易中另外两个关键性的参与者。其中，受托人的功能是确保资金由服务商转交给特殊目的载体，而且投资者能够按照事先约定的优先顺序获得支付。资产支持证券或抵押贷款担保证券的投资者在不同时点、按照不同的利率水平获得支付，具体的支付规则各不相同，要取决于由资产担保的证券是被如何"分层"的——不同层次的资产担保不同类型的证券——从低风险到高风险，下面我们具体展开解释。

---

① 马奎斯-伊巴涅斯和沙伊什尔（2010）、卡苏和萨尔基相（2014）很清楚地阐述了证券化流程。

如图 18 - 3 所示，这一切看起来很复杂，但是请大家牢记一个最重要的特征——如果发起人（发放贷款的银行）破产了，那么债权人对特殊目的载体持有的抵押品（标的资产）是没有追索权的，服务商要确保标的资产对应的借款人继续还款，从特殊目的载体买入新证券的投资者依然能够获得本金与利息的支付。因此（在理论上）投资者不需要担心银行的贷款业务有多大风险，他们只关心特殊目的载体持有的标的资产的信用质量——因为美国及其他国家的监管机构将这样的特殊目的载体界定为"破产隔离"，所以这些载体机构被视为持有低风险、多样化抵押贷款（或贷款）组合的合法机构，是持有高质量抵押资产的企业组织。

另一重要特征（参考前文中提到的第三步）是特殊目的载体发行的大多数证券都要接受信用评级机构（标准普尔、穆迪和惠誉）的评级。信用评级机构负责评估公司（以及政府和其他公共机构）发行的金融工具的信用风险。证券的信用风险（违约风险）越高，则评级越低，投资者需要获得更高的收益才愿意持有这种金融工具。回忆一下标准普尔公司的信用等级，风险最小、质量最好的投资对应的评级为 AAA。信用评级从最高等级一直到最差等级依次为：AAA、AA、A、BBB、BB、B、CCC、CC、C 和 D。低于 BBB 的评级被视为高风险，统称为投机级别或垃圾债券——请参考第四章表 4 - 3。

为了向投资者保证资产支持证券和抵押贷款担保证券都是高质量的金融工具，特殊目的载体要请信用评级机构对这些证券进行评级，以反映为这些证券提供担保的资产池的信用风险水平。虽然标的资产池内的单个贷款可能信用质量不高，但是特殊目的载体持有的整个资产组合的信用质量可能会比较高——将这些风险较高的资产汇集到一起构成资产池，能够获得风险分散化的好处。此外，各种各样的**信用增强**（credit enhancement）手段能够有效地降低资产组合的风险水平，例如第三方担保（购买保险以保护资产的价值）、**过度抵押**（over-collateral-isation，标的资产池的规模大于证券的发行规模）以及**超额利差**（excess spread，指的是发起人，即银行，向特殊目的载体注入资金，而特殊目的载体要承担一定的早期损失）。前文中提到的所有操作——让资产支持证券和抵押贷款担保证券接受评级以及各种各样的信用增强手段，均可用来增强证券对投资者的吸引力。

信用增强有多种方式，在一笔结构性金融交易中看到多种信用增强手段并不罕见。最常见的信用增强方式包括次级结构、过度抵押和超额利差。

次级结构

次级结构指的是抵押贷款的损失按照一定的前后顺序依次分配给不同层次的债券，于是低等级的低级债券就会成为高等级的优先级债券的信用支持（即信用分组）。说得更具体一点，标的抵押贷款产生的所有本金损失首先要由等级最低的低级债券承担，这会导致该等级债券的本金余额因冲抵损失而减少。同样的，所有利息方面的损失也会最先由最低等级的低级债券承担（更多细节请参考 18.4.2 节）。

专栏 18 - 2

什么是信用增强？

信用增强（或信用支持）是一种降低风险、提供保护的技术手段，通过财务支持的形式承担不利环境下产生的损失。我们可以把信用增强看作一种财务缓冲手段——允许由抵押品（例如抵押贷款或信用卡应收账款）资产池担保的证券吸收标的贷款违约形成的损失。

所以，"证券化能把质量差的信用资产在某种程度上'转变为'可靠的投资产品"这样的说法并不是事实。相反的，信用增强只是帮助冲抵潜在的损失。信用增强常被用于项目融资、公私合营交易以及结构性融资，目的是降低投资者的风险。在过去 20 多年里，信用增强是债券融资过程中被普遍接受的常规做法。

过度抵押

在过度抵押模式下，标的贷款池的面值大于所发行债券的面值。于是，即使标的贷款的一部分还款延迟或违约了，特殊目的载体依然能按时偿还债券的本金和利息。例如，假设某个抵押资产池的预期绩效显示，该资产池需要 40% 的信用增强来支撑其 AAA 的评级，这意味着除非这笔交易持有的抵押品价值比所发行的债券的面值高出 40%，否则不能获得 AAA 的评级。

超额利差

超额利差指的是标的抵押品的利率（例如抵押贷款利率）与证券息票利率之差。例如，某借款人的抵押贷款被放置在一个抵押资产池内，贷款利率水平为 7%，同时抵押贷款担保证券的票面利率为 4%。于是，这笔交易可以用两者之间的超额利差吸收抵押品的损失，或者实现过度抵押，使过度抵押率达到目标值。

不管使用什么方法，信用增强都能为证券争取到更多的资源或金融担保，并不仅限于标的资产能提供的保护。如果标的资产池最终产生了损失，那么为债券提供保护的信用增强手段依然能提供充足的缓冲，继续偿还债券的本息。因为这相当于提供了安全网，所以信用增强提高了高等级债券（优先级债券）获得本金的全额偿付以及按时获得利息收益的可能性。

18.4.2 信用分组

另一个重要特征与特殊目的载体的债务信用**分组**（tranching）有关。信用分组能创造出风险与期限特征不同的债券，以满足投资者的不同需求。信用分组这个词源于法语，含义等同于英语里的"slice"，意味着存在发行风险、期限与其他特征均不相同的多类债券。按照最简单的形式，特殊目的载体发行的证券可以被分成三种主要类型，每一类都具有不同的风险-收益特征。优先级风险最小，信用等级最高，通常为 AAA 级或 AA 级；中间级信用评级通常为 BBB 级或更低；权益级债券未参与评级。权益级债券是证券化操作生成的多类别债券中风险最大的，通常由发起银行买入持有。

在实际操作中，债券的分组数量远远高于三组，优先级还可以进一步分成若干小层级，这些细分层级具有相同的信用评级，但到期日不同。所有的债券组别都由同一个风险资产池提供支持和担保，但是一旦标的资产违约，便会启动瀑布式的偿还模式，即权益级债券首先被用于吸收损失，耗尽后轮到中间级；若中间级也被耗尽，最后才轮到优先级债券。

与此同时，所有来源于标的资产池的现金流收入首先要被分配给优先级债券的持有人，随后是中间级债券的持有人，分配完毕后若仍有剩余，此时才轮到权益级债券的持有人。至少在理论上，信用分组可以让特殊目的载体分割信用风险，然后将一定的风险分担给愿意或有能力吸收风险损失的投资者。

例子

一个特殊目的载体出售的信用联结债券共分成四个层级，采用"瀑布式"结构。

- A 层级吸收标的资产组合最先产生的 25％的损失；
- B 层级吸收标的资产组合继续产生的 25％的损失；
- C 层级吸收接下来 25％的损失；
- D 层级吸收最后 25％的损失。

B、C、D 层级都被出售给外部投资者，而 A 层级留给银行自己。图 18－4 举例说明了特殊目的载体利用资产池创造出多层级债券的过程。

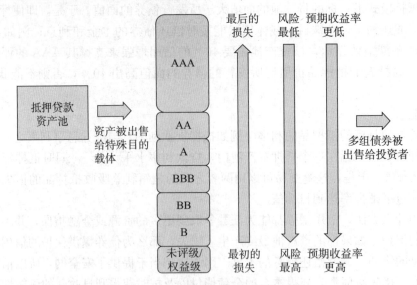

图 18－4　资本结构与优先次序

因为权益级债券具有高风险的特征，一般来说发起人（银行）会将这部分债券留给自己持有，以改善标的资产池的信用风险状况。持有权益级债券还会促使发起人产生持续监督借款人信用质量的动机。不过，在 2007—2009 年全球金融危机爆发之前，权益级债券越来越多地被出售给投机型交易者，例如对冲基金。因此，发起人（银行）在完成贷款发放后没有产生继续监督借款人信用质量的动机，因为此时所有的风险都已经以资产证券化的方式（抵押贷款担保证券或资产支持证券）被转移给了投资者（通过特殊目的载体）。

信用分组既有优势，也有劣势。

优势如下：

- 它能创造多组信用评级高于标的抵押资产平均信用等级的证券。这是通过信用增强手段实现的，绝大多数信用增强手段通常来源于发起银行，而且形式多种多样，例如信用证或买入特殊目的载体发行的最低级的证券。
- 权益级/最先吸收损失的层级负责吸收最初产生的损失，随后是中间级。因而，大多数优先级证券可以被隔离保护——尤其是在不利的环境条件下——免受标的资产违约风险的影响。
- 信用分组可以帮助投资者进一步实现资产组合的多样化。

劣势如下：

- 增加了交易的复杂性。
- 由于交易更复杂，经验不够丰富的投资者很难搞清楚产品的特征，因此缺少做出明智的投资决策的能力。

● 以分组债券的历史数据为基础建模，评估各分组债券的收益表现，这样的做法会导致信用评级机构给出的评级过高，同时使得终端投资者低估了资产支持证券的风险。次贷危机让这些问题都暴露出来了。

在图 18-5 中，如果标的资产池（即抵押贷款资产池）产生了损失，则管理者会首先用超额利差冲抵这些损失。如果损失的规模大于可获得的超额利差，那么接下来就要用过度抵押来吸收损失。如果损失的规模比这两种信用增强手段的总规模还要大，那么紧接着只好把损失进一步分配给层级最低的分组债券。

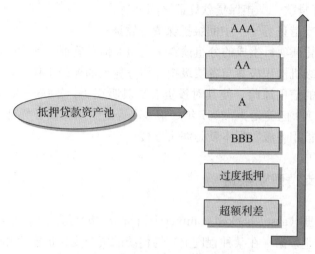

图 18-5　信用分组与信用增强的例子

18.5　证券化的"新浪潮"

担保债务凭证（collateralised debt obligations，缩写为 CDOs）的产生掀起了证券化的新一波浪潮。在 2007—2009 年全球金融危机爆发前的那几年，市场的发展趋势越来越偏离传统的证券化模式，并朝着另一个方向前进——将数量更少、规模更大、不均质程度更高的资产组合作为担保来创造新证券。这些资产担保的新证券名叫担保债务凭证，包括高收益债券、其他资产支持证券项目生成的分组债券以及杠杆贷款，通常还会把证券化技术与信用风险管理创新工具（例如使用信用违约互换）结合起来使用。

担保债务凭证的发行人买入不同层级的抵押贷款担保证券，把它们与其他的资产支持证券（这些资产支持证券的担保品可能是汽车贷款、学生贷款、信用卡应收款以及其他资产）汇集到一起形成资产池。然后，分组债券的创造过程与前文中讲过的很相似：优先级担保债务凭证以等级很高的抵押贷款担保证券和其他资产支持证券为抵押，而中间级担保债务凭证对应的抵押资产则包含比例更高的低层级债券。

抵押贷款担保债券的标的资产池是实实在在的抵押贷款，然而担保债务凭证与之截然不同，它们的标的资产是有资格获得抵押贷款还款的证券。因此，担保债务凭证可被视为再次证券化的证券。金融危机爆发前发行的担保债务凭证通常是将结构性证券作为担保。这便形成了所谓的"双层"或"双重杠杆"证券化操作，即结构性产品被用于向其他结构性产品提供担保。即使是在正常情况下，此类产品的估值也是极其困难的，更不用说金融危机时期了。

一旦将资产支持证券和抵押贷款担保证券汇集到一起形成资产池，那么下一步就是生成分组债券，即通过特殊目的载体发行的、具有不同的风险-收益结构、到期期限也不同的担保债务凭证。担保债务凭证可以以多种资产为基础生成，每种资产对应的担保债务凭证的名称也不相同[①]：

- 公司债券——担保债券凭证（CBO）；
- 公司贷款/杠杆贷款——担保贷款凭证（CLO）；
- BBB 级的资产支持证券——中间级担保债务凭证；
- 其他担保债务凭证项目生成的分组债券——担保债务凭证平方（CDO^2）。

同样的，信用评级机构积极参与各层级担保债务凭证的评级工作，发行人会使用信用增强技术降低各层级债券的信用风险，使其对投资者更具吸引力。2006—2007 年，美国担保债务凭证的发行量达到 3 000 亿美元。[②] 2007 年，很多高等级的担保债务凭证发生了损失，这说明此类证券所谓的"高信用等级"根本就是海市蜃楼。

18.5.1 资产支持商业票据

资产支持商业票据（asset-backed commercial paper，缩写为 ABCP）是另一种重要的证券化产品。资产支持商业票据（在某种程度上）与传统的资产支持证券很相似，因为它要用到各种资产支持证券，而这些资产支持证券的资金来源于发行商业票据所得的收入。马奎斯-伊巴涅斯和沙伊什尔（2010）注意到，通常资产支持商业票据都是用短期债务（期限从一天到几个月不等）为信用资产池（例如应收账款、企业贷款、抵押贷款、担保债务凭证分组债券或市场上其他信用资产，还包括美国的次级抵押贷款）提供融资。

与融资所用的债务工具相比，标的资产的期限相对更长，因此资产支持商业票据的结构就存在着明显的期限不匹配。银行建立的一种特定类型的特殊目的载体——**结构性投资载体**（structured investment vehicles，缩写为 SIVs）——发行短期的资产支持商业票据，为资产池内的资产提供融资，而且这些商业票据必须多期滚动发行。

这些特殊目的载体通过发行短期资产支持商业票据获得资金，然后用这些发行收入买入中长期资产，这样的特殊目的载体也被称为管道。管道指的是主办金融机构建立的特殊目的载体，其唯一目的是从各种卖家手中买入多种类型的资产并持有。管道向外部投资者出售资产支持商业票据，所得资金被用来购买这些资产。外部投资者主要是货币市场基金以及其他追逐"安全资产"的投资者。一般来说，发起人会提供流动性支持（流动性增强以及其他担保）以缓解投资者对流动性错配的担忧情绪。很多银行（尤其是在美国）通过特殊目的载体发行短期商业票据，然后用所得资金买入大批中期贷款，交给特殊目的载体持有。它们还以很吸引人的条件发行短期融资工具，然后通过特殊目的载体持有高收益资产——由特殊目的载体持有可以避开麻烦的资本充足性要求（如果直接将这些资金计入金融机构的资产负债表，那就必须遵守资本充足性要求）。

[①] 参考马奎斯-伊巴涅斯和沙伊什尔（2010）。

[②] 见美国证券业与金融市场协会官网。

2007 年次贷危机刚刚爆发时，资产支持商业票据市场很快就失去了流动性，这迫使银行不得不履行先前对特殊目的载体的流动性担保，很多银行只好接手资产支持商业票据，将其计入自己的资产负债表（结果自然蒙受了巨大的损失）。据估计，2007 年资产支持商业票据市场的规模大约为 1.4 万亿美元，这个市场的崩塌给银行的业绩造成了严重的潜在影响。按照阿查利亚等（2013）和科威茨等（2013）的说法，2007 年 7 月至 12 月，资产支持商业票据市场经历了和银行挤兑同样的事，当时发行在外尚未赎回的资产支持商业票据由 1.3 万亿美元迅速减少至 8 330 亿美元。

18.6 证券化的类型

市场专家赞同证券化就是结构性产品的说法，但是他们的赞同也只到这里而已。证券化可分为两大类型：
- 真实出售证券化；
- 合成证券化。

18.6.1 真实出售证券化

在进行真实出售证券化交易时，发起人将打包资产池转变为可交易的证券，这些证券又由资产池做担保，然后这些证券被出售给投资者。所谓的"真实出售"指的是资产的所有权被真正转移给发行证券的特殊目的载体。

特殊目的载体与发起人的隔离也意味着一旦特殊目的载体不能向投资者偿还债务，除了证券化交易本身提供的担保或信用增强安排以外，第三方投资者不得向发起人进行追索。真实出售交易有助于确保将标的资产的预期现金流与发起人的偿债能力隔离开来。

在这种情况下，特殊目的载体除了发行证券、持有标的资产以外，没有其他任何功能。如果发起人破产，则特殊目的载体持有的抵押品不得被追索，而服务商会确保抵押品能够持续获得现金流收入，而且投资者能拿到利息收益与本金偿还额。于是，特殊目的载体发行的证券的信用质量便与发起人（例如银行）的偿付能力脱钩了。

18.6.2 合成证券化

合成证券化产品是银行出于管理监管资本的目的而发行的证券。在这种情况下，发起人并不需要融资，他们的目标是将资产组合内的信用风险转移出去。合成证券化将证券化安排与信用衍生品（信用违约互换）结合在一起。在交易时，资产组合不会被卖给特殊目的载体；相反，发起人会利用特殊目的载体签订一份**信用违约互换**（credit default swap，缩写为 CDS）或类似的协议（还可以参考 18.7 节）。

合成证券化交易十分灵活，这意味着资产组合以及风险-收益特征均可以调整或修改，这使得投资者可以选择"量身定做"的债券层级，以充分满足自身的需求。标的资产依然停留在发起人的资产负债表上，而特殊目的载体持有由信用违约互换构成的资产池，这些信用违约互换的标的正是那些资产。

在进行合成证券化交易时，信用违约互换协议要求发起人向特殊目的载体支付保费。一旦标的资产发生违约事件，则特殊目的载体应负责赔偿所有损失。在负债这一侧，特殊目的载体依然会向投资者发行固定收益证券。

18.7 证券化、信用评级机构与单一险种保险公司

银行通过证券业渠道越来越多地参与市场，但是，若没有以下两个重要的市场参与者——信用评级机构与**单一险种保险公司**（monoline insurers，该机构只提供标的为某种特定资产的信用违约互换产品）——这样的情况则根本不可能发生。[①]

信用评级机构要对特殊目的载体发行的各层级债券评定信用等级，因此它们可以帮助发行人提高新发行证券的吸引力。不过，很多证券化资产非常缺乏透明度——尤其是担保债务凭证和资产支持商业票据——这意味着投资者要依赖评级机构来判断资产支持证券的风险-收益特征。主要的信用评级机构——穆迪公司、惠誉公司以及标准普尔公司——使用复杂的模型评估证券化资产的违约概率，同时也向发行人提供咨询建议，告诉他们如何构建证券化资产（担保债务凭证以及其他类似产品）才能实现融资成本的最小化。简单地说，这不同于企业债券或其他债券市场（银团贷款）——信用评级机构是相对被动地参与这些债券的发行工作。在进行证券化交易时，信用评级机构非常积极地对日益复杂的结构性产品提供咨询服务，从而赚取了客观的咨询顾问费。发行人可以货比三家，确定最吸引人的评级结果。这导致信用评级企业的利润暴增——在2002年至2006年期间，穆迪公司的利润增长了3倍，达到7.5亿美元——利润的增长主要来源于证券化结构的咨询服务费收入。

从金融危机初期开始，信用评级机构就被指责对证券化操作生成的各种层次债券给予了太过仁慈的评级结果（尤其是优先级债券）。此外（如前所述），各路评论员纷纷开始指控信用评级机构的利益冲突问题——为证券化资产提供咨询服务和评级服务已经成为信用评级机构的主要收入来源，而这会让它们逐渐失去客观正确地评估结构证券发行人的公正立场。

正如前文中我们讨论的，很多证券化结构得益于信用增强技术，这降低了为资产支持证券、抵押贷款担保证券以及担保债务凭证提供担保的标的资产的感知风险。而此类信用增强工具的主要提供者就是单一险种保险公司，其中处于市场领先地位的要数城市债券保险公司（MBIA）以及安巴克（Ambac）保险公司。这两家公司于20世纪70年代在美国成立，它们发售的保险产品向市政债券提供担保。这些保险公司拥有非常强大的资金实力，它们向市政债券的发行人出售违约保险——市政机构购买这种保险的目的是提高自己发行的债券的信用评级（通常是AAA级），从而有效地降低融资成本。

这些单一险种保险公司不断扩张业务领域，逐渐开始进入抵押贷款担保证券市场，随后又接连进入资产支持证券和担保债务凭证市场。2008年年初，据彭博社估算，7家（信用等级均为AAA－）单一险种保险公司共为总额高达1 000亿美元的担保债务凭证——这些担保债务凭证均与次级抵押贷款担保证券有所关联——提供了保险服务。

---

① 单一险种保险公司向发行人提供保障服务，一般采用信用包装或信用违约互换的形式来提高发行人的信用等级。这些保险公司最初向市政债券提供信用包装服务，后来又为其他类型的债券（例如抵押贷款担保证券与担保债务凭证）提供信用增强服务。

信用违约互换：现代大规模杀伤性武器

就像入侵伊拉克的行动按计划执行一样，沃伦·巴菲特（Warren Buffett）指出，衍生品才是真正的大规模杀伤性武器。根据 2011 年早些时候的报道，美国金融危机咨询委员会（US Financial Crisis Inquiry）得出的结论是，场外衍生品交易要为 2007—2009 年的全球金融危机负主要责任。

信用违约互换产品尤其要被批评，因为它们在高风险的抵押贷款证券化和"有毒的"合成担保债务凭证的创造过程中扮演了不太光彩的角色，同时也是导致政府不得不花费 1 800 亿美元来挽救美国国际集团的主要原因（参考专栏 18-4）。

信用违约互换与保险很相似。一旦特定实体发生了信用事件，则买家就能收到卖家的赔偿，前提条件是买家要向卖家支付保费。信用违约互换可用于保护可保险利益。但是，和保险产品不同的是，信用违约互换的买家并不一定持有标的资产，因此这种"不存在被套期保值的基础头寸"的信用违约互换成为做空主权债券的有效方式。

监管机构的忽视让信用违约互换产品的交易量激增，从 2001 年 1 万亿美元的名义本金额快速增长至 2007 年的 62 万亿美元。随后，市场快速"压缩"，冗余的头寸被迅速消除；到了 2010 年，名义本金额降至 26 万亿美元，但信用违约互换交易依然在持续发展。信用违约互换的买家和卖家几乎不披露什么信息，20 国集团想要填补这一信息缺口。

2010 年，学术界和评论员指出，投机者正在使用信用违约互换产品攻击欧洲各国的主权债券。[1] 一个欧盟委员会特别小组开始组建并从事调研工作，由它起草的一份未公开报告似乎想淡化这个问题。

该工作小组得出的结论是，信用违约互换市场与债券市场利差的变化几乎是同时发生的，因此信用违约互换利差的变化领先或滞后于债券市场的概率都是 50%。没有证据证明主权债务市场或信用违约互换市场存在错误定价问题；同时，也没有结论性的证据证明信用违约互换市场的发展导致各成员国的融资成本上升。

不出意料的，这个工作小组还声称"鉴于目前信用违约互换市场的运行状况以及执行禁令（例如对可保险利益进行定义）可能面临的挑战，把禁令确定为永久性规则的做法是完全不适宜的"。与之相反的是，依然在起草中的、有关卖空交易与信用违约互换的欧盟指令却被呼吁应提高透明度，而且在紧急情况下，这条指令应当被禁用。

但是，欧盟委员会的结论与市场的实际情况真的相差甚远吗？在 2011 年 7 月发表的一篇文章[2]中，南安普顿大学（Southampton University）的乔凡尼·卡利切（Giovanni Calice）、斯旺西大学（Swansea University）的陈静（Jing Chen）以及阿伯丁大学（Aberdeen University）的朱利安·威廉姆斯（Julian Williams）却得出了不一样的结论。他们研究了在 2010 年欧洲主权债务危机期间，欧元区主权债务市场的信用利差与流动性利差之间的潜在溢出效应。

他们发现，在危机爆发前，债券的收益率利差决定了信用违约互换利差，但是危机爆发

---

[1] Wolfgang Munchau, "Time to outlaw naked credit default swaps", *Financial Times*, February 28, 2010.

[2] Calice, G., Chen, J. and Williams, J. (2013) "Liquidity spillovers in sovereign bond and CDS markets: An analysis of the Eurozone sovereign debt crisis", *Journal of Economic Behavior & Organization*, 85, 122-143.

后，信用违约互换利差反过来决定债券的利差。在爱尔兰、希腊、葡萄牙和西班牙这几个国家，信用违约互换市场向债券利差的传导效应信号强且明显。这些学者还发现若没有官方的干预，源于信用违约互换市场的"爆炸性趋势"本会导致几个欧洲国家主权债务市场的彻底崩溃。

加利福尼亚大学（University of California）的约书亚·艾森曼（Joshua Aizenman）和迈克尔·哈奇森（Michael Hutchison）、伦敦大学（University of London）的尤森·金扎拉克（Yothin Jinjarak）于 2011 年合作发表的一篇文章勾勒出另一幅截然不同的景象。[①] 这些学者分析了欧元区内财政状况很糟糕的几个国家之所以主权债务的违约风险高企，其根本原因是不是与"财政空间"以及其他的经济基本面有关。

他们使用信用违约互换利差构建了一个主权风险定价模型，使用财政空间以及其他变量因子分别测试了 50 个国家在危机前与危机后的数据，然后计算实际的信用违约互换利差与模型预期的利差相差几何。

他们发现，2010 年，希腊、爱尔兰、意大利、葡萄牙和西班牙的财政空间要高于其他国家，因此预期的信用违约互换利差也相对更高。但是实际的信用违约互换利差值甚至比预期值还要高：爱尔兰为 1.3，意大利是 1.4，西班牙是 1.9，葡萄牙是 2.8，希腊是 3.3。学者们的结论是：2010 年，这几个外围经济体极高的信用违约互换利差也许要归因于过度悲观的情绪以及对财政状况恶化的过度反应（不过在理论上，这也可能恰好反映了未来的经济基本面）。

上述研究文章认为，信用违约互换加重了欧元区的债务危机。买家对信用违约互换利差施加的压力具有爆炸般的影响威力，使得政府必须出手干预，比如紧急援助、来自新建立的欧洲金融稳定机制的资金支持以及欧洲中央银行（以及随后的欧洲金融稳定机制）大量买入各成员国的主权债务。而且，鉴于各国的经济基本面，买家对信用违约互换利差所施加的压力似乎有点过度了。

因信用违约互换市场引发的紧急援助或其他支持项目的成本大部分要由德国承担。2011 年 8 月，德国财政部部长指出正在寻求全欧洲范围的禁令，禁止对股票、主权债券和信用违约互换进行非套保的卖空操作，以对抗"破坏性的投机交易"。禁止非套保的信用违约互换交易的成本要比紧急援助的成本小多了。

单一险种保险公司可以通过两个主要渠道提供信用增强：传统的信用保险或信用违约互换产品。信用违约互换与信用保险比较类似，但是两者的监管待遇存在较大差别。一笔信用违约互换交易（类似于信用保险）包括一个"保护的购买者"（例如想提高信用等级、降低违约风险的担保债务凭证发行人）和另一个"保护的出售者"——接受对方支付的固定费用，承担未来的违约风险。不过，信用违约互换并不是监管机构的监管对象，因此没人担保一旦发生违约事件，保护的出售者就能有充足的资金进行全额赔付。

一般来说，购买信用保护（通过信用保险或信用违约互换）能够降低抵押贷款担保证券的信用风险，能让这些债券拿到 AAA 的信用评级。此外，购买信用保险的成本相对较低，因为

[①] Aizenman, J., Hutchison, M. and Jinjarak, Y. (2013) "What is the risk of European sovereign debt default? Fiscal space, CDS spreads and market pricing of risk", *Journal of International Money and Finance*, 34, 37–59.

人们似乎都认为其中的风险很小。本来一切都很好，直到次贷危机爆发，各种各样的资产支持证券开始价格暴跌。比如在 2006 年，瑞士信贷发行的担保债务凭证违约了，损失额大约为 3.41 亿美元。不过，瑞士信贷为优先级债券（不包括中间级）——从美国城市债券保险公司购买了信用保险。中间级债券的持有人血本无归，而评级为 AAA 的优先级债券的持有人全部获得了赔付，因为美国城市债券保险公司不得不支付 1.77 亿美元来弥补这一损失。

2007 年，由于次级抵押贷款市场和证券化市场纷纷暴跌崩溃，单一险种保险公司蒙受了巨额损失。两家业内顶级的企业共损失了 45 亿美元，随后它们自身的 AAA 评级也被降级。2009 年 7 月，安巴克保险公司警告说它即将报告 24 亿美元的损失，很快标准普尔公司就把安巴克公司的评级从 BBB 调低至 CC，变成了投机级别。

和单一险种保险公司一样，对冲基金和其他大型保险公司在信用保护市场上都很活跃。美国国际集团可能是最好的例子（2008 年，这是美国国内第二大综合性保险公司），该公司报告称共出售了总价值为 4 460 亿美元的信用保险（主要以信用违约互换的形式）。专栏 18-4 详细介绍了美国国际集团参与信用违约互换市场的情况。截止到 2008 年年底，信用违约互换给美国国际集团造成的损失高达 300 亿美元，因而在 2008 年 9 月，联邦政府不得不伸手援救。

专栏 18-4

美国国际集团的信用违约互换"冒险秀"

回顾过去，仔细看看美国国际集团 2008 年第二季度的财务报表，你会有一些有趣的发现。这些报表纸堆里隐藏了一个警世故事，这个故事生动地讲述了当信用衍生品遇到不完善的风险管理与金融监管时会变得多么危险。不幸的是，当事态处在进行中时，没有几个人能读懂这份财报。

这份财报完整披露了美国国际集团总共出售了 4 460 亿美元的信用违约互换。这些互换产品是由美国国际集团金融产品公司——隐藏在美国国际集团这个保险巨头内部的非银行子公司——售出的。因为美国国际集团不像银行那样接受严格的监管，因此它自然不用为这笔庞大的潜在债务增加资本金的持有量。

这些信用违约互换产品的大部分——总价值约为 3 070 亿美元——是被欧洲各家银行买下的，它们对这笔交易给出了一个很好听的理由——这是能获得"监管资本宽容"的交易，即买入这些信用违约互换产品的银行不需要为长期持有证券而增持资本金。另外一些大银行跑去找华尔街企业，想为自己持有的由次级抵押贷款担保的复杂结构证券安排套保交易。

到 2008 年年底，这批信用违约互换产品造成了大约 300 亿美元的损失，引发了人类历史上很可能是成本最高的紧急援助。与此同时，3 070 亿美元的"宽容"交易在 2008 年的上半年仅给美国国际集团带来 1.56 亿美元的收入。这样巨大的风险缺口可能代表了最不公平的风险-报酬结构。

通过大量卖出信用保护产品，美国国际集团在该领域做得红红火火，因为它承诺一旦被保险的证券价值下跌或它自己的信用等级被降级，公司会慷慨地提供抵押品（其他保险公司，例如单一险种保险公司，都不愿意设定这样的条款）。提供抵押品的目的是向美国国际集团的客户保证，他们被保护得很安全（风险已被对冲掉）。事实上，这种安全感一直都是幻觉。客户的风险并没有减少，反而在增加。

因为这样的套期保值交易完全依赖于单一机构（即美国国际集团）的财务健康状况，一旦标的证券大幅贬值，这样的安排就不可能让美国国际集团的交易对手获得全额赔偿。美国国际集团可能会提供抵押品，但是一旦市场大跳水，美国国际集团还能好端端地提供抵押品吗？

"衍生品原本的作用是分散风险，"美联储前官员、如今在研究机构波塔莱斯合伙人（Portales Partners）任职的迪诺·科斯（Dino Kos）这样说道，"但是在美国国际集团，衍生品被用来集中风险。"

随着美国国际集团承保的证券市场价格大跳水，集团面对的是价格暴跌的无底洞以及追加抵押品的紧急通知，这逐渐抽干了整个集团公司的现金流。2018年9月中旬，美国国际集团被降级，此时美联储不得不介入干预，因为美国国际集团需要在接下来的15天里提供320亿美元的抵押品——而之前整个夏天该集团最多才提供了200亿美元的抵押品。换言之，美国国际集团的交易对手想通过催促美国国际集团追加抵押品以及终止交易等手段保护自己，却没想到不经意间把美国国际集团逼到了死亡边缘。

市场还在持续下跌，美国国际集团和美联储接触了20位交易对手，提出可以按照独立第三方评估机构的估值买下信用违约互换的标的资产——担保债务凭证，随后将这些以担保债务凭证作为标的资产的信用违约互换协议作废。因为这些交易对手最终能拿回信用违约互换标的资产的100%价值，因此双方的协商过程很和谐。这说明双方都有能力避开信用违约互换市场的另一个陷阱——估值争议。

到2008年年底，美联储和美国国际集团共同设立的独立机构梅顿莱茵（Maiden Lane）花了大约300亿美元，买下了面值为620亿美元的担保债务凭证，同时美国国际集团终止了相应的信用违约互换协议，支出费用325亿美元，并确认了210亿美元的损失（在援救美国国际集团的过程中，美联储也向华尔街提供了几百亿美元的资金）。

因为美国国际集团上演的这场悲剧（定价的不确定性、估值争议以及交易对手风险），金融市场上的很多交易者都对信用衍生品避之不及。"人们承担了风险，而市场并没有把这个因素反映在价格里，那么只好再寻找其他路径，"丹佛投资顾问（Denver Investment Advisors）公司的马克·麦基希克（Mark Mckissick）说，"整个信用违约互换市场都是泡沫的一部分。"

资料来源：AIG saga shows dangers of credit default swaps, *Financial Times*, 06/03/09（Henny Sender）.
© The Financial Times Limited. All Rights Reserved.

18.8 证券化的未来

证券化业务的发展明显加强了银行与市场之间的联系。从积极乐观的角度来看，证券化趋势能帮助银行更有效地管理资产负债表，将风险转移给愿意承担风险的市场主体。这将使得资本资源得到更有效的利用，在整个系统内实现风险的更好配置。这还能给银行与其他金融机构带来额外收入，从而提高其财务绩效。

虽然在完善管理和有效监督的条件下，证券化能够提供这么多好处，但我们都知道，次贷危机的爆发说明证券化业务也具有比较严重的负面影响。不受约束的证券化业务、错误定价以及越来越复杂的结构性产品的涌现让市场变得更加不透明。风险不能被合理定价，银行失去了筛选和监督借款人资信状况的动机，而螺旋式的证券化操作一直在持续——人们以为房地产价格还会继续上涨。

2007 年伊始，次级抵押贷款市场率先崩溃，证券化业务也随之崩塌，大量从事该业务的银行（银行既自己发行担保债务凭证，同时还用自己的账户投资于其他机构发行的担保债务凭证或资产支持证券）遭受了巨额损失。结果，市场上复杂产品的大规模发行消失了，人们开始回归"简单化"或"回归基本面"，即关注证券化产品的基本特征，预计这股趋势还将持续（卡苏和萨尔基相，2014）。图 18-6 提供了 1985 年（第一季度）至 2012 年（第四季度）美国国内资产支持证券的发行规模。而图 18-7 说明了 2000 年（第一季度）至 2011 年（第四季度）全球担保债务凭证的发行量。在美国，2011 年的新增发行量为 1 240 亿美元，相比于 2006 年最高点的 7 530 亿美元下降了许多。在欧洲，2011 年的新增发行量为 2 070 亿欧元，相比于 2008 年最高点的 7 000 亿欧元也有了较大幅度的减少。住房抵押贷款担保证券占新发行量的 60% 左右。在欧洲，英国和荷兰是发行量最大的两个主权国家（各占发行总价值的 28%），随后是西班牙（占 17%）和意大利（占 14%）。在美国和欧盟以外的其他地区，目前几乎见不到证券化交易（国际证监会组织，2012）。

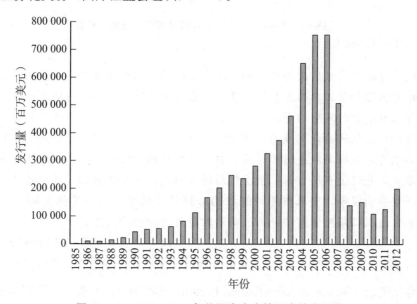

图 18-6 1985—2012 年美国资产支持证券的发行量

资料来源：证券业与金融市场协会官网。

从事证券化业务的银行所面临的巨大损失正是全球金融部门大崩溃的真实写照之一。后来，美国、欧洲以及国际监管机构公布了限制证券化交易的计划。例如，在 2009 年，作为美国政府一揽子金融体系监管改革措施的组成部分之一，时任美国财政部部长的蒂莫西·盖特纳（Timothy Geithner）发表了奥巴马政府的多项改革计划，他在提交给众议院金融服务委员会的书面证词里这样写道：

> 在危机来临前的那几年里，抵押贷款和其他贷款被汇集到一起，加入并构成了规模庞大、资产种类繁多的资产池，随后相应的证券化产品被出售给风险偏好不同的投资者。证券化破坏了借款人与贷款人之间的传统关系，制造出市场自律无法纠正的、各种各样的利益冲突。
>
> 贷款的发起机构并没有要求借款人提供收入与还款能力的书面证明材料。证券化机构没有为自己打算买入的贷款制定高标准，这等于变相鼓励贷款机构发放非标准化

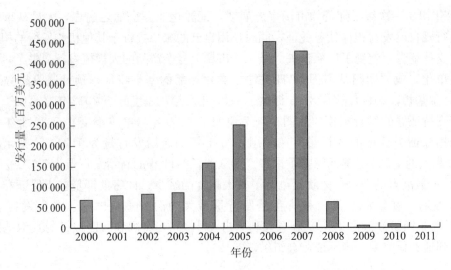

图 18 - 7　2000—2011 年全球担保债务凭证的发行量

资料来源：证券业与金融市场协会。

贷款。投资者过于依赖信用评级机构，而事实证明，信用评级机构使用的评估体系并没有与被评估的金融工具的复杂性相匹配。在每个环节，透明度的缺乏让市场参与者不了解自己所承担的风险的全貌。

作为回应，总统的计划要求证券化主办机构自己保留 5％ 的证券化信用风险敞口；还要求贷款数据实现透明化，而且要提升数据模板的标准化，以便投资者有能力做尽职调查，并促进市场自律；至于信用评级机构，不允许它们同时向被评级的同一家企业提供咨询服务，要求信用评级机构必须将结构性产品与其他金融产品区分开来，要求发行人必须对任何"评级选购"的行为进行公开披露。

财政部部长蒂莫西·盖特纳的书面证词

提交给众议院金融服务委员会，2009 年 7 月 23 日

美国证券化论坛（American Securitisation Forum，缩写为 ASF）提到了政府推出的监管、立法方案以及相关的不确定性——不确定性是证券化市场复苏的主要障碍，尤其是在投资者纷纷退出该市场以后。美国证券化论坛主办的一次民意调查——询问受访者抵押贷款与消费资产证券化市场何时能实现新的均衡——结果显露出市场复苏的希望，这是一个更积极的信号。

尽管 2007—2009 年的全球金融危机使得证券化市场的种种问题暴露无遗（包括过于依赖信用评级，投资者没有进行审慎的调查以及对风险的不适当定价），监管机构和政策制定者都认同证券化是很宝贵的融资工具，也是分散风险的有效手段。在作者写作本书时（2014 年），各国与国际组织仍在继续探索证券化的监管方法，包括旨在提高证券化产品的透明度以及标准化程度的各项举措［可参考金融稳定委员会（2012c）以及国际证监会组织（2012）提出的建议］。

正如国际证监会组织（2012）强调的，证券化市场具有支持经济复苏的作用，而且有证据证明投资者对这个市场的偏好正在慢慢回归。证券化还可以被视为银行部门宝贵的另一资金来源，可以满足银行资金来源多样化的需求。于是，一个运行良好的证券化市场应当可以促使实体经济的复苏。不过，发行机构还有一些担忧，次贷危机依然会让证券化背负恶名。为了解决这些问题，监管机构正在重点处置下面几个领域：

- 风险自留；

- 信息披露；
- 证券化程序；
- 信用评级机构的问题。

风险自留（risk retention）或**利益绑定**（skin in the game）要求是金融危机以来监管领域的主要关注点（萨尔基相和卡苏，2013）。这些要求的目的是避免某些证券化产品使用的"发起-分销"模式造成各当事方利益诉求不统一的局面。于是，监管机构要求引入"风险自留规则"，即要求银行自留一部分自己主办的证券化产品，其假设前提是这种"利益绑定"会促使银行加强对借款人的筛选与监督。相关规则的例子包括欧盟《资本要求指令》（CRD Ⅱ）的第122a 款以及美国《多德-弗兰克法案》的第 941 款。

至于改善信息披露状况，2010 年，国际证监会组织发布了《公开发行与上市的信息披露规则》（Disclosure Principles for Public Offerings and Listings），如今该机构正在起草资产支持证券公开发行和上市的持续披露规则（国际证监会组织，2010）。整个行业也在关注信息披露问题，试图通过书面材料的标准化以及精细数据的更高透明度来完善信息披露制度。

对于证券化程序的改进，目前发展的重心是承销与发起操作（例如准确评估借款人还款能力的程序）、挑选适于资产池的资产以及投资者自身的审慎调查。例如，金融稳定委员会已经开发出以国际准则为基础的住宅抵押贷款的承销程序（金融稳定委员会，2011c；2012c）。

最后，有关信用评级机构作用的讨论还在继续。其中一个热点问题是与投资者或监管机构相比，信用评级机构是否获得了有关新证券发行的大量实质性信息。当年的很多建议都在尝试评估投资者与监管机构是否应当获得与信用评级机构同样的权限，以及是否可接触信用评级机构在证券发行时以及后续再评估时获得的所有相关信息。

18.9 小结

本章深入分析了银行参与市场交易活动的情况。这种参与行为有助于降低风险（例如利用市场更有效地对冲和管理信用风险），但也可能会增加风险（越来越多的自营交易、向证券化产品提供流动性担保、持有信用违约互换头寸等）。现在人们一致认为，银行与市场的不断融合已经促使太多的风险生成，必须加强相关的监管以限制此类风险再度产生。不过，缓慢的经济复苏开始让人们对监管改革的范围产生怀疑。为了支撑证券化和其他市场交易活动，银行需要持有更多的资本金和流动性（可参考第七章有关巴塞尔委员会第三版《资本协议》的介绍）。金融创新应当受到更严格的监管审查，而且需要更多的透明度。与银行关系密切的其他市场参与者——例如对冲基金、私募股权投资公司、信用评级机构以及单一险种保险公司——也应当受到更加严格的监管审查。

关键术语

资产支持商业票据	房利美（联邦国民抵押贷款协会）
货币市场基金	单一险种保险公司
资产支持证券	房地美（联邦住房贷款抵押协会）

抵押贷款担保证券	担保债务凭证
联邦住房企业督察局	信用违约互换
政府支持企业	发起-分销模式
信用增强	发起-持有模式
信用评级机构	超额利差
过度抵押	重组信托公司
风险自留	证券化
影子银行	利益绑定
特殊目的载体	结构性投资载体
分组	

主要阅读文献

Acharya, V. V., Schnabel, P. and Suarez, G. (2013) "Securitization without risk transfer", *Journal of Financial Economics*, 107 (3), 515 – 536.

Bailey, M., Elmendorf, D. and Litan, R. (2008) *The Great Credit Squeeze: How it happened, how to prevent another*. Washington, DC: Brooking Institution.

Bakk-Simon, K., Borgioli, S., Girón, C., Hempell, H., Maddaloni, A., Recine, F. and Rosati, S. (2012) "Shadow banking in the Euro area: An overview", *ECB Occasional Paper Series*, No. 133, April.

Boot, A. W. A. and Thakor, A. (2014) "The accelerating integration of banks and markets and its implications for regulation", in Berger, A. N., Molyneux, P. and Wilson, J. O. S. (eds), *Oxford Handbook of Banking*, Oxford: Oxford University Press, Chapter 3.

Casu, B. and Sarkisyan, A. (2014) "Securitization", in Berger, A. N., Molyneux, P. and Wilson, J. O. S. (eds), *Oxford Handbook of Banking*, 2nd Edition, Oxford: Oxford University Press, Chapter 15.

Claessens, S., Pozsar, Z., Ratnovski, L. and Singh, M. (2012) "Shadow banking: Economics and policy", IMF Staff Discussion Note, 4 December.

Marques-Ibanez, D. and Scheicher, M. (2010) "Securitisation, instruments and implications", in Berger, A. N., Molyneux, P. and Wilson, J. O. S. (eds), *Oxford Handbook of Banking*, Oxford: Oxford University Press, Chapter 24.

Sarkisyan, A. and Casu, B. (2013) "Retained interests in securitisations and implications for bank solvency", ECB Working Paper Series, No. 1538/April.

复习题

18.1 概要说明银行中介与市场交易的主要区别。

18.2 解释关系贷款如何帮助银行缓解信息不对称问题。思考市场交易是否也能缓解信息不对称问题。

18.3　简要定义何为影子银行，以及影子银行体系的主要参与者。讨论促使影子银行体系发展的主要推动力。

18.4　概要分析政府支持企业在美国抵押贷款担保证券市场创建过程中的作用。

18.5　解释以下任意一种类型证券化操作的主要步骤：资产支持证券、抵押贷款担保证券或担保债务凭证。

18.6　讨论银行深度介入证券化交易的主要原因。分析证券化现象的优势与劣势。

18.7　以 2007 年次贷危机为例，解释为什么证券化产品的信用风险被错误定价。

18.8　解释信用评级机构与单一险种保险公司在证券化活动中发挥的作用。

18.9　根据当前监管机构提出的完成交易程序、提高透明度与信息披露等改革建议，讨论证券化业务的未来发展前景。

18.10　证券化业务执行风险自留规则的主要目的是什么？

第十九章

合并与收购

学习目标

- 了解银行合并的定义,并区分不同类型的并购交易。
- 了解银行并购的主要趋势。
- 了解银行合并对绩效的影响。
- 了解并购的主要推动力。
- 了解银行合并对银行客户(零售客户与企业客户)的影响。
- 研究大银行合并案背后隐藏的动机是不是想获得隐形的"大而不倒"的担保。

19.1 导论

在过去 20 年里,并购浪潮给全球金融体系带来了巨大的影响与冲击。[①] 这主要是放松监管与创新(技术创新与金融创新)带来的后果。监管的放松允许银行进入新的地区市场和产品领域。技术进步彻底改变了银行处理交易(后台处理)、向客户提供服务(通过分支机构、电话或互联网)并完成支付的模式。

金融创新以新型金融工程工具和风险管理工具的广泛使用为特征,伴以金融机构对新的衍生品市场及其他市场(资产支持证券、信用违约互换市场等)的深度介入,已经成为改变金融版图的另一重要因素。

[①] 合并与收购通常可以互换使用,但此处是有区别的。合并交易一般发生在规模相仿的企业之间,而且合并后企业会改名,以强调合并各方的平等性。例如,2000 年美国的大通曼哈顿银行与 JP 摩根银行合并,合并后企业的新名字就叫作摩根大通银行。而收购交易通常指的是企业被另一家规模更大的企业买下,被收购企业的所有业务都被归入收购企业的名下或品牌下。例如,2008 年,富国银行收购了濒临破产的美联银行,收购交易完成后,收购方富国银行并没有改名。

这些因素都促进了银行合并的浪潮,很多研究并购的学术文献都详细描述了这一趋势。[1]虽然大家对促进银行部门并购交易不断增长的推动因素基本达成了共识,但是还有一些领域存在争议,例如在总体上,从提高绩效以及为股东创造更多价值的角度出发,并购活动是否给银行带来了好处? 此外,从其他角度看银行部门的并购交易可能会有不一样的结论,例如并购对风险水平的影响、如何获得融资、收购目标的特征等。

本章的主要目的是介绍一些有用的定义,让大家了解如何划分银行合并案的不同类型,并总结一下导致银行合并的主要原因。在 19.2 节,我们会给出不同类型合并交易的定义;在 19.3 节,我们会概要介绍近期并购交易的发展趋势。在 19.4 节,我们要讨论并购对银行业绩的影响。银行合并是否有助于提升银行的绩效,这是一个很复杂的问题,因此这激励了很多学者去研究导致银行合并的各种动因,也就是并购交易的管理动机(见 19.5 节)。19.6 节概要分析合并案对银行客户的影响。19.7 节阐释并购策略的产品特征与地区多样化特征。19.8 节简要分析银行合并是否会影响系统性风险,以及大银行的合并动机是不是想充分利用政府提供的安全网(隐形的"大而不倒"的担保)。19.9 节是全章的小结。

19.2 合并与收购:定义与类型

合并与收购指的是两个或更多实体机构组成一个新的实体机构。我们通常会用这样一个公式来解释并购:1+1>2,因为一般来说,并购的主要动机是增加新机构的价值。尽管"合并"与"收购"这两个术语有时候会交换使用,都指的是两个(或更多个)独立企业的联合,然而其内涵确实存在细微的差别:

• 合并指的是两家规模相仿的银行(或其他任意企业)同意合并为一个新的独立实体,不再独立存在或独立经营。这样的操作意味着两家银行的所有资产与负债都要合并到一起。[2]

• 收购或接管指的是一家银行(收购方或出价人)买下另一家银行(收购目标或被收购银行)的普通股或资产,从而接管该银行、成为该银行新主人的交易。[3]

通常合并交易可以分为横向合并、纵向合并以及混合式合并三种类型。

• 横向合并指的是银行与同一个市场上提供竞争性金融服务的另一家银行合并。横向合并可能会引发一些争议,比如这是否会导致市场力量过度集中,可能会被反垄断部门阻止。过去 20 多年里,横向合并在商业银行领域比较常见,有时也称为"横向整合",与纵向合并存在根本性的差别。

• 纵向合并指的是同一行业内作用各不相同的多家企业的集中。纵向合并可采用两种模式,向前整合与向后整合,取决于企业收购的是分销商还是供应商。通常银行进行纵向合并的概率大于其他企业。自然而然的,若纵向分解的交易方向相反,即当企业发现服务"外包"(从外部供应商处购买)比企业内部提供服务更具有战略价值时,就会进行"纵向分解"。换言之,和其他企业一样,银行也会决定出售某些业务。出售业务最常见的模式是资产分拆,即银

---

① 参考博格等(1999)、10 国集团(2001)以及德扬等(2009)。

② 本章研究的对象通常都是银行而非企业,尽管大多数定义并不仅限于银行。

③ 个人投资者或投资群体(通常指机构投资者)有时会通过杠杆收购的方式收购一家企业。之所以叫杠杆收购,是因为这种收购方式所需的一部分资金来源于借款。如果企业的管理层发起收购,那么这样的收购手段叫作管理层收购(MBO)。更多信息可参考布瑞丽等(2012)以及波克和德玛佐(2011)。

行将某个业务或事业部门出售给另一家独立企业，而收购方通过出售或销售新发行股票的方式来支付收购款项。银行提供的某些服务从起初的"发起-持有模式"转变为"发起-分销"模式，这一"解构"过程可被看作纵向分解的例子之一。

- 混合式合并指的是分属毫不相干的业务领域的企业之间的合并，它们的合并不会导致纵向整合。虽然美国的反垄断法并没有涉及混合式合并（因为这样的合并被视为不会对市场竞争造成影响)，但欧盟的竞争法明确区分了三种类型的混合式合并：(1) 产品线的延伸；(2) 地区性合并；(3) 纯粹的混合式合并。[①]

(1) 产品线的延伸：即企业通过与另一家企业合并，达到增加新产品的目的，例如银保合作就属于这种情况。

(2) 地区性合并（又称为市场拓展）：即合并的多家企业处在同一个产品市场，但在不同的地区市场上经营。

(3) 纯粹的混合式合并：除上述两种情况以外，其他合并形式都属于这一类，即参与合并的机构彼此之间不存在功能上的联系。

专栏 19-1

金融集团的兴起

全球银行业的合并导致大型金融集团纷纷兴起，这些超大型的金融企业采用集团结构，可以广泛从事各种业务。在欧盟，第二银行协调指令（1989）鼓励企业实现**金融集团化**（financial conglomeration），这有助于银行实施全能型银行模式，向客户提供全方位服务，包括商业银行服务、投资银行服务、保险以及其他服务。在美国，1999 年《格雷姆-里奇-比利雷法案》的通过允许银行成立金融控股公司，进而有能力提供全面的金融服务（日本的"大爆炸"金融改革也是如此）。

金融集团被定义为企业群，由各种类型的金融机构组成，在不同的金融领域经营。人们相信：一方面，集团式的组织结构有可能实现更大的成本-经济效应；另一方面，集团有能力将不同业务产生的风险隔离开来。从收入的角度来看，金融集团可以全方位地提供银行、证券与保险服务，这会提升企业的盈利能力，实现更稳定的利润现金流。考虑到交易成本与信息成本，客户也会更愿意接受金融机构提供的一揽子金融服务，而不是只提供单个服务。不过，有一种观点认为这样的结构也有缺陷，会导致利益冲突或权力过于集中（卡苏和基拉登，2004）。金融企业的集团化进程主要由银行推动，因为银行一直在积极地向其他业务领域扩张，尤其是资产管理业务。

集团化有些类似于建立合营企业，以提供专业化的金融服务，不过也存在一些差别。比如，在某些欧洲国家，储蓄银行与合作银行都建立了合营企业，向客户提供资产管理、股票经纪、结算以及保险服务，所有这些产品或服务都被提供给会员机构，或者通过会员机构分销。举个例子，一国的储蓄银行部门可以成立一个合营的投资管理公司。按照经济学理论，这样的合营企业能与金融集团一起公平、平等地向社会提供金融服务。在某些国家，例如奥地利和德国，成立这样的合营企业或在企业之间签订合作协议是很常见的现象。

集团化趋势可以被视为金融脱媒化与金融市场全球化——推动因素包括金融自由化、国内

[①] Kaczorowska (2013) *European Union Law*，Taylor & Francis.

金融体系的发展以及新技术的出现——这一大趋势的一部分。不过，欧洲地区存在一些特殊因素，加速了欧洲区域内的金融机构整合，进一步促进了金融集团的产生（艾伦等，2011）。事实上，欧洲的银行与保险市场一直由大型的泛欧集团占据主导地位。通常，欧盟区内的金融集团拥有适用于不同行政管辖区及行业部门的 400 多个经营执照：银行业、人寿保险和/或非人寿保险、资产管理。

全球系统重要性金融机构

合并趋势催生了几家系统重要性金融机构，它们大多数都从事比重较高的跨境业务。为了解决次贷危机揭露的缺陷与不足，20 国集团首脑承诺，要以全球统一的方式进一步加强监管与监督（巴塞尔委员会，2011c）。2011 年，金融稳定委员会发布了一份列表，上面共列出 29 家系统重要性金融机构，如今我们把它们称为全球系统重要性金融机构或全球系统重要性银行。

这份名单——每年都会更新——不仅列出了全球系统重要性银行，而且简要注明了其资产分配模式，与监管机构要求其具备的额外损失吸收能力相匹配。全球系统重要性银行在风险管理功能、数据整合能力、风险治理以及内部控制等方面要满足监管机构更高的要求。这些监管要求将会从 2016 年 1 月起逐步实施，直到 2019 年 1 月全部实施（金融稳定委员会，2013b）。

金融集团的监管

早在 20 世纪 90 年代初，人们就意识到了复杂的大型金融集团（同时经营银行与保险企业）的监管是一个难题。按照联合论坛（Joint Forum）的建议，10 国集团（G10）的监管机构和欧盟于 2002 年推出了金融集团指令。从 2002 年起，市场的发展方向是银行业务与保险业务之间的边界不再那么容易识别，超大型的金融集团在很多国家活跃地开展业务。2007—2009年的全球金融危机再次凸显出大型金融集团难以监管，以及现有的监管法律框架存在很多缺陷，因此改革监管框架成为第一要务。

2011 年 11 月，欧洲委员会发布了金融集团指令的修订版，旨在堵住漏洞，确保金融集团内部的各金融机构都能得到适当的补充监管。新指令还将金融集团的监管任务指派给欧盟新成立的监管机构。

合并或收购意味着管理层的变动，这也是企业要进行并购交易的原因之一。代理成本、管理不善以及松懈的监督都会导致银行的内部监控制度失灵，降低企业的价值。在这种情况下，企业控制权市场为上市银行的管理者提供了外部治理机制与纪律。亨利·曼恩（1965，113）直截了当地指出："相比于有效管理状态下的股价，当前的股票价格越低，对某些人来说，收购交易就变得越有吸引力，因为这些人相信他们能更有效地管理公司。成功收购企业并让经营不善的企业重新振兴起来，其中的潜在收益是巨大的。"事实上，如今管理不善的银行成为敌意收购或不请自来的要约收购的对象也是很常见的事。

在下一节，我们要跟随 10 国集团的报告（2001），对金融服务企业合并的主要动机（至少在理论上）进行系统的总结。任何并购案都应当被视为投资，因此作为企业，银行应当被估值。通常，人们通过计算银行未来预期利润的现值来评估其价值。因此我们可以把并购的动机分成两类：价值最大化动机与非价值最大化动机。

19.2.1　银行为什么合并？

合并会降低预期成本或增加预期收入，进而影响银行的价值。表 19-1 列出了金融服务企业最常见的并购动机。

表 19 - 1　银行并购动机

价值最大化动机		非价值最大化动机
降低成本	增加收入	
● 规模经济效应与范围经济效应	● 规模扩张使得金融企业能更好地服务于大客户	● 管理动机： -追求个人目标 -获得职业安全感 -防守性收购 -为了仿效同行而扩张规模等
● 用更高效的管理者（管理技术）替代低效的管理者（管理技术）	● 产品多样化程度的提高让企业有能力向客户提供多种产品的"一站式服务"	
● 地区和产品的分散化降低了风险	● 产品或地区多样化程度的提高拓展了潜在的客户群体	
● 降低税负	● 规模或市场份额的增加会让企业更容易吸引到新客户（可见性或声誉效应）	● 政府的动机： -实现与银行破产相关的社会成本的最小化 -危机处理 -创造全球领先企业的意愿 -放松监管等
● 使得企业的规模变大到有资格进入资本市场或获得信用评级	● 垄断势力变强让企业可以提高价格	
● 为金融企业提供以更低的成本（相对于毫无准备的情况）进入新地区或新产品市场的渠道	● 规模变大让企业可以提高资产组合的风险水平	

资料来源：10 国集团（2001）。

19.3　近期银行并购的发展趋势

　　如图 19 - 1 所示，在 2007—2009 年全球金融危机爆发前的那段时期，在美国和欧洲，银行业的整合是主要的大趋势。20 世纪 90 年代中期，银行并购交易的数量快速增长，美国于 1998 年达到顶点，一年后欧洲也达到了最高点。这股潮流伴随着互联网行业的繁荣——在同一时期，互联网的热潮带动了全球的股票市场。银行的市场份额也在增加，估值的不断上涨也让银行更容易获取并购所需的资金——20 世纪 90 年代初，大宗交易基本上都用现金来完成，不过等到 20 世纪 90 年代末，银行往往采用发行新股融资的方式去收购另一家银行。一般来说，现金购买与发行新股获取并购资金的方式相比，前者被视为证明"交易很划算"的更好指标。

　　20 世纪 90 年代末，市场的下跌逆转了这股合并的浪潮，不过后来看上去这股潮流又再度兴起。表 19 - 2 列出了自 2000 年以来美国主要的银行并购案——注意最近的四宗交易（摩根大通/贝尔斯登，美国银行/美林证券，摩根大通/华盛顿互惠银行，富国银行/美联银行）都是金融危机的"作品"。虽然很多银行蒙受了巨额损失，一些银行还破产倒闭了，但也有一些银行获得了好处。例如，图 19 - 2 就举例说明了摩根大通是如何在金融危机期间抓住机会进行并购活动的。

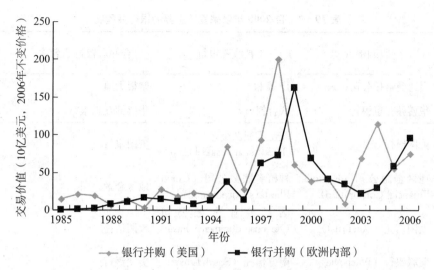

图 19-1 1985—2006 年欧洲与美国的银行并购情况

资料来源：德扬等（2009，图1）。

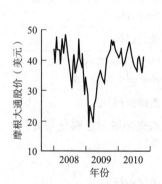

	2007年第四季度	2010年第二季度
市场价值（10亿美元）	146.9	145.0
总资产（10亿美元）	1 562	2 014
核心资本充足率（%）	8.4	12.1
分支行数量（家）	3 100	5 159
雇员数量（人）	180 667	232 939

2007年12月20日：贝尔斯登报告了第三季度的损失额——因投资对冲基金而损失8.59亿美元。市场对公司的流动性表示担忧，股价下跌。

2008年3月16日：在获得了美国政府的鼓励与支持以后，摩根大通按照每股2美元的价格，后来又提高至每股10美元，收购了身处困境的贝尔斯登。

2008年9月25日：在另一桩由政府牵线的收购案中，摩根大通斥资19亿美元收购了华盛顿互惠银行的银行业务。

2009年5月27日：对华盛顿互惠银行的信用卡业务损失发出警告。

2009年9月29日：宣布摩根大通的最高领导层进行重大人事调整。投资银行业务的联合负责人比尔·温特斯（Bill Winters）离开，资深银行家杰斯·斯塔利（Jes Staley）入局。

2009年11月19日：宣布将斥资10亿英镑收购英国证券经纪商嘉诚（Cazenove）证券。

2010年2月15日：花费17亿美元买下苏格兰皇家银行旗下的晟恒期货公司——这是苏格兰皇家银行与美国公共事业集团桑普拉能源（Sempra Energy）公司组建的合营企业，对从事原材料期货交易的其他银行提出了挑战。

2010年5月12日：同意向华盛顿互惠银行支付40亿美元，以解决摩根大通收购该银行后产生的纠纷。

2010年6月20日：展开协商，打算收购嘉伟亚投资（Gávea Investimentos）公司——巴西一家大型的对冲基金与私募股权投资集团，尽管美国法律限制商业银行从事此类业务。

图 19-2 摩根大通的美国并购案

资料来源：JPMorgan's US acquisitions pack punch，*Financial Times*，21/09/10（Francesco Guerrera）. © The Financial Times Limited. All Rights Reserved.

表 19-2　自 2000 年以来美国主要的银行并购案

交易发生的年份	收购银行	被收购银行	合并后银行的名称	交易价格（10 亿美元）
2000	大通曼哈顿公司	JP 摩根	摩根大通	33.0
	华盛顿互惠银行	联合银行	华盛顿互惠银行	1.5
2004	美国银行	波士顿舰队金融公司（FleetBoston Financial Corp.)	美国银行	42.7
	地区金融公司（Regions Financial Corporation)	种植者联盟公司（Union Planters Corporation)	地区金融公司	5.9
	太阳信托（SunTrust)	国民商业金融公司（National Commerce Financial)	太阳信托	7.0
	美联银行（Wachovia)	南方信托（SouthTrust)	美联银行	14.3
2005	第一资本金融公司	爱尔兰国民银行	第一资本金融公司	4.9
	美国银行	美信银行（MBNA Corporation)	美国银行信用卡服务公司（Bank of America Card Services)	35.0
2006	美联银行	西部公司（Westcorp Inc.)	美联银行	3.9
2007	公民银行（Citizens Banking Corporation)	合众银行（Republic Bancorp)	公民合众银行（Citizens Republic Bancorp)	1.0
	美国银行	拉萨尔银行（LaSalle Bank)	美国银行	21.1
	西班牙毕尔巴鄂比斯开银行*	康百世银行（Compass Bancshares)	西班牙毕尔巴鄂比斯开银行	9.8
	道富银行	投资者金融服务公司（Investors Financial Services Corporation)	道富银行	4.2
	纽约银行	梅隆金融公司（Mellon Financial Corporation)	纽约梅隆银行（Bank of New York Mellon)	18.3
	美联银行	世界储蓄银行（World Savings Bank)	美联银行	25.0
2008	道明银行金融集团	美国商业银行公司（Commerce Bancorp)	道明银行（TD Bank)	8.5
	摩根大通	贝尔斯登	摩根大通	1.1
	美国银行	美林证券	美国银行	50.0
	摩根大通	华盛顿互惠银行	摩根大通	1.9
	富国银行	美联银行	富国银行	15.1
2011	第一资本金融公司	荷兰国际集团直销银行*	第一资本金融公司	9.0
2012	大都市（M&T）银行	哈德森城市银行（Hudson City Bancorp, Inc.)	大都市银行	3.8
2012	第一优质银行（FirstMerit Bank)	公民银行	第一优质银行	0.91

交易发生的年份	收购银行	被收购银行	合并后银行的名称	交易价格（10亿美元）
2013	西太平洋银行（PacWest Bancorp）	资本资源公司（Capital-Source Inc.）	西太平洋银行	2.4

资料来源：各期《金融时报》、美联储公报以及 SNL 金融公司数据库。

＊设立在美国境内的分支机构。——译者注

如图 19-3 所示，很多评论员相信，受危机伤害最为深重的银行体系（尤其是英国和美国）最终必然经历一股并购潮——这也是为了清理各自的金融体系——尽管规模不一定很大。然而正好相反的是，一些证据证明，在 2007—2009 年全球金融危机中蒙受巨额损失的大银行为了扩充资本金，不得不把大部分的海外业务卖掉。从 2009 年起，美国与英国顶级银行的海外扩张步伐（至少）慢了下来。

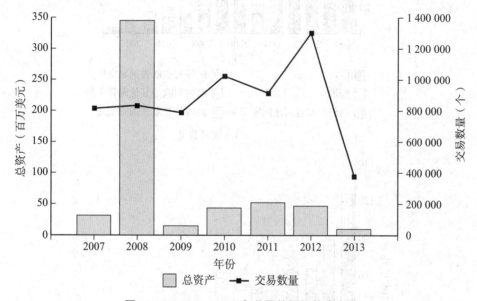

图 19-3 2007—2013 年美国的银行并购交易

资料来源：SNL 金融公司。

说明：宣布日期为 2007 年 1 月至 2013 年 6 月。

在欧洲，金融危机过后，私人发起的并购交易的总规模（尤其是在金融行业）快速减少。2008 年，银行并购案的数量是十年以来的最低点。再看看并购交易的总价值，剔除 2008 年苏格兰皇家银行、富通集团和桑坦德银行组成的财团对荷兰银行的收购案［2007 年，并购交易的总价值达到最高点，这笔并购案和意大利圣保罗银行（Sanpaolo IMI）与意大利联合银行（Banca Intesa）的合并案已被计入 2007 年的数据］，数据也有非常明显的下跌，欧盟内部的跨境并购以及向外的并购案受到的影响最大（参考图 19-4）。2012 年，非国内并购案的数量减少至不足 2008 年的一半，而并购交易的总价值更是下跌 400％，仅为 1 000 万欧元。值得注意的是，2012—2013 年，欧洲内部没有一起大额的跨境并购，或者买家来自另一欧盟国家的并购（欧洲中央银行，2013）。除了跨境并购案大幅减少以外，欧元区爆发的危机又在一定程度上阻碍了银行非核心业务的分拆出售，欧盟的几家大银行一直在想办法应对这些难缠的问题（参考专栏 19-2）。

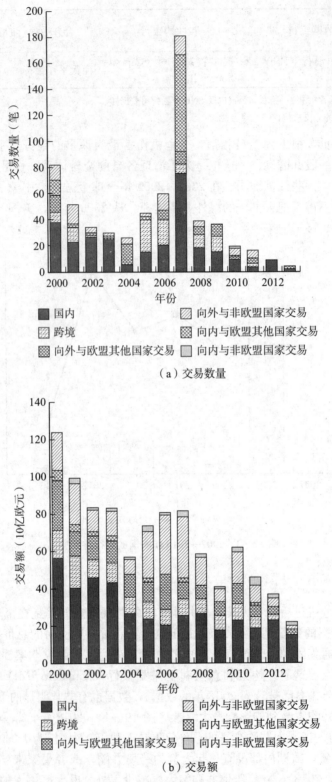

图 19 - 4　2000—2013 年欧盟银行并购案：交易数量与交易额

资料来源：欧洲中央银行（2013，图 7 和图 8）。

桑坦德银行正在协商出售名下资产管理机构的部分股权

西班牙桑坦德银行正在进行独家协商，打算把它名下的资产管理机构的一部分股权出售给一家私募股权投资公司，这样做可以一举两得：一方面增加了资本金，另一方面扩张了资产管理机构的规模。桑坦德银行是西班牙资产规模最大的银行，目前正在与美国的两家私募股权投资集团——华平（Warburg Pincus）投资集团和泛大西洋（General Atlantic）投资集团——进行进一步磋商，准备将资产管理机构的部分股权出售给对方，这是密切参与此事的两位消息人士给出的说法。两家私募股权投资集团都曾通过股权投资的方式帮助目标企业实现了较快的发展。

全球的大银行要么把自己的资产管理事业部卖掉，要么把这个事业部与私人银行业务部合并，旨在提高规模与收入。桑坦德银行已经几次尝试想把这个事业部门卖掉，2013 年 3 月底，该部门的受托管理资产总额为 1 610 亿欧元，客户遍布欧洲大陆、英国以及拉丁美洲地区。但是，分析师认为银行与潜在的购买者之前一直无法对收购价格达成一致意见，部分原因是大约三分之一的受托资产位于桑坦德银行不景气的国内市场（西班牙国内）。

这个事业部早在几年前就名气暴跌，当时它位于日内瓦的对冲基金投资部门（名为最优投资）卷入了伯纳德·麦道夫（Bernard Madoff）的庞氏骗局丑闻。桑坦德银行通过对冲基金投资部门向麦道夫关联基金投资了 23 亿美元的投资者支付了赔偿金。

根据资本智力（Capital IQ）公司与普华永道的分析，近年来，资产管理公司的平均出售价格大于受托资产总价值的 1%。如果这种趋势一直持续下去，那就意味着整个资产管理机构的出售价格至少为 16 亿美元。

资产管理业务隶属于桑坦德银行的某个事业部，该事业部的主管贾维尔·马林（Javier Marín）是一位 46 岁的高管，上周刚刚被任命为桑坦德银行的首席执行官。他的上一任阿尔弗雷多·萨恩斯（Alfredo Sáenz）因被控刑事犯罪而被迫退休，且被禁止从事银行业。

这笔出售交易是桑坦德银行旨在增持资本金的一系列分拆出售计划中最近展开协商的一笔交易。此外，桑坦德银行还考虑将墨西哥分行部分分拆出售，可能还会让位于美国的汽车金融事业部申请上市。两年前，桑坦德银行将美国汽车金融事业部的大笔股权以 10 亿美元的价格出售给几个私募股权投资公司组成的财团，其中就包括华平投资集团。

2013 年 4 月，萨恩斯先生确认桑坦德银行正在与买家协商，准备出售资产管理业务，但并未提供更多细节。桑坦德银行与华平投资集团拒绝评论此事，泛大西洋投资集团未有回复。

资料来源：Santander in talks to sell stake in asset arm, *Financial Times*, 05/05/13 (Daniel Schäfer and Miles Johnson). © The Financial Times Limited. All Rights Reserved.

欧洲委员会（2011）确认了导致欧盟银行并购活动快速收缩的主要原因：一方面，风险的再评估越来越多地从某一国特定的基本面出发，这导致货币市场和批发市场扭曲失真；另一方面，在银行业重组过程中政府发挥的作用挤掉了私营企业的并购活动，结果便是程度比较高的国有化。

表 19 – 3 总结了 2007—2013 年欧洲银行并购案的总体数据 [**国内并购**（domestic mergers）与**跨境并购**（cross-border mergers）交易——包括国内以及跨境的并购案]。

表 19-3   2007—2013 年欧洲银行的并购案

国家/地区	合计		国内并购		跨境并购	
	交易数量 （笔）	交易金额 （百万欧元）	交易数量 （笔）	交易金额 （百万欧元）	交易数量 （笔）	交易金额 （百万欧元）
东欧地区	825	64.0	549	9.5	276	54.5
法国和比荷卢经济联盟	96	1 025.2	32	676.0	64	349.2
中欧地区	119	439.4	63	300.0	56	139.4
北欧地区	77	423.0	55	37.0	22	386.0
南欧地区	222	415.3	127	64.5	95	350.8
英国和爱尔兰	77	1 298.6	30	310.1	47	988.5
合计	1 416	3 665.5	856	1 397.1	560	2 268.4

资料来源：SNL 金融公司以及作者的估计。

说明：国内并购指的是收购企业与收购对象来自同一个国家。跨境并购指的是收购企业与收购对象来自不同的国家。

东欧地区包括波斯尼亚和黑塞哥维那、保加利亚、克罗地亚、捷克、爱沙尼亚、匈牙利、拉脱维亚、立陶宛、马其顿、摩尔多瓦、波兰、罗马尼亚、俄罗斯、塞尔维亚、斯洛文尼亚、土耳其、乌克兰。比荷卢经济联盟包括比利时、荷兰、卢森堡。中欧地区包括奥地利、德国、列支敦士登、瑞士。北欧地区包括丹麦、法罗群岛、芬兰、格陵兰岛、挪威、瑞典。南欧地区包括塞浦路斯、希腊、意大利、马耳他、葡萄牙、西班牙。

　　欧盟银行业的并购活动在 2009 年缓慢复苏，尤其是国内的交易。不过，并购交易的总金额还是不温不火，这清楚地表明规模较小的并购交易才是未来发展的趋势。2009 年至 2010 年年初，规模较大的并购交易包括德国商业银行（Commerzbank）收购德累斯顿银行（Dresdner Bank）、劳埃德信托储蓄银行收购苏格兰哈利法克斯银行，这两笔属于一国国内的并购案，此外还包括法国巴黎银行收购富通银行、萨瓦德尔银行（Banco Sabadell）收购梅隆联合国民银行（Mellon United National Bank）、西班牙桑坦德银行收购英国的布拉德福德宾利银行与阿比银行，这几个例子属于跨境收购案。上面提到的这几桩并购交易，大部分因金融危机爆发而加快达成，或者因危机而起（欧洲中央银行，2010c）。不过，大型的并购交易一直看不到踪影，因为自 2010 年年底开始，欧盟银行就遭到了主权债务危机的沉重打击，因而并购活动再次变得沉寂（有关欧洲银行业危机的更多内容，可参考第十四章）。早已宣布的希腊两家规模最大的银行的合并——希腊国民银行（National Bank of Greece）与欧洲银行（Eurobank）——被推迟到 2013 年春天，推迟的原因是国际贷款机构害怕这起合并案会打造出一个巨型的贷款机构（两家银行的总资产加在一起几乎相当于希腊全国总产出的 100%），这会让风险变得更加集中。不过，困扰大银行的这些麻烦反而让其他金融部门获得了好处（参考专栏 19-3）。

专栏 19-3

整合：碎片化的业务整合后拥有巨大潜力

　　近期一小股并购交易的旋风让人们重新燃起了希望，私人银行部门的并购浪潮似乎一触即发。在欧洲，2013 年，瑞士信贷使出大手笔收购了摩根士丹利的地区业务。在这笔估值约为 1.5 亿美元的交易中，瑞士信贷收购了摩根士丹利位于欧洲和中东地区的财富管理机构——该机构的受托管理资产约为 130 亿美元——这使得瑞士信贷在英国的业务规模翻了一倍。还是在英国，资产管理公司施罗德（Schroders）集团花费 4.24 亿英镑收购了嘉诚资本，这笔交易全部用现金支付，是施罗德集团有史以来金额最高的并购案，这也让施罗德集团拥有了伦敦金融城内一家很值得尊敬的金融机构。

摩根士丹利已经彻底放弃了规模过小的欧洲事务部，在其母国市场上，它正在与花旗集团协商，打算收购花旗集团旗下的零售股票经纪公司——美邦（Smith Barney）公司。摩根士丹利计划到 2013 年年末将美邦公司余下的 35% 股权全部买下来。在它之前，美国本土另一家银行——美银美林，于 2012 年将其名下的国际财富管理机构卖给瑞士的一家私人银行——宝盛（Julius Baer）银行。

虽然这些并购交易背后有各种各样的原因，但它们拥有一条共同的主线：全球各国银行都在谋求进一步加强核心业务，同时将非核心业务或规模较小的事业部门处置掉。全能型银行希望从事能获得稳定收入的业务，因为这能降低银行对波动性较大的交易性收入的依赖，而且此类交易型业务面临更严格的监管资本要求。大银行单单把财富管理业务挑选出来，认为这是一个能给银行带来收入的领域。资产管理业务的高回报以及客户稳定的资产增长率对银行很有吸引力。因为公众普遍预期全球的私人金融财富未来将会进一步增长，波士顿咨询集团（Boston Consulting Group）估计，2011 年这个市场的总价值高达 122.8 万亿美元。与此同时，小银行正在努力挣扎着应付监管，这进一步推高了合规经营与信息技术的成本。

一家金融机构的高级顾问说："你将看到更多的大银行将资产分拆出售，而小银行忙着合并，这是因为监管成本与信息技术的投资成本越来越高。小银行根本没有能力承受这么高的成本。你需要达到一定的规模。"

我们举例说明监管有多严格。在英国，零售分销评估法规的相关条款禁止金融咨询公司从产品供应商那里获得佣金收入。这些条款从 2013 年 1 月开始实施，促使一大批并购交易赶在条款实施前达成，成百上千家独立的小型金融咨询公司要么合并，要么出售。在理论上，在一个高度碎片化的行业里，合并与收购具有巨大的潜能。全球排名前 20 位的资产管理公司加在一起持有的受托资产总额仅为市场总量的一半，且没有哪一家银行的市场份额能高于 10%。

政府对避税行为的处罚会引发下一轮并购浪潮，尤其是那些在不断变化的监管环境下努力寻找商业模式的瑞士小型银行。"我们相信，越来越严格的监管、税收条款以及对离岸银行模式的限制将会给银行，尤其是小型私人银行带来更多的压力，"摩根大通的分析师奇恩·阿布侯赛因（Kian Abouhossein）在给客户的简报里这样写道，"我们认为，在当前全新的监管环境下，规模过小、缺乏拓展在岸业务所需资源的私人银行将会继续挣扎着求生。因此，我们相信财富管理行业中企业整合的趋势很可能会持续，因为一些商业模型开始变得无法盈利。"

在未来几年内，很多小型机构可能会被大型机构吞并，全球规模最大的银行更有可能将小规模的事业部卖掉，而非着手进行大规模的合并或收购。监管机构始终很关注可能会改变游戏规则的并购交易，因为有关银行大而不倒的辩论热度居高不下，民众对金融体系的稳定性表示担忧。

并购交易会稀释原股东的股权，而且花费巨大。更重要的是，这会让银行偏离本来的任务目标——好不容易为了遵守更严格的资本充足性要求老老实实攒了几年钱，现在终于到了应该为股东创造价值的时候了，然而，成本高昂的并购交易又耗费了银行许多资金。因此，股东不可能会对这样的并购交易表示赞同或理解。摩根士丹利收购美邦公司的举动是一个罕见的例外，因为投资银行本应进行多样化投资以分散风险，而摩根士丹利把大部分财富管理业务全部集中在美国本土市场上。

与此同时，大量的新机构纷纷涌现，它们通过收购主权财富基金和养老金进入私人银行业务领域。一个比较著名的例子是几年前，阿巴尔（Aabar）投资公司——这是一家总部位于阿布扎比的投资公司——斥资 3.07 亿瑞士法郎，从它的母公司美国国际集团手中收购了私人银行。另一个例子是卡塔尔的阿勒萨尼（al-Thani）家族通过他们控制的精密资本投资集团（Precision Capital Investment Group），花费 7.30 亿英镑收购了德克夏银行的大部分股权，德克夏银行也获得了政府的紧急援助。银行家们认为财富管理业务对长期投资者很有吸引力，因为这要求交易双方建立长达几十年的长期关系，风险小，且回报率高。因此，这个渠道可以带来更多的交易。不过，这种渠道带来的交易规模不太大，更像是涓涓细流，不太可能很快就变成湍急的激流。

资料来源：Consolidation：Fragmented business offers huge potential for mergers，*Financial Times*，07/05/13（Daniel Schäfer）. © The Financial Times Limited. All Rights Reserved.

在亚洲，并购市场要比欧洲更活跃，因为在那里，不管是国内并购还是跨境并购，都被视为金融机构的关键性战略工具。普华永道（2011）调查了亚洲 13 个地区的金融服务机构的 375 名高管。调查结果显示，亚洲的金融服务业在未来中长期内会快速扩张，金融服务需求的增长来源于越来越富裕、受过良好教育、比较精通理财的中产阶级客户，以及持续的经济增长与竞争压力。如图 19-5 所示，亚洲地区最有吸引力的并购市场当属中国、新加坡和香港。

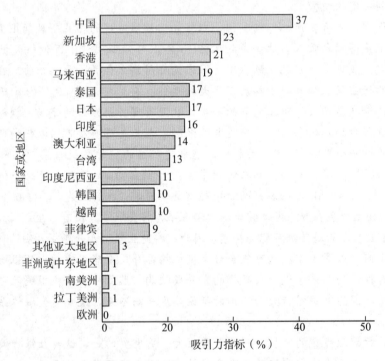

图 19-5 通过并购交易实现地理扩张最有吸引力的国家或地区

资料来源：普华永道（2011，26，图 13）。

根据普华永道（2011）的调查，批发银行业务与财富管理业务最有可能通过跨境并购的方式，战略性地追随企业客户的脚步进行海外扩张。投资管理与私人银行业务最有可能通过并购交易进入新市场的其他金融服务部门。

19.4 并购与银行绩效

提升绩效（增加利润或者通过股价上涨实现市值的增加）是促使银行进行并购交易的主要动机之一。从事并购活动的银行高管必须要让银行的所有者（股东）相信并购交易能提升银行的绩效——要么增加银行的收入，要么降低银行的成本。如果股东认为并购交易会降低银行的绩效，那么他们不可能会对此表示支持。因此，银行的首席执行官必须要花费很多精力来研究并购交易是否具有提升绩效的特征。合并带来的绩效增加效应要么源于效率的提高，要么源于银行由于市场势力的扩张而增加的收入。后者的含义是规模较大的银行有市场定价的能力，可以将市场价格抬至高于竞争水平的位置，因为大银行在某些特定的市场领域占据着主导地位。

大量的学术文献通过直接或间接的方法研究两者之间的关系。直接检测法想要确认银行合并后成本和/或利润是否有所改善。学者们使用会计比率指标或其他更复杂的效率指标，将合并交易前后的绩效数据加以比较。很多专门研究 20 世纪 80 年代至 90 年代中期的银行并购交易的学术文献都得到了统一的结论，即银行合并不一定能使成本或利润得到改善（博格等，1999；10 国集团，2001）。不过从那时开始（尤其是对欧洲地区的银行并购案来说），似乎有一些更有说服力的证据能够证明并购有助于提高银行的绩效（德扬等，2009）。还有很多学术文献使用事件研究法来评估市场对并购交易公告的反应。收购银行与被收购银行在交易公告日前后所获得的异常收益（参考专栏 19-4）可以反映出并购交易是能为股东创造价值还是损毁价值。这种方法被视为间接测量并购交易影响的研究方法，因为即便产生了正的异常收益（即收购银行与被收购银行在并购交易公告日当天的股价与模型预期的价位之差），我们还是搞不清楚股东的积极反应是因为银行拥有更强的市场势力（可以抬高产品定价）而导致绩效提升，还是因为效率提高而导致绩效提升。一些学者用事件研究法检验了 20 世纪 80 年代和 90 年代的银行并购案，他们发现，被收购银行的股东倾向于获得较高的正的异常收益，而收购银行的股东只获得了负的边际收益，两者叠加在一起的总效应并不显著。

专栏 19-4

如何使用事件研究法

事件研究法是实证金融的宝贵工具之一。这种方法试图测量出合并（或利润）公告对企业价值的影响，假设前提为市场是有效的。在分析过程中最关键的一步是计算收购银行与被收购银行的异常收益，即计算公告日当天银行的实际股价与模型预测的股价之差。模型会根据银行之前的股票价格，推算出在没有并购事件的情况下银行的股价应当是多少（即正常收益），这就是模型对股价的预测结果。

计算正常收益最常见的模型便是市场模型，表达式如下：

$$R_{it} = \alpha_i + \beta_{im} R_{mt} + \epsilon_{it} \tag{19.1}$$

上式中，R_{it} 代表的是股票 i 在 t 时刻的收益率，而 R_{mt} 代表的是一国银行部门的指数 m 在 t 时刻的收益率，α_i和β_{im}是使用回归分析法估算的参数，使用并购事件发生之前一段时间内的收益率数据（例如一年）就能估算出参数的值。ϵ_{it}是误差项。异常收益（AR）等于实际收益与使用下列公式算出的预期正常收益之差：

$$\mathrm{AR}_{it} = R_{it} - (\alpha_i + \beta_{im} R_{mt}) \tag{19.2}$$

为了推断出并购公告事件的影响，异常收益要被加总，计算出任意 j 天内（事件的窗口期）的累积异常收益（CAR），通常窗口期选择事件发生前/后三天。累积异常收益等于选定时间间隔内每天异常收益的和，表达式为：

$$\mathrm{CAR}_{it} = \sum \mathrm{AR}_{it} \tag{19.3}$$

然后，我们要用 T 检验来检测收购银行与被收购银行预期异常收益等于零的假设，即并购事件对收益的均值（或方差）没有产生任何影响。

直到 2000 年代初，学者们才基本形成了共识：没有强有力的证据证明银行的并购交易有助于绩效的提升，而这一结论将研究者的注意力引向能够解释并购现象的其他动机，例如银行的经营目标转变为实现首席执行官薪酬的最大化、选择"宁静的生活"以及实现资产规模的最大化（更详细的解释请参考 19.5 节）。

不过，一项调查研究了自 2000 年以来的 150 起银行并购案，它得出的结论似乎与前文中所说的不太一样。一般来说，近期的学术文献都支持以下观点：北美地区的银行合并案确实（或可以）有助于银行效率的提高，但是使用事件研究法的相关文献（和以前一样）并没有得到唯一的结论。不过，目前确实有无可争议的证据能够证明欧洲地区的银行并购交易带来了广泛性的效率提升，并为股东创造了价值（德扬等，2009）。

有一点我们要强调一下，大多数学术研究都使用了规模较大的银行并购案作为研究的样本，看看这种交易是否具有提升绩效的作用（增加利润或抬高股票价格）。研究发现，美国的银行并购交易不一定会提高股东的收益率，这说明（一般情况下，针对所有被研究的并购案例）股东可能会吃亏。当然，也会有一些并购交易能够提高股东的收益率。所以，在讨论并购交易的影响时，我们必须得小心谨慎——不一定所有的并购案都有提高银行绩效的作用，但有些并购交易确实有这样的作用。因此，单个银行并购案对绩效到底有什么影响，我们必须具体情况具体分析。

如前所述，有证据证明，在一般情况下，欧洲的银行并购案能给银行的投资者带来好处，不过，也有一些交易显然是有问题的。专栏 19-5 讲述了为什么某些并购交易会损毁价值，风险极高，该专栏专门提到了 2007 年对荷兰银行的那笔并购交易。在这个案例中，由苏格兰皇家银行、富通银行以及桑坦德银行组成的银团组织收购了荷兰银行。

专栏 19-5

"赢者的诅咒"出没于大型银行的左右

全世界各国政府都抛出了金融体系加强监管的计划，但金融危机揭露的某个重要问题几乎没有得到任何关注，那就是判断失当的并购交易会极其迅速地毁掉具有系统重要性的大型金融机构。

"赢者的诅咒"这个词勉强能够形容美国银行收购了美林证券后面临的困境。苏格兰皇家银行对荷兰银行的收购也是如此，劳埃德信托储蓄银行的情形更糟糕——多年来该集团一直审慎经营，并始终保持相对稳定的业绩，然而对苏格兰哈利法克斯银行的收购给集团带来了灾难性的后果。

当然，这种现象并不只发生在金融世界里，只不过由于银行的财务杠杆非常高，所以造成的系统性后果更加惨痛而已。在上一个经济周期里，英国工业设施制造业的两大支柱——马可尼（Marconi）公司和帝国化学工业（Imperial Chemical Industries）公司让不明智且融资方案很糟糕的并购交易给昔日的荣光投下了浓重的阴影。同时，网络科技的泡沫也让时代华纳（Time Warner）集团错误地选择与美国在线（AOL）合并，这让时代华纳损失了数十亿美元。

这样的悲剧之所以会反复发生，通常都与企业拥有过度强势的首席执行官有关。因为信息不对称这个存在已久的老问题，不担任企业高管的董事们很难检查或"摆平"一位很有决断力的首席执行官。如果这位首席执行官掌管的是一家结构复杂的国际金融机构，那就更难了，尤其是首席执行官还故意挑选缺乏高端金融业经验、不了解金融渠道的人进入董事会任职。

如果说非高管的董事很难这样做，那么距离董事会还有一段距离的股东们就更难做到了。标准人寿（Standard Life）保险公司的基斯·斯凯奇（Keith Skeoch）是英国机构股东委员会（UK's Institutional Shareholders）的主席，他说股东们的日程表需要围绕这些问题。但是，对股东来说，一位强势、独断专行的首席执行官是很难被约束住的，比如苏格兰皇家银行，绝大多数机构股东都投票赞同收购荷兰银行，尽管银行业危机给它们提供了很好的借口，大可以借机取消交易或重新协商，但它们完全罔顾了这个事实。再说说马可尼公司，当企业管理层推动风险极高的北美收购案，并且全额用现金支付收购款项时，一旁的机构股东除了怂恿放纵，什么也没做。

银行的风险管理委员会是否意识到了匆匆忙忙的收购风险很高？是不是没有进行充分的尽职调查？并不是所有的银行都单独设立了风险管理委员会。这些机构的问题之一在于，它们的高管大多是会计师出身，这些人擅长为各种各样的风险设计漂亮的"储物架"，然后整整齐齐地分门别类放好，但只是做到这一步就停下来了。

此处的危险在于，对一些显而易见的事情所进行的常识性讨论往往要屈从于复杂冗长的技术性讨论，而后者对现实威胁一无所知。有多少银行的风险管理委员会或会计委员会曾问过这样简单的问题——为什么杠杆率上升了？过去十年间杠杆率的明显上升是否会带来严重的威胁？还有一个简单而明显的问题与银行的集体失忆能力有关。一个周期接着一个周期，房地产业给银行提供了轻而易举地扩张贷款规模的机会，但同时这个机会也是致命的。纵观当前这场金融危机的方方面面，其主要根源依然是房地产业。与有毒资产相关联的证券在持续贬值，而传统的住房抵押贷款与商业地产抵押贷款领域的坏账也已经达到了危险的境地。

为了阻止并购交易造成更大的伤害，我们需要做些什么呢？我们必须承认，所谓的英美资本主义模式具有非常独特的特点：无数的学术研究文献已经证明，某些类型的并购交易通常会给收购方的股东带来价值损毁的作用，但企业依然把很多资源投入这样的收购交易中。一些证据似乎证明，并购交易的净效应是将买家的财富分配给卖家，而不是其支持者所宣称的"实现了有效的资本配置"。但是，伦敦金融城大臣麦纳斯（Myners）勋爵指出，英国并购条例的发布主要是为了保护目标企业的股东，而非收购方的股东。

在银行业，并购交易的经济成本甚至更高，因为这会导致行业集中度上升，让银行变得"大而不倒"，或者像花旗银行与旅行者（Travelers）公司的合并案那样——公司集团的规模太大了，以至于无法进行有效的管理。部分解决方案在于实施健康的竞争政策。不过，非高管的董事与机构股东也应当各尽其责。所有一切的关键在于承认并购交易的内在本质：这是一种风险极高的商业活动。这并不是说想做成一桩值当的并购交易完全是幻想。毕竟，弗雷德·古德温（Fred Goodwin）爵士收购国民西敏寺银行这桩买卖是很划算的。但是，这笔好交易让英国人变得傲慢自大起来，导致我们又退回到起点。

资料来源：A winner's curse that haunts the banking behemoths, *Financial Times*, 12/07/09 (John Plender). © The Financial Times Limited. All Rights Reserved.

19.5　并购交易的管理动机

上一节我们曾说过，至少从 2000 年起，更强有力的证据（尤其是有关欧洲并购交易的证据）证明并购交易通常有助于企业提高绩效，并创造**股东价值**（shareholder value）。很多早期的并购研究文献几乎没有找到并购有助于绩效提升的证据，这促使研究者另辟蹊径，从其他的角度解释并购现象，他们对**管理动机**（managerial motives）尤为关注。一种观点认为企业高管推动并购交易的主要目的是以股东利益为代价，实现其自身利益的最大化。企业管理者的利益可能与薪酬或其他福利的增加有关，而后者与企业的规模直接相关。同样的，企业管理者的利益也可能与企业的规模相关，因为他们可能想过**"平静的生活"**（quiet life）。[①] 规模较大的企业拥有更强的市场支配力，这使得它们自身不需要承受各种各样的竞争压力，让它们能过上"平静的生活"。罗尔（1986）的**自负假说**（hubris hypothesis）是另一种基于管理动机的解释，它说明了为什么并购交易可能会破坏价值。该假说认为过于自信的管理者总是倾向于高估并购交易的好处，因此这使得他们对目标企业出价过高，于是企业的价值被损毁，或绩效无法提高。

一些学者研究了美国银行业并购交易的管理动机，看上去确实找到了一些证据来证明首席执行官的薪酬会随着银行资产规模的扩张而上涨。还有一些证据证明，如果首席执行官知道并购交易会让他们的薪酬快速上涨，那么他们会更频繁地推动并购计划。在美国以外的其他国家，研究银行并购管理动机的文献比较少，可能是因为近期压倒性的证据证明银行并购具有提升绩效的作用。

[①] "平静的生活"假说由约翰·R. 希克斯（1935）首先提出，他注意到在所有垄断带来的好处当中，最棒的就是"平静的生活"。"平静的生活"假说假定拥有更强市场支配力的银行（企业）效率低下，因为它们在竞争性市场上比其他企业表现得更加厌恶风险。研究文献列举了企业高管选择"平静的生活"的几个原因：（1）如果企业的产品定价可以高于完全竞争价格，那么管理者就没有成本最小化的动机，于是享受"平静的生活"；（2）市场支配力让企业高管追求除了利润最大化以外的其他目标；（3）在非竞争性环境下，企业管理者会投入资源以获得并保持市场支配力，这导致企业的成本增加，效率下降；（4）市场支配力使得低效率行为一直持续（博格和汉南，1998）。

19.6　并购交易对银行客户的影响

很多文献研究了合并交易对银行客户的影响。早期的调查文献通常得出的结论是，20 世纪 80 年代，美国的银行并购案导致在银行业集中度较高的地区存款利率降低，而贷款利率上升。关注 20 世纪 90 年代并购案的研究文献发现，地方市场的集中度与存款利率之间的关系更弱。这些研究还发现大银行与小银行相比，前者发放的小企业贷款占其总资产的比例更低，而且这种现象在合并银行身上表现得更为明显。但是，这种行为对贷款可获得性的不利影响似乎被小型银行向企业增加贷款的供给抵消了。总的来说，早期的学术文献认为，银行并购对银行服务的价格与可获得性的影响是比较温和的。

最近，美国的一些研究成果关注的是银行合并对小企业的影响，主要观察银行合并后银行服务的价格与可获得性有何变化。这一批研究文献主要受到了两方面因素的影响：首先，学者们想检验一下银行合并是否会带来反竞争性的定价效应；其次，近来大家对关系贷款以及银行在制定信贷决策时定性信息与定量信息的作用很感兴趣。有些证据证明，银行合并可能会导致并购案所在的市场上所有银行的无担保个人贷款的贷款利率上升，不过学者们也观察到了相反的现象——汽车贷款的利率在并购后反而下降了。一项研究分析了两家美国银行的合并交易［舰队（Fleet）银行与波士顿银行（BankBoston）］，结果发现两家银行合并后，中等规模、中端市场的借款人必须支付更高的利差，但中端市场的小型借款人的利差保持不变（卡罗米瑞斯和彭恩扬库，2005）。虽然一些学者发现，银行合并导致小型借款人的贷款可获得性下降，但是也有一些证据证明大银行贷款的减少被其他小银行与刚领取牌照的新银行增加贷款供给量的行为所抵消。一项有趣的（有些人会说这是非常规的）研究发现，美国的银行并购案与更高的贷款利率（以及更高的犯罪率）有关（噶麦斯和莫斯科维茨，2006）。

并购能让银行获得一些专有信息，这既能缓解贷款竞争压力，又能增加银行的市场份额。随着竞争变得更加激烈，借款人信息的获取成本有所下降，这会导致贷款利率也随之下降，同时贷款决策也会变得缺乏效率。日本银行并购案的研究成果部分支持上述结论，研究人员发现，大银行之间的合并会提高银行获取企业客户软信息的能力（小苍和内田，2014）。

有关欧洲范围内银行合并对小企业贷款的影响的研究文献（虽然数量有限）似乎并没有得到统一的结论（蒙托瑞尔-嘉里加，2008）。对意大利银行业的众多研究发现，几家在本地银行市场上占比很小的银行合并后，贷款的利率水平会下降；不过，若并购交易发生在大银行之间，那么结果刚好相反。研究还发现，意大利国内的银行并购交易对贷款的可获得性造成了较大的负面影响，而且这种影响效应在并购完成后至少持续三年时间（德帕蒂和戈比，2007）。还有一些研究德国银行业的文献发现，银行业的合并浪潮对小企业的贷款可获得性没什么影响（施米德等，2010）。

19.7　并购与银行多样化经营

金融领域企业的并购趋势具有一个重要特征，那就是战略重点为 **地区多样化**（geographical diversification）与 **产品多样化**（product diversification）。在美国，1999 年的

《格雷姆-里奇-比利雷法案》［也叫作《金融服务现代化法案》（Financial Services Modernization Act）］废除了 1933 年的《格拉斯-斯蒂格尔法案》，允许商业银行广泛从事证券业务与保险业务。同样的，日本的金融大改革（也于 1999 年完成）取消了商业银行与投资银行的分业经营状态。1992 年，欧盟单一市场计划也以立法的形式批准了全能型银行模式。因此到了 2000 年，所有的大型金融体系全部去除了金融服务部门的产品壁垒。不过一些禁令依然有效，随着金融企业参与非金融业务（就是所谓的"商务"），一些监管条款也做了相应的修改。

很多国家先是取消了国民银行不得跨区设立分支机构的禁令，随后又放松了对银行产品的监管。《1994 年瑞格尔-尼尔州际银行及分行效率法案》（Riegle-Neal Interstate Banking and Branching Efficiency Act 1994）废除了禁止银行在美国境内跨州设立分行的《1927 年麦克法登法案》（McFadden Act of 1927），意大利和西班牙也于 1992 年取消了类似的禁令。[①] 监管的放松让银行可以在国内、国际以及不同的产品线之间自由扩张。这些变化激起了大量的学术文章，研究者们试图确定这种多样性特征会带来哪些影响。

多样化（不管是地区多样化还是产品多样化）被认为有助于降低风险，但是这种积极效应会被资产组合（收入现金流）风险变大和/或操作风险变大的负面效应所抵消。银行业的传统观点认为，多样化有助于降低银行风险，提高银行绩效，而 2007—2009 年的全球金融危机证明，过于激进的多样化策略可能会导致过度冒险以及业绩变差（参考专栏 19-6）。目前，有关银行多样化效应的研究文献并未得出一致性结论。

专栏 19-6

银行的多元化经营

凭借着后见之明的优势，银行业的一个大问题眼见就要得到解决了。多年来银行一直在努力变得更大和更加多元化，努力把触手延伸到全球各地。然而，金融理论——更别说那么多的现实证据——得出的结论是，全能型银行模式不能、也不应该在当中起作用。如今，银行业又开始了规模的收缩，比如花旗集团正式把自己分拆成了两家机构，这是不是意味着理论界已经取得了胜利？

看上去两边都是对的，但并不是基于它们各自提出的理由。当然，反对银行全球化的论据很充分。高管们可能会拍着脑袋夸夸其谈交叉销售的好处，然而实际上，不同的产品与业务领域很难实现协同效应。至少在理论上，股东根本不应当为多样化支付一分钱：他们可以通过更加有效的方式实现多样化——只需在自己的资产组合里，比如投资一家英国零售银行，然后在别处投资一家快速增长的亚洲银行（参见图 19-6）。

但是截止到 2007 年，在这十年间，全球银行业的股价几乎翻了一番。当然，很多因素共同帮助金融机构获得了丰厚的利润，例如经济的快速增长以及很多资产市场的泡沫。不过，银行业的杠杆也翻了一倍。贝尔斯登估计，从 2000 年到 2008 年，高盛的总杠杆与权益报酬率之间的相关系数高达 88%（剔除了表现异常的季度）。

---

① 《1994 年瑞格尔-尼尔州际银行及分行效率法案》的主要动机是允许银行分散地区性风险。放松设置分支机构的监管法令使得美国在此期间的五年并购案数量创下了美国有史以来的新高，不仅并购案的数量众多，而且被收购的银行价值很高。

和套利交易者一样，杠杆需要一个稳定的融资平台。因此，广泛的地区分布可能不会给全能型银行带来协同效应，但是成千上万种高度分散化的业务活动降低了银行利润的波动性。这使得很多银行的权益资本增长了 30 多倍。不过，这也带来了麻烦，更低的波动率与良性发展的市场让银行误以为权益资本的成本很低。于是，银行就去冒更大的风险，直到地区分布最为多元化的银行也出现了风险损失。既然过高的杠杆已经成为历史，那么也许全能型银行模式也将成为历史。

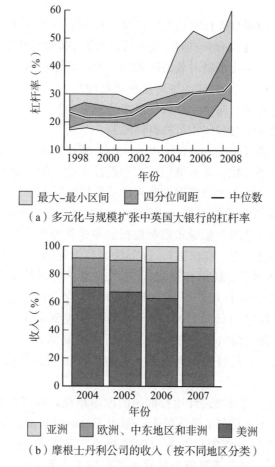

（a）多元化与规模扩张中英国大银行的杠杆率

（b）摩根士丹利公司的收入（按不同地区分类）

图 19 - 6　银行的多元化与规模扩张

资料来源：英格兰银行；彭博公司。

资料来源：Lex column；Bank diversification，*Financial Times*，19/02/09. © The Financial Times Limited. All Rights Reserved.

多样化效应的一种研究方法是分析虚拟的银行与非银行合并案的会计收益或股价收益特征。使用该方法的文献（主要研究美国市场）找到了一些能证明风险分散效应的证据，尤其是银行与人寿保险公司的合并案。最近戈茨（2012）的一篇文章研究的是银行的多样化策略会对其自身的风险承担行为以及未采用多样化策略的竞争对手的风险承担行为造成怎样的影响。作者的结论是若竞争对手也使用更加多样化的经营模式，那么银行的风险承担水平将会变得更低。

另一批研究多样性策略的文献研究不同类型事件给股票收益带来的影响（参考专栏 19-4），而且得出的结论不统一。一些文献关注的是美国收购银行的股票收益率，发现地区多样性与产品多样性的策略会导致股票收益明显增加。这意味着商业模式和发展战略相似且在同一个市场上的银行之间进行并购交易要比单纯增加多样性的交易效果更好。很多研究欧洲地区银行跨境收购案的文章也发现，集中式的并购要比多样性交易更有助于提高股东的收益，不过也有一些证据证明，多样化交易能带来不错的效果，因此，欧洲的实证检验结论并不是单一的。

近期，有关美国与欧洲银行进行跨境并购的文献找到了一些证据，这些证据能证明并购并未提高企业的成本效率，不过也有一些证据证明银行的利润效率或会计收益在并购后有所改善。还有一些研究检验了多样化策略对其他问题的影响，具体包括[1]：

- 商业银行/投资银行合并后可能产生的潜在利益冲突。
- 拥有证券交易机构的银行向小企业放贷更多还是更少？
- 流动性冲击与其他效应对多样性策略有何限制？
- 存在明显**多元化折扣**（conglomerate discounts，意思是投资者对多元化企业的估值低于专营性企业，因此集团或多元化企业的估值不如专营性企业）的证据。
- 多样化的好处是否会被变大的费用性收入波动抵消？

鉴于 2007—2009 年的全球金融危机，以及政府对多样化经营的银行提供的大规模资金援助和其他援救措施，很多立法都开始寻求限制银行的多样化经营活动。其中最有名的当属美国于 2010 年 7 月通过的《多德-弗兰克法案》，这部法案试图终结"大而不倒"这个问题，明确声明"纳税人不会再被套牢"，联邦存款保险公司被禁止为系统重要性金融机构的损失兜底。此外，沃尔克规则禁止银行用获得联邦政府担保的存款从事自营交易（即用银行的自有资本进行交易），同时规定银行向对冲基金/私募股权投资基金的投资额不得超过银行资本金的 3%。[2] 这说明监管机构试图一方面限制银行的交易活动，另一方面限制其涉足对冲基金/私募股权投资领域，不过目前尚无有力的证据能够证明这样的行为会导致大型银行破产倒闭。

在英国，政府要求独立委员会设计银行部门的改革措施，以提高金融稳定性并加强竞争。2011 年 9 月 12 日，该委员会发布了最终报告，阐述了对各项改革措施的看法，并声称零售银行将被禁止从事批发银行与投资银行业务（参考第十三章有关英国银行监管新规的相关内容）。[3] 对零售银行业来说，风险管理应当是默默进行的不太复杂的事情，但是对批发银行/投资银行业务来说，依然很复杂。因此，这限制了多元化经营的银行从事批发银行/投资银行业务的能力。

所有这些监管改革建议的共同目的是促进金融稳定，确保银行具有一定的抗压能力和解决问题的能力。此外，各国监管机构试图约束政府向银行部门提供隐性担保。作者写作本书时（2014 年），主流意见（尤其在决策圈）是，复杂的大型金融机构带来的更复杂、更过分的代理问题（所造成的破坏力）大于多样化经营的好处。不过，多样化的价值是现实存在的，正反

---

① 有关多样化经营的文献综述，可参考思特奥（2014）。

② 在法律界历经几轮争吵以后（还包括社区银行发起的一项诉讼案），2013 年 12 月，沃尔克规则终于被正式实施，这距离《多德-弗兰克法案》正式签署已经过去了将近三年，距离该规则的第一版草案被提交给银行监管机构也已过去了两年（沃尔克规则的最终版本可参考美国证券交易委员会官网）。

③ Independent Commission on Banking（2011）Final Report, September. 见独立委员会官网。

双方都建立在扎实的理论基础之上（参考专栏 19－6）。到目前为止，我们没有找到什么证据来证明多元化经营的大型金融机构比小型金融机构（其资产与业务范围比大型金融机构窄得多）的日子更难过，然而事实上，大型金融机构让纳税人负担的成本更高。虽然一些业务活动可能会增加银行的整体风险水平，但还有一些业务活动不会增加风险，而且给金融机构提供了重新平衡风险敞口、实现收入来源多样化的机会。

19.7.1 并购对银行业准入的影响及其他作用

并购活动不仅对参与者自身具有较大的影响，而且对其他银行以及市场的潜在进入者有一定的影响。美国的一些研究文献证明，并购交易会刺激银行的新注册数量（即营业执照的数量），甚至大银行的存在会刺激新进入者开拓乡村银行市场。通过并购交易而新进入市场的参与者也有助于提高小银行的成本效率（但没有提高利润效率的作用）。人们发现，（在意大利）当地市场竞争的加剧会提高并购交易发生的可能性（贷款与存款比率的上升也能起到相同的作用）。

学者们还发现了放松监管对并购活动具有积极的影响。在美国，放松监管会提高目标银行的收购溢价——由于银行被准许进入新的市场，因此这推高了收购者对目标银行的收购报价。不过，必须记住的是，即使银行体系的监管有所放松，监管审批程序依然对银行的并购活动有所约束。

19.8 对安全网补助的利用与系统性风险

早在 2007 年之前，银行机构规模的不断扩大已经引发了人们对金融风险以及金融系统稳定性的担忧。随着银行变得越来越大，先不说这对银行绩效有没有影响，如果银行被视为大而不倒或大而不自律（TBTDA），那么这确实给了银行利用政府**安全网补助**（safety-net subsidies）的机会。虽然我们都承认大而不倒的隐性福利很难量化评估，但金融危机爆发前来自美国市场的一些证据证明，这笔福利规模可不小。从 2007 年下半年开始，银行援救项目的数量［包括美国的花旗集团，英国的苏格兰皇家银行和劳埃德银行集团，比利时、荷兰、卢森堡三国的富通银行和德克夏银行，德国的戴普发（Depfa）银行，以及爱尔兰、冰岛、西班牙和希腊的多家大银行］进一步为大而不倒的隐性福利提供了证据。现在我们知道一些银行是大而不倒的，而并购趋势会让大而不倒的机构变得更多，创造出可享受隐性安全网补助的大银行。

对银行规模与安全网补助的早期研究开拓了这一研究方向。一份早期研究认为，美国排名前 10 位的大银行的融资成本低于规模小一些的银行，而且前者的资本比率也比后者低，这恰恰说明了大而不倒的隐性担保所具有的优势（沙尔和汉威克，2001）。1984 年，就在美国监管当局将 11 家美国银行列为大而不倒的机构以后，这些银行发行的新债券的信用评级都比其他（未获提名的）银行更高。

某篇文章将为大银行支付的**收购溢价**（merger premium）视作安全网补助的表征——依据是，正因为收购的是拥有大而不倒隐性担保的银行，所以才需要支付更高的溢价。一些证据证明，大型金融集团的并购案（交易额大于 1 000 亿美元）往往存在较高的溢价，而收购规模较大的目标银行也经常要支付高额溢价。总而言之，早在 2007 年之前，已经有一些学者开始担心银行并购带来的大而不倒问题（至少在美国是这样）。大而不倒这个事实让很多评论员质疑银行的规模到底有何功效，并在考虑将超大型金融机构分拆的可能性，具体请看专栏 19-7。

专栏 19-7

该去分拆银行了

美国的监管机构与决策者担心大型的金融机构依然存在大而不倒的问题。2010 年金融监管体系的大调整，即《多德-弗兰克法案》正是专门解决这个问题的。限制银行从事高风险交易，并要求银行持有更多的、可用于吸收损失的资本金——这些措施可以降低金融集团的破产概率，而且允许政府出钱把原股东解救出去（即收购问题企业的股份），并强制性地将债务转变为股权，这样一来，金融机构的破产处置也变得容易多了。国际组织正在努力拟定一份处理大型银行破产问题的全球计划，目前尚未成稿。全球更高的监管资本要求，即巴塞尔委员会第三版《资本协议》正在全球逐步推行。但是，近来国会两党议员和监管机构的一些高级官员又燃起了新一轮的热情，他们想完全消除政府再次出手援救金融机构以及再发生灾难性破产事件的可能性，彻底终结大而不倒的现象。

前任民主党国会议员巴尼·弗兰克（Barney Frank）先生是《多德-弗兰克法案》的共同起草人，他说最近新一轮的辩论根本没什么必要。"现在有一种很奇怪的观点，认为如果大型金融机构破产了，即使法律不允许政府出手援救，汹涌而来的公众压力也会让这些机构继续存活下来，"他说，"这种观点的核心是压倒性的民意会让这些机构活下来——我真不知道有这种想法的人到底生活在哪个星球。"但是弗兰克先生已经卸任了，联邦存款保险公司的前任主席希拉·贝尔（Sheila Bair）退休了，还有前任财政部部长蒂姆·盖特纳（Tim Geithner）也退出舞台了。作为危机过后监管改革举措的设计者，这三位都认为大而不倒这个难题已经被解决掉了。他们的离开让那些赞同"政策应该更进一步"的支持者们成功的概率变大了。

上周，美国两位参议员布朗（Brown）先生和维特（Vitter）先生公布了由他们两人起草的、有关该问题的最新立法草案。该草案极大地提高了对资产规模超过 5 000 亿美元的超大型银行的资本监管要求，强制要求这些大银行持有相当于总资产 15% 的资本金。

高盛公司的分析师计算出新增的资本金价值大约为 1.2 万亿美元，这相当于要求所有的超大型银行在未来 15 年内既不能发放股息，也不能回购股票。如果股东连这样都能接受，那么相信他们肯定也能接受永远那么低的权益报酬率。很多业内人士认为经济学根本不管用：规模最大的银行会自我拆解，以逃避更加严格的监管。维特先生和布朗先生承认这一点，相信其他人也会。"如果我们今天就投票，那我们能争取到 40 多位参议员的支持。"布朗先生又提到他正在游说 10 位共和党参议员，希望能得到更多的支持。他说："大多数参议员都是可以争取的，只不过业内的说客有不同的观点。"

对于那些最终可能会支持这项法案的国会议员来说，法案的吸引力在于可调动美国全境民众的激情，尤其是在乡村地区——在这些地方，小型社区银行为人们提供服务，它们正在努力挣扎着与超大型银行竞争。美国独立社会银行家协会（Independent Community Bankers of Ameria）（这个协会的会员包括全美 7 000 多家小银行）的主席卡姆登·法恩（Camden Fine）说他会耗尽"在这个城市里的最后一丝影响力"来帮助法案通过。几个事件让事态发展到这个地步：2012 年，摩根大通的交易损失高达 60 亿美元，这让很多人产生疑问，如果这个世界上管理最完善的大银行都会遭遇如此巨大的损失，那么所谓的大型金融机构到底是不是真的安全。

鼓吹分拆银行的领头人不可能会出现。桑迪·威尔（Sandy Weill）和约翰·瑞德（John Reed）在 20 世纪 90 年代成立了花旗集团这一现代金融超市的原型。然而两人都否认金融超市这种模式与自己有关。威尔先生呼吁分拆时要让银行保留"不会用纳税人的钱去冒险的业务，不会导致大而不倒的业务"。

但是，美国的最高司法长官亲口承认，一些银行在大而不能破产的那一刻，民众的激情才被彻底点燃。美国司法部部长埃里克·霍尔德（Eric Holder）受到了猛烈的批评，人们指责他没有在金融危机爆发后起诉银行尤其是大银行的高管。

在 2013 年 3 月的听证会上，在被问到一些银行是否因为规模太大而逃脱了指控时，霍尔德先生坦率的承认让举座皆惊。"我一直担心，一些金融机构的规模变得太大了，对我们来说指控它们确实变得很困难，我们被这样的事实打击了——如果你真的起诉，如果你真的发起刑事控告，那将会对整个国家经济，甚至全球经济造成负面冲击。"他说。霍尔德先生的证词被视为奥巴马政府的高官最直接坦率地承认对大型金融集团的风险表示担忧。"在一些爱装面子的国家，你可能听说过这样的事，一些家庭做了错事却逃脱了指控，因为他们有关系，"法恩先生说，"你肯定不希望在美国也听到类似的事。"

批评家们说，更不公平的是超大型银行融资的成本更低，这反而滋生出恶性循环——让大银行的市场势力越来越强大。"我没听到有人认为《多德-弗兰克法案》已经解决了大而不倒的问题，更不用说大银行本就可以积极调整，以适应新的监管制度。"达拉斯联邦储备银行（Federal Reserve Bank of Dallas）行长理查德·费雪（Richard Fisher）这样说。人们担心的是像摩根大通这样的大银行都在享受隐性的政府担保。债权人相信，和 1991 年的英格兰银行与 2008 年的花旗集团一样，政府会想办法援救这些大银行，不会去冒险，因为一旦《多德-弗兰克法案》提供的新工具没起作用，大银行的破产将会导致信贷冻结和支付网络的崩溃。

多年来这种想法一直是对的。在过去三年间，信用评级机构开始调低银行的评级，这样做的假设前提是政府援救的可能性较低，而大银行与小银行在融资方面的差异在缩小。一些分析发现，差异已经彻底消失了。但即便是最受尊敬的大人物，例如美联储主席本·伯南克先生，也承认差异依然很明显。

"显然人们有理由继续担心银行获得大而不倒这样的隐性福利，"美国前任财政部部长、巴拉克·奥巴马总统的经济顾问、现任哈佛大学教授拉里·萨默斯（Larry Summers）说道，"《多德-弗兰克法案》包含的各项举措无疑是具有建设性的。但是我认为，整个问题要在全球范围内得到解决，以确保银行拥有充足的资本金以及适当的风险管理系统，我们仍有很长的路要走。市场提供的一些证据确实让人们有理由担心大而不倒的问题。"

对规模和大银行市场势力的新一轮辩论惊动了华尔街的说客，他们开始花大力气反击。"我们认为这是风险最高的事，也是人们最关切的事。"一位业内顶尖说客这样回应。金融集团花了几千万美元，只为了能扭转这种认识——大型金融机构都在受政府的保护。清算所、金融服务论坛以及金融服务圆桌会议（Financial Services Roundtable）——三个规模最大的业内协会全部发动起来了。虽然各方一直围绕着事实争论不休，不过也有很多基于信仰的说辞。"大而不倒已经变成神学问题了，"清算所主席保罗·萨尔茨曼（Paul Saltzman）代表超大型银行这样说道，"这是我最大的担忧——这其实是一场根本不重要的辩论。为了能有力地证明自己的观点，我们必须经历一场金融危机，一家大银行必须得破产，而股东、债权人和该受谴责的管理层必须在政府不用纳税人的钱提供援助的情况下，承受一切后果。没人希望这种违反事实的情况发生。"

银行的看法是，在这个问题上，反对者并不仅有民主党人，例如萨默斯先生，而且有共和党人，例如美联储前任理事凯文·沃什（Kevin Warsh）。沃什先生认为强迫银行只从事更安全的业务，并给它们贴上系统重要性机构的标签，只会让问题变得更糟糕。"如果政府想让这些大银行把公众的利益置于银行业务之上，那么其他7 000多家银行就很难发出贷款，也很难彼此竞争了，"他说，"这会阻碍经济发展。"

银行可能希望监管少一些，但是它们应该不太喜欢沃什先生给出的替代方案：持有比现在高得多的资本金，保持较低的杠杆率，不允许银行为低风险业务持有较低的资本金。银行的另一个担心是，提出替代方案的这些人不仅是前官员和政策制定者，而且是积极的监管者，他们有能力迫使银行发生改变。例如联邦存款保险公司的副主席汤姆·霍尼格（Tom Hoenig）也呼吁应当大幅提高对大银行的资本要求，同时简化资本监管规则。对银行来说，一个新的"威胁"（也是最令他们担忧的）是，美联储一点也不想压制或平息这些争强好胜的同僚们发出的叫喊声。

了解整个讨论过程的消息人士称，美联储的官员正在考虑提高监管资本要求，而且无需国会的批准就能强制执行新规。联邦存款保险公司也在考虑使用《多德-弗兰克法案》赋予它的新权限，一旦银行发表"生前遗嘱"，即银行清盘关门的计划书（这份计划书肯定是不够充分的），那么联邦存款保险公司会强制性要求银行剥离分拆资产。"'生前遗嘱'只不过是一个开始。"一位银行家担心后续监管机构还会要求银行进行更广泛的调整。在欧洲，一些政治家，例如德国总理安吉拉·默克尔（Angela Merkel）和主管金融服务业的欧洲委员会委员米歇尔·巴尼尔（Michel Barnier），都警告说改革不要走得太远或太快，她们担心经济复苏会脱离正确的轨道。

也许到了最后，众议院的共和党领袖、奥巴马先生或伯南克先生会因为担心事态扩大而介入，阻止这些会让超大型银行步履蹒跚的尝试。国会议员可能会被本地区小型银行走基层路线的游说弄得摇摆不定。但与此同时，他们也很欣赏超大型金融集团的慷慨捐赠，而且容易受到这种观点的影响——把摩根大通这样的大银行全部分拆掉，就等同于把原本属于它们的业务推给了外国金融集团，例如能提供全线产品的德意志银行或巴克莱银行。"我认为这很危险，"平诺克（PNK）金融服务公司的首席执行官比尔·德姆查克（Bill Demchak）说，"这是一家拥有3 000亿美元资产的银行，但还没大到足以进入超大型银行的行列，成为上述各种改革药方医治的对象。如果大银行受到了伤害，信奉利己主义的竞争对手会来帮助我们，甚至比我们出力更多吗？是的，它们会的，但我认为这会伤害到我们的经济。"

现在改革者占据上风。看上去他们劲头十足，不会失败。

驯服华尔街的三条路径		
限制规模	更多资本金	禁止从事高风险业务

美国已经禁止存款额超过全美存款总额10％的银行收购其他企业。摩根大通、美国银行和富国银行都要遵守这条禁令。因此，建议进一步限制银行资产或负债规模的提议并不一定没有成功的可能。监管机构更关注的是如何让银行产生缩小规模的主动动机，因此它们要求大型银行机构必须持有比例更高的资本金。反对者说这个问题事实上并不是大而不倒，而是太过关联而不倒，即使把拥有2.2万亿美元资产的美国银行拆分为五个相互独立的企业，也不会让整个金融体系变得更加安全。	拥有更多可吸收损失的权益资本，银行破产的可能性会变小，处理银行破产事件的压力也会减少。问题在于资本金要求到底要被调到多高。巴塞尔委员会第三版《资本协议》认为全球各国已经强迫银行向系统内注入比以前多得多的资本。怀疑论者认为这远远不够，而且风险权重系统也太过复杂。即使是相对温和的美联储官员，也相信银行杠杆的上限标准以及银行债务的硬指标都应当被进一步下调。国会的提案还会更激进，严苛的资本金要求可能会促使大银行拆分。资本监管规则进一步收紧的可能性较大。	现在每个大型机构都需要向监管机构提交"生前遗嘱"，说明当危机爆发时本机构会采用何种方式清盘。如果监管机构认为这份计划书不太可信，那么它们会强制要求银行不再从事高风险业务。联邦存款保险公司内的一些官员很渴望开始使用新权限，他们认为一些银行看上去太复杂了，应当被快速而安全地拆解。摩根大通和花旗集团这样的机构不可能会被直接告知明天就要把它们的投资银行业务卖掉，但是一些强制性的重组、实施栅栏制度（即禁止从事某些业务）或资产的剥离分拆是很有可能的。

资料来源：Out to break the banks, *Financial Times*，30/04/2013 (Shahien Nasiripour and Tom Braithwaite). © The Financial Times Limited. All Rights Reserved. 培生教育（Pearson Education）集团负责提供改编版本。

把并购与安全网的隐性补助连接在一起的观点还有另一个与之关系十分密切的说法，这种说法的核心是系统性风险，而这是近年来全球银行体系最担忧的领域。一些人发现大银行股票收益之间的关联程度提高了，这意味着潜在的系统性风险变大了（例如银行的股价越来越趋向于同时朝着同一个方向变化）。国际银行业整合的趋势（以及集团化趋势）也可能会让大型金融企业的风险变大。有证据证明，金融部门的整合会影响货币市场的流动性，而影响力的大小取决于合并后各部门之间的资本分配情况。

19.9 小结

本章主要研究了近年来银行业的并购趋势，还分析了并购过程对银行绩效的影响。我们向读者展示了美国以及欧洲在20世纪90年代中期的银行并购潮，这股势头到20世纪90年代末时达到顶峰，随后又因为信息技术行业泡沫的破灭而掉头向下。到了2000年代初，并购活动开始复苏，欧洲地区并购交易的脚步要比美国迟一年左右。

在分析并购交易对银行绩效的影响时，我们发现，20世纪90年代的文献内容较为庞杂（既有股票收益率的事件研究，也有成本与利润比率的研究），但在2000年代，一些强有力的证据证明，欧洲的并购交易确实有提升绩效的作用——而近期美国并购交易的研究结论依然不统一。我们还讨论了与银行并购行为有关的管理动机。一些证据证明，并购完成后，小企业借款人的利益会受损——更难借到贷款，或者要以更高的利率获得贷款。零售客户也发现存款利率被调低，而贷款利率上升了。放松监管的趋势让银行可以采用全能型银行模式经营，于是这在银行与非银行金融机构（包括保险公司、证券公司等）之间掀起了一股并购的浪潮。银行也开始跨境扩张，积极开展国际业务。

总的来说，这样的多样化经营是否具有提高绩效的作用，各种观点众说纷纭。在美国，学术界的一致看法是，如果非传统性的收入达到总收入的 25%～30%，那么多样化策略就会展现出积极效应。但是接下来非利息性收入的波动变大会让多样化经营的好处被抵消掉（尤其在银行从事证券业务时）。多元化折扣在全能型银行模式下很常见。

最后，我们分析了大银行的并购行为是不是为了有机会获得大而不倒的隐性担保。2007年之前的文献指向了这一研究方向——现在我们知道事实确实如此，监管机构和政治家们正在积极讨论限制超大型银行的业务活动，例如美国已通过的立法与英国的立法草案都对商业银行的证券交易行为做出了限制。

关键术语

多元化折扣	金融集团化	管理动机	"平静的生活"
跨境并购	地区多样化	收购溢价	安全网补助
国内并购	自负假说	产品多样化	股东价值

主要阅读文献

Buch, C. and DeLong, G. (2014) "Banking globalization: International consolidation and mergers in banking", in Berger, A. N., Molyneux, P. and Wilson, J. O. S. (eds), *Oxford Handbook of Banking*, Oxford: Oxford University Press, Chapter 31.

DeYoung, R., Evanoff, D. D. and Molyneux, P. (2009) "Mergers and acquisitions of financial institutions: A review of the post-2000 literature", *Journal of Financial Services Research*, December.

Garmaise, M. J. and Moskowitz, T. J. (2006) "Bank mergers and crime: The real and social effects of credit market competition", *Journal of Finance*, 61, 495-538.

Group of Ten (2001) "Report on consolidation in the financial sector", Bank for International Settlements, Basel: BIS.

Roll, R. (1986) "The hubris hypothesis of corporate takeovers", *Journal of Business*, 59, 197-216.

Stiroh, K. (2014) "Diversification in banking", in Berger, A. N., Molyneux, P. and Wilson, J. O. S (eds), *Oxford Handbook of Banking*, 2nd Edition, Oxford University Press, Chapter 9.

19.1 概要总结 20 世纪 90 年代中期以来银行业整合的主要趋势。这一趋势具有哪些主要的影响?

19.2 概要总结银行并购的主要动机。然后讨论管理动机是否重要。

19.3 解释"平静的生活"假说和罗尔的自负假说。

19.4 比较国内并购与跨境并购的影响。在这两种类型的并购交易中,哪一种更有可能提高银行的绩效?

19.5 讨论并购对银行客户的影响。小企业会因为这股并购浪潮而利益受损吗?

19.6 解释致力于产品多样化与地区多样化的并购交易的作用,并讨论这样的交易会对银行的绩效造成怎样的影响。

19.7 并购交易对银行市场的新进入者有何影响?

19.8 鉴于目前金融市场的动荡状况,研究大银行收购案的动机是不是为了获得安全网补助(大而不倒的隐性担保)。

第二十章

银行业竞争和金融稳定

学习目标

● 学习如何用结构性指标来测度银行业体系的竞争特征，包括集中度比例和赫芬达尔-赫希曼指数（HHI）。

● 了解银行业竞争的非结构性指标，包括潘扎-罗斯（Panzar-Rosse）统计指标、勒纳（Lerner）指数、布恩（Boone）指标和盈利持续性指标。

● 理解账户和以市场为基础的银行风险测度。

● 理解竞争和银行风险之间的关系。

● 了解银行业市场竞争和风险关系的实证研究。

20.1 导论

竞争通常被认为是经济中最根本的力量，因为竞争会激励公司变得更加重视生产效率，从而可以实现资源的更优配置。在银行业，效率越高，成本就会越低，越低的成本就会以越低的收费、更高的存款利率和更低的贷款利率传递给消费者，从而让消费者享受相应的好处。此外，竞争对经济有非常积极的促进作用，可通过一系列的影响因素实现以下几个目标：（1）增加融资的可获得性；（2）提升经济中其他行业的竞争程度；（3）促进创新，提高产品和服务的质量；（4）提高经济增长速度；（5）增加消费者的选择。

不过，竞争增加可以带来更多的好处——这一结论在银行业似乎总是存在矛盾，因为这些好处总是会带来一些潜在的不稳定性。因此，从历史的角度来看，银行业一直都是被严格监管的行业。更深入一点分析，因为银行业市场存在摩擦（例如，进入壁垒和信息不对称），所以适用于完全竞争市场的福利定理并不能被直接运用，从而市场力量存在一定的操作空间（维卫斯，2001）。不管怎样，竞争的健康程度被认为是一个行业动态效率的必备要素，这一原则被全世界银行业市场认为是提升竞争水平的基础条件。

竞争和稳定性之间的置换关系在政策层面发挥着非常重要的作用，考虑到 2007—2009 年全球金融危机期间的一系列事件，这种置换关系就显得更为明显。在银行业市场，是否应该保留一定程度的市场权力，从而让银行采取不那么冒险的战略，一直是存在争议的。在这种情况下，对政策制定者和监管者来说，对竞争环境和市场力量的评估就变得越来越重要。竞争管理当局经常依赖结构行为绩效（SCP）范式的有效性，通过测度市场集中度来衡量竞争状况，测度市场集中度的指标包括 N 家公司集中度或者赫芬达尔-赫希曼指数。但最近的学术研究表明集中度指标在衡量竞争水平方面的效果不佳。

本章将对学术文献中关于银行业市场竞争环境评估的不同方法进行回顾。银行竞争的相关研究主要有两个方向：结构性方法和非结构性方法。传统的产业组织理论聚焦结构行为绩效范式。市场结构反映的是行业中最大几家公司的集中度比例，一般用赫芬达尔-赫希曼指数表示。基于这个假设的文献都认为市场集中度高会弱化市场竞争，因为集中度越高，则越容易在大公司之间出现共谋行为。在 20.2 节，我们将重新回顾**结构行为绩效范式**（structure-conduct-performance paradigm），用这个范式来测度行业结构，并将这个范式运用到银行业市场的分析中。非结构性方法认为除了市场结构和集中度之外，还有其他因素影响竞争行为，这些因素包括市场进入/退出壁垒和市场的一般可竞争性。在 20.3 节，我们将简要讨论一些衡量非结构性竞争的指标，包括潘扎-罗斯统计指标、勒纳（Lerner）指数、布恩指标和盈利持续性指标。在 20.4 节，我们将竞争的不同测度方法进行比较分析，看看它们的结果是否具有可持续性。在 20.5 节，我们将银行业的竞争与风险关系相联系，然后详细分析衡量银行业风险的不同指标，包括会计指标和以市场为基础的指标。在 20.6 节，我们将银行业体系中竞争与风险之间的关系结合起来分析，探讨两种观点：一种是竞争-脆弱性观点，这种观点认为竞争会带来风险的增加，从而影响行业的稳定性；另一种是竞争-稳定性观点，这种观点与前一种观点正好相反，认为竞争会促进金融稳定。我们将会选取一些学术研究成果进行分析，以便更好地理解这两种对立观点之间的区别。20.7 节是对全章的总结。

20.2　结构行为绩效

希克斯（1935）首次提出市场结构和效率之间存在一定的关联性，并提出**"平静的生活"假说**（quiet life hypothesis）。希克斯（1935）认为市场垄断权力让经理人员可以不用担心竞争，从而过上安逸生活，这样的话，集中度越高，效率下降得就越严重。莱本斯坦（1966）认为当经理人员对挑战有所反应时，竞争会增加，市场无效会减少。

盈利能力和市场结构之间的关系分析由来已久，然而，经济学家对结果的解释有很多种。相关的理论可以概况为以下两个方面：

（1）市场力量理论，包括传统的结构行为绩效范式和相对市场力量（RMP）假说。

（2）效率理论，包括有效结构假说 [X-效率（ESX）和规模效率（ESS)]。

下面将对这些理论进行回顾。

20.2.1 传统的结构行为绩效回顾

传统的产业组织理论认为，不断增加的行业集中度会降低共谋成本，从而导致反竞争行为和额外利润的出现。结构行为绩效范式寻求的是，在考虑公司所在的行业或市场结构特征的情况下，分析公司行为和绩效之间的关系。结构（"SCP"中的"S"）指的是市场结构，包括公司的数量，相对和绝对规模，集中度水平，产品的差异程度和行业进入的特征。

按照这一分析方法，市场结构被认为是影响公司行为，也就是公司行动方式（"SCP"中的"S"）的因素。公司行动方式与影响公司定价行为（是否通过共谋确定价格和公司的其他战略行为；在考虑产品差异、广告、进入和退出战略情况下公司的行为选择）的因素相关。公司行为受市场结构影响，反过来又决定公司业绩（"SCP"中的"P"）。公司的业绩表现可以用各种指标来衡量，包括盈利能力、成长性、市场份额、技术进步和效率等。银行业最常用的业绩衡量指标要么聚焦盈利性（资产回报率或权益报酬率），要么聚焦价格（贷款利率、存款利率）。传统的结构行为绩效从本质上来看是共谋理论，其主要观点是，一个行业中公司的数量越少（行业集中度水平越高），公司之间就越容易形成共谋。同样的，大银行可以凭借非竞争性的价格水平谋求自己的市场力量（相对市场力量假说）。谢波德（1982；1986）认为，绩效之间的差别可以用超级效率和/或与市场力量相关的影响因素来解释。在这一理论假说中，单个公司所占的市场份额可以作为评估其市场力量的代理变量。

公司理论的相关文献告诉我们，最有竞争效率的市场结构就是价格等于边际成本。价格离边际成本越远，公司的市场力量和盈利能力就越强。图 20-1 向我们揭示了结构行为绩效的关系特征。

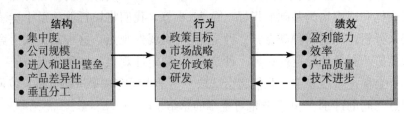

图 20-1　结构行为绩效范式

基于结构行为绩效的早期实证研究主要是通过盈利能力指标来考察集中度和绩效之间的关系。集中度和盈利之间的正向关系被认为是公司通过共谋获得高利润，或者占统治地位的公司利用它们的市场地位以非竞争的方式损坏消费者的利益。早期结构行为绩效的实证研究可以回溯到贝恩（1951）。吉尔伯特（1984）对早期相关文献做了一个回顾，这些文献都认为行业集中度和盈利能力之间存在正向的关系，从而证实了结构行为绩效范式理论。

20.2.2 有效结构假说

结构行为绩效范式的支持者认为，在考虑市场竞争结构的情况下，市场都是不完美的，因此，他们都主张对市场实施一定形式的监管以防止市场力量被滥用。不过，芝加哥学派认为政府干预带来的坏处超过其发挥的作用，不利于市场竞争。市场集中度和盈利之间的正向关系并不必然推导出部分企业之间存在共谋行为。它可能反映出这样一个事实：大公司的经营管理更有效率，从而能够获得更高的盈利水平。这一观点就是我们所熟悉的**有效结构假说**（efficient structure hypothesis）（德姆塞斯，1973），它针对竞争和效率的关系提出了不一样的论断：更有效率的公司成本更低，从而可以获得更高的利润。更有效率的公司可以获得更高的市场份额，从而行业变得更加集中。如果所有的公司效率完全一样，那么行业集中度和平均盈利能力都将保持在一个比较低的水平。因为从定义上来看，我们知道，集中度越高的行业，公司所占的市场份额越高，其盈利水平也越高。不过，市场集中度和盈利水平之间的关系是效率和盈利水平关系的延伸。这就意味着旨在限制行业集中度的市场监管或市场干预并不是一个合适的政策选择，因为它会给市场上最大且最有效率的公司带来麻烦。

有效结构假说的另外一种解读是公司可能在管理水平和技术方面基本相当，但有些公司的规模效应更明显，从而降低了单位成本，提高了整体的盈利水平。因此，这样的公司就会有更高的市场占有率，从而导致更高的行业集中度（这是规模效应理论）。银行业的集中度水平越高，平均来说，银行业的盈利能力就越强，这是因为大银行的效率比中小银行的效率要高。

对集中度-盈利能力关系的解释带来了大量的学术研究，这些研究都希望通过实证标准来验证其中的关系变化。对银行业效率假说进行实证研究的第一人是斯米尔洛克（1985）。不过，贝格（1995）第一次在他的模型假设里增加了用来描述银行业效率的特定指标，从而完成了**效率假说**（efficiency hypothesis）确定性检验（之前的研究都是简单地用市场份额变量来推断效率行为）。

20.2.3 结构行为绩效范式的检验

为了合理评估结构行为绩效范式，第一步就是要明确行业结构的测度。研究者们倾向用公司规模分布来描述行业结构特征。毫无疑问，这样的选择相对比较容易，因为公司规模是容易获得的变量——银行的规模可以很轻松地通过资产负债表获得（总资产或存款总额）。尽管银行规模数据比较容易获得，但公司所在的市场规模很难界定。从传统来看，银行业研究都是这样考量国内银行市场：市场规模被界定为一国银行业总资产规模或存款总额规模。这个指标相对比较容易计算，但也显得比较简单，它只是被研究的银行业体系中一个简单的集中度指标。事实上，我们知道，银行的业务领域分布很广——消费贷款、抵押贷款、信用卡、中小企业贷款等。不过，想要获得这些特定领域银行所占市场份额的详细信息是一件很困难的事情，即使拿到这些数据，但要搞清楚不同时间段，这些特定市场组成部分的概率分布则是一件更难的事情。这就是为什么大多数研究只采用国内市场结构指标和宽泛的银行业绩指标来开展结构行为绩效分析。

最简单、使用最广泛的市场结构指标是 N 家公司**集中度比例**（concentration ratio），即 CR-N，测度的是行业中 N 家公司所占的市场份额，具体公式如下：

$$CR\text{-}N = \sum_{i=1}^{n} S_i \tag{20.1}$$

此公式中，S_i 代表第 i 家公司所占的市场份额，公司根据市场份额实行降序排列。

为了简化说明，三家公司集中度比例（CR-3）指的是前三大公司市值所占的市场份额；CR-5 指的是前五大公司市值所占的市场份额；CR-10 指的是前十大公司市值所占的市场份额；依此类推。N 家公司所占市场份额指标的一个优势就是数值很容易获得，我们只需要知道行业的总市值规模和前 N 大公司的市值规模就行。由于只关注前 N 大公司的市场份额，对行业其他公司的市场规模及分布都不考虑，所以，这可能导致比较分析有一定的偏颇。比如，当我们考察前三大银行在某国银行体系中所占的权重时，会觉得这个比例很高，但当我们考察前十大银行所占权重时，会发现前三大银行所占的比例似乎没有那么高，如表 20－1 所示。当考虑前三大银行所占的权重时，A 国的指标为 50％，B 国的指标为 40％，这意味着 A 国前三大银行集中度高于 B 国。然而，当我们选择 CR-10 来分析市场结构时，我们发现 A 国的指标是 85％，B 国的指标是 97％，这意味着 B 国的竞争程度没有 A 国高。通过这个例子我们发现，当选择不同数量的最大规模公司计算 CR-N 指标来比较市场结构时，会存在不同的结果，所以比较存在不连续性。

表 20－1　银行规模与集中度

前十大银行排序	A 国前 N 大银行资产市场份额比重	B 国前 N 大银行资产市场份额比重
第 1	20％	15％
第 2	20％	15％
第 3	10％	10％
	CR-3 ＝ 50％	CR-3 ＝ 40％
第 4	5％	15％
第 5	5％	10％
第 6	5％	10％
第 7	5％	10％
第 8	5％	5％
第 9	5％	5％
第 10	5％	2％
	CR-10 ＝ 85％	CR-10 ＝ 97％

为了解决集中度指标的不足，我们可以选择数据更为密集的**赫芬达尔－赫希曼指数**（Herfindahl-Hirschman index，缩写为 HHI，通常被称为赫芬达尔指数）。这个指数会考虑到行业里所有公司的信息（至少理论上如此）。它由行业所有公司市场占有率的平方加总而来。[1] 具体计算公式如下：

$$HHI = \sum_{i=1}^{N} S_i^2 \tag{20.2}$$

上式中，S_i 指的是公司 i 所占的市场份额，与前文中一样，N 指的是某个行业里所有公司的数量。在计算 HHI 时，市场规模比较大的公司的权重比市场规模比较小的公司要高，从而反映出它们的相对重要性。例如，当某个行业中只有一家公司时，那么这家公司的市场占有率是 100％，这个行业的 HHI 就等于 $100 \times 100 = 10\ 000$。如果这个行业有两家公司，每家公司的市场占有率均为 50％，那么这个行业的 HHI ＝ $50 \times 50 + 50 \times 50 = 2\ 500 + 2\ 500 = 5\ 000$。如果这个行业有五家公司，它们的市场占有率分别是 50％、20％、10％、10％ 和 10％，那么，这个行业的 HHI ＝ $2\ 500 + 400 + 100 + 100 + 100 = 3\ 200$。市场集中度越低，HHI 就越小。理论上讲，要想计算银行业的 HHI，那么研究人员必须掌握行业中每家公司（或银行）的所有信息。尽管中央银行和其他监管机构有这方面的数据，但研究人员想要获得所有银行的信息还是比较困难。所以，常见的做法是从 SNL 金融公司、银行界（BankScope）或汤姆森银行家

---

[1]　见赫希曼（1945）；赫芬达尔（1950）。

（Thompson One Banker）等数据库获得一些有代表性的银行信息。

例如，第十四章中的表 14 - 13 就向我们罗列了 2008—2012 年间欧洲银行业体系的 HHI 和 CR-5 的资产测度。爱沙尼亚前五家银行的总资产占银行业总资产规模的 90.6%，这是集中度最高的银行业体系，紧随其后的是立陶宛（84.7%）、荷兰（83.6%）、芬兰（80.9%）。德国的集中度指标最低，CR-5 仅为 33.5%。不过，如果我们使用更合适的指标——HHI 来衡量，那么集中度排在第一的是芬兰（HHI 为 3 700），紧随其后的是爱沙尼亚（2 613）和荷兰（2 061）。

图 20 - 2 向我们展示了权益衍生品合约的 HHI，这些衍生品包括远期、互换和期权。我们可以发现，在 2000 年代早期，对非银行客户来说，远期和互换业务高度集中，但随后集中度有所下降，HHI 维持在 1 000 左右。

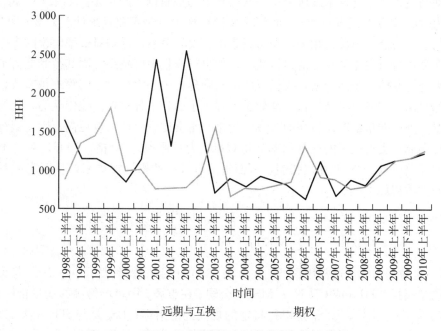

图 20 - 2　HHI：银行与非银行机构权益衍生品的对比

资料来源：经济合作与发展组织（2011，46，图 2 - 11）。

高企的行业集中度水平引发了监管部门的担忧。市场竞争管理当局（也就是我们所熟知的反垄断管理部门）总是倾向于对高市场集中度展开调查，以确保市场竞争度维持在一个可以接受的水平（参见专栏 20 - 1）。不过，正如我们在前文中所分析的，行业集中度高并不必然意味着公司就会以垄断的方式行事——顶级公司之间也会存在合理的竞争。

银行的经营行为很难观察。结构行为绩效关系的检验通常都是从推断出来的公司行为中了解市场结构与绩效之间的关系。一旦选定了市场结构指标，接下来就要选择衡量银行业绩表现的指标。我们通常都是选择资产回报率或权益报酬率作为衡量银行盈利能力的指标。然而，如果我们分析的是某个特定行业，那么接下来我们就要分析产品价格，比如，分析银行业不同市场的利率水平。遗憾的是，我们很难获得不同银行市场的产品价格，因此，研究人员只能选择将银行盈利指标作为业绩表现的主要指标。大多数关于银行业的实证研究都用普通最小二乘法（OLS）回归模型来估算银行的盈利能力，公式如下[①]：

---

① 有关银行业竞争衡量的更多内容可以参考刘等（2013）。

$$P_{ij} = a + a_1 \text{CONC}_j + a_2 \text{MS}_{ij} + a_3 \sum \text{BS}_{ij} + a_4 \sum \text{MKT}_j + u_{ij} \qquad (20.3)$$

上式中，P_{ij} 是盈利指标，表示银行 i 在市场 j 中的权益报酬率；CONC_j 是市场 j 中的市场结构衡量指标（HHI 或 CR-N）；MS_{ij} 是公司 i 在市场 j 中市场份额的衡量指标；BS_{ij} 是与银行相关的特定向量，影响银行 i 在市场 j 中业绩表现的各种银行自身因素；MKT_j 是与市场相关的特定向量，影响市场 j 中银行业绩表现的各种市场因素；u_{ij} 是随机误差项。

回想一下，模型是在考虑一系列银行特定变量和市场（国家）特定变量的基础上，解释银行业绩的波动变化。CONC_j 系数（a_1）为正且统计上显著的结果证实了盈利能力和集中度之间的正向关联性，这也是传统结构行为绩效范式成立的有效佐证。不过，盈利能力和集中度之间正向变动的关系并不能肯定地认为这是共谋和市场垄断行为的结果。如果 CONC_j 的系数没有解释能力（a_1 等于 0 或者负数），而 MS_{ij} 变量有效（a_2 是正数且统计上显著），则可以被解读为银行的业绩与公司规模正相关，与市场集中度没有关系，这是对效率假说的支持。效率假说认为，在大银行所占比重较高的银行业中，如果行业集中度越高，则其盈利能力平均来说也比较高。因为行业的竞争性越强，大银行的经营管理比中小银行的经营管理越有效率。

贝格和汉南（1998）对结构行为绩效关系提出了另外一种解释。他们认为，如果银行想利用市场力量，那么在集中度比较高的市场，价格水平会比竞争性市场更高，因为银行可以利用自己的力量向储户支付更低的存款利率（相对市场力量假说）。贝格（1995）对传统的结构行为绩效方程［公式（20.3）］加以拓展，将衡量银行效率的指标加进来，从而完成对效率假说的检验，新的方程如下[①]：

$$P_{ij} = a + a_1 \text{CONC}_j + a_2 \text{MS}_{ij} + a_3 \text{ESX}_{ij} + a_4 \text{ESS}_{ij}$$
$$+ a_5 \sum \text{BS}_{ij} + a_4 \sum \text{MKT}_j + u_{ij} \qquad (20.4)$$

上式中，P_{ij} 是盈利指标，通常用银行 i 在市场 j 中的权益报酬率表示；CONC_j 是市场 j 中的市场结构衡量指标（HHI 或 CR-N）；MS_{ij} 是公司 i 在市场 j 中市场份额的衡量指标；ESX_{ij} 是银行特定的 X-效率指标；ESS_{ij} 是银行特定的规模经济指标；BS_{ij} 是与银行相关的特定向量，影响银行 i 在市场 j 中业绩表现的各种银行自身因素；MKT_j 是与市场相关的特定向量，影响市场 j 中银行业绩表现的各种市场因素；u_{ij} 是随机误差项。

实证结果的解读主要看系数的符号和显著性水平（a_1 到 a_4）。在贝格（1995）看来，在解释美国银行业业绩表现的时候，MS_{ij} 和 ESX_{ij} 变量在统计上都具有显著性，对盈利能力都有正面积极的影响。贝格是这样解释的，他认为大银行可以做得更好，因为大银行有比较强的市场力量，可以为市场提供差异化的产品服务，从而获得更高的收益。效率越高的银行（不考虑规模），盈利能力越强，因为它们的管理和技术都具有优势。在影响银行业绩表现方面，市场集中度和规模经济并不是重要的影响变量。不过，在解读这些结果的时候，贝格提出自己的模型可能解释效果并不是很好，所以，对结果还是应该保持谨慎。

尽管还有很多研究对世界上其他国家和地区的结构行为绩效与效率之间的关系进行了分析，但这些研究方法主要还是来自贝格（1995）的思路。在早期的结构行为绩效研究文献中，集中度指标依然被当作主要的**结构性指标**（structural indicators）。更深入一点分析，基于结

---

① 关于有效边界的衡量有大量且得到证实的文献资料，主要可以分为两大类：参数技术，诸如随机边界分析（SFA）；非参数技术，诸如数据包络分析（DEA）。贝格和汉弗莱（1997）对这些早期文献做了梳理，休斯和美斯特（2014）对最新的文献做了回顾。

构行为绩效范式的实证研究总能找到与预期一致的结构、行为和业绩之间的关系，尽管从统计学的角度来看，这些关系并不是非常显著。不停地重复阅读这些文献，我们会发现市场结构在解释银行业绩的表现时并不如想象中那么重要，不管是否用集中度指标来描述竞争性行为，在分析这个问题时，结果都是类似的。

专栏 20 - 1

英国银行业的竞争分析

英国银行业监管者对英国银行业市场的竞争并不是很满意。在 2000 年，一份名为《英国银行业的竞争分析》(Competition in UK banking) 的报告（也是我们熟知的《克鲁克香克报告》）就英国银行业市场上的竞争效率问题表达了一系列的担忧。《克鲁克香克报告》认为以下几点尤其重要：

- 银行业市场高度集中，特别是中小企业银行市场尤为明显；
- 向个人客户和中小企业客户提供的信息缺乏，消费者在转移账户时遇到很多壁垒和限制；
- 在现金转移服务方面，银行拥有有效的控制权，导致出现准入壁垒、服务水平低下，收费较高且缺乏创新。

从报告披露之后，监管部门就开始寻求合理的干预方法。监管部门进行了一系列的调查研究，特别聚集银行业，包括个人活期账户、中小企业银行服务和现金个人储蓄账户。欧洲委员会在 2007 年同样对零售银行业开展了类似的调查。

不管怎么说，在报告发布 10 多年后，基本没有什么进展。此外，2007—2009 年的全球金融危机让状况进一步恶化，银行业变得越来越集中。尤其在独立委员会成立之后，从 2000 年到 2007 年，大多数银行业市场几乎没有发生变化；从 2008 年之后，集中度指标有显著的提升（参见图 20 - 3）。例如，四家最大的商业银行——巴克莱银行、汇丰银行、劳埃德银行集团和

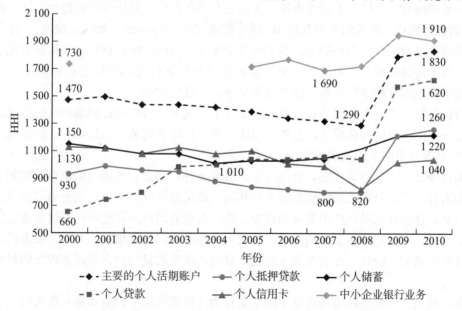

图 20 - 3　英国零售银行业集中度水平（用 HHI 衡量）

资料来源：独立委员会（2011，167）。

苏格兰皇家银行的个人活期账户所占市场份额从 2000 年的 74% 跌到 2008 年的 64%，但到 2010 年，由于劳埃德信托储蓄银行的并购完成，市场份额又上升到 77%。

但在最近，一些新的竞争者进入英国银行业零售市场，比如新成立的大都市银行和维珍理财公司通过并购北岩银行完成使命。劳埃德银行集团通过分拆为市场提供了更多"挑战性"银行。公平交易局（2012）认为这些改变将会给行业发展带来转折。金融行为监管局的监管新思路、政府支持的分拆行动以及新加入者的竞争会让国内银行业市场变得更加有活力，推动市场以消费者为中心开展适当的竞争。

资料来源：独立委员会（2011）；公平交易局（2012）。

20.3　银行业竞争的非结构性测度

结构行为绩效方法的不足促进了**非结构性指标**（non-structural indicators）的发展，这些指标来源于**新实证产业组织**（New Empirical Industrial Organization，缩写为 NEIO）。新实证产业组织的方法是基于对行为的直接观察。更具体一点来说，新实证产业组织研究试图评估公司是如何确定销售价格和数量的。有关银行业竞争状况研究中最常用的非结构性指标是潘扎-罗斯统计指标、勒纳指数和最近使用比较频繁的布恩指标。另外一个发展趋势是，用竞争的盈利持续性（POP）指标来研究银行业的动态发展状况。

20.3.1　潘扎-罗斯统计指标

罗斯和潘扎（1977），潘扎和罗斯（1987）就寡头市场、竞争市场和垄断竞争市场的发展构建了一系列模型，为区分不同的市场，他们还专门研究出一套统计检验指标。这个指标就是**潘扎-罗斯统计指标**［即我们所熟知的 **H-统计指标**（H-Statistic）和收入检验］。这个指标是在考虑影响价格的生产因素基础上，基于公司层面收入变动影响，观察真实数据变化得到的实证结果。为了构建模型，最明显的一个假设前提就是部分公司都是以公司利益最大化为出发点。在完全竞争市场和垄断市场，这个经济学直觉是直线式的。

让我们分析一下所有公司的要素投入价格（生产成本）出现同比例增加时的情况。这意味着在给定任何产出规模的情况下，总成本同比增加，长期平均成本（LRAC）和长期边际成本（LRMC）都表现出向上倾斜的走势。

如果市场处于完全竞争状态，公司的生产成本上升，那么，市场价格也会同比例上升，这样从长期来看，每家公司依然能够获得平均利润。如果市场价格上涨，则会引起需求水平的下降；反过来，这会导致最终产出数量的减少。总产出数量的减少最终可以通过企业数量的减少来实现。不过，对于那些活下来的企业，总收入和总成本同比例增加，与生产要素的价格保持着相同比例的增加。因此，在完全竞争市场，总收入改变的量与投入总成本改变的量是完全一样的。

现在，我们来分析垄断市场环境下的企业行为（假设长期平均成本和长期边际成本是水平的）。在这种情况下，为了追求利润最大化，垄断厂商一定会调整价格和产出（回想一下，要使得利润最大化，则一定要满足边际成本等于边际收入）。其结果就是，成本（要素价格）的增加会导致垄断厂商总收入的减少，与每个要素价格相关的收入总弹性便是负的。

为了应对成本价格的改变，公司的行为都会有所改变，对这些改变进行实证观察便是潘扎-罗斯统计指标的基础。更详细一点说，它测度的是成本变化对公司收入的影响。H-统计指标的计算来自简化版的收入方程，衡量的是公司成本价格变化引起的总收入弹性变化，具体方程如下：

$$H = \sum_{k=1}^{m} \frac{\partial R_i^*}{\partial w_{ki}} \frac{w_{ki}}{R_i^*} \tag{20.5}$$

在上式中，R_i 表示银行 i 的收入（上标 * 代表均衡价值）；w_{ki} 代表银行 i 的 k 种要素价格向量。市场力量用银行 i 赚取的均衡收入 ∂R_i^* 反映出要素价格 ∂w_{ki} 变动带来的影响。更详细地说，当竞争的市场结构处于垄断或完美共谋寡头时，H 等于零或者负数。当 H 等于 0 时，代表市场处于完全竞争状态；而当 $0 < H < 1$ 时，代表市场处于垄断竞争状态。表 20-2 概括了这些影响效果，并为我们解读 H-统计指标提供了参考指导。尽管潘扎和罗斯（1987）并没有对此做特别说明，但我们仍然可以发现，在更严格的假设条件下（特别是不同银行规模市场和国家下的价格需求弹性是常数），同样有可能对 H-统计指标做"连续"解读——特别在 0 到 1 之间变化时，这是因为 H-统计指标的值越高，代表竞争程度越高。

表 20-2 H-统计指标：解读

H-统计指标	竞争环境
$H \leqslant 0$	垄断或共谋寡头市场。在这种情况下，成本增加会引起产出减少和价格下跌。因为企业都是追求利润最大化，必然会根据需求方程的价格弹性做出决策调整。其结果就是总收入下降。
$H = 1$	完全竞争市场。在这种情况下，成本的增加会让部分企业退出市场。价格会跟着上涨，留在市场的幸存企业收入会随着成本的上升而同比例上涨。
$0 < H < 1$	垄断竞争市场。在这种情况下，成本的增加会带来收入的增加，但收入增长的速度比成本增加的速度要慢。

H-统计指标在银行业相关研究中被广泛运用，这是因为其对数据要求不那么严格，且是单一方程线性预测，对市场定义又很清晰。在将 H-统计指标运用到银行业时，需要事先对银行生产流程做出清晰的界定。传统的输入/输出界定方法都遵从中介方法，这个方法最早由希利和林德利（1977）提出，假定贷款和证券化产品是银行生产活动的输出品，而存款、劳动力和资本是银行生产活动的输出品。特别地，这类研究的输入变量通常都是劳动力、存款和资本的平均成本。潘扎-罗斯统计指标的收入检验通常都是用银行层次的数据，通过下面的公式进行估算：

$$\ln(\text{Revenue}_{i,t}) = \alpha + \sum_{j=1}^{J} \beta_i w_{j,i,t} + \theta' X_{i,t} + \eta_{i,t} \tag{20.6}$$

在上式中，$\text{Revenue}_{i,t}$ 指的是银行 i 在第 t 年的总收入，$w_{j,i,t}$ 表示银行 i 在市场 j 中第 t 年的要素输入价格；$X_{i,t}$ 是外生控制变量的向量形式；$\eta_{i,t}$ 代表随机干扰项。

于是，H-统计指标可以被界定为如下形式：

$$H = \sum_{j=1}^{J} \beta_j \tag{20.7}$$

上式中，$j=1,2,\cdots,J$，J 代表计算过程中输入变量的数量。

因变量被定义为总收入（或总收入与总资产之比）的自然对数。之所以考虑的是总收入，而不是只考虑利息收入，其原因在于这样一个事实：在最近的几年时间里，非利息收入增长的速度非常快，非利息收入在以收费为基础的产品中所占的比例越来越高，以及表外业务占总收入的权重也越来越高。正如前文中所讨论的，按照中介方法，常见的银行生产活动流程需要输入三个变量：存款、劳动力和资本。在给定这三个输入变量后，输入变量的价格通常是这样界定的：（1）存款的平均成本被定义为利息支出/（存款＋货币市场融资成本）；（2）劳动力平均成本被定义为人员成本/总资产；（3）资本的平均成本通常用非利息支出/总资产来代替。公式（20.6）中的控制变量包括一系列与银行相关的特定因素，这些因素都与现代银行业务相关。这些额外的解释变量反映的是成本、规模、风险、结构和产品组合的差异，从理论的角度分析，这些变量都来自 H-统计指标中的收入和成本方程。一般情况下，资产负债表上的各类比例反映的是银行经营行为和风险特征，通常包括权益与总资产之比、贷款净额与总资产之比，以及分散化指标（比如，非利息收入与总营业收入之比）和单一年度的虚拟变量。文献同时还建议要控制银行规模（对银行总资产取对数）的影响，因为大银行的收入自然要高一些，在假定其他条件不变的时候，输入价格自然会带来一些不相关的变异。回顾一下我们在前文中分析的两个极端案例：垄断和完全竞争的市场环境，它们的 H 值不一样，分别是 $H<0$ 和 $H=1$。

H-统计指标的一个重要特征是，检验必须针对长期均衡状态的观测值。特别地，慕尼丽丝等（1994，449）认为："均衡的实证检验应该基于这样的事实，在完全竞争的市场上，从统计的角度考虑，根据风险调整后的银行间收益率与输入变量的价格没有关系。"均衡检验可以通过重新计算 H-统计指标来进行，将公式（20.6）中的因变量用 H-统计指标（净收益与总资产之比）的自然对数来代替。检验结果可以做如下解读：$H<0$，表示处于失衡状态；$H=0$，表示处于均衡状态。如果市场处于均衡状态，那么，对 H-统计指标的解读就有意义。

孙（2011）对欧元区银行业竞争程度、美国和英国在引入欧元前以及引入欧元后市场竞争状况进行调查研究，试图评估最近发生的金融危机对银行业竞争的影响。结果表明，在引入欧元之后，欧元区国家的银行业竞争水平开始收敛趋同，不过，2007—2009 年的全球金融危机看上去导致几个国家的竞争状况有所下降。这次研究的主要结论（表 20-3 对此进行了概要总结）表明当引入单一货币时，市场竞争程度会有所下降。事实上，最近的研究也表明，那些市场规模较大且金融整合较好的国家往往都比较缺乏竞争（毕克尔等，2012）。

表 20-3　H-统计指标

	引入欧元前	引入欧元后	引入欧元前后的变化	危机后	危机前后的变化
奥地利	0.583***	0.604***	0.020 9	0.707***	0.107
芬兰	0.797***	0.550***	−0.247**	0.647***	0.096 4
法国	0.638***	0.584***	−0.054 4	0.625***	0.041 4
德国	0.432***	0.449***	0.017 1	0.364***	−0.084 9***
希腊	0.816***	0.518***	−0.298***	0.385***	−0.133
爱尔兰	1.020***	0.754***	−0.266	0.589***	−0.165
意大利	0.878***	0.588***	−0.290***	0.496***	−0.091 7***
荷兰	0.896***	0.407***	0.488***	0.611***	0.204***
葡萄牙	0.705***	0.679***	−0.025 4	0.849***	0.170

续表

	引入欧元前	引入欧元后	引入欧元前后的变化	危机后	危机前后的变化
西班牙	0.704***	0.795***	0.090 8**	0.505***	−0.290***
欧元区	0.699***	0.518***	0.182***	0.444***	−0.073 7***
英国	0.506***	0.647***	0.141***	0.618***	−0.028 9
美国	0.309***	0.425***	0.116***	0.270***	−0.155***

资料来源：孙（2011，20）。

说明：表中显示的是估算的 H-统计指标数据，用简化版银行收入方程以混合最小二乘法对 1995—2009 年的数据进行估算而得。引入欧元前指的是 1995—2000 年；引入欧元后指的是 2001—2009 年。所有的变量都是从银行视角分析的年度数据。* 代表 $p<0.05$；** 代表 $p<0.01$；*** 代表 $p<0.001$。

20.3.2 推测变动方法

完全竞争市场和垄断市场属于极端情况，在这两种情况下，企业被假定不会对其他企业的价格和产出决策做出任何反应。在垄断市场环境下，垄断厂商不需要考虑其对手情况（或者认为自己不会有任何对手）。在完全竞争市场环境下，每个企业的规模和力量太小，根本不会对市场有任何影响。然而，在很多市场环境下，包括银行业市场，还是有很多企业对市场价格和产出数量有一定的影响，比如，会影响竞争对手的行为表现。在这种情况下，每家企业都会试着预测当价格和数量发生改变时，竞争对手会做出什么样的反应。每家企业都认为其竞争对手会对自己的行为做出反应，也就是我们所说的推测变动。

模型是基于这样的思想：当一家银行/企业制定价格和产出数量时，它会考虑竞争对手的反应，这就是推测变动方法。这些基于寡头市场理论的模型是由岩田（1974）、布雷斯纳汉（1982）和刘（1982）提出的。

推测变动方法建立在这样一个原则基础上，那就是短期内追求利润最大化的企业一定会选择边际成本与边际收入相等的价格或生产规模。与 H-统计指标（参见 20.3.1 节）相反，推测变动模型估算的结构方程考虑了供给和需求两个方面的因素。

更详细地说，推测变动方法建立在需求界定、成本界定和市场参与者相互依赖（共谋程度）界定的基础上。市场竞争程度的估算建立在市场参与者相互依赖程度估算的基础上。推测变动模型假定企业生产无差异产品，面临外生市场价格。如果一家企业的价格高于其边际成本，那么，推测变动模型就会假定存在一定的市场力量（定义为公司定价与成本之间的变异，用字母 λ 表示）。参数 λ 因此可以被解读成竞争程度的测度指标。从实证研究的角度来看，它们之间的关系可以表达成下列形式：

$$P(Q, Y; \alpha) + \lambda Q P'(Q, Y, \alpha) = C'(Q, Z; \beta) \tag{20.8}$$

在这里，P 表示市场均衡价格；$P(Q, Y; \alpha)$ 是市场需求反函数；Q 表示市场产出；$C'(Q, Z; \beta)$ 表示边际成本。α 和 β 都是外生变量向量，分别跟随需求和成本方程变动。λ 是银行 i 的产出发生变动后所引发的行业推测弹性，也就是说，因企业 i 的生产数量发生改变而引起整个行业发生反应状况的测度指标。因此，λ 的值越大，企业定价偏离完全竞争市场定价越多，表明市场的竞争程度越低。于是，λ 在实证研究中的估算为公司的竞争行为提供了检验，这个行为也是模型所要解释的，具体的说明参见表 20-4。

表 20-4　推测变动参数（λ）的解释

市场结构	行为	推测变动参数
完美共谋（卡特尔）	一家企业预期会受到竞争者的完全回击。企业 i 每增加 1 单位产出将会使整个市场总产出增加 X/xi 单位。*	$\lambda = \sum_{j \neq i}^{n} x_j / x_i$
古诺-纳什均衡	企业预期竞争对手不会做出任何反应。企业 i 每增加 1 单位产出将会使整个市场总产出增加 X/xi 单位。*	$\lambda = 0$
完全竞争	任意一家企业产出的增加都不会对市场价格和数量产生影响。	$\lambda = -1$

＊ 原书如此。——译者注

公式（20.8）可以调整为如下形式：

$$\lambda = \eta(P)\frac{P - MC}{P} \tag{20.9}$$

上式中，$\eta(P)$ 表示价格弹性；$\dfrac{P - MC}{P}$ 就是著名的**勒纳指数**（Lerner index）（勒纳，1934），是测度市场力量的传统指标，计算方式是将企业的加成利润除以价格（参见 20.3.3 节）。

推测变动模型被广泛应用于银行业研究，早期的研究有斯皮勒和法瓦罗（1984）、谢弗（1993）、谢弗和狄萨沃（1994）、贝格和金（1998）等，最近的研究有拜克尔和哈法（2002）、内田和筒井（2005）、得利斯等（2008）以及可可瑞斯（2005；2009）。

20.3.3　勒纳指数

测度垄断力量的勒纳指数（勒纳，1934）是衡量市场力量程度的一个指标，非常适合衡量银行业市场的竞争状况。它衡量的是公司能够在边际成本以上确定价格的市场权力。它是基于这样的假设前提，即在完全竞争市场，价格等于边际成本，因此，如果价格能够高于边际成本，那么这可以看成市场权力的表现，因此可以被当成测度市场力量的指标（这是基于新古典经济学理论）。

按照前文中的分析，勒纳指数的公式如下：

$$L = \frac{P - MC}{P} \tag{20.10}$$

勒纳指数最小可以是 0，最大可以是 1，因此是在 0 到 1 之间变化。在完全竞争市场中，$P = MC$，因此，$L = 0$。在垄断市场中，$P > MC$，所以，如果 MC > 0，那么 $0 < L < 1$。

勒纳指数为我们提供了测度公司市场力量的指标，计算的原理是基于产品价格和边际成本之间的关系，第一步就是要估算出边际成本。第一步的计算很简单，用平均（可变）成本就行，计算方法是用总（可变）成本除以总资产（或总收入）。这个方法的好处就是计算比较直接，但并不是非常精确。第二步更复杂，因为它要求对成本方程进行估算。通常情况下，这是对成本方程进行对数变形，有一个输出变量（总资产）和三个输入变量（存款、劳动力和实物资本）。[1] 表 20-5 向我们展示了亚太地区银行的勒纳指数估算结果，其中，台湾地区拥有竞争水平最高的银行业体系。* 与此相反的是，新加坡银行业体系竞争水平最低（勒纳指数为 0.488 9）。

---

① 更多内容可以参考刘等（2013）。

＊ 疑误，表 20-5 显示应为印度尼西亚。——译者注

表 20-5　勒纳指数——亚太地区银行（2003—2010 年的平均数）

国家或地区	银行数量[a]	CR-3[b]	勒纳指数
澳大利亚	48	0.682 7	0.295 4
中国	35	0.519 1	0.434 3
香港	32	0.706 4	0.426 8
印度	226	0.340 9	0.309 3
印度尼西亚	134	0.456 2	0.265 3
日本	597	0.408 9	0.309 1
韩国	31	0.505 7	0.348 6
马来西亚	24	0.456 3	0.431 5
巴基斯坦	98	0.437 6	0.267 1
菲律宾	78	0.508 8	0.317 5
新加坡	16	0.915 6	0.488 9
斯里兰卡	55	0.616 5	0.266 9
台湾	62	0.271 9	0.275 3
泰国	64	0.455 0	0.362 2

资料来源：福等（2014）。

说明：a. 可用该银行数量推导出边际成本，以计算勒纳指数。

b. CR-3 为前三大银行的集中度比例。

20.3.4　布恩指标

测度竞争水平的另外一个指标是**布恩指标**（Boone indicator），它是由布恩（2008）提出来的。该指标基于效率理论（参见 20.2.2 节），主要考量的是相对盈利差距（RPD）。这个指标是基于这样的假设：竞争会提升业绩表现，因为有效率的银行（比如拥有更低边际成本的银行）会提升它们的市场占有率和盈利水平。这样的效果越明显，说明竞争越激烈。假定每家银行的效率水平都一定，当一个行业的竞争程度越来越高时，有效率的银行的盈利水平比效率相对不高的银行要高。

布恩指标可以通过下式加以估算：

$$\ln MS_{i,j} = \alpha + \beta \ln MC_{i,j} \tag{20.11}$$

此处，MS_{ij} 指的是银行 i 在市场 j 中的市场份额；MC_{ij} 指的是银行 i 在市场 j 中的边际成本；β 指的是市场力量的布恩指标。在本章中，市场可以从产品的角度去界定，比如贷款市场、存款市场等。

回想一下，当其他条件都完全一样时，一家企业（银行）的效率越高，其边际成本就越低，从而可以有更高的市场占有率。市场占有率越高，盈利就越多，依此类推。因此，估算的 β 系数应该是负的。随着竞争的加强，回归方程的斜率会变得越来越陡峭，因为效率低下的银行受到市场残酷竞争的惩罚会更强。

与勒纳指数的估算类似，布恩指标的估算也要求计算边际成本，这可以用平均可变成本除以总收入（或总资产）来估算，或者用一种更复杂的方式，通过成本方程的对数形式来估算出边际成本。

布恩指标应用到银行业竞争状况的分析研究有范·板岩等（2011）、谢克和茨哈克（2014）。这一方法有很多值得称赞的优点，包括评估不同产品/市场竞争状态的可能性。布恩指标有很强的理论基础。此外，布恩指标并不需要非常严格的假设前提，这一点与 H-统计指标有很大的不同，后者要求市场处于长期均衡状态。布恩指标在数据方面的要求与勒纳指数完全一样。当然，这一指标同样面临一些批评，比如，由于效率的提升，银行在不需要降低价格的情况下就可以提高市场占有率，因此，可以在不损失份额的情况下，向消费者传递部分效率收益。斯奇尔斯奇和施密特-埃姆克（2010）指出，布恩指标的实证检验并不像其理论基础那样坚固，因为它没有将企业规模考虑进来。他们认为企业效率和盈利能力之间的实证关系并不像布恩指标理论框架所推导的那样，在其理论框架中，按照设计原则，最有效率的企业往往都是最大的企业。

20.3.5　盈利持续性

盈利持续性（persistence of profit，缩写为 POP）假说是由穆勒（1977；1986）提出来的，是在考虑所观察的市场不是均衡状态的可能性的基础上，关注盈利能力的动态变化。更具体一点，盈利持续性假说认为市场进入和退出完全自由，可以减少任何非正常利润，那么，所有企业的盈利水平将会快速收敛到相同的长期平均值上。现实情况有这样的可能性，那就是有些领头的企业有能力阻止模仿、推迟或者禁止市场进入（阻止竞争）。在这种情况下，非正常的盈利水平会延续很多年，公司层面的盈利水平和长期均衡盈利水平之间的差距会一直存续下去。公司或行业盈利水平与长期均衡盈利水平之间的收敛程度可以反映出市场的竞争程度。调整的速度越慢，现有盈利格局保持的时间越长，市场的竞争程度就越弱。

从实证研究的角度来看，盈利持续性的相关文献主要集中在"基准盈利率"上，这个指标被定义为给定年份中公司真实盈利率与行业平均盈利率的差距水平。正如利浦金斯基等（2013）所解释的，盈利持续性可以通过一阶自回归［AR(1)］方程进行估算：

$$\pi_{i,t} = \alpha_i + \lambda_i \pi_{i,t-1} + u_{i,t} \tag{20.12}$$

上式中，$\pi_{i,t}$ 指的是银行 i 在 t 时刻的盈利状况（比如，资产回报率）；$\pi_{i,t-1}$ 指的是银行 i 在 $t-1$ 时刻的盈利状况。λ_i 代表盈利持续的能力，可以这样解读：当 $\lambda_i = 0$ 时，$\pi_{i,t}$ 和 $\pi_{i,t-1}$ 之间没有任何关系。这就是完全竞争市场的状态。如果 $0 < \lambda_i < 1$，这说明 $\pi_{i,t}$ 和 $\pi_{i,t-1}$ 之间存在正向的相关关系，或者说存在盈利可持续的证明（短期内）。[①]

尽管盈利持续性假说在不同行业的实证研究有很多，但在银行业中的研究只有很少的一部分。可能是因为这样的一个现实：用银行业数据构建长期时间序列模型是一件比较困难的事情。早期用这个模型开展研究工作的学者有贝格等（2000）和戈达德等（2004）。总的来说，这些研究文献在考虑银行相关特征和国别相关特征的基础上，找到了盈利持续性存在的证据。

---

① 产业组织文献对此做了短期持续性（指的是对同一家企业来说，π 的连续性价值的相关程度）和长期持续性（指的是企业之间长期平均标准化利润率的变动程度）的区分。关于这些概念的详细分析超出了本书的范围，我们建议阅读有关产业组织方面的书籍（利浦金斯基等，2013）.

戈达德等（2011）用 65 个国家银行业的数据检验了其市场竞争强度，结果表明，发展中国家银行业市场的盈利持续性比发达国家银行业市场的盈利持续性要弱（竞争越强）。作者同时指出，当行业进入壁垒比较高和竞争比较低的时候，盈利持续性就越强。

20.4　竞争测度指标的比较分析——它们具有一致性吗？

我们已经学习了很多竞争指标，当评估银行业市场的竞争状况时，研究人员和监管者通常都运用这些指标加以分析。表 20 - 6 对 2000—2009 年欧盟银行业市场竞争指标做了比较分析。我们分析前三大银行的集中度（CR-3）时，发现比利时银行业集中度水平最高，前三大比利时银行资产规模占全部银行业体系总资产规模的 85%。与此相反，卢森堡的银行业集中度水平最低，CR-3 仅为 0.26（前三大银行的资产规模占全部银行业体系总资产规模的 26%）。HHI 的结果表明，其与 CR-3 指标的结果不一样。我们在分析 HHI（包含了市场上所有银行的市场份额）时发现奥地利银行业市场的集中度水平最高。刘等（2013）用总利息收入和总收入作为收入指标估算了 H-统计指标，见表 20 - 6 中 H-统计指标（II）和 H-统计指标（TI）的数据。

这些指标总体上表现出一定的延续性（事实上，正如表 20 - 7 中所显示的，它们之间的相关系数为 96%）。研究表 20 - 6 中 H-统计指标（II）和 H-统计指标（TI）两列数据，结果表明，丹麦、法国和卢森堡三国处于垄断市场环境中，而其他国家的银行业都是在垄断竞争的市场环境下赚取利润。

表 20 - 6　部分欧盟国家银行业竞争指标（2000—2009 年的平均水平）

	银行数量（家）	CR-3	HHI	H-统计指标（II）	H-统计指标（TI）	勒纳指数	布恩指标	盈利持续性
奥地利	1 529	0. 66	4 595	0. 58	0. 50	9. 17	−0. 87	0. 38
比利时	352	0. 85	2 851	0. 52	0. 56	20. 21	−0. 89	0. 54
德国	11 227	0. 69	1 067	0. 39	0. 37	7. 30	−0. 78	0. 34
丹麦	606	0. 78	3 000	−0. 24	−0. 13	15. 14	−0. 39	0. 30
西班牙	643	0. 76	1 024	0. 02	0. 10	25. 81	−0. 80	0. 65
法国	1 652	0. 56	710	−0. 46	−0. 15	22. 71	−0. 95	0. 46
英国	682	0. 57	2 251	−0. 06	0. 01	23. 98	0. 02	0. 53
意大利	2702	0. 49	592	0. 55	0. 49	10. 92	−0. 15	−0. 03
卢森堡	583	0. 26	739	−0. 47	−0. 03	32. 98	−0. 22	0. 52
平均值	2 220	0. 62	1870	0. 09	0. 19	18. 69	−0. 56	0. 41

资料来源：刘等（2013）。

说明：CR-3 是前三大银行资产集中度指标；HHI 是赫芬达尔-赫希曼指数（用资产的市场占有率计算）；H-统计指标（II）是 H-统计指标（用利息收入作为因变量）；H-统计指标（TI）是 H-统计指标（用总收入作为因变量）；盈利持续性指的是短期盈利持续性参数 λ（资产回报率作为盈利比例）。这些指标都是根据 2000—2009 年银行业的原始数据计算出来的，除 CR-3 指标外，这个指标的数据来自世界银行金融发展和结构数据库（更新到 2010 年）。

为了搞清楚衡量竞争水平的指标是否具有连续性，刘等（2013）提供了一个系数矩阵。从

表 20 - 7 中，我们可以发现勒纳指数与衡量竞争状况的 H -统计指标（特别是用利息收入作为收入衡量指标的时候）以及短期盈利持续性参数显著相关。与此同时，源自布恩指标的竞争性水平测度并没有显示出与其他竞争指标存在显著性相关关系，这个结果看上去与勒纳指数和 H -统计指标的结果不一致。盈利持续性与勒纳指数存在显著性相关，但与其他竞争性指标不存在相关关系。

表 20 - 7 竞争指标的相关系数矩阵

	CR-3	HHI	H -统计指标（II）	H -统计指标（TI）	勒纳指数	布恩指标	盈利持续性
CR-3	1.00						
HHI	0.48	1.00					
H -统计指标（II）	0.42	0.38	1.00				
H -统计指标（TI）	0.28	0.30	0.96*	1.00			
勒纳指数	−0.41	−0.36	−0.715*	−0.59	1.00		
布恩指标	−0.55	−0.20	−0.21	−0.25	0.23	1.00	
盈利持续性	0.17	0.09	−0.40	−0.34	0.67*	−0.32	1.00

资料来源：刘等（2013）。

说明：CR-3 是前三大银行资产集中度指标；HHI 是赫芬达尔-赫希曼指数（用资产的市场占有率计算）；H -统计指标（II）是 H -统计指标（用利息收入作为因变量）；H -统计指标（TI）是 H -统计指标（用总收入作为因变量）；盈利持续性指的是短期盈利持续性参数 λ（资产回报率作为盈利比例）。* 代表 $p<0.05$；** 代表 $p<0.01$；*** 代表 $p<0.001$。

总的来说，从刘等（2013）的研究结果我们发现，在 H -统计指标、勒纳指数和盈利持续性等方面，可以找到竞争状况的持续性评估结果。考虑到它们在银行业实证研究中的使用频率，这个结果值得信赖。竞争的结构性指标（CR-N 和 HHI）并不是测度竞争的合理估算指标。就布恩指标而言，尽管理论上很有价值，而且比较容易计算，但就实证结果有效性来看，结果存疑。

20.5 银行业竞争与风险关系分析

到目前为止，我们讨论了测度银行业竞争状况的各种方法。然而，竞争对银行业来说到底是有利还是有弊，其实一直是矛盾的，是存在争论的，因为即使竞争会带来潜在的收益，但我们对这些收益的衡量也应该将潜在的不确定性考虑进来。传统的观点认为，竞争会导致银行过分冒险，从而让单家银行面临更大的破产风险。银行破产的成本很高，因为破产会传染，从而引发系统性崩溃（参见第八章）。因此，从历史的角度来看，银行业一直都是被重点监管的行业。传统的观点就是我们所熟知的**竞争-脆弱性观点**（competition-fragility view），有时候又被称为**特许权价值**（charter value）视角，这种观点认为，银行在更大（实际和潜在）的压力之下，会选择从事风险过高的活动，从而增加了银行的脆弱性。

最近，竞争-脆弱性观点受到越来越多的批评者的挑战，他们认为竞争对银行业体系的稳定有一定帮助。其中一种观点认为，在竞争环境下，贷款利率水平会变得更低，这就意味着借款人的违约概率会更低，从而带来更多的竞争，有助于金融稳定。各种各样的理论研究都为竞

争-稳定性观点（competition-stability view）提供了理论基础，同时，还有很多实证研究也证明了这一观点。一些研究人员发现，竞争和金融稳定之间存在 U 形关系，竞争加强会先降低金融体系稳定性，但过了某一点之后，竞争加强又会有助于金融稳定性。

在 2007—2009 年全球金融危机的余波中，支持竞争-脆弱性观点的人认为，房地产价格的泡沫导致银行业危机——特别是在美国、英国和爱尔兰。他们认为银行在信贷市场的竞争过于激烈（特别是住房抵押贷款市场），从而忽视了对借款人真正风险水平的准确评估。他们用不动产价格泡沫作为风险累积的指标，所以，银行业竞争加剧之后，带来的结果是要承担更多的风险，全球金融危机就是竞争加剧、风险增加的必然后果。另外一种观点认为，2007—2009年全球金融危机爆发的一个重要原因是大银行的规模太大、内部关联太密切或者太复杂，最后导致失败破产。这些大银行通过政府安全网机制（参见第十九章内容）获得隐性（或显性）的金融补助。这导致道德风险增加，鼓励大银行开展风险更高的业务活动。

在我们详细讨论竞争和风险（最终会演变为竞争和金融稳定）关系之前，我们有必要先了解一下风险衡量指标。20.5.1 节和 20.5.2 节将介绍这方面的知识。

20.5.1 以会计为基础的银行风险测度指标

银行业实证研究文献提供了很多关于风险测度的方法和指标，包括**以会计为基础的银行风险测度指标**（accounting-based measures of bank risk）和更复杂的以市场为基础的指标。最简单的会计比率来自银行会计信息。最常用的两大指标是贷款-损失备用金和贷款-损失储备比率，贷款-损失储备比率或者贷款-损失备用金水平越高，意味着银行的风险越大。贷款-损失储备与贷款总规模之比，以及贷款-损失备用金与平均贷款总额之比被认为是衡量信用风险的指标。然而，这些指标只能部分地反映出贷款组合的质量，因为不同银行备用金的变动可能反映的是问题贷款分类、准备金要求和注销政策等银行内部政策的差异。正因为如此，研究人员寻求用一个包含面更广的指标来衡量银行风险，也就是用 **Z-分值**（Z-score）指标来衡量银行的破产风险。Z-分值指标现在是非常流行的衡量银行风险的指标，被广泛地应用在银行业的各种研究中（雷文和莱文，2009；西赫克等，2012b；莱贝提和施特罗贝尔，2013）。

20.5.1.1　Z-分值

Z-分值测度的是任意给定的一家银行，在考虑盈利能力、资本化和收益率波动性等因素的基础上，距离破产的安全距离有多少。Z-分值的公式如下：

$$Z = \frac{\overline{ROA} + \overline{EA}}{\sigma_{ROA}} \tag{20.13}$$

上式中，$\overline{ROA}$ 表示平均资产回报率，$\overline{EA}$ 表示平均权益资本比例，σ_{ROA} 代表资产回报率的标准差。

换句话说，Z-分值是衡量银行破产可能性的指标，因为它衡量的是在权益变成负数之前，银行盈利低于预期水平概率的标准差数量。Z-分值的取值与银行盈利能力和资本金比例为正相关关系，与银行盈利能力的波动性为负相关关系。Z-分值越高，意味着银行越稳健；Z-分值越低，意味着银行破产的概率越大。换句话说，越高的 Z-分值表明风险越低。

与所有的会计指标类似，Z-分值指标在使用过程中也存在弱点，它们的弱点就是在某个时点，这些指标都是静态的，而且都是对过去状态的衡量。此外，即使这些指标精准地反映出投资组合的质量和风险，管理人员在分析这些指标的时候，也存在一些时间选择方面的随机性，而这些随机性会以某种方式带来监管成本的增加。

20.5.2 以市场为基础的银行风险测度指标

为了解决会计指标测度风险方面存在的一些显而易见的不足，研究人员寻求**以市场为基础的银行风险测度指标**（market-based measures of bank risk）。这些指标包括股票价格波动性、穆迪的 KMV 预期违约概率（EDF）和五年期累积违约概率（PD）。KMV 预期违约概率和五年期累积违约概率指的是短期和中长期（分别是一年期和五年期）违约概率，因此可以用来考虑所有银行面临的风险类型。此外，这些变量都与管理层的随机选择无关，通常都是根据经济周期进行估算（五年期累积违约概率估算的是长期违约概率，完整地考虑了经济周期的上升和下降走势）。

20.5.2.1 违约距离模型

为了能够评估上市银行的破产风险，我们需要对布莱克和斯科尔斯（1973）以及莫顿（1974）提出来的违约距离（DD）模型加以修正。

一般说来，违约距离模型认为权益是公司资产的看涨期权，期权的执行价等于 T 时刻负债到期时所有负债的面值。在 T 时刻，如果公司资产的价值高于公司负债的价值，那么权益持有者会执行手中的期权，偿还所有的负债。如果公司资产的价值不足以偿还公司的负债，那么看涨期权就没有价值，期权持有者就不会执行期权，一直等待期权到期失效。在这种情况下，公司会申请破产，模型假设公司所有权会在零成本的情况下转移给债券持有人，此时，权益持有人的回报是零。在违约距离模型中，公司破产的概率可以从下面的公式中估算出来：

$$P = N\left[\frac{\ln\dfrac{V_A}{D} + \left(u - \delta - \dfrac{\sigma^2 A}{2}\right) T}{\sigma_A \sqrt{T}}\right] \tag{20.14}$$

此处，P 指的是破产的概率；$N(\ )$ 是累积正态分布密度函数；V_A 是资产的价值；D 是约等于总负债的债券面值；u 是预期收益率；δ 是股息率，等于总的股息与总负债和权益市场价值的和的比值；σ_A 是资产的标准差（资产波动性）；T 是到期日（假设为一年）。

在违约距离模型的实证应用中，V_A 和 σ_A 是无法通过观察获得的，因此，这两个变量通常从巴拉特和沙姆韦（2008）的模型中获得，最后预测出公司破产的概率。有一点必须特别指出，以市场为基础的指标只能用于上市银行，因为只有它们，才有权益、债券、信用违约互换或者其他公开交易的金融产品。

20.6 银行业竞争与金融稳定性

银行业竞争对金融稳定带来的影响如何一直是一个存在争议的问题，也是学术界和政策制定者争论的焦点之一。经济合作与发展组织最近的一份报告清楚地表明两者之间的分歧：

学术研究对零售银行和商业银行存在的竞争和稳定之间的关系进行过非常复杂和全面的分析，研究结果并不是非常明确，而是认为竞争对稳定有好有坏。能够清楚地帮助实现目标的政策指标依然让人难以捉摸。

经济合作与发展组织（2011）

专注竞争加剧与稳定性之间关系的理论模型之所以会得出相反的研究结论，很大程度上是因为模型对银行行为的假设不同。不过，实证研究之所以会有不同的结果，是因为竞争和风险的测度指标不同，如前文中所分析的那样。

表 20-8 选取了部分支持和反对银行业竞争的研究成果。

表 20-8　竞争-稳定性关系的实证结果分析

竞争-脆弱性观点			竞争-稳定性观点		
作者	核心变量	核心结论	作者	核心变量	核心结论
罗兹和鲁兹（1982）	竞争：CR-3（储蓄）比例 风险：资产回报率波动性、权益与资产的比值、贷款总额与资产总额的比值，以及贷款净损失与贷款总额的比值	市场力量越大，风险意识越弱	贾亚拉特纳和斯特拉恩(1998)	竞争：放松管制 风险：不良贷款、净贷款-损失、贷款损失备用金	放松管制降低了信用风险
姬莉（1990）	市场力量：托宾 Q（资产的市场价值与账面价值的比值） 风险：银行资本的市场价值与资产的比值、大额信用违约互换利率	竞争促进风险承担	德尼克鲁(2000)和德尼克鲁等（2004）	市场力量：银行规模（总资产） 风险：Z-分值	规模越大的银行承担的风险越大，特许权价值越低
迪克（2006）	竞争：由管制放松替代 风险：注销损失与贷款总额的比值、贷款-损失备用金和贷款总额的比值	竞争增加了信用风险	博迪和德尼克鲁（2005）	竞争：集中度（HHI） 风险：Z-分值	集中度越高，会导致违约概率越高；规模越大，风险越大
贝格等（2009）	竞争：勒纳指数 风险：不良贷款与贷款总额的比值、Z-分值、权益与总资产的比值	市场力量越大的银行风险越低	叶亚迪和米科（2007）	竞争：H-统计指标 风险：Z-分值	竞争会降低风险
贝克等（2013）	竞争：勒纳指数 风险：Z-分值	市场力量和稳定性之间存在正相关关系	伍德和黑姆斯霍夫（2009）	竞争：集中度（HHI） 风险：Z-分值	集中度越高，风险越大

支持竞争-脆弱性观点的证据

罗兹和鲁兹(1982) 第一次针对美国银行业在 1969—1978 年间竞争和风险之间的关系开展过实证研究。他们用 CR-3（储蓄）比例作为衡量银行竞争状况（竞争不足）的指标，选取了四个风险指标，分别是资产回报率波动性、权益与资产的比值、贷款总额与资产总额的比值，以及贷款净损失与贷款总额的比值。作者的研究结论为希克斯的"平静的生活"假说（参见20.4节）提供了实证支撑，认为拥有较强市场力量的银行比竞争性市场上的银行更没有风险意识。

在关于美国银行业的另一个研究中，姬莉（1990）对市场力量和风险之间的关系展开分析，在衡量市场力量时，选择的指标是资产的市场价值与账面价值的比值（即托宾Q）；在衡量风险时，选择的指标是银行资本的市场价值与资产的比值和大额信用违约互换利率。与罗兹和鲁兹(1982)的结论一致，作者认为竞争有利于风险承担，因为拥有比较低的资产市值/账面价值比（比较弱的市场力量）的机构更有可能承担比较高的风险。

在一篇关于银行业放松管制效果的研究中，迪克（2006）认为，当跨州经营的壁垒降低和地区分散化经营增多时，银行承受风险的能力会增强。作者用注销损失与贷款总额以及贷款-损失备用金和贷款总额的比值作为风险的衡量指标。实证结果表明，分支机构监管放松会导致更多的贷款损失，从而表明竞争会导致信用风险增加。

贝格等（2009）用勒纳指数来测度竞争状况，选取的数据是1999—2005年间23个发达国家的8 000多家商业银行的样本数据。研究的主要结论支持传统的竞争-脆弱性观点，认为市场力量越大，市场整体风险则越低。

支持竞争-稳定性观点的证据

针对前文中的竞争-脆弱性观点，有很多学者通过自己的研究提出了不同的观点，也就是说，他们认为竞争事实上会让银行破产的可能性降低。例如，贾亚拉特纳和斯特拉恩(1998)以1975—1992年的美国银行业为研究对象，发现放松分支机构设置方面的监管显著地降低了信用风险（用不良贷款、净贷款损失和贷款-损失备用金表示风险）。对这些结果的一种可能解释是竞争越激烈，越会鼓励银行经理人员执行严格的筛选政策和监管活动，从而整体上提高了信贷质量。

德尼克鲁(2000)和德尼克鲁等(2004)对银行规模、特许权价值和作为破产风险测度指标的Z-分值（参见20.5.1节）之间的关系展开分析研究。结果显示银行资产规模越大，其承担的风险越大，特许权价值越低。其假设前提（值得讨论）是，银行越大，拥有的市场力量就越强，从而推导出竞争性的银行面临的风险较小的结论。

博迪等（2006）的实证分析认为，美国银行业较高的存款或贷款市场集中度（用HHI衡量）会导致较高的违约概率（用Z-分值衡量）。作者同时发现，银行规模与Z-分值为负相关关系，这表明银行规模越大，面临的风险就越高。

叶亚迪和米科（2007）选取1993—2002年间拉丁美洲8个国家的商业银行经营管理的样本数据研究了竞争与风险之间的关系。作者用H-统计指标（参见20.3.1节）作为竞争的衡量指标，用Z-分值作为银行风险的衡量指标，本部分的大多数研究都是这样处理的。这个研究的主要结论是，竞争总体上会带来风险活动的减少。

考虑到这些结论都是充满矛盾的，所以，竞争和金融稳定之间的关系其实很难做出清晰的界定。它取决于用什么样的变量来描述竞争和风险。它还取决于所分析的银行市场（存款市场和贷款市场等）。此外，它与不同类型的银行和银行业结构有一定的关系。[1] 贝克等（2013）试图对这些观点不一致的文献进行总结。除此之外，作者还对不同国家的银行业竞争与稳定之间的异质性关系做了比较分析。他们发现，平均说来，市场力量（用勒纳指数衡量）和稳定性（用Z-分值衡量）之间存在正相关关系，尽管不同国家在这两者之间的关系差别比较大。

---

① 关于这些主题的更深层次分析可以参考卡苏等（2012）。

20.7　小结

在本章，我们对银行业竞争和风险之间的关系进行了分析和探讨。我们首先对衡量银行业竞争状况的各种指标进行了概述，重点分析结构行为绩效范式和结构性指标的运用情况，结构性指标包括集中度指标和赫芬达尔-赫希曼指数。然后，我们对衡量银行业竞争的新指标——非结构性指标进行了分析，包括 H-统计指标、勒纳指数、布恩指标和盈利持续性指标。研究发现，这些衡量银行体系竞争性的指标并不具有连续性。从这个角度出发，我们介绍了衡量银行风险的不同类型指标，也就是以会计为基础的指标和以市场为基础的指标。以会计为基础的指标主要包括简单的比例分析，比如衡量银行信用风险的贷款-损失储备比率和贷款-损失备用金，以及衡量银行破产风险的指标，比如 Z-分值。以市场为基础的指标（不同于股票收益波动率）可能会比较复杂，我们主要对衡量银行风险的破产违约距离预测指标做了一个简单的介绍。最后，我们回顾了关于竞争-稳定性观点和竞争-脆弱性观点的实证研究文献。

就银行业竞争与风险两者之间的关系而言，不管是从理论分析的角度还是从实证研究的角度来看，都没有达成一致意见。之所以会出现这样的状况，其原因可能是实证研究经常用不同的竞争指标和风险衡量指标，选取的银行样本和方法也经常有所改变，结果可能会存在偏差。所以，政策制定者在执行促进银行业竞争的政策时需要特别谨慎，除非他们非常肯定这些改革措施不会导致风险的累积。由于 2008—2009 年间的银行业危机，很多大银行都接受了来自政府部门的救助，很多批评人士开始研究政府的支持是否给市场竞争带来了不利影响。一些批评人士认为，政府的大力支持对没有接受政府救助的银行来说不公平。证据越来越表明这样的政府支持并没有鼓励竞争的效果，尽管这样的支持规模并不是很大。

关键术语

以会计为基础的银行风险测度指标	布恩指标
特许权价值	竞争-脆弱性观点
竞争-稳定性观点	集中度比例
效率假说	有效结构假说
赫芬达尔-赫希曼指数	H-统计指标
勒纳指数	以市场为基础的银行风险测度指标
新实证产业组织	非结构性指标
潘扎-罗斯统计指标	盈利持续性
"平静的生活"假说	结构性指标
结构行为绩效范式	Z-分值

主要阅读文献

Beck, T., Coyle, D., Dewatripont, M., Freixas, X. and Seabright, P. (2010) *Bailing Out the Banks: Reconciling Stability and Competition. An Analysis of State-supported*

Schemes for Financial Institutions, London: CEPR.

Beck, T., De Jonghe, O. and Schepens, G. (2013) "Bank competition and stability: Cross-country heterogeneity", *Journal of Financial Intermediation*, 22 (2), 218 - 244.

Casu, B., Girardone, C. and Molyneux, P. (2012) "Is there a conflict between competition and financial stability?" in Barth, J. R., Lin, C. and Wihlborg, C. (eds), *Research Handbook for Banking and Governance*, Cheltenham: Edward Elgar Publishing.

Goddard, J., Molyneux, P., Liu, H. and Wilson, J. O. S. (2011) "The persistence of bank profit", *Journal of Banking and Finance*, 35, 2881 - 2890.

Liu, H., Molyneux, P. and Wilson, J. O. S (2013) "Competition in banking: Measurement and interpretation", in Bell, A. R., Brooks, C. and Prokopczuk, M. (eds), *Handbook of Research Methods and Applications in Empirical Finance*, Cheltenham: Edward Elgar.

OECD (2011) *Bank Competition and Financial Stability*, Paris: OECD.

复习题

20.1 简述衡量银行业竞争结构性指标的主要特征。这些特征有哪些主要的不足?

20.2 赫芬达尔-赫希曼指数向我们介绍了行业集中度的哪些内容?

20.3 非结构性竞争指标主要有哪些?

20.4 解释勒纳指数的主要特征,讨论它在竞争分析方面是否与其他非结构性指标显示的结果类似。

20.5 非结构性竞争指标有哪些不足?

20.6 我们如何测度银行体系的系统性风险?

20.7 为什么 Z-分值是衡量银行风险时比较受欢迎的会计指标?

20.8 探讨结论相反的两大理论观点:竞争-稳定性观点和竞争-脆弱性观点。为什么实证研究也支持这两类意见相反的观点?

20.9 怎样才能让更多的竞争带来更稳定的银行体系?

20.10 大银行的政府救助行为是否对银行业体系的竞争性环境造成了伤害?

附录 A1

利率、债券与收益率

A1.1 名义利率与实际利率

利率在金融体系内发挥着至关重要的作用。例如，它们会影响经济体内的资金流、财富的分配、资本投资以及金融机构的盈利能力。我们必须意识到利率就是一种价格，而这个价格与资源未来与现在的要求权相关。因此，利率是借款人为了现在而非未来某个时点消费资源而支付的价格。相应的，利率也是贷款人为放弃当前的消费而获得的价格。

通常我们要区分名义利率与实际利率。名义利率是正常观察到的报价利率，它代表的是借款人要向贷款人偿还的实际金额，表示为特定时期内借款总额的百分比。而实际利率是在无风险且通货膨胀率也为零的条件下的收益率。通常人们在对比实际利率与名义利率时，重点都在于短期利率，因此表达式为：

$$i = r + p^e \tag{A1.1}$$

上式中，

i＝名义利率；

r＝短期实际利率；

p^e＝基于未来价格预期的溢价（通货膨胀溢价）。

A1.2 现值的概念

正如我们接下来要讲到的，到期收益率是一个精准的利率指标。我们可以用债务市场工具来计算这一指标，例如贷款和债券需要用到的知识点正是现值的概念。贷款或债券的现值等于未来支付额在当前的价值（即今天的价值）。例如，若想计算 1 年后 1 000 英镑贷款［这是贷款的面值（FV）］的现值，假设利率（r）为 10%，那么我们可使用下列公式[1]计算：

$$PV = \frac{FV}{(1+r)^t} \tag{A1.2}$$

$$PV = ? \qquad FV = 1\ 000$$
$$| \qquad\qquad |$$
$$t = 今天 \qquad t = 1$$

$$PV = \frac{FV}{(1+r)^t} = \frac{1\ 000}{(1+0.10)^1} = 909(英镑)$$

这意味着在当前利率水平为 10% 的条件下，1 年后的 1 000 英镑贷款在今天的价值为 909 英镑。相同利率水平的 2 年期贷款的现值计算如下：

$$PV = ? \qquad FV = 1\ 000$$
$$t = 今天 \quad t = 1 \quad t = 2$$

$$PV = \frac{1\ 000}{(1+0.10)^2} = 826(英镑)$$

A1.3 债券与债券定价

现值的概念通常被用于计算债券的当前价值与债券的定价。债券是一种金融工具，债券的发行人（债务人）承诺向贷款人（投资者）在未来某个事先约好的日期偿还借款本金以及一定期限内的利息。因为债券发行人支付的利息是固定金额，因此债券属于固定收益证券。政府和私人企业都可以发行债券，它们会定期支付（每 12 个月或 6 个月支付一次）现金（息票利息）。到期时，发行人向债券持有人支付债券的面值（或平价）。零息债券（也叫作贴现债券）是一种不支付息票利息的债券，但在发行时以低于面值的折扣价发行，到期时按照债券的面值偿还。

息票利息现金流的现值等于：

$$PV = \sum_{t=1}^{T} \frac{C}{(1+r)^t} \tag{A1.3}$$
$$= \frac{C}{(1+r)^1} + \frac{C}{(1+r)^2} + \frac{C}{(1+r)^3} + \cdots + \frac{C}{(1+r)^T}$$

假设某息票债券的期限为 3 年，息票利率为 15%，面值为 100 英镑。当前市场利率为 10%，则第 1 年利息收益的现值应当等于 $\frac{15}{(1+0.10)^1}$ 英镑，第 2 年利息收益的现值等于 $\frac{15}{(1+0.10)^2}$ 英镑，第 3 年利息收益的现值等于 $\frac{15}{(1+0.10)^3}$ 英镑。

$$PV = ? \qquad C = 15 \qquad\quad C = 15 \qquad\quad C = 15$$
$$t = 今天 \qquad t = 1 \qquad\quad t = 2 \qquad\quad t = 3$$

---

[1] 注意，本公式也可以写作：$PV = FV\ (1+r)^{-1}$。

因此，债券息票利息现金流的现值等于这个数列的和：13.63＋12.39＋11.27＝37.29（英镑）。不过，到期时，债券发行人还要向债券持有人支付债券的面值（或平价），英国债券的面值通常为 100 英镑，而美国债券的面值通常为 1 000 美元，因此：

$$FV=100$$

$$PV=? \qquad C=15 \qquad C=15 \qquad C=15$$

$$t=今天 \qquad t=1 \qquad t=2 \qquad t=T=3$$

于是，3 年期债券的价格（P_B）应当等于息票利息的现值加上债券面值的现值：

$$P_B = \sum_{t=1}^{T} \frac{C_t}{(1+r)^t} + \frac{FV}{(1+r)^T} \tag{A1.4}$$

$$= \frac{15}{(1+0.10)^1} + \frac{15}{(1+0.10)^2} + \frac{15}{(1+0.10)^3} + \frac{100}{(1+0.10)^3}$$

$$= 37.29 + 75.13$$

$$= 112.42（英镑）$$

A1.4 债券与收益率

当投资者购买债券时，债券的市场价格可能与债券的初始面值不一样。因此，投资者要使用债券的市场价格（P_B）、到期日期（t）和息票利息（C）去推断债券在投资期内的收益率。持有债券的实际收益率取决于投资者最初购买债券时支付的价格（P）、收到的利息以及债券的价格变化。我们将债券的到期收益率（YTM）定义为使得债券未来的收入现金流的现值等于其当前价格的利率（更准确的说法是贴现率）。到期收益率通常被视为衡量投资者在债券整个有效期内获得平均收益率的指标之一。

在财经媒体上（参考表 A1-1），财经报道经常提供另一种收益率指标——当期收益率。该指标等于息票利息/债券的价格（C/P_B）。不过，到期收益率是最适宜的收益率指标，因为它涵盖了债券投资的所有方面，我们可以像计算净现值那样，使用标准的现金流贴现法来计算到期收益率。

总结一下，投资者持有债券投资期间的年化收益率取决于下列三个变量。

- 息票利率：每年利息的支付额相当于债券面值的百分比。
- 当期收益率：每年利息的支付额相当于当前债券市场价格的百分比。
- 到期收益率：这是将所有投资成本（支出额）、息票利息收入与资本利得收益（或损失）全部考虑在内的综合性收益率指标。资本利得收益或损失指的是债券的面值与购买债券实际支付价格之差。

例题：4 年期国债的到期收益率

请看下面这个例子：英国国债，出售价格为 99.15 英镑，息票利率为 4%。债券 4 年后到期，面值为 100 英镑。

	息票利率（%）	到期日	当前价格/当期收益率（英镑）	价格/收益率变化
4 年期	4.000	2009 年 7 月 3 日	99.15/4.02	−0.095/0.028

到期收益率的计算过程如下：息票利息为 4 英镑（100 英镑面值的 4%），将数值代入公式（A1.3），得到

$$4(1+r)^{-1}+4(1+r)^{-2}+4(1+r)^{-3}+4(1+r)^{-4}+100(1+r)^{-4}=99.15$$

解得

$$r=4.24\%$$

请注意，手工计算到期收益率相对比较复杂，使用网上的债券收益率计算器会简单得多。

需要注意的重要一点是，到期收益率（4.24%）大于当期收益率（4.02%），同时大于息票利率（4%）。其中，当期收益率＝4/99.15＝4.03%。

这就是债券折价出售的情况。事实上，我们能得到下面这个表格。

债券的出售价格	满足的条件
折价出售	息票利率＜当期收益率＜到期收益率
溢价出售	息票利率＞当期收益率＞到期收益率
平价出售	息票利率＝当期收益率＝到期收益率

A1.5 到期收益率——价格、期限、息票利率、付息频率与税负

债券到期收益率的计算显然取决于债券当前的价格、期限、息票利率、付息频率以及税负（息票利息要支付所得税，如果债券未到期就被出售，还有可能要缴纳资本利得税）。下面是一些例题。

价格

仍以前文中的 4 年期英国国债为例，现在我们假设债券的出售价格上涨了 50 便士，为 99.65 英镑，息票利率为 4%，期限为 4 年，面值为 100 英镑。则到期收益率的计算如下所示：

$$4(1+r)^{-1}+4(1+r)^{-2}+4(1+r)^{-3}+4(1+r)^{-4}+100(1+r)^{-4}=99.65$$

解得

$$r=4.10\%$$

如果当前价格上涨了 80 便士，变成 99.85 英镑，则到期收益率会变成 4.04%。

在其他条件均相同的情况下，随着市场交易价格趋近于债券的面值，其到期收益率会下降。换言之，债券的价格与收益率朝着相反的方向变化。

$$P_B \uparrow \Rightarrow YTM \downarrow$$

期限

还是同一个例子，假设现在债券的期限为 10 年，出售价格为 99.15 英镑，息票利率为

4%，面值为 100 英镑，10 年后到期。则到期收益率的计算如下所示：

$$4(1+r)^{-1}+4(1+r)^{-2}+4(1+r)^{-3}+4(1+r)^{-4}+4(1+r)^{-5}$$
$$+4(1+r)^{-6}+4(1+r)^{-7}+4(1+r)^{-8}+4(1+r)^{-9}+4(1+r)^{-10}$$
$$+100(1+r)^{-10}=99.15$$

解得

$$r=4.11\%$$

如果期限是 20 年，则到期收益率会降至 4.06%。

在其他条件都相同的情况下，当债券期限变长时，到期收益率会下降。

$$M\uparrow \Rightarrow YTM\downarrow$$

息票利率

还用同一个例子，现在我们假设息票利率为 5%，债券的出售价格为 99.15 英镑，4 年后到期，面值为 100 英镑。则到期收益率的计算如下所示：

$$5(1+r)^{-1}+5(1+r)^{-2}+5(1+r)^{-3}+5(1+r)^{-4}+100(1+r)^{-4}=99.15$$

解得

$$r=5.24\%$$

在其他条件都相同的情况下，息票利率越高，则到期收益率越高。

$$C\uparrow \Rightarrow YTM\downarrow$$

还有两个因素可能会对到期收益率产生影响：一个是付息频率，另一个是税负。

付息频率

付息频率之所以会影响到期收益率，是因为如果每半年付息一次，那么计算到期收益率时要使用半年利息，并按照 6 个月的间隔计算现金流的现值，如下所示：

$$2(1+r)^{-1}+2(1+r)^{-2}+2(1+r)^{-3}+2(1+r)^{-4}+2(1+r)^{-5}$$
$$+2(1+r)^{-6}+2(1+r)^{-7}+2(1+r)^{-8}+100(1+r)^{-8}=99.15$$

解得

$$r=2.62\%$$

在其他条件都相同的情况下，付息频率越高，则到期收益率越低。

税负

税负也对到期收益率有较大的影响。在前文的例子中，我们都假设没有税负，不过一般情况下利息收入都要纳税（所得税），出售债券时获得的资本利得收益也要纳税。如果投资者在债券到期之前将其出售，则税负显然会减少债券的净利息收入与资本利得收益，所以我们在进行这类计算时，必须要考虑潜在税负的影响。

A1.6 财经媒体

债券的价格像股票价格一样，每天都在发生变化。如果你想随时了解自己的债券投资情况，那么如表 A1-1 所示（该表选自《金融时报》），财经媒体会按照债券的类别报道上一日的收盘价。

表 A1-1 读懂《金融时报》：英国国债

UK GILTS - cash market www.ft.com/gilts

Mar 18	Price £	Day's chng	W'ks chng	Int yield	Red yield	Red yield Day's chng	W'ks chng	Mth's chng	Year chng	52 Week High	Low	Amnt £m	Last xd date	Interest due
Shorts (Lives up to Five Years)														
Tr 5pc '14	102.17	-0.01	-0.07	4.89	0.35	-0.01	+0.02	+0.01	+0.20	107.15	102.14	40,579	26/02	7 Mar/Sep
Tr 2.75pc '15	101.98	-0.01	-0.05	2.70	0.40	+0.00	+0.01	-0.02	+0.20	104.75	101.95	28,813	13/01	22 Jan/Jul
Tr 4.75pc '15	106.24	-0.02	-0.08	4.47	0.48	+0.01	0.00	-0.01	+0.27	111.26	106.20	37,879	26/02	7 Mar/Sep
Tr 8pc '15	112.95	·	-0.14	7.08	0.43	·	-0.01	-0.02	+0.25	121.28	112.86	10,357	27/11	7 Jun/Dec
Tr 2pc '16	102.50	-0.01	-0.08	1.95	0.64	+0.00	-0.01	+0.02	+0.32	104.92	102.35	32,037	13/01	22 Jan/Jul
Tr 4pc '16	107.81	-0.02	-0.12	3.71	0.80	+0.00	-0.01	+0.02	+0.42	112.66	107.71	34,648	26/02	7 Mar/Sep
Tr 1pc '17	99.16	-0.02	-0.04	1.01	1.25	+0.01	-0.04	-0.04	+0.55	101.91	97.95	23,019	26/02	7 Mar/Sep
Tr 1.75pc '17	102.12	-0.02	-0.07	1.71	0.99	+0.01	-0.04	-0.04	+0.48	105.11	101.45	31,269	13/01	22 Jan/Jul
Tr 8.75pc '17	125.39	-0.04	-0.15	6.98	1.19	+0.01	-0.04	-0.05	+0.58	135.92	125.12	10,879	16/02	25 Feb/Aug
Tr 5pc '18	113.88	-0.03	-0.08	4.39	1.39	+0.01	-0.05	-0.06	+0.62	121.22	113.20	34,398	26/02	7 Mar/Sep
Tr 4.5pc '19	113.13	-0.03	·	3.98	1.73	·	-0.06	-0.06	+0.71	121.28	111.68	35,485	26/02	7 Mar/Sep
Five to Ten Years														
Tr 3.75pc '19	109.71	-0.02	·	3.42	1.87	+0.00	-0.07	-0.08	+0.73	117.57	107.91	28,057	26/02	7 Mar/Sep
Tr 3.75pc '20	109.89	-0.01	·	3.41	2.11	+0.00	-0.07	-0.08	+0.71	118.39	107.76	23,997	26/02	7 Mar/Sep
Tr 4.75pc '20	115.49	·	-0.01	4.11	1.99	0.00	-0.07	-0.08	+0.72	124.76	113.71	32,517	26/02	7 Mar/Sep
Tr 3.75pc '21	109.86	·	+0.03	3.41	2.31	·	-0.09	-0.08	+0.67	118.86	107.30	27,709	26/02	7 Mar/Sep
Tr 8pc '21	138.32	-0.02	·	5.78	2.23	+0.00	-0.09	-0.07	+0.71	152.25	136.23	23,499	27/11	7 Jun/Dec
Tr 1.75pc '22	94.04	·	+0.07	1.86	2.54	+0.00	-0.09	-0.07	+0.65	101.21	90.96	28,360	26/02	7 Mar/Sep
Tr 4pc '22	111.65	·	+0.03	3.58	2.39	·	-0.09	-0.07	+0.65	121.12	108.93	37,045	26/02	7 Mar/Sep
Ten to Fifteen Years														
Tr 5pc '25	120.84	·	+0.18	4.14	2.78	·	-0.11	-0.06	+0.60	133.14	116.51	32,992	26/02	7 Mar/Sep
Tr 4.25pc '27	113.74	+0.02	+0.25	3.74	3.02	0.00	-0.11	-0.08	+0.49	125.44	108.85	29,279	27/11	7 Jun/Dec
Tr 6pc '28	134.93	+0.02	+0.28	4.45	3.04	·	-0.11	-0.08	+0.50	149.79	129.51	18,575	27/11	7 Jun/Dec
Over Fifteen Years														
Tr 4.75pc '30	120.31	+0.14	+0.52	3.95	3.18	-0.01	-0.10	-0.09	+0.43	133.06	115.50	28,716	27/11	7 Jun/Dec
Tr 4.25pc '32	113.82	+0.14	+0.51	3.74	3.24	-0.01	-0.10	-0.09	+0.39	125.81	109.05	34,598	27/11	7 Jun/Dec
Tr 4.5pc '34	117.61	+0.15	+0.55	3.83	3.31	-0.01	-0.10	-0.09	+0.33	129.79	112.57	25,501	26/02	7 Mar/Sep
Tr 4.25pc '36	113.96	+0.18	+0.55	3.74	3.35	-0.01	-0.09	-0.09	+0.29	125.51	108.92	25,952	26/02	7 Mar/Sep
Tr 4.75pc '38	123.19	+0.21	+0.63	3.86	3.36	-0.01	-0.08	-0.09	+0.23	135.38	117.68	24,601	27/11	7 Jun/Dec
Tr 4.25pc '39	114.61	+0.19	+0.59	3.71	3.39	-0.01	-0.08	-0.09	+0.20	125.59	109.28	19,280	26/02	7 Mar/Sep
Tr 4.5pc '42	120.02	+0.20	+0.64	3.76	3.40	-0.01	-0.08	-0.09	+0.16	131.41	114.24	26,001	27/11	7 Jun/Dec
Tr 3.25pc '44	96.34	+0.20	+0.58	3.38	3.45	-0.01	-0.08	-0.09	+0.12	104.97	90.69	23,778	13/01	22 Jan/Jul
Tr 4.25pc '46	116.42	+0.24	+0.69	3.66	3.41	-0.01	-0.08	-0.09	+0.09	126.88	109.84	20,873	27/11	7 Jun/Dec
Tr 4.25pc '49	117.57	+0.25	+0.71	3.62	3.40	-0.01	-0.08	-0.09	+0.05	127.61	110.52	16,901	27/11	7 Jun/Dec
Tr 3.75pc '52	107.14	+0.24	+0.66	3.51	3.41	-0.01	-0.07	-0.09	+0.03	116.26	100.30	19,761	13/01	22 Jan/Jul
Tr 4.25pc '55	119.45	+0.26	+0.73	3.57	3.38	-0.01	-0.07	-0.09	+0.02	129.57	111.43	23,416	27/11	7 Jun/Dec
Tr 4pc '60	114.65	+0.27	+0.74	3.50	3.37	-0.01	-0.07	-0.09	+0.02	124.65	106.48	18,764	13/01	22 Jan/Jul
Undated														
Cons 4pc	97.79	·	+0.68	4.10	4.09‡	-0.01	-0.07	-0.09	+0.02	102.15	90.45	257	22/01	1 Feb/Aug
War Ln 3.5pc	83.97	·	+0.52	4.18	4.17‡	-0.01	-0.07	-0.07	+0.15	91.27	77.76	1,938	20/11	1 Jun/Dec
Cn 3.5 pc '61 Aft	81.81	·	+0.49	·	4.28‡	-0.01	-0.07	-0.07	+0.15	90.64	77.71	17	22/09	1 Apr/Oct
Tr 3pc '66 Aft	68.68	·	+0.41	4.38	4.37‡	-0.01	-0.07	-0.07	+0.15	76.16	64.91	40	25/09	5 Apr/Oct
Cons 2.5pc	58.85	·	+0.36	4.26	4.25‡	-0.01	-0.07	-0.07	+0.15	65.43	55.54	177	25/12	5 Ja/Ap/Jul/Oc
Tr 2.5pc	59.98	·	+0.37	4.18	4.17‡	-0.01	-0.07	-0.07	+0.15	67.81	56.64	287	22/09	1 Apr/Oct
Index-linked				(1)	(2)									
2.5pc '16 (81.6)	338.64	+0.08	+0.14	-2.51	-2.08	-0.01	-0.11	-0.13	+0.77	354.21	337.20	7,899	15/01	26 Jan/Jul
1.25pc '17† (193.725)	110.78	+0.06	+0.14	-1.58	-1.58	-0.02	-0.13	-0.15	+0.89	119.42	109.59	11,848	13/11	22 May/Nov
2.5pc '20 (83.0)	364.72	+0.33	+0.71	-1.11	-0.94	-0.01	-0.12	-0.17	+0.97	393.73	357.72	6,579	07/10	16 Apr/Oct
1.875pc '22† (205.65806)	121.31	+0.14	+0.36	-0.52	-0.52	-0.01	-0.13	-0.15	+0.86	136.90	118.43	15,743	13/11	22 May/Nov
0.125pc '24	104.04	+0.16	+0.49	-0.27	-0.27	-0.02	-0.14	-0.16	+0.77	116.66	100.08	8,688	11/09	22 Mar/Sep
2.5pc '24 (97.7)	330.47	+0.45	+1.33	-0.43	-0.32	-0.01	-0.13	-0.16	+0.75	364.74	319.33	6,821	08/01	17 Jan/Jul
1.25pc '27† (194.06667)	119.22	+0.22	+0.64	-0.14	-0.14	-0.01	-0.11	-0.15	+0.53	135.08	115.11	14,770	13/11	22 May/Nov
0.125pc '29	102.51	+0.30	+0.79	-0.04	-0.04	-0.02	-0.11	-0.15	+0.45	115.32	98.14	14,229	11/09	22 Mar/Sep
4.125pc '30 (135.1)	313.12	+0.81	+2.15	-0.19	-0.12	-0.01	-0.10	-0.16	+0.47	347.63	302.44	4,841	13/01	22 Jan/Jul
1.25pc '32† (217.13226)	124.73	+0.43	+1.10	-0.07	-0.07	-0.02	-0.10	-0.15	+0.31	141.11	119.51	12,760	13/11	22 May/Nov
3.75pc '34 (235.20)	115.55	+0.45	+1.15	-0.03	-0.03	-0.02	-0.09	-0.14	+0.24	129.44	109.97	12,458	11/09	22 Mar/Sep
2pc '35 (173.6)	205.10	+0.77	+1.95	-0.06	-0.06	-0.02	-0.09	-0.14	+0.24	224.90	194.33	9,084	15/01	26 Jan/Jul
1.125pc '37† (202.24286)	127.77	+0.54	+1.35	-0.04	-0.04	-0.02	-0.08	-0.13	+0.13	143.19	121.33	12,132	13/11	22 May/Nov
0.625pc '40† (216.52258)	116.94	+0.54	+1.34	-0.03	-0.03	-0.01	-0.08	-0.13	+0.06	130.59	110.41	4,608	13/11	22 May/Nov
0.75pc '47† (207.76667)	127.04	+0.68	+1.78	-0.05	-0.05	-0.01	-0.07	-0.13	-0.04	141.59	117.56	11,687	13/11	22 May/Nov
0.5pc '50† (213.40000)	119.71	+0.73	+1.78	-0.04	-0.04	-0.02	-0.07	-0.12	-0.06	133.71	110.25	11,351	11/09	22 Mar/Sep
0.25pc '52	110.75	+0.74	+1.80	-0.03	-0.03	-0.02	-0.07	-0.12	-0.08	124.13	101.04	9,002	11/09	22 Mar/Sep
1.25pc '55† (192.20000)	155.48	+0.97	+2.41	-0.06	-0.06	-0.02	-0.07	-0.12	-0.07	174.95	143.00	10,169	13/11	22 May/Nov
0.375pc '62	121.41	+0.92	+2.33	-0.06	-0.06	-0.02	-0.07	-0.11	-0.06	139.35	109.00	12,480	11/09	22 Mar/Sep

资料来源：2014 年 3 月 18 日《金融时报》网站。

如表 A1-1 所示，债券按照剩余期限的长短升序排列：短期、5～10 年、10～15 年和超过 15 年。该表还提供了没有明确到期日的国债与指数化国债（通胀指数债券）的价格信息。[①]

- 每个债券的标题包括债券的类型、息票利率以及赎回日（例如，国债，5%，2014）。
- 第一列数值是现在的市场价格。
- 第二列数值是较上一日收盘价的变化值。
- 第三列数值是较上一周收盘价的变化值。
- 第四列数值是利率或当期收益率。
- 第五列数值是赎回收益率。
- 第六列至第九列的数值都与赎回收益率有关，分别是相比于上一日、上一周、上个月和去年的价格，当前赎回收益率的变化情况。
- 接下来的两列数据是最近 52 周内的最高价与最低价。
- 最后三列是这批债券的名义面值、上一个除息日以及付息日。

赎回收益率要考虑债券的资本利得收益或损失。例如，某国债的息票利率为 2%，2016 年到期，当前的交易价格为 102.50 英镑。那么在到期日（赎回日），投资者会收到 100 英镑的面值，现在距离到期日还有两年时间，所以每持有一张面值为 100 英镑的债券，投资者每年平均损失 1.25 英镑。

表 A1-2 列出了几种英国国债，期限从 2 年到 30 年不等，息票利率各异。从表中数据可以看出，这些国债的收益率差别较大。这些证券属于同一类资产，但到期期限不同，它们的收益率为何不相等，这就是利率期限结构理论要解释的问题。

表 A1-2　2014 年 5 月 13 日英国基准国债收益率

期限	收益率	今日的变化	一周前	一个月前
1 个月	0.30%	0	0.32%	0.32%
3 个月	0.38%	0	0.37%	0.38%
6 个月	0.42%	0	0.41%	0.40%
1 年	0.41%	−0.03	0.44%	0.41%
2 年	0.77%	−0.03	0.76%	0.62%
3 年	1.18%	−0.01	1.15%	1.00%
4 年	1.75%	−0.03	1.73%	1.56%
5 年	2.02%	−0.03	2.00%	1.83%
7 年	2.38%	−0.02	2.32%	2.23%
8 年	2.46%	−0.01	2.39%	2.31%
9 年	2.60%	−0.01	2.53%	2.47%
10 年	2.72%	−0.01	2.66%	2.62%
15 年	3.21%	−0.01	3.17%	3.14%
20 年	3.34%	−0.01	3.30%	3.27%
30 年	3.46%	＞−0.01	3.44%	3.42%

资料来源：*Financial Times*，13/05/14. © The Financial Times Limited. All Rights Reserved.

---

① 若想了解国债市场的更多信息与数据，可参考英国债务管理办公室（UK Debt Management Office）。

A1.7 利率期限结构

利率的期限结构指的是债券的到期期限与到期收益率之间的关系。经济学家和投资者相信收益率曲线的形状能够反映出市场对未来利率走势以及货币政策的预期。

利率的期限结构能够反映期限不同，但属于同一类型的资产彼此之间收益率的差。利率期限结构的概念只与那些具有固定的到期期限、在特定时点支付固定利息的资产相关（债券与其他类型的金融工具，例如英镑大额存单）。

将某类资产的利率期限结构绘制成的图形叫作收益率曲线。此处的收益率指的是到期收益率。如前所述，这一收益率不仅包括资产获得的利息收入，而且包括所有预期可获得的资本利得收益（当前价格低于到期价值）或损失（当前价格高于到期价值）。

一般来说，收益率曲线要使用风险水平相近但期限不同的证券作为参照物，具体如图 A1-1 所示，可见图中长期债券（30 年）的收益率要高于短期债券（本例中是 5 年）的收益率。这可以被视为对未来利率走势"正常"的市场预期，因为通常情况下期限较长的金融工具要比期限较短的工具面临更多的不确定性，因此应当向投资者提供更高的收益率。不过，如果人们对未来经济走势的预期不同于正常情况，那么收益率曲线会展现出其他形状（有两种极端情况：一种是收益率曲线为水平形状，即短期证券与长期证券具有相同的收益率；另一种是反转的收益率曲线，即短期证券的收益率反而高于长期证券的收益率）。

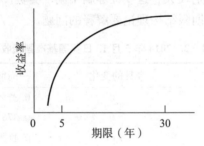

图 A1-1　正常的收益率曲线

收益率曲线通常每天都要计算，因此我们可以每天都画出一条不同的收益率曲线。主要国家的中央银行/货币当局都会报道各种工具的收益率曲线数据。使用表 A1-2 提供的数据点，图 A1-2 画出了 2014 年 5 月 13 日英国国债的收益率曲线。

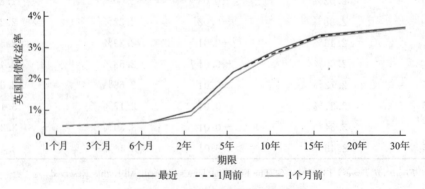

图 A1-2　英国国债收益率曲线

资料来源：*Financial Times* 13/05/14. © The Financial Times Limited. All Rights Reserved.

A1.8　收益率曲线形状理论

学者们提出了很多理论来解释实践中可以观察到的收益率曲线的不同形状。但没有哪一种理论能完全令人满意，很多经济学家相信，这些理论所需的假设前提破坏了理论的实用价值。不过，总结一下这些理论的主要特征，将其作为对收益率曲线进行更高级研究的基础（本书并不涉及）还是值得的。

两种主流理论试图解释收益率曲线的形状。

- 预期理论，可以进一步细分为：
- (1) 单纯预期理论；
- (2) 流动性偏好预期理论；
- (3) 优先置产理论。
- 市场分割理论，不认同市场的不同组成部分之间会进行大规模的套利交易。

A1.8.1　单纯预期理论

该理论的基础是收益率曲线的形状取决于市场对未来短期利率走势的预期。如果贷款人与借款人都预期未来短期利率会上升，那么贷款人希望投资于短期市场，当债券价格下跌后获利，从而获得更高的收益率。这会推动短期债券的市场价格上涨（促使短期债券的收益率曲线下移）。当然，借款人希望贷款的期限尽可能长一些，从而推高长期债券的收益率。他们的行为让收益率曲线向逆时针方向倾斜，让曲线变得更加陡峭（从左向右逐渐上升）。不过，这个理论没有考虑相应的风险，因为没人知道未来债券的价格是多少（价格风险）或未来利率水平有多高（再投资风险）。

A1.8.2　流动性偏好预期理论

该理论假设债券的投资风险会随着期限的延长而不断上升。该理论认为，风险变大将会导致投资于较长期债券的投资者要求获得更高的流动性溢价。持有流动性较差的债券的投资者要求获得溢价，例如买入长期债券，那么投资者持有缺乏流动性的资产，他们要求获得补偿的强烈欲望甚至比可能导致收益率曲线向下方倾斜的预期还要重要。于是，这一溢价使得曲线向上移动。这个理论更类似于对收益率曲线形状的直观解释。

A1.8.3　优先置产理论

这一理论认为投资者偏好于让资产与已知的负债相匹配，而借款人希望贷款的期限能与自身的需求相匹配。投资机构也会努力实现资产与负债的期限匹配。

为了促使他们从自身的个人偏好里走出来，做出不一样的选择，贷款机构与借款人要求获得一定的收益率溢价，以补偿自身额外承担的风险。溢价的大小取决于投资者或借款人改变个人偏好的程度。由于溢价的大小不一定会随着期限的延长而增加，因此这种理论可以解释收益率曲线的任意形状。

A1. 8. 4 市场分割理论

外行人会把这个理论描述为"优先置产理论的另一种高度结构化、缺乏灵活性的说法"。该理论假设投资者和借款人都不能或不愿意沿着收益率曲线来充分利用套利机会。

市场之所以呈现如此不灵活的分割状态，是因为监管机构和投资机构自身的规则要求它们必须保持严格的比例——在每一个期限类别市场上，持有资产的比例被严格限定。

按照这种理论，收益率曲线是由固定利率证券市场的各个分割部分的收益率曲线构成的。一些经济学家认为这个理论是难以持续的，因为它的假设前提为人们是绝对厌恶风险的，然而有证据证明，投资者愿意承担风险，也愿意沿着收益率曲线做套利交易。

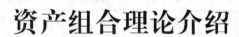

附录 A2

资产组合理论介绍

A2.1　收益、风险与多样化投资的概念

各种类型证券的风险、收益特征差别很大。例如，英国国债的收益率几乎是确定的（无风险）。与之相反，一般企业发行的普通股的收益率很不稳定（具有一定程度的风险）。资产组合理论旨在证明，若同时持有多种类型的证券，投资发生损失的风险将会被降低。让我们先来看一看如何计算风险与收益。

为了评价某证券或证券组合的过往表现，我们需要计算该证券或证券组合的实际收益，则应该考虑：

- 在一定期限内证券或证券组合资本价值的变化；
- 在一定期限内证券或证券组合获得股息或利息收益。

在单个周期内，我们可以使用下列公式计算收益：

$$R_1 = (P_1 - P_0 + D_1)/P_0 \tag{A2.1}$$

上式中，

R_1＝在周期 1 内持有证券（组合）获得的收益；

P_0＝在周期 1 开始时证券（组合）的市场价格；

P_1＝在周期 1 结束时证券（组合）的市场价格；

D_1＝在周期 1 内证券（组合）获得的股息或利息收入。

通常大家都对计算多期的收益感兴趣。一种计算方法是使用多周期的算数平均值或几何平均值。

度量证券投资风险的常见方法是计算未来收益可能出现的变化。换言之，我们可以通过计算预期收益的方差（或标准差）来度量风险的大小。

一般来说，风险越高，则方差越大：

$$\boxed{风险 \uparrow \Rightarrow \sigma^2 \downarrow}$$

方差反映的是收益的波动性或离散性。它能告诉我们实际收益偏离期望值的程度。现在先看一下表 A2-1 的例子。

表 A2-1　证券的总体预期收益率

结果	预期收益率（％）	预期收益发生的概率	以发生概率为权重计算出的加权预期收益率（％）
A	50	0.1	5
B	30	0.2	6
C	10	0.4	4
D	−10	0.2	−2
E	−30	0.1	−3
合计		1.0	10

在上表中，假设有五种可能的结果，即 A 到 E。每种结果发生的概率都基于历史经验来估算。例如，A 发生的概率为 0.1（即 10％）。A 代表的是证券的预期收益率为 50％。如果 A 到 E 就是所有可能出现的结果，那么将其对应的发生概率加在一起，必然等于 1（即发生概率为 100％）。

为了计算证券的总体预期收益率，我们要用每种可能出现的预期收益率乘以这种结果可能发生的概率（得到表 A2-1 中的第四列），然后将加权预期收益率相加。因此，我们会看到，虽然该证券可能获得的预期收益率为 50％、30％、10％、−10％、−30％，但总体预期收益率等于 10％。

预期收益率更正式的计算公式如下所示：

$$E(R) = p_1 R_1 + p_2 R_2 + p_3 R_3 + \cdots + p_n R_n \tag{A2.2}$$

上式中，

$E(R)$ ＝预期收益率；

R_i ＝结果 i 对应的收益率；

p_i ＝获得 R_i 收益率的概率；

n ＝可能结果的个数。

请注意，在实践中，未来可能的收益率及其发生的概率通常是未知的，因此利用历史数据算出的历史平均收益率通常被当作未来收益率的指标来使用。

在计算证券预期收益率的方差时，需要：

- 计算结果 A 与总体预期收益率的差的平方，然后乘以结果 A 发生的概率。
- 对每种可能出现的结果重复进行上面的操作。
- 将上述所有可能出现的结果算出的值相加。

因此，对于表 A2-1 中的案例，

$$\begin{aligned}
方差 &= 0.1 \times (0.5-0.1)^2 + 0.2 \times (0.3-0.1)^2 + 0.4 \times (0.1-0.1)^2 \\
&\quad + 0.2 \times (-0.1-0.1)^2 + 0.1 \times (-0.3-0.1)^2 \\
&= 0.016 + 0.008 + 0 + 0.008 + 0.016 = 0.048
\end{aligned}$$

标准差就等于方差的平方根：

$$标准差 = \sqrt{0.048} = 0.219\,1$$

一般来说，如果投资者希望自己的实际收益率高于市场的平均收益率，那么他们就必须承担高于市场平均水平的风险。

收益↑ → 风险↑

多样化指的是向现有资产组合内增加多种证券，这样能降低风险水平（即组合的波动性）。

多样化↑ → 风险↓

对于由 n 种证券构成的资产组合，预期收益率等于组合内每一种证券预期收益率的加权平均值：

$$E(R_p) = w_1 E(R_1) + w_2 E(R_2) + w_3 E(R_3) + \cdots + w_n E(R_n) \tag{A2.3}$$

上式中，

$E(R_p)$ =构成资产组合的每一种证券预期收益的加权平均值，权重等于该证券头寸的价值占组合总价值的比重；

w_n =第 n 种证券的组合权重，$n = 1, 2, \cdots, n$。

例题

假设资产组合由两只股票构成：英国乐购公司（2014 年 4 月 9 日的成交价为每股 286.25 英镑）和巴克莱银行（同一天的成交价为每股 238.95 英镑）。我们假设该资产组合包括 70% 的巴克莱银行股票和 30% 的乐购公司股票。巴克莱银行股票的预期收益率为 20%，而乐购公司股票的预期收益率为 4%。于是，该资产组合的预期收益率为：

$$0.7 \times 0.2 + 0.3 \times 0.04 = 0.14 + 0.012 = 15.2\%$$

投资者必须在风险与收益之间做出权衡，但他们可以基于自己想实现的任意收益率实现风险的最小化。现代资产组合理论试图解释这种行为。该理论由马科维茨（Markowitz）于 20 世纪 50 年代率先开创。

A2.2 现代组合理论

现代组合理论的中心原则是可以构建这样一个证券组合：组合的风险水平小于组合内任意一种证券的风险水平。为了达到这一目的，组合内各种证券不能完全相关。如果组合内各种证券的收益率同时受到某一事件的影响，那么即便持有由这些证券所构成的组合，也不能降低证券收益率受到该事件负面影响的风险。两种证券收益率的相对变异性就是它们的协方差。

相关系数衡量的是两个变量线性相关的程度。如果是完全的线性关系，即两个变量之间是正斜率的关系，则相关系数等于 1；如果两个变量之间是完全的负相关关系，则相关系数等于 −1；相关系数等于 0 意味着两个变量之间不存在线性关系。相关系数包含两个要素：

- 协方差（数值一起变动的程度）；
- 标准差（一组数据内，各个数值围绕均值的紧密程度）。

因此，相关系数等于两只证券之间的协方差除以对应的标准差。在本例中，组合由两只股票（1 和 2）构成，则相关系数的计算如下所示：

$$\rho_{1,2} = \frac{\text{cov}_{1,2}}{\sigma_1 \sigma_2} \tag{A2.4}$$

上式中，$cov_{1,2}$是两只股票的协方差，衡量的是两只股票价格同时发生变化的可能性。

为了算出相关系数，我们用协方差除以标准差，得到能反映两个不同指标相对变化情况的标准参数（请注意，相关系数的取值范围为-1到1，相关系数为零意味着两种资产的收益率互不相关）。

因此，组合收益率的方差应当等于组合内每种证券的方差的贡献度，再加上另外一项（这一项包含组合内证券的收益率相关系数）。

$$\sigma_p^2 = (W_1\sigma_1)^2 + (W_2\sigma_2)^2 + 2(W_1\sigma_1)(W_2\sigma_2)\rho_{1,2} \tag{A2.5}$$

根据前文中提供的信息，我们来分析一下由乐购公司股票和巴克莱银行股票构成的资产组合。假设乐购公司股票的标准差为40%，而巴克莱银行股票的标准差为60%。假设两只股票正相关——朝着同一个方向波动——但并不是完全正相关。假设它们的相关系数为0.75（$\rho_{1,2}$ = 0.75）。回忆一下，巴克莱银行股票占组合总价值的70%，而乐购公司股票占30%。

该资产组合的方差为：

$$0.7^2 \times 0.6^2 + 0.3^2 \times 0.4^2 + 2 \times 0.7 \times 0.3 \times 0.6 \times 0.4 \times 0.75$$
$$= 0.49 \times 0.36 + 0.09 \times 0.16 + 2 \times 0.037\ 8$$
$$= 0.176\ 4 + 0.014\ 4 + 0.075\ 6 = 0.266\ 4 = 26.64\%$$

因此，组合的方差等于26.64%，则标准差为：

$$\sqrt{0.266\ 4} = 0.051\ 614 = 5.161\ 4\%$$

请注意，资产组合收益率的方差低于组合内任意一种资产收益率的方差，这说明通过构建资产组合，投资者可以分散风险。多样化投资向资产组合内增加了相关程度较低的股票——当资产组合内的股票完全正相关时，投资者将无法获得多样化收益。

相关性↓ → 多样化收益↑ → 风险↓

我们必须强调一下，若想通过多样化来降低资产组合的风险，那么组合内至少包含20种或更多种类的证券。而且，为了显著降低风险，这些证券应当来自不同的行业部门，甚至更理想的情况是来自不同的国家（即国际化分散投资）。

A2.3 有效（均值-标准差）边界

本节简单介绍一下有效边界的特征，该理论可被用于证明厌恶风险的投资者能够实现风险资产的最优组合。有效边界也叫均值-标准差边界，因为这条曲线的每一点都是将风险资产的标准差对应着预期收益均值画出来的（我们用组合内两种资产的权重来计算风险资产的标准差）。如图A2-1所示，有效边界上的每一点代表的都是风险资产。

假设资产组合由两种资产构成，则这两种资产的组合权重在0到1之间，1代表资产组合只由证券1构成，而0代表资产组合只由证券2构成。当投资权重发生变化时，依据新的资产组合会画出一条同时包含证券1和证券2的曲线。具体可见图A2-2。

有效边界展示了由两种风险资产构建的多种资产组合的预期收益率与风险水平。投资者可以使用这条有效边界，在决定投资权重时，进行收益（平均收益）与风险（标准差）的权衡。

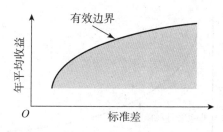

图 A2 - 1   有效（均值-标准差）边界

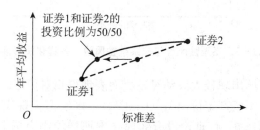

图 A2 - 2   有效边界：两种风险资产（证券 1 和证券 2）

值得注意的是，在绘制有效边界时，我们假设投资者不能做卖空交易（卖家卖出自己并不拥有的证券）。

为了确定最优资产组合，我们需要分析投资者的风险-收益偏好——如图 A2 - 2 所示，投资者选择了证券 1 和证券 2 的投资权重为 50/50 的资产组合。有效边界以内的区域叫作可行区域，可行区域内的资产组合方式虽然可行，但并不是最有效的组合方式，因为预期收益没有实现最大化（相对于一定的风险或标准差）。

A2.4   风险的构成

证券收益的风险由两部分构成：

- 市场风险或系统性风险，指的是与宏观经济因素或市场指数相关的风险。系统性风险是不可分散的风险。
- 非系统性风险是企业特有的风险，与宏观经济因素无关。非系统性风险是可以分散的风险。

证券都具有系统性风险和非系统性风险，而且两者的比重不同。多样化投资能够降低企业特有的风险；不过，如图 A2 - 3 所示，它不能消除影响所有企业的风险的共同来源。

我们用贝塔（β）来表示个股的收益率变化与市场平均收益率（即系统性风险因素）的总体变化趋势之间的关系。尤其值得一提的是，贝塔测量的是证券的收益率对系统性因素或市场因素的敏感度，计算公式如下所示：

$$\beta_i = \frac{\mathrm{cov}(r_j, r_M)}{\sigma^2 M} \tag{A2.6}$$

上式中，$\mathrm{cov}(r_j, r_M)$ 是个股收益率与市场平均收益率的协方差。将该协方差除以市场平均收益率的方差，则可得 β_i。

一些股票（或资产组合）可能会对市场的整体波动反应强烈；而其他股票（或资产组合）

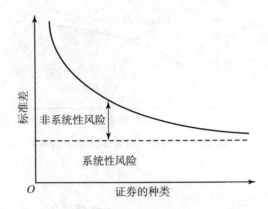

图 A2 - 3　系统性风险与非系统性风险：多样化投资的效果

反应没那么强烈——当市场出现较大波动时，反而表现得相对稳定。

公司股票的 β 源于资本资产定价模型（CAPM）。该模型将现代资产组合理论简化为单因素模型——唯一的因素叫作 β。该理论没有像前文中那样使用市场上所有证券的协方差矩阵，而是只用了一个协方差系数：β，这是个股与市场的协方差。

资本资产定价模型的含义是，证券的风险溢价与 β 和市场组合的风险溢价为正比关系。个股的 β 来源于下面这个公式，该公式说明了如何计算个股的预期收益率（或必要收益率），如下所示：

$$E(r_j)=r_f+\beta_i[E(r_M)-r_f] \tag{A2.7}$$

上式中，

$E(r_i)$ 是资产 i 的预期收益率；

β_i 是资产 i 的贝塔值；

$E(r_M)$ 是市场组合的预期收益率；

r_f 是无风险利率。

根据上述预期收益率的计算公式，个股的预期收益率等于无风险利率（通常是最安全的投资产品的收益率——一般使用国债的收益率，例如英国的金边债券或美国国债的收益率）加上 β_i 乘以市场风险溢价。市场风险溢价，即预期收益率大于无风险利率的部分，等于市场组合的预期收益率 $E(r_M)$ 与无风险利率的差。

证券预期收益率的主要决定因素是该证券的 β。当然，无风险利率和市场风险溢价对于所有证券来说都是相同的。

如果证券的实际收益率不能满足根据上述公式算出的对应一定风险水平的必要收益率，那么按照资本资产定价模型，该证券就是一项不佳的投资工具。如果证券的实际收益率大于公式算出的必要收益率，则按照资本资产定价模型，该证券是一个不错的投资产品。[1]

β 的解释很简单直接。简言之，我们可以把一个市场指数（例如富时 100 指数）的 β 赋值为 1。如果个股的 β 大于 1，则该股票的收益率会比市场指数的平均收益率波动得更为剧烈。

---

① 威廉·夏普（1964）发表了资本资产定价模型。由于这一方面的贡献，他与哈里·马科维茨（Harry Markowitz）、默顿·米勒（Merton Miller）共同分享了 1990 年的诺贝尔经济学奖。同一时期内，特雷诺（1964）与林特纳（1965）也对该领域有所贡献。夏普提出的资本资产定价模型进一步拓展了哈里·马科维茨（1952）的资产组合理论，引入了系统性风险与特定风险的概念。

例如，假设市场指数的平均收益率下跌 10%，而该股票的收益率下跌 15%——这就意味着该股票的 β 为 1.5。与之相反，如果某个股的 β 小于 1，那么该股票的收益率会比市场指数的平均收益率表现得更稳定。例如，某个股的 β 为 0.3，意味着当市场指数的平均收益率下跌 10% 时，该个股的收益率只下降 3%。

A2.5 证券市场线

证券市场线是用图形的方式表示资本资产定价模型中预期收益率与 β 之间的关系。证券市场线的斜率为市场组合的风险溢价。

表 A2-2 展示了预期收益率与 β 之间的线性关系。

使用表 A2-2 提供的信息，证券市场线的形状如图 A2-4 所示，横轴代表 β，纵轴代表预期收益率。在图上我们可以看到，当 β 为 0 时，资产的预期收益率为 0.03（或 3%）；当 β 为 1 时，资产的预期收益率为 11%。

证券市场线就是一条直线，起始于无风险点，并穿过资产组合对应的点（资产组合的 β 为 1）。无论何时，只要资本资产定价模型成立，当市场处于均衡状态时，所有的证券都应当位于这条证券市场线上。这是因为通过同时持有市场组合与无风险证券（获得无风险收益率），每个投资者总是能够获得市场风险溢价。

资产组合的 β（即 β_p）就是该组合内每一种资产的 β（即 β_i）的加权平均值，权重为该资产的组合权重，即

$$\beta_p = \sum W_i \beta_i \qquad (A2.8)$$

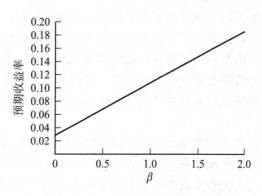

图 A2-4 证券市场线

表 A2-2 预期收益率与 β

无风险收益率	β	市场组合收益率减去无风险收益率	预期收益率
0.03	2.0	0.08	0.19
0.03	1.5	0.08	0.15
0.03	1.0	0.08	0.11
0.03	0.5	0.08	0.07
0.03	0	0.08	0.03

A2.6　资产组合的预期收益率与资本资产定价模型

我们认为，厌恶风险的理性投资者应当：
- 要求获得额外的预期收益率，以补偿自己额外承担的风险；
- 构建多样化投资的证券组合。

因此，投资者要求获得的收益率以及市场愿意支付的收益率将取决于多样化投资无法消除的风险成分，即取决于系统性风险的大小。换言之，资本资产定价模型认为：
- 任意给定证券（或证券组合）的收益率取决于其 β；
- 任意证券的收益率的所有相关风险均与必要收益率无关，因为非系统性风险相对较容易被消除，所以投资者不会为非系统性风险获得任何补偿。

有效的证券市场应当确保具有相同 β 的多样化证券组合获得相同的收益率，与组合内单个证券的风险水平无关。如果情况并非如此，那么持有多样化投资组合的投资者将会买入能获得更高收益率的证券（这样的假设会导致更高的非系统性风险），同时卖出收益率较低的证券。这样的举动将会把高风险证券的价格推高，同时使得低风险证券的市场价格下跌。这样的调整将会一直持续下去，直到具有相同 β 的证券获得的收益率相同为止。

A2.7　套利定价理论：一个注释

与资本资产定价模型相对的另一种股票估值理论名叫套利定价理论（APT）。该理论认为，金融资产的预期收益率可以写成多种宏观经济变量的线性函数，而每个变量的变化敏感度由该变量的 β 所代表。然后，由该模型算出的收益率可被用于资产的准确定价——资产的价格应当等于使用期末的预期价格及该模型隐含的贴现率算出的现值。如果实际价格发生了偏离，则套利交易应当会促使市场价格重新回归线性关系。与资本资产定价模型不同的是——资本资产定价模型认为资产的收益率只是系统性风险的线性函数——套利定价理论认为资产的收益率是多个变量的线性函数。

套利定价理论的吸引力在于投资者无须识别并测量市场组合，这不同于资本资产定价模型。不过，套利定价理论的主要缺陷在于，它没有详细阐述在估算资产的预期收益率时需要使用哪些宏观经济变量（不过人们在实践中经常使用实际 GDP 的增长率、利差、违约概率等变量）。当然，资本资产定价模型假设市场组合已经包含了所有的宏观经济变量。

词汇表

安倍经济学（Abenomics）：指的是日本首相安倍晋三从 2012 年开始实施的一系列激进的改革措施，目的是让日本经济走出衰退和通胀的泥潭，重回增长之路。

以会计为基础的银行风险测度指标（Accounting-based measures of bank risk）：以银行资产负债表和损益表为基础衍生出来的银行风险衡量指标。这些指标包括贷款损失备用金和 Z-分值。

《欧洲共同体法》（*Acquis communautaire*）：这是一个法语词汇，即欧盟成员国共同享有的权利和义务，包括欧盟所有的条约和法律、宣言和解决方案，欧盟事务的国际约定以及欧洲法院的判决。它同时还包括欧盟各国政府在法律和国内事务，以及外交和安全政策上的共同行动。

逆向选择（Adverse selection）：指的是买方和卖方之间由于信息不对称而产生不良结果的市场行为："坏的"产品或客户更有可能被选择。

代理处（Agency）：在国际大银行的机构体系中，代理处指的是与分支机构类似的办公室，但行政性任务比较少。

代理捕获（Agency capture）：指的是生产者（银行和其他金融机构）可能会抓住这样的监管漏洞，只考虑自己的利益和好处，而不是以客户的利益为主。

代理成本（Agency costs）：指的是出资者（一般是所有者）为了确保代理人（一般是经理人员）能够按照自己的利益做出财务决策而付出的成本。

中间级别债券（Alt-A mortgage）：这是美国的一种贷款债券，风险比次级抵押贷款债券低，但高于 A 类级别的抵押贷款债券。"Alt"是"可选择"（alternative）的简写。

套利（Arbitrage）：为了获取差价，在不同的市场上同时买入和卖出某种商品或证券的投机行为。

筹划者（Arranger）：在银团贷款项目中，其作用是帮助需要融资的发行人获得资金。这个术语经常用于证券化过程，筹划者银行一般都是投资银行，代表发行人充当承销商的角色（特殊目的载体或信托机构）。

资产支持商业票据（Asset-backed commercial paper，ABCP）：有金融资产池作为担保的短期借款（例如，汽车贷款、应收账款、租赁）。

资产支持证券（Asset-backed securities）：有实物资产或金融资产支持的证券（比如抵押贷款支持证券/债券）。资产支持证券很多时候又被称为抵押担保证券。

基于资产的融资（Asset-based finance）：一种特殊的融资方式，融到的资本和贷款由机器、存货、设备和/或实物资产提供担保。

资产担保计划（Asset guarantee program，AGP）：指的是美国政府于 2009 年实施的额外资助计划，该计划向一些性质特殊的金融机构提供援助，因为这些机构的破产倒闭将会给金融体系以及整个经济体造成巨大损失。它包括对符合要求的金融资产价值提供保证，同意吸收这些资产所产生的部分损失。两家金融机构获得了资产担保计划提供的援助——美国银行和花旗集团。

资产负债管理（Asset-liability management）：又称为资产负债表管理，指的是企业对资产负债表两边的决策进行综合协调管理。

资产管理（Asset management）：这既可以指资产负债表中关于资产方面的管理（比如改变资产组合的目的是提高收益或减少风险），又可以指代表客户履行管理其资产的职能（资产管理服务）。

资产保护计划（Asset protection scheme，APS）：英国财政部于 2009 年实施的计划，目的是保护超过 2 800 亿英镑的苏格兰皇家银行金融资产，使其免受损失。

资产转移（Asset transformation）：金融中介机构将大额资产转为多份小额资产的能力。

资产（Assets）：公司或个人所拥有的财产，诸如货币、证券、设备和房产。资产都罗列在公司的资产负债表上。

支付清算服务协会（Association for payment clearing services，APACS）：1985 年以英国为基础建立的非法定协会，处理金融机构向终端客户的支付服务。支付清算服务协会为金融机构提供论坛，可以讨论与支付行业相关的非竞争性主题。

自动清算所（Automated clearing house，ACH）：自动清算所交易指的是资金转移的电子方法，目的是实现金融机构的清算和支付结算。这些电子交易都是支票业务的替代品。

自动取款机（Automated teller machines，ATMs）：不需要人工服务的终端，通过磁卡就可以完成取款、转账、查询余额等操作。

事后检验（Back testing）：在险价值模型中，事后将模型得到的风险指标值与资产组合价值每日变动的实际值进行对比。

银行自动结算系统［BACS systems（formerly bankers automated clearing services）］：英国银行间货币转移的电子系统。这个系统能够实现客户账户的自动结算，比如处理直接债务和直接贷款。

不良贷款（Bad loans）：一般来说，只要没有部分或全部按计划归还的贷款（包括推迟还款）都属于不良贷款，这些贷款都存在应付却未付的利息。

对外收支平衡表（Balance of payments）：一国用来记录一定时期内，本国居民与外国居民的商品、货物和资金贸易往来的财务报表。

资产负债表（Balance sheet）：记录某个时点公司资产、负债和净价值的财务报表。

银行保险（Bancassurance）：法语词汇，指的是一家公司可以同时经营银行和保险业务。一般指的是通过银行的销售渠道分销保险产品。

国际清算银行（Bank for International Settlements，BIS）：1930 年在巴塞尔（瑞士）成立的一家为各国中央银行提供货币和金融合作的国际银行。它是世界上最古老的国际合作金融机构。

银行控股集团（Bank holding companies，BHCs）：美国持有一家和多家银行的公司（最高控股人）。一家银行控股集团可以同时拥有另外一家银行控股公司，这家控股公司可以拥有或控股一家银行。欧洲的银行控股集团通常指的是银行/金融集团。

《1998 年英格兰银行法》（Bank of England Act 1998）：英国法律体系中非常重要的一部法律，赋予货币政策委员会拥有确定利率水平以满足政府通货膨胀目标的独立责任。法律同时将监管储蓄存款机构的职责从英格兰银行转移到金融服务局。

银行绩效（Bank performance）：指的是银行的经营效果。常见的两大衡量银行业绩的指标是资产回报率（ROA）和权益报酬率（ROE）。

银行复苏与处置指令（Bank Recovery and Resolution Directive，BRRD）：这条法令于 2014 年 4 月 15 日获得通过，适用于所有 28 个欧盟成员国，制定这条法令的初衷是确保陷入破产的银行能够以可预计和有效的方式，并以最低的成本处理公众的资产。2015 年 1 月 1 日，该指令在欧元区国家通过单一解决机制实施。

银行业重构（Bank restructuring）：通常情况下，这个术语指的是银行业市场（比如市场上的机构数量）的结构性特征通过并购而发生的改变；同时它还指公司内部对银行机构的改变。

银行挤兑（Bank runs）：指的是大量的储户同时从银行提取存款，因为担心银行经营出现问题，可能会破产。参见银行业危机。

以银行为基础的金融体系（Bank-based financial systems）：以银行为核心和主体的金融结构，银行发挥着核心作用，包括吸收存款、明确可变投资工具、监督公司高管的决策和提供风险管理服务。德国和日本是这种体系的代表。与此相对应的是以市场为基础的金融体系。

银行承兑（Banker's acceptance）：非金融企业发行的短期信用投资工具，银行为之提供担保。银行客户要求他/她的银行在未来某一时刻（通常是六个月后）向客户支付一笔钱。当银行为这个支付指令背书时，则被称为"承兑"，这意味着银行有责任向票据的持有人承担最终的支付义务。就这一点而言，承兑可以在二级市场上进行交易，与其他对银行享有的权利一样。

《2009 年银行法》[Banking Act（2009）]：英国法律，目的是帮助金融行业恢复发展和维护公众对金融行业业的信心，具体的做法是通过监管当局为处于金融危机中的银行和住房互助协会交易提供流动性。该法律创建了特别处理机制，赋予英格兰银行处理银行间系统重要性支付体系的法定职责。

银行业准则和企业银行服务准则（Banking and business banking codes）：为银行业和住房互助协会制定银行标准操作而设定的标准和规范，方便银行在处理个人客户或公司客户时有参照标准（英国适用）。

银行账户（Banking book）：商业银行经营管理活动手册，包括银行的核心业务，比如存款、现金、贷款、固定资产和其他非流动性资产。

银行业危机（Banking crisis）：指的是个人和公司对银行业体系失去信心。比如，这可能是银行业体系真实（或者预期导致的潜在）挤兑。对银行业偿还能力表示担心的某个事件或者某些事件就可能引发银行业危机。

银行业联盟（Banking Union）：为监督和重构银行业而创建的单一中央化机制。2012 年 6 月，欧盟领导人同意在欧元区建立银行业联盟。

尽力联销（Best efforts syndication）：承销商和客户签订联销合同，表示会尽最大努力向公众以协议的价格进行销售，但不保证完成所有销售任务。

金融大改革（"Big Bang"）：俗称"大爆炸"。1986 年 10 月 27 日，伦敦股票交易所开始实施一系列新规定，允许银行拥有自己的股票经纪和经销公司，并且引入自动报价系统。新规允许银行开展范围更为广泛的证券公司业务，导致很多英国的商人银行（投资银行）被外国金融机构并购。

汇票和支票清算系统（Bill and cheque clearing systems，BCCS）：指的是日本位于同一地区的金融机构之间汇票和支票的清算系统。

票据交易（Bill of exchange）：国内（比较少）和国际银行业中常用的一种支付方式。最早由英国 1882 年《票据交易法》（UK Bills of Exchange Act）做出界定，被认为是"一人向其他人做出的无条件书面承诺，签字后交给对方，要求签字人必须按照承诺支付，见票时要在某个特定时间或未来某个确定时间向被承诺人、某个特定人或持票人支付票面承诺的金额"。

比特币（Bitcoin）：数字货币，第一次去中心化的点对点支付网络系统，不受一国中央银行或者某一家银行控制。2009 年由匿名人或化名为中本聪的一群人创建。

美联储委员会（Board of Governors）：美国联邦储备体系的管理机构，负责制定和执行美国货币政策。

日本银行金融网络系统的资金转账系统[BOJ-NET（Bank of Japan financial network system）funds transfer system]：这是日本中央银行的资金转账系统，用于银行间批发业务的结算，包括来自其他私人部门清算系统的结算业务。

债券（Bond）：政府或企业向公众发行的借款凭证，表明债权、债务关系成立，以及应该向债券持有人支付的欠款金额。债券持有人可以凭借这张凭证获得偿还的款项。债券通常都是长期的（到期时间超过五年），并按照固定利率支付利息。

布恩指标（Boone indicator）：衡量竞争的指标，其理论基础是竞争能够增强有效银行的业绩表现，有效的表现为更高的收益或扩大的市场占有率。它的计算是利润对边际成本的弹性。布恩指标的绝对值越大，意味着贷款市场竞争水平越高。

分支机构（Branch）：分支机构是银行销售渠道中非常关键的一环，具有法律地位和功能定位，能够为客户提供全方位服务。

过桥银行（Bridge bank）：当金融体系中出现一家或多家破产机构时，过桥银行作为临时性的金融机构而成立，目的是接收和管理这一家或多家破产金融机构的良性资产。

经纪人（Broker）：做市商和投资者之间的中间人。经纪人买卖证券都是代表客户进行，自己并不持有任何头寸的证券。

住房互助协会（Building society）：英国共有性质的金融机构，通过发行股份（比如存托凭证）筹集资金，主要发放住房抵押贷款。

赎回风险（Call risk）：借款人或债券持有人可能会在到期日之前赎回证券的风险。

骆驼评级法（CAMELS）：管理者和监管部门用来评估金融机构安全性和适当性的评级系统。骆驼法则指的是银行评级时需要评估的六个方面：资本充足性、资产质量、管理水平、盈利能力、流动性以及市场风险的敏感性。每个组成部分都会被评估，外加对银行财务状况的整体评价。评级结果为1～5。如果评价为1或者2，表示监管部门对这个级别的银行保持少量关注；而当评价结果为3、4或者5时，表示监管部门的关注会逐渐升级，从中等程度关注到极端关注。

资本（Capital）：资产负债表中，资本是资产和负债的差额。资本也是我们所熟悉的净财富或权益资本，它代表的是对企业的所有权利益。

资产充足性（Capital adequacy）：指的是银行应该保持与监管要求的最低标准相一致的资本水平，这个标准由巴塞尔委员会制定。银行持有的资本数量与银行商业活动的风险程度相关（不管是表内业务还是表外业务）。银行资产（资产负债表的表内业务）和没有记录为资产的其他业务活动（表外业务，包括担保、承诺、证券承销等）风险越高，资本金要求就越高。

资本管理（Capital management）：指的是资本充足性管理的技术，目的是确保银行能够拥有充足性的资本以满足监管要求。

资本市场（Capital markets）：资本融资工具（债券和权益）发行和交易的市场，包括债券和权益的私募发行市场以及公开发行与交易的市场。

资本风险（Capital risk）：指的是资产市场价值相对负债市场价值出现下降的情形。具体到银行，指的是必须由银行资本储备来承担损失的风险。在极端情况下，一家银行可能没有足够的资本来覆盖所有的损失，这个时候银行可能会资不抵债/破产。请注意，资本风险还可以用来描述普通投资者在买卖时本金出现部分或全部亏损的可能性。

远期利率期权（Caps）：指的是期权持有者可以有权利凭借"事后诸葛亮"式的聪明购买远期利率协议。比如，投资者可以购买一份利率期权，目的是确保投资者不会因为利率超过协议里约定的水平而遭受损失。

现金管理和交易服务（Cash management and transaction services）：由大型批发银行和/或国际银行提供的服务，内容包括电子转账、支票储蓄服务和信用证电子签发等。

中东欧国家（Central and Eastern European Countries，CEECs）：这些国家包括捷克、匈牙利、波兰、斯洛伐克和斯洛文尼亚。

中央银行的独立性（Central bank independence）：指的是一国中央银行独立于本国政府（以及政治干预）的水平。

可转让存单（Certificate of deposit，CD）：商业银行发行的、作为可以产生利息的批发定期存单凭证。

特许权价值（Charter value）：有偿付能力的银行在受保护的市场上开展新业务所获得的未来利润的现值，也可以称为"特许经营权价值"。这是一种无形资产，包括声望、客户关系、规模经济、市场结构等。

《21世纪支票清算法》（Check 21）：指的是美国于2004年10月28日生效的《21世纪支票清算法》。这部法律赋予银行更多权限和弹性将纸质支票转换为电子支票，从而加快零售支付速度。

支票〔Cheque（UK）；Check（US）〕：一种代替现金和活期存款的支付工具，可以要求银行将特定金额的款项从储蓄账户支付给支票上的收款方。

美国银行间支付系统（CHIPS）：由美国主要大银行所控制的支付系统，目的是清算大额支付，主要是国际大额支付。

城市银行（City banks）：日本银行业体系中所占比重最大的商业银行，总资产规模占日本银行业总规模的 50% 左右。

清算（Clearing）：指的是通过银行间（或者其他金融机构）支付结算系统，资金从一个机构的账户转移到另一个机构的账户上。在市场上，清算指的是证券所有权的转移过程（一般都是在清算所进行）。

清算所自动支付系统（Clearing house automated payments system，CHAPS）：为英国范围内同一天交易提供有保证的货币电子转账服务的电脑系统。

俱乐部贷款（Club deal）：指的是一小部分参与银行组织的银团贷款，而且不能将贷款的比重转移给第三方机构。

上下限（Collars）：复合型的金融衍生品，由部分远期和部分期权构成。这种产品限定了利率上下波动的范围。

担保品（Collateral）：为贷款提供担保的资产。常见的担保品为不动产。

担保债务凭证（Collateralised debt obligations，CDOs）：一种结构化的资产支持证券。允许银行将能产生现金流的资产集合起来，比如贷款、抵押贷款和债券，然后注入特别目的载体。投资者可以购买不同层级的担保债务凭证，不同层次意味着不同的风险和收益。

担保贷款凭证（Collateralised loan obligations，CLOs）：担保债务凭证形式的一种，银行用来证券化自己的贷款组合。

殖民地银行（Colonial banks）：用来描述"不列颠海外银行"或"英国海外银行"，由英国在其殖民地建立的银行构成，通常只在英国本土以内提供服务。请注意，有时候这个概念也用来描述在任何一个国家的殖民地营业的银行。

商业银行（Commercial bank）：承担传统银行业务活动的金融机构，包括吸收存款、发放贷款和支付服务。

商业信贷（Commercial credit）：向金融和非金融公司提供的贷款和其他形式的信贷。

商业信用证（Commercial letter of credit，L/C）：银行签发的文件，承诺只要卖方满足特定的条件和要求，就会代表买方支付约定金额的货款。

商业票据（Commercial paper）：短期未担保的金融工具，承诺在未来某个时刻或者某个确定的时间点，归还所借资金成本（一般是银行同业拆借利率）和一定的利息。通常由信用等级比较高的公司发行。它可以是纯粹的金融工具，也可以是建立在商业交易基础上的金融产品。

承诺（Commitment）：银行向客户贷款的法律允诺。

竞争委员会（Competition Commission）：根据 1998 年的《竞争法》成立，竞争委员会是一家独立的机构，主要负责英国主要行业的并购、市场环境和监管工作。

竞争政策（Competition policy）：为了推动竞争和限制垄断，防止一家公司拥有太大的市场力量，政府实施的监管政策和行动。

竞争-脆弱性观点（Competition-fragility view）：传统观点认为银行业体系竞争会侵蚀市场力量，导致利润减少，从而降低特许权价值，让银行承担的风险增加。与之相对应的是竞争-稳定性观点。

竞争-稳定性观点（Competition-stability view）：这一观点认为在贷款市场上，市场力量越大，银行的风险就越大，因为市场力量越大，贷款利率水平越高，从而客户还款压力和难度增加。与之相对应的是竞争-脆弱性观点。

竞争性压力（Competitive pressures）：指的是金融机构在争夺客户中竞争增加所带来的压力。

合规成本（Compliance costs）：与遵守管理规定相关的增量成本。

集中度比例（Concentration ratio）：衡量大公司占市场比例的指标。以银行业为例，前三家集中度比例指的是前三大银行的资产规模（或储蓄规模）占银行业总资产规模（或总储蓄规模）的比重。

多元化折扣（Conglomerate discounts）：指的是投资者对多元化企业的估值低于专营性企业，因此集团或多元化企业的估值不如专营性企业。

消费信贷（Consumer credit）：向家庭部门发放的贷款和其他形式的信用产品，经常被称为零售信贷。

消费者金融保护局（Consumer Financial Protection Bureau）：美国负责金融部门消费者权益保护的机构。

传染（Contagion）：金融危机/银行危机从一个市场向其他市场传递或蔓延的趋势。

合同性储蓄机构（Contractual savings institutions）：保险公司和养老金领域的专业术语，其主要资金来自由个人/公司提供的长期有规律的支付（储蓄）。这些公司的负债是需要支付给保单持有人和基金持有人的长期未来利益。

趋同（Convergence）：这个术语用来描述金融体系或经济整体的一系列特征。它可能与以下因素相关：不同国家的金融管理规定变得越来越类似，这是国际管理标准的一致性的结果；利率、GDP等宏观经济变量在不同国家开始趋向同一水平；银行的商业活动变得越来越类似等。

护航体系（Convoy system）：指的是财政部"鼓励"健康的银行并购陷入麻烦的银行，从而确保银行业不出问题。

合作银行（Co-operative banks）：传统意义上的银行，其特征为所有权是共有的，很多合作银行都已转为上市公司。

公司银行业务（Corporate banking）：指的是为公司提供的银行业服务，不过，这个术语一般指的是为相对比较大的公司提供的银行服务。

公司治理（Corporate governance）：指的是外部投资者和其他利益相关者，比如员工和政府，为了维护自己的利益，对高级管理人员和其他公司内部人士实施的各种控制举措。就银行业治理而言，情况会复杂一些，这是因为银行是高杠杆企业，有很多不透明的商业模式，而且银行还受政府安全网的保护。

相关银行（Correspondent banking）：在国际银行业市场，银行会借助相关银行的力量在没有设立分支机构的市场开展相应的业务。

成本收入比率（Cost-income ratio）：快速检验银行效率的指标，计算方法是用非利息收入除以总收入。

资本成本（Cost of capital）：指的是融资成本，也就是通过权益和债券融资的费用支出。业绩表现优良的银行与业绩表现较差的银行相比，可以用相对较便宜的成本，通过发行股票或债券筹集资金。资本成本理论已经被应用到国际银行理论中，用来解释海外扩张的合理性。

成本（Costs）：来自资产负债表的负债端，与银行的各项支付相关，比如支付存款的利息、员工的工资和各种其他营业费用。

交易对手风险（Counterparty risk）：金融交易中，交易对手可能违约的风险。交易对手风险经常用来衡量表外业务产品的信用风险。

对冲贸易（Countertrade）：指的是相互贸易中各种各样的商业机制，比如易货贸易、转手贸易等。

国家风险（Country risk）：指的是外国经济、社会和政治环境变化和事件带来的风险，会对公司的商业利益/金融利益带来不利影响。

担保债券（Covered bonds）：由抵押贷款等资产支持的债券。担保债券由抵押贷款资产池支持，这些抵押贷款依然在发行人的资产负债表上，这一点与抵押贷款支持证券，比如担保抵押贷款凭证不同，后者已经不在发行人的资产负债表上。

信用核查（Credit checking）：评估申请人的贷款需求，目的是确定借款人还款的可能性。

信用合作银行（Credit co-operative banks）：参考合作银行。

信用文化（Credit culture）：指的是推动信用活动和管理信用风险的基本原则。通常用在跟个人银行信贷和风险管理程序相关的领域。比如，我们可能会听到花旗银行与巴克莱银行的信贷文化不一样，这意味着贷款批准流程和风险评估等很多方面都不一样。这个词语还可以用来形容对家庭贷款的态度，比如，美国家庭住户贷款信用文化与日本差别很大，意思是说美国家庭比较偏向贷款而日本家庭不会。

信用违约互换（Credit default swaps, CDS）：银行或投资者买入用来对冲信用风险的金融衍生品。如果债券发行人或贷款人违约，那么信用违约互换合约的卖方将会按照面值补偿给买方。

信贷宽松（Credit easing）：非传统的政策工具，指的是中央银行购买私人部门资产以增加金融体系中的流动性，让信贷变得更加宽松，最终刺激经济增长。

信用增强（Credit enhancements）：在不利情况下，通过为证券化资产提供金融支持和减少潜在的损失而提供的各种保护措施。这些风险降低技术鼓励银行家将评级较差的贷款池或抵押贷款转换为高等级证券。它们充当金融缓冲的作用，帮助提高结构性产品或交易的信用等级。

信贷便利（Credit facilities）：指的是为个人和公司提供的各类信用支持产品，比如贷款、透支和授信额度。

信用担保计划（Credit guarantee scheme，CGS）：英国政府在 2008 年采取的帮助修复金融系统稳定性、保护消费者和促进投资者信心，特别是批发市场投资者信心的措施之一。在这一计划下，银行可以获得被政府支持的有效信用担保，成本是支付相应的费用。

信用乘数（Credit multiplier）：指的是储备货币发生改变从而引起储蓄发生改变的比例，展示了银行如何创造存款货币。

信用哲学（Credit philosophy）：指的是银行在贷款核准管理方面或强或弱的保守偏好。

信用评级机构（Credit-rating agencies）：对债务工具、企业、组织和国家的风险状况进行评估与评级的私人机构，例如标准普尔公司、穆迪公司与惠誉公司等。

信用配给（Credit rationing）：银行使用的技术手段，目的是向特定客户群体分配总额一定的信用资源。

信用调查机构（Credit reference agencies）：在信用评分过程中，银行会使用益百利、艾可飞等信用调查机构的数据。这些机构持有零售客户的大量真实信息，在客户申请贷款时，银行可去核查个人申请者的姓名、地址与信用记录，包括任何地方法院的判决或个人违约记录。

信用风险（Credit risk）：指的是交易对手对合约部分或全部违约的风险。贷款领域的信用风险指的是借款人不能偿还本金或利息的可能性。

信用评级（Credit scoring）：银行使用的一种定量评估系统，目的是评估向银行申请贷款的个人或公司的信用状况。

信用转移（Credit transfers）：又被称为银行转账信贷，信用转移指的是客户要求银行直接将资金转移到受益人银行账户的支付行为。

信用联盟（Credit unions）：由会员单位拥有和控制的非营利性金融机构。这些机构为会员单位提供金融服务，包括储蓄和贷款。这类机构在美国、爱尔兰和英格兰比较常见。

跨境并购（Cross-border mergers）：总部位于不同国家的机构之间的并购活动。

《克鲁克香克报告》（Cruickshank Report）：由唐纳德·克鲁克香克爵士领衔完成的报告，是 2010 年英国政府针对英国银行业竞争状况的分析报告。

货币危机（Currency crisis）：对某种货币实施一系列投机袭击，目的是使其出现法定贬值或者快速贬值。当局为了保护货币不贬值，被迫大量卖出外汇储备资产，提高本国利率水平或者实施资本流动控制。

外汇远期（Currency forward）：金融衍生品合约，合约的买方和卖方就未来外汇价格波动风险进行对冲交易。

外汇互换（Currency swaps）：交易双方在开始时互换两者不同的货币，然后按照约定的原则，经过一段时间之后，通过互换货币进行偿还，交易原则会对利息支付和本金可能的摊销支付做出规定。外汇互换现金流（支付是基于每种货币的固定利率水平）通常反映的是远期和即期外汇交易。

《德拉罗西埃报告》（de Larosière Report）：2009 年由法国央行行长雅克·德拉罗西埃牵头撰写的一份关于欧盟监管框架改革的报告。报告就欧盟市场的监督和管理提出了 31 条建议，重点强调的一个核心主题是欧盟成员国缺乏一本通用的原则指南，这就导致危机管理和隔夜金融稳定不具备可持续性。因此，报告提出了两个层次的方法来改革欧盟金融结构体系，为隔夜金融市场创造一个全新的系统性风险管理委员会，追求国家监管部门之间的更高层次合作。

信用债券（Debentures）：公司发行的未担保债券，索取权只针对公司的一般资产。

债务管理办公室（Debt Management Office，DMO）：英国财政部下面的一个执行机构，核心任务包括为英国政府管理债务和现金业务，向地方政府贷款和管理公共部门的资金。

违约（Default）：在合约到期时，没有能力履行合约的相关要求和规定。

赤字单位（Deficit unit）：用来描述金融交易中最终借款人的术语。

通货紧缩（Deflation）：价格水平的持续下降，意味着通货膨胀率小于0，一般是由总需求的锐减引起的。

代理监督（Delegated monitoring）：解释银行业存在的理论之一，与银行作为借款人的监督者的作用相关。

活期存款（Demand deposit）：不需要通知，在任何时候都可以提取的活期账户资金。它们可能有利息，也可能没有利息。有时候被称为支票账户。

股份化（Demutualisation）：指的是由会员制的共有公司（比如英国的住房互助协会）转换为股东拥有的股份制公司的流程。当住房互助协会由共有化转为股份化后，它们原来的股份就变成了股票交易所交易的股票，公司就转变为银行。

存贷款服务（Deposit and lending services）：个人银行业务产品，包括活期和储蓄账户、消费贷款和抵押贷款等。

存款保险（Deposit insurance）：为零售客户存款提供的保险服务，当银行破产时能够获得相应的赔偿。存款保险计划发起人可以是私人部门（银行），也可以是政府。

存款保险公司（Deposit Insurance Corporation）：为零售客户存款提供保险服务的机构。比如，日本存款保险公司就是一家于1971年成立的准政府机构，目的是在《储蓄保险法》（Deposit Insurance Law）框架下构建国家存款保险体系。

储蓄性机构（Deposit-taking institutions/Depository institutions）：主要通过从公众那里吸收储蓄存款和/或活期存款获得资金的金融机构，为客户提供常规的银行业服务，包括支票账户和储蓄账户。

放松管制（Deregulation）：移除或者减少行业规章制度和管理措施的过程，目的是提高经济效率，提升市场竞争和创新水平。

衍生品（Derivatives）：与买卖实物资产或金融资产（黄金和股票）等基础资产相关的权利和义务合约，或者与指数（比如伦敦富时100指数）相关的支付合约。这些合约的权利和义务与基础交易相关，或者从其衍生而来，因此被赋予衍生品的称号。

发展中国家（Developing countries）：年人均国民收入为12 615美元或更少的国家。世界银行（2014年）将经济体分为低收入水平（年人均国民收入为1 035美元或更少）、中低收入水平（年人均国民收入为1 036美元到4 085美元）、中高收入水平（年人均国民收入为4 086美元到12 615美元）和高收入水平（年人均国民收入为12 615美元以上）。低收入国家和中等收入国家有时候又被称为发展中国家。

发展银行（Development banks）：多边金融机构，目的是为发展中国家的经济和社会发展活动提供金融支持和专业建议，比如世界银行。在日本，这属于标准的公共金融机构，比如日本发展银行。

数字鸿沟（Digital divide）：指的是受过高等教育且比较富有的消费者可以通过互联网等技术获得银行提供的有竞争力的服务，而随着分支机构数量的减少，特别是在农村地区，那些不怎么富有的消费者可能就享受不到这些优质服务。

直接扣款（Direct debit）：直接从个人银行账户扣除部分资金的电子操作，目的是支付公共服务账单（水、电、煤气等费用）以及住房抵押贷款等。

直接融资（Direct finance）：借款人直接在金融市场上从贷款人那里获得资金。

贴现（Discount）：一笔未来到期的钱在现在立刻支付时应该支付的金额。如果这笔钱有交易票据做担保，那么购买票据的持有人在票据未到期就卖出并收到相应金额的过程就是贴现。

贴现窗口（Discount window）：中央银行的货币政策工具，允许合格的银行业金融机构从中央银行借款，通常都是满足短期流动性需求。

金融脱媒化（Disintermediation）：借款人和投资者绕开银行，直接开展业务交易。

《多德-弗兰克华尔街改革与消费者保护法案》（Dodd-Frank Wall Street Reform and Consumer Protection Act）：史上最全面的华尔街改革方案。目的是避免美国承担过多的风险，构建一个更加安全和更加稳健的金融体系。2010年成为法律，因为法案是由参议员多德和众议员弗兰克领衔提出的，所以用他们的名字命名。

美元化（Dollarisation）：非美元的国家用美元作为本国货币，或者与本国货币同时流通。

国内并购（Domestic mergers）：兼并和/或收购的双方都来自本国。

久期分析（Duration analysis）：被广泛运用的风险管理工具，用来衡量一项资产（或负债）现金流的平均周期。

早期预警系统（Early warning systems，EWS）：引起监管部门关注且与过去危机相关的某些核心变量的模型。这些变量能够反映出单一金融机构（微观审慎方法）或者作为整体的宏观金融系统（宏观审慎方法）的风险。

电子银行（E-banking）：通过电子渠道提供远端银行产品和服务。

电子货币（E-money）：电子货币包括可重复使用的电子货币工具，形式包括储值卡和电脑系统中的电子代币。

经济和金融事务理事会（ECOFIN Council）：这是欧盟理事会中由农业委员会和一般公共事务委员会合并而来的理事会，其中一般公共事务委员会是欧盟理事会中最悠久的单位之一。这个组织由成员国的经济和金融部部长组成，当讨论财政问题的时候，还包括各成员国的财政部部长。每月开一次会议。

经济与货币联盟（Economic and Monetary Union，EMU）：其职责为协调欧盟成员国的经济和货币政策，目的是引入单一货币——欧元。

规模经济（Economies of scale）：由于产量增加带来单位成本下降从而节约了成本。

范围经济（Economies of scope）：联合生产带来的成本节约。例如，同时提供银行业和保险业服务的金融机构的成本要比只提供银行业或保险业服务的机构成本更低。

效率假说（Efficiency hypothesis）：产业组织理论，认为银行业集中度越高，大银行所占比重越大，平均说来它们的盈利能力就越强，因为在竞争性市场上，大银行比小银行经营效率更高。

有效结构假说（Efficient structure hypothesis）：这一假说认为大公司运转会更有效，占据更大的市场份额，从而可以获得更高的利润。实证研究检验表明市场份额被认为是公司相对效率的近似指标。

卖出电子资金转移（Electronic funds transfer at point of sale，EFTPOS）：允许自己可以自动转移的系统，就好像在商店买商品。

电子资金转移系统（Electronic funds transfer system，EFTS）：资金通过电子通信系统而不是纸质系统完成转移。

新兴市场（Emerging markets）：这个术语最开始是用来描述发展中国家的中高收入国家群体，外国投资者可以在他们的股票市场买卖证券。现在这个术语的意思已经扩充到几乎所有的发展中国家。

赤道原则（Equator Principles）：2003年设立，2006年再次明确，这是一套与银行项目融资业务相关的自动原则，目的是推动项目社会责任的发展，能够反映出环境友好型的管理实践。

权益（Equity）：在资本市场上，权益指的是普通股。从会计和法律的角度分析，指的是公司资产在优先求偿权之后的经济利益求偿权。

银行业道德（Ethical banking）：这是一个比较宽泛的概念，指的是银行在从事与环境和社会影响的投资和贷款业务时应该遵循的原则和政策。

欧元（Euro）：18个欧盟成员国统一使用的单一货币。

欧元区（Euro area/Eurozone/Euroland）：指的是欧盟国家中使用欧元的国家和地区。

欧洲银行（Eurobank）：银行和其他金融中介在货币发行国以外的地区从事该货币批发类定期存款业务和批发类贷款业务。

欧洲债券（Eurobond）：一种国际债券，可以用任何一种货币发行，只要不在货币主权国发行就可以，随后在国际市场上交易。

欧洲商业票据（Eurocommercial paper）：伦敦市场上销售的票据，同一天可以在纽约市场用美元进行结算。到期日大多由发行人和投资者制定，而不是标准的一个月、三个月和六个月期限。

欧洲货币（Eurocurrency）：在货币发行国以外被金融机构用来定期存款的货币，比如，存在伦敦银行中的日元定期存款。

欧洲货币银行业（Eurocurrency banking）：这包括银行为居民和非居民提供的批发（大规模）外汇交易业务（贷款和存款）。

欧洲权益（Euroequities）：在权益发行国以外向投资者承销和分配的权益。

欧元一体化（Euroisation）：欧元一体化指的是一国居民开始广泛地使用欧元交易或用欧元替换本国货币进行交易。比如，中东欧很多国家开始实施这一进程。

欧洲市场（Euromarkets）：泛指所有使用欧洲货币交易金融产品的市场，包括欧洲债券市场、欧洲权益市场等。

欧洲票据（Euronote）：在票据发行便利或欧洲商业票据便利下发行的短期票据（通常是一个月、三个月和六个月）。

欧洲银行管理局（European Banking Authority，EBA）：2011年成立的欧盟独立机构，是欧洲金融监管体系的组成部分。目的是确保欧洲范围内银行审慎管理和监督的有效性和持续性。它的主要目标包括：维持欧盟的稳定性，确保银行业部门的诚信、高效和有序运转。

欧洲中央银行（European Central Bank，ECB）：指的是欧洲单一货币——欧元的中央银行。

欧洲共同体（European Community，EC）：欧盟的前身（1993年之前）。

欧洲货币单位（European currency unit，ECU）：由欧洲共同体成员国的货币构成的一揽子综合货币计量单位。

欧洲金融稳定基金（European financial stability facility，EFSF）：欧盟国家在2010年创建的临时性救助基金，2012年作为永久救助机制成为欧洲稳定机制的一部分。通过发行债券或其他证券，在项目中以贷款的形式为成员国提供金融援助。在2014年，与欧洲稳定机制同时运行，通过现有项目为希腊、葡萄牙和爱尔兰提供帮助。

欧洲保险和职业年金管理局（European Insurance and Occupational Pensions Authority，EIOPA）：是一家位于德国法兰克福的独立咨询机构，为欧洲金融稳定基金的构成部分。其主要责任是维持金融体系的稳定、金融市场和金融产品的透明，以及为保险客户和养老金计划会员提供保护。

欧洲货币体系（European monetary system，EMS）：1979年成立的汇率管理机构，其主要目标是为欧洲共同体成员国之间的合作创建更为紧密的货币政策，最终实现欧洲货币稳定。欧洲货币体系的主要构成是欧洲货币单位、汇率和干预机制，以及各种各样的信贷机制。1999年，当汇率机制Ⅱ创建之后，在经济与货币联盟第三阶段开始实施时，该体系退出了历史舞台。

欧洲证券和市场管理局（European Securities and Markets Authority，ESMA）：2011年1月1日建立、位于巴黎的独立欧盟管理局。其使命是加强投资者保护，确保欧盟证券市场的稳定、诚信、透明、高效，以及功能的有序运转。与欧洲银行管理局及欧洲保险和职业年金管理局的运行方式类似。

欧洲稳定机制（European stability mechanism，ESM）：2012年10月创建的为欧元区成员国服务的永久性危机解决基金。通过发行债务类产品为欧元区国家提供贷款和其他形式的金融援助。

欧洲监管局（European Supervisory Authorities，ESA）：指的是2011年1月开始负责欧洲金融服务监管的三大全新机构，也就是：欧洲证券和市场管理局、欧洲银行管理局及欧洲保险和职业年金管理局。

欧洲中央银行体系（European system of central banks，ESCB）：欧洲中央银行体系包括欧洲中央银行和所有欧盟成员国的中央银行（包括那些没有加入欧洲货币联盟国家的中央银行）。

欧洲金融监管系统（European system of financial supervisors，ESFS）：指的是欧盟监管框架体系，其主要目标是确保欧盟金融体系的监管。这是由三家欧洲监管局、欧洲系统风险委员会、欧洲监管局联合委员会，以及由三家欧洲监管局出台的法律中明确规定的成员国有能力或负责监管的机构组成。

欧洲系统风险委员会（European Systemic Risk Board，ESRB）：2010年成立的欧盟层次的机构，通过监控整个金融行业从而实现对欧盟的宏观审慎监管。机构位于法兰克福，是欧洲金融监管系统的构成部分之一，与其他三家欧洲监管局保持良好的合作关系。

欧盟（European Union，EU）：根据《欧洲联盟条约》（即《马斯特里赫特条约》）成立，当前有28个成员国的联盟组织。

欧元体系（Eurosystem）：欧元体系包括欧洲央行和欧元区成员国中央银行。只要还有欧盟成员国没加入欧元区，欧元体系和欧洲中央银行体系就会一直保持合作关系。

欧元区危机（Eurozone crisis）：2009 年下半年爆发的影响欧元区国家的主权债务危机。在希腊财政赤字问题被揭露之后开始爆发，随后快速蔓延到欧盟其他国家，包括爱尔兰和葡萄牙。

过剩的管理能力（Excess managerial capacity）：经理人员太多，通常指的是银行在合并之后组织重构的状态。比如，当银行合并时，新合并的机构都有两套人马，总部、团队以及其他管理部门都存在这个问题。并购后的成本节约关注的主要问题就是通过削减相同管理职位来解决管理能力过剩。同时，这个问题也可以给出另外的解释，即银行实施海外扩张也是为了让自己现有的管理资源能够得到更加有效的利用。

超额利差（Excess spread）：在资产证券化的过程中，由基础担保品票息和应付证券票息之间的差额而带来的额外收入。这被认为是吸收可能担保损失的信用增强产品。

外汇控制（Exchange controls）：中央银行管理当局对特定货币资金流动（或者货币的转换）设定很多限制条件。

汇率机制（Exchange rate mechanism，ERM）：1979 年被欧洲共同体引入，是欧洲货币体系的组成部分之一，汇率机制的设计是为了减少汇率的波动性，谋求欧洲货币体系的稳定。1999 年 5 月，在经济与货币联盟第三阶段开始的时候，汇率机制 II 取代了原来的汇率机制。在汇率机制 II 下，与欧元的中间汇率不仅要考虑加入欧元区的每个成员国货币，而且要考虑汇率机制。这一机制设定标准浮动区间为中间汇率上下 15% 的浮动水平。最开始，丹麦和希腊加入汇率机制 II。自希腊在 2001 年 1 月加入欧元区后，只剩下丹麦唯一的成员国，一直到 2004 年 6 月，爱沙尼亚、立陶宛和斯洛文尼亚加入。2005 年 5 月，又有塞浦路斯、拉脱维亚和马耳他加入汇率机制 II。

汇率政策（Exchange rate policy）：指的是一国对其货币汇率实施的控制和管理措施。政府通过由中央银行控制的黄金和外汇储备买卖本国货币，从而对外汇市场上的汇率施加干预。

保理（Factoring）：公司将其账面债务按照一定的折扣比例卖给保理方，通常是为了立即获得现金。保理方按照与卖方签订的协议卖出债务和收回应收账款。

公允价值（Fair value）：这是一个会计术语，指的是用当前关于未来现金流的预测和当前风险调整后的利率水平对资产和负债的市场价格进行最合理的估算。与之相对应的是历史成本会计法。

房利美（联邦国民抵押贷款协会）[Fannie Mae（Federal National Mortgage Association，FNMA）]：美国政府发起的机构，是美国最大的抵押贷款公司之一。1938 年创建，在 1968 年的时候变成一家营利性、由股东控制的公司。由于在 2007 年美国房地产泡沫破灭前投资大量的高风险抵押贷款，被迫接受政府救助。

更快支付服务体系（Faster payments service，FPS）：使用超过 20 年的英国支付服务体系需要革新，这个体系是在 2008 年引入的，允许网络、电话和定期支付程序，这些支付都可以立即执行。

联邦存款保险公司（Federal Deposit Insurance Corporation，FDIC）：美国联邦政府的独立机构，通过对银行存款提供保险来维持和提升公众的信心，最高保额高达 25 万美元（参见存款保险公司）。

联邦公开市场委员会（Federal Open Market Committee，FOMC）：美联储的货币政策决策机构。该委员会负责公开市场操作，成员包括 7 名美联储理事会成员以及 5 名地区储备银行行长。

联邦储备体系（Federal Reserve System，Federal Reserve or Fed）：成立于 1913 年，是美国的中央银行。它包括联邦储备委员会、12 家联邦储备银行、全国和州会员银行。最初的目标是对全国货币和信贷流动进行管理。

联邦结算系统（Fedwire）：这是将联邦储备银行与其他银行和储蓄机构联系起来的实时结算系统。它是银行间支付服务最重要的参与者，为美国政府和机构证券、抵押贷款支持证券提供安全保护和转账服务。

金融公司（Finance houses）：吸收存款、提供融资租赁和回购协议服务的金融机构。

金融资产（Financial asset）：代表的是资金出借人对借款人享有的求偿权，类别有现金、银行存款账户、债券、股票和贷款等。

金融求偿权（Financial claim）：指的是未来支付和/或周期性支付一笔钱的索偿权。发行人有责任和义务定期支付利息或者按照约定价值赎回产品。

金融行为监管局（Financial Conduct Authority，FCA）：英国金融行业新成立的两家监管机构（另外一家是审慎监管局），用于代替原来的金融服务管理局。这是根据《2012 年金融服务法》建立的，是独立于英格兰银行的机构。它有责任推进有效竞争，确保相关市场功能的正常发挥，并对所有金融公司的行为进行监管。

金融控股集团（Financial conglomerates）：这个术语界定的是由在金融行业不同部门运营的不同类型金融机构组成的集团公司。

金融集团化（Financial conglomeration）：这指的是金融行业不同部门（银行、保险、证券等）的金融机构整合为集团公司的流程。一家金融机构开展范围很广的各类金融业务便是我们所说的金融集团。

金融深化（Financial deepening）：指的是金融行业在整个经济中所占的规模，一般都是用银行业提供的国内信贷占 GDP 之比来描述这一状态。

金融放松管制（Financial deregulation）：参见放松管制。

金融衍生品（Financial derivatives）：参见衍生品。

金融期货（Financial futures）：以利率、股票指数、外汇或利率化证券为基础资产的期货合约。

金融担保（Financial guarantees）：参见担保。

金融创新（Financial innovation）：金融创新可以被定义为创造并推广使用新金融产品的行为，包括创新金融技术、金融机构和金融市场。它包括机构创新、产品创新和流程创新。机构创新指创建各类金融公司（比如专业信用卡公司、贴现经纪公司、互联网银行等）。产品创新指的是新产品的创造，比如金融衍生品、证券化资产、外汇抵押贷款等。流程创新指的是银行/金融公司新的业务方式，包括在线银行、电话银行、信息技术的创新运用等。

金融负债（Financial liability）：金融产品发行人（借款人）一般被认为承担了金融负债。

金融自由化（Financial liberalisation）：通常指的是开放金融市场和金融管制的放松过程。放松管制往往来自金融自由化的需要。

金融政策委员会（Financial Policy Committee，FPC）：2013 年英格兰银行创建的一个独立委员会，其主要目标是确定、监控和采取行动，消除或减少系统性风险，保护和加快英国金融体系的恢复。金融政策委员会的目标还包括支持政府的经济政策。

财务比率分析法（Financial ratio analysis）：运用关键比例衡量和分析一家公司的业绩表现。银行业常见的业绩指标包括资产回报率、权益报酬率、成本收入比率、净利差。

金融抑制（Financial repression）：指的是存在对金融活动的严格限制和政府对金融市场干预非常严厉。一个存在金融抑制的体系的特征是银行业和金融市场缺乏竞争，利率水平和其他金融市场价格并不能反映出潜在的经济基本面。

《1986 年金融服务法》（Financial Services Act 1986）：这部法律为英国投资者保护建立起监管框架。

《2012 年金融服务法》（Financial Services Act 2012）：这部法律明确了审慎监管局和金融行为监管局将代替金融服务管理局的职能。此外，在银行业还成立了专家性质的宏观审慎管理局（FPC）。

《金融服务法（2013 年银行改革法）》［Financial Services（Banking Reform）Act（2013）］：2013 年 12 月受到英国皇家许可的银行业法案，引入更深层次的改革措施以确保银行能够从冲击中恢复，当遇到麻烦时能比较容易修复，以及减少未来危机的影响。最重要的条款是在零售业务和投行业务之间引入电子化的分类栅栏原则，对行为不理性的高级银行管理人员实行犯罪惩罚。法案同时引入当银行破产时，在金融服务赔偿计划下实施存款优先保护的措施。

金融服务行动方案（Financial services action plan，FSAP）：于 1999 年发起，持续了 6 年时间，这一计划被认为是欧洲委员会为了提高欧盟金融服务单一市场而做出的积极反应。

日本金融服务局（Financial Services Agency）：1998 年日本成立的政府机构，目的是加强私人部门金融机构的监督和检查功能。

《金融服务和市场法（2000）指令 2001》［Financial Services and Markets Act（2000）（Regulated Activities）Order 2001］：英国为成立金融服务管理局而单独进行的立法。

金融服务管理局（Financial Services Authority，FSA）：1997 年英国劳动党政府设立的金融服务管理局，作为整个英国金融服务行业的监管机构。一系列独立监管机构与金融服务管理局同时成立，承担了英格兰银行监管银行和其他金融机构的职责。2013年4月，金融服务管理局被金融行为监管局和审慎监管局所取代。

金融稳定监管委员会（Financial Stability Oversight Council，FSOC）：在2010年《多德-弗兰克法案》下成立的机构，负责全面监管美国金融体系的稳定。

企业特定优势（Firm-specific advantages）：国际银行业理性化管理的理论之一。例如，企业的财务、经济、商业和其他特定优势有利于企业开展业务经营活动，从而鼓励它们跨出国界从事国际业务。

财政政策（Fiscal policy）：政府主导的五大类经济政策中的一种，财政政策通过影响政府支出的水平和结构以及税收安排作用于经济发展。

固定利率资产和负债（Fixed-rate assets and liabilities）：固定利率资产和负债在特定时期（通常是一年）内利率水平维持不变，现金流水平也不会发生改变，除非出现违约、提前支取或者意想不到的提前还款。

浮动利率债务（Floating-rate debt）：支付浮动利率水平（与之相对应的是固定利率）的债务类产品。

浮动利率票据（Floating-rate note）：执行浮动利率水平的中期证券，利率水平每隔一段时间，通常是一个季度或半年，根据某些事先约定的参考利率的变动而调整，参考利率通常是伦敦银行同业拆借利率。

下限（Floors）：期权的一种类型。利率下限期权与上限期权类似，只是它保护的是投资者或储蓄人避免因为利率下跌超过某一特定水平而带来损失。

国外债务危机（Foreign debt crisis）：当一国不能正常偿还外国债务时可能引发的金融危机，比如主权债务危机或私人债务危机（或者同时存在）。典型的例子就是2010年欧洲债务危机。

对外直接投资（Foreign direct investment，FDI）：资本流动跨出国界，帮助投资者直接控制所获得的资产。它有别于组合投资，因为组合投资虽然可以跨出国界，但不能直接控制所投资的对象。可以从事直接投资的公司就是我们所熟悉的跨国公司。

外汇风险（Foreign exchange risk）：汇率波动从而引起银行持有的外币资产、负债和表外业务价值的风险。

外汇日元清算系统（Foreign exchange yen clearing system，FXYCS）：主要是为日元外汇市场上的批发交易提供清算服务。外汇日元清算系统建立于1980年，目的是方便日元支付跨境金融交易。

福费廷（Forfaiting）：在国际银行业务中，出口商同意将出售货物或服务中应从进口商处收取货款的权利让渡给福费廷银行，而作为交换，福费廷银行同意向出口商支付一笔款项。福费廷银行买下了出口商的应收账款，独自承担进口商的付款风险。于是，出口商通过这笔交易转移了所有的财务风险，只需要对产品或服务的质量及可靠性负责。买家的付款义务通常能获得当地银行的担保，在某些情况下，甚至能获得政府的担保。

远期利率协议（Forward rate agreement，FRA）：一种常见的远期合约，赋予代理人通过锁定资产的未来价格对冲利率波动带来的风险的机会。

远期合约（Forwards）：在远期合约中，交易双方同意通过柜台市场的方式在事先约定的日期以特定的价格在未来交易真实资产或金融资产。

房地美（联邦住房贷款抵押协会）[Freddie Mac（Federal Home Loan Mortgage Corporation，FHLMC）]：美国政府于1970年发起成立的企业，是美国最大的抵押贷款公司之一。由于在2007年美国房地产泡沫破灭前投资大量的高风险抵押贷款，被迫接受政府救助。

自由银行（Free banking）：一种学术流派思想，认为没有管理、监督和中央银行干扰的金融行业会运转得更好。

资金转移定价（Funds transfer pricing，FTP）：在银行内部同时考虑资产和负债的情况下决定不同业务相对表现的流程。它能够非常明显地帮助刻画银行风险/收益状况，通过财务分支的方式执行。

期货合约（Futures contracts）：交易所交易的金融衍生品合约，合约通常约定在未来的某个固定日期交割特定数量的特殊商品或金融产品。

缺口分析（Gap analysis）：这可能是最有名的利率风险管理工具。"缺口"指的是一定时段内利率敏感性资产与利率敏感性负债的差。

地区多样化（Geographical diversification）：指的是银行向不同地区或市场提供金融产品和服务。

金边债券（Gilt-edged securities）：英国政府债券。

全球在岸私人银行业务（Global onshore private banking business）：为本国（在岸）富有（高净值）居民提供银行和投资服务的业务。富有的居民如果在本国以外的地方有个人理财业务（比如英国人将钱存在瑞士的银行），则一般被称为离岸私人银行业务。"全球"这个词来自这样的一个事实，那就是很多金融公司在不同的国家提供类似的服务，比如花旗私人银行和瑞银集团。我们同时还要注意，很多业务使用"全球"这个词，是因为它们的服务遍布全球，表示它们有大量的国际业务。

全球系统重要性银行（G-SIBs）：全球范围内都占据重要地位的银行集团，参见全球系统重要性金融机构和系统重要性金融机构。

全球系统重要性金融机构（G-SIFIs）：全球范围内都占据重要地位的金融机构。这些金融机构可能是银行、保险公司或者其他金融机构。参见系统重要性金融机构和全球系统重要性银行。

全球化（Globalisation）：用来描述资本和货币市场全世界范围内的融合趋势的专业术语。

治理委员会（Governing Council）：欧洲中央银行中主要承担决策权力的机构。

政府债券（Government bonds）：代表政府（或有政府支持的机构）发行的债券。

政府安全网（Government safety net）：为了最小化银行运行的风险所设计的公共政策规定，包括存款保险和贷款人快速恢复功能。

国有企业（Government-sponsored enterprises，GSEs）：美国国会创建的企业，在国家住房金融体系中发挥着关键作用，也就是为抵押贷款市场提供流动性、稳定性和可获得性，比如房利美和房地美。

《格雷姆-里奇-比利雷法案》（Gramm-Leach-Bliley Act）：美国于1999年通过的法案，允许美国的银行建立金融控股公司，从而可以参与金融领域的所有经营活动，比如证券承销、保险销售和承销以及投资银行相关业务。

担保（Guarantees）：传统的表外业务，银行为第三方提供担保服务，通过承担风险获得收益，比如备用信用证和承兑。

硬信息（Hard information）：指的是可验证确认的数据作为技术流程的结果，可以归结为一个数值得分，通过电子化的方式存储和传送，比如在银行信贷领域的信用评分数据。

对冲基金（Hedge fund）：代表客户交易和投资各种资产，比如证券、商品、货币和衍生品的私人投资基金。

对冲（Hedging）：控制头寸用来对冲现有或预期的敞口从而降低风险。对冲是避免风险的方式，通过签订特定价格的合约来实现，这个价格可以带来确定收益。

赫芬达尔-赫希曼指数（Herfindahl-Hirschman index，HHI）：简称为赫芬达尔指数，用来测度市场集中度的指标，计算方式是将市场上所有公司的市场占有率平方后加总。

高净值个人（High net worth individuals，HNWIs）：指的是可投资资产（可自由处置用于投资的资产）达到或超过100万美元的个人客户。市场的顶端常被称为"超级高净值个人"，其可投资资产超过3 000万美元。

租赁服务（租赁购买）[Hire services（hire purchase）]：在租赁期间，客户支付资产成本和融资费用的交易，当最后一笔支付完成的时候（或者在支付期结束的时候存在名义上的购买期权费），客户获得设备的法定所有权。

家庭和办公室银行体系（Home and office banking systems，HBOS）：在家里或办公室通过电视屏幕、个人电脑或电话等方式享受银行业各类服务。

水平型对外直接投资（Horizontal FDI）：与跨国公司紧密相关的国际银行业理论，由于一国存在贸易壁垒，导致出口成本增加。

H-统计指标（H-statistic）：市场竞争程度的非结构性指标，基于生产要素价格的公司层面收入变动影响的实证检验。实证检验是建立在公司追求利润最大化的基础上。当 $H=1$ 时，意味着市场处于完全竞争状态；当 $0<H<1$ 时，意味着市场处于垄断竞争状态；当 $H\leqslant0$ 时，意味着市场处于垄断或者共谋寡头状态。

家庭信息档案（Household information files，HIFs）：包括财务档案和其他家庭特征的信息数据库。数据通常为市场营销服务。

自负假说（Hubris hypothesis）：关于并购会导致价值受到损失的管理学解释，因为过度自信的管理人员会系统性高估并购带来的好处，从而为并购目标支付过高的成本，导致价值受到损失或者业绩没有改善。

不良贷款（Impaired loan）：当贷款到期时，贷款不能如期收回的可能性一旦发生，就形成了不良贷款。

损益表（Income statement）：参见盈利和亏损账户。

银行业独立委员会（Independent Commission on Banking）：2010年成立的独立机构，其目标是在英国银行业市场探寻为促进金融稳定和竞争可能实施的改革，为政府建言献策。

间接融资（Indirect finance）：借款人不是直接从贷款人那里获得融资，而是通过中介机构实现融资。

通货膨胀风险（Inflation risk）：商品和服务价格上涨的可能性，对银行盈利和股东回报会带来无法预期的侵蚀。

信息不对称（Information asymmetries）：合约中各方信息分布不完全对称。这可能会引起逆向选择和道德风险。

信息备忘录（Information memo）：在辛迪加贷款流程中，详细解释和界定交易条件的备忘录，由策划人准备的，类似银行手册。

创新型产品或新产品阶段［Innovative（or new product）stage］：当一种商品或服务的生产是为了满足客户的新需求的时候，或者新技术能够推动新型产品创造的时候，都可以称为处于创新阶段。

调查（Inspection）：专业术语，描述的是银行监管者要求对账户（金融账户）和银行的管理实践进行检查。调查通常是在银行的经营场所进行的。

投资组合限制产品（Instruments of portfolio constraint）：被监管当局用来实现货币政策目标的产品工具，政策目标是限制金融机构的投资组合结构，最终目的是影响信贷创造或者某种贷款的发放。

保险服务（Insurance services）：保险产品为保单持有人提供各种各样不利事件的保险。保单持有人定期支付保费，保险人承诺如果发生保险合同约定的事件就给予赔偿。保险分为两大类，分别为人寿保险和万能保险（或者财产和意外保险）。

银行间业务（Interbank）：通常指的是银行间短期批发贷款交易。

利率风险（Interest rate risk）：由于期限的错配而导致的风险，银行资产和负债的数量由于期限配置和利率波动可能遭受的损失。

利率互换（Interest rate swaps）：交易双方在名义本金数量相同的情况下，交换利息支付方式的交易。一共有三种类型的利率互换，分别是票息互换（同种货币的固定利率与浮动利率互换）、基点互换（同种货币的某种浮动利率指数与另外一种浮动利率指数互换）和交叉货币汇率互换（一种货币的固定利率与另外一种货币的浮动利率互换）。

利息差价（Interest spreads）：应收利息和应付利息之间的差价，比如应付存款利息为4%，而相同资产能够获得10%的利息收入，从而产生了6%的利差。

中介机构（Intermediary）：将借款人和贷款人联系起来的中间人，可能是代理人，也可能是撮合潜在交易双方的中间人，或者类似市场功能的组织。

国际化（Internationalisation）：通常用来描述银行和其他金融机构将业务拓展到国外的过程，而且这种趋势的发展速度非常快。

被干预银行（Intervened bank）：银行解决问题的专业术语，被干预银行指的是破产或控制权在政府手中的银行。

投资银行业务（Investment banking）：金融企业在证券市场上为公司客户提供的专业服务，比如承销、交易、资产管理和公司重组（并购）以及投资咨询等。

投资中介（Investment intermediaries）：在美国，这一术语指的是共同基金、投资银行、证券公司和财务公司，其负债通常来自短期货币市场或者资本市场证券。

投资产品（Investment products）：通常来说，就是提供给零售客户的各种服务和产品，包括共同基金（英国主要是单位信托基金）、公司股票和各种各样与产品相关的其他证券（比如储蓄债券）。

票据折扣服务（Invoice discounting services）：与保理业务类似，只不过服务的范围更窄，贴现公司负责收取销售收入，但总账依然在原来的公司。

伊斯兰银行业务（Islamic banking）：主要在南亚地区和东南亚地区、海外合作委员会国家其他国家存在的一类特殊银行业务，提供产品和服务时并不收取任何费用或支付利息。

日本邮政银行（Japan Post Bank）：前身是日本邮政储蓄银行，2007年被私有化。现在是日本邮政控股集团邮政和金融服务公司的一部分。

股票经纪人（Jobber）：股票交易所的公司或个人，通过经纪人提供股票报价和交易服务。

关键绩效指标（Key performance indicators，KPIs）：为实现公司战略目标，管理层监控和在意的各项财务因素（比如资产质量）和非财务因素（客户满意度）。

朗法吕西程序（Lamfalussy process）：2001年2月由哲人委员会主席亚历山大·朗法吕西完成，目标是提高欧盟证券市场监管流程效率的程序。

大型且业务复杂的银行集团（Large and complex banking groups，LCBGs）：指的是资产规模庞大且公司业务复杂的金融机构，它们如果破产，则会引发危机的传染，因为它们会影响其他金融机构，从而严重危害金融市场的稳定性。

租赁（Leasing）：通过签订协议，约定在特定时期内以支付租金的方式获得某项资产使用权的金融技术。租赁的出资人（出租人）在整个租赁期间都享有出租资产的所有权，并且从承租人那里获得租金。

最小成本处置（Least-cost resolution）：在银行重组过程中，一般采取的原则是主管机构、存款保险人或政府部门成本最小化。

法律风险（Legal risk）：指的是合同没有按照法律生效或者正确签订可能会给银行经营、盈利或者破产带来麻烦或者负面影响的风险。

最后贷款人（Lender of last resort，LOLR）：中央银行在商业银行经历危机而不能从市场获得融资时，会以贷款的方式为商业银行提供流动性，以保护储户，防止恐慌性的提现行为蔓延，并避免金融机构的破产对经济造成伤害。

衡量垄断力量的勒纳指数（Lerner index of monopoly power）：衡量市场力量程度的非结构性指标，指的是允许公司定价超过边际成本的市场力量有多少。指数是基于这样的假设：在完全竞争市场，价格等于边际成本，因此衡量市场力量最好的方式就是看看价格超过边际成本的程度有多大。指数的变化范围为0（价格＝边际成本，完全竞争市场）到1（价格＞边际成本，垄断市场），如果边际成本大于零，那么取值就是0＜勒纳指数＜1。

信用证（Letter of credit）：银行签发的证明文件，承诺只要卖方满足特定的要求和条件，银行就会代表买方支付约定的款项给卖方。

杠杆（Leverage）：通常指的是负债与权益比，负债部分高于权益部分的金额越大，杠杆就越高。银行业的杠杆比例指的是一级资本与资产的比例，监管部门希望这个比例至少能够保持在3%～4%，具体根据每个银行的特征来确定。

负债（Liabilities）：公司或个人承担的债务和其他金融义务。

债务管理（Liability management）：在银行管理负债和银行需要资金时，通过银行间储蓄、大额定期存款和可转让存单等工具从市场上买入（或借入）资金的各类活动。

《利卡宁报告》（Liikanen Report）：2012年10月，由以芬兰银行行长利卡宁为主席的团队完成的报告，主要内容是就欧洲银行业改革提出一系列对策建议。中心思想是栅栏（分离）原则，就是将银行风险业务活动与核心业务活动加以分离。

伦敦银行同业拆入利率（London interbank bid rate，LIBID）：国际银行业市场上，商业银行愿意买入资金的利率水平。

伦敦银行同业拆借利率（London interbank offered rate，LIBOR）：国际银行业市场上，商业银行愿意借出资金（批发业务）的利率水平。

伦敦银行同业平均拆借利率（LIMEAN）：伦敦银行同业拆入利率和伦敦银行同业拆借利率两者的均值。

速动资产（Liquid asset）：能够在短时间快速变为现金的资产。

流动性（Liquidity）：金融机构在债务到期的时候，能够快速变现偿还债务的能力。

流动性危机（Liquidity crisis）：指的是储户的提现要求远远高于平时的正常水平，银行被迫以高利率水平借入资金应对挤兑的状态。流动性危机一般都很难预测，可能与对某家银行失去信心有关，或者与一些预期不到的现金需求有关。流动性危机最终会导致银行流动性衰竭，甚至破产。

流动性管理（Liquidity management）：银行为了应对大规模挤兑，包括无法预期的交易引发的提现，从而准备充足的流动资产，这样的管理活动就是流动性管理。

流动性风险（Liquidity risk）：临时性地不能满足短期货币债务到期所引发的支付不足的可能性。

贷款承诺（Loan commitments）：事先答应以预先确定的条件向事先约定的客户提供事先确定的贷款金额。

贷款政策（Loan policy）：信贷活动中最基本的组成部分，银行员工根据贷款原则开展具体的贷款业务。

贷款利率（Loan rate）：用来描述贷款定价流程的术语，表明贷款的价格是多少。

贷款销售（Loan sales）：银行发起一笔贷款业务并将贷款卖给法律实体机构（通常是金融中介）的过程就是贷款销售。当银行只承担一笔贷款中的部分金额时，这样的操作被称为贷款参与或者贷款辛迪加。

区位优势（Location advantages）：开展国际银行业务活动的理论基础之一。

更长期限再融资业务（Longer-term refinancing operations）：欧洲中央银行为欧元区银行提供融资活动的流程。在金融危机期间，欧洲中央银行通过更长期限再融资业务的方式为银行提供流动性支持，期限长达 36 个月。

长期信贷银行（Long-term credit banks）：为企业部门提供长期和中期融资服务的私人信贷机构。

宏观对冲（Macro-hedging）：银行运用期货（或者其他衍生品）对整个资产负债表（总的投资组合利率风险）做了对冲。

主要的英国银行集团（Major British banking groups, MBBGs）：按照英国银行家协会的统计，主要的英国银行集团包括桑坦德银行集团、巴克莱集团、苏格兰哈利法克斯银行集团、劳埃德银行集团、苏格兰皇家银行集团。

管理风险（Management risk）：由于管理部门缺乏商业盈利的能力和持续决策的能力而导致的风险。它还包括由员工不忠诚和银行缺乏有效组织体系带来的风险。

管理动机（Managerial motives）：对银行合并现象的业绩和效率动机的一种解释，基于这样的思想——管理人员积极参与并购活动的目的是以牺牲股东利益为代价去最大化提升自己的能力（参见"平静的生活"和自负假说）。

市场资本化（Market capitalisation）：指的是公司所有权益的市场价值。

市场弹性手段（Market flex language）：在综合性贷款合同中，赋予贷款承销人/安排人可以改变借款结构和条件（比如改变利率水平和限制）的权力，目的是让参与贷款的其他银行承担更多的义务。

做市商（Market maker）：为证券提供买卖报价，并且准备在这个价格上进行买卖操作的机构。

最后做市商（Market maker of last resort, MMOLR）：传统的备用金只适用于有偿债能力但流动性不足的银行，最后做市商就来自这一传统思想，可将其推广到满足功能不全的金融市场的流动性需求上。

以市场为基础的金融体系（Market-based financial systems）：金融结构的一种，功能健全的市场能够降低银行固有的效率低下问题，并在推动经济增长方面发挥核心作用。美国和英国都是以市场为基础的金融体系代表。与之相对应的是以银行为基础的金融体系。

以市场为基础的银行风险测度方法（Market-based measures of bank risk）：不是以会计指标为基础的银行风险测度方法，包括股票价格波动性、穆迪 KMV 预期违约概率和五年期累积违约概率指标。

市场风险（Market risk）：由市场价格波动引发的资产负债表表内和表外资产损失的可能性。这种类型的风险与短期资产、负债和衍生品交易相关，也与利率、汇率和其他资产的价格波动相关。

市场分割（Market segmentation）：为了定位目标市场，将市场分为不同类型的系统性过程。

成熟产品阶段（Mature product stage）：产品生命周期的阶段之一，在这个阶段，增长速度开始放慢，维护市场占有率成为人们最关心的事情。此外，在这个阶段，越来越多的竞争者开始挑战现有产品，有一些竞争对手甚至能够以更低的价格提供更好质量的商品。客户越来越关注产品的特征，同时对价格变得敏感（本国市场上对产品的需求变得更有弹性）。在这个阶段，产品可以获得规模经济，从而降低成本。当产品或服务进入成熟期时，向国外扩张便具备可能性。

到期日（Maturity）：债券被发行人赎回时，所有过去的时间长度。

中期票据（Medium-term notes，MTNs）：支付浮动利率的中期债务类证券。

商人银行（Merchant bank）：英国对投资银行的称呼，这一类金融机构主要在证券市场上从事与证券承销和交易相关的业务，为并购提供咨询建议。商人银行在美国指的是为战略目的或暂时性投资目的而并购公司权益的投资银行。

合并溢价（Merger premium）：在合并操作中，溢价指的是并购银行为被收购银行愿意支付的价格超过目标银行股票价格市值的部分。合并溢价通常与合并操作中的潜在收益为同比例变化，在银行实施合并操作时，拥有隐性救助担保的银行会有更高的溢价水平。

并购（Mergers and acquisitions，M&As）：两个（或者多个）机构通过参股或购买的方式实现合并。

微观对冲（Micro-hedging）：银行就单项资产、负债或其他责任采取对冲交易。

现代银行业务（Modern banking）：与传统银行业务相对应，现代银行业务指的是由于变革力量的作用，通过新的方式开展银行业务活动。通常说来，这个概念经常用来突出这样一个事实——银行开始变成提供全能型服务的金融机构，在本国和外国市场上，在不同的金融部门（银行、保险、养老金、投资等）均提供金融服务。

现代国际银行业务（Modern international banking）：指的是最近一些年，银行业的扩张跨出国界，在全球范围内开展业务活动的进程。

货币总量（Monetary aggregates）：一系列衡量货币供给的指标，包括狭义和广义的货币供给。常用的衡量指标有 M1、M2、M3 和 M4。

货币政策（Monetary policy）：中央银行通过控制货币供给量和利率结构水平，从而影响货币供给和信贷成本，最终影响经济活动的政策。

货币政策委员会（Monetary Policy Committee，MPC）：由九位成员构成的独立工作小组，负责确定短期基准利率，更大的职责是负责英国货币政策决策。

货币传递机制（Monetary transmission mechanism）：描述的是货币政策决策如何影响实体经济和通货膨胀的过程。

货币（Money）：我们生活中所使用的硬币和纸币就是通常所说的货币。它是被所有人所接受的、可以在日常交易活动中结清债权、债务关系的商品。同时，它还可为任何商品和服务承担价值尺度的功能。当然，这是最常用且最狭义的货币。就货币政策而言，更宽泛的货币概念除了硬币和纸币外，还包括银行存款和其他项目。

货币市场（Money market）：短期金融市场，通常包括期限小于一年期的大额（批发）金融资产。

货币市场基金（Money market funds，MMFs）：共同基金的一种类型，主要投资高流动性、低风险的证券，比如政府债券和大额可转让存单。

货币转账服务（Money transmission services）：金融中介完成的各类活动，一般包括资金的回收和转移（例如信贷转移）、支付指令的传递与执行（例如支票支付和其他支付方式）、负债和信贷的对冲业务。

监管（Monitoring）：在整个贷款生命周期中，对借款人的行为和还款能力时刻表示关注和监督。

单一险种保险人（Monoline insurer）：债券保险人为发行人提供担保，一般用信用担保或信用违约互换的方式来增强债券发行人的信用。保险公司首先为市政债券发行提供担保，然后为其他类型的债券，比如抵押贷款支持证券提供信用增强担保。

道德风险（Moral hazard）：当合同或金融协议签订后，会导致合约一方采取行动伤害另一方的利益，出现这种情形就会导致道德风险。

抵押贷款支持债券（Mortgage-backed bonds）：这类债券的利息每半年支付一次，本金实行周期性偿还或者到期偿还，基础担保品为抵押贷款池，主要在美国交易。

抵押贷款担保证券（Mortgage-backed securities，MBS）：这些证券主要由抵押贷款池给予支持。

抵押贷款权益回撤（Mortgage equity withdrawal）：房屋所有人凭借房屋资产增值的部分（资本利得）获得贷款，也就是享有房屋权益贷款的增值部分。

跨国银行业务（Multinational banking）：指的是银行经营管理超出本国范围，对外国银行经营活动拥有所有权和控制权。

共同基金（Mutual funds）：这是一类集合投资机构，将来自多个投资者的资金集中运营管理。

成员国的中央银行（National central banks，NCBs）：欧元体系中，18 个使用欧元作为本国货币的欧盟成员国的中央银行集团。

国家竞争管理局（National Competent Authorities，NCAs）：欧元区负责监管银行经营的管理部门。

国家整合（National consolidation）：本国金融机构之间由于并购带来银行体系中银行数量的减少。

国家债务管理政策（National debt management policy）：政府执行和实施的经济政策的一种，通过调控私人部门持有的政策债券余额来影响利率水平和结构，以及提供给银行业体系的储备资产规模。

负权益（Negative equity）：资产的市场价值低于抵押贷款余额，从而形成负权益。

净利息收益（Net interest margin，NIM）：衡量银行业绩表现的常用指标，计算方式是用利息总收入减去利息总支出。

新实证产业组织（New empirical industrial organization，NEIO）：一种对行业竞争状态进行评估的技术。这种方法是基于对行为的直接观察，更具体一点来说，新实证产业组织研究试图评估公司如何确定销售价格和数量。

新成员国（New member states，NMSs）：指的是 2004 年 5 月 1 日加入欧盟的十个成员国，分别为塞浦路斯、捷克、爱沙尼亚、匈牙利、立陶宛、拉脱维亚、马耳他、波兰、斯洛文尼亚、斯洛伐克。

前期转型国家（NIM-8）：包括中东欧国家（捷克、匈牙利、波兰、斯洛文尼亚和斯洛伐克）和三个波罗的海国家（爱沙尼亚、立陶宛和拉脱维亚）。

非存款机构（Non-deposit-taking institution，NDTI）：常用术语，指主营业务不是吸收存款的金融机构，比如保险公司、养老金、投资公司和住房金融公司等。

不良贷款（Non-performing loans，NPLs）：指的是债务人没能按照事先约定的时间履行还款义务的贷款。

非结构性指标（Non-structural indicators）：在有关银行竞争实证的研究文献中，结构性观点认为假设条件是市场集中度与竞争为反向关系；非结构性观点的假设条件与之相反，认为对竞争的衡量应该忽视市场集中度。竞争的非结构性指标包括 H-统计指标、勒纳指数、布恩指标和盈利持续性指标。

票据（Note）：类似债券的债务凭证，绝大多数情况都是用于短期融资。

票据发行便利（Note issuance facility，NIF）：一种中期协议安排，允许借款人以自己的名义发行短期商业票据，常见期限是三个月到六个月。通常情况下，负责承销的银行组团通过在每个展期日购买未销售的票据或者提供备用信贷的方式为借款人融资提供担保。竞争性的银行称其为循环承销便利、票据购买便利和欧洲票据便利。

表外业务〔Off-balance-sheet（OBS）activities〕：收费类的银行业务，但通常不在银行资产负债表上，与吸收存款无关，比如互换、期权、外汇期货、备用承诺和信用证。

表外业务管理〔Off-balance sheet（OBS）management〕：指的是银行为控制和限制来自表外业务的风险敞口所开展的相关管理活动。

表外业务风险〔Off-balance-sheet（OBS）risk〕：指的是银行在经营或有业务、非传统性银行业务，比如担保、信用证等时所面临的风险。

联邦住房企业督察局（Office of Federal Housing Enterprise Oversight，OFHEO）：负责为美国抵押贷款市场提供流动性、确保市场稳定和资金的可获得性的独立机构，并负责对房地美和房利美这两大国有企业进行监管。2008 年，该机构被新成立的联邦住房金融管理局接收。

货币监理署（Office of the Comptroller of the Currency，OCC）：于 1863 年成立且独立于美国财政部的机构，在美联储授权下负责监管所有的银行。

官方银行利率（Official bank rate）：也被称为政策利率或基础利率。在英国，官方银行利率指的是英格兰银行贷给金融机构的隔夜利率。在确定这一关键利率的时候，英格兰银行会考虑市场上银行间隔夜拆借的资金规模。

离岸金融业务（Offshore banking）：金融机构在客户居住地国家以外的地方开展的业务活动，通常都是在低税收地区（比如巴哈马和百慕大）进行的，可以充分利用财务和法律上的优势。

公开市场业务（Open market operations，OMOs）：这是中央银行最重要的政策工具，通过影响利率水平，从而调控经济体系中的货币供给量。具体的操作原则是中央银行在金融市场上向非银行私人部门买入或卖出政府债券，从而影响流动性水平和利率的市场水平和结构。

经营风险（Operating risk）：指的是经营费用支出可能与预期水平发生较大变动的可能性，会导致收入和银行价值的下降。

操作风险（Operational risk）：与银行体系可能失败、控制或其他管理失败（包括人为错误）相关的风险。

期权（Option）：一种衍生品合约，期权的买方只有权利没有义务。期权的买方拥有可以在未来约定时间，按照约定的价格和数量，买入或卖出特定金融产品的权利。交易期权指的是在官方市场上交易的特定期权。看涨期权指的是买方有权利按照约定条件买入金融产品的合约。看跌期权指的是买方有权利按照约定条件卖出金融产品的合约。

普通股（Ordinary shares）：享有公司剩余求偿权的证券（参见权益）。

发起-分销模式（Originate-to-distribute mode）：贷款机构找到潜在借款人发放贷款，然后将贷款（以证券的形式重新打包）出售给投资者（参见发起-持有模式）。

发起-持有模式（Originate-to-hold model）：贷款机构找到潜在借款人发放贷款，然后一直持有贷款直到它到期（参见发起-分销模式）。

过度担保化（Over-collateralisation）：在资产证券化过程中，持有的资产池超过发行的证券规模。通常被用作信用增强，用来吸收担保品可能遭遇的损失。

柜台市场（Over-the-counter，OTC）：非正式的交易商市场。

拥有基金指令（Own funds directive）：1989 年 4 月被欧盟部长理事会采纳的欧洲委员会指令。目的是使所有欧盟信贷机构对资本的定义与 1988 年第一版《资本协议》的要求一致。

所有权优势（Ownership advantage）：在国际银行业中，解释海外扩张的理论之一，其基础是建立在这样的思想上——银行开展海外扩张活动是为了享受它们在专业技术、市场营销、生产效率、专业管理、创新产品能力等方面的优势，从而获取直接利益。

潘扎-罗斯统计指标（Panzar-Rosse statistic）：参见 H-统计指标。

支付体系（Payment system）：用于市场参与者之间转移价值的有组织安排。

同业对照组（Peer group）：按照规模、商业构成、所有权等对单个银行进行分组。

同业对照组分析（Peer group analysis）：银行将自己的财务表现与其他具有类似特征和商业构成（同业对照组）的银行进行比较分析。比如，在早期预警系统中，同业对照组分析的目的是找到业绩表现欠佳的领域和其他差别，从而为管理层提供改进建议。

养老金服务（Pension services）：通过银行提供的养老金服务被称为私人养老金。这与政府提供的公共养老金业务有很大的差别。划入养老金的资金被投资在长期金融工具上，缴纳养老保险的个人在退休的时候会收到养老金（退休收入源于购买职业年金）。

盈利持续性（Persistence of profits，POP）：这一观点认为，如果市场进入和退出都有足够的自由度，从而消除了任何非正常盈利的可能，那么所有公司的盈利水平都会快速收敛到长期平均水平。公司或行业盈利水平收敛到长期均衡水平的程度反映出市场上的竞争程度。调整的速度越慢，盈利持续性就越强，从而市场竞争水平越弱。

银行卡（Plastic cards）：银行卡包括信用卡、借记卡、支票担保卡、旅行娱乐卡、商场购物卡以及智能卡或芯片卡。

组合风险（Portfolio risk）：各种项目、资产、信托或投资组合中的其他产品结合在一起，由于表现不佳，不能满足投资组合整体目标的风险。例如，在银行贷款投资组合中，贷款机会的最初选择可能会表现比较差，而其他被拒绝的备选机会反而表现好，优于投资组合选择的机会，这种可能性就是投资风险。

优先股（Preference shares）：派发固定股息，在清偿时求偿权排在普通股之前的股票（参见权益）。

需求价格弹性（Price elasticity of demand）：衡量需求对价格波动反应程度的指标。

价格稳定性（Price stability）：为了确保货币的购买力，商品和服务的价格水平保持不变的状态。

价格和收入政策（Prices and incomes policy）：政府实施的经济政策中的一种，通过法定或自动限制工资、股息和价格水平的上涨来控制通货膨胀率。20 世纪 60 年代在英国被广泛使用。

一级市场（Primary market）：证券产品在发行者和投资者之间交易的市场，帮助发行公司实现额外融资。

基准利率（Prime rate）：用来确定商业贷款价格的几个基础利率之一。

代理人问题（Principal-agent problems）：经济学理论之一，关注的是出资人（比如股东）和出资代理人（比如公司高管）之间的关系。问题包括出资人和代理人之间为解决利益冲突而付出的成本（代理成本）。

私人银行业务（Private banking）：为富有的（高净值）个人客户提供专业的银行、投资、不动产规划和税收筹划等专业服务。

私营储蓄类金融机构（Private deposit-taking financial institutions）：私人拥有的金融中介机构，资金主要来自公众的存款。只有当一个银行体系同时拥有私营银行和公共银行时，比如日本，我们才会区分这两者之间的差别。

私募股权融资（Private equity finance）：为需要融资的公司提供的一种服务方式，可以分为两大类型——正式的私募股权融资和非正式的私募股权融资。正式的私募股权融资可以通过银行、特别投资计划、私募公司和风险投资公司获得资金来源。非正式的私募股权融资指的是通过天使投资人获得私募融资，天使投资人主要是投资没有名气的小公司的有钱人。私募股权融资可以同时包括大额股权利益和小额股权利益。

私营非储蓄类金融机构（Private non-deposit-taking financial institutions）：私人拥有的金融中介，不从事存款业务，但包括范围广泛的证券、保险和其他业务的公司。

私营部门购买者（Private sector purchaser）：英国问题银行解决流程中的一种情况，破产银行将所有或部分业务（股份或财产，比如资产和负债）转移给商业购买者。

私有化进程（Privatisation process）：指的是由政府控制的国有企业通过在股票市场上出售或挂牌转为由公众控股的股份有限公司的过程。

去结构化进程（Process of deconstruction）：通常指的是银行将其信贷功能分割为不同的部分（比如发起、融资、服务和监控等），这样每个部分可以由不同的金融机构来完成。

产品多样化（Product diversification）：指的是银行实施产品多样化战略，在不同的市场上提供产品和服务。

产品扩散〔Product（production）diffusion〕：这与客户或公司采用新产品、新服务或新的生产流程的模式相关。比如，当一家银行提供一款新的抵押贷款产品，其他所有银行在很短的时间里也开始提供类似的产品，这个产品就可以说快速在银行中间扩散开来。扩散可被简单地认为是新产品、新流程和新服务的潜在用户占有率。

产品生命周期（Product life cycle）：新产品从引入到衰退的整个发展过程和阶段。

损益表（收入表）〔Profit and loss account（income statement）〕：主要记录成本和收入数据的财务报表，衡量的是既定财务年度的银行业绩表现。

利润率（Profit margin）：一个衡量盈利能力的常见指标，计算方法是用税前利润除以总营业收入，总营业收入考虑了利息和非利息收入。

盈利（Profits）：等于收入减去成本。

自营交易（Proprietary trading）：银行用自己的钱进行投资交易（从而承担风险和损失），而不是用客户的钱进行的交易，因此，所赚的盈利都属于自己。有关禁止参与投机性自营交易的问题，参见沃克规则。

审慎监管（Prudential regulation）：对银行业体系进行监管的时候采取审慎策略，比如执照标准、资本充足率标准等。

审慎监管局（Prudential Regulation Authority，PRA）：为英国金融服务业专门新成立的两家机构之一（另外一家是金融行为监管局），代替了原来的金融服务管理局。审慎监管局是根据《2012年金融服务法》创建的，属于英格兰银行的一部分。它负责对商业银行、住房互助协会、信用社、保险公司和大型投资公司进行审慎管理和监督。

公共金融机构（Public financial institutions）：类似发展银行这样的政府机构，主要为公共信贷提供支持（比如贷款、公共证券化、公共组合投资等）。它们在发达国家（如日本、加拿大）和发展中国家都普遍存在。

公私合营投资计划（Public-private investment program，PPIP）：于2009年在问题资产救助计划框架下创建，用来帮助重启合法的抵押贷款支持证券（于2009年之前发行的证券）市场。

量化宽松政策（Quantitative easing）：非传统的刺激性货币政策，目的是在官方利率水平趋向零的时候，直接向经济体中注入流动性。中央银行用新创造的电子货币直接从私营企业购买资产（政府债券、股票、房产、公司债券或其他来自银行的资产）。

"安静的生活"（Quiet life）：在产业经济学理论文献中，这个假说认为垄断权力可以让经理人员从"安静的生活"中获得好处，可以免于竞争的压力，从而认为行业集中度的增强会带来效率的降低。

利率敏感性资产和负债（Rate-sensitive assets and liabilities）：在一定期限内（比如90天），可能需要重新定价的资产和负债，因此，与利率敏感性相关的现金流会随着利率的波动而改变。

再资本化（Recapitalisation）：这个术语用来描述资本的注入导致公司融资方式的改变。

再融资风险（Refinancing risk）：滚动融资或再借入资金的成本将会上升，并超过投资相关资产收益的风险。

地区银行（Regional banks）：特指在日本专注某个地区零售和中小企业贷款的银行。

监管（Regulation）：设定企业必须遵守的特定行为规则，这些规则可能通过立法或者相关行政管理机构（比如，英国的金融行为监管局和审慎监管局）来设立。可参见再监管。

监管宽容（Regulatory forbearance）：监管当局为了避免出现系统性风险而让资不抵债的银行继续经营的可能性。

监管风险（Regulatory risk）：因监管政策发生改变而带来的风险。比如，当放松管制出现后，信贷壁垒或新公司准入限制消除，银行就会面临一些新风险。

再投资风险（Reinvestment risk）：指的是再投资资金的收益率低于资金成本的可能性。

关系银行（Relationship banking）：银行与它们服务的企业之间存在紧密且长期的良好关系。对银行来说，最核心的收益是获得了更低的监督成本，在满足企业财务需求方面可以持续发挥作用（比如积极应对新的投资机会）、相互信任和忠诚。

远程支付（Remote payments）：有很多支付工具和产品可以远程进入客户账户，完成远程支付行为。

回购协议〔Repos（repurchase agreements）〕：证券在卖出的时候，就约定在未来某个时刻按照约定的价格再买回来的协议。

代表处（Representative office）：银行在国外有风险的市场建立的办事机构，因为建立代表处办公室的成本很低，可以忽略不计，所以在商业预期不是很好的时候，还可以轻松关闭代表处。

声誉风险（Reputation risk）：由于战略管理方面的失误导致银行声誉受到影响的风险。同时，这种风险还会带来负面的公共影响，不管是真实还是非真实的消息，都会影响银行客户基础，或者导致更高的法律成本，从而影响银行的盈利能力。

再监管（Re-regulation）：这个术语描述的是为了应对市场参与者逃避现有监管规定的行为，监管部门实施新的规则、限制和控制的过程。

准备金要求（Reserve requirement）：为了应对监管部门准备金要求，商业银行必须保有一定的流动性资产，通常都是用流动性资产占银行总资产规模的比例来衡量。

重组信托公司（Resolution Trust Corporation）：一家临时性的美国机构，于1989年成立。为了解决储蓄与贷款公司的账面资产，重组信托公司会全部接管该资产，然后卖给投资者和其他银行。

被处理银行（Resolved bank）：金融危机中，被管理当局收购（干预），最终被清算、接管、再次资本化或经其他方式处理的商业银行。

零售或个人银行业（Retail or personal banking）：向家庭（住户）提供的银行业服务。

资产回报率（Return on assets，ROA）：衡量银行盈利能力的常见指标，计算方式是净收入/总资产。

权益报酬率（Return on equity，ROE）：衡量银行盈利能力的常见指标，计算方式是净收入/总权益。

收入（Revenues）：银行资产所创造的所有收入，包括贷款和投资赚到的利息、费用和佣金（利息和非利息收入）、其他收入（出售公司等）。

循环信贷（Revolving lines of credit）：商业银行向客户做出的承诺，按照之前约定的条件为客户提供贷款。承诺通常包括这样的条款，即赋予银行可以在客户财务状况发生重大不利改变的时候拒绝放贷的权利。

循环承销便利（Revolving underwriting facilities，RUFs）：与票据发行便利类似，但不同之处在于承销集团向发行人担保以最低价购买票据，为发行人提供资金支持。

栅栏原则（Ring-fencing）：《维克斯报告》和《利卡宁报告》中提到的核心建议，认为银行应该将其零售业务和中小企业存款业务与投资业务和批发业务分离开来。

风险调整后的资本收益率（Risk-adjusted return on capital，RAROC）：风险调整后的盈利能力指标和管理框架，目的是测度风险调整后的业绩表现，为评判企业盈利提供可持续性的观点。

风险资产比例（Risk-asset ratio）：这个比例是在考虑银行相对风险基础上评估银行资本充足率的指标。

风险文化（Risk culture）：指的是组织内部影响风险偏好和风险管理决策的公司价值和员工行为倾向。

风险管理（Risk management）：风险管理是一个复杂综合的过程，包括构建合适的外部环境、维持有效的风险测度结构、监控和调整风险业务活动以及建立充分完整的内部控制体系。

风险测度（Risk measurement）：量化风险敞口的过程。

风险自留（Risk retention）：指的是监管部门要求银行将一部分信贷风险保留在自己证券化的资产上。这是基于如下假设，即"利益共享、风险共担"（证券化过程中的收益）的银行会更有动力认真筛选和紧密监控自己的借款人。

"流氓"交易员（Rogue trader）：在没有获得授权的情况下，故意进行投机性交易的交易员，其目的是使自己能够获得更高的收益。

"流氓"交易员风险（Rogue trader risk）：组织中的"流氓"交易员在从事高风险投资活动时带来巨额损失的风险。

安全网补助（Safety-net subsidies）：安全网包括收益（源于它们的存在）和补助。这些界定会转换为集团的资源。例如，当发生安全事故时，政府会以低于它们公允价值的成本提供与安全网相关的金融服务（若存款保险定价合理，那么资源的错配就没有补助）。

储蓄贷款协会（Savings and Loans Association，S&Ls）：美国最重要的储蓄机构。

储蓄银行（Savings bank）：主要职责是为零售客户提供储蓄便利的金融机构。传统意义上的储蓄银行是共有机构（像英国的住房互助协会和美国的储蓄贷款协会），它们均由代表自己利益的群体建立和掌控。今天，储蓄银行业务范围非常多元化，很多储蓄银行也成了上市公司。

筛选（Screening）：信息不充分一方对信息充分一方提供的信息进行甄别的行为。比如，银行在发放贷款之前，一定会搜集潜在借款人的信息并对此进行评估和分析。

第二银行协调指令（Second banking coordination directive，2BCD）：欧盟银行业法律协商的里程碑事件，1989年的第二银行协调指令建立了欧盟范围内的单一银行"通行证"，由欧盟成员国签发，其前提条件是本国的金融监管满足欧盟层面的最低标准（包括资本金要求）。此外，指令还允许银行像全能型银行那样开展各种业务。

二级市场（Secondary market）：交易已经发行的证券的市场。

证券公司（Securities house）：非银行金融机构，主营业务是证券经纪和交易业务。

证券市场计划（Securities markets programme）：欧元区于2010年5月开始实施的计划，目的是消除影响货币政策传导的市场分割压力。在该市场计划中，欧洲央行在证券交易市场上从银行手中买回作为担保品的证券。2012 年 9 月，该计划终止。

证券承销（Securities underwriting）：投资银行向公司保证帮助其完成股份（或者其他资本市场工具）发行并筹集特定金额的现金流程。投资银行同意认购没有销售出去的份额。

证券化（Securitisation）：这个专业术语经常被狭义地用作将传统的银行资产，主要是贷款或抵押贷款，转换为可协议交易证券的过程，这些证券可能被存款类机构或非银行投资者购买。更宽泛一点分析，这个术语指的是各种可协商金融工具的市场发展，包括国际市场上的浮动利率票据和美国市场上的商业票据，这些工具都是可以代替贷款的借款方式。从后一种解释来看，这个术语经常与银行体系中的去中介化概念相关，意味着投资者和借款人可以绕过银行直接开展业务交易。

结算（Settlement）：在大额资金转移过程中一个非常重要的构成部分，根据相关的支付指令，将资金从付款人金融机构转移到收款人金融机构。

结算风险或支付风险（Settlement or payment risk）：银行间市场的一种典型风险，指的是合同的一方不能在结算约定时间向合同的另一方支付款项或者转移资产的状态。

影子银行（Shadow banking）：被监管银行体系之外发生的所有跟信贷中介、流动性和到期转移相关的金融活动。

股东价值（Shareholder value）：这个概念包括公司股东价值最大化和使得公司股东价值最大化的管理原则。银行可以通过追求股东利益最大化的战略为股东创造价值，这个利益最大化指的是权益报酬率最大化，可以通过收益大于（机会）成本（让股东和债券持有人感到满意）的原则实现。

信金银行（Shinkin banks）：特指日本合作非营利金融机构。会员由当地居民和中小企业构成。

系统重要性金融机构（Systemically important financial institutions，SIFIs）：指的是大型、复杂和内部联系紧密的金融公司——基本上都是超级大银行。如果这些机构破产，则会给全世界金融体系带来非常大的冲击和影响（参见全球系统重要性金融机构和全球系统重要性银行）。

信号传递（Signalling）：指的是在逆向选择问题中"知情人"采取的行为，比如，可能会暗示一些重要的信息或者提供担保。

单一银行解决基金（Single bank resolution fund，SBRF）：在单一银行解决委员会控制下成立的基金，当银行重组时，该基金将会提供中期融资支持。基金的资金主要来自银行部门。

单一欧盟护照（Single EU passport）：这就是我们熟悉的单一欧洲银行业执照，它确保由本国监管部门授权经营的欧盟银行（比如英国的银行都是由金融服务管理局授权经营）可以自动获得欧盟任意成员国的认可，与其在国内获得的权益一致。

单一欧元支付区（Single Euro payments area）：这是欧盟的重要项目，目的是为欧洲所有电子欧元支付创建一个统一的市场。

单一市场（Single market）：指的是拥有相同的政策和管理规定的区域，在这个区域内，商品、人员、服务和资本可以自由流动。

单一解决委员会（Single Resolution Board，SRB）：由欧洲中央银行、欧洲委员会和相关国家监管当局组成的委员会，拥有很大的权力，负责处理陷入困境的银行。

单一解决机制（Single resolution mechanism，SRM）：欧元区成立的单一体系，为了及时和有效地解决陷入困境的商业银行。

《单一规则手册》（Single Rulebook）：由欧洲银行管理局提供的、为监管欧盟内金融机构而制定的审慎规则。

《单一监管手册》（Single Supervisory Handbook）：由欧洲银行管理局编制的一套指导手册，目的是推动欧盟 28 个国家建立统一的市场，避免单一市场内部出现分割。

单一监管机制（Single supervisory mechanism，SSM）：这是银行业联盟的重要组成部分，通过单一监管机制，欧洲中央银行将会对与欧元区所有银行以及其他（非欧元区）自动加入单一监管机制的成员国银行的金融稳定肩负特殊监管任务。单一监管机制的主要目的是确保欧洲银行体系的安全和稳健，提高欧洲金融体系的整体性和稳定性。

利益绑定（Skin in the game）：参见风险自留。

中小企业（Small and medium-sized enterprises，SMEs）：在欧盟，中小企业指的是雇员数量少于 250 人且年交易额不超过 5 000 万欧元或者总资产负债表不超过 4 300 万欧元的企业。这个术语经常被用来特指小型企业。

软消息（Soft information）：不能缩减到数字，可以是基于观点、谣言、与客户的长期关系而出现的数据。典型的例子就是银行关系信贷。

清偿能力（Solvency）：金融机构最终能够偿还债务的能力。

清偿比例指令（Solvency ratio directive）：这是在 1989 年形成的欧洲委员会指令。其目的是协调信贷机构（符合 1988 年第一版《资本协议》的标准）的清偿比例（资本充足性比例）。

主权风险（Sovereign risk）：与一国政府债券或贷款偿还出现违约相关的风险。

特别流动性计划（Special liquidity scheme，SLS）：英格兰银行于 2008 年 4 月实施的救助计划（2012 年 1 月终止），通过允许银行和住房互助协会将高质量抵押贷款支持证券和其他证券换成英国国库券，从而为银行体系提供流动性（计划持续三年多时间）。

特殊目的载体（Special-purpose vehicle，SPV）：为某个特殊的、有限制的和临时性的目标或者活动而单独创建的实体机构。它可以是一系列的实体机构，诸如信托、公司、有限所有权和有限责任公司，在结构性金融交易中经常出现，比如将单独的某种公司资产或操作进行证券化。

特别处理机制（Special resolution regime，SRR）：自 2009 年《银行法》被引入后，特别处理机制被监管部门采用，在英国银行或住房互助协会遇到财务困境时便会启动特别处理机制。特别处理机制提供三个选择——稳定、银行破产和银行管理。

专业银行（Specialist banking）：集中于特定产品和服务供给的银行，与全能型银行相对应。

标准化产品（Standardised products）：产品生命周期的最后一个阶段，产品完全一致，没有差异性，生产者之间的竞争完全是价格竞争。

备用信用证（Standby letter of credit）：与商业信用证类似。备用信用证由进口商银行开具，承诺在进口商未完成支付的情况下补偿给出口商。进口商为享受这个服务须支付一笔费用，可以在备用信用证的支持下，通过开具信用证的银行完成支付行为。

常备融资便利（Standing facilities）：中央银行为交易对手提供的融资便利。例如，欧元体系提供两大类常备融资便利——保证金贷款便利和存款便利。

常备指令（Standing orders）：客户（账户持有人）向银行发出定期支付固定金额给另外一个个人或公司账户的指令。

商业票据（Sterling commercial paper）：公司借款人发行的用英镑标价的短期未担保票据的统称。大多数票据的期限是在 15 天到 45 天之间。

股票经纪人（Stockbrokers）：参见经纪人。

压力测试（Stress testing）：用来分析金融机构处理极端状况能力的指标（这些极端状况包括金融危机），可用于评判金融机构是否有破产的风险。

结构化去监管（Structural deregulation）：指的是放开金融市场或者自由化金融市场，目的是允许更多的金融机构可以自由进入，从而推动竞争的发展。这个进程包含结构和行为规则的去监管化（比如分别取消设立分支机构和信贷额度的限制）以及取消审慎规则。

结构性指标（Structural indicators）：在研究竞争的文献中，常见的结构性指标是赫芬达尔-赫希曼指数和集中度比例。

结构行为绩效范式（Structure-conduct-performance paradigm，SCP）：传统的产业组织理论，认为市场集中度加强会弱化竞争，因为集中度加强会在少数企业之间形成共谋，从而产生非正常利润。

结构性投资载体（Structured investment vehicle，SIV）：短期资产支持商业票据市场上经常运用的一个结构化特殊目的载体。它们又被称为管道。

次级抵押贷款借贷（Sub-prime mortgage lending）：发放给违约风险较高的个人住房抵押贷款，这些客户糟糕的信用历史记录（延期支付或破产）导致信用风险较高。次级抵押贷款的利率水平通常比正常（传统）抵押贷款利率水平要高，目的是弥补贷款公司承担的高违约风险。

子银行（Subsidiary）：在国际银行业中，子银行是从母银行中独立出来的法律实体，拥有自己的资本金，其组织和管理都遵循东道国的法律和法规。

急停（Sudden stop）：可以被定义为国际资本流入突然（而且通常大幅地）减少，或者向一国流入的资本总量突然迅速减少，可能还伴随着信贷利差的快速增加。

监管（Supervision）：专门用来形容对金融公司行为进行全面监督管理的术语。

再监管（Supervisory re-regulation）：指的是为了应对市场参与者逃避现有监管规定（比如银行资本金充足性规定），实施新规则、限制和控制的流程。

赤字单位（Surplus unit）：用来描述金融交易中最终借款人的术语。

可持续银行业务（Sustainable banking）：通常指这样一种业务，即银行贷款或投资决策除了考虑财务和经济上的业绩之外，还会考虑环境和社会影响力。

互换（Swap）：一种金融交易，交易双方约定按照事先确定的规则交换现金流支付。通常情况下，互换合约都是交易双方互换利率或外汇现金流。固定利率现金流可以换成浮动利率现金流，或者不同的货币之间可以互换（参见外汇互换和利率互换）。

辛迪加贷款（Syndicated loans）：辛迪加贷款是一种特殊类型的贷款，在贷款中，主贷款银行或者主贷款银团根据地位不同形成一个群体贷款人，共同向公司（或政府）借款人提供贷款。

系统性信贷风险（Systematic credit risk）：由于在特定时间段，经济发生改变或者其他对整个经济部门都有影响的事件发生改变，从而引起所有公司都会出现违约可能性的风险。

系统性风险（Systemic risk）：金融体系面临的风险，当金融公司破产时，会影响其他公司，随即威胁到金融市场的稳定性。

尾部风险（Tail risk）：某项投资的预期风险离均值三个标准差以上距离的风险。

技术（Technology）：这个术语用来描述现代机器和系统的运用情况，比如电脑、互联网、电子、集成电路等。

技术风险（Technology risk）：成本节约可以通过规模经济和范围经济来实现，当技术投资没有产生预期的成本节约时，就出现了技术风险。它还可以指由于新系统的发展导致现有系统变得没有效率的风险。

临时收为国有（Temporary public ownership，TPO）：在英国，这指的是政府在短期内买下濒临破产的银行的全部股份的情形。

定期资产担保证券贷款便利（Term asset-backed securities loan facility）：美联储于2009年创造的融资便利举措，目的是帮助市场参与者满足家庭和小企业的信贷需求，具体的方式是将发放给消费者和各种规模企业的贷款进行证券化。

储蓄机构（Thrifts）：参见储蓄贷款协会。

大而不倒（Too big to fail，TBTF）：大而不倒与我们所说的"太重要而不会失败"是一个道理，都是政府安全网导致的道德风险事件。因为大型（系统重要性）金融机构失败将会给其他金融机构和整个金融体系带来很大的风险，政策制定者为了保护银行信贷者免受全部或部分必须面对的损失而被迫做出反应。

安全和股东回报之间的平衡（Trade-off between safety and returns to shareholders）：指的是总资本和权益报酬率之间的权衡。

交易账户（Trading book）：银行经营活动可以从监管要求出发进行分类，比如与市场相关的衍生品和债券。这些交易活动都是非传统（比如贷款）活动，同时还具有高流动性特征，方便交易。

传统银行业务（Traditional banking）：与现代银行业务相对应，传统银行业务主要指的是储蓄和贷款业务。

传统的外国银行业务（Traditional foreign banking）：在国际银行业，这包括用国内货币与非居民开展的交易，为贸易融资和其他国际交易提供便利。

分组（Tranching）：在证券过程中，这指的是发行的证券会根据不同层次的风险、久期和其他特征进行分类。通常我们将这些证券分为三大类——高级（AAA评级）、夹层（BBB及以下）和权益层（未评级）。

交易型银行业务（Transactional banking）：银行向企业提供金融服务或产品，目的是收取相应的费用，并不意味着未来会有业务往来关系。交易型银行业务只包括"公平交易"而没有关系交易。

交易成本（Transaction costs）：与买卖金融产品相关的成本（比如寻找买卖对象、签订合同的成本等）。

转型经济体（Transition economies）：用来描述将经济体制从计划经济转向市场经济的某些国家。

国库（Treasury）：来自银行的一个分支机构，充当"银行的银行"，负责管理流动性、资本金和资产负债表要求。

国库券（Treasury bill，T-bill）：政府以折价方式发行的、用于短期（通常三个月）借钱的金融证券。

问题资产救助计划（Troubled assets relief program，TARP）：美国国会在2008年10月授权同意的计划，通过美国政府从金融机构那里购买资产和权益。其主要目的是增加银行的金融头寸——间接地提升它们的资本实力——为金融体系提供更强的信心，让经济重回增长的发展趋势。

信托银行（Trust banks）：日本的银行，从事与商业银行相同的业务活动，但其主要的功能是为零售客户和其他客户提供资产管理服务。

《特纳评估报告》（Turner Review）：英国特纳爵士在2009年发布的报告，核心是如何应对全球银行业危机。它提出了几个方面的要求，例如，银行应该更好地进行资本化，信用社应该得到更加严格的监管，银行家的薪水规模应该减少。报告同时还提到有必要对英国和泛欧洲层面的监管框架进行改革。

共生危机（Twin crises）：指的是两个危机同时发生的情形，比如货币危机与银行业危机（亚洲金融危机），或者银行业危机之后紧随而来的主权债务危机（欧元区危机）。

英国金融投资有限公司（UK Financial Investments Ltd，UKFI）：于2008年11月建立，是英国应对金融危机的策略之一。它的职责是管理英国政府持有的苏格兰皇家银行和劳埃德银行集团的股份。

承销（Underwriting）：参见证券承销。

承销协议（Underwritten deal）：辛迪加贷款的一种，主承销商则保证完成所有承诺，然后贷款分给其他银行和机构投资者。如果不能完全认购贷款，主承销商则先认购差额部分，然后将这一部分卖给其他投资者。

单位信托机构（Unit trust）：英国的金融机构，从不同投资者那里集合资金进行投资（类似美国的共同基金）。

全能型银行（Universal bank）：既开展传统严格分割市场上商业银行的业务，又开展投资银行、证券公司和保险公司相关业务的金融机构，这些业务包括投资组合管理、证券经纪业务、承销业务和并购业务。全能型银行能够开展所有银行类业务。

全能型银行业务（Universal banking）：全能型银行业务包括所有金融服务业务，有证券、保险、养老金、租赁等。

非上市证券市场（Unlisted securities market）：股票和股份并没有在证券交易所上市的金融产品交易市场。

非系统性信用风险（Unsystematic credit risk）：就是我们所熟知的公司单独信用风险，这个风险来自"微观"因素，特指与持有某个公司贷款或债券相关的信用风险。

在险价值（value at risk，VaR）：这是一种分析技术，通过对市场趋势和波动性的历史数据进行分析，预测未来一定时期内银行投资组合或企业信贷产品发生最大损失的可能性。目的是获得一个数字，即在一定置信区间内银行面临的最大亏损额。

风险资本（Venture capital）：当公司具有较高风险又不能获得传统融资的时候，金融专业人士投资到这些公司中的资本和贷款。

垂直型对外直接投资（Vertical FDI）：对外直接投资类型的一种，指海外投资源于国际要素价格之间的差异（比如工资、原材料等）。

《维克斯报告》（Vickers Report）：银行业独立委员会主席约翰·维克斯于2011年9月发布的报告，是近代英国银行业影响深远的改革方案。主要的建议是实施栅栏原则，将零售银行业从投资银行业/批发银行业中分离出来，开拓资本的来源渠道，扩大旨在增强英国银行业竞争的各种衡量指标。

维谢格拉德国家（Visegrad countries）：指的是中欧四个国家，分别是捷克、匈牙利、波兰和斯洛伐克。

沃尔克规则（Volcker rule）：2010 年《多德-弗兰克法案》中的一部分，目的是禁止银行拥有或资助对私募基金和对冲基金的投资，让银行在传统借贷业务与高杠杆、对冲、私募等高风险投资活动之间划出明确界线。经济学家保罗·沃尔克在 1979—1987 年任美联储主席。

批发银行业务（Wholesale banking）：借贷金额都非常大的业务，通常是银行或其他金融机构通过银行间市场实现的业务活动。

全银数据通信系统［Zengin data telecommunication system（Zengin system）］：日本零售信贷领域主要的支付系统。

Z-分值（Z-score）：衡量银行破产概率的特殊指标，会考虑银行盈利能力、资本化和盈利的标准差（波动性）。Z-分值与银行盈利和资本比例为正相关关系，与盈利的波动性为负相关关系。Z-分值越高（越低），表明银行越（不）稳定，银行可能破产的概率越小（大）。

参考文献

Accenture (2013) "Regulatory implications of rogue trading", www. accenture. com/us-en/blogs/regulatory _ insights _ blog/archive/2013/03/22/rogue-trading. aspx

Account Market, www. oft. gov. uk/shared _ oft/reports/financial _ products/OFT1005rev

Acharya, V. V. (2010) "Failures of the Dodd Frank Act", *Financial Times*, 15 July.

Acharya, V. V. , Schnabl, P. and Suarez, G. (2013) "Securitization without risk transfer", *Journal of Financial Economics*, 107 (3), 515 – 536.

Adrian, T. , Ashcraft, A. B. and Cetorelli, N. (2013) "Shadow bank monitoring", New York Fed Staff Report 638.

Aghion, P. , Angeletos, G. M. , Banerjee, A. and Manova, K. (2010) "Volatility and growth: Credit constraints and the composition of growth", *Journal of Monetary Economics*, 57 (3), 246 – 265.

Aghion, P. , Bacchetta, P. , Rancière, R. and Rogoff, K. (2009) "Exchange rate volatility and productivity growth: The role of financial development", *Journal of Monetary Economics*, 56 (4), 494 – 513.

Aghion, P. , Fally, T. and Scarpetta, S. (2007) "Credit constraints as a barrier to the entry and post-entry growth of firms", *Economic Policy*, 22 (52), 731 – 779.

Aghion, P. , Howitt, P. and Mayer-Foulkes, D. (2005) "The effect of financial development on convergence: Theory and evidence", *Quarterly Journal of Economics*, 120 (1), 173 – 222.

Aizenman, J. , Hutchison, M. and Jinjarak, Y. (2013) "What is the risk of European sovereign debt defaults? Fiscal space, CDs spreads and market pricing of risk", *Journal of International Money and Finance*, 34, 37 – 59.

Akerlof, G. A. (1970) "The market for 'lemons': Quality uncertainty and the market mechanism", *The Quarterly Journal of Economics*, 84 (3), 488 – 500.

Alfon, I. and Andrews, P. (1999) "Cost – benefit analysis in financial regulation: How to do it and how it adds value", *Journal of Financial Regulation and Compliance*, 7 (4), 339 – 352.

Allen, F. , Beck, T. , Carletti, E. , Lane, P. , Schoenmaker, D. and Wagner, W. (2011) *Cross-border Banking in Europe: Implications for Financial Stability and Macroeconomic Policies*, London: Centre for Economic Policy Research (CEPR) .

Altunbas, Y., Kara, A. and Marques-Ibanez, D. (2010) "Large debt financing: Syndicated loans versus corporate bonds", *The European Journal of Finance*, 15 (5), 437–458.

Anonymous (2012a) "Mexican banks: From tequila crisis to sunrise", *The Economist*, 22 September.

Anonymous (2012b) "Press 1 for modernity", *The Economist*, 28 April.

Anonymous (2013a) "Leaving the old Lady", *The Economist*, 15 June.

Anonymous (2013b) "What caused China's cash crunch?" *The Economist*, 4 July.

Arcand, J. L., Berkes, E. and Panizza, U. (2012) "Too much finance?" IMF Working Paper, WP/12/161.

Athey, S., Atkenson, A. and Kehoe, P. J. (2005) "The optimal degree of discretion in monetary policy", *Econometrica*, 73 (5), 1431–1475.

Augar, P. (2014) "Reckless: The rise and fall of the City", *Financial Times*, 16 January.

Ayadi, R., Llewellyn, D. T., Schmidt, R. H., Arbak, E. and De Groen, W. P. (2010) *Investigating Diversity in the Banking Sector in Europe: Key Developments, Performance and Role of Co-operative Banks*, Brussels: Centre for European Policy Studies.

Ayadi, R., Schmidt, R. H. and Carbo Valverde, S. (2009) *Investigating Diversity in the Banking Sector in Europe: The Performance and Role of Saving Banks*, Brussels: Centre for European Policy Studies.

Ayyagari, M., Demirguc-Kunt, A. and Maksimovic, V. (2011) "Small vs. young firms across the world: Contribution to employment, job creation, and growth", The World Bank Policy Research Working Paper Series, 5631, April.

Baily, M. N., Elmendorf, D. W. and Litan, R. E. (2008) "The great credit squeeze: How it happened, how to prevent another", Brookings Institution, May.

Bain, J. S. (1951) "Relation of profit rate to industry concentration: American manufacturing, 1936–1940", *Quarterly Journal of Economics*, 65 (3), 293–324.

Bakk-Simon, K., Borgioli, S., Giron, C., Hempell, H., Maddaloni, A., Recine, F. and Rosati, S. (2012) "Shadow banking in the Euro area: An overview", ECB Working Paper Series, No. 133, April, www.ecb.europa.eu/pub/pdf/scpops/ecbocp133.pdf

Bank for International Settlements (2009a) *79th BIS Annual Report 2008/09*, June, www.bis.org/publ/arpdf/ar2009e.pdf

Bank for International Settlements (2009b) "Issues in the governance of central banks", A Report from the Central Bank Governance Group, May, www.bis.org/publ/othp04.pdf

Bank for International Settlements (2012) "Innovations in retail payments", May, www.bis.org/cpmi/publ/d102.pdf

Bank for International Settlements (2013a) *83rd Annual Report*, June, www.bis.org/publ/arpdf/ar2013e.pdf

Bank for International Settlements (2013b) "Foreign exchange turnover in April 2013: Preliminary global results triennial central bank survey", September, www.bis.org/publ/rpfx13fx.pdf

Bank for International Settlements (2013c) "Statistics on payment, clearing and settlement systems in the CPSS countries, figures for 2012", December, www.bis.org/cpmi/publ/d116.pdf

Bank for International Settlements (2013d) "Triennial central bank survey of foreign exchange and derivatives market activity", December, www.bis.org/publ/rpfx13.htm

Bank for International Settlements (2013e) "Triennial central bank survey of foreign exchange and derivatives market activity", September, www.bis.org/publ/rpfx13ir.pdf

Bank for International Settlements (2014) "Highlights of the BIS international statistics", *BIS Quarterly Review*, March.

Bank of England (2007a) Financial Stability Report, Issue No. 22, October, www.bankofengland.co.uk/publications/Documents/fsr/2007/fsrfull0710.pdf

Bank of England (2007b) "Proposals to modify the measurement of broad money in the United Kingdom: A user consultation", Quarterly Bulletin, Q3, www. bankofengland. co. uk/publications/Documents/quarterlybulle-tin/qb070304. pdf

Bank of England (2008) "Financial stability and depositor protection: Special resolution regime", Cm7459, July, www. bankofengland. co. uk/publications/Documents/other/financialstability/financialstabilitydepositorprotection 080722. pdf

Bank of England (2012a) *Annual Report*, June, www. bankofengland. co. uk/publications/Pages/annualreport/de-fault. aspx

Bank of England (2012b) "The framework for the Bank of England's operations in the sterling money markets", June, www. bankofengland. co. uk/markets/sterlingoperations/redbook. htm

Bank of England (2013a) "Asset purchase facility", Quarterly Report, Q1, www. bankofengland. co. uk/publica-tions/Documents/other/markets/apf/apfquarterlyreport1304. pdf

Bank of England (2013b) Quarterly Bulletin, Volume 53, No. 1, Q1.

Bank of Japan (2012) "Payment, clearing and settlement systems in Japan, CPSS – Red Book – 2012", www. boj. or. jp/en/paym/outline/pay _ boj/pss1212a. pdf

Bank of Japan (2013) "Financial system report", October, www. boj. or. jp/en/research/brp/fsr/index. htm/

Barclays PLC (2008) *Annual Report*, February, www. barclays. com/content/dam/barclayspublic/docs/Inves-torRelations/AnnualReports/AR2008/2008-barclays-bank-plc-annual-report. pdf

Barker, A. (2013) "EU agrees deposit guarantee scheme deal", *Financial Times*, 18 December.

Barker, A. (2014) "EU reaches deal on final piece of banking union", *Financial Times*, 20 March.

Barker, D. and Holdsworth, D. (1993) "The causes of bank failures in the 1990s", Federal Reserve Bank of New York Research Paper, 9325.

Barth, J. R. , Caprio, G. and Levine, R. E. (2013) "Measure it, improve it. Bank regulation and supervision in 180 countries 1999 – 2011", Milken Institute, April.

Basel Committee on Banking Supervision (1988) "International convergence of capital measurement and capital standards", Bank for International Settlements, July, www. bis. org/publ/bcbs04a. pdf

Basel Committee on Banking Supervision (1993) "The supervisory treatment of market risks", Bank for Interna-tional Settlements, April, www. bis. org/publ/bcbs11a. pdf

Basel Committee on Banking Supervision (1996) "Amendment to the Capital Accord to incorporate market risks", Bank for International Settlements, January, www. bis. org/publ/bcbs24. pdf

Basel Committee on Banking Supervision (1997a) "Core principles for effective banking supervision", Bank for International Settlements, September, www. bis. org/publ/bcbs30a. pdf

Basel Committee on Banking Supervision (1997b) "Principles for the management of interest rate risk", Bank for International Settlements, September, www. bis. org/publ/bcbs29a. pdf

Basel Committee on Banking Supervision (2000) "Principles for the management of credit risk", Bank for Inter-national Settlements, September, www. bis. org/publ/bcbs75. pdf

Basel Committee on Banking Supervision (2001a) "Consultative document. Operational risk, supporting document to the New Basle Capital Accord", Bank for International Settlements, January, www. bis. org/publ/bcbsca07. pdf

Basel Committee on Banking Supervision (2001b) "Overview on the New Basel Capital Accord. Consultative doc-ument", Bank for International Settlements, January, www. bis. org/publ/bcbsca02. pdf

Basel Committee on Banking Supervision (2004) "International convergence of capital measurement and capital standards. A revised framework", Bank for International Settlements, June, www. bis. org/publ/bcbs107. pdf

Basel Committee on Banking Supervision (2006) "International convergence of capital measurement and capital standards. A revised framework. Comprehensive version", Bank for International Settlements, June, www.

bis.org/publ/bcbs128. pdf

Basel Committee on Banking Supervision (2010a) "Principles for enhancing corporate governance", Bank for International Settlements, October, www. bis. org/publ/bcbs176. htm

Basel Committee on Banking Supervision (2010b) "Report and recommendations of the cross-border bank resolution group", Bank for International Settlements, March, www. bis. org/publ/bcbs169. pdf

Basel Committee on Banking Supervision (2010c) "Revisions to the Basel II market risk framework", Bank for International Settlements, December, www. bis. org/publ/bcbs193. pdf

Basel Committee on Banking Supervision (2011a) "Basel III: A global regulatory framework for more resilient banks and banking systems", Bank for International Settlements, June, www. bis. org/publ/bcbs189. pdf

Basel Committee on Banking Supervision (2011c) "Global systemically important banks: Assessment methodology and the additional loss absorbency requirement", Bank for International Settlements, November, www.bis. org/publ/bcbs207. pdf

Basel Committee on Banking Supervision (2011d) "Global systemically important banks: Assessment methodology and the additional loss absorbency requirement", Bank for International Settlements, July, www.bis.org/publ/bcbs201.pdf

Basel Committee on Banking Supervision (2011e) "Operational risk – supervisory guidelines for the advanced measurement approaches", Bank for International Settlements, June, www. bis. org/publ/bcbs196. htm

Basel Committee on Banking Supervision (2011f) "Principles for the sound management of operational risk", Bank for International Settlements, June, www. bis. org/publ/bcbs195. htm

Basel Committee on Banking Supervision (2011g) "Range of methodologies for risk and performance alignment of remuneration", Bank for International Settlements, May, www. bis. org/publ/bcbs194. pdf

Basel Committee on Banking Supervision (2013a) "Basel III: The liquidity coverage ratio and liquidity risk monitoring tools", Bank for International Settlements, January, www. bis. org/publ/bcbs238. pdf

Basel Committee on Banking Supervision (2013b) "Consultative document. Revised Basel III leverage ratio framework and disclosure requirements", Bank for International Settlements, June, www. bis. org/publ/bcbs 251. pdf

Basel Committee on Banking Supervision (2013c) "Fundamental review of the trading book: A revised market risk framework", Consultative Document, Bank for International Settlements, October, www. bis. org/publ/bcbs265. pdf

Basel Committee on Banking Supervision (2013d) "Report to G20 leaders on monitoring implementation of Basel III regulatory reforms", Bank for International Settlements, August, www. bis. org/publ/bcbs260. pdf

Basel Committee on Banking Supervision (2014) "Consultative document. Basel III: The net stable funding ratio", Bank for International Settlements, January, www. bis. org/publ/bcbs271. pdf

Basel Committee on Banking Supervision and International Association of Deposit Insurers (2010) "Core principles for effective deposit insurance systems", Bank for International Settlements, December, www. bis. org/publ/bcbs192. pdf

Bassett, W. F. , Lee, S. J. and Spiller, T. W. (2012) "Estimating changes in supervisory standards and their economic effects", Finance and Economics Discussion Series, Divisions of Research & Statistics and Monetary Affairs, Federal Reserve Board, 2012 – 2055.

Beck, T. (2012a) *Banking Union for Europe Risks and Challenges*, London: Centre for Economic Policy Research (CEPR), www. voxeu. org/sites/default/files/file/cross-border _ banking. pdf

Beck, T. (2012b) *The Role of Finance in Economic Development – Benefits, Risks, and Politics*, in Müller, D. (ed.), *Oxford Handbook of Capitalism*, Oxford: Oxford University Press.

Beck, T. , Büyükkarabacak, B. , Rioja, F. and Valev, N. T. (2012) "Who gets the credit? And does it matter?

Household vs. firm lending across countries", *The B. E. Journal of Macroeconomics*, 12 (1), 1935–1690.

Beck, T. , Coyle, D. , Dewatripont, M. , Freixas, X. and Seabright, P. (2010) *Bailing out the Banks: Reconciling Stability and Competition, An Analysis of State-supported Schemes for Financial Institutions*, London: Centre for Economic Policy Research (CEPR) .

Beck, T. , De Jonghe, O. and Schepens, G. (2013) "Bank competition and stability: Cross-country heterogeneity", *Journal of Financial Intermediation*, 22 (2), 218–244.

Beck, T. , Demirgüç-Kunt, A. and Maksimovic, V. (2006) "The influence of financial and legal institutions on firm size", *Journal of Banking and Finance*, 30 (11), 2995–3015.

Beck, T. , Demirgüç-Kunt, A. , Laeven, L. and Levine, R. (2008) "Finance, firm size, and growth", *Journal of Money, Credit and Banking*, 40 (7), 1379–1405.

Beck, T. , Levine, R. and Loayza, N. (2000) "Finance and the sources of growth", *Journal of Financial Economics*, 58 (1–2), 261–300.

Beltratti, A. and Stulz, R. M. (2012) "The credit crisis around the globe: Why did some banks perform better during the credit crisis?" *Journal of Financial Economics*, 105 (1), 1–17.

Benston, G. J. , Eisenbeis, R. A. , Horvitz, P. M. , Kane, E. J. and Kaufman, G. G. (1996) *Perspectives on Safe and Sound Banking: Past, Present, and Future*, Cambridge, MA: The MIT Press.

Berg, S. A. and Kim, M. (1998) "Banks as multioutput oligopolies: An empirical evaluation of the retail and corporate banking markets", *Journal of Money, Credit and Banking*, 30 (2), 135–153.

Berger, A. N. (1995) "The profit–structure relationship in banking: Tests of market power and efficient structure hypotheses", *Journal of Money, Credit and Banking*, 27 (2), 404–431.

Berger, A. N. and Hannan, T. H. (1998) "The efficiency cost of market power in the banking industry: A test of the 'quiet life' and related hypotheses", *The Review of Economics and Statistics*, 80 (3), 454–465.

Berger, A. N. and Humphrey, D. B. (1997) "Efficiency of financial institutions: International survey and directions for future research", *European Journal of Operational Research*, 98 (2), 175–212.

Berger, A. N. , Bonime, S. D. , Covitz, D. M. and Hancock, D. (2000) "Why are bank profits so persistent? The roles of product market competition, information opacity and regional macroeconomic shocks", *Journal of Banking & Finance*, 24 (7), 1203–1235.

Berger, A. N. , Demsetz, R. S. and Strahan, P. E. (1999) "The consolidation of the financial services industry: Causes, consequences, and implications for the future", *Journal of Banking & Finance*, 23, 135–194.

Berger, A. N. , Kick, T. , and Shaek, K. (2014) "Executive board compensation and bank risk taking", *Journal of Corporate Finance*, in press.

Berger, A. N. , Klapper, L. F. and Turk-Ariss, R. (2009) "Bank competition and financial stability", *Journal of Financial Services Research*, 35 (2), 99–118.

Berk, J. B. and DeMarzo, P. M. (2011) *Corporate Finance*, 2nd Edition, Boston, MA: Prentice Hall.

Bernanke, B. S. (2003) "Constrained discretion and monetary policy", Speech before the money marketeers of New York University, New York, 3 February, www. federalreserve. gov/BOARDDOCS/Speeches/2003/20030203/default. htm

Bernanke, B. S. and Reinhart, V. R. (2004) "Conducting monetary policy at very low short-term interest rates", *The American Economic Review*, 94 (2), 85–90.

Bernet, B. and Walter, S. (2009) *Design, Structure and Implementation of a Modern Deposit Insurance Scheme*, Vienna: SUERF Studies. http: //www. suerf. org/download/studies/study20095. pdf

Bertay, A. C. , Demirgüç-Kunt, A. and Huizinga, H. (2013) "Do we need big banks? Evidence on performance, strategy and market discipline", *Journal of Financial Intermediation*, 22 (4), 532–558.

Bessis, J. (2009) *Risk Management in Banking*, 3rd Edition, London: John Wiley & Sons.

Bharath, T. S. and Shumway, T. (2008) "Forecasting default with the Merton distance to default model", *Review of Financial Studies*, 21 (3), 1339 – 1369.

Bikker, J. A. and Haaf, K. (2002) "Competition, concentration and their relationship: An empirical analysis of the banking industry", *Journal of Banking & Finance*, 26 (11), 2191 – 2214.

Bikker, J. A. , Shaffer, S. and Spierdijk, L. (2012) . "Assessing competition with the Panzar – Rosse model: The role of scale, costs, and equilibrium", *Review of Economics and Statistics*, 94 (4), 1025 – 1044.

Black, F. and Scholes, M. (1973) "The pricing of options and corporate liabilities", *The Journal of Political Economy*, 81 (3), 637 – 654.

Blinder, A. S. and Zandi, M. (2010) "How the Great Recession was brought to an end", Princeton University, www. economy. com/mark-zandi/documents/End-of-Great-Recession. pdf

Blundell-Wignall, A. , Wehinger, G. and Slovik, P. (2009) "The elephant in the room: The need to deal with what banks do", *Financial Market Trends*, 2, 1 – 26.

Board of Governors of the Federal Reserve System (2012) *99th Annual Report*, www. federalreserve. gov/publications/annual-report/files/2012-annual-report. pdf

Board of Governors of the Federal Reserve System (2013) "The Federal Reserve System: Purposes and functions", www. federalreserve. gov/pf/pdf/pf _ complete. pdf

Boissay, F. , Collard, F. and Smets, F. (2013) "Booms and systemic banking crises", ECB Working Papers Series, No. 1514, February.

Bonaccorsi di Patti, E. and Gobbi, G. (2007) "Winners or losers? The effects of banking consolidation on corporate borrowers", *Journal of Finance*, 62, 669 – 695.

Bonin, J. , Hasan, I. and Wachtel, P. (2014) "Banking in transition countries", in Berger, A. N. , Molyneux, P. and Wilson, J. O. S. (eds), *The Oxford Handbook of Banking*, Oxford: Oxford University Press.

Boone, J. (2008) "A new way to measure competition", *The Economic Journal*, 118 (531), 1245 – 1261.

Boot, A. W. A. (2000) "Relationship banking: What do we know?" *Journal of Financial Intermediation*, 9 (1), 7 – 25.

Boot, A. W. A. and Thakor, A. (2014) "Commercial banking and shadow banking: The accelerating integration of banks and markets and its implications for regulation", in Berger, A. N. , Molyneux, P. and Wilson, J. O. S. (eds), *The Oxford Handbook of Banking*, Oxford: Oxford University Press.

Bouma, J. J. , Klinkers, L. and Jeucken, M. (2001) *Sustainable Banking: The Greening of Finance*, Sheffield: Greenleaf Publishing.

Bowman, D. , Cai, F. , Davies, S. and Kamin, S. (2011) "Quantitative easing and bank lending: Evidence from Japan", Board of Governors of the Federal Reserve System, International Finance Discussion Papers, www. federalreserve. gov/PubS/ifdp/2011/1018/ifdp1018. pdf

Boyd, J. H. and De Nicolo, G. (2005) "Bank risk-taking and competition revisited", *The Journal of Finance*, 60 (3), 1329 – 1343.

Boyd, J. H. , De Nicolo, G. and Jalal, A. M. (2006) "Bank risk-taking and competition revisited: New theory and new evidence", IMF Working Paper, WP/06/297.

Braithwaite, T. (2012) "Banks confront a post-crisis world of tougher regulations and lower profits", *Financial Times*, 30 September.

Braithwaite, T. and Chon, G. (2013) "Volcker rule comes of age in spite of protests", *Financial Times*, 10 December.

Brammertz, W. , Akkizidis, I. , Breymann, W. , Entin, R. and Rustmann, M. (2011) *Unified Financial Analysis: The Missing Links of Finance*, Chichester: Wiley.

Brealey, R. A. , Myers, S. C. and Marcus, A. J. (2012) *Fundamentals of Corporate Finance*, 7th Edition,

New York: McGraw-Hill/Irwin.

Bresnahan, T. F. (1982) "The oligopoly solution concept is identified", *Economics Letters*, 10 (1 - 2), 87 - 92.

Brierley, P. (2009) "The UK special resolution regime for failing banks in an international context", Bank of England Financial Stability Paper, No. 5, www. bankofengland. co. uk/research/Documents/fspapers/fs _ paper05. pdf

British Bankers Association (1996) *Banking Business. An Abstract of Banking Statistics*, Volume 13.

British Bankers Association (1999) *Banking Business. An Abstract of Banking Statistics*, Volume 16.

British Bankers Association (2004) *Banking Business. An Abstract of Banking Statistics*, Volume 21.

British Bankers Association (2005) *Banking Business. An Abstract of Banking Statistics*, Volume 22.

British Bankers Association (2008) *Banking Business. An Abstract of Banking Statistics*, Volume 25.

British Bankers Association (2011) *Banking Business. An Abstract of Banking Statistics*, Volume 28.

British Bankers Association (2012) *Banking Business. An Abstract of Banking Statistics*, Volume 29.

British Bankers Association (2013) *Banking Business. An Abstract of Banking Statistics*, Volume 30.

British Private Equity & Venture Capital Association (2010) "A guide to private equity", www. bvca. co. uk/Portals/0/library/Files/Website%20files/2012 _ 0001 _ guide _ to _ private _ equity. pdf

Brunnermeier, M. K. , Crocket, A. , Goodhart, C. , Persaud, A. and Shin, H. (2009) "The fundamental principles of financial regulation", Geneva Reports on the World Economy, London: Centre for Economic Policy Research (CEPR) .

Buch, C. and DeLong, G. (2014) "Banking globalization: International consolidation and mergers in banking", in Berger, A. N. , Molyneux, P. and Wilson, J. O. S. (eds), *The Oxford Handbook of Banking*, Oxford: Oxford University Press.

Bullard, J. (2013) "The global battle over central bank independence", Central Banker, Federal Reserve Bank of St. Louis, Spring, www. stlouisfed. org/publications/cb/articles/? id=2344

Burrows, O. , Learmonth, D. and McKeown, J. (2012) "RAMSI: A top-down stress-testing model", Bank of England Financial Stability Paper, 17, www. bankofengland. co. uk/research/Documents/fspapers/fs _ paper17. pdf

Calice, G. , Chen, J. and Williams, J. (2013) "Liquidity spillovers in sovereign bond and CDs markets: An analysis of the Eurozone sovereign debt crisis", *Journal of Economic Behavior & Organization*, 85, 122 - 143.

Calomiris, C. W. and Pornrojnangkool, T. (2005) "Monopoly-creating bank consolidation? The merger of Fleet and Bankboston", NBER Working Paper, No. 11351.

Capgemini (2011) "World retail banking report", www. uk. capgemini. com

Capgemini (2012a) "World payments report", www. uk. capgemini. com

Capgemini (2012b) "World retail banking report", www. uk. capgemini. com

Capgemini (2012c) "World wealth report", www. capgemini. com

Carbó-Valverde, S. , Kane, E. J. and Rodriguez-Fernandez, F. (2013) "Safety-net benefits conferred on difficult-to-fail-and-unwind banks in the US and EU before and during the Great Recession", *Journal of Banking & Finance*, 37 (6), 1845 - 1859.

Casu, B. and Girardone, C. (2004) "Financial conglomeration: Efficiency, productivity and strategic drive", *Applied Financial Economics*, 14 (10), 687 - 696.

Casu, B. and Sarkisyan, A. (2014) "Securitization", in Berger, A. N. , Molyneux, P. and Wilson, J. O. S. (eds), *The Oxford Handbook of Banking*, Oxford: Oxford University Press.

Casu, B. , Girardone, C. and Molyneux, P. (2012) "Is there a conflict between competition and financial stability?" in Barth, J. R. , Lin, C. and Wihlborg, C. (eds), *Research Handbook on Banking and Governance*,

Cheltenham: Edward Elgar Publishing.

CEA (2010) "Insurance distribution channels in Europe", 39, www. insuranceeurope. eu/uploads/Modules/Publications/cea-statistics-nr-39--distribution. pdf

Chapman, J. (2011) "CDs: Modern day weapons of mass destruction", *Financial Times*, 11 September.

Chui, M., Domanski, D., Kugler, P. and Shek, J. (2010) "The collapse of international bank finance during the crisis: Evidence from syndicated loan markets", *BIS Quarterly Review*, September, 39 – 49.

Čihák, M., Demirgüç-Kunt, A., Feyen, E. and Levine, R. (2012a) "Benchmarking financial systems around the world", The World Bank Policy Research, Working Paper No. 6175, August.

Čihák, M., Maechler, A., Schaeck, K. and Stolz, S. (2012b) "Who disciplines bank managers?" *Review of Finance*, 16, 197 – 243.

CIMA (2004) "Maximising shareholder value: Achieving clarity in decision making", Technical Report, www. valuebasedmanagement. net/articles _ cima _ maximizing _ shareholder _ value. pdf

Claessens, S. and Kose, M. A. (2013) "Financial crises: Explanations, types, and implications", International Monetary Fund Working Paper, 13/28.

Claessens, S. and Laeven, L. (2003) "Financial development, property rights, and growth", *Journal of Finance*, 58 (6), 2401 – 2436.

Claessens, S. and van Horen, N. (2012) "Foreign banks: Trends, impact and financial stability", IMF Working Paper, WP/12/10.

Claessens, S. and van Horen, N. (2014a) "Foreign banks: Trends and impact", *Journal of Money*, *Credit and Banking*, 46 (1), 295 – 326.

Claessens, S. and van Horen, N. (2014b) "Location decisions of foreign banks and competitor remoteness", *Journal of Money Credit and Banking*, 46 (1), 145 – 170.

Claessens, S., Ratnovski, L. and Singh, M. M. (2012) "Shadow banking: Economics and policy", IMF Staff Discussion Note, www. imf. org/external/pubs/ft/sdn/2012/sdn1212. pdf

Clews, R., Salmon, C. and Weeken, O. (2010) "The Bank's money market framework", *Quarterly Bulletin*, Bank of England, Q4, www. bankofengland. co. uk/publications/Documents/quarterlybulletin/qb100404. pdf

Coase, R. H. (1937) "The nature of the firm", *Economica*, 4 (16), 386 – 405.

Cocco, J. F. (2013) "Evidence on the benefits of alternative mortgage products", *Journal of Finance*, 68 (4), 1663 – 1690.

Coccorese, P. (2005) "Competition in markets with dominant firms: A note on the evidence from the Italian banking industry", *Journal of Banking & Finance*, 29 (5), 1083 – 1093.

Coccorese, P. (2009) "Market power in local banking monopolies", *Journal of Banking & Finance*, 33 (7), 1196 – 1210.

Competition Commission (2002) "The supply of banking services by clearing banks to small and medium-sized enterprises: A report on the supply of banking services by clearing banks to small and medium-sized enterprises within the UK", March. webarchive. nationalarchives. gov. uk/+/www. competition-commission.org. uk/rep_pub/reports/2002/462banks.htm#full

Competition Commission (2006) "Store cards market investigation", March. www. competition-commission. org. uk/assets/competitioncommission/docs/pdf/non-inquiry/rep _ pub/reports/2006/fulltext/final _ report. pdf

Corporation of London (2002) "Financing the future. The London Principles", www. cityoflondon. gov. uk/services/environment-and-planning/sustainability/Documents/pdfs/SUS _ financingfuture. pdf

Court des Comptes (2013) "Dexia: A high cost with persistent risk", Thematic Public Report, July.

Cour-Thimann, P. and Winkler, B. (2013) "The ECB's non-standard monetary policy measures. The role of institutional factors and financial structure", ECB Working Papers Series, No. 1528, April.

Covitz, D., Liang, N. and Suarez, G. A. (2013) "The evolution of a financial crisis: Collapse of the asset-backed commercial paper market", *The Journal of Finance*, 68 (3), 815 – 848.

Credit Suisse First Boston (1997) "Credit Risk+ a credit management framework", © 1997, Credit Suisse First Boston International, www. csfb. com/institutional/research/assets/creditrisk. pdf

Cruickshank, D. (2000) "Competition in UK banking", A Report to the Chancellor of the Exchequer, The U-nited Kingdom for the Stationery Office, 21.

Cumming, C. and Hirtle, B. (2001) "The challenges of risk management in diversified financial companies", *Economic Policy Review*, 7 (1).

Damodaran, A. (2013) "Equity risk premiums (ERP): Determinants, estimation and implications", available on SSRN at http: //dx. doi. org/10. 2139/ssrn. 2238064

Danielsson, J. (2000) "VaR: A castle built on sand", *The Financial Regulator*, 5, 46 – 50.

Danielsson, J. (2002) "The emperor has no clothes: Limits to risk modelling", *Journal of Banking & Finance*, 26 (7), 1273 – 1296.

Davies, M. (2010) "What's it like running a bank? Good, bad or ugly?" Guest Opening Speech, Wolpertinger Conference, Bangor Business School, September (Unpublished).

De Nicolo, G. (2000) "Size, charter value and risk in banking: An international perspective", Board of Governors of the Federal Reserve System, International Finance Discussion Paper No. 689.

De Nicolo, G., Bartholomew, P., Zaman, J. and Zephirin, M. (2004) "Bank consolidation, internationalization and conglomeration: Trends and implications for financial risk", *Financial Markets, Institutions and Instruments*, 13 (4), 173 – 217.

Delis, M. D., Varlagas, P. T. and Staikouras, K. C. (2008) "On the measurement of market power in the banking industry", *Journal of Business Finance and Accounting*, 35 (7 – 8), 1023 – 1047.

Dell, Ariccia, G., Igan, D. and Laeven, L. (2012) "Credit booms and lending standards: Evidence from the subprime mortgage market", *Journal of Money, Credit and Banking*, 44, 367 – 384.

Deloitte (2013) "Future of bank treasury management. A profession in focus", March, www. deloitte. com/assets/Dcom-UnitedKingdom/Local% 20Assets/Documents/Industries/Financial% 20Services/uk-fs-future-bank-treasury-management. pdf

Demirgüç-Kunt, A. and Klapper, L. (2012) "Measuring financial inclusion. The global findex database", The World Bank Policy Research, Working Paper 6025, http: //elibrary. worldbank. org/doi/pdf/10. 1596/1813 – 9450 – 6025

Demirgüç-Kunt, A. and Klapper, L. (2013) "Measuring financial inclusion: Explaining variation in use of financial services across and within countries", Brookings Papers on Economic Activity, Spring, 279 – 394.

Demirgüç-Kunt, A., Love, I. and Maksimovic, V. (2006) "Business environment and the incorporation decision", *Journal of Banking & Finance*, 30 (11), 2967 – 2993.

Demsetz, H. (1973) "Industry structure, market rivalry and public policy", *Journal of Law and Economics*, 16 (1), 1 – 9.

DeYoung, R. (2014) "Banking in the United States", in Berger, A. N., Molyneux, P. and Wilson, J. O. S. (eds), *The Oxford Handbook of Banking*, Oxford: Oxford University Press.

DeYoung, R., Evanoff, D. D. and Molyneux, P. (2009) "Mergers and acquisitions of financial institutions: A review of the post-2000 literature", *Journal of Financial Services Research*, 36, 87 – 110.

DeYoung, R., Peng, E. and Yan, M. (2013) "Executive compensation and business policy choices at US commercial banks", *Journal of Financial and Quantitative Analysis*, 48 (01), 165 – 196.

Diamond, D. W. (1984) "Financial intermediation and delegated monitoring", *The Review of Economic*

Studies, 51 (3), 393 - 414.

Diamond, D. W. and Dybvig, P. H. (1983) "Bank runs, deposit insurance, and liquidity", *The Journal of Political Economy*, 91 (3), 401 - 419.

Dick, A. A. (2006) "Nationwide branching and its impact on market structure, quality and bank performance", *Journal of Business*, 79 (2), 567 - 592.

Dowd, K. (1996) *Competition and Finance: A New Interpretation of Financial and Monetary Economics*, London: Macmillan.

Ernst and Young (2013) "World Islamic banking competitiveness report 2013 - 14. The transition begins", http://emergingmarkets.ey.com/wp-content/uploads/downloads/2013/12/World-Islamic-Banking-Competitiveness-Report-2013 - 14.pdf

European Banking Authority (2013) "Warning to consumers on virtual currencies", EBA/WRG/2013/01, www.eba.europa.eu/documents/10180/598344/EBA+Warning+on+Virtual+Currencies.pdf

European Central Bank (2006) "Financial stability review", December, www.ecb.europa.eu/pub/pdf/other/financialstabilityreview200612en.pdf??a26f4bc9093173998888fa2693f6ccc6

European Central Bank (2008a) "Covered bonds in the EU financial system", December, www.ecb.europa.eu/pub/pdf/other/coverbondsintheeufinancialsystem200812en_en.pdf

European Central Bank (2008b) "Securitisation in the Euro area", *ECB Monthly Bulletin*, February. www.ecb.europa.eu/pub/pdf/mobu/mb200802en.pdf

European Central Bank (2008c) "Ten years of the stability and growth pact", *Monthly Bulletin*, October, www.ecb.europa.eu/pub/pdf/mobu/mb200810en.pdf

European Central Bank (2009a) "Credit default swaps and counterparty risk", August, www.ecb.europa.eu/pub/pdf/other/creditdefaultswapsandcounterpartyrisk2009en.pdf

European Central Bank (2009b) "Financial stability review", December, www.ecb.europa.eu/pub/pdf/other/financialstabilityreview200912en.pdf??7e1073aa7dd961b1248c19c2fecbf696

European Central Bank (2010a) "Beyond ROE: How to measure bank performance", Appendix to the Report on EU banking structures, September, www.ecb.europa.eu/pub/pdf/other/beyondroehowtomeasurebankperformance201009en.pdf

European Central Bank (2010b) "The ECB's monetary policy stance during the financial crisis", *Monthly Bulletin*, January, www.ecb.europa.eu/pub/pdf/other/art1_mb201001en_pp63 - 71en.pdf

European Central Bank (2010c) "EU banking structures", September, www.ecb.europa.eu/pub/pdf/other/eubankingstructures201009en.pdf

European Central Bank (2011a) "The monetary policy of the ECB", www.ecb.europa.eu/pub/pdf/other/monetarypolicy2011en.pdf?536dd5e934d206858a2d6d1b5e52d4d3

European Central Bank (2011b) *Monthly Bulletin*, July, www.ecb.europa.eu/pub/pdf/mobu/mb201107en.pdf

European Central Bank (2012a) "A fiscal compact for a stronger economic and monetary union", *Monthly Bulletin*, May, www.ecb.int/pub/pdf/other/art1_mb201205en_pp79 - 94en.pdf

European Central Bank (2012b) "Monetary and fiscal interactions in Europe", *Monthly Bulletin*, July, www.ecb.int/pub/pdf/other/art1_mb201207en_pp51 - 64en.pdf?fbc950d904a5d4d27be6cf98c733a294

European Central Bank (2013) "Banking structure report", November, www.ecb.europa.eu/pub/pdf/other/bankingstructuresreport201311en.pdf

European Commission (2007a) "Report on the retail banking sector inquiry", Commission Staff Working Document, January, http://ec.europa.eu/competition/sectors/financial_services/inquiries/sec_2007_106.pdf

European Commission (2007b) "Review of the lamfalussy process. Strengthening supervisory convergence", Communication from the Commission to the European Parliament and the Council, COM (2007) 727.

European Commission (2009) "Five years of an enlarged EU. Economic achievements and challenges", DG Economic and Financial Affairs, http://ec.europa.eu/economy_finance/publications/publication14078_en.pdf

European Commission (2011) "European financial stability and integration report", Commission Staff Working Paper.

European Commission (2012) "A roadmap towards a banking union", Communication from the Commission to the European Parliament and the Council, COM/2012/0510.

European Commission (2013a) "Europe 2020 in a nutshell. Taking stock of the Europe 2020 strategy for smart, sustainable and inclusive growth", Communication from the Commission to the European Parliament, the Council, the European Economic and Social Committee and the Committee of the Regions, COM (2014) 130.

European Commission (2013b) "A single market for growth and jobs: An analysis of progress made and remaining obstacles in the member states", Report from the Commission to the European Parliament, the Council, the European Central Bank, the European Economic and Social Committee, the Committee of Regions and the European Investment Bank, COM (2013) 785 final.

European Commission. Joint Research Centre (2009) "Possible models for risk-based contributions to EU deposit guarantee schemes", June, http://ec.europa.eu/internal_market/bank/docs/guarantee/2009_06_risk-based-report_en.pdf

European Economic and Social Committee (2012) "Obstacles to the European single market", Findings of the Single Market Observatory (SMO) Status, July.

European Parliament (2014) "Review of the new European system of financial supervision (ESFS), Part 1: The work of the European supervisory authorities (EBA, EIOPA and ESMA) ", www.europarl.europa.eu/RegData/etudes/etudes/join/2013/507446/IPOL-ECON_ET (2013) 507446_EN.pdf

European Securitisation Forum (1999) "European securitisation: A resource guide", www.europeansecuritisation.com/pubs/ESFGuide.pdf

European Systemic Risk Board (2011) *Annual Report*, www.esrb.europa.eu/pub/pdf/ar/2011/esrbar2011en.pdf?7fe54d5c524714d16500e1806638e7ac

Federal Reserve Board (2005) "Monetary policy and the economy", Chapter 2 in *The Federal Reserve System: Purposes and Functions*, pp. 15 – 25, 9th Edition Board of Governors of the Federal Reserve System, Washington DC, www.federalreserve.gov/pf/pdf/pf_2.pdf

Federal Reserve Board (2010) "Advisory on interest rate risk management", www.federalreserve.gov/newsevents/press/bcreg/bcreg20100107.pdf

Federal Reserve Board (2014) "Consumers and mobile financial services 2014", Board of Governors of the Federal Reserve System, March, www.federalreserve.gov/econresdata/consumers-and-mobile-financial-services-report-201403.pdf

Federal Reserve System (2005) "Purpose and functions", Board of Governors of the Federal Reserve System, www.federalreserve.gov/pf/pf.htm

Federal Reserve System (2011) "The 2010 federal reserve payments study: Noncash payment trends in the United States: 2006 – 2009", April, www.frbservices.org/files/communications/pdf/press/2010_payments_study.pdf

Federal Reserve System (2013) "The 2013 federal reserve payments study: Recent and long-term payment trends in the United States: 2010 – 2012. Summary Report", December, http://fedpaymentsimprovement.org/wp-content/uploads/2013_payments_study_summary.pdf

Fiechter, J., Ötker-Robe, I., Lyina, A., Hsu, M., Santos, A. and Surti, J. (2011) "Subsidiaries or branches: Does one size fit all?" IMF Staff Discussion Note, March (SDN/11/04).

Filardo, A. and Yetman, J. (2011) "Key facts on central bank balance sheets in Asia and the Pacific", Bank for International Settlements, 6 December.

Financial Services Authority (2009) "The Turner Review. A regulatory response to the global banking crisis", March, www.fsa.gov.uk/pubs/other/turner_review.pdf

Financial Services Authority (2010) "Revising the remuneration code", Consultation Paper, 10/19, www.fsa.gov.uk/pubs/cp/cp10_19.pdf

Financial Services Authority (2011a) "The failure of the Royal Bank of Scotland", Financial Services Authority Board Report, December, www.fsa.gov.uk/pubs/other/rbs.pdf

Financial Services Authority (2011b) "Revising the remuneration code – feedback on Cp10/19 and final rules", Policy Statement, PS10/20, www.fsa.gov.uk/pubs/policy/ps10_20.pdf

Financial Services Authority (2012) "Assessing the possible sources of systemic risk from hedge funds, A report on the findings of the FSA's hedge fund survey and hedge fund as counterparty survey", www.fsa.gov.uk/static/pubs/other/hedge-fund-report-aug2012.pdf

Financial Stability Board (2011a) "Key attributes of effective resolution regimes for financial institutions", October, www.financialstabilityboard.org/publications/r_111104cc.pdf

Financial Stability Board (2011b) "Policy measures to address systemically important financial institutions", November, www.financialstabilityboard.org/publications/r_111104bb.pdf

Financial Stability Board (2011c) "Shadow banking: Scoping the issues", April, www.financialstabilityboard.org/publications/r_110412a.pdf

Financial Stability Board (2011d) "Thematic review on mortgage underwriting and origination practices", March, www.financialstabilityboard.org/publications/r_110318a.pdf

Financial Stability Board (2012a) "Global shadow banking monitoring report 2012", November, www.financialstabilityboard.org/publications/r_121118c.pdf

Financial Stability Board (2012b) "Principles for sound residential mortgage underwriting practices", April, www.financialstabilityboard.org/publications/r_120418.pdf

Financial Stability Board (2012c) "Strengthening oversight and regulation of shadow banking. An integrated overview of policy recommendations", Consultative Document, November, www.financialstabilityboard.org/publications/r_121118.pdf

Financial Stability Board (2012d) "Thematic review on deposit insurance systems, peer review report", February, www.financialstabilityboard.org/publications/r_120208.pdf

Financial Stability Board (2013a) "Thematic review on resolution regimes, peer review report", April, www.financialstabilityboard.org/publications/r_130411a.pdf

Financial Stability Board (2013b) "Update of group of global systemically important banks (G-SIBs)", November, www.financialstabilityboard.org/publications/r_131111.pdf

Financial Stability Forum (2008) "Report of the financial stability forum on enhancing market and institutional resilience", April, www.financialstabilityboard.org/publications/r_0804.pdf

Fiordelisi, F. (2007) "Shareholder value efficiency in European banking", *Journal of Banking & Finance*, 31 (7), 2151–2171.

Friedman, M. (1969) *The Optimum Quantity of Money*, London: Macmillan.

Friedman, M. (1968) "The role of monetary policy", *The American Economic Review*, 58 (1), 1–17.

Fu, X., Lin, Y. and Molyneux, P. (2014) "Bank competition and financial stability in Asia Pacific", *Journal of Banking & Finance*, 38, 64–77.

Gapper, J. (2008) "After 73 years: The last gasp of the broker-dealer", *Financial Times*, 15 September.

Garmaise, M. J. and Moskowitz, T. J. (2006) "Bank mergers and crime: The real and social effects of credit market competition", *Journal of Finance*, 61, 495 – 538.

Genetay, N. and Molyneux, P. (1998) *Bancassurance*, London: Palgrave Macmillan.

Gilbert, R. A. (1984) "Bank market structure and competition – a survey", *Journal of Money, Credit and Banking*, 16 (4), 332 – 354.

Girardone, C. and Snaith, S. (2011) "Project finance loan spreads and disaggregated political risk", *Applied Financial Economics*, 21 (23), 1725 – 1734.

Goddard, J., Molyneux, P. and Wilson, J. O. S. (2004) "Dynamics of growth and profitability in banking", *Journal of Money, Credit and Banking*, 36 (6), 1069 – 1090.

Goddard, J., Molyneux, P. and Wilson, J. O. S. (2009a) "Crisis in UK banking: Lessons for public policy", *Public Money and Management*, 29, 276 – 284.

Goddard, J., Molyneux, P. and Wilson, J. O. S. (2009b) "The financial crisis in Europe: Evolution, policy responses and lessons for the future", *Journal of Financial Regulation and Compliance*, 17, 362 – 380.

Goddard, J., Molyneux, P. and Wilson, J. O. S. (2014) "Banking in the European Union: Deregulation, crisis and renewal", in Berger, A. N., Molyneux, P. and Wilson, J. O. S. (eds) *The Oxford Handbook of Banking*, Oxford: Oxford University Press.

Goddard, J., Molyneux, P., Liu, H. and Wilson, J. O. S. (2011) "The persistence of bank profit", *Journal of Banking & Finance*, 35, 2881 – 2890.

Goetz, M. (2012) "Bank diversification, market structure and bank risk taking: Theory and evidence from U. S. commercial banks", www. bostonfed. org/bankinfo/qau/wp/2012/qau1202. pdf

Goff, S. (2011) "Just the facts: The Vickers Report", *Financial Times*, 12 September.

Goff, S. (2013) "Born from the Reverend Henry Duncan, a brief history of TSB", *Financial Times*, 6 September.

González-Páramo, J. M. (2010) "The challenges of credit risk management: Lessons learned from the crisis", Speech given at the Bank of International Settlements by the Member of the Executive Board of the European Central Bank, 26 May, www. bis. org/review/r100528d. pdf

Goodhart, C. A. E. (1987) "Why do banks need a central bank?" *Oxford Economic Papers*, 39 (1), 75 – 89.

Goodhart, C. A. E., Hartmann, P., Llewellyn, D., Rojas-Suarez, L. and Weisbrod, S. (1998) *Financial Regulation: Why, How and Where Now?* London: Routledge.

Gray, S. and Talbot, N. (2006) "Monetary operations", in Hammond, G. and Blake, A. (eds) *Handbooks in Central Banking*, London: Centre for Central Banking Studies, Bank of England.

Greenbaum, S. I. and Thakor, A. V. (2007) *Contemporary Financial Intermediation*, 2nd Edition, Amsterdam, Boston, MA: Elsevier Academic Press.

Gros, D., Alcidi, C. and Giovanni, A. (2012) "Central banks in times of crisis: The Fed vs. the ECB", CEPS Policy Briefs, No. 276, July, pp. 3 – 5.

Group of Ten (2001) "Report on consolidation in the financial sector", Bank for International Settlements, www. bis. org/publ/gten05. pdf

Guerrera, F. (2010) "JPMorgan's US acquisitions pack punch", *Financial Times*, 21 September.

Hagendorff, J. (2014) "Corporate governance in banking", in Berger, A. N., Molyneux, P. and Wilson, J. O. S. (eds), *The Oxford Handbook of Banking*, Oxford: Oxford University Press.

Hagendorff, J. and Keasey, K. (2012) "The value of board diversity in banking: Evidence from the market for corporate control", *The European Journal of Finance*, 18, 41 – 58.

Hagendorff, J., Keasey, K. and Vallascas, F. (2013) *Size, Risk and Governance in European Banking*. Oxford: Oxford University Press.

Hammond, G. (2012) "State of the art inflation targeting", Bank of England, CCBS Handbook, No. 29, February.

Heffernan, S. (2005) *Modern Banking*, Chichester: John Wiley & Sons.

Heinemann, F. and Jopp, M. (2002) "The benefits of a working European retail market for financial services", Report to the European Financial Services Round Table, Institut für Europäische Politik, Berlin, http: // ftp. zew. de/pub/zew-docs/div/erffinal. pdf

Hempel, G. H. and Simonson, D. G. (2008) *Bank Management*, 5th Edition, New York: John Wiley & Sons.

Herfindahl, O. C. (1950) *Concentration in the US Steel Industry*, New York: Columbia University.

Hicks, J. (1935) "Annual survey of economic theory: The theory of monopoly", *Econometrica*, 3 (1), 1 – 20.

High-Level Expert Group on Financial Supervision in the EU (2009) "Report (de Larosière Report)", February, http: //ec. europa. eu/internal _ market/finances/docs/de _ larosiere _ report _ en. pdf

High-Level Expert Group on Reforming the Structure of the EU Banking Sector (2012) Final Report (Liikanen Report), October, http: //ec. europa. eu/internal _ market/bank/docs/high-level _ expert _ group/report _ en. pdf

Hirschman, A. O. (1945) *National Power and the Structure of Foreign Trade*, Berkeley, CA: University of California Press.

HM Treasury (2012) "Banking reform: Delivering stability and supporting a sustainable economy", June, www. gov. uk/government/uploads/system/uploads/attachment _ data/file/32556/whitepaper _ banking _ reform _ 140512. pdf

Hoelscher, D. S. and Quintyn, M. (2003) "Managing systemic banking crises", IMF Occasional Paper, No. 224, August.

Hughes, J. and Mester, L. (2014) "Measuring the performance of banks: Theory, practice, evidence, and some policy implications", in Berger, A. N. , Molyneux, P. and Wilson, J. O. S. (eds), *The Oxford Handbook of Banking*, Oxford: Oxford University Press.

Hunter, G. S. (2013) "Scope for consolidation in overcrowded Gulf banking markets", *Financial Times*, 9 October.

ICMA (2012) "Shadow banking and repo", ICMA European Repo Council, www. icmagroup. org/assets/documents/Maket-Practice/Regulatory-Policy/Repo-Markets/Shadow% 20banking% 20and% 20repo% 2020% 20March%202012. pdf

Independent Commission on Banking (2011) *Final Report*, September, http://bankingcommission.independent. gov.uk/

Institute of International Finance (2009) "Risk Culture, reform in the financial services industry: Strengthening practices for a more stable system", The Report of the IIF Steering Committee on Implementation (SCI), Institute of International Finance, Washington DC, December, www. iif. com/download. php? id = rvQQAg-KiCMM

Institute of Risk Management (2012) "Risk culture: Guidance from the Institute of Risk Management", London: Institute of Risk Management, www. theirm. org/media/885907/Risk _ Culture _ A5 _ WEB15 _ Oct _ 2012.pdf

International Finance Corporation (2007) "Banking on sustainability, financing environmental and social opportunities in emerging markets ", www. ifc. org/wps/wcm/connect/1bba68804886595eb902fb6a6515bb18/FINAL_IFC_BankingOnSustainability_web. pdf?MOD= AJPERES&CACHEID=1bba68804886595eb902fb6a6515 bb18

International Monetary Fund (2004) "The treatment of nonperforming loans in macroeconomic statistics", An Issue Paper Prepared for the December 2004 Meeting of the Advisory Expert Group on National Accounts.

International Monetary Fund (2007) "Compilation guide on financial soundness indicators: Experience with the co-ordinated compilation exercise and next steps", Statistics Department, October, www. imf. org/external/np/pp/2007/eng/101807a. pdf

International Monetary Fund (2012a) "Japan: Financial sector stability assessment update", IMF Country Report, No. 12/210, www. imf. org/external/pubs/ft/scr/2012/cr12210. pdf

International Monetary Fund (2012b) "The quest for lasting stability", Global Financial Stability Report, April, www. imf. org/external/pubs/ft/gfsr/2012/01/pdf/text. pdf

International Monetary Fund (2012c) "Restoring confidence and progressing on reforms", Global Financial Stability Report, October, www. imf. org/external/pubs/ft/gfsr/2012/02/pdf/text. pdf

International Monetary Fund (2012d) "Enhancing financial sector surveillance in low-income countries – financial deepening and macro-stability", IMF Board Paper, April, www. imf. org/external/np/pp/eng/2012/041612.pdf

International Monetary Fund (2013a) "European Union: Publication of financial sector assessment programme documentation – technical note on deposit insurance", IMF Country Report, March, www. imf. org/external/pubs/ft/scr/2013/cr1366.pdf

International Monetary Fund (2013b) "Transition challenges to stability", Global Financial Stability Report, October, www. imf. org/external/pubs/ft/gfsr/2013/02/pdf/text. pdf

International Monetary Fund (2013c) "Unconventional monetary policies. Recent experience and prospects", April, www. imf. org/external/np/pp/eng/2013/041813a. pdf

International Monetary Fund (2013d) "World economic outlook", April, www. imf. org/external/pubs/ft/weo/2013/01/pdf/text. pdfInvestment Management Association (2011) Ethical Investing in Funds, www.investmentfunds.org.uk

IOSCO (2010) "Disclosure principles for public offerings and listings of asset backed securities", Final Report, April, www. iosco. org/library/pubdocs/pdf/ioscopd318. pdf

IOSCO (2012) "Global Developments in securitisation regulation", International Organization of Securities Commissions, CR09/12, June, www. iosco. org/library/pubdocs/pdf/IOSCOPD382. pdf

Ito, T. and Mishkin, F. S. (2004) "Two decades of Japanese monetary policy and the deflation problem", NBER Working Paper, No. 10878, November, www. nber. org/papers/w10878

Iwata, G. (1974) "Measurement of conjectural variations in oligopoly", Econometrica, 42 (5), 947 – 966.

Jahan S. (2012) "Inflation targeting: Holding the line", International Monetary Fund, www. imf. org/external/pubs/ft/fandd/basics/target. htm

Japan Post Bank (2012) Annual Report, http: //www. jp-bank. japanpost. jp/en/aboutus/pdf/en2012 _ all. pdf

Jayaratne, J. and Strahan, P. E. (1998) "Entry restrictions, industry evolution, and dynamic efficiency: Evidence from commercial banking", Journal of Law and Economics, 41, 239 – 273.

Jensen, M. C. and Meckling, W. H. (1976) "Theory of the firm: Managerial behavior, agency costs and ownership structure", Journal of Financial Economics, 3 (4), 305 – 360.

Jorion, P. (2007) Value at Risk: The New Benchmark for Controlling Market Risk, 3rd Edition, New York: McGraw-Hill.

Joyce, M. , Tong, M. and Woods, R. (2011) "The United Kingdom's quantitative easing policy: Design, operation and impact", Quarterly Bulletin, Bank of England, Q3, www. bankofengland. co. uk/publications/Documents/quarterlybulletin/qb110301. pdf

Kaczorowska, A. (2013) European Union Law, 3rd Edition, London: Routledge, Taylor & Francis Group.

Kanaya, A. and Woo, D. (2000) "The Japanese banking crises of the 1990s: Sources and lessons", IMF Working Paper, WP/00/7 www. imf. org/external/pubs/ft/wp/2000/wp0007. pdf

Keeley, M. C. (1990) "Deposit insurance, risk and market power in banking", The American Economic Review, 80 (5), 1183 - 1200.

Kiff, J. and Morrow, R. (2000) "Credit derivatives", *Bank of Canada Review*, Autumn, 3 - 11.

King, M. (2012) "Twenty years of inflation targeting", Speech given at the Stamp Memorial Lecture, London School of Economics, www. bankofengland. co. uk/publications/Documents/speeches/2012/speech606. pdf

King, R. G. and Levine, R. (1993) "Finance and growth: Schumpeter might be right", *Quarterly Journal of Economics*, 108 (3), 717 - 737.

Klapper, L. , Laeven, L. and Rajan, R. G. (2006) "Entry regulation as a barrier to entrepreneurship", *Journal of Financial Economics*, 82 (3), 591 - 629.

Klapper, L. , Martinez-Peria, M. S. and Zia, B. (2014) "Banking in the developing nations of Asia: An overview of recent changes in ownership structure", in Berger, A. N. , Molyneux, P. and Wilson, J. O. S. (eds), *The Oxford Handbook of Banking*, Oxford: Oxford University Press.

Kneer, C. (2013) "The absorption of talent into finance: Evidence from U. S. banking deregulation", De Nederlandsche Bank.

Koch, T. W. and MacDonald, S. S. (2009) *Bank Management*, 7th Edition, Mason, OH: South-Western, Cengage Learning.

Koopman, G. -J. (2011) "Stability and competition in EU banking during the financial crisis: The role of state aid control", *Competition Policy International*, 7, 8 - 21.

KPMG (2010) "Risk management - a driver of enterprise value in the emerging environment", www.kpmg.com/ IN/en/IssuesAndInsights/ThoughtLeadership/KPMG_Risk_Management_Survey_2011_1.pdf

KPMG (2013) "Major Australian banks: Full year results 2012", Financial Institutions Performance Survey, www. kpmg. com/AU/en/IssuesAndInsights/ArticlesPublications/Financial-Institutions-Peformance-Survey/ Major-Banks/Documents/major-australian-banks-year-end-2012v2. pdf

Kydland, F. and Prescott, E. (1977) "Rules rather than discretion: The inconsistency of optimal plans", *Journal of Political Economy*, 85, 473 - 490.

Laeven, L. and Levine, R. (2009) "Bank governance, regulation and risk taking", *Journal of Financial Economics*, 93 (2), 259 - 275.

Laeven, L. and Valencia, F. (2008) "Systemic banking crises: A new database", IMF Working Paper, WP/08/ 224, www. imf. org/external/pubs/ft/wp/2008/wp08224. pdf

Laeven, L. and Valencia, F. (2012) "Systemic banking crises database: An update", International Monetary Fund Working Paper, WP/12/163.

Laeven, L. and Valencia, F. (2014) "Resolution of banking crises: The good, the bad, and the ugly", in Claessens, S. , Kose, M. A. , Laeven, L. and Valencia, F. (eds), *Financial Crises: Causes, Consequences and Policy Responses*, Washington, DC: International Monetary Fund.

Landier, A. and Ueda, K. (2009) "The economics of bank restructuring: Understanding the options", IMF Staff Position Note, SPN/09/12, June.

Lau, L. J. (1982) "On identifying the degree of competitiveness from industry price and output data", *Economics Letters*, 10 (1 - 2), 93 - 99.

Leibenstein, H. (1966) "Allocative efficiency vs. 'X-efficiency' ", *The American Economic Review*, 56 (3), 392 - 415.

Lepetit, L. and Strobel, F. (2013) "Bank insolvency risk and time-varying Z-score measures", *Journal of International Financial Markets, Institutions and Money*, 25, 73 - 87.

Lerner, A. P. (1934) "The concept of monopoly and the measurement of monopoly power", *Review of Economic Studies*, 1 (3), 157 - 175.

Lewis, M. K. and Davis, K. (1987) *Domestic and International Banking*, Cambridge, MA: The MIT Press.

Lintner, J. (1965) "The valuation of risk assets and the selection of risky investments in stock portfolios and capital budgets", *The Review of Economics and Statistics*, 47 (1), 13-37.

Lipczynski, J., Wilson, J. O. S. and Goddard, J. (2013) *Industrial Organization: Competition, Strategy and Policy*, Harlow: Pearson.

Liu, H., Molyneux, P. and Wilson, J. O. S. (2013) "Competition in banking: Measurement and interpretation", in Bell, A. R., Brooks, C. and Prokopczuk, M. (eds), *Handbook of Research Methods and Applications in Empirical Finance*, Cheltenham: Edward Elgar.

Llewellyn, D. T. (1999) "The economic rationale for financial regulation", FSA Occasional Papers Series, No. 1, www.fsa.gov.uk/pubs/occpapers/op01.pdf

Loan Market Association Syndicated Loan – Glossary, www.lma.eu.com/uploads/files/Syndicated _ Loan _ glossary [1] .pdf

Manne, H. G. (1965) "Mergers and the market for corporate control", *The Journal of Political Economy*, 73 (2), 110-120.

Markowitz, H. (1952) "Portfolio selection", *The Journal of Finance*, 7 (1), 77-91.

Marques-Ibanez, D. and Scheicher, M. (2010) "Securitisation, instruments and implications", in Berger, A. N., Molyneux, P. and Wilson, J. O. S. (eds), *The Oxford Handbook of Banking*, Oxford: Oxford University Press.

Masters, B. (2013) "Gargantuan task of libor probes becomes clearer", *Financial Times*, 1 November.

Masters, B. (2013) "Risk management progress has been small, says banking study", *Financial Times*, 28 July.

McCauley, R., McGuire, P. and von Peter, G. (2010) "The architecture of global banking: From international to multinational?" *BIS Quarterly Review*, March, 25-37.

McGuire, C. L. (2012) "Simple tools to assist in the resolution of troubled banks", Other Operational Studies, World Bank, No.12342, http://siteresources.worldbank.org/EXTFINANCIALSECTOR/Resources/Bank_Resolution_Toolkit.pdf

McKinsey (2011) "Day of reckoning? New regulation and its impact on capital-markets businesses", www.mckinsey.com/App_Media/Reports/Financial_Services/McKRegulation_capital_markets.pdf

McKinsey (2012) "Value creation in European banking", www.mckinsey.com/

Merton, R. C. (1974) "On the pricing of corporate debt: The risk structure of interest rates", *The Journal of Finance*, 29 (2), 449-470.

Mishkin, F. S. (2011) "Monetary policy strategy: Lessons from the crisis", NBER Working Paper No. 16755, www.nber.org/papers/w16755.pdf

Mishkin, F. S. (2000) "What should central banks do?" *Federal Reserve Bank of St Louis Review*, November – December.

Moe, T. G. (2012) "Shadow banking and the limits of central bank liquidity support: How to achieve a better balance between global and official liquidity", Levy Institute of Bard College, Working Paper, No. 712.

Molyneux, P., Lloyd-Williams, D. M. and Thornton, J. (1994) "Competitive conditions in European banking", *Journal of Banking & Finance*, 18 (3), 445-459.

Molyneux, P., Nguyen, L. H. and Xie, R. (2014) "Foreign bank entry in South East Asia", *International Review of Financial Analysis*, 30, 26-35.

Montoriol-Garriga, J. (2008) "Bank mergers and lending relationships", ECB Working Papers, September, www.ecb.europa.eu/pub/pdf/scpwps/ecbwp934.pdf

Moody's Analytics (2011a) "Banking industry survey on stress testing", www.moodysanalytics.com/Microsites/Global-Marketing/2011/Stress-Testing-Survey

Moody's Analytics (2011b) "Implementing high value funds transfer pricing systems", www.moodysanalytics.

com/~/media/Insight/Quantitative-Research/Enterprise-Risk-Modeling/2011/2011-01-09-Implementing-High-Value-Fund-Transfer-Pricing-Systems. ashx

Moore, E. (2011a) "Decision to abolish cheques reversed", *Financial Times*, 12 July.

Moore, E. (2011b) "PPI misselling – 'nothing was separated and explained' ", *Financial Times*, 13 May.

Mueller, D. C. (1977) "The persistence of profits above the norm", *Economica*, 44 (176), 369 – 380.

Mueller, D. C. (1986) *Profits in the Long Run*, Cambridge: Cambridge University Press.

Mueller, H. (1994) "Credit policy: The anchor of the credit culture", *Journal of Commercial Lending*, 76 (11) .

Murphy, E. (2013) "Who regulates whom and how? An overview of US financial regulatory policy", Congressional Research Service, www. fas. org/sgp/crs/misc/R43087. pdf

Nakamoto, S. (2009) "Bitcoin: A peer-to peer electronic cash system", https: //bitcoin. org/bitcoin. pdf

Nasiripour, S. and Braithwaite, T. (2013) "Out to break the banks", *Financial Times*.

National Audit Office (2012) "The creation and sale of Northern Rock Plc", Report by the Comptroller and Auditor general, 17 May, www. nao. org. uk/wp-content/uploads/2012/05/121320. pdf

National Audit Office (2013) "The comptroller and auditor general's report to the house of commons", HM Treasury Resource Accounts 2012 – 13, www. nao. org. uk/wp-content/uploads/2013/07/HMT-Accounts-2012 – 13. pdf

OECD (2011) "Bank competition and financial stability", www. oecd. org/finance/financial-markets/48501035.pdf

Office of Fair Trading (2004) "Store cards", March, www. oft. gov. uk/shared _ oft/reports/financial _ products/oft706. pdf

Office of Fair Trading (2007) "SME banking", OFT937, August, http://webarchive. nationalarchives. gov. uk/20140402142426/http://www.oft.gov.uk/shared_oft/reports/financial_products/oft937.pdf

Office of Fair Trading (2008) "Personal current accounts in the UK", July, www. oft. gov. uk/shared _ oft/reports/financial _ products/OFT1005. pdf

Office of Fair Trading (2010a) "OFT's response to the consumer focus super-complaint", June, www.oft.gov. uk/shared_oft/super-complaints/OFT1246.pdf

Office of Fair Trading (2010b) "Review of barriers to entry, expansion and exit in retail banking", November, www. oft. gov. uk/shared _ oft/personal-current-accounts/oft1282

Office of Fair Trading (2012) "Competition in UK banking", Speech at the seminar on "A competitive banking sector: Challenges in a post-crisis environment", organised by MLex in association with Lloyds Banking Group, www. oft. gov. uk/shared _ oft/speeches/2012/speech0212. pdf

Office of Fair Trading (2013) "Review of the personal current account market", OFT1005rev, January, www. oft. gov. uk/shared _ oft/reports/financial _ products/OFT1005rev

Ogura, Y. and Uchida, H. (2014) "Bank consolidation and soft information acquisition in small business lending", *Journal of Financial Services Research*, 45, 173 – 200.

Oliver Wyman (2011) *The Future of Banking in Emerging Markets*, London: Oliver Wyman.

Panzar, J. C. and Rosse, J. N. (1987) "Testing for monopoly equilibrium", *Journal of Industrial Economics*, 35 (4), 443 – 456.

Parks, T. (2005) *Medici Money: Banking, Metaphysics, and Art in Fifteenth-century Florence*, New York: WW Norton & Company.

Payments Council (2013) "Quarterly statistical report", www. paymentscouncil. org. uk/

Perignon, C. and Smith, D. R. (2010) "The level and quality of value-at-risk disclosure by commercial banks", *Journal of Banking and Finance*, 34, 362 – 377.

Philippon, T. (2010) "Financiers vs. engineers: Should the financial sector be taxed or subsidized?" *American Economic Journal: Macroeconomics*, 2 (3), 158 – 182.

Plender, J. (2009) "A winner's curse that haunts the banking behemoths", *Financial Times*, 12 July.

Plenderleith, I. (2012) "Review of the Bank of England's provision of emergency liquidity assistance in 2008 – 09", Report presented to the Court of the Bank of England, www. bankofengland. co. uk/publications/Documents/news/2012/cr1plenderleith. pdf

Power, M. , Ashby, S. and Palermo, T. (2013) "Risk culture in financial organisations, a research report", www. lse. ac. uk/researchAndExpertise/units/CARR/pdf/Final-Risk-Culture-Report. pdf

Pozsar, Z. , Adrian, T. , Ashcraft, A. and Boesky, H. (2010) "Shadow banking", Staff Report, Federal Reserve Bank of New York, 458, www. newyorkfed. org/research/staff _ reports/sr458. html

PwC (2007) "Guide to key performance indicators: Communicating the measures that matter", www. pwc. com/gx/en/corporate-reporting/assets/pdfs/uk _ kpi _ guide. pdf

PwC (2009a) "Balance sheet management benchmark survey", December, www. pwc. com/en _ GX/gx/banking-capital-markets/assets/balance-sheet-management-benchmark-survey. pdf

PwC (2009b) "Financial instruments under IFRS. A guide through the maze", www. pwc. com/gx/en/ifrs-reporting/Financial _ instruments _ Guide _ maze. jhtml

PwC (2011) "Emerging opportunities, financial services M&As in Asia", www. pwc. tw/en _ TW/tw/publications/events-and-trends/assets/e253. pdf

PwC (20012) "The risk culture survey", www. pwc. com/en _ US/us/insurance/publications/assets/pwc-erm-survey-report. pdf

PwC (2013) "Brave new world: New frontiers in bank M&As", www. pwc. lu/en/corporate-finance/docs/pwc-journal-banking-manda. pdf

Rabinovitch, S. (2014) "China banking war heats up with launch of online investment app", *Financial Times*, 30 January.

Rajan, R. G. and Zingales, L. (1998) "Financial dependence and growth", *American Economic Review*, 88 (3), 559 – 586.

Reinhart, C. M. and Rogoff, K. S. (2009) *This Time is Different: Eight centuries of financial folly*, Princeton, NJ: Princeton University Press.

Reinhart, C. M. and Rogoff, K. S. (2011) "From financial crash to debt crisis", *American Economic Review*, 101 (5), 1676 – 1706.

Resti, A. and Sironi, A. (2010) *Risk Management and Shareholders' Value in Banking*, Chichester: John Wiley & Sons.

Rhoades, S. A. and Rutz, R. D. (1982) "Market power and firm risk: A test of the 'quiet life' hypothesis", *Journal of Monetary Economics*, 9 (1), 73 – 85.

Rioja, F. and Valev, N. T. (2004a) "Does one size fit all? A reexamination of the finance and growth relationship", *Journal of Development Economics*, 74 (2), 429 – 447.

Rioja, F. and Valev, N. T. (2004b) "Finance and the sources of growth at various stages of economic development", *Economic Inquiry*, 42 (1), 127 – 140.

Roll, R. (1986) "The hubris hypothesis of corporate takeovers", *Journal of Business and Economic Statistics*, 59, 197 – 216.

Rose, P. S. and Hudgins, S. C. (2010) *Bank Management & Financial Services*, 8th Edition, Singapore: McGraw-Hill/Irwin.

Rosse, J. N. and Panzar, J. C. (1977) "Chamberlin vs. Robinson: An empirical study for monopoly rents", Studies in Industry Economics, Research Paper No. 77, Stanford University, California.

Rybczynski, T. (1983) "The industrial finance systems: Europe, U. S. and Japan", Research Institute of Industrial Economics, Working Paper 113, www. ifn. se/eng/publications

Saigol, L. (2013) "RBS apologises for Cyber Monday technology breakdown", *Financial Times*, 3 December.

Sano, H. and Hirata, N. (2010) "Japan scales back Japan post privatisation", Reuters, 24 March.

Sarkisyan, A. and Casu, B. (2013) "Retained interests in securitisations and implications for bank solvency", ECB Working Paper Series, 1538 (April), http: //www. ecb. europa. eu/pub/pdf/scpwps/ecbwp1538. pdf

Saunders, A. and Cornett, M. M. (2012) *Financial Markets and Institutions*, New York: McGraw-Hill/Irwin.

Sawada, M. (2013) "Measuring the effect of postal saving privatization on the Japanese banking industry: Evidence from the 2005 general election", *Pacific-Basin Finance Journal*, 21 (1), 967 – 983.

Schaeck, K. and Čihák, M. (2014) "Competition, efficiency, and stability in banking", *Financial Management*, 43 (1), 215 – 241.

Schäfer, D. (2013) "Consolidation: Fragmented business offers huge potential for mergers", *Financial Times*, 13 May.

Schäfer, D. and Johnson, M. (2013) "Santander in talks to sell stake in asset arm", *Financial Times*, 5 May.

Schiersch, A. and Schmidt-Ehmcke, J. (2010) "Empiricism meets theory: Is the Boone-Indicator applicable?" Discussion Papers of DIW Berlin 1030.

Schmieder, C., Marsch, K. and Forster-van Aerssen, K. (2010) "Does banking consolidation worsen firms' access to credit? Evidence from the German economy", *Small Business Economics*, 35 (4), 449 – 465.

Scorpio (2012) "Scorpio partnership private banking benchmark 2012", www. scorpiopartnership. com

Sealey, G. W. and Lindley, J. T. (1977) "Inputs, outputs and a theory of production and cost at depository financial institutions", *Journal of Finance*, 32 (4), 1251 – 1266.

Select Committee on the European Union (2003) "Towards a single market for finance: The financial services action plan", House of Lords, 45th Report, www. publications. parliament. uk/pa/ld200203/ldselect/ldeucom/192/192. pdf

Sender, H. (2009) "AIG saga shows dangers of credit default swaps", *Financial Times*, 6 March.

Shaffer, S. (1993) "A test of competition in Canadian banking", *Journal of Money, Credit and Banking*, 25 (1), 46 – 61.

Shaffer, S. and DiSalvo, J. (1994) "Conduct in a banking duopoly", *Journal of Banking & Finance*, 18 (6), 1063 – 1082.

Shambaugh, J. C. (2012) "The Euro's three crises", *Brookings Papers on Economic Activity*, 12 March, www. brookings. edu/~/media/Projects/BPEA/Spring%202012/2012a _ Shambaugh. pdf

Sharpe, W. F. (1964) "Capital asset prices: A theory of market equilibrium under conditions of risk", *The Journal of Finance*, 19 (3), 425 – 442.

Shepherd, W. G. (1982) "Economies of scale and monopoly profits", in Craven, J. V. (ed.), *Industrial Organization, Antitrust, and Public Policy*, Boston, MA: Kluwer Nijhoff.

Shepherd, W. G. (1986) "Tobin's Q and the structure performance relationship: Reply", *American Economic Review*, 76, 1205 – 1210.

Shinkin Central Bank (2012) *Annual Report*, www. shinkin-central-bank. jp/e/financial/pdf/all _ 2012. pdf

Shiratsuka, S. (2010) "Size and composition of the central bank balance sheet: Revisiting Japan's experience of the quantitative easing policy", Globalization and Monetary Policy Institute, Federal Reserve Bank of Dallas, WP N. 42.

Shotter, J., Jenkins, P. and Massoudi, A. (2012) "UBS updates Facebook status", *Financial Times*, 31 July.

Shull, B. and Hanweck, G. (2001) *Bank Mergers in a Deregulated Environment: Promise and peril*, Westport, CT: Quorum Books.

Singh, M. M. and Aitken, J. (2010) "The (sizable) role of rehypothecation in the shadow banking system", IMF Working Paper, 10/172, www. imf. org/external/pubs/ft/wp/2010/wp10172. pdf

Sinkey, J. F. (2002) *Commercial Bank Financial Management*, 6th Edition, New York: Macmillan.

Smirlock, M. (1985) "Evidence of the (non) relationship between concentration and profitability in banking", *Journal of Money, Credit and Banking*, 17 (1), 69 – 83.

Soble, J. (2013) "Japan's biggest banks profit under Abenomics", *Financial Times*, 31 July.

Spiller, P. T. and Favaro, E. (1984) "The effects of entry regulation on oligopolistic interaction: The Uruguayan banking sector", *RAND Journal of Economics*, 15 (2), 244 – 254.

Standard & Poor's (2011) *A Guide to the Loan Market*, September, www. lcdcomps. com/d/pdf/LoanMarket-guide. pdf

Standard & Poor's (2012) "Sovereign ratings and country T&C assessment histories", www.standardandpoors. com/spf/upload/Ratings_US/TC_Assessment_Histories_1_4_13.pdf

Standard & Poor's (2010) *A Guide to the European Loan Market* (January) . www. lcdcomps. com/d/pdf/European _ Loan _ Primer. pdf

Statistic Bureau (2013) "Statistical handbook of Japan, Ministry of Internal Affairs and Communications of Japan", www. stat. go. jp/english/data/handbook/index. htm

Stiroh, K. (2014) "Diversification in banking", in Berger, A. N. , Molyneux, P. and Wilson, J. O. S. (eds), *The Oxford Handbook of Banking*, Oxford: Oxford University Press.

Stolz, S. M. and Wedow, M. (2010) "Extraordinary measures in extraordinary times. Public measures in support of the financial sector in the EU and the United States", ECB Occasional Paper Series, 117, July, www. ecb. europa. eu/pub/pdf/scpops/ecbocp117. pdf

Sun, Y. (2011) "Recent developments in European bank competition", IMF Working Papers, WP/11/146. www.imf.org/external/pubs/ft/wp/2011/wp11146.pdf

Taleb, N. (1997) "The world according to Nassim Taleb", *Derivatives Strategy*, 2 (1), 37 – 40.

Teitelbaum, H. (2013) "NSFR implementation uncertain after Basel Ⅲ compromise on LCR phase-in", *Financial Times*, 22 January.

Tett, G. (2013) "Watch out for the rate hike hit to banks", *Financial Times*, 13 June.

The Banker Database, www. thebankerdatabase. com

The Governing Council of the European Central Bank (2011) "Guideline of the European Central Bank on monetary policy instruments and procedures in the Eurosystem", *Official Journal of the European Union*, www. ecb. int/ecb/legal/pdf/02011o0014 – 20130103-en. pdf

The Norinchukin Bank (2012) *Annual Report*, www. nochubank. or. jp/en/ir/annual _ report/pdf/ar _ 2012 _ . pdf

Toyoda, M. (2013) "Reconsidering central bank independence: The changing roles and functions of central banking", Harvard Law School, www. law. harvard. edu/programs/about/pifs/education/llm/2012–2013/masahiro-toyoda-if-seminar-paper-spring-2013. pdf

Treasury Committee (2011) "Competition and choice in retail banking", 9th Report of Session 2010 – 11, House of Commons, www. publications. parliament. uk/pa/cm201011/cmselect/cmtreasy/612/612i. pdf

Treynor, J. L. (1964) "How to rate management of investment funds", *Harvard Business Review*, 43, 63 – 75.

UBS (2012) *Annual Report*, www. ubs. com/global/en/about _ ubs/investor _ relations/annualreporting/2012. html

UBS (2014) "Bitcoins and banks. Problematic currency, interesting payment system", UBS Global Research, www. ubs. com/investmentresearch

Uchida, H. and Tsutsui, Y. (2005) "Has competition in the Japanese banking sector improved?" *Journal of Banking & Finance*, 29 (2), 419 – 439.

Uchida, H. and Udell, G. (2014) "Banking in Japan", in Berger, A. N. , Molyneux, P. and Wilson, J. O. S. (eds), *The Oxford Handbook of Banking*, Oxford: Oxford University Press.

Uhde, A. and Heimeshoff, U. (2009) "Consolidation in banking and financial stability in Europe: Empirical evidence", *Journal of Banking & Finance*, 33, 1922 – 1311.

US Department of the Treasury (2013) "The financial crisis five years later. Response, reform and progress", September, www. treasury. gov/connect/blog/Documents/FinancialCrisis5Yr_vFINAL. pdf

Valdez, S. and Molyneux, P. (2013) *An Introduction to Global Financial Markets*, 7th Edition, London: Palgrave Macmillan.

Van Leuvensteijn, M. , Kok Sorensen, C. , Bikker, J. A. and van Rixtel, A. A. R. J. M. (2011) "Impact of bank competition on the interest rate pass-through in the Euro area", *Applied Economics*, 45 (11), 1359 – 1380.

Van Rompuy, H. (2012) "Towards a genuine economic and monetary union", Report by President of the European Council Herman Van Rompuy, June and December, www. consilium. europa. eu/uedocs/cms_Data/docs/pressdata/en/ec/134069. pdf

Vives, X. (2001) "Competition in the changing world of banking", *Oxford Review of Economic Policy*, 17 (4), 437 – 479.

Walker, D. (2009) "A review of corporate governance in UK banks and other financial industry entities", Final Recommendations, November, webarchive. nationalarchives. gov. uk/+/http:/www. hm-treasury. gov. uk/d/walker_review_261109.pdf

Wilson, J. (2012) "Germany's small banks fight to keep privileges", *Financial Times*, 2 December.

World Bank (2013) "Rethinking the role of the state in finance", Global Financial Development Report, http: // econ. worldbank. org/

World Council of Credit Unions, Statistical Report, www. woccu. org/publications/statreport

Yeyati, E. L. and Micco, A. (2007) "Concentration and foreign penetration in Latin American banking sectors: Impact on competition and risk", *Journal of Banking & Finance*, 31, 1633 – 1647.

译后记

自 2007—2009 年全球金融危机以来，全球经济金融环境变得越来越复杂，面临的不确定性也越来越多。对国际银行集团来说，在竞争压力加大、局势越来越不确定的背景下，谋求更快的发展速度和更稳定的盈利能力显得越发艰难。一方面，全球宏观经济环境变化、金融市场波动性加大，以及各种风险因素叠加为国际银行业发展带来更加错综复杂的挑战。是否可以比其他竞争对手更早预测到未来的发展趋势，并果断实施积极对策，抓住发展机遇，确立战略目标，是国际银行业未来面临的一大考验。另一方面，国际宏观经济、产业、技术升级、监管等环境变化的日益加快可能会导致现有战略没有意义，从而能否迅速调整全球化经营战略也是考验国际银行业经营的重大问题之一，因此，应在全球化整体战略、目标市场选择、客户需求、产品与服务政策等方面继续加强研究。

随着风险事件的不断爆发，全球金融监管趋严态势仍在持续，巴塞尔委员会的第三版《资本协议》正在全球范围全面实施。基于宏观审慎监管框架下的新监管要求不断出台，对境外机构公司治理、增长方式转型升级、资本运营、风险和合规管理，乃至总行管理模式、资源配置方向和本国机构跨境业务合规发展等方面都将提出更高和更紧迫的要求。

面对金融科技带来的猛烈冲击，国际银行业均在主动求变，主要采取直接投资、协同合作及技术革新等策略积极应对，并通过优化网络布局来适应未来金融科技的发展趋势，国际银行业未来创新发展也将面临更大的同业竞争。随着绿色发展和绿色金融在全球的快速发展，环境社会风险已经成为国际银行业未来发展的潜在风险，可能给国际化投融资业务带来较大影响。纵观宏观和微观方面的挑战，国际银行业的发展需要银行家们更多的智慧和魄力。

银行业实践的发展也为理论的创新提供了素材，而一本好的银行业教材能够将理论和实践的最新发展都展现给读者。芭芭拉·卡苏等人所著的《银行学（第二版）》对全球银行业的理论问题以及实践问题进行了全方位的介绍。全书分为五大部分，分别是银行业务简介、中央银行与银行监管、银行的管理问题、银行业市场比较分析和银行业的高级研究主题。全书结构框架合理，体系完备，是了解银行业发展的最优选择之一。在《银行学（第一版）》的基础上，本书增加了银行与市场、合并与收购以及银行竞争与金融稳定等高级研究主题，有助于读者更加深刻地了解和掌握银行业发展的最新趋势及其面临的挑战。

全书主要由浙江大学城市学院郭宁、汪涛翻译并统稿，其中郭宁负责翻译第一章至第四章、第九章至第十二章，汪涛负责翻译第五章至第八章，谢文武翻译了第十三章，朱嘉帆、朱竺晨、江爽、胡琳菲翻译了第十四章，石雨帆、郁心苑、方闻一、陈诺翻译了第十五章，程雅雯、林伊丹、方轲、王心雅、吴铭翻译了第十六章，缪晨怡、周志涵、骆明烨、朱伊宁翻译了第十七章，马欣可、沈仪嘉、丁子航、姜嘉炜、徐剑华翻译了第十八章，任秋秋、屠琦淏、吴翘楚、严立旭、许朵、崔逸然翻译了第十九章，吴越、潘越、蔡航丽、陈艺丹、丁颖子翻译了第二十章。在本书的翻译过程中，郭鉴冰、胡冠书、胡佩璇、计瑜等帮忙搜集了相关资料，蒋紫嫣、金心悦、李洁、卢雯倩完成了部分校对任务，在此一并表示感谢。我们还要特别感谢中国人民大学出版社的崔惠玲编辑，她在翻译过程中提供了大量的帮助，并为编辑本书做出了大量细致、具体的工作。全书最后由郭宁通读定稿。

银行业的创新活动层出不穷，但国际金融环境不确定性增强以及监管的不断趋严让我们深知银行业未来发展的不易。我们在翻译的过程中尽可能兼顾翻译的学术性与通俗性，书中如有不当之处，请广大读者指正。

郭宁

汪涛

序号	书名	作者	Author	单价	出版年份	ISBN
	经济科学译丛					
1	策略博弈(第四版)	阿维纳什·迪克西特等	Avinash Dixit	85.00	2020	978-7-300-28005-9
2	劳动关系(第10版)	小威廉·H.霍利等	William H. Holley, Jr.	83.00	2020	978-7-300-25582-8
3	微观经济学(第九版)	罗伯特·S.平狄克等	Robert S. Pindyck	93.00	2020	978-7-300-26640-4
4	宏观经济学(第十版)	N.格里高利·曼昆	N. Gregory Mankiw	79.00	2020	978-7-300-27631-1
5	宏观经济学(第九版)	安德鲁·B.亚伯等	Andrew B. Abel	95.00	2020	978-7-300-27382-2
6	商务经济学(第二版)	克里斯·马尔赫恩等	Chris Mulhearn	56.00	2019	978-7-300-24491-4
7	管理经济学:基于战略的视角(第二版)	蒂莫西·费希尔等	Timothy Fisher	58.00	2019	978-7-300-23886-9
8	投入产出分析:基础与扩展(第二版)	罗纳德·E.米勒等	Ronald E. Miller	98.00	2019	978-7-300-26845-3
9	宏观经济学:政策与实践(第二版)	弗雷德里克·S.米什金	Frederic S. Mishkin	89.00	2019	978-7-300-26809-5
10	国际商务:亚洲视角	查尔斯·W.L.希尔等	Charles W. L. Hill	108.00	2019	978-7-300-26791-3
11	统计学:在经济和管理中的应用(第10版)	杰拉德·凯勒	Gerald Keller	158.00	2019	978-7-300-26771-5
12	经济学精要(第五版)	R.格伦·哈伯德等	R. Glenn Hubbard	99.00	2019	978-7-300-26561-2
13	环境经济学(第七版)	埃班·古德斯坦等	Eban Goodstein	78.00	2019	978-7-300-23867-8
14	管理者微观经济学	戴维·M.克雷普斯	David M. Kreps	88.00	2019	978-7-300-22914-0
15	税收与企业经营战略:筹划方法(第五版)	迈伦·S.斯科尔斯等	Myron S. Scholes	78.00	2018	978-7-300-25999-4
16	美国经济史(第12版)	加里·M.沃尔顿等	Gary M. Walton	98.00	2018	978-7-300-26473-8
17	组织经济学:经济学分析方法在组织管理上的应用(第五版)	塞特斯·杜马等	Sytse Douma	62.00	2018	978-7-300-25545-3
18	经济理论的回顾(第五版)	马克·布劳格	Mark Blaug	88.00	2018	978-7-300-26252-9
19	实地实验:设计、分析与解释	艾伦·伯格等	Alan S. Gerber	69.80	2018	978-7-300-26319-9
20	金融学(第二版)	兹维·博迪等	Zvi Bodie	75.00	2018	978-7-300-26134-8
21	空间数据分析:模型、方法与技术	曼弗雷德·M.费希尔等	Manfred M. Fischer	36.00	2018	978-7-300-25304-6
22	《宏观经济学》(第十二版)学习指导书	鲁迪格·多恩布什等	Rudiger Dornbusch	38.00	2018	978-7-300-26063-1
23	宏观经济学(第四版)	保罗·克鲁格曼等	Paul Krugman	68.00	2018	978-7-300-26068-6
24	计量经济学导论:现代观点(第六版)	杰弗里·M.伍德里奇	Jeffrey M. Wooldridge	109.00	2018	978-7-300-25914-7
25	经济思想史:伦敦经济学院讲演录	莱昂内尔·罗宾斯	Lionel Robbins	59.80	2018	978-7-300-25258-2
26	空间计量经济学入门——在R中的应用	朱塞佩·阿尔比亚	Giuseppe Arbia	45.00	2018	978-7-300-25458-6
27	克鲁格曼经济学原理(第四版)	保罗·克鲁格曼等	Paul Krugman	88.00	2018	978-7-300-25639-9
28	发展经济学(第七版)	德怀特·H.波金斯等	Dwight H. Perkins	98.00	2018	978-7-300-25506-4
29	线性与非线性规划(第四版)	戴维·G.卢恩伯格等	David G. Luenberger	79.80	2018	978-7-300-25391-6
30	产业组织理论	让·梯若尔	Jean Tirole	110.00	2018	978-7-300-25170-7
31	经济学精要(第六版)	巴德、帕金	Bade，Parkin	89.00	2018	978-7-300-24749-6
32	空间计量经济学——空间数据的分位数回归	丹尼尔·P.麦克米伦	Daniel P. McMillen	30.00	2018	978-7-300-23949-1
33	高级宏观经济学基础(第二版)	本·J.海德拉	Ben J. Heijdra	88.00	2018	978-7-300-25147-9
34	税收经济学(第二版)	伯纳德·萨拉尼耶	Bernard Salanié	42.00	2018	978-7-300-23866-1
35	国际贸易(第三版)	罗伯特·C.芬斯特拉	Robert C. Feenstra	73.00	2017	978-7-300-25327-5
36	国际宏观经济学(第三版)	罗伯特·C.芬斯特拉	Robert C. Feenstra	79.00	2017	978-7-300-25326-8
37	公司治理(第五版)	罗伯特·A.G.蒙克斯	Robert A. G. Monks	69.80	2017	978-7-300-24972-8
38	国际经济学(第15版)	罗伯特·J.凯伯	Robert J. Carbaugh	78.00	2017	978-7-300-24844-8
39	经济理论和方法史(第五版)	小罗伯特·B.埃克伦德等	Robert B. Ekelund. Jr.	88.00	2017	978-7-300-22497-8
40	经济地理学	威廉·P.安德森	William P. Anderson	59.80	2017	978-7-300-24544-7
41	博弈与信息:博弈论概论(第四版)	艾里克·拉斯穆森	Eric Rasmusen	79.80	2017	978-7-300-24546-1
42	MBA宏观经济学	莫里斯·A.戴维斯	Morris A. Davis	38.00	2017	978-7-300-24268-2
43	经济学基础(第十六版)	弗兰克·V.马斯切纳	Frank V. Mastrianna	42.00	2017	978-7-300-22607-1
44	高级微观经济学:选择与竞争性市场	戴维·M.克雷普斯	David M. Kreps	79.80	2017	978-7-300-23674-2
45	博弈论与机制设计	Y.内拉哈里	Y. Narahari	69.80	2017	978-7-300-24209-5
46	宏观经济学精要:理解新闻中的经济学(第三版)	彼得·肯尼迪	Peter Kennedy	45.00	2017	978-7-300-21617-1
47	宏观经济学(第十二版)	鲁迪格·多恩布什等	Rudiger Dornbusch	69.00	2017	978-7-300-23772-5
48	国际金融与开放宏观经济学:理论、历史与政策	亨德里克·范登伯格	Hendrik Van den Berg	68.00	2016	978-7-300-23380-2
49	经济学(微观部分)	达龙·阿西莫格鲁等	Daron Acemoglu	59.00	2016	978-7-300-21786-4
50	经济学(宏观部分)	达龙·阿西莫格鲁等	Daron Acemoglu	45.00	2016	978-7-300-21886-1
51	发展经济学	热若尔·罗兰	Gérard Roland	79.00	2016	978-7-300-23379-6
52	中级微观经济学——直觉思维与数理方法(上下册)	托马斯·J.内契巴	Thomas J. Nechyba	128.00	2016	978-7-300-22363-6
53	环境与自然资源经济学(第十版)	汤姆·蒂坦伯格等	Tom Tietenberg	72.00	2016	978-7-300-22900-3
54	劳动经济学基础(第二版)	托马斯·海克拉克等	Thomas Hyclak	65.00	2016	978-7-300-23146-4
55	货币金融学(第十一版)	弗雷德里克·S.米什金	Frederic S. Mishkin	85.00	2016	978-7-300-23001-6
56	动态优化——经济学和管理学中的变分法和最优控制(第二版)	莫顿·I.凯曼等	Morton I. Kamien	48.00	2016	978-7-300-23167-9

经济科学译丛

序号	书名	作者	Author	单价	出版年份	ISBN
111	宏观经济学原理(第五版)	巴德、帕金	Bade，Parkin	63.00	2013	978 - 7 - 300 - 16929 - 3
112	环境经济学	彼得·伯克等	Peter Berck	55.00	2013	978 - 7 - 300 - 16538 - 7
113	高级微观经济理论	杰弗里·杰里	Geoffrey A. Jehle	69.00	2012	978 - 7 - 300 - 16613 - 1
114	高级宏观经济学导论:增长与经济周期(第二版)	彼得·伯奇·索伦森等	Peter Birch Sørensen	95.00	2012	978 - 7 - 300 - 15871 - 6
115	微观经济学(第二版)	保罗·克鲁格曼	Paul Krugman	69.80	2012	978 - 7 - 300 - 14835 - 9
116	克鲁格曼《微观经济学(第二版)》学习手册	伊丽莎白·索耶·凯利	Elizabeth Sawyer Kelly	58.00	2013	978 - 7 - 300 - 17002 - 2
117	克鲁格曼《宏观经济学(第二版)》学习手册	伊丽莎白·索耶·凯利	Elizabeth Sawyer Kelly	36.00	2013	978 - 7 - 300 - 17024 - 4
118	微观经济学(第十一版)	埃德温·曼斯费尔德	Edwin Mansfield	88.00	2012	978 - 7 - 300 - 15050 - 5
119	卫生经济学(第六版)	舍曼·富兰德等	Sherman Folland	79.00	2011	978 - 7 - 300 - 14645 - 4
120	现代劳动经济学:理论与公共政策(第十版)	罗纳德·G·伊兰伯格等	Ronald G. Ehrenberg	69.00	2011	978 - 7 - 300 - 14482 - 5
121	宏观经济学:理论与政策(第九版)	理查德·T·弗罗恩	Richard T. Froyen	55.00	2011	978 - 7 - 300 - 14108 - 4
122	经济学原理(第四版)	威廉·博伊斯等	William Boyes	59.00	2011	978 - 7 - 300 - 13518 - 2
123	计量经济学基础(第五版)(上下册)	达摩达尔·N·古扎拉蒂	Damodar N.Gujarati	99.00	2011	978 - 7 - 300 - 13693 - 6
124	《计量经济学基础》(第五版)学生习题解答手册	达摩达尔·N·古扎拉蒂等	Damodar N. Gujarati	23.00	2012	978 - 7 - 300 - 15080 - 8
125	计量经济分析(第六版)(上下册)	威廉·H·格林	William H.Greene	128.00	2011	978 - 7 - 300 - 12779 - 8

金融学译丛

序号	书名	作者	Author	单价	出版年份	ISBN
1	银行学(第二版)	芭芭拉·卡苏等	Barbara Casu	99.00	2020	978 - 7 - 300 - 28034 - 9
2	金融衍生工具与风险管理(第十版)	唐·M.钱斯	Don M.Chance	98.00	2020	978 - 7 - 300 - 27651 - 9
3	投资学导论(第十二版)	赫伯特·B.梅奥	Herbert B.Mayo	89.00	2020	978 - 7 - 300 - 27653 - 3
4	金融几何学	阿尔文·库鲁克	Alvin Kuruc	58.00	2020	978 - 7 - 300 - 14104 - 6
5	银行风险管理(第四版)	若埃尔·贝西	Joël Bessis	56.00	2019	978 - 7 - 300 - 26496 - 7
6	金融学原理(第八版)	阿瑟·J.基翁等	Arthur J.Keown	79.00	2018	978 - 7 - 300 - 25638 - 2
7	财务管理基础(第七版)	劳伦斯·J.吉特曼等	Lawrence J.Gitman	89.00	2018	978 - 7 - 300 - 25339 - 8
8	利率互换及其他衍生品	霍华德·科伯	Howard Corb	69.00	2018	978 - 7 - 300 - 25294 - 0
9	固定收益证券手册(第八版)	弗兰克·J.法博齐	Frank J.Fabozzi	228.00	2017	978 - 7 - 300 - 24227 - 9
10	金融市场与金融机构(第8版)	弗雷德里克·S.米什金等	Frederic S.Mishkin	86.00	2017	978 - 7 - 300 - 24731 - 1
11	兼并、收购和公司重组(第六版)	帕特里克·A.高根	Patrick A.Gaughan	89.00	2017	978 - 7 - 300 - 24231 - 6
12	债券市场:分析与策略(第九版)	弗兰克·J.法博齐	Frank J.Fabozzi	98.00	2016	978 - 7 - 300 - 23495 - 3
13	财务报表分析(第四版)	马丁·弗里德森	Martin Fridson	46.00	2016	978 - 7 - 300 - 23037 - 5
14	国际金融学	约瑟夫·P·丹尼尔斯等	Joseph P. Daniels	65.00	2016	978 - 7 - 300 - 23037 - 1
15	国际金融	阿德里安·巴克利	Adrian Buckley	88.00	2016	978 - 7 - 300 - 22668 - 2
16	个人理财(第六版)	阿瑟·J·基翁	Arthur J.Keown	85.00	2016	978 - 7 - 300 - 22711 - 5
17	投资学基础(第三版)	戈登·J·亚历山大等	Gordon J.Alexander	79.00	2015	978 - 7 - 300 - 20274 - 7
18	金融风险管理(第二版)	彼德·F·克里斯托弗森	Peter F.Christoffersen	46.00	2015	978 - 7 - 300 - 21210 - 4
19	风险管理与保险管理(第十二版)	乔治·E·瑞达等	George E.Rejda	95.00	2015	978 - 7 - 300 - 21486 - 3
20	个人理财(第五版)	杰夫·马杜拉	Jeff Madura	69.00	2015	978 - 7 - 300 - 20583 - 0
21	企业价值评估	罗伯特·A·G·蒙克斯等	Robert A. G. Monks	58.00	2015	978 - 7 - 300 - 20582 - 3
22	基于Excel的金融学原理(第二版)	西蒙·本尼卡	Simon Benninga	79.00	2014	978 - 7 - 300 - 18899 - 7
23	金融工程学原理(第二版)	萨利赫·N·内夫特奇	Salih N.Neftci	88.00	2014	978 - 7 - 300 - 19348 - 9
24	投资学导论(第十版)	赫伯特·B·梅奥	Herbert B.Mayo	69.00	2014	978 - 7 - 300 - 18971 - 0
25	国际金融市场导论(第六版)	斯蒂芬·瓦尔德斯等	Stephen Valdez	59.80	2014	978 - 7 - 300 - 18896 - 6
26	金融数学:金融工程引论(第二版)	马雷克·凯宾斯基等	Marek Capinski	42.00	2014	978 - 7 - 300 - 17650 - 5
27	财务管理(第二版)	雷蒙德·布鲁克斯	Raymond Brooks	69.00	2014	978 - 7 - 300 - 19085 - 3
28	期货与期权市场导论(第七版)	约翰·C·赫尔	John C.Hull	69.00	2014	978 - 7 - 300 - 18994 - 2
29	国际金融:理论与实务	皮特·塞尔居	Piet Sercu	88.00	2014	978 - 7 - 300 - 18413 - 5
30	货币、银行和金融体系	R·格伦·哈伯德等	R.Glenn Hubbard	75.00	2013	978 - 7 - 300 - 17856 - 1
31	并购创造价值(第二版)	萨德·苏达斯纳	Sudi Sudarsanam	89.00	2013	978 - 7 - 300 - 17473 - 0
32	个人理财——理财技能培养方法(第三版)	杰克·R·卡普尔等	Jack R.Kapoor	66.00	2013	978 - 7 - 300 - 16687 - 2
33	国际财务管理	吉尔特·贝克特	Geert Bekaert	95.00	2012	978 - 7 - 300 - 16031 - 3
34	应用公司财务(第三版)	阿斯沃思·达摩达兰	Aswath Damodaran	88.00	2012	978 - 7 - 300 - 16034 - 4
35	资本市场:机构与工具(第四版)	弗兰克·J·法博齐	Frank J.Fabozzi	85.00	2011	978 - 7 - 300 - 13828 - 2
36	衍生品市场(第二版)	罗伯特·L·麦克唐纳	Robert L. McDonald	98.00	2011	978 - 7 - 300 - 13130 - 6

图书在版编目（CIP）数据

银行学：第二版/（ ）芭芭拉·卡苏，（ ）克劳
迪娅·吉拉尔多，（ ）菲利普·莫利纽克斯著；郭宁，
汪涛译. --北京：中国人民大学出版社，2020.5
（金融学译丛）
ISBN 978-7-300-28034-9

Ⅰ.①银… Ⅱ.①芭… ②克… ③菲… ④郭… ⑤汪
… Ⅲ.①银行业-高等学校-教材 Ⅳ.①F830.3

中国版本图书馆 CIP 数据核字（2020）第 064330 号

金融学译丛
银行学（第二版）
芭芭拉·卡苏
克劳迪娅·吉拉尔多　著
菲利普·莫利纽克斯
郭　宁　汪　涛　译
Yinhangxue

出版发行	中国人民大学出版社		
社　　址	北京中关村大街 31 号	邮政编码	100080
电　　话	010 - 62511242（总编室）	010 - 62511770（质管部）	
	010 - 82501766（邮购部）	010 - 62514148（门市部）	
	010 - 62515195（发行公司）	010 - 62515275（盗版举报）	
网　　址	http://www.crup.com.cn		
经　　销	新华书店		
印　　刷	涿州市星河印刷有限公司		
规　　格	185 mm×260 mm　16 开本	版　　次	2020 年 5 月第 1 版
印　　张	44.75　插页 1	印　　次	2020 年 5 月第 1 次印刷
字　　数	1 161 000	定　　价	99.00 元

Pearson

尊敬的老师：

　　您好！

　　为了确保您及时有效地获得培生整体教学资源，请您务必完整填写如下表格，加盖学院的公章后以电子扫描件等形式发给我们，我们将会在 2～3 个工作日内为您处理。

请填写所需教辅的信息：

采用教材				☐ 中文版　☐ 英文版　☐ 双语版
作　者			出版社	
版　次			ISBN	
课程时间	始于　　年　月　日		学生人数	
	止于　　年　月　日		学生年级	☐ 专科　　　☐ 本科 1/2 年级 ☐ 研究生　☐ 本科 3/4 年级

请填写您的个人信息：

学　校			
院系/专业			
姓　名		职　称	☐ 助教 ☐ 讲师 ☐ 副教授 ☐ 教授
通信地址/邮编			
手　机		电　话	
传　真			
official email（必填） (eg：×××@ruc. edu. cn)		email (eg：×××@163. com)	
是否愿意接受我们定期的新书讯息通知：　☐ 是　☐ 否			

　　　　　　　　　　　　　　　　　　　　　　系/院主任：_____（签字）

　　　　　　　　　　　　　　　　　　　　　　　　　　　（系／院办公室章）

　　　　　　　　　　　　　　　　　　　　　　　___年___月___日

资源介绍：

——教材、常规教辅资源（PPT、教师手册、题库等）：请访问 www. pearson. com/us/higher-education。　　（免费）

——MyLabs/Mastering 系列在线平台：适合老师和学生共同使用；访问需要 Access Code。　　（付费）

地址：北京市东城区北三环东路 36 号环球贸易中心 D 座 1208 室（100013）

Please send this form to：copub. hed@pearson. com

Website：www. pearson. com